W0462390

Anforderungsbereich III (Reflexion und Problemlösung)
Er umfasst den selbstständigen und kritischen Umgang mit neuen und umfassenden Sachverhalten – Ziele sind eigenständige Wertungen, Deutungen und Begründungen. Die wichtigsten „Operatoren" sind:

beurteilen, urteilen	Hypothesen oder Behauptungen im Zusammenhang → prüfen und eine Aussage über deren Richtigkeit, Angemessenheit usw. machen, wobei die Kriterien selber gefunden werden müssen
bewerten; Stellung nehmen	wie → beurteilen, aber zusätzlich mit Offenlegen und Begründen eigener Wertmaßstäbe, die Pluralität einschließen und zu einem Werturteil führen, das auf den Wertvorstellungen unserer freiheitlich-demokratischen Grundordnung basiert
entwickeln	Analyseergebnisse und eigenes Fachwissen heranziehen, um zu einer eigenen Deutung zu gelangen
sich auseinandersetzen; diskutieren	zu einer historischen Problemstellung oder These eine Argumentation → entwickeln, die zu einer begründeten Bewertung führt
prüfen, überprüfen	Aussagen (Hypothesen, Behauptungen, Urteile) auf ihre Angemessenheit hin → untersuchen
vergleichen	auf der Grundlage von Kriterien historische Sachverhalte problembezogen → gegenüberstellen, um Gemeinsamkeiten, Unterschiede, Ähnlichkeiten, Abweichungen oder Gegensätze zu → beurteilen

Übergeordnete „Operatoren", die Leistungen in allen drei Anforderungsbereichen verlangen

interpretieren	Sinnzusammenhänge aus Materialien erschließen und eine begründete Stellungnahme abgeben, die auf einer Analyse (→ analysieren), Erläuterung (→ erläutern) und Bewertung (→ bewerten) beruht
erörtern	eine These oder Problemstellung durch eine Kette von Für- und-Wider- bzw. Sowohl-als-auch-Argumenten auf ihren Wert und ihre Stichhaltigkeit hin abwägend → prüfen und auf dieser Grundlage eine eigene Stellungnahme dazu → entwickeln; die Erörterung einer historischen Darstellung setzt deren Analyse (→ analysieren) voraus
darstellen	historische Entwicklungszusammenhänge und Zustände mithilfe von Quellenkenntnissen und Deutungen → beschreiben, → erklären und → beurteilen

Zusammengestellt nach www.kmk.org/doc/beschl/196-13_EPA-Geschichte-Endversion-formatiert.pdf und Renate El Darwich/Hans-Jürgen Pandel, Wer, was, wo, warum? Oder nenne, beschreibe, zähle, begründe. Arbeitsfragen für die Quellenerschließung, in: Geschichte lernen H. 46 (1995), S. 33–37

BUCHNERS

KOMPENDIUM GESCHICHTE

Von der Antike bis zur Gegenwart

Herausgegeben von
Maximilian Lanzinner

C.C. Buchner

Buchners Kompendium Geschichte

Lehr- und Arbeitsbuch für die Oberstufe

Herausgegeben von
Maximilian Lanzinner

Bearbeitet von
Helmut Willert (S. 7–36),
Heinrich Hirschfelder (S. 37–82, 180–187, 221–270),
Maximilian Lanzinner (S. 83–138),
Klaus Dieter Hein-Mooren (S. 139–179, 188, 505–507, 510–511),
Wolfgang Wagner (S. 189–201, 204–219),
Reiner Schell (S. 271–318, 523–527),
Bernhard Pfändtner (S. 319–339, 342–388),
Jürgen Weber (S. 389–463, 466–473, 476–493, 496–505, 508–509, 512–521),
Bernd Kleinhans (S. 340–341, 464–465),
Volker Herrmann (S. 528–537),
Harald Focke (S. 538–541)
unter Mitarbeit der Verlagsredaktion

Dieses Werk folgt der reformierten Rechtschreibung und Zeichensetzung. Ausnahmen bilden Texte, bei denen künstlerische, philologische oder lizenzrechtliche Gründe einer Änderung entgegenstehen.

2. Auflage 2 4 3 2 2012 11 10
Die letzte Zahl bedeutet das Jahr des Druckes.
Alle Drucke dieser Auflage sind, weil untereinander unverändert, nebeneinander benutzbar.

www.ccbuchner.de

Einband: Julia Pechmann, creo Druck & Medienservice GmbH, Bamberg
Herstellung: Artbox Grafik & Satz GmbH, Bremen
Druck: creo Druck & Medienservice GmbH, Bamberg
Bindearbeiten: Stürtz GmbH, Würzburg

ISBN 978-3-7661-**4661**-8

Das Kompendium auf einen Blick

Buchners Kompendium Geschichte bietet einen fundierten Überblick von der Antike bis zur Zeitgeschichte für die Oberstufe. Auf das Wesentliche konzentriert und in überschaubare Einheiten gegliedert eignet es sich als Lehrbuch in der Schule und als Arbeitsbuch für die selbstständige Erarbeitung der Themen.

Die Texte auf den **Einführungsseiten** der elf Kapitel skizzieren die Stoffauswahl und vermitteln die Relevanz des Themas.

Die **Auftaktseiten** der Darstellungsteile beginnen jeweils mit einem charakteristischen *Einstiegsbild*. Die daran anschließenden *Chronologien* stellen zentrale Daten mit prägnanten Erläuterungen zusammen.
Wichtige Begriffe werden bei der Erstnennung kursiv hervorgehoben, ebenso **Personen**.

Jedes Unterkapitel enthält gesonderte, rot gekennzeichnete Seiten mit **Materialien**. Die Materialien ermöglichen den Umgang mit einer Vielzahl von Quellen, stellen kontroverse Sichtweisen dar und thematisieren weiterführende Aspekte. Die Arbeitsaufträge aus den unterschiedlichen Anforderungsbereichen ermöglichen eine angemessene Erschließung der Texte, Grafiken und Bilder.

Die **Methodenkompetenz** wird gefördert durch
- optisch abgesetzte *Methoden-Bausteine*: Sie sind jeweils in die Kapitel integriert und stellen eine fachbezogene Methode vor.
- methodisch schulende Arbeitsaufträge: Diese sind durch einen *gelben Balken* besonders gekennzeichnet.
- ein Kapitel *Kompetenter Umgang mit Quellen*, das über die Arbeit mit Quellen informiert.
- eine Auflistung *Arbeits- und Präsentationsformen*. Dort werden systematisch gängige Methoden zur Erarbeitung von Themen und zur Darstellung von Ergebnissen vorgestellt.

Auf den **Zusammenfassungs- und Vertiefungsseiten** am Ende der elf Großkapitel finden Sie Arbeitsaufträge, die einerseits das Verständnis wichtiger Themen in dem betreffenden Kapitel prüfen und andererseits zur Vertiefung und eigenen Recherche einladen. Die Bilder zu Beginn dieser Seite stammen – von den zeitgeschichtlichen Themen abgesehen – aus der Zeit nach dem behandelten Zeitraum. Sie sind Beispiele für die spätere Verwendung von Motiven und Themen oder die Interpretation dieser Zeit. Lösungsskizzen für die Arbeitsaufträge finden Sie unter *www.ccbuchner.de*, wenn Sie im Feld „Suche: ...“ die Bestellnummer *4661* eingeben.

Die **Hinweise zur Bearbeitung der Abituraufgabe** bereiten Sie auf Ihre Abschlussprüfung vor. Sie erfahren, was Sie bei der Lösung der Aufgaben beachten müssen, damit Sie Erfolg haben. Erklärungen zu den „Operatoren“ (Frageformen bei Aufgabenstellungen) finden Sie ganz vorne im Buch. Der Veranschaulichung dient eine Beispielaufgabe mit einem Lösungsvorschlag.

Inhalt

1 Die antike Welt: Grundlagen der abendländischen Kultur

Gebäude des Niedersächsischen Landtags in Hannover. Foto von 2005.

Die Antike – für uns noch aktuell?

Der Philosoph Sokrates stieß mit seinen Lehren an die Grenzen der demokratischen Freiheit in Athen. Er wurde vom Volksgericht zum Tode verurteilt, weil er angeblich neue Götter eingeführt und die Jugend verdorben hatte. Erst in den modernen Grundrechtsdemokratien wurden allgemeine Menschenrechte wie die Meinungsfreiheit garantiert. Auch wenn uns vieles in der antiken Welt fremd erscheint, die Sklaverei oder die Ungleichheit von Mann und Frau – noch immer sind wir fasziniert, wie und warum sich im 6. Jahrhundert v. Chr. die Demokratie entwickelte. Während im benachbarten Perserreich ein übermächtiger Großkönig regierte, entfaltete sich in Athen ein Bewusstsein bürgerlicher Gleichheit und Verantwortung. Die Macht der Führungselite wurde beschnitten, immer mehr Menschen konnten politisch mitbestimmen und Ämter übernehmen. Rationales Denken ermöglichte die neue öffentliche Ordnung. Rationalität revolutionierte auch Kunst und Wissenschaft.

Die Römer bewunderten die griechisch-hellenistische Kultur des östlichen Mittelmeerraumes und wählten sie zum Vorbild. Wie bei allen großen Herrschaftsgebieten damals und heute stellte sich für sie die schwierige Aufgabe, die einzelnen Regionen mit ihren unterschiedlichen Kulturen zu integrieren. Die rasante Ausbreitung des Christentums, das eine Verehrung anderer Götter kategorisch ausschloss, war dabei eine besondere Herausforderung. Wie gelang es, ein riesiges Reich nicht nur zu schaffen, sondern auch über Jahrhunderte zu erhalten?

Griechen und Römer hinterließen uns nicht nur Kunstwerke, die durch Jahrhunderte hindurch Maßstäbe setzten. Sie brachten nicht nur viele berühmte Denker hervor. Sie überlieferten uns nicht nur Mythen und Erzählungen, die uns immer wieder begegnen, in Filmen und Erzählungen. Viele Fragen und Probleme, mit denen sie sich beschäftigten, sind noch immer aktuell.

1.1 Die Demokratie in Athen

„Die Akropolis von Athen." Gemälde von Leo von Klenze, 1846 (Ausschnitt).
In der zweiten Hälfte des 5. Jh. v. Chr. entstanden auf der „Burgstadt" prächtige Neubauten. Finanziert aus den Mitteln des Delisch-Attischen Seebunds, den das demokratische Athen führte, war die Akropolis religiöses Zentrum und diente der Repräsentation. Auf dem Gemälde befinden sich links das große Standbild der Stadtgöttin Athene und das Eingangstor (Propyläen), rechts der Athene geweihte Parthenontempel.

594 v. Chr.	Der Reformer Solon verhindert einen Bürgerkrieg und beendet die Aristokratie in Athen
508/07 v. Chr.	Kleisthenes' Reformen treiben die Demokratisierung Athens voran
483 v. Chr.	Themistokles setzt in Athen den Bau einer Kriegsflotte zur Perserabwehr durch
480 v. Chr.	Die Flotte Athens und seiner Verbündeten besiegt bei Salamis die überlegene persische Flotte
478/77 v. Chr.	Unter Führung Athens wird ein Seebund gegen Persien gegründet
Ab 462 v. Chr.	Perikles und Ephialtes formen Athen zur radikalen Demokratie um

Das archaische Griechenland

In der archaischen Zeit Griechenlands (um 750–500 v. Chr.) bestimmte der *Oikos* (wörtlich: „das Haus" bzw. „die Hausgemeinschaft") das soziale und politische Leben der Griechen. Der Oikos war ein meist von mehreren verwandten Familien mit Sklaven und Abhängigen betriebener landwirtschaftlicher Hofkomplex, der primär für den Eigenbedarf produzierte (Subsistenzwirtschaft). Die Häupter der größeren Oikoi einer Region bildeten den Adel. Im Laufe der archaischen Zeit siedelte sich zunächst der Adel jeweils einer Region in einem *Polis* (Stadtstaat) genannten Zentrum an. Dort befanden sich Kultplätze und es entstand bescheidener Marktverkehr. Am Ende der archaischen Zeit bildete je eine Polis das Namen gebende politisch-wirtschaftliche Siedlungszentrum einer Region.

Drei Faktoren prägten besonders die Formung der griechischen Poliswelt:

- Die ständige Verkleinerung der Höfe durch erbrechtlich vorgeschriebene Teilungen unter den Söhnen brachte viele Bauern in wirtschaftliche Not. Die Einführung der Geldwirtschaft ermöglichte zwar Hypotheken aufzunehmen. Es wurde Geld an Bauern verliehen, die dafür mit ihrem Grundbesitz hafteten. Die Zinslast aber trieb immer mehr Kleinbauern in die Schuldknechtschaft, die oft in Versklavung endete. Viele Kleinbauern forderten daher Schuldentilgung und eine Landreform. Häufig nahmen die Spannungen bürgerkriegsähnliche Züge an.

- Die Landnot führte seit dem 8. Jahrhundert zu neuen Siedlungsgründungen vornehmlich an den Küsten Italiens und des Schwarzen Meeres. Kolonien wurden nach dem Muster des Mutterlandes als selbstständige Poleis gegründet. Für die Kolonisten, die gleich große Landanteile erhielten, gewann der Gleichheitsgedanke an Bedeutung, zumal der gemeinsame Aufbau in einem fremden Umfeld die Kolonisten zusätzlich zusammenschweißte. Die *Kolonisation* förderte den griechischen Handel, sie gab aber auch der Gleichheitsidee im Mutterland Auftrieb.
- Für den Gleichheitsgedanken wichtig waren auch die Veränderungen im Kriegswesen.
  Der Import der Eisentechnologie vom Schwarzen Meer revolutionierte die Kriegsführung. Billige und harte Eisenwaffen verdrängten die traditionellen aus Bronze und machten Waffen auch für Handwerker und mittlere Bauern erschwinglich. Deren massenhafter Eintritt in die Polisheere führte zu einer neuen militärischen Ordnung:
  In den sogenannten Phalanxformationen kämpften schwer bewaffnete Hopliten (griech. hoplon: „Schild") in geschlossener Schlachtreihe. Der traditionelle adlige Zweikämpfer verlor damit an militärischer Bedeutung und Prestige. Die militärische Aufwertung der Mittelschicht weckte deren Forderungen nach politischer Mitsprache.

Die Reformen des Solon

Auf der Halbinsel Attika war der Prozess der Polisbildung um 700 v. Chr. abgeschlossen. Das Zentrum Attikas bildete Athen.

Anfangs war Athen eine Monarchie. Dem schwachen König (griech. *Basileus*) stand im Adelsrat, dem *Areopag*, eine selbstbewusste *Aristokratie* gegenüber, die ihn schließlich stürzte. Die Nachfolge des Königs übernahmen neun *Archonten* („Regierende") genannte Beamten. Nach einem Jahr wurden sie ersetzt. Ihre Amtsführung überwachte der Areopag, in dem nun die ehemaligen Archonten versammelt waren. Da die Volksversammlung nur über Vorschläge des Areopags abstimmen konnte, wurde sie de facto vom Adel dominiert.

Im frühen 6. Jahrhundert führten die sozialen Spannungen zwischen Großgrund besitzendem Adel und der verarmten bäuerlichen Mittelschicht die Polis an den Rand des Bürgerkriegs. Völlig zerstritten wählten die Athener 594 v. Chr. den Adligen *Solon* zum „Schiedsrichter" mit weitgehenden Vollmachten. Solon erfüllte viele Forderungen der Bauern: Verpfändetes Bauernland musste der Adel ohne Schuldenerstattung zurückgeben. In Schuldknechtschaft geratene Bauern wurden freigelassen, als Sklaven ins Ausland verkaufte von der Stadt freigekauft. Den Großgrundbesitz tastete Solon – anders als von den Bauern gefordert – nicht an.

Wegweisend war seine politische Reform: Er teilte die Bevölkerung in vier Vermögensklassen. Wer 500 Scheffel[1] jährliche Einkünfte besaß, gehörte zur obersten Klasse. Diesen blieb das Archontat vorbehalten. Darunter kamen „Reiter" mit 300 Scheffeln, die die mittleren Beamten stellten, und mittlere Bauern mit 200 Scheffeln, die niedrige Ämter bekleiden konnten. *Theten*, d. h. Bürger mit weniger als 200 Scheffeln, die nicht als Hopliten dienten, besaßen das Stimmrecht in der Volksversammlung, als „Passiv-Bürger" blieben sie aber von allen Ämtern ausgeschlossen. Solon ersetzte mit dieser Reform die adlige Geburt als Voraussetzung der politischen Macht durch das Vermögen. Die *Timokratie*, die Herrschaft der Ehre und des Ansehens, löste die Aristokratie ab.

Zur weiteren Schwächung der Adelsmacht trug vermutlich auch eine neue Berufungsinstanz gegen die zunächst weiterhin überwiegend adligen Richter bei. Es ist nicht gesichert, ob diese Instanz identisch ist mit dem ebenfalls neu geschaffenen *Rat der 400*. Dieser bestand aus je 100 Vertretern der vier Phylen, der territorialen Untergliederungen Attikas. Zudem machte Solon durch die Einführung der *Popularklage* jeden Athener zum potenziellen Staatsanwalt und Ankläger jedes Missetäters. Um Willkür zu verhindern, wurden die Gesetzestafeln öffentlich aufgestellt. Unrecht im Staat ging nun jeden an. So suchte Solon das Interesse der Athener am Staat zu wecken und durch Gesetze das Verantwortungsprinzip zu stärken.

Solons Reformwerk entfaltete seine Wirkung erst langfristig. Zunächst konnten die politischen und sozialen Spannungen nicht aufgelöst werden: Die Reformen stoppten zwar die Verarmung und Versklavung der Landbevölkerung, die zugrunde liegenden Ursachen wurden jedoch nicht beseitigt. Die Adligen versuchten bald die alte Macht zurückzuerlangen, Bauern und Handwerker ihren neuen Einfluss zu bewahren.

In dieser Situation setzte sich 561/60 v. Chr. der Adlige *Peisistratos* unter den rivalisierenden Adelscliquen durch und schwang sich zum *Tyrannen* (Alleinherrscher) auf. Er besetzte mit Söldnern

[1] Scheffel: alte Volumeneinheit für trockene Güter wie Getreide, Mehl und Früchte, ca. 52 l. Nach Plutarch galt damals in Athen folgende Rechnungseinheit: 1 Scheffel = 1 Schaf = 1 Drachme.

die Burg (Akropolis), tastete Solons Verfassung aber nicht an. Als alleiniger Inhaber der bewaffneten Macht etablierte er sich über den formal weiter regierenden Archonten, besetzte wichtige Ämter mit seinen Gefolgsleuten und reservierte sich allerdings in der Politik das „letzte Wort". Der Sturz der Tyrannis gelang erst 510 mithilfe der mächtigen Polis Sparta.

Kleisthenes

Um die Macht des geschwächten Adels endgültig zu brechen und die Gefahr einer neuen Tyrannis zu bannen, reformierte der Adlige *Kleisthenes* 508/7 v. Chr. die Volksversammlung. Er teilte Attika in drei Teile (Stadt, Küste, Binnenland) und das Volk in zehn neue künstliche *Phylen*.

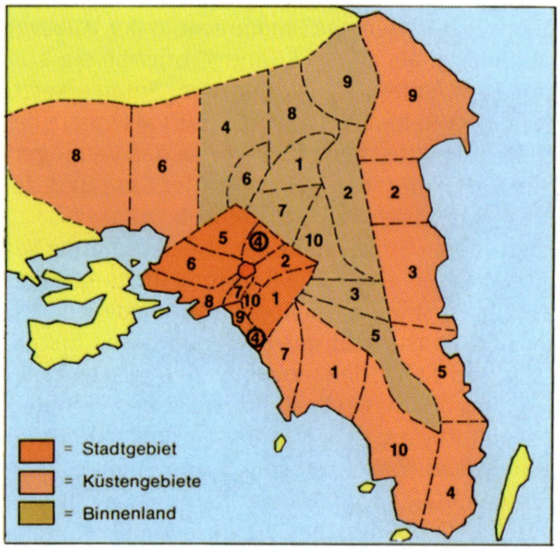

Einteilung Attikas in Phylen und Trittyen.

Die Phylen wurden zu je einem Drittel (*Trittys*) aus getrennt liegenden Anteilen von Stadt, Küste und Binnenland konstituiert. Das raubte den Adelsfamilien, die in bestimmten Teilen Attikas lokale Machtbasen besaßen, den Einfluss auf die Phylen und damit auf die Volksversammlung. Alle Phylen hatten einen etwa gleich hohen Bevölkerungsanteil. Jede stellte ca. 1000 Hopliten. Jedem Phylenregiment stand ein *Stratege* als Kommandeur vor.
Kleisthenes führte auch den *Ostrakismos*, das Scherbengericht, ein. Zur Hälfte des Amtsjahres entschied die Volksversammlung über die Durchführung dieses Verfahrens. Bei positivem Votum mussten in einer zweiten Volksversammlung 6000 gültige Scherben als „Stimmzettel" abgegeben werden. Der Politiker, dessen Namen am häufigsten genannt wurde, wurde für zehn Jahre verbannt.

Perserkriege und Demokratie

Von 500 bis 494 v. Chr. beteiligte sich Athen am erfolglosen Kampf der Griechen Kleinasiens gegen das Perserreich, dessen Expansion 546 v. Chr. die Ägäis erreicht hatte. Nachdem Athens Hopliten 490 v. Chr. bei Marathon eine überlegene persische Strafexpedition besiegt hatten, setzte der Adlige *Themistokles* (um 525–459 v. Chr.) den Bau einer Flotte von 200 *Trieren* zur Perserabwehr durch. Trieren waren Kriegsschiffe eines neuen Typs, die auf jeder Seite von drei Reihen Ruderern – pro Triere etwa 170 Mann – getrieben wurden. Als Ruderer wurden die bisher vom Kriegsdienst befreiten Theten eingesetzt. Ziel war, die gegnerischen Schiffe durch Abfahren ihrer Ruder manövrierunfähig zu machen und mit dem Rammsporn zu versenken. 480 v. Chr. gelang der Flotte Athens und seiner Verbündeten bei der Insel Salamis die Vernichtung der überlegenen persischen Flotte.
Durch den Sieg über Persien stieg Athen zur Großmacht auf. Auch innenpolitisch führten Flottenbau und -krieg zu gravierenden Veränderungen.
Die Theten beanspruchten aufgrund ihrer gewachsenen militärischen Bedeutung auch mehr Mitsprache. Gemäß dem Grundsatz, nach dem der Kriegsdienst zu politischer Mitbestimmung berechtigt, forderten die Theten aktive Mitwirkung. Ihre politische Gleichberechtigung wurde in den folgenden Jahrzehnten durchgesetzt.

Die radikale Demokratie in Athen

Durch die Verfassungsreformen der Adligen *Perikles* (um 490–429 v. Chr.) und *Ephialtes* 462/61 v. Chr. wurden der Areopag entmachtet und Athen in eine radikale Demokratie umgewandelt (griech. demos: „Volk", griech. kratein: „herrschen"). Dem Areopag wurden alle Kontrollrechte im Bereich der Gesetzgebung und der Exekutive entzogen und dem Rat der 500, der Volksversammlung und dem Volksgericht übertragen. Zur Volksversammlung (*Ekklesía*) erhielten alle männlichen Bürger nach zweijährigem Militärdienst mit dem 20. Lebensjahr Zutritt. Sie überwachte die Beamten, entschied über die Gesetze, die Staatsfinanzen, die Flotten- und Baupolitik, Krieg und Frieden. Jedes Mitglied hatte Rede- und Antragsrecht. Die Ekklesía tagte mindestens vierzigmal im Jahr. Gültige Beschlüsse erforderten die Anwesenheit von mindestens 6000 Bürgern und eine einfache, durch Handheben festgestellte Mehrheit.
Abgesehen von der Blutgerichtsbarkeit, die beim Areopag blieb, wurden alle Rechtsverfahren von der Ekklesía selbst entschieden. Dazu wurde ein Volksgericht gebildet, dessen 6000 Mitglieder alljährlich neu gelost wurden. Um die hohe Zahl von Prozessen zu bewältigen, konnten für einzelne Verfahren mindestens 501 Richter umfassende Unterausschüsse gebildet werden.
Einen weiteren Ausschuss der Ekklesía stellte der auf Kleisthenes zurückgehende *Rat der 500*

(Boulé) dar. Jeder Athener konnte zweimal im Leben Ratsherr werden. Das Gremium, in das jede Phyle für ein Jahr 50 geloste Ratsherren entsandte, arbeitete Beschlussvorlagen für Gesetze oder Verträge aus und bereitete die Versammlung vor. Die Ekklesía konnte die Ratsvorlagen jederzeit verändern oder ersetzen. Der Rat kontrollierte im Auftrag der Volksversammlung auch die Beamten und empfing die Gesandtschaften. Durch die *Prytanie* war die Polis zu jeder Tages- und Nachtzeit handlungsfähig. Im monatlichen Wechsel stellten jeweils 50 aus jeder Phyle geloste Ratsherren (Prytanen) das höchste Organ Athens. Der täglich durch das Los neu bestimmte Vorsitzende der Prytanie leitete auch die Volksversammlung und fungierte als „Staatsoberhaupt" Athens. Eine zweite Amtszeit war für ihn ausgeschlossen.
Die Verwaltung der Stadt übernahmen ca. 700 durch das Los bestimmte Beamte. Ihre Aufgabenbereiche waren eng beschnitten. Die Amtszeit betrug maximal ein Jahr. Jedes Amt war mit mindestens zwei gemeinsam haftenden Kollegen besetzt. Jeden Monat legten die Beamten vor dem Rat Rechenschaft ab. Bei Beanstandungen drohte ihnen Anklage vor dem Volksgericht.
Eine Ausnahme stellten nur die zehn Strategen (Feldherren) dar. Sie wurden als Einzige von der Ekklesía gewählt und waren unbegrenzt wieder wählbar.

Herrschaft des Volkes

Den Reformen des Kleisthenes und des Perikles verdankte die Bürgerschaft Athens den Aufstieg zum uneingeschränkten staatlichen Souverän. Die Verfassung sicherte dem Volk die ungeteilte und direkte Macht und verhinderte jede Möglichkeit, eine Herrschaft Einzelner über das Volk zu errichten, im Ansatz.
Im Sinne dieser demokratischen Gleichberechtigung war es konsequent, dass Athen den Bürgern für die Teilnahme an der Politik schließlich *Diäten* (Tagegelder) zahlte. In ihren Genuss kamen Ratsherren, Richter und Besucher der Volksversammlung. Die Diäten sollten verhindern, dass drohender Verdienstausfall arme Bürger von der Teilnahme an der Demokratie abhielt.
In dieser Staatsform, die alle Macht in der frei entscheidenden Volksversammlung konzentrierte, kam dem Prozess der Willensbildung und Entscheidungsfindung in der Versammlung höchste Bedeutung zu.
Redefreiheit und -recht standen prinzipiell allen Bürgern zu. Aber nur eine Minderheit machte davon wirklich Gebrauch, die Mehrheit blieb passiv und nahm nur ihr Abstimmungsrecht wahr. Entscheidungen kamen durch die in der Versammlung wirkenden Kräfte, die Redner und Reden, zustande. Daraus erwuchs rhetorisch Begabten, die Positionen klar formulieren und Vorschläge in überzeugender Form präsentieren konnten, die Schlüsselrolle in der Ekklesía. In der frühen Demokratie verschaffte dies den in Rhetorik und öffentlichem Auftreten erfahrenen Adligen Vorteile. Zunehmend wurden die entscheidenden Richtlinien der Politik nicht mehr in institutionellen Ämtern bestimmt, sondern es kam darauf an, sich immer wieder neu in der Volksversammlung und im Rat mit seinen Vorschlägen durchzusetzen. Wem dies durch Einfluss und rhetorisches Geschick häufig gelang, der galt als „Demagoge". Der Begriff besaß zunächst keinen negativen Beiklang. Perikles ist ein Beispiel dieses Politikstils: Er selbst blieb oft im Hintergrund, ließ Entscheidungen durch seine Anhänger herbeiführen und trat selbst nur in wichtigen Situationen auf (→ M1). Gleichzeitig sicherte

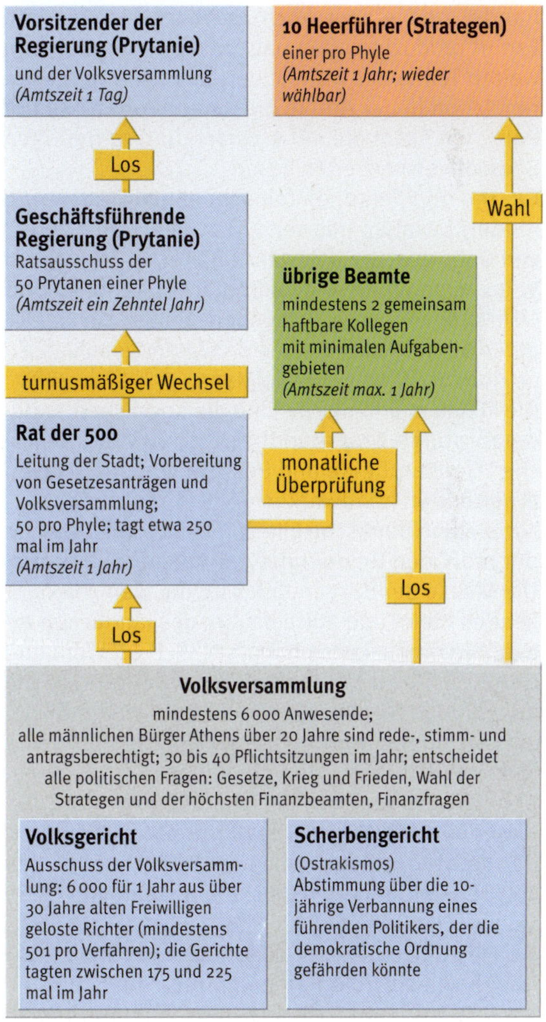

Verfassung der attischen Demokratie ab 462 v. Chr.
► *Skizzieren Sie die Verfassung nach den Reformen Solons und erläutern Sie die Veränderungen.*
► *Erörtern Sie Vor- und Nachteile der Verfassung.*

er seine in der Verfassung nicht vorgesehene Stellung ab, indem er regelmäßig das einzige noch durch Wahl vergebene Amt, das des Strategen, bekleidete, das dadurch zunehmend einen politischen Charakter gewann.

Wirtschaft und Gesellschaft Athens

Auf dem Höhepunkt seiner Großmachtstellung und Demokratisierung unter Perikles besaß Attika ca. 300 000 Einwohner, von denen 100 000 in Athen wohnten. Attika konnte diese Bevölkerung nicht ernähren. Athen war daher auf Getreideimporte aus Skythien, Phönizien, Ägypten und Sizilien angewiesen und ohne Kontrolle der Seewege extrem verwundbar. Der Export von Agrarprodukten war gesetzlich beschränkt.

Seinen Wohlstand verdankte Athen den Silberbergwerken bei Laureion[1], den Zahlungen seiner Verbündeten, seiner führenden Stellung im Seehandel und einem hoch entwickelten, für den Export produzierenden Handwerk. Berühmt und in weiten Teilen des Mittelmeerraums verbreitet waren schon in der Antike die Keramikprodukte der Polis, vor allem die mit schwarz- und rotfigurigen Bildmotiven verzierten Vasen.

Ca. 150 000 Personen (einschließlich Frauen und Kinder) besaßen das seit 452 v. Chr. zum exklusiven Geburtsrecht erklärte Bürgerrecht. Zugang zur Volksversammlung besaßen höchstens 50 000 wehrfähige Männer. Von denen stellten die als Hopliten kämpfenden oberen drei Vermögensklassen 20 000, die Theten 30 000 Mann.

Die kleine ökonomische Elite der 500-Scheffler bildeten adlige Großgrundbesitzer sowie „neureiche" Großkaufleute und Besitzer von mit Sklaven arbeitenden handwerklichen Großbetrieben. Als soziale und politische Elite blieb allerdings auch in der radikalen Demokratie der Adel dominierend. Die Masse der Bürger umfasste die wenig vermögenden Klein- und Mittelbauern des ländlichen Attika. Sie produzierten hauptsächlich Öl, Wein und Getreide. Trotz der Tagegelder scheuten sie die aufwändige regelmäßige Teilnahme an der Ekklesía. Diese dominierten die vielen Kleinhandwerker, -händler, Wirte und oft als Tagelöhner lebenden Theten Athens. Sie vor allem profitierten ökonomisch von der Demokratie, die ihnen mit den Werften und Arsenalen des Piräushafens, den von Perikles initiierten Prachtbauten und der Flotte sichere Einkünfte bot.

Handel, Gewerbe und Geistesleben der Stadt empfingen von ca. 30 000 Immigranten aus allen Teilen Griechenlands, den *Metöken* („Mitbewohner"), wichtige Impulse. Prominente Metöken fanden sich (z. B. neben dem Geschichtsschreiber *Herodot*) vor allem unter den Philosophen und Künstlern, die im demokratischen Athen wirkten. Als politisch, aber keineswegs sozial deklassierten Nicht-Bürgern blieb Metöken die Teilnahme an der Demokratie verwehrt. Dennoch verlangte die Polis Steuern und Kriegsdienst von ihnen.

Frauen waren grundsätzlich von allen politischen Rechten ausgeschlossen und ihr Leben lang von einem männlichen Vormund abhängig: Zunächst der Vater, nach dessen Tod der ältere Bruder und schließlich der Ehemann entschieden für sie und vertraten sie auch vor Gericht. Doch war die rechtliche und soziale Stellung der Frauen in der griechischen Staatenwelt sehr unterschiedlich ausgeprägt:

Das Leben einer freien Bürgerin, einer Sklavin, der Frau eines reichen Metöken oder einer Bürgerin aus ärmerer Schicht unterlag jeweils anderen Bedingungen, über die die antiken Quellen jedoch kaum Auskunft geben (→ M2).

Während im Privatbereich eine strikte Geschlechtertrennung vorherrschte – Männer übernahmen die Aufgaben außerhalb des Hauses wie landwirtschaftliche und handwerkliche Arbeiten sowie politische Ämter, den Frauen waren die Aufgaben in und um Haus und Familie zugewiesen – konnten Frauen im Kult auch öffentliche, zum Teil sogar Priesterfunktionen übernehmen.

Sehr unsicher ist die Zahl der Sklaven. Sie ist auf ungefähr 120 000 Personen zu schätzen. Sklaven galten dem in Athen lehrenden *Aristoteles* (384–322 v. Chr.) als „beseelter Besitz". Sie wurden als Menschen betrachtet, waren aber dennoch weitgehend rechtlos und zählten zum Eigentum ihres Besitzers. Von der eigenen Tätigkeit und vom Charakter des Herrn hingen die Lebensumstände des Sklaven ab. Im Arbeitsleben unterschied sich der Sklave kaum vom Freien der Unterschicht. Die meisten Sklaven Athens arbeiteten als Handwerker. Auf den Großbaustellen der Akropolis verrichteten sie die gleichen Tätigkeiten wie die Theten.

Besonders schwere Arbeits- und Lebensbedingungen hatten die ohne jede Perspektive schuftenden Bergwerks- und Steinbruchsklaven. Familiennah lebende Sklaven in den Häusern der Reichen lebten dagegen unter relativ komfortablen Umständen. Dazu zählten sehr unterschiedlich spezialisierte Diener, vom Verwalter bis hinab zum gering geschätzten und von den Kindern oft wegen seiner Härte gefürchteten *Paidagogos* („Kinder(aus)führer").

---

[1] *Silberminen an der Südküste Attikas*

Das Dionysostheater in Athen, direkt zu Füßen der Akropolis gelegen. Dramenwettbewerbe waren Bestandteil des Festes zu Ehren des Gottes Dionysos.
► Beurteilen Sie die politische und gesellschaftliche Bedeutung der Aufführungen. Berücksichtigen Sie dabei auch, dass Frauen auf den hinteren Sitzreihen teilnehmen konnten.

Größe und Grenzen des demokratischen Athen

Der Flottenbau und die Selbstbehauptung gegen die persische Großmacht brachten Athen nicht nur den einzigartigen Durchbruch zur radikalen Demokratie (➔ M3). Parallel dazu entfaltete Athen in der Blütezeit des 5. Jahrhunderts v. Chr. in vielen Lebensbereichen eine beispiellose Dynamik. Mit der attischen Demokratie eng verbunden war die Einführung und Entfaltung des Theaters. *Aischylos*, *Sophokles* und *Euripides* entwickelten die Tragödie und schufen Werke, die bis heute inszeniert werden, wie die „Orestie" oder die „Antigone". Dass offene Politik- und Gesellschaftskritik in der athenischen Demokratie möglich waren, verdeutlichen die Komödien des *Aristophanes* (445–385 v. Chr).

Thukydides (um 460–399/96 v. Chr) begründete die kritische Geschichtsschreibung und führte sie auf eine in der gesamten Antike nicht wieder erreichte Höhe. Die Philosophen *Sokrates* (um 470–399 v. Chr) und *Platon* (427–347 v. Chr) prägten durch ihr radikales Fragen und Denken bei ethischen und politischen Themen Europas Geistesgeschichte.

Das Bauprogramm auf der Akropolis, in dem Führungsanspruch und Selbstbild des demokratischen Athen ihren Niederschlag fanden, trug entscheidend zur Ausprägung des klassischen Kunststils bei, der auf die europäische Kunst stilbildend wirkte.

Die Finanzierung der Prachtbauten zeigt allerdings die Schattenseite der attischen Demokratie: 480/79 v. Chr. befreite die von Athen geführte griechische Flotte die Ägäis und Küstenstädte Kleinasiens von der Perserherrschaft. 478/77 v. Chr. schlossen Befreier und Befreite einen Seebund gegen Persien. Die Mitglieder verpflichteten sich, Schiffskontingente zu stellen oder Ausgleichszahlungen an die Bundeskasse im Apollontempel von Delos zu leisten. Im Beschlussorgan des Seebundes, das auf Delos tagte, erhielt jedes Mitglied eine Stimme. Die Verwaltung der Bundeskasse und das Flottenkommando übernahmen athenische Beamte. Die meisten Mitglieder zogen schon bald Beitragszahlungen dem Bau, der Bemannung und dem Unterhalt eigener Trieren vor. Athen sprang in die Bresche und rüstete mit Bundesmitteln zusätzliche Schiffe aus, auf denen arme Athener als besoldete Ruderer dienten. Dies verschob die militärischen Kräfteverhältnisse im Bund.

Athen nutzte diese Entwicklung, um seine ursprüngliche Hegemonie (Führungsrolle) allmählich in eine offene Herrschaft über die Verbündeten umzuwandeln. Kriegs- und beitragsmüde Bündner wurden mit Gewalt diszipliniert und mussten noch vorhandene Schiffe ausliefern. Die Bundeskasse wurde 454 v. Chr. von Delos nach Athen verlegt, das Verfügungsrecht darüber von Athens Volksversammlung beansprucht.

Das Bündnis wandelte sich durch die Politik der attischen Demokratie zu einem despotisch regierten Seereich, das die gesamte Ägäis sowie die Küsten Kleinasiens, des Bosporus und weiter Teile des Schwarzen Meeres umschloss. So demokratisch und herrschaftsfeindlich die Politik Athens auch im Inneren war, anderen Städten gegenüber trat Athen als skrupelloser Tyrann auf. Es waren schließlich die Tribute der Untertanen aus dem Seereich, die die Vollendung der attischen Demokratie, die Diätenzahlungen und das glanzvolle Bauprogramm ermöglichten. Allein der Parthenon und sein Athene-Kultbild kosteten fast drei Jahrestribute der Bündner.

M1 „... eine Herrschaft des Ersten Mannes ..."

Der Athener Thukydides (um 460–399/96 v. Chr.) beurteilt den Politiker Perikles:

Denn solange er [Perikles] die Stadt leitete im Frieden, führte er sie mit Mäßigung und erhielt ihr ihre Sicherheit, und unter ihm wurde sie so groß, und als der Krieg ausbrach, da hatte er, wie sich zeigen lässt, auch hierfür die Kräfte richtig vorausberechnet. Er lebte dann noch zwei Jahre und sechs Monate, und nach seinem Tode wurde seine Voraussicht für den Krieg erst recht deutlich. Denn er hatte ihnen [den Athenern] gesagt, sie sollten sich nicht zersplittern, die Flotte ausbauen, ihr Reich nicht vergrößern während des Krieges und die Stadt nicht aufs Spiel setzen, dann würden sie siegen. Sie aber taten von allem das Gegenteil und rissen außerdem aus persönlichem Ehrgeiz und zu persönlichem Gewinn den ganzen Staat in Unternehmungen, die mit dem Krieg ohne Zusammenhang schienen und die, falsch für Athen selbst und seinen Bund, solange es gut ging, eher einzelnen Bürgern Ehre und Vorteil brachten, im Fehlschlag aber die Stadt für den Krieg schwächten. Das kam daher, dass er, mächtig durch sein Ansehen und seine Einsicht und in Gelddingen makellos unbeschenkbar, die Masse in Freiheit bändigte, selber führend, nicht von ihr geführt, weil er nicht, um mit unsachlichen Mitteln die Macht zu erwerben, ihr zu Gefallen redete, sondern genug Ansehen hatte, ihr wohl auch im Zorn zu widersprechen. Sooft er wenigstens bemerkte, dass sie zur Unzeit sich in leichtfertiger Zuversicht überhoben, traf er sie mit seiner Rede so, dass sie ängstlich wurden, und aus unbegründeter Furcht hob er sie wiederum auf und machte ihnen Mut. Es war dem Namen nach eine Volksherrschaft, in Wirklichkeit eine Herrschaft des Ersten Mannes.

Thukydides, Geschichte des Peloponnesischen Krieges, übersetzt v. G. P. Landmann, München 1991, S. 161f.

1. *Arbeiten Sie heraus, worin Thukydides die Leistung des Perikles sieht.*
2. *Erläutern und diskutieren Sie Thukydides' Urteil über die attische Demokratie zur Zeit des Perikles.*

M2 Die Stellung der Frau

Der Historiker Werner Dahlheim (geb. 1938) beschreibt Probleme der Forschung über die Frau in der griechischen Antike:

Vor kaum lösbaren Schwierigkeiten stehen Untersuchungen, die die sozialen Unterschiede berücksichtigen wollen. Die Quellen differenzieren so nicht, und die Gelegenheiten, bei denen sie die Frauen der unteren Schichten zu Wort kommen lassen, sind zu selten, um allgemeine Rückschlüsse zuzulassen. Wenig Verlass ist auf die Komödie, deren Spiegel die Dinge bis zur Unkenntlichkeit verzerrt. So war es in einer Gesellschaft, die jede politische und administrative Verantwortung den Männern zuwies, bereits komisch, wenn Frauen die Bühne betraten, die diese Ordnung auf den Kopf stellten. Aristophanes hatte solche Einfälle, als er in „Lysistrate" und der „Weibervolksversammlung" Frauen Pläne für den Umsturz schmieden ließ: Verschanzt auf der Akropolis verwehrten sie ihren lüsternen Männern, ihre Körper zu berühren, um so den Frieden zu erzwingen. [...]
Auch auf die Literaten ist wenig Verlass. Sie sprachen gerne von den häuslichen Tugenden ihrer Frauen, die – zurückgezogen in ihren Gemächern – ihren hausfraulichen Aufgaben nachgehen, die Kinder aufziehen und die edle Eigenschaft des Stillschweigens pflegen. Solche Behauptungen sind nicht wörtlich zu nehmen, da sie allzu häufig ein Wunschtraum und ein Gegenbild zu Spartas Frauen waren, die im Gymnasium wie Männer trainierten und ihre Schenkel zeigten. In der Tragödie treffen Frauen große Entscheidungen, übernehmen harte Pflichten und äußern ihre Meinung pointiert und vernehmbar. Es sind vor allem die Vasenbilder, die dieses Bild bestätigen und ein viel reicheres Frauenleben zeigen als das, was die Literaten so gerne als Ideal vorstellten. Die Darstellungen erzählen von einem breiten öffentlichen und kulturellen Betätigungsfeld, das kaum den alltäglichen Erfahrungen widersprochen haben dürfte.

Frauen bereiten Wolle zum Spinnen vor. Trinkschale, um 475 v. Chr.
Die sitzende Frau rollt die Wolle über ihr Bein.
► Bei wohlhabenden Frauen war auch die Beschäftigung mit Künsten wie Literatur üblich. Erschließen Sie mögliche Gründe dafür.

Ein weiteres Problem kommt hinzu: Die Quellen sprechen vornehmlich von der Stellung der Frau in Athen. Sie lassen am deutlichsten die rechtliche Abhängigkeit von einem Vormund (meist der Vater oder Ehemann) erkennen: So konnte der Gatte nicht frei gewählt werden, und die Geschäfte, die Frauen tätigten, überwachte der Vormund. Erbberechtigt waren die Athenerinnen nicht; sie durften allenfalls als Erbtöchter das zu vererbende Familiengut an ihre Söhne weitergeben. Auf der anderen Seite waren sie persönlich frei, hatten einen rechtlichen und moralischen Anspruch auf Versorgung und genossen Klageschutz bei schlechter Behandlung. [...] Die lange gültige Vorstellung von der sozialen Bewegungslosigkeit der an das Haus gebundenen Frau ist heute aufgegeben. Ein Vergleich mit der orientalischen Haremswirtschaft scheint so weniger ergiebig als ein Blick auf die Stellung der Frauen in der europäischen frühen Neuzeit. In jedem Fall weit darüber hinaus weist die Bedeutung der Athenerin beim Vollzug der staatlichen Kulte. In bestimmten Priesterschaften und bei wichtigen Festen war ihre Rolle dominierend und unersetzbar [...].

Werner Dahlheim, Die griechisch-römische Antike, Bd. 1, Paderborn ³1997, S. 206 f.

1. *Erläutern Sie die Probleme bei der Erforschung der antiken griechischen Frauengeschichte.*
2. *Recherchieren Sie, inwiefern die athenischen Frauen „ein Gegenbild zu Spartas Frauen" waren.*
3. *Beurteilen Sie die Stellung der Frau im antiken Griechenland. Vergleichen Sie mit der heutigen in Europa und außereuropäischen Kulturkreisen.*

M3 Antike und moderne Demokratie

Der Historiker Jochen Bleicken (1926–2005) stellt antike und moderne Demokratie einander gegenüber:

Die athenische Demokratie ist von der Vorstellung beherrscht, dass die Regierung durch möglichst viele, der Idee nach durch alle, ausgeübt werden soll. Jährlich sind ca. 1200 Bürger (500 Ratsherren, 700 Beamte) in dem Bereich tätig, den wir „Regierung" bzw. „Exekutive" nennen würden. Sowohl die Masse der Funktionäre als auch die Unselbstständigkeit aller Behörden, die von dieser Masse gebildet werden, reflektieren den Eindruck von institutionalisierter Machtlosigkeit: Den Beamtenkollegien fehlen aufgrund ihrer geringen Zuständigkeiten und der scharfen Kontrolle, der sie unterstehen, das institutionelle Gewicht und die Amtsautorität, [...] alle Funktionäre, Ratsherren wie Beamte, erfüllen eher die Aufgaben von Helfern, Vermittlern und Zuträgern als von echten Verwaltungsträgern.
Die Idee, dass in Athen die Regierungsgewalt von allen Bürgern ausgeübt werden soll, ist von der Philosophie in dem Satz von der Identität des Herrschens und Beherrschtwerdens verdichtet worden; in der Praxis des demokratischen Lebens tritt diese radikale Idee aber hinter dem Gedanken zurück, dass die Regierung schwach sein soll und kontrolliert werden muss. Entsprechende Vorstellungen sind auch der modernen Demokratie nicht fremd. Doch abgesehen davon, dass die Vertreter solcher Gedanken heute nicht von dem Perfektionismus der Athener besessen sind [...], haben sie, soweit ich sehe, kaum je die Idee vertreten, dass die machtlose die ideale Regierung sei. Sie haben öfter umgekehrt, [...] wie in den Vereinigten Staaten, die starke Regierung geradezu erstrebt (oder in Kauf genommen) und dem demokratischen Prinzip, wonach dem Volk die maßgebende Rolle im Staatsganzen zukommt, dadurch Geltung zu verschaffen gesucht, dass sie die Regierung wirksam kontrollieren und/oder ihre sachliche Zuständigkeit begrenzen wollten. [...]
In einer gegenüber der modernen Zeit eigentümlichen Weise haben die Athener auch über die Gleichheit und das Verhältnis von Freiheit und Gleichheit gedacht. Gleichheit ist in Athen politische Gleichheit; über soziale Gleichheit haben nur die Philosophen spekuliert [...]. Die Freiheit ist für die Athener in dem Gleichheitsbegriff enthalten bzw. eine Konsequenz desselben; sie bedeutet die Abwesenheit von Herrschaft und assoziiert folglich Vorstellungen wie „Ausübung der politischen Funktionen durch alle", „Kontrolle und Schwächung der Regierung" und „Rederecht für alle". „Demokratie" als die Herrschaft aller politisch Berechtigten ist darum mit Freiheit identisch. [...] „Gleichheit" konstituiert die Demokratie. „Freiheit" hat gegenüber „Gleichheit" keine eigene, auf sich beschränkte Funktion. Kaum etwas anderes kennzeichnet klarer den Abstand zur Moderne. „Freiheit" steht in der Französischen Revolution gleichrangig neben „Gleichheit"; sie ist die Absage an das Ancien Régime, und die Freiheitsrechte bedeuten die Sicherheitsgarantie gegen die Staatsgewalt. Die Freiheit hat hier Eigenwert, und sie tritt mit dem Erlebnis der Massendemokratie dann als eigenständige Größe zunehmend in einen Gegensatz zur Gleichheit [...].

Jochen Bleicken, Die athenische Demokratie, München ⁴1995, S. 429 ff.

1. *Erarbeiten Sie, worin Bleicken die Hauptprinzipien der athenischen Demokratie und zentrale Unterschiede zur modernen Demokratie sieht.*
2. *Suchen Sie mit Blick auf Bleickens Ausführungen nach „gemeinsamen Nennern" beider Formen der Demokratie.*
3. *Diskutieren Sie, welche Stärken und Schwächen der modernen Demokratie beim Vergleich mit der athenischen Demokratie deutlich werden.*

1.2 Die Römische Republik

„Die Ermordung Caesars." Ölgemälde von Karl von Piloty, 1865.
► *Beurteilen Sie, ob auf dem Bild die Attentäter als „Befreier" dargestellt werden.*

Um 600 v. Chr.	Rom entwickelt sich zur monarchisch verfassten Stadt
Ca. 500 v. Chr.	Roms Adel stürzt den etruskischen König und errichtet eine Republik
494–297 v. Chr.	In den Ständekämpfen trotzen die Plebejer den Patriziern die Teilhabe an der Macht ab
291 v. Chr.	Rom erreicht die Vorherrschaft in Italien
264–129 v. Chr.	Rom unterwirft den westlichen und östlichen Mittelmeerraum
82–79 v. Chr.	Sulla errichtet eine auf seine Truppen gestützte Diktatur
46–44 v. Chr.	Caesar unterwirft Rom nach seinem Sieg im Bürgerkrieg einer neuen Diktatur
43 v. Chr.	Octavian, Antonius und Lepidus begründen eine Kollektivdiktatur (2. Triumvirat)
31 v. Chr.	Octavian erlangt die Alleinherrschaft

Roms Anfänge: von der Monarchie zur Adelsrepublik

Archäologische Funde belegen die Entstehung Roms um 600 v. Chr. im Grenzgebiet der zu den indogermanischen Italikern zählenden Latiner und der Etrusker. Unter dem Einfluss der urbanen etruskischen Kultur entstand aus einer Ansammlung latinischer Dörfer eine mit griechischen Poleis vergleichbare Stadt mit Straßen und Plätzen, Kanalisation, Tempeln sowie einem Hoplitenheer.
Ein etruskischer König übte die Herrschaft aus. Ihn beriet der *Senat*, ein Ältestenrat aus den Sippenhäuptern der meist latinischen Adelsfamilien.
Der Großgrund besitzenden Adelselite, dem *Patriziat*, stand eine breite Mehrheit persönlich freier Bauern, Handwerker und Händler gegenüber, die

Plebs. Alle Plebejer waren zur Volksversammlung zugelassen, in der der Adel und die vermögenden, zum Wehrdienst als Hopliten fähigen Bürger dominierten.
Um 500 v. Chr. vertrieb das Patriziat den König und errichtete eine Adelsrepublik. Patrizier und Plebejer verband eine feste soziale Treuebeziehung, das Klientelwesen. Plebejische Klienten mussten ihren adligen *Patron* vor allem in der Volksversammlung unterstützen. Dieser war dagegen zu wirtschaftlicher Unterstützung und Hilfe vor Gericht verpflichtet.
Der Herrschaft des Patriziats drohten in der neuen Republik zwei Hauptgefahren. Die Plebs wollte eine Machtbeteiligung und eine Demokratisierung der Republik erreichen. Gefährlicher waren jedoch die Bestrebungen einzelner Patrizier, sich an die Spitze des Gemeinwesens zu stellen. Die Aristokratie insgesamt wollte zwar ihre Herrschaft bewahren. Sie konnte aber die Staatsgewalt und die unterschiedlichen Regierungsgeschäfte nicht als Gruppe ausüben. Die Macht musste delegiert, ihr Missbrauch zugleich verhindert werden.

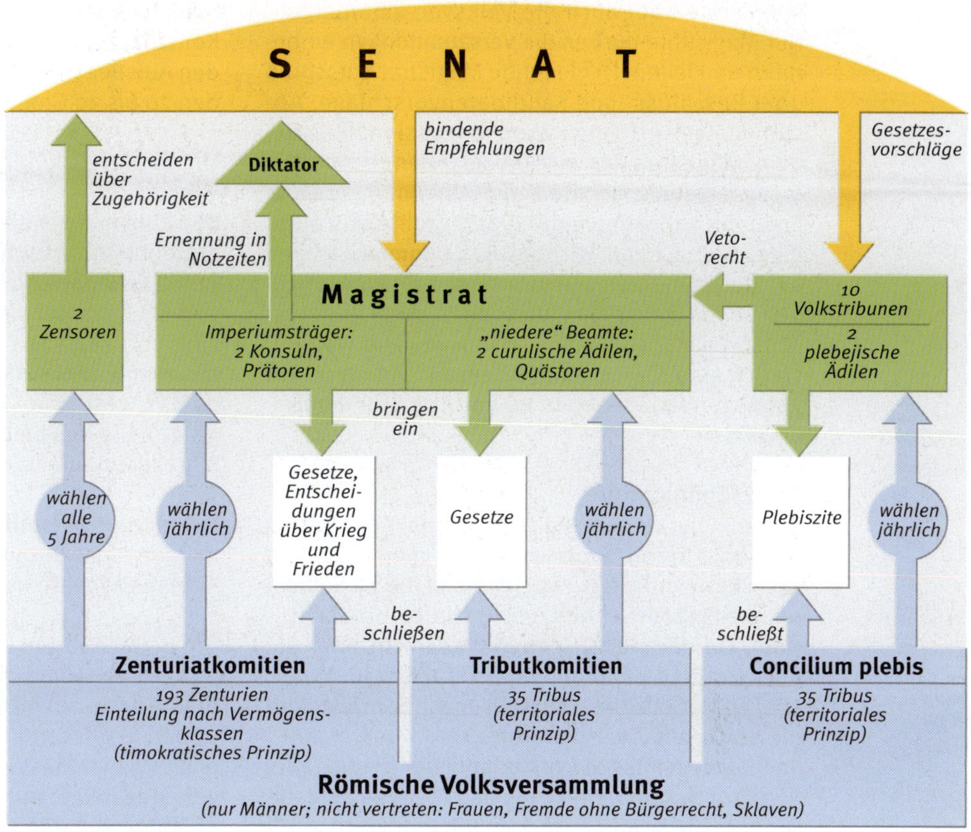

Verfassung der Römischen Republik ab 250 v. Chr.

Die Verfassung der Republik

Die Aristokratie übertrug die Staatsgewalt einer vierstufigen Beamtenhierarchie, der Magistratur. An deren Spitze standen zwei Konsuln. Sie waren mit dem Imperium, der fast unumschränkten zivilen und militärischen Höchstgewalt, ausgestattet. Sie beriefen und leiteten Volksversammlungen und Senatssitzungen und führten das Heer. Den anderen Beamten gegenüber besaßen sie ein Weisungs-, dem Amtskollegen gegenüber ein Blockaderecht. Das darin wirksame Prinzip der Kollegialität sowie die Beschränkung der Amtszeit auf ein Jahr (*Annuität*) setzten ihrer Macht Grenzen.
Verließen die Konsuln die Stadt, fiel die Staatsleitung an die sonst für die Rechtsprechung zuständigen *Prätoren*. Auch sie besaßen das Imperium. Die nachgeordneten *Ädilen* kümmerten sich um Märkte, Tempel und öffentliche Ordnung. Die *Quästoren* verwalteten die Staatskasse.
In schwerster Gefahr konnten die Konsuln für sechs Monate einen jeder Kontrolle enthobenen *Diktator* ernennen. Um das Konsulat zu erreichen, mussten zuvor die drei vorgeschalteten Stufen der Ämterlaufbahn absolviert werden. Für jedes Amt galt ein Mindestalter. Mit der Wahl zum Quästor wurde der Beamte Senatsmitglied und blieb es im Prinzip lebenslang.
Rechtlich bildete der Senat in der Republik nicht mehr als eine Versammlung von ca. 300 ehemaligen Amtsträgern. Faktisch war er jedoch jahrhundertelang das unumstrittene Machtzentrum der Republik. Seine Entscheidungen repräsentierten die versammelte Autorität und geballte Macht aller Adelsgeschlechter sowie die politische Erfahrung aller jemals politisch Verantwortlichen. Ein „Rat" des Senats (*Senatus consultum*) besaß für Magistrate die Qualität eines kritik- und widerspruchslos auszuführenden Befehls. Wagten sie dennoch dem Senat zu trotzen, blieb ihnen die weitere Ämterlaufbahn verschlossen und die Streichung von der Senatsliste war ihnen sicher. Diese Liste revidierten alle fünf Jahre zwei aus den ehemaligen Konsuln gewählte *Zensoren*.
Formal bildeten Volk und Volksversammlungen ein starkes Gegengewicht gegen die adligen Senatoren und Magistrate, indem sie über Krieg und Frieden, die Gesetze und Magistratswahlen entschieden. Tatsächlich kontrollierte der Senat über die

Magistrate aber auch die Volksversammlungen. Nur Magistrate durften die Versammlungen einberufen und leiten. Der leitende Magistrat entschied über Beschluss- und Kandidatenvorschläge. Abstimmungen erfolgten ohne Diskussion. Missfiel dem Magistrat das sich abzeichnende Abstimmungsergebnis, konnte er die Versammlung ohne Ergebnis auflösen. In der Praxis drohte das allerdings selten. In der wichtigsten Versammlung, den aus der alten Heeresversammlung hervorgegangenen *Zenturiatkomitien*, von denen unter anderem Zensoren, Konsuln und Prätoren gewählt wurden, stellte eine kleine Minderheit aus Adligen und vermögenden Plebejern 98 von 193 Stimmabteilungen.

Die Ständekämpfe

Der Adel nutzte sein Machtmonopol in der frühen Republik, um sich Vorteile bei der Landverteilung zu sichern und viele Plebejer bis in die an Sklaverei grenzende Schuldknechtschaft herabzudrücken. Da die plebejische Mittelschicht aber als Rückgrat der Hoplitenphalanx unersetzlich war, stiegen ihr Selbstbewusstsein und ihr Unwille über die drückende Adelsherrschaft.
Im Ringen um das Machtmonopol der Aristokratie, den *Ständekämpfen*, schuf sich die Plebs eigene Organe, die später auch von den Patriziern anerkannt wurden. Seit 450 v. Chr. wurden jährlich zehn *Volkstribune* gewählt. Sie leiteten die den Patriziern verschlossenen Volksversammlungen der Plebs. Dort wurden *Plebiszite* (Volksbeschlüsse) gefasst. Die Plebs erklärte ihre Tribunen für sakrosankt (unverletzlich), damit diese Leben und Vermögen der Plebejer gegen Magistrate schützen konnten. Bei Übergriffen gegen Tribunen drohte Rache durch die Plebs. Tribunen dagegen konnten jede Magistratsaktion mit einem „Veto“ (lat.: „ich verbiete“) unterbinden. In den Ständekämpfen erzwang die Plebs mit Wehrdienstverweigerung und Streiks schrittweise die Abschaffung der sozialen, rechtlichen und politischen Privilegien des Patriziats. Um 450 v. Chr. machte zunächst die Veröffentlichung des *Zwölf-Tafel-Gesetzes* das Recht für Plebejer kontrollier- und einklagbar. Nach dem Fall des Rechtskenntnismonopols der Patrizier fiel um 445 v. Chr. die soziale Schranke des Heiratsverbots zwischen den Ständen. 367 v. Chr. erreichten die Plebejer den Zugang zum Konsulat. 326 v. Chr. wurde die Schuldknechtschaft aufgehoben. Es folgten 297 v. Chr. die Anerkennung der Volkstribunen als Magistrate (Staatsbeamte) und 297 v. Chr. der Plesbizite als Staatsgesetze.
Das Patriziat schloss also Kompromisse, erhielt aber prinzipiell die Adelsherrschaft. Es fand in den führenden Plebejerfamilien Verbündete. Gemeinsam mit der plebejischen Elite verschmolz es zu einem neuen Adel, der *Nobilität*. Das Erreichen des Konsulats durch ein Familienmitglied bedeutete den Aufstieg in den exklusiven Kreis dieser führenden 20 bis 30 Großfamilien.

Die Expansion der Republik

Von ca. 400 – 129 v. Chr. errichtete die Stadtrepublik Rom in einer beispiellosen Expansion ein den Mittelmeerraum umfassendes Weltreich. Dessen Aufbau gliederte sich in drei Bereiche: Von 400 bis 272 v. Chr. unterwarf Rom die Apenninenhalbinsel[1]. Von 264 – 201 v. Chr. eroberte es im Ringen mit der nordafrikanischen Handelsrepublik Karthago das westliche Mittelmeer und bis 129 v. Chr. große Teile des hellenistisch geprägten östlichen Mittelmeerraumes.

Herrschaft in Italien

In Italien bewahrte Rom die für die innerrömische Adelsherrschaft notwendige Stadtstaatsverfassung.
Die benachbarten Latiner wurden bis 338 v. Chr. völlig in den römischen Stadtstaat integriert. Auch Städte anderer Völker Italiens nahm Rom später in seinen Staatsverband auf, aber mit einem Bürgerrecht zweiter Klasse. Deren Bürger behielten weitgehende lokale Autonomie, mussten alle Bürgerpflichten wie den Militärdienst tragen, erhielten als „cives sine suffragio“ jedoch keine politischen Rechte in Rom. Die meisten Städte und Stämme Italiens wurden nach ihrer Unterwerfung autonome *Bundesgenossen*. Sie mussten sich durch unkündbare Bündnisverträge jeweils einzeln an Rom binden und verloren ihre außenpolitische Souveränität. Bündnisse mit Dritten blieben nur der Hegemonialmacht Rom gestattet. Auf Roms Anordnung mussten festgelegte Truppenkontingente gestellt werden. Befestigte *Militärkolonien* dienten zur Kontrolle der neuen Verbündeten. Davon gab es zwei Klassen: Römische Kolonisten in „latinischen“ Kolonien erhielten nach dem Ende der staatlichen Selbstständigkeit der Latiner ein neues „latinisches“ Bürgerrecht. Es war ein latentes römisches Bürgerrecht. Bei der Rückkehr nach Rom bekamen die Kolonisten ihr Vollbürgerrecht zurück. Kolonisten römischer Kolonien behielten das Vollbürgerrecht mit allen politischen Rechten. Beide Kolonietypen erhielten ausreichend Ackerland und lokale Selbstverwaltung.

Provinzsystem

Für die Eroberung und Verwaltung der riesigen Überseeterritorien taugten weder die Verfassung und der minimale Regierungsapparat der Adelsre-

[1] *Das Apenninengebirge durchzieht die Halbinsel von Norden nach Süden.*

publik noch das Modell der italischen Wehrgemeinschaft.
Außerhalb Italiens behandelte Rom Besiegte als steuerpflichtige und rechtlose Untertanen. Deren Städte blieben begrenzt autonom, wurden aber den Weisungen eines Statthalters unterworfen, der jeweils für eine größere Region – *Provinz* genannt – zuständig war. Dessen militärische und zivile Macht war nahezu unbeschränkt. Sie unterlag anders als die der Magistrate keiner Kontrolle durch den Senat oder Amtskollegen. Statthalterschaften wurden oft an die Amtsvorgänger der weitgehend in Rom amtierenden Obermagistrate vergeben. Es war zwar möglich, gegen die Ausbeutung durch einen Statthalter zu klagen, dafür musste aber erst ein geeigneter Anwalt, der für die Interessen der Provinz eintrat, gefunden werden (→ M1). Da Statthalter kein reguläres römisches Staatsamt bekleideten, aber für einen Magistrat („pro magistratu") und mit dessen Amtsgewalt handelten, hießen sie *Promagistrate* und fungierten zum Teil auch als Heerführer.
Zur Minimierung des Verwaltungsapparats verzichtete Rom auf die staatliche Erhebung der Provinzialsteuern. Die Zensoren verpachteten das Recht zum Steuereinzug in einzelnen Provinzen gegen Höchstgebot an private Pachtgesellschaften. Die Steuerpächter (*publicani*) zahlten der Staatskasse im Voraus feste Summen und trieben dann Steuern nach eigenem Gutdünken ein. Die Differenz zwischen Pacht und Einnahmen ergab ihren Gewinn. Der war oft ungeheuer, da die Statthalter der Praxis schamloser Ausbeutung selten Schranken setzten.

Rückwirkungen der Expansion

Die Sachzwänge der fernen Eroberungskriege und der Provinzialverwaltung erforderten bald die Verlängerung der Promagistraturen. Damit wurde auch das zweite fundamentale Verfassungsprinzip, die Annuität, durchbrochen.
Konsulat und Prätur blieben zwar ehrenvolle Ziele der Senatsaristokratie, verkamen aber im Lauf der Expansion zunehmend zum Tor für anschließende lukrative Promagistraturen. Die boten ehrgeizigen Aristokraten ungleich größere Aussichten auf Machtgewinn und Profilierung. Feldherren und Statthaltern eröffneten sich ungeheure Möglichkeiten der Bereicherung. Große militärische Leistungen verschafften unvergleichbares Prestige. Nobiles, die als Promagistrate – im Osten gottähnliche – Verehrung und schrankenlose Macht genossen hatten, ließen sich nach Ablauf ihrer Kommandos zunehmend schwerer in den Senat integrieren. Dort wartete auf sie oft eine neiderfüllte Mehrheit, die die wenigen, allein den Weg zu Macht, Reichtum und Ruhm ermöglichenden Ämter (Prätur und Konsulat) nie erreicht hatte oder nie erreichen würde. Diese wachsende Ungleichheit untergrub ab 200 v. Chr. zunehmend Zusammenhalt und Machtbalance des Adels und damit die Fundamente seiner Herrschaft.
Spätere soziale Spannungen hatten ihren Ursprung auch in dem Grundsatz, nach dem Geldgeschäfte nicht mit dem Ethos und der Würde der Nobilität vereinbar sind. Dementsprechend legte die *lex Claudia* von 218 v. Chr. ein Verbot von Steuer- und Handelsgeschäften für diesen Stand fest. Der Teil der Oberschicht, der weiter Geldgeschäfte betreiben wollte, gehörte fortan dem von politischen Karrieren ausgeschlossenen *Ritterstand* an. Die lex Claudia zwang Senatoren, in landwirtschaftlichen Besitz zu investieren. Sicherheit und Ansehen dieser Anlage zogen auch die Ritter an. Beide Gruppen setzten dabei auf eine mit Sklaven betriebene Gutswirtschaft mit extensiver Weidewirtschaft und intensivem Wein- und Olivenanbau. Seit Roms Feldherren im 2. Jahrhundert zunehmend zu Massenversklavungen schritten, um ihre Kassen zu füllen, herrschte kein Mangel an Sklaven als billigen Arbeitskräften.
Den Landhunger der Gutsbesitzer stillten geduldete Okkupation von unbebautem Staatsland (*ager publicus*) und immer aggressivere Formen der Aneignung von Kleinbauernhöfen.
Den Kleinbauern bereitete der oft jahrelange Kriegsdienst außerhalb Italiens schwere Probleme. Daraus resultierende Verschuldung und offene Gewalt der Gutsbesitzer zwangen immer mehr von ihnen zur Aufgabe. So endeten viele stolze Eroberer der Mittelmeerwelt am Ende in den elenden Reihen der besitzlosen und von staatlicher Getreideversorgung lebenden stadtrömischen Proletarier. Das barg sozialen Sprengsatz und gefährdete zudem Roms militärische Macht. Da nur wehrpflichtig war, wer ein Mindestvermögen für die Anschaffung der Waffen besaß, gingen der Weltmacht gegen Ende des 2. Jahrhunderts v. Chr. zusehends die Rekruten aus. Aushebungen für Kriege im Osten oder in Spanien verursachten mehrfach Tumulte der verbliebenen und zunehmend wehrunwilligen Kleinbauern.

Agrar- und Heeresreform

Im Jahr 133 v. Chr. legte der Nobilis *Tiberius Gracchus* als Volkstribun Vorschläge für eine Agrarreform zur Lösung des Kleinbauern- und Militärproblems vor. Großgrundbesitz sollte grundsätzlich auf 125 Hektar beschränkt, darüber hinausgehender Besitz an Proletarier ausgegeben werden. Als führende Nobiles einen Senatsbeschluss und das Veto eines anderen Tribunen gegen das Vorhaben erwirkten, griff Tiberius zum doppelten Verfassungsbruch: Er setzte seinen gegnerischen Tribunkollegen per Volksbeschluss ab und brachte gegen alle Regeln seine Wiederwahl durch. Senatorische Gegner ließen Tiberius daraufhin ermorden. Dessen ungeachtet knüpfte sein Bruder Gaius 123 v. Chr. an Tiberius' Politik an (➔ M2). Um sich abzusichern, übertrug er die Entscheidung über Todesurteile per Gesetz exklusiv der Volksversammlung. Dagegen reklamierte der Senat das Recht, den Staatsnotstand zu erklären und die Konsuln zur Tötung erklärter Staatsfeinde – auch ohne Gerichtsurteil – zu ermächtigen. Als der Senat diesen Beschluss gegen Gaius fasste, wählte der den Freitod.

Die Auseinandersetzung um die Gracchischen Reformversuche spaltete die Nobilität dauerhaft in zwei Gruppen. Die *Optimaten* (lat. optimus: „der Beste") wollten die herkömmliche Ordnung und den Senat als einzig legitimen Ort für politische Entscheidungen bewahren. Die *Popularen* (lat. populus: „das Volk") suchten dagegen ihre Ziele als Tribunen oder Konsuln gegen die Senatsmehrheit mit Volksbeschlüssen durchzusetzen.

Gegen den Willen des Senates löste der Populare *Gaius Marius* als Konsul ab 104 v. Chr. Roms Rekrutenproblem durch eine grundlegende Heeresreform. Er rekrutierte besitzlose Proletarier als Berufssoldaten, rüstete sie mit Staatsmitteln aus und band sie mit Soldzahlungen und Bauernhöfen als Entlassungsprämien nach Ablauf der 16-jährigen Militärzeit als Heeresklientel fest an den Feldherrn. Das verschaffte ehrgeizigen Generälen ein neues, auch innenpolitisch einsetzbares Machtpotenzial.

Das Ende der Republik

Ersten Gebrauch davon machte der Optimat und Konsul *Sulla*, der im Dauerkonflikt von Popularen und Optimaten zweimal zum Mittel des Staatsstreichs griff. 88 v. Chr. sicherte Sulla sich und seinen Legionen damit die Führung eines Krieges im Osten, der reiche Beute versprach. Bei seiner Rückkehr 82 v. Chr. erzwang der zum Staatsfeind erklärte Sulla seine dauerhafte Ernennung zum Diktator „für die Neuordnung der Republik" (➔ M3). Diese bestand aus der faktischen Abschaffung des Volkstribunats und der Ermordung seiner Gegner. Dem Terror seiner Proskriptionen (öffentliche Listen mit Namen von Todeskandidaten) fielen ca. 1700 Senatoren und Ritter zum Opfer. 79 v. Chr. hielt Sulla die Optimatenherrschaft für dauerhaft gesichert und legte die Diktatur nieder. Der politische Dammbruch, den er ausgelöst hatte, war jedoch irreparabel.

Sullas Ordnung zerstörte ein 60 v. Chr. geschlossenes Bündnis dreier führender Nobiles. *Caesar* (100 – 44 v. Chr.) der Führer der Popularen, *Pompeius*, der vom Senat enttäuschte Patron der größten Heeresklientel, und *Crassus*, der reichste Römer seiner Zeit, verabredeten, „es solle nichts geschehen, was einem der drei missfiele". Der Macht des „Drei-Männer-Bundes" (*Triumvirat*) aus Caesars Rückhalt bei der Plebs, Pompeius' Feldherrenruhm sowie Crassus' Finanzen vermochte der Senat nichts entgegenzusetzen. Die Triumvirn sicherten sich für ein Jahrzehnt Roms wichtigste Statthalterschaften und alle Legionen.

Träger eines Legionsadlers. Bronzestatue von einer Pferderüstung, 1. Jh. n. Chr. Zur Heeresreform des Marius gehörte auch eine Vereinheitlichung der Feldzeichen. So wurde der Adler – das Zeichen Jupiters – alleiniges Erkennungszeichen der Legion.

Als Crassus 52 v. Chr. gegen die Parther fiel und Pompeius sich auf die Seite des Senats schlug, da er auf Caesars Eroberungen in Gallien bis zum Rhein und zur Nordsee hin eifersüchtig war, zerbrach das Triumvirat. Am 1. Januar 49 v. Chr. forderte der Senat vom Prokonsul Caesar, sein Heer aufzulösen und als Privatmann nach Rom zurückzukehren. Dies hätte Caesars politisches Ende bedeutet. Als Caesar nahestehende Volkstribunen dagegen ihr Veto einlegten, rief der Senat den Staatsnotstand aus. Caesar reagierte, indem er seine Legionen nach Italien und in den Bürgerkrieg führte. Nach vier Jahren hatte der aufständische Prokonsul jeden Widerstand unterdrückt. Anders als Sulla schonte er seine Gegner, hatte jedoch keine Absicht, die ihm übertragene unbegrenzte Diktatur jemals wieder aus den Händen zu geben. Als sich alle Hoffnungen auf eine Wiederherstellung der Senatsherrschaft zerschlugen, bildete sich eine bis weit in seine Gefolgschaft reichende Opposition. 60 Verschwörer aus deren Reihen ermordeten Caesar am 15. März 44 v. Chr. während einer Senatssitzung.

Deren unrealistischer Traum von der Wiederherstellung der Republik durch Mord verflüchtigte sich rasch. Caesars Generäle *Antonius* und *Lepidus* verbündeten sich mit Caesars 19-jährigem Adoptivsohn *Octavian* (63 v. Chr. – 14 n. Chr.) zum *2. Triumvirat*, einer kaum getarnten Militärdiktatur (➔ M4). Ihre innenpolitischen Gegner schalteten sie wie Sulla mit Proskriptionen und Bürgerkrieg aus. Am Ende duellierten sich die Sieger in einem weiteren Bürgerkrieg. Die Entscheidung fiel nach fast 14 Jahren Bürgerkrieg 31 v. Chr. in der Seeschlacht von Actium zugunsten Octavians.

M1 Anklage gegen Verres

Der junge Senator und spätere Konsul M. Tullius Cicero (106–43 v. Chr.) fällt 70 v. Chr., am Anfang seiner politischen Karriere, durch die Übernahme einer Erpressungsklage auf, die die Städte der Provinz Sizilien gegen den ehemaligen Statthalter Verres anstrengen. Diese Möglichkeit besteht – freilich eher formal – seit 149 v. Chr. Cicero kann die senatorischen Geschworenen dank seiner brillanten Anklagereden zu einer – allerdings völlig ungewöhnlichen und für Verres daher überraschenden – Verurteilung des Ex-Prätors und Senators bewegen. Verres geht ins Exil und büßt weniger als 10 % des erpressten Gutes ein.

Doch von allen seinen Lastern hat Verres die meisten und größten Denkmäler und Wahrzeichen in der Provinz Sizilien errichtet, die er drei Jahre lang so schlimm heimsuchte und verwüstete, dass sie den alten Zustand überhaupt nicht mehr zu erreichen vermag, ja dass es scheint, sie werde sich in vielen Jahren und unter redlichen Statthaltern kaum einmal wieder einigermaßen erholen. Unter diesem Prätor konnten die Sizilier weder ihre eigenen Gesetze noch unsere Senatsbeschlüsse noch die allgemeinen Rechtsgrundsätze geltend machen: In Sizilien hat ein jeder nur das, was dem habgierigsten und begehrlichsten aller Menschen versehentlich entging oder aus Überdruss zu viel wurde. Keine Sache hat man drei Jahre lang anders entschieden als nach seinem Gutdünken; kein Besitz, und mochte er vom Vater oder Großvater stammen, war jemandem so sicher, dass er ihm nicht auf Befehl des Verres aberkannt wurde. Unzählige Geldbeträge hat er aus den Gütern der zehntpflichtigen[1] Landwirte durch ein neues, schändliches Verfahren erpresst, die treuesten Bundesgenossen[2] wie Staatsfeinde behandelt, römische Bürger gleich Sklaven gefoltert und getötet, noch so Schuldige für Geld der Gerichtsbarkeit entzogen, die ehrenhaftesten und untadeligsten Männer in Abwesenheit angeklagt und ohne rechtliches Gehör verurteilt und verbannt, die sichersten Häfen, die größten und festesten Städte Seeräubern und Wegelagerern geöffnet, […] die besten und brauchbarsten Flotten zur großen Schande des römischen Volkes preisgegeben und zugrunde gerichtet.

Eben dieser Prätor hat noch so alte Kunstdenkmäler – sie stammen teils von den reichsten Königen her, die ihre Städte damit schmücken wollten, teils auch von unseren siegreichen Feldherren, die sie den sizilischen Gemeinden stifteten oder zurückgaben – samt und sonders geplündert und ausgeleert. Und das tat er nicht nur mit öffentlichen Bildwerken und Schmuckstücken, er raubte auch sämtliche durch die heiligsten Riten geweihten Tempel aus; schließlich ließ er den Siziliern kein einziges Götterbild übrig, das ihm auch nur einige Meisterschaft verriet oder mit altbewährter Kunstfertigkeit gearbeitet zu sein schien. Seine schändlichen Gelüste und Ausschweifungen aufzuzählen, hindert mich mein Schamgefühl; zugleich will ich nicht, indem ich davon rede, das Unglück derer schlimmer machen, denen es nicht vergönnt war, ihre Kinder und Frauen unversehrt vor seiner Zudringlichkeit zu bewahren.

[…] Ich glaube, es gibt keinen Menschen, der den Namen des Verres vernommen hat und nicht auch von seinen Schandtaten reden könnte; ich muss daher eher befürchten, dass man annimmt, ich wolle viele Verbrechen übergehen, als dass ich etwas gegen ihn erfände […]

M. Tullius Cicero, Sämtliche Reden, eingeleitet, übersetzt und erläutert von Manfred Fuhrmann, Band III, Zürich/Stuttgart 1971, S. 81f.

1. *Arbeiten Sie den Charakter des Verres heraus, den Cicero entwirft. Welche Vorwürfe mussten für die Geschworenen besonders ungeheuerlich sein?*
2. *Untersuchen Sie die von Cicero unterstellten Akte darauf, welche als klare Rechtsbrüche und welche durch den faktisch kaum begrenzten Handlungsspielraum des Statthalters noch als gedeckt angesehen werden konnten.*
3. *Erschließen Sie, warum die Verurteilung des Verres überraschend war.*

[1] *Rom hatte die von Hieron II. von Syrakus erlassene Steuerregelung übernommen.*

[2] *Einige Städte Siziliens besaßen die privilegierte Stellung von Bundesgenossen.*

M2 „Herren der Welt werden sie genannt ...“

Der griechische Schriftsteller Plutarch (46–125) ist vor allem durch seine Biografien bedeutender Griechen und Römer bekannt geworden. In dem Kapitel über Tiberius und Gaius Gracchus untersucht er die Ursachen der Agrarkrisen und die Gründe der gracchischen Reformbewegung:

Die Römer pflegten das Land, das sie ihren Nachbarn im Kriege abnahmen, zum einen Teil zu verkaufen, zum andern in Staatsbesitz überzuführen und dann bedürftigen Bürgern oder solchen ohne eigenen Boden gegen eine geringe Abgabe an die Staatskasse zur Nutzung zu überlassen. Als jedoch die Reichen anfingen, den Pachtzins in die Höhe zu treiben und die Armen von ihrer Scholle zu verdrängen, wurde ein Gesetz erlassen, welches bestimmte, dass niemand mehr als fünfhundert Morgen Land besitzen dürfe. Für kurze Zeit tat diese Vorschrift der Habgier Einhalt und half den Armen, welche auf den gepachteten Höfen blieben und den Anteil des staatlichen Bodens bewirtschafteten, den sie von jeher besessen hatten. Später aber brachten die reichen

Nachbarn durch vorgeschobene Mittelsmänner die Pachtverträge in ihre Hände und verwalteten schließlich das meiste ganz offen als eigenen Besitz. Aus ihren Heimwesen gejagt, taten die Armen nur noch mit Widerwillen und zeigten auch keine Lust mehr, Kinder großzuziehen, sodass ganz Italien binnen kurzem die freie Bevölkerung zurückgehen sah, während das Land sich mit den Kasernen ausländischer Sklaven bedeckte, welche nunmehr die Ländereien bestellten, aus denen die Reichen ihre Mitbürger vertrieben hatten. [...]
Sein Bruder Gaius indes berichtet in einer Schrift, Tiberius habe, als er auf dem Weg nach Numantia durch Etrurien kam, das verödete Land gesehen und die aus der Fremde eingeführten Sklaven, welche die Felder bestellten und das Vieh weideten. Da zuerst sei der Entschluss in ihm gereift zu jener Politik, welche ihnen beiden Leiden ohne Zahl bringen sollte. [...]
Tiberius [...] sprach: „Die wilden Tiere, welche in Italien hausen, haben ihre Höhle, jedes weiß, wo es sich hinlegen, wo es sich verkriechen kann - die Männer aber, die für Italien kämpfen und sterben, sie haben nichts außer Luft und Licht. Heimatlos, gehetzt irren sie mit Weib und Kind durch das Land. Die Feldherren lügen, wenn sie in der Schlacht die Soldaten aufrufen, für ihre Gräber und Heiligtümer sich zu wehren gegen den Feind, denn von all diesen Römern besitzt keiner einen Altar, den er vom Vater ererbt, keiner ein Grab, in dem seine Vorfahren ruhen, vielmehr kämpfen und streben sie für anderer Wohlleben und Reichtum. Herren der Welt werden sie genannt und haben nicht eine Scholle Land zu eigen."

Walter Wuhrmann, Tiberius und Gaius Gracchus, in: Konrat Ziegler, Plutarch. Große Griechen und Römer, Band IV, Zürich 1965, S. 243 ff.

1. *Beschreiben Sie die Gründe der gracchischen Reformen. Woran scheiterten sie letztendlich?*
2. *Diskutieren Sie, ob die Reformen des Tiberius eher eine Machtfrage oder eine Rechtsfrage gewesen sind.*
3. *Erörtern Sie, ob man die Reformen als „konservativ" bezeichnen kann.*

M3 Sullas Diktatur 82–79 v. Chr.

Appian (ca. 95-165), der griechischer Abstammung ist und in der kaiserlichen Verwaltung eine steile Karriere gemacht hat, schildert in den „Bürgerkriegen" den ab 133 v. Chr. beginnenden Untergang der römischen Republik:

So war denn Sulla in der Tat König oder Tyrann, nicht gewählt, sondern aufgrund von Macht und Gewalt.[1] Er brauchte nur noch den Schein einer Wahl und auch das brachte er auf folgende Weise zustande: Die römischen Könige wurden in alten Zeiten ob ihrer Tüchtigkeit bestellt. Wenn einer starb, dann übten Senatoren, einer nach dem anderen, jeweils fünf Tage lang die königliche Gewalt aus, bis das Volk einen anderen als König billigte. Diesen Fünftageherrscher hieß man Interrex [d.h. „Zwischenkönig"]. Die Konsulwahlen wurden hingegen von den jeweils abtretenden Konsuln geleitet, und wenn zufällig einmal kein Konsul vorhanden war, so wurde auch dann [dafür] ein Interrex bestellt [...]

Lucius Cornelius Sulla (um 138/34–78 v. Chr.). Porträtbüste, um 100 v. Chr.
► Arbeiten Sie heraus, welchen Charakter Sullas die Büste vermitteln soll.

[1] *Sulla hatte nach seiner Rückkehr aus dem Osten die regierenden Konsuln mit seinem Heer gestürzt.*

Dieses Herkommen machte sich nun Sulla zunutze, weil es eben zurzeit keinen Konsul gab[1]; so entfernte sich Sulla irgendwie unbemerkt aus [Rom] und gab dem Senat Weisung, einen Interrex zu wählen. Die Senatoren wählten daraufhin den Valerius Flaccus in der Hoffnung, dass in Bälde Konsularkomitien[2] angesetzt würden. Sulla jedoch erteilte Flaccus schriftlich den Befehl, dem Volke vorzutragen, dass es augenblicklich im besonderen Interesse [Roms] liege, das Amt der Diktatur zu erneuern [...]. Wen sie aber wählten, der soll[t]e das Amt [...] so lange bekleiden, bis er die Stadt, Italien und das ganze Reich [...] wieder auf feste Füße gestellt habe [...].
Die Römer waren zwar nicht damit einverstanden, doch konnten sie keine Wahl mehr nach Gesetz durchführen [...]. So begrüßten sie in ihrer Zwangslage die vorgetäuschte Wahl als Schein von Freiheit und wählten Sulla [...] für einen Zeitraum, der in seinem Belieben stand [und] fügten [...] noch hinzu, dass Sullas Wahl zum Diktator ihm die Möglichkeit zum Erlass von Gesetzen [...] und zur Neuordnung des Staatswesens gewähren solle [...]. Um indes an die Form der Verfassung anzuknüpfen, überließ Sulla dem Volke die Bestellung der Konsuln [...]. Er selbst stand freilich wie ein regierender König als Diktator über den Konsuln. 24 Beile wurden ihm nämlich als Diktator vorausgetragen, ebenso viele wie den früheren Königen, und außerdem hatte er eine starke Leibgarde um sich.

Appian, Bella civilia I, übersetzt von Otto Veh, zit. nach: Klaus Meister, Einführung in die Interpretation historischer Quellen. Schwerpunkt: Antike Bd. 2, Paderborn 1999, S. 182 ff.

1. *Analysieren Sie Motiv, Ziel und Methode von Sullas Vorgehen.*
2. *Beurteilen Sie Sullas Stellung und Vorgehen unter dem Gesichtspunkt der römischen Verfassungsnormen.*

[1] *vgl. Fußnote 1, S. 22*
[2] *die (timokratische) Volksversammlung der Comitia centuriata zur Wahl der Konsuln*

M4 Frauen in Rom

Der folgende Bericht Appians zeigt eine Episode des letzten Bürgerkrieges. 43 v. Chr. beschwert sich Hortensia, Wortführerin von ca. 1400 vornehmen Römerinnen, auf dem Forum bei den Triumvirn Octavian, Lepidus und Antonius über die Besteuerung ihres Vermögens zur Finanzierung des Krieges gegen die Caesarmörder:

„Ihr habt uns bereits unsere Väter, Männer und Brüder entrissen, unter der Beschuldigung, dass sie euch Unrecht getan hätten. Nehmt ihr uns dazu auch noch das Vermögen, so zwingt ihr uns zu Unanständigkeiten, die unsere Abkunft, unsere Lebensweise und unsere Weiblichkeit entehren. Behauptet ihr, auch von uns wie von den Männern beleidigt zu sein, dann ächtet uns ebenso wie jene! Wenn wir Frauen aber keinen von euch zum Feind erklärt, keinem seine Behausung zerstört, keinem das Heer verführt haben, gegen keinen zu Felde gezogen sind, wenn wir keinem bei Erlangung eines Amtes oder einer Ehre in den Weg traten: Warum sollen wir die Strafe teilen, da wir keinen Teil am Unrecht hatten?
Und warum sollen wir Steuern entrichten, da wir nicht im Mitgenuss von Ämtern, Ehrenstellen und Provinzen sind, überhaupt keinen Teil an den Staatsgeschäften haben, um die ihr jetzt, das Unheil bis auf den höchsten Grad steigernd, euch streitet? [...]"
Diese Rede der Hortensia erfüllte die drei Männer mit Unwillen. Wie? Frauen sollten, wenn Männer schwiegen, die Keckheit haben, in die Versammlung zu kommen, die Handlungen der Machthaber zu mustern, und, wenn Männer Feldzüge machen, nicht einmal Geld dazu hergeben wollen? Sie befahlen deswegen den öffentlichen Dienern, die Frauen von der Tribüne wegzutreiben. Aber bald erhob sich ein Geschrei der Menge von außen her. Die Diener ließen von ihrem Beginnen ab, und die Machthaber erklärten die Sache verschoben auf den nächsten Tag. Am folgenden Tag wurden statt tausendvierhundert nur vierhundert öffentlich angeschlagen, die ihr Vermögen abschätzen lassen sollten. Eben dies wurde auch allen Männern befohlen, die mehr als hunderttausend Drachmen besäßen.

F. Dillenius, Appian. Bürgerkriege, Stuttgart 1828 ff., S. 1405 ff.

1. *Erklären Sie, worauf Hortensia zu Beginn ihrer Rede anspielt.*
2. *Kennzeichnen Sie nach dem Bericht des Appian die soziale und politische Stellung der Frauen in Rom.*

1.3 Das Kaiserreich der Römer

Relief von der Ara Pacis, des auf Senatsbeschluss von Augustus für „seinen", d. h. von ihm garantierten Frieden 13–9 v. Chr. erbauten Altars in Rom.
Eine mütterliche, wohl die Italia personifizierende Gottheit symbolisiert die Segnungen des Prinzipats. Italia trägt Züge der Pax (Frieden). Ähren, Schleier und Früchte sind Attribute der Erdgöttin Tellus, der Venus und der Fruchtbarkeitsgöttin Ceres. Zwei Nymphen unter gebauschten Tüchern personifizieren – als Pars pro toto für die Naturgewalten – die pazifizierten Wasser- und Landwinde.

27 v. Chr.	Durch die formale Wiederherstellung der Republik begründet Octavian den Prinzipat
14 n. Chr.	Tod des Augustus, Nachfolge des Tiberius als Prinzeps
212 n. Chr.	Caracalla vergibt an alle freien Provinzialen das römische Bürgerrecht
285 n. Chr.	Diokletian stabilisiert das Reich als spätantiken Verwaltungsstaat
313 n. Chr.	Konstantin lässt das Christentum als Religion zu

Wiederherstellung der Republik?

Die Ausschaltung seiner Rivalen machte Octavian zum Herrn des Imperiums. Doch das Beispiel Caesars vor Augen musste er eine für die alten Eliten annehmbare Form der Machtausübung finden. Würde der Mann, der 19-jährig mit Caesars Veteranen ein Amt erpresst und einen Weg voll Blutvergießen und Rechtsbruch beschritten hatte, dazu fähig sein?

Beide Seiten fanden in einem längeren Prozess zu einem tragfähigen Ausgleich. Octavian gab 27 v. Chr. in einem klug inszenierten, als „Wiederherstellung der Republik" propagierten Staatsakt die im Bürgerkrieg usurpierte außerordentliche Gewalt und alle Provinzen an den Senat zurück. Dieser verlieh Octavian zum Dank den Beinamen *Augustus* („der Erhabene"), der ihn weit über die anderen Senatoren in die Nähe der Götter erhob. Zugleich ließ sich Octavian die Amtsgewalt, nicht das Amt, eines Prokonsuls und die Statthalterschaft der zwölf gefährdeten Grenzprovinzen übertragen. Sie sicherte dem Patron der Armee zugleich das staatliche Kommandomonopol über die Truppen.

In Rom und Italien begnügte sich Augustus, wie sich Octavian nun nannte, zunächst mit dem seit 31 v. Chr. alljährlich bekleideten Konsulat. Da dies mit der republikanischen Tradition unvereinbar war, wich er ab 23 v. Chr. auf die Amtsgewalt des Volkstribunen aus. Sie verschaffte ihm neben dem Zugriff auf die Volksversammlung die Unverletzlichkeit der Person und die Fähigkeit, oppositionelle Aktionen zu unterbinden. Die Ausstattung mit einer den regulären Prokonsuln übergeordneten, sogar innerhalb Roms wirksamen prokonsularischen Amtsgewalt sicherte ihm den entscheidenden Einfluss auf alle Provinzen.

So gelang es dem Herrn der Armee, seine Macht zu bewahren und sie in republikanische Gewänder zu hüllen. Als „erster Mann" (*princeps*) ohne Amt war er die dominierende Kraft in Senat und Reich. Für diese Staatsform mit monarchischem Kern und republikanischer Fassade hat sich der Begriff *Prinzipat* eingebürgert. 4 n. Chr. beteiligte Augustus seinen Stief- und Adoptivsohn *Tiberius* an den beiden Amtsgewalten des Prinzeps (➔ M1). Nach Augustus Tod folgte Tiberius 14 n. Chr. als Prinzeps nach.

Prinzipat und republikanische Institutionen

Nominell war der Prinzeps nur „Erster" von 600 Senatoren. Der Senat büßte keine seiner alten Kompetenzen ein. Er stellte die Magistrate und lieferte dem Staat die unverzichtbaren Verwaltungsexperten. Im Senat wurden weiterhin die wichtigen Staatsangelegenheiten beraten und entsprechende Beschlüsse gefasst. Doch gab es Grenzen der Diskussions- und Entscheidungsfreiheit. Wo diese, d. h. die Toleranzschwelle des Prinzeps, lagen, wurde in einem jahrzehntelangen, für beide Seiten schwierigen Prozess ausgelotet.

Der Prinzeps tastete auch die Magistratur nicht an. Aber da den Magistraten jeder Zugriff auf die Legionen entzogen war, wurden sie zunehmend zu Ehren- und Vorbereitungsämtern für die kaiserliche Reichsverwaltung. Da der Prinzeps möglichst vielen Senatoren den Glanz des Konsulats verschaffen wollte, mussten Konsuln regelmäßig vor Ablauf des Amtsjahres zurücktreten und neuen „Ersatzkonsuln" weichen. Die Inflation der Konsulate entwertete das Amt zusätzlich.

Der Volksversammlung präsentierte der Prinzeps meist nicht mehr Kandidaten, als Ämter zu vergeben waren, sodass freie Wahlen nicht mehr stattfanden. Kaiserliche Edikte ersetzten unter Augustus' Nachfolgern sehr schnell die Gesetze der Volksversammlung.

Kaiserliche Verwaltung

Neben dem fortbestehenden senatorischen Staatsapparat der Republik errichtete Augustus eine separate kaiserliche Administration. An ihrer Spitze standen senatorische *Legaten* als kaiserliche Provinzgouverneure und Legionskommandeure. Viele Schlüsselposten wie der des als Vizekönig über Ägypten herrschenden Präfekten, des Stadtpräfekten Roms und des Präfekten der kaiserlichen Prätorianergarde wurden mit Rittern besetzt.

Die Steuern der kaiserlichen Provinzen flossen nicht in die Staatskasse, sondern in die kaiserliche Zentralkasse. Somit hatte der Prinzeps die Verfügungsgewalt über diese Gelder. Im frühen Prinzipat wurden die Ressorts der kaiserlichen Verwaltung, wie Kanzlei, Finanzen und Rechtsangelegenheiten, mit Freigelassenen und Sklaven aus dem kaiserlichen Haushalt besetzt.

In der Provinzialverwaltung vollzog Augustus eine Kehrtwendung. Die Provinzialen wurden konsequent vor Amtsmissbrauch und Ausbeutung geschützt. Kaiserliche Mandate versahen die fest besoldeten Statthalter und ihre minimalen Verwaltungsstäbe mit klaren Instruktionen. Ihre Aufgaben waren die Rechtsprechung in den regelmäßig bereisten Städten, die Streitschlichtung zwischen den Städten und die Finanzverwaltung. Die Steuererhebung übertrug er den dafür dem Statthalter verantwortlichen Städten. Die Vertretung der Provinz gegenüber Statthalter und Reichszentrale übernahmen *Provinziallandtage*. Sie konnten gegen Verfehlungen der Statthalter klagen.

Verwaltungsbasis der Provinzen waren die weitgehend autonomen Städte. Das gesamte Land war den Städten zugeteilt und wurde von ihnen aus verwaltet. Ihre Führung lag bei den *Dekurionen*. Diesen Stand bildete der Führungskreis der lokalen Großgrundbesitzer. Die nach dem Vorbild des römischen Senats geformten Stadträte umfassten ca. 100 Mitglieder. Aus ihrem Kreis wurden jährlich vom Kollegium der „Zweimänner" (*duumviri*) als Bürgermeistern geführte Magistrate gewählt. Diese sprachen Recht, sorgten für Ordnung, zogen die vom Rat beschlossenen Steuern ein und rekrutierten bei Bedarf Hilfstruppen. Diese Übertragung der Verantwortung an die Eliten der besiegten Gegner trug entscheidend zur Stabilisierung und Integration des Reiches bei.

Friedensfürst und Heiland – Wahrnehmung und Darstellung des Augustus

Der umfassende Reichsfrieden war in den Augen von Römern und Provinzialen die größte Leistung des Augustus. Dass der Militärherr freiwillig Recht und Frieden garantierte und diese mit einer wirtschaftlichen Erholung und einer spürbaren Hebung des Wohlstandes einhergingen, ließ die Massen den Verlust der Adelsrepublik leicht verschmerzen. Die auf 300 000 Mann reduzierte Armee (Legionen und Hilfstruppen) wurde als stehendes Heer in Grenzgarnisonen kaserniert. Dass dort ständige Feldzüge und Scharmützel stattfanden und Augustus als Eroberer sogar Caesar übertraf, nahm man kaum wahr.

Geschickt propagierte Augustus die Befriedung und Erneuerung Roms als sein ganz persönliches Verdienst. Dabei bediente er sich des gesamten von ihm monopolisierten Spektrums der antiken Massenmedien wie Münzen, Bildmotive auf öffentlichen Bauwerken und Plätzen, aufwendig inszenierter Staatsfeiern und Auftragsdichtung. Die allgegenwärtig propagandistisch erzeugte „Macht der Bilder“ (*Zanker*) verklärte den Kaiser zum Erfüller der geschichtlichen und von den Göttern beschlossenen Sendung und Weltherrschaft Roms. Sie blieb nicht ohne Wirkung (➔ M2). Der hellenistische Osten begann bald offen, ihn als Gott und Erlöser zu verehren. In Italien ließ die Rücksicht auf den Senat das nicht zu. Doch duldete Augustus hier Formen der Volksfrömmigkeit, bei denen die Bevölkerung ihm wie einem Schutzgott Trankopfer spendete (➔ M3).

vereint suchte man die Nachbarstädte zu übertreffen.

Nach der Phase des ersten, zum Teil brutal ausgeübten römischen Zwanges gewann die Urbanisierung schnell an Eigendynamik. Sowohl die hohe Lebensqualität der neuen Städte mit Wasserversorgung, Thermen, Theatern, Gymnasien und Spielen wie auch die Fülle der sich dort bietenden ökonomischen Chancen wirkten anziehend – trotz alltäglicher Unannehmlichkeiten (➔ M4). Ein wachsender Zuzug der Bevölkerung war die Folge. In den urbanen Entwicklungspolen fanden römisches Denken und lateinische Sprache die erste Aufnahme. Von dort aus verbreiteten sie sich in der Fläche.

Das Römische Imperium beim Tod des Augustus (14 n. Chr.).

Urbanisierung und Romanisierung – die Integrationsleistung Roms

Im hellenisierten Osten knüpfte Roms Verwaltung an ein hoch entwickeltes Städtenetz an und delegierte die Herrschaft an deren erfahrene Eliten. Im „barbarischen“ Westen dagegen mussten Städte vielfach erst geschaffen werden. Hier wurden die unterworfenen Stämme von Spanien bis Britannien gezwungen, ihre traditionelle Verfassung aufzugeben und sich zu Stadtstaaten mit riesigen Territorien und einem nach römischem Vorbild errichteten städtischen Zentralort umzuformen. Loyale Teile des alten Stammesadels übten – nun als römische Dekurionen – ihre Herrschaft weiter aus. Seine Rivalitäten trug der Stammesadel nicht länger in blutigen Fehden und Stammeskriegen, sondern in römischer Manier aus. Untereinander rivalisierte man im Einsatz für die eigene Stadt,

Das reichsweite Netz von ca. 2000 römisch-hellenistischen *Städten* trug entscheidend zur Verschmelzung des Reiches zu einer kulturellen Einheit bei. Die Kaiser förderten die Integration durch großzügige Bürgerrechtsverleihungen an verdiente Provinzeliten oder ganze Städte. Für besondere Verdienste winkten Einzelnen Erhebungen in den Ritter- oder gar Senatorenstand. An der Reichsperipherie wirkte die Armee intensiv als Romanisierungsfaktor. Legionsveteranen siedelten sich nach 25 Jahren Dienstzeit häufig in geschlossenen neuen *Militärkolonien* an. Bei den Hilfstruppen dienende Provinziale erhielten nach der Dienstzeit das Bürgerrecht.

Die lateinische Dienstsprache der Armee trug zur Romanisierung ebenso bei wie die Vermittlung römischer Kulturelemente, der Religion, Kleidung, Freizeit- und Essgewohnheiten. Die Armee verbrei-

tete römische Technik, Architektur und Infrastruktur. Ihre Grenzkastelle bildeten oft die Keime neuer ziviler Städte. So wiederholte sich auf Reichsebene ein Vorgang, der im 4. und 3. Jahrhundert v. Chr. zur allmählichen Romanisierung Italiens geführt hatte. Am Ende hatte damals die Aufnahme ganz Italiens in den römischen Staats- und Bürgerverband gestanden.
Die Romanisierung des Reiches gipfelte 212 n. Chr. in der Bürgerrechtsverleihung an alle Provinzialen durch Kaiser *Caracalla*.

Wirtschaft und Gesellschaft

Die von den Kaisern und lokalen Eliten geförderte Bautätigkeit brachte Wirtschaft und Handel zur Blüte. Gut ausgebaute Straßen, sichere Fluss- und Seeschifffahrt und eine einheitliche Währung erleichterten den Austausch zwischen den Provinzen und die Versorgung der Hauptstadt. Rom bezog allein aus Ägypten jährlich ca. 150 000 Tonnen Getreide.
In den Städten existierten ein hoch differenziertes Dienstleistungsgewerbe und ein produktiver Sektor mit kleinen Handwerks- und manufakturartigen Großbetrieben für Glas-, Keramik-, Leder- und Textil- sowie Metallerzeugnisse. Die Geschäfte an den Foren und in den Basiliken[1] boten ein breites Spektrum von Produkten aus dem Reich und importierten Luxusgütern. Viele Werkstätten und Läden wurden von Frauen oder Sklaven betrieben.
Ca. 90 % der Bevölkerung lebten auf dem Lande. Dort hielt sich neben den sklavenbewirtschafteten Gütern auch weiterhin ein traditionelles Kleinbauerntum. Der von Augustus durchgesetzte Verzicht auf eine weitere Expansion des Reiches führte zu einer Verknappung des Sklavenangebotes. Infolgedessen gingen die Gutsbesitzer im 2. Jahrhundert zur Bewirtschaftung mit abhängigen Pächtern (*Kolonen*) über.
Die Spitze der Gesellschaftshierarchie bildete weiterhin der Senatorenadel. Seine ca. 3 000 Mitglieder stellten das Gros der oberen Ränge der Reichsverwaltung. Die Kaiser ergänzten den Senat zunehmend mit hervorragenden Vertretern der Provinzeliten. Auch der ca. 20 000 Köpfe zählende Ritterstand ermöglichte Karrieren bis in die Spitzen von Armee und Verwaltung. In den Provinzen bildete der Dekurionenstand die lokale Gesellschaftsspitze.
Freie römische Vollbürger waren zwar rechtlich privilegiert, doch war die Masse der Kleinbauern und Proletarier vielen Provinzialen, Freigelassenen und sogar vielen Sklaven sozial und ökonomisch weit unterlegen. Trotz ständischer Gliederung prägte die Gesellschaft eine beachtliche soziale Dynamik. Freigelassene und Sklaven der kaiserlichen Verwaltungszentrale waren gesellschaftlich deklassiert, saßen aber z.T. an Schalthebeln der Macht. Ihr Einfluss konnte den von Senatoren übertreffen. An Bildung und beruflichen Fertigkeiten stellten Haussklaven und Freigelassene großer Häuser römische Normalbürger oft in den Schatten. Freiheit und sozialer Aufstieg waren ihnen so gut wie sicher. Das galt auch für Sklaven, die mit Billigung ihrer Herren selbstständig Geschäfte betreiben und Gewinne erwirtschaften konnten, die Freikäufe ermöglichten. Am untersten Ende der Gesellschaft verblieben die Bergwerks- und Gutssklaven. Sie hatten ein äußerst hartes, von schwerer Ausbeutung bestimmtes Los zu ertragen.

Die Christianisierung des Reiches

Von der mehrheitlich von Juden bewohnten römischen Provinz Judäa aus verbreitete sich seit den 30er-Jahren des ersten Jahrhunderts eine neue Religion: das *Christentum*. *Jesus*, ein Jude aus Nazareth, hatte unter den Bauern im nördlichen Judäa den Anbruch des Gottesreiches und eine Ethik der Nächstenliebe gepredigt. Seine neue, radikale Interpretation der Thora, des jüdischen Religionsgesetzes, irritierte Teile seiner Zeitgenossen. Sein Auftreten führte in die Konfrontation mit den Autoritäten des Tempels in Jerusalem und der römischen Besatzungsmacht. Roms Statthalter *Pilatus* richtete Jesus ca. 30 n. Chr. als Unruhestifter hin.
Die Anhänger Jesu bildeten nach seinem Tod eine jüdische Sekte. Sie beachteten strikt die Thora und nahmen am Jerusalemer Tempelkult teil. Während aber die meisten Juden auf einen gottgesandten Erlöser noch hofften, der das jüdische Volk auch politisch führen sollte, verehrten die Anhänger Jesu ihren gekreuzigten Herrn als den Messias[2].
Der aus Tarsus in Kleinasien stammende *Paulus* öffnete die Verehrung Jesu auch Nicht-Juden und missionierte im östlichen Mittelmeerraum. Paulus interpretierte den Kreuzestod als Erlösungstat, die den an Jesus Glaubenden die Sündenvergebung und die Auferstehung und Überwindung des Todes versprach. Vor diesem Hintergrund verlor die Befolgung der Thora für Paulus jede Heilsbedeutung. Die Position des Paulus setzte sich schließlich unter den Anhängern Jesu durch. Dies bedeutete die Trennung von Juden- und Christentum.
Durch den strikten Ausschließlichkeitsanspruch ihrer monotheistischen Religion standen die Christen von Anfang an in Ablehnung zur römischen Götterwelt, die durch Toleranz und Aufnahme an-

---

[1] *Basilika: Halle für Geschäfts- und Gerichtsverkehr*

[2] *Dem hebräischen Wort „Messias" entsprach in der griechischen Verkehrssprache der östlichen Reichshälfte der Ausdruck „Christos" (latinisiert „Christus": „der Gesalbte"), der der neuen Religion den Namen gab.*

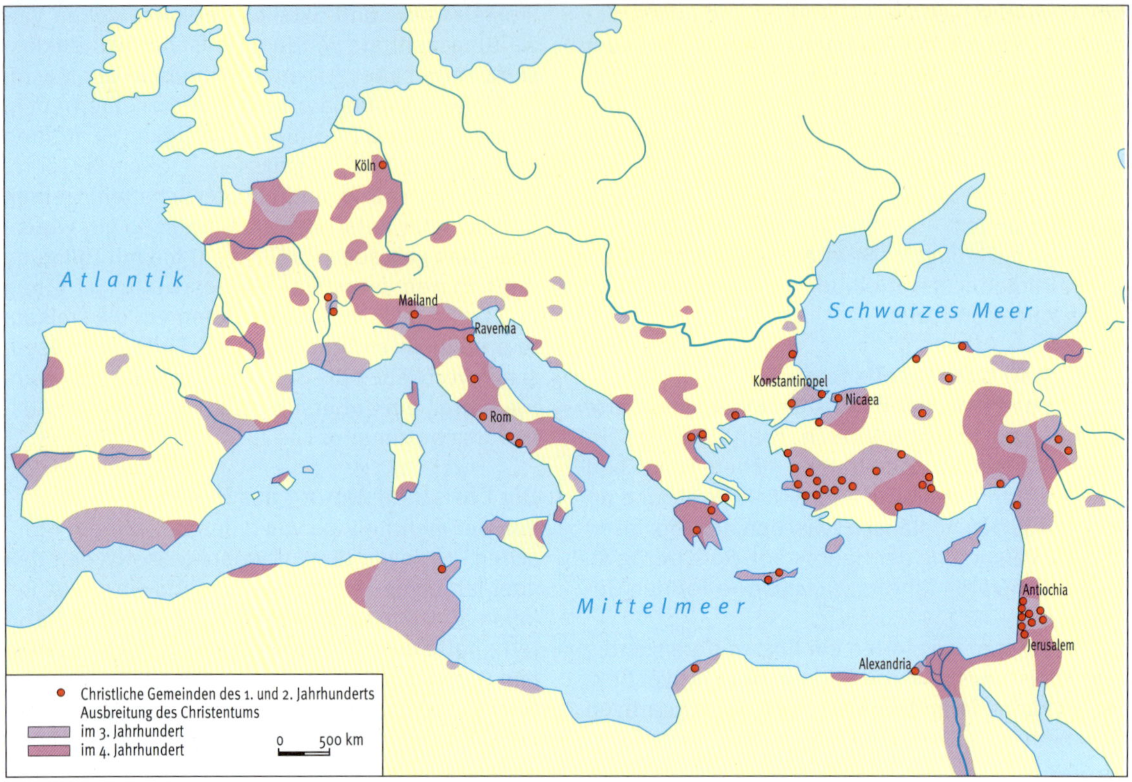

Die Ausbreitung des Christentums bis ins 4. Jahrhundert.
Die farbig unterlegten Gebiete zeigen an, wo Christen lebten. Sie sind aber nicht vollständig oder mehrheitlich christianisiert.
▶ *Beschreiben Sie die Phasen der Ausbreitung des Christentums.*

derer Kulte und Gottheiten geprägt war (➔ M5). Vielfach grenzten sich die christlichen Gemeinden von ihrer heidnischen Umwelt ab, die darauf mit Misstrauen und unsystematischen Verfolgungswellen reagierte. Um 250 n. Chr. setzten unter Kaiser *Decius* systematische *Christenverfolgungen* ein, in deren Verlauf Tausende einen „Märtyrertod“ starben. Anlass war die Weigerung der Christen, Roms Göttern zu opfern. Dies wurde ihnen als fehlende Loyalität zum Staat ausgelegt. Eigentlicher Hintergrund war jedoch die durch Invasionen und Bürgerkriege ausgelöste Not im Reich, für die Sündenböcke gefunden werden sollten.

Krise des Reiches

Im 3. Jahrhundert erlitt das Imperium schwere Angriffe germanischer Großstämme und des wieder erstarkten (neu)persischen Reiches. Mehrfach durchbrachen plündernde Heere die Reichsgrenzen. Die äußere Krise führte zu einer Remilitarisierung der Innenpolitik. Nur noch erfolgreiche Generäle gelangten als *Soldatenkaiser* auf den Thron. Häufig riefen überforderte Grenzheere ihre Kommandanten in der Hoffnung auf Solderhöhungen und Privilegien zu Gegenkaisern aus und stürzten damit das Reich in neue Bürgerkriege. Diese und Plünderungen der Invasoren weiteten die Probleme zur Wirtschafts- und Finanzkrise aus, da die Kosten für die Verteidigung bei sinkender Produktion stiegen.

Am Ende des 3. Jahrhunderts konnte Kaiser *Diokletian* das Reich stabilisieren: Er installierte 286 einen zweiten gleichberechtigten Kaiser in der westlichen Reichshälfte. 293 stellte sich jeder Kaiser (*Augustus*) zusätzlich einen Unterkaiser (*Caesar*) mit eigenem Reichsteil und eigener Hauptstadt zur Seite. Starb ein Augustus, rückte sein Caesar automatisch nach. Die *Tetrarchie* (Viererherrschaft) erhöhte die Schlagkraft der Reichsverteidigung und die Effektivität der Verwaltung. Als feste Thronfolgeordnung sollte sie die Chancen von Usurpationsversuchen und daraus folgenden Bürgerkriegen vermindern. Durch ein Festpreisedikt wollte Diokletian die Inflation eindämmen und die Kaufkraft der Soldaten sichern. Es ließ sich jedoch nur in Verbindung mit schärfsten Sanktionen und zusätzlichen radikalen Einschränkungen der Wirtschafts- und Berufsfreiheit verwirklichen, die das spätantike Reich in einen *Zwangsstaat* verwandelten.

Diokletians Politik verschaffte dem Imperium eine Atempause.

Konstantin der Große

Wie sehr das System der Tetrarchie die Soldaten als eigentliche Machtbasis des Reiches ignorierte, wurde schon kurz nach der Abdankung Diokletians deutlich. Obwohl *Konstantin* (272/3 – 337) als Sohn eines Imperators eigentlich nicht für die Nachfolge vorgesehen war, wurde er im Jahre 306 von den Soldaten zum Kaiser ausgerufen. In langwierigen Machtkämpfen, die bis zum Jahr 324 dauerten, setzte er sich als Alleinherrscher durch. Um die Einheit des Reiches zu festigen, nutzte er auch das Christentum. Der Legende nach hatte er kurz vor der Schlacht an der Milvischen Brücke 312 gegen seinen Rivalen *Maxentius* eine Vision, nach der ihm die Hilfe des Christengottes verheißen wurde. Ein kaiserliches Schreiben gewährte 313 die freie Wahl der Religion. Die Kirche war jetzt offiziell erlaubt und wurde vom Kaiser sogar durch Schenkungen privilegiert. Konstantin berief Kirchenversammlungen ein, die den christlichen Glauben vereinheitlichen sollten. So einigte sich das *Konzil von Nicäa* (325) auf das heute noch gültige Glaubensbekenntnis.

Gleichzeitig war Konstatin in seiner Funktion als *pontifex maximus* auch den alten Kulten übergeordnet. Um einen Konflikt mit Anhängern der alten Religion zu vermeiden, bekannte er sich nicht offen als Christ. So wurde auch Konstantinopel, die neue prächtige Kaiserstadt, im Jahr 330 mit alten Riten eingeweiht. Kurz vor seinem Tod ließ sich Konstantin taufen.

Teile einer Kolossalstatue Kaiser Konstantins, 4. Jh., Marmor, heute am Konservatorenpalast in Rom. Die ursprünglich sitzende Figur erreichte insgesamt eine Höhe von über 20 Metern. Allein der Kopf ist 2,60 Meter hoch. In der linken Hand hielt die Statue möglicherweise eine Weltkugel, in der rechten eine Lanze oder ein Zepter.

► *Beschreiben Sie die mögliche Wirkung der Statue auf den Betrachter.*

Ende des Reiches

Den endgültigen Zerfall leitete ab 375 der Einbruch der kleinasiatischen Hunnen nach Europa ein. Zusätzliche Angriffe germanischer Großstämme gegen die Rhein- und Donaugrenze überforderten die Grenzabwehr.

Um den Zusammenbruch der Verteidigung zu verhindern, nahmen die Kaiser in immer größerer Zahl Germanen in die Armee auf. Schließlich wurden ganze Völker wie Ost- und Westgoten als *Föderaten* (Verbündete mit weitgehender Autonomie) auf Reichsgebiet angesiedelt und mit der Grenzabwehr betraut. Das führte zunächst zur Germanisierung der Armee und über die Gründung völlig unabhängiger Germanenreiche schließlich 476 zum Sturz des letzten Westkaisers *Romulus Augustulus* und zum völligen Untergang der westlichen Reichshälfte.

In der östlichen, hellenistisch geprägten und wirtschaftlich stabileren Reichshälfte gelang es Kaiser *Justinian* (527 – 565), sich der germanischen Föderaten zu entledigen und den Staat erneut zu stabilisieren.

Das nach seiner Hauptstadt *Byzanz*/Konstantinopel benannte Byzantinische Reich bewahrte die staatliche Tradition des Römischen Imperiums bis zur Eroberung durch die Türken im Jahre 1453.

Methoden-Baustein: Schriftliche Quellen

Welche Unterschiede gibt es bei schriftlichen Quellen?

Geschichte bedeutet immer die Rekonstruktion von vergangenen Zeiten. Dabei sind wir auf Quellen angewiesen, besonders auf schriftliche Quellen (Texte), aber ebenso auf überlieferte Gegenstände (Bauten, Bilder, Geräte usw.).

Historikerinnen und Historiker verarbeiten die Informationen, die sie aus Quellen gewinnen, in einer historischen Darstellung. Wenn nur vergleichsweise wenige Quellen überliefert sind, wie dies vor allem bei der Antike der Fall ist, müssen sie Darstellungen von Zeitgenossen heranziehen.
Der Athener Thukydides (um 460 – 399/96 v. Chr.) etwa verfasste eine – unvollendet gebliebene – Darstellung des Peloponnesischen Krieges (431 – 404 v. Chr.). An diesem Krieg zwischen Athen und Sparta nahm er selbst als Stratege teil. Für spätere Generationen wurde das bedeutende Geschichtswerk eine wertvolle Quelle.

Eine mögliche Einteilung von Textquellen ist die zwischen „Monumenten“ („Traditionsquellen“) und „Dokumenten“ („Überrestquellen“):

Monumente sind nicht nur für Zeitgenossen verfasst, da der Autor bewusst auch für die Nachwelt seine Sicht der Dinge darstellen will. Wir erfahren persönliche Sichtweisen und Urteile des Autors. Neben Geschichtsdarstellungen sind (Auto-)Biografien dafür weitere beispielhafte Textquellenarten. Zu berücksichtigen ist dabei immer der zeitliche Abstand zwischen dem dargestellten Geschehen und dem Zeitpunkt der Abfassung.
Dokumente wurden nicht in erster Linie für spätere Generationen verfasst. Beispiele dafür sind Graffitis, wie wir sie beispielsweise aus dem antiken Pompeji kennen, Urkunden, Rechnungen oder Briefe.

Hinweise zum Umgang mit schriftlichen Quellen

Analyse
Die Quellenanalyse schafft die Grundlage für die Interpretation. Mit ihr wird versucht, formale Merkmale zu klären und den Inhalt zu erschließen: Richten Sie ihr besonderes Augenmerk auf die soziale und politische Stellung des Autors, die dessen Sichtweise und Intentionen prägt. Texte haben meist einen bewusst gestalteten Aufbau. Um den Gesamtzusammenhang zu erfassen, ist es oft nützlich, den vollständigen Text heranzuziehen und zu beachten, welche Funktion Textausschnitte darin haben.
Um den Textinhalt zu verstehen und unbekannte Begriffe zu klären, können Sie neben Lexika und dem Internet auch Textausgaben mit Erläuterungen verwenden.

Interpretation
Für die Interpretation gibt es kein starres Schema. Da Texte von Menschen mit bestimmten Einstellungen und Absichten verfasst werden, sollten Sie bei der Deutung einer Quelle immer die enthaltene Aussage problematisieren. Die Perspektive des Autors und seine Intention müssen berücksichtigt sowie seine Argumentation geprüft werden.
Auch unser eigener Standort und unsere eigene Perspektive können eine Interpretation beeinflussen. Die Schlüsse, die wir aus Quellen ziehen, hängen beispielsweise von unserem Vorwissen und den persönlichen Grundeinstellungen ab.

„Clipeus virtutis“ (Ehrenschild), 26 v. Chr.
Derartige mit den Verdiensten beschriebenen Schilde waren eine gebräuchliche Form der Ehrung. Die Inschrift lautet übersetzt: „Senat und Volk von Rom haben dem Imperator Caesar, dem göttlichen Augustus, in seinem achten Konsulat für die militärische Leistung, Milde, Gerechtigkeit und Frömmigkeit gegenüber Göttern und Vaterland diesen Schild übergeben.“

Augustus: Res gestae

Im Folgenden sind Auszüge aus dem „Tatenbericht" abgedruckt, den Augustus in seinem letzten Lebensjahr verfasst hat. Viele Historiker halten ihn für eine Quelle, die den Prinzipat korrekt darstellt, andere für ein Paradebeispiel politischer Propaganda. In seinem Testament verfügte Augustus, dass sein Tatenbericht vor seinem Mausoleum, dem großen Grabmonument in Rom, auf Bronzetafeln aufgestellt wird. Das Original ist nicht erhalten, sondern nur einige Abschriften.

Auch bei dieser Quelle ist eine Überprüfung der Aussagen unverzichtbar. Dazu wird Vergleichsmaterial benötigt. Das können andere antike Quellen sein, es können aber auch Darstellungstexte und Verfassungsschemata sein, die auf Quellen beruhen.

Dem ersten Abschnitt der „Res gestae" ist in der rechten Spalte die Darstellung eines Historikers gegenübergestellt.

M1 Augustus: Res gestae

1. Mit neunzehn Jahren habe ich aus privater Initiative und aus eigenen Mitteln ein Heer aufgestellt, mit dem ich dem Staatswesen, das durch die Gewaltherrschaft einer politischen Machtgruppe unterdrückt wurde, die Freiheit wiedergab. Um dessentwillen hat mich der Senat im Konsulatsjahr des Gaius Pansa und Aulus Hirtius [43 v. Chr.] mit ehrenden Beschlüssen in seine Körperschaft aufgenommen, mir den Range eines Konsuls bei den Abstimmungen zuerkannt sowie die militärische Befehlsgewalt übertragen. Dafür, dass der Staat keinen Schaden erleide, hieß er mich im Range eines Proprätors zugleich mit den Konsuln Sorge tragen. Das Volk aber wählte mich im gleichen Jahr zum Konsul, als beide Konsuln im Krieg gefallen waren, und zum Triumvirn zur Neuordnung des Staatswesens.

[...]

34. In meinem sechsten und siebten Konsulat habe ich, nachdem ich die Flammen des Bürgerkriege gelöscht hatte und mit der einmütigen Zustimmung der gesamten Bevölkerung in den Besitz der staatlichen Allgewalt gelangt war, das Gemeinwesen aus meiner Machtbefugnis wieder der Ermessensfreiheit des Senats und des römischen Volkes überantwortet. Für dieses mein Verdienst wurde mir auf Beschluss des Senats der Name Augustus gegeben. Die Türpfosten meines Hauses wurden auf staatlichen Beschluss mit Lorbeer geschmückt, und ein Bürgerkranz wurde über meinem Tor angebracht. Ein goldener Schild wurde in der Curia Iulia aufgestellt, den mir der Senat und das römische Volk geweiht haben wegen meiner Tapferkeit und Milde, meiner Gerechtigkeit und Hingabe, wie es die Aufschrift auf diesem Schild bezeugt.
Seit dieser Zeit überragte ich alle übrigen an Autorität, an Amtsgewalt aber besaß ich nicht mehr als die anderen, die auch ich im Amt zu Kollegen hatte.

Augustus, Res gestae (Tatenbericht) (Monumentum Ancyranum). Übersetzt, kommentiert und herausgegeben von Marion Giebel, Stuttgart 1975, S. 4f., 37f.

M2 Gegen die Rechtsordnung

Der Historiker Jochen Bleicken schreibt über den Aufstieg des Augustus:

Die Gruppe, von deren Herrschaft er den Staat angeblich befreit hatte, war die des Antonius, des rechtmäßigen Konsuls und danach ordentlichen Statthalters! Und was war das für eine Freiheit, die er dem Staat bewahrt haben wollte? Diese Heldentat konnte er doch nur als Verbündeter Ciceros und dessen Gesinnungsgenossen, denen die Freiheit etwas galt, vollbracht haben. [...] Ferner war die Aufstellung eines Heeres aus privaten Mitteln, mit dem Augustus den Staat [...] gerettet haben will, gleichbedeutend mit Hochverrat. Glaubte Augustus wirklich, dass niemand mehr wusste, dass ein Heer nicht von einem Privatmann, sondern ausschließlich vom Senat aufgestellt und ausgerüstet werden durfte? Die Aufnahme der politischen Nullität, die der junge Adoptivsohn Caesars damals darstellte, in den höchsten Rang des Senats war ein weiterer, bis dahin niemals vorgekommener Bruch der Rechtsordnung der Republik ebenso wie die Legalisierung des usurpierten militärischen Kommandos, von dem Augustus im Folgenden spricht.

Jochen Bleicken, Augustus, Berlin ³1999, S. 510

1. *Interpretieren Sie den Abschnitt 34, nachdem Sie wichtige Begriffe, wie „Augustus" und „Bürgerkranz", geklärt haben. Vergleichen Sie mit dem Darstellungstext dieses Schulbuches.*
2. *Arbeiten Sie heraus, welche Charakterzüge in den Ausschnitten aus den Res gestae deutlich werden und wie sie in der Darstellung Bleickens korrigiert sind.*

Augustus.
2,04 Meter große Kopie der Panzerstatue, die 1863 im Haus der Livia, der Frau des Prinzeps, gefunden wurde. Die Bemalung wurde nach Farbspuren der Originalstatue rekonstruiert. Vermutlich im Auftrag des Senats angefertigt, wird Augustus als strahlender Sieger dargestellt.
Auf dem Brustpanzer ist dargestellt, wie der Partherkönig dem Gott Mars die Feldzeichen übergibt, die die Römer in einer Schlacht 53 v. Chr. verloren hatten. Die Lanze wurde nachträglich hinzugefügt. Was die Hände trugen, ist umstritten.
► Recherchieren Sie, wen der auf dem Delfin reitende Junge darstellt und worauf damit verwiesen werden soll.

M1 Die Leistung des Octavian/Augustus

Der Althistoriker Christian Meier (geb. 1929) urteilt über die Begründung des Prinzipats:

Als Caesars Adoptivsohn und Erbe im Jahr 31 die Herrschaft über das ganze Reich gewonnen hatte, waren fast zwei Jahrzehnte inneren Kriegs über Rom dahingegangen, eine neue Generation war herangewachsen; vor allem war die römische Gesellschaft mürbe geworden. [...] Die Republik war nicht mehr zu verteidigen, sie konnte allenfalls wiederhergestellt werden. Und der Sieger war in einer so günstigen Position, so begabt und so elastisch, daß er alle Möglichkeiten, die sich damals boten, voll zu nutzen verstand. [...] Da sein Rivale Antonius sich mit Kleopatra verbunden hatte, konnte Caesars Adoptivsohn die Fahne Roms und Italiens gegen ihn aufpflanzen: wie wenn deren Herrschaft über den Mittelmeerraum vom Osten her bedroht gewesen wäre. Dann konnte er plausibel machen, daß sein Sieg den Frieden bedeutete – und dagegen war alles andere inzwischen wenig wichtig. Schließlich war nach den Zerstörungen des Bürgerkriegs unendlich viel neu aufzubauen: die politischen Institutionen, die guten Sitten, die Rechtssicherheit, die alte Religion, Verkehr und Wirtschaft und vieles andere. [...] Es gab also Aufgaben genug, an denen sich seine außerordentliche Macht legitimieren konnte.

Freilich war dies nur möglich, wenn diese Macht eine Form hatte, die sich auch legitimieren ließ. Das aber hieß: wenn sie sich der Republik einzufügen schien. Caesars Adoptivsohn hat auch dies erkannt. Er gab vor, die Republik wiederherzustellen. Nur widerwillig, so schien es, ließ er sich mit besonderen Aufgaben, zunächst mit der Sicherung der Grenzprovinzen betrauen. Damit war der Oberbefehl über fast alle Truppen Roms verbunden. Aber in Rom selbst spielte er den Ersten Bürger, und alle größeren Vollmachten und Aufträge waren auf bestimmte Fristen bemessen. [...] Er schlich sich gleichsam in die Republik ein. [...] Aber auch dann zeigte sich die Macht des Alten darin, daß eine Alternative zum Herkömmlichen nur bilden konnte, wer es respektierte. Die Republik war nur zu besiegen, wenn man sie wiederherstellte. Ruhe und Ordnung, die Garantie des Eigentums, Rechtssicherheit, Gewährleistung effizienter Verwaltung und notwendiger Reform und anderes, was Augustus leistete, waren sehr wichtig, aber sie waren gleichsam nur die Pfeiler der Brücke zum Principat.

Die Brücke selbst mußte im Namen der Republik gelegt werden.
Augustus gewann die Herrschaft über die Verhältnisse also nur, indem er die Macht in den Verhältnissen bewußt zurückhaltend ausübte. Er mußte sich selbst verleugnen. Er hatte die Legitimität seiner Macht nur unter der Bedingung, daß er deren Umfang nicht durchblicken ließ. Nur indem er vorgab, etwas zu sein, was er nicht war, konnte er die neue Realität der Monarchie mit der alten der Republik vereinen, konnte er den Formen der Republik die Wirklichkeit der Monarchie aufprägen.

Christian Meier, Caesar, München 2004, S. 583ff.

1. *Erläutern Sie, worin Meier die Leistung des Augustus sieht und wie er sie beurteilt.*
2. *Nehmen Sie Stellung zu Meiers Aussagen, „die Republik war nicht mehr zu verteidigen, sondern nur noch wiederherzustellen" und „die Republik war nur zu besiegen, wenn man sie wiederherstellte".*

M2 Das Rom des Augustus

Der Grieche Strabon (63 v.–19 n. Chr.) beschreibt in seiner vollständig erhaltenen „Geografie" das Stadtbild Roms zur Zeit des Augustus:

Während die Hellenen es bei der Gründung von Städten besonders auf Schönheit, Festigkeit, Häfen und fruchtbares Land abgesehen hatten und damit ihr Ziel erreicht zu haben glaubten, achteten die Römer vor allem auf das, worum sich jene wenig kümmerten: Pflasterung der Straßen, Zuführung von Wasser, unterirdische Kanäle, geeignet, den Unrat der Stadt in den Tiber zu spülen. Sie pflasterten auch die Landstraßen, wobei sie außerdem Erhöhungen abtrugen und Niederungen auffüllten, um so die Frachten der Schiffe auf Lastwagen weiter befördern zu können: ihre unterirdischen Kanäle, aus ineinandergepassten Steinen gewölbt, gäben an manchen Stellen ganzen Heuwagen die Möglichkeit durchzufahren. Die Wassermengen, die durch die Aquädukte in die Stadt geführt werden, sind so groß, dass nahezu jedes Haus Wasserbehälter und Wasserleitungen hat und reichlich sprudelnde Brunnen besitzt. [...]
Die meisten [Bauwerke] hat das Marsfeld aufzuweisen, zu dessen natürlichen Vorzügen noch die planvolle Ausschmückung durch Menschenhandel hinzukam. Allein die Größe dieses Feldes fordert Bewunderung heraus; ermöglicht sie doch die Abhaltung von Wagenrennen und sonstigem Pferdesport, während sich gleichzeitig ungehindert eine so gewaltige Menge von Menschen im Ball- und Reifenspiel und im Ringen üben kann; die Bauwerke sodann, die ringsum stehen, der das ganze Jahr hindurch grünende Rasen und die Hügel, die den Fluss auf dem anderen Ufer umkränzen und bis an seinen Lauf herantreten, geben einen solchen an Bühnenbilder erinnernden Anblick, dass man sich von ihm kaum losreißen kann. [...]
So schien den Römern dieser Platz so ehrwürdig, dass sie auch die Grabmäler der angesehensten Männer und Frauen dort errichteten. Das erwähnenswerteste ist das sogenannte Mausoleum, eine gewaltige Erdaufschüttung auf einem hohen Unterbau aus weißem Marmor, nahe am Fluss gelegen, bis zum Gipfel mit immergrünenden Bäumen beschattet; auf der Höhe liegen die Grabstätten des Augustus und seiner Verwandten und Vertrauten, dahinter ein großer Hain mit wunderbaren Spazierpfaden [...]. Kommt man dann wieder auf den alten Markt und sieht, wie sich an diesen Markt um Markt reiht, und sieht die königlichen Basiliken und Tempel, dazu auch noch das Kapitol mit seinen Bauwerken und die auf dem Palatin [...], so könnte man leicht alles, was draußen liegt, vergessen. Solcher Art ist Rom.

Walter Arend, Geschichte in Quellen. Altertum, München ³1978, S. 594f.

1. *Erläutern Sie, worin laut Strabon die Unterschiede im Städtebau zwischen den Hellenen und den Römern liegen.*
2. *Erklären Sie, warum Strabon den Bau von Straßen und Wasserleitungen so deutlich herausstellt.*
3. *Klären Sie die Gründe für den intensiven Ausbau Roms unter Augustus.*

M3 Ein späteres senatorisches Urteil

Tacitus (ca. 55–120), ein hochkarätiger Senator und der wohl bedeutendste römische Geschichtsschreiber, beurteilt Augustus und den Prinzipat nach ca. 100 Jahren Erfahrung mit dieser Staatsform:

Nach dem gewaltsamen Tod des Brutus und des Cassius gab es keine inneren Konflikte mehr, die mit den Waffen ausgetragen wurden: Pompeius war bei Sizilien erledigt, Lepidus seiner Macht entkleidet, Antonius umgebracht. Auch die iulianische Partei verfügte, abgesehen von Caesar (Octavian), über keinen Führer mehr. Er legte den Titel eines Triumvirs ab, trat als Konsul auf und begnügte sich, um für die Sache der Plebs einzutreten, mit dem tribunizischen Recht. Sobald er das Militär mit Geschenken, das Volk durch Getreidespenden, alle miteinander durch die Annehmlichkeit einer Friedenszeit für sich gewonnen hatte, erhob er allmählich höher sein Haupt und zog die Befugnisse des Senats, der Staatsverwaltung und der Gesetzgebung an sich. Dabei fand er keinen Widersacher, da die tatkräftigsten Männer auf den Schlachtfeldern geblieben oder den Proskriptionen zum Opfer gefallen waren, während die übrig gebliebenen Angehörigen der Nobilität bereitwillig das Joch der Knechtschaft auf sich nahmen und dafür um so höher an Reichtum und Ehren stiegen, ja die neue Lage sich zunutze machten und die sichere Gegenwart einer gefahrvollen Vergangenheit vorzogen. Auch die Provinzen lehnten sich gegen diesen Stand der Dinge nicht auf, da das Regiment des Senats und des Volkes wegen der Streitigkeiten der Machthaber und der Habsucht der Beamten in Misskredit gekommen war, wobei man von den Gesetzen, die durch Gewalttat und Parteilichkeit, ja zuletzt durch Bestechung unwirksam gemacht wurden, keine wirksame Hilfe zu erwarten hatte.

Tacitus, Annalen I, 2, übersetzt von W. Sontheimer, Stuttgart 1964, S. 15f.

1. *Arbeiten Sie heraus, welche Faktoren dazu beitrugen, dass die Stellung des Augustus als Prinzeps unangefochten war.*
2. *Analysieren Sie, welche Haltung des Tacitus gegenüber Augustus aus dem Text abgeleitet werden kann.*

M4 Urbaner Alltag im Spiegel der Satire

Der folgende Text ist der 3. Satire des Dichters Juvenal (ca. 50–130 n. Chr.) entnommen. Obwohl Juvenal aus dem Ritterstand stammt, verarmt er und kennt das Rom der „kleinen Leute" sehr gut:

Wir wohnen in einer Stadt, die zum großen Teil auf schwachen Stützbalken ruht. Denn so hemmt der Hausverwalter den Zusammenbruch, und wenn er alte klaffende Risse ausgebessert hat, heißt er uns ruhig schlafen, während ständig Einsturz droht. Dort sollte man wohnen, wo es keine Brände gibt, wo man sich nachts nicht fürchten muss. […] Im dritten Stockwerk qualmt's schon, du aber weißt es nicht. Denn, wenn am Fuße der Treppe das Durcheinander beginnt, wird als letzter der Feuer fangen, den nur die Dachziegel vor dem Regen schützen. […]
Hier sterben viele, weil Schlaflosigkeit sie krank gemacht hat, denn in welcher Mietwohnung kann man schlafen? […] Das ist die Hauptursache des Übels: Wagen biegen [nachts[1]] in scharfer Wendung um die

[1] *Tagsüber war die Stadt für Gespanne gesperrt.*

Römisches Mietshaus mit Läden im Zwischengeschoss. Rekonstruktion von Peter Connolly, 1998.

Straßenecken, die Treiber schimpfen laut, wenn ihre Herde nicht weiter kann. [...] Wenn ein Reicher einen Besuch abstatten will, so macht ihm die Menge Platz: Schnell wird er auf den Schultern riesengroßer [Sklaven] dahergetragen, und im Innern seiner Sänfte kann er unterwegs lesen, schreiben oder schlafen. [...] Trotzdem wird er vor uns ankommen, denn so sehr wir uns auch beeilen, so steht uns doch eine Menschenmenge im Wege, während ein dichter Haufen uns von hinten drängt. Einer stößt mich mit dem Ellenbogen, ein anderer mit einer harten Latte; mit einem Balken haut mir an den Schädel der eine, mit einem Ölfass ein anderer. Mit Schlamm beschmutzt sind meine Beine, bald bekomme ich Fußtritte von allen Seiten, und der Nagel eines Soldatenstiefels bleibt mir in der Zehe stecken. [...] Auf dem Karren, der dir entgegenkommt, schwankt ein langer Fichtenstamm, auf einem anderen Wagen führt man Pinienholz, das hoch getürmt bebt und die Passanten bedroht. Wenn ein mit Marmorblöcken beladener Karren umkippt und seine Ladung auf die dichte Menschenmenge ergießt, was bleibt da noch vom Körper übrig? [...] Betrachte jetzt noch andere, verschiedenartige Gefahren der Nacht: wie hoch die Häuser sind, von denen dir ein Dachziegel auf den Schädel fällt, wie oft man leckes oder gesprungenes Gefäß aus dem Fenster wirft, mit welcher Wucht sie auf dem Pflaster ihre Spuren hinterlassen oder es zerbrechen. Für leichtsinnig magst du gelten oder als einer, der sich vor plötzlichem Unfall nicht vorsehen will, wenn du zum Diner ausgehst, ohne dein Testament gemacht zu haben. So viele Gefahren bedrohen dich, wie beleuchtete Fenster offen stehen, unter denen du vorbeigehst. Begnüge dich also mit der kläglichen Hoffnung, dass man wenigstens nur den Inhalt flacher [Toilettentöpfe] auf dich ausleert.

Juvenal, Satiren. Übersetzt und eingeführt von Harry C. Schnur, Stuttgart 1969, S. 34ff.

1. *Vergleichen Sie die Schilderungen Strabons (→ M2) und Juvenals. Erklären Sie die unterschiedliche Wahrnehmung und Intention beider Autoren.*
2. *Beurteilen Sie das Erscheinungsbild der Stadt und die Lebensqualität im Rom der frühen Kaiserzeit.*

M5 Vorwürfe gegen Christen

Der christliche Autor Minucius Felix verfasst in der ersten Hälfte des 3. Jahrhunderts ein Streitgespräch. Darin legt er dem nichtchristlichen Redner folgende Worte in den Mund:

Ist es nicht kläglich, wenn Leute [...] aus einer beklagenswerten, verbotenen und hoffnungslosen Bande Sturm gegen die Götter laufen? Aus den untersten Schichten des Volkes sammeln sich da die Ungebildeten und die leichtgläubigen Frauen, die wegen der Beeinflussbarkeit ihres Geschlechts ohnedies auf alles hereinfallen; sie bilden eine gemeine Verschwörerbande, die sich in nächtlichen Zusammenkünften [...] nicht im Kult, sondern im Verbrechen verbrüdert; eine verdächtige, lichtscheue Gesellschaft, stumm in der Öffentlichkeit, in Winkeln geschwätzig; Tempel verachten sie, als ob es Gräber wären, vor Götterbildern spucken sie aus, verlachen die heiligen Opfer; selbst bemitleidenswert, schauen sie – darf man das überhaupt erwähnen – mitleidig auf unsere Priester herab; selbst halbnackt, verachten sie die Ämter und Würden. O diese unfassliche Dummheit, diese unglaubliche Frechheit! Sie achten gegenwärtige Foltern für nichts, weil sie ungewisse zukünftige fürchten; weil sie Angst haben, nach dem Tod zu sterben, fürchten sie jetzt das Sterben nicht. So sehr täuscht und tröstet sie die trügerische Hoffnung auf eine Auferstehung über jede Furcht hinweg. [...] Und da das Böse immer besonders üppig gedeiht, wuchert dieses Unwesen Tag um Tag weiter über den ganzen Erdkreis hin, mehren sich die abscheulichen Kultstätten dieser gotteslästerlichen Sekte. Ächten und ausrotten sollte man diese Bande. An geheimen Zeichen und Merkmalen erkennen sie einander und lieben sich schon, fast ehe sie sich noch kennen. Unterschiedslos vollziehen sie ein Ritual der Lüste; sie nennen einander Brüder und Schwestern, sodass die bei ihnen übliche Unzucht durch den Gebrauch eines so heiligen Wortes sogar zum Inzest wird. [...]

Vieles andere übergehe ich jetzt bewusst; denn es ist allzuviel, was sich schon durch die Heimlichtuerei dieser verderbten Sekte als ganz oder zum größten Teil zutreffend erweist. Warum bemühen sie sich denn so sehr, den Gegenstand ihrer Verehrung, was er auch sein mag, zu verbergen und zu verheimlichen? Anständigkeit lässt sich immer gern sehen, nur Laster hält man geheim! Weshalb sonst haben sie keine Altäre, keine bekannten Heiligtümer? Warum reden sie nie öffentlich, treffen sich nie frei, wenn nicht das, was sie da heimlich treiben, Strafe einbrächte oder Schande?

Minucius Felix, Octavius, 8, 3–10, 2, nach: Ders., Octavius, herausgegeben und übersetzt von Bernhard Kytzler, Stuttgart [3]1993, S. 24–31

1. *Arbeiten Sie heraus, welche Vorwürfe gegen die Christen vorgebracht und mit welchen Begriffen sie beschrieben werden.*
2. *Erläutern Sie die Vorwürfe vor dem Hintergrund römischer Wertvorstellungen und des römischen Religionsverständnisses.*

Zusammenfassen und vertiefen

Propyläen der Akropolis in Athen (o.), Brandenburger Tor in Berlin. Kolorierte Kupferstiche von Johann Carl Richter, um 1800.

► Informieren Sie sich über die Baugeschichte des Brandenburger Tores. Vergleichen Sie Propyläen und Brandenburger Tor in ihrer Funktion. Erläutern Sie, wie sich die Bedeutung des Brandenburger Tores in den vergangenen Jahrhunderten entwickelte.

1. *Zeichnen Sie die Entstehungsgeschichte der attischen Demokratie nach. Überlegen Sie, welche Faktoren die Demokratisierung vorantrieben, und entscheiden Sie, ob es sich um einen bewussten und zielgerichteten Prozess der Demokratisierung handelte.*
2. *Die radikale Demokratie Athens und die Römische Republik repräsentieren unterschiedliche Regierungsformen. Vergleichen Sie, wie jeweils versucht wurde, das Problem des Machtmissbrauchs durch Amtsträger zu lösen.*
3. *Erläutern Sie die Zusammenhänge von äußerer Expansion und innerer Krise der Römischen Republik.*
4. *Untersuchen Sie anhand eines Werkes (oder – arbeitsteilig – unterschiedlicher Werke) des Aristophanes, z. B. der „Vögel", der „Weibervolksversammlung", der „Lysistrate" oder der „Wespen", die Darstellung der attischen Demokratie in der zeitgenössischen Komödie. Analysieren Sie das Bild, das von den Athenern, dem Prozess der politischen Willensbildung, dem Charakter, den Motiven und der Rolle von Politikern bzw. „Demagogen" entworfen wird. Setzen Sie einige, Ihnen besonders aussagekräftig erscheinende Teile der Komödie(n) in Szene.*
5. *Informieren Sie sich über die Rezeption der antiken Architektur in europäischen und nordamerikanischen Repräsentationsbauten des 18. und 19. Jahrhunderts. Stellen Sie Bildbeispiele mit kurzen Erläuterungen zur Übernahme antiker Architekturelemente und Dokumente, die Wirkungen auf den Betrachter wiedergeben, zusammen.*
6. *Stellen Sie am Beispiel römischer Städte, wie z. B. Köln, Trier, Xanten und Mainz, den Verlauf und die Ergebnisse der Romanisierung und Urbanisierung des linksrheinischen Germanien vor.*

2 Mensch und Gesellschaft im europäischen Mittelalter

Bauern leisten ihre Abgaben an den Grundherrn. Buchmalerei, um 1140.

Dunkles Mittelalter?

„Silvis horrida" – „schrecklich mit seinen Wäldern", so beschrieb der römische Historiker Tacitus das Land der Germanen im Altertum. Wilde Wälder prägten auch im *frühen Mittelalter (ca. 500–950)* weithin die Landesnatur und trennten die bescheidenen Ansiedlungen der Menschen voneinander. Das noch immer verbreitete Wort vom „dunklen Mittelalter" meint freilich nicht die Wildnis und die dunklen, nur mühsam zu durchquerenden Urwälder, sondern lässt an Unwissenheit, überwiegendes Analphabetentum, derbe Sitten, Fehden und grausame Strafen denken. Auch der Begriff „Mittel-Alter" selbst, der zur Bezeichnung für die zehn Jahrhunderte etwa zwischen 500 und 1500 üblich geworden ist, war abwertend gemeint. Er wurde in der frühen Neuzeit von den Humanisten geprägt. Die eigene Zeit sah man durch die Wiederanknüpfung an das Altertum geadelt, die Epoche dazwischen erschien eher als unnötige Zwischenperiode.

Aber stimmt das Bild vom dunklen Mittelalter überhaupt? Schon der von Tacitus beschriebene vorherrschende Landschaftscharakter wurde durch die Rodungstätigkeit der Menschen im hohen Mittelalter mit Axt und Brand entscheidend verändert. In Deutschland wurde bis etwa 1300 ein Gebiet von der Größe Englands von Wildnis in Kulturland verwandelt. Zugleich weitete sich auch der geistige Horizont der Menschen. Im *Hochmittelalter (ca. 950–1250)* begann mit dem Denkstil der Scholastik „der Triumphzug beweisender Vernunft im Abendland" (*Johannes Fried*). Zur Wissensverbreitung trug die Auseinandersetzung der Gelehrten mit antiken Autoren ebenso bei wie die Begegnung mit der islamisch-arabischen Kultur. Das Christentum blieb freilich die Grundlage des mittelalterlichen Menschen- und Weltbildes. Kaiser und Papst, Staat und Kirche rangen allerdings mehrfach erbittert um Vorrang.

Zu den Hinterlassenschaften des Mittelalters gehört die in der Neuzeit fortgeführte ständische Gesellschaftsordnung mit Adel und hoher Geistlichkeit an der Spitze. Ihr Grundbesitz machte beide zu Herren der bäuerlichen Bevölkerung. Im *Spätmittelalter (ca. 1250–1500)* stieg die Zahl der Stadtgründungen sprunghaft an. Kaufmännisches Denken und das Kapitalwesen entstanden, die Vielfalt der Berufe nahm zu, es entwickelten sich Bürgerrechte. Im Umfeld größerer Städte wurden wegen eklatanten Holzmangels nun sogar Wälder aufgeforstet. Bei aller verbleibenden Fremdheit – es lohnt sich, das Mittelalter in seiner Vielschichtigkeit unvoreingenommen wahrzunehmen und seine Bewertungen in der Gegenwart kritisch zu überprüfen.

2.1 Drei große Macht- und Kulturräume prägen Europa

Europa und die Ausbreitung des Islam, um 750.

622	In Medina begründet Muhammad ein islamisches Gemeinwesen, die islamische Zeitrechnung beginnt
711	Die Araber erobern das spanische Reich der Westgoten
732	In der Doppelschlacht von Tours und Poitiers wehren die Franken ein weiteres Vordringen der Araber ab
751	Mit der kirchlichen Salbung Pippins I. legitimieren die Karolinger ihr Königtum im Frankenreich
800	Als Herrscher eines Großreichs wird der fränkische König Karl der Große vom Papst zum ersten abendländischen Kaiser gekrönt
962	Seit der Kaiserkrönung Ottos I. empfangen die deutschen Könige vom Papst die Kaiserkrone

Von der Antike zum Mittelalter

Der Zerfall der „Einheit“ des allein von den Römern beherrschten Mittelmeerraumes, in dem sich in der Spätantike überall der christliche Glaube verbreitet hatte, markiert den Übergang von der Antike zum Mittelalter. Drei große Macht- und Kulturräume bildeten sich heraus, die das Schicksal Europas im Mittelalter entscheidend prägten: Der Herrschaftsbereich des *Islam*, das aus der Antike fortbestehende *Oströmische Reich* und das *Reich der Franken* als der stärksten Macht im „Abendland“.

Löwenhof in der Alhambra, Granada, erbaut vom 13.–15. Jahrhundert. Foto von 1999.
Die Alhambra war die befestigte Palaststadt des Emirs von Granada und ist mit ihren prächtigen Anlagen und reich verzierten Räumen ein eindrucksvolles Zeugnis islamischer Baukunst. Mithilfe eines ausgeklügelten Systems wurden Bäder und Brunnen mit Wasser versorgt.

Menschen- und Weltbild des Islam

Nachdem *Muhammad* (um 570–632) als Prophet Gottes (Allahs) den Islam begründet hatte, erwuchs aus der Religionsgemeinschaft überraschend schnell ein Weltreich, das sich vom Atlantik bis zum Indus erstreckte. Vor den Türken und Persern prägten vor allem die Araber die Geschichte des Islam. Obwohl der Islam in vielfältigen historisch-kulturellen Formen auftrat und auftritt, eint die Muslime der strenge Monotheismus der von Muhammad gestifteten Religion.

Der Koran, in dem die letztgültigen Offenbarungen Gottes an den Propheten gesammelt sind, bildet für die Gläubigen die „zentrale Orientierungsquelle ihres Denkens und Handelns". Der von dem allwissenden, allmächtigen und barmherzigen Gott mit besonderer Würde ausgestattete Mensch hat sich Gottes Willen unterzuordnen. Als reuiger Sünder darf er nach begangenem Unrecht aber auch auf Gottes Vergebung hoffen. Er wird für sein Verhalten am Jüngsten Tag durch die Aufnahme ins Paradies belohnt oder zum Höllenfeuer verdammt. Die Vorstellung von der Erbsünde kennt der Koran nicht (→ M1).

Ähnlich wie die Christen beanspruchten auch die Muslime die „universelle", weltweite Geltung ihrer Religion und fühlten sich dazu aufgerufen, die übrige Welt zu islamisieren. Wenn friedlicher Appell ohne Erfolg blieb, galt kriegerische Gewaltanwendung als erlaubt. Perioden friedlicher Kontakte waren aber ebenso möglich. Während die an mehrere Gottheiten glaubenden Völker nach der Unterwerfung zwangsmissioniert wurden, mussten Juden und Christen zwar Tribut zahlen, konnten aber in der Regel an ihren Religionen auch in der islamischen Umwelt festhalten. Denn Judentum und Christentum wurden zu den „Buchreligionen" gerechnet, die z. B. mit Moses und Jesus (Isa) als Propheten an Gottes Offenbarungen teilhatten, welche aus islamischer Sicht allerdings verfälscht worden waren. Gegen eine Gebühr konnten christliche Pilger deshalb z. B. auch noch nach Jerusalem gelangen, nachdem Muslime im 7. Jahrhundert Palästina erobert hatten.

Islamischer Vorposten in Westeuropa: Spanien

Die Einnahme des Westgotenreiches in Spanien durch die Araber und islamisierte nordafrikanische Berber (711) gehört in die Reihe der Expansionskriege gegen Nicht-Muslime. In den folgenden Jahrhunderten erblühte in „al-Andalus", den von den arabisch-berberischen Mauren beherrschten Gebieten der iberischen Halbinsel, die islamisch-maurische Stadtkultur. Córdoba war mit fast einer halben Million Menschen wohl die bevölkerungsreichste Stadt des Kontinents und wurde neben Bagdad zu einem Zentrum überlegener islamischer Zivilisation und Wissenschaft. Vom 9.–11. Jahrhundert bestand auch in Unteritalien und Sizilien ein von Muslimen eroberter „Sarazenenstaat"[1].

[1] *Sarazene: zeitgenössischer Begriff für „Araber" und „Muslim"*

Das Frankenreich als neue politische Führungsmacht

Das „christliche" Europa war zweigeteilt: Das Oströmische Reich (auch Byzantinisches Reich genannt) mit Konstantinopel als Hauptstadt war geprägt durch griechische Kultur und Sprache. Zugleich setzte es bis 1453 die Tradition des Römerreiches fort, als dessen einzig legalen Erben sich der oströmische Kaiser (*Basileus*) zunächst verstand.

Das Weströmische Reich ging bereits im 5. Jahrhundert im Verlauf der Völkerwanderung unter. Auf seinem Boden errichteten germanische Völker eigene Reiche, die aber keinen dauerhaften Bestand hatten, so die Ost- und die Westgoten, die Burgunder, Vandalen und Langobarden. Eine Ausnahme bildete das Reich der Franken, die langsam über den Rhein nach Westen vordrangen.

Das Frankenreich entwickelte sich seit 500 im westlichen Europa zur Vormacht des „Abendlandes". Vorstöße arabischer Reitertruppen über die Pyrenäen wurden 732 in einer Doppelschlacht zurückgewiesen. Als ein Wechsel in der fränkischen Herrscherdynastie vollzogen wurde – von den *Merowingern* zu den *Karolingern* –, begann die für Europa folgenreiche Verbindung zwischen den fränkischen Königen und dem Papsttum: Da ihm die königliche Abstammung fehlte, ließ sich der Karolinger *Pippin I.* 751 durch kirchliche Salbung als „König von Gottes Gnaden" legitimieren. Nach einem Sieg über die Langobarden schenkte er 756 „dem heiligen Petrus" eroberte Gebiete in Italien. Durch diese „Pippinische Schenkung" wuchs der päpstliche Herrschaftsbereich zum mittelitalischen Kirchenstaat (➔ M2).

Der fränkische Herrscher *Karl der Große* (748–814) stand wenige Jahrzehnte später an der Spitze eines westlichen „Universalreiches", welches das heutige Frankreich, Belgien, Holland, Deutschland bis zur Elbe und Oberitalien umfasste. Mit der Kaiserkrönung Karls des Großen in Rom demonstrierte der Papst im Jahre 800, dass er den mächtigen Herrscher des Frankenreiches als Nachfolger der römischen Imperatoren ansah und ihm – und nicht Ostrom – den Schutz der Kirche und des Christentums überantwortete.

Die deutschen Könige werden zu Kaisern im Abendland

Zwei bis drei Jahrhunderte später hatte sich die politische Gestalt Europas gefestigt und weiterentwickelt. Von Spanien über Afrika bis Kleinasien wehte nach wie vor die grüne Fahne des Propheten Muhammad. In Spaniens Norden begann allerdings der Jahrhunderte währende Prozess der „*Reconquista*" (Rückeroberung) mit der Bildung christlicher Kleinkönigreiche. Unteritalien wurde im 11. Jahrhundert den Arabern durch die Normannen entrissen und gelangte später durch Heiratspolitik zeitweilig unter die Herrschaft deutscher Könige.

Aus dem „Universalreich" Karls des Großen hatten sich im 9. Jahrhundert neben einem eigenen Herrschaftsbereich in einem Teil Italiens (*Reichsitalien*) ein westfränkisches und ein ostfränkisches Königreich entwickelt, aus denen später die Nationalstaaten Frankreich und Deutschland entstanden. Bald nach dem Aussterben des fränkischen Herrschergeschlechtes der Karolinger im Ostreich wählten die deutschen Hochadligen den Sachsenherzog und später seine Nachkommen zum König. Seit *Otto I.* (912–973), einer der mächtigsten Sachsenkönige, 962 die Kaiserkrone in Rom empfangen hatte, krönten die Päpste stets die deutschen Könige, zu deren Herrschaftsgebiet auch Oberitalien und Burgund gehörten, zum Kaiser. Nach dem Regierungsantritt im deutschen Reich brachen sie deswegen möglichst bald zu einer „Romfahrt" auf. Die deutschen Herrscher – nach den Sachsen (919–1024) auch die Königsdynastien der *Salier* (1024–1125) und *Staufer* (1138–1254) – hatten dem Selbstverständnis der Zeit nach das Erbe des weströmischen Kaiserreiches angetreten. Nach verbreiteter mittelalterlicher Vorstellung war nach dem Römischen Reich die Gründung eines neuen Weltreiches nicht möglich. Eine solche hätte – so die damalige Überzeugung – das Ende der Welt bedeutet. Mit der Vorstellung, das neue abendländische Kaiserreich sei eine Übertragung der römischen Herrschaft (*translatio imperii*), wurde dies vermieden. Zur Betonung seiner heilsgeschichtlicher Bedeutung setzte sich für das Herrschaftsgebiet der Kaiser seit dem 12. Jahrhundert die Bezeichnung „Heiliges Reich" bzw. im 13. Jahrhundert „Heiliges Römisches Reich" durch, später noch ergänzt durch den Zusatz: „Heiliges Römisches Reich Deutscher Nation".

Die Trennung der griechisch-orthodoxen und der katholischen Kirche

Machtpolitische Gegensätze und theologische Streitigkeiten innerhalb der christlichen Welt bewirkten einen wachsenden Entfremdungsprozess zwischen der „griechischen" Kirche im Osten und der „lateinischen" im Westen. 1054 kam es zur endgültigen Trennung der griechisch-orthodoxen Kirche des christlichen „Morgenlandes" von der katholischen Kirche des „Abendlandes", an deren Spitze der Papst stand.

M1 Letzte Mahnung des einen Gottes in der klarsten Sprache und der schönsten Schrift

Unter dieser Überschrift würdigt der Mediävist Karl Bertau (geb. 1927) den Koran, das heilige Buch des Islam, auch in seiner außerordentlichen Schönheit:

Das Jahrhundert zwischen 610 und 732 wird von Einem Buch beherrscht. Seine Wirkung verändert die Weltverhältnisse im ganzen Mittelmeerraum und weit nach Inner- und Südasien hinein. Es ist in einem Arabisch abgefasst, das es als Mundart so nirgends gab, in einem Gottes-Arabisch, das die Beduinensprache adelte, denn Gott hatte für diese Offenbarung die reinste und klarste Sprache gewählt, die als Gottessprache unübersetzbar war. Und er hatte dafür die Essenz aller poetischen Formen gewählt: Rhythmische Prosa, Verse und Reime, was sich sogleich auswendig behalten ließ. 610 hatte die Offenbarung, das Diktat dieses Buches, das bei Gott schon als Buch existierte, durch den Engel Gabriel begonnen. Vor 656 war der gültige Text aufgezeichnet worden, der seit 632 in Fragment-Notizen und im eisernen Gedächtnis der Rezitatoren [...] aufbewahrt worden war. [...] Das Volk, das diese Offenbarung, die eine letzte Ermahnung Gottes an die Menschen war, empfing, das Volk dieses Buches war das beste Volk. Und in diesem Bewusstsein war es unbesiegbar.

Karl Bertau, Schrift - Macht - Heiligkeit in den Literaturen des jüdisch-christlich-muslimischen Mittelalters. Berlin/New York 2005, S. 114

1. *Informieren Sie sich über die Vorstellungen zur Entstehung der Bibel und vergleichen Sie diese mit dem Koran.*
2. *Sammeln Sie - auch aus dem Bereich der eigenen Erfahrung - Beispiele dafür, wie die Aussage eines geschriebenen, gesprochenen oder gesungenen Textes durch die Form seiner Darbietung an Gewicht und Überzeugungskraft gewinnt.*

M2 Das Bündnis zwischen den Karolingern und dem Papsttum

Mit der Königskrönung Pippins 751 beginnt die Herrschaft der Karolinger im Frankenreich. Diese sind als Verwalter der Königsgüter mächtiger und einflussreicher geworden als das nicht zuletzt durch Erbteilungen geschwächte Herrschergeschlecht der Merowinger. Über den Wechsel in der Herrscherdynastie berichten die Reichsannalen:

749. Bischof Burkhard von Würzburg und der Kaplan Folrad wurden zu Papst Zacharias gesandt, um wegen der Könige in Franzien zu fragen, die damals keine Macht als Könige hatten, ob das gut sei oder nicht. Und Papst Zacharias gab Pippin den Bescheid, es sei besser, den als König zu bezeichnen, der die Macht habe, als den, der ohne königliche Macht blieb. Um die Ordnung nicht zu stören, ließ er kraft seiner apostolischen Autorität den Pippin zum König machen.

750[1]. Pippin wurde nach der Sitte der Franken zum König gewählt und gesalbt von der Hand des Erzbischofs Bonifatius und von den Franken in Soissons zum König erhoben. Hilderich aber, der [merowingische] Scheinkönig, wurde geschoren und ins Kloster gesteckt.

Wolfgang Lautemann, Geschichte in Quellen, Mittelalter, München ²1978, S. 56f.

1. *Nach hergebrachter Vorstellung war mit dem Geschlecht der Merowinger das jeweils an die Söhne weitergegebene „Königsheil" verbunden. Beschreiben Sie, wie demgegenüber die Legitimierung der neuen Dynastie gelang.*
2. *Überlegen Sie denkbare Vorgehens-Alternativen bei erzwungenen Herrschaftsablösungen und bewerten Sie die in der Quelle wiedergegebene Art des Herrschaftswechsels.*
3. *Mit den geschilderten Ereignissen bildeten sich enge Beziehungen zwischen den Karolingern und dem Papsttum heraus, die diesem seinerseits wenig später auch Schutz gegen die germanischen Langobarden gewährten und ihm bei der Errichtung des Kirchenstaats halfen. Diskutieren Sie die möglichen Vor- und Nachteile dieser Verbindung von geistlicher und weltlicher Gewalt für die Beteiligten.*

[1] *nach heutigem Forschungsstand 751*

2.2 Zwischen magischen Vorstellungen und Philosophie – das christlich geprägte Weltbild des Mittelalters

Ausschnitt aus einem Relief am Portal der Abteikirche in Conques/Südfrankreich, 11./12. Jahrhundert.
Die Benediktinerabtei lag am berühmten Pilgerweg nach Santiago de Compostela und war selbst Ziel zahlreicher Wallfahrten. Der untere Teil zeigt links den Zutritt durch die Himmelspforte, während rechts daneben der Höllenschlund die Verdammten verschlingt.
► *Erschließen Sie, warum oberhalb der Eingangsportale von Kirchen sehr oft das Jüngste Gericht mit den drohenden Höllenstrafen dargestellt wurde.*

Um 500	König Chlodwig, der Begründer des fränkischen Großreiches, lässt sich katholisch taufen
1266–73	Der Theologe und Philosoph Thomas von Aquin (um 1225–1274) verfasst sein Hauptwerk „Summa Theologiae“

Die Ausweitung des Christentums in Europa

Die Verbindung des christlichen Glaubens mit germanischen Lebens- und Herrschaftsformen und dem Erbe der Antike formte das christliche Abendland. Im Frühmittelalter erfassten Christentum und Kirche, die sich in der Spätantike im Römischen Reich – zuletzt als Staatsreligion – durchgesetzt hatten, auch den keltischen und germanischen Raum. Die dünn besiedelten Gebiete im Norden und Osten Europas wurden am spätesten christianisiert. Dabei spielte Waffengewalt eine deutlich geringere Rolle als Missionstätigkeit.
Bald bildeten auch viele slawische Stämme und Völker sowie die Ungarn und Balten einen Teil des abendländischen Kulturkreises. Die meisten slawischen Völker und die Bulgaren wurden allerdings von Byzanz aus für den christlich-orthodoxen Glauben gewonnen. Die von oströmischen Missionaren entwickelte kyrillische Schrift weist Russen, Serben und Bulgaren bis heute als Angehörige der orthodoxen Kirche aus.
Der Anspruch des Papstes auf den Primat[1] der gesamten Kirche ließ sich nur in der lateinischen Westkirche durchsetzen.

[1] *Primat (lat. primus „erster“, primatus „erste Stelle, erster Rang“): Vorrangstellung des Papstes als Inhaber der obersten Kirchengewalt*

Schrein der Heiligen Elisabeth in der Elisabethkirche in Marburg an der Lahn. Goldschmiedearbeit, 1236–1249. Elisabeth (1207–1231) war die Landgräfin von Thüringen. Durch ihr strikt religiöses Leben und ihre Hinwendung zu Armen und Kranken erregte sie in ihrer adligen Umgebung Unmut und wurde nach dem Tod ihres Mann von der Wartburg vertrieben. Schon kurz nach ihrem Tod wurde sie heiliggesprochen.

Magische Weltdeutung

Für die Ausbreitung des Christentums war die Bereitschaft der Führungseliten, den neuen Glauben anzunehmen, entscheidend. Oft spielten dabei die Eheschließungen der Fürsten mit Christinnen eine wesentliche Rolle. Der Bevölkerung wurde das Christentum meist „von oben verordnet". Nach der Taufe der Herrscher und der adligen Elite dauerte es daher oft lange, bis die heidnischen Gebräuche endgültig aufgegeben wurden.

Die neu gebauten Kirchen entstanden häufig an vorchristlichen Kultstätten. Die heidnischen Götter durften in der Überzeugung von der Existenz unheilvoller Geister und Dämonen auch im mittelalterlichen Christentum weiterleben. Aus den heiligen Raben des germanischen Gottes *Wotan* wurden unter kirchlichem Einfluss beispielsweise die „Unglücksraben". Manche Silvester- und Fastnachtsbräuche zeugen bis heute von der Überlebenskraft vorchristlicher Traditionen.

Trotz der Übernahme des Christentums war man im Mittelalter vom Wirken magischer Kräfte in der Welt überzeugt. Der Dämonen- und Teufelsglaube beherrschte die Menschen in starkem Ausmaß.

Auch die Kirche selbst blieb magischem Denken verhaftet. Mit bannenden und exorzistischen[1] Praktiken versuchten Priester die bösen Mächte zu vertreiben. Im Vertrauen auf die Gerechtigkeit Gottes und sein wundersames Eingreifen konnten nach mittelalterlichen Vorstellungen „Gottesurteile" die Schuld oder Unschuld eines Menschen beweisen. In der „Feuerprobe" musste der Verdächtige z. B. glühende Eisen in der Hand tragen oder barfuß darüberlaufen.

Religiös-magische Heilpraktiken und Schutzmaßnahmen vor Krankheiten oder Unwetter („Wettersegen" oder „Wetterläuten") waren umso stärker verbreitet, je mehr die Menschen sich im Alltag durch unbeeinflussbare, oft Dämonen zugeschriebene Erscheinungen bedroht sahen.

Heiligenverehrung und Marienfrömmigkeit

Zum Glauben an Gott, Christus und den Teufel trat im Mittelalter die Verehrung einer immer mehr anwachsenden Schar von Heiligen. Sie galten als Fürsprecher vor Gott, wurden in Notzeiten angerufen und an wunderkräftigen Orten verehrt. Sie selbst, so war man sicher, konnten in der Nachfolge Christi zu ihren Lebzeiten und noch danach Wunder vollbringen.

Mit dem Heiligenkult verbunden und kennzeichnend für die mittelalterliche Religiosität war der *Reliquienkult*[2], mit dem sich ein reger Reliquienhandel verband.

Besonders die *Marienfrömmigkeit* gewann für die mittelalterliche Glaubensvorstellung an Bedeutung. Auch von der Himmelskönigin gab es Reliquien, und überall in Europa entstanden Heiligtümer zu ihren Ehren. Zu den besonders verehrten Statuen und Bildern führten viele Marienwallfahrten.

Verdienste um das Seelenheil versprachen daneben weiterhin vor allem die „klassischen" Pilgerreisen nach Jerusalem, Rom oder zum Grab des *Heiligen Jakob* im nordwestspanischen *Santiago de Compostela*. Sie erlebten ihren Höhepunkt im 11. bis 13. Jahrhundert.

[1] *Exorzismus: das Austreiben von Dämonen aus dem menschlichen Körper mithilfe bestimmter kirchlicher Beschwörungsformeln*

[2] *Reliquien: Überreste vom Körper eines Heiligen oder Gegenstände, mit denen dieser in Berührung gekommen war, z. B. Kleidungsstücke*

Das irdische Dasein als Durchgangsstation zur Erlösung

Der mittelalterliche Glaube war stark jenseitsbezogen. Die Christen sahen ihr Verweilen auf der Erde als Durchgangsstation zur Erlösung oder Verdammnis. Das den Menschen vor dem Jüngsten Gericht auferlegte irdische Dasein galt als Strafe für den Sündenfall und als Bewährungsprobe für ein (plastisch vorgestelltes) ewiges Leben. Diese Vorstellungen halfen der Kirche bei der Vermittlung sittlicher Werte.

Die Entwicklung einer individuellen Ethik verband sich mit der sich ausformenden Lehre vom *Fegefeuer* (*Purgatorium*). Sie spielte vor allem seit dem 13. Jahrhundert eine wichtige Rolle in der mittelalterlichen Vorstellungswelt. Die Erwartung einer zeitlich begrenzten reinigenden Strafe im Purgatorium löste zwar auch Angst aus, vermittelte dem „normal" sündigen Menschen aber zugleich auch die tröstende Hoffnung auf seine schließlich doch mögliche Teilhabe am Paradies. Durch eigene religiöse Leistungen und durch die Fürbitte der Lebenden für die Toten konnte man den Verstorbenen und sich selbst die Zeit im Fegefeuer verkürzen.

Trotz der Mühseligkeiten des irdischen Lebens empfand der Mensch seine Existenz als sinnvoll (➔ M1). Entsprechend dem biblischen Lob des Schöpfers „Alles hast du nach Maß, Zahl und Gewicht geordnet" erschien die *Welt als von Gottes Hand nach Maß und Zahl durchgestaltet*. Die Erde betrachtete man als den ruhenden Mittelpunkt der Welt, das umgebende Weltall als ein System schalenförmig angeordneter konzentrischer Sphären, deren äußerste den Wohnort der Engel und Seligen bildete. Zahlen besaßen allegorische Bedeutung, z. B. galt die 10 als Ausdruck der Vollkommenheit und wurde auf Gott bezogen.

Neue Denkweisen – die Scholastik

Die Masse der einfachen Menschen war von einer mündigen Teilnahme am geistigen Leben ausgeschlossen. Wegen der fehlenden Lateinkenntnisse konnten sie selbst wesentlichen Teilen des Gottesdienstes kaum folgen.

Jedoch brachte das Mittelalter unter seinen kirchlich-wissenschaftlichen Eliten eine erstaunliche theologische und philosophische Gelehrsamkeit hervor.

Als eine spezifisch abendländische Institution entstand – zuerst in Paris und Bologna – im 12. Jahrhundert die *Universität*. An den Universitäten entwickelte sich eine neue Form des Denkens und des wissenschaftlichen Arbeitens, die *Scholastik*. Klare Begriffsbildungen und Fragestellungen, deutliche Erörterung von Gründen und Gegengründen, die einleuchtende Beweisführung und Beurteilung wurden methodische Grundlage dieser Denkweise und ein Urquell intellektueller Bildung und wissenschaftlichen Arbeitens im Abendland überhaupt.

Die Beschäftigung mit der Logik und den naturphilosophischen Schriften des antiken Philosophen *Aristoteles* (384–322 v. Chr.) lieferte entscheidende Ansätze für das neue Denken. Mit der Neuentdeckung und Übersetzung vieler seiner Schriften im 12./13. Jahrhundert begann die zweite Periode mittelalterlicher Logik. Aus den naturphilosophischen Schriften des „kenntnisreichsten aller Philosophen" gewannen die abendländischen Gelehrten vor allem auch neue Einsichten in die Wirklichkeit der Welt.

Allerdings gerieten manche Aussagen des Aristoteles und seiner Kommentatoren mit traditionellen kirchlichen Lehrsätzen in Konflikt, so etwa seine Ansicht von der Ewigkeit der Welt (➔ M2).

Ziel der hochscholastischen Theologie war die Gegenüberstellung und Synthese von Glauben und Wissen als zweier unterschiedlicher Erkenntnisbereiche (➔ M3). Im Gegensatz zur rein biblischen Theologie wollten viele Scholastiker die biblische Offenbarung auch mithilfe der Vernunft, durch philosophisches Denken begründen. So lieferte für den in Italien und Frankreich tätigen Dominikaner *Thomas von Aquin* (ca. 1225–1274) die Vernunft zusätzliche Beweise für die Glaubenswahrheiten. Allerdings traten Kritiker wie der in Paris und Köln lehrende schottische Franziskaner *Duns Scotus* oder der englische Franziskaner *Wilhelm von Ockham* umgekehrt scharf für die strikte Trennung von Glauben und Vernunft ein. Dass sich im Wissenschaftsbetrieb die Berufung auf die Vernunft durchzusetzen begann, trug langfristig zur spezifischen Bedeutung des abendländischen Europa bei.

Die Mystik

Ein Beispiel für die Vielfältigkeit mittelalterlicher Glaubensformen bietet die Mystik mit ihrer Betonung verinnerlichter individueller Gläubigkeit. Mit seinem „Pilgerbuch (Reise) des Geistes zu Gott" (*Itinerarium mentis in Deum*) wurde der italienische Franziskaner *Bonaventura* (1217/21–1274) ihr bedeutendster Vertreter. Durch die Versenkung in Gebet und Betrachtung wollten die Mystiker zur Erleuchtung fortschreiten, eine individuelle, direkte Verbindung zu Christus finden. Der Wille, Gott unmittelbar zu erleben, führte leicht zu einer Frömmigkeit am Rande der Kirche. Sie sprach besonders auch Frauen an, die an der gelehrten Theologie nicht teilhaben durften.

M1 Erlösung im Jenseits

Die im spätmittelalterlichen Frankreich lebende Schriftstellerin Christine de Pizan (1365–1430) richtet an „den von Gott geliebten und von der Welt verachteten Stand der Armen" folgende Mahnung:

Oh, ihr glückseligen Armen, die ihr, gemäß dem Urteilsspruch Gottes im Evangelium, als Belohnung für eure geduldig ertragene Armut des Himmelsreichs gewiss sein dürft, erfreut euch an dieser großen Verheißung einer alles andere übertreffenden Freude, die mit nichts vergleichbar ist. Eine solche Freude ist den Königen, Fürsten und Reichen nicht verheißen, sofern sie euch nicht im Geiste ähnlich werden, d.h. in ihrem Wollen arm sind und die Reichtümer und Eitelkeiten der Welt gering achten.
Von Gott geliebte, teure Freunde, seid so gütig, unsere Ermahnung zu beherzigen, wenn sie euch zu Gehör kommen sollte, denn sie ruft euch in Erinnerung, was euch gegen die Anfechtungen der Ungeduld helfen kann, wenn sie euch wieder einmal aufgrund der großen Unannehmlichkeiten, die ihr erleiden müsst, überkommen sollten. So müsst ihr zum Beispiel oft Hunger und Durst leiden, Kälte und eine schlechte Behausung erdulden, habt keine Freunde, die die Gebrechen des Alters lindern, niemanden, der euch in Krankheit beisteht, und müsst zu all dem auch noch die Verachtung, Ablehnung und Gemeinheiten der Menschen ertragen, kurz es ist so, als wäret ihr keine Christen, sondern würdet zu einer anderen Kategorie von Menschen gehören. Wenn euch also die Anfechtungen der Ungeduld zusetzen, dann möge euch Frau Hoffnung zu Hilfe eilen, um zu verhindern, dass ihr deshalb die großen Schätze verliert, die euch verheißen sind, und, gewappnet mit Geduld und mit einem Schild aus Vertrauen bewehrt, heftig gegen diese Versuchungen anzukämpfen, bis ihr sie niedergemacht und den Sieg davongetragen hat.
[...] Indem ihr eure Armut geduldig ertragt, festes Vertrauen zu Gott habt und nichts anderes begehrt als das, was er für euch bestimmt hat, könnt ihr einen edleren Besitz und größere Reichtümer erlangen, als es in fünfhundert Welten geben könnte, und sie bleiben euch ewig erhalten. Wenn man alles genau betrachtet, habt ihr sogar Grund, Gott zu loben für den Stand, in den er euch berufen hat. Ihr müsst nur das Beste daraus machen.

Christine de Pizan, Der Schatz der Stadt der Frauen. Ein Quellentext aus dem Mittelfranzösischen, übersetzt von Claudia Probst, herausgegeben und eingeleitet von Claudia Opitz, Freiburg 1996, S. 255–258

1. *Überprüfen Sie, ob der Textauszug nur als eine Rechtfertigung bestehender Zustände gedeutet werden kann. Lassen sich auch sozialkritische Ansätze entdecken?*
2. *Erklären Sie aufgrund des Textes, wieso Armut im Mittelalter von vielen Menschen auch als religiöses Ideal angesehen wurde.*
3. *Diskutieren Sie, inwieweit sich das Los der armen Menschen durch den Hinweis auf das Jenseits lindern ließ.*
4. *„Wir wollen hier auf Erden schon das Himmelreich errichten!" Erschließen Sie, wie dieser Aufruf des Dichters Heinrich Heine (1797–1856) aus dem 19. Jahrhundert zu verstehen ist.*

M2 Thesen der Universität Paris

Das eher mit Glaubensfragen als mit wissenschaftlichen Fragen beschäftigte Abendland wird durch die Wiederentdeckung wichtiger Werke des griechischen Philosophen Aristoteles (384–322 v. Chr.) seit dem 12. Jahrhundert auch mit einem bislang unbekannten wissenschaftlichen Weltbild konfrontiert. Die ins Lateinische übersetzten naturphilosophischen Schriften des Aristoteles und deren Kommentare durch den arabischen Philosophen Averroes (eigentlich Ibn Ruschd; 1126–1192/98) enthalten auch verschiedene der christlichen Lehre widersprechende Aussagen. Im schroffen Gegensatz zur Kirchenlehre stehende Auslegungen des Aristoteles und anstößige Parolen, wie sie besonders radikal an der Pariser Artistenfakultät hervortraten, bilden für den Pariser Bischof Tempier Anlass zum Eingreifen. 1270 und 1277 verurteilt er insgesamt 219 Sätze, darunter die folgenden dort verbreiteten:

18. Die künftige Auferstehung darf vom Philosophen nicht zugestanden werden, weil es unmöglich ist, sie mit der Vernunft zu erforschen. – (Kommentar des Bischofs Tempier:) *Irrtum, weil auch der Philosoph seinen Geist gefangen geben muss in dem Gehorsam Christi.*
19. Die vom Leib getrennte Seele erleidet in keiner Weise etwas vom Feuer.
37. Nichts ist zu glauben, es sei denn evident[1] oder aus Evidentem beweisbar.
40. Es gibt keine ausgezeichnetere Lebensform als das Sichfreihalten für die Philosophie.
116. Die Seele ist untrennbar vom Körper, und mit der Zerstörung der körperlichen Übereinstimmung wird die Seele zerstört.
145. Es gibt keine Frage, die vernunftgemäß zu erörtern ist, die der Philosoph nicht erörtern und entscheiden dürfte [...].

[1] *evident: klar ersichtlich, offenkundig*

150. Der Mensch darf sich nicht zufriedengeben mit der Autorität, um in einer Frage Gewissheit zu erlangen.

152. Die Reden des Theologen sind in Fabeln begründet.

154. Die Weisen der Welt sind ausschließlich die Philosophen.

168. Enthaltsamkeit ist nicht wesenhaft eine Tugend.

174. Fabeln und Falschheiten sind enthalten im christlichen Gesetz wie auch in anderen.

175. Das christliche Gesetz verhindert Wissensfortschritt.

176. Die Glückseligkeit wird in diesem Leben besessen, nicht in einem anderen.

Kurt Flasch (Hrsg.), Mittelalter. Geschichte der Philosophie in Text und Darstellung, Band 2, Stuttgart 1994, S. 359 ff.

1. *Überlegen Sie mögliche Wirkungen dieser bischöflichen Auflistung zu ihrer Entstehungszeit.*
2. *Diskutieren Sie, welche der damals zurückgewiesenen Thesen Ihnen aus heutiger Sicht als vertretbar erscheinen.*

Ein Theologe bei einer Vorlesung an der Sorbonne in Paris. Buchmalerei, Ende des 15. Jh.

M3 Ja und Nein (Sic et non)

Petrus Abaelardus (1079–1142), einer der bedeutendsten Denker des Mittelalters, stellt in seinem theologischen Werk „Sic et non" (wahrscheinlich zwischen 1121 und 1140 entstanden) einander widersprechende Aussagen der Bibel oder anerkannter Autoritäten gegenüber, die zur Einübung wissenschaftlicher Streitgespräche (Disputationen) herausfordern. Der Mittelalterforscher Karl Bertau berichtet über die von Abaelard empfohlenen Verfahrensregeln und die Rezeption dieses Werkes:

Die Aufgabe ist jeweils, herauszufinden, ob der Widerspruch darauf beruht, dass 1) der Text nicht authentisch ist, oder ob 2) das widersprüchliche Dictum von seinem Autor später widerrufen wurde, oder ob 3) der Zusammenhang des ganzen Werkes oder 4) der besondere Sprachgebrauch des Autors nicht einen andern Sinn ergeben, als er im Zitat erscheint, schließlich, wenn alles nichts hilft, 5) welche Meinung die besseren Gründe für sich hat.

Damit ist freilich nicht nur philologische Kritik[1], sondern auch die Kritik einer jeden Auctoritas[2] begründet, und dieses Werk wurde für die folgenden Jahrhunderte eines der Instrumente zur Entfaltung eines kritischen Geistes. Hugo Primas[3] freilich reimte gegen die neue kritische Unsitte:

Sed in scolis disputantum
Sunt discordes et diversi,
Aberrantes et dispersi:
Quod hic negat, ille dicit;
Hic est victus, ille vicit,
Doctor totum contradicit.

In den Schulen disputiert man,
Widerspruch und Zwietracht schürt man.
Der behauptet, der bestreitet,
Dieser siegt und der bereitet
Selbst sich den Triumph der Stärke;
Dass in jenem andern Werke
Irrtum wohnte, das beweist er.
Allem widerspricht der Meister.

Karl Bertau, Deutsche Literatur im europäischen Mittelalter, Bd. 1, München 1972, S. 266

1. *Erklären Sie die von Karl Bertau vorgenommene Unterscheidung zwischen „philologischer Kritik" und „Kritik [an] einer jeden Auctoritas[2]".*
2. *Schätzen Sie die Bedeutung dieses neuen Denkens für die damalige Zeit ein.*

[1] *Philologie: Sprach- und Literaturwissenschaft*
[2] *Auctoritas: Autorität*
[3] *Hugo Primas von Orléans, vermutlich 1093 geboren, schrieb lateinische Gedichte mit oft frechem und spöttischem Inhalt (Vagantenpoesie).*

2.3 Die mittelalterliche Feudalgesellschaft

Vertreibung aus dem Paradies. Buchmalerei aus der Grandvalbibel, Tours, um 840.
Die irdischen Plagen für Mann (Feldarbeit) und Frau (Mutterschaft) wurden als Folgen des Sündenfalls angesehen.
Die soziale Ungleichheit der Menschen war nach mittelalterlicher Vorstellung gottgewollt.

529	Benedikt von Nursia gründet das Kloster Montecassino, wo er die Benediktiner-Regel niederschreibt
Anfang 13. Jh.	Der Kastilianer Dominikus und der italienische Kaufmannssohn Franz von Assisi rufen die ersten Bettelorden ins Leben
2. Hälfte des 12. Jh.	Ausgehend von den Fürstenhöfen Westeuropas entwickelt sich im deutschen Reich mit dem Rittertum eine adlige Laienkultur

Die Grundherrschaft: Herrschaft über Land und Leute

Die frühmittelalterliche Gesellschaft setzte sich zunächst aus einer adligen Oberschicht, einer freien Mittelschicht und den Unfreien zusammen. Diese arbeiteten als Gesinde am Hof des adligen Herren (*Fronhof*) und auf dessen Ländereien. Viele ursprünglich freie Bauern gerieten im frühen Mittelalter in die Abhängigkeit adliger Grundherren. Sie übertrugen ihnen ihr Land, um dem für Freie verbindlichen Kriegsdienst mit eigener Ausrüstung zu entgehen. Gerne unterstellten sie sich – oft auch um ihres Seelenheils willen – einem kirchlichen Grundherren, etwa dem Abt eines Klosters. Auch die Übernahme von Rodungsland konnte zur Abhängigkeit führen. Daher spielte in der Agrargesellschaft des Mittelalters die ursprünglich vorhandene Mittelschicht freier Bauern bald nur eine sehr geringe Rolle.

Die auf spätantike Wurzeln und germanische Herrschafts- und Sozialordnung zurückgehende *Grundherrschaft* war das zentrale Element der Agrarverfassung. Sie bedeutete Herrschaft des adligen Grundherrn über Land und zugleich über die auf ihm lebenden Leute. Nicht nur das unfreie Gesinde, auch die in Abhängigkeit geratenen Bauern und ihre Nachkommen (*Hörige* oder *Grundholde*) waren der Banngewalt[1] und seiner Gerichtsbarkeit unterstellt. Der Grundherr besaß das Obereigentum (*dominium directum*) über das an ihn übertragene Land, der Bauer behielt das Nutzeigentum (*dominium utile*). Dafür hatte er dem Grundherrn Abgaben aus den erarbeiteten landwirtschaftlichen Erträgen seiner Hofstelle (*Hufe*) zu liefern und somit zum Unterhalt des Herrn beizutragen. Außerdem waren die Grundholden dem Grundherrn zu Dienstleistungen (*Frondiensten*) auf dem Herrenland und Fronhof verpflichtet. So konnte der Grundherr in dieser klassischen zweigeteilten Form der Grundherrschaft auf seinen eigenen Ländereien neben dem Gesinde auch auf die Arbeitskraft der Grundholden zurückgreifen. Sie leisteten dann festgelegte, im Einzelfall unterschiedlich stark belastende Dienste mit der Hand oder setzten ihr Ochsen- oder Pferdegespann auf dem Herrenland ein (*Hand- und Spanndienste*) und mussten an diesen Tagen die Arbeit auf der ihnen zur Nutzung überlassenen Hufe hintanstellen. Der Grundherr profitierte also von den Abgaben und

[1] *Banngewalt: Recht des Grundherren, bei Strafe zu gebieten und zu verbieten*

Diensten der Grundholden und der Arbeit seines Gesindes. Nur dank ihrer Leistungen konnte er seinen adligen Lebensstil verwirklichen. Er war allerdings verpflichtet, der von ihm abhängigen bäuerlichen Bevölkerung Schutz und Sicherheit zu gewähren.
In kleineren Grundherrschaften bildete der Herren- oder Fronhof gleichzeitig den Sitz des Herrn. Der König, hohe Adlige und Klöster als Grundherren über eine Vielzahl von Ländereien setzten in ihren einzelnen grundherrschaftlichen Verbänden eigene Verwalter ein.

Die Dreiständelehre

Für den mittelalterlichen Menschen war die irdische Ordnung von Gott vorgegeben und sollte bewahrt werden. Dass die Mächtigen herrschen und von den Diensten und Abgaben ihrer Bauern leben konnten, wurde nicht infrage gestellt, sondern als gottgewollt betrachtet. Quellen aus der Zeit Karls des Großen heben lediglich zwei gesellschaftliche Funktionen hervor: den dem Adel obliegenden Schutz der Christenheit und die dem Klerus übertragene Aufgabe, für sie zu beten.

Holzschnitt von Hans Hesse, Heidelberg, 1488.
Die Darstellung zeigt, welche Aufgaben Christus den einzelnen Ständen im Leben zuordnet:
„Tu supplex ora: Du bete demütig!
Tu protege: Du schütze!
Tuque labora: Und du arbeite!“
► *Diskutieren Sie, ob aus der Darstellung eine Parteinahme des Künstlers für einen Stand deutlich wird.*

Ansonsten betonte das Gesellschaftsbild des Mittelalters vor dem 11. Jahrhundert den Unterschied zwischen Herren und Knechten. Von England und vor allem von Frankreich ausgehend setzte sich in Europa nach der Jahrtausendwende das Selbstbild einer dreigliedrigen Gesellschaft von „Betern“, „Kriegern“ und „Arbeitern“ durch. In dieser Dreiheit von Gebet, Schutz und Arbeit nahm zwar die Masse der arbeitenden, von den Mühsalen des Lebens besonders geplagten Bevölkerung erst den letzten Platz ein, ihre Tätigkeit erfuhr aber soziale Aufmerksamkeit und wurde als unentbehrlich in der von Gott gewollten irdischen Ordnung anerkannt.

Adel und ritterlich-höfische Kultur

Die doppelte Funktion des Adels, zu kämpfen und zu herrschen, war dem Mittelalter selbstverständlich. Ihm oblag der Schutz des christlichen Glaubens und der „Witwen und Waisen“, d. h. der Wehrlosen in der Gesellschaft, also aller, die keine Waffen trugen: die Geistlichen, die Bauern und alle Frauen.
Frei vom Zwang zur Arbeit konnte der Adlige standesgemäße Tätigkeiten wie die Jagd ausüben, die ihm vorbehalten war. Sein Selbstbewusstsein gründete sich neben der adligen Herkunft auf seine kriegerische Qualifikation. Im Ideal des Rittertums erfuhr der Adel sein anspruchvollstes Selbstbild (➔ M1 und M2).
Zum Ehrenkodex des Ritters gehörten Tapferkeit, Treue und Selbstzucht. Die Anerkennung des Kriegsdienstes durch die Kirche trug zum Ansehen des Rittertums wesentlich bei. Obwohl dem Kriegshandwerk grundsätzlich ablehnend gegenüberstehend, billigte es die Geistlichkeit, wenn der Krieger sich in den Dienst des Christentums stellen ließ, etwa durch die Teilnahme am Kreuzzug oder zum Schutz von Wehrlosen.
Zum sittlich geläuterten Verhalten des Ritters sollte auch die in Südfrankreich aufgekommene öffentliche Verehrung einer – bereits verheirateten – Dame, der *Minnekult*, beitragen. Denn die Zuneigung blieb unerfüllt. Zur Verbreitung des neuen Menschenbildes trugen höfische Epik und Minnelyrik in deutscher Sprache bei; vorher dominierten lateinische Texte geistlichen Inhalts.
Mit *Hartmann von Aue, Wolfram von Eschenbach, Gottfried von Straßburg, Walther von der Vogelweide* und anderen Dichtern erlebte die deutsche Literatur ihre erste klassische Epoche (➔ M4). Die neue, von der Vorherrschaft der Kirche befreite Kultur ritterlich-adliger Prägung gelangte ausgehend von Westeuropa in der zweiten Hälfte des 12. Jahrhunderts im Reich an den Höfen des Stauferkönigs *Friedrich Barbarossa* (1122 – 1190) oder großer Fürsten zum Durchbruch.

Der Klerus

Entscheidend für die Zugehörigkeit zum Klerus (zur Geistlichkeit) war die Priesterweihe. Aufgrund dieser Weihe konnten die Geistlichen zu Mittlerpersonen zwischen Gott und der Welt werden und ihre Gebete bei Gott mehr bewirken als die christlicher Laien. Herkunft und Lebensführung der Kleriker waren höchst unterschiedlich. Hohe kirchliche Ämter oder Abtstellen waren Angehörigen der Adelsfamilien vorbehalten. Die vom Lokaladel in seinen selbst gestifteten Dorfkirchen eingesetzten *Weltgeistlichen* wurden dagegen oft aus dem Kreis der Hörigen rekrutiert und führten ein entsprechend bescheidenes Leben. Der Bildungsstand der einfachen Landgeistlichen war oft sehr gering.
Neben den Weltgeistlichen gab es die vielen in Klöstern lebenden *Ordensgeistlichen*. Sie stammten meist aus adligen Familien, viele Klöster nahmen nur Adlige auf. Durch ihre Ehelosigkeit unterschieden sie sich über Jahrhunderte besonders vom einfachen Weltklerus, denn der Zölibat setzte sich erst im späten Mittelalter allgemein durch. Ihre strengere Lebensführung in der Nachfolge Christi und ihre Rolle als entscheidende Träger der Kultur führten zu einem eigenen Elitebewusstsein der Mönche.

Das abendländische Mönchtum

Das erste abendländische Kloster hatte 529 *Benedikt von Nursia* gegründet. Er regelte den Tagesablauf der Mönche durch den Wechsel von Arbeit (Handarbeit, Tätigkeit in Schreibstube und Bibliothek) und Andacht und Gebet („Ora et labora!“[1]). Eine völlig neue Form des Mönchtums bildeten seit Anfang des 13. Jahrhunderts die *Bettelorden* der *Franziskaner* und *Dominikaner*. Nicht weltabgewandt wie die Mönche älterer Orden wollten sie leben, sondern weltzugewandt. Ihre Klöster entstanden in den Städten. Sie demonstrierten im bewussten Gegensatz zur reichen Amtskirche und den vielen reichen Klöstern das Armutsideal nach dem Vorbild der Apostel, wandten sich den Problemen der Menschen zu, kritisierten weltliche und kirchliche Missstände und predigten in der Volkssprache. Ihre Hauptaufgabe sahen sie in der Volksseelsorge; vor allem den Dominikanern ging es vorrangig um die Abwehr von Irrglauben.

Die bäuerliche Lebenswelt

Waren Schützen und Beten Hauptfunktionen des Adels und des Klerus, so fiel der ländlichen Bevölkerung die Aufgabe zu, sich selbst und die übrigen Gruppen der mittelalterlichen Gesellschaft zu ernähren.

[1] *„Ora et labora“: „Bete und arbeite“*

Buchmalerei aus dem Londoner Luttrell-Psalter, vor 1340.
Verbesserungen von Deichsel und Zaumzeug ermöglichten das Anschirren von vier Ochsen beim Pflug. Durch das Kummet, den gepolsterten Bügel um den Hals von Zugtieren, wurden die Anspanntechnik und damit die Zugkraft der Tiere entscheidend verbessert.

Zwischen der Jahrtausendwende und dem Beginn des 14. Jahrhunderts scheint die Bevölkerung in Europa von 38 auf 73 Millionen Menschen angestiegen zu sein. Das bevölkerungsreichste Land war Frankreich mit ca. 21 Millionen Menschen. Das deutsche Reich zählte um 1300 ca. 13 bis 15 Millionen Einwohner. Es erstaunt im Rückblick, dass der erhöhte Nahrungsmittelbedarf für eine so rasch anwachsende Bevölkerung gedeckt werden konnte.

Dies gelang, weil sowohl im alten Siedlungsland als auch zusätzlich durch die Ostsiedlungsbewegung neue landwirtschaftliche Flächen gewonnen wurden. Entscheidend war auch die wachsende Übernahme der ertragssteigernden *Dreifelderwirtschaft*. Dabei wurde ein Feld mit Sommergetreide, eines mit Wintergetreide bepflanzt, während das dritte Feld brachlag. Im nächsten Jahr wurde das brachliegende Feld kultiviert, dafür wurde eines der beiden anderen Felder nicht bearbeitet. Auf diese Weise ließen sich die Erträge steigern, da dem Boden nicht einseitig Nährstoffe entzogen wurden und er sich während der Brachzeit erholen konnte. Hinzu kamen einschneidende technologische Neuerungen beim Mahlen, Pflügen und Ernten oder beim Einsatz von Zugtieren (➔ M3).

Aber die Arbeit der Landbevölkerung blieb mühsam, meist rang sie um das Existenzminimum. Die Abhängigkeit von der Natur und vom Grundherrn, auf dessen Land sie lebte und dem sie Leistungen und Abgaben schuldete, prägte ihr Dasein. Harte Arbeit vom Aufgang bis zum Untergang der Sonne bestimmte in den Sommermonaten das bäuerliche Leben; entgegen kirchlicher Mahnung wurde manchmal auch am Sonntag gearbeitet.

Die Erträge der angebauten Getreidesorten (Hafer, Gerste, Weizen und Dinkel) überstiegen die Aussaatmengen lange nur um das 2,5–3-Fache. Da man also etwa ein Drittel der Erntemenge für die Aussaat zurücklegen musste, etwa ein weiteres Drittel der Erträge an den Grundherren abzugeben hatte, blieb nur das letzte Drittel für den Verbrauch der bäuerlichen Familie.

Trotz des gleichbleibenden, nur gelegentlich von Feiern und Festtagen unterbrochenen Alltags veränderten sich die Rechts- und Lebensverhältnisse auf dem Land durchaus. Viele große adlige Grundherren verzichteten seit dem 12. Jahrhundert auf die eigenständige Bestellung ihrer großen Landflächen. Sie gaben diese zur selbstständigen Bebauung an die Landbevölkerung aus, sodass die Zahl der Hofstellenbesitzer sich vermehrte. Der bedrückende Frondienst auf den Feldern des Adligen wurde in diesen Fällen in Natural- und Geldleistungen umgewandelt. Beim Übergang von der Fronhof- zur Abgabenwirtschaft verbesserten sich die Besitzrechte der Bauern am bearbeiteten Land, nun konnten sich auch dörfliche Selbstverwaltung und Gerichtsbarkeit entfalten.

Vorstellungen von Mann und Frau

Gnade und Erlösung konnten nach christlicher Überzeugung beiden Geschlechtern zuteil werden, beim Heilsversprechen gab es nach dem Apostelwort keinen Unterschied von Mann und Frau. Im weltlichen Alltag jedoch war die Ungleichheit der Geschlechter praktizierte Realität. Der Mann begriff sich als den von Gott zuerst Geschaffenen und Überlegenen. Die von Natur aus schwächere Konstitution der Frau erklärte sich ihm aus dem vorgesehenen Zweck ihrer besseren Beherrschbarkeit. Schon allein die Waffen- und Wehrlosigkeit der Frauen ließ sie für öffentliche Ämter nicht infrage kommen. Das vom männerbestimmten kirchlichen Schrifttum geprägte Frauenbild war weithin abwertend. Als „Evatochter“ wurde die Frau unter Hinweis auf die Geschichte vom Sündenfall mit der Versucherin Eva in Beziehung gebracht und man glaubte, dass sich der Teufel gerne der Frauen bediente – eine Vorstellung, die im spätmittelalterlichen und neuzeitlichen Hexenwahn gipfelte (s. Kap. 3, S. 90 f.). Den Frauen gerne zugeschriebene Fehler waren neben Launenhaftigkeit, Wankelmut, Eitelkeit und Stolz auch Leidenschaft, Herrsch-, Gewinn-, Ess- und Trunksucht (➔ M5). Allerdings erwuchsen aufwertende Akzente aus der Marienverehrung und dem Vorbild weiblicher Heiliger.

Scham galt als vornehmlich weibliche Tugend. Auch mit der ritterlichen Verehrung der höhergestellten Edeldame in Form des Minnekultes verband sich ein neuartiges Preisen der Frau, der Beginn des abendländischen Frauenkults.

Die Munt-Ehe

Grundsätzlich aber verlangten in der männlichen Vorstellung Schwäche und Anfälligkeit der Frau nach Schutz und Aufsicht. So wurde das Leben der mittelalterlichen Frauen weitgehend fremdbestimmt. Das Mädchen stand zunächst unter der Rechtsgewalt, dem Schutz und der Vormundschaft des Vaters („*Munt*“) oder – nach dessen Tod – eines anderen männlichen Verwandten. Es sollte als Jungfrau in die Ehe gehen und wurde bei der Heirat vom Brautvater in die Munt des Mannes übergeben. Diese sogenannte *Munt-Ehe* ging aus einem Vertrag beider Sippen hervor, als rechtlich Handelnde traten im Hochmittelalter der Brautvater und der Bräutigam in den Vordergrund. Die Braut war keine Vertragspartnerin, sollte aber ihr Einverständnis kundtun. Auf die gegenseitige Zustimmung beider Partner legte die Kirche großen Wert. Sie erklärte Anfang des 13. Jahrhunderts die Ehe zum Sakrament und damit als unauflöslich. Aber

die Hochzeit blieb noch lange ein weltlicher Akt und die Forderung nach gegenseitiger Zustimmung wurde keineswegs immer erfüllt; vor allem adlige Eheschließungen blieben oft dem Vorrang der Familienpolitik unterworfen.
Eine Brautgabe war bei der Munt-Ehe üblich. Sie konnte der Sippe der Braut zugute kommen, wurde aber meist der Braut selbst geleistet. Eine solche Brautgabe der elterlichen Sippe oder des Ehemanns sollte die Frau im Falle einer Verwitwung wirtschaftlich absichern. Im Rahmen seiner Munt konnte allerdings der Ehemann das Sondervermögen der Ehefrau verwalten – Ausnahmen zugunsten der Frau gab es im Bereich des Adels – und rechtsbedeutsame Entscheidungen für seine Frau treffen; er vertrat sie auch vor Gericht. Sie war ihm wie die Kinder zum Gehorsam verpflichtet, der Mann konnte sie züchtigen oder einsperren und bei Verletzung der ehelichen Treue verjagen, im Extremfall töten.
Willkürliche, den Rechtsvorstellungen der Zeit widersprechende Maßnahmen hätten allerdings Rechtsschutz oder Vergeltung durch die Herkunftssippe herausgefordert. Dem Tötungsrecht des Mannes trat die Kirche schon im frühen Mittelalter nachdrücklich entgegen.
Rechtsgrundlagen wie die Munt spiegeln allerdings die Lebenswirklichkeit nur bedingt wider. Die eheliche Überlebensgemeinschaft war vor allem auf dem Land existenziell auf die Zusammenarbeit von Mann und Frau angewiesen und diese prägte den ehelichen Alltag; das Ehepaar war zugleich Arbeitspaar. Dem Mann war die schwere Feldarbeit übertragen. Die Frau führte den Haushalt eigenständig und war auch zuständig für die Viehfütterung, das Brotbacken und Bierbrauen, die Herstellung von Butter und Käse und nicht zuletzt für das Spinnen und Weben zur Stoffgewinnung.
Zur Lebenswirklichkeit der Frauen zählten auch die vielen Geburten sowie der Verlust vieler Kinder durch hohe Säuglings- und Kindersterblichkeit. Nicht zuletzt weil Kinder zur Existenzsicherung im Alter beitrugen, war die Frau als Gebärerin wichtig und geachtet. Zur Patronin der Mütter wurde Anna, die Mutter Marias; sie war eine der ganz wenigen selbst verheirateten weiblichen Heiligen.

Unterschiedliche Lebensformen von Frauen

Die Lebensbedingungen der Frau waren regional und ständisch sehr unterschiedlich. Mönche und Nonnen lebten ehelos. Angesichts der auf Paulus und die Kirchenväter zurückgehenden Abwertung der Sexualität galten Jungfräulichkeit oder Witwentum als bevorzugte Lebensweisen. Während Unfreie die Erlaubnis ihres Grundherrn zur Heirat einholen mussten, konnten Kauffrauen und Händlerinnen in der Stadt des späten Mittelalters sogar eigenständige Rechtsgeschäfte abschließen, Äbtissinnen politische Macht ausüben, ebenso einzelne Fürstinnen, die aber als Ausnahmegestalten hervortraten. Witwen hatten, wenn sie nicht mittellos dastanden, größere Freiräume als verheiratete Frauen.

Ehebruch. Miniatur aus einer mittelalterlichen Handschrift zum Eherecht, 1473.

An einigen Stellen ist auch die sogenannte *Friedel-Ehe* erwähnt – eine auf Lebenszeit angelegte Bindung, bei der keine Munt-Übertragung durch die Verwandtschaft der Frau an den Mann in Form eines Vertrages erfolgte, was für die unumstrittene Erbfolge wichtig war.
Die einfachen Leute lebten vermutlich zumeist im Konkubinat, also einer Verbindung ohne förmliche Eheschließung. Es gab auch häusliche Gemeinschaft eines Grundherrn mit einer Unfreien (*Kebs-Ehe*) und natürlich heimlich Liebende. Mit dem scholastischen Theologen und Philosophen *Petrus Abaelardus* (1079–1142) und seiner Schülerin und Geliebten *Heloisa* tritt Anfang des 12. Jahrhunderts auch ein bis heute berühmtes abendländisches Liebespaar auf. Der Vormund Heloisas, ihr Onkel, ließ Abaelard überfallen und entmannen. Berühmt machte das Paar auch sein Briefwechsel, nachdem beide in ein Kloster eingetreten waren.

M1 Die Burg als Wirtschaftsfaktor

Der Mediävist Joachim Bumke (geb. 1929) beschreibt die Bedeutung der mittelalterlichen Burgen für das Wirtschaftsleben:

Öfter war ein Gutsbetrieb an die Burg angeschlossen, der die Lebensmittelversorgung der Bewohner sicherstellte. Der Platz für eine neue Burg wurde gerne so gewählt, dass Handelsstraßen oder Schifffahrtswege von dort kontrolliert werden konnten. Bei günstiger Lage siedelten sich Handwerker und Kaufleute im Schutz des Burgbergs an: nicht wenige Städte sind auf diese Weise entstanden. [...] Besonders wichtig waren die Burgen und Pfalzen für die Nutzung und Verwaltung der Wälder und Forsten. Die Verfassungsgeschichte hat längst die große Bedeutung der Forsten für den Landesausbau erkannt. Gerade bei den Neugründungen Kaiser Friedrichs I. trat die Verbindung von Pfalz und Forst deutlich hervor. Die elsässische Pfalz in Hagenau bildete den Mittelpunkt des heiligen Forstes; die Pfalz Kaiserslautern wurde im Forst Lutra angelegt; und zur Pfalz Gelnhausen gehörte der Büdinger Reichsforst. Neben der wirtschaftlichen Nutzung durch Rodung und Holzverwertung spielte die Bejagung der Wälder eine große Rolle. Die Wahrnehmung des herrschaftlichen Jagdrechts hatte aber nicht nur eine wirtschaftliche Bedeutung, sondern war zugleich ein Attribut adliger Lebensführung. Wie wichtig dieser Aspekt war, zeigt Rahewins Beschreibung der Pfalz Kaiserslautern: „In Kaiserslautern hat er [Friedrich I.] eine Königspfalz aus roten Steinen errichtet und mit nicht geringerer Freigebigkeit ausgestattet. Denn auf der einen Seite hat er sie mit einer sehr starken Mauer umgeben, die andere Seite umspült ein seeähnlicher Fischteich, der zur Weide der Augen wie des Gaumens alle Delikatessen an Fisch und Geflügel enthält. Daran stößt ein Park, der einer Fülle von Hirschen und Rehen Nahrung bietet. Die königliche Pracht all dieser Dinge und ihre Menge, die größer ist, als dass man sie schildern könnte, erweckt das Staunen der Beschauer." Solche Tierparks gab es auch in Frankreich und in Sizilien. Sie dienten nicht nur zur Befriedigung der Jagdlust, sondern waren zugleich auch Teil des höfischen Gepränges.

Joachim Bumke, Höfische Kultur. Literatur und Gesellschaft im hohen Mittelalter, Band 1, München 1986, S. 165 und 167 f.

1. *Erklären Sie die Funktion von Wäldern damals und heute.*
2. *Erkunden Sie, ob es in der Nähe Ihres Wohnortes eine mittelalterliche Burg gab und welche wirtschaftliche Bedeutung diese für die Umgebung hatte.*

Die Wartburg bei Eisenach in Thüringen. Foto von 2004.
Die meisten Ritterburgen waren bis zu 40 Meter lang. Repräsentativer waren die Höfe der Fürsten. Unter ihnen ragt die 180 Meter lange Wartburg des Landgrafen von Thüringen besonders hervor. Sie wurde im 11. Jahrhundert gegründet. Um 1200 war sie Aufenthaltsort bedeutender Dichter wie Walther von der Vogelweide und Wolfram von Eschenbach. Im 16. Jahrhundert war die Burg Zufluchtsort des gebannten Reformators Martin Luther. Dort übersetzte er das Neue Testament ins Deutsche. Im 19. Jahrhundert wurde die Wartburg innen und außen als „nationales Denkmal" ausgestaltet.
1) Zugbrücke mit Torhalle; 2) Ritterhaus (15. Jh.): Aufenthaltsort für Bedienstete; 3) Vogtei mit Lutherstube; 4) Dirnitz (19. Jh.): beheizbarer Saal; 5) Bergfried (1859, auf mittelalterlichen Fundamenten); 6) Gadem (19. Jh.): Gästehaus; 7) Südturm mit Verlies (14. Jh.); 8) Palas (zw. 1155 und 1180): Wohngebäude; 9) Neue Kemenate (19. Jh., auf mittelalterlichen Fundamenten)
► Diskutieren Sie, inwieweit die Einstufung der Wartburg als „nationales Denkmal" gerechtfertigt ist.

M2 „Unbehaglich“

Jeder falschen Romantik entbehrt die Schilderung des Alltagslebens auf einer Ritterburg durch die Historikerin Elsbet Orth:

Der adlige Burgbewohner fühlte sich belästigt vom unaufhörlichen Lärm, den Mensch und Tier erzeugten, vom Geruch des Schießpulvers, vom Gestank des Hundedrecks. Unbehaglich kühl war es nicht nur während des Winters. Auch über drangvolle Enge wird berichtet. Das Leben auf der Burg erschien den Betroffenen unkomfortabel, strapaziös und nervenaufreibend. Auf der Höhenburg war es außerdem besonders gefährlich. Es kam zu tödlichen Abstürzen, häufig schlug der Blitz ein; auch Brände konnten verheerende Folgen haben. Schließlich war das Burgleben eintönig. Anders als die Burgen des Hochadels im hohen Mittelalter scheinen Ritterburgen nur selten den Rahmen für repräsentative Festlichkeiten geboten zu haben. [...] Der Alltag im Frieden dürfte im Wesentlichen von den Erfordernissen der Landwirtschaft bestimmt gewesen sein. [...] Kälte, Lärm, Schmutz, Unbequemlichkeit, Einsamkeit und Gefahr wären erträglicher erschienen, wenn Anerkennung und erhöhtes Ansehen sie aufgewogen hätten. Doch weder der möglichst burgengebundene Amtmann oder Söldner noch der Ritter, der auf seiner eigenen Burg nach dem Rechten sehen, um Bauunterhaltung, Landwirtschaft und Viehhaltung sich kümmern musste, durften auf Prestigegewinn hoffen. Ihnen bereitete es zusätzliches Missvergnügen, von Orten ferne zu sein, an denen es höher bewertete Möglichkeiten gab, standesgemäß sich zu bewähren und zu unterhalten.

Elsbet Orth, Ritter und Burg, in: Josef Fleckenstein (Hrsg.), Das ritterliche Turnier. Beiträge zu einer vergleichenden Formen- und Verhaltensgeschichte des Rittertums, Göttingen 1985, S. 19–74, hier S. 71f.

Kennzeichnen Sie die Alltagssituation auf den Ritterburgen im Vergleich zu den Burgen des Hochadels. Welche Faktoren bestimmten das tägliche Leben?

M3 Neuerungen in der Landwirtschaft

Der Historiker Werner Rösener (geb. 1944) ist ein Fachmann für Agrargeschichte. Für eine breite Leserschaft beschreibt er wesentliche Neuerungen in der mittelalterlichen Landwirtschaft:

Der größere Teil bäuerlicher Tätigkeit im Mittelalter galt der Feldarbeit. [...] Bestellt wurde ein Acker nur alle zwei Jahre, die Leerzeit dazwischen sollte er ruhen, man nennt es die Feldgraswirtschaft. Später, im Hochmittelalter, setzte sich mehr und mehr die Dreifelderwirtschaft durch: Im ersten Jahr wuchs auf der Fläche Wintergetreide, im zweiten Sommerkorn, im dritten lag sie brach und diente dem Vieh als Weide, was außer der Erholung des Bodens noch Dungzufuhr bewirkte. Dung wurde jedenfalls aufgetragen. Jedes Gehöft hatte seinen Misthaufen. Das Düngen ist eine alte agrarische Kulturtechnik, Dungtransporte gehörten zu den Fronarbeiten.

Vor der Aussaat musste der Boden gelockert werden, was mittels einer Hacke oder mithilfe eines Pfluges geschah. Die älteste und ursprünglichste Pflugform, gebräuchlich noch bis ins Hochmittelalter hinein, war ein simpler Baumast, der als Deichsel diente, versehen mit einem gegen die Zugrichtung gewendeten metallenen Sporn, der die Erde aufriss. Gezogen wurde er wenn nicht von Menschen, dann durch Zugtiere, die in Mitteleuropa zunächst Ochsen waren. [...] Dann kam der Schollenpflug auf. Nachweisbar seit dem 1. Jh., hat er sich bis zum Hochmittelalter überall in Europa durchgesetzt. Er war eine technologisch fast revolutionäre Erfindung: Er lief auf Rädern, was seinen Einsatz erleichterte, und war ausgestattet mit einem Messer und einer asymmetrischen Pflugschar, die den Boden nicht mehr bloß ritzte, sondern umwälzte. [...] Zusätzlich kam die Egge in Gebrauch, mit der sich die umbrochenen Schollen zerkleinern und glätten ließen. Als Zugvieh wurde der Ochse jetzt mehr und mehr ersetzt durch das Arbeitspferd, außerdem stand ein anderes Zaumzeug zur Verfügung: Anstelle der bis dahin allein gebräuchlichen Riemen, die alle Last auf die Brust des Zugtieres legten, [so]dass sie leicht dessen Fell wund scheuern konnten, traten das gepolsterte Joch oder das Kummet[1], das die Zuglast auf eine größere Körperfläche der eingeschirrten Tiere verteilte, was wiederum die Arbeitszeiten zu verlängern und die Arbeitsleistung zu steigern vermochte. Die Hufe der Pferde wurden beschlagen. Auch das erhöhte die Ausdauer der Tiere.

Man lernte es noch, sie im Vierergespann einzuschirren. Die vermehrte Zugkraft, die das erbrachte, inspirierte ihrerseits den Wagenbau: Neben den zweirädrigen Karren, der bis dahin einzig in Gebrauch war und den so schon die Antike kannte, gesellte sich nunmehr der vierrädrige Wagen, geeignet für das Bewegen von schweren und sperrigen Lasten, ebenso geeignet für den Personentransport. [...] Man erfand die Schubkarre, als eine eminent wichtige und vielfach einsetzbare Gerätschaft. Das Spatenblatt wurde jetzt aus Eisen gefertigt. Die Ernte erfolgte nicht mehr bloß mit der Sichel, sondern mit der Sense, und das eingefahrene Getreide wurde nicht mehr vermittels Füßen oder Tierhufen gedroschen, sondern mit dem Flegel. Die Weiterverarbeitung des Korns zu Mehl, lange eine Arbeit für die Bauersfrau, entwickelte sich zu einer Spezialtätigkeit, der sich ein dann eigener

[1] *s. Abb. S. 49*

Berufsstand widmete, unter Zuhilfenahme von fließendem Wasser oder von Wind als Antriebskraft. Der Müller wurde zu einem der ersten spezialisierten Handwerker im ländlichen Raum neben dem Schmied.

Man darf annehmen, dass dergleichen Neuerungen in aller Regel von den Klöstern ausgingen, denn dort gab es schon früh die spezialisierten Handwerker, die dergleichen zu verfertigen oder zu handhaben wussten. Dort gab es die erforderlichen Mittel für die entsprechenden Investitionen, und dort gab es Agrarbesitz, auf dem sich die Innovationen beispielhaft ausprobieren ließen.

Werner Rösener, Landwirtschaft im Mittelalter, in: Das Mittelalter. Die Welt der Bauern, Bürger, Ritter und Mönche, hrsg. von Dieter Hägermann, München 2001, S. 94-105, hier S. 59-61

1. *Veranschaulichen Sie durch einfache Skizzen einige beschriebene Veränderungen in der mittelalterlichen Landwirtschaft.*
2. *Recherchieren Sie, bis wann diese Geräte in der Landwirtschaft eingesetzt wurden und von welchen Geräten und Maschinen sie ersetzt wurden.*
3. *Vergleichen Sie, wie sich die Feldarbeit heutiger Landwirte gestaltet.*

M4 Höfische Minne

Immer wieder variiertes Thema des klassischen höfischen Minnesangs ist die sich verzehrende, unerfüllte Verehrung des Ritters für eine höhergestellte, verheiratete, in seinen Augen vollkommene Dame der adligen Gesellschaft. Albrecht von Johansdorf (ca. 1165–1210), wahrscheinlich ein Ministeriale des Bischofs von Passau, lässt ein Dialoggedicht zwischen dem dienenden und auf Belohnung hoffenden Ritter und der verehrten Frau so enden:

[…]
volget mîner raete,
lât die bete diu niemer mac geschehen.
sol ich alsô sîn gewert?
got der wer iuch anderswâ des ir an mich dâ gert.

So mich dan mîn singen
und mîn dienest gegen iu niht vervân?
iu sol wol gelingen:
âne lôn sô sult ir niht bestân.
wie meinet ir daz, frouwe guot?
daz ir deste werder sît und dâ bî hôchgemuot.

Des Minnesangs Frühling. Nach K. Lachmann, M. Haupt, F. Vogt, neu bearbeitet von C. von Kraus, Stuttgart [34]1967, S. 6

[…]
Folget meinem Rat,
unterlasst die Bitte, die nimmer erfüllt werden kann.
Soll ich so belohnt sein?
Gott, der gewähre euch anderswo, was ihr von mir
da begehrt.

Soll mir also mein Singen
und mein Dienst für euch nichts einbringen?
Euch soll wohl Erfolg werden,
ohne Lohn sollt ihr nicht bleiben.
Wie meint ihr das, edle Herrin?
Dass ihr desto edler seid und dabei hochgemut.

Günther Schweikle, Mittelhochdeutsche Minnelyrik. Text und Übertragungen I, Stuttgart/Weimar 1993, S. 343ff.

Die Frau überrascht den Ritter in Albrechts Gedicht am Schluss mit dem Hinweis, er werde nicht unbelohnt bleiben. Arbeiten Sie die Pointe heraus, mit der die paradoxe Situation des bewusst vergeblich Werbenden in der Schlusszeile doch noch Sinn erfährt.

M5 Die Frau – ein niederträchtiges Wesen?

Christine de Pizan schreibt als erste Frau eigens auch für Frauen über Frauen. Das „Buch von der Stadt der Frauen" (1405) soll den Leserinnen zu einem besseren Selbstwertgefühl verhelfen:

In meinem Inneren war ich verstört und fragte mich, welches der Grund, die Ursache dafür sein könnte, dass so viele und so verschiedene Männer, ganz gleich welchen Bildungsgrades, dazu neigten und immer noch dazu neigen, in ihren Reden, Traktaten und Schriften derartig viele teuflische Scheußlichkeiten über Frauen und deren Lebensumstände zu verbreiten. […] Allerorts, in allen möglichen Abhandlungen scheinen Philosophen, Dichter, alle Redner (ihre Auflistung würde zu viel Raum beanspruchen) wie aus einem einzigen Munde zu sprechen und alle zu dem gleichen Ergebnis zu kommen, dass nämlich Frauen in ihrem Verhalten und ihrer Lebensweise zu allen möglichen Formen des Lasters neigen. […] Schon daraus schloss ich, dies müsse stimmen – auch wenn ich selbst in meiner Einfalt und Unwissenheit unfähig war, meine eigenen schlimmen Schwächen und die der anderen Frauen zu erkennen. Und so verließ ich mich mehr auf fremde Urteile als auf mein eigenes Gefühl und Wissen. […] Zu guter Letzt kam ich sogar zu dem Schluss, Gott habe mit der Frau ein niederträchtiges Wesen erschaffen.

Christine de Pizan, Das Buch von der Stadt der Frauen. Aus dem Mittelfranzösischen übertragen, eingeleitet und kommentiert von Margarete Zimmermann, München [4]1995, S. 36f.

1. *Überlegen Sie, welche Erklärungen sich für die vielen negativen Urteile über Frauen finden lassen.*
2. *Stellen Sie verbreitete Vorstellungen über Schwächen von Frauen und Männern in der Gegenwart zusammen und schätzen Sie ein, wie sich frauen- oder männerfeindliche Aussagen verteilen.*
3. *Diskutieren Sie, inwieweit der Textauszug als autobiografisches Zeugnis angesehen werden darf.*

2.4 Herrschaftsformen und ihr Wandel

Buchmalerei aus dem Liuthar-Evangeliar, Reichenau am Bodensee, um 990. Dargestellt ist wahrscheinlich Kaiser Otto III., der 983 zum König und 996 zum Kaiser gekrönt wurde. Die Abbildung zeigt den Herrscher christusähnlich in einem mandelförmigen Heiligenschein, der sog. Mandorla, thronend. Auf sein Haupt senkt sich segnend die Hand Gottes. Ottos Thron wird von Terra, der Personifikation der Erde, getragen. Der Herrscher ist umgeben von den Symbolen der Evangelisten: für Matthäus der Engel, für Lukas der Stier, für Johannes der Adler und für Markus der Löwe. Zu beiden Seiten stehen zwei Kronenträger, die Fahnenlanzen geschultert haben – es sind vermutlich die Könige von Ungarn und Polen. Die untere Bildhälfte zeigt links zwei Krieger, rechts zwei Geistliche.

► Erklären Sie den hierarchischen Aufbau des Herrscherbildes. Welche Vorstellung von der Herrscherwürde wird deutlich?

936–973	Während seiner Regierungszeit stärkt Otto I. Bischöfe und Reichsäbte und stützt sich auf sie als Helfer bei der Reichsverwaltung; auch seine Nachfolger nutzen die Herrschaft über die Reichskirche entsprechend
Seit dem 11. Jh.	Auch unfreie Dienstleute (Ministerialen) werden im königlichen Verwaltungs- und Kriegsdienst eingesetzt
1077	Als Büßer zwingt der deutsche König Heinrich IV. Papst Gregor VII., ihn vom Bann zu befreien („Gang nach Canossa“)
1122	Das Wormser Konkordat löst die Streitfrage, ob der deutsche König Bischöfe und Äbte einsetzen darf oder ob dies allein Angelegenheit der Kirche ist, durch einen Kompromiss
1220 und 1232	Kaiser Friedrich II. verzichtet auf eine Reihe königlicher Hoheitsrechte im Gebiet der geistlichen und weltlichen Fürsten

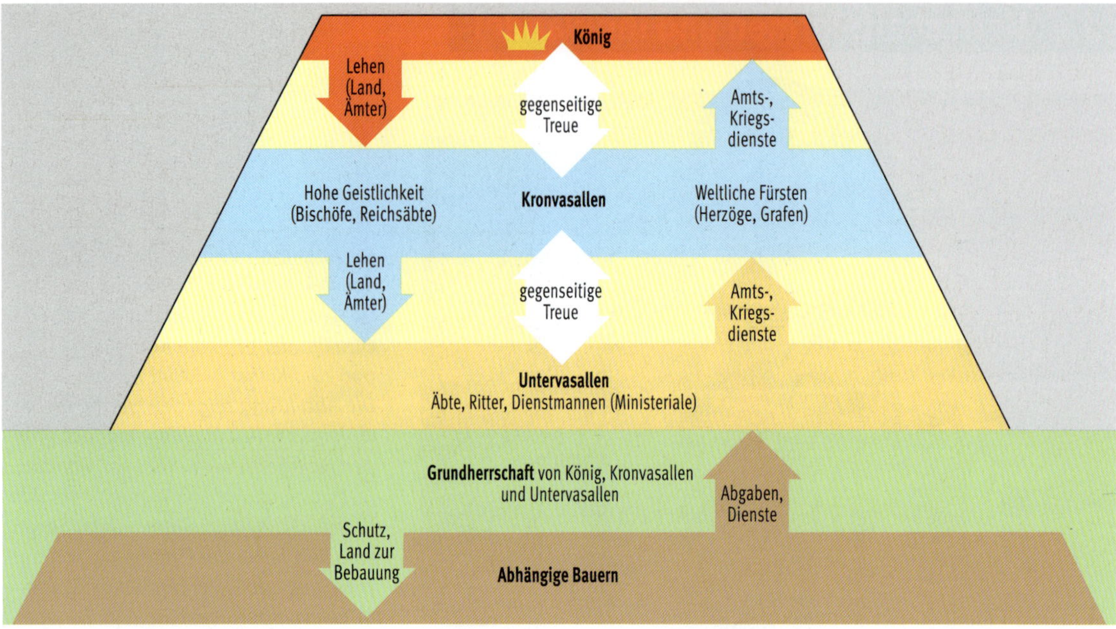

Die Grafik zeigt ein idealtypisches Ordnungsmodell des Lehnswesens. Die tatsächlichen Lehnsbindungen waren durch zahlreiche Überschneidungen oftmals komplizierter.

Grundlagen der Königsherrschaft

Im Gegensatz zum heutigen Staat mit seinen vielfältigen Aufgabenfeldern zugunsten der Bürger war der Sinn herrschaftlicher Ordnung im Mittelalter auf wenige, aber zentrale Zwecke ausgerichtet: Die Menschen sollten vor Feinden von außen geschützt werden und im Inneren galt es Recht und Frieden zu sichern. Dies waren vor allem Aufgaben des Königs. Er war oberster Heerführer. Als Wahrer von Frieden und Recht stellte er einzelne Personengruppen wie Witwen und Waisen, Geistliche, Kaufleute und Juden unter seinen besonderen Schutz.

Fundament der Königsherrschaft war ursprünglich die germanische Überzeugung von der Geblütsheiligkeit der Herrschersippe, der man ein magisches Königsheil zuschrieb. Diese Vorstellungen wurden durch die kirchliche Lehre vom *Gottesgnadentum* des Herrschers verdrängt. Durch die kirchliche Salbung erfuhr der „von Gott geweihte" König eine Aufwertung gegenüber allen anderen Großen und Mächtigen seines Reiches.

Allerdings konnte der König keineswegs willkürlich regieren. Er musste sich in seiner Amtsführung an das *Gewohnheitsrecht*, die überlieferten Volksgesetze halten. Auch war er an die Zustimmung der adligen Machteliten gebunden[1]: Wichtige Entscheidungen ließ er deshalb auf Hof- oder Reichstagen mit Zustimmung der Großen aus allen Teilen des Landes treffen, um so ihre Durchsetzbarkeit zu erhöhen (→ M1). Je nach Machtfülle und persönlichem Durchsetzungsvermögen des Herrschers konnten diese Beschlüsse auf bloße Bestätigung und Unterstützung der Absichten des Königs hinauslaufen oder aber eine echte Kontrolle und Einengung der königlichen Pläne bedeuten (→ M2).

Das Lehnswesen

Das Herrschaftsgefüge im mittelalterlichen Staat war durch keine schriftliche Verfassung im heutigen Sinn festgelegt. Anders als im moderneren, für ein gesamtes Staatsgebiet zuständigen *Flächenherrschaftsstaat* (*Territorialstaat*), der durch Beamte mittels einer ausgebauten Bürokratie einheitlich verwaltet werden kann, waren im mittelalterlichen *Personenverbandsstaat* die konkreten persönlichen Beziehungen der Machteliten für die Organisation von Herrschaft maßgebend.

Grundlegend für die rechtliche Bindung zwischen Herrscher und Adel wurde in den meisten Ländern des mittelalterlichen Europa das *Lehnswesen*: Der König verlieh aus dem Grundbesitz des Reiches, dem *Reichsgut*, oder aus dem Hausgut seiner Familie Ländereien zusammen mit der Grundherrschaft über die dort arbeitende Bevölkerung an hohe Adlige. Diese wurden damit für erbrachte oder geschuldete Leistungen „belohnt", also vor allem für Waffendienste im Krieg und Hilfe bei der Herrschaftsausübung, z. B. durch Rechtsprechung. Mit dem Lehnswesen hatte das Königtum ein zu-

[1] *Im 13. Jahrhundert verkleinerte sich der Kreis der Reichsfürsten, die den König wählen durften. Als Kurfürsten (mittelhochdeutsch „kur": Wahl) war dies seit 1356 den Erzbischöfen von Mainz, Köln und Trier, dem Pfalzgraf bei Rhein, dem Herzog von Sachsen, dem Markgraf von Brandenburg und dem König von Böhmen vorbehalten.*

nächst flexibel einsetzbares Mittel gefunden, den Adel an sich zu binden. Umgekehrt war die Oberschicht natürlich an der damit gebotenen Möglichkeit interessiert, ihre grundherrschaftlichen Rechte wesentlich zu erweitern, und begab sich freiwillig in die Lehnsabhängigkeit. Der König als oberster Lehnsherr und die adligen Vasallen (Lehnsleute) waren durch gegenseitige eidliche Treueverpflichtungen verbunden, auch der König musste einem Vasallen helfen, wenn dieser seines Schutzes bedurfte. Untreue zog den Verlust des Lehens nach sich. Beim Tod des Vasallen fiel das Lehen an den Lehnsherrn zurück. Dieser konnte dann einen neuen Vasallen wählen. Schon relativ früh setzte sich aber die Erblichkeit der Lehen durch.
Auch die Vasallen des Königs, die „Kronvasallen", konnten ihrerseits Lehen an Unter- (After-) Vasallen vergeben. So ergab sich ein mehrfach gestuftes Gefüge von Herrschaftsträgern.

Die Reichskirche als Stütze des Königs

Personengebundene Macht war in besonderer Weise auf das Zusammenwirken der politischen Elite angewiesen. Ein solches Miteinander war aber keineswegs selbstverständlich. So war die deutsche Geschichte im Mittelalter von Beginn an durch die latenten oder offenen Interessengegensätze zwischen den Königen und mächtigen Adligen, insbesondere den Stammesherzögen[1] geprägt.
Der König stärkte besonders seit der Herrschaft Ottos I. (936–973) Bischöfe und Äbte als wirkungsvolles Gegengewicht gegen die weltlichen Großen, die sich wiederholt gegen ihn erhoben hatten. Die Reichskirche wurde durch Schenkung von Grundbesitz, Ausgabe von Lehen und die Überlassung königlicher Rechte (*Regalien*) gezielt gefördert. Gern empfangene königliche Hoheitsrechte waren vor allem Markt-, Münz- und Zollrechte, das Recht der Gerichtsbarkeit oder auch Jagd-, Forst- und Geleitrechte[2].
Beim Münzrecht (Münzregal) konnte beispielsweise der Beliehene den Ertrag einer Münzstätte einbehalten oder es wurde ihm die Leitung der Münzstätte überlassen und er durfte die Prägung mit eigenem Namen vornehmen.
Die mit Grundbesitz und Hoheitsrechten ausgestatteten hohen Geistlichen wurden als wichtige Amtsträger eng in das Herrschaftsgefüge eingebunden. Die Ehelosigkeit der Kleriker garantierte, dass die ihnen übertragenen Rechte wirtschaftlich und militärisch zugunsten des Königs und nicht im Interesse ihrer Familien oder Erben verwendet wurden. Vor allem hatte der Herrscher nach dem Tod eines Bischofs oder Abtes von neuem die Möglichkeit, dessen Stelle wieder durch einen Gefolgsmann seines Vertrauens zu besetzen. Das *Reichskirchensystem* konnte vom König allerdings nur so lange erfolgreich praktiziert werden, als sein Recht, kirchliche Würdenträger selbst zu ernennen, nicht infrage gestellt war.

Bildnis des Dichters Hartmann von Aue in der Großen Heidelberger Liederhandschrift (Codex Manesse), 14. Jahrhundert.
Über das Leben Hartmanns von Aue ist nur wenig bekannt. Um 1170 geboren, erhielt er eine gelehrte Bildung, nahm am Kreuzzug von 1197 teil und starb um 1220. Ursprünglich von unfreier Herkunft, trat er in den Dienst der Herren von Aue, die wahrscheinlich bei Freiburg i. Br. ansässig waren. Im Prolog zu seinem in Mittelhochdeutsch geschriebenen Werk „Der arme Heinrich" nennt er sich einen „Dienstmann von Aue" – Ausdruck des Selbstbewusstseins und der gestiegenen Position der Ministerialen:
„Ein ritter sô gelêret was
daz er an den buochen las
swaz er dar an geschriben vant:
der was Hartman genant,
dienstman was er zOuwe."

[1] *Ihnen unterstanden größere Gebiete auf der Basis geschlossener Stammesgruppen, wie Franken, Bayern, Böhmen, Sachsen und Schwaben.*
[2] *Das Geleitrecht ermöglichte es den jeweiligen Inhabern, Personen (wie zum Beispiel Kaufleute) auf deren Weg durch ein Gebiet zu schützen. Diese bezahlten dafür einen Geleitzoll.*

Herrschaft durch Ministeriale

Seit dem 11. Jahrhundert setzten die Könige für Verwaltungs- und Kriegsdienste gerne unfreie Dienstmänner (*Ministeriale*) ein: Dabei handelte es sich um kein Lehensverhältnis, die Ministerialen waren weisungsabhängige Gefolgsleute, auf die sich der König verlassen konnte. So mussten wichtige Aufgaben nicht dem alteingesessenen mächtigen Adel überlassen werden. Viele Ministeriale erhielten aufgrund ihrer Verdienste die ursprünglichen Dienstlehen als erbliches Eigentum und rückten in den Stand des niederen (Dienst-)Adels auf.

Herrschaft aus eigenem Recht

Weil der König Lehen, Ämter und Hoheitsrechte vergab, leitete sich Herrschaft im hohen Mittelalter zu einem erheblichen Teil vom König ab. Auf dem ureigenen, nicht von einem Lehensherrn übertragenen Grundbesitz (*Allod*) herrschte der Adel aber auch aus eigenem Recht. Solange ein Mächtiger in der Lage war, anderen „Schutz und Schirm" zu gewähren, wurde seine Herrschaft von den Menschen des Mittelalters als rechtmäßig empfunden.

Zwei Versionen der Zweischwerterlehre

Seit der Kaiserkrönung Ottos I. 962 waren die deutschen Könige und das Papsttum in besonders enger Weise verbunden. Zur Zeit der sächsischen Herrscher (919–1024) ging man davon aus, dass sowohl der Papst als auch der Kaiser von Gott in ihre Ämter eingesetzt seien, jedoch der Kaiser als Schirmherr der Kirche den Vorrang genieße. Die in der sogenannten „Zweischwerterlehre" überlieferte ursprüngliche Vorstellung, dass Gott den beiden höchsten und gleichberechtigten Führern der Christenheit jeweils unmittelbar ein Schwert, das geistliche bzw. weltliche, verliehen habe, erfuhr aber später eine kirchliche Umdeutung. Nach dieser hatte der Papst sowohl das weltliche als auch das geistliche Schwert erhalten. Das weltliche wurde dann an den Kaiser bei dessen Krönung weitergereicht, wodurch dieser sich der päpstlichen Gewalt unterstellte – eine Interpretation, die kein Kaiser dulden wollte.

Der Streit um das Verhältnis von kaiserlicher Gewalt (*imperium*) und geistlicher Gewalt des Papstes (*sacerdotium*) begann im Zeitalter der Salier (1024–1125), flammte während der staufischen Zeit (1138–1254) wieder auf und wurde mehrfach sogar mit Waffen ausgetragen.

Die Schwächung des deutschen Königtums im sogenannten Investiturstreit

Die Auseinandersetzung verschärfte sich unter dem Pontifikat *Gregors VII.* (1073–1085), der von der Überzeugung erfüllt war, der Papst sei die oberste Instanz nicht nur in der Kirche, sondern auch in der Welt. Der König konnte dem Papst diese höchste Autorität nicht zugestehen. Im Rahmen dieses Konflikts rückte allmählich die Frage der Laieninvestitur in den Mittelpunkt. Wie seine Vorgänger setzte auch *Heinrich IV.* (1050–1106) aus dem Königsgeschlecht der Salier Bischöfe ein und ab, nun auch gegen den Willen des Papstes.

Der Papst verstand sich als Wortführer einer breiten klerikalen Reformbewegung des 11. Jahrhunderts, die vor allem von den Klöstern wie der Abtei von Cluny ausging und dem Einfluss von Laien auf Kirche und Klöster Einhalt gebieten wollte. Beim Kampf um die Freiheit der Kirche von jeglicher weltlichen Bevormundung wurde schließlich auch der gesalbte, von Gott eingesetzte König trotz seiner sakralen Stellung als Laie betrachtet, der kein Recht zur *Investitur* (Einsetzung) von Bischöfen und Äbten habe (➔ M3). Das traf den französischen und englischen König genauso wie den deutschen. Für diesen stand aber bei einer Infragestellung seines Einsetzungsrechtes das mit dem Reichskirchensystem geschaffene Herrschafts- und Verwaltungssystem auf dem Spiel (➔ M4).

Die hohen Geistlichen, die dem König ihre Macht verdankten, waren zunächst dessen Verbündete. Gregor VII. reagierte auf seine durch Heinrich IV. und die deutschen Bischöfe erklärte Absetzung, indem er den König bannte, also aus der Gemeinschaft der Gläubigen und damit von allen kirchlichen Handlungen ausschloss. Zugleich entband er die Untertanen von ihrem Lehenseid und verbot allen Christen, diesem als König zu dienen – ein für die Menschen des Abendlandes bis dahin unerhörter Vorgang.

Im Winter 1077 erschien Heinrich IV. barfüßig im Büßergewand vor der Burg des Papstes in *Canossa*. Indem er ein festgelegtes Bußritual einhielt, erzwang er die Lösung vom Bann, den die deutsche Fürstenopposition zu seiner Absetzung nutzen wollte. Das war ein taktischer politischer Erfolg, der „Gang nach Canossa" beschädigte aber die direkt von Gott abgeleitete sakrale Legitimation des Königtums.

Der Kompromiss zwischen den europäischen Königen und dem Papsttum

Ein vorläufiger Kompromiss in der Frage des Investiturrechts kam schließlich unter *Heinrich V.* (1086–1125) zustande. Er entsprach im Wesentlichen der vom Papst schon mit den Königen von Frankreich und England geschlossenen Übereinkunft. Danach verzichtete der König auf die Investitur mit Ring und Stab, also mit den Symbolen des geistlichen Amtes. Er durfte jedoch den nach Kirchenrecht Gewählten in dessen weltlichen Herrschafts- und Aufgabenbereich einsetzen, wofür das Zepter als Symbol diente. Immerhin ermög-

lichte diese 1122 im *Wormser Konkordat* vereinbarte Lösung eine lehnsrechtliche Bindung mit einem Treueid der geistlichen Würdenträger an den König, die so – nun in derselben Form wie auch die weltlichen Fürsten – dem Reich verpflichtet blieben. Aber der König konnte die Person des Bischofs oder Abtes nicht mehr wie früher eigenmächtig bestimmen.
Diese Schwächung des königlichen Einsetzungsrechtes bedeutete auf die Dauer, dass aus früher abhängigen, nur vom Vertrauen des Königs getragenen Reichsverwaltern selbstbewusste geistliche Fürsten werden konnten, deren vorrangiges Interesse wie bei den weltlichen Fürsten dem eigenen Territorium galt.

Der Aufstieg der deutschen Fürsten zu Landesherren

Für die unterschiedliche Entwicklung europäischer Staaten im Mittelalter war die Zeit nach dem Investiturstreit von entscheidender Bedeutung: Der Vorrang der römisch-deutschen Kaiser gegenüber den anderen Herrschern Europas wurde durch die Stärkung anderer Königreiche, etwa Frankreichs und Englands, infrage gestellt.
Auch die weitere Entwicklung im deutschen Reich verlief zu Ungunsten der Krone. Trotz aller Versuche staufischer Herrscher, die königliche Zentralgewalt auszubauen, wie das dem Königtum in Frankreich und England gelang, konnten sich die deutschen Fürsten gegen den Führungsanspruch der Krone behaupten. Immer selbstverständlicher verfügten sie über die ursprünglich vom König abgeleiteten Regalien. *Friedrich II.*, der letzte Stauferherrscher[1], verzichtete 1220/1232 in zwei Fürstengesetzen auf die Ausübung einer Reihe dieser Hoheitsrechte im Gebiet der geistlichen und weltlichen „Landesherren" auch rechtlich offiziell (→ M5).
Während England und Frankreich auf dem Wege zu einem „nationalen" Königtum waren, entstand der „moderne" Staat mit seiner stärkeren Herrschaftskonzentration in Deutschland schließlich nicht auf Reichsebene, sondern allmählich in den Gebieten der Fürsten.
Um wirklich „Landesherren" zu werden, mussten die Fürsten aber nicht nur Eigenständigkeit gegenüber dem König wahren, sondern auch ihre Führungsstellung gegenüber anderen mächtigen Adelsfamilien in ihrem Territorium durchsetzen. Entscheidend dafür wurde, dass es ihnen in oft langfristigen Prozessen gelang, dort die höhere Gerichtsbarkeit und die Verantwortung für die Wahrung des Friedens zu übernehmen. Wer diese Aufgaben mit Stärke und Durchsetzungsvermögen bewältigen konnte, zeigte in den Augen seiner Untertanen seine Eignung als Herrscher.
Der Aufbau landesfürstlicher Gerichte und Behörden stärkte den Fürsten gegenüber der übrigen adligen Oberschicht in seinem Territorium. Allmählich trat in der weiteren Entwicklung an die Stelle des früheren Personenverbandsstaates der mit einem bestimmten Gebiet verbundene, durch landesherrliche Beamte einheitlich verwaltete Flächenstaat.

Der Ausbau der königlichen Zentralgewalt in Frankreich

Frankreich bietet ein beeindruckendes Beispiel für den Aufstieg eines ursprünglich schwachen Königtums. Mächtige Gegenspieler waren neben dem Hochadel auch die englischen Könige. Diese beherrschten als Vasallen der französischen Krone den Westen Frankreichs. Der Ausbau der königlichen Zentralgewalt in Frankreich begann unter *Philipp II. August* (1165–1223) aus dem seit dem 10. Jahrhundert regierenden Geschlecht der *Kapetinger*. Vor allem durch eine konsequente Anwendung des Lehnsrechts erweiterte er das ursprünglich bescheidene Kronland auf Kosten des Hochadels. Der Einfluss Englands konnte zurückgedrängt werden. Unter seinem Enkel *Ludwig IX.*, dem Heiligen, der von 1226 bis 1270 regierte, etablierte sich in Frankreich endgültig ein starkes Königtum in der Form der Erbmonarchie. Auch außenpolitisch stieg Frankreich zur führenden Macht in Europa auf.

Machtausbau und Machteinschränkung des Königtums in England

In England ließ sich nach der Eroberung durch die Normannen (*Schlacht von Hastings* 1066) erstaunlich schnell eine zentrale Verwaltungsorganisation durchsetzen. Kronbeamte („Sheriffs") sprachen im Auftrag des Königs Recht und stärkten die Einkünfte des Reichs durch systematische Steuererhebungen. Nach blutigen Thronstreitigkeiten und außenpolitischen Misserfolgen verlor der König an Macht. Das Parlament gewann Mitspracherechte. In ihm waren neben dem hohen Adel auch das städtische Bürgertum und die ländliche Gesellschaft durch den niederen Landadel vertreten. Nach dem Grundsatz „Was alle angeht, soll von allen gebilligt werden" nahm das Parlament das Recht der Steuerbewilligung in Anspruch und beteiligte sich an der Gesetzgebung.

---

[1] *Friedrich II. (1194–1250) war der Sohn von Kaiser Heinrich VI. und Königin Konstanze von Sizilien. Er wurde 1198 in Palermo König von Sizilien, 1215 zum deutschen König und 1220 zum Kaiser gekrönt. Sein unteritalienisch-sizilisches Reich gestaltete er zu einem zentralistischen Staatswesen um. Dort blieb der Wille des Königs entscheidend. Ohne Scheu verkehrte Friedrich II. mit Arabern und Juden. Aufgeschlossen für naturwissenschaftliches Denken und die Künste wurde er als „stupor mundi" (lat.: „Staunen der Welt") geachtet und gefürchtet.*

M1 „Reisekönigtum"

Dem deutschen Königtum fehlte nicht nur eine straffe zentrale Verwaltung, sondern auch eine Hauptstadt. Der Historiker Horst Fuhrmann (geb. 1926) beschreibt das „Reisekönigtum":

Da es bis in das Spätmittelalter keine feste Residenz gab, das Reich keine Hauptstadt besaß, übte der Herrscher „sein hohes Gewerbe im Umherreisen" aus. Mit dem König bewegte sich der Hof, zu dem auch die Königin als „Teilhaberin der Herrschaft" (consors regni) gehörte, durch die Lande. Welchen Weg dieser „Reisekönig" durch das Reich nahm, war teils eine politische, teils aber auch eine wirtschaftliche Entscheidung; es ist die Theorie aufgestellt worden, der König sei vorwiegend deshalb im Lande umhergezogen, um die Erträgnisse der Königshöfe „abzuweiden". Berechnungen über den Umfang des königlichen Gefolges reichen von mindestens 300 bis gegen 4000 Begleitpersonen, und so kann man den Rat jenes sterbenden Adligen verstehen, der seinen Sohn vor zwei Dingen warnte: Krieg zu führen und den König als Gast aufzunehmen. Neben den königlichen Wirtschaftshöfen trugen die Reichsbistümer und Reichsabteien die Hauptlast des „Königsdienstes". Eine Quelle des 12. Jahrhunderts meldet – wenn auch rückblickend für das 10. Jahrhundert – einen Tagesverbrauch des königlichen Hofes von 1000 Schweinen und Schafen, 10 Fudern (1 Fuder = ca. 600–900 l) Wein und ebenso vielen Fudern Bier, von 1000 Maltern (1 Malter = ca. 130 bis 150 l) Getreide, 8 Rindern „und anderem mehr", was freilich übertrieben sein dürfte. Aus äußerem Zwang zogen die Könige Jahrhunderte hindurch ziemlich dieselben Straßen, und es gab Landschaften, die ein König nie oder selten aufsuchte. […] Sollte die Annahme stimmen, dass bis zum 11./12. Jahrhundert über 90% der Bevölkerung in drückender, häufig schollengebundener Abhängigkeit abseits der Königstraßen lebten, so wird man sagen können, dass die weitaus meisten Menschen durch Generationen hindurch ihren König nie gesehen haben.

Horst Fuhrmann, Einladung ins Mittelalter, München [3]2000, S. 34 f.

1. *Arbeiten Sie heraus, mit welchen Wendungen der Autor deutlich macht, dass Historiker nicht immer ganz sichere Aussagen treffen können.*
2. *Verfolgen Sie für einige Tage die Zeitung und erstellen Sie eine Reiseliste, ein „Itinerar" führender Politikerinnen und Politiker. Zeigen Sie, welche unterschiedlichen Zwecke die heutige „Reisepolitik" im Inland und ins Ausland verfolgt.*

Aufenthaltsorte im Itinerar Karls des Großen. Die Itinerare (Straßen- und Stationenverzeichnisse) gewähren Einblick in die konkreten Reiserouten mittelalterlicher Herrscher.
- *Erschließen Sie anhand der Aufenthaltsorte Karls des Großen und gegebenenfalls der überlieferten Zahl der Aufenthalte an einem Ort die damaligen Kerngebiete des Frankenreichs (Hinweis: Die vielen Aufenthalte Karls im Gebiet der Sachsen hängen mit der von ihm betriebenen Unterwerfung und gewaltsamen Christianisierung dieser Stammesgemeinschaft zusammen).*
- *Erklären Sie, aus welchen Gründen Karl die Stammlande seines Reiches gelegentlich verlassen musste.*
- *Begründen Sie, in welchen Teilen des Reiches sich wohl am leichtesten unabhängige Herrschaften bilden konnten.*

M2 Der Königsumritt Konrads II. 1024

Die „Taten Kaiser Konrads" sind uns überliefert durch seinen Hofgeistlichen Wipo (vor 1000 – nach 1046). Sie sind nach dem Tode Konrads geschrieben und seinem Sohn und Nachfolger Heinrich III. gewidmet worden:

Nachdem der König Konrad sein königliches Gefolge um sich gesammelt hatte, kam er zuerst durch das Gebiet der Ripuarier[1] bis an den Ort, der die Pfalz Aachen genannt wird, wo von den alten Königen und vorzüglich von Karl [dem Großen] ein Königsstuhl errichtet ist, der für den Erzstuhl des ganzen Reiches gilt. Dort sitzend, ordnete er die Angelegenheiten des Reiches in ausgezeichneter Weise, berief Fürsten und Volk zu öffentlicher Verhandlung und waltete trefflich nach göttlichem und menschlichem Recht. Sein Ruf wuchs durch seine vorzüglichen Eigenschaften. Als Verkünder des Friedens wurde er heute noch mehr als gestern geehrt, war allen noch teurer wegen seiner Güte und seines Wohlwollens, wurde geehrt wegen seines Wirkens als königlicher Richter. Obwohl er die Wissenschaften nicht beherrschte, unterwies er doch ungemein verständig die Geistlichkeit sowohl öffentlich in liebenswürdiger und freundlicher Weise, wie auch im Geheimen mit gebührender Strenge. Die Ritter aber gewann er dadurch, dass er die ihren Vätern verliehenen Lehen nicht von ihnen zurückverlangte. […] Man würde mir vielleicht gar nicht glauben, wenn ich berichtete, wie freigebig er war, wie freundlich, wie standhaft, wie unerschrocken, gegen alle Guten gütig, streng gegen alle Bösen, gegen die Untertanen wohlwollend, hart gegen die Feinde und energisch durchgreifend. Für das Wohl des Reiches war er unermüdlich tätig, und in kürzester Zeit gelang ihm so viel, dass niemand zweifelte, seit Karls [des Großen] Zeiten habe kein Würdigerer als er auf dem Thron gesessen. Daraus entstand auch das Sprichwort: „An Konrads Sattel hängen Karls Steigbügel." […]

Nach seiner Rückkehr aus Ripuarien ging der König nach Sachsen, wo er die ungemein strengen Gesetze des Volkes nach ihrem Wunsch durch königlichen Machtanspruch bestätigte. Dann empfing er von den benachbarten Barbaren Tribut und forderte jede dem Fiskus schuldige Abgabe. Von da aus zog er durch Baiern und Ostfranken nach Alemannien. Durch diesen Umritt schützte er die einzelnen Teile des Reiches, fasste sie zu einer Einheit zusammen und festigte den Landfrieden durch königlichen Schutz.

Heinrich Pleticha (Hrsg.), Deutsche Geschichte, Band 2, Gütersloh 1981, S. 18

Karl der Große und sein Sohn Pippin als Gesetzgeber. Buchmalerei aus dem „Liber legum" des Lupus von Ferrières, Oberitalien, vor 991.
Links oben sitzt Karl mit einer tiaraähnlichen Krone auf einem Thron, neben ihm Pippin auf einem Faltstuhl, beide mit Stab und Schwert als Zeichen ihrer Tätigkeit als Gesetzgeber. In der unteren Hälfte notiert ein Schreiber am Pult die Erlasse des Herrschers.

1. *Beschreiben Sie den Zweck des Umritts König Konrads II.*
2. *Interpretieren Sie den Satz „An Konrads Sattel hängen Karls Steigbügel".*
3. *Arbeiten Sie heraus, an welchen Stellen Wipo nicht nur über die Leistungen Konrads berichtet, sondern zugleich den Idealzustand der königlichen Herrschaft zeichnet.*

---

[1] *Angehörige des Frankenstammes, die am Rhein siedelten*

M3 „Dictatus papae“

Im Jahre 1075 stellt Papst Gregor VII. seine kirchenrechtlichen Grundsätze zusammen:

1. Einzig und allein von Gott ist die römische Kirche gegründet.
2. Nur der römische Papst trägt zu Recht den Titel des universalen Papstes.
3. Er ganz allein kann Bischöfe absetzen und auch wieder einsetzen.
4. Sein Legat, auch wenn er einen geringeren Grad bekleidet, führt auf jedem Konzil den Vorsitz vor den Bischöfen; er kann diese absetzen. [...]
6. Von anderer Gemeinschaft ganz abgesehen, darf man mit Exkommunizierten sich nicht einmal in demselben Hause aufhalten.
7. Nur er darf, wenn es die zeitliche Notwendigkeit verlangt, neue Gesetze erlassen, neue Gemeinden gründen, aus einer Kanonie eine Abtei machen und umgekehrt, ein reiches Bistum teilen und arme zu einem einzigen zusammenlegen.
8. Nur er verfügt über die kaiserlichen Insignien.
9. Alle Fürsten haben die Füße einzig und allein des Papstes zu küssen.
10. Nur sein Name darf in der Kirche genannt werden.
11. In der ganzen Welt gilt nur dieser Papsttitel.
12. Der Papst kann Kaiser absetzen. [...]
14. Er kann in der ganzen Kirche, wie er will, Kleriker ordinieren. [...]
16. Keine Synode darf ohne seine Weisung eine allgemeine genannt werden.
17. Gegen seine Autorität kann kein Kapitel und kein Buch als kanonisch gelten.
18. Sein Entscheid kann von niemandem aufgehoben werden, er selbst aber kann Urteile aller anderen Instanzen aufheben.
19. Über ihn besitzt niemand richterliche Gewalt. [...]
21. Wichtigere Rechtsfälle aller Kirchen müssen vor ihn gebracht werden.
22. Die römische Kirche hat nie geirrt und wird nach dem Zeugnis der Heiligen Schrift auch in Ewigkeit nicht irren.
23. Wenn der römische Papst in kanonischer Wahl erhoben ist, dann wird er ohne Zweifel [...] heilig durch die Verdienste des heiligen Petrus, wie auch viele Kirchenväter bestätigen. [...]

[...]

25. Auch ohne Beschluss einer Synode kann er Bischöfe ein- und absetzen.
26. Wer nicht mit der römischen Kirche übereinstimmt, kann nicht als katholisch [rechtgläubig] gelten.
27. Er kann Untertanen vom Treueid gegen unbillige [Herrscher] entbinden.

Wolfgang Lautemann, Geschichte in Quellen. Mittelalter, München ²1978, S. 291 f.

Papst Gregor VII. neben einem Schreiber sitzend. Buchmalerei aus dem 11. Jahrhundert.

1. *Erläutern Sie, welche Sätze des Diktats in erster Linie den Klerus betreffen und welche Punkte sich gegen die weltliche Gewalt richten.*
2. *Arbeiten Sie den Grundgedanken heraus, der hinter der Niederschrift des Papstes steht.*
3. *Stellen Sie dar, welche Mittel das Oberhaupt der Kirche zur Verfügung haben muss, um seine Überzeugungen in der Praxis durchsetzen zu können.*

M4 „Steige herab“

König Heinrich IV. spielt in seinem Schreiben vom 27. März 1076 darauf an, dass die Wahl des ehemaligen Mönches Hildebrand zum Papst Gregor VII. 1073 allein durch Zurufe des Volkes von Rom vor sich gegangen sei und im Widerspruch zum Papstwahldekret von 1059 stünde, das den Kardinälen die entscheidende Rolle bei der Wahl zuwies und ein Mitspracherecht des Königs vorsieht.

Heinrich, nicht durch Anmaßung, sondern durch Gottes gerechte Anordnung König, an Hildebrand, nicht mehr den Papst, sondern den falschen Mönch: [...] Um nämlich aus vielem nur einiges Wenige und Wichtige zur Sprache zu bringen: Du scheutest dich

nicht nur nicht, die Lenker der heiligen Kirche, nämlich Erzbischöfe, Bischöfe und Priester, die doch Gesalbte des Herrn sind, anzutasten, nein, wie Knechte, die nicht wissen, was ihr Herr tut, zertratest du sie unter deinen Füßen und gewannst dir dabei die Zustimmung aus dem Munde des Pöbels. Sie alle erachtest du als unwissend, dich allein aber als allwissend; doch dieses Wissen bemühtest du dich nicht zum Aufbau, sondern zur Zerstörung zu verwenden. Daher glauben wir mit Recht, der heilige Gregor, dessen Namen du dir angemaßt hast, habe dies von dir prophezeit, als er sprach: „Infolge der Menge der Untergebenen wird der Geist der Vorgesetzten häufig hochfahrend und meint, er wisse mehr als alle, wenn er sieht, dass er mehr als alle vermag."
Und wir haben dies alles ertragen, während wir uns bemühten, die Stellung des apostolischen Stuhles zu wahren. Aber du hast unsere Demut für Furcht gehalten und dich daher nicht gescheut, dich sogar gegen die uns von Gott verliehene königliche Gewalt zu erheben; du hast zu drohen gewagt, du würdest sie uns nehmen, als ob wir von dir das Königtum empfangen hätten, als ob in deiner und nicht in Gottes Hand Königs- und Kaiserherrschaft lägen. [...]
Auch mich, der ich – wenn auch unwürdig unter Gesalbten – zum Königtum gesalbt worden bin, hast du angetastet, mich, von dem die Überlieferung der Heiligen Väter lehrt, dass ich nur von Gott gerichtet werden darf, und versichert, dass ich wegen keines Verbrechens abgesetzt werden darf, ich wiche denn vom Glauben ab, was ferne sei. [...]
So steige du denn, der du durch diesen Fluch und das Urteil aller unserer Bischöfe und unser eigenes verdammt bist, herab, verlasse den apostolischen Stuhl, den du dir angemaßt hast. Ein anderer steige auf den Thron des heiligen Petrus, einer, der Gewalttat nicht mit Frömmigkeit bemäntelt, sondern die reine Lehre des heiligen Petrus lehrt. Ich, Heinrich, durch die Gnade Gottes König, sage dir zusammen mit allen meinen Bischöfen: Steige herab, steige herab!

Wolfgang Lautemann, a.a.O., S. 298f.

1. *Erläutern Sie Heinrichs IV. Auffassung des Königtums. Vergleichen Sie mit dem „Dictatus papae" (M3).*
2. *Überlegen Sie, aus welchen Motiven die Aufforderung zum Rücktritt des Papstes auch von den deutschen Bischöfen unterstützt wurde.*

M5 „Statutum in favorem principum"

In dem „Gesetz zugunsten der Fürsten" von 1232 muss Kaiser Friedrich II. den Territorialmächten in ihrem Streben nach Selbstständigkeit entgegenkommen:

1. Wie schon unser königlicher Sohn, so gestehen wir auch ihnen für immer zu, dass keine neue Burg oder Stadt auf geistlichem Gebiet, sei es auch unter dem Vorwand der Vogtei[1], von uns oder einem anderen [Fürsten] errichtet werden darf, ganz gleich unter welchem Vorgeben.
2. Neue Märkte sollen alte in keiner Weise stören.
[...]
6. Ein jeder Fürst habe freien Gebrauch seiner Freiheiten, Gerichtsbefugnisse, Grafschaften und Zenten[2], nach den Gewohnheitsrechten seines Landes, sie seien sein Eigentum oder ein Lehen.
7. Die Zentgrafen[3] sollen die Zenten vom Landesherrn [dominus terrae] oder von dem empfangen, den der Landesherr mit ihnen belehnt hat. [...]
12. Eigenleute der Fürsten, Edlen, des Dienstadels und der Kirchen sollen in unseren Städten keinen Schutz mehr finden.
13. Eigentum und Lehen der Fürsten, Edlen, des Dienstadels und der Kirchen, das sich in den Händen unserer Städte befindet, soll zurückgegeben werden und darf nicht wieder weggenommmen werden.
14. Weder wir noch unsere Leute sollen das Geleitrecht der Fürsten in ihrem Lande, das sie von uns zu Lehen haben, beeinträchtigen oder stören dürfen. [...]
17. Im Lande eines Fürsten wollen wir keine neue Münzen schlagen lassen, durch welche die Münze des Fürsten im Werte gemindert werden könnte.
18. Unsere Städte sollen ihre Gerichtsbarkeit nicht über ihren Umkreis hinaus ausdehnen [...].
20. Ohne Zustimmung und aus der Hand des fürstlichen Lehnsherrn soll niemand Güter zu Pfand nehmen, mit denen ein anderer belehnt ist.

Wolfgang Lautemann, a.a.O., S. 568f.

1. *In dieser Urkunde taucht erstmals der Begriff „Landesherr" auf. Welche Bestimmungen erscheinen Ihnen besonders kennzeichnend für das Zurückweichen der königlichen Zentralgewalt zugunsten der sich ausbildenden Staatlichkeit in den Territorien?*
2. *Nennen Sie die Artikel, in denen vor allem finanzielle Interessen der Landesherren berücksichtigt werden.*
3. *Zeigen Sie auf, inwiefern in diesem Fürstenprivileg der königlichen Städtepolitik Fesseln angelegt werden sollten.*

---

[1] *Vogtei: Schutzgewalt; insbesondere Ausübung der weltlichen Gerichtsbarkeit auf geistlichem Territorium*
[2] *Zent: Landgericht, Gerichtsbezirk, Gerichtsstätte*
[3] *Zentgraf: Vorsitzender des Zentgerichts (Zent)*

2.5 Das Aufblühen der Städte

Köln, Stadtansicht. Kolorierter Holzschnitt aus der Schedelschen Weltchronik, 1493.
Da die Bevölkerung stetig zunahm, mussten die Stadtbefestigungen immer wieder erweitert werden. Köln wurde die größte Stadt des Heiligen Römischen Reichs und hatte im 14. Jahrhundert etwa 40 000 Einwohner. 1288 übernahm der Rat vom Erzbischof das Stadtregiment.

12.–14. Jh.	Eine Urbanisierungswelle im Reich und die Ostsiedlungsbewegung fangen den starken Bevölkerungszuwachs auf
13.–15. Jh.	In den Städten kämpfen Gruppen der Einwohnerschaft um Macht und Verfassung
1370	Nach dem militärischen Sieg über das Königreich Dänemark ist der Städtebund der Hanse auf dem Höhepunkt der Macht

Ostsiedlung und Urbanisierungswelle

Im hohen und späten Mittelalter verdichtete sich der Wirtschaftsraum im Altsiedelland stark. Immer mehr Städte entstanden hier, aber auch in den neuen östlichen Siedlungsgebieten. Seit dem Aufblühen der für den überörtlichen Gebrauch produzierenden handwerklichen Gewerbezweige, der Intensivierung des Güteraustauschs und der Geldwirtschaft entwickelte sich mit der städtischen Wirtschaft eine zukunftsweisende Alternative zum ländlichen, auf Grundbesitz basierenden Feudalismus.

Schon zur Zeit der Römer gab es nördlich der Alpen auf deutschem Boden Städte. Urbane Lebensformen gingen in den wirtschaftlichen Krisenzeiten vor und während der Völkerwanderung fast völlig unter, konnten sich aber seit dem 10./11. Jahrhundert neu ausbilden. Während des 12. bis 14. Jahrhunderts wurde das Reich geradezu von einer *Urbanisierungswelle* erfasst. Um die Jahrtausendwende existierten im Reich etwa 150 städtische Siedlungen. Gegen Ende des Mittelalters lebte etwa jeder Sechste bis Fünfte in einer der circa 4000 Städte, auf die der größte Teil unserer heutigen Städte zurückgeht.

Über lange Zeit hinweg war Köln mit über 40 000 Einwohnern mit großem Abstand die bevölkerungsreichste deutsche Stadt, gefolgt von Lübeck, Straßburg und Nürnberg (jeweils ca. 20 000 Einwohner). Es gab insgesamt circa 25 Großstädte mit über 10 000 Einwohnern, circa 200 Mittelstädte (ab 2000 Einwohnern), die meisten Städte des späten Mittelalters waren Kleinstädte; viele hatten weniger als 500 Bewohner.

Parallel zur Ausbreitung der Städte ging ab 1150 die Hauptphase der *Ostsiedlungsbewegung* einher. Die Nahrungs- und Raumenge im Altsiedelland infolge einer starken Bevölkerungszunahme begünstigte diesen Prozess. Die Neusiedler wurden angeworben, um neue, unkultivierte Gebiete zu erschließen.

Vom 12. bis zum 14. Jahrhundert verließen mehrere Hunderttausend Deutsche, auch Holländer und Friesen die westlichen Altsiedellande und gelangten bis weit in den polnischen und baltischen Osten oder in den ungarischen Raum. Der *Deutsche Ritterorden*, der während der Kreuzzugsbewegung im Heiligen Land entstand, gründete nach seinem erzwungenen Rückzug von dort sogar einen autonomen Ordensstaat außerhalb der

Reichsgrenzen, der seine Herrschaft mit Waffengewalt ausdehnte.
Die Auswanderer legten östlich von Elbe und Saale zahlreiche Dörfer, Klöster und eine große Anzahl neuer Städte mit deutscher Rechtsordnung in bevölkerungsarmen Gebieten an. Damit verstärkten sie die Wirtschaftskraft und Steuereinnahmen der einheimischen Landesherren. In deren Interesse lag auch die durch die Siedler bewirkte „zivilisatorische Verwestlichung" (→ M1). Denn neben den Erfahrungen bei großen Rodungen oder bei Entsumpfungsaktionen brachten sie mit pferdegezogenen eisernen Scharpflügen (statt der einheimischen ochsengezogenen Hakenpflüge), mit Sensen und der Nutzung von Wasser- und Windmühlen eine leistungsfähigere Agrartechnik mit und vermittelten „moderne" Kenntnisse im Bergbau. Nicht zuletzt auch die Stadtordnungen nach deutschem Recht trugen zum kulturellen Angleichungsprozess bei.

Zuwachs an Freiheit und Selbstbestimmung

Bemerkenswert ist die Bereitschaft der Auswanderer, sich aus eigenem Entschluss von alten Bindungen zu lösen und ihr Schicksal selbst in die Hand zu nehmen. Nicht erbberechtigte nachgeborene Söhne, zu stark durch Abgaben und Frondienste belastete Bauern, auf bessere Verdienstmöglichkeiten spekulierende Handwerker und Händler oder Menschen, die Strafen entgehen wollten – sie alle konnten auf eine Verbesserung ihrer Lebenssituation hoffen.
Die adligen Grundherren verliehen den siedlungswilligen Bauern Land zu besonders günstigen Bedingungen, die Siedler erhielten gegenüber der ansässigen Bevölkerung Vorteile, „deutsches Recht" regelte ihre Freiheiten und Pflichten. Allmählich glichen sich die Rechtsstellungen der einheimischen Bevölkerung und der Zuwanderer an.
Auch die verstärkte Verstädterung im Altsiedelland bot insbesondere den an die Scholle gebundenen ländlichen Unterschichten eine Chance, ihre Lebenssituation aus eigener Kraft zu verändern. Weil Städte im Mittelalter „Inseln eines freieren Rechts" waren, zogen sie – zum Verdruss der betroffenen Grundherren – Menschen vom Land an, die ihre persönliche Abhängigkeit abstreifen und von den größeren ökonomischen Chancen und der Rechtsgleichheit in der Stadt profitieren wollten. Der bekannte, allerdings erst im 19. Jahrhundert geprägte Satz „Stadtluft macht frei" spielt auf die in Rechtsaufzeichnungen vielfach überlieferte Bestimmung an, dass mit der Aufnahme in die Stadt die persönliche Unfreiheit verloren ging. Der Grundherr konnte in der Regel in einer bestimmten Zeitspanne (binnen „Jahr und Tag") seinen Eigenmann noch zurückfordern. Danach schützte die Stadt diesen vor jedem Versuch, ihm den neu gewonnenen Status der persönlichen Freiheit wieder zu entziehen.

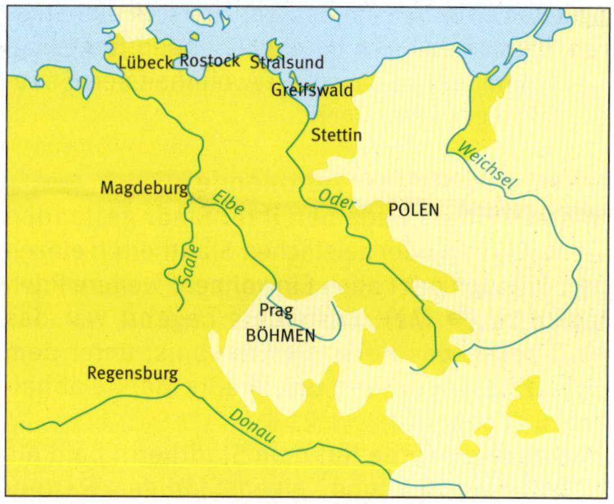

Die deutsche Ostsiedlung. Ausdehnung bis 1300.
► Stellen Sie fest, bis in welche heutigen Länder sich die Ostsiedlung erstreckte.

Neue Rechtsentwicklung in den Städten

Alle Städte unterstanden zunächst einem Stadtherrn, ihre Einwohner lebten nach derselben Rechtsordnung wie die ländliche Bevölkerung. Die Stadtherrschaft beruhte auf der Grundherrschaft oder besonderen Privilegien.
Anfangs waren die Bischofsstädte von besonderer Bedeutung; die Bischöfe waren ja seit der sächsischen Kaiserzeit von den Königen bevorzugt mit Hoheitsrechten wie dem *Befestigungs-, Münz-, Zoll- und Marktrecht* ausgestattet worden. Stadtherr konnte aber auch der König selbst („Reichsstadt") oder ein weltlicher Großer sein. Die Territorialfürsten gelangten oft als Gründer neuer Städte zur Stadtherrschaft.
Am Beginn der Entwicklung hin zu einem eigenen „Stadtrecht" stehen von Königen oder Fürsten gewährte Privilegien[1] für (Fern-)Kaufleute. Das Bemühen, den Wirtschaftsverkehr zu fördern, sowie das enge Zusammenleben der Menschen in den Städten und die sich entwickelnde Arbeitsteilung machten zusätzliche Rechtsvorschriften notwendig, für die in ländlichen Grundherrschaften kein Bedarf bestand. So sicherte beispielsweise der „Marktfrieden" den Marktbesuchern Rechtssicherheit: Auf dem Wege vom oder zum Markt sollte jedermann vor Gewalttätigkeiten, selbst vor der Blutrache eines Gegners sicher sein. Der Rechtsweg trat an die Stelle der gewaltsamen Selbsthilfe in Form der Fehde.
Auch Zweikampf und Gottesurteil, traditionelle Mittel der Rechtsfindung, wichen in der Stadt rationaleren Formen der Urteilsfindung, etwa bei Strei-

[1] *Privilegien: Vor-, Sonderrechte*

tigkeiten zwischen Kaufleuten. Zuerst in den Städten, dann in den sich herausbildenden Territorialstaaten trat neben das alte Gewohnheitsrecht neues, selbst gesetztes Recht.

Gewinn städtischer Autonomie

Interessiert am Gedeihen ihrer Stadt gestanden die weltlichen oder geistlichen Stadtherren einzelnen Gruppen oder allen Einwohnern weitere Privilegien zu (→ M2). Besonders begehrt war das Marktrecht, das heißt die Erlaubnis, unter dem Schutz des Stadtherrn regelmäßig Märkte abhalten zu dürfen.

Die Stadtgemeinde trat dem Stadtherrn bald als selbstbewusster und eigenständiger Partner gegenüber. In ihre Hände gelangten immer mehr Rechte, etwa eine eigene (niedere) Gerichtsbarkeit oder die Erhebung von Steuern. Beispielsweise verkauften oder verpfändeten in Geldnot geratene Stadtherren ihre Befugnisse an die Bürgerschaft.

Führungsorgan der Stadtgemeinde bei der Zusammenarbeit oder auch bei Auseinandersetzungen mit dem Stadtherrn war der *Rat*. Dieser entwickelte sich zumeist aus einzelnen einflussreichen Führungsgruppen, *Kaufmannsgilden*[1] oder Ministerialen, die ursprünglich im Auftrag des Stadtherrn Gerichts- und Verwaltungsaufgaben innegehabt hatten.

Streitigkeiten endeten gelegentlich sogar mit der Vertreibung des Stadtherren; so wurden aus vielen ehemaligen Bischofsstädten „Freie Städte", z. B. Bremen, Hamburg, Lübeck, Köln, Worms, Speyer, Straßburg, Basel, Regensburg und Augsburg. Aber auch dort, wo der Stadtherr formal weiter anerkannt wurde, bestimmten die Städte am Ende dieser Entwicklung ihre innere Ordnung weitgehend selbstständig.

Die Regelung des Zusammenlebens in den Städten machte oft einschneidende Verordnungen des Rats erforderlich. Doch galt das städtische Recht grundsätzlich für alle Bürger gleich. Der Städter verfügte über Freizügigkeit, durfte Besitz frei erwerben und darüber frei verfügen. Von der Stadtfreiheit profitierten auch die *Frauen*, die in zahlreichen Städten den Männern rechtlich gleichgestellt waren. Allerdings blieben sie von politischen oder kirchlichen Ämtern ausgeschlossen.

Eine „bürgerliche" Kultur entsteht

Über neun Zehntel der Städte waren „Ackerbürgerstädte": Ein großer Teil ihrer Einwohner war landwirtschaftlich tätig; Gewerbe und Handel spielten nur eine bescheidene Rolle für ein lokal begrenztes Absatzgebiet. Moderne Wirtschaftsformen entwickelten sich vor allem in besonders dynamischen Städten mit ausgeprägtem Exportgewerbe oder wichtiger Bedeutung für den Fernhandel. Dort sammelten sich große Vermögen an, dort entstanden die eindrucksvollsten Zeugnisse bürgerlicher Kunst und Kultur.

Mit der Zeit bildete sich in den Städten ein eigener Lebensstil heraus, der sich deutlich von den Gepflogenheiten der Ritter und der Landbevölkerung unterschied. Die stark zunehmende Bedeutung von schriftlichen Aufzeichnungen schuf die Voraussetzung für die Teilnahme des Bürgertums am geistigen Leben und für eine „bürgerliche" Kultur. Eigene Stadt- und Ratsschulen lehrten Lesen, Schreiben, Rechnen und Latein, das auch die Verkehrssprache der Kaufleute war, daneben möglichst auch fremde Nationalsprachen. Das Bildungsmonopol des Klerus war gebrochen (→ M3).

[1] *Die Gilden waren ein Zusammenschluss von Kaufleuten zur besseren Durchsetzung eigener Interessen.*

„Die Folgen des guten Stadtregiments." Wandgemälde von Ambrogio Lorenzetti, um 1337–1340.

Ein neues Arbeitsethos

Buntglasfenster im Freiburger Münster, um 1320. Das Geld für die teuren Buntglasfenster in den Kirchen stifteten nicht nur reiche Patrizierfamilien, sondern oft auch die Gilden und Zünfte.

Die in die Städte drängenden Menschen wurden von Zwangsdiensten befreit und konnten über ihre Arbeitskraft und ihren Arbeitsertrag frei verfügen. Das förderte eine neue „bürgerliche" Mentalität. Da in der urbanen Gesellschaft das Ansehen eines Menschen nicht mehr allein von seiner Herkunft, sondern entscheidend auch von seiner eigenen Leistung abhing, strebten die Stadtbewohner nach Besitz für sich und ihre Erben. Nun gewannen das Erlernen und Ausüben eines Berufes höhere Bedeutung. Spätestens im 13. Jahrhundert begann die Ausbildung wie noch heute überall mit der Lehrzeit. Der Stolz der Menschen auf die eigene Tätigkeit wuchs. Erstmals wurden Szenen aus dem städtischen Arbeitsleben an gestifteten Kirchenfenstern dargestellt. In der Stadt bildete sich ein neues unfeudales Ethos der Arbeit aus. Nicht mehr die Arbeit, im Mittelalter zunächst ein Zeichen der Unfreiheit, wurde verachtet, sondern der Müßiggang.

Mit der Lohnarbeit wurden neue Formen der Arbeitsverhältnisse erschlossen: Ein Freier konnte nun bei einem anderen Freien in ein Lohnverhältnis treten, ohne dadurch seine Freiheit zu verlieren.

Durch die *Spezialisierung des Handwerks* ergaben sich deutliche Produktionsverbesserungen, zu denen besonders im Metall- und Textilgewerbe auch eine Reihe technischer Neuerungen beitrug. Neue Formen von Geldgeschäften bis hin zur Zinsnahme wurden auch unter Christen üblich, Geldhandel und Bankierstätigkeit entfalteten sich. Kaufleute und Handwerker suchten ihre Fähigkeiten optimal zu nutzen, ein ökonomischer Rationalismus setzte sich durch.

Der Aufbau der städtischen Gesellschaft

Vollgültiges Mitglied der Stadtgemeinschaft war nur, wer das *Bürgerrecht* besaß, das an die Führung eines selbstständigen Hausstandes gebunden war und ein Mindestvermögen voraussetzte. Der Inhaber des Bürgerrechts genoss den besonderen Schutz der Stadt, die seine Rechtssicherheit garantierte und ihn z. B. bei Gefangennahme im Krieg freikaufte. Dieser Personenkreis, der mit dem Bürgereid die Einhaltung der städtischen Rechtsordnung und die Erfüllung aller finanziellen und militärischen Verpflichtungen versprach, beschränkte sich weitgehend auf die Ober- und Mittelschicht.

Unselbstständige Lohnempfänger wie die Gehilfen und Knechte der Kaufleute, Handwerksgesellen, Tagelöhner und Mägde waren zwar persönlich frei, aber politisch rechtlos und sozial der Unterschicht zugehörig. Ebenso vom Bürgerrecht ausgeschlossen blieben Kranke und Arme – unter ihnen befanden sich viele unverheiratete Frauen und die Bettler, also die sogenannte „Stadtarmut". Sie waren auf die Hilfe kirchlicher Einrichtungen, private Wohltätigkeit und städtische Unterstützungsmaßnahmen angewiesen.

Nicht weil sie sich in einer verzweifelten wirtschaftlichen Situation befanden, sondern wegen ihrer Tätigkeit in „unehrlichen" Berufen zählten beispielsweise Henker, Abdecker[1] und Prostituierte zu den sozial Verachteten, ebenso umherziehende Schausteller und Gaukler.

Die Zünfte

Zur Mittelschicht zählten neben anderen Haus- oder Grundbesitzern vor allem die Handwerksmeister. Die Mitglieder eines Gewerbes schlossen sich in *Zünften* zusammen: Gemeinsam wurden die Rohstoffbeschaffung organisiert, Produktionsverfahren festgelegt und Verkaufspreise abgesprochen. Es bestand *Zunftzwang*. Den Zunftgenossen sollte möglichst ein „Kollektivmonopol" gesichert werden, die Unterbietung durch nichtorganisierte Konkurrenz wollte man verhindern.

Indem die Zünfte auch das Fachwissen pflegten und weitergaben, konnten sie eine hohe Qualität der Erzeugnisse garantieren. Frauen blieben die Zünfte in der Regel verschlossen, aber gelegentlich gab es auch Meisterinnen, die Kölner Seidenmacherinnen bildeten im 15. Jahrhundert z. B. eine eigene Zunft. Die Zunft entschied über die Aufnahme neuer Mitglieder, legte die Zahl der Gesellen und Lehrlinge fest und regelte die Ausbildung des Nachwuchses. Den Käufern handwerklicher Produkte kam die von der Zunft organisierte Quali-

[1] *Der Abdecker beseitigte Tierkadaver.*

tätskontrolle zugute. „Pfuscharbeit" einzelner Mitglieder wurde nicht geduldet.
Die Zünfte bildeten auch eine Art Lebensgemeinschaft. Zunftmitglieder waren bei Kirchgang oder Prozession vereint und besaßen einen eigenen Altar. Sie halfen sich bei Krankheit oder in anderen Notfällen und kümmerten sich um die Versorgung von Witwen und Waisen. Wenn die Stadt angegriffen wurde, übernahm jede Zunft vorher festgelegte militärische Aufgaben. Einen weiteren berufsständischen Zusammenschluss stellten die Kaufmannsgilden (s. S. 66) dar. Neben solchen Gruppen mit Zwangsmitgliedschaft existierten oft weitere Verbände, z. B. von Handwerksgesellen.

Bürgerkämpfe in der Stadt

Nach der Gewinnung der städtischen Autonomie übernahm das *Patriziat* als gesellschaftliche Führungsschicht das alleinige Stadtregiment. Grundlage der Macht und des Ansehens der vornehmen „Geschlechter" waren der durch Fernhandel erworbene Reichtum oder das Prestige der ministerialen Oberschicht oder zugezogener Landadliger.
Zwischen dem 13. und 15., vor allem im 14. Jahrhundert kam es innerhalb der städtischen Einwohnerschaft allerdings zu Protesten gegen die alleinige Ratsfähigkeit der „Geschlechter". Entscheidend waren vor allem die Interessen der wohlhabenden Zünfte und besonders angesehener, aber am Stadtregiment nicht beteiligter Kaufmannsfamilien. Weil sie maßgeblich zur Aufbringung der städtischen Lasten herangezogen wurden, verlangten sie nach Teilhabe an der politischen Macht. Ärmere Gruppen und Einwohner waren an dieser Bewegung häufig mitbeteiligt und verliehen ihr mehr Stoßkraft. Direkter Anlass der Erhebung gegen den Rat war oft die Unzufriedenheit über eine Erhöhung des *„Ungeldes"*. Mit diesen indirekten Steuern auf Getränke und Lebensmittel oder anderen Sondersteuern versuchten die Ratsherren, finanzielle Verpflichtungen der Stadt zu erfüllen. Das traf besonders die ärmeren Schichten existenziell.
Die Bürgerkämpfe verliefen von Stadt zu Stadt anders. Nicht überall kam es zu gewaltsamen Aufständen. Der patrizische Rat reagierte auch sehr unterschiedlich auf die Forderungen der Unzufriedenen. Oft wurden die Zünfte z. B. in einem erweiterten Rat am Regiment beteiligt. Die Unterschichten blieben überall von politischer Mitsprache ausgeschlossen. Von einer Demokratisierung kann daher nicht gesprochen werden.

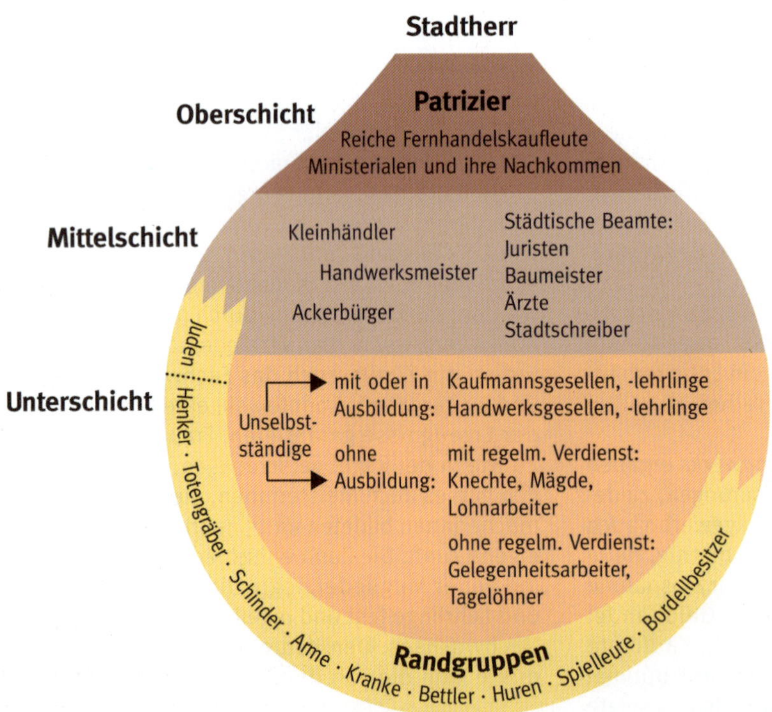

Schichtenmodell einer mittelalterlichen Stadt (nach einem Entwurf von Birgit Ballasch).

Städtebünde

Die Städtebünde des späten Mittelalters hatten unterschiedliche politische Ziele. So schlossen sich z.B. nach dem Untergang der staufischen Herrscherdynastie 1254 ca. 70 Städte zum *1. Rheinischen Städtebund* zusammen, um angesichts des Fehlens einer starken Reichsgewalt die Sicherung des Friedens selbst zu organisieren. Auch bedeutende Bischöfe und weltliche Fürsten traten bei. Dagegen diente der *Schwäbische Städtebund* (ca. 40 Städte) von 1376 zur Verteidigung städtischer Interessen gegen Fürsten und den König. Allerdings unterlagen die Städte am Ende den Heeren der Fürsten.

Am bedeutsamsten wurde der Städtebund der *Hanse*. Dieser Bund bestimmte nicht nur lange die wirtschaftliche, politische und kulturelle Entwicklung im niederdeutschen Raum, sondern betrieb auch eine erfolgreiche Wirtschafts- und Außenpolitik jenseits seiner Grenzen. Am Anfang der Entwicklung stand die Bildung von *Kaufmannshansen*. Durch diese genossenschaftlichen Zusammenschlüsse hofften die Kaufleute, ihre gemeinsamen Interessen durchzusetzen: Sie wollten den Schutz ihrer Waren – beispielsweise vor Seeräubern – verbessern und durch ein geschlossenes Auftreten die zahllosen Zölle in den unterschiedlichen Herrschaftsgebieten bekämpfen und wertvolle Handelsprivilegien im Ausland gewinnen. Die Heimatstädte machten sich die Interessen ihrer Kaufleute zu eigen und schlossen sich seit dem späten 13. Jahrhundert selbst zusammen. An der Spitze des relativ locker organisierten Bundes der Hanse, dem im 15. Jahrhundert rund 70 aktive und 100 weitere Städte an der Nord- und Ostseeküste und im Binnenland angehörten, stand Lübeck. Die wichtigsten Entscheidungen wurden auf den dort stattfindenden Hansetagen getroffen. Die Hanse kann bis zum ausgehenden 15. Jahrhundert als „mächtigster Interessenverband des Mittelalters" bezeichnet werden. In den bedeutendsten nordeuropäischen Wirtschaftszentren besaß sie privilegierte Handelsplätze („Kontore" in Brügge und London im Westen, Bergen im Norden und Nowgorod im Osten).

Die große Leistung der Hanse bestand in der Schaffung eines relativ geschlossenen Wirtschaftsraumes um Nord- und Ostsee, im Warenaustausch von Massengütern wie Getreide, Holz, Fisch aus dem Osten und Norden in die bevölkerungsreichen Gewerbezentren West- und Mitteleuropas, die dafür handwerkliche Produkte und Salz lieferten.

Im Verlauf des 16. und 17. Jahrhunderts ging die beherrschende Stellung der Hanse unter anderem aufgrund der erstarkten süddeutschen und ausländischen Konkurrenz sowie – nach der Entdeckung Amerikas – der Verlagerung des Fernhandels nach Übersee verloren.

Hanse in Europa.

► *Entnehmen Sie der Karte, worin die wirtschaftliche Leistung der Hanse bestand.*

Eine Krämerin bietet in ihrem Laden Beutel und Gewürze zum Verkauf an, ein Gaukler begutachtet die Ware. Miniatur aus dem Codex des Balthasar Behem, um 1505.

M1 Deutsches Recht im Königreich Polen

Im Jahre 1290 übergibt der König von Polen die Stadt Miechow einem Krakauer Bürger mit Namen Gerhard. Die Stadt gehörte bis dahin dem Kloster zum Heiligen Grab und unterstand polnischem Recht.

Wir [...] machen bekannt, dass wir in dem Wunsche, den Zustand unseres Landes um Krakau zu verbessern, die nach polnischem Recht lebende Stadt M. mit Wissen und Willen des Propstes Peter, des Küsters Heinrich, des Priors Boguphal und der übrigen Brüder des Konvents einem unserer Bürger aus Krakau, Gerhard, übertragen haben. Er soll sie nach deutschem Siedelrecht und nach der Gewohnheit von Neumarkt austun. [...]
Und damit Siedler umso williger in die Stadt ziehen und vor allem auch Lust gewinnen zu bleiben, geben wir den Städtern auf bebaute Äcker sechs, auf noch zu rodende Flur aber zehn Freijahre. Aufgrund dieser Freiheit entfallen für sie alle Abgaben, Steuern, Dienste und Zinse, auch aller Zwang. Dies gilt entsprechend auch für die aus polnischem Recht herrührenden Lasten, Rechts- und Gerichtsverhältnisse [...]. In diesem Zusammenhang ordnen wir an: Wenn der Vogt oder ein Bürger durch die Kastellane [...] oder ihre beauftragten Richter bzw. andere Beamte vor Gericht zitiert werden, [...] dann sollen sie nur nach deutschem Recht antworten. Wir bestimmen weiter, dass sie zu keiner Heerfahrt verpflichtet werden können, die nicht der Gewohnheit der Stadt Krakau entspricht. Zu Dienstleistungen sollen die Bürger ebenfalls nur in dem Maße herangezogen werden, wie es bei den nach deutschem Recht im Lande um Krakau angesetzten Stadtgemeinden üblich ist.
Wir übergeben außerdem dem gen.[annten] Gerhard und seinen Nachkommen 600 große Hufen, die zum Bereich (territorium) der Stadt gehören. Sie haben Macht, diese Hufen mit Siedlern nach deutschem Recht zu besetzen, und es wird ihnen dort das Schultheißenamt erblich zugestanden. Alle Gerechtsame[1], die der gen. Vogt von seinen Herren, dem Propst, dem Prior und dem Küster (des Konvents) genießt, sollen unverbrüchlich gehalten werden.
Damit die Bürger sich gegen Feindesgewalt umso sicherer halten können, erlauben wir, die Stadt mit Wall und Graben, Palisaden und anderen Wehranlagen zu befestigen. Der Vogt, die Bürger und die Bauern des Einzugsbereiches der Stadt dürfen, soweit sie nach deutschem Recht angesetzt sind, weder vom Kämmerer noch von einem Offizial[2] vor uns zitiert werden. Nur unser Brief, eigenhändig von uns mit unserem eigenen Ring besiegelt, kann sie rufen.

Wolfgang Lautemann, Geschichte in Quellen. Mittelalter, München ²1978, S. 634 f.

1. *Arbeiten Sie heraus, durch welche Vergünstigungen die Siedler zum Zuzug nach Miechow bewegt werden sollten.*
2. *Erschließen Sie, welche Motive der polnische König zur Niederlassung westlicher Siedler und zur Übernahme deutschen Stadtrechts gehabt haben mochte.*
3. *Überlegen Sie, welchen Nutzen sich der Krakauer Bürger Gerhard als Siedlungsunternehmer von der ihm übertragenen Umgründung Miechows nach Neumarkter Vorbild versprechen konnte.*

M2 Das Gründungsprivileg für Freiburg im Breisgau

Herzog Konrad von Zähringen (um 1090–1152) verleiht im Jahre 1120 – die Zeitangabe ist umstritten – einer Gruppe von Kaufleuten folgende Vorrechte:

Bekannt sei allen Künftigen und Gegenwärtigen, dass ich, Konrad, in einem Ort meines Eigentums, nämlich Freiburg, im Jahre nach der Fleischwerdung des Herrn 1120 einen Markt begründet habe. Mit den von überall her zusammengerufenen angesehenen Kaufleuten habe ich in einer beschworenen Vereinbarung beschlossen, diesen Markt zu beginnen und auszubauen.
Deshalb habe ich in dem gegründeten Markt jedem Kaufmann ein Grundstück zum Hausbau als Eigentum zugeteilt und entschieden, dass mir und meinen Nachfolgern als Zins jedes Jahr am Fest des heiligen Martin von jedem Grundstück ein Schilling öffentlicher Münze zu zahlen sei. So sei allen bekannt,

[1] *Gerechtsame: Vorrechte*
[2] *Offizial: Beamter*

dass ich gemäß ihrer Bitte und Hoffnung die Privilegien, die folgen, bewilligt habe. Und es erschien mir ratsam, wenn sie in einer Urkunde niedergeschrieben würden, damit sie während langer Zeit im Gedächtnis gehalten würden, sodass meine Kaufleute und ihre Nachkommen von mir und meinen Nachfahren dieses Privileg in aller Zeit behaupten können.

1. Ich verspreche Frieden und Sicherheit des Weges allen, die meinen Markt aufsuchen, in meinem Machtbereich und Herrschaftsgebiet. Wenn jemand von ihnen in diesem Gebiet beraubt wird, werde ich, wenn er den Räuber namhaft macht, dafür sorgen, dass ihm das Geraubte zurückgegeben wird, oder ich werde es bezahlen.

2. Wenn einer meiner Bürger stirbt, soll seine Frau mit seinen Kindern alles besitzen und ohne jede Einschränkung behaupten, was ihr Mann hinterlassen hat.

3. Allen Besitzern am Markt verleihe ich, dass sie der Rechte meines Volkes und der Landsleute teilhaftig werden, soweit ich es vermag, das heißt, dass sie frei von Herrschaftsrechten die Weiden, Flüsse, Gehölze und Wälder benutzen.

4. Allen Kaufleuten erlasse ich den Zoll.

5. Niemals werde ich meinen Bürgern einen anderen Vogt[1], niemals einen anderen Priester ohne Wahl vorsetzen, sondern wen immer sie dazu wählen, sollen sie unter der Bedingung meiner Bestätigung haben.

6. Wenn ein Zwist oder Rechtsstreit unter meinen Bürgern entsteht, soll er nicht nach meinem Gutdünken oder dem ihres Rektors[2] entschieden, sondern er soll gerichtlich verhandelt werden nach der Gewohnheit und dem Recht aller Kaufleute, besonders aber der von Köln.

7. Wenn jemand durch Mangel am Lebensnotwendigen dazu genötigt wird, soll er seinen Besitz verkaufen, wem immer er will. Der Käufer aber soll von dem Grundstück den festgelegten Zins zahlen.

8. Damit meine Bürger den vorgenannten Versprechungen keinen geringen Glauben zuwenden, habe ich ihnen Sicherheit geleistet, indem ich mit zwölf meiner namhaftesten Ministerialen auf die Reliquien der Heiligen geschworen habe, dass ich und meine Nachfolger das oben Genannte immer erfüllen werden. Und damit ich nicht in irgendeiner Notlage diesen Eid breche, habe ich mit meiner Rechten dem freien Manne (es fehlt ein Name) und denen, die den Markt beschworen haben, unverletzlich Treue in dieser Sache geschworen. Amen.

Hartmut Boockmann, Das Mittelalter, München ³1997, S. 142 f.

[1] *Der Vogt wurde zwar von den Bürgern gewählt, blieb aber zugleich Vertreter des Stadtherrn; wahrscheinlich übte er die herrschaftliche Gerichtsbarkeit in Freiburg aus.*

[2] *Dabei handelt es sich wohl um den in Abschnitt 5 genannten Vogt.*

1. *Als frühestes Beispiel für eine „Gründungsstadt" ist die Entstehung Freiburgs in der deutschen Stadtgeschichte von besonderer Bedeutung. Stellen Sie die von Konrad ausgehenden Aktivitäten beim Gründungsvorgang zusammen.*
2. *Arbeiten Sie heraus, welche unterschiedlichen Vorteile die Bürger Freiburgs genießen sollten.*
3. *Überlegen Sie, welche Vorteile Könige und Fürsten von der Gründung einer Stadt erwarten konnten.*

M3 Städtische Glocken schlagen anders

Der Historiker Didier Méhu erläutert die Neuerungen bei der Zeitmessung in der mittelalterlichen Stadt:

Die Kirche misst die Zeit in kanonischen Stunden, auch Horen genannt, die den Tag in acht Abschnitte einteilen. Jede kanonische Stunde läutet ein Gebet ein: Vigil, Laudes, Prim, Terz, Sext, Non, Vesper und Komplet. Die Kirchenglocken schlagen im 7. Jahrhundert die [kanonischen] Stunden und bestimmen somit den Tagesablauf. Seit dem 12. Jahrhundert genügt das jedoch nicht mehr. Die Kaufleute, große Meister des Rechnens, und Forscher an den Universitäten wollen den Tag in gleichmäßige Abschnitte einteilen. Die Erfindung der mechanischen Uhr im 13. Jahrhundert ist die Krönung ihres Erfolges. Seitdem gibt es eine wahre Konkurrenz um die Herrschaft über die Zeit. Nach welcher Uhr dreht sich das soziale Leben – nach der Kirchenglocke, die ihre acht Klosterstunden läutet, oder nach den Glocken der Stadt, die 24 Stunden schlagen?

Didier Méhu, Gratia Dei. Das Leben im Mittelalter. Aus dem Französischen übersetzt von Nikola von Merveldt in Zusammenarbeit mit Annet Schütt, Freiburg im Breisgau 2004, S. 17

1. *Überlegen Sie, welche sonstigen Arten der Zeitmessung es heute neben Uhren mit Ziffernblatt und Zeiger gibt.*
2. *Diskutieren Sie, welche Bedeutung dem Läuten der Kirchenglocken heute zukommt.*
3. *Diskutieren Sie, ob eine Schule ohne Schulgong vorstellbar wäre. Würden Sie den Schulgong eher in die Tradition der städtischen oder der klösterlichen Zeitmessung einordnen?*
4. *Eine einheitliche Standardzeit wurde im Deutschen Reich erst 1893 eingeführt. Vorher gab es unterschiedliche „Ortszeiten". Erläutern Sie die Vorteile beider Zeitbestimmungssysteme.*

Methoden-Baustein: Architektur

Wandel im Baustil

Sie wünschen Ihre Schule im romanischen Stil? Bitte sehr: Eingangsportale und Fenster schließen mit dem Rundbogen ab, die Decke verwandelt sich in ein Tonnengewölbe, dessen Schub von einem wuchtigen Mauerwerk aufgefangen wird.

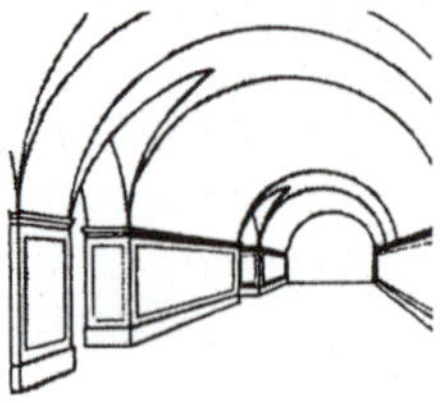

Tonnengewölbe.

Ihnen gefallen die gotischen Burgen, Paläste und Kathedralen besser als die romanischen?

Dom zu Speyer. Foto von 1996.
Mit einer Länge von 133 Metern ist der Dom – er wurde 1061 geweiht – der größte romanische Kirchenbau in Deutschland.
► Romanische Gotteshäuser wurden als „Gottesburgen" bezeichnet. Erläutern Sie, welche Stilmerkmale zu diesem Eindruck beitragen.

Sie hätten gerne auch eine Reihe Maßwerkfenster an der Gebäudefront? Und über dem Hauptportal eine Fensterrose (Rosette)? Dann suchen Sie Ihre Vorbilder erst ab der zweiten Hälfte des 12. Jahrhunderts, am besten nach 1200. An die Stelle des Rundbogens müssten Sie jetzt den gotischen Spitzbogen setzen.

So haben Sie es schon in der Unterstufe als leichte Hilfe zur Unterscheidung von Romanik und Gotik erfahren, vielleicht zusammen mit dem Hinweis, dass die romanische Kirche eher wie eine wuchtige Burg Gottes auf Erden wirke, während die gotischen Kathedralen mit ihrer strikten Betonung des Vertikalen „auf Gott ausgerichtet" sind, wie Thomas von Aquin formulierte. Der Wechsel zur neuen Baukunst setzte nicht nur einen *Wandel im religiösen und ästhetischen Empfinden*, sondern auch ganz neue Möglichkeiten in der *Bautechnik* voraus. Die neuen bautechnischen Möglichkeiten, die es auch erlaubten, an den Seitenwänden die Bögen spitz nach oben zu bauen, ließen Leichtigkeit an die Stelle von Masse und Massivität des romanischen Kirchenbaus treten.

Die Architekturgeschichte verdeutlicht uns die technischen Fortschritte, die Schönheitsideale und die Funktionalität von Bauten im Wandel der Zeit. Wann wurde *Ihre* Schule tatsächlich gebaut und auf welchen Zeitgeistgeschmack lässt der Bau zurückschließen? Ist es auch noch *Ihr* Geschmack?

Kriterien zur Untersuchung eines Bauwerks

Die erste Frage bei der Betrachtung eines Bauwerkes gilt oft seiner *Aufgabenbestimmung*. Sein Zweck kann z. B. mit einer Alltagsnutzung (Wohnhaus, Schule, Handwerksbetrieb) zusammenhängen oder in einem religiösen Kontext stehen (z. B. Pyramiden, Tempel, Kirchen, Klöster). Bauten können der Herrschaftsrepräsentation dienen (königliche Pfalzen und Paläste, städtische Rathäuser) oder militärische Aufgaben (Festungen) erfüllen usw. Oft dient ein Bauwerk gleich mehreren Zwecken (Burg).

Kritisch können Sie nach der *Funktionalität des Bauwerks oder seiner Teile* im Hinblick auf die angestrebte Zweckbestimmung fragen.

Interessant kann es auch sein, die *Entstehungsgeschichte eines Bauwerkes* näher zu untersuchen (Auftraggeber, Vorbilder bei der Realisation des Bauwerkes, Zeitumstände bei seiner Erschaffung, Entscheidungsgründe für die Standortwahl ...) oder nach der *Funktion eines Bauwerkes zu unterschiedlichen Zeiten* zu fragen.

Gotische Kathedralen

Mitte des 12. Jahrhunderts wurde in Saint-Denis die Abteikirche, in der die französischen Könige der herrschenden Dynastie der Kapetinger bestattet wurden, erneuert. Dabei kam es zur „Erfindung der Gotik", die diesen Kirchenbau von bisherigen Bauten auch äußerlich abhob und der besonderen Bedeutung dieses Gotteshauses zusätzlichen Ausdruck verlieh.

Ohne dass der romanische Baustil, der etwa um 1000 entstand, sofort abgelöst wurde, verbreitete sich der neue Baustil immer mehr. Durch ihn drückte sich eine neue Geisteshaltung aus. Gotische Kirchenbauten sollten ein irdisches Abbild des „Himmlischen Jerusalems", des Paradieses, sein. Alle Teile des Baus wurden konsequent aus Grundmaßen abgeleitet. Mithilfe der Geometrie sollte in Analogie zur Harmonie von Gottes Schöpfung ein vollkommenes Abbild geschaffen werden. Der Kirchenbau sollte zugleich „entmaterialisiert" werden, damit das göttliche Licht in den Innenraum dringen und die Farben möglichst hoher Glasfenster erstrahlen lassen kann. Zudem sollte in den Kathedralen der Blick des Gläubigen nach oben, in gewaltige Höhen, gelenkt werden.

Kathedrale von Amiens, erbaut im 13./14. Jh. Blick in den Ostchor. Die Spitzbogenfenster haben im oberen Teil die für die Gotik charakteristischen geometrischen Muster, das sogenannte „Maßwerk".

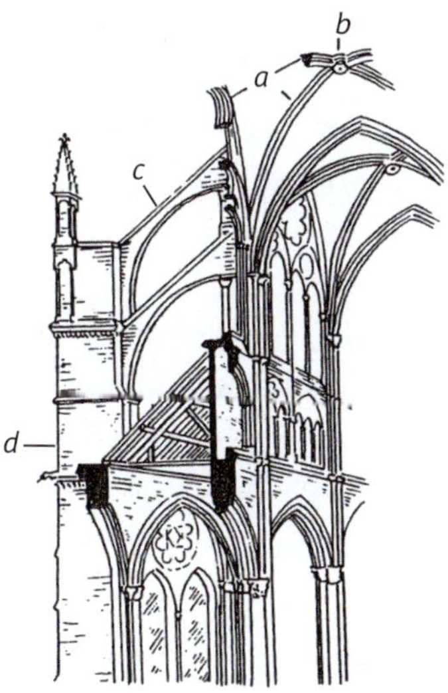

Schematische Darstellung des Bausystems einer gotischen Kathedrale.
Das Kreuzrippengewölbe (a) überwölbt eine rechteckige Fläche. Die Kreuzrippen (b) nehmen vertikalen Gewölbedruck auf und geben ihn an die Bündelpfeiler weiter. Den seitlichen Gewölbeschub nehmen Strebebögen (c) und Strebepfeiler (d) auf. Diese Konstruktion ermöglicht es, auf massives Mauerwerk zu verzichten. Das Mauerwerk kann großzügig durchbrochen werden, sodass viel Platz für Fenster frei wird.

1. *Für die Bürger waren Kathedralen nicht nur Ausdruck ihrer Frömmigkeit, sondern auch sichtbares Zeichen ihres Stolzes und der Finanzkraft ihrer Stadt. Von unterschiedlichen Gruppen wurden einzelne Teile wie Skulpturen oder Glasfenster gestiftet. Konkurrenzdenken ließ Bauten mit immer größeren Ausmaßen entstehen. – Was bedeutete der Dombau für die Bürger einer Stadt im Mittelalter und zu welchen Opfern waren sie dafür bereit? Was bedeutete der Dom den Bürgern dieser Stadt vor 200 Jahren, was bedeutet er ihnen heute?*
2. *Recherchieren Sie die Geschichte des Kölner Domes und belegen Sie an diesem Beispiel, wie sich der Begriff der „Gotik" wandelte.*
3. *Untersuchen Sie Form und Gestaltung einer Kirche, die in den vergangenen 50 Jahren erbaut wurde.*
4. *Stellen Sie selbst einen Fragenkatalog zur Analyse eines Bauwerkes zusammen. Vielleicht eignen sich sogar die architektonischen Ausprägungen Ihrer Schule für eine nähere Untersuchung.*

2.6 Christen, Juden und Muslime – die Begegnung mit dem Fremden

Christ und Muslim beim Schach. Buchmalerei aus dem 13. Jahrhundert.
Das wohl in Indien entstandene Schachspiel fand im arabischen Kulturraum rasche Verbreitung. Obwohl der Prophet Muhammad Spiele grundsätzlich ablehnte, wurde es dennoch – im Gegensatz zu reinen Glückspielen – als Strategiespiel toleriert. In karolingischer Zeit kam das Spiel nach Europa und wurde aus den gleichen Gründen von der Kirche verteidigt, während Würfelspiele z. B. grundsätzlich verboten waren. Für standesbewusste Kreuzfahrer war es sowohl ein Zeichen der Ritterlichkeit und der Anerkennung eines ebenbürtigen Gegners, wenn sich ein christlicher Ritter mit einem sarazenischen Würdenträger zum gemeinsamen Schachspiel zusammenfand. Vor allem unter den Kreuzfahrern der zweiten und dritten Generation waren solche Treffen mit muslimischen Spielpartnern nichts Ungewöhnliches.

1096–1099	Der erste Kreuzzug führt zur Einnahme Jerusalems und zur Gründung von Kreuzfahrerstaaten im Heiligen Land; zugleich beginnen mit ihm Pogrome gegen die Juden
1291	Nach dem Fall von Akkon müssen sich die Kreuzfahrer aus dem Heiligen Land zurückziehen
1453	Mit der Einnahme Konstantinopels durch die Türken endet das Oströmische Reich

Politische, wirtschaftliche und kulturelle Kontakte

Das Abendland hatte über Kaufleute, Pilger und Krieger, aber auch über Gelehrte, die das Wissen anderer Kulturen übersetzten und bekannt machten, vielfache Berührung mit fremden Vorstellungen. Im eigenen Land begegnete man mit den *Juden* einer Minderheit anderen Glaubens.

Die *orthodoxen Christen* des Byzantinischen bzw. Oströmischen Kaiserreichs waren seit der Kirchenspaltung von 1054 von der lateinischen Christenheit des Westens durch gegenseitige Bannungen demonstrativ getrennt, wiederholte Unionsverhandlungen zwischen der abend- und morgenländischen Kirche blieben erfolglos. Aber politische, wirtschaftliche und kulturelle Kontakte brachen nicht ab, sondern steigerten sich im Zeitalter der Kreuzzüge. Zudem unterhielten die italienischen Stadtstaaten – allen voran Venedig – ein weitreichendes Handelsnetz bis ins Oströmische Reich und in die Levante (heute Libanon, Syrien, Israel). Zu Begegnungen katholischer Christen mit der *islamischen Welt* und ihrer Kultur kam es nicht nur infolge der Jerusalem-Wallfahrten und der Kreuzzüge. Wichtiger war die lange Nachbarschaft von Muslimen, Christen und Juden auf der Iberischen Halbinsel, in Sizilien und in Süditalien (→ M1).

Zusammenleben von Christen und Juden

Die Zerstörung des Tempels und weiter Teile Jerusalems durch die Römer (70 n. Chr.) bedeutete nicht nur das Ende des jüdischen Tempelkultes, sondern auch den endgültigen Verlust staatlicher Unabhängigkeit. Juden ließen sich seitdem vermehrt innerhalb der Grenzen des Römischen Reiches nieder, später lebten sie in dessen Nachfolgestaaten in christlicher oder islamischer Umwelt. Ein innerjüdisches Zusammengehörigkeitsgefühl blieb dank der religiösen Überzeugung von der Auserwähltheit des Volkes Israel über die Jahrhunderte auch in der Diaspora[1] erhalten. Daher bildeten die Juden in ihrer jeweiligen Umgebung einen eigenen Lebenskreis, in dem die religiösen Vorschriften beachtet wurden und das Hebräische in Gebet und Brauchtum weiterlebte.
Vor dem *1. Kreuzzug* (1096–1099) wohnten Juden und Christen ganz überwiegend friedlich nebeneinander. Zwangstaufen blieben eine Ausnahmeerscheinung. Kaiser Heinrich IV. bedrohte sie ausdrücklich mit hohen Geldstrafen, auch die Kirche untersagte sie ebenso wie physische Gewalt gegen Juden.
Die frühen Siedlungen der Juden entstanden in Mitteleuropa an wichtigen Handelsplätzen. Privilegien der Herrscher begünstigten die Ansiedlung und den bis in den Orient reichenden Fernhandel jüdischer Kaufleute. Dank ihrer aus dem Ausland mitgebrachten Kenntnisse genossen jüdische Ärzte auch unter Christen Ansehen. Jüdische Kultur und Gelehrsamkeit erlebten in den Städten bis zum Ende des 11. Jahrhunderts eine Blütezeit. Die jüdischen Gemeinden der rheinischen Städte Speyer, Worms und Mainz gehörten zu den führenden im Reich. Jüdische Gelehrte aus verschiedenen europäischen Ländern kamen zum Bibel- und Talmudstudium[2] ins Rheinland. Im deutschen Reich erlangten die jüdischen Gemeinden überall einen – unterschiedlich gewichtigen – Anteil am städtischen Leben.
Die gemeinsame Ansiedlung in sogenannten „*Judengassen*" in der Umgebung der Synagoge war den Juden selbst aufgrund ihrer Riten und Religionspraxis willkommen. Sie ist daher nicht mit der ihnen aufgezwungenen Siedlung im Ghetto gleichzusetzen, die erst seit dem 15. Jahrhundert zur antijüdischen Politik der Obrigkeit gehörte. Die Häuser in den „Judengassen", die meist zentral, nahe bei Kirche, Rathaus und Markt lagen, unterschieden sich architektonisch nicht von den Bauten der Christen. Nur die am Türpfosten angebrachte *Mesusah*, eine kleine Kapsel mit Bibelversen auf Pergamentrollen, verwies damals – genauso wie heute – auf den jüdischen Glauben ihrer Bewohner. Manche Juden wohnten auch außerhalb der „Judengassen", wie umgekehrt manchmal auch Christen innerhalb eines jüdischen Wohnmilieus lebten.
Die Juden hatten zuweilen christliche Diener, Geschäftsbeziehungen zu Christen waren ganz selbstver-

[1] Diaspora (griech.: „Zerstreuung"): Gebiet, in dem die Mitglieder einer Religionsgemeinschaft zerstreut unter einer Mehrheit Andersgläubiger leben

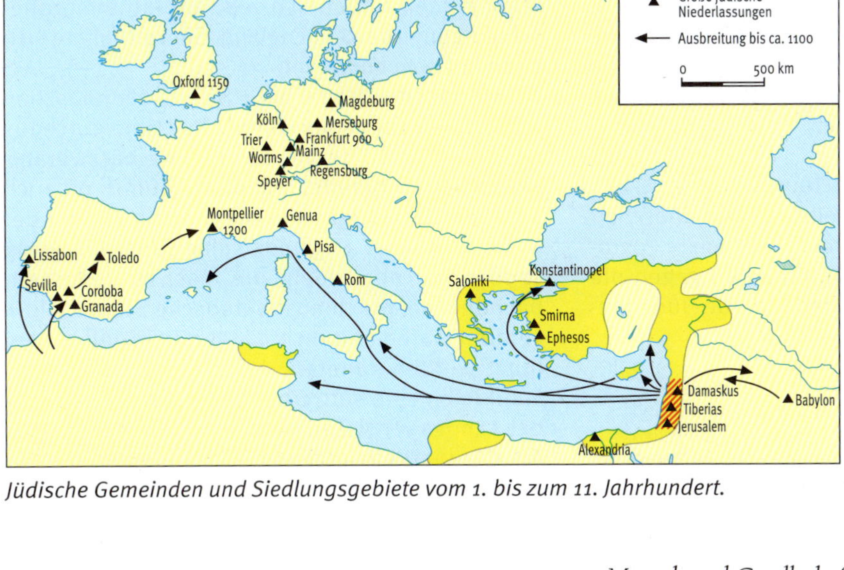

Jüdische Gemeinden und Siedlungsgebiete vom 1. bis zum 11. Jahrhundert.

[2] Der Talmud ist die bedeutendste Zusammenfassung der Lehren, Vorschriften und Überlieferungen des nachbiblischen Judentums. Durch die zusätzliche Kommentierung der Religionsgesetze bietet er eine Sammlung rabbinischer Gelehrsamkeit.

Vorurteile gegen Juden demonstrierte auch die Schedelsche Weltchronik von 1493. Seit dem Ende des 12. Jahrhunderts kursierte in Europa das Gerücht, die Juden ermordeten Kinder, um ihnen das Blut für Zaubertränke abzuzapfen. In Wahrheit war gerade den Juden der Umgang mit Blut durch ihre religiösen Gesetze streng verboten. Daher betonte schon ein im Auftrag Kaiser Friedrichs II. erstelltes Gutachten die Unsinnigkeit der Ritualmordlüge.

► *Versuchen Sie zu erklären, warum die haltlosen Anschuldigungen gegen Juden sich hartnäckig hielten, und suchen Sie aktuelle Parallelen.*

ständlich. Bei Prozessen zwischen Juden und Christen wurde der beim Gott des Alten Testamentes geschworene sogenannte „Judeneid" rechtlich durchaus als gleichwertig zum christlichen Eid anerkannt. Allerdings musste er oft unter diskriminierenden äußeren Formen erfolgen (z. B. Stehen auf einer Schweinshaut). Juden besuchten die Bäder der Stadt und konnten in Städten mit größeren Judengemeinden damit rechnen, dass christliche Wirte für den Verkauf an sie eigens auch koscheren[1] Wein anzubieten hatten.

So war der mittelalterliche Alltag durch ein pragmatisches Zusammenleben und eine gewisse gegenseitige Anerkennung von Christen und Juden geprägt. Allerdings blieb auf christlicher Seite ein allgemeines Unverständnis und eine religiös motivierte Anfeindung gegenüber jüdischem Brauchtum, und an christlichen Kirchenportalen erinnerten Statuen mit der Frauengestalt der Synagoge (s. Abb. S. 80), der die Augen verbunden sind, an die „Glaubensblindheit" der jüdischen Nachbarn, die innerhalb der christlichen Umwelt weiterhin als „Fremde" empfunden wurden.

Aus Nachbarn werden Verfolgte

Eine latent wohl stets verbreitete Judenfeindschaft schlug mit Beginn des 1. Kreuzzuges um in Pogrome[2] hysterisierter Kreuzfahrerhaufen gegen die „Christusmörder". Viele bedeutende Judengemeinden wurden vernichtet. Insgesamt schätzt man die Zahl der jüdischen Opfer im deutschen Reich auf 3000, in Europa auf 5000. Seitdem nahm die Rechtsunsicherheit der Juden im Abendland zu (→ M2). Die Forderungen der Kirche (Laterankonzil 1215), dass sich Juden in ihrer Kleidung von Christen unterscheiden müssten, wurden nur allmählich umgesetzt. Vielerorts wurde das Tragen der *Rota*, eines gelben Stoffflecken, oder des sogenannten *Judenhutes* angeordnet.

1236 übernahm Kaiser Friedrich II. den kirchlichen Begriff der *„Judenknechtschaft"* und unterstellte alle Juden des Reiches der kaiserlichen Kammer als unmittelbare „Kammerknechte". Die Schutzherrschaft musste mit erheblichen Abgaben erkauft werden. Dieses Regal vergaben die Herrscher im Zeitalter der beginnenden Territorialisierung häufig an Fürsten und städtische Obrigkeiten.

1242 kam es zur sogenannten Pariser Talmudverbrennung, bei der Tausende aus verschiedenen Teilen Europas zusammengetragene Bücher vernichtet wurden. Viele Menschen des Mittelalters glaubten den Gräuelvorwürfen von Ritualmorden, Hostienfreveln und Brunnenvergiftungen. Als populäres Rechtfertigungsargument für antijüdische Maßnahmen findet sich z. B. die Ritualmordbeschuldigung zuerst in England. Sie verbreitete sich dann auf dem Kontinent.

Die Obrigkeit versagte beim Schutz der jüdischen Minderheit. Oft genug wurden Pogrome durchaus mit dem Wissen der für den Judenschutz Verantwortlichen vorbereitet und durchgeführt, oft auch konnten die Obrigkeiten die Juden nicht vor der Masse schützen. Englands König *Eduard I.* zwang 1290 sogar alle Juden, die Insel zu verlassen, nachdem sie durch ausbeuterische Steuerpolitik verarmt waren und nicht länger finanziell ausgenutzt werden konnten. Ab 1306 setzte auch in Frankreich eine Vertreibungswelle ein. Endgültig des Landes verwiesen wurden die Juden hier 1394. Als die 1348 einsetzende Pestepidemie, die ein Drittel der Bevölkerung hinwegraffte, kollektive

---

[1] *koscher (hebräisch: „rein, richtig"): Kennzeichnung für Speisen und Getränke, die in der Art der Zubereitung und Darreichung dem jüdischen Religionsgesetz entsprechen*

[2] *Pogrom (russ.: „Zerstörung, Verwüstung"): Ausschreitungen gegen nationale, religiöse, ethnische Gruppen*

Angstzustände bei den Zeitgenossen hervorrief, brach im Reich eine neue große Verfolgungswelle über die jüdischen Gemeinden herein.
Viele Überlebende wanderten nach Osteuropa aus. Dort lebte im *Jiddischen* eine auch vom mittelalterlichen Deutsch geprägte Sprache fort. Zahlreiche verfolgte und ausgewiesene Juden fanden aber auch in den reichsfreien Kleinterritorien Süd- und Mitteldeutschlands Zuflucht. Wenige Jahre nach den Pestpogromen sahen sich auch die Städte aus wirtschaftlichen Gründen veranlasst, Juden wieder aufzunehmen.

Ostrom vor den Kreuzzügen

Das Oströmische Reich mit der Hauptstadt Konstantinopel umfasste Vorderasien, die griechischen Inseln und den Balkan, zunächst auch wichtige Teile Italiens. Bis ins 8. Jahrhundert blieb es eindeutig die Vormacht im christlichen Europa. Die Lösung des Papsttums vom oströmischen Kaiser und seine Verbindung zum Frankenreich signalisierte die nun einsetzende wachsende Konkurrenz des Abendlandes. In den Augen der „Römer" (griechisch „Rhomaioi") des Ostens blieb der barbarische Westen wirtschaftlich und kulturell allerdings unterlegen. Umgekehrt blickten die Lateiner befremdet und verächtlich auf „orientalische" Züge in den Sitten der Oströmer wie den Kniefall vor dem Kaiser oder das Eunuchentum.
In Kriegen mit dem Bulgarenreich und islamischen Mächten wechselten sich Misserfolge und Erfolge byzantinischer Feldherren ab. Ende des 11. Jahrhunderts sah sich das oströmische Kaisertum zu einem militärischen Hilfegesuch an den Westen gezwungen, als muslimische türkische *Seldschuken* Kleinasien in ihr großes Herrschaftsgebiet eingliederten und das Oströmische Reich bedrohten. Dadurch war auch der Landweg nach Jerusalem für christliche Pilger gefährdet.

Die Kreuzzüge ins Heilige Land und der Niedergang des Oströmischen Reiches

Die Bitte um Hilfe aus Konstantinopel nutzte Papst *Urban II.* dazu, auf einer Synode in Frankreich 1095 zum Feldzug gegen die islamischen „Heiden" und zur Befreiung der Heiligen Stätten mit der Aussicht auf himmlischen Lohn aufzurufen. Das Echo war überwältigend. Noch vor den Ritterheeren, die 1099 Jerusalem eroberten, waren in einer Art Massenhysterie große zusammengewürfelte Gruppen eines ungeplanten Volkskreuzzuges aufgebrochen: Die finanziellen Mittel für ihre Unternehmung gewannen sie nicht zuletzt durch die Beraubung und Ermordung der Juden. Die letzten dieser unzureichend gerüsteten bäuerlichen Kreuzfahrer wurden in Anatolien von den seldschukischen Reitern völlig aufgerieben. Den erfolgreichen Führern der Ritterheere gelang es dagegen, mehrere Kreuzfahrerstaaten im Heiligen Land zu gründen. Die Kreuzzüge vereinten Ritter vieler europäischer Nationen, nicht selten unter der Beteiligung der Könige Englands und Frankreichs oder des Kaisers. Aber das Ziel, Jerusalem und das Heilige Land nach neuerlichen muslimischen Siegen zurückzugewinnen oder zu halten, wurde nicht erreicht.

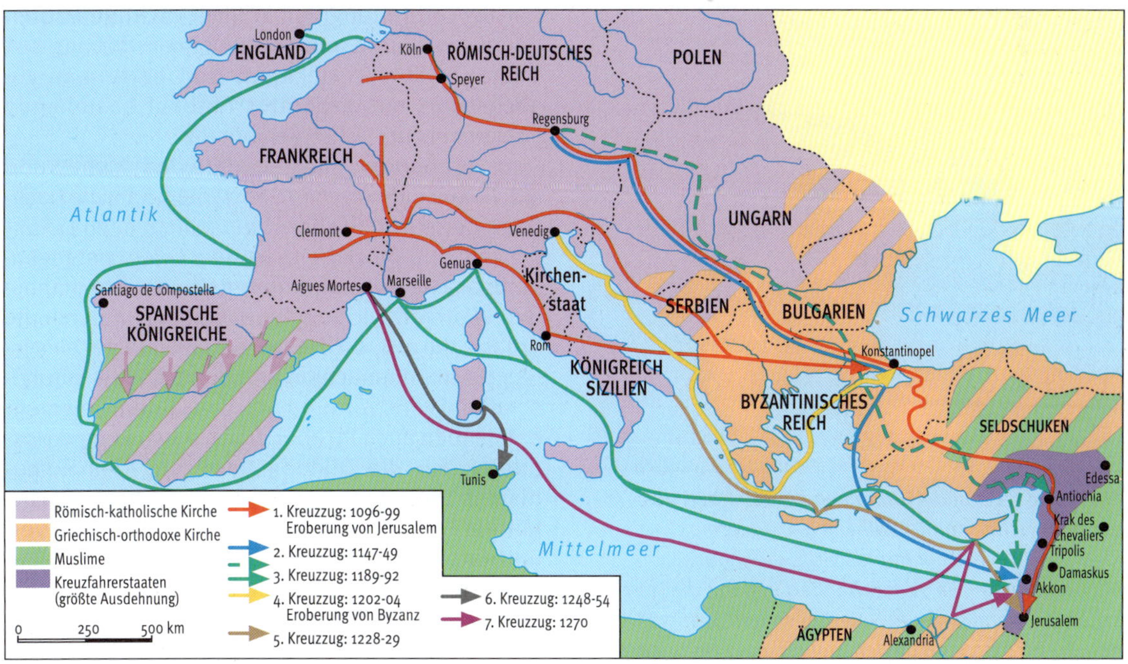

Die Kreuzzüge.

1291 fiel mit Akkon die letzte christliche Bastion, die Kreuzfahrer mussten sich aus dem Heiligen Land zurückziehen.
Zu den schlimmen Begleiterscheinungen der Kreuzzüge gehörte ein furchtbares Massaker an den Muslimen nach der Einnahme Jerusalems im Jahre 1099. Beim *4. Kreuzzug* verzichteten die Kreuzfahrer auf ihr ursprünglich religiöses Ziel, die Rückeroberung Jerusalems. Vor allem finanzielle und machtpolitische Interessen der Handelsstadt Venedig führten dazu, dass sie Konstantinopel eroberten und plünderten. Das von den Kreuzfahrern nach diesem Sieg errichtete „Lateinische Kaiserreich" hatte von 1204 bis 1261 Bestand.
Größte Gebietsverluste prägten die Spätphase des erneuerten Oströmischen Reiches. Zur Bedrohung von außen, besonders durch die Osmanen, kamen Intrigen und Unruhen im Inneren. Zum Schluss wurde nur noch die Hauptstadt Konstantinopel gegen die Türken verteidigt, bis mit ihrer Eroberung 1453 das Oströmische Reich endete.

Das Abendland profitiert vom Kulturtransfer

Die Einflüsse der byzantinischen Kultur auf das Abendland sind vielfältig (➔ M3). Ostrom war Vermittler der antiken Kunst. Es regte die abendländischen Mönche zur Miniaturmalerei bei der Illustrierung der Heiligen Schrift an; auch die Abbildung heiliger Personen (*Ikonen*) und die Reliefkunst des christlichen Morgenlands wirkten auf die Kunst des Westens ein. Entsprechendes gilt im Bereich der Musik für die Hymnik. Die im 6. Jahrhundert im Auftrag des oströmischen Kaiser *Justinian* angelegte große Rechtssammlung des *Corpus Iuris Civilis* hatte große Bedeutung für die abendländische Rezeption des Römischen Rechts, die seit dem 12. Jahrhundert an der berühmten *Rechtsschule von Bologna* erblühte.
Byzanz fungierte aber vor allem als Schatzkammer antiker Literatur. Um die Bewahrung von im Abendland vergessenen Schriften antiker Autoren und die Zusammenschau vorhandener Ergebnisse machten sich neben byzantinischen vor allem Gelehrte aus dem islamischen Kulturkreis verdient. Erst im 12. Jahrhundert wurde, zusammen mit arabischen Kommentaren, das Gesamtwerk des griechischen Philosophen und Universalgelehrten Aristoteles (4. Jahrhundert v. Chr.) im Abendland wieder bekannt, ein für die Geisteswissenschaften des hohen Mittelalters grundlegendes Ereignis (s. S. 44).
Aber nicht nur antike Philosophie und Naturwissenschaft oder das Wissen arabischer Astronomen und Chemiker wurde an wissbegierige Gelehrte im Westen weitergegeben. Auch indische Rechenkunst gelangte über islamische Mathematiker nach Europa. Die uns heute selbstverständlich vertrauten arabischen Zahlen unter Einbeziehung der Ziffer 0 waren für Rechenoperationen wesentlich geeigneter als die bis dahin allein gebräuchlichen römischen Zahlen und lösten diese allmählich ab.
Vor allem über das islamische Spanien wurde das für die Verbreitung von Wissen wichtige Papier, ebenso wie Tinte und Tusche eine Erfindung aus China, in Europa bekannt. Dort hatte man zunächst das aus gegerbter Tierhaut bestehende Pergament zum Schreiben benutzt.
Dem Fernhandel, insbesondere den reichen und mächtigen italienischen Seestädten, kam die Nachfrage der europäischen Oberschicht nach *Luxusartikeln* und *Gewürzen* aus dem Orient entgegen. Europäische Ärzte profitierten von der Übernahme und Weiterentwicklung antiker Medizin durch die Araber, die z. B. die Heilwirkung von Pflanzen systematisch untersuchten und komplizierte chirurgische Eingriffe vornahmen. Vom Orient angeregt entstanden auch im abendländischen Europa Hospitäler. Für die Bildungsbewegung des Humanismus und die Kunst der Renaissance, die das Mittelalter ablösten, wurden allerdings die Vermittlung antiker Kunst und die Kenntnis antiker Autoren und ihrer Schriften durch Ostrom und die islamische Welt am wichtigsten.

Arabische Ärzte und Astronomen am Totenbett des normannischen Königs Wilhelm II. in Palermo. Illuminierte Pergamenthandschrift, 1195/96.
Mit Eroberungen im 11. Jahrhundert begann die Herrschaft der Normannen in Unteritalien und Sizilien. Das Königreich ging 1198 an den Stauferkönig Heinrich VI. über.

M1 Die Europäer aus muslimischer Sicht

Text A

Im 11. Jahrhundert verfasst Sa' id ibn Ahmad, der Kadi von Toledo, ein Buch über die verschiedenen Arten von Nationen. Er unterscheidet dabei zwischen Nationen, die zur Entwicklung der Wissenschaft beigetragen haben oder sich wenigstens durch Kriegskunst, handwerkliche Künste und Malerei ausgezeichnet haben, und den „südlichen" und „nördlichen Barbaren". Über die Barbaren im Norden sagt er:

Es sind die, die am weitesten nördlich, zwischen dem letzten der sieben Klimata und den Grenzen der bewohnbaren Welt leben. Die große Entfernung der Sonne von der Zenith-Linie macht dort die Luft kalt und die Atmosphäre stickig. Daher sind sie hinsichtlich ihres Temperaments kühl, im Wesen roh, haben dicke Bäuche, blasse Hautfarbe und langes, dünnes Haar. Es fehlen ihnen Verstandesschärfe und Intelligenz, sie sind voller Unwissenheit und Geistesträgheit, ohne Urteilskraft und dumm.

Text B

Der syrische Ritter Usâma ibn Munqidh (gestorben 1188) besucht in Zeiten des Waffenstillstandes die von den Kreuzfahrern eroberten Gebiete. Er erzählt über die „Franken":

Alle Franken, die erst seit kurzem ihr Land verlassen haben, sind roher in ihrem Wesen als jene, die sich schon an unser Land gewöhnt haben und mit den Muslimen Umgang pflegen. Hier ein Beispiel für ihr rohes Wesen – möge sie Gott mit Schimpf und Schande bedecken! Immer, wenn ich Jerusalem besuchte, ging ich in die Al-Aqsâ-Moschee, an deren Seite sich ein kleiner Betraum befindet, den die Franken zu einer Kirche gemacht haben. Sobald ich die Al-Aqsâ-Moschee betrat, in der sich die Templer[1] befanden, mit denen ich befreundet war, räumten sie für mich diesen kleinen Betraum, damit ich darin meine Gebete verrichten konnte. Als ich eines Tages wieder dort eintrat, „Allâhu akbar" sprach und mich zum Gebet hinstellte, stürzte ein Franke auf mich zu, packte mich, drehte mein Gesicht nach Osten und rief: „So wird gebetet!" Eilends liefen ein paar Templer zu ihm, packten ihn und brachten ihn von mir weg. Ich nahm wieder mein Gebet auf. Der Franke nutzte jedoch einen Augenblick, als die Templer nicht Acht gaben, stürzte sich abermals auf mich, drehte mir das Gesicht gen Osten und rief: „So wird gebetet!" Da kamen erneut die Templer herein [...] und sagten: „Das ist ein Fremder, der erst dieser Tage aus dem Land der Franken gekommen ist und noch niemanden in eine andere Richtung als nach Osten hat beten sehen." „Ich habe genug gebetet", erwiderte ich und ging hinaus, verwundert darüber, wie sich das Gesicht dieses Teufels verfärbt hatte, wie er zitterte und sich benahm beim Anblick eines Menschen, der sein Gebet in der Richtung nach Mekka verrichtet.

Werner Ende, Muslime über Europa und die Europäer. Aus der älteren muslimischen Reiseliteratur, in: Walter Fürnrohr (Hrsg.), Die Welt des Islam im Geschichtsunterricht der Europäer (Dortmunder Arbeiten zur Schulgeschichte und zur historischen Didaktik, Bd. 5), Dortmund 1984, S. 22 f. und 25 f.

1. *Erörtern Sie, inwieweit man von einem „gegenseitigen humanen Verständnis" zwischen den Angehörigen des christlichen Templerordens und dem muslimischen Autor sprechen kann.*
2. *Überlegen Sie, welche unterschiedlichen Erklärungen sich für die Herausbildung friedlicher Kontakte zwischen Muslimen und Christen finden lassen.*
3. *Gestalten Sie mögliche Fortsetzungen über die weitere Entwicklung des christlichen Neulings im Heiligen Land.*

[1] *Angehörige des ca. 1119 als geistlicher Ritterorden gegründeten Templerordens, die ihr Domizil auf dem Tempelberg in Jerusalem hatten*

M2 Heinrich IV. nimmt die Juden von Speyer unter seinen Schutz

Die jüdische Gemeinde in Speyer ist eine der bedeutendsten des Reiches. 1090 nimmt sie Heinrich IV. unter seinen Schutz.

Im Namen der heiligen und unteilbaren Dreifaltigkeit. Heinrich, durch die Gnade Gottes der dritte erhabene Kaiser der Römer. Allen Bischöfen, Äbten, Herzögen, Grafen und allen, die den Gesetzen unseres Reiches unterworfen sind, sei bekannt, dass einige Juden, Judas, der Sohn des Kalonymos, David, der Sohn des Massulam, und Mose, der Sohn des Guthihel, mit ihren Glaubensgenossen in Speyer vor uns getreten sind und gebeten haben, dass wir sie mit ihren Kindern und mit allen, die durch ihre Stellvertretung auf unsere Gesetzgebung zu hoffen scheinen, unter unseren Schutz nehmen und sie darin halten. Dass wir dies getan haben, sollen alle unsere Getreuen zur Kenntnis nehmen.
Auch sollen sie die freie Erlaubnis haben, ihre Güter mit wem auch immer es ihnen beliebt in gerechtem Handel auszutauschen und sich frei und unbehelligt in den Grenzen unseres Reiches zu bewegen, ihren Handel und Warenaustausch zu betreiben, zu kaufen und zu verkaufen, und niemand soll von ihnen einen Zoll eintreiben oder irgendeine öffentliche oder private Abgabe von ihnen fordern. In ihren Häusern sollen ohne ihr Einverständnis keine Fremden einquartiert werden, und keiner soll von ihnen ein Pferd für die Reise des Königs oder des Bischofs oder unfreiwillige Dienste für die Beförderung des Königs

Die Figuren der Kirche (o.) und der Synagoge am Straßburger Münster, ca. 1230.

▶ *Recherchieren Sie, welche Attribute den Figuren beigegeben wurden, wofür diese stehen und welche Wirkung von ihnen ausgehen soll.*

verlangen. Wenn aber eine gestohlene Sache bei ihnen gefunden werden sollte und ein Jude sagt, er habe sie gekauft, so beweise er durch einen Eid nach seinem eigenen Gesetz, für wie viel er sie gekauft hat. Diesen Betrag soll er erhalten und die Sache dem, dem sie gehört hat, zurückgeben.
Niemand soll es wagen, ihre Söhne oder Töchter gegen ihren Willen zu taufen, und wenn jemand sie zur Taufe gezwungen hat, sei es, dass sie heimlich geraubt wurden, oder es sei, dass sie mit Gewalt entführt wurden, soll er zwölf Pfund [Gold] an die Schatzkammer des Königs oder des Bischofs zahlen. Wenn irgend jemand aus eigenem Antrieb getauft werden soll, so soll er drei Tage lang zurückgehalten werden, sodass man voll und ganz erkennt, ob er wirklich um der christlichen Religion willen oder ob er aufgrund irgendeines ihm zugefügten Unrechts sein Gesetz verlässt, und wie er sein Gesetz aufgibt, so soll er auch seinen Besitz aufgeben.
Auch soll niemand ihre heidnischen Sklaven unter dem Vorwand der christlichen Religion taufen und sie so dazu veranlassen, ihren Dienst zu verweigern. Wenn jemand dies tut, so soll er durch Gerichtsgewalt gehalten sein, eine Strafe zu zahlen, und zwar drei Pfund Silber, und außerdem soll er den Sklaven ohne Verzögerung seinem Herrn zurückgeben. Der Sklave aber soll alle Vorschriften seines Herrn befolgen, unbeschadet jedoch der Ausübung des christlichen Glaubens, von dem er durch die Sakramente erfüllt ist.
Auch soll es den Juden erlaubt sein, Christen zur Verrichtung ihrer Arbeiten heranzuziehen, außer an Feiertagen und Sonntagen, aber es soll ihnen nicht gestattet sein, einen christlichen Sklaven zu kaufen. [...]

Julius H. Schoeps/Hiltrud Wallenborn (Hrsg.), Juden in Europa, Darmstadt 2001, S. 121ff.

1. *Rekonstruieren Sie aus dem Text, welchen Missständen die Juden ausgesetzt waren.*
2. *Erläutern Sie die Bedeutung der Juden für die Stadt Speyer.*

M3 Nahtstelle zwischen Europa und Asien

Der Althistoriker Christian Meier (geb. 1929) beschreibt das ambivalente Verhältnis der Westeuropäer zu Byzanz:

Mit Byzanz hat das historische Bewußtsein Europas nie viel anfangen können. Am ehesten diente es als Gegenbild gegen das eigene, nach der Völkerwanderung allmählich einsetzende, mit der Zeit immer schneller werdende Vorandringen, das man als einen auf immer Neues zielenden langgestreckten Prozeß verstehen konnte. Hegel befand, das Oströmische Reich stelle „uns eine tausendjährige Reihe von fortwährenden Verbrechen, Schwächen, Niederträchtigkeiten und Charakterlosigkeit dar, das schauderhafteste und deswegen uninteressanteste Bild". „Byzantinismus" wurde zur Bezeichnung von Unterwürfigkeit. Eigentlich war es nach westlichen Maßstäben ein Skandal, daß ein stagnierendes, untergangswürdiges Gebilde wie dieses Reich so lange am Leben blieb. Historische Forschung hat vieles an diesen Auffassungen korrigiert. Sie hat die Eigenart des Reiches, seiner Religion, Kultur und Gesellschaft und damit auch seine Größe, seine Leistung und manche Veränderung herausgearbeitet. [...]
Freilich bleibt im Vergleich mit Westrom und seinem Ausstrahlungsbereich in die Mitte und den Norden Europas bestehen, daß sich Ostrom in seiner Struktur über die Jahrhunderte weitgehend gleich blieb. Ergab sich das aus seinen hellenistischen und orientalischen Traditionen, aus der „östlichen" Ausprägung seines Christentums? Oder eher daraus, daß ihm erspart und vorenthalten blieb, was den Westen kennzeichnete: die dauerhafte politische Aufsplitterung, die darin angelegte Chance zur relativen Selbständigkeit von Papst, Kirche, Wissenschaft gegenüber den weltlichen Gewalten, all die Spannungen, Gegensätze, Spielräume, die daraus erwuchsen?
Jedenfalls hat dieses Reich an der Nahtstelle zwischen Europa und Asien, von dem die Christianisierung Südost- und Osteuropas ausging, die Geschichte Europas aufs vielfältigste bestimmt, bis heute, in seinen Siegen und Niederlagen, schließlich durch seinen Untergang – und Europa hat allen Anlaß, sich auch auf diesen Teil seiner Geschichte zu besinnen [...].

Christian Meier, Editorial, in: DAMALS Heft 1, Leinfelden-Echterdingen 2000, S. 1

1. *Untersuchen Sie, wo und in welchem Zusammenhang im Text von Aufbruch/Veränderung und Beharrung/Stagnation die Rede ist.*
2. *Diskutieren Sie, unter Heranziehung der Darstellung im Text auf den Seiten 77/78, die These Meiers, Europa habe Anlass, „sich auch auf diesen Teil seiner Geschichte zu besinnen".*

M4 „Grimm des Drängers“

Im Vorfeld und während des zweiten Kreuzzuges (1147–1149) kommen christliche Kreuzfahrer nach Köln und überfallen die dortige jüdische Gemeinde. Der jüdische Dichter und Geschichtschreiber Ephraim ben Jakob aus Bonn berichtet 1147:

Im Jahre, als der wütende Satan kam, um Israel und Juda zu verheeren, da wurden die Gemeinden aufgescheucht und in Schrecken versetzt, es ist das Jahr 4906[1], da kamen die Feinde und bedrängten Israel. Der nichtswürdige Rudolf, ein Mönch, verfolgte schmählich Israel, er stand gegen Gottes Volk auf, um [...] sie zu vertilgen, zu erwürgen und zu vernichten. Aus dem Lande Frankreich kommend zog er durch ganz Deutschland – Gott beschütze es –, um Christen anzuwerben und mit einem Kreuz zu bezeichnen. Man nannte ihn den Kreuzprediger, denn er zog umher und predigte, man sollte nach Jerusalem ziehen und gegen die Ismaeliten[2] kämpfen. Wohin er kam, redete er Übles gegen alle Juden in allen Ländern und reizte so die Schlangen und Hunde gegen uns, indem er sprach: „Rächt den Gekreuzigten zuerst an seinen Feinden, die sich bei euch befinden, und dann zieht zum Krieg gegen die Ismaeliten.“ Wir hörten das, und es schmolz uns das Herz, es sank unser Mut vor dem Grimm des Drängers, der das Verderben bereitete, und wir schrien zu unserem Gott [...]. Der Ewige erhörte unser Flehen und wandte in seiner großen Gnade sich unser erbarmend zu, indem er nach diesem Unhold einen anderen würdigen Mönch nachschickte [...], der ihr Gesetz kannte und verstand; sein Name war Bernhard, ein Abt aus der Stadt Clairvaux[3] in Frankreich. Auch dieser predigte nach ihrem Brauch und sprach folgendermaßen zum Volk: „Es ist schön von euch, dass ihr gegen die Ismaeliten ziehen wollt; jedoch wer einen Juden anrührt, um sich an dessen Leben zu vergreifen, das ist so sündig, als rühre er Jesum selbst an; mein Schüler Rudolf, der gegen sie gesprochen hat, um sie zu vertilgen, hat nur Unrichtiges gepredigt; denn es steht über sie im Psalmenbuch geschrieben: ‚Tötet sie nicht, damit mein Volk nicht vergessen werde!‘“ Alle ehrten diesen Mönch wie einen ihrer Heiligen, auch erfuhr man nie, dass er für das Gute, das er über Israel sprach, eine Bestechung angenommen hätte. Nachdem sie solches gehört hatten, unterließen viele die Mordschläge gegen uns. Auch gaben wir unser Vermögen als Sühne für unser Leben hin, da der Ewige uns verschont und erhalten und uns ein Bleiben im Lande geschenkt hat [...].

An späterer Stelle heißt es im Bericht:

[Es] versammelten sich die Irrenden von Ramerupt und drangen in das Haus unseres Lehrers Jakob, der lange lebe! Sie schleppten ihn aufs Feld, redeten streng mit ihm wegen seiner Religion und fassten den Beschluss, ihn zu töten. Fünf Wunden versetzten sie ihm am Kopf, indem sie sprachen: „Du bist ja der Angesehenste in Israel, so wollen wir an dir die Rache für den Gekreuzigten üben und wollen dich so verwunden, wie ihr unseren Gott mit fünf Wunden geschlagen habt.“ Beinahe wäre es um sein reines Leben geschehen gewesen, wenn der barmherzige Schöpfer sich des Gelehrten nicht erbarmt hätte. Er fügte es, dass ein hoher Fürst gerade auf jenem Feld des Weges daherkam. Rabbi Jakob rief ihn um Hilfe an und versprach ihm ein fünf Mark wertes Pferd als Geschenk. Da ging der Fürst zu den Irrenden, redete ihnen zu und wehrte sie ab, indem er sagte: „Überlasst den Mann für heute mir, ich will mit ihm reden, vielleicht versteht er sich dazu, dass wir ihn taufen können; ist das nicht der Fall, so seid versichert, dass ich ihn morgen euren Händen übergebe.“ Sie taten also und die Gefahr war abgewendet [...].

Julius H. Schoeps/Hiltrud Wallenborn (Hrsg.), Juden in Europa, Darmstadt 2001, S. 190f.

1. *Erläutern Sie, welche Motive der Kreuzfahrer für die Judenverfolgungen deutlich werden.*
2. *Stellen Sie dar, auf welche unterschiedliche Weise die Mitglieder der jüdischen Gemeinde auf die Verfolgungen reagieren.*

---

1 *1146; die jüdische Zeitrechnung beginnt im Jahre 3761 v. Chr., an dem die Welt erschaffen worden sein soll.*

2 *Die Ismaeliten sind Anhänger einer islamischen Glaubensrichtung. An dieser Stelle bezeichnen sie allgemein die Muslime.*

3 *Bernhard von Clairvaux (um 1090–1153), Abt des Zisterzienserklosters Clairvaux in Frankreich*

Zusammenfassen und vertiefen

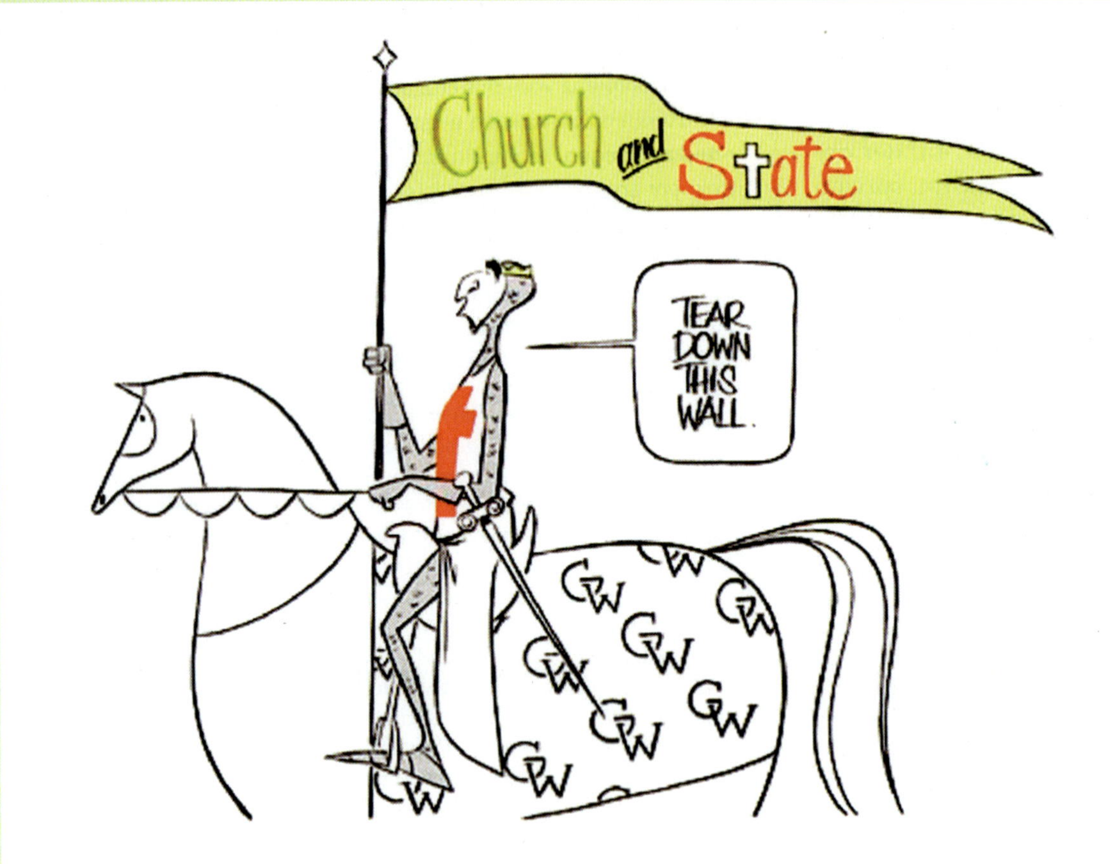

George Walker Bush auf Kreuzzug für die Religion. Karikatur von Ann Telnaes in der New York Times, 5. 6. 2004. G. W. Bush, amerikanischer Präsident von 2001 bis 2009, erscheint hier als Kreuzritter. Der ihm in den Mund gelegte Appell „Reiße(n Sie) diese Mauer ein!" spielt auf ein berühmt gewordenes Zitat Ronald Reagans an (1911–2004, 40. Präsident der USA 1981–1989). Bei einem Besuch West-Berlins wandte er sich am 12. Juni 1987 in einer Rede vor dem Brandenburger Tor und vor der damals noch existierenden Berliner Mauer an den sowjetischen Parteichef Michail Gorbatschow mit der Forderung: „Mr. Gorbachev, open this gate! Mr. Gorbachev, tear down this wall!"
► Überlegen Sie, an wen Bush sich wendet, und erschließen Sie den Sinn der Anspielungen in dieser Karikatur.

1. *Stellen Sie unterschiedliche Methoden der Herrschaftsausübung im Mittelalter einander gegenüber.*
2. *Im Gegensatz zum „zentralistisch" verwalteten Frankreich ist die Bundesrepublik Deutschland durch ihre föderalistische Struktur (16 Bundesländer) gekennzeichnet. Zeigen Sie auf, dass schon im Mittelalter erste geschichtliche Wurzeln des deutschen Föderalismus zu entdecken sind.*
3. *Noch in unserer Gegenwartssprache gibt es die Wendungen „nach Canossa gehen" oder „einen Gang nach Canossa tun". Erklären Sie die übertragene Bedeutung dieser Formulierungen und erläutern Sie möglichst genau ihren historischen Hintergrund.*
4. *Entwerfen Sie ein Plakat, das auf wichtige kulturelle Leistungen des Mittelalters aufmerksam macht.*
5. *Tragen Sie Beispiele dafür zusammen, wie in Werbung, Comics, Filmen, Werken der Literatur und Musik oder Baukunst an das Mittelalter angeknüpft wird. Untersuchen Sie an einem Einzelbeispiel genauer die „historische Richtigkeit" der Mittelalter-Rezeption.*
6. *Begeben Sie sich in Ihrem Wohnort oder in Ihrer Umgebung auf Spurensuche nach mittelalterlichen Zeugnissen. Die Gründung der Stadt, Kirchen, Klöster und profane Gebäude sowie Straßennamen können Ihnen hier Anhaltspunkte liefern. Oft werden auch entsprechende Themenführungen von Geschichtsvereinen oder kommerziellen Veranstaltern angeboten. Erstellen Sie einen eigenen Stadtspaziergang und führen Sie Ihre Klasse/Ihren Kurs oder bereiten Sie eine Stadtrallye vor.*
7. *Erläutern Sie, welche Spannungen sich zwischen dem Abendland und dem Oströmischen Reich ergaben. Nennen Sie Beispiele für die Einflüsse der byzantinischen Kultur auf das Abendland.*

3 Der Aufbruch Europas in die Moderne

„Die Erschaffung Adams." Ausschnitt aus dem Deckenfresko der Sixtinischen Kapelle in Rom von Michelangelo, 1508–1512.

Zwischen alter Ordnung und neuem Denken
Die Neuzeit begann mit gewaltigen Umbrüchen:

- Die Renaissance befreite das Denken aus den Beschränkungen der Kirche, indem sie die Kultur der Antike belebte und weiterentwickelte.
- Der Buchdruck revolutionierte die Verbreitung von Informationen. Die neuartigen Druckschriften erreichten in kurzer Zeit ein Massenpublikum, nicht mehr nur Fürstenhöfe, Klöster oder Kaufleute wie die handgeschriebenen Dokumente zuvor.
- Europäer entdeckten Amerika und fanden den Seeweg nach Ostasien. Es war ein Zugang zu neuen Welten, zu überseeischen Kulturen und ausgedehnten Siedlungs- und Handelsräumen.
- Die Reformation spaltete die abendländische Christenheit, nicht nur in Anhänger Luthers und in Altgläubige, sondern bald in eine Vielzahl neuer Glaubensrichtungen.

Die weit tragenden Veränderungen zerstörten somit festgefügte politische und soziale Traditionen. Die Menschen erfasste eine tiefe Verunsicherung, sodass ihr Bedürfnis nach neuer Ordnung wuchs. Die Könige und Fürsten reagierten, indem sie die staatliche Organisation verbesserten, vor allem die Rechtsprechung und den Schutz vor Gewalt. Der frühmoderne Staat, der so allmählich entstand, bändigte die religiöse Zersplitterung. Er zwang den Untertanen eine einheitliche Konfession auf – in Deutschland die katholische, die lutherische oder die reformierte. Dadurch nahm die Macht des Staates weiter zu. Es war schließlich das Streben, den Machtgewinn zu nutzen, und es waren Gegensätze der Konfessionen, die den verheerenden Dreißigjährigen Krieg verursachten. In ihm kämpften Spanien und Frankreich um die Vorherrschaft in Europa. Der Schauplatz allerdings war das konfessionell gespaltene Heilige Römische Reich Deutscher Nation, dessen Bewohner in einem zuvor nie gekannten Ausmaß unter dem Krieg litten.

3.1 Die Renaissance

Die ideale Stadt. Gemälde eines unbekannten Florentiner Künstlers des späten 15. Jahrhunderts. Die Stadtarchitektur ist der Antike nachempfunden und setzt sich bewusst von der verwinkelten Enge der mittelalterlichen Stadt ab. Entwürfe wie der abgebildete beeinflussten die Raumgestaltung in der Stadtplanung während der gesamten Neuzeit.

1350–1600	Mit der Renaissance beginnen Denken, Wissenschaft und Kunst der Neuzeit
1452–1519	Leonardo da Vinci
1471–1528	Albrecht Dürer
1564–1616	William Shakespeare

Renaissance – Begriff und Bedeutung

Das französische Wort *Renaissance* bedeutet „Wiedergeburt". Es wird verwendet für die Wiederbelebung von Kunst und Wissenschaft des antiken Griechenland und Rom, die als klassisch, also als vorbildlich gelten. Diese „Wiederbelebung" wurde besonders intensiv in Italien betrieben, aber auch in anderen europäischen Ländern im Zeitraum von etwa 1350 bis 1600, den man als „Renaissance" bezeichnete.
Die Wiederentdeckung der antiken Klassik gilt als der Beginn der Moderne, weil sie einen fundamentalen Wandel bewirkte. Intellektuelle und Künstler aus dem Bürgertum befreiten sich aus der Enge des kirchlichen Weltbilds, das im Mittelalter Wissenschaft und Kunst in die Bahnen der Bibelauslegung zwang. Sie machten stattdessen die Natur und den Menschen selbst zum Gegenstand eines vorurteilsfreien Denkens und kreativen Gestaltens.

Italien – Wiege der europäischen Renaissance

Die Kultur der europäischen Renaissance wurde in italienischen Stadtstaaten begründet. Dort war das Erbe der Antike nie erloschen, das um 1350 erneut Attraktivität gewann, danach bis um 1600 intensiv erschlossen und weiterentwickelt wurde. Italien litt zwar unter wiederkehrenden Pestepidemien und Kriegen, zugleich aber nahmen Handel und Wirtschaft einen ungeahnten Aufschwung. Alte Adelsgeschlechter starben aus, Bürgerliche kamen zu Reichtum und Macht. In der Republik Florenz ergriff der Bürger und Bankier *Cosimo Medici* die Herrschaft, in Mailand stieg *Francesco Sforza* aus bäuerlichem Herkommen zum Herzog auf. Der Rang der neuen Herrscher und Dynastien konnte sich nicht mehr aus dem Stammbaum der Familie ableiten. Er musste nun aus erworbenem Prestige kommen, aus dem wirtschaftlichen oder militärischen Erfolg und in wachsendem Maß aus der Förderung von Kunst und Wissenschaft. Der freie Geist der Antike passte zu dem rasanten sozialen Wandel besser als die engen Vorgaben der Kirche. Gelehrte und Künstler schufen in der Nachfolge antiker Vorbilder viel bestaunte Werke. Von ihrem Ruhm profitierten nicht zuletzt die Auftraggeber, die Fürsten, deren Residenzen sich zu Zentren der Renaissance ausbildeten. Doch holten ebenso

altadlige Dynastien die Gelehrten, Architekten und Maler an ihre Höfe, etwa die *Este* in Ferrara. Auch sie festigten damit ihr Ansehen, waren aber ebenso wie alle Menschen begeistert von den neuartigen Palästen, Bildern, Plastiken und Ideen.
Die Herrscher, Adligen und Bürger nördlich der Alpen bestaunten das Aufblühen von Kunst und Wissenschaft. Am meisten aber waren Gelehrte, Architekten, Maler und Handwerker von den Errungenschaften der Renaissance fasziniert. Sie lernten von den Italienern und suchten sie zu übertreffen. Die Renaissance wurde daher – endgültig im 16. Jahrhundert – zu einer europäischen Erscheinung, gefördert und getragen von Menschen aus den oberen Schichten. Die Künstler und Wissenschaftler der Renaissance suchten die Großstädte und Fürstenhöfe auf, wo sie Beschäftigung fanden. Die Bürger und Bauern bewunderten besonders die kunstvollen neuen Bauten.

Leonardo da Vinci – Maler und Universalgelehrter

Den Typus des Renaissancemenschen verkörpert in einzigartiger Weise *Leonardo da Vinci* (1452–1519). Der Sohn eines Notars lebte überwiegend in Florenz und Mailand. Er war einer der ganz großen Maler, Kunsttheoretiker, Naturforscher und Erfinder seiner Zeit, ein Universalgenie. Als Künstler fragte Leonardo, wie Mensch und Natur abzubilden waren, um ihr Wesen zum Ausdruck zu bringen (➔ M1). Obwohl es noch als frevelhaft galt, sezierte er Leichen, um die Anatomie des menschlichen Körpers zu erforschen. Die Mathematik half ihm, Probleme der Bildperspektive zu lösen. Um die Natur adäquat darzustellen, vertiefte er sich in die Optik, Biologie, Geografie und Geologie. In allen diesen Wissenschaftszweigen gelangte er zu neuen Erkenntnissen, weil er zeichnerische Gestaltungskraft, analytisches Denken und Erfindungsgeist vereinte.
Berühmte Zeugnisse seines künstlerischen Schaffens sind das Bildnis der *Mona Lisa* oder die Reiterplastik des Francesco Sforza.
Der Visionär und Erfinder Leonardo konzipierte den architektonischen Idealplan einer Stadt, hinterließ aber ebenso Konstruktionszeichnungen zu Kränen, Kriegsschleudern, Taucherglocken und sogar einen Flugkörper für Menschen, dessen Funktion dem Vogelflug nachgebildet war.

Was wollten die Renaissance-Künstler und -Gelehrten?

Leonardo da Vinci verkörperte das Neue der Renaissance in einzigartiger Weise. Die Künstler und Gelehrten der Zeit waren überzeugt, dass die Antike Beispielhaftes erreicht hatte und dass sie davon lernen mussten. Deshalb trugen sie die antiken,

Selbstbildnis Albrecht Dürers, 1500.
Dürer (1471–1528) schrieb 1512: „Die hohe Kunst des Malens wurde vor vielen hundert Jahren von den mächtigen Königen hoch geschätzt. Sie machten die hervorragenden Künstler reich und behandelten sie mit Auszeichnung, da sie fühlten, dass die großen Meister auf der Stufe mit Gott stehen."

oftmals vergessenen Texte zusammen, erstellten davon Neuausgaben und studierten sie. Ebenfalls untersuchten sie Abbildungen, Plastiken und Bauten der Antike, um Formen und Techniken kennenzulernen.
Aber die Renaissance wollte nicht nur das Wissen und das Können der Antike reproduzieren, sondern bewusst Neues erschließen. Die Methode dazu stammte ebenfalls aus der Antike, nämlich genau zu beobachten und keine übernatürlichen Erklärungen zuzulassen. Die Suche nach neuem Wissen und die vorurteilsfreie Erklärung sind bis heute die Kernziele der Wissenschaft geblieben.
Dies ist ein erster Grund, weshalb die Historiker die Renaissance als Zeitenwende vom Mittelalter zur Neuzeit verstehen: Das wissenschaftliche Denken der Neuzeit wurde vorbereitet. Der zweite Grund ist: Das Verständnis von Natur und Mensch änderte sich durch die Renaissance radikal. Das christliche Mittelalter sah in der Natur eine unveränderbare Schöpfung, und es sah den Menschen in einer von Gott gestifteten Ordnung (*ordo*), in die er sich zu fügen hatte. Die Ungleichheit der Men-

schen, Gewalt und Not wurden als Folge der Erbsünde gedeutet. Das hatte der Mensch hinzunehmen, weil es Gottes Wille war. Das mittelalterliche Weltbild also fixierte eine gottgegebene, statische Ordnung.
Die Renaissance dagegen stellte nicht die christliche Offenbarung, sondern den Menschen in den Mittelpunkt der Welterklärung. Sie wandte sich nicht vom Evangelium ab, gab sich aber mit dessen Aussagen nicht zufrieden. Vielmehr erkannte sie den Menschen als Individuum, das für sich selbst steht und das sich und die Welt verändert. Die Renaissance also entwarf eine menschengewollte, dynamische Ordnung.

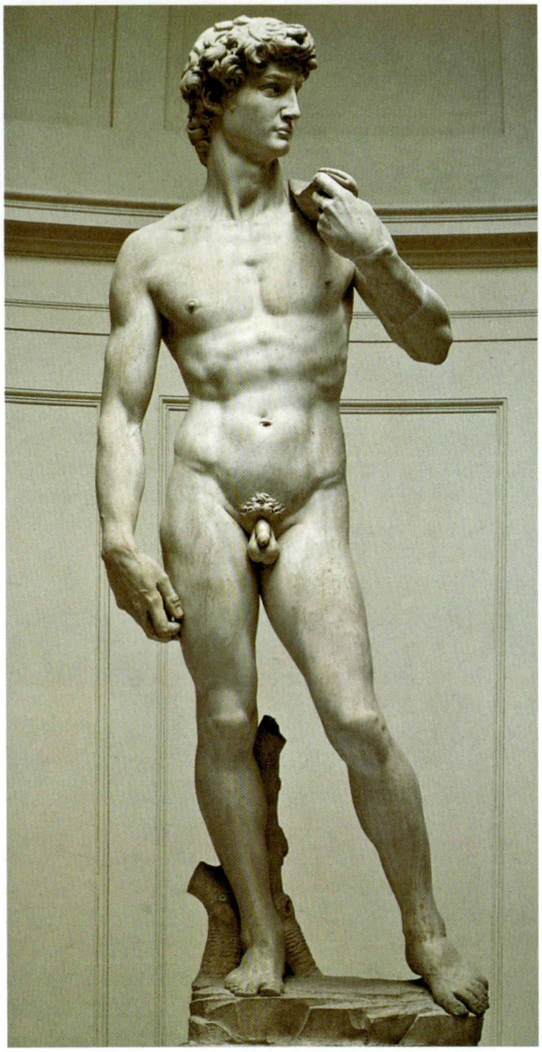

David. Statue von Michelangelo, 1501–1504. Michelangelo schuf die erste nachantike Kolossalfigur aus Marmor (5,5 m hoch). Er bildete David anders als üblich nicht als Sieger, sondern vor dem Kampf mit Goliath ab. Die Gestaltung weicht provozierend von der antiken Klassik ab mit zu großen Händen und Füßen sowie hervortretenden Adern.

Die Kunst

In der Kunst wurde der anonyme Handwerker des Mittelalters vom schöpferischen Individuum abgelöst, dessen Gestaltungskraft in der Formung einzigartiger Kunstwerke zum Ausdruck kam. Dieses Verständnis des Künstlers als einer kreativen Persönlichkeit hat Gültigkeit bis heute.
Die Malerei strebte danach, die reale Welt abzubilden. Die Maler betrieben hierzu intensive Studien zu Farben, Formen, Proportionen und Kompositionstechniken. Die antiken Projektionsregeln wurden stetig erweitert. Die Parallelperspektive lieferte ein naturnahes Abbild, die Zentralperspektive stellte die räumliche Tiefendimension her. Zu allen Zeiten wurden vollendete Technik und Formgebung in den Bildwerken Leonardo da Vincis, *Raffaels* (1483–1520) und *Michelangelos* (1475–1564) gepriesen. Der Nürnberger *Albrecht Dürer* (1471–1528) lebte etwa zwei Jahre lang in Italien, um bedeutende Renaissancekünstler kennenzulernen. Dabei eignete er sich die Themen und den Stil der venezianischen Malerei an, was ihm so überzeugend gelang, dass sogar der große Venezianer *Tizian* (um 1488–1576) Anregungen Dürers aufgriff.
Auch die Plastik suchte Realitätsnähe, wobei sie sich auf die Darstellung des menschlichen Körpers und der Bewegung konzentrierte. Der Florentiner *Donatello* schuf um 1430 die erste frei stehende Skulptur seit der Antike. Ihren Höhepunkt erreichte die Bildhauerkunst in den Werken Michelangelos. Der bedeutendste deutsche Bildhauer dieser Zeit, *Tilman Riemenschneider* (1460–1531), suchte in der Nachfolge der Gotik eigene Wege und öffnete sich kaum der Formenwelt der Renaissance.
Wie die Bildhauer ahmten die Architekten die antiken Vorbilder nach. Aber sie wandelten den Formenkanon ab, den die alten Meister zu den Fassaden, Giebeln, Steinbalken, Bögen, Säulen und Ornamenten ausgebildet hatten. Sie vermieden jede Monumentalität und erstrebten stattdessen Harmonie und ein dem Menschen angepasstes Maß. Dies gelang musterhaft im Bau von Villen, Stadtresidenzen und Schlössern. Sie trugen dem Bedürfnis nach Repräsentation ebenso Rechnung wie die mächtigen Kirchenbauten. Weltberühmtes Beispiel ist die Peterskirche zu Rom, die auf einen Entwurf des *Donato Bramante* 1505 zurückgeht, aber auch von Raffael und Michelangelo gestaltet wurde. Mit ihrer Einweihung 1626 hatte die katholische Christenheit eine überwältigende Hauptkirche. Sie war zur Ehre Gottes mit höchster menschlicher Schöpferkraft ausgestaltet worden.

Renaissance-Humanisten

Die Künstler lernten am Objekt, das bruchstückhaft aus der Antike überliefert war, und sie lernten aus alten Schriften, die freilich durch das Abschreiben in Jahrhunderten verfälscht waren. Die Texte mussten gründlich geprüft werden. Waren sie echt? Wer hatte sie verfasst? Ließ sich das Original rekonstruieren? Antworten setzten einen wissenschaftlichen Umgang mit Latein und Griechisch voraus, der wiederum eine intensivere Pflege in Unterricht und Bildung zur Folge hatte.

Die antiken Kulturen der Römer und Griechen wurden nun anhand der Texte systematisch erforscht, der Wissenschaftszweig der *klassischen Philologie* entstand. Die Deutung der lateinischen und griechischen Texte wurde betrieben von *Humanisten* – Lehrern und Studenten, die sich mit Grammatik, Rhetorik und Poetik beschäftigten. Davon ist der Begriff *Renaissance-Humanismus* abgeleitet. Darunter ist zum einen die sprachliche Gelehrsamkeit zu verstehen, zum anderen die menschliche (humane) Wert- und Lebenshaltung, die sich aus dem Studium der antiken Kultur ableitete.

Die Renaissance-Humanisten hatten einen umfassenden Anspruch, der in drei Richtungen zielte:

- Sie wollten ihre Persönlichkeit und den Menschen überhaupt moralisch bessern, sogar vervollkommnen.
- Sie setzten sich zum Ziel, sämtliche aus der Antike überlieferten Schriften zu erfassen.
- Sie beschäftigten sich mit allen Gebieten von Kunst und Wissenschaft, die sie in den überlieferten Texten beschrieben fanden, und versuchten, diese weiterzuentwickeln.

Literatur

In der Literatur knüpften als erste die Italiener *Francesco Petrarca* (1304–1374) und *Giovanni Boccaccio* (1313–1375) zwar bewusst an die antiken Muster an, schufen aber mit dem Sonett bzw. der Novelle (im „Decamerone“ Boccaccios) auch neue Formen, die bis in unsere Gegenwart in Gebrauch sind. In Italien, Spanien, Frankreich und England wurden die antiken Muster nicht nur in der neulateinischen Dichtung, sondern ebenso in den Volkssprachen verwendet, in Deutschland erst sehr spät im 17. Jahrhundert. Eine volkssprachliche Literatur blühte auf, parallel dazu bildete sich ein national-vaterländisches Bewusstsein aus. Am meisten Beachtung fand von den frühen volkssprachlichen Dichtern *William Shakespeare* (1564–1616), dessen Dramen noch auf allen großen Bühnen der Welt gespielt werden.

Wissenschaft – die Astronomie

Unter allen Wissenschaftszweigen des Renaissance-Humanismus hatte natürlich die Philologie, die Wissenschaft der Textdeutung, einen herausgehobenen Platz. Unter den Disziplinen, die sich mit dem Menschen und seiner Umwelt befassten, schob sich die Astronomie in den Vordergrund. Den Lauf der Gestirne zu kennen, versprach großen Nutzen. Die Sterne dienten den Seefahrern zur Orientierung, und sie bestimmten das Leben der Menschen – davon waren fast alle überzeugt. Auch konnten die Astronomen mit verblüffenden Voraussagen von Himmelserscheinungen (z. B. Finsternissen) die Mitmenschen beeindrucken.

Genauere Beobachtung und Berechnung führten schließlich *Nikolaus Kopernikus* (1473–1543) zu der Erkenntnis, dass die Erde nicht im Mittelpunkt des Kosmos stand, sondern um die Sonne kreiste. *Galileo Galilei* (1564–1642) und *Johannes Kepler* (1571–1630) lieferten die endgültigen Beweise. Das neue *heliozentrische Weltbild* war mehr als eine wissenschaftliche Entdeckung. Seine Verbreitung wurde von der Kirche mit der Todesstrafe bedroht, weil es dem Wortlaut der Bibel widersprach und es den Menschen gleichsam aus dem Zentrum an den Rand der Schöpfung abschob.

Das richtige Verhalten

Ein breites Schrifttum widmete sich dem menschlichen Verhalten und der Politik. *Erasmus von Rotterdam* (1466/69–1536) verfasste Schriften zu einer christlich-tugendhaften Lebensführung, die in den Schulen Europas noch lange gelehrt wurde. Ebenso nachhaltig beeinflusste Erasmus die Anstandsbücher späterer Jahrhunderte, wobei er seiner Zeit weit voraus war. Im Gegensatz zu den Kirchenmeinungen nahm er an, dass der Mensch von Natur aus gut sei. Auch warb er für Toleranz und den Bildungsanspruch der Frau (→ M2).

Ähnliche Beachtung erfuhren die politischen Ratschläge *Niccolò Machiavellis* (1469–1527). In dem Werk *Il principe* („Der Fürst“) begründete Machiavelli den Staat aus der Notwendigkeit, den inneren und äußeren Frieden zu bewahren. Daraus zog er den Schluss, dass sich das staatliche Handeln an dieser Aufgabe, nicht an Gott oder dem Gewissen zu orientieren habe. Er geriet damit in Gegensatz zur Kirche, legte aber den Grundstein zur neuzeitlichen Staatslehre. Sie sieht den Staat nicht mehr religiös als Heilsgemeinschaft, sondern rational als Zweckgemeinschaft.

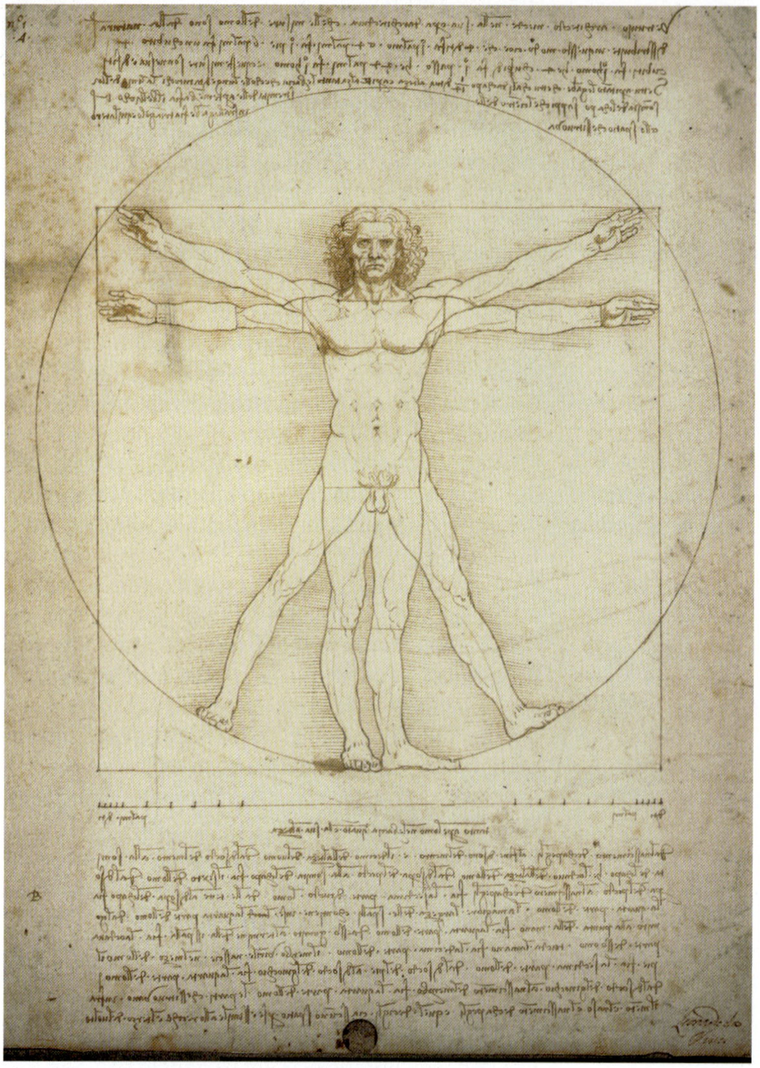

Menschlicher Körper in Kreis und Quadrat. Skizze von Leonardo da Vinci, um 1485–1490.

M1 Das Maß des Menschen

Die Renaissance-Künstler beschäftigen sich intensiv mit dem Problem, wie der Mensch mittels geometrischer Figuren darzustellen sei. Der folgende Text und die Zeichnung stammen aus den Notizbüchern Leonardo da Vincis (wahrscheinlich 1490). Leonardo folgt hier einer Abhandlung des antiken Architekten Vitruv (1. Jh. v. Chr.), fügt aber eigene Beobachtungen hinzu:

Der Baumeister Vitruv schreibt in seinem Buch über die Baukunst, dass die Maße des Menschen von der Natur folgendermaßen eingeteilt sind: Vier Finger breit sind eine Handbreite und vier Handbreiten ein Fuß, sechs Handbreiten machen eine Elle und vier Ellen einen Mann und zwei Ellen einen Schritt und vierundzwanzig Handbreiten einen Mann, und aus diesen Maßen bestehen seine Bauten.

Wenn du deine Beine so weit auseinanderstellst, dass du um ein Vierzehntel kleiner wirst, und wenn du deine Arme so hochhebst, dass du mit den Mittelfingern die vom Scheitel ausgehende Linie berührst, wisse, dass der Mittelpunkt deiner ausgestreckten Gliedmaßen dein Nabel ist und dass der Raum zwischen deinen Beinen ein gleichschenkeliges Dreieck ist. Der Mensch kann seine Arme so weit ausbreiten, wie er groß ist. Vom Haaransatz bis unter das Kinn misst der Mensch ein Zehntel seiner Größe; von unterhalb des Kinns bis zum Scheitel ein Achtel; von der Brust bis zum Scheitel ein Sechstel; von der Brust bis zum Haaransatz misst er den siebten Teil seiner gesamten Größe; von den Brustwarzen bis zum Scheitel den vierten Teil; die größte Breite der Schultern beträgt den vierten Teil seiner gesamten Größe, vom Ellbogen bis zu den Fingerspitzen den fünften Teil; vom Ellbogen bis zum Anfang der Schulter den achten Teil; die ganze Hand beträgt den zehnten Teil der gesamten Größe.

André Chastel (Hrsg.), Leonardo da Vinci. Sämtliche Gemälde und die Schriften zur Malerei, München 1990, S. 291–293

1. *Überprüfen Sie die Zahlenverhältnisse, die Vitruv für die Maße des Menschen ansetzt (Handbreite : Fuß : Schritt : Größe). Inwieweit halten sie einer exakten Nachprüfung nicht stand?*
2. *Erörtern Sie, inwieweit andere Proportionen zutreffen. Diese hat Leonardo im Anschluss an den abgedruckten Textausschnitt notiert. Beschreiben Sie den Nutzen einer solchen Bestimmung von Proportionen.*
3. *Die Renaissancekünstler und -gelehrten glaubten an bedeutungsvolle Beziehungen zwischen Natur und Zahl, die es herauszufinden galt. Erläutern Sie, inwiefern diese Annahme Auswirkungen auf die Entwicklung des naturwissenschaftlichen Denkens hatte.*

„Die Gesandten." Gemälde von Hans Holbein d. J., 1533. Neben den beiden jungen Männern, links ein Diplomat, rechts ein Gelehrter und Kleriker, sind Gegenstände abgebildet, die Künste und Wissenschaften der damaligen Zeit versinnbildlichen: Die Instrumente auf der oberen Tischplatte (Himmelsglobus, Sonnenuhr, Quadrant u. a.) dienen astronomischen Studien.
Darunter liegen ein Globus, ein Zirkel, eine Rechenlehre für Kaufleute, eine Laute und verschiedene Flöten.
Sie repräsentieren die irdische Sphäre. Bei dem aufgeschlagenen Buch handelt es sich um ein Gesangbuch der Reformation.
Ein verzerrt dargestellter Totenkopf vergegenwärtigt die Vergänglichkeit des Menschen und warnt vor Selbstüberschätzung.

M2 Wissenschaft für Frauen?

Der Dialog zwischen dem Abt Antronius und der gebildeten Magdalia ist dem Bestseller „Colloquia familiaria" (1518, lat.: „Gespräche") des Erasmus von Rotterdam entnommen. Erasmus behandelt darin ethische Fragen in einer satirischen Dialogform, die man ähnlich bei Lukian (2. Jh. n. Chr.) findet, aber ebenso – und mustergültig für die Antike – schon bei Platon (4. Jh. v. Chr.).

Antronius: Ich weiß nicht, wie es kommt, dass die Wissenschaft für eine Frau ebensowenig passt wie der Packsattel für den Ochsen.
Magdalia: Aber du kannst doch nicht leugnen, dass der Packsattel für einen Ochsen immer noch besser passt als der Bischofshut für einen Esel oder ein Schwein! Welche Meinung hast du von der Jungfrau Maria?
Antronius: Die allerbeste.
Magdalia: Hat sie sich nicht mit Büchern beschäftigt?
Antronius: Das hat sie schon, aber nicht mit solchen.
Magdalia: Was las sie denn?
Antronius: Die Stundengebete.
Magdalia: Nach welcher Regel?
Antronius: Nach der Benediktinerregel.
Magdalia: Nun gut. Was denkst du von Paula und Eustochium[1]? Haben sie sich nicht mit der Heiligen Schrift beschäftigt?
Antronius: Aber heute ist das außergewöhnlich.
Magdalia: So außergewöhnlich war damals ein ungelehrter Abt, und heute ist das gang und gäbe; damals ragten die Fürsten und Kaiser nicht weniger durch ihre Bildung als durch ihre Machtstellung hervor. Aber es ist auch heute doch nicht so außergewöhnlich, wie du glaubst: Es gibt in Spanien und in Italien nicht wenige und besonders vornehme Frauen, die sich mit jedem beliebigen Manne messen könnten; in England die Frauen aus dem Hause des Morus, in Deutschland die Frauen aus der Familie Pirckheimer und Blarer.[2] Und wenn ihr nicht achtgebt, wird es noch dahin kommen, dass wir in den Theologenschulen den Vorsitz führen und in den Kirchen Gottesdienst halten, und wir werden eure Bischofssitze mit Beschlag belegen.
Antronius: Das wolle Gott verhüten!
Magdalia: Nein, an euch wird es liegen, das zu verhüten. Wenn ihr aber so fortfahrt, wie ihr begonnen habt, dann werden eher die Gänse predigen als euch stumme Hirten ertragen. Ihr seht, dass sich die Bühne der Welt schon verändert: Entweder muss man seine Rolle niederlegen, oder es muss jeder seine Rolle spielen.

Winfried Trillitzsch, Der deutsche Renaissance-Humanismus. Abriss und Auswahl, Leipzig 1981, S. 200 f.

1. *Erasmus greift einige Gruppen oder Institutionen scharf an. Was wirft er ihnen indirekt vor? Klären Sie Sachverhalte, die für das Verständnis des Dialogs wichtig sind, beispielsweise seit wann es die Benediktinerregel gibt.*
2. *Erarbeiten Sie die positiven Werte und Leitbilder, die der Gesprächsausschnitt vermittelt. Wägen Sie deren Aktualität ab.*
3. *Überdenken und diskutieren Sie den hier gemeinten, aber auch den allgemeinen Sinn des Satzes: „Entweder muss man seine Rolle niederlegen, oder es muss jeder seine Rolle spielen."*

[1] *Paula und Julia Eustochium gründeten um 400 n. Chr. ein Frauenkloster in Bethlehem.*
[2] *Morus, Pirckheimer und Blarer waren Familien mit humanistischem Bildungsbewusstsein.*

Methoden-Baustein: Bilder

Bilder als Quellen

Bilder sind eine Selbstverständlichkeit in jedem Schulbuch, als Abbildungen von Fotos, Zeichnungen, Gemälden, von Bilderhandschriften, Holzschnitten, Kupferstichen, von Plakaten, Postkarten, Karikaturen. Bilder liefern Anschauung, die sich scheinbar mühelos beim flüchtigen Blättern erschließt. Wir erhalten einen Eindruck von Kleidung, Schmuck, Geräten, Maschinen, Wohnverhältnissen, Gebäuden, vom Leben und Arbeiten der Menschen in vergangenen Zeiten. Aber Bilder sind darüber hinaus Quellen wie die schriftlichen Zeugnisse, die man nutzen kann, um tiefer gehende historische Einsichten zu gewinnen. Dabei gilt: Was auch immer Bilder darstellen, Gegenstände, Menschen oder Landschaften – der Betrachter erhält prinzipiell keinen authentischen und unverfälschten Eindruck, sondern nur eine Sichtweise der historischen Wirklichkeit. Denn das Medium Bild hat viele Beteiligte mit eigenen Intentionen: zunächst den Urheber selbst, dann den zeitgenössischen Betrachter, vielleicht auch einen Auftraggeber, einen Käufer, eine Zielgruppe für Überzeugungsarbeit. Demgemäß sind auch die Fragen zur Deutung des Bildes zu stellen: *Welche Absicht hatte der Urheber? Welche Wert- und Erwartungshaltungen bestimmten die Gestaltung? Welche Wirkungen sollten erzielt werden, welche wurden tatsächlich erzielt? Welche Rolle spielten die Zeitumstände oder die sozialen, rechtlichen und religiösen Verhältnisse?* Bei vielen Bildern können wir freilich diese Fragen nicht oder nur zum Teil beantworten, weil uns schriftliche Zeugnisse mit einschlägigen Informationen fehlen.

Hinweise zum Umgang mit Bildern

- **Bildbetrachtung und -beschreibung**
  Zunächst wird erfasst, welche Motive, Personen und Gegenstände abgebildet sind und welche Besonderheiten auffallen. Auch die emotionale Wirkung des Bildes sollte für die spätere Interpretation nicht außer Acht gelassen werden.
- **Bildanalyse**
  Die dargestellten Thematiken und Inhalte werden entschlüsselt und die Personen, soweit möglich, identifiziert.
  Bei der Untersuchung der Bildgestaltung ist davon auszugehen, dass die Darstellungsmittel[1] vom Künstler ganz bewusst gewählt wurden:
  Gattung bzw. Darstellungstechnik: Wandbild, Gemälde, Holzschnitt, Kupferstich etc.
  Inhaltlicher Bildtypus: Personenbild, Landschaftsbild, Karikatur etc.
  Größe und Präsentationsform: Einzelbild oder Reihe, privat oder öffentlich
  Komposition: Bildaufbau, Verhältnis von Vorder-, Mittel- und Hintergrund, Anordnungsschema (Diagonale, Dreieck o. a.), Figuren, hervorstechende Einzelelemente
  Perspektive: Auf- oder Untersicht (Vogel- oder Froschperspektive), Zentralperspektive, unperspektivische Darstellung, Verhältnis zum Betrachter (Ist die Szene isoliert, wird der Betrachter hineingezogen, blickt eine Figur aus dem Bild?)
  Proportionen: Verhältnisse einzelner Teile von Körpern oder Bauten, Proportionsschema
  Lichtführung: Hervorhebung einer Person oder eines Gegenstandes durch Helligkeit, gleichmäßige Beleuchtung oder Hell-Dunkel-Kontraste, sichtbare oder verdeckte Lichtquelle
  Farbigkeit: dominante Farben, Farbkontraste oder Ton-in-Ton, flächige Farbgebung oder Konturen, naturalistische oder symbolische Farbgebung
  Figurendarstellung: Bewegung oder Ruhe, Mimik, Gestik
- **Bildinterpretation**
  Die Ergebnisse der Analyse werden gedeutet und zu den damaligen Zeitumständen und Entstehungsbedingungen in Beziehung gesetzt.

[1] *Michael Sauer, Geschichte. Das Methodenbuch, Seelze-Velber 2000, S. 27*

Titelbild zu Ulrich Molitors „De laniis et phitonicis mulieribus" (Von den Unholden und Hexen). Holzschnitt von 1489. Das Bild zeigt Hexen beim „Hagelsieden". Der Rechtsgelehrte Molitor wendet sich zwar in seiner Schrift gegen Methoden der Inquisition, nicht aber gegen die Verfolgung der Hexen und ihre Verurteilung.

Hexenvorstellungen im Bild

Der Holzschnitt (1510) von Hans Baldung Grien wurde später „Vorbereitung zum Hexensabbat" betitelt.

Das Bild entstand ohne Textbezug. Im Vordergrund liegen Zauberutensilien, ein konvexer Spiegel, der auf Wahrsagung und Schadenzauber verweist, sowie Borsten und Haare, mit denen Flugsalbe aufgetragen wird. Eine nackte Hexe sitzt mit einem Topf zwischen Furken, die zu einem magischen Dreieck gelegt sind. Aus dem Topf schießt ein Dampfstrahl, den man als Element des Hagelsiedens deuten könnte, denn die wehenden Haare verweisen darauf, dass es sich um Wetterhexen handelt. Neben den drei Hexen im Vordergrund sind ein Bock und eine Katze abgebildet, verwandelte Dämonen, Hexen oder Teufel. Eine alte Hexe hält einen Teller mit einer Schildkröte hoch wie eine Hostie in einer teuflischen Messe, eine andere dahinter leuchtet mit einer Fackel zu einer rückwärts auf einem Bock reitenden Hexe, die in einer Furke einen Topf mit Flugsalbe hält. Die wurstähnlichen Gebilde links über dem Feuer stehen für den Schadenzauber der „impotentia ex maleficio": Den Männern wird ihr Geschlechtsteil und damit ihre Macht geraubt. Der tote Baum rechts, in der christlichen Tradition Baum der Erkenntnis, könnte hier als Platz für Tote und Geister verstanden werden.

1. *Beschreiben Sie die Bildkomposition des Bildes von Grien.*
2. *Begründen Sie, inwiefern der Titel „Vorbereitung zum Hexensabbat" passt. Informieren Sie sich über die Vorstellung des „Hexensabbats".*
3. *Erläutern Sie, inwiefern Hans Baldung Grien Elemente des Hexenglaubens in ein eigenes Konzept fasst, das die „fleischliche Begierde" der Hexen (wie der „Hexenhammer" von 1487 behauptet) und das Dämonische in den Vordergrund stellt.*
4. *Vergleichen Sie mit dem Holzschnitt auf der linken Seite. Begründen Sie, warum bei den Illustrationen zu Molitors Schrift die künstlerische Qualität der Bilder eine geringere Rolle spielt.*
5. *Recherchieren Sie, welche symbolische Bedeutung Schlange und Hahn auf dem Holzschnitt (S. 90) haben.*

3.2 Der Aufbruch in neue Welten – die Europäische Expansion

Der „Erdapfel" des Martin Behaim, 1492.
Behaim entstammte einer Nürnberger Patrizierfamilie, die im Handel tätig war. Für die aus Pappe und Gips gefertigte Erdkugel mit den bis dahin bekannten Erdteilen Europa, Asien und Afrika nutzte er das damalige Wissen der Europäer, das er zum Teil selbst durch Forschungsreisen gewonnen hatte.

1492	Kolumbus erreicht den amerikanischen Kontinent, den europäische Mächte in der Folge kolonisieren
1498	Vasco da Gama gelangt auf dem Seeweg nach Indien
1600	Englische Kaufleute begründen die East India Company, die wichtigste Handelskompanie; sie ist Träger des britischen Handels- und Kolonialreichs in Asien bis 1813

Erschließung außereuropäischer Kontinente

Seit dem 16. Jahrhundert errichteten Europäer ein weltweites Netz von Kolonial- und Handelsreichen. Europa wurde Mittelpunkt einer weiträumigen, aber bis um 1800 noch schwach ausgebildeten Weltwirtschaft. Besonderheiten der beginnenden *Europäischen Expansion* waren:

- Die Europäer unternahmen seit dem 15. Jahrhundert systematisch große Fahrten über die Weltmeere. Dabei entdeckten sie Amerika und bis dahin unbekannte Teile Afrikas, Asiens und der Weltmeere.
- Im Lauf des 16. Jahrhunderts eroberten die Spanier große Gebiete in Mittel- und Südamerika, die als Siedlungskolonien genutzt wurden. In Afrika und Asien dagegen besetzten Portugiesen, Spanier, Holländer und Engländer nur einzelne Handelsplätze, in denen sie Niederlassungen errichteten.
- Das Ausgreifen in die Welt erforderte um 1600 neue Organisationsformen der Kaufleute, mit denen sie das nötige Kapital aufbringen und den Handel über große Distanzen dauerhaft einrichten konnten.

Entdeckung des Seewegs nach Indien

Die Portugiesen begaben sich zuerst auf die Weltmeere, indem sie seit 1415 die Atlantikküste Afrikas in südlicher Richtung zu erschließen begannen. Ihr Ziel war, jenseits von Afrika direkten Anschluss an den Handel mit den Schätzen des Fernen Ostens zu gewinnen, mit Gold, Sklaven, Pfeffer, Muskat oder Zimt. Von diesem Handel profitierten bislang arabische Kaufleute, außerdem Venedig mit seinem großen Handelsnetz.

Dass gerade die Portugiesen nach neuen Routen suchten, hatte mehrere Gründe: Portugal lag nach damaliger Vorstellung am vermeintlich direkten Seeweg zum Fernen Osten. Zudem mussten die Portugiesen mehr als andere Europäer von der Seefahrt leben und erzielten beim Schiffsbau und in der Navigation große Fortschritte, da sie an die

raue See des Atlantik gewöhnt waren. Hinzu kamen wie bei allen Europäern unglaubliche Kühnheit und Entdeckerfreude, die durch den Geist der Renaissance geweckt wurden, aber auch der Wunsch, das Christentum zu verbreiten.
Die Südspitze Afrikas lag weiter entfernt als vermutet. *Bartolomeu Diaz* umsegelte sie 1487 und nannte sie *Kap der Guten Hoffnung*, weil nun die Fahrt über den Indischen Ozean zu den märchenhaften Gewürzinseln möglich schien. Eine portugiesische Expedition unter *Vasco da Gama* erreichte in der Tat 1498 die Westküste Indiens.

Das Handelsreich in Südostasien

Der Entdecker da Gama begegnete wie seine Nachfolger in Asien einer feindlichen Welt, die sie mit überlegenen Schiffskanonen bekämpften. Sie besetzten nur Hafenstädte, brachten aber die Seewege mit äußerster Brutalität unter Kontrolle, weshalb sie ein arabischer Autor „eine Rasse von Teufeln unter den Stämmen der Menschheit" nannte.
Die Portugiesen konnten so im 16. Jahrhundert ein Handelsreich mit einer Reihe von Stützpunkten von der arabischen Halbinsel bis nach Japan errichten. Der König sicherte es politisch und militärisch ab. Er vergab Rechte, finanzierte Eroberungen und erhielt dafür einen Teil der Erträge.
Erst im 17. Jahrhundert wurden die Portugiesen durch die starke Konkurrenz der Niederländer verdrängt. Die Niederländer wiederum mussten die Vormacht im Indien- und Ostasienhandel im 18. Jahrhundert den Engländern überlassen.
Lange Zeit warfen die Gewürze die größten Gewinne ab, später auch Tee, Kaffee, Porzellan und Textilien aus kostbaren Stoffen (Seide). Die Europäer zahlten mit Silber, das hauptsächlich aus Amerika kam.

Die Europäer entdecken Amerika

Mehr als bei Portugal führte bei Spanien der Zufall Regie. Die überseeische Expansion Spaniens begann mit der Atlantiküberquerung des *Christoph Kolumbus* (1451–1506) im Jahr 1492. Kolumbus, ein Seefahrer aus Genua, hatte sich die Theorie des Astronomen *Paolo Toscanelli* zu eigen gemacht, dass die Erde eine Kugel sei und dass man Indien in westlicher Richtung erreichen könne. Jedoch scheiterte Kolumbus beim Versuch, den portugiesischen Hof für eine solche Fahrt zu begeistern. Die Portugiesen hielten ganz richtig die von Toscanelli errechneten Entfernungen für viel zu gering. Kolumbus überzeugte aber den spanischen Hof, der ihm drei Schiffe zur Verfügung stellte. Mit ihnen landete er nach zwei Monaten Fahrt am 12. Oktober 1492 auf einer der Bahamainseln östlich von Kuba. Kolumbus, der das Land sofort für Spanien in Besitz nahm, glaubte sich auf einer Insel vor Asien zu befinden.

Weitere Fahrten, so des Florentiners *Amerigo Vespucci* 1501–1504 zu den Küsten Südamerikas, vor allem aber die Weltumsegelung des *Fernando Magellan* 1519–1522 klärten und erweiterten das geografische Wissen. Magellan, der wohl fähigste und kühnste aller Seefahrer um 1500, bewies den letzten Zweiflern, dass die Erde eine Kugel und Amerika ein eigener Kontinent war. Außerdem erkundete er als erster Europäer die ungeheure Weite des Pazifischen Ozeans und die Lage der legendären Gewürzinseln[1]. Nach dreijähriger Fahrt kam nur eines von den fünf Schiffen seiner Expedition zurück, Magellan selbst war von Bewohnern der Philippinen erschlagen worden.

Kolonialreiche in Amerika im 16. und 17. Jahrhundert

Den Spaniern gehörte gemäß einem Vertrag von 1494 der neue Kontinent Amerika, nur die Küste des späteren Brasilien fiel an die portugiesische Krone. Die spanischen *Konquistadoren* (Eroberer) brachten in wenigen Jahrzehnten große Teile Mittel- und Südamerikas unter ihre Herrschaft. Die indianischen Völker erlagen den europäischen Hieb- und Schusswaffen, in Massen jedoch den eingeschleppten Seuchen. Der spanische Kleinadlige *Hernán Cortés* erkämpfte ebenso wagemutig wie skrupellos mit rund 1000 Mann 1519–1521 die Herrschaft über das Aztekenreich Mexikos, dessen Kultur in der Folge verfiel. Schätzungen zufolge verringerte sich in dieser Zeit die Bevölkerung Mexikos von 25 Mio. auf 3 Mio. Der Spanier *Francisco Pizarro* nahm 1531–1534 ebenfalls mit einigen wenigen Söldnern das Inkareich in den Anden ein. Er ermordete dessen König *Atahualpa* und raubte das Gold der Inkas.
Nach den Konquistadoren kamen die Siedler, die in den *Kolonien* tropische Produkte und Getreide anbauten, ferner die spanischen Beamten, welche die neu gebildeten Vizekönigreiche Mexiko und Peru verwalteten. Die Indios verloren ihr Land und wurden zu Sklavendiensten gezwungen. Man bürdete ihnen „die härtesten, schwersten und drückendsten Lasten auf, die nicht einmal Vieh ertragen kann", empörte sich der zeitgenössische Kritiker *Bartolomé de Las Casas*. Das Königreich Spanien profitierte von den enormen Silberlieferungen aus Mexiko und aus Potosí (Peru). Die dortigen Minen wurden mit indianischen Zwangsarbeitern betrieben (→ M1). Der Silberstrom floss von Europa aus zum größten Teil weiter in den Handel mit Asien. Das Kolonialreich der Spanier übertraf an Ausdehnung und Ertrag die amerikanischen Kolonien der Portugiesen (ab 16. Jh.), Engländer und Franzosen (ab 17. Jh.) bei weitem.

---

[1] *Gewürzinseln: die Molukken, die heute zu Indonesien gehören*

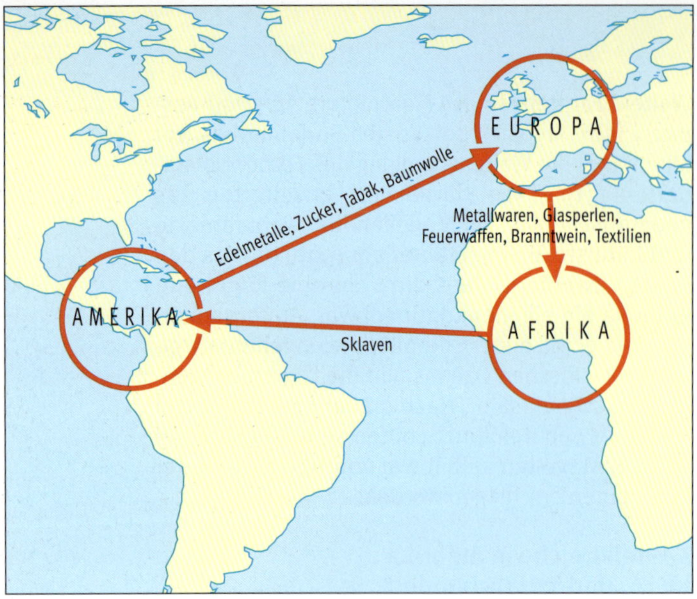

Der atlantische Dreieckshandel (16. – 18. Jh.).

Im 16. Jahrhundert spielte sich ein Dreieckshandel im atlantischen Raum ein, der bis zum beginnenden 19. Jahrhundert aufrechterhalten wurde. Aus Amerika wurden Edelmetalle, später auch Zucker, Tabak und Baumwolle in europäische Häfen verfrachtet. Von dort brachten Schiffe Billigwaren und -schmuck, Waffen, Branntwein und Textilien zu westafrikanischen Handelsplätzen, wo sie Sklaven für die amerikanischen Märkte einluden.

Der Frühkapitalismus der Handelshäuser

Mit den weltweiten Verflechtungen wuchsen die wirtschaftlichen Organisationsformen. Das Mittelalter kannte den Typus des Kaufmanns, der selbst mit seiner Ware über das Land zog und eine angemessene Entlohnung seiner Arbeitskraft anstrebte. Er wurde seit dem 14. Jahrhundert abgelöst – obgleich nicht verdrängt – von Handelshäusern. Mit ihnen verbreitete sich im 15./16. Jahrhundert der *Frühkapitalismus*. Diese neue Wirtschaftsform zeichnete sich dadurch aus, dass die Kaufleute bei hohem Kapitaleinsatz maximalen Gewinn zu erzielen suchten. Dieses Bestreben hatte auch die Ausweitung der Produktion und der internationalen Verbindungen zur Folge.

Die Handelshäuser wurden von Kaufleuten vor Ort geleitet, während Mitarbeiter die auswärtigen Geschäfte abwickelten. Die Kapitalgrundlage der Handelshäuser stammte aus dem Fernhandel oder aus einer Beteiligung mehrerer Kaufleute, die ihr Kapital zur Verfügung stellten. Die Geschäftsbereiche erstreckten sich auf den (Fern-)Handel, das Verlagswesen und Geldgeschäfte.

Besonders einträglich war der Fernhandel, der aus den enormen regionalen Preisunterschieden satte Gewinne erwirtschaften konnte. Dafür musste man jedoch ein Nachrichten- und Geschäftsnetz aufbauen, das ständig auf den Markt reagierte. Die großen Handelshäuser der *Medici* in Florenz und der *Fugger* in Augsburg unterhielten zu diesem Zweck schon im 15. Jahrhundert in ganz Europa auswärtige Geschäftsstellen (Faktoreien). Die Handelshäuser betätigten sich auch im Verlagswesen, indem sie Heimarbeitern Rohstoffe (z. B. Tuche) gaben, die daraus Fertigprodukte (Kleider) herstellten. Das Handelshaus mit seinen Marktbeziehungen übernahm den Verkauf. Außerdem wurden hohe Gewinne im Bergbau erzielt. Die Handelshäuser verfügten daher zeitweilig über ein gewaltiges Kapital, das sie für den teuren Schiffsbau einsetzen oder an Fürsten verleihen konnten. Weil diese Kredite oft nicht mehr zurückgezahlt wurden, auch die Gewinne aus dem Bergbau und anderen Geschäftszweigen zurückgingen, gerieten die Handelshäuser um 1600 in eine Krise.

Der Kapitalismus der (Handels-)Kompanien

Die Handelshäuser gaben der europäischen Expansion in Amerika, Afrika und Asien im 16. Jahrhundert noch den notwendigen organisatorischen Rückhalt, verloren aber danach ihre Bedeutung. An ihre Stelle traten die (Handels-)Kompanien, die im 17. und 18. Jahrhundert weltweit den Handel und die koloniale Ansiedlung organisierten. Am erfolgreichsten waren die *niederländische* und die *englische Ostindienkompanie*. Die Kompanien entsprachen insoweit heutigen Aktiengesellschaften, als die Anteilseigner Kapital zur Verfügung stellten, womit sie ein Recht auf Gewinnanteile erwarben. Kapitalbeteiligungen kannten schon die Handelshäuser, desgleichen die Buchführung oder das Betreiben von Faktoreien. Aber die Kompanien waren darüber hinaus mit staatlichen Rechten ausgestattet. Sie bauten eine eigene Verwaltung auf, hatten das Recht, selbstständig Verträge zu schließen und Krieg zu führen, und erhielten ein Handelsmonopol, die Ostindienkompanien z. B. für den Indischen und Pazifischen Ozean. Auch die Kompanien strebten danach, den Gewinn aus dem eingesetzten Kapital zu maximieren. Sie operierten in noch größerem Maßstab als die Handelshäuser und noch intensiver im Handel. Deshalb bezeichnet man ihre Wirtschaftsform als Kaufmanns- oder Handelskapitalismus.

Die englische *East India Company*, 1600 gegründet, organisierte auf diese Weise den Handel mit Indien, Persien und China. Die Leitung lag bei einem Gremium, das die Anteilseigner wählten, dem „Court of Directors“. Die East India Company war von der Krone ermächtigt, in eigener Verantwortung und mit eigenen Mitteln Kriege zu führen. Sie errichtete und beherrschte im 18. Jahrhundert das ausgedehnte Kolonialreich von Britisch-Indien. Erst ab 1813 verlor die Kompanie ihre Privilegien.

M1 Sklaverei oder Freiheit für die Indios?

Seit 1520 versuchen Karl V. (1500–1558) und seine Kolonialbehörden in Spanien die Ausbeutung oder Versklavung der Indios zu verhindern. Die Konquistadoren und Siedler in Amerika leisten jedoch erbitterten Widerstand. 1539 beruft Karl V. eine „junta" (Kommission) ein, die bis 1542 die „Neuen Gesetze" zur Befreiung der Indios erarbeitet. Ihr gehört auch Bartolomé de Las Casas an, der schärfste Kritiker der Zustände in der Neuen Welt.

Wir ordnen an und befehlen, dass künftig aus keinem Grunde, sei es Krieg oder welcher sonst, weder zur Strafe für Aufruhr noch im Wege des Loskaufens noch auf andere Weise irgendein Indianer zum Sklaven gemacht werde. Wir wollen, dass sie als Unsere, der Krone von Kastilien, Untertanen behandelt werden, denn das sind sie. Niemand darf sich der Indianer als Naborias (leibeigene Dienerschaft, Zwischenstufe zwischen Sklave und freiem Indianer) oder zu anderer Dienstbarkeit bedienen ohne deren Einverständnis.

Da Wir befohlen haben, dafür zu sorgen, dass künftig die Indianer auf keine Weise mehr zu Sklaven gemacht werden, ordnen Wir an und verfügen Wir ferner hinsichtlich derer, die bisher gegen Vernunft und Recht und gegen die erlassenen Verordnungen und Befehle als solche gehalten worden sind, dass die Gerichtshöfe die Parteien vorladen, ohne langwieriges Verfahren summarisch und in aller Kürze den Tatbestand ermitteln und sie in Freiheit setzen, wenn die Personen, die sie als Sklaven behalten haben, keinen Rechtstitel dafür vorweisen können, dass sie sie nach dem Gesetz als Sklaven halten und besitzen dürfen. Und damit die Indianer nicht mangels Leuten, die ihre Sache wahrnehmen, unrechtmäßigerweise für Sklaven angesehen werden, befehlen Wir, dass die Gerichte Personen einsetzen, die diese Angelegenheit für die Indianer betreiben und aus den gerichtlichen Strafgeldern bezahlt werden, und zwar Leute, die vertrauenswürdig und gewissenhaft sind.

Wir befehlen weiter, dass die Gerichtshöfe besondere Aufmerksamkeit darauf verwenden, dass die Indianer nicht als Lastträger eingesetzt werden. Kann dies in einer Region nicht vermieden werden, so soll es so geschehen, dass für das Leben, die Gesundheit und die Erhaltung der genannten Indianer durch das Tragen unmäßiger Lasten keine Gefahr entsteht; auch soll es nicht gegen ihren eigenen Willen oder ohne Bezahlung geschehen. Wer dem zuwiderhandelt, soll scharf und ohne Ansehen der Person bestraft werden.

Da Uns berichtet worden ist, dass die Perlenfischerei ohne die gebührende Ordnung betrieben worden ist, was den Tod vieler Indianer und Neger zur Folge gehabt hat, befehlen Wir, dass bei Todesstrafe kein freier Indianer gegen seinen Willen zu solcher Fischerei gezwungen werden darf. Auch sollen der Bischof und der oberste Richter von Venezuela dafür sorgen, dass Vorkehrungen getroffen werden, die ihnen für die Erhaltung der dem genannten Fischereigeschäft obliegenden Indianer und Neger geeignet scheinen, damit die Todesfälle aufhören. Sollten diese Amtspersonen zur Einsicht gelangen, dass bei den genannten Indianern und Negern die Gefahr des Todes nicht beseitigt werden kann, soll die Perlenfischerei aufgegeben werden; denn Wir schätzen, wie es sich von selbst versteht, den Schutz ihrer Leben höher als den Gewinn, den Wir aus der Perlenfischerei zu ziehen vermögen.

Urs Bitterli (Hrsg.), Die Entdeckung und Eroberung der Welt. Dokumente und Berichte, Bd. 1, München 1980, S. 59 f.

Schematische Darstellung des Silberabbaus von Potosí (heutiges Bolivien). Kupferstich, 1601. Das Silber förderten indianische Zwangsarbeiter. Aus der 1545 gegründeten Bergstadt Potosí kamen zwei Drittel des gesamten Silbers der Neuen Welt nach Europa.

1. *Schließen Sie aus dem Text, zu welchen Arbeiten die Indianer in der Vergangenheit gezwungen wurden.*
2. *Beschreiben Sie den Status und die Rechte, die den Indianern innerhalb des Königreichs künftig zukommen sollen.*
3. *Beurteilen Sie die Rolle der Gerichtshöfe.*
4. *Die „Neuen Gesetze" wurden in den amerikanischen Vizekönigreichen nicht vollzogen. Erstellen Sie Hypothesen, warum dies so war.*

3.3 Reformation und Bauernkrieg

„Ein neuer Spruch / Wie die Geystlicheit vnd etlich Handtwercker vber den Luther clagen.“ Nachträglich kolorierter Holzschnitt von Sebald Beham auf einem Flugblatt, um 1524. Auf der rechten Seite steht Luther mit seinen Anhängern, links seine Gegner.

1483–1546	Martin Luther
1517	Martin Luther veröffentlicht seine Thesen zum Ablasshandel; die Reformation beginnt
1520/30	Die neuen Druckmedien revolutionieren die Verbreitung von Informationen
1524–26	Die Erhebung der Bauern (Bauernkrieg) wird blutig niedergeschlagen

Die 95 Thesen Luthers ...

Ein Brief gilt bis heute als der Beginn der *Reformation*: der Brief des Theologen *Martin Luther* vom 31. Oktober 1517. Darin bat er seinen Kirchenoberen, Erzbischof *Albrecht von Magdeburg*, dem Mönch *Johann Tetzel* das Ablasspredigen in Sachsen und Brandenburg zu verbieten. Luther legte ein Begleitschreiben bei, das in 95 Thesen eine theologische Diskussion zum Ablass vorbereitete. Die Kirche ließ in dieser Zeit Ablassbriefe verkaufen, die den Gläubigen von zeitlichen Sündenstrafen lossprachen, die im Fegefeuer abzubüßen waren. Zugrunde lag die Vorstellung, dass die Seelen der Menschen nach dem Tod im Fegefeuer „gereinigt“ werden müssten, bevor sie ins Paradies eingehen könnten. Aber der Gläubige musste zugleich Buße tun, z. B. sich an einer Wallfahrt oder einer Prozession beteiligen. Der geschäftstüchtige Prediger Tetzel ließ freilich seine frommen Kunden im Glauben, mit dem Kauf eines Briefs sofort von jeder Sündenstrafe frei zu sein. Luther dagegen erinnerte an die Buße.

Der Beginn der Reformation wurde über Jahrhunderte hinweg als Bild überliefert: Luther in wehendem Gewand an der Schlosskirche zu Wittenberg, wo er seine 95 Thesen noch am 31. Oktober anschlug. Ob das tatsächlich so war, ist ungeklärt und eher unwahrscheinlich. Fest steht, dass die Thesen noch im Dezember 1517 in ganz Deutschland bekannt wurden. Manche waren schon reformatorisch, besonders die These 62: „Der wahre Schatz der Kirche ist das allerheiligste Evangelium von der Herrlichkeit und Gnade Gottes.“ Der Satz deutete die Überzeugung an, dass der wahre Glaube nur auf dem Evangelium gründen könne, nicht auf den kirchlichen Dogmen und Lehren. Luther widersprach damit offen der Kirche, weshalb der Papst einen Ketzerprozess eröffnen ließ.

... und die Folgen

Die Autorität der Kirche also wurde massiv angegriffen, nicht zum ersten Mal. Aber nie zuvor war in so kurzer Frist eine so gewaltige Bewegung in Gang gekommen. Die Zeitgenossen bezeichneten sie als evangelisch, erst 200 Jahre später verwendete man dafür den Begriff Reformation. Er ist abgeleitet von lateinisch „reformatio“, was die Erneuerung eines ursprünglichen, besseren Zustands meint. Genau das wollten Luther und seine Anhänger: einen ursprünglichen, bibelnahen Zustand des Christentums, und das zog immer mehr Menschen an. Nicht nur Prediger verkündeten die evangelische Botschaft. Bis 1525 verkauften die Händler von Druckerzeugnissen mehrere Millionen Exemplare der Lutherschriften, obwohl wahrscheinlich kaum mehr als fünf Prozent der Menschen lesen konnten. Die neuen Druckmedien entfalteten ihre revolutionierende Wirkung – das Buch, die Flugschrift mit wenigen Seiten und das einseitige Flugblatt mit Bild und Text. Sie verbreiteten die reformatorischen Lehren umgehend im Reich und bald auch in ganz Europa. Fünfzig Jahre danach, um 1570, bekannten sich große Teile Europas und rund zwei Drittel der Deutschen zu einer neuen evangelischen Glaubensrichtung. Die Verteilung der Bevölkerung auf katholische und evangelische Gebiete verfestigte sich; sie blieb in den Grundzügen erhalten bis in unsere Tage.

Der Brief eines bis dahin unbekannten Theologen hatte mithin geradezu unglaubliche Auswirkungen. Wie ist das zu erklären?

Frömmigkeit und Kritik an der Kirche

Die Menschen des 15. Jahrhunderts verspürten ein wachsendes Bedürfnis, mit frommen Werken für ihr Heil vorzusorgen. Sie wollten in den Himmel kommen, die Gnade Gottes gewinnen und spendeten deshalb immer größere Summen für Altäre, für die Ausstattung von Kirchen, Messen oder die Bezahlung eines Predigers. Die Verehrung Marias und der Heiligen wurde intensiver, ebenso der Glaube an die Wunderkraft der Reliquien – der Knochen, der Kleider und der Asche verstorbener Heiliger. Gleichermaßen wuchs das Vertrauen in die Wunderkraft von Heiligenbildern. Von den Heiligen versprach man sich Schutz und Beistand, auch Wunder in persönlicher Not. Zahlreiche Texte und Bilder aus der Zeit um 1500 zeugen bis heute von der tiefen Angst vor dem Tod und dem Letzten Gericht. Daraus vor allem ist die tiefe Frömmigkeit zu erklären, der Wunsch, zu büßen und sich von Schuld zu befreien.

Jedoch fand diese Frömmigkeit wenig kirchliche Unterstützung, im Gegenteil. Gerade die Frommen empörten sich über die Mängel der Kirche. Deren Erscheinungsbild passte immer weniger zu den gestiegenen Ansprüchen der Gläubigen. Diese Spannung erzeugte die Sprengkraft, die zur Spaltung der abendländischen Kirche führte. Viele Dorfpfarrer hatten keine Ausbildung, einzelne kannten nicht einmal die Zehn Gebote. Ihre Hauptsorge galt ihren Einkünften sowie den Abgaben und Diensten der Bauern. Zum Ärgernis wurden Klöster, die nicht mehr dem religiösen Leben dienten, sondern nur noch dem Wohlleben der Mönche und Nonnen. Die Bischöfe im Reich verstanden sich nicht als Seelsorger, sondern als weltliche Herrscher, die ihr geistliches Fürstentum regierten und daraus hohe Einkünfte bezogen. Dem Papst und der Kurie, den Kirchenbehörden in Rom, warfen Kritiker vor, die kirchlichen Abgaben aus dem Reich für Prachtbauten und Luxus zu verprassen.

Martin Luther

Luther (1483–1546) wurde in Eisleben/Thüringen als Sohn eines Bergmanns geboren, der als Pächter einer Kupferhütte bescheidenen Wohlstand erwarb. Der junge Martin sollte Jurist werden und somit den gesellschaftlichen Aufstieg des Vaters fortsetzen. Im Alter von 22 Jahren jedoch nahm sein Leben eine andere Richtung. Während eines Gewitters schlug neben Luther ein Blitz ein, sodass er, wie er berichtete, in Todesangst gelobte: „Hilf, heilige Anna, ich will ein Mönch werden.“ Er hielt sich daran, brach das Jurastudium ab und trat 1505 in das Kloster der Augustinereremiten in Erfurt ein. Als Mönch und Priester promovierte er 1512 zum Doktor der Theologie und wurde anschließend Professor für Bibelauslegung an der Universität Wittenberg.

Obwohl er als Theologe rasch Karriere gemacht hatte, war Luther in seinem religiösen Empfinden unsicher. Wie konnte er als sündhafter Mensch das Heil erlangen? Gute Werke schienen ihm nicht zu genügen, ebenso nicht ein entsagungsvolles Mönchsleben, letztlich auch nicht die Sakramente der Kirche. Luther suchte die Antwort in der Bibel, die er unablässig studierte.

Die evangelische Lehre

Die richtungweisende Aussage fand Luther schließlich im ersten Römerbrief des Apostels Paulus: „Der aus dem Glauben Gerechte wird leben.“ Dies deutete Luther so, dass der Mensch nur durch den Glauben an Gott das Seelenheil erlangen könne, nicht durch fromme Werke. Der Mensch konnte mithin nicht aus eigener Kraft selig werden. Er musste auf die Gnade Gottes vertrauen.

Luther formulierte seine Lehren seit 1518 in einer Serie von Druckschriften. Zwei Grundsätze waren dabei mit der römischen Kirche nicht mehr vereinbar: die ausschließliche Orientierung an der Bibel und das alleinige Vertrauen auf den Glauben.

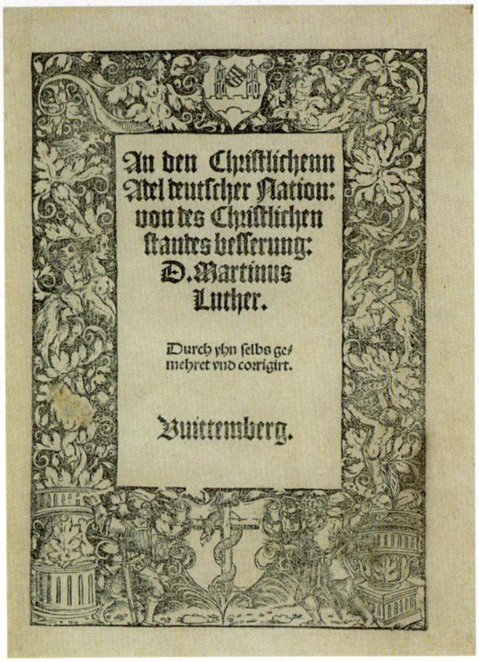

„An den christlichen Adel deutscher Nation: von des christlichen Standes Besserung“ lautet der Titel dieser Druckschrift im Jahr 1520. Sie war die populärste der frühen Publikationen Luthers, von der in den ersten drei Wochen schon 4000 Exemplare vertrieben wurden. Darin ruft er nicht nur den Adel, sondern alle weltlichen Obrigkeiten zum Bruch mit dem Papsttum auf.

Evangelische Theologen fassten diese Grundsätze lateinisch in die Formeln *sola scriptura* („allein die Schrift“) und *sola fides* („allein der Glaube“). Die Kirche vertrat die gegenteiligen Prinzipien. Neben der Bibel sollte die kirchliche Tradition gelten, und für das Seelenheil der Menschen blieben fromme Werke unverzichtbar.
Luther beließ, weil er die kirchliche Tradition bestritt, von den sieben Sakramenten nur noch zwei, die er unmittelbar aus der Bibel begründen konnte: die Taufe und das Abendmahl. Die Form des Abendmahls änderte sich. Es wurde den Gläubigen nun in Gestalt von Brot und Wein, nicht mehr allein in Gestalt des Brotes gereicht. Die neue Form machte die Lehre Luthers ebenso beliebt wie der Gottesdienst in deutscher statt in lateinischer Sprache.

Die evangelische Bewegung

Die Reformation ist nicht denkbar ohne die Unzufriedenheit vieler Menschen mit der Kirche. Sie ist ebenso wenig denkbar ohne den *Buchdruck*, der um 1450 erfunden wurde. Allein von 1517 bis 1523 verfünffachte sich die Gesamtzahl aller Drucke – einzelne Flugblätter mit Bildern, Flugschriften mit wenigen Seiten, aber auch Bücher. Die anschwellende Papierflut informierte Gelehrte, Geistliche und Bürger vor allem über die neuen Glaubenslehren. Historiker sprechen von einer *reformatorischen Öffentlichkeit*, in der die evangelische Bewegung diskutiert und weitergetragen wurde. Als wichtige Multiplikatoren unter den Lutheranhängern wirkten Mönche, städtische Pfarrer und junge Gelehrte, die nicht nur aus den Drucken vorlasen, sondern in Predigten andere überzeugten.

Deshalb fasste die evangelische Bewegung zuerst in den Städten Fuß, wo man las und die Drucke kaufen konnte, erst danach in den Dörfern. In den Städten wiederum nahm zuerst die mittlere Schicht der Handwerker die neuen Lehren auf, dann folgten die oberen Schichten, die in der Stadt regierten. Nur die Bürgermeister und Ratsherren aber, die überwiegend aus der Oberschicht kamen, konnten rechtskräftig neue Kirchen- und Lebensformen begründen. Indem sie evangelische Prediger beriefen und neue Kirchenordnungen erließen, schufen sie eine christliche Heilsgemeinschaft, die sich von der alten Kirche löste (→ M1). Weil dies unabhängig von Kaiser, Fürsten und Landesherrn geschah, bezeichnete man den Prozess als *Reformation von unten*, auch als Gemeinde- oder Volksreformation. Sie breitete sich im Lauf der 1520er-Jahre in der Mitte und im Südwesten des Reichs aus, vorwiegend in den Städten, aber auch auf dem Land.

Luther und die Auffächerung der evangelischen Bewegung

Die Gemeindereformation berief sich auf Luther. Von Anfang an jedoch hatte die evangelische Bewegung viele Führer, teils Mitstreiter mit selbstständigen Vorstellungen, teils Gegner Luthers. Die evangelische Bewegung fächerte so in ungezählte Richtungen auf. *Philipp Melanchthon* (1497 – 1560) etwa, der das evangelische Kirchen- und Schulwesen ordnete, war ein enger Vertrauter Luthers, aber doch nicht völlig auf seiner Linie. *Ulrich Zwingli* (1484 – 1531) hingegen, der für die Schweiz maßgebend wurde, rückte entschieden weiter von der alten Kirche ab als Luther. Der Thüringer *Thomas Müntzer* (1486/90 – 1525) schließlich glaubte, auf biblischer Grundlage eine völlig neue Gesellschaftsordnung aufbauen zu können. Er wollte zum Entsetzen Luthers einen christlichen Gottesstaat errichten und jede weltliche Obrigkeit abschaffen.
Luther selbst konnte die Bewegung nur über seine Schriften beeinflussen. Er verfiel dem Kirchenbann, dann der Reichsacht, nachdem er 1521 vor dem Wormser Reichstag seine Lehre standhaft verteidigt hatte. Es war sein Glück, dass sein Landesherr, Kurfürst *Friedrich der Weise von Sachsen*, ihn selbst und die Ausbreitung seiner Lehre schützte (→ M2). Jedoch konnte der Reformator Kursachsen nicht verlassen. Unter seinen Schriften hatte die *Übersetzung des Evangeliums* die größte Wirkung, die 1534 in einer Gesamtausgabe erschien. Das Werk wurde zum Bestseller und gab der Entstehung der deutschen Hochsprache einen entscheidenden Impuls. Als wegweisender Reformator fand Luther dennoch immer weniger Gehör, je weiter die evangelische Bewegung über ihre Anfänge hinauswuchs.

Vorgeschichte und Ursachen des Bauernkriegs

Schon um 1490 erhoben sich im Süden des Reichs immer wieder Bauern gegen ihre Obrigkeiten, indem sie Abgaben verweigerten und sich zu bewaffneten Haufen zusammenrotteten. Die Ursache war nicht wirtschaftliche Not. Gerade die Jahrzehnte um 1500 zeichneten sich durch beständig gute Ernten aus, der Wohlstand wuchs. Die Ursache für die Unruhen lag vielmehr darin, dass viele Grundherren fortdauernd die überlieferten Rechte der Bauern verletzten. Sie verlangten neue und höhere Abgaben, beanspruchten die Nutzung der Allmende, des Gemeineigentums an Wald, Wiesen und Gewässern, das eigentlich den Bauern zustand, und sie versuchten, die Bauern leibeigen zu machen, indem sie die Freizügigkeit unterbanden.

Der *Bauernkrieg* der Jahre 1524 bis 1526 war die größte Erhebung der Bauern in Europa überhaupt. Er ist wie die Unruhen um 1500 erstens mit der Empörung der Bauern zu erklären, der Empörung über die Rechtsbrüche und die Unterdrückung durch ihre Obrigkeiten. „Tyranni und Uffrur gehören zusamen", urteilte schon ein Freund Zwinglis. Die zweite Erklärung ist die evangelische Bewegung. Sie hatte die Herrschaft der römischen Kirche an der Bibel geprüft und zurückgewiesen. In gleicher Weise glaubten die Bauern, nun die Herrschaft des Adels und der Fürsten prüfen und verwerfen zu können. Ihr Widerstand schien evangelisch begründet. Auch die Rechtfertigung aus dem „Göttlichen Recht" entzündete also die „Revolution des Gemeinen Mannes", wie der Bauernkrieg auch genannt wurde.

Verlauf

Nach unbedeutenden, aber erfolgreichen Unruhen im Jahr 1524 erhoben sich im März und April 1525 Hunderttausende von Bauern in Schwaben, am Ober- und Mittelrhein, in Franken, Thüringen, später auch in Salzburg und Tirol. Sie bildeten bewaffnete Haufen, stürmten Klöster und Burgen und beauftragten Vertrauensleute, Pläne zu einer neuen Herrschaftsordnung zu verfassen. Diese wurden jedoch nicht mehr verwirklicht. Bereits seit dem Mai 1525 unterlagen die ersten Bauernhaufen den Söldnern der Fürsten, die ein Blutbad anrichteten. Nur in Salzburg vermochten die Bauern und Bergleute selbst die Herrschaft zu übernehmen, bis auch sie im Juli 1526 von Söldnern besiegt wurden. Im Ganzen wurden wohl an die 100 000 Bauern niedergemetzelt und hingerichtet.

Der Trommler Acker Conz und Fähnrich Klos Wuzer im Bauernkrieg 1525.
Kupferstich von Hans Sebald Beham, 1544.

Ursachen und Folgen der Niederlage

Warum unterlagen die Bauern? Den Ausschlag gab erstens die militärische Überlegenheit der Söldnerhaufen, die von Fürsten und großen Städten finanziert wurden. Sie hatten bessere Waffen, eiserne Rüstungen und waren geübt, sich in einer Schlacht richtig zu verhalten. Zudem vereinigten die Bauern ihre bewaffneten Haufen nicht. Zweitens hatten die Bauern keinerlei politische Erfahrung. Sie wurden sich nicht einig über ihr Vorgehen gegen die Obrigkeiten und noch weniger über eine künftige politische Ordnung. Wo sie wie in Salzburg zur Selbstregierung ansetzten, waren sie überfordert. Um wirklich zu herrschen, hätten sie die Rechts-, Eigentums- und Machtverhältnisse radikal umwandeln müssen, was die Bauern allein unmöglich leisten konnten. Die Juristen und Amtsträger indessen, die Erfahrung in Regierungsgeschäften hatten, blieben in der Regel den Fürsten treu.

Die Folgen der Niederlage sind schwer abzuschätzen. In einigen Regionen machten die Obrigkeiten den Bauern Zugeständnisse, ihr Los besserte sich. In anderen wurden ihre Rechte weiterhin rigoros abgebaut. Gemeinsame politische Forderungen konnten die Bauern nicht mehr durchsetzen. Aber die Obrigkeiten achteten später meist darauf, das Recht einzuhalten und die Bauern wirtschaftlich nicht allzu sehr zu belasten. Denn auch nach 1525/26 leisteten die Bauern vielfachen Widerstand, regelmäßig durch Prozesse vor Gerichten, aber bis ins 18. Jahrhundert hinein auch durch Waffengewalt.

M1 Die erste evangelische Ordnung

Der Rat der Stadt Wittenberg beschließt, beeinflusst von evangelischen Predigern, im Januar 1522 die erste evangelische Gemeindeordnung. Sie wird im Druck verbreitet und dient als Vorbild für andere Ordnungen, unter anderem in der Einrichtung eines „Gemeinen Kastens" zur Armenfürsorge.

Erstlich ist einhelliglich beschlossen, dass der Zehnte der Gotteshäuser, Priesterschaft und bestimmter Gewerbe in einen gemeinen Kasten[1] gelegt wird. Dazu sind verordnet zwei des Rats, zwei von der Gemeinde, und ein Schreiber, die den Zehnten einnehmen, verwalten und damit arme Leute versorgen. [...]
Es sollen auch keine Bettler in unserer Stadt gelitten werden, die alters- oder krankheitshalber zu arbeiten nicht geschickt sind, sondern man soll diese zur Arbeit treiben oder aus der Stadt verweisen. Wer aber ohne Schuld wegen Krankheit oder sonst in Armut ist, soll aus dem gemeinen Kasten durch die Verordneten in ziemlicher Weise versorgt werden. [Bettelverbot auch für Mönche und auswärtige Schüler]
Aus dem gemeinen Kasten soll man auch die armen Handwerksleut beleihen, die ihr Handwerk nicht kontinuierlich ausüben können, damit sie einen Lebensunterhalt haben. Sie sollen aber zur festgelegten Zeit das Geld ohne Zins zurückzahlen, wenn sie dazu in der Lage sind. [Unterstützung aus dem gemeinen Kasten auch für Waisen und Kinder armer Leute]
Wenn aber die Einkünfte zu solchen guten Werken nicht genügen, so soll jeder, er sei Priester oder Bürger, nach Vermögen jährlich eine Summe Geldes zur Armenfürsorge geben.
Da der Zehnte der Priester, die wir jetzt haben, auch in den gemeinen Kasten geht, soll jeder, nachdem er bisher acht Gulden jährlich für seine Vigilien[2] erhalten hat, mit sechs Gulden auskommen. Weil Messen und Vigilien abgebaut werden, sollen die Priester stattdessen arme, kranke Menschen besuchen und trösten, doch sollen sie niemand zu einem Testament veranlassen.
Die Bilder und Altäre in den Kirchen sollen weggeschafft werden, damit Abgötterei vermieden wird, denn drei Altäre ohne Bilder sind genug.
Die Messe soll so gehalten werden, wie sie Christus beim Abendmahl eingesetzt hat [Hinweise zum Ablauf]. Es mag auch der Kommunikant die konsekrierten Hostien[3] in die Hand nehmen und selbst in den Mund schieben, ebenso den Kelch nehmen und daraus trinken.
Es ist künftig auch nicht gestattet, dass unehrliche Personen[4] sich in der Stadt aufhalten, vielmehr sollen sie heiraten. Wollen sie das nicht tun, wenn sie eine Wohnung haben, soll man sie vertreiben. Wohnen sie zur Untermiete, soll der Vermieter bestraft und sie selbst aus der Stadt vertrieben werden.
Sofern Mitbürger und Bewohner der Stadt fünf oder sechs Prozent Zinsen bezahlen, aber ohne Vermögen sind, lösen wir den Kredit aus dem gemeinen Kasten ab, so dass sie dem gemeinen Kasten nur noch vier Prozent Zins zu zahlen haben, bis sie den Kredit ablösen.
Auch soll man insbesondere darauf achten, dass man armer Leute Kinder, nämlich Knaben, die zur Schule und zum Studium geeignet sind, sich dies aber nicht leisten können, unterstützt, damit man jederzeit gelehrte Leute hat, die das Evangelium und die Schrift predigen, und damit auch in den weltlichen Behörden an geschickten Leuten kein Mangel ist. Die nicht Geeigneten soll man zum Handwerk oder zur Arbeit anhalten, denn dort braucht man sie.

Ulrich Köpf (Hrsg.), Reformationszeit 1495–1555, Stuttgart 2001, S. 200–203 (sprachlich normalisiert)

1. *Gliedern Sie die Regelungen der Ordnung nach Bereichen, die Ihnen typisch erscheinen. Wo liegen die Schwerpunkte?*
2. *Die jüngere reformationsgeschichtliche Forschung spricht von einer neuen „christlichen Heilsgemeinschaft", die durch die evangelische Bewegung in den Gemeinden entstand. Untersuchen Sie die Tragfähigkeit dieses Begriffs anhand der Ordnung.*

[1] *hier: gemeinsame Kasse*
[2] *Vigil: Feier zur Vorbereitung auf ein kirchliches Fest*
[3] *konsekrierte Hostien: geweihte (in ihrem Wesen gewandelte) Hostien, d.h. Abendmahlsbrote*
[4] *Henker, Abdecker, Totengräber, Nachtwächter, Chirurgen, Schäfer, Prostituierte oder Bettler*

M2 Der Staatsrat Kaiser Karls V. erwägt das Vorgehen gegen die Lutheraner

Am 25. Juni 1530 verliest der sächsische Kanzler Christian Beyer vor dem Kaiser und dem versammelten Reichstag zu Augsburg die „Confessio Augustana". In ihr legen die evangelisch-lutherischen Reichsstände und Städte – erstmals und für Jahrhunderte verbindlich – ihr Bekenntnis fest. Der Kaiser holt von seinem Staatsrat ein Gutachten ein, wie er nun vorgehen solle:

Man kann es bei dieser Frage nicht bewenden lassen, ohne sich davon anderes zu erwarten als eine Verschlechterung und einen nicht wiedergutzumachenden, verfahrenen Zustand. Auch kann ohne Konzil nichts entschieden werden. Wenn also die besagten Lutheraner verweigern, sich dem Urteil S. Mt.[5] zu unterwerfen, scheint es, dass man ihnen einen vernünftigen und passenden Termin für dieses besagte

[5] *Abkürzung für „Seine Majestät"*

Verlesung der Confessio Augustana – der Bekenntnisschrift der protestantischen Reichsstände. Gemälde von Georg Balthasar von Sand, Ende des 17. Jh.
Auf dem Reichstag in Augsburg 1530 wurde die deutsche Fassung verlesen und anschließend mit der lateinischen Fassung Kaiser Karl V., der die deutsche Sprache nicht verstand, übergeben. Neben dem Kaiser sitzen dessen Bruder Ferdinand und mit dem Kardinalshut der päpstliche Legat. Dass die Reichsstände, die sich zur Reformation bekennen, links und rechts von dem Tisch als geschlossene Gruppe dargestellt werden, stimmt mit dem Geschehen 1530 nicht überein.

Konzil vorschlagen soll, um sie so mit Beweisen unserer vernünftigen Haltung zu überhäufen. Dies soll allerdings nur unter der Bedingung erfolgen, dass bis dahin die besagten Lutheraner von allen gegen unseren hl. Glauben und unsere hl. Kirche eingeführten Neuerungen Abstand nehmen, zumindest insoweit, dass sie damit genau und mit voller Wirkung das auf dem Reichstag zu Worms erlassene Edikt[6] einhalten und befolgen.

Man muss die Lutheraner mit Milde zu einer der beiden Möglichkeiten überreden, nämlich es entweder S. Mt. oder dem Konzil zu überlassen, über die Sache zu entscheiden. Wenn die besagte Milde nichts nützt, dann muss es mit Strenge geschehen, wenn auch mit nicht zu offenkundiger und den Umständen angepasster.

[Man soll mit ihnen nicht disputieren.] Wenn die besagten Lutheraner den Kaiser nicht als Richter annehmen und auch nicht den Weg des besagten Konzils einschlagen wollen, sondern halsstarrig bleiben, dann muss man auch die Meinung des Herrn Legaten[7] einholen darüber, mit welchen Mitteln man hart gegen sie vorgehen und das geteilte Volk wieder gewinnen könnte, aber auch die Adligen und die Städte. Gibt es schließlich kein anderes Mittel als Gewalt, dann soll man die Methoden, die man diesbezüglich anwenden könnte, studieren und schriftlich festlegen.

Alfred Kohler (Hrsg.), Quellen zur Geschichte Karls V., Darmstadt 1990, S. 164 f.

1. *Erarbeiten Sie aus dem Gutachten die Handlungsmöglichkeiten, die der Staatsrat entwickelt.*
2. *Erörtern Sie, weshalb dem Staatsrat ein Konzil der römischen Kirche als wünschenswert erscheint, um der Glaubensspaltung zu begegnen?*
3. *Das Bekenntnis zur evangelischen Lehre war streng genommen Ketzerei und damit im äußersten Fall mit der Todesstrafe bedroht. Aus welchen Gründen schlägt der Staatsrat dennoch Milde vor?*

6 *Der Kaiser hatte schon beim Reichstag 1521 ein Edikt erlassen, das die Verbreitung der Lehren Luthers verbot. Es wurde 1529 noch einmal bestätigt, jedoch von den Evangelischen nicht anerkannt.*

7 *Legat: päpstlicher Gesandter*

3.4 Ausbreitung der Reformation, Konfessionalisierung und frühmoderner Staat

Ausschnitt aus einem Gemälde von Lucas Cranach d. Ä., 1532/39. In der Mitte: Kurfürst Johann Friedrich I., Oberhaupt der lutherischen Landeskirche in Kursachsen; links im Vordergrund: Martin Luther; rechts mit erhobenem Zeigefinger: Philipp Melanchthon.

Ab etwa 1530	Herrscher und Fürsten in Europa sagen sich von der römischen Kirche los und führen in ihren Ländern einen neuen Glauben ein
1509–1564	Johannes Calvin
Ab etwa 1550	Der Calvinismus breitet sich in Europa aus

Fürstenreformation

Dem Bauernkrieg folgte die Wende von der evangelischen Bewegung (als Volksreformation) zur *Fürstenreformation*. Luther hatte 1525 eine flammende Schrift „Wider die räuberischen und mörderischen Rotten der Bauern“ verfasst, in der er sich ganz hinter die Obrigkeit stellte und diese zur rücksichtslosen Gegengewalt aufrief. Luther stand nicht allein. Viele Träger der Reformation hatten die Sorge, dass die evangelische Bewegung jede kirchliche und politische Gemeinschaft auflöste. In der Tat konnte die Reformation nur in einer Neuordnung überleben, die von den Fürsten und vom Staat getragen wurde.

Zu den beiden bereits genannten Voraussetzungen der Reformation, nämlich der Unzufriedenheit der Menschen und dem Buchdruck, kam später noch eine dritte hinzu: Die evangelische Bewegung wurde nach 1525 in einer politischen Ordnung gebändigt. Die Volksreformation wurde in einer Fürstenreformation weitergeführt. Das bedeutete: Die Fürsten bauten Landeskirchen auf, die das Fortbestehen der Reformation sicherstellten.

Wie und wo vollzog sich dieser Wandel? Luther selbst entwarf für Kursachsen ein Modell der neuen Kirche, das die Landesherrn, die sächsischen Kurfürsten, mit ihren Amtsträgern in den Jahren 1527 bis 1542 verwirklichten. Katechismen formulierten die Lehrsätze des Glaubens, Mess-, Tauf- und Trauungsordnungen normierten die religiösen Praktiken. Pfarrer und Schulen wurden auf Einhaltung der Glaubensnormen überprüft. Der Kurfürst zog die kirchlichen Güter ein, bezahlte davon aber weiterhin die Pfarrer, die Armenfürsorge und einen

Teil der Schulen. Ein „Konsistorium", eine Oberbehörde, in der Theologen und Räte des Landesherrn saßen, leitete das Kirchenwesen Kursachsens. Die letzte Entscheidung lag beim Kurfürsten. Dieses Modell der Landeskirche mit dem Fürsten an der Spitze wurde zum Vorbild im ganzen Reich. Außerhalb Deutschlands, in England und Skandinavien, standen ebenfalls die Herrscher an der Spitze ihrer von Rom unabhängigen Staatskirchen.

Ausbreitung der Reformation im Reich und in Europa

Gleichzeitig mit Kursachsen bildete Hessen eine Landeskirche aus, dann folgten unter anderem Pommern, Mecklenburg, in den 1550er-Jahren Württemberg, (Kur-)Pfalz und (Kur-)Brandenburg. Um 1570 hatten die evangelischen Fürstentümer im Reich eine Kirchenordnung, die in den Grundzügen der kursächsischen entsprach. Damit war die Reformation gesichert, der überwiegende Teil Deutschlands evangelisch. Bei der katholischen Kirche verblieben nur die Fürstentümer am Niederrhein, am Main und der äußerste Süden mit Bayern und den habsburgisch-österreichischen Territorien.

Die Reformation in Deutschland strahlte auf Europa aus. Die skandinavischen Länder im Norden, unmittelbar von Luther beeinflusst, sagten sich gänzlich von der römischen Kirche los. Dies war auch der Fall in England, wo König *Heinrich VIII.* (1491–1547) 1535 eine englische Nationalkirche begründete. Die Lehren Luthers wurden ebenso im Westen und Süden Europas wahrgenommen, aber doch nur vereinzelt. Italien und Spanien hielten am katholischen Glauben fest. Im östlichen Mitteleuropa, in Ungarn und Polen, verbreiteten sich die neuen Lehren flächenhaft.

Der Calvinismus

Eine neuartige Dynamik erhielt die Reformation in Europa ab der Mitte des 16. Jahrhunderts durch den *Calvinismus*. Der Name leitet sich ab vom Initiator, dem Schweizer Reformator *Johannes Calvin* (1509–1564). Er begründete in Genf 1541 eine christliche Heilsgemeinschaft, in der penibel die Kirchendisziplin und das Verhalten der Bürger überwacht wurde. Der Calvinismus unterwarf die Gläubigen nach dem Genfer Vorbild einer strengen kirchlichen Zucht, die im äußersten Fall auch den Widerstand gegen den Staat verlangte. Das war politisch von hoher Bedeutung. Langfristige soziale Auswirkungen hatte die calvinistische *Prädestinationslehre*. Danach ist dem Einzelnen vorausbestimmt, ob ihn Gott für das ewige Heil erwählt hat; der Grad der Erwählung zeigt sich bereits an den irdischen Lebensverhältnissen, also auch am wirtschaftlichen Wohlstand.

Die Bekenntnisse in Europa am Ende des 16. Jahrhunderts.
Durch die sogenannte „Gegenreformation" versuchte die katholische Seite durch Missionierung als auch durch politische und militärische Mittel Terrain zurückzugewinnen. Das Konzil von Trient war eine Reaktion auf die Reformation: Durch die Definition ihrer Glaubenslehre grenzte sich die katholische Kirche vom evangelischen Glauben ab und reformierte ihre inneren Strukturen.

Der Calvinismus verbreitete sich in Varianten seit etwa 1550 über Europa, von der Schweiz ins Reich hinein, in die Niederlande, nach Frankreich, England, Schottland und nach Mittelosteuropa.

Innere Kriege in Frankreich und den Niederlanden

In Frankreich wandten sich dem Calvinismus rund fünf Prozent der Bevölkerung zu. Sie wurden *Hugenotten* genannt. Unter ihnen befanden sich zahlreiche Familien des hohen Adels, die um Unabhängigkeit und Macht kämpften. Eine Serie von inneren Kriegen, in denen die Hugenotten gegen den König und eine katholische Adelsfraktion standen, erschütterten das Land seit 1562. Erst König *Heinrich IV.* (1553–1610) versöhnte die Kriegsparteien mit dem *Edikt von Nantes* 1598, das den Hugenotten eine begrenzte Religionsausübung im katholischen Frankreich gewährte.

Die Niederlande, die damals in etwa die heutigen Benelux-Staaten umfassten, wurden vom spani-

Bartholomäusnacht. Gemälde des zeitgenössischen, in Paris lebenden Künstlers François Dubois, 1572. In der Nacht zum 24. August (Bartholomäustag) 1572 ließ das katholische Königshaus Frankreichs einen Massenmord unter den Hugenotten zu. 5000, vielleicht sogar 10 000 kamen in Paris und im Land um.

schen König *Philipp II.* (1527–1598) regiert. Er bestrafte jede Abweichung vom katholischen Glauben, versuchte, jeden politischen Widerstand mit äußerster militärischer Gewalt zu brechen, und trieb rigoros Steuern ein. Es waren vor allem die calvinistischen Bürger in den Nordprovinzen der Niederlande, die sich nicht unterwarfen, sondern unbeugsam seit 1568 gegen die spanische Übermacht Krieg führten. 1581 sagten sich sieben Nordprovinzen von Spanien los und fanden zu einem eigenen republikanischen Staatswesen zusammen (→ M1). Spanien nahm das nicht hin, musste aber 80 Jahre nach dem Beginn der Kämpfe 1648 die Unabhängigkeit der Nordprovinzen anerkennen, die nun die *Vereinigten Niederlande* genannt wurden.

Konfessionalisierung

Der Begriff *Konfessionalisierung* ist abgeleitet von „Konfession", d.h. dem „Bekenntnis" einer christlichen Religionsgemeinschaft. Er bezeichnet einen historischen Prozess im 16. und 17. Jahrhundert. In dessen Verlauf suchten die europäischen Staatswesen durchzusetzen, dass ihre Bevölkerung nur einer einzigen Konfession angehörte, entweder der katholischen, einer evangelischen oder calvinistischen. Denn die meisten Zeitgenossen waren überzeugt, dass nur die Einheit der Konfession den inneren Frieden und die Existenz eines Staatswesens zu sichern vermochte (→ M2 und M3). Wie konnte erreicht werden, dass alle Bewohner eines Staates der gleichen Konfession angehörten? Die entscheidenden Maßnahmen waren:

- Staatliche Amtsträger kontrollierten, ob die Menschen die jeweilige Konfession auch wirklich praktizierten, also ob sie den Gottesdienst besuchten oder am Abendmahl teilnahmen.
- Wer dies nicht tat oder gar offen konfessionell abwich, musste schwere Nachteile in Kauf nehmen und das Land verlassen.
- Schulen und Universitäten erzogen streng nach der Konfession des Landes.
- Die staatlichen Amtsträger wurden, meist durch einen Eid, auf die Konfession verpflichtet.

Auf diese Weise wurde der katholische Glaube in Spanien, in den italienischen Staaten und in Frankreich (erst ab 1685) unvermischt gesichert, der evangelische in den skandinavischen Ländern. Dagegen konnte das anglikanische England die katholischen und calvinistischen „Dissenters" nicht verdrängen. Auch in Mittelosteuropa vermengten sich weiterhin die Konfessionen, sogar im katholischen Polen. In Deutschland bezog sich die konfessionelle Trennung auf die einzelnen Fürstentümer, die entweder rein katholisch, evangelisch oder calvinistisch waren.

Der frühmoderne Staat entsteht

Die Einheit der Konfession begünstigte die Regenten und ihre Verwaltung, also den „Staat". Sie konnten die Herrschaft im Innern wie noch nie zuvor ausbauen. Die Verwaltungen wurden größer, obgleich nicht immer effizienter. Schulen und Universitäten bildeten in wachsender Anzahl treue Kirchen- und Staatsdiener aus.

Die Kriege zwischen den europäischen Mächten führten dazu, dass viele Staaten ab der Mitte des 17. Jahrhunderts stehende Heere unterhielten. Diese Veränderungen kosteten gewaltige Summen, die aus Steuern aufgebracht wurden. Die Steuern vervielfachten sich deshalb zwischen 1550 und 1650. Von da an wurden die Untertanen und später die Bürger in Europa regelmäßig hoch besteuert.

In dieser Zeit wurden auch die Fundamente des modernen Staats gelegt. Er verlangt zwar heute von seinen Bürgern keine bestimmte Konfession mehr, aber immer noch gebietet er über die Verwaltung, das Bildungswesen, das Militär und die Steuern. Deshalb bezeichnen die beschriebenen Veränderungen bis 1650 die Entstehungsphase des *frühmodernen Staats*.

M1 Ein König wird abgesetzt

Die aufständischen Provinzen und Städte der nördlichen Niederlande schließen sich 1579 zur Union von Utrecht zusammen. Sie beauftragen 1581 eine Kommission von Juristen, einen Text zur Absetzung König Philipps II. auszuarbeiten. Dieser wird in Form eines öffentlichen Anschlags am 26. Juli 1581 bekannt gemacht. Das bedeutende Dokument der europäischen Verfassungsgeschichte begründet das moderne Widerstandsrecht:

Ein Volk ist nicht wegen des Fürsten, sondern ein Fürst um des Volkes willen geschaffen; denn ohne das Volk wäre er ja kein Fürst. Er ist dazu da, dass er seine Untertanen nach Recht und Billigkeit regiere und sie liebe wie ein Vater seine Kinder, dass er treu walte, wie ein Hirt über seine Herde. Behandelt er sie aber nicht so, sondern bloß wie Sklaven, dann hört er auf, ein Fürst zu sein, und ist ein Tyrann. Die Untertanen aber haben das Recht, nach gesetzlichem Beschluss ihrer Vertreter, der Stände, wenn kein anderes Mittel mehr übrig ist und sie durch keine Vorstellung ihrer Not irgendwelche Versicherung der Freiheit für Leib und Gut, für Weib und Kind von dem Tyrannen erlangen können, diesen zu verlassen. Unter dem Vorwand der Religion hat der König von Spanien eine Tyrannei einzurichten versucht und, ohne auf irgendeine Vorstellung des Landes zu achten, dessen Privilegien verletzt, den Eid gebrochen, den er auf deren Erhaltung geschworen. Und so erklären wir denn jetzt den König von Spanien verlustig jedes Anspruchs auf die Herrschaft in den Niederlanden; wir entbinden hiermit alle Amtsleute, Obrigkeiten, Herren, Vasallen und Einwohner von dem einst dem König von Spanien geleisteten Eid des Gehorsams und der Treue und befehlen allen Beamten, fortan den Namen, die Titel und die Siegel des Königs von Spanien nicht mehr zu gebrauchen und einen neuen Eid abzulegen, des Inhalts, uns treu zu sein gegen den König von Spanien und alle seine Anhänger.

Gottfried Guggenbühl, Quellen zur Geschichte der neueren Zeit, Zürich [4]1976, S. 135 f.

1. *Klären und erläutern Sie den Begriff „Stände". Inwiefern repräsentieren sie die Bevölkerung?*
2. *Arbeiten Sie heraus, wie im Text Tyrannei definiert wird. Welche Rolle spielte im Fall des Königs von Spanien die Religion?*
3. *Nehmen Sie Stellung zur Begründung des Widerstandsrechts. Inwieweit ist sie nachvollziehbar, inwieweit problematisch?*
4. *Welches andere historische Ereignis ist Ihnen bekannt, bei dem es zu einer großen Erhebung kam? Vergleichen Sie die Ursachen des Ihnen bekannten Falls mit den Niederlanden.*

M2 Die Rolle der Gemeindeältesten

Philipp I., Landgraf von Hessen, setzt sich bereits früh für die Umsetzung des Protestantismus ein. Für eine strenge Kirchenzucht sollen auch sogenannte Gemeindeälteste oder Senioren sorgen. Ein Pfarrer berichtet 1544 über deren Tätigkeit in Echzell:

Kürzlich ist den Pfarrern im Amt Nidda [...] eine Ordnung zu Ziegenhain veröffentlicht worden, die beschlossen wurde, um uns zu christlicher Zucht zu ermahnen, was die Pfarrer bisher verweigert hatten. Der Landgraf hat jedoch Befehle zugleich an die Pfarrer und Schultheißen ausgehen lassen, die Ordnung zu befolgen. [...] Darauf hat der Schultheiß verordnet, sechs ehrenhafte Männer zu wählen, [...] die ich als Diener des Wortes am Sonntag Reminiscere anno 43 [18. Feb.] öffentlich vor der Gemeinde mit Gottes Wort und Auflegung der Hände bestätigt habe. Auch der Schultheiß hat ein Handgelübde im Angesicht der Kirche von ihnen genommen. [...] Alsbald haben die Senioren, andere Kirchendiener und ich den vierten Sonntag erwählt, uns zu versammeln, um vorzutragen, was ein jeder von den Senioren und der anderen Kirchendiener gesehen, gehört und vernommen haben, wodurch die christliche Versammlung bei uns irrig und verwüstet werden kann [...]. Haben alsbald dem Schultheiß mit zwei der Senioren schriftlich übergeben, wen und was nicht billig[1] gefunden und erachtet haben zu strafen laut Beilage.

Beilage: Auf Sonntag nach Thomi anno 43 [23. Dez.] sind diese nachfolgenden Exzesse und Überfahrungen dem Schultheißen Philips Rorichen überliefert von dem Pfarrer, Ältesten und Kirchendiener zu Echzell. Zum 1. Friderich Flach und Anna Weisein, sein ehelich Hausfrau, haben ohne Unterlass Gottes Wort am Sonntag Bettag versäumt, dazu ihr ganzes Hausgesinde den Katechismus[2]. [...] 5 Männer haben den Namen Gottes mit vorgeblichen Worten und unnützlich gebraucht.[3] Eine Frau hat am Sonntag vor und während der Predigt gearbeitet, ein Mann Hafer gebunden. 2 Knechte und 2 Mägde sind an je einem Sonntag nicht in der Kirchenlehre erschienen.

Günther Franz (Bearb.), Urkundliche Quellen zur hessischen Reformationsgeschichte, Band 2, Marburg 1954, S. 417, zitiert nach: Geschichte lernen 84/2001, S. 33 (sprachlich vereinfacht von Thomas Kahl)

1. *Beschreiben Sie die Aufgaben der Gemeindeältesten.*
2. *Versuchen Sie, die Stellung der Gemeindeältesten zu Pfarrer und Schultheiß zu charakterisieren.*
3. *Bewerten Sie die Bedeutung der Kirchenzucht für die Festigung der Landesherrschaft.*

---

[1] *billig: hier im Sinne von „angemessen", „gerecht"*

[2] *Der Katechismus ist das Lehrbuch für den kirchlichen Glaubensunterricht.*

[3] *Das zweite Gebot verurteilt den Missbrauch des Namens Gottes.*

M3 Wie die evangelischen Christen (Protestanten) die evangelische und die katholische Kirche sahen

Die polemische Gegenüberstellung der evangelischen Wort- und der katholischen Zeremonialkirche war ein beliebtes Motiv der reformatorischen Bildpropaganda. Die parteiliche Stellungnahme aus der Sicht der Protestanten zeigt sich hier in der Darstellung der Kirchenräume: Die Vielfalt des katholischen Kultus, der von den Protestanten als Aberglauben verstanden wurde, wird in Gegensatz gebracht zur klaren Ordnung des reformatorischen Wortgottesdienstes:

Vera imago veteris Ecclesiae apostolicae (lat.: „Das wahre Bild der alten apostolischen Kirche“ – ein evangelischer Kirchenraum). Kupferstich, nach 1600.

Vera imago Ecclesiae papisticae (lat.: „Das wahre Bild der päpstlichen Kirche“ – ein katholischer Kirchenraum). Kupferstich, nach 1600.

1. *Vergleichen Sie die beiden Darstellungen, indem Sie das Verhalten der Gläubigen und die Ausstattung des Kircheninnern berücksichtigen.*
2. *Welche katholischen Bräuche können Sie im Bild zur katholischen Kirche identifizieren?*
3. *Die Polemik in der Darstellung des katholischen Kirchenraums ist für den heutigen Betrachter nur schwer zu erkennen. Erläutern Sie, worin sie sich ausdrückt.*
4. *Das Attribut „vetus“/„veteris“ („alt“) wird nur für die protestantische Kirche verwendet, nicht für die katholische. Begründen Sie.*

3.5 Das Reich und der Dreißigjährige Krieg

Augsburger Religionsfriede, 1555.
Da der ausgehandelte Kompromiss das Ende der Einheit von Reich und Religion besiegelte, ließ Karl V. seinen Bruder, König Ferdinand I., auf dem Reichstag in Augsburg 1555 die Religionsfrage behandeln. Ferdinand I. und der Reichsvizekanzler Jonas unterzeichneten, der König und Vertreter der Reichsstände siegelten den Abschied.

1555	Der Augsburger Religionsfrieden begründet im Reich eine Staatsordnung mit zwei Konfessionen
1618–48	Der Dreißigjährige Krieg verwüstet Mitteleuropa
1648	Der Westfälische Frieden gibt Europa und dem Reich eine stabile Ordnung

Das Heilige Römische Reich Deutscher Nation 1555–1618

Im Heiligen Römischen Reich Deutscher Nation bekämpfte Kaiser *Karl V.*, der von 1519 bis 1556 regierte, die evangelischen Fürsten seit 1546 mit Waffengewalt, aber ohne wirklichen Erfolg. Deshalb schloss sein Bruder, der spätere Kaiser *Ferdinand I.*, 1555 Frieden mit den *Reichsständen*, d.h. mit den Fürsten, Grafen und Städten, die Sitz und Stimme beim Reichstag hatten. Dieser *Augsburger Religionsfrieden* ließ zwei Konfessionen im Reich zu, die katholische und die evangelische. Jedoch

galt, dass die Reichsstände in ihren Territorien die Konfession bestimmen konnten. Anderskonfessionelle Untertanen durften auswandern, tatsächlich wurden sie bald vertrieben. Allerdings hörte nach 1555 jede Gewaltanwendung zwischen dem Kaiser, den katholischen und den evangelischen Reichsständen auf; etwa dreißig Jahre lebten die Konfessionen friedlich nebeneinander.
Um 1590 jedoch kippte die Stimmung. Eine neue Generation, die in den Konfessionsschulen und -universitäten erzogen war, betrat die politische Bühne. Immer erbitterter stritten die Reichsstände um die Auslegung des Religionsfriedens. Vor allem forderten die katholischen Fürsten Kirchengut zurück, das die evangelischen nach 1555 eingezogen hatten. Die regelmäßigen Reichstage, auf denen Kaiser und Reichsstände miteinander verhandelten, brachten keine Einigung mehr zustande. Einige evangelische und calvinistische Fürsten schlossen sich 1608 in der *Union*, die meisten katholischen 1609 in der *Liga* zusammen.

Woran entzündete sich der Krieg?

1618 erhoben sich protestantische Adlige Böhmens gegen ihren katholischen König *Ferdinand*. Sie warfen ihm vor, gegen verbriefte Rechte verstoßen zu haben, so gegen das Recht der freien Religionsausübung. Die Böhmen setzten Ferdinand schließlich ab und erhoben den Kurfürsten *Friedrich V. von der Pfalz* zum neuen König. Ferdinand II., seit 1619 Kaiser, bekämpfte den Aufstand und holte sich die böhmische Krone mithilfe bayerischer und spanischer Truppen zurück. Friedrich V., der rebellische Adel und 150 000 böhmische Protestanten mussten fliehen. Ferdinand II. beschlagnahmte ihren Besitz. Am Anfang des Kriegs also stand ein Konflikt zwischen dem König und den Großen seines Landes. Ferdinand II. jedoch entschied den Konflikt nicht selbst.

Ein Kupferstich von 1631 verbreitete eine schreckliche Kriegsnachricht. Am 10. Mai 1631 stürmte das kaiserlich-bayerische Heer unter dem Feldherrn Tilly die protestantische Stadt Magdeburg. Dabei brach an vielen Stellen Feuer aus, die Stadt brannte völlig nieder, 20 000 Menschen kamen um.

Die Konfliktparteien auf europäischer und deutscher Ebene

Es war von Anfang an ein europäischer Konflikt. Spanien half, weil es den Kaiser brauchte, um Oberitalien zu kontrollieren und um vom Reich aus gegen die aufständischen niederländischen Provinzen vorzugehen. Außerdem entstammten der Kaiser und die Könige Spaniens dem gleichen Geschlecht, den Habsburgern. Deren gemeinsamer Gegner waren seit je die französischen Könige. Frankreich nämlich sah seine Grenzen bedroht durch das übermächtige Spanien, das zahlreiche Länder von Oberitalien bis hinauf in die Niederlande beherrschte. Im Innern geschwächt, schaltete sich aber Frankreich erst seit 1624 politisch, seit 1635 militärisch in den Krieg ein, im Wesentlichen um das (gleichfalls katholische) Spanien niederzuringen. Daher waren die calvinistischen Nordprovinzen der Niederlande der natürliche Partner Frankreichs, dazu Dänemark und Schweden, die seit 1625 bzw. seit 1630 gegen den Kaiser Krieg führten und dafür von Frankreich Geld erhielten. Auf europäischer Ebene also entwickelte sich der Krieg zum Kampf um die Hegemonie zwischen Spanien und Frankreich.
Wie sah es auf der Ebene des Reichs aus? Bayern, das wie Spanien dem Kaiser 1619/20 zum Sieg verholfen hatte, erwartete davon die Kurwürde und territoriale Gewinne. Die Rechnung ging auf, aber erst drei Jahrzehnte später.
Bis 1630 siegte *Maximilian I. von Bayern*, der mächtigste katholische Fürst, an der Seite des Kaisers gegen protestantische Reichsstände. Die Vormacht der Protestanten indessen, Kursachsen, hielt dem Kaiser die Treue. Als Schweden 1630 und Frankreich 1635 den Krieg auf Reichsboden eröffneten, gerieten freilich die Truppen der Reichsstände völlig in die Defensive. Der Kaiser und Kursachsen vereinbarten deshalb 1635 den *Prager Frieden*, dem die meisten Reichsstände beitraten. Aber die europäischen Mächte kämpften weiter, am Ende oft nur noch darum, Entschädigungen und Beute aus dem Reich zu holen. Auf der Ebene des Reichs also entwickelte sich der Krieg von einem Kampf um politische Gewinne zum Kampf um Überleben und die Behauptung von Gewinnen.

Folgen und Charakter des Dreißigjährigen Kriegs

Der *Dreißigjährige Krieg* hinterließ in Mitteleuropa verwüstete Fluren, menschenleere Regionen, niedergebrannte Städte und Dörfer. Die Zeitgenossen erlebten ihn als Abfolge von Kriegszügen, Belagerungen und Schlachten, unter denen manche Gegenden gar nicht, andere Jahr um Jahr zu leiden hatten. Im Winter, mitunter auch in wärmeren Monaten, schien der Krieg zu pausieren. Stets aber waren irgendwo schlecht bezahlte Söldner unter Waffen, die raubten, plünderten, brandschatzten und mordeten (→ M1). Oft besetzten sie weite Landstriche, deren Bewohner ihren Peinigern Nahrung und Sold zu zahlen hatten. Der Krieg war von schweren Hungersnöten begleitet. In rascherer Folge als im Frieden verbreiteten sich daher Seuchen und noch einmal in ihrer ganzen Wucht die Pest. Den Seuchenkatastrophen erlagen mehr Menschen als den Waffen der Söldnerhaufen.

Der Dreißigjährige Krieg war kein Glaubenskrieg, auch wenn ihn viele Geschichtsbücher so nennen. Denn er wurde nicht geführt, weil die Kriegsparteien jeweils Andersgläubige vernichten oder mit Gewalt bekehren wollten. Er wurde geführt, um Rechte, Besitz und Herrschaft an sich zu bringen oder zu verteidigen. Dabei hatte die Konfession durchaus einen Einfluss darauf, wer sich mit wem verbündete. Partner gleicher Konfession schienen zuverlässiger, außerdem konnte man den Krieg gegen Widersacher anderer Konfessionen besser begründen. Der Dreißigjährige Krieg war jedoch spätestens seit 1630/35 ein Krieg deutscher und europäischer Mächte auf dem Boden des Heiligen Römischen Reichs, um politische, nicht um religiöse Ziele zu erreichen.

Der Westfälische Frieden, das europäische Mächtesystem und das Reich

Ein großer europäischer Friedenskongress führte seit 1643/44 Gesandte aus ganz Europa zusammen, die 194 große und kleine Mächte vertraten. Nach jahrelangen Verhandlungen wurde das Friedenswerk am 24. Oktober 1648 unterzeichnet. Es wurde *Westfälischer Frieden* genannt, weil die Versammlungsorte Münster und Osnabrück in Westfalen lagen. Schweden und Frankreich verlangten und erhielten als Entschädigung für ihre Kriegskosten Gebiete im Reich. Zugleich wurden sie zu Garantiemächten des Friedens, nicht zuletzt um die eigenen Gewinne abzusichern. Der Kongress schuf erstmals eine gemeinsame europäische Mächteordnung, die eine Sicherung des Friedens und des Rechts anstrebte. Frankreich stieg in dieser Mächteordnung nach dem endgültigen Sieg über Spanien 1659 zur Vormacht auf (→ M2).

Der Westfälische Frieden festigte nicht nur das Mächtesystem Europas, sondern auch die Staatsform des Reichs. Er fixierte die Verbreitung der Konfessionen, wie sie sich nach der Reformation eingestellt hatte. Die reformierte Konfession (Calvinismus) wurde ausdrücklich neben der katholischen und evangelisch-lutherischen anerkannt. Die Machtverteilung zwischen Kaiser und Reichsständen blieb so, wie sie sich schon um 1500 herausgebildet hatte. Der Kaiser übte die Gerichts- und Lehenshoheit aus. Die Belehnung durch den Kaiser begründete die selbstständige Herrschaft der Reichsstände. Im Reich verfügte der Kaiser weder über eine Verwaltung noch über ein Heer, und er konnte keine regelmäßigen Steuern erheben. Diese Rechte standen nur den Reichsständen zu, die in ihren Territorien auch die Regierungsgewalt innehatten und Gesetze erließen. Den Reichsständen wurde 1648 außerdem die Bündnis- und Militärhoheit bestätigt, die sie schon im 16. Jahrhundert besessen hatten. Neben den bisherigen Kurfürsten in Köln, Mainz, Trier, Brandenburg, Böhmen, der Pfalz und Sachsen wurde nun auch Bayern Kurfürstentum.

Diese Bestimmungen sicherten den Bestand des Reichs und die Fortexistenz einer Staatenvielfalt innerhalb Deutschlands bis 1806. Anders als in Spanien, England oder Frankreich bildete sich daher der moderne Staat im Reich auf der Ebene der Einzelterritorien aus. Zu den größten zählten (Kur-)Sachsen, (Kur-)Brandenburg, Württemberg, Bayern, Ober- und Niederösterreich.

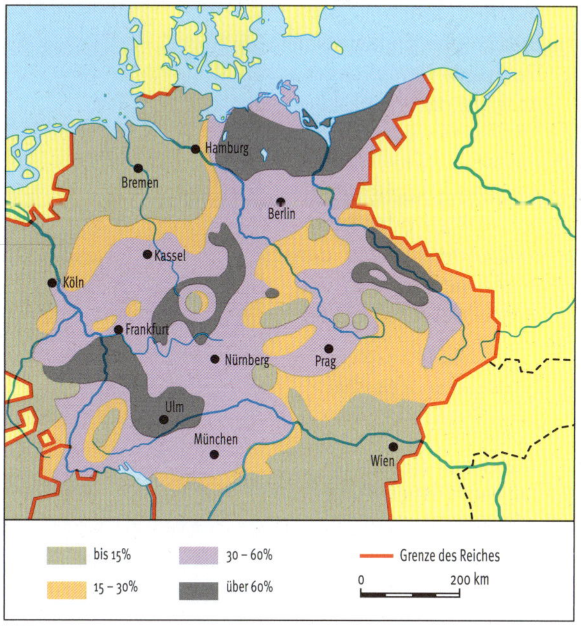

Bevölkerungsverluste 1618 – 1648.

M1 Eine Kriegskatastrophe des Jahres 1632

Der Abt Maurus Friesenegger (1590–1655) zeichnet die wichtigen Ereignisse um sein Kloster Andechs am Ammersee Jahr um Jahr in einem Diarium (Tagebuch) auf, das der Abt für das Kloster führt. Im Folgenden berichtet er über eine der ungezählten Alltags-Katastrophen im Dreißigjährigen Krieg (Mai/Juni 1632), hervorgerufen durch den Vormarsch schwedischer Truppen:

Übrigens war im ganzen Kloster eine abscheuliche Verwüstung; keine ganze Tür, kein Schloss, kein Kasten, kein Schrank, kein Fenster, das nicht zerbrochen war; alle Gänge, alle Zimmer, das Refectorium, Dormitorium, Colloquium[1] waren mit Stroh, zerschlagenen Fenster- und Tür- und Kästen-Splittern, mit Pferd- und Menschenunrat, mit Gestank und Grausen, so angefüllet, dass fünf Mann zehn Tage genug zu tun gehabt, das Kloster nur vom größten Unrat zu reinigen. Vom ganzen Hausrat, von Kuchel- und Tischgeräten war nichts mehr da oder zerbrochen. [...]

Zu Mühlfeld, allwo die kostbaren Congregations- und Komedi-Kleider[2], samt mehrerem anderen Kloster-Hausrat verborgen worden, wurde alles verraten und geraubet. Noch elender als im Kloster sah es im Dorf aus. Das obere Wirtshaus, das schöne Richterhaus, das neue Schulhaus, in allem 43 Häuser, fast das ganze obere Dorf lag in der Asche, wozu die Feinde am 24ten Mai Feuer angelegt haben. Und niemand durfte retten, alles Bitten, alles Heulen war fruchtlos. Einige sagen, dass es darum geschehen, weil die Erlinger die begehrte Brandschatzung[3] nicht bezahlen wollten oder konnten, andere wegen den 2, die neulich von den weilheimischen [einheimischen] Reitern getötet worden, worunter einer von großem Adel war. Nebst den Häusern ist auch der Turm und die Dachung von der U(nser) L(ieben) Frauen-Kirch und viele Paramente[4] von dieser und der St. Veits-Kirchen mit verbrunnen.

Wie die Behausungen, so waren auch alle anderen Haus- und Baufahrnisse hin. Kein Wagen, kein Pflug im ganzen Dorf. Von 140 Pferden waren einzige 3, von 400 Stück Hornvieh nur 4 mehr übrig. Schaf, Schwein und das gesamte Geflügel waren ganz und gar verloren. Und nun stund die Heu- und Feldarbeit bevor. In anderen umliegenden Ortschaften war das nämliche Elend, außer dass die meisten doch ihre leeren Häuser noch hatten. Und wer konnte helfen!

Willibald Mathäser (Hrsg.), Maurus Friesenegger. Tagebuch aus dem 30jährigen Krieg, München 2007, S. 18 f. (sprachlich normalisiert)

1. *Man unterscheidet zwischen Quellen, die mit Blick auf die Nachwelt erstellt werden (z. B. Autobiografie), und Quellen, die ohne Absicht überliefert werden (z. B. Brief). Geben Sie für beide Formen weitere Beispiele. Um welche Form handelt es sich hier?*
2. *Schätzen Sie die Glaubwürdigkeit des Diariums anhand der Informationen ab, die Ihnen zur Verfügung stehen.*
3. *Schließen Sie von den beschriebenen Schäden auf die Folgen für die Menschen.*

Ein alter Mann und ein General. Radierung von Rudolph Meyer, um 1630/35.
► *Erläutern Sie, wie der Künstler seine Kritik am Soldatenstand ausdrückt.*

[1] Colloquium: Speisesaal, Schlafsaal, Gesprächsraum
[2] Komedi-Kleider: Kleider für mehrere Klöster und Theateraufführungen
[3] Brandschatzung: Zwangserhebung unter Androhung der Plünderung
[4] Paramente: Altar- und Kanzeldecken

„Neues Auß Münster vom 25. deß Weinmonats im Jahr 1648 abgefertigter Freud= und Friedensbringender Postreuter." Nachträglich kolorierter Holzschnitt, 1648. Der Holzschnitt illustriert das bekannteste Flugblatt zum Abschluss des Westfälischen Friedens vom 25. Oktober 1648, einem Tag nach Unterzeichnung des Friedens. Der Reiter bläst auf dem Posthorn, dem Zeichen der Reichspost. Mit Reichsadler geschmückt ist das Reichsposthaus zu Münster; links oben Fama und rechts oben Merkur als Symbole für die Nachricht und Geschwindigkeit, mit der die Botschaft „Pax" überbracht wird.

► *Deuten Sie diese und andere Bildelemente.*

M2 Überlegungen zum Abschluss des Westfälischen Friedens

Am Tag der Unterzeichnung des Westfälischen Friedens, dem 24. Oktober 1648, zieht der leitende Minister Frankreichs, Kardinal Jules Mazarin (1602–1661), Bilanz über die vorausgegangenen Verhandlungen:

Vielleicht wäre es zur Förderung des allgemeinen Friedens noch zweckmäßiger gewesen, wenn der Krieg in Deutschland etwas länger fortgeführt worden wäre, statt dass wir, so wie wir es taten, schleunigst einen Ausgleich herbeizuführen suchten. Aber das hätte zur Voraussetzung gehabt, dass wir in der Lage gewesen wären, die Verhandlungen langsamer abzuwickeln, ohne dass Schweden uns im Stich gelassen hätte, nachdem es seinen leidenschaftlichen Wunsch nach Beendigung dieser Verhandlungen zum Ausdruck gebracht hatte. Denn die Furcht vor solcher Unannehmlichkeit musste stets vor allem anderen Berücksichtigung finden. Meine Überlegung geht dahin, dass die Befürchtung eines vollkommenen Zusammenbruchs des Kaisers, die angesichts seiner jämmerlichen Lage unmittelbar bevorstand und unausbleiblich war, vielleicht imstande gewesen wäre, das Herz der Spanier zu rühren, und sie veranlasst hätte, ihre Härte etwas zu mildern, um ihn vor solchem Schlage zu bewahren. […]

Übrigens erfahre ich aus zuverlässiger Quelle, der Kaiser habe, entweder um dem Spanier ein wenig die bittere Pille der Trennung zu versüßen, zu der er sich nun herbeifindet, oder weil er wirklich die Absicht hat, den Gebrauch davon zu machen, den er angibt, [dem König von Spanien mitteilen lassen:] Dieser Frieden sei zwar in seinen Bedingungen zunächst schädlich, aber durch die Umstände, unter denen er zustande komme, sehr günstig, indem er eine große Anzahl fester Plätze und Gebiete in des Kaisers Hand zurückgebe, die er schon verloren hatte, und so biete sich ihm die Möglichkeit, das Übrige zu retten, das unter Umständen der größten Gefahr ausgesetzt gewesen wäre. Nun er einen so gewaltigen Stoß vermieden und wieder etwas Atem geschöpft habe, sei er jederzeit imstande, den Krieg von neuem aufzunehmen, wenn er es wolle, und an Vorwänden würde es nicht fehlen, wenn er nur die Mittel zur Hand habe.

Herbert Langer, 1648, der Westfälische Frieden. Pax Europaea und Neuordnung des Reiches, Berlin 1994, S. 163 f.

1. *Der Westfälische Frieden beendete nicht den Krieg zwischen Frankreich und Spanien. Arbeiten Sie heraus, auf welche Weise Frankreich nach Meinung Mazarins die harte Position Spaniens hätte abmildern können. Wer hinderte ihn daran?*
2. *Erläutern Sie, wie Mazarin die Lage des Kaisers einschätzt.*
3. *Erörtern Sie, was dafür spricht, den Westfälischen Frieden als die erste stabile Friedensordnung Europas zu bezeichnen, was dagegen. Nehmen Sie zur Beantwortung auch den darstellenden Text zu Hilfe.*

Zusammenfassen und vertiefen

„Westfälischer Friede." Plakat für die Ausstellung im Westfälischen Landesmuseum Münster, 1948.

1. *Wägen Sie ab, inwiefern man von der Renaissance als dem Beginn der Moderne sprechen kann.*
2. *Die Europäische Expansion im 16./17. Jahrhundert ist gekennzeichnet durch (1) Entdeckungen, (2) die Errichtung von Kolonial- und Handelsreichen sowie (3) durch den entstehenden Welthandel. Stellen Sie wichtige Fakten und Begriffe zusammen und erklären Sie deren Bedeutung.*
3. *Bereits im Mittelalter gab es Bewegungen, die sich der Tradition und Herrschaft der Kirche nicht beugten, die das Evangelium als allein maßgebend erachteten und die beim Abendmahl Brot und Wein für alle verlangten. Sie blieben aber regional oder sozial begrenzt. Welche Umstände trugen dazu bei, dass die Reformation sich in ganz Europa verbreitete und kirchlich verfestigte?*
4. *Erläutern und bewerten Sie den Vorgang der Konfessionalisierung.*
5. *Kennzeichnen Sie die staatliche Form des Heiligen Römischen Reiches Deutscher Nation. Begründen Sie, ob man diese Form als Staat oder nur als staatlichen Verband bezeichnen sollte.*
6. *Das auf dieser Seite abgebildete Plakat warb im Jahr 1948 für eine Ausstellung zum 300-jährigen Jubiläum des Westfälischen Friedens im Münsteraner Landesmuseum. Vier weitere Gedächtnis-Ausstellungen zum Frieden waren in Paris, Stockholm, Delft und Osnabrück zu sehen.*
   Erklären Sie, warum wohl 1948 gleich fünf Ausstellungen zum gleichen Gedenk-Anlass veranstaltet wurden und warum in den genannten Orten?
   Erörtern Sie die Symbolik des Plakats.
   Der Rektor der Universität Münster, Emil Lehnartz, formulierte 1948 bei der dortigen Gedenkveranstaltung: „Wenn heute eine föderalistische Neuordnung Deutschlands angestrebt wird, so kann sie nicht durch die willkürliche territoriale Zersplitterung organisch gewachsener Landschaften und Stämme erreicht werden." Mit „Zersplitterung" bewertet Lehnartz den Westfälischen Frieden sehr negativ. Was meint er? Überprüfen Sie das Urteil.
7. *Der Historiker Max Braubach stellte in einer Publikation zum Jubiläum des Friedens 1948 die Frage: „Ob auch uns, die wir gleichfalls durch einen 30-jährigen Krieg gingen, die gleiche Möglichkeit eines wirklichen Friedens gegeben wird, und ob auch wir, nicht minder verarmt und leidgeprüft, dann die Kraft haben zu einer ähnlichen Leistung des Sichwiederfindens und Aufbauens?"*
   Welchen „30-jährigen Krieg" meint Braubach? Vergleichen Sie den „Krieg", auf den Braubach anspielt, mit dem 30-jährigen Krieg von 1618 bis 1648.

4 Staat und Untertan im Absolutismus

Ausschnitt aus dem Titelbild zu Thomas Hobbes' „Leviathan", 1651.

Wer schützt das Individuum gegen die wachsende Staatsgewalt?
Renaissance und Reformation werteten das Individuum auf und stellten die Autorität der Herrschenden und der Kirche infrage. Aber der Anspruch auf Freiheit führte auch zu Kämpfen und zur Kirchenspaltung. Die frühmodernen Staaten Europas unterbanden nach 1550 die inneren Konflikte und schufen neue, konfessionsgebundene Ordnungen, denen sich die Untertanen anzupassen hatten. Von der Spannung zwischen Staat und Individuum war ebenso das Zeitalter des Absolutismus zwischen 1650 und 1790 geprägt. Auf der einen Seite entstand der moderne Machtstaat, der das Individuum immer stärker für seine Zwecke disziplinierte. Auf der anderen Seite forderten die Denker der Aufklärung für die Untertanen unveräußerliche Rechte ein, um sie vor der Herrschaftsgewalt zu schützen.
Die Staatsform, in der dem Herrscher immer mehr Verfügungsgewalt zuwuchs, war die absolute Monarchie. Sie zeichnete sich aus durch das stehende Heer, regelmäßige Steuern, den Ausbau der Verwaltung und die Schwäche der ständischen Parlamente, die zuvor die Regierung kontrolliert hatten. Damit fiel dem König oder Fürst die Souveränität zu, d.h. die nicht oder nur wenig beschränkte Hoheitsgewalt. Die absolute Monarchie war der übliche Weg zum modernen Machtstaat. Einen Seitenweg beschritt England, wo König und ständisches Parlament die Herrschaftsgewalt teilten, allerdings erst nach Bürgerkrieg und Revolution.
Rationalisten und Denker der europäischen Aufklärung setzten fort, was die Renaissance begonnen hatte. Sie erhoben den Anspruch, die Natur, die Gesellschaft und den Menschen einer voraussetzungslosen Prüfung zu unterziehen, lehnten sich aber nicht mehr direkt an antike Vorbilder an. Damit begründeten sie nicht nur die moderne Wissenschaft, sondern auch die politische Konzeption eines Bürgers, der seine Rechte gegen den Staat verteidigen konnte.

4.1 Die absolute Monarchie am Beispiel Ludwigs XIV.

Colbert stellt Ludwig XIV. die Mitglieder der Königlichen Akademie der Wissenschaften vor. Gemälde von Henri Testelin, 1667.
Colbert, der von Ludwig XIV. mit der Finanz- und Wirtschaftspolitik beauftragt war, gründete 1666 die Königliche Akademie der Wissenschaften. Ihre Mitglieder sollten mit ihren Forschungen nicht nur den Ruhm des Königs, sondern auch Politik und Wirtschaft fördern. Die Einbindung von Künstlern und Gelehrten in Akademien diente außerdem ihrer Kontrolle.

1650–1790 Absolute Monarchien prägen die Staatenwelt Europas

1661–1715 König Ludwig XIV. regiert Frankreich

Absolutismus

Der Begriff *Absolutismus* ist abgeleitet aus dem lateinischen „princeps legibus (ab)solutus", was heißt: Der Herrscher ist befreit von den Gesetzen. Damit wird auf seine Machtfülle verwiesen. Denn im Absolutismus hatte der (Allein-)Herrscher die gesamte Staatsgewalt inne, er war auch oberster Gesetzgeber und Richter. Ständeparlamente, in denen Adel, Geistliche und Bürger vertreten waren, kontrollierten ihn nicht oder nur wenig. Die Staatsform des Absolutismus bildete sich im 17. Jahrhundert aus, in dessen Verlauf es Königen und Fürsten in ganz Europa gelang, ihren politischen Willen gegen die Ständeparlamente und gegen den hohen Adel durchzusetzen. Dies geschah mithilfe eines wachsenden Verwaltungsapparats, mithilfe eines stehenden Heeres und auf der Grundlage von regelmäßigen Steuern. Der Adel und die Kirche wurden mehr und mehr der Hoheitsgewalt des absoluten Herrschers unterworfen. Die Untertanen hatten nach der geltenden Rechtsauffassung kein Recht auf Widerstand. Die Könige und

Fürsten leiteten ihre Herrschaft unmittelbar von Gott ab („*Gottesgnadentum*"). Weil in vielen Staaten Europas von etwa 1650 bis 1790 eine solche absolute Monarchie existierte, sprechen die meisten Historiker vom Zeitalter des Absolutismus.

Die Macht der Herrscher war jedoch nicht völlig uneingeschränkt. Die absolutistischen Fürsten standen zwar über den einfachen Gesetzen, hatten aber die Grundgesetze (z.B. das Eigentumsrecht), das Naturrecht (z.B. Recht auf Leben) und die Gebote der Religion zu achten. Auch die Untertanen waren nicht „absolut" dem Willen des Monarchen unterworfen. Adel und Klerus übten weiterhin niedere Gerichts- und Verwaltungsrechte über diejenigen Bauern aus, denen sie Land verliehen. Der Adel besaß außerdem Vorrechte. Er besetzte die hohen Ämter in der Regierung und in der Armee, auch entzog er sich weitgehend der Besteuerung. Bürger und Bauern bewahrten ihre althergebrachten Sozial- und Lebensformen. Zu diesen Formen gehörten die soziale Organisation in Dorf und Stadt, ausufernde Feste, Wallfahrten und Prozessionen, genauso das Fernbleiben vom Gottesdienst, Fluchen und Saufen. Das alles erwies sich als resistent gegen die Flut königlicher Erlasse. Es gab zu wenige königliche Amtsträger zur Überwachung; und diese mussten zu Pferd oder zu Fuß sehr lange Wegstrecken bewältigen. Außerdem hatten die Herrscher trotz aller Verbote mit dem Widerstand und dem Aufruhr der Bauern zu rechnen.

Der Begriff Absolutismus ist also nicht mit unumschränkter Herrschaftsgewalt gleichzusetzen. Vielmehr bezeichnet er diejenige Staatsform in der europäischen Geschichte, in der die Rechtsprechung, Gesetzgebung und Regierungsgewalt in der Hand des Monarchen lagen. Der absolute König besaß somit die Souveränität, d.h. die unbeschränkte, umfassende Staatsgewalt. Der Absolutismus war eine Vorstufe des heutigen souveränen Staats. In unserer parlamentarischen Demokratie freilich ist die Staatsgewalt aufgeteilt zwischen den obersten Gerichten, dem Parlament und der Regierung.

Das Beispiel Ludwigs XIV.

Die absolute Monarchie prägte sich vorbildhaft in Frankreich während der Regierung König *Ludwigs XIV.* aus, der von 1661 bis 1715 regierte (→ M1). Woran lag das?

1. Es war die Person Ludwigs XIV. selbst, der gewissenhaft, kompetent und sehr selbstständig regierte. Ein Berater vermerkte etwas übertreibend: „Der König sieht alles, hört alles, beschließt alles, befiehlt alles." Ludwig XIV. herrschte und entschied tatsächlich allein, aber nach gründlicher Beratung durch seine Minister und den Staatsrat. Der Satz *L'État c'est moi* („Der Staat bin ich") stammt wohl nicht von ihm, wie oft zu lesen ist. Aber er verdeutlicht die herausragende Stellung des Königs in den Augen der Zeitgenossen. Sie unterschieden noch nicht zwischen Staat und König. Der König verkörperte die Ordnung der Welt und sicherte damit das Wohl der Untertanen.

2. Dass Frankreich schließlich Vorbild der absoluten Monarchie wurde, lag an historischen Erfahrungen. Das Land hatte schwer unter den inneren Kämpfen des mächtigen Hochadels gelitten, zuletzt um 1650. Die Mehrheit der adligen und bürgerlichen Eliten war daher überzeugt, dass nur ein starker König den inneren Frieden sichern konnte. Er sollte dazu die Souveränität, d.h. die uneingeschränkte Staatsgewalt, besitzen.

3. Dass gerade Frankreich in Europa nachgeahmt wurde, ergab sich auch aus seiner Vormachtstellung in Europa, die es mit dem Sieg über Spanien (1659) errang. Frankreich verfügte über die stärkste Militärmacht, stand aber auch an der Spitze der Entwicklung in Wissenschaft, Technik und Kunst. Die Prachtentfaltung am Hof Ludwigs XIV. trieb andere Fürsten zur Nachahmung. Moden in Kleidung und Verhalten, die am französischen Hof üblich waren, fanden weite Verbreitung unter den europäischen Eliten.

Der Hof zu Versailles

Der König mit seinem Hof vereinigte also politische Macht und kulturellen Glanz. Das Schloss von Versailles brachte dies sinnfällig zum Ausdruck. Die Baumaßnahmen in einem sumpfigen Gelände südwestlich von Paris dauerten fünf Jahrzehnte. Das Schloss war seit 1682 ständige Residenz der Könige Frankreichs, die bis dahin noch zwischen ihren Schlössern in Paris und an der Loire hin- und hergereist waren, gefolgt von Reitern, Höflingen, Wagen und Sänften, einem Tross von einigen Kilometern Länge. Nun also residierte der König nur noch an einem Ort, auf den das ganze Land die Blicke richten sollte (→ M2).

In Versailles wurden alle Straßen, Plätze, auch der ausgedehnte Park mit seinen Wegen auf die Schlossanlage in der Mitte ausgerichtet. Im Mittelpunkt der geometrischen Anordnung der Bauten lagen das Paradeschlafzimmer und die Regierungsräume des Königs, sichtbares Zeichen für die zentrale Position des Herrschers im Königreich und im Staatsgefüge. Wie der Bau selbst demonstrierte auch das Hofleben die Erhabenheit des Königs. Prinzen, Bischöfe, hoher Geblütsadel, Minister, Generäle, Gelehrte, Dichter und Künstler lebten monate- oder jahrelang am Hof. Sie nahmen an den großartigen Aufzügen, Empfängen, Bällen, Feuerwerken, den Theater- und Musikdarbietungen, den Jagden und den Glücksspielen teil. Aber sie hatten auch die Verpflichtung, sich einem strengen Zeremoniell anzupassen.

Die Zivilisierung der Lebensformen am Hof

Der Hof hatte für die absolute Monarchie eine kaum zu überschätzende Bedeutung. Er repräsentierte die Würde des Königs und damit des Staates, und zwar nach Innen gegenüber den Untertanen, aber auch nach Außen gegenüber den konkurrierenden Mächten. Die verschwenderische Inszenierung dieser Würde beeindruckte und steigerte die politische Wirkung. Daher war der Aufwand, den wir heute noch in den Bauten, Gärten, Möbeln, Teppichen und Kunstgegenständen bestaunen, nicht nur Selbstzweck, sondern auch Teil der Politik.

In Versailles wie an jedem Hof liefen die politischen Fäden zusammen. Dort entschieden der König und seine Behörden über die Geschicke des Landes. Der Hof zog mächtige Adlige in seinen Bann, die nun besser in das Staatsgefüge integriert wurden. Deshalb entflammten Adels- und Bürgerkriege bis zum Ende der absoluten Monarchie 1789 in Frankreich nicht mehr. Schließlich konzentrierte der Hof die kulturellen Leistungen und Entwicklungen. Er versammelte die herausragenden Wissenschaftler und Künstler des Landes. Die *Académie royale des sciences* (Königliche Akademie der Wissenschaften) wurde vom Hof aus gegründet, sie förderte gezielt die Naturwissenschaften. Der Dichter *Jean-Baptiste Molière* (1622–1673) konnte seine Komödien zur Aufführung bringen, obwohl sie den Höflingen ein strenges, standesübergreifendes Tugendideal vorhielten. Die zivilisierten höfischen Lebensformen wirkten vorbildhaft für die Oberschichten in Frankreich und Europa. Der „courtisan“ (Hofmann) hatte tapfer und hilfsbereit zu sein, lärmenden Streit zu vermeiden, sich Bildung und Umgangsformen anzueignen.

Der Bautypus von Versailles, das höfische Zeremoniell, die zivilisierten Lebensformen und Ideale verbreiteten sich mit dem Leitbild der absoluten Monarchie in ganz Europa.

Bürokratie, Steuern, Militär

Unter Ludwig XIV. zählte man in Frankreich etwa 40 000 Amtsträger des Königs, die ihr Amt meist gekauft hatten und es vorwiegend als ihre Einnahmequelle betrachteten, weniger als öffentliche Aufgabe. Sie befolgten die Weisungen von oben nur unzureichend. Ludwig XIV. reformierte zunächst die zentrale Regierung des Landes, indem er die Zuständigkeiten besser regelte. Wichtiger noch war, dass er den *Intendanten* in den nun gebildeten rund 30 Verwaltungsbezirken umfassende Vollmachten für die Gerichts-, Steuer-, Militär- und allgemeine Verwaltung übertrug. Das neuartige Amt eines Intendanten besetzte der König überwiegend mit bezirksfremden Bürgerlichen, von denen er sich mehr Gehorsam erhoffte. Der alteingesessene Adel wurde dadurch entmachtet oder verlor seine Ämter. Ihm boten sich durch den Dienst am Hof und im Heer neue Chancen. Um die Intendanten wuchs ein neuer, ebenfalls vom Hof weisungsabhängiger Verwaltungsapparat, der die Aufgaben der traditionellen, oft vererbbaren Ämter übernahm. Dadurch erst wurden eine straffere Lenkung von oben und eine effizientere Verwaltung möglich, die den Willen des Königs besser durchsetzte. Es ist kein Zufall, dass das Wort *Bürokratie*, ein neuer Begriff für die „Herrschaft der Amtsträger“, bald nach der Regierungszeit Ludwigs XIV. in Frankreich geprägt wurde.

Infolge der Verwaltungsreformen erzielte der König höhere Steuereinnahmen. Die regelmäßig eingetriebenen Steuern waren vor allem zwischen 1620 und 1680 stark angehoben worden. Um 1680 musste ein französischer Bauer 34 Tage im Jahr arbeiten, um seine Steuer zu bezahlen. 1550 waren es nur sieben Tage gewesen. Dabei verblieb stets ein hoher Anteil der Steuern in den Taschen der Steuereinnehmer. Diese wurden nun schärfer kontrolliert, sodass Ludwig XIV. die Erträge schon in wenigen Jahren verdoppeln konnte.

Die Steuern flossen vor allem in die Finanzierung des stehenden Heeres, dessen Umfang von 1665 (45 000) bis 1703 (400 000) enorm anwuchs. Stehende Heere in Friedenszeiten kannte man im 16. und beginnenden 17. Jahrhundert noch nicht. Das französische Heer wurde im Innern gegen revoltierende Bauern eingesetzt, wobei es natürlich auch als beständige Abschreckung wirkte. Vor allem aber eroberte es in den äußeren Kriegen neue Provinzen. Die Heeresreformen Ludwigs XIV. waren ähnlich vorbildhaft wie sein Hof. Er ließ Kasernen und Festungen bauen, führte einheitliche Uniformen und Bewaffnung ein, ferner Ausbildungsstätten für Offiziere, und er traf Vorsorge für Kriegsinvaliden; das alles hatte es zuvor in diesem Ausmaß noch nicht gegeben.

Wirtschaftspolitik (Colbertismus)

Ebenfalls erstmals im großen Maßstab betrieb der Generalkontrolleur der Finanzen, *Jean-Baptiste Colbert*, eine umfassende Wirtschaftspolitik mit dem Ziel, die Einnahmen und den Reichtum des Staates zu steigern. Als Mittel dazu förderte er den Außenhandel und die gewerbliche Produktion im Innern. Hochwertige Waren wurden ausgeführt, Textilien, Wandteppiche, Spiegel, Parfum, Porzellan, Waffen. Hingegen sorgten Schutzzölle gegenüber Einfuhren für eine aktive Handelsbilanz. Das bedeutet, es sollte mehr exportiert als importiert werden. Um die Produktion im Inland zu steigern, begünstigte Colbert die neuartigen *Manufakturen*, in denen anders als im Handwerksbetrieb eine Vielzahl von Beschäftigten in Arbeitsteilung große

Mengen hochwertiger Waren herstellte. Außerdem beseitigte er einen Großteil der Binnenzölle und verbesserte die Verkehrswege. Der Bau des *Canal du Midi* verband den Atlantik mit dem Mittelmeer. Diese Wirtschaftspolitik, die den Wohlstand des Landes hob, um die Staatseinnahmen zu steigern, nannte man später *Merkantilismus* oder *Colbertismus* (➔ M3).

Die planmäßige staatliche Wirtschaftsförderung Colberts stieß bald an ihre Grenzen. Frankreich war ein durch und durch agrarisches Land, anders als die traditionellen Handels- und Gewerberegionen Europas, etwa Oberitalien oder die Niederlande. Vor allem die Niederlande und England behielten gegenüber Frankreich wirtschaftlich die Oberhand, auch in Übersee, in Nordamerika (Kanada), in der Karibik und in Ostasien, obwohl die französische Krone eine energische Ansiedlungs- und Handelspolitik betrieb. Colbert wurde später zu Recht vorgeworfen, die Landwirtschaft vernachlässigt zu haben.

Die Kriege des Königs, die fast drei Jahrzehnte andauerten, führten am Ende zu einer gewaltigen Überschuldung. Auch wirkte sich für die Wirtschaft Frankreichs verhängnisvoll aus, dass Ludwig XIV. 1685 das *Edikt von Nantes* (von 1598) und damit die Rechte der calvinistischen Hugenotten aufhob, weiterhin ihre Religion auszuüben. Die katholische Konfession wurde wieder zur alleinigen Staatsreligion. Mehr als 300 000 der insgesamt etwa eine Million zählenden Hugenotten verließen das Land. Da ein Großteil von ihnen spezielle Fertigkeiten in der Textil- und Luxuswarenherstellung und in anderen Wirtschaftszweigen besaß, machte sich dieser Verlust zum einen für die französische Wirtschaft bemerkbar. Zum anderen lösten die Hugenotten in den Niederlanden, in Brandenburg und in der Schweiz, wohin sie flüchteten, einen Modernisierungsschub aus, der wiederum die Konkurrenten Frankreichs stärkte.

Spielkartenmanufaktur in Paris. Gemälde, um 1680.
Die größere Anzahl von Mitarbeitern erlaubte es, die Fertigung des Produktes in Einzeltätigkeiten zu zerlegen. Durch die Arbeitsteilung unter einem Dach ließen sich mehr Waren kostengünstiger herstellen, weil für die einfachen Arbeitsgänge billige ungelernte Arbeiter, Frauen und Kinder eingestellt wurden und die Zwischentransporte der Halbfertigwaren von Werkstatt zu Werkstatt entfielen.

Die Bevölkerung auf dem Land

Die Landbewohner machten nahezu 90% der etwa 20 Mio. Franzosen aus. Sie verfügten als Eigentümer nur über etwa ein Drittel des Grund und Bodens. Zwei Drittel gehörten Adligen, Bürgern oder Klerikern, die das Land selbst bewirtschafteten oder es an Bauern vergaben. Dies geschah zum Teil in Form einer Pacht-, zum Teil in Form einer Herrschaftsbeziehung zwischen Grundherren und Bauern. Bei einer solchen *Grundherrschaft* hatten die Bauern für die Nutzung eines Hofs Natural- und Geldabgaben sowie Dienste zu leisten. Außerdem hatten sie die Bannrechte des Grundherrn zu beachten; sie durften also nur dessen Mühlen, Backhäuser oder Weinpressen gegen Entgelt benutzen. Die Grundherren waren oftmals auch Gerichts- und Polizeiherren der Bauern und überwachten die Einhaltung der öffentlichen Ordnung. Schwere Kriminaldelikte (Mord, Raub, Diebstahl usw.) kamen jedoch vor die Gerichte des Königs.

Die Bauern regelten aber in den Versammlungen der Pfarrbezirke und Gemeinden ihre eigenen Angelegenheiten durchaus selbst. Das betraf Grenzziehungen, die Nutzung des gemeinsamen Grundeigentums (Allmende), die gegenseitige Hilfe nach einem Brand oder Hagelsturm, mitunter sogar die Erhebung von Steuern. Die *Intensivierung der königlichen Verwaltung* schmälerte die eigenen Zuständigkeiten der Gemeinden, bot aber höhere Rechtssicherheit und schützte besser vor der Willkür der Grundherren. In dieser Hinsicht brachte der absolutistische Staat also Vorteile. Jedoch bedrängte er die Landbewohner im Gegenzug mit wachsenden Steuern. Die Steuerlast, dazu die hohen Abgaben an den Grundherren und die Zehnten an die Kirche beließen den Bauern oftmals nur das Existenzminimum.

Seit 1624 brachen, beginnend im Südwesten Frankreichs, immer neue Aufstände aus, die erst nach den Erhebungen in der Bretagne 1675 verebbten. In diesem Zeitraum stiegen die Steuern sehr rasch, obwohl wiederholte Erntekrisen und Seuchenzüge die Erträge minderten. Dennoch trieben die Einnehmer die Steuern rücksichtslos ein. Aufstände wurden später selten, weil Ludwig XIV. 1675 und erneut 1702/04 gegen die rebellischen Bauern im Languedoc Truppen einsetzte, mehr noch weil die Intendanten für eine gerechtere Verteilung der Steuerlast sorgten, die außerdem nur noch geringfügig wuchs.

Die absolute Monarchie in Europa

Ludwig XIV. verstand es meisterhaft, seine monarchische Herrschaft propagandistisch aufzuwerten. Auch konnte er tatsächlich Erfolge vorweisen. Frankreich dehnte als führende Macht in Europa sein Staatsgebiet links des Rheins und an der Grenze zu den Niederlanden beträchtlich aus. Die Hofhaltung in Versailles, die Reformen in Verwaltung, Militärwesen und Wirtschaft überzeugten die Staatsmänner und Gebildeten überall in Europa. Deshalb versuchten auch andere monarchische Staaten in Europa, zu ähnlichen Lösungen wie Frankreich zu kommen.

Die absolute Monarchie leitete Entwicklungen ein, die für den modernen Staat grundlegend waren. Der König oder der regierende Fürst konzentrierte die Rechte, die man im 19. Jahrhundert als die staatlichen Hoheitsrechte ansah: das Monopol der legitimen Gewaltanwendung, das Monopol der auswärtigen Politik, die Gerichts-, Militär-, Steuer- und Verwaltungshoheit. Die Souveränität lag ausschließlich beim Herrscher. Er und seine Minister konnten die politische Mitsprache des Adels und der Geistlichkeit zurückdrängen, die Verwaltung reformieren und die Wirtschaftskraft stärken. Aber das gelang immer nur unvollkommen. Daher hatten die absoluten Monarchien unterschiedliche Ausprägungen. So erreichten die spanischen Könige nicht mehr, als die regionalen Sonderrechte im Ostteil der Halbinsel zu beseitigen und dadurch die Steuereinnahmen zu steigern. In Deutschland entwickelte Preußen infolge einer wirksamen Verwaltungs-, Militär- und Wirtschaftspolitik ein anerkanntes Muster der absoluten Monarchie. Dagegen kam die Modernisierung Habsburg-Österreichs nur schwer voran, weil es sehr verschiedenartige Länder mit ebenso verschiedenartigen Sonderrechten vereinigte. Die habsburgische Monarchie reichte vom Herzogtum Mailand über Österreich, Böhmen, Ungarn bis nach Belgrad und Siebenbürgen im Osten. Russland wurde um 1700 von Zar *Peter I.* gemäß westlichen Vorbildern modernisiert, jedoch wirkte der Machtfülle des Herrschers die riesige Weite des Landes entgegen.

Überwiegend im Norden Europas findet man die nichtabsolutistischen Vorläufer des modernen Staats. In England, Dänemark, Polen und Schweden teilten die Könige die Macht mit den Großen des Landes, meist den Adligen. Sie bewilligten die Steuern, wirkten bei der Gesetzgebung mit und kontrollierten die Monarchen. Das wichtigste Beispiel ist England.

M1 Der Herzog von Saint-Simon beurteilt Ludwig XIV.

Der Herzog Louis von Saint-Simon hat seit 1694 „Mémoires" (Denkwürdigkeiten) zum Hof und zur Regierung Ludwigs XIV. verfasst, die erst 1788 gedruckt erscheinen. Aus Enttäuschung, weil ihm der König kein hohes politisches Amt überträgt, verlässt er 1702 den Hof. Er tritt später für die Rechte der Stände und des hohen Adels ein, dem er selbst angehört.

Der König forderte die ständige Gegenwart nicht nur des gesamten hohen, sondern auch des niederen Adels bei seinem Lever[1], bei seinem Coucher[2], bei seinen Mahlzeiten, wenn er durch die „Appartements"[3] ging, oder bei den Spaziergängen in den Gärten von Versailles, auf denen ihn nur einige Höflinge begleiten durften, immer und überall ließ er die Blicke wachsam nach rechts und nach links schweifen, er sah und bemerkte einen jeden, keiner entging seiner Aufmerksamkeit, selbst jene nicht, die nicht die geringste Hoffnung hegten, gesehen zu werden; er registrierte genauestens die Abwesenheit derer, die zum Hof gehörten, oder derer, die nur vorübergehend zu erscheinen pflegten; er rechnete die allgemeinen und besonderen Ursachen dieses Nichterscheinens zusammen, und er versäumte keine Gelegenheit, die Betreffenden dementsprechend zu behandeln. […]

Seine Neugier bewog ihn, dem Polizeipräfekten unerhörte Vollmachten zu gewähren. Die Polizeibeamten wurden in Frankreich mehr als die Minister – ja sogar von diesen selbst – gefürchtet, und jedermann, auch die Prinzen von Geblüt, nahm die größte Rücksicht auf sie. Der König erhielt von ihnen nicht nur sachliche Berichte, er ließ sich zu seinem Vergnügen auch noch sämtliche Pariser Liebeshändel und Skandalgeschichten erzählen.

Aber das schlimmste Auskunftsmittel, dessen sich der König bediente, war das Öffnen der Privatbriefe; dies geschah lange Zeit, ohne dass man das Geringste davon ahnte. […]

Niemand verstand es, Gunstbeweise mit größerer Anmut zu spenden und dergestalt den Preis seiner Wohltaten zu erhöhen; niemand vermochte seine Aussprüche, sein Lächeln, ja sogar noch seine Blicke so teuer zu verkaufen wie er. Durch die Unterschiede, die er machte, und durch sein majestätisches Gebaren verlieh er allem eine gewisse Kostbarkeit, wozu die Seltenheit und die Kürze seiner Bemerkungen nicht wenig beitrugen. Sobald er sich mit der belanglosesten Frage jemandem zuwandte, richteten sich die Blicke aller Umstehenden auf den Betreffenden; es war dies eine Auszeichnung, die man zur Kenntnis nahm und die stets zur Erhöhung des Ansehens beitrug. So verhielt es sich mit all den Aufmerksamkeiten, den Auszeichnungen und Bevorzugungen, die er nach Maßgabe verteilte. Niemals ließ er sich hinreißen, jemandem ein beleidigendes Wort zu sagen, und wenn er jemanden zu ermahnen oder zu tadeln hatte – was selten der Fall war –, so tat er es immer in freundlichem Ton, niemals barsch oder im Zorn. […]

Sigrid von Massenbach (Übers. u. Hrsg.), Die Memoiren des Herzogs von Saint-Simon, Frankfurt/Berlin 1991, 290–292

König Ludwig XIV. von Frankreich. Gemälde von Hyacinthe Rigaud, 1701. Das überlebensgroße Porträt ist 1,94 Meter breit und 2,77 Meter hoch und war im Kronsaal des Schlosses Versailles aufgehängt.

1. *Der Herzog von Saint-Simon war kein unvoreingenommener Beobachter, aber er wird überwiegend durch andere Quellen bestätigt. Entwerfen Sie ein Bild der Herrscherpersönlichkeit Ludwigs XIV.*
2. *Erläutern Sie, wie sich das Verhalten des Königs auf die Hofangehörigen auswirkte.*
3. *Erklären Sie, warum der Hof ein so geeignetes Instrument war, den Adel in die Monarchie einzufügen.*

---

[1] *Lever: Zeremonie beim Aufstehen*
[2] *Coucher: Zeremonie beim Zubettgehen*
[3] *Hier sind Zimmerfluchten im Schloss gemeint.*

Versailles: Gesamtanlage. Ausschnitt eines Gemäldes von Pierre Patel, 1668.
Mittelpunkt des Schlosses ist das königliche Schlafzimmer. Sowohl die Straße aus Paris als auch die Mittelachse der gegenüberliegenden Seite laufen direkt darauf zu. Der sich immer weiter verengende Innenhof unterteilt sich in den „Königshof" und den Marmorhof. Später kam noch der „Hof der Minister" hinzu (benannt nach den Ministerflügeln auf beiden Seiten). Er ist in dieser frühen Bauphase noch nicht angelegt.

M2 Das Modell Versailles

Versailles ist die größte Schlossanlage in Europa. Der Bau beginnt 1661, von 1682 bis 1789 dient das Schloss als Residenz der französischen Könige. 1789 versammeln sich hier die Generalstände Frankreichs, 1871 wird im Versailler Spiegelsaal der deutsche Kaiser proklamiert, 1919 der Versailler Vertrag unterzeichnet. Der Publizist Uwe Schultz (geb. 1936) schreibt:

Die Natur, nicht länger von Dämonen bevölkert, hatte sich ebenso der Machbarkeit zu unterwerfen wie die Menschen der Macht des Monarchen, die in Ludwig XIV. ihre erste und letzte Instanz gefunden hatte. Sie war nicht länger feindlich, sollte vielmehr dienstbar werden zum Nutzen der Menschen und zum Vergnügen des Königs.
Diese geordnete Welt glich dem Netz der Spinne und hatte ihr Zentrum im Schlafgemach des Königs. Ihr Netz, das mit Straßen und Kanälen das ganze Land überziehen und die Kommunikation wie die Wirtschaft zu neuer Blüte bringen sollte, war zugleich die ideale Topographie der Überwachung und Besteuerung. Das Prinzip Kontrolle begann seine Herrschaft.

Uwe Schultz, Versailles. Die Sonne Frankreichs, München 2002, S. 78

1. *Wenden Sie einzelne Aussagen des wissenschaftlichen Textes an, um die Schloss- und Gartenanlagen von Versailles zu beschreiben oder zu deuten.*
2. *Der barocke Garten oder Park war eine prägende Gestaltungsform im Zeitalter des Absolutismus. Nutzen Sie Nachschlagemöglichkeiten, um einige seiner Merkmale zu benennen.*
3. *Der hohe Geldaufwand für den absolutistischen Hof kommt auch in der abgebildeten Schlossanlage zum Ausdruck. Diskutieren Sie, ob das höfische Leben als Verschwendung oder als sinnvolle Politik anzusehen ist.*

M3 Grundsätze der Colbertschen Wirtschaftspolitik

Jean-Baptiste Colbert (1619–1683), seit 1665 als Oberkontrolleur der Finanzen der Minister Ludwigs XIV. in diesem Bereich, verfasst 1664 eine Denkschrift, in welcher er die Grundlagen staatlicher Wirtschaftspolitik darlegt. In ihr wendet er das Wissen der Zeit an, um Leitlinien zu entwickeln, über die dann eine vom König berufene Expertenkommission berät. Viele der Vorschläge werden in den nachfolgenden Jahrzehnten verwirklicht.

Ich glaube, man wird ohne Weiteres in dem Grundsatz einig sein, dass es einzig und allein der Reichtum an Geld ist, der die Unterschiede an Größe und Macht zwischen den Staaten begründet. Was dies betrifft, so ist es sicher, dass jährlich aus dem Königreich einheimische Erzeugnisse (Wein, Branntwein, Weinessig, Eisen, Obst, Papier, Leinwand, Eisenwaren, Seide, Kurzwaren) für den Verbrauch im Ausland im Wert von 12 bis 18 Millionen Livres hinausgehen. Das sind die Goldminen unseres Königreiches, um deren Erhalt wir uns sorgfältig bemühen müssen. […] Außer den Vorteilen, die die Einfuhr einer größeren Menge Bargeld in das Königreich mit sich bringt, wird sicherlich durch die Manufakturen eine Million zurzeit arbeitsloser Menschen ihren Lebensunterhalt gewinnen. Eine ebenso beträchtliche Anzahl wird in der Schifffahrt und in den Seehäfen Verdienst finden, und die fast unbegrenzte Vermehrung der Schiffe wird im gleichen Verhältnis Größe und Macht des Staates vermehren. Dies sind die Ziele, nach denen der König meines Erachtens aus guter Gesinnung und Liebe zu seinem Volk streben sollte. Als Mittel, sie zu erreichen, schlage ich vor:
Durch einen Conseilbeschluss[1] mit Beteiligung des Königs möge Seine Majestät allen Untertanen seinen Entschluss verkünden. Alle im Dienst des Königs Stehenden sollen die Vorteile, die den Untertanen des Königs daraus erwachsen, öffentlich erörtern; die am Hof erscheinenden Kaufleute sollten mit allen Anzeichen der Gewogenheit und des guten Willens empfangen, in allen Angelegenheiten ihres Handels unterstützt und zuweilen, wenn sie mit wichtigen Angelegenheiten kommen, im Conseil Seiner Majestät gehört werden. […] Es sollte jährlich eine bedeutende Summe für Wiederherstellung der Manufakturen und die Förderung des Handels durch Conseilbeschluss ausgeworfen werden. Desgleichen bezüglich der Schifffahrt: Zahlung von Gratifikationen[2] an alle, die neue Schiffe kaufen oder bauen oder große Handelsreisen unternehmen. Die Landstraßen sollten ausgebessert, die Zollstationen an den Flüssen aufgehoben, die kommunalen Schulden weiterhin abgelöst werden. Man bemühe sich unablässig, die Flüsse im Innern des Königreiches schiffbar zu machen, soweit sie es noch nicht sind; man prüfe sorgfältig die Frage einer Verbindung der Meere.

Fritz Dickmann (Bearb.), Renaissance, Glaubenskämpfe, Absolutismus. Geschichte in Quellen, München ³1982, S. 448

Die Ausstrahlung von Versailles auf die europäischen Schloss- und Stadtanlagen.
▸ *Verbalisieren Sie die Grafik.*

1. *Stellen Sie die Ziele und Mittel Colbert'scher Wirtschaftspolitik aus dem Text zusammen.*
2. *Neben Frankreich gelangten auch andere Staaten Europas zu einer staatlichen Wirtschaftspolitik. Skizzieren Sie mögliche Folgen.*
3. *Der englische Wirtschaftsphilosoph Adam Smith schreibt 1776: „Räumt man alle Begünstigungs- und Beschränkungssysteme völlig aus dem Weg, so stellt sich die natürliche Freiheit in der Wirtschaft von selbst her und die Wirtschaft eines Landes wird so am besten blühen. Das Staatsoberhaupt wird so ganz von der Pflicht entbunden, den Gewerbefleiß der Untertanen zu überwachen und in den Wirtschaftsablauf einzugreifen." Vergleichen Sie den Grundgedanken von Adam Smith mit dem entsprechenden Grundsatz von Colbert. – Welche Einwände hätte ein Verfechter des Merkantilismus gegen den Vorschlag von Adam Smith erhoben?*

---

1 *Conseilbeschluss: Beschluss des königlichen Rats*
2 *Gratifikation: zusätzliches Entgelt zu besonderen Anlässen*

4.2 Der Sieg des ständischen Parlamentarismus in England

Wilhelm von Oranien und Maria, Tochter Jakobs II., werden als Herrscherpaar eingesetzt. Ausschnitt aus einem Kupferstich von James Northcole, 1790.

1649	Die Hinrichtung König Karls I. macht England zur Republik und zur Militärdiktatur unter Oliver Cromwell
1688	Die „Glorious Revolution" begründet die ständisch-konstitutionelle Monarchie in England

Voraussetzungen

In England konkurrierte das Parlament mit dem König. Parlamente als Vertretungen der Stände, nämlich der Adligen, der Bürger und der Kleriker, waren auch in den absoluten Monarchien nicht ganz verschwunden. Dort hatten sie jedoch nur noch formell, nicht mehr wirklich die Rechte, Steuern zu bewilligen und an der Gesetzgebung mitzuwirken. In England dagegen verteidigten die beiden Kammern des Parlaments, das *House of Lords* (Oberhaus) und das *House of Commons* (Unterhaus), ihre starke Stellung gegenüber dem König. Sie konnten sich auf die *Magna Charta Libertatum* aus dem Jahr 1215 berufen, die der königlichen Willkür Grenzen setzte. Der König konnte nur dann Steuern erheben und Gesetze erlassen, wenn das Parlament nach Beratung zustimmte. Die beiden Kammern sprachen prinzipiell für das ganze Land, vertraten aber tatsächlich die Interessen ihrer Mitglieder, nämlich der Hochadligen (*Lords*), des „gewöhnlichen" Landadels (*Gentry*) und der großen Kaufleute. Sie hatten zwei wichtige Anliegen: zum einen die Begünstigung von Landbesitz und Handel, zum anderen die Bewahrung der Konfession.

Die Wirtschaft in England war weniger durch überkommene Rechts- und Herrschaftsverhältnisse eingeschränkt als in den Monarchien des Kontinents. Die Gesetzgebung nach 1550 erhöhte die ohnehin guten Marktchancen, die sich für die englische Gentry in der Landwirtschaft und im Überseehandel ergaben. Das sollte in den Augen des Parlaments so bleiben. Außerdem wünschten der Adel und die Mehrheit im Land das Fortbestehen der 1535 begründeten Kirche von England. Die förmliche *Lossagung von Rom* hatte dem Adel zwei Drittel des vormaligen englischen Klosterguts eingebracht. Die Erwerbungen standen auf dem Spiel, wenn das Land wieder katholisch wurde. Aber da war noch ein anderes Problem. Von der Kirche Englands lösten sich mehr und mehr die *Puritaner*, deren Name vom lateinischen „puritas", Reinheit, abgeleitet ist. Sie verlangten eine radikalere Abkehr von altkirchlich-katholischen Traditionen als die Kirche von England und kritisierten z. B. die unveränderte altkirchliche Organisation mit dem Anspruch der Bischöfe, in der Nachfolge der Apostel zu stehen. Die Mehrheit des Parlaments jedoch verfolgte langfristig das Ziel, die Kirche von England zu erhalten. Die Parlamentarier wollten weder zurück zur katholischen Kirche noch eine Auflösung der gesamtenglischen Bischofskirche.

Mehrheitlich verfolgten Adlige und Bürger also konservative Ziele, nämlich die Wirtschaftsform und die Konfession so zu bewahren, wie sie im 16. Jahrhundert entstanden waren. Die politischen Entscheidungen traf aber auch in England der König, das Parlament konnte nur reagieren. Seit 1603 herrschte König *Jakob I.* aus der Dynastie der *Stuarts*, die bis dahin in Schottland regiert hatten und nun erstmals England (mit Irland) und Schottland in Personalunion vereinigten. Der Stuartkönig missachtete wiederholt die Rechte des Ober- und Unterhauses. Diese erzwangen indessen unter seinem Nachfolger *Karl I.* 1628 die *Petition of Right*, die nachdrücklich das Recht der Steuerbewilligung durch das Parlament bestätigte und willkürliche Verhaftungen verbot.

Die Hinrichtung Karls I.
Ausschnitt aus dem Gemälde eines unbekannten Künstlers, um 1649.
► *Laut Überlieferung war der Schauplatz der Enthauptung durch Soldaten und ein schwarzes Tuch weitgehend abgeschirmt.*
Begründen Sie, warum der – wahrscheinlich schottische – Maler dennoch das Volk teilhaben ließ.

Bürgerkrieg und Ende Karls I.

Der König jedoch fügte sich nicht, sondern erhob eigenmächtig neue Abgaben und baute seine zentrale Verwaltung auf Kosten der Gentry aus, die im Unterhaus stark vertreten war. Außerdem straffte er als Oberhaupt der Kirche von England die Kirchenorganisation, die er nun auch den (calvinistisch-)puritanischen Schotten aufzwingen wollte. Als sich diese erhoben, verweigerte das Unterhaus dem König die Hilfe und verabschiedete 1641 ein Dokument, das die Souveränität dem Parlament übertrug und die hierarchische anglikanische Bischofskirche auflöste. Darüber brach der Bürgerkrieg aus, der zugleich eine Revolution gegen das Königtum war.

Oliver Cromwell (1599–1658), Porträt von Peter Lely, 1654.
Der Puritaner Cromwell glaubte an die (göttliche) Auserwähltheit Englands.

Der traditionell royalistische Adel im Norden und Westen hielt weithin dem König die Treue, während der Osten und Süden mit den Handelsstädten, allen voran London, das Parlament unterstützte. Die Royalisten unterlagen 1645 dem schlagkräftigen Heer der Parlamentarier, das *Oliver Cromwell*, ein Adliger des Unterhauses, organisiert und geführt hatte. Der Sieg jedoch spaltete das mittlerweile puritanisch besetzte Unterhaus in Presbyterianer und in Independenten. Die Presbyterianer, deren Name vom griechischen „presbýteros", der (Kirchen-)Älteste, abgeleitet ist, wollten den landesweiten Kirchenverband beibehalten. Dagegen lehnten die Independenten (aus engl. „independent", unabhängig) jede überregionale Kirchenorganisation ab; die einzelnen Gemeinden sollten ihre Unabhängigkeit bewahren. Die Minderheit der Independenten, die freilich das Heer auf ihrer Seite hatten, setzte sich durch. Um endgültig auch den König auszuschalten, verurteilten sie Karl I. wegen Tyrannei zum Tod und ließen ihn 1649 hinrichten.

Von der Republik zur Restauration

Die Sieger erklärten England 1649 zum *„Commonwealth“*, das „durch die Repräsentanten des Volkes im Parlament, ohne König und Oberhaus“ regiert wurde. Damit war England Republik, auch wenn der unpopuläre Begriff vermieden wurde; die Republik galt als schlechte Staatsform. Tatsächlich hatten ohnehin Cromwell und die Armee die Macht. Dies kam 1653 in einer Verfassung zum Ausdruck, die Cromwell zum „Lord Protector“ und damit faktisch zum Militärdiktator machte. Den Königstitel, den ihm das Parlament 1657 anbot, wies er jedoch zurück. Auch Schottland und Irland wurden in die neue Protektoratsverfassung einbezogen. In der Außenpolitik errang Cromwell zur gleichen Zeit triumphale Siege gegen die Kolonialmächte Holland und Spanien. Sie begründeten die Weltgeltung Englands zur See.

Nach dem Tod Cromwells 1658 übernahm wieder das Parlament die Führung, das unter der Militärdiktatur geringe Mitbestimmungsrechte hatte. Es zog aus den Bürgerkriegen die Konsequenz, dass das Land einen starken König brauchte. Aber er sollte durch ein starkes ständisches Parlament in die Schranken gewiesen werden. Daher wurde der Sohn Karls I. 1660 als *Karl II.* zum neuen König erhoben. Man bezeichnete die Wiedereinsetzung der Stuarts als „Restauration“, die „Wiederherstellung“ des früheren, durch die Revolution unterbrochenen Zustands. Die Staatskirche stützte weiterhin den König, ließ aber den Puritanern und den Katholiken einen gewissen Freiraum. Dennoch wanderten viele „Dissenters“ („Abweichler“), die nicht der Kirche Englands angehörten, nach Amerika aus.

Neuerliche Konflikte zwischen Krone und Parlament hatten 1679 die *Habeas-Corpus-Akte* zur Folge, die Schutz vor willkürlicher Verhaftung durch königliche Beamte garantierte. Da der katholische Stuartkönig Jakob II., der Bruder Karls II., schließlich eine bedrohlich katholikenfreundliche Politik betrieb, setzte ihn das Parlament 1689 ab.

Die „Glorious Revolution“ und die Folgen

Die Absetzung war Teil eines Vorgangs der Jahre 1688/89, den die Briten *„Glorious Revolution“* nennen; „glorreich“, weil kein Blut vergossen wurde.

Was war geschehen? Jakob II. besetzte rechtswidrig hohe Ämter mit Katholiken. Nach der Geburt eines Thronfolgers im Juni 1688 befürchteten Mitglieder des Parlaments eine katholische Dynastie und eine allgemeine Rekatholisierung des Landes. Daher riefen sie den protestantischen *Wilhelm von Oranien*, den Erbstatthalter der Vereinigten Niederlande, zu Hilfe, der im November 1688 mit einer Flotte in England landete und rasch die Sympathie von Armee und Bevölkerung gewann. Jakob II. floh nach Frankreich. Ein neu gewähltes Parlament übertrug nach der Absetzung des Stuartkönigs dem Oranier Wilhelm (III.) die englische Krone.

Ein revolutionärer Umsturz war das nicht, vielmehr der gelungene Versuch, die Ziele der Restauration von 1660 mit einem anderen König und einer anderen Dynastie durchzusetzen. Wie bisher sollte neben dem König ein starkes Parlament stehen. Die Staatskirche bestand unverändert weiter. Diese Ziele entsprachen den Interessen des konservativen grundbesitzenden Adels, der seine politische Macht und die Konfession des Landes absicherte. Die Gentry besetzte regelmäßig mehr als die Hälfte der 500 Sitze des Unterhauses. Im Oberhaus saßen am Ende des 17. Jahrhunderts rund 180 Mitglieder („Lords“), hohe Adlige (*Peers*) und Geistliche, die meist den König unterstützten. Diejenigen, die Handel, Finanzgeschäfte und Gewerbe betrieben, vor allem Bürgerliche, waren jedoch von der Mitsprache nicht ausgeschlossen. Auch blieb die soziale Mobilität zwischen Adel und höherem Bürgertum erhalten, die in England weit höher war als auf dem Kontinent.

Die *„Bill of Rights“*, 1689 vom Parlament zum Gesetz erhoben und vom neuen König Wilhelm III. gebilligt, legte das Fundament für eine ständisch-konstitutionelle Monarchie (→ M1). Demgemäß beging der König künftig einen Rechtsbruch, wenn er ohne Einwilligung des Parlaments Gesetze aufhob, Steuern einzog und ein stehendes Heer unterhielt. Der König entschied allerdings weiterhin über die Ernennung der Minister, die Einberufung des Parlaments, die Außenpolitik und damit über Krieg und Frieden.

Noch war 1689 die Souveränitätsfrage des *„king in parliament“* nicht entschieden. Hatte der König oder das Parlament die letzte Entscheidungsgewalt? Die Regierungspraxis begünstigte den König. Aber seine Herrschaft beruhte auf einem Vertrag, nicht mehr auf dem Gottesgnadentum. Das Parlament verfügte über die Steuern und das stehende Heer und hatte somit ein stets wirksames Kontrollrecht. Es wurde insbesondere vom Unterhaus ausgeübt, das regelmäßig neu gewählt werden musste, ab 1716 alle sieben Jahre. Nur wer Besitz hatte, durfte wählen. Der Wahl- und Besetzungsmodus änderte sich im 18. Jahrhundert nicht, wodurch der Einfluss des Landadels und der städtischen Unternehmer, aber auch die Stellung des Parlaments gefestigt wurde. Dies trug entscheidend dazu bei, dass sich in der Praxis die eigentliche Regierungsgewalt vom König zum Parlament hin verlagerte.

M1 Die „Bill of Rights“ vom 23. Oktober 1689

Die „Bill of Rights“ wird 1688 von einem neu berufenen Parlament entworfen, im Februar 1689 von König Wilhelm III. und Königin Maria angenommen, im Oktober vom Parlament als Gesetz mit der Bezeichnung verabschiedet: „An Act declaring the rights and liberties of the subject and settling the Succession to the Crown“.

Die geistlichen und weltlichen Lords und die Gemeinen haben sich aufgrund von Ladungen und Wahlen heute in einer vollzähligen und freien Vertretung der Nation versammelt und aufs sorgsamste die besten Maßregeln zur Erlangung des vorgenannten Zieles in ernste Erwägung genommen. Sie erklären daher zuerst (so, wie es ihre Vorfahren im gleichen Falle gewöhnlich getan haben) zur Sicherung und Wahrung ihrer alten Rechte und Freiheiten:

I. Die angemaßte Befugnis, kraft königlicher Autorität ohne Zustimmung des Parlaments Gesetze oder die Ausführung von Gesetzen auszusetzen, ist ungesetzlich.

II. Die angemaßte Befugnis, durch königliche Autorität Gesetze oder die Ausführung von Gesetzen aufzuheben, wie sie in der Vergangenheit angemaßt und ausgeübt wurde, ist ungesetzlich.

III. Die Bestallung für die Errichtung des früheren Gerichtshofes der Kommissare für kirchliche Angelegenheiten und alle anderen Bestallungen und Gerichtshöfe gleicher Art sind ungesetzlich und verderblich.

IV. Die Erhebung von Steuern für den Gebrauch der Krone unter dem Vorwand [königlichen] Vorrechts ohne Bewilligung des Parlaments für längere Zeit und in anderer Weise, als sie bewilligt ist oder werden soll, ist ungesetzlich.

V. Es ist das Recht der Untertanen, an den König Gesuche zu richten. Alle Verhaftungen und Verfolgungen um solcher Petitionen willen sind ungesetzlich.

VI. Das Aufstellen und Halten einer stehenden Armee im Königreich in Friedenszeiten, außer mit Zustimmung des Parlaments, ist ungesetzlich.

VII. Die protestantischen Untertanen können Waffen zu ihrer Verteidigung führen, wie es ihrem Stand gemäß und von Rechts wegen erlaubt ist.

VIII. Die Wahl der Mitglieder des Parlaments soll frei sein.

IX. Die Freiheit der Rede, der Debatten und des Verfahrens im Parlament soll vor keinem Gerichtshof oder sonst außerhalb des Parlaments verfolgt oder untersucht werden.

Dietmar Willoweit/Ulrike Seif (Hrsg.), Europäische Verfassungsgeschichte, München 2003, S. 238–240

1. *Die Rechte des Königs sind in der „Bill of Rights“ nur indirekt ausgedrückt. Wägen Sie seine Rechte und die Rechte des Parlaments gegeneinander ab.*
2. *Vergleichen Sie die Stellung des englischen Königs aufgrund der „Bill of Rights“ mit derjenigen Ludwigs XIV. von Frankreich.*

Die Landung Wilhelms III. von Oranien in Torbay im Jahre 1688.
Gemälde von Joseph Mallord William Turner, 1832.
Turners Gemälde zeigt den künftigen König vor dessen triumphaler Ankunft in Torbay an der südenglischen Küste.
► Erläutern Sie, inwiefern die Stilisierung Wilhelms als „Retter Englands“ auf dem Bild zum Ausdruck kommt.

4.3 Die Aufklärung

„Das Experiment mit der Luftpumpe." Ölgemälde von Joseph Wright, 1768.
Der dargestellte Versuch zeigt, dass ein Vogel im luftleeren Raum nicht fliegen kann.
▸ *Beschreiben Sie die Inszenierung des nächtlichen Experiments. Achten Sie dabei auf die dargestellten Personen, ihre Körperhaltungen und auf die Licht- und Schattensymbolik.*

1666	Newtons Gravitationstheorie beweist zum ersten Mal, dass sich Erscheinungen auf der Erde und im Weltraum auf die gleichen Gesetzmäßigkeiten zurückführen lassen
1690	Locke begründet das Widerstandsrecht bei einer Willkürherrschaft
1748	Montesquieu entwickelt das Prinzip der Gewaltenteilung
1762	Rousseau fordert die Volkssouveränität, weil alle Menschen die gleichen Rechte hätten
1789 und 1791	Die amerikanische und die französische Verfassung verankern mit den Menschenrechten und der Gewaltenteilung aufklärerische Prinzipien

Was ist Aufklärung?

Diese Frage beantwortete *Immanuel Kant* 1784 in einem berühmten Aufsatz, der seither so oft zitiert wurde wie kaum ein anderer. *Aufklärung* sei die Befreiung aus selbstverschuldeter Unmündigkeit, aus dem „Unvermögen, sich seines Verstandes ohne Leitung eines anderen zu bedienen". Kant rief jeden auf, sich seines eigenen „Verstandes zu bedienen". Hinter dem Aufruf stand ein Weltbild, das man so zusammenfassen kann:

1. Die Vernunft macht den eigentlichen Wesenskern des Menschen aus; mit ihrer Hilfe lässt sich über Wahrheit und Irrtum entscheiden.
2. Weil die Welt und der Mensch vernunftgemäß angelegt sind, kann die kritische Vernunft die Ordnung der Welt und die Bestimmung des Menschen erkennen.
3. Damit befreit sich der Mensch aus den Zwängen des Irrationalen. Er kann sich und die Gesellschaft vervollkommnen und als letztes Ziel das Glück für alle erreichen.

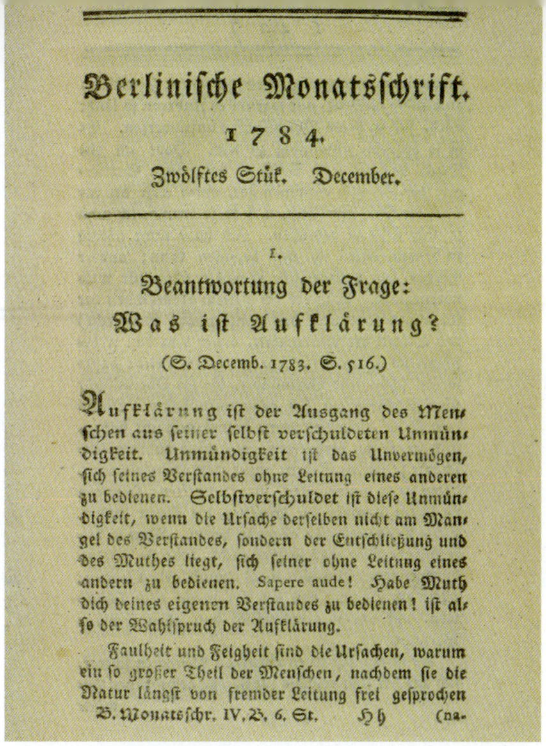

Berlinische Monatsschrift.

1784.

Zwölftes Stük. December.

1.

Beantwortung der Frage:

Was ist Aufklärung?

(S. Decemb. 1783. S. 516.)

Aufklärung ist der Ausgang des Menschen aus seiner selbst verschuldeten Unmündigkeit. Unmündigkeit ist das Unvermögen, sich seines Verstandes ohne Leitung eines anderen zu bedienen. Selbstverschuldet ist diese Unmündigkeit, wenn die Ursache derselben nicht am Mangel des Verstandes, sondern der Entschließung und des Muthes liegt, sich seiner ohne Leitung eines andern zu bedienen. Sapere aude! Habe Muth dich deines eigenen Verstandes zu bedienen! ist also der Wahlspruch der Aufklärung.

Faulheit und Feigheit sind die Ursachen, warum ein so großer Theil der Menschen, nachdem sie die Natur längst von fremder Leitung frei gesprochen

B. Monatsschr. IV. B. 6. St. Hh (na-

Erste Seite des berühmten Aufsatzes von Immanuel Kant (1724–1804) zu der Frage „Was ist Aufklärung?", 1784.

Dieses Weltbild teilten Gebildete in ganz Europa, Philosophen ebenso wie Juristen, Ärzte, Lehrer oder Staatsmänner. Es hatte seine Wurzeln im wissenschaftlichen Denken um 1600, war um 1700 eine Geisteshaltung von wenigen Gebildeten und wandelte sich im 18. Jahrhundert zur machtvollen Bewegung, die schließlich das politische und soziale Leben in Europa radikal umwälzte. Deshalb wählen historische Werke zum 18. Jahrhundert neben „Absolutismus" auch die Epochenbezeichnungen „Zeitalter der Vernunft" oder „Zeitalter der Aufklärung". „Aufklärung" ist eine Ableitung aus dem französischen Schlagwort des „siècle des lumières" (Jahrhundert der Erleuchtung), das um 1700 aufkam. Die Lichtmetapher fand Eingang auch in andere Sprachen (z.B. englisch „enlightenment"), da die Aufklärung eine europäische Bewegung war und die Aufklärer Frankreichs am meisten Beachtung fanden.

Die Anfänge: messende Beobachtung und Rationalismus

Gelehrte wie *Galileo Galilei* (1564–1642) revolutionierten um 1600 das Verständnis der Naturforschung. Wie schon in der Renaissance üblich, prüften sie den überlieferten Wissenskanon durch Beobachtung. Zusätzlich setzten sie nun auch mathematische Methoden ein, insbesondere aber die bahnbrechende Methode des Experiments. Mit ihrer Hilfe gelang es ihnen, den manchmal trügerischen Augenschein der Beobachtung zu kontrollieren. Das Misstrauen gegenüber der eigenen Wahrnehmung stand somit am Anfang der modernen Naturwissenschaft. Noch galten die Werke des *Aristoteles*, der 384 bis 322 v. Chr. gelebt hatte. Darin konnte man lesen, dass ein Körper umso schneller fällt, je schwerer er ist. Dem Anschein nach flog eine Feder langsamer zu Boden als ein Stein. Galilei bewies durch seine Experimente und Messungen am schiefen Turm zu Pisa, dass alle Körper gleich schnell fallen. Experimente, Messungen und mathematische Operationen blieben Methoden der Naturwissenschaften bis heute.

Mikroskop aus dem 17. Jh. Zacharias Janssen gelang mithilfe seines Vaters Johannes, eines Brillenmachers, 1590 der Bau des ersten Mikroskops.

René Descartes (1596–1650) versuchte nicht nur, „das Buch der Natur mithilfe der Mathematik zu lesen", wie es Galilei für sich formulierte, sondern auch den Menschen und die lebende Welt mit mathematisch-logischen Operationen zu erschließen. Damit begründete er den sog. *Rationalismus*. Die Rationalisten vertraten den Standpunkt, dass die menschliche „ratio", die „Vernunft", die gesamte Welt erkennen könne. Dies sei deshalb möglich, weil die Welt nach logischen Gesetzen aufgebaut sei. Das hieß in der Konsequenz, dass der menschliche Verstand alle Rätsel der Welt lösen konnte, einer Welt, die sich die Rationalisten als Maschine vorstellten. Diese Auffassung verfestigte sich zur unumstößlichen Gewissheit durch die Entdeckungen von *Isaac Newton* (1643–1727), des berühmtesten Wissenschaftlers seines Zeitalters. Denn Newton schien mit seinen Entdeckungen zu bestätigen, dass die Vernunft das Tor zu den Fundamentalgesetzen der Natur aufstieß. Sein 1666 formuliertes Gravitationsgesetz, nach dem sich alle Körper auf der Erde und im Weltraum gegenseitig anziehen, erklärte die Fallgesetze Galileis ebenso wie die Bahnen der Planeten um die Sonne, die *Johannes Kepler* (1571–1630) einst mathematisch beschrieben hatte. Damit erbrachte Newton den Beweis, dass die Naturgesetze auf der Erde wie im Universum galten.

Das Gravitationsgesetz war ein früher Höhepunkt wissenschaftlicher Grundlagenforschung. Viele berühmt gewordene Entdeckungen der Mathematik und Physik vor 1800 fallen ebenfalls ins 17. Jahrhundert, die Infinitesimalrechnung (um 1680), die Wahrscheinlichkeitsrechnung (um 1700) bzw. das

Druck-Volumen-Gesetz der Gase (1662) oder die Wellenform des Lichts (1690). Die Biologie und Chemie folgten im 18. Jahrhundert, etwa mit der Systematik aller Lebewesen (1735) bzw. der Oxidationstheorie (1789). Ebenso wurden die bedeutenden Erfindungen vorwiegend im 18. Jahrhundert gemacht, das Porzellan (1708/09), der Blitzableiter (1752), die Dampfmaschine (1765), die Spinnmaschine (1767/69) und der Heißluftballon (1783).

Spiegelteleskop, 1789 gebaut unter der Anleitung des Astronomen Friedrich Wilhelm Herschel.
Kupferstich, um 1880.
Da die bisher gebauten Teleskope zu leistungsschwach waren, um Sterne und astronomische Nebel genauer beobachten zu können, begann Herschel als Autodidakt selbst immer bessere und größere Teleskope zu bauen. Das abgebildete Riesenteleskop hatte eine Länge von etwa 12 Metern.

Wissenschaft und Öffentlichkeit

Wissenschaftlich-technische Neuerungen waren die Leistungen von Einzelnen wie zu allen Zeiten, aber zunehmend spielte auch die Wissenschaftsorganisation eine Rolle. Deren Träger waren nicht die Universitäten, die der Ausbildung dienten, sondern die staatlichen Akademien der Wissenschaften. Sie versammelten die berühmtesten Gelehrten des Landes, die sich als Mitglieder besser oder manchmal ganz ihren Forschungen widmen konnten, frei von finanziellen Sorgen und Lehrverpflichtungen. Die Londoner Akademie erhielt 1662 ihre Gründungsurkunde mit einem Titel, der ihre Aufgabe bezeichnete: *„Royal Society of London for the Advancement of Natural Knowledge"*. Es folgten Gründungen bedeutender Akademien in Paris (1666), Berlin (1700), St. Petersburg (1725) und Boston (1780). Die Gelehrten beschäftigten sich vorrangig mit Grundproblemen der Naturwissenschaften, dazu mit technischen Fragen der Schifffahrt, des Bergbaus oder der Landwirtschaft. Aber auch Philosophen und Kulturwissenschaftler wurden als Mitglieder berufen. Außerdem schrieben die Akademien Preise für Lösungen wissenschaftlich-technischer Probleme aus und würdigten die nun regelmäßig publizierten Ergebnisse in der Öffentlichkeit.

Die *entstehende bürgerliche Öffentlichkeit* erfasste im 18. Jahrhundert immer weitere Kreise der Bevölkerung. Sie bot einen literarischen und vor allem politischen Diskussionsraum, in dem bürgerliche Werte wie Höflichkeit, Fleiß, Leistung galten. Am Ende des 18. Jahrhunderts konnte in Deutschland etwa ein Viertel der Bevölkerung lesen, in England die Hälfte. Die Anzahl der jährlich erscheinenden Bücher stieg in Deutschland von 1000 (1750) auf 5000 (1800). Eine Vielzahl von Zeitungen, deren Auflagen sich zwischen 100 und mehr als 50 000 bewegten, dazu periodische Zeitschriften verbreiteten Nachrichten und Wissen. Aber auch Höfe, Salons und Kaffeehäuser trugen zur Verbreitung des aufgeklärten Gedankenguts bei, ferner Gesellschaften zur Pflege von Sprache und Literatur oder zur Förderung der Wirtschaft. Menschen aller Schichten schlossen sich in *Lesegesellschaften* zusammen, um Zugang zu möglichst vielen der noch teuren Druckerzeugnisse zu haben (➔ M1).

Kirchenkritik

Die Aufklärer prüften auch die Glaubenssätze der Kirchen und Religionen am Maßstab der Vernunft, obwohl sie damit das Wesen der Religion verfehlten. Offenbarung lässt sich grundsätzlich nicht mit logischen Operationen prüfen. Die Aufklärer indessen ließen nicht gelten, was der Vernunft widersprach, und zogen daraus ihre eigenen Schlussfolgerungen:

1. Sie lehnten den Zwang und den Herrschaftsanspruch der Konfessionskirchen ab. Religion wurde zur Sache des Gewissens, also des Individuums erklärt. Die Freiheit des Gewissens wurde daher den Konfessionskirchen übergeordnet, aber sie blieb an die Vernunft gebunden. Die Erziehung zum Gebrauch der Vernunft würde vermeintlich allen Menschen den Weg weisen, das Gute zu erkennen und zu tun.

2. Daraus folgte, dass es den Wahrheitsanspruch einzelner Religionen nicht geben konnte. Jeder Mensch und jede Religion hingen nur individuellen religiösen und moralischen Überzeugungen an. Aber die Religionen ließen sich auf einen gemeinsamen Kern zurückführen und waren somit gleichwertig. Deshalb, so die Forderung, sollten sich Christen, Juden, Muslime und andere Religionen gegenseitig respektieren. Daraus leitete sich das Gebot der Toleranz ab.

3. Allerdings endete die Toleranz der Aufklärer, wenn es um Glaubenssätze der Offenbarungskirchen ging, um Höllenstrafen, die Belastung durch die Erbsünde oder die Erlösung durch den Kreuzestod. Das alles galt als vernunftwidrig. Die rationalistische Betrachtung führte zur Konzeption einer Vernunftreligion oder „natürlichen" Religion, die sich zu folgenden Glaubenssätzen bekannte: zum Dasein Gottes, zur Unsterblichkeit der Seele und zur Pflicht, Gott zu verehren und sich sittlich zu verhalten.

4. Eine andere verbreitete Konsequenz war der *Deismus*. Man könne zwar die Vollkommenheit Gottes in seiner Schöpfung erkennen, so die Deisten, nicht jedoch einen bestimmten Gott oder eine allein wahre Religion. Die Vernunft müsse mithin die Existenz Gottes anerkennen, aber jeden Glauben an eine allein gültige Offenbarung zurückweisen.

Der Zweck des Staates

Die Rationalisten und Aufklärer unterzogen auch den Staat ihren strengen Kriterien der Vernunft, um wie in den Naturwissenschaften fundamentale Gesetze aufzufinden, die dann für alle gelten sollten. Ihre Theorien, die sie in Büchern veröffentlichten und mit anderen Gelehrten diskutierten, entfalteten später eine ungeheure Wirkung in der politischen Realität (→ M2).

Das Grundmodell des Staates entwickelten *Thomas Hobbes* (1588 – 1679) und *John Locke* (1632 – 1704). Es ist vom Blick auf die englische Geschichte des 17. Jahrhunderts beeinflusst.

Hobbes ging vom Menschen im Naturzustand aus. Ihm gemäß ist jeder Mensch frei geboren, aber in einen Kampf aller gegen alle hineingeworfen. Um sich zu schützen, braucht der Mensch die politische Gemeinschaft, die durch einen Vertrag zu begründen ist. Diesen schließt der Einzelne gleichsam stillschweigend mit der Geburt, aber er bringt auch seine Rechte ein, die in der Gemeinschaft zu respektieren sind. Im Fall einer tyrannischen Herrschaft hat der Einzelne jedoch kein Recht zum Widerstand.

John Locke geht weiter als Hobbes. Er stellt fest, dass jeder Mensch von Natur aus das Anrecht auf Freiheit und Unverletzlichkeit der Person und des Eigentums hat. Diese obersten Rechtsgüter muss der Staat garantieren. Nur die Aufgabe, die Rechte des Individuums zu schützen, verleiht ihm seine Gewalt. Das Volk bestimmt die Staatsführung selbst, gleichgültig ob in einer Monarchie, Oligarchie oder Demokratie, und es setzt die Grenzen. Denn das Volk hat nach Locke ein Widerstandsrecht, wenn die Staatsgewalt die obersten Rechtsgüter grundsätzlich missachtet.

Die Begrenzung der Macht

Das Widerstandsrecht war umstritten, weil es nach aller Erfahrung einen Bürgerkrieg zur Folge hatte. *Charles de Montesquieu* (1689 – 1755) versuchte, das Problem durch eine Selbstkontrolle der Staatsgewalt zu lösen. Demgemäß teilte er die Staatsgewalt in die Exekutive (ausführende Gewalt), die Legislative (gesetzgebende Gewalt) und die Judikative/Jurisdiktion (richterliche Gewalt). Um einer Tyrannei vorzubeugen, sollten diese Gewalten sich gegenseitig kontrollieren, sich jedenfalls nicht ausschließlich in einer Hand befinden. *Jean-Jacques Rousseau* (1712 – 1778) radikalisierte in seiner Schrift *Der Gesellschaftsvertrag* (1762) die Vertragstheorie. Im Gegensatz zur Ständegesellschaft des 18. Jahrhunderts, die dem Adel weit mehr Rechte einräumte als den Bauern, forderte sein Entwurf staatlicher Ordnung die Rechtsgleichheit aller. Außerdem verlangte Rousseau die alleinige Herrschaft des Rechts, die das Handeln der Regierenden und der Regierten binden sollte. Dieses Verständnis vom Vertrag, wie es die Denker seit Hobbes entwickelt hatten, war der Grundgedanke des Rechtsstaats.

Aus den Theorien wurde seit 1776 Realität. Die *amerikanischen und französischen Menschenrechtserklärungen* verwandelten die Einsicht der Aufklärer, dass jeder Mensch angeborene Rechte besitzt, die der Staat zu schützen hat, in politische Wirklichkeit (vgl. S. 141 und 151). In den Grundrechten für die amerikanische Kolonie Virginia von 1776 waren erstmals enthalten: die Garantie der Freiheits-, Unverletzlichkeits- und Eigentumsrechte; das Recht, „Glück" zu erstreben; die Religionsfreiheit „gemäß den Geboten des Gewissens"; die Teilung der staatlichen Gewalt in eine gesetzgebende, ausführende und richterliche. Die amerikanische und französische Verfassung von 1789 bzw. 1791 verankerten in noch größerem Maßstab grundlegende Menschenrechte und die Gewaltenteilung. Sie verwirklichten außerdem die Bindung allen staatlichen Handelns an Recht und Verfassung. Das gilt für demokratische Verfassungen bis heute.

M1 Publizieren in Deutschland 1625–1800

	1625	1650	1675	1700	1725	1750	1775	1800
Jurisprudenz	7,4	7,0	11,0	8,6	10,6	8,0	6,2	3,5
Medizin	7,5	5,8	8,3	6,0	8,6	8,0	6,5	4,9
Geschichte und ihre Hilfswissenschaften[1]	12,0	20,0	14,7	16,0	16,8	16,0	16,2	15,7
Musik	3,1	3,8	2,2	3,5	0,4	3,7	2,8	3,0
Theologie[2]	45,8	41,4	40,5	43,0	39,9	28,9	19,9	6,0
Philosophie[3]	18,8	16,9	19,8	20,1	20,1	26,7	34,1	39,6
Poesie	5,4	5,1	3,5	2,8	3,6	8,7	14,3	27,3

[1] Einschließlich Biografie, Geschichte der Antike, Politikwissenschaft, Geografie und Reiseliteratur.
[2] Ausschließlich: Theologische Werke. Aber auch andere Kategorien, z. B. Geschichte und Jurisprudenz, befassten sich weitgehend mit religiösen Themen.
[3] Einschließlich Pädagogik, Philologie, Natur- und Wirtschaftswissenschaften, Technik, Mathematik, Kriegswissenschaften und Militärisches, Handel und andere Bereiche.

Nach: T. C. W. Blanning, Das Alte Europa 1660–1789. Kultur der Macht und Macht der Kultur, übersetzt von Monika Carbe, Darmstadt 2006, S. 142

1. *Benennen Sie die drei Kategorien, deren Marktanteil stark schwankt. Welche Schlussfolgerungen lassen sich ziehen?*
2. *Recherchieren Sie, wie sich die Marktanteile aktuell verteilen, und vergleichen Sie.*

M2 Eine Vision über den Fortschritt des menschlichen Geistes

Der französische Mathematiker, Politiker und Schriftsteller Marie Jean Antoine Nicolas Caritat, Marquis von Condorcet (1743–1794), verfasst 1794 einen „Entwurf", in dem er die Geschichte der Menschheit als Fortschreiten zur Vervollkommnung beschreibt:

Die einzige Grundlage für die Glaubwürdigkeit der Naturwissenschaften ist die Idee, dass die allgemeinen Gesetze, welche die Erscheinungen im Universum bestimmen, ob man sie kennt oder nicht, notwendig und beständig sind; und aus welchem Grunde sollte dieses Prinzip für die Entwicklung der intellektuellen und moralischen Fähigkeiten des Menschen weniger Gültigkeit haben als für die anderen Vorgänge in der Natur? Und da endlich alle die Ansichten über Gegenstände von der gleichen Ordnung, die aus der Erfahrung der Vergangenheit gewonnen sind, die einzige Verhaltensregel der weisesten Menschen abgeben: warum sollte man es dem Philosophen verbieten, seine Mutmaßungen auf die gleiche Grundlage zu stellen, vorausgesetzt, dass er ihnen keine höhere Gewissheit beimisst als die, welche auf der Zahl, der Beständigkeit und Genauigkeit der Beobachtungen beruht?

Was wir uns für den künftigen Zustand des Menschengeschlechts erhoffen, lässt sich auf folgende drei wichtige Punkte zurückführen: die Beseitigung der Ungleichheit zwischen den Nationen; die Fortschritte in der Gleichheit bei einem und demselben Volke; endlich die wirkliche Vervollkommnung des Menschen. Müssen sich alle Nationen eines Tages dem Zustand der Zivilisation nähern, den die aufgeklärtesten, freiesten und vorurteilslosesten Völker, wie die Franzosen und die Anglo-Amerikaner, erreicht haben? Muss der gewaltige Abstand nach und nach verschwinden, der diese Völker von der Knechtschaft der von Königen beherrschten Nationen trennt; der zwischen ihnen und der Barbarei der afrikanischen Stämme, der Unwissenheit der Wilden klafft?

Gibt es Gegenden auf unserem Planeten, deren Bewohner von Natur dazu verurteilt sind, niemals der Freiheit sich zu erfreuen, niemals ihre Vernunft zu gebrauchen?

Indem wir eine Antwort auf diese drei Fragen suchen, werden wir finden, dass in der Erfahrung, die die Menschheit in der Vergangenheit gemacht hat, in der Beobachtung der Fortschritte, welche Wissenschaft und Zivilisation bisher gemacht haben, in der Analyse des Ganges des menschlichen Geistes, der Entwicklung seiner Fähigkeiten die stärksten Beweggründe zu der Überzeugung liegen, dass die Natur unseren Hoffnungen keine Grenzen gesetzt hat.

Barbara Stollberg-Rilinger, Europa im Jahrhundert der Aufklärung, Stuttgart 2000, S. 368 f.

1. *Condorcet nimmt an, dass auch für die „Entwicklung der intellektuellen und moralischen Fähigkeiten" in der Geschichte der Menschen allgemeine Gesetze gelten wie in den Naturwissenschaften. Nehmen Sie dazu Stellung.*
2. *Was ist aus der Vision Condorcets geworden, die er für den künftigen Zustand der Menschen entwirft? Sammeln Sie wichtige Aspekte und diskutieren Sie: War die Vision Condorcets wirklichkeitsfremd oder sind Fortschritte (in seinem Sinn) erkennbar?*
3. *Äußern Sie Ihre persönliche Meinung zur Überzeugung Condorcets, dass die Natur des Menschen der Hoffnung auf Fortschritt keine Grenzen setzt.*

4.4 Der aufgeklärte Absolutismus

„König Friedrichs II. Tafelrunde in Sanssouci." Gemälde von Adolph Menzel, 1850.
Friedrich II. hielt die deutsche Kultur gegenüber der französischen in allen Bereichen für rückständig. Selbst ein begabter Musiker und Philosoph, berief er zahlreiche französische Gelehrte nach Preußen. Der Philosoph Voltaire hielt sich lange Zeit in Sanssouci auf.

1740–86 König Friedrich II. regiert Brandenburg-Preußen

1780–90 Kaiser Joseph II. reformiert Österreich im Sinn des aufgeklärten Absolutismus

Wie passen Absolutismus und Aufklärung zusammen?

Diese Frage scheint berechtigt. Denn in der absoluten Monarchie stieg der Herrscher zum alleinigen Inhaber der Souveränität auf, der sich sogar über Gesetze hinwegsetzen durfte. Die Aufklärer hingegen vertraten die Auffassung, dass jede legitime Herrschaft auf dem Vertrag des Herrschers mit den Untertanen beruhe, dass die staatliche Gewalt zu teilen sei und dass alle sich dem Recht zu beugen hätten. Das waren unvereinbare Gegensätze. Dennoch besteht eine Verbindung. Die Herrschaftsform des Absolutismus, wie sie im 17. Jahrhundert entstanden war, wurde nämlich im Lauf des 18. Jahrhunderts durch Reformimpulse aus der Gedankenwelt der Aufklärung verändert. Die absolutistischen Könige oder Fürsten behielten ihre uneingeschränkte Regierungsgewalt, bemühten sich allerdings, für mehr Wohlstand in ihren Staaten zu sorgen. Die Ziele kamen aus dem aufgeklärten Denken, das die Herrscher wie ihre Berater meist schon während der Ausbildung kennenlernten. Sie strebten rationale, also aus der Vernunft begründete Reformen an, in Wirtschaft, Verwaltung, Bildung, in der Justiz und im Militärwesen. Klar erkennbar bildete sich der *aufgeklärte Absolutismus* ab der Mitte des 18. Jahrhunderts aus, vor allem in Brandenburg-Preußen unter König *Friedrich II.* (1712–1786) und in Österreich unter Kaiser *Joseph II.* (1741–1790). Preußen und Österreich lieferten auch das Vorbild für die kleineren Staaten im Reich und in Italien (➔ M1).

Brandenburg-Preußen

Friedrich II. richtete in einer langen Regierungszeit von 1740 bis 1786 sein Augenmerk auf die Verwaltung, das Militär, die Wirtschaft und die Justiz. „Eine gut geleitete Staatsregierung muss ein ebenso festgefügtes System haben wie ein philosophisches Lehrgebäude", notierte er in seinem politischen Vermächtnis 1752. Einerseits betrachtete Friedrich II. sich als den „ersten Diener des Staa-

tes“, andererseits aber hielt er den Staat für sein Eigentum. Er praktizierte eine herrische, aus seiner Sicht rationale Selbstregierung. Der Staat war für ihn – anders als noch für Ludwig XIV. von Frankreich – eine von der Person des Herrschers gelöste Einheit.
Friedrich II. beließ die Verwaltung Preußens in der strengen Hierarchie, wie er sie 1740 vorgefunden hatte, überwachte sie aber schärfer. Das stehende Heer erweiterte er von 80 000 auf 190 000 Mann (➔ M2). Die Soldaten ließ er rücksichtsloser prügeln und drillen, als dies sonst in Europa üblich war. Sie sollten lernen, sich auf dem Schlachtfeld schneller zu bewegen und zu schießen als ihre Gegner. Der König erreichte sein Ziel; wie so oft war ihm die Effizienz der Mittel wichtiger als ethische Bedenken. Mit Geschick und Glück nutzte er dann auch sein Militärpotenzial, um das Staatsgebiet Preußens erheblich zu vergrößern. Im *Siebenjährigen Krieg* (1756–1763) sicherte er den Besitz Schlesiens, das zuvor zu Habsburg-Österreich gehört hatte, 1772 annektierte er das zuvor polnische Westpreußen mit Kulm und Ermland. Friedrich II. gewann diese Gebiete durch einen Angriffskrieg und durch Gewalt. Dennoch beeindruckte er seine Zeitgenossen wie die Nachwelt durch seine Kühnheit und Intelligenz.
Unbestreitbare Fortschritte erzielte er in der Wirtschaftspolitik. Haushaltspläne ermöglichten die bessere Abstimmung von Einnahmen und Ausgaben. Er betrieb einen gezielten Landesausbau, die Trockenlegung von Sumpfgebieten und die Anlage von 900 Dörfern; so konnte er 300 000 Menschen in seinem Staatsgebiet neu ansiedeln, darunter 20 000 Hugenotten aus Frankreich. Seine Verwaltung unterstützte planmäßig den Handel, den Bergbau und das Textilgewerbe, vorwiegend durch den Bau von Straßen und Kanälen.
Am stärksten von der Aufklärung bestimmt war die Justizpolitik Friedrichs II. Er verzichtete selbst auf die Ausübung seiner richterlichen Gewalt, vereinheitlichte das Recht im ganzen Land, schaffte die Folter ab und sorgte für eine unabhängige, jedermann zugängliche Rechtsprechung mit gut ausgebildeten Richtern. Preußen war damit dem modernen Rechtsstaat näher gerückt. Das von Juristen in seinem Auftrag ausgearbeitete Gesetzbuch, das *Allgemeine Preußische Landrecht*, konnte erst Jahre nach Friedrichs Tod eingeführt werden, blieb aber bis 1900 in Kraft. Trotz vieler Erlasse erreichte Friedrich II. allerdings wenig zur Verbesserung der Schulen und Universitäten, da er das hierfür benötigte Geld nicht zur Verfügung stellte. Ebenso begünstigte er den Adel allzu einseitig auf Kosten der minderberechtigten Bürger und der unterjochten Bauern.

Kaiserin Maria Theresia mit sechs ihrer 16 Kinder, rechts der älteste Sohn Joseph II. Gemälde von Heinrich Friedrich Füger, 1776.

Österreich

Im österreichischen Teil des Habsburgerreichs begann *Kaiserin Maria Theresia* (1717–1780) mit Reformen, die dann ihr Sohn Joseph II. im Geist der Aufklärung im Übermaß vorantrieb. Maria Theresia errichtete um 1750 eine hierarchische Verwaltung mit besser ausgebildeten Beamten. Auch folgte sie dem Beispiel Preußens im Landesausbau und in der Besiedlung von Neuland, entlang der Donau, in Ungarn und im Banat. Dort ließen sich Bauern nieder, die im Westen, vor allem in Südwestdeutschland angeworben wurden.
Joseph II., der 1765–80 zusammen mit seiner Mutter, 1780–90 allein regierte, setzte zahlreiche Forderungen der Aufklärung um. Er gewährte in einem „*Toleranzpatent*“ neben den Katholiken erstmals auch Lutheranern, Calvinisten und orthodoxen Griechen die private Religionsausübung und bürgerliche Rechte. Die Konfessionen waren aber noch nicht völlig gleichgestellt. Großes Aufsehen erregten die Säkularisation von 700 Klöstern und die Aufhebung der Leibeigenschaft. Nicht so weit wie Preußen kam Joseph II. in der Vereinheitlichung des Rechts und der Verbesserung der Rechtsprechung. Als der Kaiser freilich in der Zentralisierung seines Reichs zu weit ging und auch noch überall Deutsch als Amtssprache einführte, überspannte er den Bogen. In den Österreichischen Niederlanden und in Ungarn brachen Revolten aus. Ein großer Teil der Reformen wurde wieder rückgängig gemacht.

„Der Unterricht der Kinder um Gottes willen, teils durch das Buch der Natur und Sitten, teils durch das Buch der Religion." Kupferstich aus Johann Bernhard Basedows „Elementarwerk" von D. N. Chodowiecki, 1774.
In dem von Basedow in Dessau gegründeten Philanthropinum („Pflanzschule") wollten die Lehrer durch möglichst große Anschaulichkeit und mithilfe spielerischer Elemente nicht nur Wissen vermitteln, sondern die Kinder auch charakterlich formen. Gemäß der Vorstellung der Aufklärer, dass alle Menschen dieselben Möglichkeiten haben, wurden Kinder unterschiedlichster Herkunft unterrichtet.

Bildung, Schüler und Studenten

Die Bildung des Menschen war für die Aufklärer der Schlüssel zur Besserung der Welt. Sie sprachen gern von „Emporbildung". Darunter verstanden sie eine *Erziehung zum Gebrauch des Verstands und zur Mündigkeit, aber auch die Qualifizierung zu bestimmten Berufen*, wie es der Nutzen für die Gesellschaft gebot. Die Qualifizierung interessierte naturgemäß die Fürsten und Politiker unter den Aufklärern. Deren Blick richtete sich auf die Schulen und Universitäten. Die Elementarschulen waren bis etwa 1750 in einem erbärmlichen Zustand, vor allem auf dem Land, wo die Kinder zum Teil gar nicht, zum Teil unregelmäßig zur Schule gingen. Längst nicht alle lernten Schreiben und Rechnen. In Preußen wie auch sonst unterrichteten Messdiener, Handwerker oder frühere Soldaten, die die Kinder heftig prügelten. Die weiterführenden Schulen hatten ein sehr unterschiedliches Niveau. Die meisten bereiteten nicht wirklich auf die Universität vor. Einige brachten den Schülern wenigstens das Lateinische bei, das immer noch die vorherrschende Bildungssprache war. Die Universitäten verstanden sich seit dem 16. Jahrhundert als Ausbildungsstätten, die für den Nachschub der Pfarrer und der rechtskundigen Beamten zu sorgen hatten. Die Studenten hatten demgemäß vor allem Texte aus der Theologie und Rechtswissenschaft auswendig zu lernen.

Die Reformpläne stellten die Elementarschule voran, die nun alle Heranwachsenden besuchen sollten. Preußen verfügte 1763 die *allgemeine Schulpflicht für Kinder zwischen 5 und 14 Jahren*. Es dauerte freilich fast ein Jahrhundert, bis diese Verfügung wirklich durchgesetzt war (➔ M3). Auch die Lehrer sollten besser werden, wozu Joseph II. in Wien eine eigene „Normalschule" zu ihrer Ausbildung einrichtete. Aber die Lehrer verdienten weiterhin so schlecht, dass sie von Nebenverdiensten leben mussten. So wurden die Reformziele bei den Elementarschulen verfehlt. Nicht ganz so negativ ist die Bilanz für die weiterführenden Schulen und Universitäten. Dort schwand der Einfluss der Pfarrer und Ordensgeistlichen, die konfessionelle Erziehung aber bestand fort. Immerhin trat der Unterricht in Latein und Griechisch zurück zugunsten des Französischen, der Mathematik und der Naturkunde. Die Universitäten reformierten das Studium des Rechts, um die Absolventen besser auf die berufliche Praxis vorzubereiten. Aber im Ganzen bewegte sich noch wenig. Der große Umbruch, der die Struktur der Gymnasien und Universitäten bis heute bestimmt, kam erst ab 1810.

Bildung für Frauen?

Den Mädchen und Frauen waren die weiterführenden Bildungswege, vor allem die Universitäten, verschlossen. Das Idealbild des Bildungsbürgertums erwartete, dass Frauen Lesen, Schreiben, Rechnen, Musizieren, Französisch und Zeichnen konnten. Erworben wurden diese Fertigkeiten an katholischen Ordensschulen, vielfach im Privatunterricht durch eigene Lehrer oder die Eltern. *Dorothea Christiana Erxleben* (1715–1762) und *Dorothea Schlözer* (1770–1825), die 1754 bzw. 1787 den Grad eines Doktors der Medizin bzw. der Philosophie erwarben, waren die ersten promovierten Frauen in Deutschland und als solche Ausnahmen. Der Vater Dorothea Schlözers, der Historiker *August Ludwig Schlözer*, sah die Ausbildung seiner Tochter geradezu als Experiment an, um die Befähigung von Frauen zu höherer Bildung zu beweisen. Das vorherrschende Leitbild der guten, untadeligen Mutter hingegen forderte ein anderes Verhalten. Die Frau sollte zwar im intellektuellen wie im seelischen Bereich die Gefährtin des Mannes sein, um so den Familienzusammenhalt zu festigen. Gelehrsamkeit aber war allein Sache des Mannes. Das Ideal der Zeit trennte somit noch zwischen der emotionsbesetzten Privatsphäre als der Welt der Frau und der Erwerbssphäre als der Welt des streitbaren Mannes.

Meist nehmen wir im Alltag gar nicht wahr, dass wir es ständig mit historischen Objekten zu tun haben, mit alten Fotos, Möbeln oder Lampen zu Hause, mit den Kirchen, Denkmälern oder Gebäuden im Ort. Sie geben Zeugnis von einer vergangenen Zeit wie Schriftstücke und Bilder. Aber man kann sie betasten, in die Hand nehmen, sie betreten. Sie ermöglichen Erinnerung mit vielen Sinnen und machen Vergangenheit auch emotional erfahrbar. Damit sind sie in ganz anderer Weise authentisch als im Schulbuch abgedruckte Quellen, aber es ist nicht leicht, aus ihnen unmittelbar historische Informationen zu gewinnen. Die frühen Fotos aus dem Familienalbum geben nur Privates wieder. Über die Möbel und Lampen lässt sich das Alter erfahren – aber welcher Mode geben sie Ausdruck und wie hat sich diese Mode entwickelt? Über viele Kirchen gibt es eine Broschüre, in der wir über die Bauzeit, die Bilder, Altäre und Plastiken nachlesen können – aber welche sozialen und kulturellen Bedingungen bestimmten ihre Geschichte? Ein Denkmal kann man berühren und von allen Seiten betrachten, aber um mehr über seine Bedeutung und Entstehung zu erfahren, brauchen wir oft ebenso Dokumente aus einem Archiv wie für historische Gebäude, ihre Entwicklung und Veränderung, auch wenn deren Tafeln uns das Baujahr, den Bauherrn und Architekten nennen.

Das Wörlitzer Schloss. Foto von 2000.

Eine Parkanlage der Aufklärung – das Gartenreich Dessau-Wörlitz

Wir wenden uns einem berühmten Beispiel der Gartenarchitektur zu, das durch sein Vorbild viele unserer öffentlichen Parkanlagen beeinflusst hat und heute noch in dem Zustand zu besichtigen ist, wie es aus dem Geist der Aufklärung entstand. Es handelt sich um das Gartenreich Dessau-Wörlitz. Am 30. November 2000 wurde es wegen seines „außergewöhnlichen universellen Werts“ in die Welterbeliste der UNESCO aufgenommen.
Sein Schöpfer, Fürst *Leopold III. Friedrich Franz von Anhalt* (1740 – 1817), ließ das Gartenreich in der zweiten Hälfte des 18. Jahrhunderts errichten.

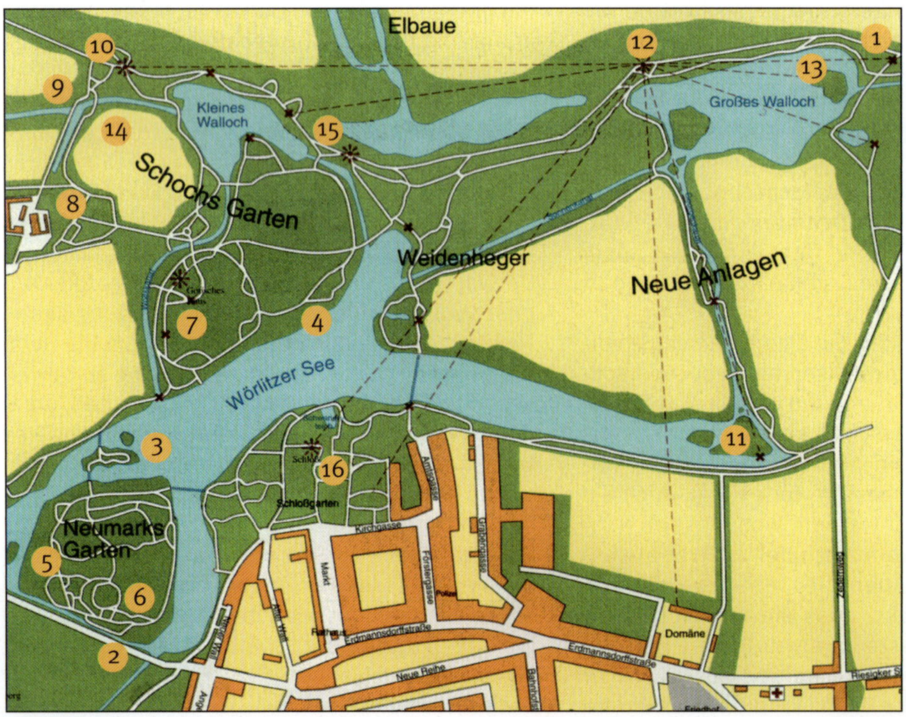

Plan der Dessau-Wörlitzer Gartenanlage mit den Sehenswürdigkeiten
1) Wachhaus
2) Galerie
3) Rousseau-Insel
4) Nymphäum
5) Labyrinth
6) Elysium
7) Baumbrücke
8) Floratempel
9) Kettenbrücke
10) Venustempel
11) Stein
12) Pantheon
13) Amaliengrotte
14) Einsiedelei
15) Agnesbrücke
16) Schloss

Abkehr vom Barock

Der aufgeklärte Fürst wollte seinen Kleinstaat Anhalt-Dessau mit 30 000 Einwohnern in einen ganz der Vernunft verpflichteten Musterstaat verwandeln und verwirklichte die Anregungen, die er aus Bildungsreisen mitgebracht hatte. Er gestaltete dessen Zentrum, das Schloss und den umgebenden Park, in einer neuartigen Weise, die sich vom gewohnten Schloss- und Gartenbau absolutistischer Fürstenstaaten völlig abwandte und dem in England geprägten Muster folgte. Gegenüber der überladenen barocken Schlossarchitektur bevorzugte der Fürst klare, der griechischen Klassik entlehnte Formen. Waren im barocken Schlossgarten Beete, Hecken und Alleen nach strengen geometrischen Mustern angeordnet, Büsche und Bäume gleichförmig zugeschnitten, Wege und Sichtachsen auf das Schloss im Mittelpunkt zugeordnet, präsentierte der Wörlitzer Schlossgarten eine der Natur nachempfundene Parklandschaft mit gewundenen Wegen und einer Vielfalt von Sichtachsen. Die Dessau-Wörlitzer Gartenanlage gruppiert sich um das Schloss, den Wörlitzer See und zwei kleinere Gewässer, das Große und das Kleine Wallloch. Ein Spaziergang durch die Anlagen nimmt etwa drei Stunden in Anspruch, aber man kann den Garten auch mit einer Gondel zu Wasser erkunden.

Naturnahe Komposition

Dem Fürsten und seinem Architekten *Friedrich Wilhelm von Erdmannsdorff* (1736–1800) kam es darauf an, den Landschaftscharakter und den natürlichen Wuchs der Pflanzen zu belassen.

Die fünf aneinandergefügten Gartenteile, umgeben von Feldern, Äckern und Wiesen, sind durch Wege, Brücken und Sichtachsen verbunden. Ihre naturnahe Gestaltung verstand die aufgeklärte Gartenkunst zwar als Gegensatz zu den durchgeplanten Barockgärten des Absolutismus, aber die Naturnähe des Wörlitzer Gartens war gleichfalls komponiert mit den Baumgruppen, Hecken, Büschen, Kanälen und Wällen, dazu den Ackerflächen, die moderne Anbaumethoden demonstrierten, und den Wiesen mit weidenden Kühen und Schafen. Das Schöne sollte mit dem Nützlichen verbunden sein, so war die Leitidee.

Eingestreut wurden fast 60 kleine Bauwerke und Plastiken, darunter Nachbildungen ägyptischer, griechischer und römischer Kunstwerke. In der Begegnung mit der Kunst sah die Aufklärung ein Mittel, die freie Entfaltung der Persönlichkeit zu fördern. Die Brücken, welche die Kanäle überspannen, bilden berühmte große Brücken nach und verweisen damit auf die Errungenschaften der Technik.

Blick auf den Venustempel. Foto von 1998.

Man trifft auch auf Pflanzen aus dem Mittelmeerraum, dazu auf Pyramidenpappeln und zugeschnittene Koniferen, die an Pinien und Zypressen erinnern und den Eindruck antiker Landschaften erwecken. Die Gartenanlagen waren seit ihrer Entstehung jedermann frei zugänglich. Sie dienten der Erholung, aber auch – pädagogisch ehrgeizig, wie die Aufklärung war – der Belehrung über Natur, Technik und Baukunst.

1. *Erläutern Sie die Besonderheiten des Parks und legen Sie dar, inwieweit neuartige Prinzipien der Aufklärung verwirklicht sind.*
2. *Suchen Sie im Internet Grundrisspläne oder Aufsichten von barocken Schlossgärten heraus, die nach dem Vorbild von Versailles gestaltet wurden. Vergleichen Sie mit dem Plan der Wörlitzer Gartenanlage.*
3. *Für die meisten der im Plan angegebenen Sehenswürdigkeiten finden Sie im Internet geeignete Farbabbildungen und Erklärungen. Suchen Sie diese heraus und informieren Sie Ihre Mitschüler.*
4. *Erörtern Sie die Eingliederung des Wörlitzer Schlosses in den Garten und vergleichen Sie mit einem barocken Schloss und Schlossgarten.*
5. *Beschreiben Sie die gestaltenden Elemente der Schlossfassade und bewerten Sie den Gesamteindruck.*
6. *Der Reisende Carl August Boettiger bezeichnete 1797 den Venustempel als „das schönste und regelmäßigste Gebäude des ganzen Parks", der, „selbst schließender Gesichtspunkt von mehr als 40 Ansichten aus verschiedenen Teilen des Gartens, eine weite und reizende Aussicht" nach allen Seiten biete. Erläutern Sie Bauart und Funktion des Tempels.*
7. *Grotten wie die Amaliengrotte, benannt nach einer Prinzessin der Familie Anhalt-Dessau, sind bereits ein Element der Baukunst der Renaissance und des Barock. Erklären Sie ihre Bedeutung.*

M1 Drei Wege zum modernen Staat

Der Historiker Harm Klueting (geb. 1949) erkennt 1995 in der Staatenwelt Europas im 18. Jahrhundert drei wichtige Entwicklungstypen:

Am Ende des 18. Jahrhunderts standen so in Europa drei Hauptfaktoren nebeneinander oder einander gegenüber:

– In England mit seinen von kontinentalen Verhältnissen wesentlich verschiedenen politischen und sozialen Strukturen, die seit der „Glorious Revolution" von 1688 im Zeichen des Parlamentarismus und des Systems der „Checks and Balances" zwischen König, Lords und Commons standen, kam seit dem Ende des Siebenjährigen Krieges – mit dem Übergang des Textilgewerbes zur Massengüterproduktion in Verbindung mit der Mechanisierung der Arbeitsabläufe durch den Einsatz von Spinnmaschinen und der Anwendung der 1765 erfundenen Dampfmaschine – die Industrielle Revolution zum Durchbruch.

– In Frankreich führten die mangelnde Reformfähigkeit des Regierungssystems und die Konservierung der Steuerprivilegien des Adels in einem lang dauernden Prozess [...] in eine schließlich irreversible Krise des Absolutismus. So mündete in Frankreich die Schwäche des Absolutismus in die politische Revolution.

– In der österreichischen Monarchie hingegen scheiterte der theresianisch-josephinische Reformabsolutismus an einem Übermaß an Reformen, an seinem Versuch der Nivellierung der Kräfte der Tradition in Gestalt von Adel und Kirche und somit an seiner Stärke. Gegen diese Stärke erhoben sich – wenn auch im Wesentlichen nur an der Peripherie des Herrschaftsgebietes – revolutionäre Kräfte, die in der ständischen Tradition Alteuropas wurzelten.

Polen und Russland, die italienische Staatenwelt, die iberischen und die skandinavischen Königreiche, die nördlichen Niederlande und die Eidgenossenschaft, die kleineren deutschen Reichsstände und der preußische Staat erscheinen dabei als Übergangs- und Randzonen, Nebenschauplätze oder Sonderformen.

Harm Klueting (Hrsg.), Der Josephinismus. Ausgewählte Quellen zur Geschichte der theresianisch-josephinischen Reformen, Darmstadt 1995, 56f.

1. *Unterscheiden Sie die „Revolutionen" und „revolutionären Kräfte", von denen die Rede ist. Welche waren umstürzend, welche restaurativ?*
2. *Erläutern Sie mithilfe des darstellenden Teiles, wer von den theresianisch-josephinischen Reformen betroffen war.*

M2 Die europäischen Staaten um 1780

Dem aufgeklärten Absolutismus geht es darum, ein leistungsfähiges Staatswesen zu schaffen. Die Leistungsfähigkeit drückt sich aus in Bevölkerungszahlen, Staatseinkünften und Heeresgrößen. Die nachstehenden Zahlen stammen, was die Staatseinkünfte und Heeresgrößen betrifft, aus zeitgenössischen Quellen. Wo sich die Landesgrenzen zwischen 1700 und 1780 verändert haben, wird für 1700 die Zahl angegeben, die sich mit dem Gebietsumfang von 1780 deckt.

	Bevölkerung (geschätzt 1700)	Bevölkerung (geschätzt 1780)	Staatseinkünfte (Gulden 1780)	Stehendes Heer (Anzahl 1780)
Preußische Monarchie	4,0 Mio.	5,7 Mio.	32,0 Mio.	203.000
Kurpfalz-bayerische Staaten	1,6 Mio.	2,2 Mio.	10,0 Mio.	24.000
Österreichische Monarchie	17,0 Mio.	19,5 Mio.	100,0 Mio.	278.000
Vereinigte Niederlande	1,3 Mio.	2,3 Mio.	23,0 Mio.	36.000
Schweden	1,6 Mio.	3,0 Mio.	6,0 Mio.	46.000
Polen	3,2 Mio.	4,0 Mio.	3,0 Mio. ca.	15.900
Russland	15,5 Mio.	37,0 Mio.	56,0 Mio.	470.000
Großbritannien u. Irland	9,3 Mio.	11,0 Mio.	112,0 Mio.	58.378
Frankreich	20,0 Mio.	26,0 Mio.	156,0 Mio.	224.000
Spanien	8,2 Mio.	11,0 Mio.	56,0 Mio.	90.000
Osmanisches Reich	–	12,0 Mio.	–	–

Ilja Mieck, Wirtschaft und Gesellschaft Europas von 1650 bis 1850, in: Wolfram Fischer u.a. (Hrsg.), Handbuch der europäischen Wirtschafts- und Sozialgeschichte, Bd. 4, Stuttgart 1993, S. 1–233, hier S. 49–51, 54

1. *Begründen Sie, warum die Bevölkerungszahlen für das 18. Jahrhundert in der Regel nur unsichere Schätzgrößen sind.*
2. *Unterscheiden Sie Zonen dynamischen und wenig dynamischen Bevölkerungswachstums in Europa Recherchieren Sie, warum es im 18. Jahrhundert zu einem beschleunigten Bevölkerungswachstum kam.*
3. *Um 1780 lässt sich in Europa von einer Pentarchie sprechen, von fünf bestimmenden Großmächten: Großbritannien, Frankreich, Preußen, Österreichische Monarchie, Russland. Begründen Sie, inwieweit sich dies in den Zahlen zu Staatseinkünften, Bevölkerung und Heer spiegelt.*

M3 Prüfung eines Lehramtskandidaten im Dorf Brodowin/Brandenburg im Jahr 1789

Der Schneider Daniel Höher, Sohn des 74-jährigen Dorfschullehrers in Brodowin, bewirbt sich 1789 um die Nachfolge im Amt seines Vaters. Der zuständige Schulinspektor Vogel führt eine Prüfung durch, bei welcher der Kandidat zu rechnen und einen Brief an den Pfarrer zu schreiben hat. Außerdem muss er schriftlich Fragen zu Religion, Schulwissen und Pädagogik beantworten. In der linken Spalte sind die Fragen aufgelistet, in der rechten die Antworten des Kandidaten. Der Abdruck gibt buchstabengenau die handschriftliche Vorlage wieder:

Vom wem hat die christliche Religion ihre Benennung oder den Nahmen?	*Von Christo unsern Heilande*
In welchem Lande hat Jesus gelebt?	*in Jüdischen Lande*
Wie lange ist es her daß Jesus ist geboren worden?	*1789 Jahr.*
Welches war die Hauptstadt im Jüdischen Lande?	*Jerusalem.*
In welchen Ort ist Jesus geboren worden?	*zu Bethlehem in Jüdischen Lande.*
Was hat er auf Erden gethan?	*Er hat die Menschen erlöset u. sie recht gelehret.*
Was lehret er von Gott? wie sollen die Menschen ihn ansehen und benennen?	*Als einen Allmächtigen u. einen abgütigen Gott und Vater.*
Was haben leibl. Kinder auf Erden ihrem irdischen Vater zu verdancken	*Nächst Gott ihr Dasein (und Versorgung)*
Vom wem hat das menschliche Geschlecht den Ursprung	*Von Gott.*
Was thut Gott an den Menschen	*Er gibt ihnen was sie in ihren Leben bedürffen (er sorget für sie)*
Was sollen die Menschen dagegen Gott erweisen.	*Ihn mit einen frommen und Gottseeligen leben Preisen. (d. i. ihn lieben ehren ihm danckbar und gehorsam seyn)* *[…]*
Wenn und im welchen Fall kan ein Lehrer harte Mittel und Schläge gebrauchen	*offenbahren Diebstall und wiedersetzung (bey offenbarer Boßheit)*
Ist es gut die Kinder in der Schule Knien zu laßen	*ist schädlich.*
Ist es gut sie auf die Finger zu schlagen oder wie man es nennt Knipschen zu geben	*nein.*
Was muß ein Lehrer thun noch ehe er straft und harte Mittel gebraucht? Wem soll er vorher von den Boßheiten der Kinder Anzeige thun	*Ihren Eltern (und dem Prediger)*
Mit weßen Erlaubniß und bewilligung soll also ein Lehrer strafen, oder harte Mittel bey Kindern anwenden	*mit Eltern bewilligung. (und des Predigers)*
Ist es denn nicht möglich Kinder ohne corperliche Straffen zu erziehen	*ja es ist möglich. (nicht leicht)* *[…]*
Woraus besteht unser Erdboden unsere Erdkugel	*aus Himmel und Erden.* *(Waßer und Erde)*
Wie viel sind große Welttheile darin der Erdboden eingetheilt wird?	*4 nehmlich Africa America Europa und Asia.*
In welchem Theile der Welt wohnen wir	*in Europa*
In welchen Reiche von Europa wohnen wir	*Konigreich Preußen (Deutschland)*
In welcher Provinz von Deutschland	*im Churfürstenthum Brandenburg*
Wie muß man Kinder zum Fleiß anhalten, mit Schlägen oder mit Vorstellungen und Ermahnungen	*mit Vorstellungen und Ermahnungen*
Wenn man Kinder zum Fleiß bringen will was muß man ihnen vorstellen?	*Den Nutzen von gut lernen.*
Was haben Kinder vor Nutzen davon wenn sie fleißig sind.	*Daß sie gute brauchbare Menschen werden.*
Was haben sie vor Schaden davon wenn sie faul sind	*Daß sie unbrauchbare Menschen werden* *[…]*

Wolfgang Neugebauer (Bearb. und Hrsg.), Schule und Absolutismus in Preußen. Akten zum preußischen Elementarschulwesen bis 1806, Berlin/New York 1992, S. 439–442

1. *Inwieweit lässt die Gewichtung der drei Prüfungsbereiche und die Art der Fragen Schlussfolgerungen zu, auf welche Qualitäten die Schulbehörde Wert legt?*
2. *Bewerten Sie, welche Kenntnisse der Kandidat für seine Aufgabe mitbringt. Der zuständige Schulinspektor äußerte sich gegenüber der vorgesetzten Behörde positiv.*
3. *Die Fragen lassen pädagogische Leitbilder erkennen, auch die Antworten, die Höher in Kenntnis der Erwartungen gab. Wägen Sie ab, ob das bereits aufgeklärte Leitbilder sind.*

Zusammenfassen und vertiefen

„Der König überall." Ölgemälde von Robert Warthmüller, 1886.

1. *Prüfen und erläutern Sie, worauf die Könige und Fürsten in der absoluten Monarchie ihre Machtausübung stützen konnten.*
2. *Charakterisieren Sie die Abhängigkeiten zwischen Grundherrn und Bauern, indem Sie beachten: Wer kann Grundherr sein, welche Ansprüche und Herrschaftsrechte haben die Grundherrn gegenüber den Bauern, inwieweit können die Bauern selbstständig politisch handeln?*
3. *Erklären Sie die Zusammensetzung und die Rechte des ständischen Parlaments in England. Wägen Sie seine politischen Interessen ab.*
4. *Erwägen Sie kritisch, worin die Aufklärer den Zweck des Staates sahen und wie sie seine Macht begrenzen wollten.*
5. *Definieren Sie den Begriff „aufgeklärter Absolutismus" und erörtern Sie seine Widersprüchlichkeit.*
6. *Beachten Sie den Zeitpunkt, zu dem das auf dieser Seite abgebildete Gemälde Warthmüllers entstand. Die Sorge Friedrichs II. um das öffentliche Wohl war ein bevorzugtes Thema der preußischen Geschichtsschreibung und Historienmalerei nach 1871, auch das preußische Königshaus schätzte diese Darstellungen.*
   Wie ist der Titel „Der König überall" zu verstehen? Beschreiben Sie die Szene und erörtern Sie die Wirkung auf den Betrachter.
7. *Warthmüllers Darstellung war immer auch als Abbildung in Schulbüchern beliebt.*
   Diskutieren Sie, welches der gängigen Attribute für Friedrich II. das Bild suggeriert: Zeigt es ihn als Landesvater, Lehrmeister, Autokraten (Selbstherrscher) oder Despoten?
   Welcher Bereich der Politik tritt in den Vordergrund?
8. *Der Historiker Gerhard Ritter urteilte, die Wirtschaftspolitik Friedrichs II. habe der „Verbesserung der Armee", aber auch den „humanitären Idealen des Wohlfahrtsstaates" gedient. Der König kümmerte sich tatsächlich persönlich darum, dass die Kartoffel von den Bauern akzeptiert und angebaut wurde.*
   Überprüfen Sie, inwiefern sich daraus ableiten lässt, dass er als aufgeklärter Fürst handelte.

5 Das Zeitalter der demokratischen Revolutionen

In New York wird die Statue des britischen Königs Georg III. gestürzt. Kupferstich von J. X. Habermann, um 1776.

Freiheit, Recht und Nation

Aus einem kleinen Funken, der in Amerika angezündet wurde, ist eine Flamme emporgestiegen, die sich nicht mehr austilgen lässt. Ohne zu verzehren [...] windet sie ihren Fortschritt von Nation zu Nation und besiegt durch stille Wirkung. Der Mensch findet sich verändert und weiß kaum wie. Er erwirbt eine Kenntnis seiner Rechte, indem er richtig auf seinen Vorteil achtet, und entdeckt endlich, dass die Macht und Stärke des Despotismus bloß in der Furcht besteht, ihm zu widerstehen, und dass „um frei zu sein, es genug ist, dass er es sein will“.

Diese Zeilen verfasste der 1737 in England geborene amerikanische Publizist *Thomas Paine* um 1790. Sie enthalten die drei Schlüsselbegriffe des Zeitalters der demokratischen Revolutionen: Freiheit, Recht und Nation. Paine leitete aus ihnen das Selbstbestimmungsrecht der Menschen und das Recht der Völker ab, nach eigenen Vorstellungen regiert zu werden. Die Monarchien waren für ihn dem Untergang geweiht. Die Zukunft sollte der demokratischen Republik gehören.

Nachdem der amerikanische Unabhängigkeitskampf gewonnen und die USA entstanden waren, zog es Paine zurück nach Europa. Dabei musste er feststellen, wie viel schwerer es dort war, republikanische Vorstellungen zu verwirklichen. Während er in England deshalb verfolgt wurde, nahmen ihn die Revolutionäre in Frankreich mit offenen Armen auf. 1789 war dort die alte ständische Ordnung beseitigt und 1791 eine konstitutionelle Monarchie eingeführt worden. Wie wenig die Volksbewegung von den 1789 verkündeten Menschenrechten hielt, musste Paine 1793 selbst erfahren: Wie viele andere wurde er ins Gefängnis geworfen, weil er nicht radikal genug war.

Als der 72-jährige Paine 1809 verarmt und vergessen starb, herrschte *Napoleon I.* schon fünf Jahre als Kaiser der Franzosen. 1799 war er durch einen Staatsstreich an die Macht gekommen, hatte die Revolution formell beendet, wirtschaftliche und rechtliche Reformen eingeleitet und mit militärischen und diplomatischen Mitteln die Vormachtstellung Frankreichs in Europa durchgesetzt. Dabei war 1806 auch das Heilige Römische Reich Deutscher Nation zerfallen. Die „Befreiungskriege“ leiteten das Ende Napoleons ein. Sie brachten zwar den Sieg über die französische Fremdherrschaft, doch die Angst vor Revolutionen blieb – bei den Fürsten und bei den meisten Bürgern.

Der 1815 auf dem Wiener Kongress gegründete Deutsche Bund konnte die nationalen, liberalen und sozialen Forderungen der Bürger nicht befriedigen. Sie bestimmten den Ausbruch der Revolutionen von 1848. Doch die aufständischen Bürger suchten Kompromisse mit den Fürsten. Der Preis war hoch: Sie mussten auf den geforderten Nationalstaat und die erarbeitete Reichsverfassung verzichten.

Paines republikanische Vision war um 1850 im „alten“ Europa noch nicht verwirklicht. Aber die folgenden Generationen griffen bei der Gestaltung ihrer Gegenwart auf seine Erfahrungen zurück.

5.1 Eine Nation erschafft sich selbst: die Vereinigten Staaten von Amerika

Die „Gründerstaaten" und die koloniale Besitzverteilung in Nordamerika um 1783.

1776 – 1783	Dreizehn britische Kolonien kämpfen um ihre Unabhängigkeit in Nordamerika
1776	Die „Virginia Bill of Rights" wird verkündet und zum Vorbild der inneramerikanischen und europäischen Verfassungsentwicklung
1789	George Washington wird zum ersten Präsidenten der USA gewählt und bildet die erste Bundesregierung

„No taxation without representation!"

Seit Anfang des 17. Jahrhunderts hatten sich Engländer in Nordamerika niedergelasssen und eine Kolonie nach der anderen gegründet, teils mit und teils ohne Beteiligung der britischen Krone. Die Siedler hatten ihre Lebensart und ihr Recht in die Neue Welt mitgenommen. Doch der Einfluss der britischen Krone auf die 1770 etwa 2,5 Millionen Einwohner der Kolonien war im Laufe der Zeit immer geringer geworden. Ihr Lebensstandard hatte den des Mutterlandes teilweise übertroffen und sie verwalteten ihre Kolonien weitgehend selbst. Geblieben waren einige wirtschaftliche Zwänge: Die Kolonien durften bestimmte Waren wie Zucker und Tabak nur nach England ausführen, außerdem Produkte aus Europa nur über britische Firmen einführen. Diese Beschränkungen wurden zunehmend als Ärgernis empfunden. Der Verdruss wuchs, als die britische Regierung den Drang der Siedler nach Westen beschränkte und sie gleichzeitig aufforderte, einen Beitrag zur Sanierung des Staatshaushalts zu leisten. Grund für diese Maß-

nahmen Londons war der *Siebenjährige Krieg* (1756–1763)[1], der eng verflochten war mit dem englisch-französischen Konflikt um die Vorherrschaft in Nordamerika. England hatte zwar über Frankreich triumphiert und die Franzosen mussten im *Frieden von Paris* 1763 auf ihren Besitz östlich des Mississippi verzichten, doch gleichzeitig waren die Staatsschulden so stark angewachsen, dass man in London beschloss, die Bürger der Kolonien an den Kosten des Krieges zu beteiligen. Die britische Regierung hob die Zölle für Melasse, Kaffee, Eisen und Schiffsbauholz an (*Sugar Act*, 1764) und verlangte eine geringfügige – in England seit langem erhobene – Gebühr für Kaufverträge, Schuldscheine, Testamente und Druckerzeugnisse aller Art wie Zeitungen oder Kalender (*Stamp Act*, 1765). Die Maßnahmen lösten Proteste aus, obwohl die Steuerlast in den Kolonien insgesamt bedeutend niedriger war als im Mutterland. Es wurde der Grundsatz *„No taxation without representation!“* verkündet und das Recht auf Selbstbesteuerung gefordert. Nach einem Boykott britischer Waren, zu dem über 200 New Yorker Kaufleute im Oktober 1765 aufgerufen hatten, nahm die Regierung in London die Steuererhöhungen zurück. Sie war aber nicht bereit, den Kolonisten das Selbstbesteuerungsrecht zuzugestehen. Aus dem Streit um Abgaben wurde ein Kampf um politische Rechte.
Obwohl die britische Regierung sich um Kompromisse bemühte, wurden weiterhin britische Waren boykottiert. Die Abneigung gegen London wuchs, als 1770 bei einer Demonstration fünf Bostoner Bürger unter den Kugeln britischer Soldaten starben (*Boston Massacre*). Höhepunkt des Protestes wurde die *Boston Tea Party* vom 16. Dezember 1773. Um keinen Zoll an England zu zahlen, warfen etwa 30 als Indianer verkleidete Bürger Bostons 342 Kisten Tee im Wert von 9000 Pfund Sterling (heute etwa 1 Mio. Euro) von drei im Hafen liegenden Schiffen ins Wasser. Für die britische Regierung war das eine offene Rebellion. Sie sperrte vorübergehend den Hafen von Boston für den Handel, belastete die Kolonisten mit der verstärkten Einquartierung von Soldaten, löste das gewählte Oberhaus von Massachusetts auf und machte Gemeindeversammlungen von der Genehmigung des königlichen Gouverneurs abhängig. Für die Kolonisten waren das *Intolerable Acts*.

The Revolutionary War

Die Konfrontation mit dem Mutterland förderte den Zusammenschluss der Kolonien. Im September 1774 fand der *Erste Kontinental-Kongress* (*American Continental Congress*) in Philadelphia

The TIMES are Dreadful, Dismal Doleful Dolorous, and DOLLAR-LESS.

An Emblem of the Effects of the STAMP

O! the fatal Stamp

Thursday, October 31, 1765. THE NUMB. 1195.

PENNSYLVANIA JOURNAL;

AND

WEEKLY ADVERTISER.

EXPIRING: In Hopes of a Resurrection to LIFE again.

Protest gegen die Stempelsteuer.
Kopf der Zeitung „Pennsylvania Journal“, 31.10.1765.

statt. 55 Delegierte aus zwölf Kolonien (die Vertreter Georgias fehlten) sprachen hier ihr Vorgehen gegen London ab. Der Kongress bildete das erste Repräsentativorgan der *Vereinigten Kolonien* und seine Abgeordneten vereinbarten einen Handelsboykott gegen England. Die Trennung der Kolonien vom Mutterland stand noch nicht zur Diskussion. Erst als der britische König *Georg III.* die „Rebellen“ mit Gewalt zu unterwerfen versuchte, kam es im April 1775 in und bei den Landstädtchen Lexington und Concord, 30 km westlich von Boston, zu Gefechten. Aus dem Kampf um Selbstbesteuerungsrechte war ein *Unabhängigkeitskrieg* geworden. Der im Mai 1775 einberufene *Zweite Kontinental-Kongress* organisierte den *Revolutionary War*. Zum Oberbefehlshaber der Kontinentalarmee wurde der 43-jährige Plantagenbesitzer und Politiker *George Washington* (1732–1799) aus Virginia ernannt. Mit den Gefechten setzte eine breit angelegte Kampagne der Aufständischen, die sich selbst „Amerikaner“ und „Söhne der Freiheit“ nannten, für die Unabhängigkeit ein.

„That all men are by nature equally free and independent ...“

Die Kolonien bemühten sich gemeinsam und für sich allein, ihrer Unabhängigkeit von England Ausdruck zu verleihen. Dazu erarbeiteten sie eigene Verfassungen. Eine Vorreiterrolle übernahm die am 12. Juni 1776 verkündete *Virginia Bill of Rights*. Sie proklamierte erstmals in der Geschichte den Vorrang der individuellen Freiheitsrechte gegenüber allen Ansprüchen des Staates und schrieb Gewaltenteilung, regelmäßige Wahl der Abgeordneten, Geschworenengerichte und das Recht auf Widerstand fest (➔ M1–M3). Diese Verfassung beeinflusste die folgende inneramerikanische und europäische Verfassungsentwicklung maßgeblich.

1 *s. S. 132*

General George Washington überquert den Delaware am 25. Dezember 1776. Ölgemälde von Gottlieb Leutze, 1851. Ende 1776 schien Washingtons „Rebellenarmee“ bereits geschlagen. Durch die riskante Flussüberquerung entzog er sich jedoch einer Entscheidungsschlacht und rekrutierte mit freien Schwarzen und Sklaven eine neue Armee.

▶ *Informieren Sie sich über den Maler Leutze. Geben Sie mögliche Gründe dafür an, weshalb das Gemälde von den Amerikanern enthusiastisch aufgenommen wurde.*

Von ebenso weitreichender Bedeutung erwies sich die am 4. Juli 1776 verkündete *Unabhängigkeitserklärung* (*Declaration of Independence*). Sie war in einem Ausschuss des Kontinentalkongresses von Rechtsanwalt *Thomas Jefferson* (1743–1826) aus Virginia entworfen worden und hielt fest, dass eine rechtmäßige Regierung nur mit Zustimmung der Regierten möglich sei und es die Aufgabe jeder Regierung sei, die „unveräußerlichen“ Rechte jedes Menschen, insbesondere das Recht auf „Leben, Freiheit und Streben nach Glück und Zufriedenheit“ zu schützen (→ M4).

Die erste Flagge der Vereinigten Staaten. Entwurf von Betsy Ross, um 1776.

Ein freier, souveräner und unabhängiger Staat

Ihre Freiheit erstritten sich die Kolonisten in einem fast acht Jahre dauernden Krieg. Sie kämpften dabei nicht nur gegen die Engländer und die etwa 30 000 Söldner, die diese aus den deutschen Kleinstaaten angeheuert hatten, sondern auch gegen etwa ein Drittel der eigenen Bevölkerung, die weiterhin zur britischen Krone hielt. Diese *Loyalisten* wurden von den Revolutionären sozial ausgeschlossen, beraubt, eingesperrt und auch getötet. Mehr als 100 000 Loyalisten flohen damals ins Exil, davon die Hälfte in das heutige Kanada.

Militärisch entscheidend war die Unterstützung durch das absolutistische Frankreich. Es unterstützte die aufständischen Amerikaner gegen den Rivalen England. Im *Frieden von Versailles* 1783 musste die englische Krone die Vereinigten Staaten als „freie, souveräne, unabhängige Staaten“ anerkennen.

„We the People of the United States …“?

Mit dem Ende der äußeren Bedrohung war der Zusammenhalt der *United States of America* gefährdet. Die Last der Kriegskosten und eine beginnende Wirtschaftskrise bereiteten große Schwierigkeiten, die der Kongress mangels Befugnissen nicht lösen konnte. Die Lösung der Probleme fanden 55 Delegierte aus zwölf Staaten, die am 25. Mai 1787 in Philadelphia zusammengekommen waren. Sie überarbeiteten die 1781 ratifizierten *Konföderationsartikel*, nach denen die dreizehn souveränen Kolonien einen losen Staatenbund bildeten. Hinter verschlossenen Türen einigten sich die Delegierten unter dem Vorsitz von Washington auf einen föderativen Staatenbund mit einer republikanischen Verfassung. Dieser Entwurf der Verfassungsväter (*Founding Fathers*) wurde am 17. September 1787 einstimmig beschlossen. Die Bundesverfassung nahm den Einzelstaaten von ihrer Souveränität nur so viel, wie

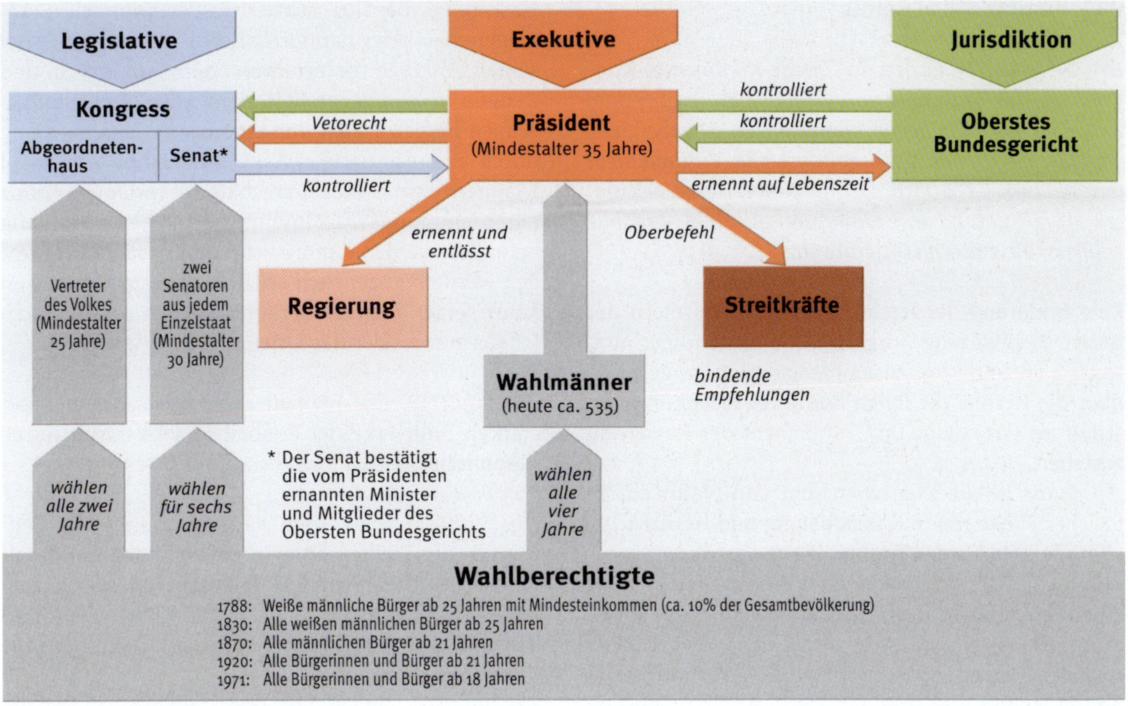

Die amerikanische Bundesverfassung.

► *Erklären Sie anhand des Schemas das Prinzip der „checks and balances".*

der Staatenbund brauchte, um den Handel im Innern zu ordnen und die Nation nach außen wirkungsvoll zu vertreten und zu schützen. Sie schuf dazu ein System der Gewaltenteilung und wechselseitigen Kontrollen (*checks and balances*). Weder der Kongress mit seinen beiden gewählten Kammern (*Senat* und *Abgeordnetenhaus*) noch der vom Volk indirekt zu wählende Präsident waren damit in der Lage, allein die absolute Gewalt auszuüben. Die Regelung des Wahlrechts blieb den Einzelstaaten weitgehend überlassen. Frauen, Sklaven und Indianer hatten kein Recht zu wählen, zudem schloss das *Zensuswahlrecht*[1] überall den größten Teil der Bevölkerung von den Wahlen aus.

In der Ratifizierungsdiskussion bildeten sich zwei politische Lager: Die *Föderalisten*, hinter denen Handel und Gewerbe standen, wollten einen einheitlichen Wirtschaftsraum und deshalb eine starke Bundesgewalt. Demgegenüber misstrauten die *Anti-Föderalisten* jedem staatlichen Zentralismus und forderten für die Einzelstaaten mehr Rechte. Bis 1788 hatten die meisten Staaten die Bundesverfassung angenommen, und im Februar 1789 wurde George Washington zum ersten Präsidenten der Vereinigten Staaten von Amerika gewählt. Während seiner Regierungszeit nahm der Kongress die *Bill of Rights* als Verfassungszusätze (*amendments*) in die Bundesverfassung auf. Zu diesen Grundrechten zählen u. a. Religions- und Meinungsfreiheit, das Recht auf Waffenbesitz, der Schutz vor willkürlicher Hausdurchsuchung oder Verhaftung und der Schutz vor grausamen Strafen (Folter). Die Stellung der Frau in Politik und Gesellschaft sowie das Problem der Sklaverei blieben noch unberücksichtigt, obwohl entsprechende Forderungen bereits bestanden.

Die Annahme der Verfassung und die Bildung der ersten Bundesregierung schlossen eine außerordentliche Entwicklung ab: Menschen unterschiedlicher sozialer Herkunft hatten gemeinsam gegen den Herrschaftsanspruch eines Königs gekämpft, um in einem eigenen Nationalstaat zu leben (→ M5).

[1] *Zensuswahlrecht: Das Wahlrecht wird an den Nachweis von Besitz, Einkommen oder Steuerleistung (Zensus) gebunden.*

M1 Virginia Bill of Rights

Am 15. Mai 1776 fordert der Zweite Kontinental-Kongress die zur Trennung von Großbritannien bereiten Kolonien auf, sich eigene Verfassungen zu geben. Die Verfassunggebende Versammlung von Virginia stellt am 12. Juni 1776 ihrer „Constitution" eine Rechteerklärung voran. Sie wird zum Vorbild für alle späteren Grundrechtserklärungen.

Eine Erklärung der Rechte, von den Vertretern der guten Bevölkerung Virginia, in vollständiger und freier Versammlung zusammengetreten, abgegeben über die Rechte, die ihnen und ihrer Nachkommenschaft als Grundlage und Fundament der Regierung zustehen.

Abschnitt 1. Alle Menschen sind von Natur aus in gleicher Weise frei und unabhängig und besitzen bestimmte angeborene Rechte, welche sie ihrer Nachkommenschaft durch keinen Vertrag rauben oder entziehen können, wenn sie eine staatliche Verbindung eingehen, und zwar den Genuss des Lebens und der Freiheit, die Mittel zum Erwerb und Besitz von Eigentum und das Erstreben und Erlangen von Glück und Sicherheit.

Abschnitt 2. Alle Macht ruht im Volke und leitet sich folglich von ihm her; die Beamten sind nur seine Bevollmächtigten und Diener und ihm jederzeit verantwortlich.

Abschnitt 3. Eine Regierung ist oder sollte zum allgemeinen Wohle, zum Schutze und zur Sicherheit des Volkes, der Nation oder Allgemeinheit eingesetzt sein; von all den verschiedenen Arten und Formen der Regierung ist diejenige die beste, die imstande ist, den höchsten Grad von Glück und Sicherheit hervorzubringen […]; die Mehrheit eines Gemeinwesens hat ein unzweifelhaftes, unveräußerliches und unverletzliches Recht, eine Regierung zu verändern oder abzuschaffen, wenn sie diesen Zwecken unangemessen oder entgegengesetzt befunden wird, und zwar so, wie es dem Allgemeinwohl am dienlichsten erscheint. […]

Abschnitt 5. Die gesetzgebende und ausführende Gewalt des Staates sollen von der richterlichen getrennt und unterschieden sein […]. […]

Abschnitt 6. Die Wahlen der Abgeordneten, die als Volksvertreter in der Versammlung dienen, sollen frei sein; alle Männer, die ihr dauerndes Interesse und ihre Anhänglichkeit an die Allgemeinheit erwiesen haben, besitzen das Stimmrecht. Ihnen kann ihr Eigentum nicht zu öffentlichen Zwecken besteuert oder genommen werden ohne ihre eigene Einwilligung oder die ihrer so gewählten Abgeordneten, noch können sie durch irgendein Gesetz gebunden werden, dem sie nicht in gleicher Weise um des öffentlichen Wohles willen zugestimmt haben.

[…]

Abschnitt 8. Bei allen schweren oder kriminellen Anklagen hat jedermann ein Recht, Grund und Art seiner Anklage zu erfahren, den Anklägern und Zeugen gegenübergestellt zu werden, Entlastungszeugen herbeizurufen und eine rasche Untersuchung durch einen unparteiischen Gerichtshof von zwölf Männern seiner Nachbarschaft zu verlangen, ohne deren einmütige Zustimmung er nicht als schuldig befunden werden kann; auch kann er nicht gezwungen werden, gegen sich selbst auszusagen; niemand kann seiner Freiheit beraubt werden außer durch Landesgesetz oder das Urteil von seinesgleichen.

[…]

Abschnitt 12. Die Freiheit der Presse ist eines der starken Bollwerke der Freiheit und kann nur durch despotische Regierungen beschränkt werden.

[…]

Abschnitt 15. Eine freie Regierung und die Segnungen der Freiheit können einem Volke nur erhalten werden durch strenges Festhalten an der Gerechtigkeit, Mäßigung, Enthaltsamkeit, Sparsamkeit und Tugend und durch häufiges Zurückgreifen auf die Grundprinzipien.

Abschnitt 16. Die Religion oder die Ehrfurcht, die wir unserem Schöpfer schulden, und die Art, wie wir sie erfüllen, können nur durch Vernunft und Überzeugung bestimmt sein und nicht durch Zwang oder Gewalt; daher sind alle Menschen gleicherweise zur freien Religionsausübung berechtigt, entsprechend der Stimme ihres Gewissens; es ist die gemeinsame Pflicht aller, christliche Nachsicht, Liebe und Barmherzigkeit aneinander zu üben.

Günther Franz (Hrsg.), Staatsverfassungen, München [3]1975, S. 7, 9 und 11

1. *Arbeiten Sie die Grundprinzipien der Erklärung heraus. Welche sind für eine Demokratie unverzichtbar?*
2. *Problematisieren Sie die Aussage, dass die Regierung „die beste" sei, „die imstande ist, den höchsten Grad von Glück und Sicherheit hervorzubringen".*

Internettipp:
Den vollständigen Text der „Virginia Bill of Rights" finden Sie unter www.verfassungen.de/us/va/index.htm

M2 Common Sense

Der englische Steuereinnehmer Thomas Paine (1737–1809) kommt 1774 nach Philadelphia und wird Publizist. Zwei Jahre später erscheint seine Streitschrift „Common Sense“[1] anonym. Sie erreicht innerhalb von drei Monaten eine Auflage von 120 000 Exemplaren und ist damit der erste politische Bestseller Amerikas.

Nichts kann unsere Sache so schnell in Ordnung bringen wie eine offene und entschlossene *Unabhängigkeitserklärung*. Einige der Gründe sind:

Erstens: Es ist üblich unter Nationen, dass, wenn zwei gegeneinander Krieg führen, andere Mächte, die nicht am Streit beteiligt sind, als Vermittler auftreten und erste Schritte zum Frieden einleiten. Solange sich aber Amerika als Untertan von Großbritannien bezeichnet, solange kann keine Macht, so sehr sie es auch wollte, ihre Vermittlung anbieten. Daher können wir uns in alle Ewigkeit fortzanken, wenn wir so bleiben, wie wir sind.

Zweitens: Es ist unvernünftig anzunehmen, dass Frankreich oder Spanien uns auf irgendeine Weise unterstützen werden, wenn wir ihren Beistand nur in Anspruch nehmen, um den Bruch zwischen Britannien und Amerika zu heilen und ihre Verbindung zu stärken. Denn jene Mächte würden unter den Folgen der Versöhnung nur leiden.

Drittens: Solange wir uns als Untertanen Britanniens bekennen, müssen wir in den Augen fremder Nationen als Rebellen erscheinen. Das Beispiel ist für ihren inneren Frieden einigermaßen gefährlich, dass sich Menschen, die sich Untertanen nennen, im Aufruhr befinden. [...]

Viertens: Würde man ein Manifest publizieren und an auswärtige Höfe verschicken, worin wir die vielfältige Not, die wir erduldet, und die friedfertigen Bemühungen, die wir zur Abhilfe vergebens angewandt haben, aufzeigen; würde man gleichzeitig aber erklären, dass, da wir unter der grausamen Art des britischen Hofes nicht länger glücklich oder sicher leben können, wir uns gezwungen sehen, alle Verbindungen mit demselben abzubrechen; und würde man gleichzeitig alle diese Höfe von unserer friedlichen Haltung ihnen gegenüber und von unserem Wunsch, mit ihnen Handel zu treiben, überzeugen, so würde eine solche Erklärung dem Kontinent mehr Gutes einbringen, als wenn wir ein ganzes Schiff mit Bittschriften nach England befrachteten.

Unter der gegenwärtigen Bezeichnung „britische Untertanen“ können wir im Ausland weder empfangen noch angehört werden. Die Sitte aller Höfe ist gegen uns und wird es solange sein, bis wir uns durch eine Unabhängigkeitserklärung anderen Nationen gleichstellen.

Dieses Vorgehen dürfte uns anfangs fremd und schwierig vorkommen, aber in kurzer Zeit wird es uns, wie alle anderen Schritte, die wir bereits zurückgelegt haben, geläufig und angenehm sein. Solange bis die Unabhängigkeit erklärt ist, wird dem Kontinent zumute sein wie einem Mann, der ein unangenehmes Geschäft von Tag zu Tag immer wieder aufschiebt und doch weiß, dass es einmal getan werden muss. Er hasst es, daranzugehen; er wünscht, es wäre schon vorbei, und wird unaufhörlich von dem Gedanken geplagt, dass es unumgänglich getan werden muss.

Angela und Willi Paul Adams (Hrsg.), Die Entstehung der Vereinigten Staaten und ihrer Verfassung. Dokumente 1754-1791, Münster 1995, S. 173 f.

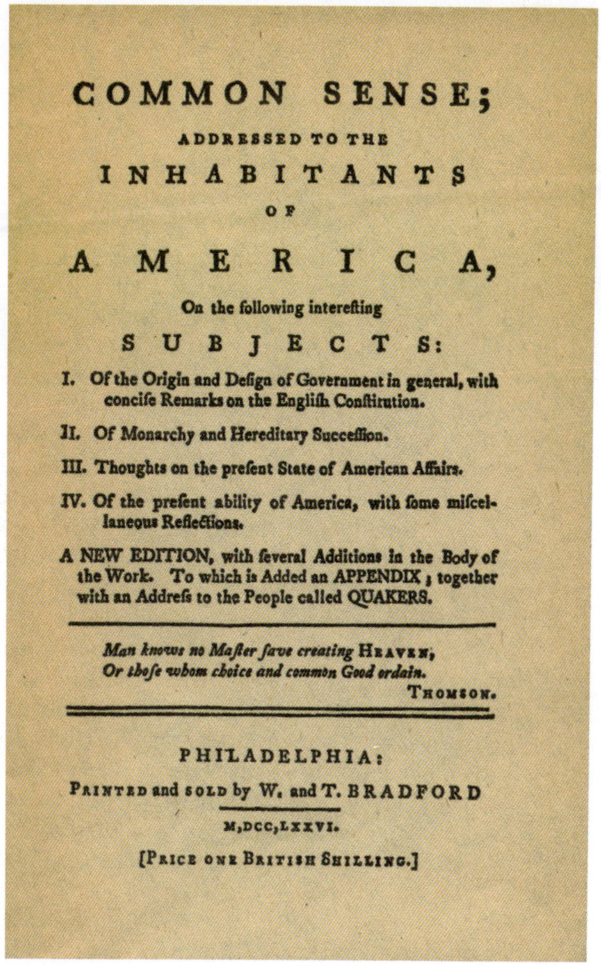
COMMON SENSE;
ADDRESSED TO THE
INHABITANTS
OF
AMERICA,
On the following intereſting
SUBJECTS:
I. Of the Origin and Deſign of Government in general, with conciſe Remarks on the Engliſh Conſtitution.
II. Of Monarchy and Hereditary Succeſſion.
III. Thoughts on the preſent State of American Affairs.
IV. Of the preſent ability of America, with ſome miſcellaneous Reflections.
A NEW EDITION, with ſeveral Additions in the Body of the Work. To which is Added an APPENDIX; together with an Addreſs to the People called QUAKERS.
Man knows no Maſter ſave creating Heaven,
Or thoſe whom choice and common Good ordain.
Thomson.
PHILADELPHIA:
Printed and sold by W. and T. BRADFORD
M,DCC,LXXVI.
[Price one British Shilling.]

Titelblatt der Originalausgabe von Paines Schrift „Common Sense“, 1776.

Verfassen Sie aus Sicht der englischen Regierung eine Antwort auf die Forderungen Paines.

[1] *Common Sense: Der Ausdruck bedeutet zugleich gesunder Menschenverstand, Gemeinsinn, Nüchternheit und praktische Vernunft.*

M3 „Welche Vorteile wird die Unabhängigkeit bringen?“

In einem anonymen Zeitungsartikel aus Philadelphia heißt es am 17. Februar 1776:

Welche Vorteile wird die Unabhängigkeit bringen? Einen freien und unbeschränkten Handel; eine große Zunahme des Wohlstandes und einen entsprechenden Anstieg des Grundstückswertes; die Einrichtung und allmähliche Entwicklung und Verbesserung der Manufakturen und der Naturwissenschaften; einen großen Andrang von Einwanderern, die, angezogen von der Milde freier, gleicher und toleranter Regierung, ihre Heimatländer verlassen und in diesen Kolonien siedeln; eine erstaunliche Vermehrung unserer derzeitigen Bevölkerung. Wo Fleiß belohnt wird; wo Freiheit und Eigentum gesichert sind; wo die Armen leicht ihren Lebensunterhalt finden, und wo die mittlere Klasse mit ihrer Arbeit ihre Familien bequem unterhalten kann, dort muss sich die Bevölkerung schnell vermehren. Einigen dieser Umstände verdanken wir bereits die Verdoppelung unserer Einwohnerzahl in etwas mehr als den vergangenen 25 Jahren. Wenn unter den bisherigen Beschränkungen unseres Handels und der Manufakturen die Bevölkerung derart zugenommen hat, ist es nur vernünftig, einen noch rapideren Anstieg zu erwarten, wenn diese Beschränkungen erst einmal aufgehoben sind. [...]

Nehmen wir an, der Krieg dauere sechs Jahre und jedes Jahr koste uns drei Millionen. Wenn am Ende dieser Zeit der Sieg unsere Unabhängigkeit bewirkt und sichert, werden in der Rückschau 18 Millionen vielleicht nicht als eine große Belastung angesehen werden. Ungehinderter Handel wird dann neue Quellen des Reichtums eröffnen. [...] Für die Freiheit ist kein Preis zu hoch, und spätere Generationen werden die Unabhängigkeit für 18 Millionen als einen billigen Kauf betrachten.

Angela und Willi Paul Adams (Hrsg.), Die Entstehung der Vereinigten Staaten und ihrer Verfassung, a. a. O., S. 185 f.

1. *Arbeiten Sie aus M2 und M3 die Motive für den Unabhängigkeitskampf der nordamerikanischen Kolonien heraus.*
2. *Verfassen Sie zum Zeitungsartikel (M3) einen ablehnenden und/oder einen zustimmenden Leserbrief.*

M4 Declaration of Independence

Der Zweite Kontinental-Kongress beschließt am 2. Juli 1776, dass die 13 Vereinigten Kolonien freie und unabhängige Staaten sind. Zwei Tage später, am 4. Juli, billigt der Kongress ohne Gegenstimmen, aber bei Enthaltungen des Staates New York, die Unabhängigkeitserklärung der „Vereinigten Staaten von Amerika“.

Wenn es im Laufe der Menschheitsgeschichte für ein Volk notwendig wird, die politischen Bande zu lösen, die es mit einem anderen Volke verbunden haben, und unter den Mächten der Erde den selbstständigen und gleichberechtigten Rang einzunehmen, zu dem natürliches[1] und göttliches Gesetz es berechtigen, so erfordert geziemende Achtung vor den Ansichten der Menschen, dass es die Gründe darlegt, die es zur Absonderung bewegen.

Folgende Wahrheiten bedürfen für uns keines Beweises: Dass alle Menschen gleich geschaffen sind; dass sie von ihrem Schöpfer mit gewissen unveräußerlichen Rechten ausgestattet sind, dass dazu Leben, Freiheit und das Streben nach Glück gehören, dass zur Sicherung dieser Rechte Regierungen unter den Menschen eingesetzt sind, die ihre rechtmäßige Autorität aus der Zustimmung der Regierten herleiten; dass, wenn immer irgendeine Regierungsform diesen Zielen abträglich wird, das Volk berechtigt ist, sie zu ändern oder abzuschaffen und eine neue Regierung einzusetzen und diese auf solchen Prinzipien zu errichten und ihre Gewalten solchermaßen zu organisieren, wie es ihm zur Gewährleistung seiner Sicherheit und seines Glücks am ratsamsten erscheint. Die Vernunft gebietet freilich, dass seit langem bestehende Regierungen nicht aus geringfügigen und flüchtigen Anlässen geändert werden sollten; und dementsprechend hat alle Erfahrung gezeigt, dass die Menschen eher geneigt sind zu leiden, solange die Missstände erduldbar sind, als sich durch Beseitigung altgewohnter Formen Recht zu verschaffen. Aber wenn eine lange Reihe von Missbräuchen und Übergriffen, die ausnahmslos das gleiche Ziel verfolgen, die Absicht deutlich werden lässt, das Volk unumschränktem Despotismus zu unterwerfen, so ist es sein Recht wie auch seine Pflicht, eine solche Regierung zu beseitigen und durch neue schützende Einrichtungen für seine künftige Sicherheit Vorsorge zu treffen. [...]

Die Regierungszeit des jetzigen Königs von Großbritannien ist voll wiederholt begangenen Unrechts und ständiger Übergriffe, die alle unmittelbar auf die Errichtung einer unumschränkten Tyrannei über

[1] *Naturrecht: Lehre von einem Recht, das im Wesen des Menschen begründet ist – unabhängig von Zeit und Ort, in denen er lebt. Dagegen steht das geschichtlich gewordene, gesetzte und daher veränderliche („positive“) Recht.*

unsere Staaten abzielen. […] Daher tun wir, die in gemeinsamem Kongress versammelten Vertreter der Vereinigten Staaten von Amerika, unter Anrufung des obersten Weltenrichters als Zeugen für die Rechtschaffenheit unserer Absichten, im Namen und Auftrag des wohlmeinenden Volkes unserer Kolonien feierlich kund zu wissen, dass diese Vereinigten Kolonien freie und unabhängige Staaten sind und rechtens sein sollen; dass sie von jeglicher Treuepflicht gegen die britische Krone entbunden sind, und dass jede politische Verbindung zwischen ihnen und dem Staate Großbritannien vollständig gelöst ist und sein soll; und dass sie als freie und unabhängige Staaten das uneingeschränkte Recht haben, Krieg zu führen, Frieden zu schließen, Bündnisse einzugehen, Handel zu treiben und alle sonstigen Handlungen vorzunehmen und Tätigkeiten auszuüben, zu denen unabhängige Staaten rechtens befugt sind.

Udo Sautter, Die Vereinigten Staaten. Daten, Fakten, Dokumente, Tübingen-Basel 2000, S. 148 und 150

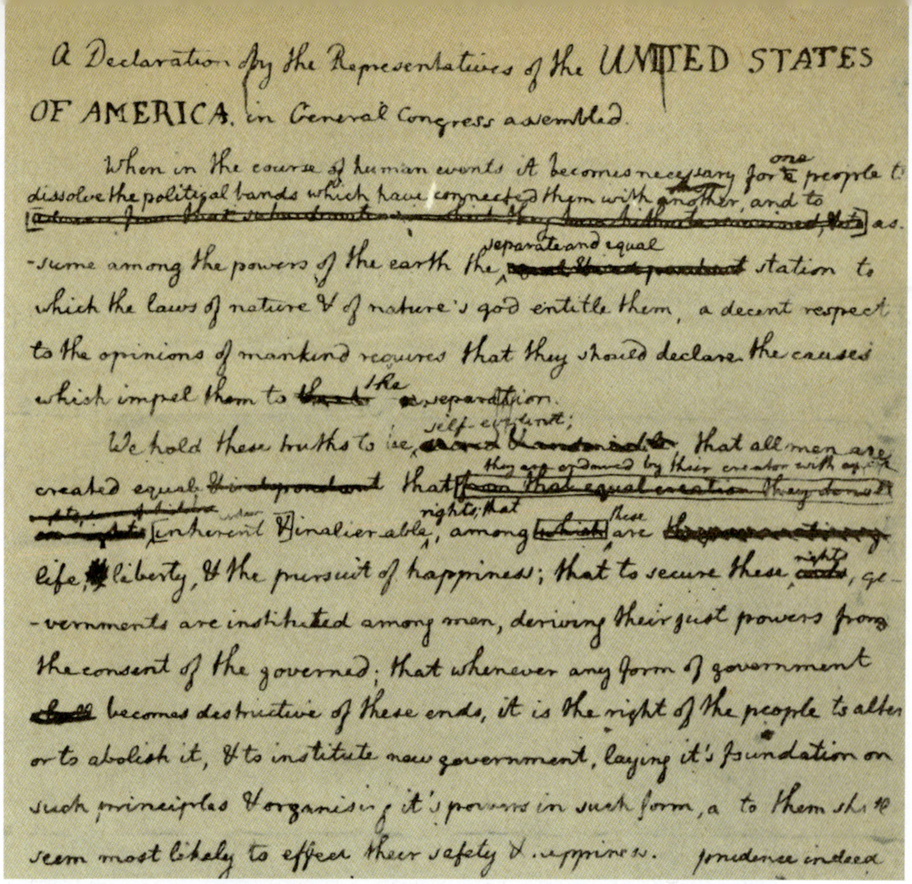
A Declaration by the Representatives of the UNITED STATES OF AMERICA, in General Congress assembled.

When in the course of human events it becomes necessary for one people to dissolve the political bands which have connected them with another, and to assume among the powers of the earth the separate and equal station to which the laws of nature & of nature's god entitle them, a decent respect to the opinions of mankind requires that they should declare the causes which impel them to the separation.

We hold these truths to be self-evident; that all men are created equal; that they are endowed by their creator with inherent & inalienable rights; that among these are life, liberty, & the pursuit of happiness; that to secure these rights, governments are instituted among men, deriving their just powers from the consent of the governed; that whenever any form of government becomes destructive of these ends, it is the right of the people to alter or to abolish it, & to institute new government, laying it's foundation on such principles & organising it's powers in such form, a to them shall seem most likely to effect their safety & happiness. prudence indeed

Die Unabhängigkeitserklärung der Vereinigten Staaten von Amerika, 1776 (Ausschnitt). Handschriftlicher Entwurf von Thomas Jefferson, mit Korrekturen von Benjamin Franklin und John Adams.

1. *Die Unabhängigkeitserklärung (M3) wurde von der Virginia Bill of Rights (M1) und den Überlegungen von Paine (M2) beeinflusst. Arbeiten Sie die Einflüsse heraus.*
2. *Überlegen Sie, welche politische Bedeutung die Erklärung über den aktuellen Anlass hinaus hatte.*

M5 „... eine neue Macht"

Der Historiker Leopold von Ranke (1795–1886) bewertet 1854 die Amerikanische Revolution in einer Privatvorlesung vor dem König von Bayern so:

Dadurch daß die Nordamerikaner, abfallend von dem in England gültigen constitutionellen Princip, eine neue Republik schufen, welche auf dem individuellen Rechte jedes Einzelnen beruht, trat eine neue Macht in die Welt; denn die Ideen greifen alsdann am schnellsten um sich, wenn sie eine bestimmte, ihnen entsprechende Repräsentation gefunden haben. So kam in diese romanisch germanische Welt die republikanische Tendenz. […] Dies war eine größere Revolution, als früher je eine in der Welt gewesen war, es war eine völlige Umkehr des Principes. Früher war es der König von Gottes Gnaden, um den sich alles gruppierte; jetzt tauchte die Idee auf, daß die Gewalt von unten aufsteigen müsse. […] Diese beiden Principien stehen einander gegenüber wie zwei Welten, und die moderne Welt bewegt sich in nichts anderem als in dem Konflikt zwischen diesen beiden.

Willi Paul Adams, Die USA vor 1900, München 2000, S. 52

Fassen Sie die Kernaussage Rankes in einem Satz zusammen, und stellen Sie Vermutungen darüber an, wie der Monarch darauf reagiert haben mag.

5.2 Die Französische Revolution beginnt: vom Dritten Stand zur Nation

Das Erwachen des Dritten Standes. Kolorierter Holzschnitt von 1793.
Unter dem Titel „Denkwürdige Ereignisse, welche die Revolution veranlasst haben, die sich in Frankreich während der Jahre 1789/90/91 ereignete" wurden vier Bilder unterschiedlicher Künstler zu einer „Bildzeitung" zusammengesetzt und von Jean-Baptiste Letourmi in Orléans verlegt. Das abgebildete zweite Bild beschwört den 14. Juli, den Sturm auf die Bastille, mit dem Hinweis: „Ich habe zu lange unter der Unterdrückung meiner Feinde gelebt, ich will endlich meine Fesseln sprengen."

17. 6. 1789	Die Deputierten des Dritten Standes wandeln die Generalstände in eine Nationalversammlung um
14. 7. 1789	Die städtische Volksbewegung zeigt ihre Macht; in Paris wird die Bastille erstürmt
Sommer 1789	Auf dem Lande erheben sich die Bauern; die „Große Furcht" greift um sich
4. 8. 1789	„Augustbeschlüsse" der Nationalversammlung; die feudalen Privilegien sollen abgeschafft werden
1791	Der König leistet einen Eid auf die Verfassung; Frankreich wird konstitutionelle Monarchie

Die alte Ordnung zerfällt

Frankreich war am Ende des 18. Jahrhunderts ein dicht besiedeltes Land und zählte etwa 28 Millionen Einwohner. Landwirtschaft und Kolonialhandel prägten die Wirtschaft. Rund ein Drittel der Bevölkerung konnte lesen und schreiben. Die Gesellschaftsordnung war ständisch (→ M1). Den *Ersten Stand* bildete der katholische Klerus. Er zählte ca. 130 000 Köpfe und besaß rund 10 % des Grundeigentums. Sein Privileg war es, von der Einkommens- und Grundsteuer befreit zu sein. Den *Zweiten Stand* bildete der Adel. Obwohl nur etwa 25 000 Familien dazu zählten, gehörte ihm rund 25 % des gesamten Grundbesitzes. Auch er war zum größten Teil von den Abgaben und den direkten Steuern befreit. Dazu hatte er besondere Rechte vor Gericht und Vorrechte bei der Vergabe von hohen Kirchen-, Verwaltungs- und Militärämtern. Dem *Dritten Stand* gehörten 98 % der Bevölkerung an: Bauern und Bürger. Seine Steuern und Abgaben bildeten die Grundlagen des Staatshaushaltes und stellten die Einkünfte der privilegierten Stände sicher.

Die Unterschiede zwischen dem verarmten und dem wohlhabenden Provinzadel sowie dem Hofadel waren sehr groß. Seine kulturelle Führungsfunktion hatte der Adel längst verloren. Die neue Bildungselite war aristokratisch-bürgerlich gemischt. Ihre Wortführer setzten sich ganz im Sinne der Aufklärung gegen Vorurteile, kirchliche Unterdrückung und für politische Freiheit ein und förderten damit den Zerfall der ständischen Ordnung. Adel und Bürgertum waren auch durch den wirtschaftlichen Wandel verbunden. Hatte der Adel früher jede Handelstätigkeit als unstandesgemäß abgelehnt, beteiligte er sich inzwischen auch an Geld- und Kolonialgeschäften. Sogar in der Landwirtschaft waren Adel und Bürger zu Partnern und Konkurrenten geworden. Beide nutzten die alten feudalen Rechte der Grundherrschaft auf Kosten der Bauern voll aus. Sie profitierten von der bäuerlichen Fronarbeit und vom Jagd- und Fischereimonopol.

Besonders groß waren die sozialen Unterschiede innerhalb des Dritten Standes. So gehörte dem Großbürgertum ein Viertel des Grundbesitzes. Allen übrigen auf dem Lande lebenden Franzosen blieben rund 40 % des Bodens. Die Kleinbauern waren auf zusätzliche Erwerbsquellen angewiesen, dabei mussten sie mit den Menschen ohne Grundbesitz konkurrieren. Bei Missernten waren Kleinbauern, Gesinde und Tagelöhner von der Not unmittelbar betroffen.

In den Städten waren das Großbürgertum (Rentiers, Bankiers und Unternehmer) und die aufgeklärte Bildungselite (Künstler, Anwälte, Ärzte, Beamte etc.) tonangebend. Die Sorgen der Arbeiter und Dienstboten sowie Ladenbesitzer, Gastwirte und Handwerker fanden kaum Gehör; sie lebten oft am Rande des Existenzminimums.

Machtkämpfe schwächen die Krone

Die Finanzkrise des *Ancien Régime*[1], die durch die Unterstützung des amerikanischen Freiheitskampfes noch vergrößert worden war, konnte nicht gelöst werden. Alle Versuche der Krone, die Stände entsprechend ihren Einkünften gleichmäßig zur Deckung der öffentlichen Lasten heranzuziehen, scheiterten am Widerstand von Klerus und Adel. Als Ende der 1780er-Jahre das Wirtschaftswachstum ausblieb, entwickelte sich die Finanzkrise zur Staatskrise.

Ludwig XVI., der seit 1774 regierte, rief 1787 Vertreter der höheren Geistlichkeit, des Hofadels, der obersten Gerichtshöfe, der Provinzialstände und der Stadtmagistrate ein, um die Krise zu lösen. Doch diese Notabeln[2] erarbeiteten keine Reformen, sondern forderten den Monarchen auf, die Generalstände (*États Généraux*) einzuberufen. Nur sie sollten das Recht haben, über eine Steuerreform zu beraten. Die Versammlung der Generalstände war zuletzt 1614 einberufen worden. Ludwig XVI. weigerte sich zunächst, diese Forderung zu erfüllen. Er gab aber nach und stellte damit seinen Anspruch, den Staat absolutistisch zu regieren, infrage.

Die im Januar 1789 veröffentlichte Wahlordnung für die Generalstände verkündete, dass die gesamte männliche Bevölkerung über 25 Jahre, die in den Steuerlisten eingetragen war, wählen durfte. Adel und Klerus konnten ihre Vertreter direkt wählen, die Bürger und Bauern durften ihre Deputierten aber nur indirekt, über Wahlmänner, bestimmen.

Der Wahlkampf politisierte die Bevölkerung. Begriffe wie *Freiheit, Gleichheit, Glück, Souveränität* und *Repräsentation*, die schon zuvor den amerikanischen Unabhängigkeitskampf geprägt hatten, wurden zu Schlagwörtern. Die Position der *Patrioten*[3] fand ihren programmatischen Ausdruck in einer im Januar 1789 von dem dreißigjährigen *Abbé Sieyès* veröffentlichten Flugschrift mit dem Titel „Was ist der Dritte Stand?" (→ M2). Im Zusammenhang mit der Wahl konnten die Wähler der Regierung Klagen, Beschwerden und Wünsche nennen. Sie wurden in „Beschwerdeheften" (*Cahiers de doléances*) zusammengefasst. Die Monarchie stand bei dieser ersten modernen „Meinungsumfrage" der Geschichte nicht zur Diskussion.

[1] Ancien Régime: wörtlich: alte, ehemalige Regierung; der Begriff steht für die vorrevolutionären Zustände.
[2] Notabeln: durch Stellung, Vermögen und Bildung ausgezeichnete Mitglieder der Gesellschaft
[3] Patrioten: Vaterlandsfreunde; hier die Kämpfer gegen die Privilegien

„Le Serment du Jeu de Paume."
Lavierte Federzeichnung auf Papier von Jacques-Louis David, 1791.
Mit seinen Bildern feierte David die Französische Revolution und wurde später von Napoleon zum Hofmaler ernannt.
Diese Zeichnung vom „Ballhausschwur" war als Vorlage für ein Gemälde gedacht, das in einer Größe von neun mal sechs Metern im Sitzungssaal der Nationalversammlung hängen sollte. Sie gibt nicht den tatsächlichen Hergang der Ereignisse wieder, sondern will durch die Darstellung eines feierlichen Moments, in dem der Präsident der Nationalversammlung die Hand zum Schwur hebt, die Geburtsstunde der Verfassunggebenden Nationalversammlung feiern. So fand beispielsweise die im Vordergrund dargestellte Verbrüderung eines Ordensgeistlichen, eines Weltgeistlichen und eines protestantischen Pfarrers nachweislich nicht statt.
► *Die einzelnen Teile und Gesten sind aufeinander bezogen. Analysieren Sie, wie Aufbruchsstimmung einerseits und Einheit der Nation andererseits dargestellt werden.*

Die Revolution der Deputierten

Am 5. Mai 1789 eröffnete der König die Sitzungsperiode der Generalstände feierlich. Doch die Erwartungen wurden enttäuscht. Die Stände tagten getrennt, und die Reformen sollten an die Aufrechterhaltung der Ständeordnung gebunden sein. Nachdem die Versammlung deshalb über einen Monat handlungsunfähig geblieben war, forderte Sieyès die Abgeordneten des Ersten und Zweiten Standes auf, gemeinsam mit dem Dritten Stand zu tagen. Dem Aufruf folgten reformwillige Männer aus dem Adel und Klerus und am 17. Juni erklärten sich 491 gegen 90 Abgeordnete zur *Nationalversammlung* (*Assemblée Nationale*). *Rousseaus* Lehre von der Volkssouveränität aufgreifend, verkündete Sieyès, „... dass es der Versammlung – und nur ihr – zukommt, den Gesamtwillen der Nation auszudrücken und zu vertreten; zwischen dem Thron und dieser Versammlung kann kein Veto, keine Macht des Einspruchs stehen". Das war revolutionär! Die an Stand und Auftrag ihrer Wähler gebundenen Deputierten (*imperatives Mandat*) hatten sich eigenmächtig (*souverän*) zu Abgeordneten der gesamten Nation erklärt, die nur noch dem Allgemeinwillen (*volonté générale*) dienen wollten. Damit hatte der Dritte Stand nicht nur den ersten Schritt vom politisch unmündigen Untertanen zum mitbestimmenden Staatsbürger (*Citoyen*) vollzogen, sondern darüber hinaus die Nation als politische Gemeinschaft rechtsgleicher Bürger gefordert, in der es keine ständischen Unterschiede mehr geben sollte.

Als die Krone daraufhin kurzfristig den Versammlungsraum der Deputierten des Dritten Standes schloss, zogen die reformbereiten Abgeordneten aller drei Stände in eine nahe gelegene Sporthalle und beteuerten am 20. Juni in einer improvisierten Erklärung, dem *Ballhausschwur*, „... niemals auseinanderzugehen und sich überall zu versammeln, wo es die Umstände gebieten sollten, so lange, bis die Verfassung des Königreiches ausgearbeitet ist und auf festen Grundlagen ruht". Angesichts der Entschlossenheit der Deputierten gab der König sein alleiniges Recht, Ständeversammlungen einzuberufen, zu vertagen oder aufzulösen, preis. Feierlich erklärte sich daraufhin am 9. Juli 1789 die Mehrheit der Abgeordneten zur *Verfassunggebenden Nationalversammlung* (*Assemblée Nationale Constituante*). Sie waren mehrheitlich bereit, von nun an ihre Souveränität mit der des Königs zu teilen. Der Monarch herrschte nicht mehr absolut.

Der 14. Juli 1789 und die städtische Volksrevolution

Ludwig XVI. berief Mitte Juli eine konservative Regierung und zog die Truppen um Paris und Versailles zusammen. Die Furcht vor einer politischen Wende traf in Paris zusammen mit sozialen Problemen: Die Brotpreise hatten einen Schwindel erregenden Höhepunkt erreicht. Notleidende Bürger forderten Brot und Waffen und rissen die verhassten Zollstationen nieder. Bei der Suche nach Munition und Kanonen stürmte die aufgebrachte Menge am 14. Juli die *Bastille*. Die alte Festung diente als Staatsgefängnis und Pulverlager – und galt als Symbol der Unfreiheit. Ihre Eroberung, bei der sieben Gefangene befreit werden konnten und 98 Angreifer im Kampf fielen, gab den Aufständischen in Paris ein nicht mehr zu nehmendes Bewusstsein von Macht. Es hatte die „Ketten der Knechtschaft" (Rousseau) gesprengt – und ganz Europa nahm das staunend zur Kenntnis.

Hinter den Kulissen des Aufruhrs übernahm das wohlhabende Bürgertum die Stadtverwaltung. Ein *Ständiger Ausschuss*, der zukünftige Gemeinderat, kümmerte sich um die neu gegründete Nationalgarde[1], die Polizei, die Justiz und die Lebensmittelversorgung. An die Spitze der Verwaltung beriefen die Bürger einen Bürgermeister (*Maire*). Die Selbstverwaltung von Paris hatte begonnen, und weitere Städte des Landes folgten dem Beispiel.

Die Revolution der Bauern

Auch auf dem Lande hatte man von den Generalständen Reformen erwartet. Als die Taten ausblieben, protestierten die Bauern mit friedlichen und gewaltsamen Mitteln gegen ihre Grundherren. Sie verweigerten Abgaben, stürmten Herrensitze, Schlösser und Klöster und vernichteten die Urkunden, die ihre Abgaben und Pflichten belegten. Gleichzeitig verbreitete sich eine „Große Furcht" (*Grande Peur*) vor herumstreunenden Bettlergruppen, plündernden Räuberbanden und Rachefeldzügen der Aristokratie. Sie stellten sich im Nachhinein oft als unbegründet heraus.

Von der ständischen zur bürgerlichen Ordnung

Während die ersten Adligen ins Exil gingen, richteten sich die politischen Hoffnungen der Bevölkerung auf die Verfassunggebende Versammlung. Waren die fast 1200 Abgeordneten in der Lage, die ständische Gesellschaftsordnung in eine auf Freiheit und Gleichheit beruhende bürgerliche Ordnung umzuwandeln? Diese Aufgabe verlangte zunächst die Umwandlung der ständischen in eine bürgerliche Rechtsordnung. Der erste Schritt dahin war die Abschaffung der Sonderrechte (Privilegien) von Ständen, Provinzen und Städten. Die folgende Gesetzgebung regelte erstmals die politische Gleichberechtigung aller Stände und – daraus resultierend – die rechtliche und steuerliche Gleichheit der Bürger. Freie (ständisch ungebundene) Staatsbürger sollten von nun an frei über ihr Eigentum (vor allem über Grund und Boden) verfügen können.

In einem zweiten Schritt wurde am 26. August 1789 die *Erklärung der Menschen- und Bürgerrechte* verabschiedet. *Marquis de Lafayette*, der im amerikanischen Unabhängigkeitskrieg gekämpft hatte und nun Befehlshaber der Nationalgarde war, hatte der Nationalversammlung am 11. Juli den Entwurf der Erklärung vorgelegt. Sie sollte Teil der zu erarbeitenden Verfassung werden und verkündete nach dem Vorbild der *Virginia Bill of Rights* von 1776 (s. S. 144) die wirkungsmächtigsten Prinzipien der Französischen Revolution von 1789: die Freiheit des Individuums (*Liberté*), die Gleichheit der Bürger (*Egalité*) sowie, weniger deutlich und wirksam, die Brüderlichkeit (*Fraternité*) aller Menschen. Die „Charta der modernen Demokratie" (*François Furet*) hatte einen Nachteil. Sie löste die noch schwache Forderung nach der Gleichberechtigung der Geschlechter nicht ein.

Von zentraler Bedeutung während der Verfassungsberatungen war die Frage, welche Kompetenzen dem Monarchen künftig zugestanden werden sollten. Seine Exekutivgewalt stand nicht zur Disposition, aber in der Gesetzgebung räumte die Mehrheit der Deputierten dem König nur noch ein aufschiebendes Einspruchsrecht (*suspensives Veto*) ein, mit dem er Gesetze zwar nicht generell verhindern, aber für vier Jahre blockieren konnte. Trotz dieser Zugeständnisse wollte der König die Verfassung zunächst nicht anerkennen.

Während man in Versailles politisch nicht vorankam, hungerten viele Einwohner von Paris. Mit der Bemerkung „die Männer trödeln, die Männer sind feige, jetzt nehmen wir die Sache in die Hand" zogen am 5. Oktober 1789 etwa 6000 Frauen nach Versailles, um gegen die Not zu demonstrieren; ihnen folgten rund 20 000 Nationalgardisten. Im Verlauf des Protestes erkannte Ludwig XVI. die von der Konstituante erarbeiteten Verfassungsartikel einschließlich der „Augustbeschlüsse" und der Menschenrechtserklärung an. Um ihn besser kontrollieren zu können, wurde er gezwungen, mit seiner Familie in die Hauptstadt zu ziehen; die Abgeordneten folgten ihm. Paris wurde Zentrum der Macht.

---

[1] *Nationalgarde: im Juli 1789 in Paris entstandene Bürgerwehr; ihre Mitglieder kamen aus dem Bürgertum. Sie bestand mit Unterbrechungen bis 1871.*

Die Arbeit der Konstituante

Die Revolution lähmte Handel und Gewerbe. Der Staat nahm kaum noch Steuern ein. Zur Sanierung des Staatshaushalts beschlossen die Abgeordneten auf Vorschlag des 35-jährigen Bischofs von Autun, *Charles Maurice Talleyrand* (1754–1838), die Verstaatlichung der Kirchengüter. Orden und Klöster wurden aufgelöst. Die Versteigerung der kirchlichen Güter begann. Die Nationalisierung der Kirchengüter hatte die staatliche Kirchenverfassung zur Folge. Der Staat übernahm die sozialen Aufgaben des Klerus, wie Schulen, die Kranken- und Armenpflege, und machte aus Bischöfen und Geistlichen vom Volk wählbare Staatsdiener. Er bezahlte von nun an die Priester und forderte dafür von ihnen einen Eid auf die Verfassung. Dies führte zum Streit. Zahlreiche Priester lehnten den Eid – bestärkt vom Papst und vom König, der das Gesetz blockierte – ab, da sie sich nur der katholischen Kirche gegenüber verantwortlich fühlten.

Eine weitere spektakuläre Entscheidung der Abgeordneten war die Abschaffung des erblichen Adels am 19. Juni 1790. Bei den folgenden Bemühungen, Staat und Wirtschaft neu zu ordnen, konnten die Abgeordneten zum Teil auf die im Ancien Régime begonnenen Reformen zurückgreifen. Die nun durchgeführten Verwaltungs-, Justiz-, Finanz-, Steuer- und Gemeindereformen griffen ineinander und wurden parallel zu einer Neueinteilung des Landes in 83 etwa gleich große Verwaltungsbezirke (*Départements*) durchgeführt. Die Binnenzölle fielen und die *Berufs- und Gewerbefreiheit* wurde eingeführt. Ganz im Sinne der neuen Wirtschaftsordnung wurde aber auch den Handwerkern und Arbeitern das Recht auf Vereinigung und Streik im Juni 1791 genommen; eine Regelung, die bis 1864 bzw. 1884 bestehen blieb.

Die Erklärung der Menschen- und Bürgerrechte vom 26. August 1789 schloss die staatsbürgerliche Gleichheit der Protestanten und Juden noch nicht ein. Nachdem die Protestanten am 24. Dezember 1789 die vollen Bürgerrechte erhalten hatten, erhielten die Juden von Bordeaux sie am 28. Januar 1790. Erst am 24. September 1791 beschloss dann die Nationalversammlung die Emanzipation aller 40 000 in Frankreich lebenden Juden per Gesetz.

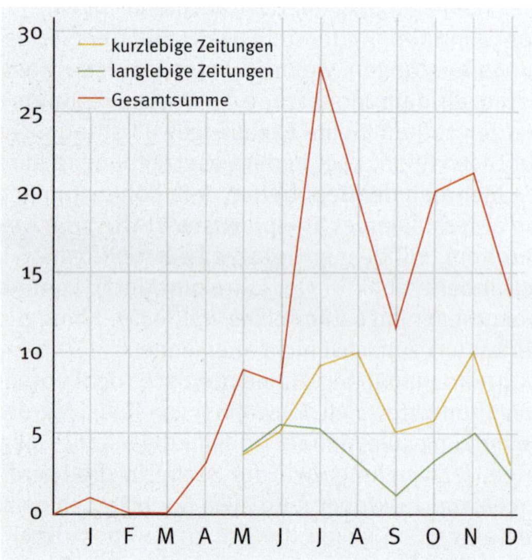

Zeitungsgründungen in Paris im Jahr 1789. Pierre Rétat, Die Zeitungen des Jahres 1789: einige zusammenfassende Perspektiven, in: Reinhart Koselleck/Rolf Reichardt (Hrsg.), Die Französische Revolution als Bruch des gesellschaftlichen Bewusstseins, München 1988, S. 156

Die revolutionären Ereignisse waren die Grundlage für die Beschleunigung, Demokratisierung und Politisierung der Presse im Jahr 1789. Deren ständige Radikalisierung wirkte ihrerseits auf die Revolution zurück und trieb sie voran.

Eine neue politische Kultur

Die Revolution schuf eine neue politische Kultur. Sie drückte sich in unzähligen öffentlichen Versammlungen, Reden, Demonstrationen, zahlreichen – oft nur kurzlebigen, aber zum Teil auflagenstarken – Zeitungen, Plakatanschlägen, Bildern und Grafiken aus. Einen besonderen Stellenwert erhielten die großartig inszenierten Revolutionsfeiern, die an den solidarischen Aufbruch und die gemeinsamen Ziele erinnerten. Theater, Dichtung, Musik, Malerei und Architektur wurden vom Revolutionsverlauf beeinflusst oder versuchten ihrerseits, die Massen zu beeinflussen.

Die politische Kultur wurde bestimmt von dem zunehmenden Organisationsgrad der städtischen Bevölkerung. Ausgangspunkt der Entwicklung war die Vereinigung der bretonischen Deputierten zur Zeit der Generalstände. Seit dem Umzug der Nationalversammlung nach Paris wurde der *Jakobinerklub*, benannt nach dem Dominikanerkloster Saint-Jacques, zum Sammelpunkt politisch interessierter Bürger und Mandatsträger. Mitglieder waren zumeist Akademiker und Angehörige des Besitzbürgertums. 1791 hatte ihr Klub bereits rund 1000 Tochtergesellschaften in der Provinz. Neben dem Jakobinerklub entstand im April 1790 in Paris der *Club des Cordeliers*[1]. In ihm sammelte sich die kleinbürgerliche städtische Volksbewegung, die *Sansculotten*[2]. In den Klubs und Volksgesellschaften – darunter auch etwa 60 reine Frauenklubs –

[1] *Club des Cordeliers: so benannt nach seinem ersten Tagungsort, einer Kirche der Franziskaner, die im Volksmund „cordeliers" genannt wurden*

[2] *Sans Culottes (franz.): ohne (die teuren Kniebund-)Hosen; weitere Kennzeichen der Sansculotten waren die rote Mütze, die Pike und das brüderliche Du.*

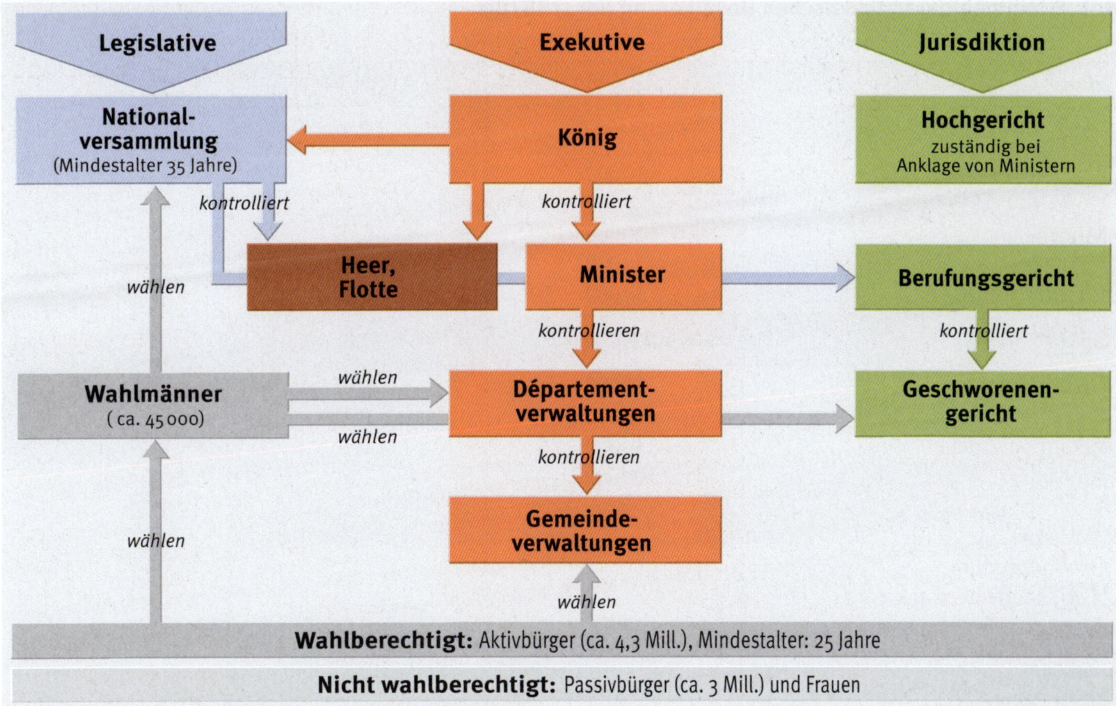

Die Verfassung der konstitutionellen Monarchie von 1791.
▶ *Vergleichen Sie mit der amerikanischen Bundesverfassung (S. 143).*

wurde einerseits die Arbeit von Deputierten und Stadtverordneten diskutiert und vorbereitet, andererseits wurden von hier aus Petitionen und Demonstrationen in Gang gebracht. Die Bewegung erfasste die Massen. Zwischen 1789 und 1795 wurden in 5500 Orten ca. 6000 politische Klubs gezählt, sie hatten um 1794 etwa 500 000 bis 600 000 Mitglieder.

Frankreich wird konstitutionelle Monarchie

Durch einen Fluchtversuch ins Ausland, der am 20. Juni 1791 scheiterte, verlor Ludwig XVI. seine Glaubwürdigkeit und sein Ansehen – bei den Deputierten und in der Bevölkerung. Die Mehrheit der Abgeordneten wollte dennoch die Revolution beenden, um endlich wieder zu stabilen Verhältnissen zurückzukehren. Diese Haltung führte zur ersten Spaltung des Jakobinerklubs. Die verfassungsorientierten, monarchisch eingestellten Mitglieder (rund 1800 von 2400) gründeten den *Club des Feuillants*, benannt nach dem ehemaligen Feuillantinerkloster. Ihre Gegner nahmen für sich in Anspruch, über die „Reinhaltung" der revolutionären Prinzipien zu wachen. Sie behielten den alten Namen und das Netzwerk der Tochterklubs bei – ein nicht zu unterschätzender Vorteil.

Am 14. September 1791 musste Ludwig XVI. einen Eid auf die von der Konstituante verabschiedete Verfassung ablegen. Aus Frankreich war eine *konstitutionelle Monarchie* geworden. Der König stand nicht mehr „über dem Gesetz", sondern regierte „nur durch dieses", wie es die Verfassung bestimmte.

Die Konstitution, der die Menschenrechte vorangestellt wurden, änderte nichts an der Rechtsungleichheit zwischen Männern und Frauen (→ M3). Die Gleichheit der Bürger fand zudem im Zensus- und Männerwahlrecht (ein allgemeines Frauenwahlrecht gibt es in Frankreich erst seit 1946) ihre Grenzen. Die Bevölkerung wurde in politisch berechtigte (steuerzahlende) Aktivbürger (*Citoyens actifs*) und schutzbefohlene Passivbürger (*Citoyens passifs*) eingeteilt. Das Wahlrecht war indirekt. Von den 4,3 Millionen Aktivbürgern erfüllten nur etwa 45 000 die Voraussetzungen dafür, zum Wahlmann gewählt werden zu können. Diese Wahlmänner konnten dann aber grundsätzlich jeden Aktivbürger zum Abgeordneten wählen.

M1 Einteilung der französischen Bevölkerung um 1788/89

Stand / Gruppe	Anzahl[1]	Anteil in %
Erster Stand	*130000*	*0,47*
Bischöfe, Prälaten, Äbte	10000	0,03
Nonnen	40000	0,15
Mönche	20000	0,07
Pfarrer	30000	0,11
Vikare	30000	0,11
Zweiter Stand	*350000*	*1,25*
Hofadel	20000	0,07
Begüterter Provinzadel	100000	0,36
Verarmter Adel	130000	0,46
Amtsadel	100000	0,36
Dritter Stand	*27445000*	*98,28*
Großbürgertum (Großkaufleute, Bankiers, Reeder, Unternehmer etc.)	220000	0,79
Mittelschichten (Anwälte, Ärzte, mittlere Kaufleute, kleinere Beamte, Künstler, Intellektuelle etc.)	475000	1,70
Kleinbürgertum (Handwerker, Ladenbesitzer, Gastwirte etc.)	1400000	5,01
Arbeiter und Dienstboten in der Stadt	2100000	7,52
Dienstboten auf dem Lande	1200000	4,30
Seeleute, Flussschiffer	350000	1,25
Soldaten	200000	0,72
Großbauern, dörfliche Oberschichten	3400000	12,18
Kleinbauern	8600000	30,80
Gesinde, Tagelöhner, ländliches Proletariat[2]	9500000	34,00
Summe	27925000	100,00

Nach: Michael Erbe, Die gesellschaftlichen Konflikte und der Ausbruch der Französischen Revolution, in: Klaus Malettke (Hrsg.), Soziale und politische Konflikte im Frankreich des Ancien Régime, Berlin 1982, S. 106 f. (vereinfacht)

Bestimmen Sie anhand der Übersicht die ungefähren Bevölkerungsanteile in Stadt und Land.

[1] *Die Angaben wurden zum Teil geschätzt und/oder auf der Grundlage anderer Daten hochgerechnet.*
[2] *Dazu gehören um 1789 vier bis fünf Millionen bettelnde und vagabundierende Menschen.*

M2 „Qu'est-ce que le tiers-état?“

Der katholische Geistliche Emmanuel Joseph Sieyès (1748–1836), genannt Abbé Sieyès, verfasst Ende 1788 die Schrift „Qu'est-ce que le tiers-état?“. Sie wird kurze Zeit später anonym veröffentlicht, erreicht eine Auflage von über 30 000 Exemplaren und wird damit zur maßgeblichen „Kampfschrift“ des Dritten Standes:

Der Plan dieser Schrift ist ganz einfach. Wir haben uns drei Fragen vorzulegen.

1. Was ist der Dritte Stand? ALLES.
2. Was ist er bis jetzt in der politischen Ordnung gewesen? NICHTS.
3. Was verlangt er? ETWAS ZU SEIN. [...]

Also, was ist der Dritte Stand? Alles, aber ein gefesseltes und unterdrücktes Alles. Was wäre er ohne den privilegierten Stand? Alles, aber ein freies und blühendes Alles. Nichts kann ohne ihn gehen; alles ginge unendlich besser ohne die anderen. [...]
Was ist eine Nation? Eine Körperschaft von Gesellschaftern, die unter einem *gemeinschaftlichen* Gesetz leben und durch dieselbe *gesetzgebende Versammlung* repräsentiert werden usw. [...]
Der Dritte Stand umfasst also alles, was zur Nation gehört; und alles, was nicht der Dritte Stand ist, kann sich nicht als Bestandteil der Nation ansehen. Was also ist der Dritte Stand? ALLES. [...]
Unter dem Dritten Stand muss man die Gesamtheit der Bürger verstehen, die dem Stand der gewöhnlichen Leute (*l'ordre commun*) angehören. Alles, was durch das Gesetz privilegiert ist, einerlei auf welche Weise, tritt aus der gemeinschaftlichen Ordnung heraus, macht eine Ausnahme für das gemeinschaftliche Gesetz und gehört folglich nicht zum Dritten Stand. [...]
Der Dritte Stand hat bis zur Stunde keine wahren Vertreter auf den Generalständen gehabt. Er hat also keinerlei politische Rechte. [...]
Was verlangt der Dritte Stand? Etwas zu werden.
[...] Man kann die wirklichen Forderungen des Dritten Standes nur nach den authentischen Beschwerden beurteilen, welche die großen Stadtgemeinden (*municipalités*) des Königreichs an die Regierung gerichtet haben. Was sieht man da? Dass das Volk etwas sein will, und zwar nur das Wenigste, was es sein kann. Es will haben 1. echte Vertreter auf den Generalständen, das heißt Abgeordnete, die aus seinem Stand kommen und die fähig sind, die Interpreten seines Willens und die Verteidiger seiner Interessen zu sein. Was nützt es ihm, an den Generalständen teilzunehmen, wenn das dem seinen entgegengesetzte Interesse dort dominiert? [...] Es verlangt weiter 2. eine Zahl von Vertretern, die derjenigen ebenbürtig ist, welche die beiden anderen Stände zusammen besitzen. Diese Gleichheit der Vertretung wäre indessen völlig illusorisch, wenn jede Kammer eine eigene Stimme besäße. Der Dritte Stand verlangt deshalb 3., dass die Stimmen nach Köpfen und nicht nach Ständen gezählt werden. [...]
Ich bitte zu beachten, welch gewaltiger Unterschied zwischen der Versammlung des Dritten Standes und den Versammlungen der beiden anderen Stände besteht. Ersterer vertritt fünfundzwanzig Millionen Menschen und berät über die Interessen der Nation. Die beiden letzteren haben, sollten sie zusammentreten, nur die Vollmacht von ungefähr zweihunderttausend Einzelpersonen und denken nur an ihre Vorrechte. Man wird sagen, der Dritte Stand allein könne keine „Generalstände“ bilden. Nun, um so besser, dann wird er eben eine „Nationalversammlung“ bilden!

Eberhard Schmitt und Rolf Reichardt (Hrsg.), Emmanuel Joseph Sieyès. Politische Schriften 1788–1790, München-Wien [2]1981, S. 119, 123–125, 127, 130, 131 und 180

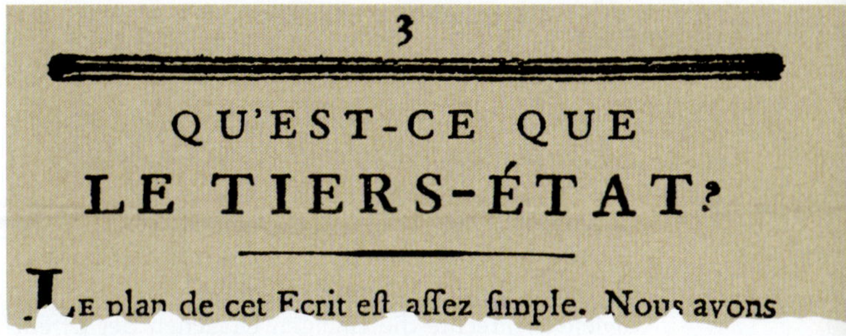
3

QU'EST-CE QUE
LE TIERS-ÉTAT?

Le plan de cet Ecrit eſt aſſez ſimple. Nous avons

Überschrift des ersten Kapitels der Schrift „Was ist der Dritte Stand?“ von Emmanuel Joseph Sieyès.

1. *Erklären Sie, was die Ausführungen von Sieyès zu einer Kampfschrift macht.*
2. *Erarbeiten Sie eine Definition des Begriffes „Nation“ aus dem Artikel.*
3. *Arbeiten Sie die Argumente Sieyès' dafür heraus, dass nur der Dritte Stand die Nation vertreten könne.*

M3 Menschenrechte für alle?

Der Verfassung von 1791 wird die am 26. August 1789 von der Konstituante feierlich verkündete „Erklärung der Menschen- und Bürgerrechte" (linke Spalte) vorangestellt. In Anlehnung an dieses Dokument veröffentlicht 1791 die 36-jährige Schriftstellerin Olympe de Gouges die „Erklärung der Rechte der Frau und Bürgerin" (rechte Spalte):

Da die Vertreter des französischen Volkes, als Nationalversammlung eingesetzt, erwogen haben, dass die Unkenntnis, das Vergessen oder die Verachtung der Menschenrechte die einzigen Ursachen des öffentlichen Unglücks und der Verderbtheit der Regierungen sind, haben sie beschlossen, die natürlichen und unveräußerlichen und heiligen Rechte der Menschen in einer feierlichen Erklärung darzulegen, damit diese Erklärung allen Mitgliedern der Gesellschaft beständig vor Augen ist und sie unablässig an ihre Rechte und Pflichten erinnert; damit die Handlungen der Gesetzgebenden wie der Ausübenden Gewalt in jedem Augenblick mit dem Endzweck jeder politischen Einrichtung verglichen werden können und dadurch mehr geachtet werden; damit die Ansprüche der Bürger, fortan auf einfache und unbestreitbare Grundsätze begründet, sich immer auf die Erhaltung der Verfassung und das Allgemeinwohl richten mögen. Infolgedessen erkennt und erklärt die Nationalversammlung in Gegenwart und unter dem Schutze des Allerhöchsten folgende Menschen- und Bürgerrechte:

Art. 1
Die Menschen sind und bleiben von Geburt frei und gleich an Rechten. Soziale Unterschiede dürfen nur im gemeinen Nutzen begründet sein.

Art. 2
Das Ziel jeder politischen Vereinigung ist die Erhaltung der natürlichen und unveräußerlichen Menschenrechte. Diese Rechte sind Freiheit, Eigentum, Sicherheit und Widerstand gegen Unterdrückung. […]

Art. 4
Die Freiheit besteht darin, alles tun zu können, was einem anderen nicht schadet. So hat die Ausübung der natürlichen Rechte eines jeden Menschen nur die Grenzen, die den anderen Gliedern der Gesellschaft den Genuss der gleichen Rechte sichern. Diese Grenzen können allein durch Gesetz festgelegt werden.

Art. 6
Das Gesetz ist der Ausdruck des allgemeinen Willens. Alle Bürger haben das Recht, persönlich oder durch ihre Vertreter an seiner Formung mitzuwirken. Es soll für alle gleich sein, mag es beschützen, mag es

Wir, die Mütter, Töchter, Schwestern, Vertreterinnen der Nation, verlangen in die Nationalversammlung aufgenommen zu werden. In Anbetracht dessen, dass Unkenntnis, Vergessen oder Missachtung der Rechte der Frauen die alleinigen Ursachen öffentlichen Elends und die Korruptheit der Regierungen sind, haben wir uns entschlossen, in einer feierlichen Erklärung die natürlichen, unveräußerlichen und heiligen Rechte der Frau darzulegen, damit diese Erklärung allen Mitgliedern der Gesellschaft ständig vor Augen ist und sie unablässig an ihre Rechte und Pflichten erinnert; damit die Machtausübung von Frauen ebenso wie jene von Männern jederzeit und somit auch mehr geachtet werden kann; damit die Beschwerden von Bürgerinnen, nunmehr gestützt auf einfache und unangreifbare Grundsätze, sich immer zur Erhaltung der Verfassung, der guten Sitten und zum Wohl aller auswirken mögen.
Das an Schönheit wie Mut im Ertragen der Mutterschaft überlegene Geschlecht anerkennt und erklärt somit, in Gegenwart und mit dem Beistand des Allmächtigen, die folgenden Rechte der Frau und Bürgerin:

Artikel I
Die Frau ist frei geboren und bleibt dem Manne gleich in allen Rechten. Die sozialen Unterschiede können nur im allgemeinen Nutzen begründet sein.

Artikel II
Ziel und Zweck jedes politischen Zusammenschlusses ist der Schutz der natürlichen und unveräußerlichen Rechte sowohl der Frau als auch des Mannes. Diese Rechte sind: Freiheit, Sicherheit, das Recht auf Eigentum und besonders das Recht auf Widerstand gegen Unterdrückung. […]

Artikel IV
Freiheit und Gerechtigkeit besteht darin, den anderen zurückzugeben, was ihnen zusteht. So wird die Frau an der Ausübung ihrer natürlichen Rechte nur durch die fortdauernde Tyrannei, die der Mann ihr entgegensetzt, gehindert. Diese Schranken müssen durch Gesetz der Natur und Vernunft revidiert werden.

Artikel VI
Das Gesetz sollte Ausdruck des allgemeinen Willens sein. Alle Bürgerinnen und Bürger sollen persönlich oder durch ihre Vertreter an seiner Gestaltung mitwirken. Es muss für alle das Gleiche sein. Alle Bürge-

bestrafen. Da alle Bürger in seinen Augen gleich sind, sind sie gleicherweise zu allen Würden, Stellungen und Beamtungen nach ihrer Fähigkeit zugelassen ohne einen anderen Unterschied als den ihrer Tugenden und ihrer Talente.

Art. 7
Jeder Mensch kann nur in den durch das Gesetz bestimmten Fällen und in den Formen, die es vorschreibt, angeklagt, verhaftet und gefangen gehalten werden.

Art. 10
Niemand soll wegen seiner Meinung, selbst religiöser Art, beunruhigt werden, solange ihre Äußerungen nicht die durch das Gesetz festgelegte öffentliche Ordnung stört.

Art. 11
Die freie Mitteilung der Gedanken und Meinungen ist eines der kostbarsten Menschenrechte. Jeder Bürger kann also frei schreiben, reden, drucken unter Vorbehalt der Verantwortlichkeit für den Missbrauch dieser Freiheit in den durch Gesetz bestimmten Fällen. […]

Art. 17
Da das Eigentum ein unverletzliches und heiliges Recht ist, kann es niemandem genommen werden, wenn es nicht die gesetzlich festgelegte, öffentliche Notwendigkeit augenscheinlich erfordert und unter der Bedingung einer gerechten und vorherigen Entschädigung.

rinnen und Bürger, die gleich sind vor den Augen des Gesetzes, müssen gleichermaßen nach ihren Fähigkeiten, ohne andere Unterschiede als die ihrer Tugenden und Talente, zu allen Würden, Ämtern und Stellungen im öffentlichen Leben zugelassen werden.

Artikel VII
Für Frauen gibt es keine Sonderrechte; sie werden verklagt, in Haft genommen und gefangen gehalten in den durch das Gesetz bestimmten Fällen. Frauen unterstehen wie Männer den gleichen Strafgesetzen.

Artikel X
Niemand darf wegen seiner Meinung, auch wenn sie grundsätzlicher Art ist, verfolgt werden. Die Frau hat das Recht, das Schafott zu besteigen. Sie muss gleichermaßen das Recht haben, die Tribüne zu besteigen, vorausgesetzt, dass ihre Handlungen und Äußerungen die vom Gesetz gewahrte öffentliche Ordnung nicht stören.

Artikel XI
Die freie Gedanken- und Meinungsäußerung ist eines der kostbarsten Rechte der Frau, denn diese Freiheit garantiert die Vaterschaft der Väter an ihren Kindern. Jeder Mutter kann folglich in aller Freiheit sagen: „Ich bin die Mutter eines Kindes, das du gezeugt hast", ohne dass ein barbarisches Vorurteil sie zwingt, die Wahrheit zu verschleiern. […]

Artikel XVII
Das Eigentum gehört beiden Geschlechtern vereint oder einzeln. Jede Person hat darauf ein unverletzliches und heiliges Anrecht. Niemandem darf es als wahres Erbteil der Nation vorenthalten werden, es sei denn, eine öffentliche Notwendigkeit, die gesetzlich festgelegt ist, mache es augenscheinlich erforderlich, jedoch unter der Voraussetzung einer gerechten und vorher festgesetzten Entschädigung.

Ute Gerhard, Menschenrechte – Frauenrechte 1789, in: Viktoria Schmidt Linsenhof (Hrsg.), Sklavin oder Bürgerin? Französische Revolution und neue Weiblichkeit, Frankfurt/Main 1989, S. 69–72

1. *Bestimmen Sie die Funktion der Präambel der Erklärungen.*
2. *Arbeiten Sie aus der Erklärung die bestehenden Missstände heraus.*
3. *Stellen Sie fest, an welchen Stellen die Erklärung die bestehende Gesellschaftsordnung überwinden will.*

Internettipp:
Den vollständigen Text der Verfassung von 1791 finden Sie unter www.verfassungen.de/f/

5.3 Von der Republik zur Diktatur

„Unité et Indivisibilité de la République." Plakat, um 1793/94.
Die Aufschriften auf den in den Farben der Trikolore gehaltenen Fahnen lauten „Liberté, egalité, fraternité – liberté ou la mort".
► *Übersetzen Sie die Aufschriften und interpretieren Sie die Aussage des Plakats.*

20.4.1792	Frankreich erklärt Österreich den Krieg; der Erste Koalitionskrieg beginnt
21.9.1792	Der Nationalkonvent tritt zusammen, die Monarchie wird abgeschafft und die Republik eingeführt
21.1.1793	Ludwig XVI. wird hingerichtet
10.8.1793	Die republikanische Verfassung wird mittels Volksabstimmung verabschiedet, tritt aber wegen des Krieges nicht in Kraft
17.9.1793	„Gesetz über die Verdächtigen": Höhepunkt der Schreckensherrschaft
27.7.1794	Robespierre und seine Anhänger werden gestürzt
23.9.1795	Eine neue Verfassung tritt nach einer Volksabstimmung in Kraft
9./10.11.1799	Nach einem Staatsstreich erklärt Napoleon Bonaparte die Revolution für beendet

Die Zweite Revolution

Die neue *Gesetzgebende Nationalversammlung* (*Assemblée Nationale Législative*) trat am 1. Oktober 1791 zusammen. Von den 745 Deputierten bildeten 345 die Mitte. Sie besaßen keine direkten Bindungen zu bestimmten Klubs. 264 Abgeordnete gehörten zur *Rechten*. Sie waren oder wurden Mitglieder im Klub der *Feuillants* und wollten die Revolution beenden. Die zahlenmäßig kleinste Abgeordnetengruppe stellten die 136 Abgeordneten der *Linken*. Sie hatten sich in den Klubs der Jakobiner, Cordeliers und anderer Volksgesellschaften organisiert, forderten ein allgemeines Wahlrecht und waren gegen das Vetorecht des Königs. Diese Gruppe unterscheidet man noch in *Girondisten*[1], die ihren Rückhalt im mittleren und gehobenen Provinzbürgertum hatten, und *Montagnards* („Bergpartei"), die ihren Aufstieg den Sansculotten verdankten.

Zwei Jahre nach dem Sturm auf die Bastille hatten über 40 000 Franzosen ihr Land verlassen, nicht nur Adlige und Geistliche, sondern auch Bürger und Bauern. Die Emigranten, unter ihnen die beiden Brüder des Königs, mobilisierten die europäischen Regierungen gegen die Revolution. Als Österreich und Preußen drohten, die Monarchie in Frankreich militärisch zu retten, eröffneten französische Truppen im April 1792 einen Angriff auf die österreichischen Niederlande (Belgien). Zugleich erklärte das Parlament den „nationalen Notstand" und begann den Kampf gegen die „inneren" und „äußeren" Feinde unter dem Motto *„Das Vaterland ist in Gefahr"*. Erste militärische Niederlagen und die Befürchtung, dass der König mit den „Feinden des Vaterlandes" zusammenarbeiten könnte, führten in Paris zur Absetzung der königstreuen Stadtverwaltung und Bildung der *Kommune des Aufstands*. Unter deren Führung brach am 10. August 1792 die *Zweite Revolution* aus: Sansculotten und Soldaten stürmten das königliche Schloss, die *Tuilerien*. Unter dem Druck der Aufständischen mussten die Abgeordneten den König von seinem Amt suspendieren und mit seiner Familie inhaftieren. Die konstitutionelle Monarchie war zerbrochen.

Im Schatten des Grauens ein Neuanfang

Von nun an wurden die königstreuen Politiker offen verfolgt. Willkürliche Verhaftungen waren an der Tagesordnung, erste politisch motivierte Hinrichtungen folgten. Grausamer Höhepunkt wurden die Gewalttaten zwischen dem 2. und 5. September 1792 (*Septembrisaden*). In einer Art Angstpsychose vor gegenrevolutionären Aktionen drangen Gruppen der städtischen Volksbewegung in die Gefängnisse ein und töteten Gefangene. Der Terror blieb nicht auf Paris beschränkt, aber allein hier wurden um die 1500 Menschen (Aristokraten, Eid verweigernde Priester und Strafgefangene) ermordet. Weder der vom Parlament ernannte *Provisorische Vollzugsrat*, dem *Georges Jacques Danton* (1759–1794; hingerichtet) als Justizminister angehörte, noch die Führer der Pariser Kommune waren fähig oder willens, diese blutigen Aktionen zu unterbinden.

In dieser gewalttätigen Atmosphäre fanden die Wahlen zu einer neuen Nationalversammlung nach dem allgemeinen Wahlrecht statt. Die Unterscheidung zwischen Aktiv- und Passivbürgern war ebenso aufgehoben worden wie das Zensuswahlrecht. Alle Männer über 21 Jahre durften wählen. Trotzdem gingen weniger als 10 % der Berechtigten zur Wahl.

Am 21. September 1792 traten die 749 Abgeordneten des *Nationalkonvents* (*Convention Nationale*) zusammen. Sie riefen die „eine und unteilbare" Republik aus und wollten eine republikanische Verfassung erarbeiten. In diesem Parlament bildeten die Girondisten die neue „Rechte". Sie setzten sich ein für eine dezentrale Verwaltung des Landes, die Unverletzlichkeit des Eigentums, Wirtschaftsfreiheit, Rechtssicherheit und die Fortsetzung des begonnenen „Kreuzzuges für die Freiheit der Welt"[2].

Prozess gegen den König

Die republikanische Phase der Revolution begann mit militärischen Erfolgen. In der *Schlacht von Valmy* (20. September 1792) vertrieben die Revolutionstruppen das von Preußen und Österreich angeführte Emigrantenheer. Der Kampf gegen die „Feinde der Republik" stärkte das republikanische und nationale Bewusstsein der Franzosen. Nach dem Motto *„Krieg den Palästen, Friede den Hütten!"*[3] zogen jetzt die Revolutionstruppen in Speyer, Worms, Mainz und Frankfurt am Main ein.

In Paris hatte sich der Nationalkonvent zum Gericht gemacht und den einstigen König wegen „Verschwörung gegen die Freiheit" und „Anschlägen gegen die nationale Sicherheit" angeklagt. Über 90 % der Abgeordneten stimmten für schuldig. Uneinigkeit entstand erst über das Strafmaß und den Zeitpunkt der Strafvollstreckung. Am 21. Januar 1793 wurde Ludwig XVI. vor den Augen des Volkes auf der *Place de la Révolution*, der heutigen *Place de la Concorde*, hingerichtet. In ganz Europa, nicht nur in den Fürstenhäusern, erschrak man über das gewaltsame Ende des französischen Monarchen.

---

[1] *Benannt nach ihrer Herkunft aus dem Département Gironde.*

[2] *Dieses Zitat prägte der girondistische Abgeordnete Jacques-Pierre Brissot de Warville am 31. Dezember 1792.*

[3] *Das Zitat stammt aus einem Bericht an den Konvent von Pierre Joseph Cambon vom 15. Dezember 1792.*

Die Revolution in der Krise

Im Winter 1792/93 weitete sich der Krieg aus, Hunger- und Teuerungsunruhen nahmen zu und in ländlichen Regionen wie der Vendée setzten gegenrevolutionäre Rebellionen ein. In dieser Phase der Revolution wurden ein außerordentliches Gericht, das spätere *Revolutionstribunal*, und revolutionäre *Überwachungsausschüsse* gebildet. Um schnell und effektiv handeln zu können, richtete der Konvent dazu eine Regierung in Form von zwei zwölfköpfigen Gremien ein: dem *Wohlfahrtsausschuss* (*Comité de salut public*) und dem *Sicherheitsausschuss* (*Comité de sûreté générale*). Der erste Ausschuss übernahm die Leitung und Kontrolle über Kriegsführung, Regierung, Verwaltung und Wirtschaft, der zweite entwickelte sich zu einer Art Polizeiministerium. Mit diesen Maßnahmen hatte das Parlament das Gewaltmonopol des Staates zurückgewinnen wollen. Dabei ignorierten die Abgeordneten jede Gewaltenteilung und schufen so die Grundlagen für die „Schreckensherrschaft" (*Terreur*).

Die angespannte Lage sollte dazu durch Zugeständnisse an die Volksbewegung beruhigt werden. Das Parlament beschloss Höchstpreise (*Maximum*) für Getreide, Zwangsanleihen bei den Reichen und Bodenverteilung an die Armen. Doch diese Maßnahmen reichten den radikalen Kräften nicht. Sie organisierten die Ausschaltung ihrer politischen Gegner. Am 2. Juni 1793 zogen 80 000 Frauen und Männer vor das Parlament, um die Auslieferung von 29 führenden girondistischen Abgeordneten und zwei Ministern zu erzwingen. Sie wurden für die katastrophale innen- und außenpolitische Lage verantwortlich gemacht. Das war das Ende der Girondisten, aber zugleich auch ein schwerer Schlag gegen das repräsentative System.

Mit dem Ausschluss der Girondisten übernahmen die Montagnards die Führung im Parlament. Um das Vertrauen der Sansculotten zu gewinnen, wurde am 24. Juni 1793 eine neue Verfassung verabschiedet. Sie verkündete ein erweitertes Wahlrecht und garantierte soziale Grundrechte (Recht auf Arbeit, öffentliche Unterstützung, allgemeinen Unterricht für Jungen und Mädchen). Obwohl die Verfassung durch eine Volksabstimmung bestätigt wurde, blieb sie Programm. Der Grund: Das Parlament hatte beschlossen, die Verfassung erst nach Beendigung des Kriegs in Kraft zu setzen.

„Gesetzgeber! Setzt den Terror auf die Tagesordnung!"

Inflation, Arbeitslosigkeit, Lebensmittelknappheit, Krieg im Innern und nach außen ließen die Bevölkerung nicht zur Ruhe kommen. Die Ermordung des von den Sansculotten verehrten Journalisten und Konventsabgeordneten *Jean-Paul Marat* am 13. Juli 1793 durch die 24-jährige *Charlotte Corday*, eine Sympathisantin der Girondisten, verschärfte die Spannungen. Der Kampf gegen die soziale Ungleichheit wurde radikaler. Daran änderten auch die entschädigungslose Abschaffung aller Feudalrechte (17. Juli 1793) und die Einführung der Todesstrafe für Schieber und Schwarzhändler (26. Juli 1793) nichts. Dafür fanden die Abgeordneten im August 1793 eine Lösung für die Kriegsführung: die Einführung der *allgemeinen Wehrpflicht* (*Levée en masse*) für alle unverheirateten Männer zwischen 18 und 25 Jahren.

Am 5. September 1793 umstellten Sansculotten das Parlament und forderten: *„Gesetzgeber! Setzt*

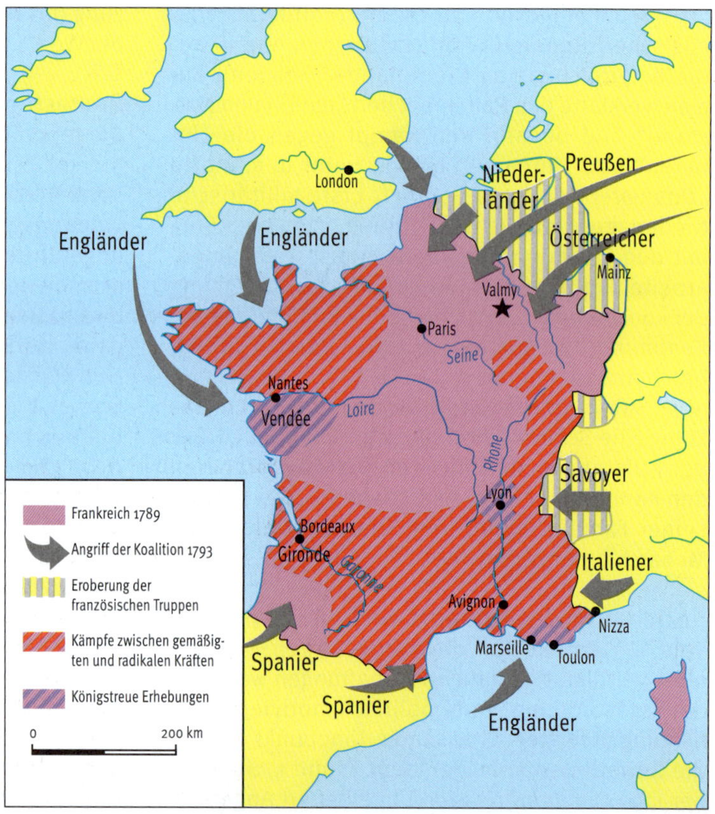

Die belagerte Republik im Sommer 1793. Auseinandersetzungen zwischen den Regierungstruppen und ausländischen Heeren oder gegenrevolutionären Gruppen.

Der ermordete Marat. Ölgemälde von Jacques-Louis David, 1793. Jean-Paul Marat (1744–1793) vertrat in seiner populären Zeitung „Ami de Peuple“ die Interessen der städtischen Volksbewegung. Als Präsident des Jakobinerklubs und Mitglied des Nationalkonvents kämpfte er gegen die Girondisten. 1793 wurde er von einer Anhängerin der Girondisten erstochen. Das Gemälde hing bis 1795 im Sitzungssaal der Nationalversammlung, Kopien wurden in Amtsräumen aufgehängt.
► Erläutern Sie, wie Marat auf dem Gemälde stilisiert wird.

den Terror auf die Tagesordnung!“ Diese Forderung galt den Wucherern, Spekulanten und Kriegsgewinnlern (➔ M1). Die Abgeordneten mussten die Forderung ernst nehmen. Denn nur mit Unterstützung der Sansculotten konnten sie die Aufstellung der Volksarmee durchführen, die Waffen, Kleider und Lebensmittel für das Heer beschaffen sowie die aufständischen Gebiete unter Kontrolle bringen. In dieser Lage beschloss das Parlament ein „Gesetz über die Verdächtigen“ und legte ein „Allgemeines Maximum“ für Preise und Löhne fest. Damit war der Höhepunkt der Schreckensherrschaft erreicht. Verantwortlich für den Terror zeichnete der 35-jährige Rechtsanwalt *Maximilien de Robespierre* (1758–1793; hingerichtet). Der Abgeordnete des Nationalkonvents war der führende Kopf der Montagnards und stand seit Juli 1793 mit diktatorischer Macht an der Spitze des Wohlfahrtsausschusses. Für Robespierre war der Terror ein politisches Mittel, die Republik von allen tatsächlichen und möglichen Gegnern zu befreien (➔ M2). Meinungs-, Versammlungs- und Religionsfreiheit galten nicht mehr. Kirchen und Klöster wurden geschlossen und abgerissen, der christliche Glaube verfolgt und verhöhnt. Dagegen setzten Robespierre und seine Anhänger republikanische Vernunft-Kulte. Ein deutliches Zeichen für die „Zeitenwende“ stellte die Einführung des republikanischen Kalenders im Oktober 1793 dar. Er folgte der Einführung des Dezimalsystems für Maße und Gewichte und ersetzte den siebentägigen christlichen Wochenrhythmus durch einen zehntägigen. Zum Beginn des Jahres I der „einen und unteilbaren Republik“ wurde rückwirkend der 22. September 1792 erklärt – am 21. September war die Monarchie abgeschafft worden; der Revolutionskalender galt bis 31. Dezember 1805.

„Die Revolution frisst, gleich Saturn, ihre eigenen Kinder“

Denunziantentum und Spitzelwesen stützten den Polizei- und Justizterror. Alle überregionalen Klubs, die nicht zu den Jakobinergesellschaften gehörten, wurden verboten. Zeugnisse der Staatsbürgertreue wurden obligatorisch und Hausdurchsuchungen alltäglich. Die Gefängnisse waren bald überfüllt und die Prozesse eine Farce. Die *Guillotine*[1], die „Sense der Gleichheit“, wie der Volksmund sie nannte, wurde zum Inbegriff der Schreckensherrschaft, und der girondistische Konventsabgeordnete *Pierre-Victurnien Vergniaud* meinte vor seiner Hinrichtung: „Die Revolution frisst, gleich Saturn, ihre eigenen Kinder.“ Die Verantwortlichen ließen ihre blutige Herrschaft durch das *„Grundgesetz der Revolutionsregierung“* legitimieren (4. Dezember 1793). Bald fielen selbst Revolutionsanhänger wie Danton dem Terror zum Opfer. Aber auch Robespierre verlor durch den Terror seinen Rückhalt. Am 27. Juli 1794 (*9. Thermidor des Jahres II*) stürzte ihn eine Mehrheit des Parlaments. Er und 105 seiner engsten Anhänger wurden ohne Prozess hingerichtet. Das war das Ende der Schreckensherrschaft. Die Bilanz des

[1] Guillotine: Hinrichtungsgerät, benannt nach dem Arzt Joseph Ignace Guillotin (1738–1834), der sich als Abgeordneter in der Konstituante für einen humaneren und für alle Stände gleichen Vollzug der Todesstrafe eingesetzt hatte

Terrors: Landesweit waren von März 1793 bis Ende Juli 1794 etwa 500 000 Menschen verhaftet und circa 50 000 guillotiniert worden. Diese geschätzten Zahlen berücksichtigen die Toten der Aufstände nicht.

Nach der Schreckensherrschaft

Die neue Regierung beseitigte Polizei- und Justizterror, Wirtschaftslenkung und Meinungsdruck schrittweise. Politische Gefangene wurden entlassen und die Jakobinerklubs geschlossen. Eine „Säuberung" des öffentlichen Dienstes von „Jakobinern" begann. Die Not der städtischen Kleinbürger hielt allerdings an. Denn die Lebensmittelpreise wurden wieder freigegeben und stiegen zusätzlich noch wegen der anhaltenden Inflation an. Als die Sansculotten im Mai 1795 „Brot und die Verfassung von 1793" forderten und das Parlament bedrohten, beendeten regierungstreue Truppen diese letzte große Aktion der Sansculotten blutig.

Im August 1795 veröffentlichte der Nationalkonvent eine neue Verfassung, es war die dritte seit 1791 (→ M3). Mit ihr wurde das Zensuswahlrecht wieder eingeführt. Danach erfüllten nur noch etwa 30 000 Franzosen die Voraussetzungen, um Wahlmänner zu werden und Abgeordnete wählen zu können.

Noch stärker als die vorhergehenden Regierungen versuchten die neuen Machthaber durch eine expansive Außenpolitik, die innenpolitische Misere auszugleichen. Sie ließen ihr Volksheer im Glauben an die Revolution und Nation gegen die stehenden Heere der traditionellen Mächte Europas marschieren. Mit Erfolg: Am Ende des *Ersten Koalitionskrieges* war das gesamte linksrheinische Gebiet erobert. Der Rhein bildete die natürliche Grenze Frankreichs.

Die Revolution und die Frauen

Mit dem Sturz der Girondisten im Juni 1793 endete auch der von wenigen Frauen und Männern geführte politische Dialog zwischen den Geschlechtern. Dabei hatten Frauen im revolutionären Alltag – wie der Zug der Marktfrauen nach Versailles zu Beginn der Revolution gezeigt hatte – eine wichtige Rolle übernommen. Sie demonstrierten gegen Missstände, entsandten Deputationen und meldeten sich mit Petitionen und Streitschriften zu Wort. Frauen organisierten sich teils in Volksgesellschaften der Männer, teils in eigenen Klubs. Nach Kriegsbeginn stellten sie freiwillige Frauenregimenter für den Kampf gegen die Feinde der Revolution auf. Trotzdem waren, sieht man von dem im September 1792 erlassenen Scheidungsrecht ab, Forderungen nach Verbesserung ihrer Stellung in Ehe und Familie, in Ausbildung und Berufsleben weitgehend unberücksichtigt geblieben. Von der Mitarbeit in den Kommunen und im Parlament blieben Frauen weiterhin ausgeschlossen.

Nach gewalttätigen Ausschreitungen verbot der Nationalkonvent im Oktober 1793 alle Frauenklubs. Danach wurde den Frauen auch das Petitionsrecht genommen und der Besuch des Parlaments sowie der Volksgesellschaften untersagt. In der gelenkten Presse verunglimpfte man politisch aktive Frauen nun als „unweiblich" und „blutrünstig" und forderte sie auf, ihre republikanischen Aufgaben im Haushalt, in der Familie und bei der Erziehung der Kinder zu erfüllen. Es blieb nicht bei verbalen Diskriminierungen: Frauen wurden in Gefängnisse geworfen und starben auf dem Schafott. *Olympe de Gouges*, die in einem Manifest freie Wahl des Volkes zwischen Monarchie, föderativer oder zentralistischer Republik verlangt hatte, wurde am 3. November 1793 wegen Gefährdung der Volkssouveränität hingerichtet. Madame *Manon Roland*, die mit einem führenden Girondisten verheiratet war und einen einflussreichen Salon geführt hatte, verurteilte man fünf Tage später wegen „Konspiration gegen die Republik und Entfachung des Bürgerkrieges" zum Tode.

Revolutionäre Stimmung auch in den deutschen Ländern

Überall im territorial zersplitterten Heiligen Römischen Reich Deutscher Nation brachen mit den Nachrichten vom Sturm auf die Bastille alte sowie neue soziale, rechtliche und konfessionelle Konflikte aus. Es kam zu regional begrenzten Bauern- und Handwerkerunruhen in Baden, in der Pfalz, im Rheinland, in Kursachsen und in Schlesien sowie zu lokalen Aktionen in Trier, Köln, Göttingen, Hamburg, Nürnberg, Ulm und Reutlingen. Sie alle wurden mit Gewalt unterdrückt.

Der französische Versuch, die Gedanken der Aufklärung in praktische Politik umzusetzen, wurde zunächst von einem großen Teil des Bildungsbürgertums mit Sympathie verfolgt. Es entstand ein ausgedehnter Revolutionstourismus nach Paris und eine breite Revolutionspublizistik. Zentren der intellektuellen Auseinandersetzung mit der Revolution waren die Universitäten, die höheren Schulen, Lesegesellschaften und Freimaurerlogen. In einigen deutschen Städten entstanden sogar politische Vereinigungen nach dem Vorbild der französischen Jakobinerklubs.

Nirgendwo sonst im Reich fanden die Ideen der Französischen Revolution eine so weite Verbreitung wie in Mainz. Angeregt von den Franzosen, die am 21. Oktober 1792 Mainz besetzt hatten, und gefördert von dem kurz darauf gegründeten Jakobinerklub wurde in den von den alten Herrschern

Tanz um den Freiheitsbaum.
Ölgemälde eines unbekannten Künstlers, um 1792/93.
Die Revolutionsheere brachten den Brauch, Freiheitsbäume zu pflanzen, in deutsche Gebiete.
▶ *Erläutern Sie, welche zwei Teilnehmer des Reigens auffallen.*

befreiten Gebieten Anfang 1793 ein *Nationalkonvent der freien Deutschen diesseits des Rheins* gewählt. Am 18. März riefen dessen Abgeordnete einen *Rheinisch-Deutschen Freistaat* für das Gebiet zwischen Landau und Bingen aus. Doch der erste deutsche Versuch, eine auf Freiheit, Gleichheit und Eigentum beruhende demokratische Staats- und Gesellschaftsordnung einzuführen, scheiterte wenige Monate später: Einerseits, weil die Franzosen begannen, das Land wirtschaftlich auszubeuten, andererseits, weil zur gleichen Zeit Rheinhessen und die Pfalz von österreichisch-preußischen Truppen zurückerobert wurden. Abgesehen davon hatte das Schicksal der französischen Flüchtlinge und die Hinrichtung Ludwigs XVI. den Kreis der deutschen Revolutionsanhänger nach 1793 stark schrumpfen lassen.

Bonaparte und das „amtliche" Ende der Revolution

In Paris brachen erneut Machtkämpfe aus, als sich militärische Rückschläge einstellten. In dieser Lage rief Sieyès, der Mann der ersten Stunde, den 30-jährigen, aus korsischem Kleinadel stammenden *Napoleon Bonaparte* (1769–1821) zu Hilfe. Als siegreicher Oberbefehlshaber der Truppen in Italien war er zur unentbehrlichen Stütze der Machthaber geworden. Das hinderte Bonaparte nicht, die Regierung am 9. November (*18. Brumaire*) 1799 zu stürzen und den Widerstand des Parlaments mit Waffengewalt zu brechen. Ein Kollegium von drei Konsuln trat an die Stelle der alten Regierung. Bonaparte wurde *Erster Konsul* und ließ sich seine Stellung vom Volk bestätigen. Von über drei Millionen Stimmen wurden nur 1562 gegen ihn abgegeben – bei allerdings vier Millionen Enthaltungen. Danach erklärte er die Revolution für „amtlich beendet".

Das vermögende Bürgertum wurde damit letztlich zum Gewinner der Revolution. Es hatte von der Veräußerung der Nationalgüter am stärksten profitiert und den Adel endgültig aus wichtigen Positionen in Verwaltung und Militär verdrängt. Die städtischen Unterschichten und die kleinen Bauern gehörten zu den eigentlichen Verlierern der Revolution. Ihre soziale und politische Lage hatte sich nicht wesentlich verbessert.

Urteile über die Revolution

Die Bewertung der Französischen Revolution ist bei Zeitgenossen wie Historikern umstritten wie nur wenige andere historische Ereignisse (➔ S. 166, M1 und M2). Unstrittig ist hingegen ihr politischer Einfluss. Nach der Revolution genügten Gottesgnadentum und Erbfolge nicht mehr, um Herrschaft zu rechtfertigen. Verfassungen wurden gefordert und Rechte eingeklagt. Politik war nicht mehr die ausschließliche Sache der Herrscher. Stärker als zuvor mussten sie sich um öffentliche Anerkennung bemühen.

M1 „Macht alle gleich!"

In Paris beschließen die Sansculotten am 2. September 1793 folgende Adresse an den Nationalkonvent:

Abgeordnete des Volkes!

[…] Beeilt euch, den Preis der Grundnahrungsmittel unverrückbar festzusetzen, ebenso den der Rohstoffe, den Arbeitslohn, die Industrieprofite und die Handelsgewinne; ihr habt dazu das Recht und die Macht … „Aber wie!" werden euch die Aristokraten, die Royalisten, die Gemäßigten, die Ränkeschmiede sagen. „Heißt das nicht Hand an das Eigentum legen, das heilig sein soll und unverletzlich?" […] Zweifellos; aber wissen sie nicht, diese Schurken, wissen sie nicht, dass Eigentum nur soweit gut ist, als es den Bedarf des Einzelnen befriedigt? Wissen sie nicht, dass keiner das Recht hat, etwas zu tun, was dem anderen schaden kann? Was gibt es Schändlicheres, als willkürlich einen Preis für die Lebensmittel zu verlangen, den sieben Achtel der Bürger nicht aufbringen können? […]

1. Die ehemaligen Adligen sollen keinerlei militärische Funktionen ausüben noch irgendein öffentliches Amt bekleiden dürfen, welcher Art es auch sei; die ehemaligen Priester, Parlamentsräte und Finanzleute sollen aus allen Verwaltungs- und Gerichtsämtern entfernt werden.

2. Alle Grundnahrungsmittel sind unveränderlich auf den Preis der sogenannten „früheren Jahre" 1789 bis 1790 festzusetzen, jedoch in Ansehung ihrer unterschiedlichen Qualität.

3. Ebenso sollen die Rohstoffpreise festgesetzt werden, und zwar so, dass die Industrieprofite, die Arbeitslöhne und die Handelsgewinne durch Gesetz in Grenzen gehalten werden und den gewerblichen Arbeiter, den Bauer und den Kaufmann in die Lage versetzen, sich nicht nur die Dinge zu verschaffen, die er zum Leben braucht, sondern auch all das, was es ihm angenehm machen kann.

[…]

5. Jedem Departement wird eine genügende Summe bewilligt, damit der Preis der Grundnahrungsmittel für alle Einwohner der Republik auf gleicher Höhe gehalten werden kann.

[…]

8. Es soll ein Maximum für Vermögen festgesetzt werden.

[…]

11. Ein Bürger soll nicht mehr als eine Werkstatt oder einen Laden besitzen dürfen.

12. Alle, die Waren oder Grund und Boden unter ihrem Namen innehaben, sollen als deren Eigentümer gelten.

Die Sektion Sans-Culottes meint, dass diese Maßnahmen Überfluss und Ruhm wieder herbeiführen, nach und nach die zu große Ungleichheit der Vermögen beseitigen und die Zahl der Eigentümer ansteigen lassen werden.

Walter Markov, Revolution im Zeugenstand. Frankreich 1789–1799, Band 2: Gesprochenes und Geschriebenes, Leipzig ²1986, S. 489f.

1. *Überlegen Sie, ob die Forderungen mit Artikel 4 der Menschenrechte (M3, Seite 156) vereinbar sind.*
2. *Diskutieren Sie, ob die Realisierung der Forderungen die finanziellen Probleme des Staates gelöst hätte.*

M2 Terror per Gesetz

Die Zeit des „Großen Terrors" beginnt mit dem vom Nationalkonvent am 17. September 1793 beschlossenen „Gesetz über die Verdächtigen":

Artikel 1. Unmittelbar nach Verkündung des vorliegenden Dekrets sind alle verdächtigen Personen, die sich auf dem Gebiet der Republik [aufhalten] und noch in Freiheit befinden, in Haft zu nehmen.

Artikel 2. Als Verdächtigte gelten: 1. alle, die sich durch ihr Verhalten, ihre Beziehungen oder ihre in Wort oder Schrift geäußerten Ansichten als Anhänger der Tyrannei, des Föderalismus[1] und als Feinde der Freiheit erwiesen haben; 2. alle, die sich nicht auf die durch das Gesetz vom 21. März dieses Jahres vorgeschriebene Weise über die Mittel ihrer Existenz und die Erfüllung ihrer Bürgerpflichten ausweisen können[2]; 3. alle, denen die Beglaubigung der Staatsbürgertreue verweigert worden ist; 4. durch den Nationalkonvent oder seine Kommissare von ihren Ämtern suspendierte oder abgesetzte und nicht wiedereingesetzte öffentliche Beamte, namentlich diejenigen, die kraft des Gesetzes vom 12. August dieses Jahres abgesetzt worden sind oder noch abgesetzt werden müssen; 5. jene unter den ehemaligen Adligen, ob Männer, Frauen, Väter, Mütter, Söhne oder Töchter, Brüder oder Schwestern wie auch Bevollmächtigte von Emigranten, die nicht beständig ihre Verbundenheit mit der Revolution kundgetan haben; 6. alle, die in dem Zeitraum zwischen dem 1. Juli 1789 und der Verkündung des Gesetzes vom 8. April 1792 emigriert sind, auch wenn sie in der von diesem Gesetz bestimmten Frist oder davor nach Frankreich zurückgekehrt sein sollten.

Walter Markov, Revolution im Zeugenstand. Frankreich 1789–1799, Band 2, a. a. O., S. 499f.

Nehmen Sie zu dem Gesetz Stellung. Beachten Sie dabei, dass der Nationalkonvent damit das Gewaltmonopol des Staates zurückgewinnen wollte.

[1] Als Parteigänger des Föderalismus galten alle, die die Einheit der Republik und den zentralen Führungsanspruch der Regierungsausschüsse infrage stellten.

[2] Dieser Artikel ist gegen die Spekulanten gerichtet.

M3 Staatsform und Wahlrecht von 1789–1795

Zwischen 1789 und 1799 werden in Frankreich vier Verfassungen verabschiedet. Sie alle dokumentieren unterschiedliche Stadien der Revolution und sind Ausdruck eines intensiven Erfahrungs- und Lernprozesses. Die Festlegung der Regierungsform und die Wahlrechtsbestimmungen zeigen die Spannbreite der Bemühungen auf, die Ausübung und die Beteiligung der Bevölkerung an der Macht zu regeln.

	Ancien régime (Wahlordnung von 1789)	**Verfassung von 1791**	**Verfassung von 1793** (trat nicht in Kraft)	**Verfassung von 1795**
Regierungsform	absolutistische Monarchie	konstitutionelle Monarchie	Republik	Republik
Staatsoberhaupt	König	König	–	5 Direktoren
Vertretungssystem	Generalstände (beratende Funktion) 1. Stand: ca. 300 Vertreter / 2. Stand: ca. 300 Vertreter 3. Stand: ca. 600 Vertreter	Nationalversammlung für 2 Jahre (etwa 745 Vertreter aus 83 Departements)	Nationalrepräsentation für 1 Jahr (je 1 Abgeordneter auf 40 000 Einwohner, 749 Abgeordnete, zuzüglich 28 aus den Kolonien)	– Rat der Alten (250 Mitglieder) – Rat der Fünfhundert (beide Räte wurden alljährlich zu einem Drittel erneuert)
Wahlverfahren	nach Ständen	indirekt	direkt	indirekt
Wahlberechtigung (in den Urversammlungen)	– Männer (beim Adel auch Frauen) – 25 Jahre – Eintragung in die Steuerliste	– Männer – 25 Jahre – fester Wohnsitz seit einem Jahr – weder Tagelöhner noch Dienstleute – Steuerleistung im Wert von 3 Arbeitstagen – Mitglied der Nationalgarde – Bürgereid	– Männer – 21 Jahre – ein Jahr in Frankreich	– Männer – 21 Jahre – ein Jahr in Frankreich und/oder (ehemaliger) Soldat – Jungwähler sollten lesen und schreiben können und einer qualifizierten Arbeit nachgehen
Voraussetzungen, um als Wahlmann bestellt zu werden		– aktives Bürgerrecht – 25 Jahre		– aktives Bürgerrecht – 25 Jahre
Eigentum/Einkommen im Wert von				
– in Städten über 6000 Einwohner		– 200 Arbeitstagen		– 100 Arbeitstagen
– in Städten unter 6000 Einwohner		– 100–150 Arbeitstg.		– 150 Arbeitstagen
– auf dem Land		– ca. 150 Arbeitstg.		– 150–200 Arbeitstg.
Zahl der Wahlmänner		etwa 45 000		etwa 30 000
Voraussetzungen, um als Abgeordneter gewählt zu werden		aktives Bürgerrecht	aktives Bürgerrecht	Rat der Fünfhundert: – 30 Jahre – fester Wohnsitz seit 10 Jahren Rat der Alten: – 40 Jahre – fester Wohnsitz seit 15 Jahren

1. *Erläutern Sie die in den Verfassungen aufgeführten Begriffe und Stichwörter.*
2. *Bestimmen Sie die gesellschaftlichen Interessen, die in den Verfassungen ihren Niederschlag gefunden haben.*

Methoden-Baustein: Umgang mit Sekundärliteratur

Die Literatur über die Französische Revolution ist unüberschaubar. Ein Verzeichnis der Aufsätze und Bücher zu dem Thema von 1985 verzeichnet über 42 000 Titel. Eine Bibliografie zum 200. Jahrestag der Revolution nennt 1650 Aufsätze und Bücher, die zwischen 1987 und 2002 veröffentlicht wurden. Die Orientierung fällt schwer. Für den selbstständigen Umgang mit der Fachliteratur, die auch als Sekundärliteratur bezeichnet wird, ist zunächst folgende Einsicht wichtig: Es gibt keine objektive Geschichtsschreibung. Sie ist immer das Ergebnis einer individuellen Arbeit und damit abhängig von der jeweiligen Person, die die Forschung betreibt, von der Zeit, in der geforscht wird, von den Fragen, die der Forscher an die Vergangenheit stellt, von den ausgewerteten Quellen und von der benutzten Literatur. Diese Voraussetzungen sind beim Umgang mit der Fachliteratur zu berücksichtigen.
Für das Verständnis eines Textes kann es nützlich sein zu wissen, wer der Autor/die Autorin ist, wann und wo er/sie gearbeitet hat, ob er/sie eine bestimmte Weltanschauung vertritt, welche Literatur und Quellen er/sie verwendet hat und welche Ziele er/sie mit der Darstellung verfolgt hat.

Leitfragen für die Analyse

- Was stellt der Autor/die Autorin dar, was will er/sie erklären?
- Werden zentrale Behauptungen oder Thesen aufgestellt und mit Argumenten begründet?
- Wie wird das Dargestellte bewertet?

M1 Was beeinflusste die Revolution?

Rolf E. Reichardt schreibt 1998 über die europäische Wirkung der Französischen Revolution:

Überall wirkte die Revolution bei unzufriedenen Gruppen als Anstoß, überfällige Reformen und Veränderungen im jeweils eigenen Land energischer zu betreiben. Überall löste sie eine Welle politischer Publizistik von neuer Radikalität und sozialer Reichweite aus, welche die revolutionären Grundvorstellungen und Schlagworte verbreitete. Überall verband sich damit sowohl eine neuartige Klubkultur als auch eine internationale Freiheits- und Gleichheitssymbolik – beides nach französischem Vorbild. Überall wurden durch die so bewirkten Akkulturationsprozesse neue soziale Gruppen und Schichten an die Politik herangeführt beziehungsweise zusätzlich politisiert, überall erkämpften sich diese Gruppen unter Rekurs auf die Revolution Zugang zum Politischen: die Intellektuellen auf der Apenninhalbinsel, das mittlere Bürgertum im Alten Reich, die kleinen Leute auf den Britischen Inseln. Überall bildeten sich in Auseinandersetzung mit der Revolution deutlicher als zuvor gegensätzliche politische Lager heraus. So hat die Französische Revolution, wie unterschiedlich sie auch vordergründig auf einzelne Länder einwirkte, letztlich wichtige Impulse zur Herausbildung einer gemeinsamen, tendenziell demokratischen politischen Kultur Europas gegeben.

Rolf E. Reichardt, Das Blut der Freiheit. Französische Revolution und demokratische Kultur, Frankfurt/Main [3]2002, S. 331

M2 Zweifel an der Bedeutung der Revolution

Hans Fenske kommt in einem Beitrag von 2004 zu folgender Betrachtung:

Die Eruption in Frankreich gab dem Konservatismus außerordentlich viel Nahrung. Er existierte schon vor 1789, aber jetzt kräftigte er sich nachhaltig und wurde auch entschlossener. Der konservative, im Dienst Wiens stehende Publizist Friedrich von Gentz brachte das Ende 1805 in einem Brief an den Historiker Johannes von Müller in wenige Sätze. Zwei Prinzipien konstituierten die Welt, so schrieb er: das des immerwährenden Fortschritts und das der notwendigen Beschränkung des Fortschritts. Die besten Zeiten seien diejenigen, in denen sich beide Tendenzen im Gleichgewicht befänden. Wenn aber, „wie in unserem Jahrhundert, Zerstörung alles Alten die herrschende, die überwiegende Tendenz wird, so müssen die ausgezeichneten Menschen bis zur Halsstarrigkeit altgläubig werden". So wie Gentz dachten viele. Es ist zu vermuten, dass sich die Erfolgsaussichten der vielen reformwilligen Persönlichkeiten unter dem Eindruck der Entwicklung in Frankreich wenigstens ab 1792 verschlechterten, dass ihr Weg schwieriger wurde. Genau messen lässt sich das nicht, aber es ist doch erwägenswert, ob die europäischen Staaten 1815 ohne die Französische Revolution nicht auch dort gestanden hätten, wo sie tatsächlich waren. Es ist sogar denkbar, dass sie auf dem Wege zum modernen Verfassungsstaat schon weiter vorangekommen wären.

Hans Fenske, Staatsformen im Zeitalter der Revolutionen, in: Alexander Gallus und Eckhard Jesse (Hrsg.), Staatsformen von der Antike bis zur Gegenwart. Ein Handbuch, Köln [2]2007, S. 185

1. *Informieren Sie sich über die Verfasser.*
2. *Klären Sie Fremdwörter und Begriffe wie Akkulturationsprozesse, Rekurs, Moderne, Eruption, Konservatismus etc.*
3. *Vergleichen Sie die zwei Urteile über die Französische Revolution. Suchen Sie weitere Stellungnahmen zum Thema. Nutzen Sie dazu die Literaturangaben auf Seite 542.*

5.4 „Revolution von oben" und Restauration

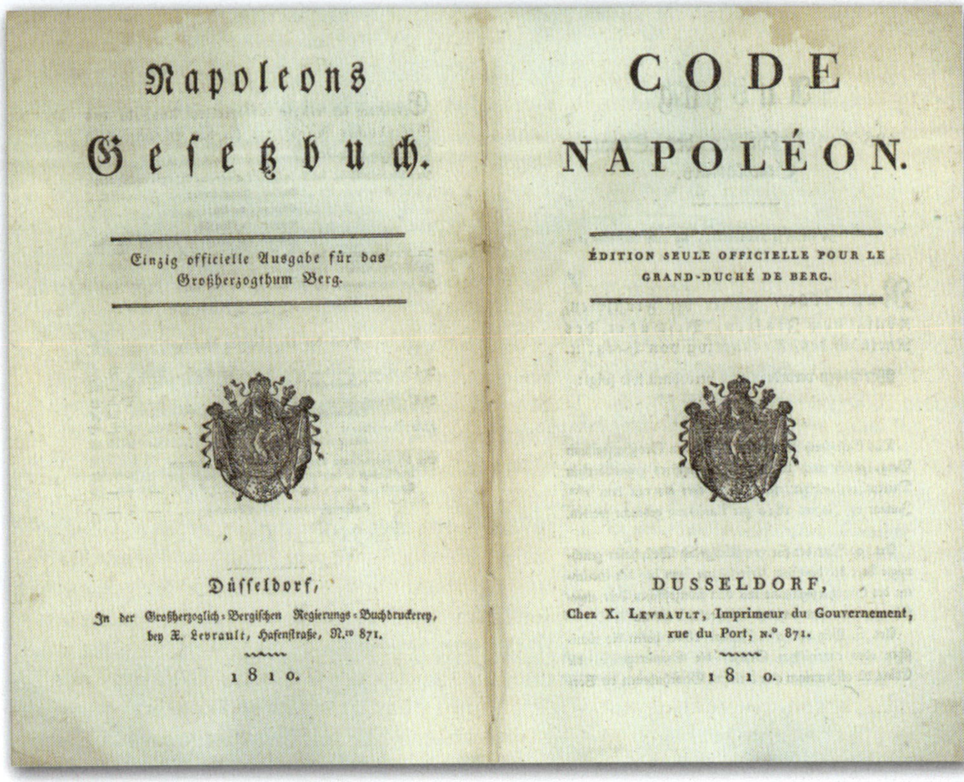

Titelseiten der Ausgabe des „Code Napoléon" für das Großherzogtum Berg.
Das französische Wort „Code" bezeichnet eine Gesetzessammlung. Der „Code civil", auch „Code Napoléon" genannt, regelte das Zivilrecht. Er trat am 21. März 1804 in Kraft und galt auch in den von Frankreich beherrschten Staaten.

1799–1802	Unter Führung Großbritanniens kämpfen Österreich, Russland, Portugal, Neapel und die Türkei gegen Frankreich und seine Verbündeten (Zweiter Koalitionskrieg)
1801	Friede von Lunéville: Frankreich kann seine Grenzen bis zum linken Rheinufer ausdehnen
1803	Reichsdeputationshauptschluss: Das Heilige Römische Reich Deutscher Nation wird durch Mediatisierung und Säkularisierung weltlicher und geistlicher Herrschaften neu geordnet
1804	In Frankreich wird der Code civil verkündet; Napoleon krönt sich selbst zum Kaiser
1806	Gründung des Rheinbundes und Ende des Heiligen Römischen Reiches Deutscher Nation
1813	Völkerschlacht bei Leipzig: Preußen, Österreich und Russland schlagen die Truppen Napoleons entscheidend
1814	Napoleon wird gestürzt und Ludwig XVIII. besteigt den französischen Thron
1814/15	Wiener Kongress: Das europäische Staatensystem wird neu geordnet, der Deutsche Bund gegründet und die Restauration eingeleitet

Die innere Befriedung Frankreichs

Napoleon nutzte die Sehnsucht der Bürger nach Ruhe, um in Frankreich eine straffe innere Ordnung herzustellen. Die Verfassung, die er im Dezember 1799 dem Volk vorlegte, sicherte ihm das alleinige Recht der Gesetzesinitiative. Sie „diente weniger der Machtkontrolle als der Machterhaltung" (*Dieter Grimm*).

Napoleon bemühte sich um einen Ausgleich zwischen den von der Revolution aufgerissenen Fronten. Er hob die diskriminierenden Gesetze gegen den Adel auf und erkannte in einem *Konkordat*[1] den katholischen Glauben wieder als Religion an. Der *Code civil* von 1804, das „erste Gesetzbuch eines ständefreien Staates" (*Hans-Ulrich Wehler*), sicherte dem Bürgertum persönliche Freiheit, Gleichheit vor dem Gesetz, Gewissensfreiheit, Gewerbefreiheit und Trennung von Staat und Kirche zu. Alle religiösen Bekenntnisse – also auch der jüdische Glauben – wurden rechtlich anerkannt und die Zivilehe beibehalten. Dagegen wurde das 1792 liberalisierte Scheidungsrecht zum Nachteil der Frauen wieder erschwert und die nach jahrelanger Diskussion 1794 abgeschaffte Sklaverei in den Kolonien wieder akzeptiert. Das einsetzende Wirtschaftswachstum verdeckte nur oberflächlich, dass politische Errungenschaften der Revolution wie das allgemeine Wahlrecht, Gewaltenteilung, Presse- und Versammlungsfreiheit unter Napoleon unterdrückt wurden.

Ende 1804 krönte Napoleon sich selbst zum „Kaiser der Franzosen" und führte die erbliche Kaiserwürde für seine Familie ein. Per Plebiszit ließ er sich dies von den Franzosen bestätigen. Frankreich war wieder Monarchie.

Napoleon und das Ende des Heiligen Römischen Reichs

Schon vor seiner Krönung zum Kaiser war sich Napoleon bewusst, dass seine aus der Revolution entstandene Herrschaft eine Provokation für die europäischen Monarchien war. Sicher konnte er sich nur fühlen, wenn er die bisherigen Fürsten entweder besiegte oder in seine Abhängigkeit zwang. Der 1799 ausgebrochene *Zweite Koalitionskrieg*, zu dem England die Großmächte Russland, Österreich, Portugal und die Türkei angestachelt hatte, gab ihm dazu Gelegenheit. Im *Frieden von Lunéville* 1801 konnte er seine Eroberungen sichern. Dazu gehörte das gesamte linke Rheinufer.

Preußen und Österreich hatten es schon 1795/97 – während sie mit der Teilung Polens beschäftigt waren – preisgegeben und festgelegt, dass die betroffenen weltlichen Reichsfürsten für ihre linksrheinischen Verluste mit rechtsrheinischen Gebieten entschädigt werden sollten. Die Grundlagen für diese Entschädigungen erarbeitete ein Ausschuss des Regensburger Reichstages. Das Ergebnis war der *Reichsdeputationshauptschluss*. Ihn musste 1803 das Oberhaupt des Heiligen Römischen Reiches Deutscher Nation, Kaiser *Franz II.*[2] anerkennen. Die Schlüsselbegriffe des Reichsdeputationshauptschlusses lauteten *Säkularisation* und *Mediatisierung*. Säkularisation bedeutete die Herrschaftsübernahme in kirchlichen Territorien durch weltliche Fürsten, Mediatisierung die Unterstellung bisher reichsunmittelbarer Stände wie Ritter und Reichsstädte unter die Landeshoheit eines anderen weltlichen Reichsstandes. Alles in allem blieben von knapp 300 selbstständigen Reichsständen noch 41 Flächen- und Stadtstaaten übrig. Die großen Gewinner waren die Herrscher von Preußen, Bayern, Baden und Württemberg. Sie konnten ihre Territorien zum Teil beträchtlich vergrößern.

Nach Frankreichs Sieg über England, Österreich und Russland in der *Dreikaiserschlacht von Austerlitz* und dem *Frieden von Preßburg* 1805 begann Napoleon I., seine Vorherrschaft in Europa auszubauen. Ein Mittel dazu war es, die Macht der kleineren süddeutschen Fürsten im Heiligen Römischen Reich zu stärken. Sie nahmen Napoleons Unterstützung an, um ihre vollständige Souveränität gegenüber dem Reich zu erreichen und Standeserhöhungen durchzusetzen. Anfang 1806 wurden Bayern und Württemberg Königreiche und Baden Großherzogtum. Im Juli desselben Jahres sagten sich dann 16 Staaten unter dem *Protektorat*[3] Napoleons vom Reich los und bildeten den *Rheinbund*. Das war das Ende des alten und ehrwürdigen Heiligen Römischen Reiches Deutscher Nation.

Napoleons Fernziel

Preußen hatte den Zerfall des Reiches zunächst als neutraler Beobachter verfolgt, war aber dann an der Seite Russlands in den Krieg gegen Frankreich getreten. Seine Armee wurde aber bei Jena und Auerstedt Ende 1806 vernichtend geschlagen. König *Friedrich Wilhelm III.* von Preußen (1770–1840) musste im *Frieden von Tilsit* 1807 akzeptieren, dass Napoleon alle westlich der Elbe

[1] *Konkordat: völkerrechtlicher Vertrag zur Regelung kirchlich-staatlicher Angelegenheiten*

[2] *Franz II. (1768–1835): Herrscher aus dem Hause Habsburg. Er war von 1792 bis 1806 Oberhaupt des Heiligen Römischen Reiches Deutscher Nation und regierte bereits ab 1804 als Kaiser Franz I. von Österreich.*

[3] *Protektorat: Schutzherrschaft*

gelegenen preußischen Gebiete übernahm und mit anderen norddeutschen Staaten zum *Königreich Westfalen* zusammenfügte. Preußen verlor außerdem seine Erwerbungen aus den drei polnischen Teilungen. Sie wurden Teil des neu gegründeten Großherzogtums Warschau. Das „Grand Empire" stand auf dem Höhepunkt seiner Macht und Napoleon begann, sein Fernziel umzusetzen: ein politisch, wirtschaftlich und rechtlich einheitliches Europa unter französischer Hegemonie.

Reformen: Modernisierung zwischen Pragmatismus und Zwang

Napoleon organisierte das linksrheinische Gebiet nach französischem Muster. Es sollte für immer bei Frankreich verbleiben. Als Modell für die Rheinbundstaaten war das neue Königreich Westfalen gedacht. Es erhielt Ende 1807 eine Verfassung nach französischem Vorbild. Es war die erste Konstitution auf deutschem Boden. Darüber hinaus wurden eine zentralistische Verwaltung und der Code civil eingeführt.

Der Machtsicherung und -erhaltung dienten auch die nun einsetzenden Reformen in den Rheinbundstaaten. Um die neu gewonnenen Herrschaftsgebiete zu integrieren und die leeren Staatskassen zu füllen, modernisierten die Fürsten ihre Staaten. Sie schufen einheitliche Wirtschaftsgebiete, zentralisierten die Verwaltung und änderten die Rechtsordnung zum Teil nach dem Vorbild des Code civil. Adel und Klerus verloren dabei Ämter- und Steuerprivilegien, doch die Fürsten schafften die ständische Gesellschaftsordnung nicht vollständig ab.

Unter anderen Voraussetzungen gingen die Reformer in Preußen ans Werk. Riesige Gebietsverluste, erdrückende Tributzahlungen an Frankreich und der Wunsch, bald wieder zum Kreis der Großmächte zu gehören, zwangen die preußische Regierung zu einer Mobilisierung aller Kräfte. Es war „eine Politik der defensiven Modernisierung, nicht mit, sondern gegen Napoleon" (*Elisabeth Fehrenbach*). *Freiherr vom und zum Stein*, von 1804 bis 1807 Finanz- und Wirtschaftsminister und von Oktober 1807 bis November 1808 Regierungschef, sowie sein Nachfolger, *Karl August Freiherr von Hardenberg*, setzten sich für einen effizienteren Staat und den Abbau ständischer Privilegien ein. Sie waren davon überzeugt, dass das Gemeinwohl nur dann gefördert werden könne, wenn alle individuellen Kräfte sich ungehindert entfalten könnten (→ M1).

Eingeleitet wurden die preußischen Reformen durch das *Oktoberedikt* im Jahr 1807 und die Einführung der *Gewerbefreiheit* 1810. Dadurch fielen alle ständischen Beschränkungen für eine freie wirtschaftliche Betätigung in Landwirtschaft, Handwerk und Industrie. Die ökonomischen Kräfte konnten sich nun vergleichsweise ungestört entfalten (vgl. S. 197). Um die „Landeskinder" zu selbstverantwortlich handelnden Bürgern zu erziehen, schuf Stein 1808 darüber hinaus eine *Städteordnung*. Sie brachte den größeren Gemeinden mehr *Selbstverwaltung*. Dem militärischen Wiederaufstieg Preußens sollte die *Heeresreform* dienen. Das aus Söldnern und zwangsweise verpflichteten Untertanen zusammengesetzte Militär wurde in ein *Volksheer* umgewandelt. Konsequenterweise fiel dabei das Adelsmonopol

Einmarsch Napoleons in Berlin am 27. Oktober 1806. Radierung von Johann Friedrich Jügel nach Ludwig Wolff, 1. Viertel des 19. Jahrhunderts.

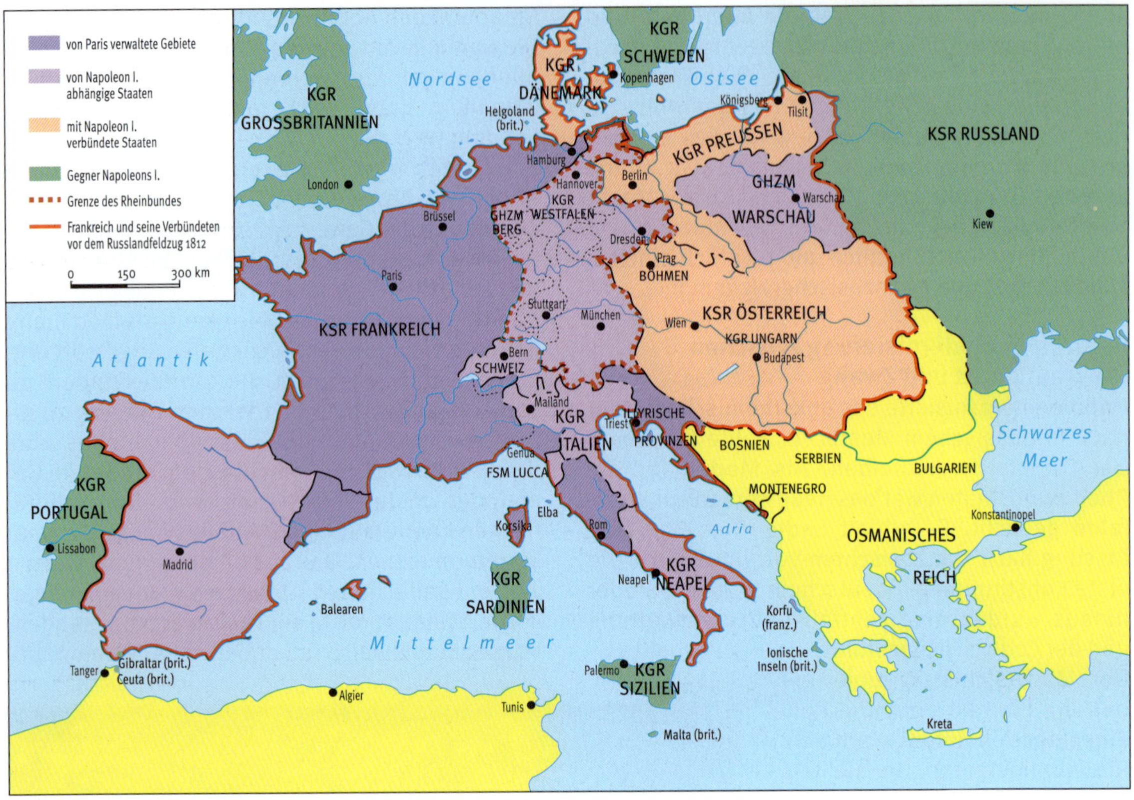

Das Französische Kaiserreich 1812.

für Offiziersstellen. Im *Emanzipations-Edikt* von 1812 wurden den Juden die staatsbürgerlichen Rechte gewährt; höhere Ämter in Justiz, Verwaltung und Militär blieben ihnen jedoch verwehrt. Ein wichtiges Versprechen des preußischen Königs blieb aber unerfüllt: die Verkündung einer Konstitution.

Gegen Napoleon

Die alten europäischen Großmächte wollten sich auf Dauer nicht von Frankreich unterdrücken lassen (→ M2). Nachdem die „Grande Armee" 1812 in Russland eine halbe Million Menschen verloren hatte, beschloss der russische Zar *Alexander*, den Kampf zur „Befreiung" Europas fortzusetzen. Doch erst als der preußische General *Ludwig Yorck von Wartenburg* ohne Zustimmung seines Königs Ende 1812 in der *Konvention von Tauroggen* den Russen den Weg nach Ostpreußen freigab, folgte Friedrich Wilhelm III. dem Signal zum *Befreiungskrieg*. Preußen erklärte Frankreich den Krieg. Österreich begann den Kampf erst, nachdem Russland und Preußen dem Vielvölkerstaat die Wiederherstellung der vorrevolutionären Ordnung zugesichert hatten. Die Rheinbundstaaten kämpften zunächst noch auf französischer Seite. Nach und nach wechselten sie aber das Bündnis und schlossen sich der preußisch-österreichischen Seite an. Die Entscheidung fiel in der *Völkerschlacht bei Leipzig* im Oktober 1813. Napoleon wurde geschlagen, zum Rückzug gezwungen und nach der Eroberung von Paris auf die Insel Elba verbannt. Ein Jahr später, im März 1815, riss er noch einmal die Herrschaft an sich. In der *Schlacht bei Waterloo* wurde er dann endgültig geschlagen. Europa musste neu geordnet werden.

Anfänge der liberalen und nationalen Bewegung in den deutschen Staaten

Die Bestimmung des Menschen als eines freien, vernunftgeleiteten, selbstverantwortlich handelnden Individuums geht auf die europäische Aufklärung zurück. Sie bildet die geistesgeschichtliche Grundlage für die im 18. Jahrhundert entwickelte liberale[1] und nationale Bewegung. Die Amerikanische und die Französische Revolution sowie die aus der napoleonischen Fremdherrschaft entstandenen Krisen stärkten sie. Insgesamt bestimmten drei parallel verlaufende und sich zum Teil überschneidende Prozesse die Bewegung:

[1] *liberalis (lat.): freiheitlich, eines freien Mannes würdig*

- Da war zunächst das wachsende Bewusstsein, einer deutschen Kulturnation anzugehören. Den Gedanken, dass ein Volk durch Sprache, Religion und Tradition ein bestimmtes Nationalbewusstsein besitzt, hatte *Johann Gottfried Herder* (1744–1803) in seiner „Abhandlung über den Ursprung der Sprache“ von 1772 entwickelt. Theologen, Schriftsteller, Historiker, Philosophen und andere Intellektuelle trugen dazu bei, dass diese Gedanken weiterentwickelt, diskutiert und publiziert wurden.
- Der Kampf gegen die Fremdherrschaft sowie die inneren Reformen stärkten die Bewegung. Dabei mobilisierten die Befreiungskriege nicht die Massen, wie es später dargestellt wurde. Die meisten Soldaten mussten zum Kriegsdienst gegen die französischen Truppen gezwungen werden.
- Schließlich stärkte der Aufstieg des Bürgertums die Bewegung. Es gab sich nicht mehr mit der ständischen Ordnung und der politischen Unmündigkeit zufrieden. Die von den Fürsten eingeleiteten Modernisierungen hatten seine Macht gestärkt.

Die Ziele der liberalen und nationalen Bewegung

Obwohl die deutsche Nationalbewegung zu Beginn des 19. Jahrhunderts nur wenige Anhänger zählte, stellte sie wirkungsmächtige Forderungen auf:

- An die Stelle der deutschen Einzelstaaten sollte nach dem Vorbild des französischen Zentralismus oder des amerikanischen Föderalismus die staatliche Einheit der Nation treten.
- Die ständische Gesellschaftsordnung sollte durch eine Gesellschaft freier und gleicher Bürger ersetzt werden.
- Verfassungen sollten die Menschenrechte, die Gewaltenteilung und die politische Mitbestimmung der Bürger durch gewählte Vertreter gewähren.
- Die Wirtschaft sollte sich ohne Zunftschranken und über die Landesgrenzen hinweg frei entfalten können.

Insofern war die deutsche Nationalbewegung anfangs eine „liberale Emanzipations- und Oppositionsideologie, die sich gegen die spätabsolutistischen Territorialstaaten, gegen die Vorrechte des Adels, gegen das Gottesgnadentum richtete, aber für die souveräne Nation, für die allgemeine Staatsbürgergesellschaft, auch für die harmonische Kooperation aller Nationalstaaten“ (Hans-Ulrich Wehler) stritt. Dies hinderte sie nicht, von Anfang an die eigene Herkunft (lat.: *natio*) überzubewerten, den Nationalgedanken zu einer Art religiösen Idee zu machen und feindselig gegen andere Nationen zu sein (→ M3).

Die Neuordnung Europas auf dem Wiener Kongress

Für die Fürsten bedeutete die liberale und nationale Bewegung eine Herausforderung, da sie die bestehende Staatenwelt und Herrschaftsordnung infrage stellte. Das war den Fürsten und Diplomaten bewusst, die sich 1814/15 in Wien versammelten, um das von Napoleon zerstörte Gleichgewicht der europäischen Großmächte wiederherzustellen. Das Recht der Völker, über sich selbst zu bestimmen, lehnten sie ab, die Verkündung von Verfassungen schlossen sie aber nicht aus. Eine legitime, d.h. rechtmäßige Staatsgewalt konnte ihrer Ansicht nach in Europa nicht wie in den USA vom Volk ausgehen, sondern allein von den alten Herrscherhäusern (*Dynastien*).

Eifrigster Anwalt der *Restauration*, der Wiederherstellung der politischen Zustände, wie sie vor der Französischen Revolution bestanden hatten, wurde der österreichische Verhandlungsführer Fürst *Klemens von Metternich* (1773–1859). Allerdings dachte auch er nicht daran, die Säkularisation und Mediatisierung sowie die Rangerhöhungen einiger Fürsten rückgängig zu machen. Das Heilige Römische Reich Deutscher Nation sollte nicht wiederhergestellt werden. Stattdessen einigte man sich in Wien darauf, in der Mitte Europas nur einen lockeren Staatenbund von 34 souveränen Fürsten und vier freien Städten (Lübeck, Hamburg, Bremen und Frankfurt am Main) zu gründen: den *Deutschen Bund*. Er sollte die innere und äußere Sicherheit der Mitgliedsstaaten gewährleisten und das Gleichgewicht der europäischen Großmächte sichern. In Wien hatte man damit die Revolution beendet und eine zwischenstaatliche Friedensordnung geschaffen, die künftigen Wandel nicht ausschließen sollte, ihn aber von allgemeiner Billigung der Monarchen abhängig machte. Die Monarchen Russlands, Österreich und Preußens verpflichteten sich dazu im Herbst 1815 zu einer *Heiligen Allianz*. Brüderlich wollte man alle revolutionären Veränderungen abwehren. Aus der Kriegsallianz der Sieger war ein Bollwerk gegen innere und äußere Reformen geworden. Außer dem englischen König, dem türkischen Sultan und dem Papst traten alle Regenten Europas der Heiligen Allianz bei.

Fürst Karl August von Harden-berg. Gemälde von Johann Heinrich Tischbein, um 1810.

M1 „Revolution von oben“

In der „Rigaer Denkschrift“ (12. September 1807) skizziert der auf Befehl Napoleons entlassene preußische Staatsminister Karl August Fürst von Hardenberg (1750-1822) dem König von Preußen die Grundlagen einer Reorganisation des Staates:

Die Französische Revolution, wovon die gegenwärtigen Kriege die Fortsetzung sind, gab den Franzosen unter Blutvergießen und Stürmen einen ganz neuen Schwung. Alle schlafenden Kräfte wurden geweckt, das Elende und Schwache, veraltete Vorurteile und Gebrechen wurden – freilich zugleich mit manchem Guten – zerstört. Die Benachbarten und Überwundenen wurden mit dem Strome fortgerissen. [...]
Der Wahn, dass man der Revolution am sichersten durch Festhalten am Alten und durch strenge Verfolgung der durch solche geltend gemachten Grundsätze entgegenstreben könne, hat besonders dazu beigetragen, die Revolution zu befördern und derselben eine stets wachsende Ausdehnung zu geben. Die Gewalt dieser Grundsätze ist so groß, sie sind so allgemein anerkannt und verbreitet, dass der Staat, der sie nicht annimmt, entweder seinem Untergange oder der erzwungenen Annahme derselben entgegensehen muss. [...]
Also eine Revolution im guten Sinn, gerade hinführend zu dem großen Zwecke der Veredelung der Menschheit, durch Weisheit der Regierung und nicht durch gewaltsame Impulsion[1] von innen oder außen, – das ist unser Ziel, unser leitendes Prinzip. Demokratische Grundsätze in einer monarchischen Regierung: dieses scheint mir die angemessene Form für den gegenwärtigen Zeitgeist.[2] Die reine Demokratie müssen wir noch dem Jahre 2440 überlassen[3], wenn sie anders je für den Menschen gemacht ist. [...]
Man schrecke ja nicht zurück vor dem, was er[4] als Hauptgrundsatz fordert, möglichste Freiheit und Gleichheit. – Nicht die regellose, mit Recht verschriene: die die blutigen Ungeheuer der Französischen Revolution zum Deckmantel ihrer Verbrechen brauchten oder mit fanatischer Wut statt der wahren, *im gebildeten gesellschaftlichen Zustande möglichen*, ergriffen, sondern *nur diese* nach weisen Gesetzen eines monarchischen Staats, die die natürliche Freiheit und Gleichheit der Staatsbürger nicht mehr beschränken, als es die Stufe ihrer Kultur und ihr eigenes Wohl erfordern.
[...]
Die Nation mit der Staatsverwaltung in nähere Verhältnisse zu bringen, sie mehr damit bekannt zu machen und dafür zu interessieren, ist allerdings heilsam und nötig. Die Idee einer Nationalrepräsentation, so wie sie von dem Herrn von Altenstein[4] gefasst ist, ohne Abbruch der monarchischen Verfassung, ist schön und zweckmäßig. Der Begriff gefährlicher Nationalversammlungen passt nicht auf sie. Durch die Amalgamierung[5] der Repräsentanten mit den einzelnen Verwaltungsbehörden wird sie den Nutzen gewähren, ohne den Nachteil zu haben. Sie soll keinen besonderen konstitutiven Körper, keine eigene Behörde bilden. [...]
[...]
Dass man dem Provinzialcharakter nicht Gewalt antun und aus Sucht, alles in eine Form, besonders in eine nicht passende, zu zwingen, nicht überall alle Einrichtungen und Vorschriften auf gleiche Weise geltend machen müsse, damit bin ich vollkommen einverstanden. Doch scheint es mir weise, dem Ganzen einen einzigen Nationalcharakter aufzuprägen und nach und nach, jenen Maximen unbeschadet, dahin zu arbeiten, welches auch ohne Zwang geschehen kann. Die Verwaltung nach Provinzen würde ich diesemnach nicht beibehalten, die Verwaltungsdepartements nach den natürlichen Verhältnissen abteilen und benennen und einem jeden eine Kammer vorsetzen. Der ganze Staat heiße künftig *Preußen*. [...]

Walter Demel und Uwe Puschner (Hrsg.), Von der Französischen Revolution bis zum Wiener Kongreß 1789–1815, Stuttgart 1995, S. 87f., 89f. und 92f.

1. *Arbeiten Sie die Haltung Hardenbergs gegenüber der Französischen Revolution heraus.*
2. *Überlegen Sie, was ein radikaler Jakobiner dem Reformer von Hardenberg entgegnen könnte.*

1 *Impulsion: Anstoß, Anregung*
2 *Offenbar nach dem Philosophen Immanuel Kant (1724–1804), der mit Blick auf die Französische Revolution sagte: „Autokratisch herrschen und dabei doch republikanisch [...] regieren, ist das, was ein Volk mit seiner Verfassung zufrieden macht.“*
3 *Anspielung auf den utopischen Roman von L. S. Mercier (1740–1814), L'an 2440. Rêve s'il en fût jamais.*
4 *Hardenberg bezieht sich hier auf Überlegungen seines Mitarbeiters Karl Freiherr vom Stein zum Altenstein.*
5 *Amalgamierung: enge Verbindung*

M2 „... das muss alle Deutsche fest und brüderlich vereinen"

In einer zuerst anonym als Einzeldruck Ende Januar 1813 veröffentlichten Flugschrift ruft der Historiker und patriotische Dichter Ernst Moritz Arndt (1769–1860) zur Erhebung gegen Napoleon I. und dessen Verbündete auf:

Ihr habt das blutige und unerbittliche Ungeheuer gesehen und gefühlt, welches in seinem stolzen Wahn und Übermut sich nichts Kleineres angemaßt hatte, als alle Länder zu bezwingen, alle Thronen zu schänden, alle Völker zu erniedrigen und endlich in satanischer Einsamkeit über einen verworfenen Haufen von Sklaven zu herrschen. [...] Seine Schmeichler und Knechte posaunten es über die Welt aus: der Unbezwingliche, der Unbesiegliche, der Weltbefreier, der Zeitverjünger, der Einzige, der Unvergleichliche komme, sich und Europa an dem treulosen Beherrscher der Russen zu rächen, und den Osten unseres Welttheils gleich dem Westen zu beglücken und zu befreien. Diese Stimmen der Nichtswürdigen krächzten fern und nah alle Buben und Knechte nach; die Matten und Feigen glaubten und zitterten; selbst mache Gute und Wackere wollten fast verzweifeln; nur wenige ehrenfeste und herzhafte Seelen hofften und vertrauten, denn ihnen war in dem schmutzigen Strom der Zeit die Zuversicht auf Gott und das Licht der Geschichte nicht untergegangen. [...]
Eine neue Zeit wird beginnen, eine große und herrliche deutsche Zeit, wenn jede lebendigste Kraft, jedes glühendste Herz, jede freudigste Tugend und jede reinste Gesinnung, wenn die ganze Liebe und Treue des deutschen Volkes in den großen Kampf gesetzt wird. Hass gegen die Fremden, Hass gegen die Franzosen, gegen ihren Tand, ihre Eitelkeit, ihre Lüderlichkeit, ihre Sprache, ihre Sitten, ja brennender Hass gegen alles, was nur von ihnen kommt, das muss alle Deutsche fest und brüderlich vereinen und deutsche Tapferkeit, deutsche Freiheit, deutsche Zucht, deutsche Ehre und Gerechtigkeit oben schweben lassen, und wieder in die alte Würde und Herrlichkeit stellen, wodurch unsre Väter vor den meisten Völkern der Erde leuchteten.

Hans-Bernd Spies (Hrsg.), Die Erhebung gegen Napoleon 1806–1814/15, Darmstadt 1981, S. 224f. und 22f.

Arbeiten Sie die ideologischen Vorstellungen heraus, mit denen sich Arndt an die Öffentlichkeit wendet. Nehmen Sie dazu Stellung.

M3 Individuum und Staat, Volk und Menschheit

1814 schreibt der Jenaer Historiker Heinrich Luden (1780–1847), der vor und nach den „Befreiungskriegen" einen großen Einfluss auf die Studenten ausübt, in einem Aufsatz:

Überall, wo Menschen mit einiger Bildung zusammen leben, da leben sie in einem Staate; und überall zeigt sich bei jedem Menschen in Sprache, Geist und Art eine gewisse Eigentümlichkeit, die ihn von allen andern Menschen sondert, die er aber mit einer gewissen Anzahl gemein hat: mit diesen macht er ein *Volk* aus. [...]
Staat und Volk nämlich fallen, im historischen Zusammenhange des Lebens, bald dergestalt zusammen, dass das *Volk* in einem bürgerlichen Vereine nach eigenen Gesetzen lebt oder einen besonderen Staat ausmacht; bald aber sind sie getrennt, und die Kreise schneiden sich auf mannigfache Weise, sei es, dass in einem Volke mehrere Staaten sind, sei es, dass ein Staat mehrere Völker umfasst, sei es endlich, dass Völkerteile, in bürgerlicher Rücksicht, hierhin geworfen sind und dorthin. Aber immer und überall streben Staat und Volk, man möchte sagen, mit liebevoller Sehnsucht zueinander, um sich einander zu halten oder zu gewinnen, wie wenn sie ohne einander nicht sein möchten, wie wenn sie beide nur in Einheit gedeihen könnten! Sind Staat und Volk eins: so ist der höchste Wunsch und das heiligste Streben der Menschen, diese Einheit zu bewahren; sind sie getrennt: so ist, wenn nicht immer der Wunsch, doch gewiss das Streben da, diese Einheit zu erringen: die Volksgenossen suchen sich in einem Staat zu vereinen, die Bürger eines Staates suchen ein Volk zu werden: [...]
Ruhiges Gedeihen aber, fester Friede, kräftige Bildung und allgemeines Glück wird nur da gefunden, wo die Einheit von Volk und Staat erreicht ist, und diese Erreichung scheint von gewissen Naturgrenzen abzuhängen, von Höhen und Tiefen, von Meeren und Wüsten, welche entweder das Volk umschließen oder den Staat.

Hartwig Brandt (Hrsg.), Restauration und Frühliberalismus 1814–1840, Darmstadt 1979, S. 96f.

1. *Kommentieren Sie die von Luden gemachte Behauptung, dass „Staat und Volk" zusammenstreben.*
2. *Problematisieren Sie die genannten Kriterien für die Einheit von Staat und Volk vor dem Hintergrund der bestehenden Grenzen in Europa um 1814. Nennen Sie in dem Zusammenhang Beispiele für Staaten, in denen damals mehrere Völker lebten.*

5.5 Der restaurative Staat und seine Gegenkräfte

Zug auf das Hambacher Schloss am 27. Mai 1832. Kolorierte Federlithografie von 1832.

1817	Wartburgfest: Die deutschen Burschenschaften erinnern an die Reformation und an die Völkerschlacht bei Leipzig
1819	Karlsbader Beschlüsse: Die Burschenschaften werden verboten, eine zentrale Überwachung der Universitäten und die Vorzensur eingeführt
1830	Juli-Revolution: In Frankreich wird ein Wahlkönigtum eingeführt
1832	Das Hambacher Fest: Höhepunkt der nationalen und liberalen Bewegung

Das Wartburgfest – Blick zurück nach vorn

Der erste spektakuläre Auftritt der nationalen und liberalen Bewegung in den deutschen Staaten war das Wartburgfest von 1817. Organisiert hatten es die national gesinnten Burschenschaften, die allmählich die herkömmlichen landsmannschaftlichen Studentenverbindungen nach dem Vorbild der 1815 in Jena gegründeten Ur-Burschenschaft ablösten. Materiell vom Landesherrn, Großherzog *August von Sachsen-Weimar-Eisenach* unterstützt, feierten am 18./19. Oktober 1817 etwa 500 (meist evangelische) Studenten aus elf Universitäten das Gedenken an die Völkerschlacht bei Leipzig und das 300-jährige Reformationsjubiläum in einem Fest auf der Wartburg bei Eisenach. Rückblickend beschworen sie die militärische Befreiung des Vaterlandes und die geistig-religiöse Befreiung durch die Reformation, um daraus die zukunftsweisenden Forderungen nach nationaler Einheit und Freiheit abzuleiten. Sie kritisierten die gegenwärtigen nationalen, konstitutionellen und militärischen Verhältnisse und forderten einen nationalen Zusammenschluss. Am Ende der Feier wurden symbolisch mehrere Bücher „undeutscher“ Gesinnung“ (darunter der Code civil) sowie Symbole der alten Ordnung (darunter ein Korporalsstock und ein Ulanenschnürleib) verbrannt.

Wirkungen und Reaktionen

Während das Fest bei dem liberal und national eingestellten Bürgertum eine wohlwollende Aufnahme fand, empfand es der preußische König als offene Aufforderung zum Aufstand. In Preußen wurden Teilnehmer verhört und verfolgt und im Dezember 1817 schließlich die Burschenschaften verboten. Trotzdem konnte am 18. Oktober 1818 in Jena die *Allgemeine deutsche Burschenschaft* gegründet werden. Ihr Symbol wurde die rot-schwarz-rote Fahne mit einem goldenen Eichenzweig. Zum Wahlspruch bestimmten sie die Worte „Ehre, Freiheit, Vaterland“.

Vom Herbst 1818 an planten die Regierungen bundesweite Maßnahmen gegen die Opposition. Gründe für das Vorgehen gegen die liberale und nationale Bewegung bot dann ein politisch motiviertes Attentat. Am 23. März 1819 wurde in Mannheim der populäre Lustspieldichter und Berater des russischen Zaren, *Karl August von Kotzebue*, von dem 23-jährigen Theologiestudenten und Burschenschafter *Karl Ludwig Sand* aus Wunsiedel (Franken) erstochen.

Die Karlsbader Beschlüsse

Im August 1819 trafen sich im böhmischen Karlsbad Minister aus zehn Bundesstaaten. Unter der Leitung Metternichs verfassten sie Beschlüsse gegen die nationale und liberale Bewegung, die als Bundesgesetze in Kraft gesetzt wurden. Das „Bundes-Universitätsgesetz“ stellte Professoren, Studenten und den Lehrbetrieb unter Staatsaufsicht. Die Burschenschaften wurden verboten und ihre Anhänger mit Berufsverboten bedroht. Das „Bundes-Pressgesetz“ führte die Vorzensur ein und das „Bundes-Untersuchungsgesetz“ schuf eine bundesweit arbeitende Ermittlungsbehörde, die alle politischen Bewegungen beobachtete und verfolgte (➔ M1).

Kritische Professoren, Studenten, Beamte und Schriftsteller wurden als *Demagogen*[1] denunziert, verfolgt und inhaftiert. Die Burschenschaften lösten sich auf oder gingen in den Untergrund. Die erste Welle von Intellektuellen wanderte aus. Auf Jahre hinaus kam die nationale und liberale Bewegung zum Erliegen.

[1] *Demagoge: Volksaufwiegler, Volksverführer*

Die Juli-Revolution von 1830 in Frankreich und ihre Wirkung

Auch Frankreich erlebte nach 1815 eine Phase der Restauration. Sie fand 1830 ihren Höhepunkt, als der französische König *Karl X.*, ein jüngerer Bruder des 1793 guillotinierten Ludwig XVI., die Pressefreiheit faktisch aufhob und das Wahlrecht zugunsten der Großgrundbesitzer einschränkte. Im Juli 1830 vertrieben sie ihn, hoben den „Bürgerkönig“ *Louis Philippe*[2] auf den Thron und gaben sich eine neue Verfassung, die die Wahl des Monarchen durch das Parlament festschrieb.

Die Juli-Revolution beeinflusste die politische Entwicklung in mehreren europäischen Staaten. Sie führte u. a. zur Einführung einer liberalen Verfassung in Belgien, zu Befreiungskämpfen gegen die zaristische Herrschaft in Kongress-Polen, zu Aufständen gegen die habsburgische Regierung in Mittelitalien und zu Parlaments- und Verfassungsreformen in England. Auch in den deutschen Staaten flammte nach 1830 Aufruhr gegen die absolutistisch regierenden Fürsten auf. In Kurhessen, Sachsen, Braunschweig und Hannover konnten neue oder verbesserte Verfassungen durchgesetzt werden. In Baden erreichte die Opposition ein liberaleres Presserecht und eine neue Gemeindeordnung. Nur die Situation in den beiden verfassungslosen Großmächten, in Preußen und Österreich, änderte sich nicht. Dort wurden die lokalen Unruhen militärisch unterdrückt.

Das Hambacher Fest – Volksfest und Volksprotest

Höhepunkt der deutschen Oppositionsbewegung wurde das *Hambacher Fest* im Mai 1832. Männer und Frauen „jedes Standes“ und aus allen „deutschen Stämmen“ waren durch die Presse zum „Nationalfest der Deutschen“ eingeladen worden. Etwa 30 000 Menschen aus allen Schichten, der größte Teil aus der Umgebung von Neustadt an der Haardt, aber auch Delegationen aus anderen Ländern des Deutschen Bundes, dazu Exil-Polen und Franzosen, feierten an der Hambacher Schlossruine ein Volksfest. Redner nutzten die Gelegenheit, gegen die bestehenden politischen und sozialen Verhältnisse zu protestieren und die Willkürherrschaft der Fürsten anzuklagen. Sie forderten Volkssouveränität, Pressefreiheit und einen freiheitlichen deutschen Einheitsstaat (➔ M2).

Das Hambacher Fest war nicht das einzige liberale Volksfest im Jahr 1832. Etwa dreißig ähnliche Veranstaltungen lassen sich im Deutschen Bund

[2] *Louis-Philippe (1773 – 1850) war ein Nachfahre Ludwigs XIV. und zählte zur liberalen Opposition.*

nachweisen. Aber kein politisches Fest fand ein so großes Echo wie das Hambacher. Die bayerische Regierung reagierte darauf mit der zeitweisen Ausrufung des Belagerungszustandes in der Pfalz und verhaftete die Hauptredner und Organisatoren. Für Metternich lieferten die Ereignisse den Grund, noch radikaler gegen die nationale und liberale Bewegung vorzugehen. Schon am 5. Juli folgten Bundesmaßnahmen zur „Erhaltung der Sicherheit und Ordnung" (*Die „Zehn Artikel"*), die die Presse und Versammlungsfreiheit weiter einschränkten. Doch den Bundesbehörden gelang es nicht mehr, die Opposition vollständig zu unterdrücken.

Sieben mutige Professoren

Kein Monarch hatte es gewagt, offen gegen eine einmal erlassene Verfassung zu verstoßen. Nun erklärte König *Ernst August* von Hannover, der die Regierungsgeschäfte nach dem Tode seines Bruder 1837 übernommen hatte, die 1833 eingeführte Verfassung einseitig für nichtig. Die Öffentlichkeit reagierte empört und sieben Göttinger Professoren[1] fanden den Mut, dagegen schriftlich zu protestieren. Sie sahen in der Handlung des Fürsten einen Rechtsbruch und fühlten sich weiterhin an ihren auf die Verfassung geleisteten Eid gebunden. Ernst August fasste den Protest als Widerstand gegen die Staatsgewalt auf und enthob die sieben Universitätslehrer ihres Amtes. Drei von ihnen (*Gervinus, Jacob Grimm* und *Dahlmann*) mussten wegen der öffentlichen Weitergabe des Protestschreibens sogar innerhalb von drei Tagen das Land verlassen.

Die Maßnahme löste in allen deutschen Staaten Empörung aus. Drei Jahre später berief der preußische König *Friedrich Wilhelm IV.* (1795–1861) drei der „Göttinger Sieben" an preußische Universitäten. Obwohl er damit die liberale Bewegung stärkte, ließ er keinen Zweifel daran, dass er von einer Verfassung nichts hielt.

Soziale Unruhen und politische Orientierungen

Politische Brisanz erhielt die liberale und nationale Bewegung durch die zunehmenden sozialen Probleme der 1840er-Jahre. Das Bevölkerungswachstum hatte zu Beschäftigungs- und Ernährungskrisen sowie Massenelend geführt. Die Berichterstattung über den *Aufstand der schlesischen Weber* von 1844 machte die Not der armen Bevölkerung erstmals überregional deutlich und klagte Unternehmer und Staat direkt oder indirekt an (→ M3). Die Agrar- und Gewerbekrise von 1846/47 ließ die Zahl der sozial und politisch motivierten Unruhen steigen und verunsicherte die Regierungen.

Ende der 1840er-Jahre schlossen sich immer mehr Menschen trotz Zensur und Versammlungsverboten politisch zusammen, zum Teil über die Landesgrenzen hinweg. Dabei hatten sich vier politische Ausrichtungen mit fließenden Übergängen entwickelt: *Konservatismus*, *Liberalismus*, *demokratischer Radikalismus* und *Sozialismus*. Abgesehen von den konservativen Kräften war allen ein Anliegen gemeinsam: die nationale Einheit. In anderen Fragen gingen die Meinungen schon vor 1848 weit auseinander. Während die Liberalen beispielsweise zwischen konstitutioneller Monarchie und Republik schwankten und das Wahlrecht von Eigentum und Besitz abhängig machen wollten, plädierten die radikalen Demokraten und Sozialisten für eine Republik mit einem allgemeinen und gleichen Wahlrecht.

	1816–1829	1830–1839	1840–1847	Summe
Studenten[2] Universität	13	13	5	31
Religion[3]	9	20	17	46
Politik[4]	4	72	33	109
Sozioökonomisch[5]	3	28	103	134
Summe	29	133	158	320

Volksunruhen in Deutschland 1816–1847. Nach Richard Tilly, Kapital, Staat und sozialer Protest in der deutschen Industrialisierung, Göttingen 1980, S. 154 (gekürzt)

Unter „Unruhen" versteht der Historiker Richard Tilly „kollektive Ruhestörung mit physischer Gewaltanwendung", als Quelle benutzte er ausgewählte Zeitungen, insbesondere die „Augsburger Zeitung".

▶ *Skizzieren Sie die Entwicklung des Protestverhaltens.*

1 *Folgende Professoren waren beteiligt: der Staatsrechtler Wilhelm Albrecht (1800–1876), die Historiker Friedrich Christoph Dahlmann (1785–1863) und Georg Gottfried Gervinus (1805–1871), die Sprach- und Kulturforscher Jacob Grimm (1785–1863) und Wilhelm Grimm (1786–1859), der Orientalist Heinrich Ewald (1803–1875) und der Physiker Wilhelm Weber (1804–1891).*

2 *Studenten waren entweder Hauptakteure, oder Studenten- bzw. Universitätsangelegenheiten waren Hauptobjekte des Konflikts.*

3 *Religion war, zumindest vorgeblich, Hauptobjekt des Konflikts.*

4 *Der Protest war gegen den Staat mit seinen Organen gerichtet, um politische Änderungen durchzusetzen (Auswechseln eines bestimmten Staatsbeamten, Forderung nach einem neuen Gesetz).*

5 *Gewalttätige Streiks, Brotkrawalle, Maschinenstürmerei, massenhaftes gesetzwidriges Betreten von Wäldern und Feldern, Steueraufruhr und Tumulte, die deutlich mit einer bestimmten sozioökonomischen Gruppe verbunden waren, z. B. Angriffe von Armen auf Reiche.*

M1 Aus der Geschichte der Presse- und Meinungsfreiheit von 1815 bis 1835

Presse- und Meinungsfreiheit sind Kennzeichen politischer Verhältnisse. Wie sie sich entwickelten, zeigt die Zusammenstellung:

Art. 18. Die Bundesversammlung wird sich bei ihrer ersten Zusammenkunft mit Abfassung gleichförmiger Verfügungen über die Pressfreiheit [...] beschäftigen.

Deutsche Bundesakte vom 8.6.1815

Das Recht, in freier Rede und Schrift seine Meinung über öffentliche Angelegenheiten zu äußern, ist ein unveräußerliches Recht jedes Staatsbürgers, das ihm unter allen Umständen zustehen muss. [...] Wo Rede und Schrift nicht frei sind, da ist überhaupt keine Freiheit, da herrscht nicht das Gesetz, sondern die Willkür. [...] Über den Missbrauch der Freiheit in Rede und Schrift kann kein Buchstabe entscheiden und kein gewöhnlicher Staatsdiener, sondern nur ein Geschworenengericht, das aus gelehrten, unabhängigen und vaterländisch gesinnten Männern besteht und öffentlich vor dem Volk seine Sitzungen hält, seine Gründe entwickelt, seinen Ausspruch tut.

Grundsätze der Burschenschaft vom Ende des Jahres 1817

§ 1. So lange als der gegenwärtige Beschluss in Kraft bleiben wird, dürfen Schriften, die in der Form täglicher Blätter oder heftweise erscheinen, desgleichen solche, die nicht über 20 Bogen[1] im Druck stark sind, in keinem deutschen Bundesstaate ohne Vorwissen und vorgängige Genehmigung der Landesbehörden zum Druck befördert werden.

Bundes-Pressgesetz vom 20.9.1819 (Karlsbader Beschlüsse)

Art. 1. Keine in einem nicht zum Deutschen Bunde gehörigen Staate in Deutscher Sprache im Druck erscheinende Zeit- oder nicht über zwanzig Bogen betragende sonstige Druckschrift politischen Inhalts darf in einem Bundesstaate, ohne vorgängige Genehmhaltung der Regierung desselben, zugelassen und ausgegeben werden: Gegen die Übertreter dieses Verbots ist eben so, wie gegen die Verbreiter verbotener Druckschriften zu verfahren.

Bundesmaßnahme zur Erhaltung der Sicherheit und Ordnung vom 5.7.1832 (Die „Zehn Artikel")

Art. 29. Von den Nachteilen einer übermäßigen Anzahl politischer Tagblätter überzeugt, werden die Regierungen auf eine allmählich herbeizuführende Verminderung solcher Blätter, soweit dies ohne Kränkung erworbener Rechte tunlich ist, Bedacht nehmen.

Art. 30. Kraft der ihnen zustehenden oberpolizeilichen Aufsicht werden die Regierungen die Herausgabe neuer politischer Tagblätter ohne die vorgängige Erwirkung einer diesfälligen Konzession nicht gestatten.

Die Geheimen Wiener Beschlüsse vom 12.6.1834 (Die „Sechzig Artikel")

Nachdem sich in Deutschland in neuerer Zeit, und zuletzt unter der Benennung „das junge Deutschland"[2] oder „die junge Literatur", eine literarische Schule gebildet hat, deren Bemühungen unverhohlen dahin gehen, in belletristischen, für alle Klassen von Lesern zugänglichen Schriften die christliche Religion auf die frechste Weise anzugreifen, die bestehenden sozialen Verhältnisse herabzuwürdigen und alle Zucht und Sittlichkeit zu zerstören: so hat die deutsche Bundesversammlung – in Erwägung, dass es dringend notwendig sei, diesen verderblichen, die Grundpfeiler aller gesetzlichen Ordnung untergrabenden Bestrebungen durch Zusammenwirken aller Bundesregierungen sofort Einhalt zu tun [...], sich zu nachstehenden Bestimmungen vereiniget.

Bundesbeschluss vom 10.12.1835 (Verbot der Schriften des Jungen Deutschland)

Ernst Rudolf Huber (Hrsg.), Dokumente zur deutschen Verfassungsgeschichte, Band 1: Deutsche Verfassungsdokumente 1803–1850, Stuttgart [3]1978, S. 90, 102, 134, 142 und 151

1. *Erläutern Sie, warum gerade die Pressefreiheit Gegenstand besonders intensiver Konflikte war.*
2. *Informieren Sie sich, wie in unserem Grundgesetz Meinungs- und Pressefreiheit geregelt sind, und begründen Sie die unterschiedliche Haltung.*

[1] Ein Druckbogen umfasst 16 Buchseiten.

[2] Die Bezeichnung stammt aus Ludwig Wienbargs „Ästhetischen Feldzügen" von 1834.

M2 „Vaterland – Freiheit – ja! ein freies deutsches Vaterland ..."

Der Journalist Philipp Jacob Siebenpfeiffer (1789–1845), ein zwangspensionierter bayerischer Beamter, spricht am 27. Mai 1832 auf dem Hambacher Fest:

Vaterland – Freiheit – ja! ein freies deutsches Vaterland – dies der Sinn des heutigen Festes, dies die Worte, deren Donnerschall durch alle deutschen Gemarken drang, den Verräthern der deutschen Nationalsache die Knochen erschütternd, die Patrioten aber anfeuernd und stählend zur Ausdauer im heiligen Kampfe, „im Kampf zur Abschüttelung innerer und äußerer Gewalt". […]

Und es wird kommen der Tag, der Tag des edelsten Siegstolzes, wo der Deutsche vom Alpengebirg und der Nordsee, vom Rhein, der Donau und Elbe den Bruder im Bruder umarmt, wo die Zollstöcke und die Schlagbäume, wo alle Hoheitszeichen der Trennung und Hemmung und Bedrückung verschwinden, sammt den Constitutiönchen, die man etlichen mürrischen Kindern der großen Familie als Spielzeug verlieh; wo freie Straßen und freie Ströme den freien Umschwung aller Nationalkräfte und Säfte bezeugen; wo die Fürsten die bunten Hermeline feudalistischer Gottstatthalterschaft mit der männlichen Toga deutscher Nationalwürde vertauschen, und der Beamte, der Krieger, statt mit der Bedientenjacke des Herrn und Meisters, mit der Volksbinde sich schmückt; wo nicht 34 Städte und Städtlein, von 34 Höfen das Almosen empfangend, um den Preis hündischer Unterwerfung, sondern wo alle Städte, frei emporblühend aus eigenem Saft, um den Preis patriotischer Gesinnung, patriotischer That ringen; wo jeder Stamm, im Innern frei und selbstständig, zu bürgerlicher Freiheit sich entwickelt, und ein starkes, selbstgewobenes Bruderband alle umschließt zu politischer Einheit und Kraft; wo die deutsche Flagge, statt Tribut an Barbaren zu bringen, die Erzeugnisse unseres Gewerbfleißes in fremde Welttheile geleitet, und nicht mehr unschuldige Patrioten für das Henkerbeil auffängt, sondern allen freien Völkern den Bruderkuss bringt. Es wird kommen der Tag, wo deutsche Knaben, statt durch todte Spielereien mit todten Sprachen sich abzustumpfen, und die Jünglinge, statt auf mittelalterlichen Hochschulen durch Gelage, schnöde Tändelei und Klopffechterei zu verkrüppeln, durch lebendigen Nationalunterricht und würdige Leibesübung sich zu deutschen Männern heranbilden und zu jenem Vaterlandssinn sich stählen, von dem alle politische Tugend, alle Großthat ausströmt; wo das deutsche Weib, nicht mehr die dienstpflichtige Magd des herrschenden Mannes, sondern die freie Genossin des freien Bürgers, unsern Söhnen und Töchtern schon als stammelnden Säuglingen die Freiheit einflößt, und im Samen des erziehenden Wortes den Sinn ächten Bürgerthums nährt; und wo die deutsche Jungfrau den Jüngling als den würdigsten erkennt, der am reinsten für das Vaterland erglüht; wo, abschüttelnd das Joch des Gewissens, der Priester Trug und den eigenen Irrwahn, der Deutsche zu seinem Schöpfer die unverfälschte Sprache des Kindes zum Vater redet; wo der Bürger nicht in höriger Unterthänigkeit den Launen des Herrschers und seiner knechtischen Diener, sondern dem Gesetze gehorcht, und auf den Tafeln des Gesetzes den eigenen Willen liest, und im Richter den freierwählten Mann seines Vertrauens erblickt; wo die Wissenschaft das Nationalleben befruchtet und die würdige Kunst als dessen Blüte glänzt. […]

Wir selbst wollen, wir selbst müssen vollenden das Werk, und, ich ahne, bald, bald muß es geschehen, soll die deutsche, soll die europäische Freiheit nicht erdrosselt werden von den Mörderhänden der Aristokraten. […]

Es lebe das freie, das einige Deutschland!
Hoch leben die Polen, der Deutschen Verbündete!
Hoch leben die Franken[1], der Deutschen Brüder, die unsere Nationalität und Selbstständigkeit achten!
Hoch lebe jedes Volk, das seine Ketten bricht und mit uns den Bund der Freiheit schwört!
Vaterland – Volkshoheit – Völkerbund hoch!

Das Nationalfest der Deutschen zu Hambach, unter Mitwirkung eines Redaktions-Ausschusses beschrieben von J. G. A. Wirth. Erstes Heft, Neustadt 1981 (Nachdruck der Originalausgabe von 1832), S. 33, 37–39, 40 und 41

1. *Formulieren Sie aus der Rede Siebenpfeiffers ein politisches Programm.*
2. *Nehmen Sie zu den nationalen Vorstellungen Siebenpfeiffers Stellung.*

Schwarz-rot-goldene Kokarde, um 1832. Durchmesser 4 cm.

[1] *Franzosen*

M3 Über den Aufstand der schlesischen Weber

Der aus Schlesien stammende Journalist Wilhelm Wolff (1809–1864) berichtet im „Deutschen Bürgerbuch für 1845" über die Weber-Revolte vom Juni 1844:

Eine Schar Weber erschien in Nieder-Peterswaldau und zog auf ihrem Marsche alle Weber aus den Wohnungen rechts und links an sich. Alsdann begaben sie sich nach dem wenig entfernten Kapellenberge und ordneten sich paarweise und rückten so auf das neue Zwanziger'sche Wohngebäude[1] los. Sie forderten höheren Lohn und – ein Geschenk! Mit Spott und Drohen schlug man's ihnen ab. Nun dauerte es nicht lange, so stürmte die Masse ins Haus, erbrach alle Kammern, Gewölbe, Böden und Keller und zertrümmerte alles von den prächtigen Spiegelfenstern, Trumeaus[2], Lüstern, Öfen, Porzellan, Möbeln bis auf die Treppengeländer herab, zerriss die Bücher, Wechsel und Papiere, drang in das zweite Wohngebäude, in die Remisen, ins Trockenhaus, zur Mange, ins Packhaus und stürzte die Waren und Vorräte zu den Fenstern hinaus, wo sie zerrissen, zerstückt und mit Füßen getreten oder, in Nachahmung des Leipziger Messgeschäfts, an die Umstehenden verteilt wurden. Zwanziger flüchtete sich mit seiner Familie in Todesangst nach Reichenbach. […]

[Am folgenden Tag griffen preußische Truppen ein.]

Infolge dreier Gewehrsalven blieben sofort 11 Menschen tot. Blut und Gehirn spritzte weit hin. Einem Manne trat das Gehirn über dem Auge heraus. Eine Frau, die 200 Schritte entfernt an der Türe ihres Hauses stand, sank regungslos nieder. Einem Manne war die eine Seite des Kopfes hinweggerissen. Die blutige Hirnschale lag entfernt von ihm. Eine Mutter von 6 Kindern starb denselben Abend an mehreren Schusswunden. Ein Mädchen, das in die Strickstunde ging, sank von Kugeln getroffen zu Boden. Eine Frau, die ihren Mann stürzen sah, ging auf den Boden und erhängte sich. Ein Knabe von 8 Jahren wurde durchs Knie geschossen. Bis jetzt sind überhaupt 24 schwer und tödlich Verwundete, außer den obigen 11 Toten, bekanntgeworden. Wie viele ihre Wunden verheimlichen, lässt sich vielleicht später erfahren. Nach den ersten Salven herrschte einige Sekunden eine Totenstille. Aber der Anblick des Blutes um und neben ihnen, das Stöhnen und Röcheln der im Verscheiden Begriffenen, der Jammer der Blessierten trieb die mutigsten unter den Webern zum Widerstande. […]

Die Kunde von dem Aufstande der Weber verbreitete sich mit Blitzesschnelle in der Provinz. Zwar den hiesigen Zeitungen wurde sogar eine ganz kurze Notiz vom Zensor gestrichen, und später nach langen Konferenzen einiger Mitglieder der Regierung ein kleiner offizieller Artikel eingerückt. Desto geschäftiger war die Fama. Die übertriebensten Gerüchte fanden gläubige Aufnahme. Was über Organisation, Zahl und Bewaffnung gefabelt ward, ist erstaunlich. Um so begieriger griff jeder nach den Zeitungen. Sie aber sprachen über alles, nur über das nicht, was alle Gemüter in Bewegung setzte. Und doch war die Teilnahme für die Weber in den arbeitenden Volksklassen allgemein, unter den höhern Klassen nicht unbedeutend, hier jedoch von Seiten der Reichen und Kapitalisten weit überwogen durch Opposition, Hass und – Furcht. Nach Versicherungen glaubhafter Leute war das ganze Gebirge bereit, „wenn nur erst die Weber kämen", sich ihnen anzuschließen. Ich selbst hörte gerade an den Tagen vorn 7. Juni ab auf einer kleinen Reise überall die entschiedenste Sprache auf Dörfern und in der Stadt, dass die Weber Recht hätten und dass es nur alle so machen sollten, dann würde es schon ganz anders werden. Gegen die reichen Fabrikanten, gegen den Adel und die Gutsbesitzer, gegen die Reichen und Vornehmen überhaupt, hörte ich die drohendsten Äußerungen.

Lutz Kroneberg/Rolf Schloesser (Hrsg.), Weber-Revolte 1844. Der schlesische Weberaufstand im Spiegel der zeitgenössischen Publizistik und Literatur. Eine Anthologie, Köln 1979, S. 255, 257 f. und 260

1. *Informieren Sie sich über den politischen Standort des Verfassers. Welche Bedeutung mag seiner politischen Einstellung bei der Darstellung der Ereignisse zukommen? Belegen Sie Ihre Aussagen an Textstellen.*
2. *Erörtern Sie die Bedeutung von Gerüchten über Ereignisse. Beachten Sie dabei die Sicht der Weber, der Unternehmer und der Regierung.*
3. *Die Weber-Revolte von 1844 hat in der zeitgenössischen Dichtung sowie in der späteren Literatur und bildenden Kunst einen starken Widerhall gefunden. Suchen Sie Beispiele und präsentieren Sie diese in Ihrem Kurs.*

[1] *Zwanziger und Söhne: Fabrikantenfamilie in Peterswaldau*
[2] *Trumeau: Wandspiegel an einem Pfeiler*

5.6 Die Revolution von 1848/49

Germania.
Malerei auf Baumwollgewebe von Philipp Veit, 1848. Die Figur der Germania geht bereits auf die Antike zurück. Sie wurde während der Befreiungskriege (1806–1815) zum Sinnbild für die „deutsche Kultur- und Sprachgemeinschaft".
Das fünf Meter hohe Transparent hing über dem Präsidiumspodium in der Frankfurter Paulskirche, dem Versammlungsort der Nationalversammlung.
► Benennen Sie die einzelnen Bildsymbole und ihre jeweilige Funktion.

Februar 1848	Nach dem Sturz des „Bürgerkönigs" Louis Philippe wird die Zweite Französische Republik errichtet
Ende Februar/ Anfang März 1848	In Deutschland Volksversammlungen mit „Märzforderungen"; die ersten „Märzministerien" werden eingesetzt
18.5.1848	Die deutsche Nationalversammlung tritt in der Frankfurter Paulskirche zusammen
3.4.1849	Der preußische König Friedrich Wilhelm IV. weist die Kaiserkrone zurück; die Verfassung des Paulskirchenparlaments ist gescheitert

Die „Februarrevolution" in Paris

Mehrere Faktoren wirkten zusammen, als das Europa des Wiener Kongresses in seinen Grundfesten 1848 erschüttert wurde:

- die unerfüllten Wünsche des Bürgertums nach (stärkerer) Beteiligung an der politischen Macht;
- die fehlende nationale Selbstbestimmung in verschiedenen Ländern Europas;
- die Strukturprobleme der vor- und frühindustriellen Wirtschaft;
- die Missernten der Jahre 1845/46.

Die dramatischen Ereignisse setzten zunächst in Frankreich ein. Seit langem hatte sich starke Unzufriedenheit über die Politik des „Bürgerkönigs" *Louis Philippe* und über die einseitig das Großbürgertum bevorzugende Staats- und Sozialverfassung angesammelt. Die Opposition verlangte vor allem eine Reform des Wahlrechts (vor der Revolution ca. 240 000 Wahlberechtigte, danach über neun Millionen). Als in Paris Regierungstruppen auf Demonstranten schossen, gingen die Bürger, voran Arbeiter und Studenten, zum Aufstand

über. Die Republik wurde proklamiert; der König, dessen Thron demonstrativ auf dem Bastilleplatz verbrannt worden war, floh nach England.
Der gewaltsame Sturz eines Monarchen und die Errichtung der Zweiten Französischen Republik am 24. Februar 1848 erregten ungeheures Aufsehen. In ganz Europa waren vor allem die sozialen Maßnahmen der neuen Provisorischen Regierung umstritten.

Ziele und Träger der Märzrevolution

Die Nachrichten aus Frankreich ließen auch in vielen Teilen Deutschlands die aufgestauten Erbitterungen frei werden. Bauern im Süden und Südwesten Deutschlands erhoben sich gegen die dort noch fortbestehenden Privilegien ihrer adligen Grundherren und aus Verzweiflung über Verschuldung und Not. In den Städten verlangte eine starke *bürgerliche Protestbewegung* von den Fürsten der deutschen Einzelstaaten, den lange verweigerten Forderungen nach mehr Freiheit und nach nationaler Einheit endlich nachzugeben.
In ihrem Aufbegehren gegen den Obrigkeitsstaat konnten die Bürger auch die Unzufriedenheit der städtischen Unterschichten für sich nutzen, die unter der Massenarmut („Pauperismus") der vor- und frühindustriellen Gesellschaft litten (s. S. 198). Zu auffallend aktiven Trägern der Märzrevolution wurden die Handwerksgesellen, denen statt des erhofften Aufstiegs zum Meister oft der Abstieg zum Lohnarbeiter drohte. Mitbedingt durch ihre Wanderschaft und das dadurch erweiterte Blickfeld waren sie oft überdurchschnittlich politisiert.

Zwischen Revolution und Evolution

Angesichts der wachsenden Protestwellen in den Städten im März 1848 versagten alle bisher von den Fürsten angewandten Unterdrückungsmaßnahmen. Von Südwestdeutschland, besonders von Baden aus, einem Zentrum liberaler und demokratischer Kräfte, erfasste die bürgerliche Bewegung schnell die Staaten des Deutschen Bundes.
Die Opposition forderte eine Beschränkung der fürstlichen Macht und mehr Mitbestimmung. Der künftige Nationalstaat und alle Einzelstaaten sollten zu Verfassungsstaaten ausgestaltet werden, in denen Versammlungs- und Pressefreiheit garantiert wären. In den Staaten, die bereits Verfassungen hatten (z.B. Baden, Bayern, Württemberg, Hessen), setzten sich die Liberalen für mehr Rechte der Volksvertretung ein.
Die *Öffentlichkeit von Gerichtsverfahren* und die Mitwirkung von Geschworenen sollten einen Schutz vor willkürlichen Urteilen bieten. Die Vereidigung des Heeres auf die Verfassung und die zusätzliche Bewaffnung von Bürgern hätte die fürstliche Macht geschwächt.

Die meisten Wortführer der Revolution versuchten allerdings, ihre Ziele auf dem Wege der Verständigung mit den nunmehr zu Reformen bereiten alten Gewalten, also in einem Prozess friedlicher Evolution zu erreichen. Sie wollten die revolutionäre Bewegung früh in legale, z. B. parlamentarische Bahnen lenken. Vor den Thronen sollte die Revolution halt machen. Bei vielen Besitzenden herrschte Furcht vor einer Gefährdung der bürgerlichen Gesellschaftsordnung durch gewaltbereite Massen. Neu aufgestellte Bürgerwehren sollten die Unterschichten von einer sozialen Revolution abhalten.
Die radikalen badischen Demokraten *Friedrich Hecker* und *Gustav von Struve* versuchten im April 1848 vergeblich, die Entwicklung auf gewaltsamem Wege weiter voranzutreiben: Sie initiierten einen bewaffneten Volksaufstand für die republikanische Staatsform in Deutschland, aber ihre Freischaren[1] wurden schon nach acht Tagen besiegt.

Ringen um den Nationalstaat

Die Hoffnung der deutschen Patrioten auf ein neues starkes „Reich" hatte sich bisher nicht erfüllt. Die im „Deutschen Bund" zusammengeschlossenen 34 souveränen Regenten und vier Freien Städte waren zwar in einem festen Verteidigungsbündnis geeint, bildeten aber lediglich einen lockeren Staatenbund ohne eine zentrale Regierung. Bis 1848 konnten die Gesandten der einzelstaatlichen Regierungen nur auf einem regelmäßig in Frankfurt am Main tagenden Kongress gemeinsame Beschlüsse fassen.
Die meisten Kleinstaaten wollten ihre völkerrechtliche Eigenständigkeit nicht mehr aufgeben. Vor allem Fürst Metternich, leitender Staatsmann der im Deutschen Bund führenden Großmacht Österreich, bekämpfte die Idee des Nationalstaates heftig, weil sie die Einheit des Habsburgischen Vielvölkerstaates zu sprengen drohte. Erst die Unruhen im März 1848 zwangen die konservativen Monarchen, auch den Forderungen nach einem deutschen Nationalstaat nachzugeben. Unter dem Druck der revolutionären Ereignisse gestanden die Fürsten ihren Untertanen zu, eine gesamtdeutsche Nationalversammlung zu wählen, deren Abgeordnete eine zukünftige Verfassung ausarbeiten sollten.
Angesichts der Bauernunruhen und der zur Gewalt bereiten städtischen Massen setzten die meisten Fürsten zudem überraschend schnell auch reformbereite Regierungen ein. In Wien und Berlin kam es zu Barrikadenkämpfen, aber auch hier konnte sich die Volksbewegung durchsetzen.

[1] *Freischar: militärische Formation, die sich auf Veranlassung einzelner Persönlichkeiten, d. h. ohne landesherrliche oder verfassungsmäßige Ermächtigung gebildet hat*

Die Nationalversammlung

Bei den Wahlen zur „Nationalversammlung" am 1. Mai 1848 gab es noch keine Parteien, gewählt wurden vor allem Angehörige des Bildungsbürgertums (→ M1).

Mit der Bildung von Fraktionen ist die Entstehung des modernen Parteiwesens eng verbunden. Die Volksvertreter tagten im Gebäude der *Frankfurter Paulskirche*. Die meisten Abgeordneten fühlten sich der liberalen Mitte zugehörig. Die am radikalsten auf grundlegende politische und gesellschaftliche Änderungen drängenden „linken" Demokraten waren im Parlament zahlenmäßig geringer vertreten, ebenso die konservative „Rechte", die möglichst viele Elemente der alten „vormärzlichen" Ordnung bewahren wollte.

Es dauerte bis zum März 1849, bis in der Paulskirche nach langen kontroversen Debatten zum ersten Mal in der deutschen Geschichte ein vom Volk ausgehendes Verfassungswerk beschlossen wurde. Es war ein Kompromiss unterschiedlicher politischer Interessen, unitarischer und föderalistischer, monarchistischer und demokratischer Bestrebungen und für seine Zeit sehr fortschrittlich.

Grundrechte

Durch die Garantie von Grundrechten sollte die Konsequenz aus den in der Epoche des „Vormärz" bitter erfahrenen Freiheitseinschränkungen gezogen werden. Festgelegt wurden z. B. die Presse- und Meinungsfreiheit, die Freiheit von Forschung und Lehre, das Recht auf Versammlung und auf die Gründung politischer Vereinigungen sowie das Beschwerderecht jedes Staatsbürgers. Gleichheitsrechte garantierten allen Befähigten den gleichen Zugang zu öffentlichen Ämtern und verboten Wohlhabenden, sich durch bezahlte Stellvertreter der allgemein verbindlichen Wehrpflicht zu entziehen. Die Kirche verlor die bisher ausgeübte Schulaufsicht, diese wurde auf den Religionsunterricht beschränkt.

„Unterschiede der Stände" vor dem Gesetz wurden für ungültig erklärt, der Adel als Stand aufgehoben und Standesvorrechte abgeschafft. Das Bekenntnis zur Freiheit der Person bedeutete, dass nun in allen Staaten Deutschlands die Gutsuntertänigkeit und Hörigkeit auf dem Lande endete.

Als Reichsgesetz schon Ende 1848, also bewusst bereits vor dem Abschluss der Verfassungsberatungen in Kraft gesetzt, sollten die Grundrechte auch als Kampfmittel gegen obrigkeitsstaatliche Willkür in den Einzelstaaten eingesetzt werden können.

Obwohl bereits 1851 zusammen mit der Reichsverfassung wieder außer Kraft gesetzt, diente der Grundrechtskatalog der Paulskirche auch noch späteren deutschen Verfassungen als Vorbild.

„Kleindeutsche" oder „großdeutsche" Lösung?

Die Entscheidung über die Grenzen des neuen Nationalstaates war zugleich eine Entscheidung über die Zukunft Österreichs. Im Herbst 1848 beschloss die Paulskirche zunächst die „großdeutsche Lösung". Danach sollten die vorher zum Deutschen Bund gehörenden deutschen und böhmischen Länder Österreichs in den neuen Staat aufgenommen werden, nicht aber der riesige Restteil des Vielvölkerstaates. Die zu Deutschland und die nicht zu Deutschland gehörenden Gebiete der Donaumonarchie wären nur noch in der Person des Herrschers (Personalunion) miteinander verbunden geblieben. Daher lehnte Österreich diesen Plan ab, der das Selbstverständnis des Habsburger Reiches so radikal infrage stellte.

Umgekehrt erschien den Anhängern der Nationalstaatsidee die österreichische Forderung vom Frühjahr 1849 unannehmbar, das gesamte Habsburger Reich mit all seinen Völkern in einen föderativ organisierten deutschen Staatenbund einzugliedern. Daraufhin stimmte eine Mehrheit der Abgeordneten der „kleindeutschen Lösung" zu

Kleindeutsche Lösung.

Großdeutsche Lösung.

Großösterreichische Lösung.

und nahm damit – überwiegend widerwillig – die Trennung von den Deutsch-Österreichern hin.

Der Preußenkönig als Kaiser

Die Mehrheit der Nationalversammlung wünschte sich eine konstitutionelle Monarchie als Staatsform für das künftige Reich. Die Kaiserwürde sollte erblich sein, um einen möglichen Wechsel im Herrscherhaus zu vermeiden. Der Vorrangstellung Preußens im kleindeutschen Nationalstaat entsprechend wählten die Abgeordneten Ende März 1849 den Preußenkönig *Friedrich Wilhelm IV.* (1795–1861) zum ersten „Kaiser der Deutschen". Damit sollte das vorgesehene Hohenzollern'sche Erbkaisertum seine Legitimation und seinen Ursprung einer Entscheidung der souveränen Nation verdanken.

Der Verfassungsentwurf

Im neu zu gründenden Bundesstaat sollte der „unitarische" Charakter besonders hervortreten, d. h. der Gesamtstaat sollte starke Kompetenzen erhalten. Das Reich allein war dementsprechend zuständig für Außenpolitik, Gesetzgebung und Organisation von Heer und Marine, Schifffahrt, Post, Eisenbahn, Zoll-, Münz- und Gerichtswesen. Den Ländern verblieben die übrigen Gesetzgebungsgegenstände.

Der Reichstag bestand aus zwei Kammern, dem Staatenhaus und dem Volkshaus. Im Staatenhaus konnten die Einzelstaaten ihre Interessen vertreten. 168 Mitglieder wurden je zur Hälfte von den Regierungen und den Länderparlamenten bestimmt.

Politisch wichtiger als diese Länderkammer war aber das Volkshaus, in dem die Gesamtnation repräsentiert wurde. Deren Abgeordnete sollten nach dem allgemeinen, gleichen, direkten und geheimen (Männer-)Stimmrecht gewählt werden. Ein derartiges Zugeständnis an demokratische Forderungen hatten die gemäßigten Liberalen in der Paulskirche machen müssen, um aus den Reihen der Linken als Gegenleistung genügend Stimmen für das Erbkaisertum zu erhalten.

Im Rahmen der vorgesehen konstitutionellen Monarchie hatte der Kaiser das Recht, die Reichsregierung zu ernennen. Seine Entscheidungen bedurften allerdings der Gegenzeichnung durch ein Regierungsmitglied, das der Volksvertretung gegenüber die Verantwortung übernahm und bei einem Gesetzesverstoß angeklagt werden konnte.

Der Reichstag besaß das Gesetzgebungs- und das für die Kontrolle der Exekutive wichtige Budgetrecht. Staatshaushalt und Gesetze kamen nur dann zustande, wenn eine Mehrheit in beiden Kammern zustimmte.

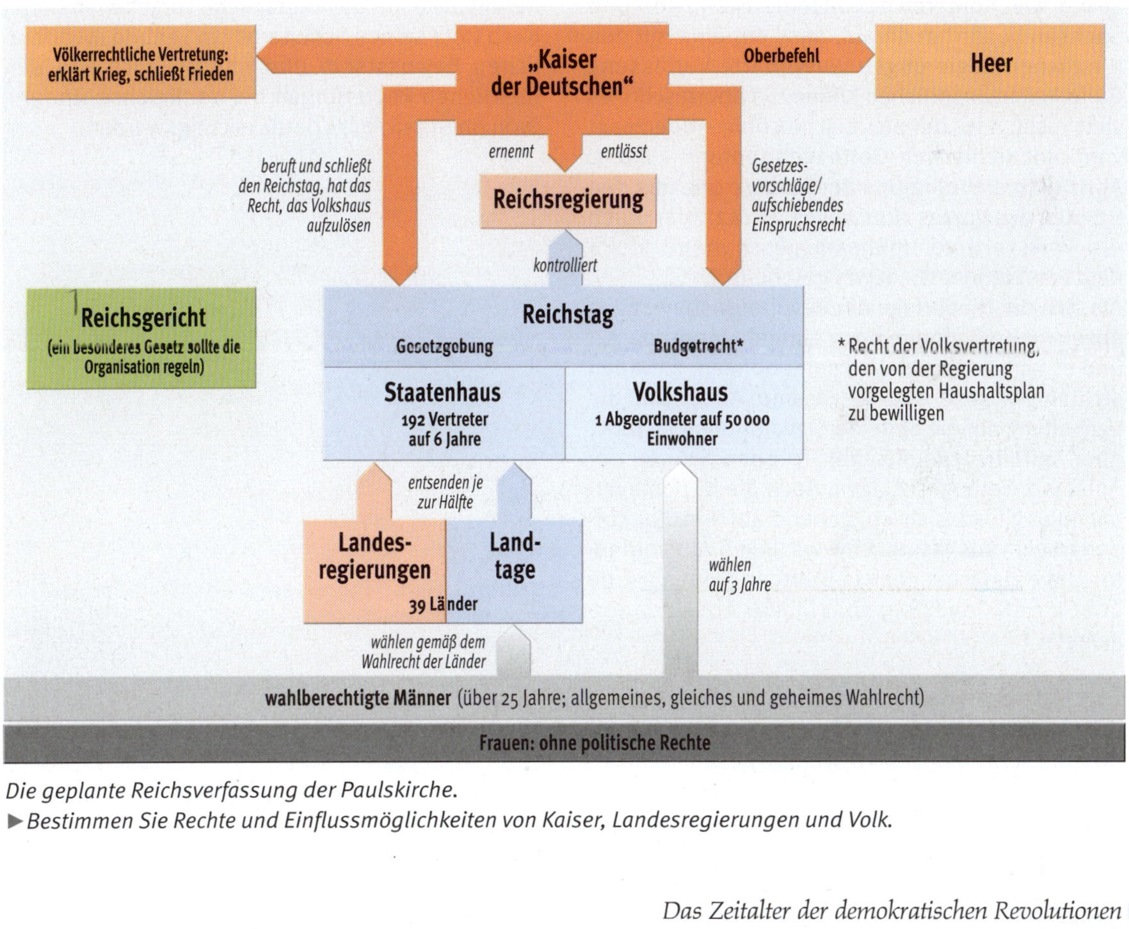

Die geplante Reichsverfassung der Paulskirche.

► *Bestimmen Sie Rechte und Einflussmöglichkeiten von Kaiser, Landesregierungen und Volk.*

Die Gesetzesinitiative besaßen Volkshaus, Staatenhaus und der Kaiser. Dieser hatte gegenüber Reichstagsbeschlüssen nur ein suspensives (aufschiebendes) Veto. Mit dem Recht, das Volkshaus vorzeitig aufzulösen, hielt der Kaiser stets ein politisches Druckmittel gegenüber dem Parlament in der Hand.

Die Verfassung: beschlossen, aber nicht verwirklicht

Wieso wurden die Verfassungsbestimmungen von 1849, die gewiss praktikabel waren, nicht verwirklicht?

Ein Jahr nach dem Schock der Märzereignisse hatten sich die alten Mächte, vor allem die Großmächte Preußen und Österreich, wieder konsolidiert. Weil das Gros der Beamten in Verwaltung und Justiz sich loyal verhielt und die Armeen fast überall ein zuverlässiges Instrument in den Händen ihrer Landesherren blieben, aber auch weil die fürstlichen Regierungen zu Reformen bereit waren, kam es trotz der anfänglichen Erfolge des Volkes zu keiner dauerhaften Schwächung der Dynastien in den Ländern. Zudem spalteten die unterschiedlichen Ziele der gemäßigten Liberalen und der Demokraten bald nach den ersten Revolutionserfolgen das Lager der Oppositionsfront.

Zwar erkannten 28 deutsche Staaten im April 1849 die Reichsverfassung an, aber Wien und Berlin sowie die Königreiche Bayern, Hannover und Sachsen beharrten darauf, dass nur eine mit den fürstlichen Regierungen vereinbarte Verfassung Gültigkeit beanspruchen könne. So überraschte es viele nicht, dass der preußische König – überzeugt vom monarchischen Gottesgnadentum – am 3. April 1849 die Annahme der Kaiserkrone aus den Händen des Volkes zurückwies (→ M2). Der durch die Volksvertreter mühsam geschaffene kleindeutsche Nationalstaat war gescheitert.

Als sich die Niederlage der Revolutionsbewegung abzeichnete, flammte noch einmal Empörung auf und es kam zu letzten Volkserhebungen. In Baden stellten sich sogar fast die gesamte Armee und die Verwaltung auf die Seite der Revolutionsregierung, aber mithilfe preußischer Truppen wurde der Aufstand niedergeschlagen. Auch die Nationalversammlung löste sich weitgehend auf. Ein „Rumpfparlament" aus fast durchwegs linken Abgeordneten tagte zunächst noch in Stuttgart weiter, wurde aber am 18. Juni 1849 vom Militär auseinandergejagt.

Das Erbe der 1848er-Bewegung

Als der Gesandtenkongress des Deutschen Bundes im September 1850 wieder zusammentrat, konnte es scheinen, „als sei nichts geschehen". Es begann die Zeit der *Reaktion* mit schikanösen Unterdrückungsmaßnahmen. In den Bundesstaaten wurden viele „Märzzugeständnisse" rückgängig gemacht, fast alle politischen Vereine wurden verboten.

Dennoch hatten zahlreiche Errungenschaften der Jahre 1848/49 Bestand. Abgesehen von Österreich wurde der überall durchgesetzte Verfassungsstaat in keinem Land des Deutschen Bundes wieder beseitigt. Die Vorzensur von Zeitungen und Büchern, ein für den Vormärz typisches Mittel der Unterdrückung, blieb aufgehoben, in der Rechtspflege gab es wichtige Fortschritte. Nicht mehr infrage gestellt wurden auch entscheidende gesellschaftspolitische Weichenstellungen. Dazu gehörte die Befreiung der Bauern von allen traditionellen grundherrlichen Abhängigkeiten, das Ende der adligen Patrimonialgerichtsbarkeit[1], überhaupt das Ende der rechtlichen Sonderstellung des Adels.

Auf lange Sicht bedeutsam blieb, dass 1848/49 das politische Bewusstsein breiter Bevölkerungsschichten geweckt worden war (→ M3). Viele Vertreter des fortschrittlichen Bürgertums wandten sich allerdings nach dem Scheitern des Versuches, Einheit und Freiheit aus eigener Kraft zu erreichen, resigniert von ihren politischen Idealen ab und konzentrierten sich auf ihr wirtschaftliches und berufliches Fortkommen. Der gelungene Verfassungsentwurf eines föderalistisch angelegten nationalen Rechtsstaates mit einer starken Volksvertretung, wie ihn die Paulskirche vorgesehen hatte, blieb trotz seines Scheiterns ein Leitbild im öffentlichen Bewusstsein und musste auch von den fürstlichen Regierungen bei der Reichsgründung „von oben" 1870/71 berücksichtigt werden.

[1] *Patrimonialgerichtsbarkeit: Rechtsprechung des Grundherrn über die von ihm abhängigen Bauern*

M1 Zusammensetzung der Paulskirche

Bei einer Gesamtzahl von 812 Abgeordneten (einschließlich der zeitweilig einberufenen Stellvertreter) beteiligen sich in der Regel zwischen 400 und 540 Volksvertreter an den Abstimmungen. Sie lassen sich den folgenden Berufsgruppen zuordnen:

Höhere Beamte, Landräte	115	**Geistliche**	39	**Landwirte (Großgrundbesitzer und 3 Bauern):**	46
Mittlere Beamte	37	*Rechtsanwälte, Advokaten*	106	**Handwerker insgesamt:**	4
Bürgermeister, Kommunalbeamte	21	*Ärzte*	23	**Promovierte ohne Berufsangabe**	35
Richter, Staatsanwälte	110	*Schriftsteller, Journalisten*	20	**Sonstige Berufe**	3
Offiziere	18	**Freiberufliche Intelligenz insgesamt:**	149	**Nicht ermittelt**	44
Diplomaten	11	*Großkaufleute, Kaufleute*	35		812
Hochschullehrer (49), Gymnasiallehrer	94	*Fabrikanten*	14		
Sonstige Lehrer	30	*Verleger, Buchhändler*	7		
Staatsdiener insgesamt:	436	**Wirtschaftsbürgertum insgesamt:**	56		

Die Anteile der Fraktionen in der Frankfurter Paulskirche im Oktober 1848:

Donnersberg	**Deutscher Hof**	**Westendhall**	**Württemberger Hof**	**Augsburger Hof**	**Landsberg**	**Casino**	**Café Milani**	**bei keiner Fraktion**
7%	8%	7%	6%	7%	6%	21%	6%	32%
„Linke" demokratisch		„linkes Zentrum" parlamentarisch-liberal		„rechtes Zentrum" konstitutionell-liberal			„Rechte" konservativ	

Die Fraktionen wiesen in ihrer sozialen Zusammensetzung gewisse Regelmäßigkeiten auf, die – von rechts bis links besehen – eine wachsende Distanz zu den bestehenden Verfassungen in Deutschland und zum Staatsdienst anzeigten. Auf der Rechten und im rechten Zentrum [...] häuften sich höhere Staatsbeamte, Richter und Hochschullehrer; hinzu kamen adlige Grundbesitzer und Großkaufleute; freie Berufe fanden sich hier seltener, im „Casino" etwa nur zu 10%. Im linken Zentrum („Württemberger Hof" bis „Westendhall") hielten sich freie Berufe und Angehörige der Mittelschichten einerseits, Grundbesitzer, Großkaufleute und höhere Beamte andererseits die Waage. Auf der Linken dominierte mit 40% im „Deutschen Hof" und 50% im „Donnersberg" die freiberufliche Intelligenz; zudem fand sich hier mit 30% ein beträchtlicher Anteil von Abgeordneten der unteren Mittelklasse.

Wolfram Siemann, Die deutsche Revolution von 1848/49, Frankfurt/Main [5]1993, S. 126 und 130

1. *Die Paulskirche wird gerne als „Professorenparlament" charakterisiert. Prüfen Sie, ob diese Bezeichnung angemessen ist. Welche Auffälligkeiten ergeben sich bei einer Analyse einzelner Fraktionen der Paulskirche?*
2. *Benennen Sie Berufs- bzw. Gesellschaftsgruppen, die Ihnen unterrepräsentiert erscheinen.*

M2 Die Ablehnung der Kaiserkrone durch den preußischen König

Am 3. April 1849 bietet eine Paulskirchen-Abordnung dem preußischen König Friedrich Wilhelm IV. die Kaiserwürde an. Der König hat sich mit dieser Frage bereits in einem Brief an den preußischen Gesandten in London, Freiherr von Bunsen, vom Dezember 1848 beschäftigt:

Ich will weder der Fürsten Zustimmung zu der Wahl noch die Krone. Verstehen Sie die markierten Worte? [...] Die Krone ist erstlich keine Krone. Die Krone, die ein Hohenzoller nehmen dürfte, wenn die Umstände es möglich machen könnten, ist keine, die eine, wenn auch mit fürstlicher Zustimmung eingesetzte, aber in die revolutionäre Saat geschossene Versammlung macht, [...] sondern eine, die den Stempel Gottes trägt, die den, dem sie aufgesetzt wird, nach der heiligen Ölung „von Gottes Gnaden" macht, weil und wie sie mehr denn 34 Fürsten zu Königen der Deutschen von Gottes Gnaden gemacht und den letzten immer der alten Reihe gesellt. Die Krone, die die Ottonen, die Hohenstaufen, die Habsburger getragen, kann natürlich ein Hohenzoller tragen; sie ehrt ihn überschwenglich mit tausendjährigem Glanze. Die aber, die Sie – leider – meinen, verunehrt überschwenglich mit ihrem Ludergeruch der Revolution von 1848, der albernsten, dümmsten, schlechtesten, wenn auch gottlob nicht der bösesten dieses Jahrhunderts. Einen solchen imaginären Reif, aus Dreck und Letten[1] gebacken, soll ein legitimer König von Gottes Gnaden, und nun gar der König von Preußen sich geben lassen, der den Segen hat, wenn auch nicht die älteste, doch die edelste Krone, die niemand gestohlen ist, zu tragen. [...] Ich sage es Ihnen rund heraus: Soll die tausendjährige Krone deutscher Nation, die 42 Jahre geruht hat, wieder einmal vergeben werden, so bin ich es und meinesgleichen, die sie vergeben werden; und wehe dem, der sich anmaßt, was ihm nicht zukommt.

Aus der Erwiderung Friedrich Wilhelms IV. (1795-1861) an die Abordnung der Nationalversammlung vom 3. April 1849:

Ich bin bereit, durch die Tat zu beweisen, dass die Männer sich nicht geirrt haben, welche ihre Zuversicht auf Meine Hingebung, auf Meine Treue, auf Meine Liebe zum gemeinsamen deutschen Vaterlande stützen.
Aber, Meine Herren, Ich würde Ihr Vertrauen nicht rechtfertigen, Ich würde dem Sinne des deutschen Volkes nicht entsprechen, Ich würde Deutschlands Einheit nicht aufrichten, wollte Ich, mit Verletzung heiliger Rechte und Meiner früheren ausdrücklichen und feierlichen Versicherungen, ohne das freie Einverständnis der gekrönten Häupter, der Fürsten und freien Städte Deutschlands, eine Entschließung fassen, welche für sie und für die von ihnen regierten deutschen Stämme die entschiedensten Folgen haben muss.
An den Regierungen der einzelnen deutschen Staaten wird es daher jetzt sein, in gemeinsamer Beratung zu prüfen, ob die Verfassung dem Einzelnen, wie dem Ganzen frommt, ob die Mir zugedachten Rechte Mich in den Stand setzen würden, mit starker Hand, wie ein solcher Beruf es von Mir fordert, die Geschicke des großen deutschen Vaterlandes zu leiten und die Hoffnungen seiner Völker zu erfüllen.
Dessen möge Deutschland aber gewiss sein, und das, Meine Herren, verkündigen Sie in allen seinen Gauen: Bedarf es des preußischen Schildes und Schwertes gegen äußere oder innere Feinde, so werde Ich auch ohne Ruf nicht fehlen. Ich werde dann getrost den Weg Meines Hauses und Meines Volkes gehen, den Weg der deutschen Ehre und Treue!

Ernst Rudolf Huber (Hrsg.), Dokumente zur deutschen Verfassungsgeschichte, Bd. 1, Stuttgart ³1978, S. 402 f. und S. 405 f.

[1] *Letten: anderes Wort für „Lehm"*

1. *Vergleichen Sie beide Äußerungen des Königs und arbeiten Sie auf dem Hintergrund des Bunsen-Briefes doppeldeutige Formulierungen aus der offiziellen Ablehnung heraus.*
2. *Welche Bestimmungen der Reichsverfassung von 1849 (vgl. S. 183) könnten Ihrer Ansicht nach dem preußischen König Anlass zu der Frage gegeben haben, „ob die Mir zugedachten Rechte Mich in den Stand setzen würden, mit starker Hand [...] die Geschicke des großen deutschen Vaterlandes zu leiten".*

M3 Mentalitätswandel

Die im Begriff „Mentalität" angesprochene Art und Weise vorherrschender Denk- und Verhaltensmuster von Personen oder gesellschaftlichen Gruppen, eventuell auch von Nationen, ist immer wieder Veränderungen ausgesetzt.
Der Historiker Hartwig Brandt (geb. 1939) geht in einem Kapitel über „Die Revolution als Epochenwende" auch auf solche Umbrüche in der Mentalität ein:

Die Revolution von 1848/49 war eine bürgerliche Revolution – bei allen Beimischungen und Sonderlagen, die es fraglos gab. Es war das Bildungsbürgertum, welches in ihr dominierte, nicht nur im liberalen Lager, wo dies als plausibel erscheint, sondern auch bei Republikanern und Radikalen. Nur in Polen und Ungarn war es der Adel, welcher die Entwicklung vorantrieb.
Das „Bürgerliche" der Revolution trat in einer Mentalität hervor, die vor allem durch den Liberalismus geprägt wurde. Eine Denkweise, die vorindustriell, aber fortschrittsgläubig-optimistisch zugleich war. Sie verwarf den Klassengedanken und propagierte die allgemeine Bürgergesellschaft – ohne Ansehen von sozialem Rang und wirtschaftlicher Potenz. Aber sie pflegte das Eigentum [...] als Sakrament ihrer Lehre, als Unterpfand aller bürgerlichen und politischen Rechte.
Solche Vorstellungen, die aus dem Vormärz überkommen waren, zeigten sich auch in der Revolution noch weit verbreitet. Ja, sie erklären erst manche Eigenheiten ihrer Entwicklung. So lebte die Überzeugung fort, dass allein schon der Gedanke die Politik zu bewegen vermöge. Eine Mitgift vergangener Jahre, die sich in den Anfängen des Umbruchs zu bestätigen schien. Dass Staatsspitzen und Regierungen im Frühjahr 1848 die Macht ohne Widerstand preisgaben, dass diese, wie man sagte, gleichsam „auf der Straße lag": dies erschien als eine Bestätigung dessen, was die Philosophie des Vormärz gelehrt hatte. So verstanden, war die Revolution, wie sie im Weiteren

ihren Verlauf nahm, ein fortgesetzter Prozess politischer Ernüchterung.

Aber auch darin schien sich die hochgestimmte Vorstellung von Politik zunächst zu bestätigen, dass auf die hermetischen Verhältnisse des Vormärz eine Zeit der öffentlichen Diskussionen, des politischen Biwak[s] folgte, der Versammlungen, der Vereine, der Demonstrationen, der politischen Teilhabe bis in die Unterschichten hinab – wie übrigens auch der Frauen, die in der Revolution erstmals öffentlich-politisch hervortraten. „Wer sich des regen Treibens in den Jahren 1848 und 1849 erinnert, der könnte in der That der Meinung werden, er sei unter ein anderes Geschlecht versetzt, wenn er mit ansieht, wie lau und flau es am Vorabend einer neuen Abgeordnetenwahl zugeht. Es sind die Straßenecken und Hausthüren sicher vor Plakaten, auf den öffentlichen Plätzen und in den Wirtschaftslokalen findet man keine Volksredner mehr, und wenn der Gemeindenrath eine öffentliche Sitzung ankündigt, so kann man beinah darauf rechnen, daß außer den amtlich Vorgerufenen kein Mensch erscheint." So schrieb die „Schwäbische Chronik" 1851. Erst aus der Rückschau wurde den Zeitgenossen das Drängende, das Fieberhafte, das Oszillierende der Revolutionszeitläufte bewusst.

So begannen die fünfziger Jahre als ein Dezennium der politischen Illusionierung. Vielerorts kehrten vorrevolutionäre Gewohnheiten und Institutionen zurück. Aber die Mentalität war nicht mehr die des Vormärz. Es fehlte die Erwartungshaltung, es fehlte die Gewissheit von der Veränderungskraft des Gedankens. Vormärz und Revolution waren die letzten Ausläufer dessen, was die Aufklärung in die Welt gesetzt hatte.

Die postrevolutionäre Mentalität war also eine andere. Sie ließ sich von den Verhältnissen leiten, passte sich ihnen an. Sie wollte „realistisch" sein, wie die neue Vokabel hieß. Politisch: Sie richtete ihren Blick auf die Macht – nicht nur die etablierte von Bürokratie und Militär, sondern auch auf die virtuelle in der Gesellschaft. Rochaus Buchtitel von 1853 („Grundsätze der Realpolitik")[1] gab der Epoche das Stichwort. Der Wandel ging freilich darüber hinaus. Die Politik selbst hatte ihren Rang als Gegenstand des höchsten Interesses verloren. Der Bürger zog sich ins private Leben zurück, ein zweites Biedermeier kündigte sich an. Zum anderen galt die Aufmerksamkeit nun zuvorderst anderen Disziplinen und Dingen, jenen, welche mit „Realien" zu schaffen hatten: Technik, Naturwissenschaften, Ökonomie. Die voranschreitende Industrialisierung, der wirtschaftliche „Take-Off", in dem die materiellen Tendenzen zusammenschossen, beanspruchte das höchste Interesse. Die Industrie wiederum, die Liaison von Technik und Ökonomie, förderte das Prinzip des Massenhaften, auch dies eine Zeittendenz: Massenquartiere, Massenproduktion, Massenkonsum. Auch die Politik erfuhr, durch die Ausweitung des Wahlrechts, einen Zug in diese Richtung. Der klassischen Politik, noch vom Individualitätsgedanken geprägt, war eine solche Entwicklung fremd. 1848 hatte sie ihren letzten historischen Auftritt.

Hartwig Brandt, Europa 1815–1850. Reaktion – Konstitution – Revolution, Stuttgart 2002, S. 212f.

[1] *August Ludwig von Rochau (1810–1873) führte mit seinem Buch den Begriff „Realpolitik" in die politische Diskussion ein.*

1. *Vor, während und nach der Revolution: Fassen Sie angesprochene Ähnlichkeiten und Unterschiede in den Denk- und Verhaltensweisen des deutschen Bürgertums thesenartig zusammen.*
2. *Überlegen Sie, wo Ihnen in Ihrem persönlichen Umfeld deutliche Mentalitätsunterschiede begegnen.*
3. *Überlegen Sie, auf welche Einflüsse Sie Ihr eigenes Denken, Fühlen und Handeln zurückführen können.*

Zusammenfassen und vertiefen

„Ihr könnt das Wort verbieten, ihr tötet nicht den Geist."
Plakat der Menschenrechtsorganisation „amnesty international", 1985.

1. *Stellen Sie die Bedeutung der Menschenrechte für die Entwicklung der demokratischen Bewegungen in den Vereinigten Kolonien, in Frankreich und im Deutschen Bund dar.*
2. *Stellen Sie in einer Übersicht die Träger und die Ziele der revolutionären Bewegungen in den Vereinigten Kolonien, in Fankreich und den deutschen Staaten zusammen. Nennen Sie die zentralen Konflikte, die die einzelnen Revolutionen kennzeichnen.*
3. *Vergleichen Sie Ursachen, Verlauf und Akteure der Revolutionen von 1848/49 mit denen der Amerikanischen und Französischen Revolution. Berücksichtigen Sie dabei besonders die Vorstellungen von Freiheit, Recht und Nation.*
4. *Die Amerikanische Revolution wurde als eine „Verfassungsrevolution" bezeichnet. Nehmen Sie dazu Stellung. Inwiefern trifft diese Bezeichnung auch auf die Französische und Deutsche Revolution zu?*
5. *In der „Encyclopedia Britannica" von 1771 wird „Democracy" wie folgt definiert: Sie „ist das gleiche wie Regierung des Volkes, wobei die höchste Gewalt in den Händen des Volkes ruht. Dies war der Fall im Rom und Athen der Antike. Unsere modernen Republiken kommen jedoch der Regierungsform der Aristokratie näher als der Demokratie [...]". Überlegen Sie, welchen Einfluss dieses Verständnis auf die Wahlrechtsbestimmungen in den USA, Frankreich und den deutschen Staaten hatte. Vergleichen Sie dazu die Wahlrechte in den USA (Bundesverfassung von 1788), Frankreich (Verfassungen von 1791 und 1793) und in der Paulskirchenverfassung von 1849. Welche Verfassung kommt in diesem Punkt dem modernen Demokratieverständnis am nächsten?*
6. *Untersuchen Sie die Legitimationsgrundlagen des amerikanischen Kontinental-Kongresses, der französischen Verfassunggebenden Nationalversammlung (Konstituante) und der Frankfurter Nationalversammlung. Das Zustandekommen welcher Versammlung war „revolutionär"?*
7. *Suchen Sie in Gruppenarbeit Informationen über die Rolle der Frauen in den Revolutionen. Stellen Sie die Ergebnisse in Kurzvorträgen vor.*
8. *Informieren Sie sich über das Leben und die politischen Vorstellungen der Abgeordneten, die ihre Stadt bzw. Ihren Kreis 1848/49 in der Frankfurter Nationalversammlung vertraten. Berücksichtigen Sie dabei auch die Entwicklung nach 1849. Biografische Informationen finden Sie in Stadt- und Landesgeschichten oder Stadtarchiven. Erste Hinweise finden Sie auch in: Heinrich Best und Wilhelm Wegge, Biographisches Handbuch der Abgeordneten der Frankfurter Nationalversammlung, Düsseldorf 1996.*

6 Die Industrialisierung verändert Wirtschaft und Gesellschaft

Die Harkort'sche Fabrik auf Burg Wetter an der Ruhr. Ölgemälde von Alfred Rethel, 1834. In der vom preußischen Staat erworbenen Ruine richteten Friedrich Harkort und Heinrich Kamp die Mechanische Werkstätte Harkort & Co. ein.

War die Veränderung Europas durch die Industrialisierung ein Fortschritt?

Die Industrialisierung Europas, die im 18. Jahrhundert in England begann, ist ein tief greifender Wandlungsprozess, der die traditionelle Arbeits- und Lebenswelt der Menschen grundlegend veränderte. Aus Ländern, in denen die meisten Menschen von der Landwirtschaft lebten und in denen Handwerker die Güter des täglichen Bedarfs als Einzelanfertigungen herstellten, wurden Industrienationen, in denen der überwiegende Teil der Bevölkerung in der gewerblichen Produktion tätig ist und in denen fast alle Waren in Massenproduktion in Fabriken gefertigt werden. Da dieser Vorgang zu einer radikalen Veränderung der Gesellschaft und der wirtschaftlichen Strukturen führte, bezeichnen einige Historiker diesen Prozess, obwohl er sich über eine geraume Zeit hinzog, als „Industrielle Revolution".

Die großen gesellschaftlichen Veränderungen führten zum Entstehen einer neuen Schicht: der Arbeiter. Deren Eingliederung in die Gesellschaft und die Verbesserung ihrer elenden Lebensumstände wurden zur großen Herausforderung der Zeit. Viele Zeitgenossen begriffen die technischen Errungenschaften ihrer Zeit und die Mehrung des Wohlstandes als „Fortschritt". Die durch die Industrialisierung verursachte Zerstörung der Umwelt wurde nur von wenigen kritisiert. Heute sehen die meisten Historiker die Industrialisierung noch immer als „Fortschritt", wenn damit die Verbesserung der Lebensverhältnisse der Menschen gemeint ist. Wegen der Umweltprobleme nehmen die Unsicherheit und die Bedenken aber zu.

6.1 Die Industrialisierung startet in England

Bergmann. Druckgrafik von Robert und Daniel Havell nach einer Vorlage von George Walker, 1813.
Das Blatt zeigt einen Bergmann auf dem Heimweg von der Kohlengrube Middleton, die im Hintergrund zu sehen ist. Vor dem Einsatz von Dampflokomotiven ab dem Jahre 1812 wurde die Kohle in Waggons, die von Pferden gezogen wurden, in die Fabriken nach Leeds transportiert.

Ab ca. 1750	In ganz Europa steigen die Bevölkerungszahlen deutlich an
1762–1782	James Watt verbessert die Dampfmaschine
1767/68	James Hargreaves entwickelt eine Spinnmaschine
1776	Adam Smith veröffentlicht sein Hauptwerk „An Inquiry into the Nature and Causes of the Wealth of Nations" („Der Wohlstand der Nationen – eine Untersuchung seiner Natur und seiner Ursachen")
1825	Zwischen Stockton und Darlington wird die erste Eisenbahnlinie eröffnet

Die Bevölkerungsexplosion

Die „Industrielle Revolution" begann in England. Warum gerade England zum Mutterland der Industrialisierung wurde, hatte verschiedene Gründe, die sich wechselseitig beeinflussten und verstärkten. Seit der Mitte des 18. Jahrhunderts nahm die Bevölkerung in Europa stark zu. In Großbritannien fiel das Wachstum noch deutlicher aus als auf dem Kontinent: Zwischen 1800 und 1850 nahm die Bevölkerung um 75 % zu, im übrigen Europa nur um 40 %. Der Grund lag zum einen in einer gestiegenen Geburtenrate: Da in Großbritannien ständische Heiratsbeschränkungen weggefallen waren, heirateten die Menschen früher und bekamen mehr Kinder. Zum anderen stieg die Lebenserwartung an. Diese war eine Folge der medizinischen Fortschritte, die zum Rückgang von Seuchen wie Pest, Cholera und Typhus führten. Zudem verbesserte sich die Versorgung der Bevölkerung mit Nahrungsmitteln deutlich, da man bessere Anbaumethoden anwendete. Für die wirtschaftliche Entwicklung war das Wachstum der Bevölkerung in zweierlei Hinsicht von Bedeutung. Es gab ein großes Angebot an Arbeitskräften, das nicht mehr in der Landwirtschaft beschäftigt werden konnte, und die Nachfrage nach landwirtschaftlichen und gewerblichen Produkten stieg.

Die Agrarverfassung

Anders als in weiten Teilen Europas war es in England bereits im Verlauf des 16. und 17. Jahrhunderts zu einer *Kommerzialisierung des Grundbesitzes* gekommen: Grund und Boden wurden in erster Linie als Kapitalanlage und nicht als soziales Privileg betrachtet. Im Verlauf des 17. Jahrhunderts konzentrierte sich der Besitz an Land zunehmend in den Händen von wenigen Großgrundbesitzern, die überwiegend dem niederen Adel, der *Gentry*, angehörten. Durch Einhegungen („enclosures") war es ihnen gelungen, Gemeindeland, das zuvor von allen genutzt werden konnte, in Privateigentum zu überführen. Zudem kauften sie kleinere Bauernhöfe auf und schufen so große geschlossene Ländereien, die effizient bewirtschaftet werden konnten.
Die Großgrundbesitzer waren daran interessiert, mit Einsatz ihres großen Kapitals möglichst viel Profit aus ihren Ländereien zu ziehen. Sie nutzten die Böden besser aus, verbesserten die Viehhaltung und bauten neue Produkte an. Durch die damit verbundene Steigerung der Produktion konnte die stark wachsende Bevölkerung ernährt werden. Somit waren die Fortschritte in der Landwirtschaft eine Voraussetzung für die Industrialisierung.
Die Konzentration des Grundbesitzes in den Händen weniger hatte aber auch soziale Konsequenzen. Viele Kleinbauern mussten in die Städte abwandern oder als Lohnarbeiter auf den landwirtschaftlichen Großbetrieben arbeiten. Da sie, anders als in großen Teilen des übrigen Europas, nicht verpflichtet waren, auf ihren Ländereien zu bleiben, stellten sie ein Reservoir an Arbeitskräften auch für die aufkeimende Industrialisierung dar.

Die Idee des Wirtschaftsliberalismus

Die Industrialisierung in Europa wurde maßgeblich durch die Theorie des *Wirtschaftsliberalismus* vorbereitet und verbreitet. Für sie lieferte der englische Ökonom *Adam Smith* (1723–1790) in seinem Buch „Der Wohlstand der Nationen" die Grundlage. Als Quelle allen Wohlstandes fasst er die Arbeit und die Arbeitsteilung auf. Das Gewinnstreben des Einzelnen sei die Antriebskraft der Wirtschaft, die Gesetze des Marktes, der freie Wettbewerb und das Spiel von Angebot und Nachfrage würden das Gemeinwohl fördern, da nur solche Güter und Dienstleistungen bestehen blieben, für die auch eine Absatzmöglichkeit vorhanden sei. Der Staat müsse sich darauf beschränken, günstige Rahmen für die Wirtschaft zu schaffen (➔ M1).

Das gesellschaftlich-politische System

Die englische Regierungsform der parlamentarischen Monarchie förderte die wirtschaftliche Entwicklung und ließ der Wirtschaft weit größere Spielräume als die absolutistisch regierenden Fürsten im übrigen Europa. Durch den Erwerb von Kolonien sicherte man sich neue Absatzmärkte und billige Rohstoffe (s. S. 250).
Positiv für die wirtschaftliche Entwicklung wirkte sich zudem aus, dass die gesellschaftlichen Schranken zwischen Adel und Bürgertum in England weniger starr waren als auf dem Festland. Im englischen Hochadel (den *Peers*) erbte nur jeweils der älteste Sohn den Titel und den größten Teil des Besitzes. Die jüngeren Söhne nahmen daher weit stärker als im übrigen Europa am bürgerlichen Wirtschaftsleben teil und gingen Beschäftigungen in Handel und Gewerbe nach. Sie investierten, wie die Bürgerlichen, ihr Vermögen in den Bergbau, in den Überseehandel und in die sich entwickelnde Industrie und legten ihr Geld nicht nur in Grundbesitz an, wie es der übrige europäische Adel für seinen Stand für angemessen hielt. Auch der niedere Adel (die Gentry) war kein rechtlich völlig abgeschlossener Stand. Im Grunde wurde jeder dazugerechnet, der ein großes Landgut besaß und den adligen Lebensstil teilte. Deshalb war es reichen Bürgern möglich, durch den Erwerb von Grundbesitz in die Gentry aufzusteigen, umgekehrt konnten Mitglieder des niederen Adels einer wirtschaftlichen Tätigkeit nachgehen, ohne einen Ansehensverlust befürchten zu müssen.

Naturräumliche Gegebenheiten

Die Insellage Großbritanniens bot für den Seehandel beste Voraussetzungen, da Großbritannien über eine Vielzahl von Häfen verfügte. Große Gütermengen konnten so mit Schiffen billig transportiert werden. Daneben gab es auch eine im Vergleich zum übrigen Europa gut ausgebaute Infrastruktur im Binnenland mit zahlreichen Kanälen und Straßen. Für die beginnende Industrialisierung erwiesen sich die großen und relativ leicht abzubauenden Kohlevorkommen und die Eisenerzlagerstätten des Landes als Vorteil, da diese beiden Rohstoffe notwendig für die Produktion von Eisen und Stahl waren.

Zusammenwirken der Faktoren

Das Zusammenwirken der Faktoren bewirkte, dass in Großbritannien die Industrialisierung zu Beginn des 19. Jahrhunderts rasch voranschritt. Das durch Landwirtschaft und Handel erwirtschaftete Kapital wurde in neue Erfindungen und Industrien investiert. Dafür standen sowohl die nötigen Rohstoffe als auch die Arbeitskräfte zur Verfügung. Durch die Bevölkerungsexplosion und den Export von Gütern konnte der Absatz der produzierten Waren gesteigert werden, was den Ertrag des investierten Kapitals mehrte und wiederum zu neuen Investitionen führte.

Die Textilindustrie

Aus den Kolonien konnte auch Baumwolle billig nach Großbritannien eingeführt und dort zu Textilien weiterverarbeitet werden. Die Waren wurden dann nach Europa oder wieder in die Kolonien verkauft.

Zuvor schon nahm das Land in der Erzeugung und Verarbeitung von Schafswolle in Europa eine führende Stellung ein. Dies lag zum einem an der Menge, aber auch an der Qualität der hergestellten Wollerzeugnisse, die durch den hohen Stand der Schafzucht bedingt war. Demgegenüber spielte die Produktion von Baumwolle im 18. Jahrhundert zunächst nur eine untergeordnete Rolle, da die in Großbritannien hergestellten Stoffe weder preislich noch qualitativ mit den in Indien hergestellten Textilien konkurrieren konnten. Denn die Stoffe wurden in Großbritannien, wie auch im übrigen Europa, fast ausschließlich von der Landbevölkerung in Handarbeit hergestellt. Um die Mitte des 18. Jahrhunderts entwickelte sich nun die Baumwollindustrie zum führenden Wirtschaftszweig Englands (➔ M2).

Dieser Prozess war nur durch eine Reihe von technischen Erfindungen möglich, die man durch die Aussetzung von Prämien gefördert hatte. Die Herstellung von Stoffen erfolgt in zwei Prozessen. Zunächst muss die Rohwolle zu einem Garn gesponnen werden, dann wird aus diesem Garn ein Stoff gewoben. Um die Textilproduktion zu steigern, musste also zunächst eine Möglichkeit gefunden werden, mehr Garn herzustellen. Die Lösung für dieses Problem fand 1767/68 der Zimmermann *James Hargreaves*, der eine Spinnmaschine entwickelte („*Spinning Jenny*"), mit der es möglich war, die Garnmenge, die ein einzelner Arbeiter herstellen konnte, zu vervielfachen. Durch weitere technische Innovationen gelang es, nicht nur die Menge, sondern auch die Qualität des Produkts deutlich zu erhöhen. Um 1812 konnte ein einzelner Arbeiter mithilfe dieser verbesserten Spinnmaschinen so viel Garn erzeugen wie 200 vor dem Einsatz von Hargreaves' „Spinning Jenny". Mithilfe des mechanischen Webstuhls, der seit 1820 weite Verbreitung fand, konnten nun auch fertige Stoffe in weitaus größeren Mengen produziert werden. Das führte zu sozialen Spannungen, da die selbstständigen Weber der billigeren industriellen Konkurrenz hoffnungslos unterlegen waren. So konnte ein Arbeiter um 1825 mithilfe einer Webmaschine die 15-fache Arbeit eines Handwebers bewältigen.

So wuchs die englische Textilindustrie zu Beginn des 19. Jahrhunderts sehr rasch und wurde zur führenden Industrie. Baumwolltextilien wurden zum bedeutendsten Exportartikel Großbritanniens. Das Zentrum der Textilindustrie lag in Lancashire, wo sich zum Beispiel in der Stadt Manchester zwischen 1786 und 1801 50 Textilfabriken ansiedelten. Gleichzeitig wuchs die Bevölkerung der Stadt zwischen 1790 und 1800 von 50 000 auf 95 000 Menschen.

Saal einer Baumwollspinnerei. Stich um 1830.
Die Spindelwagen der Spinnmaschinen liefen auf Schienen und waren eine ständige Stolpergefahr.

Die Entstehung des Fabrikwesens

Walzwerk in Merthyr Tydfil.
Aquarell von Thomas Hornor, um 1817.
In Walzwerken wurden aus schmiedefähigem Eisen Schienen u. a. hergestellt.
▸ *Analysieren Sie die Gestaltungsmittel und arbeiten Sie heraus, welcher Eindruck von der Anlage vermittelt wird.*

Der Einsatz von Maschinen in den Fabriken löste die Fertigung im häuslichen Umfeld ab und veränderte das Arbeitsleben grundlegend. Massengüter wurden arbeitsteilig und – im Gegensatz zur Manufaktur – mithilfe von Maschinen hergestellt. Der Produktionsablauf wurde in einzelne Arbeitsschritte zerlegt. Die Tätigkeit der Industriearbeiter reduzierte sich auf einfache, monotone Handgriffe, die auch von ungelernten Arbeitskräften ausgeführt werden konnten. Um die vorgegebenen Zeit- und Ablaufpläne einzuhalten, waren die Arbeiterinnen und Arbeiter gezwungen, ihren Arbeitsrhythmus den Maschinen anzupassen. Um einen ungestörten Produktionsablauf zu gewährleisten, versuchten die Unternehmer, ihre Arbeiter durch oft rigide Fabrikordnungen an die neue Arbeitsdisziplin zu gewöhnen.

Die Schwerindustrie

Die Entwicklung der Schwerindustrie, also die Erzeugung von Eisen und Stahl mithilfe von Kohle, erfolgte deutlich später als die Entfaltung der Textilindustrie.

Kohle spielte in England, das über große Kohlevorräte verfügte, bereits im 18. Jahrhundert auch in privaten Haushalten als Heizmaterial eine große Rolle. Mit dem Beginn der Industrialisierung stieg der Bedarf an und nach der Weiterentwicklung der *Dampfmaschine* durch *James Watt* (1736 – 1819) wurde die Kohle zum wichtigsten Energieträger.

Wurden Dampfmaschinen zunächst vor allem in den Bergwerken zum Antrieb von Pumpen und Aufzügen verwendet, so erwiesen sie sich aber auch in anderen Gewerbezweigen als nützlich. Mit der Dampfmaschine war es erstmals möglich, unabhängig von Wind- und Wasserrädern an einem beliebigen Standort einen Antrieb zur Verfügung zu haben.

Durch technische Innovationen konnten Eisen und Stahl im Laufe der Zeit nicht nur qualitativ hochwertiger, sondern auch billiger produziert werden. Dadurch wurden die Voraussetzungen für die Entstehung einer leistungsfähigen Maschinenbauindustrie geschaffen. Im Vergleich zur Textilindustrie stieg die Produktion in der Schwerindustrie allerdings zunächst nur langsam. Dies lag zum einen darin begründet, dass eine wachsende Nachfrage nach Eisenerzeugnissen fehlte und dass, anders als in der Textilindustrie, deutlich mehr Kapital aufgewendet werden musste, um eine Produktionssteigerung zu erzielen. Für einen entscheidenden Aufschwung sorgte hier der Bau der *Eisenbahnen*. Der Eisenbahnbau war für die Industrialisierung in zweifacher Hinsicht von großer Bedeutung. Zum einen brachte er eine große Nachfrage nach Kohle und Stahl für den Bau und Betrieb der Bahnen, zum anderen wurde der Transport von Industriegütern billiger. 1825 wurde die erste Eisenbahn für den Personenverkehr zwischen Stockton und Darlington eröffnet. Mitte des 19. Jahrhunderts hatte die englische Schwerindustrie eine unangefochtene Spitzenposition in der Welt erreicht (→ M3).

M1 Die Begründung der Marktwirtschaft

Der englische Nationalökonom Adam Smith (1723–1790) begründet in seinem Buch „An Inquiry into the Nature and Causes of the Wealth of Nations" („Der Wohlstand der Nationen") 1776 ein Gegenmodell zum absolutistischen Merkantilismus:

Tatsächlich fördert er [der Einzelne] in der Regel nicht bewusst das Allgemeinwohl noch weiß er, wie hoch der eigene Beitrag ist. Wenn er es vorzieht, die nationale Wirtschaft anstatt die ausländische zu unterstützen, denkt er eigentlich nur an die eigene Sicherheit und wenn er dadurch die Erwerbstätigkeit so fördert, dass ihr Ertrag den höchsten Wert erzielen kann, strebt er lediglich nach eigenem Gewinn. Und er wird in diesem wie auch in vielen anderen Fällen von einer unsichtbaren Hand geleitet, um einen Zweck zu fördern, den zu erfüllen er in keiner Weise beabsichtigt hat. Auch für das Land selbst ist es keineswegs immer das schlechteste, dass der Einzelne ein solches Ziel nicht bewusst anstrebt, ja gerade dadurch, dass er das eigene Interesse verfolgt, fördert er häufig das der Gesellschaft nachhaltiger, als wenn er wirklich beabsichtigt, es zu tun. Alle, die jemals vorgaben, ihre Geschäfte dienten dem Wohl der Allgemeinheit, haben meines Wissens niemals etwas Gutes getan. […] Der Einzelne vermag ganz offensichtlich aus seiner Kenntnis der örtlichen Verhältnisse weit besser zu beurteilen, als es irgendein Staatsmann oder Gesetzgeber für ihn tun kann, welcher Erwerbszweig im Lande für den Einsatz seines Kapitals geeignet ist und welcher einen Ertrag abwirft, der den höchsten Wertzuwachs verspricht. Ein Staatsmann, der es versuchen sollte, Privatleuten vorzuschreiben, auf welche Weise sie ihr Kapital investieren sollten, würde sich damit nicht nur, höchst unnötig, eine Last aufbürden, sondern sich auch gleichzeitig eine Autorität anmaßen, die man nicht einmal einem Staatsrat oder Senat, geschweige denn einer einzelnen Person getrost anvertrauen könnte, eine Autorität, die nirgendwo so gefährlich wäre wie in der Hand eines Mannes, der, dumm und dünkelhaft genug, sich auch noch für fähig hielte, sie ausüben zu können. […]

So wird in jeder Wirtschaftsordnung, in der durch besondere Förderung mehr volkswirtschaftliches Kapital in einzelne Erwerbszweige gelenkt werden soll, als von selbst dorthin fließen würde […], in Wirklichkeit das Hauptziel unterlaufen, das man zu fördern vermeint. Sie verzögert den Fortschritt des Landes zu Wohlstand und Größe […].

Gibt man daher die Systeme der Begünstigung und Beschränkung auf, so stellt sich ganz von selbst das einsichtige und einfache System der natürlichen Freiheit her. Solange der Einzelne nicht die Gesetze verletzt, lässt man ihm völlige Freiheit, damit er das eigene Interesse auf seine Weise verfolgen kann und seinen Erwerbsfleiß und sein Kapital im Wettbewerb mit jedem anderen oder einem anderen Stand entwickeln oder einsetzen kann. Der Herrscher wird dadurch vollständig von einer Pflicht entbunden, bei deren Ausübung er stets unzähligen Täuschungen ausgesetzt sein muss und zu deren Erfüllung keine menschliche Weisheit oder Kenntnis jemals ausreichen könnte, nämlich der Pflicht oder Aufgabe, den Erwerb privater Leute zu überwachen und ihn in Wirtschaftszweige zu lenken, die für das Land am nützlichsten sind. Im System der natürlichen Freiheit hat der Souverän lediglich drei Aufgaben zu erfüllen, die sicherlich von höchster Wichtigkeit sind, aber einfach und dem normalen Verstand zugänglich: Erstens die Pflicht, das Land gegen Gewalttätigkeit und Angriff anderer unabhängiger Staaten zu schützen, zweitens die Aufgabe, jedes Mitglied der Gesellschaft soweit wie möglich vor Ungerechtigkeiten oder Unterdrückung durch einen Mitbürger in Schutz zu nehmen oder ein zuverlässiges Justizwesen einzurichten, und drittens die Pflicht, bestimmte öffentliche Anstalten und Einrichtungen zu gründen und zu unterhalten, die ein Einzelner oder eine kleine Gruppe aus eigenem Interesse nicht betreiben kann, weil der Gewinn ihre Kosten niemals decken könnte, obwohl er häufig höher sein mag als die Kosten für das ganze Gemeinwesen.

Adam Smith, Der Wohlstand der Nationen. Eine Untersuchung seiner Natur und seiner Ursachen. Aus dem Englischen übertragen und herausgegeben von Horst Claus Recktenwald, München 1978, S. 371, 572 und 582

1. *Nennen Sie in eigenen Worten die Aufgaben, auf die sich laut Smith der Staat beschränken sollte.*
2. *Diskutieren Sie Smiths These von der Übereinstimmung zwischen dem Interesse des Einzelnen und demjenigen der Gesellschaft.*
3. *Vergleichen Sie Smiths Konzept mit der gegenwärtigen Wirtschaftspraxis.*

M2 Rohbaumwollverbrauch in einzelnen Ländern

Jahresdurchschnitte (in tausend metrischen Tonnen)

	Österreich-Ungarn	Frankreich	Deutschland	Russland	Großbritannien
1751–60	–	–	–	–	1,3
1761–70	–	–	–	–	1,7
1771–80	–	–	–	–	2,3
1781–90	–	4,0	–	–	8,1
1791–1800	–	–	–	–	13,9
1801–14	–	8,0	–	0,9	31,8
1815–24	–	18,9	–	1,0	54,8
1825–34	6,8	33,5	3,9	1,8	105,6
1835–44	14,3	54,3	11,1	6,1	191,6
1845–54	26,5	65,0	21,1	21,5	290,0
1855–64	32,7	74,1	42,0	34,3	369,4
1865–74	40,8	85,9	85,6	53,1	475,8
1875–84	67,1	99,5	134,3	109,6	605,0
1885–94	96,9	127,0	208,2	158,3	691,8
1895–1904	135,4	174,0	309,3	251,7	747,7
1905–13	191,4	231,1	435,4	352,2	868,8

Carlo M. Cipolla/Knut Borchardt (Hrsg.), Europäische Wirtschaftsgeschichte, Band 4, Stuttgart/New York 1977, S. 509

1. *Vergleichen Sie die Entwicklung des Verbrauchs in den Ländern und erläutern Sie die Tendenz.*
2. *Ermitteln Sie die Steigerungsraten der jeweiligen Zeiträume in Großbritannien in Prozent und erstellen Sie dann ein Liniendiagramm (zu Diagrammen siehe S. 202 f.).*

M3 Aufschwung und Technologie

Der Historiker Toni Pierenkemper (geb. 1944) erläutert, welche grundsätzlichen Neuerungen sich während der Industrialisierung durchsetzten:

Dies erscheint als das historisch Einmalige des europäischen Industrialisierungsprozesses. Die betroffenen Nationen erzielten ein langfristiges und *stetiges* Wirtschaftswachstum. Immerhin erlebte Großbritannien seit den 1760er-Jahren, d.h. seit mehr als zweihundert Jahren, eine durchschnittliche jährliche Steigerung des Pro-Kopf-Sozialprodukts von 1,2%, und Deutschland und Frankreich folgten mit ähnlichen Raten, nämlich mit 1,7% seit den 1830er- (Frankreich) bzw. seit den 1850er-Jahren (Deutschland). Nun hat es allerdings auch zu vorindustriellen Zeiten bemerkenswerte ökonomische Aufschwungphasen gegeben. Diese vollzogen sich jedoch immer in kleinräumig organisierten traditionellen Gesellschaften, in denen Ernteschwankungen, Krankheiten und Seuchen sowie Kriege und Eroberungen diesen gelegentlichen Aufschwüngen bald ein Ende setzten. Die traditionellen Gesellschaften stießen bei ihren Versuchen, zu einer langfristigen ökonomischen Expansion zu kommen, immer wieder an quasi natürliche Grenzen. Vielversprechenden Aufschwüngen folgten bald enttäuschende Abschwünge. Entscheidend für die Befangenheit in dem durch die Natur gesetzten Rahmen waren vor allem technische Gründe. Innovationen erfolgten nur vereinzelt und bauten nicht aufeinander auf. Der Mensch hatte die „Methode der Erfindung"[1] noch nicht erfunden. Dies gelang erst in der Industriellen Revolution. Hier erfolgte erstmals, und von nun an andauernd, die systematische Anwendung von Wissenschaft und Technologie auf die Produktion von Gütern und Dienstleistungen. Hinzu traten in den traditionellen Gesellschaften kulturelle Faktoren und soziale Werte, die einer beschleunigten ökonomischen Expansion entgegenstanden. Sie blieben in einem Teufelskreis der Armut befangen, die eine Expansion der Produktion nur bei steigenden Inputs und sinkenden Erträgen ermöglichte. Realisierte Zuwächse wurden bald wieder durch eine wachsende Bevölkerung aufgezehrt. Diese latente Armut der vorindustriellen Welt konnte erst durch die Industrialisierung überwunden werden.

Toni Pierenkemper, Umstrittene Revolutionen. Industrialisierung im 19. Jahrhundert. Frankfurt/Main 1996, S. 26 f.

1. *Erschließen Sie, was mit der „Methode der Erfindung" gemeint ist.*
2. *Stellen Sie die grundlegenden Veränderungen während der Industrialisierung im Vergleich mit den traditionellen Gesellschaften dar.*
3. *Überlegen Sie, welche „kulturelle[n] Faktoren und soziale[n] Werte" zuvor eine ökonomische Expansion verhindert hatten.*

[1] Cipolla, Industrielle Revolution, Bd. 3, Stuttgart 1985, S. 1–10

6.2 Die Industrialisierung in Deutschland

Die Gussstahlfarbik Friedrich Krupp in Essen. Luftaufnahme vor 1914.

1807–1810	In Preußen werden Bauernbefreiung und Gewerbefreiheit eingeführt
1834	Mit dem Deutschen Zollverein entsteht ein deutscher Binnenmarkt ohne Handelsbarrieren
1835	Zwischen Nürnberg und Fürth nimmt die erste deutsche Eisenbahnstrecke ihren Betrieb auf
Um 1850	In Deutschland setzt vor allem in den Bereichen Eisenbahn, Schwerindustrie und Maschinenbau eine Phase des Aufschwungs ein

Ausgangslage um 1800

Im Vergleich zu Großbritannien setzte die Industrialisierung in Deutschland deutlich später ein. Das hatte verschiedene Ursachen. Um 1800 bestand das Heilige Römische Reich Deutscher Nation aus rund 300 Teilstaaten, die eine unterschiedliche Wirtschafts- und Handelspolitik betrieben. Eine Vielzahl von Maß-, Münz- und Gewichtssystemen behinderte den überregionalen Handel ebenso wie die vielen Zoll- und Mautgrenzen, die es innerhalb des Reiches gab. Zwar wurde durch die Neuordnung Deutschlands auf dem Wiener Kongress (1815) die Zahl der Einzelstaaten auf 38 reduziert (s. S. 171), viele Handelshemmnisse blieben jedoch bestehen.

Das ökonomische Denken vieler Herrscher in Deutschland war noch durch den Merkantilismus geprägt. Durch staatliche Eingriffe wie Zölle, Einfuhr- und Ausfuhrverbote sowie Handelsmonopole sollten die eigenen Kaufleute und Handwerker ge-

schützt und die Wirtschaftskraft des eigenen Staates gestärkt werden. Diese Maßnahmen verhinderten aber häufig den freien Handel zwischen den deutschen Staaten, sodass größere Betriebe, die für einen überregionalen Markt produzieren wollten, stark beeinträchtigt waren.
Die Zünfte, die seit dem Mittelalter bestehenden Zusammenschlüsse der Handwerker in einer Stadt, sicherten ihren Mitgliedern zwar ein gewisses Einkommen, gleichzeitig setzten sie dem unternehmerischen Streben des Einzelnen deutliche Grenzen: Sie reglementierten nicht nur die Zahl und Größe der einzelnen Betriebe in einem Ort, sondern versuchten auch, den Verkauf von Handwerkserzeugnissen von außerhalb zu verhindern (s. S. 67).
Da Deutschland im Gegensatz zu England und Frankreich keine Kolonien besaß und mit Ausnahme einiger großer Städte wie Hamburg keinen Überseehandel betrieb, fehlten billige Rohstoffe und zusätzliche Absatzmärkte.
Als weiteres Hemmnis erwies sich das im Vergleich zu Großbritannien wesentlich schlechter ausgebaute Verkehrswesen. Die Mobilität der Einwohner war in Deutschland ebenfalls geringer als in Großbritannien. Viele der auf dem Land lebenden Menschen konnten aufgrund rechtlicher Bindungen den Grund und Boden, den sie bearbeiteten, nicht ohne weiteres verlassen.

Die Bauernbefreiung

Nach den Niederlagen gegen Napoleon war vor allem die Notwendigkeit von Veränderungen bewusst geworden (s. S. 169 f.). Um mit anderen Ländern konkurrenzfähig sein zu können, musste insbesondere die Wirtschafts- und Sozialordnung modernisiert werden. Preußen übernahm dabei eine Vorreiterrolle. Dort setzte maßgeblich *Heinrich Friedrich Karl Freiherr vom und zum Stein*, dem durch eine längere Reise die Verhältnisse in England bekannt waren, Reformen in Gang, durch die sich die Kräfte des Landes möglichst frei entfalten sollten. In wirtschaftlicher Hinsicht standen zwei Vorhaben im Zentrum der Reformbemühungen: die *Bauernbefreiung* und die *Einführung der Gewerbefreiheit*.
In Preußen begann die Befreiung der Bauern aus ihrer Abhängigkeit und ihrer rechtlichen Bindung an den Grundherrn mit dem *Oktoberedikt* aus dem Jahre 1807. Das von den Bauern bestellte Land und die Hofstellen konnten nun gegen Ablösezahlungen in ihr Eigentum übergehen. Zahlreiche Bauern und Landarbeiter verließen ihren Grund und Boden und zogen weg, da sie sich die Ablösezahlungen nicht leisten konnten. Dies führte dazu, dass Bauern und Landarbeiter als Arbeitskräftereservoir für die Industrialisierung zur Verfügung standen.
Die landwirtschaftliche Produktion erhöhte sich, da vor allem Gutsbesitzer ihre Anbauflächen vergrößerten und neue Anbaumethoden nutzten.
Bis zur Mitte des 19. Jahrhunderts war die Bauernbefreiung fast überall in Deutschland abgeschlossen.

Die Gewerbefreiheit

Preußen führte bis zum Jahr 1810 die Gewerbefreiheit ein. Jeder konnte fortan ein Gewerbe ausüben und über den Standort und die Größe seines Betriebes sowie die dort eingesetzten Techniken selbst bestimmen. Die Zünfte und die Zunftvorschriften, die bis dahin den Zugang zu den einzelnen Handwerksberufen und die Größe der Betriebe reglementiert hatten, wurden aufgehoben. In der Folge kam es zunächst zu einer Zunahme der Zahl der Handwerksbetriebe. Allerdings mussten aufgrund der großen Konkurrenz viele Betriebe bald wieder schließen. Die dadurch arbeitslos gewordenen Handwerker wurden zum Teil Lohnarbeiter in den größeren Betrieben und den ersten Fabriken (→ M1).
Durch die Gewerbefreiheit konnten sich Eigeninitiative und Unternehmergeist entfalten. Dies wiederum führte zum Einsatz fortschrittlicher Methoden und Maschinen.

Der Deutsche Zollverein

Auch nach Gründung des Deutschen Bundes 1815 hemmten zahlreiche Zollgrenzen den Handel zwischen den einzelnen Staaten. Zudem gab es auch noch innerhalb der Länder Binnenzölle. Einer der Vorkämpfer für die Idee, Deutschland zu einem einheitlichen Wirtschaftsgebiet zu machen, war der Volkswirtschaftler *Friedrich List*. Seiner Ansicht nach sollten alle Zölle und Mauten innerhalb des Landes aufgehoben werden, die Flüsse und Straßen frei passierbar sein und nach außen sollte es einen einheitlichen Zoll geben. Trotz vieler Schwierigkeiten und Einwände von Fürsten und Regierungen, die um ihre Einnahmen bangten und eine Minderung ihrer Souveränität fürchteten, schlossen sich in der Folge fast alle großen deutschen Staaten 1834 zum *Deutschen Zollverein* zusammen. Ausgeschlossen blieb allerdings Österreich, das auf Drängen Preußens nicht in den Zollverein aufgenommen wurde.
Durch den Zollverein entstand ein großer, weitgehend einheitlicher Markt, der den Absatz von Gütern aus der gewerblichen Massenproduktion erleichterte. Da nun das Risiko für Kapitalanlagen in Fabriken, die auf eine große Nachfrage nach ihren Gütern angewiesen waren, deutlich sank, wurde nun verstärkt investiert.

Die Entwicklung des Deutschen Zollvereins seit 1834.
▶ *Vergleichen sie die Grenzen des Deutschen Zollvereins mit den Grenzen des Deutschen Bundes und des Deutschen Reiches von 1871 (s. S. 227).*

Erfolgreicher Nachzügler

In Deutschland kam die Industrialisierung in der ersten Hälfte des 19. Jahrhunderts zunächst nur zögerlich in Gang. Allerdings befand sich die Wirtschaft insgesamt in der Zeit von 1815 bis 1835 in einer Aufwärtsentwicklung. Vor allem in der Landwirtschaft stieg durch neue effizientere Anbaumethoden, die Verwendung ertragreicher Pflanzen und die Verbesserung der Tierzucht die Produktion stark an. Dadurch konnte nicht nur der starke Bevölkerungsanstieg – in den Jahren 1815 bis 1845 von 23 auf 32,7 Millionen – verkraftet werden. Viele Agrarprodukte wurden in andere Länder exportiert.

Dennoch entstand eine bis dahin nicht gekannte Massenarmut, der *Pauperismus* (lat. pauper: „arm“): Die strukturellen Veränderungen (Bevölkerungswachstum, Gewerbefreiheit, Bauernbefreiung) und die rationellere Produktion in der Landwirtschaft rissen immer mehr Menschen aus ihrer alten Lebensordnung. Die Zahl der Arbeitskräfte nahm stärker zu als die Zahl der freien Arbeitsstellen. Trotz deutlicher Produktionssteigerungen hatte die gewerbliche Industrie im Vergleich zu England noch einen deutlichen Rückstand. Das Überangebot an Arbeitskräften führte zusätzlich zur Senkung der Löhne (s. S. 176).

Das Zeitalter der Eisenbahn

In Deutschland wurden nun die Schwerindustrie und der Maschinenbau zu entscheidenden Trägern der Industrialisierung. Insbesondere der Eisenbahnbau erwies sich als Motor der Entwicklung. Denn die Eisenbahnen wurden in Kürze zu schnellen und günstigen Transportmitteln, was viele Wirtschaftsbereiche und vor allem den Handel begünstigte. Die erste deutsche Eisenbahnlinie wurde 1835 zwischen Nürnberg und Fürth errichtet.

In den folgenden Jahren wurde das Schienennetz rasch ausgebaut (➔ M2). Gab es um 1840 erst 579 Streckenkilometer, so waren 1850 bereits 7123 Kilometer Schienen verlegt worden. Zur Gewinnung von Eisen und Stahl wurden viele Fabriken gegründet. Diese entstanden meist in Gegenden mit Kohlebergbau, wie dem Ruhrgebiet, dem Saargebiet und Sachsen. Etwa 1850 begann die „Durchbruchphase“ der deutschen Industrialisierung. Dieser Aufschwung hielt bis in die Siebzigerjahre an. Um 1870 war Deutschland zwar noch immer ein Land, in dem der größte Teil der Bevölkerung in der Landwirtschaft tätig war und das einen hohen Anteil seiner Wirtschaftsleistung in diesem Sektor erbrachte. Der Prozess der Industrialisierung beschleunigte sich aber zunehmend. Der Anteil der Menschen, die in der gewerblichen Produktion und im Dienstleistungsbereich arbeiteten, stieg ebenso stark an wie die Zahl der Fabriken. Diese Entwicklung verlief nicht gleichmäßig in allen Teilen Deutschlands, sondern fand vorwiegend in den industriellen Führungsregionen statt.

Deutschland wird Industriestaat

Nach dem Krieg von 1870/71 mit Frankreich und der Gründung des Deutschen Reiches verstärkte sich das Wachstum der deutschen Wirtschaft und Industrie noch einmal sprunghaft. Deutschland

wurde nun endgültig zu einem Industriestaat. Für diesen Wachstumsschub gab es mehrere Gründe: Die Reichsgründung führte zur Entstehung eines homogenen nationalen Wirtschaftsraums, der mit einer weitgehend einheitlichen Wirtschaftspolitik geführt wurde.
Durch die von Frankreich zu bezahlende Kriegsentschädigung in Höhe von 5 Milliarden Goldfranc (s. S. 226) wurde der Kapitalmarkt beträchtlich erweitert.
Sowohl der Staat als auch Privatleute waren bereit, erhebliche Summen in die Wirtschaft zu investieren. Insbesondere die Schwerindustrie, der Maschinenbau, die Eisenbahnen und die Bauwirtschaft profitierten davon. So wuchs allein die Roheisenproduktion in den Jahren zwischen 1870 und 1873 um 61% (➔ s. S. 202, M1). Zusätzliche Impulse erhielt die Wirtschaft durch eine Gesetzesänderung, die es erleichterte, *Aktiengesellschaften* zu gründen. Dies führte innerhalb kürzester Zeit zur Gründung einer Vielzahl von Banken, Eisenbahngesellschaften, Bau- und Montanunternehmen. So wurden in der Zeit von 1871 bis 1873 im Deutschen Reich 928 neue Aktiengesellschaften gegründet, wesentlich mehr als in den zwanzig Jahren zwischen 1850 und 1870. Aktiengesellschaften hatten durch die Beteiligung der Aktionäre mehr Kapital zur Verfügung und konnten daher größere Investitionen tätigen.
Dieses rasante Wachstum erlebte 1873 einen jähen Einbruch, der durch eine Börsenkrise ausgelöst wurde („*Gründerkrise*"). Der Optimismus der Unternehmer und Aktionäre hatte dazu geführt, dass die Produktionsmittel erweitert wurden und die Aktienkurse wegen der großen Nachfrage stark stiegen. Als sich die Spekulationen als überzogen herausstellten, kam es weltweit zu erheblichen wirtschaftlichen Problemen, infolge derer viele Unternehmen in Konkurs gingen. In Deutschland wurden dadurch bis 1876 61 Banken, 4 Eisenbahngesellschaften und mehr als 100 Industrieunternehmen zahlungsunfähig. Dem Kurssturz an den Börsen folgte eine längere Phase der wirtschaftlichen Entwicklung, die geprägt war von einem deutlich abgeschwächten Wachstum, sinkenden Preisen und Unternehmergewinnen, Produktionsrückgängen und zunehmender Arbeitslosigkeit. Manche Historiker sprechen daher von den Jahren 1873 bis 1895 als Zeit der *„Großen Depression"*.
Die Krise brachte auch ein Umdenken in der Wirtschaftspolitik. Vor allem die Industrie und die Landwirtschaft forderten einen verstärkten Schutz gegen die ausländische Konkurrenz. Um diesen Forderungen nachzukommen, wurden seit 1879 neue Schutzzölle erhoben (s. S. 234). Insgesamt verlief diese wirtschaftliche Schwächephase in Deutschland aber günstiger als in anderen Ländern. Obwohl die Preise, Umsätze, Aktienkurse und Gewinne sanken und es zeitweise zu einer deutlichen Zunahme der Arbeitslosigkeit kam, schritt der Industrialisierungsprozess auch in der Phase von 1873 bis 1895 deutlich voran. Dies zeigt sich auch in den von der „Gründerkrise" besonders betroffenen Gewerbezweigen: der Schwerindustrie, dem Maschinenbau und dem Baugewerbe. Dort kam es bei sinkender Nachfrage zu Massenentlassungen. Gleichzeitig nutzten aber viele Unternehmer aus der Schwerindustrie die Krise, um ihre Betriebe zu rationalisieren und die Produktionsabläufe durch die Einführung neuer Techniken effizienter zu gestalten. Als sich dann in den Achtzigerjahren das konjunkturelle Wachstum wieder verstärkte, verzeichneten die Leitsektoren Schwerindustrie und Kohleförderung wieder hohe Produktionszuwächse. Aber auch die Metallverarbeitung, die Textil- und Bauindustrie profitierten von dem erneuten Wachstumsschub (s. S. 202 f.).

Die Zweite Industrielle Revolution

Am Ende des 19. Jahrhunderts trat Deutschland in eine neue Phase seiner Industrialisierung, die oft als „Zweite Industrielle Revolution" bezeichnet wird. Waren bisher die Schwerindustrie und der Maschinenbau die Führungssektoren der Industrialisierung gewesen, so traten nun mit der *chemischen Industrie* und der *Elektrotechnik* zwei neue Wachstumsbranchen hervor. Anders als in der Schwerindustrie beruhte der Erfolg dieser neuen Industrien nicht darauf, dass man Technologie aus dem Ausland importierte und hier nachbaute, sondern viele Erfindungen und Verfahrensweisen in der Chemie und Elektrotechnik wurden in Deutschland entwickelt. Als besonders förderlich erwies sich dabei die Einrichtung der *Technischen Hochschulen* in vielen deutschen Ländern. Der Zuwachs wissenschaftlicher Erkenntnis durch die universitäre Forschung und die großtechnischen Umsetzungsmöglichkeiten der Industrie bewirkten einen enormen Aufschwung dieser neuen Industriezweige.
Eine wichtige Rolle bei dieser zweiten Industrialisierungsphase spielte die chemische Industrie. Ihre Anfänge lagen in der ersten Hälfte des 19. Jahrhunderts, wo sie vor allem als Zulieferer der Textilindustrie an Bedeutung gewann. Die massenhafte Erzeugung von Textilien erhöhte den Bedarf an Farbstoffen. Mit der Entwicklung der Chemie als Wissenschaft im Verlauf des 19. Jahrhunderts gelang es, neue Farben herzustellen, die kräftiger und haltbarer waren als die bisher verwendeten Naturfarben. Seit den Achtzigerjahren wurden *synthetische Farben* (Anilinfarben) produziert, deren Ausgangsstoffe aus Steinkohlenteer, einem Nebenprodukt der Kokserzeugung, gewonnen wurden. Daneben wurden die Erzeugung von

Elektrolokomotive der Firma Siemens & Halske. Foto von 1879.
Sie war die erste elektrisch betriebene Lokomotive und war zunächst als Kohlebahn gedacht. 1879 wurde sie auf der Gewerbeausstellung in Berlin vorgestellt. Die Elektrifizierung der Eisenbahn begann erst in den 1890er-Jahren im städtischen Nahverkehr.

Kunstdünger, die in Deutschland durch die Forschungen *Justus von Liebigs* begründet wurde, und die Herstellung von Arzneimitteln wichtige Zweige der chemischen Industrie in der zweiten Hälfte des 19. Jahrhunderts.
Auch in der Elektroindustrie wurden viele technische Grundlagen in Deutschland entwickelt. Durch die Erfindung der *Dynamomaschine*, bei deren Entwicklung *Werner Siemens*, einer der Begründer der deutschen Elektroindustrie, eine führende Rolle spielte, war es möglich, mechanische Energie in elektrische Energie umzuwandeln. Weitere Erfindungen wie *isolierte Kabel* und der *Elektromotor* ermöglichten es, elektrische Energie fast beliebig herzustellen, zu verteilen und zu nutzen. Auch wenn die meisten Privatwohnungen erst zu Beginn des 20. Jahrhunderts an das Stromnetz angeschlossen wurden, wies die Elektroindustrie bereits im ausgehenden 19. Jahrhundert beachtliche Wachstumsraten auf. Um 1900 hatte Deutschland bei der Entwicklung und Produktion von elektrischen Geräten und Maschinen eine führende Position in der Welt erreicht.
Das Unternehmen von Siemens wurde auch auf dem Gebiet der Kommunikationstechnik zum Marktführer. Mit der revolutionären Erfindung des *elektrischen Telegrafen* durch den US-Amerikaner *Samuel Morse* konnten Nachrichten wesentlich schneller als bisher verbreitet werden. In Deutschland wurde die erste Telegrafenleitung 1847 zwischen Berlin und Potsdam gebaut, seit 1849 war in Preußen der Telegrafenverkehr öffentlich. 1872 gab es in Deutschland 4038 Telegrafenstationen, bis zum Jahre 1913 erhöhte sich diese Zahl auf 47 485. Als man um 1880 erste brauchbare *Telefone* entwickelte, konnte die neue Kommunikationstechnik auch im Privathaushalt genutzt werden. War es 1881 nur in sieben deutschen Orten möglich zu telefonieren, so waren 1913 bereits über 40 000 Orte an das Telefonnetz angeschlossen.
In die Achtzigerjahre des 19. Jahrhunderts fällt auch eine technische Entwicklung, die das Leben der Menschen im 20. Jahrhundert prägen sollte: die Erfindung des *Automobils*. *Nikolaus August Otto* hatte bereits 1876 einen Verbrennungsmotor entwickelt, der sich durch seinen niedrigen Energieverbrauch dazu eignete, Fahrzeuge anzutreiben. 1886 konstruierten *Gottlieb Daimler* und *Karl Maybach* in Stuttgart das erste von einem Benzinmotor getriebene Auto. Zur gleichen Zeit arbeitete in Mannheim *Carl Benz* ebenfalls an der Entwicklung eines Automobils. Bis zu Beginn des 20. Jahrhunderts wurden die Autos aber noch weitgehend als Einzelanfertigungen in Handarbeit hergestellt. Die Produktionszahlen blieben daher niedrig und die Preise hoch. Erst nach der Jahrhundertwende begann die industrielle Massenproduktion von Autos.
Am Ende des 19. Jahrhunderts war Deutschland zu einem der führenden Industrieländer geworden. In vielen Bereichen, etwa im Maschinenbau und in der Schwerindustrie, hatte es gegenüber England nicht nur aufgeholt, sondern das Mutterland der Industrialisierung sogar überflügelt. In manchen – wie der chemischen Industrie und der Elektroindustrie – war die deutsche Wirtschaft der englischen Konkurrenz weit voraus.

M1 Fabrikordnung

Ein typisches Beispiel für die Disziplinierung in der Arbeitswelt ist die Fabrikordnung für die Mechanische Baumwollspinnerei der Herren J. H. Straub & Söhne im hessischen Altenstadt aus dem Jahr 1853:

§ 7: Wenn in einem Arbeitssaal während der Arbeitszeit, wo alle Arbeiter zugegen sind, ein Gegenstand beschädigt wird, und der Täter Verhehlung wegen nicht auszumitteln ist, so sind die Arbeiter des ganzen Saales bis zur Nachweisung des Täters für den Schaden haftbar. […]

§ 9: Ferner werden bestraft:

1. Unehrerbietiges Betragen gegen die Aufseher.
2. Verhehlung von Untreue.
3. Eigenmächtige Abänderung an den Maschinen, der Beleuchtung, Heizung und Werkzeugen.
4. Störung anderer Arbeiter.
5. Verspätung und Versäumnisse, besonders der Unfug des blauen Montags und das Herbeiholen von Speise und Trank. […]
7. Das Tabakrauchen.
8. Lärm machen auf dem Weg zu und von der Fabrik. […]

§ 14: Der Arbeitslohn wird von den Fabrikinhabern am ersten Zahltag nach dem Eintritt des Arbeiters festgesetzt und später nach Umständen erhöht oder erniedrigt. […]

§ 15: Jedem Arbeiter wird gleich von Anfang sechs Tage oder ein vollständiger Wochenlohn als Decompte[1] zurückbehalten und bei Lohnerhöhung vervollständigt. […]

Nur bei ordnungsgemäßem Austritt wird Lohn und Decompte bezahlt.

Jürgen Kuczynski, Die Geschichte der Lage der Arbeiter unter dem Kapitalismus, Teil I, Band 2, Berlin 1962, S. 196 ff.

1. *Diskutieren Sie die Regelungen. Berücksichtigen Sie dabei sowohl die Interessen des Unternehmers, die Erfordernisse der Fabrikarbeit als auch die Herkunft der Arbeiter.*
2. *Erläutern Sie, warum ähnliche innerbetriebliche Reglementierungen heute nicht mehr möglich sind.*

[1] Decompte (frz.): Abzug vom Lohn

M2 Ausbau des Eisenbahnstreckennetzes

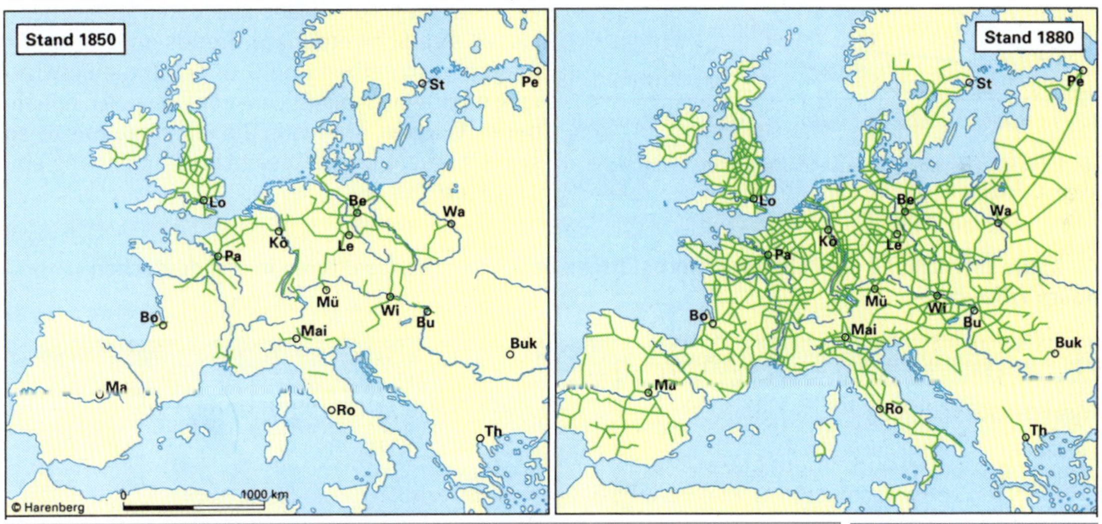

Befahrene Eisenbahnstrecken in Europa (in km)				
Jahr	**Großbritannien**	**Deutschland**	**Frankreich**	**Österreich-Ungarn**
1825	43	–	–	–
1835	544	6	141	–
1845	3931	2143	875	728
1855	11744	7826	5037	1588
1865	18439	13900	13227	3698
1875	23365	27970	19357	10331
1885	26720	37571	29839	13329
1895	28986	46500	36240	16420

Be	Berlin	Bo	Bordeaux
Bu	Budapest	Buk	Bukarest
Kö	Köln	Le	Leipzig
Lo	London	Ma	Madrid
Mai	Mailand	Mü	München
Pa	Paris	Pe	Petersburg
Ro	Rom	St	Stockholm
Th	Thessaloniki		
Wa	Warschau		
Wi	Wien		

Imanuel Geiss (Hrsg.), Chronik des 19. Jahrhunderts, Dortmund 1993, S. 277

1. *Vergleichen Sie die Entwicklung einzelner europäischer Länder hinsichtlich des Eisenbahnnetzes.*
2. *Begründen Sie die Unterschiede zwischen den einzelnen Ländern.*

Methoden-Baustein: Statistiken und Diagramme

Statistiken als Quellen

Statistiken präsentieren Daten, die zu einem Thema für einen bestimmten Zeitraum ermittelt wurden. Sie lassen erkennen, wie sich Zahlenwerte im Laufe der Zeit verändern. Die in Statistiken aufgelisteten Größen können absolute Werte sein, also exakte Werte einer Maßeinheit, z.B. Tonnen, Euro, Stück. Ebenso häufig finden sich relative Werte, also Prozentanteile, oder Indizes, also Verhältniszahlen, die sich auf einen Ausgangswert beziehen. Statistiken werden dargestellt als (Zahlen-)Tabellen oder grafische Darstellungen. In beiden Fällen ist zunächst darauf zu achten, ob absolute, relative, indizierte oder andere (Verhältnis-) Werte dargestellt sind.

Je nachdem welcher Sachverhalt verdeutlicht werden soll, bieten sich unterschiedliche Arten von Diagrammen an:

- Für die Darstellungen von Entwicklungen (z.B. Preise) eignen sich *Linien- oder Kurvendiagramme* (M1).
- Um Anteile innerhalb einer Gesamtheit (z.B. Wähleranteile bei Wahlen, s. S. 278) zu veranschaulichen, werden oft *Kreisdiagramme* (auch „Tortendiagramme“ genannt) verwendet.
- *Säulen- oder Balkendiagramme* erleichtern den Vergleich von Mengen (M2b).

Anhaltspunkte für den Vergleich der Angaben untereinander können besonders hohe und niedrige Werte sein. Von diesen „Eckdaten“ ausgehend lassen sich Schwerpunkte, Trends oder Veränderungen beschreiben und Gründe für die Entwicklung ermitteln. Schließlich ist der Vergleich mit anderen Quellen sinnvoll, um die Ergebnisse zu sichern und in einen Gesamtzusammenhang einzuordnen.

M1 Roheisenproduktion je Einwohner in verschiedenen Ländern

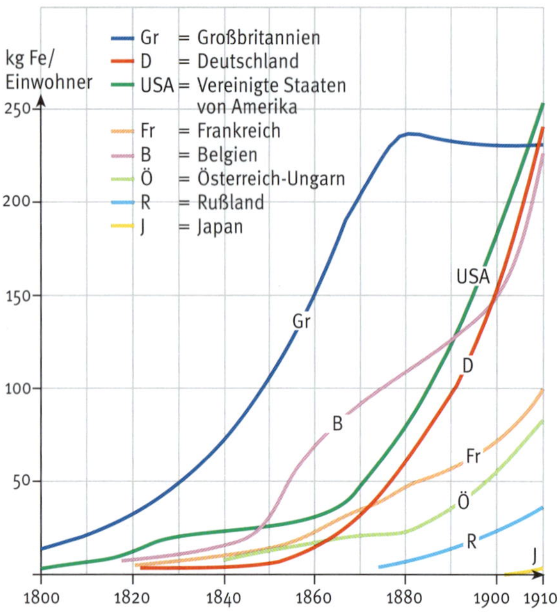

Friedrich Wilhelm Henning, Die Industrialisierung in Deutschland 1800–1914, Paderborn [8]1993, S. 153

M2 a) Die Entwicklung der Zahl der Erwerbstätigen nach Wirtschaftssektoren in den deutschen Ländern 1780–2005

Jahr	primärer Sektor (in %)	sekundärer Sektor (in %)	tertiärer Sektor (in %)	Erwerbstätige (in Mio.)
1780	65	19	16	10,0
1800	62	21	17	10,5
1825	59	22	19	12,6
1850	55	24	21	15,8
1875	49	30	21	18,6
1900	38	37	25	25,5
1914	34	38	28	31,1
1935	30	38	32	29,9
2005[1]	2	30	68	36,65

Friedrich Wilhelm Henning, Deutsche Wirtschafts- und Sozialgeschichte im 19. Jahrhundert, Paderborn u.a. 1996, S. 885

[1] *Angaben nach: Statistisches Bundesamt, Statistisches Jahrbuch 2006*

M2 b) Entwicklung der einzelnen Gewerbezweige (sekundärer Sektor) von 1800 bis 1913 nach der Beschäftigtenzahl (in Mio.)

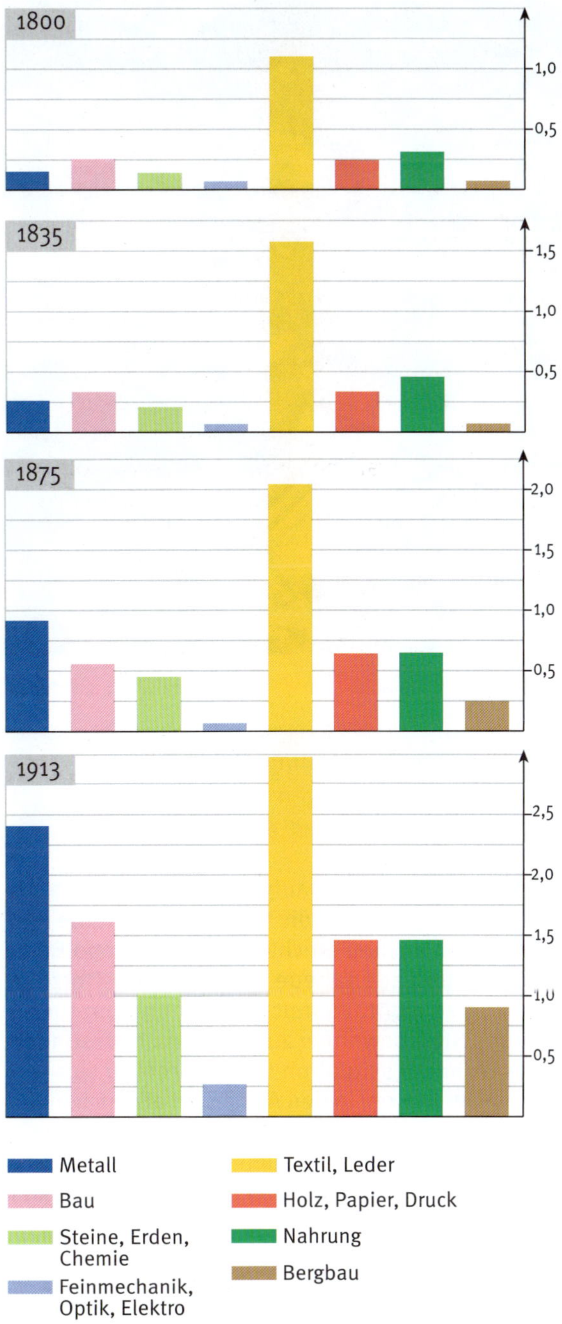

Friedrich Wilhelm Henning, Die Industrialisierung in Deutschland 1800–1914, Paderborn [8]1993, S. 136

Strukturwandel in den deutschen Ländern

Bis ins 20. Jahrhundert wurden Daten noch nicht systematisch und flächendeckend gesammelt. Zudem erschwerten unterschiedliche Bezugsgrößen wie z. B. Gewichte und Währungen die Vergleichbarkeit. Um gültige Aussagen zu erhalten, benötigen wir jedoch untereinander vergleichbare und möglichst lückenlose Angaben über eine Sache oder einen Zusammenhang. Deshalb sind die Daten der Statistiken bereits bearbeitet, d.h. ursprüngliche Rohdaten wurden beispielsweise in einer Messgröße vereinheitlicht oder nach bestimmten Gesichtspunkten ausgewählt und sortiert. Entsprechend aufbereitet können Statistiken beispielsweise die Veränderungen in Wirtschaftsstruktur und Produktion während der Industrialisierung belegen.

1. *Vergleichen Sie die Entwicklung der Roheisenproduktion in den einzelnen Ländern (M1). Erläutern Sie, worüber die Bezugsgröße „Produktionsmenge pro Einwohner" bezüglich der Wirtschaftskraft eines Landes Aufschluss gibt.*
2. *Setzen Sie die drei Sektoren aus der Tabelle M2a in ein Balkendiagramm um, bei dem in die Balken, die alle dieselbe Höhe haben, die jeweiligen Anteile der drei Sektoren eingetragen werden. Bestimmen Sie den Zeitpunkt, an dem die Zahl der Beschäftigten des sekundären Sektors die Anzahl des primären übertrifft, und erläutern Sie die strukturellen Veränderungen.*
3. *Nennen Sie Gründe für die Entwicklung der Erwerbstätigkeit (M2a).*
4. *Erläutern Sie die strukturellen Veränderungen im sekundären Sektor (M2b). Welche Veränderungen im Leben der Menschen spiegeln sich in der Statistik?*
5. *Nennen Sie Grenzen der Aussagekraft von Statistiken.*

6.3 Der Lebensraum der Menschen verändert sich

Berliner „Mietskasernen". Diese Häuser wurden um 1900 erbaut.

1875–1910 Die Städte in Deutschland wachsen stark an; Arbeiterinnen und Arbeiter leiden unter schlechten Wohn- und Arbeitsbedingungen

Die Urbanisierung

Die ländliche Bevölkerung wanderte auf der Suche nach Arbeit in die Städte ab, in denen neue Arbeitsplätze entstanden. In Deutschland waren es neben den Großstädten Berlin und Hamburg vor allem die Städte im Rheinland und in Westfalen sowie in Sachsen, die als Zentren der Industrialisierung die arbeitssuchende Bevölkerung anzogen. Dies führte in der zweiten Hälfte des 19. Jahrhunderts zu einem rasanten *Wachstum der Städte*. Gab es im Jahre 1875 noch 271 Städte in Deutschland mit mehr als 10 000 Einwohnern, so waren es 1910 bereits 576 Städte. Kurz vor dem Ersten Weltkrieg lebten rund 60 % der deutschen Bevölkerung in Städten. Von den größeren Staaten hatte lediglich England einen noch höheren Urbanisierungsgrad erreicht (→ M1).

Um mit diesem hohen Zuzug der Bevölkerung fertig zu werden, mussten die Städte ins Umland expandieren. Das zum Teil noch mittelalterliche Bild vieler Städte veränderte sich. Stadtmauern und Befestigungsanlagen wurden niedergerissen, die Stadtgräben wurden aufgefüllt. Kleinere benachbarte Orte wurden in die wachsenden Städte integriert. Um die neu errichteten Fabriken und Bahnhöfe entstanden neue Stadtviertel. Trotzdem gelang es nicht, ausreichend Wohnraum für die neuen Stadtbewohner zu schaffen. Insbesondere die Wohnungssituation für die Arbeiter war sehr schlecht. Sowohl in den Altstädten als auch in den Wohnungen der Arbeiterviertel herrschte Platznot. Viele kinderreiche Familien mussten sich mit ein oder zwei Räumen in einer *Mietskaserne* begnügen. Da die Arbeiterfamilien häufig über ein sehr niedriges Einkommen verfügten, mussten sie auch Schlafgänger aufnehmen, das heißt alleinstehende Arbeiter, die nur für einen Schlafplatz bezahlen konnten. Die Vermieter waren häufig nicht daran interessiert, die Wohnungen zu renovieren, da sie bei dem geringen Verdienst der Arbeiter keine höheren Mieten erzielen konnten. Durch die beengten Wohnverhältnisse und die oft feuchten Wohnungen verbreiteten sich Krankheiten wie die Tuberkulose sehr rasch.

Auswanderung

Arbeitslosigkeit und die schlechten sozialen Verhältnisse veranlassten viele Menschen dazu, aus Deutschland auszuwandern. Das bevorzugte Einwanderungsland waren die USA, 90 % aller Auswanderer versuchten, sich in diesem Land eine neue Heimat zu schaffen. In die Vereinigten Staaten wanderten zwischen 1820 und 1920 insgesamt 5,5 Millionen Menschen aus.

Eine verheerende Hungersnot zwang in den Jahren 1845–48 rund 1,17 Millionen Iren dazu, ihr Land zu verlassen. Auch sie wanderten bevorzugt nach Amerika aus. Neben wirtschaftlichen Motiven trugen aber auch politische Konflikte dazu bei, dass die Menschen ihre Heimat verließen. So flohen viele osteuropäische Juden vor den Pogromen der 1880er-Jahre nach Westeuropa und nach Amerika. Deutschland war jedoch nicht nur Auswanderungsland, sondern es gab auch Einwanderung nach Deutschland. Insbesondere viele Polen versuchten, sich im Ruhrgebiet eine neue Existenz aufzubauen.

Umweltverschmutzung

Der rasche Ausbau der Industrie im 19. Jahrhundert führte nicht nur zu einem Wandel der Arbeitsbedingungen der Menschen: Der Bau von Fabriken, Straßen, Eisenbahnen und Kanälen sowie das schnelle Wachstum der Städte veränderte auch die Umwelt und damit die Lebensbedingungen für Menschen, Tiere und Pflanzen einschneidend (→ M2).

Schwerwiegende Eingriffe des Menschen in die Natur hatte es auch vor der Industrialisierung gegeben. So war ein großer Teil des natürlichen Waldbestandes bereits zuvor abgeholzt worden. Obwohl sich die Rodung der Wälder bereits spürbar auswirkte, hielten sich die Folgen für die Umwelt noch in Grenzen. Durch den verstärkten Einsatz von Steinkohle als Energieträger verschärfte sich jedoch die Belastung der Umwelt. Kohle enthielt nämlich einen höheren Anteil an Schadstoffen, die bei der Verbrennung frei wurden. In den vielen neuen Fabriken wurde genauso wie in den rasch wachsenden Städten Kohle zur Gewinnung von Energie und Wärme eingesetzt. Die Luftverschmutzung durch Rauch, Ruß und Staub wurde schnell zu einem ernsten Problem. Durch die Verhüttung von Erzen fielen große Mengen an giftigen Abfallstoffen an, die zum größten Teil einfach in die Luft oder in die Flüsse freigesetzt wurden.

Das Bevölkerungswachstum und die Konzentration der Menschen in den Städten brachten Probleme für die Wasserversorgung mit sich. Bisher waren die Hausbrunnen bzw. kleinere Wasserleitungen, die Trinkwasser von außerhalb in die Städte brachten, für die Versorgung der Stadtbevölkerung ausreichend gewesen. Durch den hohen

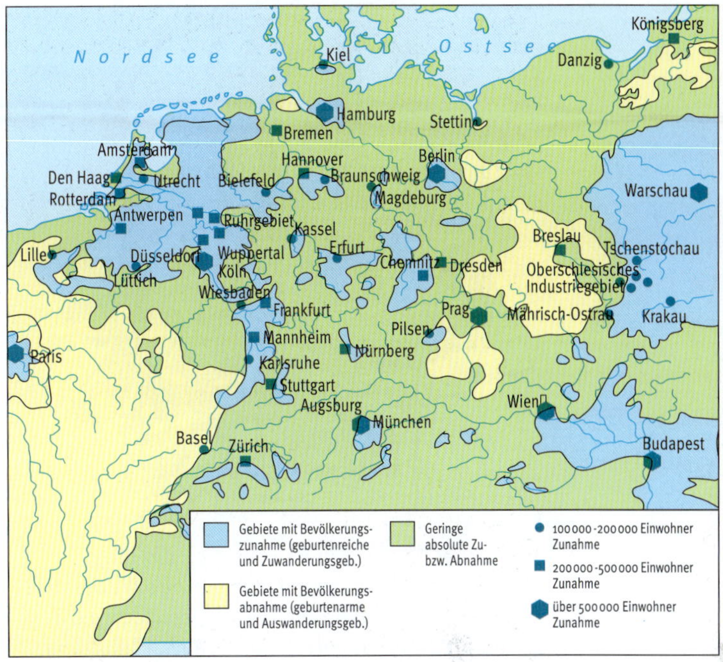

Binnenwanderung in Deutschland während des 19. Jahrhunderts.

▸ *Nennen Sie mögliche Ursachen für Bevölkerungsgewinne und -verluste.*

Wasserverbrauch der Industrie und den gesteigerten Bedarf an Trinkwasser für die Stadtbewohner mussten neue Gebiete für die Wasserversorgung erschlossen werden. Neue Wasserversorgungssysteme brachten das Trinkwasser aus zum Teil weit entfernt liegenden Gegenden in die Städte. Eine weitere Möglichkeit der Trinkwasserversorgung bestand in der Verwendung von Flusswasser, das aber für den menschlichen Konsum erst aufwändig gefiltert werden musste. Seit der Mitte des 19. Jahrhunderts kam diese Technik zum Einsatz, um Ballungsräume wie London mit Trinkwasser zu versorgen.

Fäkalien, Schmutz und Unrat aus privaten Haushalten wurden in der Regel entweder durch Gräben entfernt oder mit Fässern abtransportiert. Wassertoiletten und Schwemmkanalisationen waren so gut wie unbekannt. Erst um die Mitte des 19. Jahrhunderts begann man mit dem systematischen Bau von Kanalisationssystemen in den großen Städten. Diese Art der Abwasserentsorgung brachte jedoch bald ein neues Problem mit sich. Durch die Einleitung von Abwässern aus Haushalten und Fabriken in die Flüsse wurden diese so stark verschmutzt, dass sie kaum noch als Trinkwasserreservoirs infrage kamen. Gerade viele kleinere Flüsse verkamen zu Kloaken.

Auch die gesundheitlichen Folgen für die Menschen waren gravierend. Lungenkrankheiten, ausgelöst durch feuchten Wohnraum und die Ver-

„Pfui Deifel." Skizze von Heinrich Kley, um 1905.
▸ *Zu Beginn der Industrialisierung wurde die Darstellung von qualmenden Schloten auf Gemälden nicht unter dem Gesichtspunkt der Umweltverschmutzung gesehen. Erläutern Sie die Gründe für diesen Wandel der Sichtweise.*

schmutzung der Luft, waren in den industriellen Ballungsgebieten weit verbreitet. Die unzureichende Entsorgung des Abwassers und des Unrats in vielen Armenvierteln der rasch wachsenden Städte trug zur Entstehung und Verbreitung von Seuchen wie der Cholera bei.
Gegen diese negativen Folgen der Industrialisierung regte sich bereits früh Protest. Die Anwohner der Fabriken klagten häufig gegen die Belästigungen und Gefährdungen, die von den gewerblichen Anlagen ausgingen. Allerdings blieben ihre Beschwerden in der Regel ohne Folgen. Das Wissen um die Auswirkungen der Umweltverschmutzung war noch gering, man betrachtete den Rauch und Gestank als notwendiges „Culturübel", das man hinnehmen musste. Da es keine geeigneten Messmethoden und wissenschaftlich gesicherten Erkenntnisse über die Folgen der Umweltbelastung gab, war es im Einzelfall schwierig nachzuweisen, ob bestimmte Fabriken die Gesundheit der Anwohner gefährdeten. Für die Unternehmer war der Umweltschutz in erster Linie eine Kostenfrage. Solange es keine gesetzlichen Regelungen gab, wollte niemand die eigene Produktion durch einen höheren Aufwand bei der Entsorgung von Schadstoffen verteuern. Der Versuch der Behörden, mit Gewerbeordnungen die Beeinträchtigungen durch die Fabriken zu vermindern, erwies sich als ungeeignet. Auch der Bau höherer Schornsteine führte lediglich dazu, dass sich die Schadstoffe in weitem Umkreis verteilten und sich dadurch über den Städten bei ungünstiger Wetterlage Dunstglocken bildeten, die man als „Nebel" bezeichnete und die heute unter der englischen Bezeichnung *„Smog"* bekannt sind.
Erst durch die aufkommende Elektrifizierung am Ende des 19. Jahrhunderts verbesserte sich die Qualität der Luft in den großen Städten wieder. Viele Fabriken stellten den Antrieb ihrer Maschinen von Dampfmaschinen und Transmissionssystemen auf Elektromotoren um. Trotzdem blieb durch die Verbrennung von Kohle und durch die Schadstoffe der Fabriken die hohe Belastung der Luft bestehen.

Die Entstehung der „Sozialen Frage"

Das hohe Bevölkerungswachstum im 19. Jahrhundert führte trotz der wachsenden Wirtschaft und der damit einhergehenden Zunahme an Arbeitsplätzen zu einem großen Überangebot an Arbeitskräften. Die Löhne der Arbeiter reichten häufig nicht aus, um das Überleben ihrer Familien zu sichern. Für die Industriearbeiter und die Lohnarbeiter in der Landwirtschaft, die nur ihre Arbeitskraft verkaufen konnten, um ihren Lebensunterhalt zu sichern, bürgerte sich der Begriff *Proletarier*[1] ein. Frauen und Kinder waren gezwungen, zum Familieneinkommen beizutragen. Dadurch wuchs das Angebot an Arbeitskräften weiter, die Löhne blieben niedrig und die Arbeitsbedingungen schlecht. Die Arbeiter litten unter der großen Arbeitsbelastung: Tägliche Arbeitszeiten von 16–18 Stunden waren keine Seltenheit. Gearbeitet wurde an sechs Tagen in der Woche, Urlaub gab es nicht. Lediglich die Sonn- und Feiertage waren meist arbeitsfrei. Durch unzureichend gesicherte Maschinen und nicht ausreichend abgestützte Stollen wurden viele Arbeiter getötet. Die Lebenserwartung von Arbeitern war gering. Die Sterblichkeit der Arbeiterkinder war wesentlich höher als in anderen Bevölkerungsschichten. Dazu trugen vor allem auch die schlechten Wohnverhältnisse und die damit verbundene Häufigkeit von Krankheiten bei.
Die Arbeiter waren weitgehend ohne politische Einflussmöglichkeiten, wodurch sie auf politischem Weg für die Verbesserung ihrer Lage hätten eintreten können. Die Wahlsysteme bevorzugten häufig Bürger mit großem Vermögen, so etwa das Dreiklassenwahlrecht in Preußen, das die Arbeiter nahezu zur politischen Bedeutungslosigkeit verurteilte. Bereits viele Zeitgenossen sahen die Not und das Elend der Arbeiter und die daraus erwachsenden sozialen Probleme und dachten über Möglichkeiten nach, wie die Lebensumstände der Arbeiter verbessert werden konnten (→ M3).

---

[1] *Das Wort „Proletarier" leitet sich von der Bezeichnung für diejenigen römischen Bürger ab, die keinen anderen Besitz als ihre Nachkommen, lat. proles, hatten.*

M1 Urbanisierung in Europa

	1500	1600	1700	1800	1890
	Anteil der Bevölkerung in Städten mit mehr als 10 000 Einwohnern				
Belgien	21,1	18,8	23,9	18,9	34,5
Deutschland	3,2	4,1	4,8	5,5	28,2
England und Wales	3,1	5,8	13,3	20,3	61,9
Frankreich	4,2	5,9	9,2	8,8	25,9
Irland	–	–	3,4	7,0	17,6
Italien	14,9	16,8	14,7	18,3	21,2
Niederlande	15,8	24,3	33,6	28,8	33,4
Schottland	1,6	3,0	5,3	17,3	50,3
Schweiz	1,5	2,5	3,3	3,7	16,0
Skandinavien	0,9	1,4	4,0	4,6	13,2
Portugal	3,0	14,1	11,5	8,7	12,7
Spanien	6,1	11,4	9,0	11,1	26,8

Angus Maddison, The World Economy: A Millenial Perspective, Paris 2001, S. 248; zitiert nach: Felix Butschek, Europa und die Industrielle Revolution, Wien 2002, S. 61

1. *Beschreiben Sie die Entwicklung der Urbanisierung in den einzelnen Ländern.*
2. *Erklären Sie, warum in Belgien, den Niederlanden und Italien der Anteil der Bevölkerung in größeren Städten bereits vor 1700 sehr hoch war.*

M2 Flussfischerei contra chemische Industrie (1890)

Ein Unternehmen der chemischen Industrie verteidigt das Einleiten von Abwässern in Flüsse gegen Vorwürfe der Flussfischerei:

Wie weit hat die Fischerei eine Berechtigung gegenüber den Interessen der chemischen Industrie in der Abwässerfrage?
Es hat sich herausgestellt, dass für ganz Deutschland der wirtschaftliche Wert der Industrien, welche Abwässer liefern, ca. tausendmal größer ist als der Wert der Binnenfischerei in Seen und Flüssen, also sicher mehr als tausendmal größer als der Wert der Flussfischerei. […]
Haben sich an einem kleinen Flusse, wie z.B. Wupper, Emscher, Bode und anderen, so viele Fabriken angesiedelt, dass die Fischzucht in denselben gestört wird, so muss man dieselbe preisgeben. Die Flüsse dienen dann als die wohltätigen, natürlichen Ableiter der Industriewässer nach dem Meere. […]
Die Fischerei hat auf ein Flussgebiet, an dem gewerbliche und industrielle Anlagen errichtet worden sind oder werden, keinen Anspruch auf alleinige Berechtigung, und wenn die besten Einrichtungen für Reinigung der Abwässer getroffen und diese vom Staat durch seine technischen Beamten gutgeheißen worden sind, so hat die Fischerei kein weiteres Vorrecht zu beanspruchen. In solchen Fällen muss das geringfügige Interesse der Fischzucht dem überwältigenden Interesse der Industrie weichen. […]
Dieser Grundsatz entspricht nicht nur den Anforderungen des Nationalwohlstandes, sondern auch den wirtschaftlichen Interessen der örtlichen Bevölkerung. Denn wo ein Landstrich vor dem Entstehen der Industrie nur eine spärliche und ärmliche Bevölkerung trug, welche zwar ungehinderten und reichlichen Fischfang trieb, aber nur geringen Absatz und geringen Verdienst fand, und an die Scholle gebunden, an den Fortschritten der Zivilisation nur geringen Anteil nehmen konnte; da verdichtet sich die Bevölkerung durch das Aufblühen der Industrie, Arbeiterscharen strömen herbei; Verkehrswege werden geschaffen; ein fortwährendes Kommen und Gehen bringt die ortsansässige Bevölkerung in lebendige Berührung mit dem kräftig pulsierenden Leben der Nation; neuer Absatz, vermehrter Verdienst öffnen sich; Bildungsanstalten entstehen und gestatten der Bevölkerung, sich auf eine höhere Stufe der Kultur zu heben.
Es liegt daher im wohlverstandenen Interesse eines jeden armen Landstriches, das Aufblühen der Industrie zu fördern, selbst auf Kosten der Fischerei.

Konrad Wilhelm Jurisch, Die Verunreinigung der Gewässer, Berlin 1890, S. 103; zitiert nach: Franz-Josef Brüggemeier/Michael Toyka-Seid (Hrsg.), Industrie-Natur. Lesebuch zur Geschichte der Umwelt im 19. Jahrhundert, Frankfurt/Main u.a. 1995, S. 145f. (sprachlich normalisiert)

1. *Fassen Sie die Argumentationslinie zusammen.*
2. *Bewerten Sie die Stichhaltigkeit der Argumentation.*

M3 Neue Hörigkeit

Der Professor für Rechts- und Staatswissenschaft Franz Josef Ritter von Buß (1803–1878) ist der erste deutsche Politiker, der auf das Los der Arbeiter aufmerksam macht. Am 25. April 1837 redet er im Badischen Landtag über „das soziale Problem":

[V]on allen Seiten zurückgedrängt, genießt der Fabrikarbeiter nicht einmal eine rechtliche und politische Sicherstellung. Das Fabrikwesen erzeugt eine Hörigkeit neuer Art. Der Fabrikarbeiter ist der Leibeigene eines Brotherrn, der ihn als nutzbringendes Werkzeug verbraucht und abgenützt wegwirft. [...]
Der Fabrikarbeiter ist aber nicht bloß der Leibeigene eines Herrn, er ist der Leibeigene der Maschine, die Zubehörde einer Sache. [...] Was hilft dem Arbeiter die Freiheit der Aufkündigung, dieser Wechsel der Lohnsklaverei? Um leben zu können muss er arbeiten: Nicht immer findet er alsbald Arbeit in einer andren Fabrik; bei der größten Abgewandtheit seines Gemütes von seinem Brotherrn bleibt er an dessen Geschäft gefesselt, und sah man nicht oft Fabrikherren zum Zweck gemeinsamer Herabdrückung des Lohnes sich verbünden?
Auch die politische Stellung des Fabrikarbeiters ist trostlos. Wegen seiner Abhängigkeit kann er politische Rechte nicht genießen, und würden sie ihm auch gewährt, so würde er, als Werkzeug seines Brotherrn, sie nach dessen Laune ausüben müssen. Nach der gesamten Stellung des Arbeiters kann der Staat ihm nicht einmal den Schutz gewähren, den das materielle Recht ihm schuldet: Nur als Armer fühlt der Arbeiter die Wohltaten des Staatsverbandes.
Auch die Fabrikherren erreichen die Nachteile eines naturwidrig gesteigerten Fabrikwesens.
1. Dass dieser Zustand der allseitigen Verwahrlosung der Fabrikbevölkerung dem Fabrikherrn keine Garantie für Geschicklichkeit, Fleiß und Redlichkeit der Arbeiter geben könne, ist klar.
2. Ebenso gewiß aber ist es, dass bei eintretenden Gewerbsstockungen oder bei der Einführung neuer Maschinen, welche den Arbeiter brotlos zu machen drohen, sein nach Ausweis der Kriminalstatistik zu Verbrechen gegen das Eigentum überhaupt geneigter Sinn sich an dem Brotherrn durch Zerstörung seiner erreichbaren Habe rächt. [...]
Die durch den gewerblichen Aufschwung, durch die Tendenz unserer Staaten zur Übervölkerung und den Mangel an anderweitiger Unterkunft anschwellende Anzahl der Fabrikarbeiter führt wegen ihrer ökonomischen Unsicherheit zu einer wahren Massenarmut, dem sogenannten Pauperismus. Die unsichere Lage der Fabrikarbeiter muss schon an und für sich zu diesem gesellschaftlichen Drangsal führen. Eine Ersparung ist dem Arbeiter selbst bei günstigen Verhältnissen nur in geringem Maße möglich; jede längere Unterbrechung der Arbeit zwingt ihn, die öffentliche Hilfe anzusprechen. Den kranken Arbeiter, sein kreißendes Weib, die Witwe und die Waisen empfangen die Anstalten der öffentlichen Wohltätigkeit. Armut und Entsittlichung bevölkern die Findelhäuser mit der schwächlichen Nachkommenschaft dieses unglücklichen Geschlechts. Die ganze Lage des Fabrikarbeiters ist bei großem Angebote der Arbeit eine stete Quelle seiner Armut: Treten noch Gewerbsstockungen hinzu, so wüten sie verheerend in den Reihen der Arbeiter. [...]
Die Schaffung einer Masse von Fabrikproletariern wirft [...] nicht bloß einen verheerenden Krankheitsstoff in die Gesellschaft, sondern in ihr wird auch eine furchtbare, stets bereite Waffe den politischen Faktionen[1] angeboten. Die Tendenz des Umsturzes, wahrlich in unsern Tagen nur zu sehr verbreitet, findet in den Fabrikheloten[2] die nahen Verbündeten, einmal weil ihre eigne unbehagliche Stellung in jeder gesellschaftlichen Veränderung ihnen eine Abhilfe vorspiegelt, ferner weil sie in dem die Fabrikherren schützenden Staat den eignen Feind erblicken.

Ernst Schraepler (Hrsg.), Quellen zur Geschichte der sozialen Frage in Deutschland, Bd. 1: 1800–1870, Göttingen ³1964, S. 66 ff.

1. *Beschreiben Sie die soziale und rechtliche Situation der Arbeiterinnen und Arbeiter.*
2. *Erläutern Sie die Probleme, die nach Buß aus der sozialen Lage der Arbeiterinnen und Arbeiter entstehen.*

[1] *Faktion: politische Gruppierung*
[2] *Helot (griech.): Sklave*

6.4 Lösungsansätze für die Soziale Frage

„Der verhängnisvolle Weg der Arbeiter.“ Karikatur von 1891.

1848	Karl Marx und Friedrich Engels veröffentlichen das „Kommunistische Manifest“
1863	Die deutsche Arbeiterbewegung organisiert sich politisch; der „Allgemeine Deutsche Arbeiterverein“ (ADAV) wird gegründet
1869	Die Sozialdemokratische Arbeiterpartei (SDAP) entsteht
1875	Sozialdemokratische Arbeiterpartei und Allgemeiner Deutscher Arbeiterverein vereinigen sich zur Sozialistischen Arbeiterpartei Deutschlands (SAP)
1878–1890	Reichskanzler Otto von Bismarck versucht, mit dem Sozialistengesetz die sozialdemokratische Bewegung zu unterdrücken
1883–1889	Eine staatliche Sozialgesetzgebung tritt im Deutschen Reich in Kraft
1890	Die deutsche Sozialdemokratie organisiert sich neu unter dem Namen Sozialdemokratische Partei Deutschlands (SPD)
1891	In seiner Enzyklika „Rerum Novarum“ fasst Papst Leo XIII. die katholische Soziallehre zusammen

Einzelne Unternehmer versuchen zu helfen

Die Mehrzahl der Unternehmer sah in den Arbeitern in erster Linie einen Kostenfaktor und kümmerte sich nicht um die Lebensbedingungen ihrer Arbeiter (→ M1). Nur wenige Unternehmer waren gewillt, die Lage ihrer Arbeiter zu verbessern. Dabei spielten nicht nur christliche und allgemein humanitäre Überlegungen, sondern auch betriebswirtschaftliche Einsichten eine ebenso große Rolle wie die Furcht, die zunehmende Verelendung der Arbeiter könnte zu einer Revolution führen. So führten etwa die Großunternehmer *Alfred Krupp* und *Friedrich Harkort* in ihren Betrieben ab 1836 erste *Betriebskrankenkassen* ein, die die Familien der Arbeitnehmer absicherten, wenn der Ernährer krank wurde oder wegen Invalidität nicht mehr oder nur eingeschränkt arbeiten konnte. Ergänzt wurde diese Absicherung im Krankheitsfall durch eine Altersversorgung, zu deren Finanzierung die Unternehmer beitrugen. Der Bau von Werkswohnungen sollte die Wohnsituation der Arbeiter verbessern. Durch den Einkauf von Lebensmittel und Gütern des täglichen Bedarfs in *Konsumvereinen* konnten die Lebenshaltungskosten der Arbeiter gesenkt werden. Diese Unternehmer betrachteten sich selbst als Patriarchen, die für das Wohl ihrer Beschäftigten Verantwortung zu tragen hätten. Allerdings erwarteten sie im Gegenzug von den Arbeitern Gehorsam, Fleiß und Unterordnung sowie den Verzicht auf politische und gewerkschaftliche Aktivitäten (➔ M2).

Der revolutionäre Weg: Karl Marx und der Kommunismus

Unter dem Eindruck der katastrophalen Lebensumstände der Arbeiterschaft entwickelte *Karl Marx* in Zusammenarbeit mit *Friedrich Engels* die Theorie des modernen Kommunismus. Im Zentrum von Marx' Weltbild steht der Gedanke, dass die Wirtschaft das zentrale Element jeder Gesellschaft ist (*Materialismus*). Veränderungen in einer Gesellschaft könnten nur durch die Änderung der materiellen Verhältnisse erreicht werden (➔ M3).

Marx unterteilt die Geschichte der Menschheit bis in seine Gegenwart in vier Zeitabschnitte: Urgesellschaft, antike Sklavenhaltergesellschaft, mittelalterliche Feudalgesellschaft und die Epoche des Kapitalismus, der auf dem Privateigentum an Produktionsmitteln beruhe. Seiner Ansicht nach war das soziale Elend der Arbeiter eine zwangsläufige Folge der Produktionsbedingungen des Kapitalismus, da sich in dieser Gesellschaftsordnung zwei Klassen gegenüberstünden: die Unternehmer (die *Bourgeoisie*), die allein über die Produktionsmittel verfügten, und die Arbeiter (*Proletarier*), die nur ihre Arbeitskraft verkaufen könnten. Die Lösung dieses Problems sah Marx in der sozialistischen Revolution, die seiner Ansicht nach unausweichlich war. In dieser Revolution werde das Proletariat die Herrschaft über die Bourgeoisie erringen und das Privateigentum an Produktionsmitteln abschaffen, alle Fabriken, Banken und Bergwerke würden vergesellschaftet. Danach entstehe die kommunistische Gesellschaft, in der alle Klassengegensätze aufgehoben wären: Die Produktionsmittel seien Eigentum der Gesellschaft und jeder Mensch könne sich ohne Ausbeutung durch andere selbst verwirklichen.

Reform statt Revolution: Die Sozialdemokratie

Die Anfänge der Arbeiterbewegung in Deutschland reichen bis zur Mitte des 19. Jahrhunderts zurück. Vereinzelt bildeten sich *Arbeitervereine*, die die materiellen Lebensumstände ihrer Mitglieder zu verbessern suchten. Allerdings blieb ihre Wirkung lokal stark begrenzt, das Verbot politischer Vereine in der Zeit des Vormärz setzte überdies ihren Betätigungsmöglichkeiten deutliche Grenzen (s. S. 175 f.). Erst mit der Revolution von 1848 kam es zu größeren Zusammenschlüssen. So vereinigten sich im September 1848 mehr als 30 Arbeitervereine zur „Allgemeinen Deutschen Arbeiterverbrüderung". Sie forderten die Gründung von Konsumgenossenschaften sowie Unterstützungskassen im Krankheitsfall, das allgemeine Wahlrecht und das Koalitionsrecht[1].

Das Scheitern der Revolution von 1848 und die darauf folgende Phase reaktionärer Politik in vielen deutschen Staaten führte zu einem Verbot aller Arbeitervereine und ließ die Hoffnungen der Arbeiter auf eine Verbesserung ihrer Situation sinken. Erst die Entspannung der politischen Situation ließ zu Beginn der Sechzigerjahre die Bildung von Arbeiterparteien zu. 1863 gründete *Ferdinand Lassalle* den *Allgemeinen Deutschen Arbeiterverein (ADAV)*. Im Gegensatz zu Marx hielt er es für möglich, die Soziale Frage durch Reformen zu lösen und dabei die staatliche Grundordnung beizubehalten. Um dieses Ziel zu erreichen, mussten jedoch die Arbeiter einen größeren Einfluss auf die Politik gewinnen. Daher war eine zentrale Forderung Lassalles die Einführung des allgemeinen, direkten und geheimen Wahlrechts, damit die Arbeiter ihre Interessen auch politisch vertreten konnten.

1869 gründeten *Wilhelm Liebknecht* und *August Bebel* in Eisenach eine zweite Arbeiterpartei: die *Sozialdemokratische Arbeiterpartei (SDAP)*.

Anders als der ADAV setzte diese Partei auf den Marxismus und die Revolution als Mittel der Überwindung der sozialen Probleme. Um die Kräfte zu bündeln, näherten sich die beiden Parteien einander an und schlossen sich 1875 in Gotha zur *Sozialistischen Arbeiterpartei Deutschlands (SAP)* zusammen. Das Gothaer Programm der Partei war zwar von marxistischen Ideen beeinflusst, verzichtete aber auf die gewaltsame Revolution als Mittel zur Erringung einer sozialistischen Gesellschaft. Die Umgestaltung der Gesellschaft sollte auf gesetzlichem Wege erfolgen (➔ M4). Bei den Reichstagswahlen 1877 konnte die Partei erste Erfolge verbuchen: Sie erhielt 9,1 % der Wählerstimmen und konnte 12 Abgeordnete in den Reichstag entsenden.

Weite Kreise des Bürgertums fassten die Sozialdemokratie als eine Bedrohung ihres Besitzstandes auf. Reichskanzler *Otto von Bismarck* (1815–1898)

[1] *Koalitionsrecht nennt man das Recht, sich zu Vereinen und Parteien zusammenzuschließen.*

Fahne der Sozialdemokraten, entstanden um 1870.
► *Erklären Sie, auf welche Tradition das Motto zurückgeht und welche politischen Forderungen von den Sozialdemokraten damit verbunden werden.*
► *Klären Sie die Bedeutung des Eichenkranzes.*

versuchte daher, die Partei durch das *Sozialistengesetz* (1878–1890) zu unterdrücken und mithilfe staatlicher Sozialgesetzgebung die Arbeiter für sich zu gewinnen (s. S. 235 f.). Damit scheiterte er jedoch. Als 1890 das Sozialistengesetz aufgehoben wurde, gründete sich die Partei in Halle neu und nannte sich nun *Sozialdemokratische Partei Deutschlands (SPD)*. Zu den zentralen Forderungen der Partei gehörte die Vergesellschaftung der Produktionsmittel, der 8-Stunden-Tag, das Verbot der Kinderarbeit und das Koalitionsrecht. Obwohl die Sozialdemokratie im politischen System des Kaiserreichs auch nach der Aufhebung des Sozialistengesetzes in eine Außenseiterrolle gedrängt wurde, wuchs ihre Anhängerschaft zusehends. Bereits 1890 erhielt die Partei bei den Reichstagswahlen 20 Prozent der Stimmen und war mit 35 Abgeordneten im Parlament vertreten, 1912 wurde sie mit 34,8 Prozent der Stimmen und 110 Abgeordneten sogar die stärkste Fraktion im Reichstag.

Die Gewerkschaften

Mit den gleichen Schwierigkeiten wie die Arbeitervereine hatten die nach englischem Vorbild gegründeten Gewerkschaften zu kämpfen. Die Gewerkschaften, Vereinigungen der Arbeiter, die sich für bessere Arbeitsbedingungen und höhere Löhne – auch mithilfe von Streiks – einsetzten, entstanden in Deutschland seit 1848. Koalitionsverbote, die den Zusammenschluss von Arbeitern untersagten, und das Verbot von Streiks behinderten aber zunächst die gewerkschaftliche Tätigkeit. Erst seit den Sechzigerjahren konnten sich die Gewerkschaften wirksam für die Interessen ihrer Mitglieder einsetzen. Jetzt wurde eine Vielzahl von Gewerkschaften gegründet, die sich teils eng an die Arbeiterparteien anlehnten. 1877 hatten die den Sozialdemokraten nahe stehenden „Freien Gewerkschaften" rund 52 000 Mitglieder. Da wegen des Sozialistengesetzes auch die Arbeit dieser Gewerkschaften stark beeinträchtigt wurde, kam es erst 1890 zur Gründung einer Dachorganisation der sozialistischen Gewerkschaften, der *Generalkommission der Freien Gewerkschaften*. Seit 1899 kam es zu einer ganzen Reihe großer Streiks, mithilfe derer die Gewerkschaften versuchten, bessere Arbeitsbedingungen für ihre Mitglieder zu erreichen. Die Zahl der gewerkschaftlich organisierten Arbeiter stieg vor dem Ersten Weltkrieg deutlich an. Insbesondere die „Freien Gewerkschaften" profitierten davon. Ihre Mitgliederzahl stieg von rund 294 000 (1890) auf über 2,5 Millionen (1913) an. Neben den sozialdemokratisch ausgerichteten Gewerkschaften entstanden 1868 auch *bürgerliche Gewerkschaften* unter der Führung von *Max Hirsch* und *Franz Duncker* (*Hirsch-Dunckersche Gewerkschaften*) und die *„Christlichen Gewerkschaften"*, die von der Zentrumspartei unterstützt wurden. Gemessen an den Mitgliederzahlen blieben diese Gewerkschaften aber in ihrer Bedeutung weit hinter den „Freien Gewerkschaften" zurück.

Lösungsversuche aus christlicher Überzeugung

Die großen sozialen Probleme, die mit der Industrialisierung einhergingen, führten überraschenderweise lange Zeit zu keinem Engagement der Amtskirchen. Zu dieser passiven Haltung der Kirchen trugen ein konservatives Amtsverständnis, das sich vor zu engem Kontakt mit Sozialisten und Kommunisten scheute, ebenso bei wie ein generelles Misstrauen gegenüber der Industrialisierung und der damit einhergehenden sozialen Veränderungen der Gesellschaft. So blieb sowohl in der katholischen als auch in den evangelischen Kirchen das Engagement auf die Initiative Einzelner beschränkt. Der evangelische Pastor *Johann Hinrich Wichern* gründete 1833 in Hamburg das *„Rauhe Haus"*, das sich um alleinstehende Jugendliche bemühte. Für die Sozialarbeit in der evangelischen

Kirche richtungsweisend wurde dann die von ihm 1848 angeregte Gründung der *„Inneren Mission"*, die zur Entstehung zahlreicher sozialer Einrichtungen der evangelischen Kirche (Krankenanstalten, Altersheime usw.) führte.
Auf katholischer Seite traten vor allem *Adolf Kolping* und der Mainzer Erzbischof *Wilhelm Freiherr von Ketteler* mit ihrem Einsatz für die Verbesserung der Lage der Arbeiter hervor. Die von Kolping gegründeten *katholischen Gesellenvereine* versuchten seit 1849 vor allem den wandernden Handwerksgesellen zu helfen, eine preiswerte Unterkunft und Betreuung zu finden. Das aus diesen Vereinen entstandene *Kolpingwerk* leistet noch heute einen wichtigen Beitrag in den sozialen Diensten der katholischen Kirche. Waren die Aktivitäten Kolpings in erster Linie von praktischer Hilfe geleitet, setzte sich Wilhelm von Ketteler grundsätzlich mit der Sozialen Frage auseinander. So trat er für umfassende soziale Reformen ein, die zum Teil mit den Forderungen der Arbeiterbewegung übereinstimmten (Regelung der Arbeitszeiten, Recht auf Bildung von Gewerkschaften, Streikrecht). Zwar geriet Ketteler damit zunächst in Gegensatz zu seiner Kirche, seine Ansichten gingen aber in die Sozialpolitik der Zentrumspartei ein. Am Ende des 19. Jahrhunderts leitete Papst *Leo XIII.* (1878–1903) eine grundsätzliche Neuorientierung der katholischen Kirche in Hinblick auf die sozialen Probleme der Zeit ein. In seiner Sozialenzyklika *„Rerum Novarum"* von 1891 forderte der Papst die europäischen Regierungen auf, für Arbeitsschutz und gerechten Lohn Sorge zu tragen. Die Wirkung der Enzyklika blieb jedoch begrenzt.

Der Staat greift ein

Gemäß den vorherrschenden liberalen wirtschaftspolitischen Vorstellungen des 19. Jahrhunderts sollte der Staat so weit wie möglich auf ein Eingreifen in die wirtschaftliche Ordnung verzichten. Daher beschränkten sich auch in Deutschland die wenigen gesetzlichen Regelungen auf die Eindämmung der schlimmsten Auswüchse bei der Frauen- und Kinderarbeit. Durch die Entstehung der Arbeiterparteien und den zunehmenden politischen Druck der Arbeiterbewegung vergrößerten sich die Ängste des Bürgertums vor einer sozialen Revolution. Nach der Gründung des Deutschen Reiches 1871 versuchte Reichskanzler Bismarck daher den Zulauf zur Arbeiterbewegung auf zwei Arten zu verringern. Durch das Sozialistengesetz sollten die Arbeiterparteien politisch ausgeschaltet werden. Gleichzeitig nahm Bismarck sozialpolitische Forderungen der Arbeiterbewegung auf und versuchte, durch eine fortschrittliche Sozialgesetzgebung die Arbeiterschaft mit dem Staat zu versöhnen. Dabei waren es vor allem drei gesetzliche Maßnahmen, die im Zentrum seiner Sozialpolitik standen. Das 1883 erlassene *Gesetz über die Einführung einer Krankenversicherung* schrieb die Mitgliedschaft für alle Arbeiter und einen Teil der Angestellten, die im Gewerbe oder in der Industrie tätig waren, vor. Die Beiträge für die neugegründeten *Ortskrankenkassen* wurden zu zwei Dritteln von den Arbeitnehmern und zu einem Drittel von den Arbeitergebern getragen. Die Versicherten hatten nun einen Anspruch auf kostenfreie ärztliche Behandlung und eine finanzielle Absicherung im Krankheitsfall. War bisher Krankheit für den Arbeitnehmer gleichbedeutend mit dem Verlust seines Einkommens, so bekam er nun von den Ortskrankenkassen in den ersten 13 Wochen seiner Erkrankung eine Beihilfe.
Anders als bei der Krankenversicherung trugen bei der 1884 eingeführten *Unfallversicherung* ausschließlich die Unternehmer die Kosten für die Beiträge. Mit dieser Versicherung sollten die Risiken eines Arbeitsunfalls für die Beschäftigten gemindert werden. Die Versicherung übernahm die Arzt- und Heilkosten bei einem Betriebsunfall und sicherte dem Arbeitnehmer für die Dauer seiner Invalidität eine Rente, die zwei Drittel seines Lohnes betrug. Im Todesfall erhielt die Witwe 60% der Rente ihres verstorbenen Mannes.
1889 wurde schließlich die *Alters- und Invaliditätsversorgung* gesetzlich geregelt. Durch die Gründung der *Rentenversicherung* wurden Arbeitnehmer mit einem niedrigen Einkommen im Alter und im Fall der Erwerbsunfähigkeit abgesichert. Finanziert wurde diese Versicherung zum einen durch Beiträge der Arbeitnehmer und der Unternehmen, zum anderen durch einen staatlichen Zuschuss. Die Altersrente wurde ab dem 70. Lebensjahr ausbezahlt und richtete sich nach dem Verdienst und der Versicherungsdauer. Wenn ein Arbeitnehmer länger als ein Jahr erwerbsunfähig war, wurde ihm eine Invalidenrente bezahlt.
Durch diese Gesetze verbesserte sich die soziale Sicherheit der Arbeitnehmer spürbar. Alter und Krankheit waren nun nicht mehr gleichbedeutend mit dem Verlust jeglichen Einkommens. Zwar sorgten die Versicherungen nur für Notfälle vor, trotzdem waren die deutschen Arbeiter nun im Vergleich zu anderen europäischen Ländern deutlich besser abgesichert. Die von Bismarck angestrebte Schwächung der Sozialdemokratie wurde mit diesen Maßnahmen jedoch nicht erreicht.

M1 Lebensstandard – damals und heute

Die Ausgabenstrukturen von 1810–1910/13 stammen von vier- bis fünfköpfigen Nürnberger Arbeiterfamilien mit durchschnittlichen Einkommen, vergleichbar den Einkommen von Bauhandwerkern. Gegenübergestellt ist das monatlich verfügbare Einkommen (einschließlich Kindergeld etc.) eines mittleren Arbeitnehmerhaushalts mit zwei Kindern im Jahr 2005 (Angaben jeweils in Prozent).

	1810	1849	1883	1899	1910/13	2005
1. Nahrungs-/Genussmittel						
Brot	31,1	26,7	18,9	13,9	7,0	–
Fleisch, Wurst	9,6	9,4	14,0	16,8	14,8	–
Bier	11,0	10,6	8,5	7,5	3,2	–
Milch	9,0	8,2	6,8	5,6	5,5	–
Mehl, Grieß, Reis	1,5	1,5	1,8	1,7	1,5	–
Schmalz, Butter	1,5	2,1	2,3	2,3	2,5	–
Kartoffeln	5,8	5,8	4,1	1,3	2,0	–
Eier	0,5	0,7	0,9	1,6	3,0	–
sonstige	–	–	2,7	5,1	9,0	–
insgesamt	70,0	65,0	60,0	55,8	48,5	15,1
2. Wohnungsmiete	8,6	8,7	10,1	14,8	14,8	31,1[1]
3. Bekleidung	8,0	8,0	7,5	7,4	7,5	5,6
4. Heizung	5,8	5,7	3,3	4,0	4,0	–
5. Beleuchtung	1,9	1,9	1,9	1,0	1,0	–
6. Hausrat	2,0	2,0	3,0	3,4	4,5	–
Zusammen	96,3	91,3	84,8	86,4	80,3	51,8
Nur 1, 2, 4, 5	86,3	81,3	74,3	75,6	68,3	49,3

Daten aus: Wolfram Fischer, Jochen Krengel, Jutta Wietog, Sozialgeschichtliches Arbeitsbuch I. Materialien zur Statistik des Deutschen Bundes 1815–1870, München 1982, S. 171, und Statistisches Bundesamt (Hrsg.), Fachserie 15 LWK 2005, Reihe 1

[1] *Wohnen, Energie, Wohnungsinstandhaltung*

1. *Vergleichen Sie die Entwicklung der laufenden Kosten eines Arbeiterhaushaltes von 1810 bis 1910/13. Überlegen Sie, welche Gründe für die langfristigen Tendenzen verantwortlich sein dürften.*
2. *Welche Entwicklung wird für die in der Statistik nicht einzeln erfassten Ausgaben deutlich? Um welche Ausgaben könnte es sich dabei handeln?*
3. *Vergleichen Sie damit die Haushaltsstruktur einer mittleren Einkommensklasse aus dem Jahre 2005 und stellen Sie auffällige Verschiebungen und Konstanten in den Ausgabenstrukturen fest. Bedeutsam sind 2005 unter anderem: Verkehr und Nachrichtenübermittlung: 17,1 %; Freizeit, Unterhaltung, Kultur: 11,5 %.*

M2 „Ein Wort an die Angehörigen meiner gewerblichen Anlagen"

Die wirtschaftliche Stagnation, die sogenannte „Große Depression", führt ab 1873 zu einer größeren Anzahl von Firmenzusammenbrüchen, während gleichzeitig in bestimmten Branchen Großbetriebe entstehen. In verschiedenen Berufszweigen sinken die Reallöhne. Der Unternehmer Alfred Krupp richtet 1877 folgenden Aufruf an seine Arbeiter:

Um die Lage meiner Arbeiter zu verbessern, war ich von jeher zunächst darauf bedacht, ihnen ein möglichst sorgenfreies Dasein für die Zeiten zu verschaffen, in denen sie selbst nicht mehr arbeiten könnten. Ihr selbst wisst es am besten, wie es mit Kranken, Invaliden und ausgedienten Arbeitern bei uns gehalten wird. Dann habe ich den Arbeitern Wohnungen gebaut, worin bereits 20 000 Seelen untergebracht sind, habe Schulen gegründet, Schenkungen verliehen und Einrichtungen getroffen zur billigen Beschaffung von allem Lebens- und Hausbedarf. Ich habe mich dadurch in eine Schuldenlast gesetzt, die abgetragen werden muss. Damit dies geschehen kann, muss jeder seine Schuldigkeit tun in Frieden und Eintracht und in Übereinstimmung mit unseren Vorschriften. Die jetzt allgemein verbreitete Geschäftsstille hat bereits viele Fabriken, Hütten und Gruben unseres Landes empfindlich berührt. Geringe Preise haben geringe Löhne zur Folge gehabt, und bei einigen Werken ist schon vollständiger Mangel an Arbeit und dadurch Stillstand eingetreten. […] Unter den schwierigsten Umständen habe ich den Mut gehabt, für meine Leute einzutreten, und behalte ihn auch in der jetzigen schweren Zeit. Ich hoffe, dass wir sie überwinden werden, dass wir Arbeit behalten werden.

Alle Kräfte werden dafür nach allen Seiten aufgewandt. Das sollten die Arbeiter dankbar erkennen [...]. Ich gebe Euch nun diesen Rat: Lasst Euch nicht blenden durch schöne Worte und erwartet das Heil nicht von solchen, die einen neuen mühelosen Weg zur Volksbeglückung gefunden haben wollen. Die Angelegenheiten des ganzen Vaterlandes sollen jedem wichtig und teuer sein, aber dazu hilft gar nichts [...] das Schwatzen über politische Angelegenheiten, das ist nur den Aufwieglern willkommen und stört die Pflichterfüllung. Eine ernste Beschäftigung mit der Landespolitik erfordert mehr Zeit und tiefere Einsicht in schwierige Verhältnisse, als Euch zu Gebote steht. Das Politisieren in der Kneipe ist nebenbei sehr teuer, dafür kann man im Hause Besseres haben. Nach getaner Arbeit verbleibt im Kreise der Eurigen, bei den Eltern, bei der Frau und den Kindern. Da sucht Eure Erholung, sinnt über den Haushalt und die Erziehung. Das und Eure Arbeit sei zunächst und vor allem Eure Politik. Dabei werdet Ihr frohe Stunden haben.

Gerhard Adelmann u. a. (Hrsg.), Quellensammlung zur Geschichte der sozialen Betriebsverfassung, Band 2, Bonn 1965, S. 295

1. *Erläutern Sie, welche konkreten Sozialmaßnahmen Krupps sich aus dem Text erschließen lassen. Welche Motive werden für die betrieblichen Sozialmaßnahmen deutlich, welche Gegenleistungen erwartet Krupp?*
2. *Arbeiten Sie heraus, welche Stellung Krupp dem Unternehmertum beimisst. Was für ein Bild vom Arbeiter schwebt ihm vor? Inwieweit hat sich das Verhältnis Unternehmer – Arbeiter heute geändert?*

M3 Das Manifest der Kommunistischen Partei

Karl Marx (1818–1883) und Friedrich Engels (1820–1895) unterhalten im Londoner Exil Beziehungen mit dem „Bund der Kommunisten". In dessen Auftrag veröffentlichen sie im Februar 1848 das „Manifest der Kommunistischen Partei".

Ein Gespenst geht um in Europa – das Gespenst des Kommunismus. [...] Die Geschichte aller bisherigen Gesellschaft ist die Geschichte von Klassenkämpfen. Freier und Sklave, Patrizier und Plebejer, Baron und Leibeigener, Zunftbürger und Gesell, kurz, Unterdrücker und Unterdrückter standen in stetem Gegensatz zueinander, führten einen ununterbrochenen, bald versteckten, bald offenen Kampf, einen Kampf, der jedes Mal mit einer revolutionären Umgestaltung der ganzen Gesellschaft endete oder mit dem gemeinsamen Untergang der kämpfenden Klassen. [...] Unsere Epoche, die Epoche der Bourgeoisie, zeichnet sich jedoch dadurch aus, dass sie die Klassengegensätze vereinfacht hat. Die ganze Gesellschaft spaltet sich mehr und mehr in zwei große feindliche Lager, in zwei große, einander direkt gegenüberstehende Klassen: Bourgeoisie und Proletariat.

[...]

Im Anfang kämpfen die einzelnen Arbeiter, dann die Arbeiter einer Fabrik, dann die Arbeiter eines Arbeitszweiges an einem Ort gegen den einzelnen Bourgeois, der sie direkt ausbeutet. Sie richten ihre Angriffe nicht nur gegen die bürgerlichen Produktionsverhältnisse, sie richten sie gegen die Produktionsinstrumente selbst; sie vernichten die fremden konkurrierenden Waren, sie zerschlagen die Maschinen, sie stecken die Fabriken in Brand [...].

Auf dieser Stufe bilden die Arbeiter eine über das ganze Land zerstreute und durch ihre Konkurrenz zersplitterte Masse.

[...]

Aber mit der Entwicklung der Industrie vermehrt sich nicht nur das Proletariat; es wird in größeren Massen zusammengedrängt, seine Kraft wächst, und es fühlt sie mehr.

Es werden ferner [...] durch den Fortschritt der Industrie ganze Bestandteile der herrschenden Klasse ins Proletariat hinabgeworfen oder wenigstens in ihren Lebensbedingungen bedroht. Auch sie führen dem Proletariat eine Masse Bildungselemente zu.

In Zeiten endlich, wo sich der Klassenkampf der Entscheidung nähert, nimmt der Auflösungsprozess innerhalb der herrschenden Klasse, innerhalb der ganzen alten Gesellschaft, einen so heftigen, so grellen Charakter an, dass ein kleiner Teil der herrschenden Klasse sich von ihr lossagt und sich der revolutionären Klasse anschließt [...].

Wenn das Proletariat im Kampf gegen die Bourgeoisie sich notwendig zur Klasse vereinigt, durch eine Revolution sich zur herrschenden Klasse macht und als herrschende Klasse gewaltsam die alten Produktionsverhältnisse aufhebt, so hebt es mit diesen Produktionsverhältnissen die Existenzbedingungen des Klassengegensatzes, die Klassen überhaupt und damit seine eigene Herrschaft als Klasse auf.

An die Stelle der bürgerlichen Gesellschaft mit ihren Klassen und Klassengegensätzen tritt eine Assoziation, worin die freie Entwicklung eines jeden die Bedingung für die freie Entwicklung aller ist.

[...]

Mögen die herrschenden Klassen vor einer kommunistischen Revolution zittern. Die Proletarier haben nichts zu verlieren als ihre Ketten. Sie haben eine Welt zu gewinnen. Proletarier aller Länder, vereinigt euch!

Karl Marx, Die Frühschriften, hrsg. von Siegfried Landshut, Stuttgart [7]2004, S. 594ff.

1. *Charakterisieren Sie das zyklisch wiederkehrende Ablaufschema, das nach Marx den Fortgang aller bisherigen Geschichte ausgemacht hat.*
2. *Definieren Sie den Begriff „Klasse", wie ihn Karl Marx verwendet.*
3. *Überprüfen Sie die Aussage, in der bürgerlichen Wirtschaftsgesellschaft habe sich der Klassengegensatz auf die Konfrontation Bourgeois – Proletarier vereinfacht.*
4. *Ermitteln Sie, wie sich nach Marx eine gesellschaftliche Klasse herausbildet.*
5. *Zeigen Sie auf, worin sich die proletarische Revolution von allen früheren Revolutionen in*

M4 Das Gothaer Programm der Sozialistischen Arbeiterpartei Deutschlands

Auf dem Gothaer Kongress (22. bis 27. Mai 1875) schließen sich der Allgemeine Deutsche Arbeiterverein und die Sozialdemokratische Arbeiterpartei Deutschlands zur Sozialistischen Arbeiterpartei Deutschlands (SAP) zusammen.

I. [...] In der heutigen Gesellschaft sind die Arbeitsmittel Monopol der Kapitalistenklasse; die hierdurch bedingte Abhängigkeit der Arbeiterklasse ist die Ursache des Elends und der Knechtschaft in allen Formen.

Die Befreiung der Arbeit erfordert die Verwandlung der Arbeitsmittel in Gemeingut der Gesellschaft und die genossenschaftliche Regelung der Gesamtarbeit mit gemeinnütziger Verwendung und gerechter Verteilung des Arbeitsertrages.

Die Befreiung der Arbeit muss das Werk der Arbeiterklasse sein, der gegenüber alle anderen Klassen nur eine reaktionäre Masse sind.

II. Von diesen Grundsätzen ausgehend, erstrebt die Sozialistische Arbeiterpartei Deutschlands mit allen gesetzlichen Mitteln den freien Staat und die sozialistische Gesellschaft, die Zerbrechung des ehernen Lohngesetzes[1] durch Abschaffung des Systems der Lohnarbeit, die Aufhebung der Ausbeutung in jeder Gestalt, die Beseitigung aller sozialen und politischen Ungleichheit. [...] Die Sozialistische Arbeiterpartei Deutschlands fordert, um die Lösung der sozialen Frage anzubahnen, die Errichtung von sozialistischen Produktivgenossenschaften[2] mit Staatshilfe unter der demokratischen Kontrolle des arbeitenden Volkes. Die Produktivgenossenschaften sind für Industrie und Ackerbau in solchem Umfange ins Leben zu rufen, dass aus ihnen die sozialistische Organisation der Gesamtarbeit entsteht.

1. Allgemeines, gleiches, direktes Wahl- und Stimmrecht, mit geheimer und obligatorischer Stimmabgabe aller Staatsangehörigen vom zwanzigsten Lebensjahre an für alle Wahlen und Abstimmungen in Staat und Gemeinde. Der Wahl- oder Abstimmungstag muss ein Sonntag oder Feiertag sein.

2. Direkte Gesetzgebung durch das Volk. Entscheidung über Krieg und Frieden durch das Volk.

3. Allgemeine Wehrhaftigkeit. Volkswehr anstelle der stehenden Heere.

4. Abschaffung aller Ausnahmegesetze, namentlich der Press-, Vereins- und Versammlungsgesetze; überhaupt aller Gesetze, welche die freie Meinungsäußerung, das freie Forschen und Denken beschränken.

5. Rechtsprechung durch das Volk. Unentgeltliche Rechtspflege.

6. Allgemeine und gleiche Volkserziehung durch den Staat. Allgemeine Schulpflicht. Unentgeltlicher Unterricht in allen Bildungsanstalten. Erklärung der Religion zur Privatsache.

Die Sozialistische Arbeiterpartei Deutschlands fordert innerhalb der heutigen Gesellschaft:

1. Möglichste Ausdehnung der politischen Rechte und Freiheiten im Sinne der obigen Forderungen.

2. Eine einzige progressive Einkommensteuer für Staat und Gemeinde anstatt aller bestehenden, insbesondere die das Volk belastenden indirekten Steuern.

3. Unbeschränktes Koalitionsrecht.

4. Einen den Gesellschaftsbedürfnissen entsprechenden Normalarbeitstag. Verbot der Sonntagsarbeit.

5. Verbot der Kinderarbeit und aller die Gesundheit und Sittlichkeit schädigenden Frauenarbeit.

6. Schutzgesetze für Leben und Gesundheit der Arbeiter. Sanitäre Kontrolle der Arbeiterwohnungen. Überwachung der Bergwerke, der Fabrik-, Werkstatt- und Hausindustrie durch von Arbeitern gewählte Beamte. Ein wirksames Haftpflichtgesetz.

Günter Schönbrunn (Bearb.), Das bürgerliche Zeitalter 1815–1914. Geschichte in Quellen, München 1980, S. 878f.

1. *Stellen Sie die programmatischen und politisch-praktischen Grundaussagen des Programms einander gegenüber.*
2. *Arbeiten Sie aus dem Gothaer Programm das Spannungsverhältnis zwischen einem revolutionären Kurs und einer Politik innerhalb des Verfassungssystems heraus.*

---

[1] *Nach Lassalle war der durchschnittliche Arbeitslohn auf ein Minimum beschränkt, das es dem Arbeiter gerade noch erlaubte, seine Existenz zu erhalten.*

[2] *Produktionsgenossenschaften: wirtschaftliche Vereinigungen von Handwerkern, Bauern oder Arbeitern ohne unternehmerische Selbstständigkeit*

6.5 Die Rolle der Frau wandelt sich

Telefonzentrale des Industriebetriebs BASF, Ludwigshafen. Foto von 1921.
Telefonistinnen vermitteln mithilfe sogenannter „Stöpselverbindungen" den jeweiligen Anrufer an den gewünschten Gesprächspartner weiter. Das männliche Aufsichtspersonal achtet auf den zügigen Ablauf, die Ausdauer und Freundlichkeit des weiblichen Personals.

1865	Die bürgerliche Frauenbewegung organisiert sich im „Allgemeinen Deutschen Frauenverein" (ADF)
1860er-Jahre	Eine sozialistische Frauenbewegung formiert sich
1894	Der „Bund deutscher Frauenvereine" (BDF) wird gegründet

Frauen zwischen Familie und Beruf

Aus wirtschaftlicher Not waren viele Frauen gezwungen, zum Lebensunterhalt der Familie beizutragen und sich eine Arbeit außerhalb ihres häuslichen Umfeldes zu suchen. Die Tätigkeit von Frauen in gewerblichen Betrieben verstieß aber gegen das Leitbild der Frau, bei dem man sich am Vorbild der adligen und großbürgerlichen Frau orientierte, die zu Hause blieb und dort für das Wohl der Familie sorgte. Dem Mann hingegen kam die Rolle des Ernährers und Haushaltsvorstandes zu, der entsprechend die Familie auch nach außen vertrat. Die Frauen waren in rechtlicher Hinsicht deutlich schlechter gestellt als die Männer: Politische Mitwirkungsrechte, wie die Teilnahme an Wahlen oder die Mitgliedschaft in Parteien, waren ihnen verwehrt. Aber auch in privatrechtlicher Hinsicht waren sie deutlich benachteiligt und konnten über ihr Vermögen oft nur mit Zustimmung ihres Mannes verfügen.

Bereits vor der Industrialisierung war es üblich gewesen, dass die Frauen und Töchter der Bauern und Handwerker neben ihren Tätigkeiten im Haushalt und in der Kindererziehung auf dem Hof bzw. in den Werkstätten und Geschäften mitarbeiteten. Normalerweise vollzogen sich ihre gewerblichen Arbeiten jedoch im Rahmen des Hauswesens der Familie. Wegen der geringen Löhne waren die Frauen und Mädchen gezwungen, durch ihre Erwerbstätigkeit zum Familieneinkommen beizutragen. Unverheiratete Frauen waren meist in Fabriken, als Dienstmädchen oder Haushaltshilfen tätig. Verheiratete Frauen bevorzugten Tätigkeiten zu Hause, um bei ihren Kindern bleiben zu können. Sie erledigten Putz- und Nähdienste oder fertigten in Heimarbeit Waren für die Industrie. Die Benachteiligung der Frauen zeigte sich nicht nur in der Doppelbelastung durch Haushalt und gewerbliche Arbeit, sondern auch in der schlechteren Bezahlung. So erhielten Industriearbeiterinnen nur etwa

40 bis 70 % der Männerlöhne, Verkäuferinnen etwa 60 % (→ M1).
Auch in den Arbeiterkreisen orientierte man sich an dem Rollenverständnis der großbürgerlichen Schicht. Die Abschaffung der Frauenarbeit durch eine bessere Bezahlung der männlichen Arbeiter war daher eine zentrale Forderung der Arbeiterbewegung. Der Berufstätigkeit der Frau standen somit alle sozialen Schichten der Gesellschaft im 19. Jahrhundert eher ablehnend gegenüber.
Folglich hatte die Bildung der Frauen in der Gesellschaft generell nur einen geringen Stellenwert. Zwar gingen die meisten Mädchen im 19. Jahrhundert in Schulen und lernten Lesen, Schreiben und Rechnen. Eine weitergehende Ausbildung war aber nicht vorgesehen. Mädchen aus gutbürgerlichen und adligen Familien wurden vor allem in musischen Fächern ausgebildet. Musik- und Sprachunterricht sollten nur zur Teilnahme am gesellschaftlichen Leben ihrer Kreise dienen. Eine Berufsausbildung war in diesem Bildungskonzept nicht üblich. Junge Frauen aus diesen Schichten konnten daher nur in Berufen wie Klavierlehrerin, Erzieherin oder Lehrerin tätig sein, ohne ihren gesellschaftlichen Status zu verlieren. Aber auch Mädchen aus der Arbeiterschaft und aus der Landbevölkerung erlernten in der Regel keinen Beruf, sondern arbeiteten als ungelernte Hilfsarbeiterinnen oder Dienstmädchen. So hatten 1907 nur etwa 6 % der Arbeiterinnen einen Beruf erlernt, bei ihren männlichen Kollegen war dies immerhin bei 38 % der Fall.
Der Zugang zur Universität war den Frauen in Deutschland während des ganzen 19. Jahrhunderts weitgehend verwehrt. Dabei gab es bereits einige Länder, so etwa England und die nordischen Länder, die Frauen ein Studium, vor allem das der Medizin, ermöglichten. Erst um 1900 öffneten sich in Deutschland die Pforten der Universitäten auch für die Frauen, zunächst in Baden, seit 1908 auch in Preußen. Lange Zeit blieben die Frauen aber noch eine kleine Minderheit unter den Studenten.

Der Beginn der Frauenbewegung

Die Anfänge der Frauenbewegung reichen bis in die Mitte des 19. Jahrhunderts zurück. In den Dreißiger- und Vierzigerjahren bildeten sich erste bürgerliche Frauenvereine, die sich vor allem um Erziehung und Bildung bemühten, zum Teil aber auch politisch aktiv wurden. Die reaktionäre Politik der deutschen Regierungen nach der Revolution von 1848 setzte dem Wirken dieser Frauenvereinigungen aber deutliche Grenzen. Die von *Louise Otto-Peters* herausgegebene „Frauen-Zeitung" wurde verboten. Erst 1865 gelang es durch die Gründung des *Allgemeinen Deutschen Frauenvereins (ADF)* in Leipzig, die ebenfalls unter Beteiligung von Louise Otto-Peters erfolgte, der bürgerlichen Frauenbewegung einen organisatorischen Rahmen zu geben. Im Zentrum der Forderungen des Vereins stand das Recht der Frauen auf Bildung und Arbeit. Weitergehende politische Forderungen, wie etwas das Frauenwahlrecht, wurden aber nicht erhoben. 1877 waren im ADF ca. 12 000 Frauen organisiert. In der Folge kam es zur Gründung einer Reihe weiterer Frauenvereine, die sich 1894 im *Bund deutscher Frauenvereine (BDF)* zusammenschlossen. Die meisten dieser Vereine widmeten sich gemeinnützigen und sozialkaritativen Aufgaben. Es gab jedoch auch radikale Vereinigungen, die sich für die Einführung des Frauenstimmrechtes und eine Verbesserung der Mädchenbildung stark machten. *Helene Lange* forderte beispielsweise 1888 in ihrer „Gelben Broschüre" eine Verbesserung der höheren Mädchenschulen. Auf ihr Betreiben wurden in Berlin die ersten „Realkurse" für Frauen eingerichtet, die seit 1893 in „Gymnasialkurse" umgewandelt wurden. 1896 konnten dort die ersten sechs Mädchen ihr Abitur ablegen.
Neben den bürgerlichen Frauenvereinen entwickelte sich seit den 1860er-Jahren auch eine sozialistische Frauenbewegung, die verstärkt politische Forderungen erhob. Die Begründer der Arbeiterbewegung, wie etwa Ferdinand Lassalle, standen der Frauenarbeit durchaus ablehnend gegenüber. Innerhalb der sozialistischen Bewegung war es vor allem *Clara Zetkin* (1857–1933), die sich in der Frauenfrage einsetzte. Für sie war der Kampf um die Gleichberechtigung der Frau Teil des sozialen Klassenkampfes. Als zentrale Ziele der Frauenbewegung sah sie die Forderung nach gleichem Lohn für gleiche Arbeit, nach verbessertem Schutz der Arbeiterinnen, nach dem Wahlrecht und nach gleichen Bildungschancen. Unterstützung fand sie dabei vor allem bei dem Sozialdemokraten August Bebel, der in seinem Buch „Die Frau und der Sozialismus" 1879 ein positives Bild der Frauenarbeit zeichnete und dazu beitrug, dass die Forderungen der sozialistischen Frauenbewegung auch bei den männlichen SPD-Mitgliedern größeren Zuspruch fanden (→ M2).
Die bürgerliche und die sozialistische Frauenbewegung entwickelten sich getrennt voneinander und hatten keine gemeinsamen Forderungen. Die Erfolge der Frauenbewegung waren daher zunächst nur gering, die Benachteiligung der Frau, vor allem im Berufsleben, blieb bis weit in das 20. Jahrhundert hinein bestehen. Die Einführung des Bürgerlichen Gesetzbuches 1900 brachte in vielen vermögensrechtlichen Fragen eine Verbesserung. Das allgemeine Wahlrecht wurde den Frauen aber erst 1919 nach dem verlorenen Weltkrieg zugestanden.

M1 Die Lage der Arbeiterinnen

Im Zeitraum von 1882 bis 1907 steigt die Anzahl der in Fabriken beschäftigten Frauen von 540 000 auf 1,5 Millionen, von denen rund ein Viertel verheiratet ist. Hauptsächlich sind Frauen in der Textil-, der Nahrungs- und Genussmittel-, der Bekleidungs- und Reinigungsindustrie sowie in Ziegeleien beschäftigt. Ein 1899 von der Reichsregierung in Auftrag gegebener Bericht untersucht die Möglichkeiten, die zunehmende Erwerbstätigkeit verheirateter Frauen zu beschränken, da man die Vernachlässigung der „Hauswirtschaft" und der „Familie" befürchtet:

Die Gründe für die Fabrikbeschäftigung verheirateter Frauen sind im Wesentlichen keine anderen als diejenigen für die Beschäftigung von Arbeiterinnen überhaupt in der Fabrik. Sie liegen in der Unzulänglichkeit des Verdienstes des Familienoberhauptes für die notwendigen Bedürfnisse der Familie. [...] Vor allem aber sind es die niederen Löhne der Arbeiterinnen, die ihre Verwendung den Arbeitgebern überall erwünscht scheinen lassen, wo sie stattfinden kann. Genügender Beweis hierfür ist, dass die Löhne in den Industriezweigen am niedersten sind, in denen Arbeiterinnen in größerer Zahl verwendet werden. Auch erregen alle Nachweise, dass da und dort die Löhne der Arbeiterinnen denen der Arbeiter gleich oder nahezu gleich sind, stets besonderes sozialpolitisches Interesse. Man bedenkt aber nicht, dass dort stets das ganze Lohnniveau durch die Frauenarbeit beeinflusst ist. Auch der Hinweis auf die bei Akkordarbeit für Männer und Frauen meist gleichen Akkordsätze bewirkt vielfach nur eine Täuschung, denn den Frauen werden schon in großem Umfang vielfach nur die Arbeiten zugewiesen, bei denen überhaupt weniger verdient werden kann. [...]
In einer allgemeinen Verkürzung der Arbeitszeit liegt der Kern der ganzen Frage. Doch möchten wir nicht soweit gehen wie die württembergischen Beamten [,die einen achtstündigen Arbeitstag für Frauen forderten], sondern uns zunächst mit dem zehnstündigen Arbeitstag im Interesse der Durchführbarkeit begnügen.

Anne Conrad/Kerstin Michalik (Hrsg.), Quellen zur Geschichte der Frauen, Bd. 3: Neuzeit, Stuttgart 1999, S. 45ff.

1. *Erläutern Sie die im Bericht genannten Gründe für die Frauenerwerbsarbeit.*
2. *Stellen Sie die Empfehlungen des Berichts den Interessen der Unternehmer gegenüber.*
3. *Ziehen Sie aus der Empfehlung des Berichts eine Schlussfolgerung auf die wirtschaftliche Bedeutung der Frauenerwerbsarbeit.*

M2 Aus der ersten Rede einer sozialdemokratischen Arbeiterin

Die österreichische Sozialdemokratin Adelheid Popp (1869–1939), die seit dem zehnten Lebensjahr als Dienstmädchen, Näherin und Fabrikarbeiterin arbeiten muss, berichtet 1891 über ihre erste Rede auf einer Versammlung der Sozialdemokraten:

Kurz nachher hielt ich meine erste öffentliche Rede. Es war an einem Sonntagvormittag, in einer Branchenversammlung. Ich sagte niemandem, wo ich hinging und da ich auch sonst öfter am Sonntagvormittag allein fortging, um eine Galerie oder ein Museum zu besuchen, so fiel mein Fortgehen nicht auf. Die Versammlung war von dreihundert Männern und von neun Frauen besucht, wie ich nachher aus dem Fachblatt erfuhr. Da in der betreffenden Branche die Frauenarbeit eine bedeutende Rolle zu spielen begann und die Männer das Angebot der billigeren weiblichen Arbeitskräfte schon spürten, so sollte in der Versammlung die Bedeutung der gewerkschaftlichen Organisation besprochen werden. Dazu war eine besondere Agitation unter den Arbeiterinnen entfaltet worden und obwohl Hunderte in einer einzigen Fabrik arbeiteten, waren im Ganzen neun Frauen gekommen. Als der Einberufer das mitteilte und der Referent darauf Bezug nahm, fühlte ich große Scham über die Gleichgültigkeit meiner Geschlechtsgenossinnen. Ich nahm alle Ausführungen fast persönlich und fühlte mich davon getroffen. Der Redner schilderte das Wesen der Frauenarbeit und bezeichnete die Rückständigkeit, die Bedürfnislosigkeit und die Zufriedenheit der Arbeiterinnen als Verbrechen, die alle anderen Übel nach sich ziehen. Auch über die Frauenfrage im Allgemeinen sprach er, und von ihm hörte ich zum erstenmal August Bebels Buch: „Die Frau und der Sozialismus" erwähnen.
Als der Referent geschlossen hatte, forderte der Vorsitzende auf, die Anwesenden sollen sich zu der wichtigen Frage äußern. Ich hatte das Gefühl, dass ich reden müsste. Ich bildete mir ein, alle Augen seien auf mich gerichtet, man warte, was ich zur Verteidigung meines Geschlechts zu sagen habe. Ich hob die Hand und bat um das Wort. Man rief schon „Bravo!" ehe ich noch den Mund aufgetan hatte, so wirkte der Umstand, dass eine Arbeiterin sprechen wollte. Als ich die Stufen zum Rednerpult hinaufging, flimmerte es mir vor den Augen und ich spürte es würgend im Halse. Aber ich überwand diesen Zustand und hielt meine erste Rede. Ich sprach von den Leiden, von der Ausbeutung und von der geistigen Vernachlässigung der Arbeiterinnen. Auf letztere wies ich besonders hin, denn sie schien mir die Grundlage aller anderen rückständigen und für die Arbeiterinnen schädigenden Eigenschaften zu sein. Ich sprach über alles das, was ich an mir selber er-

fahren und an meinen Kolleginnen beobachtet hatte. Aufklärung, Bildung und Wissen forderte ich für mein Geschlecht und die Männer bat ich, uns dazu zu verhelfen.

Der Jubel in der Versammlung war grenzenlos, man umringte mich und wollte wissen, wer ich sei; man hielt mich zuerst für eine Branchengenossin und forderte mich auf, so wie ich gesprochen habe, solle ich für das Faltblatt einen Artikel an die Arbeiterinnen schreiben. Das war nun freilich eine böse Sache. Ich hatte ja nur drei Jahre die Schule besucht, von Orthografie und Grammatik hatte ich keine Ahnung und meine Schrift war wie die eines Kindes, da ich ja nie Gelegenheit gehabt hatte, sie zu üben. Doch versprach ich, mich zu bemühen, den Artikel zustande zu bringen.

Ich war wie in einem Taumel, als ich nach Hause ging. Ein unnennbares Glücksgefühl beseelte mich, ich kam mir vor, als hätte ich die Welt erobert. Kein Schlaf kam in dieser Nacht in meine Augen. – Den Artikel für das Fachblatt schrieb ich; er war klein und nicht gewandt im Ausdruck. Er lautete: „Zur Lage der in Fabriken beschäftigten Arbeiterinnen.

Arbeiterinnen! Habt Ihr schon einmal über Eure Lage nachgedacht? Leidet Ihr nicht alle unter der Brutalität und Ausbeutung Eurer sogenannten Herren? Viele Lohnsklavinnen arbeiten vom grauenden Morgen bis in die späte Nacht, während Tausende ihrer Mitschwestern arbeitslos die Tore der Fabriken und Werkstätten belagern, weil es ihnen nicht möglich ist, soviel Arbeit zu erhalten, um sich vor Hunger zu schützen und ihren Körper notdürftig zu bekleiden. Und wie weit reicht der Lohn selbst für so lange anhaltende Arbeit?

Ist es der unverheirateten Arbeiterin möglich, ein menschenwürdiges Dasein zu führen? Und erst die verehelichte Arbeiterin? Ist es ihr möglich, trotz anstrengender Arbeit für ihre Kinder in erforderlicher Weise zu sorgen? Muss sie nicht hungern und darben, um für diese das Notwendigste herbeizuschaffen? So ist die Lage der weiblichen Arbeiter und wenn wir da müßig zusehen, wird sie sich nie zum Besseren wenden, im Gegenteil wir werden immer mehr getreten und ausgesogen.

Arbeiterinnen! Zeigt, dass Ihr noch nicht gänzlich versumpft und geistig verkümmert seid. Rafft Euch auf, erkennt, dass sich männliche und weibliche Arbeiter zum gemeinsamen Bunde die Hände reichen müssen. Verschließt Euer Ohr nicht dem Rufe, der an Euch ergeht. Tretet der Organisation bei, die auch die Frauen zum wirtschaftlichen und politischen Kampfe erziehen will.

Besucht Versammlungen, lest Arbeiterblätter, werdet ziel- und klassenbewusste Arbeiterinnen in den Reihen der sozialdemokratischen Arbeiterpartei."

Gerhard Henke-Bockschatz, Industrialisierung (Fundus – Quellen für den Geschichtsunterricht), Schwalbach/Ts. 2003, S. 201-202

1. *Erläutern Sie, worin nach Ansicht des Berichtes die Ursachen für die Benachteiligung der Frauen liegen.*
2. *Diskutieren Sie den Lösungsansatz, den die Sozialdemokratin in ihrem Aufruf bietet.*

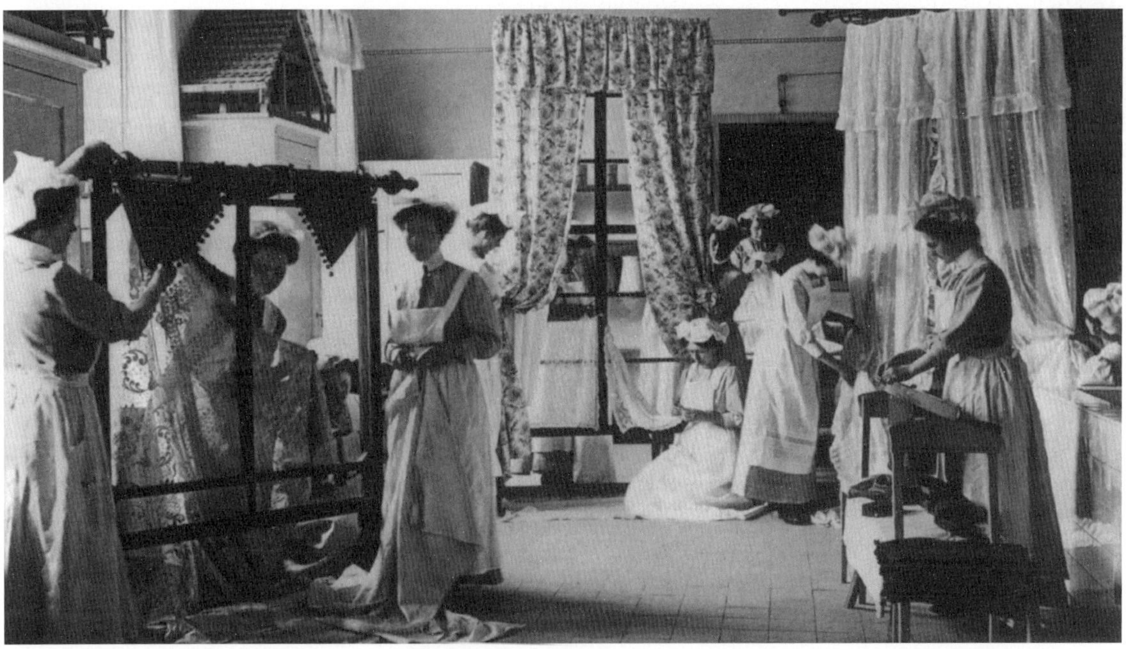

Dienstmädchen bei der Ausbildung an der Königlichen Handels- und Gewerbeschule Potsdam. Foto von 1912.

Zusammenfassen und vertiefen

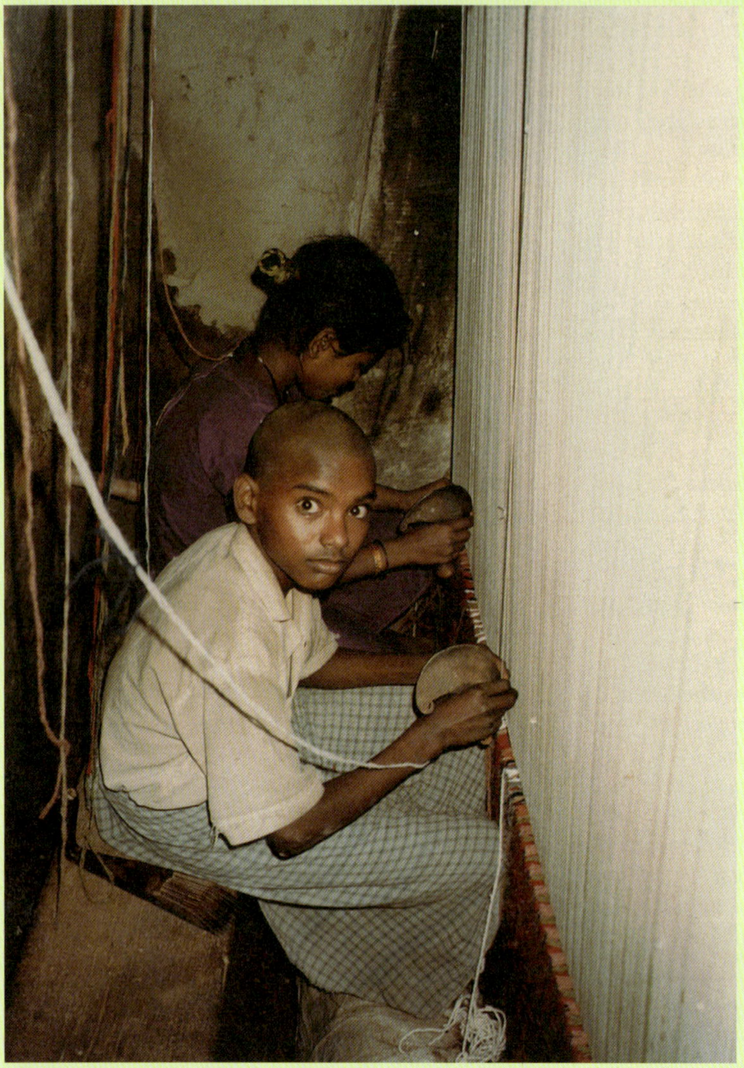

Junge und Mädchen beim Teppichknüpfen in Katmandu (Nepal).
► Informieren Sie sich über die Ursachen für Kinderarbeit in der heutigen Zeit und vergleichen Sie mit der Kinderarbeit im 18. und 19. Jahrhundert. Beurteilen Sie, welche Maßnahmen gegen Kinderarbeit wirksam und sinnvoll sind.

1. *Skizzieren Sie die Wechselwirkungen zwischen Bevölkerungswachstum, wirtschaftlicher und sozialer Entwicklung im 19. Jahrhundert in den deutschen Ländern.*
2. *Vergleichen Sie die Theorien von Adam Smith und Karl Marx unter folgenden Kriterien: Welches Menschenbild lag ihrem Denken zugrunde? Wo setzte jeweils ihr Denken an? Welche Lösungen schlugen sie vor?*
3. *Stellen Sie die Bereiche zusammen, in denen der Staat während der Industrialisierung in den Bereich von Industrie und Arbeitswelt eingriff. Erläutern Sie jeweils die Maßnahmen und bewerten Sie deren Erfolg.*
4. *Erläutern Sie die Bedeutung der naturräumlichen Gegebenheiten für die Industrialisierung in England und Deutschland.*
5. *Die Entwicklung des Mikrochips und der Mikroelektronik ab der zweiten Hälfte des vergangenen Jahrhunderts eröffnete neue Möglichkeiten für die Industrie und schuf neue Formen der Kommunikation. So können beispielsweise mithilfe von Robotern in bestimmten Bereichen die Produktion automatisiert und große Datenmengen digital gespeichert werden. Das Internet ermöglicht den schnellen Austausch von Daten und Informationen. Im Zusammenhang mit den tief greifenden Veränderungen spricht man von der „Dritten Industriellen Revolution". Überlegen Sie, welche Auswirkungen die Nutzung der neuen Technologien auf die Arbeitswelt und das Leben der Menschen hat. Vergleichen Sie mit der Ersten und Zweiten Industriellen Revolution und urteilen Sie, ob der Begriff „Dritte Industrielle Revolution" zutreffend ist.*
6. *Vergleichen Sie die Chancen von Frauen in der Berufswelt heute und in der Zeit der Industrialisierung.*

7 Gründung, Aufstieg und Ende des Deutschen Kaiserreiches

Kaiser Wilhelm II. zeichnet in Verdun Soldaten aus, Foto von 1917 (Ausschnitt).
„Pickelhaube" war die volkstümliche Bezeichnung für den 1843 in Preußen eingeführten Helm mit Metallspitze. Zusätzlich zum üblichen Kopfschutz des Soldaten sollte die Spitze z. B. einen Schwerthieb nach der Seite ablenken. Dieser Helmtyp wurde später von den Soldaten aller deutschen Bundesstaaten übernommen und zum Symbol für Deutschlands Armeen, aber auch für den Militarismus im Kaiserreich. Erst im Verlauf des Ersten Weltkrieges trat der viel wirksamer schützende Stahlhelm an die Stelle der Pickelhaube. Diese wurde mit einem Stoffüberzug versehen, um feindlichen Schützen im Krieg weniger aufzufallen.

Ein Vaterland mit Pickelhaube?

Die Abgeordneten der Paulskirche hatten eine kleindeutsche Einheit 1849 zwar beschlossen, aber politisch nicht durchsetzen können. 1866 bewirkte ein schneller Sieg der pickelhaubenbewehrten preußischen Armee über Österreich den Ausschluss dieser bisherigen deutschen Führungsmacht aus der deutschen Politik. Preußens Vorherrschaft erstreckte sich zunächst lediglich auf alle Staaten nördlich der „Mainlinie". Im Vorzeichen eines preußisch-gesamtdeutschen Sieges über Frankreich 1870/71 beteiligten sich dann auch die süddeutschen Staaten an dem 1871 von den „verbündeten Regierungen" geschaffenen Deutschen Kaiserreich. Otto von Bismarck, preußischer Ministerpräsident seit 1862 und von 1871 bis 1890 zugleich deutscher Reichskanzler, hätte die Deutschen freilich kaum „unter einen Hut" bringen können, wenn er für Preußens Machtpolitik nicht auch die nationale Einheitsbewegung hätte nutzen können.

Preußens Übergewicht in dem bis 1918 bestehenden Kaiserreich war unübersehbar. Zu Preußen gehörten 1871 60% der Reichsbevölkerung und 65% des Reichsterritoriums. Gegen Preußens Willen konnten die Regierungen der übrigen Bundesstaaten und auch der Reichstag in einem ernsten Konfliktfall nichts durchsetzen. Aber der kleindeutsche Nationalstaat wurde trotz der Zugehörigkeit zum jeweiligen Einzelstaat als das größere Vaterland begriffen und begrüßt. Die doppelte Loyalität zum engeren und weiteren Vaterland wurde auch durch zwei seitliche kleine Kokarden in den Landes- und Reichsfarben an den Pickelhauben der Soldaten verdeutlicht.

Obwohl „Eisen und Blut" entscheidend zur Reichsgründung beitrugen und die Verherrlichung des preußisch-deutschen Militärs zu einem Kennzeichen des Kaiserreichs wurde, blieb den Deutschen 43 Jahre lang der Friede erhalten. Das galt auch noch, als nach Bismarcks zurückhaltender Außenpolitik unter Kaiser Wilhelm II. Deutschlands Politiker im Zeichen neuen Prestigedenkens und Strebens nach Weltgeltung einen „Platz an der Sonne" einforderten.

1914 bis 1918 durchlebte Europa dann doch die Schrecken des modernen Krieges. Neun Millionen Tote und 20 Millionen Verwundete – das war die furchtbare Opferbilanz.

7.1 Die Einigung Deutschlands unter der Führung Preußens

Kaiserproklamation in Versailles.
Ölgemälde von Anton von Werner, 1885.
Diese dritte Fassung der „Kaiserproklamation“ entstand in kaiserlichem Auftrag aus Anlass des 70. Geburtstags des Reichskanzlers Otto von Bismarck.
Das Bild interpretiert die Ereignisse am 18. Januar 1871. Damals trug Bismarck eigentlich eine blaue Uniform. Durch die weiße wird er besonders hervorgehoben. Neben ihm steht der Generalstabschef Helmuth von Moltke.
Hinter Kaiser Wilhelm I., der vom Großherzog von Baden mit erhobener rechter Hand zum Kaiser ausgerufen wird, stehen der Kronprinz, die deutschen Fürsten und die Vertreter der Hansestädte.

1862	Otto von Bismarck wird Ministerpräsident im Königreich Preußen
1864	Preußen und Österreich siegen im Krieg gegen Dänemark
1866	Preußen besiegt Österreich und die mit ihm verbündeten Staaten; Ende des „Deutschen Bundes“
1867	Unter preußischer Führung entsteht der Norddeutsche Bund
1870/71	Die deutschen Staaten siegen im Kampf gegen Frankreich
1871	Der preußische König Wilhelm I. wird zum Kaiser proklamiert

Die Restauration[1] des Deutschen Bundes

Ein Versuch Preußens, nach der Ablehnung der von der Paulskirche beschlossenen Verfassung (s. S. 183 f.) doch noch einen preußisch geführten Bundesstaat mittels einer von den Fürsten getragenen Initiative zu schaffen, scheiterte schnell. Nicht alle einzelstaatlichen Regierungen waren zur vorgesehenen „Union" bereit. Vor allem Österreich setzte sich, unterstützt von Russland, mit Nachdruck für die Wiederherstellung des Deutschen Bundes ein. Als ein Krieg drohte, gab Preußen seine Pläne Ende 1850 auf. Österreich übernahm erneut seine Rolle als Führungsmacht im Bund und lehnte den preußischen Wunsch nach einem regelmäßigen Wechsel im Vorsitz der Bundesversammlung ab. Vor 1848 hatten sich Preußen und Österreich in wichtigen Fragen der Bundespolitik stets verständigen können. Darum bemühten sie sich zunächst auch nach den Revolutionsjahren. Aber langfristig war aufgrund von Prestige- und Machtkonkurrenz auch mit offenen Spannungen zwischen den beiden Großmächten zu rechnen.

Die „Reaktionsära"

Einigkeit herrschte zwischen Österreich und Preußen vor allem beim Kampf gegen das Erbe der Revolution in den Jahren der Reaktionspolitik. Auf gemeinsamen Antrag beider Großmächte hin wurden die von der Paulskirche erarbeiteten und beschlossenen Grundrechte noch 1851 aufgehoben. Im wiederhergestellten Deutschen Bund kam es zu einer Erstarrung des öffentlichen politischen Lebens. Österreich setzte sogar seine Verfassung außer Kraft und kehrte bis 1867 zum Neoabsolutismus zurück. Ein „Reaktionsausschuss" des Deutschen Bundes überwachte die Rücknahme fortschrittlicher Verfassungsbestimmungen in den Einzelstaaten. In ihnen – allen voran Preußen und Österreich – mussten sich die nationalen und liberalen Kräfte der neu gefestigten Macht der Fürsten und ihrer Exekutive beugen und die Unterdrückung oppositioneller Meinungsäußerungen hinnehmen. Eine eigene reaktionäre Vereins-Gesetzgebung behinderte zudem die Bildung und Betätigung politischer Parteien.

Eine „Neue Ära" beginnt

Die Ideen des Liberalismus und Nationalismus lebten trotz des autoritären Drucks der Obrigkeit vor allem im wirtschaftlich erfolgreichen Bürgertum fort. Hoffnung keimte auf, als 1858 Prinz *Wilhelm* (1797–1888) als Regent für seinen erkrankten Bruder in Preußen die „Neue Ära" einleitete. Durch fortschrittliche Politik sollte Preußen „moralische Eroberungen" in Deutschland machen. Seine Regierung tolerierte das Wirken des neu gegründeten „kleindeutsch" gesinnten *Deutschen Nationalvereins*.

Die politischen Debatten innerhalb des Nationalvereins förderten die Bildung „moderner" Parteien mit festen organisatorischen Strukturen. Den Anfang machte 1861 in Preußen die *Deutsche Fortschrittspartei*, deren Programm einen Musterkatalog liberaler Forderungen enthielt: die Einigung Deutschlands, Rechtsgleichheit, Pressefreiheit und Stärkung des Parlaments. Die Fortschrittspartei entwickelte sich im preußischen Abgeordnetenhaus rasch zur stärksten politischen Kraft.

„Das Einzige und der Einzige." Holzschnitt von Wilhelm Scholz aus dem „Kladderadatsch" vom 13. November 1859.

Zum 100. Geburtstag Friedrich Schillers am 10. November 1859 fanden in 440 deutschen Orten Festakte statt. Das Bild spielt auf die Grundsteinlegung eines Schiller-Denkmals in Berlin an.

▶ *Charakterisieren Sie die dargestellten Personen und erklären Sie den Titel.*

Auch in anderen Staaten wurden die Reaktionsministerien abgelöst. Zur gleichen Zeit verliehen die Einigungskriege in Italien der deutschen Nationalbewegung neue Impulse. So boten *Friedrich Schillers* hundertster Geburtstag am 10. November 1859 oder das Gedenken an die erfolgreichen Befreiungskriege gegen Napoleon Anlässe für patriotische Feste.

[1] *Restauration: Wiederherstellung der alten Ordnung nach einem Umsturz*

Träger dieser national geprägten Bewegung waren vor allem Sänger-, Turner- und Schützenvereine, in denen sich alle Gruppen des Bürgertums zusammenfanden. Nationale Gesinnung und liberale Forderungen erschienen wieder im Gleichklang.

Der Verfassungskonflikt um die Heeresreform in Preußen

Hoffnungen auf die Durchsetzung liberaler Forderungen in Preußen erfüllten sich nicht. Wilhelm, seit 1861 König, stimmte mit den Adligen im Herrenhaus und der liberalen Mehrheit im Abgeordnetenhaus zwar darin überein, zur Wiederherstellung des Kräftegleichgewichts zwischen Preußen und den anderen Großmächten die Friedensstärke der Armee von 150 000 auf 210 000 Mann zu erhöhen. Dagegen stießen die Pläne des Königs und des Kriegsministers *von Roon*, die Dienstzeit von zwei auf drei Jahre zu verlängern sowie drei Jahrgänge der von bürgerlichen Reserveoffizieren geführten Landwehr[1] dem Kommando adliger Berufsoffiziere zu unterstellen und dadurch zu einer bloßen Reservearmee zu machen, auf Widerstand. Die liberalen Abgeordneten befürchteten, dass während der ausgeweiteten Dienstzeit der Bürger in Uniform in einen der Krone treu ergebenen Soldaten umerzogen werden sollte. Ferner wollte man eine Schwächung des in der Landwehr verkörperten Prinzips des „wehrhaften Bürgers" und eine Verstärkung der Macht der Krone auf Kosten des Bürgertums nicht hinnehmen.

In der sich über Jahre hinziehenden Auseinandersetzung ging es letztlich um die Forderung der Volksvertretung nach einem Mitspracherecht auch in Militärangelegenheiten, während der König unter Berufung auf seine Kommandogewalt auf monarchische, keiner parlamentarischen Kontrolle unterworfene Vollmachten pochte. So weitete sich der Streit zum Verfassungskonflikt aus, als das – wiederholt aufgelöste – Abgeordnetenhaus auf sein Budgetrecht pochte und erstmals eine genaue Auflistung der einzelnen Etatposten des bisher immer pauschal vorgelegten Militärhaushalts verlangte. Damit hätte sich die Möglichkeit ergeben, einzelne Positionen abzulehnen. In dieser Konfliktsituation ernannte der König den als ultrakonservativ geltenden *Otto von Bismarck* im September 1862 zum Ministerpräsidenten. Denn dieser war bereit, die Heeresreform auch gegen und ohne die Volksvertretung diktatorisch durchzusetzen (→ M1).

Die Lückentheorie

Nach der preußischen Verfassung konnte ein Gesetz nur bei Übereinstimmung zwischen dem König und den beiden Kammern zustande kommen. Für den Fall einer Kontroverse sah die Verfassung jedoch keine ausdrückliche Regelung vor. Bismarck deutete dies eigenwillig als Verfassungslücke und folgerte, dass in dieser Situation dem König als Souverän und Verfassungsgeber die letzte Entscheidung zufalle. Da im Interesse des Staates die geplante Heeresreform erforderlich sei, müsse diese auch ohne Finanzbewilligung seitens des Parlaments durchgeführt werden. Nach heftigen Protesten löste der König wiederholt den Landtag auf – ohne Erfolg.

Zu einer Beilegung des Konfliktes kam es erst, als Bismarck sich vier Jahre nach seiner Berufung, politisch gestärkt nach großen außenpolitischen Erfolgen und Siegen Preußens (s. S. 225) im Nachhinein sein Vorgehen vom Abgeordnetenhaus billigen ließ. Mit der Annahme der *Indemnitätsvorlage*[2] im September 1866 erkannte der Kanzler das Budgetbewilligungsrecht des Abgeordnetenhauses an. Er gestand damit ein, die Verfassung einseitig ausgelegt zu haben. Im Gegenzug wurde ihm von einer Parlamentsmehrheit bescheinigt, dass er in jener Ausnahmesituation so habe handeln dürfen.

An der Indemnitätsvorlage spalteten sich die Liberalen. Es bildete sich die *Nationalliberale Partei*, die – im Gegensatz zur nunmehr kleineren, weiterhin grundsätzlich bismarckfeindlichen Fortschrittspartei – die von Bismarck durchgesetzte Heeresreform nachträglich billigte. Die Anhänger der Nationalliberalen setzten darauf, dass die baldige Schaffung eines Nationalstaates gewiss eine Parlamentarisierung des öffentlichen Lebens nach sich ziehen würde.

Der Krieg um Schleswig-Holstein

Im *Londoner Protokoll* von 1852 war mit Zustimmung der europäischen Großmächte festgelegt worden, dass die Herzogtümer Schleswig und das zum Deutschen Bund gehörige Holstein unter sich verbunden und von Dänemark getrennt bleiben sollten, also vom dänischen König nur in Personalunion regiert werden durften. Dänemark brach diese Übereinkunft 1863 und gliederte Schleswig seinem Königreich ein. Starke patriotische Proteste im Deutschen Bund waren die Folge. Während die Opposition den Nationalkrieg gegen Dänemark und die Übertragung Schleswigs und Holsteins an einen deutschen Fürsten forderte, verlangten die in diesem Falle gemeinsam agierenden Mächte

[1] *Die Landwehr war Bestandteil des preußischen Heeres. Sie umfasste alle Männer bis zum 40. Lebensjahr, die nicht dem stehenden Heer angehörten.*

[2] *Idemnitätsvorlage: nachträgliche Billigung einer Regierungsmaßnahme, die das Parlament vorher abgelehnt hatte*

Österreich und Preußen von Dänemark lediglich die Wiederherstellung der im Londoner Protokoll festgelegten Verhältnisse. Vor allem der wegen seiner Innenpolitik weithin verhasste Bismarck zog deshalb zusätzliche Kritik und Verachtung auf sich. Allerdings war sein Taktieren erfolgreich: Nachdem Dänemark ein Ultimatum, die alten Verhältnisse wiederherzustellen, abgelehnt hatte und so für die anderen europäischen Großmächte kein Anlass zum Eingreifen bestand, besetzten preußische und österreichische Truppen nach siegreichen Kämpfen 1864 die beiden Elbherzogtümer. Im *Frieden von Wien* (Oktober 1864) trat Dänemark Schleswig und Holstein an den Kaiser von Österreich und den König von Preußen ab. In der Folgezeit wurde Schleswig von Preußen und Holstein von Österreich verwaltet.
Über die weitere Zukunft der Herzogtümer, die vor allem Preußen die Chance zur Machtsteigerung in Norddeutschland bot, kam es jedoch zu Spannungen zwischen den beiden Mächten.

Preußens Sieg über Österreich

Auch in Fragen einer Reform und Umgestaltung des Deutschen Bundes nahmen Wien und Berlin längst offen gegensätzliche Positionen ein. Die alten Rivalitäten waren nicht überwunden. Bismarck wollte die Führungsstellung Österreichs im Bund nicht hinnehmen und Österreich wollte seinerseits Preußen nicht gleichberechtigt neben sich haben. Alle Beteiligten waren sich bewusst, dass eine sich abzeichnende kriegerische Auseinandersetzung die Entscheidung über die Vorherrschaft in Deutschland bringen würde.
Als Österreich sich im Juni 1866 zur Klärung der Schleswig-Holstein-Frage an den Bundestag wandte, erklärte Preußen das für einen Bruch der bestehenden zweiseitigen Vereinbarungen und marschierte in Holstein ein. Bismarck legte dem Bundestag außerdem einen Reformvorschlag vor, der die Gründung eines föderalistischen Bundesstaates unter Ausschluss Österreichs vorsah. Nachdem Österreich die Zustimmung für die Mobilisierung von Bundestruppen gewann, erklärte Preußen seinen Austritt aus dem Deutschen Bund. Im „deutschen Bruderkrieg" von 1866 stand Preußen mit seinen norddeutschen Verbündeten auf der einen und Österreich mit seinen Verbündeten Hannover, Sachsen, Bayern, Württemberg, Baden und Hessen auf der anderen Seite. In der *Schlacht bei Königgrätz* (Sadowa) in Böhmen am 3. Juli 1866 schlug das preußische Heer die österreichische Armee vernichtend. Das war ein Ergebnis der überlegenen preußischen Bewaffnung und Kriegsführung, die zur Truppenkonzentration Telegraf und Eisenbahn in ganz neuer Weise zu nutzen verstand.

Österreich blieb zwar territorial unangetastet – diese langfristig wichtige Schonung der besiegten Großmacht setzte Bismarck gegenüber seinem König durch. Es musste aber im *Frieden von Prag* (1866) die Auflösung des Deutschen Bundes und damit seine Herausdrängung aus Deutschland hinnehmen. Zugleich stimmte Wien auch der Annexion Schleswigs, Holsteins, Hannovers, Kurhessens, Nassaus und Frankfurts durch Preußen zu. Das Königreich Preußen reichte nun von Aachen bis Königsberg und umfasste mehr als die Hälfte Deutschlands. Den überwältigenden außenpolitischen Erfolg konnte Bismarck innenpolitisch zur Beilegung des Verfassungskonfliktes nutzen. Im preußischen Ministerpräsidenten sahen nun auch viele Gegner den Mann, der die deutsche Einheit vollenden könnte.

„Deutschlands Zukunft."
Österreichische Karikatur aus dem „Kikeriki", 1866.
Der Untertitel lautet:
„Kommt es unter einen Hut?"
„Ich glaube, 's kommt eher unter eine Pickelhaube!"

Der Norddeutsche Bund

Im Sommer 1867 schlossen sich alle 22 nördlich der „Mainlinie" selbstständig verbliebenen Staaten zum *Norddeutschen Bund* zusammen (→ M2). Der Norddeutsche Bund war ein Bundesstaat, an dessen Spitze der König von Preußen als erblicher Bundespräsident stand. Nach der Auflösung des ehemaligen Deutschen Bundes blieben die süddeutschen Staaten zunächst politisch völlig selbstständig. Sie waren lediglich wirtschaftlich, durch ihre Mitgliedschaft im Zollverein, mit dem Norden Deutschlands verbunden. Bismarck gelang es allerdings, die süddeutschen Regierungen zum Abschluss zunächst geheimer Schutz- und Trutzbündnisse zu gewinnen. Dazu dienten ihm Hinweise auf Annexionsabsichten *Napoleons III.*

Der Deutsch-Französische Krieg

Napoleon III. registrierte die zunehmende Stärke Preußen-Deutschlands mit Unbehagen. Um Preußens Einfluss auf das Gebiet nördlich des Mains zu beschränken, unterstützte er den Selbstständigkeitskurs der süddeutschen Staaten. Vergeblich suchte er zur Stärkung seiner nachlassenden Autorität im Innern nach außenpolitischen Erfolgen. Die französische Neutralität im preußisch-österreichischen Krieg war unter anderem mit dem vagen Hinweis auf eventuelle Gebietsabtretungen gesichert worden. Als Napoleon III. nach Kriegsende aber Ansprüche auf Rheinhessen und die bayerische Pfalz erhob, wies Bismarck diese brüsk zurück. Auch beim vergeblichen Versuch, Luxemburg vom niederländischen König käuflich zu erwerben, wurde Napoleon III. von Bismarck im Stich gelassen. So war das Verhältnis zu Frankreich äußerst angespannt.

Den Anlass zu einer militärischen Auseinandersetzung bildete schließlich der Streit um die spanische Thronfolge. Einem entfernten katholischen Vetter des preußischen Herrschers Wilhelm I., *Leopold von Hohenzollern-Sigmaringen*, war der verwaiste spanische Thron angeboten worden. In Frankreich wurden alte Ängste vor einer Umklammerung des Landes geweckt. Als die französische Regierung ultimativ den Thronverzicht Leopolds forderte und Kriegsbereitschaft signalisierte, zog dieser seine von Bismarck geförderte Kandidatur zurück.

Frankreich war mit diesem Erfolg allein nicht zufrieden. Sein Botschafter *Benedetti* reiste nach Bad Ems und forderte von dem dort zur Kur weilenden preußischen König Wilhelm I., dem Oberhaupt des Gesamthauses Hohenzollern, die Zusage, in Zukunft keiner neuen Kandidatur eines Hohenzollern seine Zustimmung zu geben. Der König ließ seine ablehnende Reaktion auf das neue französische Verlangen Bismarck in einer Depesche[1] mitteilen. Die Presse erhielt das als *Emser Depesche* bezeichnete Telegramm in einer von Bismarck gestrafften und verschärft wirkenden Form (→ M3). Die so zurückgewiesene, aber um Prestige ringende französische Regierung erklärte Preußen sechs Tage später, am 19. Juli 1870, den Krieg – wie von Bismarck erhofft. Dabei stieß sie auf Unverständnis bei den übrigen europäischen Großmächten, die sich neutral verhielten. Angesichts der preußenfreundlichen Haltung Russlands konnte auch Österreich-Ungarn nicht an eine Revanche für 1866 denken.

Innerhalb Deutschlands half die französische Kriegserklärung, die Einigung weiter voranzutreiben. Dank der Bündnisverträge stellten sich die süddeutschen Staaten auf die Seite Preußens und des Norddeutschen Bundes, sodass aus dem preußisch-französischen ein deutsch-französischer Krieg wurde, der im Gefühl nationaler Gemeinsamkeit erlebt wurde. Dieser Krieg ebnete schließlich den Weg zur Gründung des kleindeutschen Nationalstaats.

Die französische Armee unterlag nach mehrwöchigen Kämpfen im Elsass und in Lothringen. Am 2. September 1870 kapitulierte der in Sedan eingeschlossene Kaiser Napoleon III. und begab sich in Gefangenschaft. Das Zweite Kaiserreich brach zwei Tage später zusammen. Die neue republikanische Regierung setzte angesichts drohender Gebietsabtretungen den Krieg fort, der sich bis zur Kapitulation der Stadt Paris am 28. Januar 1871 hinzog. In dem am 10. Mai 1871 in Frankfurt unterzeichneten Friedensvertrag musste Frankreich Elsass und Lothringen an das Deutsche Reich abtreten, das zudem noch 5 Milliarden Goldfranken Entschädigung erhalten sollte. Die Friedensbedingungen schufen einen Dauerkonflikt, der die Beziehungen zwischen beiden Mächten bis zum Ausbruch des Ersten Weltkrieges massiv belastete.

[1] *Depesche: Telegramm*

Der Weg zur Reichseinigung 1866–1871.

Die Gründung des Deutschen Kaiserreiches 1871

Noch während des Feldzuges bemühte sich Bismarck intensiv um die Zustimmung der süddeutschen Staaten zur Vollendung des kleindeutschen Nationalstaates, die auch in der Öffentlichkeit unter dem Eindruck des gemeinsamen Kriegserlebnisses gefordert wurde. Während Hessen-Darmstadt, Baden und Württemberg bereit waren, dem Norddeutschen Bund beizutreten und dafür bestimmte Sonderrechte zugestanden bekamen, fiel dieser Schritt Bayern zunächst schwer. Aber sein Vorschlag eines nord- und süddeutschen Doppelbundes mit wechselndem Vorsitz hatte keinerlei Erfolgsaussicht (➔ M4). Das Zugeständnis zahlreicher *Separatrechte* (u. a. eigene diplomatische Vertretungen, Post, Heer) erleichterte den Abschluss der Einigungsverträge, die am 1. Januar 1871 in Kraft traten. Das neue Deutsche Kaiserreich verdankte seine Entstehung zwar einer Einigung der fürstlichen Regierungen, war aber auch durch die Zustimmungen der Volksvertretungen legitimiert.

Der preußische König wird „Deutscher Kaiser"

Bayerns König *Ludwig II.* als bedeutendster Bundesfürst war es, der dem preußischen König im Namen der Fürsten und Freien Städte in einem *„Kaiserbrief"* gegen das Versprechen geheimer jährlicher Zahlungen in seine Privatschatulle die Kaiserwürde anbot und damit – im Sinne des monarchischen Prinzips – einer entsprechenden Bitte des Norddeutschen Reichstages zuvorkam.

Noch während des Krieges, am 18. Januar 1871, kam es zur Kaiserproklamation im Spiegelsaal des Schlosses von Versailles. Der preußische König war jetzt zugleich „Deutscher Kaiser".

Die deutsche Einigung war zum einen das Ergebnis mehrerer erfolgreicher Kriege, zum anderen entsprach sie dem Willen nationaler und liberaler Kreise und wurde auch vom Ausland letztlich als folgerichtig akzeptiert.

M1 Das „Eisen-und-Blut"-Konzept

In seinen „Gedanken und Erinnerungen" schildert Otto von Bismarck (1815–1898) die Grundgedanken seiner Rede als neu ernannter preußischer Ministerpräsident vor der Budgetkommission des preußischen Abgeordnetenhauses vom 30. September 1862:

Der Konflikt drehe sich bei uns um die Grenze zwischen Krongewalt und Parlamentsgewalt. Die Krone habe noch andere Rechte, als die in der Verfassung ständen. [...]

Nicht auf Preußens Liberalismus sieht Deutschland, sondern auf seine Macht; Bayern, Württemberg, Baden mögen dem Liberalismus indulgieren[1], darum wird ihnen doch keiner Preußens Rolle anweisen; Preußen muss seine Kraft zusammenfassen und zusammenhalten auf den günstigen Augenblick, der schon einige Male verpasst ist; Preußens Grenzen nach den Wiener Verträgen sind zu einem gesunden Staatsleben nicht günstig; nicht durch Reden und Majoritätsbeschlüsse werden die großen Fragen der Zeit entschieden – das ist der große Fehler von 1848 und 1849 gewesen – sondern durch Eisen und Blut.

Otto von Bismarck, Die gesammelten Werke, Band 10, Berlin 1928, S. 138f.

Erklären Sie, welches Politik- und Verfassungsverständnis Bismarcks in dieser Rede deutlich wird.

M2 „Groß-Preußen mit Vasallenstaaten"

August Bebel (1840–1913) hält am 10. April 1867 seine erste Rede vor dem sich konstituierenden Norddeutschen Reichstag. Er ist zu diesem Zeitpunkt Vertreter der „Sächsischen Volkspartei". Bebel wird später einer der profiliertesten Politiker der deutschen Sozialdemokratie werden. Seine Ausführungen beziehen sich auf die Verabschiedung der Verfassung des Norddeutschen Bundes:

Abgeordneter Bebel: [...] meine Herren, ich behaupte, dass mit der Gründung dieses Norddeutschen Bundes ein spezifisch preußisches Interesse (*Widerspruch rechts*), dass die Stärkung der Hohenzollernschen Hausmacht damit bezweckt worden ist. (*Lebhafter Widerspruch rechts.*)
Präsident: Meine Herren! Lassen Sie doch den Herrn Redner ruhig zu Ende reden und widerlegen Sie ihn nachher!
Abgeordneter Bebel: Meine Herren, wenn Sie diesen Bund näher betrachten, so werden Sie mir zugeben müssen, [...] dass dieser Bund nur Groß-Preußen ist, umgeben von einer Anzahl Vasallenstaaten, deren Regierungen nichts weiter als Generalgouverneure der Krone Preußens sind. (*Lebhafter Widerspruch rechts.*)
In dem gegenwärtigen Norddeutschen Bundesrat wird Preußen mit 17 Stimmen [...] nach Belieben Verfassungsänderungen durchführen, eine jede Verfassungsänderung gegen seinen Willen aber verhüten können. Dies würde indessen bei dem Zutritt Süddeutschlands zum Norddeutschen Bunde nicht der Fall sein, dann wären die 17 Stimmen Preußens ungenügend an sich, eine derartige Zweidrittelmehrheit zu erzielen. [...] Das sind meines Erachtens die Gründe, welche die preußische Regierung von ihrem spezifisch preußischen Standpunkte aus nicht nur heute, sondern auch späterhin stets veranlassen werden, gegen den Eintritt Süddeutschlands aufzutreten, gegen denselben zu stimmen. Man wird sich eben einfach damit begnügen, [...] dass man lediglich die Militärgewalt in die Hände bekommt, im Falle eines Krieges, und im Übrigen wird man sich damit begnügen, durch Zollverträge usw. wenigstens einigermaßen die Kluft, die hervorgebracht ist, zu überbrücken, wohlverstanden, zu überbrücken, aber auszufüllen, dazu wird man sich nicht herbeilassen. Meine Herren, eine solche Politik zu unterstützen, dazu habe ich keine Lust, ich muss entschieden dagegen protestieren, dass man eine solche Politik eine deutsche nennt, ich muss entschieden protestieren gegen einen Bund, der nicht die Einheit, sondern die Zerreißung Deutschlands proklamiert, einen Bund, der dazu bestimmt ist, Deutschland zu einer großen Kaserne zu machen (*Lebhafter Widerspruch*), um den letzten Rest von Freiheit und Volksrecht zu vernichten.

August Bebel, Sein Leben in Dokumenten, Reden und Schriften, hrsg. v. Helmut Hirsch, Köln 1968, S. 153ff.

1. *Erläutern Sie Bebels Bewertung des Norddeutschen Bundes.*
2. *Überlegen Sie sich Argumente, mit denen Bismarck dieser Rede entgegengetreten sein könnte.*

---

[1] *indulgieren: Nachsicht üben*

M3 Die Emser Depesche

Kurz nachdem Prinz Leopold aus dem Hause Hohenzollern-Sigmaringen unter starkem französischen Druck auf die Thronkandidatur in Spanien verzichtet hat, verlangt der französische Botschafter Benedetti vom preußischen König Wilhelm als dem Chef des Hauses Hohenzollern weitere Zugeständnisse.
Bismarck wird darüber und über die Reaktion des Königs durch das folgende Telegramm des Geheimrats Heinrich Abeken (1809–1872) vom 13. Juli 1870 informiert. Abeken ist der Begleiter des Königs bei seinem Kuraufenthalt in Bad Ems.

S. M.[1] der König schreibt mir:
„Graf Benedetti fing mich auf der Promenade ab, um auf zuletzt sehr zudringliche Art zu verlangen, ich sollte ihn autorisieren, sofort zu telegrafieren, dass ich für alle Zukunft mich verpflichtete, niemals wieder meine Zustimmung zu geben, wenn die Hohenzollern auf ihre Kandidatur zurückkämen. Ich wies ihn, zuletzt etwas ernst, zurück, da man à tout jamais[2] dergleichen Engagements nicht nehmen dürfe noch könne. Natürlich sagte ich ihm, dass ich noch nichts erhalten hätte und, da er über Paris und Madrid früher benachrichtigt sei als ich, er wohl einsähe, dass mein Gouvernement wiederum außer Spiel sei."
S. M. hat seitdem ein Schreiben des Fürsten[3] bekommen. Da S. M. dem Grafen Benedetti gesagt, dass er Nachricht vom Fürsten erwarte, hat Allerhöchstderselbe, mit Rücksicht auf die obige Zumutung, auf des Grafen Eulenburg[4] und meinen Vortrag beschlossen, den Grafen Benedetti nicht mehr zu empfangen, sondern ihm nur durch seinen Adjutanten sagen zu lassen, dass S. M. jetzt vom Fürsten die Bestätigung der Nachricht erhalten, die Benedetti aus Paris schon gehabt, und dem Botschafter nichts weiter zu sagen habe.
S. M. stellt Ew. Exzellenz anheim, ob nicht die neue Forderung Benedettis und ihre Zurückweisung sogleich sowohl unseren Gesandten als in der Presse mitgeteilt werden sollte.

Bismarck bearbeitet das Telegramm Abekens und gibt es gekürzt mit folgendem Wortlaut an die Presse weiter:

Nachdem die Nachrichten von der Entsagung des Erbprinzen von Hohenzollern der Kaiserlich französischen Regierung von der Königlich spanischen amtlich mitgeteilt worden sind, hat der französische Botschafter in Ems an S. M. den König noch die Forderung gestellt, ihn zu autorisieren, dass er nach Paris telegrafiere, dass S. M. der König sich für alle Zukunft verpflichte, niemals wieder seine Zustimmung zu geben, wenn die Hohenzollern auf ihre Kandidatur zurückkommen sollten. S. M. hat es darauf abgelehnt, den französischen Botschafter nochmals zu empfangen, und demselben durch den Adjutanten vom Dienst sagen lassen, dass S. M. dem Botschafter nichts weiter mitzuteilen habe.

Otto von Bismarck, Die gesammelten Werke, Band 6, Berlin 1928, S. 369 und S. 371

1. *Arbeiten Sie die Unterschiede der beiden Texte heraus. Wieso erscheint die Zurückweisung der französischen Forderung in der zweiten Fassung schärfer?*
2. *Überlegen Sie, welche möglichen innen- und außenpolitischen Gründe den französischen Kaiser Napoleon III. und die französische Regierung dazu veranlasst haben könnten, lieber mit der Kriegserklärung zu reagieren als die diplomatische Zurückweisung hinzunehmen?*

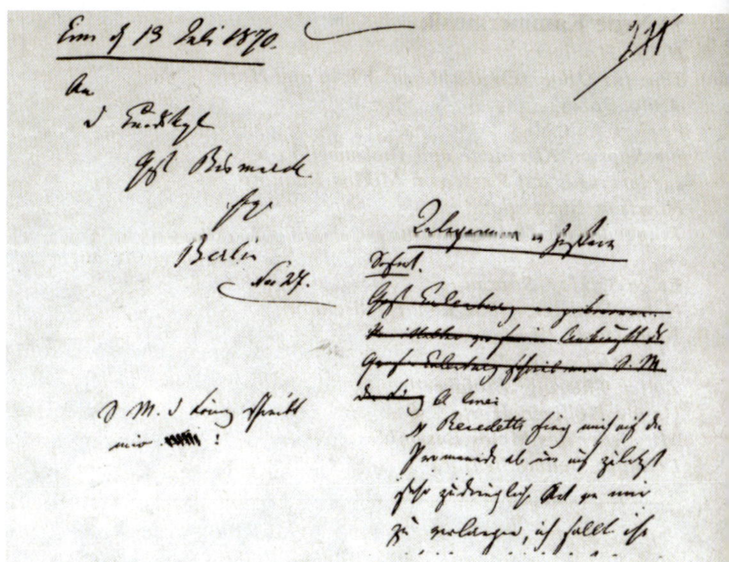

Emser Depesche, Manuskript Heinrich Abekens (Ausschnitt).

[1] *S. M.: Seine Majestät*
[2] *à tout jamais (frz.): für alle Zukunft*
[3] *Gemeint ist der Fürst von Hohenzollern-Sigmaringen, der Vater von Prinz Leopold.*
[4] *persönlicher Referent Wilhelms I.*

„Les génies de la mort."[1] Einblattdruck von Edmont Guillaume, Brüssel, um 1871.

► *Erklären Sie die einzelnen Bildbestandteile und ordnen Sie das Bild in den historischen Kontext ein.*

M4 Alternativen zur Reichsgründung?

Der Historiker Thomas Nipperdey (1927–1992) ordnet die deutsche Reichsgründung in den europäischen Kontext der Nationalstaatsbildung ein. Gleichzeitig kommentiert er mögliche Alternativen:

Gab es [...] zu der bismarckschen Reichsgründung nationalpolitische Alternativen? Am meisten diskutiert worden ist von Zeitgenossen die großdeutsch-föderalistische Alternative. [...] Aber man muss an die inneren Widersprüche erinnern: Eine großdeutsch-föderalistische Lösung, die nur die deutschen Teile Österreichs einschloss, war (ohne Revolution und Zerschlagung des Gesamtstaats) nicht möglich. Eine Mitteleuropa-Föderation war nicht lebensfähig; sie war als Großraum und Großmacht für Europa „erst recht" unerträglich; sie war, weil sie kein funktionierendes, unmittelbar gewähltes Parlament haben konnte – denn sie hätte kein homogenes Staatsvolk gehabt –, für alle Liberalen und Demokraten unakzeptabel [...]; sie hätte ein Reich in all jene Konflikte der Sprachen- und Völkerkämpfe verwickelt und diese Kämpfe gerade nicht neutralisiert oder eingehegt. Das großdeutsche Problem war angesichts der Existenz Österreich(-Ungarn)s nur durch die kleindeutsche Lösung zu bewältigen. Die zweite Möglichkeit wäre eine nationalrevolutionäre, nationaldemokratische Staatsgründung, eine Garibaldi-Gründung[2] gewesen und mit ihr die Mediatisierung oder Regionalisierung[3] Preußens – davon träumten die radikalen Demokraten und manche Sozialdemokraten noch in den 1860er-Jahren. Aber das war nach dem Scheitern der 48er-Revolution, nach der Selbstbehauptung der deutschen Fürstenstaaten, nach der Scheidung von Liberalismus und revolutionärer Demokratie und angesichts des Misstrauens der europäischen Mächte gegen jede zentraleuropäische Neubildung, eine revolutionäre zumal, ganz ausgeschlossen. [...] Insofern also war der preußische hegemoniale Charakter eines deutschen Nationalstaates, seit 1866 jedenfalls, vorgegeben. [...]

Ein Punkt ist sicher, und der bringt alle Gründungskritik zur Verzweiflung: Eine weniger bismarcksche, eine moderat liberalere Lösung hätte am Nationalismus der Deutschen kaum etwas geändert, am Groß- und später Weltmachtanspruch – das war nicht die Folge der Gründungskonstellation. [...]

Die gemeineuropäische Perspektive von Nationen und Nationalstaaten ist zunächst das Wichtigste, wenn man die Gründung des deutschen Nationalstaates historisch angemessen einordnen will.

Thomas Nipperdey, Deutsche Geschichte 1866-1918, Bd. 2: Machtstaat vor der Demokratie, München ³1995, S. 81ff.

1. *Nipperdey hält sowohl eine „großdeutsch-föderalistische Lösung" als auch eine „nationalrevolutionäre, nationaldemokratische Staatsgründung" angesichts der zeitgenössischen Gegebenheiten für unrealistisch. Diskutieren Sie diese Einschätzung.*
2. *„... eine moderat liberale Lösung hätte am Nationalismus der Deutschen kaum etwas geändert, am Groß- und später Weltmachtanspruch." Erläutern Sie, von welchem Vorwurf der Autor die Reichsgründung damit befreien will.*

---

1 *franz.: „Geister des Todes"*

2 *Anspielung auf die Einigung Italiens Anfang der 1860er-Jahre, bei der Giuseppe Garibaldi den Kampf der italienischen Nationalbewegung gegen die alten Feudalherrscher organisierte.*

3 *Hier im Sinne: Preußen verliert seine eigenständige Stellung zugunsten eines neuen Nationalstaates, in dem es nur eine untergeordnete Rolle einnehmen würde.*

7.2 Verfassung, Innenpolitik und politische Kultur im Kaiserreich

Bismarck-Denkmal vor dem Reichstag, geschaffen von Reinhold Begas. Foto von 1901.
Das Bismarck-Nationaldenkmal wurde von Kaiser Wilhelm II. in Auftrag gegeben und am 16. Juni 1901 feierlich eingeweiht. Sein heroisierender Charakter wird von den vier mythologischen Figuren um den Hauptsockel noch unterstrichen: Vor dem Sockel kniet Atlas, die Weltkugel tragend. Daneben liest eine Sibylle, nach antiker Vorstellung eine Prophetin, im Buch der Geschichte. Eine Frauengestalt – sie wird häufig mit Germania identifiziert – drückt einen Leoparden, der für Aufruhr und Zwietracht steht, mit dem Fuß nieder. Die vierte Figur, die auf dem Foto nicht zu sehen ist, stellt Siegfried dar, wie er das Reichsschwert schmiedet.

1871 – 1878	Im „Kulturkampf" versucht Bismarck den Einfluss der katholischen Kirche auf den Staat zu verringern
1878 – 1890	Durch das mehrfach verlängerte Sozialistengesetz werden die Sozialdemokratie und ihr nahe stehende Gewerkschaften unterdrückt
1883 – 1889	Staatliche Sozialgesetze begründen einen Rechtsanspruch auf finanzielle Leistungen im Alter und bei Krankheit oder Unfall (Invalidität)

Die Reichsverfassung

Das Kaiserreich war ein Bundesstaat, gebildet aus 25 Einzelstaaten, denen noch das annektierte „Reichsland" Elsass-Lothringen angegliedert war. Die Einzelstaaten behielten ihre eigenen Verfassungen, besaßen ihr eigenes (Landtags-)Wahlrecht und regelten Angelegenheiten der Justiz, Verwaltung, Finanzen und Bildung in eigener Verantwortung.
In die Zuständigkeit des Reiches fielen dagegen zentrale politische Aufgaben wie die Außenpolitik, das Militär sowie die Wirtschafts- und Sozialpolitik.

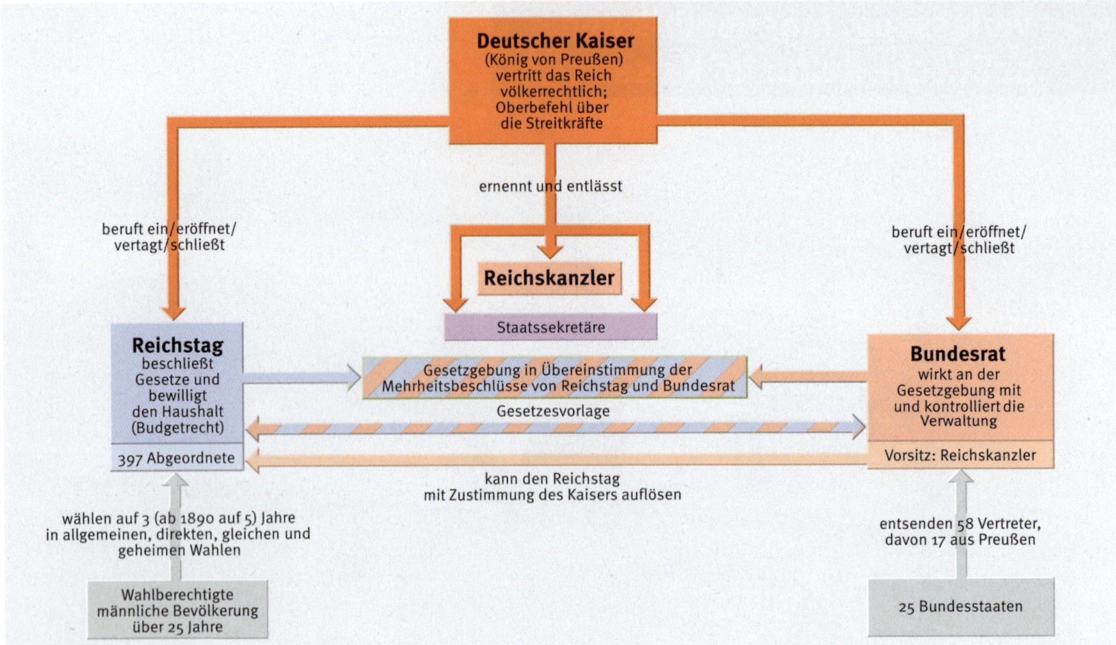

Die Verfassung des Deutschen Reiches vom April 1871.

Die Reichsverfassung entsprach im Wesentlichen der des Norddeutschen Bundes. Sie enthielt keinen Grundrechtskatalog, der das Verhältnis der Bürger zum Staat beschrieb. Schon dadurch wurde deutlich gemacht, dass nicht eine mündige Nation das neue Reich ins Leben gerufen hatte, sondern die Verfassung vor allem das Ergebnis von Verhandlungen zwischen souveränen Fürsten war. In ihr wurde das Zusammenwirken der vier für die bundesstaatliche Ordnung entscheidenden Verfassungsorgane genau geregelt:

- der *Bundesrat* als Vertretung der im Reich zusammengeschlossenen 25 Bundesstaaten,
- der *Kaiser*, dem das „Präsidium des Bundes“ zufiel,
- der *Reichskanzler*, der auch den Vorsitz im Bundesrat hatte und
- der *Reichstag* als Vertretung des Volkes

Der **Bundesrat** repräsentierte die „verbündeten Regierungen“ der Einzelstaaten und war somit der verfassungsmäßige Souverän des Reiches. Jeder der 25 Bundesstaaten entsandte mindestens einen weisungsgebundenen Vertreter. Hessen und Baden besaßen drei, Sachsen und Württemberg vier, Bayern sechs und Preußen 17 Stimmen. Jedes Land konnte seine Stimmen nur einheitlich abgeben, wie dies auch heute noch im Bundesrat der Bundesrepublik Deutschland der Fall ist.

Gegen Preußens Veto konnten weder Reichsverfassung noch Finanz- und Militärgesetzgebung geändert werden. Dessen 17 Bundesratsstimmen (von insgesamt 58) lagen über der Sperrminorität (14 Stimmen).

Der Bundesrat wirkte an der Legislative mit: Er erließ in Übereinstimmung mit dem Reichstag die Reichsgesetze. Ein vom Reichstag verabschiedetes umstrittenes Gesetz konnte dadurch blockiert werden. Als Teil der Exekutive hatten die in ihm repräsentierten „verbündeten Regierungen“ z. B. die völkerrechtlichen Verträge des Kaisers zu ratifizieren und mussten seiner Kriegserklärung zustimmen – Rechte, von denen die Volksvertretung selbst damals ausgeschlossen war. Zugleich waren die Länder auf ihren Gebieten ausführende Organe der Staatsgewalt des Reich.

Der König von Preußen hatte als Deutscher **Kaiser** das Präsidium des Bundes inne. Er berief Bundesrat und Reichstag ein, ernannte und entließ den Reichskanzler sowie die Staatssekretäre und Reichsbeamten. Er übte die Kommandogewalt über Armee und Marine aus und entschied über Krieg und Frieden. Gegen die Gesetzesbeschlüsse stand ihm jedoch kein Vetorecht zu. Gemeinsam mit dem Bundesrat konnte er den Reichstag auflösen. Das kaiserliche Militärkabinett als eigene Behörde für Militärangelegenheiten entzog sich dem Kompetenzbereich des Kriegsministers und erlangte besonders unter Kaiser *Wilhelm II.* (1859 – 1941) großen Einfluss. Im Militärkabinett wurden z. B. alle Personalangelegenheiten entschieden.

Der **Reichskanzler** war meist zugleich Ministerpräsident in Preußen. Auch diese – verfassungsmäßig nicht fixierte – Personalunion begünstigte das Bemühen, die Politik des Reiches und seines mächtigsten Bundesstaates miteinander in Einklang zu bringen.
Der Kanzler war ausschließlich dem Kaiser verantwortlich, der ihn ernannte und ihn entlassen konnte. Im Einverständnis mit ihm bestimmte er die Richtlinien der Politik. Zugleich war er aber auch auf die Legislative angewiesen, wenn er eigene Gesetzesvorlagen bewilligt bekommen wollte. Allerdings konnte der Kanzler – in seiner Eigenschaft als Bundesratsvorsitzender – mit Zustimmung des Kaisers den Reichstag auflösen und besaß so ein Kampfinstrument gegen Reichstagsmehrheiten, die ihn in wichtigen Anliegen nicht unterstützten.
Der **Reichstag** als frei gewählte Volksvertretung der Gesamtnation bildete das demokratische Element in der Reichsverfassung. Ohne seine Zustimmung konnte kein Gesetz verabschiedet werden. Der Reichstag konnte durch Petitionen und parlamentarische Anfragen einen gewissen Einfluss auch auf die mächtige Exekutive nehmen. Vor allem, weil er alljährlich auch den Staatshaushalt des Reiches bewilligte, nahmen seine Mitsprachemöglichkeiten im Verlaufe des Kaiserreiches mit den wachsenden Aufgaben des Reiches allmählich zu. Auf der anderen Seite fehlten dem Reichstag bis kurz vor dem Ende des Kaiserreiches wesentliche Rechte des heutigen Bundestages: Er konnte die Politik des Reichskanzlers zwar kritisieren, dieser war aber nicht vom Vertrauen des Parlaments abhängig und konnte durch die Volksvertretung nicht zum Rücktritt gezwungen werden. Auch wesentliche Bereiche des Militärwesens und der Außenpolitik blieben der Zuständigkeit der Volksvertretung verschlossen.

Ein fortschrittliches Reichstagswahlrecht

Die Reichstagsabgeordneten wurden in *allgemeiner, direkter, gleicher und geheimer Wahl* zunächst für drei, ab 1890 für fünf Jahre gewählt. Wahlberechtigt waren alle männlichen Deutschen über 25 Jahre. Gewählt wurde nach dem *Mehrheitswahlrecht* jeweils ein Abgeordneter aus jedem der 397 Wahlkreise. Erreichte keiner der Kandidaten im ersten Wahlgang mehr als 50 % der Stimmen, so erfolgte eine Stichwahl zwischen den beiden erfolgreichsten Kandidaten. Im Vergleich zum Wahlrecht einzelner Länder war das Reichstagswahlrecht ausgesprochen fortschrittlich: In Preußen z. B. wurden die Abgeordneten der zweiten Kammer, der eigentlichen Volksvertretung, nach dem Dreiklassenwahlrecht gewählt. Dort entschied die Höhe der aufgebrachten direkten Steuern über das Gewicht der Wählerstimmen. Die wenigen Reichen, die das erste Drittel des Steueraufkommens eines Wahlkreises leisteten, hatten als 1. Klasse zusammen ebenso viel Einfluss (Wahlmännerstimmen) auf die – indirekte – Wahl eines Landtagsabgeordneten wie die beiden übrigen Gruppen, die jeweils ein weiteres Drittel der direkten Steuern aufbrachten: die schon umfangreichere 2. Klasse des breiteren wohlhabenden Mittelstands sowie die 3. Klasse, also die große Masse der gering oder gar nicht besteuerten männlichen Wähler.
Auf die Zusammensetzung des *Herrenhauses* – der ersten, vom Adel dominierten Kammer – hatten die preußischen Wähler keinerlei Einfluss.

Das Fünfparteiensystem des Kaiserreichs

Auch wenn sie in der Verfassung des Kaiserreiches nicht eigens benannt wurden, hatten die untereinander im Wettstreit stehenden Parteien schon damals bestimmenden Anteil an der Willensbildung der Nation. Im Kaiserreich bildete sich ein Fünfparteiensystem heraus. Im wichtigsten Bundesstaat Preußen stellten die Konservativen die stärkste Fraktion.
Im Reichstag dominierten zunächst die Besitz- und Bildungsbürgertum repräsentierenden *Nationalliberalen*. Sie halfen Bismarck in den ersten Jahren nach der Reichsgründung entscheidend, das Zusammenwachsen des jungen Nationalstaates als Wirtschafts- und Rechtsgemeinschaft voranzutreiben. Während ihre Stärke im Parlament seit den 1880er-Jahren ständig abnahm, erlebte die als Feind der bestehenden Staats- und Gesellschaftsordnung bekämpfte *Sozialdemokratie* als Vertreterin der Arbeiterschaft bis zum Ersten Weltkrieg allmählich den Aufstieg zur stärksten Reichstagsfraktion.
Meist regierungskritisch und auf entschieden stärkere Rechte des Parlamentes gegenüber der Exekutive pochend, waren die *Linksliberalen*, deren Wählerzahl allerdings vergleichsweise bescheiden blieb.
Das *Zentrum* – so benannt nach den mittleren, zentralen Sitzplätzen seiner Abgeordneten im Parlament – war die Partei der überzeugt katholischen Wählerschaft. Diese reichte vom Adel bis zur Arbeiterschaft, sodass das Zentrum am frühesten schon den Charakter einer Volkspartei ausbildete. Dem protestantisch geprägten Reich stand diese Partei zwar zunächst reserviert gegenüber. Obwohl die Vertreter des Zentrums in den 1870er-Jahren zunächst in Opposition zu Bismarck standen, verhalfen seine Abgeordneten zusammen mit den Konservativen und den Nationalliberalen Bismarck und seinen Nachfolgern später oft zu parlamentarischen Mehrheiten.

Eine Sonderrolle spielten die Vertretungen nationaler Minderheiten im Reichstag, dazu gehörten neben den Dänen in Nordschleswig vor allem die katholischen Polen in Ostpreußen und der Provinz Posen und die überwiegend katholischen und frankreichfreundlich gesinnten Bürger Elsass-Lothringens. Sie fühlten sich im deutschen Nationalstaat nicht oder nur sehr bedingt zu Hause. Insbesondere die polnische Bevölkerung sah sich einer repressiven Germanisierungspolitik ausgesetzt.

Die Rolle der politischen Parteien

Da die Regierung von der Volksvertretung nahezu unabhängig war, war Bismarck nicht auf uns heute vertraute feste Regierungskoalitionen von bestimmten Parteien angewiesen, sondern konnte Gesetzesvorlagen auch „mit wechselnden Mehrheiten" erreichen. In seinen Augen waren die politischen Parteien allenfalls „Verbündete auf Zeit", die vor allem ihre speziellen Teilinteressen durchsetzen wollten. Für sich nahm er dagegen in Anspruch, für die Staats- und Landesinteressen verantwortlich zu sein (→ M1). Den Anspruch der Regierenden, von sich aus das vom Allgemeinwohl Erforderte definieren zu können, hat man einmal als die „Lebenslüge des Obrigkeitsstaates" bezeichnet. Die Parteien ihrerseits waren wegen der fehlenden Möglichkeiten zur direkten Regierungsbeteiligung kaum zu Kompromissen gezwungen und neigten dazu, doktrinär an ihren Programmen festhalten.

Der Kulturkampf

Die erste innenpolitische Auseinandersetzung entwickelte sich mit der Partei des Zentrums und der katholischen Kirche. Da die staatliche Kirchenpolitik Ländersache war, spielten sich die Auseinandersetzungen weitgehend auf Länderebene ab; am schärfsten wurde der Kampf des Staates gegen die katholische Kirche in Preußen geführt. Bismarck betrachtete das Zentrum als verlängerten Arm der römischen Kurie[1] und als wichtigstes Sprachrohr der oppositionellen Kräfte gegen das vom protestantischen Preußen geprägte Reich, die ihm als „Reichsfeinde" galten. Die Liberalen teilten seine Auffassung. Sie lehnten ein in ihren Augen fortschrittfeindliches überholtes geistig-religiöses Welt- und Menschenbild ab und traten für ein von kirchlicher Aufsicht befreites Bildungs- und Schulsystem ein. Insbesondere das 1870 verkündete *Dogma von der päpstlichen Unfehlbarkeit in Fragen des Glaubens und der Sitte* betrachteten Liberale und Protestanten als Herausforderung. Schon bei der Frage, ob exkommunizierte „altkatholische" Gegner dieses Dogmas auf Geheiß der katholischen Kirche hin amtsenthoben werden können, auch wenn sie wie Professoren oder Militärgeistliche in staatlichem Dienste standen, stießen der Machtanspruch von Staat und Kirche scharf aufeinander.

Um den vermeintlich „staatsgefährdenden" politischen Einfluss der katholischen Kirche zu brechen, entstand noch 1871 der – bis 1953 gültige – *„Kanzelparagraf"* des Reichs-Strafgesetzbuches. Er untersagte Geistlichen im Amt bei Strafandrohung die Behandlung von „Angelegenheiten des Staates in einer den öffentlichen Frieden gefährdenden Weise". Dass später mit der Aufhebung der kirchlichen Schulaufsicht in Preußen und der Einführung der standesamtlichen *„Zivilehe"* im gesamten Reichsgebiet die Trennung von Staat und Kirche entschieden vorangetrieben wurde, wird heute als wichtiger Modernisierungsschritt gewertet.

Andere Kampfgesetze wie die *Ausweisung der Jesuiten* (1872) oder *das Verbot aller Orden in Preußen, soweit sie nicht ausschließlich in der Krankenpflege tätig waren* (1875) steigerten die Verbitterung der Katholiken. Seit 1873 verlangte Preußen von künftigen Geistlichen die Ablegung eines staatlichen *„Kulturexamens"* als Voraussetzung für die kirchliche Amtsübernahme. Die preußischen Bischöfe antworteten auf die Unterdrückungsgesetze mit passivem Widerstand, ihnen drohten daraufhin Ausweisung und Haft. 1875 entzog der preußische Staat der Kirche außerdem alle staatlichen Zuwendungen („Brotkorbgesetz").

Bismarcks Unterdrückungspolitik blieb erfolglos. Die Gläubigen stellten sich auf die Seite ihrer Kirche, das Zentrum konnte seine Wählerzahlen deutlich steigern. Bismarck nutzte daraufhin einen Wechsel auf dem päpstlichen Thron (1878), um die Kampfgesetze in den 1880er-Jahren zurückzunehmen oder zu entschärfen. Der Reichskanzler benötigte inzwischen das Zentrum zur Unterstützung seiner Wirtschafts- und Finanzpolitik (Schutzzölle, Streben nach Unabhängigkeit von den Matrikularbeiträgen[2] der Länder).

Angst vor der „roten Gefahr"

Seit den ersten Arbeiteraufständen in Frankreich 1848 und neuerlich, nachdem der Gemeinderat (die „Kommune") von Paris während des Krieges 1871 gegen den Willen der französischen Regierung die Hauptstadt für einige Monate nach sozialistischen Vorstellungen verwaltet und gegen Regierungstruppen unnachgiebig verteidigt hatte, war die Angst vor der „roten Gefahr" auch in Deutschland in weiten Kreisen lebendig. Auch Bis-

1 römische Kurie: päpstliche Zentralbehörde

2 Die Matrikularbeiträge waren Abgaben der einzelnen Länder, abhängig von der jeweiligen Einwohnerzahl. Sie stellten für das Reich die wichtigste Einnahmequelle dar.

marck verdächtigte die noch junge sozialdemokratische Arbeiterbewegung, welche die wichtigste Vertretung der wachsenden Arbeiterschaft im Reich darstellte, den „Umsturz“ zu planen.

Das Sozialistengesetz

Bismarck erkannte sehr wohl die Sprengkraft der verschärften sozialen Gegensätze in der Industriegesellschaft (s. S. 206). Er wollte deshalb den Wünschen der Arbeiterschaft entgegenkommen und deren Situation verbessern. Dabei ging es natürlich auch darum, sie von der Sozialdemokratie zu lösen und für den monarchischen Staat zu gewinnen.

Im Vordergrund seines doppelten Vorgehens „mit Zuckerbrot und Peitsche“ stand jedoch die Bekämpfung der *Sozialistischen Arbeiterpartei Deutschlands* (s. S. 211). Zwei Attentate auf Kaiser Wilhelm I., die zu Unrecht der Sozialdemokratie zugeschrieben wurden, lieferten den gewünschten Vorwand zum lange geplanten reichsweiten *„Gesetz gegen die gemeingefährlichen Bestrebungen der Sozialdemokratie“* von 1878, das bis 1890 mehrfach verlängert wurde. Ihm waren bereits Verbote in Preußen und einigen anderen Ländern vorausgegangen. Das umstrittene, mithilfe der Konservativen und Nationalliberalen verabschiedete Ausnahmegesetz richtete sich gegen Vereine, Versammlungen, Druckschriften und Beitragssammlungen, „welche durch sozialdemokratische, sozialistische und kommunistische Bestrebungen den Umsturz der bestehenden Staats- und Gesellschaftsordnung bezwecken“. Betroffen waren auch der Partei nahestehende Gewerkschaften. Führende „Agitatoren“ konnten aus ihren Wohnorten ausgewiesen werden. Viele in die Illegalität gedrängte Sozialdemokraten wurden verhaftet und verurteilt (➔ M2).

Trotzdem blieb auch dem Sozialistengesetz der angestrebte Erfolg versagt. Die Partei sammelte sich nach anfänglichen Schwierigkeiten wieder und hielt schon 1880 in der Schweiz ihren ersten Kongress ab. Dort und später in England wurden auch ihre Druckschriften herausgegeben und nach Deutschland eingeschleust. Vor allem behielt die Reichstagsfraktion ihre parlamentarischen Rechte, und sozialdemokratisch gesinnte Kandidaten konnten weiterhin gewählt werden. Gerade in den zwölf Jahren der Unterdrückungsmaßnahmen wuchs der Anteil der Wählerstimmen erheblich an – von 7,5 % (1878) auf 19,7 % im Jahr 1890. Bis 1912 stieg er sogar auf 34,8 % an, erst mit Abstand folgten das Zentrum mit 16,4 % und die Nationalliberalen mit 13,7 %.

„Ostereier.“ Holzstich von Wilhelm Scholz, 1884.
Reichskanzler Otto von Bismarck versucht 1884, Mitglieder der „Kommission zur Beratung des Sozialistengesetzes“ für dessen Verlängerung zu gewinnen, indem er mit der Auflösung des Reichstages droht. Vor ihm steht der Führer des Zentrums, Ludwig Windthorst, und hinter diesem Eugen Richter, der Führer der linksliberalen Deutschfreisinnigen Partei (vorher Fortschrittspartei). Katholiken und Linksliberale hatten das Sozialistengesetz 1878 und auch die erste Verlängerung 1880 abgelehnt.

Staatliche Sozialpolitik

Noch während Reichskanzler Bismarck seit 1878 Angehörige der Sozialdemokratie verfolgen ließ, versuchte er gleichzeitig die sozialpolitischen Anliegen der Arbeiterschaft als Sache des Staates aufzugreifen (vgl. S. 212). In den Jahren 1883 bis 1889 wurden mehrere zukunftsweisende Sozialgesetze (Krankenversicherungs-, Unfallversicherungs-, Invaliditäts- und Rentenversicherungsgesetz) in Kraft gesetzt. Arbeitnehmer besaßen nun einen *Rechtsanspruch auf finanzielle Leistungen im Krankheitsfall, bei Unfällen und im Alter oder bei Invalidität*. An den Kosten dieser Pflichtversicherungen wurden die Arbeitgeber und – durch Rentenzuschüsse – auch der Staat maßgeblich mitbeteiligt. Noch fehlte allerdings eine ähnliche Pflichtversicherung gegen Arbeitslosigkeit, die mit dem Risiko bitterster Not verbunden war. Auch räumte die neue Sozialgesetzgebung den Arbeitnehmern kein Mitspracherecht bezüglich der Arbeitsbedingungen wie Sicherheit am Arbeitsplatz, Lohn und Arbeitszeit ein. Von einer Partnerschaft zwischen Arbeitgebern und Arbeitnehmern konnte noch keine Rede sein. Aber zu ihrer Zeit stellte die Sozialgesetzgebung doch einen viel gerühmten Fortschritt dar. Der Staat hatte mit den Sozialgesetzen spürbar in gesellschaftliche Bereiche eingegriffen und diese maßgeblich umgestaltet. Er bewegte sich immer mehr von seiner „Nachtwächterrolle“ weg, die ihm die liberale Staatstheorie zuerkannt hatte, und begann die Gesellschaft aktiv mitzugestalten. Die Sozialdemokraten ließen sich freilich nicht mehr für den Staat gewinnen, durch den sie sich gleichzeitig aus der nationalen Gemeinschaft ausgegrenzt sahen und für den sie auch später als „Vaterlandsfeinde“ verdächtig blieben.

Der Reichsnationalismus

Im Gegensatz zu Katholiken, Sozialdemokraten und nationalen Minderheiten wurden Liberale und Konservative, das Bürgertum und die Protestanten zu Vertretern eines Reichsnationalismus, der nicht mehr oppositionell wirkte, sondern nun als staatskonforme Integrationsideologie diente. Gerade konservative Kreise bemächtigten sich der einst liberal-fortschrittlichen Nationalidee, die sich nun mit dem Obrigkeitsstaat und monarchischer Gesinnung verband. Aus freiem Antrieb vaterlandsbegeisterter Bürger entwickelte sich der Sedanstag (2. September) zum inoffiziellen Nationalfesttag mit Aufmarsch der Veteranen, Festzügen, Glockengeläut, patriotischen Reden und Liedern. An ihm wurde an den entscheidenden ersten großen Sieg über Frankreichs Armee 1870 erinnert.

Kaiser- und Bismarck-Kult

Der Integration in den monarchischen Staat diente der Kaiserkult. Die Geburtstage Kaiser Wilhelms I. und seiner Nachfolger und selbstverständlich auch die der jeweiligen Landesherren wurden mit Beflaggung und patriotischen Feiern verbunden, mit denen die Anhänglichkeit der Bevölkerung an die Dynastie dokumentiert werden sollten. In einem Zeitalter ohne die heutige Medienvielfalt und die damit mögliche dauernde Präsenz führender Persönlichkeiten wurden Besuche des Monarchen oder seiner Familienangehörigen, ja allein die Durchfahrt durch kleine Ortschaften zu großen öffentlichen Ereignissen mit vielfältigen Formen der Loyalitätsbekundung. Zu einer Integrationsfigur des Reichsnationalismus wurde nicht zuletzt der während seiner Regierungszeit noch heftig umstrittene, zum Fürsten ernannte Otto von Bismarck. Nach seinem Rücktritt 1890 – bald nach dem Regierungsantritt des jungen Kaisers Wilhelm II. – wurde er noch zu seinen Lebzeiten und vollends nach seinem Tod 1898 als „Schmied des Reiches“ und „eiserner Kanzler“ zum Mythos. Seine Verehrung vor allem durch das mittlere und höhere Bürgertum kam in Stiftungen und Geldsammlungen für über 500 Bismarck-Monumente zum Ausdruck. Viele seiner Verehrer sahen in ihm auch den Vertreter des machtbewussten starken Staates, der dem Einzelnen Schutz und Sicherheit versprach.

Bleibende Risse im Nationalstaat

Das Bemühen um die innere Geschlossenheit im Zeichen von Patriotismus und monarchischer Gesinnung wurden von staatsbestimmten Institutionen wie Schule und Armee getragen. Protestantische Kirche, Regierungspresse, verschiedene Verbände und Jugendorganisationen schlossen sich an. Die angestrebte Integration war im bürgerlich-liberalen oder konservativ-ländlichen Milieu der Bismarck-Zeit sicherer zu erreichen als im katholisch geprägten Umfeld, wo der Kulturkampf nachwirkte. Erst zu Beginn des 20. Jahrhunderts war auch die katholische Bevölkerung endgültig für den monarchischen Nationalstaat gewonnen. Die sozialdemokratische Arbeiterschaft akzeptierte ebenfalls mehr und mehr das kleindeutsche Reich als Vaterland. Vor Kaiserhochs verließen Abgeordnete der SPD aber stets das Parlament, an Sedansfeiern nahmen überzeugte Sozialdemokraten demonstrativ nicht teil, weil die vaterländischen und monarchischen Zeremonien und Rituale mit einem Bekenntnis zur bestehenden Staats- und Gesellschaftsordnung verbunden waren. Ausgeschlossen blieben auch nationale Minderheiten. So blieben Risse innerhalb des Nationalstaates weiter bestehen.

Niederwald-Denkmal. Foto um 1896.
1883 wurde auf dem Niederwald oberhalb von Rüdesheim am Rhein ein Nationaldenkmal eingeweiht, das aus Spenden und Geld aus der Staatskasse finanziert wurde.
Am Fuß des Sockels übergibt Vater Rhein das Wächterhorn an seine Tochter Mosel – Ausdruck für die Verschiebung der Reichsgrenze nach Westen.
Auf dem Relief darüber scharen sich die deutschen Fürsten und ihre Heerführer um ihren späteren Kaiser Wilhelm I., neben dem Otto von Bismarck steht. Flankiert wird die Darstellung von zwei Allegorien auf Krieg und Frieden. Auf einem Fries hinter dem Reichsadler sind die Wappen der deutschen Bundesstaaten aufgereiht.

Die Hauptinschrift des Denkmals lautet:
ZUM ANGEDENKEN
AN DIE EINMUETHIGE
SIEGREICHE ERHEBUNG
DES DEUTSCHEN VOLKES
UND AN DIE
WIEDERAUFRICHTUNG
DES DEUTSCHEN REICHES
1870 – 1871.

Darüber erhebt sich die Germania.
Mit der linken Hand umfasst sie das mit Lorbeer umwundene Schwert, während die rechte die Kaiserkrone emporhält.
► Unterhalb des Reliefs befindet sich auf dem Sockel eine Inschrift mit dem Lied „Wacht am Rhein“.
Informieren Sie sich über den Liedtext und den Anlass seiner Entstehung.
► Stellen Sie die Bezüge zwischen Lied und Denkmal dar.

Der preußisch-deutsche Militarismus

Als ein wichtiger gesellschaftlicher Integrationsfaktor kristallisierte sich das Militär heraus. Seine Hochschätzung offenbarte die militante Seite des zeitgenössischen Nationalismus. Bei Paraden, Wachwechseln, Fahnenweihen und Darbietungen der Militärmusik stellten die Streitkräfte ihr Zeremoniell, in Manövern ihre Stärke und ihr Können öffentlich vor. „Das deutsche Heer ist unzweifelhaft das allerrealste und wirksamste Band der nationalen Einheit geworden und gewiss nicht, wie man früher hoffte, der Deutsche Reichstag. Der hat vielmehr dazu beigetragen, dass die Deutschen wieder sich gegenseitig hassen und zu verleumden begannen. Das Heer aber hat uns zur praktischen Einheit erzogen.“ So urteilte 1897 der bekannte Historiker *Heinrich von Treitschke*. Das hohe Ansehen des Militärs, welches seit den Freiheitskriegen gegen Napoleon bis zum Sieg 1870/71 ständig gewachsen war, und seine besondere Stellung in Staat und Gesellschaft waren ein prägendes Charakteristikum des Kaiserreichs.
Vor allem die meisten Offiziere pflegten einen aristokratischen, demokratiefeindlichen, auch antisemitischen Kastengeist. Der alleinigen Befehlsgewalt des Kaisers unterstellt und in allen Personalangelegenheiten der Kompetenz des Kriegsministers und der politischen Kontrolle durch den Reichstag weitgehend entzogen, fühlte sich das Militär als „Staat im Staate“.

Militarisierung der Gesellschaft

Die Uniform verlieh im Kaiserreich Autorität. Schon Kinder wurden gerne mit Matrosenanzügen bekleidet. An patriotischen Festtagen erschien sogar der Gymnasiallehrer in der Öffentlichkeit in „Kaisers Rock". Auch Bismarck und andere Politiker traten gerne in Uniform auf die Rednerbühne. Offiziere genossen höchstes Ansehen und erhielten z. B. im Restaurant die besten Plätze zugewiesen. Angehörige des Bürgertums übernahmen als Reserveoffiziere oft die forsche Art des Auftretens der Berufsoffiziere und deren Benimmvorbild. Dem eigenen Status und der beruflichen Karriere nützte es, wenn man sich als Leutnant der Reserve ausweisen konnte. Militärische Werte und Verhaltensweisen spiegelten sich auch in den Erziehungsidealen und Riten studentischer Verbindungen. Nach dem militärischen Grundsatz von Befehl und Gehorsam wurden auch viele Betriebe und Büros geleitet. Und in so manche Amtsstuben führten die nach zwölf Dienstjahren entlassenen ehemaligen Unteroffiziere den barschen autoritären Ton auch als zivile Beamte ein. Respekt vor der Autorität und Unterordnung wurde schon den Kindern im Elternhaus und in der Schule beigebracht (→ M3). Ob die Wilhelminische Gesellschaft allerdings nur als „Untertanengesellschaft" charakterisiert werden kann, bleibt mit guten Gründen zu bezweifeln (→ M4).

Der militaristische Geist, der die Gesellschaft erfasst hatte, wurde besonders durch mitgliederstarke Organisationen ehemaliger Kriegsteilnehmer, „vaterländische" Agitationsvereine (Deutsche Kolonialgesellschaft, Deutscher Flottenverein) oder den 1912 gegründeten „Wehrverein" gefördert. Vor allem der radikalnationalistische „Alldeutsche Verband" (s. S. 324) pflegte seit den 1890er-Jahren eine aggressive Agitation gegen das „revanchelüsterne" Frankreich, gegen die slawischen Völker, gegen das „perfide Albion" (England) und nicht zuletzt auch gegen die Juden.

Antisemitismus

Die Reichsverfassung von 1871 hatte den Juden die völlige Gleichberechtigung zugestanden. Parallel zur Verbürgerlichung der Gesellschaft gehörten die deutschen Juden mehrheitlich der städtischen Mittelschicht an. Jüdische Gelehrte und Künstler erwarben in der späten Kaiserzeit weltweites Ansehen.

Gleichzeitig sahen sich Juden im öffentlichen Leben zunehmend diskriminiert („Die Juden sind unser Unglück", erklärte 1879 der preußische Historiker Heinrich von Treitschke). Der Begriff „Antisemitismus" wurde in diesen Jahren in Berlin geprägt. Anders als die herkömmliche, vorwiegend religiös oder wirtschaftlich motivierte Judenfeindschaft präsentierte sich der moderne politische Antisemitismus als „Missgeburt des nationalen Gefühls" (der Historiker *Theodor Mommsen*, 1880). Das Judentum wurde als internationale und „undeutsche" Macht mit vermeintlich erheblichem Einfluss auf Wirtschaft, Kultur und Politik angegriffen und für die negativen Folgen des wirtschaftlichen und gesellschaftlichen Modernisierungsprozesses verantwortlich gemacht. Völkische Ideologie und rassistisches Denken behaupteten eine überlegene Moral, Religion und Kultur der „arisch-germanischen Rasse". Ihr stehe ein „fremdes Volkselement" gegenüber, das „ausgeschieden" werden müsse.

Die antisemitischen Angriffe und die Fülle pseudowissenschaftlicher Literatur blieben nicht folgenlos. Seit der Wende zu den 1880er-Jahren entwickelten sich antisemitische Parteien und Verbände. 1893 wurden immerhin 16 antisemitische Abgeordnete in den Reichstag gewählt. Auch in die Parteiprogramme der Konservativen gelangten antijüdische Ressentiments. Der parteipolitisch organisierte Antisemitismus fand bevorzugt in Phasen wirtschaftlicher Depression oder im Gefolge von Agrarkrisen Zulauf, vor allem bei städtischen Mittelschichten und der Landbevölkerung. Aber auch in der Oberschicht bis hin zum Kaiserhaus, vor allem im Offizierskorps und unter der akademischen Jugend, war die Ablehnung der Juden salonfähig geworden. Besonders bedenkenlos wurde in manchen Seebädern mit grobem Antisemitismus versucht, jüdische Gäste fernzuhalten. So sahen sich jüdische Mitbürger immer wieder auf schmerzliche Weise herabgewürdigt (→ M5).

Menschen unterwegs

Zur Wirklichkeit des Kaiserreiches gehört auch, dass viele Menschen ihre deutsche Heimat verließen – vor allem mit dem Ziel, in Amerika ein besseres Leben zu führen. Das Kaiserreich stand hier in der Kontinuität einer Auswanderungstradition, die schon das vorhergehende 19. Jahrhundert prägte. Zwischen 1820 und 1913 entschieden sich 5,4 Millionen Menschen zum Verlassen der Heimat, in den allermeisten Fällen aus wirtschaftlicher Not. Nach 1893 war die Zeit der großen Auswanderungswellen (1845–1854, 1864–1873, 1880–1893) aber vorbei, die Zahl der Ausreisewilligen ging deutlich zurück. Kennzeichnender wurden nun Zuzüge. 1910 lebten bereits 1,26 Millionen Ausländer in Deutschland; wichtigste Herkunftsländer waren Russland, Österreich-Ungarn und Italien.

Auch innerhalb des Reiches gab es massenhafte Binnenwanderungen (s. S. 205). Insgesamt wuchs die Bevölkerung des Kaiserreiches zwischen 1871 und 1913 von 47 auf 68 Millionen (→ M6).

M1 Die politische Bedeutung der Parteien

Aus einer Reichstagsrede Bismarcks vom 9. Oktober 1878:

Tendenzpolitik ist mir fremd, die habe ich allenfalls getrieben, ehe ich in den Staatsdienst trat, wo ich auch ein zorniges Fraktionsmitglied war, aber für einen preußischen, für einen deutschen Minister ist das ganz unmöglich. Ich habe bestimmte, positive, praktische Ziele, nach denen ich strebe, zu denen mir mitunter die Linke, mitunter die Rechte geholfen hat, nach meinem Wunsche beide gemeinschaftlich helfen sollten. Aber wer die Ziele mit mir erstrebt – ob man sie sofort erreicht oder nach langjähriger, gemeinschaftlicher Arbeit ihnen näher kommt und sie schließlich erreicht, darauf kommt es so sehr nicht an – ich gehe mit dem, der mit den Staats- und Landesinteressen nach meiner Überzeugung geht, die Fraktion, der er angehört, ist mir vollständig gleichgültig. Ich habe ja angenehme und unangenehme Erlebnisse mit verschiedenen Fraktionen gehabt, und ich muss mich, welches auch meine, jedem Manne, der Eifer für sein Geschäft hat, natürliche Empfindlichkeit sein mag, wenn ich im Stiche gelassen werde bei dieser oder jener Gelegenheit, derselben vollständig entschlagen in meinem Amte.

Otto von Bismarck, Gesammelte Werke, Band 12, Berlin 1928, S. 12

1. *Erklären Sie, was Bismarck unter „Tendenzpolitik" versteht, und stellen Sie ihr seine eigene Haltung gegenüber.*
2. *Erläutern Sie, welche Bedeutung Parteien in Bismarcks politischem Handeln besitzen.*

M2 Die Auswirkungen des Sozialistengesetzes

Die Berliner politische Polizei fertigt in den Jahren 1878 bis 1913 „Allgemeine Übersichten über die Lage der sozialdemokratischen und revolutionären Bewegung" im Deutschen Reich an. Im Zusammenhang mit den Reichstagswahlen vom 27. Oktober 1881, bei denen die Sozialdemokratie trotz des Verbots ihrer Organisation 6,1 % der Stimmen bekommen hat, heißt es in dem Bericht vom 12. Januar 1882:

Die Wahlen haben aber bewiesen, dass die Partei noch immer so stark ist wie im Jahre 1878. [...] Sie haben ferner die bereits früher gemachte Wahrnehmung gestärkt, dass die Partei in Süddeutschland wesentlich erstarkt ist, denn es ist ihr zum ersten Mal gelungen, von dort einen Vertreter in den Reichstag zu schicken. Die Partei ist deshalb mit dem Ergebnis der Wahlen durchaus zufrieden, gibt ihrer Freude darüber unverhohlen Ausdruck und knüpft daran allerlei Hoffnungen für die Zukunft. Der „Sozialdemokrat" meint sogar, durch die Wahlen sei das Gesetz vom 21. Oktober 1878 so gründlich ad absurdum geführt wie nur möglich, und ruft triumphierend aus: „Den Herrschern ist der Schreck in die Glieder gefahren, sie fühlen, dass es mit ihrer Herrlichkeit zu Ende geht. Darum Platz da, ihr Reichen und Mächtigen dieser Erde, Platz für die Armen und Unterdrückten; wir fürchten Eure Drohungen nicht, folgen Euren Verlockungen nicht, wir fordern jetzt."
Diese zur Schau getragene Siegeszuversicht ist indessen nicht ganz gerechtfertigt. Das Gesetz vom 21. Oktober 1878 ist durchaus nicht ohne jede Wirkung geblieben. Dass durch Strafbestimmungen wirkliche Überzeugungen weder umgestoßen noch daran gehindert werden können, weiter Wurzeln zu fassen, ist klar. Dies ist aber auch gar nicht der Zweck des Gesetzes, und es ist deshalb nicht dadurch bewiesen, dass trotz des Vorhandenseins desselben die Zahl der Sozialdemokraten ungefähr auf demselben Niveau wie vorher geblieben ist. Das Gesetz will in der Hauptsache nur der frivolen öffentlichen Aufreizung der Massen entgegentreten und durch Beseitigung der Hetzereien der Führer der ruhigen Überlegung Raum schaffen, und dies ist im Allgemeinen erreicht.
Durch sorgfältige Beobachtung der Verhältnisse und strenge Anwendung der Strafbestimmungen ist es aber außerdem auch gelungen, die geheime Agitation erheblich zu erschweren, die Organisation der Partei, wenigsten an einigen Hauptorten, durch Entfernung der hervorragendsten Persönlichkeiten empfindlich zu stören und sogar hie und da die Lust zur ferneren Beteiligung an der Bewegung ganz zu benehmen.

Dieter Fricke/Rudolf Knaack (Bearb.), Dokumente aus geheimen Archiven. Übersichten der Berliner politischen Polizei über die allgemeine Lage der sozialdemokratischen und anarchistischen Bewegung 1878–1913, Bd. 1, Weimar 1983, S. 112 f.

1. *Erläutern Sie die im Text genannte Zielsetzung des Sozialistengesetzes und die staatlichen Maßnahmen zu seiner Durchsetzung.*
2. *Überlegen Sie mögliche Alternativen im Umgang mit den als gefährlich eingestuften Sozialdemokraten.*

Kinder exerzieren am Strand von Swinemünde. Foto von 1913. Aus erzieherischen Gründen stiftete Kunstmaler Georg Schmitt ein Schiffsmodell, an dem Kinder und Jugendliche in Marineuniformen Soldat spielen konnten.

M3 Erziehung im Kaiserreich

Der brasilianische Soziologe Emilio Willems (1905–1997) fragt in seiner Monografie „Der preußisch-deutsche Militarismus" nach der Rolle der Erziehung im kaiserlichen Deutschland:

Familie und Schule zusammen bemühten sich, der aufwachsenden Generation die militärischen Tugenden der Disziplin und des unbegrenzten Respekts vor Autorität einzuschärfen. Die Rolle der Eltern und Lehrer war in erster Linie auf die Aufrechterhaltung von Zucht und Ordnung gerichtet. Aber die Autorität der Eltern, Strafen aufzuerlegen, erstreckte sich auf alle Erwachsenen der Gemeinde. Es herrschte eine stillschweigende Übereinkunft, dass alle Erwachsenen – und nicht nur die Eltern – bereit sein sollten, zur Aufrechterhaltung der Disziplin aller Jugendlichen beizutragen. Zweifellos trug diese Einheitsfront von Lehrern, Eltern und allen Erwachsenen der Gemeinde mehr zur Entwicklung der disziplinarischen Grundlagen des Militarismus bei als die jährliche Runde patriotischer Veranstaltungen mit Paraden und Marschmusik oder der Geschichtsunterricht und der militärische Drill in den Turnstunden. Natürlich waren körperliche Strafen institutionalisiert, nicht nur in der Volksschule, sondern bis in die unteren und mittleren Stufen des Gymnasiums hinein. Wie bekannt bestand bis Ende des [19.] Jahrhunderts die Einrichtung des sogenannten „Karzers" in Schulen und Universitäten, ein Gefängnisraum, in dem pflichtvergessene Schüler bzw. Studenten eingesperrt wurden. […] Auf den ersten Blick scheint die im Gymnasium gepflegte humanistische Tradition mit ihrer einseitigen Betonung der klassischen Sprachen kaum vereinbar zu sein mit den pragmatischen Implikationen einer paramilitärischen Erziehung. Die Auswahl der Originaltexte bevorzugte indes deutlich Schriftsteller, die griechische und römische Variationen des Militarismus vertraten. Die Werke von Cäsar, Livius, Sallust, Virgil, Xenophon, Homer und Herodot lieferten die Daten zur Konstruktion einer Geschichte, die aus einer Serie von Kriegen zu bestehen schien und sich besonders zur Apotheose des heldenhaften Kriegers eignete, der sein Leben für das Vaterland opferte. Besonders betont wurde das römische Motto *dulce et decorum est pro patria mori*[1].

Emilio Willems, Der preußisch-deutsche Militarismus. Ein Kulturkomplex im sozialen Wandel, Köln 1984, S. 86f.

1. *Vergleichen Sie die Rolle von Eltern, Lehrern und der übrigen Erwachsenenwelt in Ihrer Gemeinde bei der Erziehung von Jugendlichen mit den geschilderten Verhältnissen im Kaiserreich.*
2. *Diskutieren Sie, welche (unterschiedlichen) Erziehungsziele ein späterer Historiker einmal bei der Beschreibung Ihrer Schulzeit und Jugendjahre aufführen könnte.*

[1] *lat.: „Süß und ehrenvoll ist es, für das Vaterland zu sterben."*

M4 War die Wilhelminische Gesellschaft eine Untertanen-Gesellschaft?

In dem Essay „War die Wilhelminische Gesellschaft eine Untertanen-Gesellschaft?" fragt der Historiker Thomas Nipperdey (1927–1992) nach der Berechtigung dieses Begriffs in der nach Kaiser Wilhelm II. benannten Epoche des späteren Kaiserreichs:

Natürlich, ich wiederhole zum Schluss, was ich anfangs gesagt habe: Die deutsche Gesellschaft ist auch Untertanengesellschaft gewesen, an Autorität und Gehorsam orientiert; der Komplex des Militarismus ist keinesfalls zu verharmlosen. Weniger Repression und Korruption, wohl aber Imperialismus und Anti-Sozialismus der Bürger selbst haben die Herrschaftsposition der alten Eliten und das alte System noch aufrechterhalten oder wenigstens bestehen lassen. Der Mangel an politisch-bürgerlicher Kultur ist eine der großen Belastungen der Weimarer Zeit gewesen. Aber: die deutsche Gesellschaft vor 1914 war auch eine Gesellschaft des Rechts, der relativen Liberalität und der Arbeit; sie war altmodisch segmentiert und zugleich auf dem Wege zum modernen Pluralismus; sie war eine Gesellschaft der Reformen, des Abschieds vom 19. Jahrhundert und der Sozialreformen vor allem, sie war eine Gesellschaft der Kritik; sie hat sich verbürgerlicht und liberalisiert, und sie entwickelte aus sich auch das wachsende Potenzial einer kommenden Demokratie. Wenn das alles so ist, dann scheint es mir heute viel wichtiger, als gebannt [...] auf das Phänomen der Untertanen zu starren, die Krise des Obrigkeits-Untertanensystems und auch das Erneuerungspotenzial zu analysieren. Dann erst werden wir das eigentliche historische Charakteristikum der Wilhelminischen Gesellschaft und Epoche erfassen.

Thomas Nipperdey, Nachdenken über die deutsche Geschichte, München 1986, S. 184f.

1. *Arbeiten Sie heraus, welche Züge der Wilhelminischen Gesellschaft Nipperdey den nicht unbestrittenen Tendenzen zur Untertanengesellschaft gegenüberstellt.*
2. *Formulieren Sie die Aussage der beiden letzten Sätze (ab Z. 21) in eigenen Worten.*
3. *1896 wurde in München das politisch-satirische Wochenblatt „Simplicissimus" gegründet. Tragen Sie Material über die Geschichte und Bedeutung des Blattes während des Kaiserreiches zusammen und prüfen Sie, inwieweit sich Nipperdeys Satz „Die deutsche Gesellschaft vor 1914 [...] war eine Gesellschaft der Kritik" daran belegen lässt.*

M5 Sozialer Makel

In seiner Schrift „Staat und Judentum. Eine Polemik" von 1911 analysiert Walther Rathenau (1867–1922) die Stellung der deutschen Juden in der Gesellschaft des deutschen Kaiserreiches, vor allem Preußens. Rathenau war zu diesem Zeitpunkt Vorstandsmitglied der „Allgemeinen Elektricitäts-Gesellschaft" (AEG) in Berlin, die sein Vater gegründet hatte, sowie einflussreicher Schriftsteller und Politiker:

Walther Rathenau. Posthumes Gemälde von Emil Orlik, 1926.

Den Juden trifft ein sozialer Makel. In die Vereinigungen und den Verkehr des besseren christlichen Mittelstandes wird er nicht aufgenommen. Zahlreiche Geschäftsunternehmungen schließen ihn als Beamten aus. Die Universitätsprofessur ist ihm durch stille Vereinbarung versperrt, die Regierungs- und Militärlaufbahn, der höhere Richterstand durch offizielle Maßnahmen. In den Jugendjahren eines jeden deutschen Juden gibt es einen schmerzlichen Augenblick, an den er sich zeitlebens erinnert: wenn ihm zum ersten Mal voll bewusst wird, dass er als Bürger zweiter Klasse in die Welt getreten ist, und dass keine Tüchtigkeit und kein Verdienst ihn aus dieser Lage befreien kann. Gleichzeitig aber erfährt er, dass ein Glaubensakt [= die Taufe], gleichviel ob innerlich gerechtfertigt oder äußerlich herbeigeführt, seine Abstammung zu verdunkeln, seinen Makel zu tilgen, seine bürgerlichen Nachteile zu beseitigen vermag.

Dass der generationsweise wiederkehrenden, täglich erneuten Versuchung, die dieser eigenartige Ausfluss unsrer Staatsweisheit herbeiführt, ein verhältnismäßig kleiner Prozentsatz der deutschen Juden erliegt, offenbart meines Erachtens die stärkste Eigenschaft des modernen Judentums. Ich weiß, dass Menschen, die sich von ganzem Herzen zum Christentume hingezogen fühlen, auf die äußere Zugehörigkeit verzichten, weil sie mit Belohnung verbunden ist. Diesem Verzicht liegt die Überzeugung zugrunde, dass ein ideeller Schritt seine Reinheit verliert, wenn er zu materiellen Vorteilen führt; eine Erwägung, die nicht ganz zu der Vorstellung passt, die man gemeinhin von der kühlen Berechnung des jüdischen Geistes sich bildet. Die Forderung der Taufe enthält somit für den gebildeten und gewissenhaften Juden eine doppelt schwere Zumutung: Sie legt ihm auf, ein altertümlich-dogmatisch gefasstes Glaubensbekenntnis abzulegen, von dem er weiß, dass gerade die Verlegenheit, die es ihm bereitet, zur Beibehaltung beiträgt; sie legt ihm ferner auf, sich als einen Menschen zu empfinden, der von der Ablehnung seines Väterglaubens geschäftlich oder sozial profitiert; und zu guter Letzt nötigt sie ihn, durch den Akt löblicher Unterwerfung sich einverstanden zu erklären mit der preußischen Judenpolitik, die nicht weniger bedeutet als die schwerste Kränkung, die ein Staat einer Bevölkerungsgruppe zuzufügen vermag.

Jens Flemming u. a. (Hrsg.), Quellen zur Alltagsgeschichte der Deutschen 1877–1914, Darmstadt 1997, S. 84f.

1. *Die Reichsverfassung von 1871 räumte den deutschen Juden die vollen politischen Bürgerrechte ein. Erläutern Sie, inwiefern Juden (vor allem in Preußen) jedoch weiterhin „Bürger zweiter Klasse" blieben.*
2. *Bewerten Sie die Argumentation, mit der Rathenau die Taufe ablehnt.*
3. *Informieren Sie sich über die Entstehung des modernen Antisemitismus. Stellen Sie in Form eines Referates oder einer kleinen Ausstellung beteiligte Personen, wie z.B. den preußischen Hofprediger Adolf Stoecker, den Historiker Heinrich von Treitschke oder den Schriftsteller Houston Stewart Chamberlain, vor.*

M6 „Menschen in Bewegung"

Der Historiker Michael Stürmer (geb. 1938) beschreibt die Bevölkerungsentwicklung und damit verbundene Veränderungen im Deutschen Kaiserreich:

Unentwegt stieg die Zahl der Menschen in Deutschland an, vor allem auf dem Lande. Die alte Beziehung zwischen steigendem Brotpreis und sinkender Zahl von Geburten und Heiraten war längst außer Kurs gesetzt. Die besseren Lebensverhältnisse und die Grundstimmung der Zuversicht bedeuteten auch, dass mehr geheiratet wurde und mehr Kinder zur Welt kamen. Familien mit sechs oder acht Kindern waren keine Seltenheit, schon gar nicht in der Oberschicht. Die Zahl der Untertanen Seiner Majestät stieg Jahr für Jahr um einen ganzen Prozentpunkt, von 41 Millionen im Jahre 1871 auf 68 Millionen im letzten Friedensjahr 1913. Dieser Anstieg, der sich lediglich während der Rezessionsjahre 1906/07 verstetigte, bedeutete, dass die Deutschen im Durchschnitt die jüngsten waren unter allen europäischen Nationen. Er bedeutete auch eine unentwegt steigende Nachfrage nach allen Gütern des täglichen Bedarfs. Im Gegensatz dazu war die französische Bevölkerung seit dem Blutzoll der Revolution und der napoleonischen Kriege am Stagnieren.

Viel von der jugendlichen Energie, dem Elan und dem Unternehmungsgeist Deutschlands an der Jahrhundertwende ist wahrscheinlich diesem vulkanischen Geschehen zuzuschreiben. In den Städten waren die Familien der Mittelschicht in der Regel kleiner als auf dem Lande, was durch steigende Mieten erklärbar ist, aber auch durch die Einführung der Altersversicherung in den 1880er-Jahren. Auf dem Lande brauchten Bauern und Handwerker viele Kinder, um Hilfe in der Wirtschaft zu haben. Aber das Land konnte sie auf die Dauer nicht ernähren und beherbergen, und „Landflucht", die man besser Stadtflucht nennen würde, wurde zum Kennzeichen der Zeit. Die urbanen Agglomerationen von Berlin, Köln, Hamburg, Frankfurt, Stuttgart, Nürnberg und München entstanden. Aus Dörfern wurden Vorstädte, unweit der Fabriken wurden billige Mietquartiere gebaut, nachdem erst einmal die Städte ihre alten Zuzugsverbote hatten preisgeben müssen. […] Überall aber musste Platz geschaffen werden für die Industrien, die Steuern und Beschäftigung brachten, und für die Menschen, die dort Arbeit fanden.

Die Pendlerexistenz war Massenschicksal, sei es mit dem Fahrrad, sei es mit der Eisenbahn. Auf die Dauer aber mussten die Nahverkehrssysteme ausgebaut werden: Berlin ging voran mit einem systematisch kreisförmig und radial aufgebauten Schnellbahn-System, der S-Bahn. Die Verstädterung der stadtnahen Dörfer hatte zur Folge, dass viele kleine Bauern eine letzte, goldene Ernte einfuhren, wenn sie ihr Land an Bauunternehmer verkauften oder selbst Bau-Spekulanten wurden, die wieder lohnende Investitionen suchten.

Michael Stürmer, Das Deutsche Reich 1870-1919, Berlin 2002, S. 89ff.

1. *Diskutieren Sie Stürmers Vorschlag, den geläufigen Begriff „Landflucht" besser durch „Stadtflucht" zu ersetzen.*
2. *Finden Sie heraus, welche Bevölkerungsentwicklung in Ihrem Heimatraum im 19. Jahrhundert (und später) stattfand (vgl. auch Karte zur Binnenwanderung auf S. 205). Lassen sich speziell für die Zeit des Kaiserreiches 1871–1918 Belege für Städtewachstum und Veränderungen der Infrastruktur in Ihrer Umgebung finden?*
3. *Versuchen Sie herauszufinden, welche aktuellen Daten zu Bevölkerungsentwicklung, Einwanderung, Binnenwanderung und gegebenenfalls Auswanderung in der Bundesrepublik Deutschland vorliegen. Informieren Sie über Ergebnisse und Vorgehensweise bei Ihrer Recherche.*

7.3 Bismarcks Außenpolitik

„Die dreizehnte Arbeit des Herkules." Karikatur aus dem „Kladderadatsch", 8. Juli 1888.
In der antiken Mythologie bewältigt der Halbgott Herkules zwölf Aufgaben. Die Zeichnung stellt dar, wie Reichskanzler Otto von Bismarck den Friedenszweig zwischen einem französischen (links) und einem russischen Soldaten balanciert. Die Bildunterschrift lautet: „Des Reichskanzlers Stellung seit 1870."

1873	Das Deutsche Reich, Österreich-Ungarn und Russland schließen ein „Dreikaiserabkommen" zur Wahrung gegenseitiger Interessen
1879	Das Deutsche Reich und Österreich-Ungarn verpflichten sich zu gegenseitiger militärischer Unterstützung im Falle eines russischen Angriffs
1887	Das Deutsche Reich und Russland schließen den Rückversicherungsvertrag (Versprechen wohlwollender Neutralität im Kriegsfall außer bei einem Angriff auf Frankreich oder auf Österreich-Ungarn)
1890	Bismarck tritt zurück

Europäisches Mächtesystem

An die Stelle des politisch schwachen Deutschen Bundes war 1871 ein mächtiges Reich getreten. Viele ausländische Staatsmänner befürchteten deshalb eine weitere Expansions- und Hegemonialpolitik des Deutschen Reiches, die das Gleichgewicht in Europa erschüttern würde. Dass diese Ängste bald zurücktraten, war ein wesentliches Verdienst Bismarcks.

Als neues Machtzentrum in Mitteleuropa war das kleindeutsche Kaiserreich sowohl Österreich-Ungarn (Doppelmonarchie seit 1867[1]) als auch Frankreich, den Kriegsverlierern von 1866 und 1871, nach Bevölkerungszahl, Wirtschaftskraft und militärischer Stärke überlegen. Gefürchtete Landmacht blieb Russland, der Nachbar im Osten Europas. England war dank seiner Flottenhegemonie – unabhängig von den Veränderungen auf dem Kontinent – die nach wie vor führende Weltmacht. Großbritannien genoss überall in der Welt volle Handlungsfreiheit und wollte diesen Zustand der *splendid isolation*[2] nicht durch eine vertragliche Bindung aufgeben.

Von drei fundamentalen und unlösbar erscheinenden Rivalitäten zwischen den Großmächten konnten die Staatsmänner Europas nach 1871 ausgehen:

1. Russland und England wegen der Gegensätze um Einflusszonen in Asien und der unterschiedlichen Meerengenpolitik[3];
2. Russland und Österreich-Ungarn wegen konkurrierender Interessen auf dem Balkan;
3. Deutschland und Frankreich wegen Elsass-Lothringen.

Dabei wirkte es auf die übrigen Staaten beruhigend, dass die Gegnerschaft des allmählich wieder erstarkenden Frankreich die Überlegenheit des neuen deutschen Kaiserreichs einschränkte. Angesichts der europäischen Mittellage Deutschlands suchte Reichskanzler Bismarck vor allem eine Koalition des westlichen Nachbarn mit anderen Mächten zu verhindern. Deutschland kam hierbei auch zugute, dass Frankreich wegen seiner fortschrittlichen republikanischen Staatsform für die konservativen Monarchien Russland und Österreich-Ungarn als Bündnispartner nur eingeschränkt infrage kam.

Bismarcks Politik beruhte auf einer doppelten Voraussetzung:

1. Der Kanzler verzichtete auf alle Maßnahmen, durch die andere Großmächte sich gefährdet fühlen konnten. Er erklärte das Reich für „saturiert"[4]. Nationalistische Forderungen nach einer Verschiebung der deutschen Grenzen auf Kosten Österreichs oder Russlands wies er stets eindeutig zurück. Ebenso erkannte Bismarck, dass ein neuerlicher Krieg oder nur eine Kriegsdrohung gegen das um militärischen Wiederaufstieg bemühte Frankreich andere Großmächte auf den Plan rufen würden („Krieg-in-Sicht"-Krise[5] 1875). Jede über die Ergebnisse von 1871 hinausreichende Verschiebung der außenpolitischen Machtverhältnisse wäre auf den geschlossenen Widerstand der Flügelmächte England und Russland gestoßen. So sah Bismarck in der Bewahrung des Status quo und der Erhaltung des Friedens in Mitteleuropa die deutschen Interessen am besten gesichert.
2. Darüber hinaus versuchte der Kanzler, aus Gegensätzen zwischen anderen Großmächten Nutzen zu ziehen und diese wegen ihrer Rivalitäten untereinander für gute Beziehungen zu Deutschland zu gewinnen (→ M1).

Das Dreikaiserabkommen

Um die Beziehungen zu Österreich-Ungarn und Russland zu festigen, förderte Bismarck eine österreichisch-russische Annäherung (*Dreikaiserabkommen* 1873). Dabei wurden die gemeinsamen Interessen der drei konservativen Monarchien gegenüber republikanischen und sozialistisch-revolutionären Kräften betont. Diese Politik geriet auf dem *Berliner Kongress* (1878) in Gefahr.

Orient-Krise und Berliner Kongress

Als sich 1875/76 mehrere Völker auf dem Balkan gegen die türkische Herrschaft auflehnten, griff Russland 1877/78 auf ihrer Seite ein. Nach dem siegreichen Feldzug gegen das Osmanische Reich nahm Russland allerdings keine Rücksicht auf die Interessen weiterer Großmächte. Vor allem die Schaffung eines vom Zarenreich abhängigen großbulgarischen Staates, der vom Schwarzen Meer bis zur Ägäis reichen sollte (*Vorfriede von San Stefano mit der Türkei*), hätte den russischen Einfluss auf dem Balkan erheblich verstärkt. Dagegen protestierten Großbritannien und Österreich-Ungarn; britische Kriegsschiffe liefen ins Marmarameer ein, ein Krieg schien unmittelbar bevorzustehen (s. Karte S. 246).

---

1 Nach der Niederlage gegen Preußen (1866) kam Österreich den Forderungen der Magyaren entgegen: Das Königreich Ungarn mit seinen Nebenländern erhielt einen eigenen Reichstag und ein eigenes Ministerium. Österreich-Ungarn wurde zur „Doppelmonarchie" oder „k.-und-k.-Monarchie": Der Kaiser von Österreich war zugleich der König von Ungarn. Heer, Außenpolitik und Finanzen blieben gemeinsam, innenpolitisch entwickelten sich beide Reichshälften unterschiedlich.

2 splendid isolation (engl.): „glanzvolles Alleinsein", politisches Schlagwort für die selbstbewusste Bündnislosigkeit Großbritanniens im 19. Jahrhundert

3 England war darauf bedacht, seine Flottenhoheit im Mittelmeer zu behalten und einer russischen Flotte den Zugang vom Schwarzen Meer her zu verwehren. Deshalb sollte am geltenden Übereinkommen, wonach der Bosporus und die Dardanellen, die zum Osmanischen Reich gehörten, für Kriegsschiffe gesperrt waren, festgehalten werden. Russland wollte umgekehrt vom Zerfall des Osmanischen Reiches profitieren und eine Verbindung zwischen Schwarzem Meer und Mittelmeer gewinnen. In der Expansion des Zarenreiches in Zentralasien erblickte England zudem eine Gefährdung seiner indischen Kronkolonie.

4 saturiert: „zufriedengestellt", d. h. Deutschland strebt künftig nicht nach Gebietsgewinnen

5 Ein Zeitungsartikel des Publizisten Constantin Rößler mit dem Titel „Ist Krieg in Sicht?", den Bismarck initiierte, sollte ausloten, wie die anderen Großmächte die Wiederaufrüstung Frankreichs bewerten. In der Folge signalisierten England und Russland eindeutig, dass sie einen Präventivkrieg Deutschlands gegen Frankreich nicht hinnehmen würden.

„Working the Points." Karikatur aus der englischen Zeitung „Punch" vom 4. Mai 1878.
Die Lokomotiven tragen die Namen „Russia" und „Britannia".
► Interpretieren Sie die Rolle, die die Karikatur Bismarck zuschreibt.

Bismarck gelang es, als „ehrlicher Makler" ohne eigene Gewinnabsicht auf dem von ihm geleiteten Berliner Kongress (1878) den Frieden zu retten und den Konflikt beizulegen.
Wegen des für Russland ungünstigen Verhandlungsergebnisses verschlechterte sich allerdings das deutsch-russische Verhältnis. Denn Petersburg hatte sich nach seiner neutralen Haltung 1866 und 1870 eine deutliche Unterstützung Deutschlands erhofft. Doch am Ende wurde Bulgarien auf etwa zwei Fünftel des vorgesehenen Umfangs verkleinert und vom Mittelmeer abgeschnitten. Russlands eigene bescheidene Landgewinne im Kaukasus und im südlichen Bessarabien wurden außerdem dadurch entwertet, dass auch Österreich-Ungarn seine Position auf Kosten des Osmanischen Reiches stärken konnte: Als Ausgleich für die russischen Erwerbungen erhielt es auf dem Kongress das Besatzungsrecht in Bosnien, der Herzegowina und im Verwaltungsgebiet Nowipasar zugesprochen.
Zur Verschlechterung der deutsch-russischen Beziehungen trug zusätzlich die neue Schutzzollpolitik des Deutschen Reiches bei, die zu einer Absatzkrise der exportorientierten russischen Landwirtschaft führte.

Der Zweibund

Aus Angst vor einer russisch-französischen Annäherung vollzog Bismarck 1879 die bisher bewusst vermiedene Entscheidung zugunsten einer Seite: Der *Zweibund* mit der Habsburger Monarchie verpflichtete beide Länder zu gegenseitiger Hilfe bei einem russischen Angriff. Beim Angriff einer anderen Macht – etwa Frankreichs auf Deutschland – sollte wohlwollende Neutralität gewahrt werden. Der Zweibund mit Österreich-Ungarn wurde 1882/83 durch den *Dreibundvertrag* mit Italien sowie einen Defensivvertrag mit Rumänien ergänzt.

Absicherung des Reichs durch eine Vertragspolitik mit Russland

Bismarck betrachtete das Bündnis mit Österreich-Ungarn nur als äußerste Rückzugslinie. Das Gegenüberstehen eines deutsch-österreichischen und eines russisch-französischen Blocks auf dem Kontinent konnte nicht Ziel seiner auf höchste Sicherheit bedachten Außenpolitik sein. Für einige Jahre gelang nochmals die Wiederaufnahme der „Dreikaiserpolitik" (*Dreikaiservertrag* 1881). Als aber nach neuerlichen Spannungen auf dem Balkan Russland dort ein Machtverlust drohte, entschloss sich Bismarck zum sogenannten *Rückversicherungsvertrag* mit Russland (1887). Er sollte dem Zarenreich die Angst vor einem deutsch-österreichischen Angriff nehmen und die in Petersburg von der öffentlichen Meinung geforderte Annäherung an Frankreich verhindern. Beide Vertragspartner verpflichteten sich zur Neutralität im Kriegsfall, die lediglich bei einem russischen Angriff auf Österreich-Ungarn oder einem deutschen Angriff auf Frankreich nicht gelten sollte.
Nicht dem Buchstaben, aber ihrem Geist nach standen Zweibund und Rückversicherungsvertrag in einem gewissen Spannungsverhältnis. Bismarck schien die deutsche Billigung einer aktiven russischen Meerengenpolitik zu signalisieren, während er gleichzeitig eine Entente zwischen England, Österreich-Ungarn und Italien förderte, die das Ziel hatte, den Status quo im Mittelmeer und Orient zu wahren. So wollte er Spannungen von der Mitte des Kontinents ablenken. Nachfolger des Kanzlers, die den geheim gehaltenen Rückversicherungsvertrag 1890 nicht erneuerten, waren nicht ohne Grund besorgt, eine absichtliche oder versehentliche Bekanntgabe seines Inhalts durch Russland könnte die Beziehungen zu Österreich-Ungarn, Italien, England und der Türkei belasten (→ M2).

Der Balkan vor und nach dem Berliner Kongress 1878.
► *Erklären Sie, wie sich die Ergebnisse des Berliner Kongresses und des Vorfriedens von San Stefano unterscheiden.*

M1 Das „Kissinger Diktat"

Während der Balkankrise (1875–1878) stellt Bismarck in seinem Urlaub in Bad Kissingen Überlegungen über die außenpolitische Situation des Deutschen Reiches an. Unabhängig vom tagespolitischen Anlass gilt das „Kissinger Diktat" vom Juni 1877 als Schlüsseldokument zum Verständnis Bismarck'scher Außenpolitik nach der Reichsgründung.

Ein französisches Blatt sagte neulich von mir, ich hätte „le cauchemar des coalitions"[1]; diese Art Alp wird für einen deutschen Minister noch lange, und vielleicht immer, ein sehr berechtigter bleiben. Koalitionen gegen uns können auf westmächtlicher Basis mit Zutritt Österreichs sich bilden, gefährlicher vielleicht noch auf russisch-österreichisch-französischer; eine große Intimität zwischen zweien der drei letztgenannten Mächte würde der dritten unter ihnen jederzeit das Mittel zu einem sehr empfindlichen Drucke auf uns bieten. In der Sorge vor diesen Eventualitäten, nicht sofort, aber im Lauf der Jahre, würde ich als wünschenswerte Ergebnisse der orientalischen Krisis für uns ansehn:

1. Gravitierung[2] der russischen und der österreichischen Interessen und gegenseitigen Rivalitäten nach Osten hin,
2. der Anlass für Russland, eine starke Defensivstellung im Orient und an seinen Küsten zu nehmen, und unseres Bündnisses zu bedürfen,
3. für England und Russland ein befriedigender Status quo, der ihnen dasselbe Interesse an Erhaltung des Bestehenden gibt, welches wir haben,
4. Loslösung Englands von dem uns feindlich bleibenden Frankreich wegen Ägyptens und des Mittelmeers,
5. Beziehungen zwischen Russland und Österreich, welche es beiden schwierig machen, die antideutsche Konspiration gegen uns gemeinsam herzustellen, zu welcher zentralistische oder klerikale Elemente in Österreich etwa geneigt sein möchten.

Wenn ich arbeitsfähig wäre, könnte ich das Bild vervollständigen und feiner ausarbeiten, welches mir vorschwebt: nicht das irgendeines Ländererwerbes, sondern das einer politischen Gesamtsituation, in welcher alle Mächte außer Frankreich unser bedürfen und von Koalitionen gegen uns durch ihre Beziehungen zueinander nach Möglichkeit abgehalten werden.

Günter Schönbrunn (Bearb.), Das bürgerliche Zeitalter 1815–1914, München 1980, S. 454 f.

[1] *cauchemar des coalitions (frz.): „Alptraum der Bündnisse"*
[2] *Gravitierung: Schwerpunktverlagerung*

1. *Erläutern Sie die von Bismarck genannten Gegensätze der europäischen Mächte.*
2. *Bestimmen Sie Bismarcks außenpolitische Ziele und Befürchtungen.*
3. *Diskutieren Sie, ob sich eine Außenpolitik mit der hier geschilderten Zielsetzung als „Friedenspolitik" bezeichnen lässt.*

M2 Die Außenpolitik Bismarcks im Spiegel der modernen Forschung

Der Frankfurter Historiker Lothar Gall (geb. 1936) beschreibt die außenpolitischen Grundzüge der Politik Bismarcks. In der klaren Ablehnung eines Präventivkrieges unterschied Bismarck sich von den Militärs und manchen außenpolitischen Mitarbeitern:

In der viel zitierten Reichstagsrede vom 11. Januar 1887 zog er [...] vor aller Öffentlichkeit den Schluss: „Mein Rat wird nie dahin gehen, einen Krieg zu führen deshalb, weil er später vielleicht doch geführt werden muss."
Deutschland, so hieß das, gehöre zu den Mächten, die von einem Krieg nichts zu gewinnen, aber alles zu befürchten haben und die daher bestrebt sein müssen, einen Krieg zu verhindern. Das nannte er in der gleichen Rede „unsere Friedenspolitik", freilich in einem sehr nüchternen, streng interessenorientierten Sinn. In ihm schwang noch nichts von jener späteren, die Zusammenhänge verklärenden und zugleich verdunkelnden Deutung mit, es sei ihm um den europäischen Frieden als einen Wert an sich gegangen. Die Erhaltung des Friedens war ihm vielmehr, so kann man zuspitzend sagen, ebenso ein Instrument wie vor 1871 der Krieg. Beides sollte der Macht des eigenen Staates, ihrer Erhaltung und möglichen Steigerung dienen. [...]
Nur der Friede garantierte seiner Auffassung nach dem Reich seine Unabhängigkeit und Machtstellung. Beides verdankte es, wie er immer deutlicher zu sehen glaubte, einer überaus glücklichen Konstellation nach der Jahrhundertmitte bis zu den Siebzigerjahren, die sich seither, nicht zuletzt im weltpolitischen Maßstab, ständig zu seinem Nachteil verschoben hatte.

Lothar Gall, Bismarck. Der weiße Revolutionär, Frankfurt/Main 1980, S. 637f.

„Dropping the pilot." Zeichnung von Sir John Tenniel aus dem in England erscheinenden „Punch", März 1890.
Nach Konflikten – unter anderem wegen des außenpolitischen Kurses – nahm der neue Kaiser Wilhelm II. das Entlassungsgesuch von Reichskanzler Bismarck an.
▶ Interpretieren Sie die Karikatur. Vergleichen Sie den englischen und den in Deutschland verbreiteten Titel „Der Lotse geht von Bord".

Der Historiker und „Zeit"-Redakteur Volker Ullrich (geb. 1943) bewertet ebenfalls die Bismarck'sche Außenpolitik:

Allerdings wäre es zu einfach, zwischen guter Außenpolitik und schlechter Innenpolitik zu unterscheiden. [...] Der Grundgedanke seiner außenpolitischen Strategie, Spannungen und Konflikte an die Peripherie abzuleiten, erwies sich seit Mitte der Achtzigerjahre zunehmend als illusorisch. Um dem *cauchemar des coalitions* zu entgehen, war Bismarck zu immer gewagteren diplomatischen Manövern gezwungen – zuletzt durch den Abschluss des Rückversicherungsvertrages mit Russland 1887, dessen Wert der Kanzler selbst weitgehend zunichte machte, indem er gleichzeitig einen Wirtschaftskrieg gegen das Zarenreich entfesselte und dieses dadurch erst auf die Seite Frankreichs trieb. Und in der Kolonialpolitik 1884/85 setzte Bismarck, wider Willen, Kräfte frei, die er nicht mehr bannen konnte. Die Dynamik des expandierenden Industriekapitalismus unterlief gleichsam die offizielle Außenpolitik und ließ „die relativ statische Vorstellung deutscher Saturiertheit bald als unangemessene Metapher" erscheinen. Bismarck war mit seiner Politik an eine Grenze gelangt. Seine Nachfolger sollten diese Grenze überschreiten.

Volker Ullrich, Die nervöse Großmacht 1871–1918, Frankfurt/Main 1997, S. 123

Diskutieren Sie Vor- und Nachteile einer Friedenspolitik aus Eigeninteresse und einer Politik, die den Frieden um seiner selbst willen anstrebt.

7.4 Wilhelminische Großmachtpolitik im Zeitalter des Imperialismus

Kaiser Wilhelm II. (1859 – 1941). Bildpostkarte von 1900.

1881/1882	Besetzung von Tunis durch Frankreich und Ägyptens durch England; der „scramble for Africa" setzt ein
1890	Der Rückversicherungsvertrag mit Russland wird nicht verlängert
1894	Das russisch-französische Defensivbündnis tritt in Kraft
1904	„Entente cordiale" zwischen Großbritannien und Frankreich
1907	Russland und Großbritannien legen kolonialpolitische Konflikte bei
Vor 1914	Zunehmende Spannungen zwischen den Großmächten in Europa

Der Begriff „Imperialismus"

Zwar erwarb Deutschland noch unter der Kanzlerschaft Bismarcks 1884 erstmals Kolonien. Bismarcks Außenpolitik war und blieb aber auf die Aufrechterhaltung der europäischen Ordnung ausgerichtet und er selbst stand dem „Kolonialschwindel" skeptisch gegenüber. Erst unter Kaiser Wilhelm II. trat das Deutsche Reich dann um die Jahrhundertwende mit einem neuen weltpolitischen Engagement bewusst in die Reihe der imperialistischen Mächte ein.

„Imperialismus" bedeutet in einem allgemeinen historischen Sinn „Großreichspolitik". So verstanden kann er auf unterschiedliche Epochen angewandt werden, in denen sich Groß- oder Weltreiche (Imperien[1]) ausbreiteten, „die von einem, häufig sehr kleinen und ethnisch spezifisch geprägten Kern her regiert und verwaltet werden" (*Wolfgang J. Mommsen*), wie z. B. das Imperium Romanum, das Römische Weltreich.

[1] *lat. imperium: Reich, Herrschaft*

Im engeren Sinn kennzeichnet der Begriff die (direkte oder indirekte) Herrschaft wirtschaftlich-industriell hochentwickelter Mächte Europas, der USA oder Japans über weniger entwickelte Regionen der Erde. Als „klassisches Zeitalter des Imperialismus" gelten die Jahre zwischen 1880 und dem Beginn des Ersten Weltkrieges 1914.

Das „klassische Zeitalter" des Imperialismus

1881/82 setzte der „*scramble for Africa*" („Wettlauf nach Afrika") um die noch „freien" Gebiete auf diesem Kontinent ein. Seitdem wurde es zu einem programmatischen Ziel vieler Staaten, Gebiete außerhalb der eigenen Grenzen dem eigenen Herrschaftsbereich einzuverleiben.

Es begann ein allgemeines Streben nach Kolonien, Stützpunkten und Einflusssphären. Rivalitäten zwischen den auf Expansion bedachten Ländern trugen zu Spannungen und Rüstungswettläufen vor dem Ersten Weltkrieg bei. Nicht nur Kaufleute, Forscher, Politiker und Militärs traten für die Expansionspolitik ihrer Länder ein; kennzeichnend für den Hochimperialismus wurde die Zustimmung breiter Bevölkerungsschichten.

Ältere Kolonialmächte, etwa Großbritannien, Frankreich oder die Niederlande, entdeckten den Wert ihrer Kolonialreiche neu und suchten sie zu sichern und zu erweitern. Dies gilt vor allem für Großbritannien, das ein riesiges *Empire* mit militärstrategischen Stützpunkten, mehreren Siedlungsgebieten (Neufundland, Kanada, Neuseeland, Australien, Kapkolonie in Afrika) und Indien als „Juwel" beherrschte. Andere Staaten wie das Deutsche Reich, Belgien, Italien oder die USA und Japan, das sich dem europäischen Vorbild anglich, erwarben nach 1880 zum ersten Mal koloniale Besitzungen. Afrika, dessen Inneres lange noch weitgehend unbekannt war, wurde von europäischen Kolonialmächten fast ganz aufgeteilt. Einen weiteren Schwerpunkt imperialistischen Interesses bildete der Raum des Pazifischen Ozeans.

Eine Sonderrolle spielte das zaristische Russland, das sich zwar nicht in Übersee engagierte, dem es aber gelang, seine Grenzen auf dem asiatischen Kontinent in Richtung Persien und Afghanistan sowie nach Korea und China enorm voranzuschieben. Man spricht hier vom russischen „Kontinentalimperialismus".

Formeller und informeller Imperialismus

Ausdrucksform des Imperialismus waren aber nicht nur das forcierte Bemühen um koloniale Erwerbungen. Neben der direkten politischen Herrschaft (*formeller Imperialismus*) brachten Kapitalinvestitionen, Vertragsdiplomatie und politischer Druck bis hin zu militärischen Interventionen auch selbstständige, aber politisch oder wirtschaftlich schwache Staaten und Mächte wie das Osmanische Reich, China oder Republiken Lateinamerikas in die Abhängigkeit imperialistischer Länder (*informeller Imperialismus*).

Vorgänge „an der Peripherie"

Der Ausgangspunkt für die Ereignisse in Übersee ist nicht ausschließlich im Mutterland allein zu suchen. Oft spielten auch Vorgänge „an der Peripherie" eine Rolle. So trieben koloniale Abenteurer, weiße Kaufleute, Siedler, Militärs und Diplomaten den Kolonisationsprozess wiederholt auf eigene Faust und zuweilen gegen den Willen der heimatlichen Regierung voran. Dieser sogenannte „Subimperialismus" der „men on the spot"[1] wird repräsentiert von Persönlichkeiten wie *Cecil Rhodes* in der englischen oder *Carl Peters* in der deutschen Kolonialgeschichte.

Auch innere Entwicklungen in den überseeischen Gebieten beeinflussten oft das Vorgehen der imperialistischen Staaten, die z.B. eingriffen, wenn einheimische Herrscher aufgenommene Schulden nicht mehr zurückzahlen konnten. Mehrfach entschied sich das ursprünglich nur an informellem Einfluss interessierte Mutterland erst zur Errichtung einer direkten Kolonialverwaltung, wenn die zur beschränkten Zusammenarbeit bereiten einheimischen Machthaber vor Ort auf Widerstand stießen und sich nicht halten konnten.

Technisch-industrieller Vorsprung

Die Industrialisierung mit ihren technischen Errungenschaften verlieh den imperialistischen Mächten die Voraussetzung, ihre Kolonialherrschaft und ihre Einflusszonen in schnellem Tempo über immer weitere Teile der Welt auszubreiten. Zur Überlegenheit trugen neben der Waffentechnik auch moderne Kommunikationsmöglichkeiten (z.B. Telegraf) bei, die prompte Reaktionen des „Mutterlandes" auf Geschehnisse vor Ort ermöglichten. Moderne Verkehrsmittel wie Dampfschiffe konnten Passagiere und Waren in viel größerem Umfang und wesentlich schneller transportieren als bisher. Auch dank des 1869 eröffneten *Suezkanals* dauerte die Fahrt von England nach Indien nun nur noch etwa drei Wochen. Die in ihrer Größe und Ladefläche begrenzteren Segelschiffe brauchten auf umständlicheren, von den Windverhältnissen mitbestimmten Routen zu Beginn des 19. Jahrhunderts zum gleichen Ziel noch ein viertel Jahr.

Bedeutsam sind auch die medizinischen Fortschritte bei der Bekämpfung tropischer Krankheiten, vor allem der Malaria und des Gelbfiebers. Ohne entsprechenden Schutz wäre das Vordringen in manche Gebiete der Welt gar nicht möglich gewesen.

[1] *hier im Sinne von „Männer an der vordersten Front"*

Ökonomische Motive für Expansionspolitik

Für die imperialistische Politik der beteiligten Staaten gibt es ein ganzes Bündel von Motiven. Bei den Zeitgenossen standen neben machtpolitisch-nationalistischen, rassisch-sozialdarwinistischen oder humanitären auch ökonomische Argumente im Vordergrund.

Zeitgenössische Kritiker imperialistischer Politik, darunter auch die Sozialistin *Rosa Luxemburg*[1] oder der russische Bolschewik *Wladimir I. Lenin* (1870–1924)[2], sahen in Wachstumsproblemen der kapitalistischen Wirtschaft den entscheidenden Beweggrund imperialistischer Expansion. Zuvor hielt bereits der linksliberale englische Sozialreformer *John A. Hobson* Wachstumsschwierigkeiten in der kapitalistischen Wirtschaft für den entscheidenden Antrieb des englischen Imperialismus. Die Überproduktion von Waren, vor allem aber das Fehlen rentabler Investitionsmöglichkeiten im Inland sei der Grund dafür, dass einflussreiche Wirtschaftskreise den Staat zur fortgesetzten Expansion in Übersee drängten. Diese nütze jedoch nur Einzelinteressen, nicht aber der Bevölkerung.

Die zeitgenössische Kolonialagitation beeinflusste zwar die öffentliche Meinung stark mit ihrem Argument, es gelte durch Kolonien und Einflusssphären die zunehmende Nachfrage nach Rohstoffprodukten zu sichern und zugleich neue Absatzmärkte für die heimische Industrie zu gewinnen. Aber die Wirtschaftsführer zeigten sich z. B. an Afrika nur bedingt interessiert. Französisches und deutsches Auslandskapital floss ganz überwiegend in nichtkoloniale Gebiete.

Prestigebedürfnis

Ohne die Bedeutung ökonomischer Motive leugnen zu wollen, sehen andere Forscher im Imperialismus in der Zeit vor 1914 hauptsächlich eine spezifische Ausformung herkömmlicher Machtpolitik. Ein expansiver Nationalismus habe in überseeischen Kolonialbesitzungen vor allem ein Mittel zur Steigerung des nationalen Prestiges erblickt – ein entscheidendes Motiv in einer Zeit, als „Nation“ und „Nationalstaat“ zentrale Werte im politischen Denken darstellten. Vielen Zeitgenossen erschien das Ringen um Weltmachtstatus unverzichtbar, wenn man nicht in die Position einer zweitrangigen Macht zurücksinken wolle. In der verbreiteten Formel „Weltmacht oder Niedergang“ spiegelte sich ein entscheidendes Motiv des Imperialismus des Deutschen Kaiserreichs wider.

[1] *Rosa Luxemburg (1870–1919; ermordet): marxistische Theoretikerin und Politikerin. Zusammen mit Karl Liebknecht (1871–1919) war sie Vorsitzende der 1918/19 neu gegründeten Kommunistischen Partei.*

[2] *s. S. 262 ff.*

Sozialimperialismus

Unterschiedlich gewichtet wird das Motiv des sogenannten „Sozialimperialismus“ (*Hans-Ulrich Wehler*). Hier wird in der Expansion nach außen vornehmlich der Versuch der Führungsschichten gesehen, die starken gesellschaftlichen Gegensätze im Inneren des Mutterlandes nach außen abzulenken. Koloniale Erwerbungen sollten demnach primär ein integrierendes nationales Gemeinschaftsgefühl wecken und soziale Probleme mildern, um die bestehende Ordnung in Staat, Wirtschaft und Gesellschaft zu stabilisieren („Imperialismus oder Bürgerkrieg“).

Auswirkungen auf die Betroffenen

Fürsprecher des Imperialismus rechtfertigten das Vorgehen der weißen Nationen häufig mit der Vorstellung von der Überlegenheit der eigenen „Rasse“ und einem natürlichen „Recht des Stärkeren“, unterlegene „niedere Rassen“ zum eigenen Vorteil ausbeuten zu dürfen. Legitimiert wurde die Herrschaft über Menschen anderer Hautfarbe durch die Theorien des *Sozialdarwinismus*. Dabei wurde *Charles Darwins* Evolutionstheorie über die „Entstehung der Arten“ stark vereinfacht und auf menschliche Gesellschaften übertragen. Im „Kampf ums Dasein“ könnten sich demnach nur die weiter entwickelten und daher überlegenen Völker und Staaten durchsetzen.

Noch weiter gingen rassistische Vorstellungen, die eingeborenen Völkern jede Entwicklungsmöglichkeit absprachen und daraus eine strikte Abgrenzung der Rassen ableiteten.

Solch rassisch-sozialdarwinistische Argumentation wurde allerdings oft abgemildert oder ersetzt durch die Berufung auf kulturmissionarische und humanitäre Verpflichtungen zugunsten des Fortschritts und der Zivilisation („Mission des weißen Mannes“; → M1). Hierzu zählte auch der Wunsch nach christlicher Missionierung und nach Abschaffung des Sklavenhandels in Afrika. Auch aus der Vorstellung heraus, man könne andere Kulturen und Völker durch die Übertragung der eigenen Zivilisation und eigener Wertvorstellungen „zu ihrem Glück zwingen“, griffen die Kolonialherren gerne in die traditionellen Lebensweisen der Menschen ein. Viele Nationen glaubten, ihnen komme eine besondere Rolle bei der Verbreitung fortschrittlicher Ideen oder der Zivilisation zu, dazu zählten nicht zuletzt die USA oder Frankreich.

Für die Achtung und Wahrung der einheimischen Kulturen bot auch dieses Denken wenig Raum. Dazu gehörten auch die willkürlichen Grenzziehungen der Kolonien, die oft keine Rücksicht auf vorgegebene Stammesgebiete nahmen. Die einheimische Kolonialbevölkerung erlebte die Wertvorstellungen und zivilisatorischen „Errungenschaften“ der neuen „Herren“ daher zumeist als aufgezwungene Eingriffe in ihre Lebensformen und Traditionen.

Werbeplakat für eine Singhalesen-Völkerschau im Hamburger Umlauff's Welt-Museum.
Farblithografie und Buchdruck, um 1883/84.
Neben der Förderung der Welt- und Menschenkenntnis dienten die Völkerschauen dazu, die europäische Bevölkerung für die Kolonialpolitik zu gewinnen.

Auch die vom eigenen Sendungsbewusstsein überzeugten Europäer verschlossen gerne die Augen vor den vielen negativen Auswirkungen des Kolonialismus. Dazu gehörten nicht nur häufige koloniale Missstände durch Herrenmenschen-Gebaren und abscheuliche Gräuel bei der Niederschlagung von Aufständen. Da die Bevölkerung in vielen Kolonien rücksichtslos den Interessen der Kolonialherren unterworfen wurde, mussten die Einheimischen meist gegen sehr geringen Lohn auf Plantagen oder in Bergwerken arbeiten, wurden enteignet oder zur Zwangsarbeit herangezogen. Viele Staaten schreckten nicht vor unnachsichtiger Härte bei der Unterdrückung von Aufständen oder vor brutaler Terrorherrschaft zurück, wie sie lange in Belgisch-Kongo praktiziert wurde. Auf eine direkte Gewaltherrschaft versuchten vor allem die Engländer zu verzichten, die ihre Herrschaft gern durch die Zusammenarbeit mit einheimischen Eliten sicherten. Bei dieser indirekten Herrschaft (*indirect rule*) konnten sie ohne hohen personellen und verwaltungstechnischen Aufwand auskommen.

Nachteilige wirtschaftliche Strukturen

Die von den Kolonialmächten bestimmten wirtschaftlichen Strukturen sahen zwar den Export von Bodenschätzen oder Anbauprodukten ins Mutterland vor, kaum aber deren Verarbeitung in den Kolonien selbst. Diese blieben Rohstoffproduzenten und wurden nicht industrialisiert. Zugleich dienten sie als Absatzmärkte für Fertigwaren. Gefördert werden sollten das industrielle Wachstum und der Wohlstand des Mutterlandes.

Auch als nach dem Niedergang der europäischen Mächte seit dem Zweiten Weltkrieg etwa 120 ehemalige Kolonien oder Territorien frei von kolonialer Vorherrschaft wurden, verstummte der Vorwurf betroffener Länder und kritischer Beobachter nicht, die reichen Industrieländer und die großen multinationalen Konzerne betrieben „Neokolonialismus“ oder „Neoimperialismus“; sie profitierten von den billigen Rohstoffen und Arbeitskräften und den niedrigen Sozialstandards der Dritten Welt.

Dem mächtigen *Internationalen Währungsfonds* (*IWF*) wird vorgeworfen, Kreditgewährungen oder Schuldennachlässe für in finanzielle Schwierigkeiten geratene Staaten der Dritten Welt mit rigiden Stabilisierungsprogrammen zu verknüpfen, welche nicht nur die Selbstbestimmungsrechte der beteiligten Länder einschränkten, sondern zum Teil auch die Armut der Bevölkerung erhöhen würden. Ähnlich wird der Nutzen mancher Kredite und Zuschüsse der *Weltbank*, die ärmere Mitgliedsländer wirtschaftlich fördern soll, in Zweifel gezogen. Angegriffen werden auch die – mit Einzahlungsverpflichtungen verbundenen – Quoten und die Stimmrechte innerhalb des IWF. Bei den Verhandlungen um einen neuen Verteilungsschlüssel treten auch neuerdings unterschiedliche Interessen zwischen Industriestaaten und Schwellen- oder Entwicklungsländern sichtbar hervor.

Deutschlands Einstieg in die Weltpolitik

Bismarck war es in seiner Regierungszeit gelungen, die europäischen Mächte vom Friedenswillen des Reichs zu überzeugen. Berauscht vom beeindruckenden wirtschaftlichen und militärischen Aufstieg erschien vielen Deutschen die der deutschen Außenpolitik vom Reichskanzler auferlegte Selbstbeschränkung zunehmend als unnötig vorsichtig und perspektivlos. In dem heraufziehenden imperialistischen Zeitalter sollte auch Deutschland bei der Aufteilung der Erde nicht zu kurz kommen und „seinen Platz an der Sonne“[1] beanspruchen. Viele Politiker und Publizisten, Professoren und Wirtschaftsführer meinten, das Reich müsse den Sprung zur „Weltmacht“ wagen, wenn nicht auf lange Sicht sein Großmachtstatus in Europa gefährdet sein sollte (→ M2).

Zwar erwarb das Reich schon 1884/85 in Afrika und Neuguinea seine ersten Kolonien. Aber erst Wilhelm II., der als 31-Jähriger Bismarck aus dem Amt gedrängt hatte, wurde zum Repräsentanten des gewachsenen nationalen Selbstbewusstseins und der verbreiteten Aufbruchstimmung. „Ich führe euch herrlichen Zeiten entgegen“, versprach der redefreudige, gern forsch auftretende Monarch und fand dafür die Zustimmung aller, die mit ihm von einer weiteren Steigerung deutscher Größe träumten.

Die Lautstärke, mit der dieses neue Streben nach Weltgeltung sich oft äußerte, trug den Deutschen den Ruf eines arroganten Störenfrieds ein; sie entsprach jedoch keineswegs den tatsächlichen Erfolgen in Übersee. Der allergrößte Teil des deutschen Kolonialbesitzes war noch zu Zeiten Bismarcks ohne übergreifendes Konzept von hanseatischen Handelsfirmen oder Privatpersonen erworben worden. Erst nach 1890 steigerte sich der Kolonialismus zum Imperialismus. Wie andere europäische Mächte arbeitete auch Deutschland am Ausbau der Stützpunkte in Afrika und im Pazifik (→ M3). Seit 1898 verwaltete das Reich alle Schutzgebiete selbst.

[1] *Diese Metapher verwendete der damalige Staatssekretär des Außenministeriums und spätere Reichskanzler Bernhard von Bülow 1897 vor dem Reichstag.*

Gefangene Herero. Foto, nach 1904 (Ausschnitt).
Von den deutschen Kolonialherren in Deutsch-Südwestafrika unterdrückt und wirtschaftlich ausgebeutet, erhoben sich die Herero und anschließend das Volk der Nama. Nach dem Sieg in der Schlacht am Waterberg umzingelte die siegreiche deutsche Armee die flüchtenden Herero in einer wasserlosen Wüste. Wer von den wenigen Überlebenden nicht fliehen konnte, geriet in Kriegsgefangenschaft.

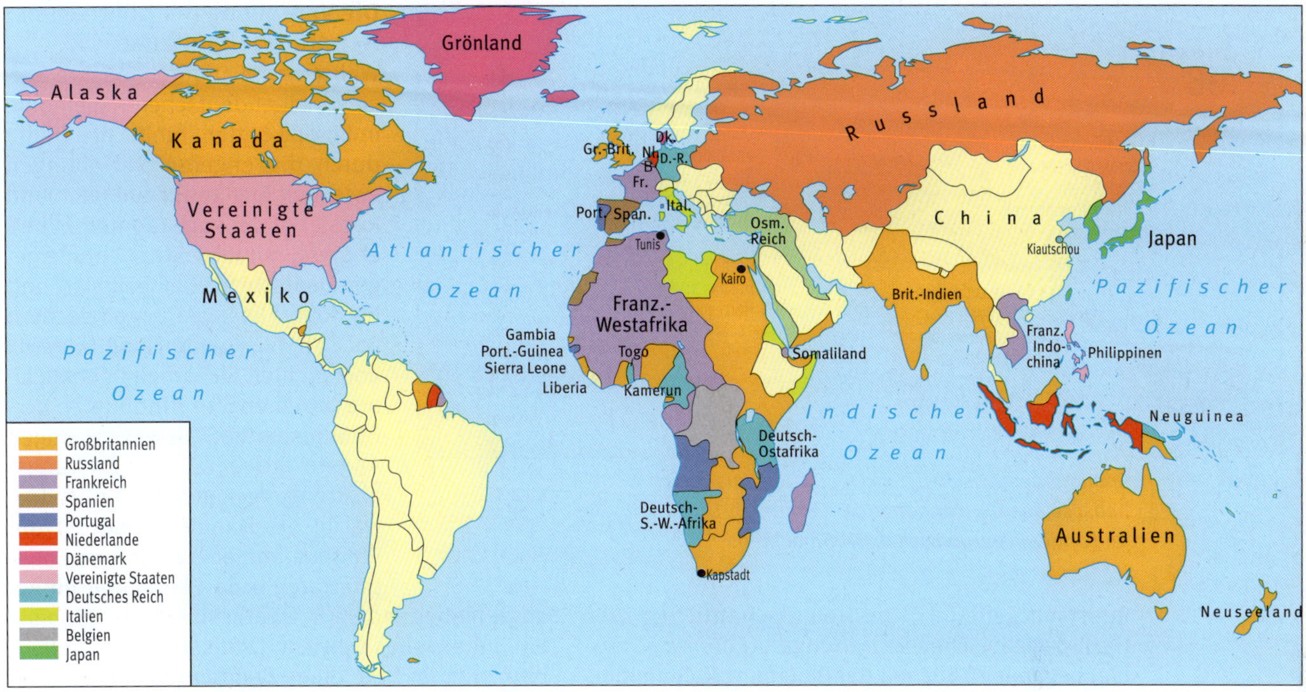

Die Kolonialreiche um 1914.

Das Verhältnis zu England wird schlechter

Nachdrücklicher im Sinne der über Europa hinausgreifenden Weltpolitik wirkte das wirtschaftliche und politische Engagement Deutschlands im Vorderen Orient. Das Osmanische Reich galt seit Ende des 19. Jahrhunderts als bedeutendstes außereuropäisches Einflussgebiet. Mit dem Bau einer Eisenbahn von Konstantinopel/Istanbul zum Persischen Golf (*Bagdad-Bahn*, 1899–1903) ergab sich für die deutsche Wirtschaft ein willkommenes Expansionsfeld. Damit wuchs auch das Interesse Deutschlands an dem für die Verbindung zur Türkei wichtigen Balkan. Dabei setzte sich die kaiserliche Außenpolitik aber lange darüber hinweg, dass Russland und England den wachsenden deutschen Einfluss im Vorderen Orient als störend empfanden.

Der programmatische Übergang zur Weltpolitik um das Jahr 1897/1898 war begleitet von Anstrengungen zum Aufbau einer starken deutschen Kriegsmarine. Die Bedeutung einer eigenen Schlachtflotte wurde von *Alfred von Tirpitz*, dem Staatssekretär des Reichsmarineamtes, mit großem Agitationserfolg propagiert. Auch der Kaiser setzte sich nachdrücklich für das Flottenbauprogramm ein: „Unsere Zukunft liegt auf dem Wasser." Die Aufrüstung zur See sollte für England jeden Krieg mit Deutschland zu einem wirklichen Risiko werden lassen. Ein Sieg der englischen Flotte sollte zumindest so teuer erkauft werden müssen, dass England anschließend seine Überlegenheit auf den Meeren nicht mehr sicher bewahren konnte und sein Weltimperium gefährdet war. Dieser in Deutschland propagierte „Risikogedanke" gefährdete das englische Ziel des *Two-Power-Standard*, also den Grundsatz, dass die britische Flotte mindestens die Stärke der beiden nächstgrößeren Seemächte aufweisen müsse. Überlegungen, England auf diese Weise an die Seite Deutschlands zu „zwingen", erwiesen sich allerdings als Illusion und Wunschtraum.

Einvernehmen zwischen Russland, Frankreich und Großbritannien

Bismarcks Nachfolger vertrauten lange darauf, dass die traditionellen weltpolitischen Rivalitäten zwischen England und Russland einerseits und kolonialpolitische Spannungen zwischen England und Frankreich andererseits der deutschen Außenpolitik breiteste Entfaltungsmöglichkeiten ließen. Deshalb waren sie nicht übermäßig beunruhigt, als Russland 1894 ein Defensivbündnis mit Frankreich schloss. Erstmals stand damit dem Dreibund eine Allianz anderer Großmächte gegenüber, und die von Bismarck mit großem Einfallsreichtum verhinderte antideutsche Koalition war Wirklichkeit geworden.

Umso gefährlicher war nun eine Politik, die Deutschland aus der Sicht Englands zu einem potenziell bedrohlichen Gegner machte und zu einer Neuausrichtung seiner Außen- und Bündnispolitik bewegte. Tatsächlich wurde vor allem durch den forcierten deutschen Flottenbau die Bereitschaft Großbritanniens zum Ausgleich mit Frankreich und

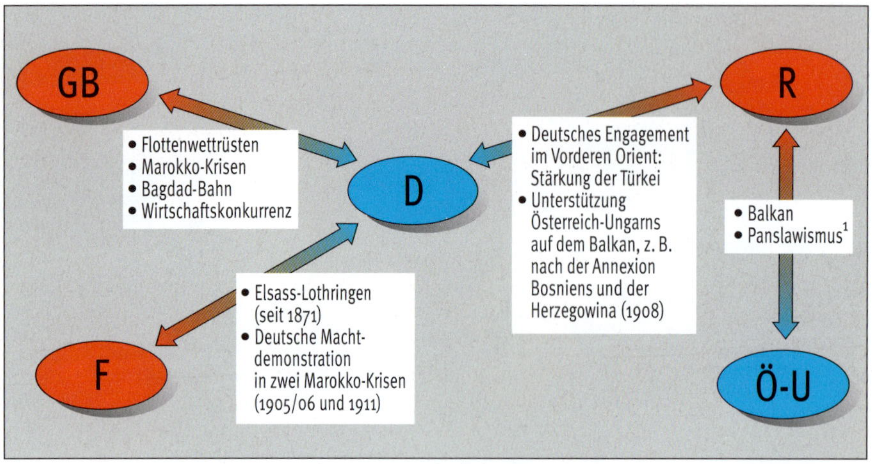

Spannungen zwischen dem Deutschen Kaiserreich nebst seinem Zweibundpartner Österreich-Ungarn und anderen europäischen Großmächten.

Russland gefördert. Die freundschaftlichen britisch-französischen Beziehungen (*Entente cordiale*) begannen 1904 mit der Beilegung kolonialpolitischer Spannungen. Paris erkannte Ägypten endgültig als rein britisches Interessengebiet an; London war dafür bereit, den von Frankreich angestrebten verstärkten Einfluss in Marokko zu billigen. Als Deutschland anlässlich der *Marokko-Krisen* 1905/06 und 1911 dagegen vergeblich eine drohende Haltung einnahm, vertiefte es nur zusätzlich den Zusammenhalt der Entente cordiale. Noch überraschender kam für die deutsche Führung 1907 die Bereinigung der Interessengegensätze in Zentralasien zwischen England und Russland. Aus englischer Sicht hatte aber das wirtschaftlich und militärisch mächtige Deutsche Reich, spätestens seit Russland im Krieg gegen Japan seine um die halbe Welt herangeführte Ostseeflotte verloren hatte (1905), ein bedrohliches Übergewicht auf dem Kontinent gewonnen.

Die Verengung der politischen Handlungsspielräume

Während die anderen Mächte Sorge vor einer deutschen Hegemonie in Europa hatten, fühlte sich Berlin durch die engeren Beziehungen zwischen England, Frankreich und Russland, der sogenannten *Tripelentente*, mit ihrer Stoßrichtung gegen Deutschland „eingekreist" und bedroht. Alle Regierungen dachten vor 1914 in „Freund-Feind-Bildern" und suchten Sicherheit in erster Linie durch engere Bindung an den Bündnispartner. Die gegenseitigen Ängste trieben die Rüstungsanstrengungen in die Höhe. Zudem wurde die Handlungsfreiheit der Politiker immer stärker durch militärstrategische Planungen eingeengt. Insbesondere in Deutschland erlangten sie ein unheilvolles Gewicht. Dort sah der *Schlieffenplan*[2] vor, im Falle eines Zweifrontenkrieges unter Ausnutzung der langsameren russischen Mobilmachungsfähigkeit in schnellem Aufmarsch durch das neutrale Luxemburg und Belgien vorzustoßen und zunächst die französischen Armeen zu vernichten. Der Schlieffenplan kennzeichnet deutlich die unflexible, nach Alternativen gar nicht mehr suchende und gerade deswegen riskante deutsche Außenpolitik der Vorkriegsjahre.

[1] *Panslawismus: Die Anhänger dieser Bewegung betonten die kulturelle Einheit der slawischen Völker, ein großer Teil wollte darüber hinaus deren politische Einigung unter Führung Russlands.*

[2] *benannt nach Alfred Graf von Schlieffen, dem Chef des Generalstabs der Armee in den Jahren 1891 bis 1905*

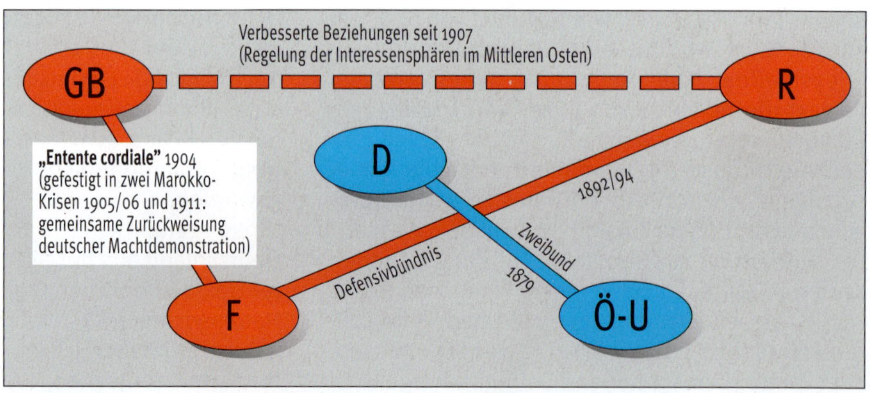

Beziehungen zwischen den europäischen Großmächten vor 1914.

M1 „Das Problem der niederen Rasse"

Der einflussreiche Theologe, Publizist und Interessenvertreter der deutschen Siedler in den Kolonien, Paul Rohrbach (1869–1956), hält am 10. Januar 1908 in der Vereinigung für staatswissenschaftliche Fortbildung einen Vortrag, in dem er ausführt:

Der natürlichen Arbeitsscheu und dem geringen natürlichen Erwerbstrieb der Neger [...] entsprach der geringe Wert des tropisch-afrikanischen Handelsumsatzes selbst noch im ersten und zweiten Drittel des 19. Jahrhunderts. Natürliche Verkehrswege ins Innere hinein gab es dort nur in ganz geringem Umfange, und doch war auf anderem Wege, als durch Okkupation großer Landgebiete, keine verkehrswirtschaftliche Ausschließung des Innern und direkte kräftige Beeinflussung der einheimischen Bevölkerung, sei es in Güte, sei es in Gewalt, und keine Steigerung des Handels zu erwarten. [...] Das Problem der Eingeborenenpolitik in Afrika ist das Problem der niederen Rassen. [...] Die Eigenschaften des Negers im Naturzustande sind vor allem eine unbezähmbare, sein ganzes Sinnen- und Triebleben nach Art eines Dauerzustandes ausfüllende Sinnlichkeit; dazu Mangel an Voraussicht für die Zukunft und eine große naive Eitelkeit. [...] Bei der Erziehung des Negers [...] hat sich gezeigt, dass seine Intelligenz und seine Fähigkeit, sich äußere Fertigkeiten anzueignen, in hohem Grade entwicklungsfähig ist. Auf der anderen Seite sind die Grundzüge seines Charakters, die Sinnlichkeit, die Eitelkeit und der Leichtsinn, durch diese Art von Erziehung nicht verändert worden. Der Neger ist ausbildungsfähig nach der Seite der Intelligenz, der technischen und geschäftlichen Gewandtheit. Nicht ausbildungsfähig, oder nur sehr mangelhaft ausbildungsfähig ist er nach der Seite des moralischen Wesens. [...] Nur an der Notwendigkeit des prinzipiellen Bekenntnisses zum Recht der höheren Rassen auf die Arbeit der niederen müssen wir festhalten. Wir Weißen haben ein Recht darauf, die Arbeitskraft des schwarzen Mannes für das Voranschreiten und die Verbesserung der Daseinsbedingungen unserer Rasse auszunutzen, und wir müssen es nicht nur für sittlich erlaubt, sondern sogar für eine sittliche Notwendigkeit halten, die in den vielen Millionen afrikanischer Neger schlummernde ungenutzte Arbeitskraft für uns in Tätigkeit zu setzen.

Paul Rohrbach, Die Eingeborenenpolitik der europäischen Kolonialmächte in Afrika, in: Preußische Jahrbücher, Bd. 131, Berlin 1908, S. 275–316, hier S. 280, 310 f. und 314

1. *Nennen Sie die Gründe, die Rohrbach für die Ausübung kolonialer Herrschaft über afrikanische Völker anführt.*
2. *Bewerten Sie das Bild, das Rohrbach von den afrikanischen Völkern zeichnet.*

M2 „Hammer oder Amboss"?

Deutschlands Anspruch auf Weltgeltung bekräftigt nachdrücklich der Staatssekretär des Auswärtigen Amtes (1897–1900) und spätere Reichskanzler (1900–1909) Bernhard von Bülow, so auch in seiner Rede vor dem Reichstag am 11. Dezember 1899:

In unserem neunzehnten Jahrhundert hat England sein Kolonialreich [...] weiter und immer weiter ausgedehnt, haben die Franzosen in Nordafrika und Ostafrika festen Fuß gefasst und sich in Hinterindien ein neues Reich geschaffen, hat Russland in Asien seinen gewaltigen Siegeslauf begonnen, der es bis zum Hochplateau des Pamir und an die Küsten des Stillen Ozeans geführt hat. [...] Der englische Premierminister hatte schon vor längerer Zeit gesagt, dass die starken Staaten immer stärker und die schwachen immer schwächer werden würden. [...] Wir wollen keiner fremden Macht zu nahe treten, wir wollen uns aber auch von keiner fremden Macht auf die Füße treten lassen (*Bravo!*), und wir wollen uns von keiner fremden Macht beiseite schieben lassen, weder in politischer noch in wirtschaftlicher Beziehung. (*Lebhafter Beifall.*) [...] Die rapide Zunahme unserer Bevölkerung, der beispiellose Aufschwung unserer Industrie, die Tüchtigkeit unserer Kaufleute, kurz, die gewaltige Vitalität des deutschen Volkes haben uns in die Weltwirtschaft verflochten und in die Weltpolitik hineingezogen. Wenn die Engländer von einer Greater Britain reden, wenn die Franzosen sprechen von einer Nouvelle France, wenn die Russen sich Asien erschließen, haben auch wir Anspruch auf ein größeres Deutschland (*Bravo! rechts, Heiterkeit links*), nicht im Sinne der Eroberung, wohl aber im Sinne der friedlichen Ausdehnung unseres Handels und seiner Stützpunkte. [...] Wir können nicht dulden und wollen nicht dulden, dass man zur Tagesordnung übergeht über das deutsche Volk. [...] Diese Zeiten politischer Ohnmacht und wirtschaftlicher und politischer Demut sollen nicht wiederkehren. (*Lebhaftes Bravo.*) Wir wollen nicht wieder [...] die Knechte der Menschheit werden. Wir werden uns aber nur dann auf der Höhe erhalten, wenn wir einsehen, dass es für uns ohne Macht, ohne ein starkes Heer und eine starke Flotte keine Wohlfahrt gibt. (*Sehr richtig! rechts. Widerspruch links.*)

„Deutsche Reichs-Colonial-Uhr." Badische Uhrenfabrik, Furtwangen, um 1900.

Das Mittel, meine Herren, in dieser Welt den Kampf ums Dasein durchzufechten ohne starke Rüstung zu Lande und zu Wasser, ist für ein Volk von bald 60 Millionen, das die Mitte von Europa bewohnt und gleichzeitig seine wirtschaftlichen Fühlhörner ausstreckt nach allen Seiten, noch nicht gefunden worden. (*Sehr wahr! rechts.*)
In dem kommenden Jahrhundert wird das deutsche Volk Hammer oder Amboss sein.

Michael Behnen (Hrsg.), Quellen zur deutschen Außenpolitik im Zeitalter des Imperialismus 1890–1911, Darmstadt 1977, S. 231ff.

1. *Erklären Sie das sprachliche Bild vom „Hammer oder Amboss".*
2. *Erläutern Sie, welche außenpolitischen Folgerungen Bülow in seiner Rede herleitet und welche Risiken damit verbunden sein konnten.*
3. *Bewerten Sie Bülows Forderung „Diese Zeiten politischer Ohnmacht und wirtschaftlicher und politischer Demut sollen nicht wiederkehren" im historischen Kontext.*

M3 Die Inbesitznahme der chinesischen Kiautschoubucht

Nach der Ermordung zweier deutscher Missionare in China beraten Kaiser, Regierung und Marine das weitere Vorgehen (Protokoll vom 15. November 1897):

1. Die dauernde Besitzergreifung der Bucht ist in Aussicht zu nehmen. […]
2. Es soll zunächst, womöglich innerhalb fünf bis sechs Tagen, versucht werden, festzustellen, ob europäische Mächte, namentlich Russland, gegen unsere dauernde Besitzergreifung von Kiautschou Einspruch erheben oder Schwierigkeiten bereiten werden.
3. Ist dies nicht der Fall, so sollen sofort 1200 Mann als Schutztruppe angeworben und dorthin gesandt werden, da die Kriegsschiffe ihre Mannschaft ohne Schädigung der maritimen Interessen nicht lange Zeit an Land belassen können. […]
4. Bis die Aufklärung über die politische Lage in Europa erfolgt ist, soll unser Vorhaben geheim bleiben. […]
5. Um zu verhindern, dass China uns Krieg mache (förmlich oder latent), sind bei der Besitzergreifung womöglich die Hoheitsrechte Chinas zu wahren, vielleicht dadurch, dass wir das Land von China nur in langdauernde lease nehmen.
6. Unsere Forderungen an China sind so hoch zu spannen, dass sie nicht erfüllt werden können und daher die weitere Besitzergreifung rechtfertigen.

Johannes Hohlfeld, Dokumente der Deutschen Politik und Geschichte von 1848 bis zur Gegenwart, Band 2, Berlin und München o.J., S. 76ff.

Der deutsch-chinesische Pachtvertrag vom 6. März 1898 bildete den Auftakt zu einer Reihe ähnlicher Abkommen europäischer Mächte mit China.

Nachdem nunmehr die Vorfälle bei der Mission […] ihre Erledigung gefunden haben, hält es die Kaiserlich Chinesische Regierung für angezeigt, ihre dankbare Anerkennung für die ihr seither von Deutschland bewiesene Freundschaft noch besonders zu bestätigen. Es haben daher die Kaiserlich Deutsche und die Kaiserlich Chinesische Regierung, durchdrungen von dem gleichmäßigen und gegenseitigen Wunsche, die freundschaftliche Bande beider Länder zu bekräftigen und die wirtschaftlichen und Handelsbeziehungen der Untertanen beider Staaten miteinander weiterzuentwickeln, nachstehende Separatkonvention abgeschlossen: […]
In der Absicht, den berechtigten Wunsch Seiner Majestät des Deutschen Kaisers zu erfüllen, dass Deutschland gleich anderen Mächten einen Platz an der chinesischen Küste innehaben möge, für die Ausbesserung und Ausrüstung von Schiffen […] sowie für sonstige dazu gehörende Einrichtungen, überlässt Seine Majestät der Kaiser von China beide Seiten des Eingangs der Bucht von Kiautschou pachtweise, vorläufig auf 99 Jahre, an Deutschland. Deutschland übernimmt es, in gelegener Zeit auf dem ihm überlassenen Gebiete Befestigungen zum Schutze der gedachten baulichen Anlagen und der Einfahrt des Hafens zur Ausführung zu bringen. […]
Um einem etwaigen Entstehen von Konflikten vorzubeugen, wird die Kaiserlich Chinesische Regierung während der Pachtdauer im verpachteten Gebiete Hoheitsrechte nicht ausüben, sondern überlässt die Ausübung derselben an Deutschland.

Michael Behnen, Quellen zur deutschen Außenpolitik im Zeitalter des Imperialismus 1890–1911, Darmstadt 1977, S. 167

1. *Arbeiten Sie Vorgehensweise und Absicherung des deutschen imperialistischen Engagements in China heraus.*
2. *Suchen Sie Erklärungen für die verschleiernden Formulierungen im offiziellen Vertragstext.*
3. *Schätzen Sie die unterschiedliche Wirkung des Wortlauts im amtlichen Vertragstext auf Leser mit und ohne Kenntnis des ersten Textes ein. Lassen sich Rückschlüsse auf den beschränkten Aussagewert von Einzelquellen verallgemeinern?*

7.5 Europa verändert sein Gesicht: der Erste Weltkrieg

„Deutschland – August 1914." Gemälde von Friedrich August von Kaulbach, 1914.

1.8.1914	In Europa beginnt der Erste Weltkrieg
1917	„Epochenjahr": Die USA treten in den Krieg ein, in Russland gelangen in der „Oktoberrevolution" die Kommunisten (Bolschewiki) an die Macht
1918	Zusammenbruch des Habsburger Vielvölkerstaates, Sturz der Monarchien in Deutschland, Ende des Ersten Weltkriegs mit der Unterzeichnung des Waffenstillstandes am 11. November

Der Balkan als Krisenherd

Das gegeneinander gerichtete Engagement der Großmächte auf dem Balkan und die Rivalitäten der dortigen kleinen Staaten machten dieses Gebiet in den letzten Jahren vor dem Ersten Weltkrieg erneut zu einem Unruheherd. Die erste große Balkan-Krise des 20. Jahrhunderts löste Österreich-Ungarn aus, als es 1908 die Provinzen Bosnien und Herzegowina dem eigenen Staatsgebiet voll einverleibte. Beide Gebiete waren ihm auf dem Berliner Kongress 1878 zur Verwaltung überlassen worden, standen aber offiziell noch unter türkischer Oberhoheit.

Die serbische Regierung, die selbst alle Südslawen (Serben, Kroaten, Slowenen) in einem großen Königreich einen wollte, forderte deshalb die Wiederherstellung des alten Zustands oder eine territoriale Entschädigung Serbiens. In der Hoffnung auf Hilfe durch Russland mobilisierte der kleine Balkanstaat gegen Österreich-Ungarn. Die russische Regierung wollte und konnte sich aber so bald nach der Niederlage gegen Japan 1905 auf keinen neuerlichen Krieg einlassen. Als sich Deutschland unmissverständlich auf die Seite seines Zweibundpartners stellte, musste Russland seinen Schützling auf dem Balkan fallen lassen. Serben und Russen fühlten sich gedemütigt. In beiden Ländern wuchs die antideutsche Stimmung.

Nicht nur Österreich-Ungarn schlug aus der Schwäche des Osmanischen Reiches, des „kranken Mannes am Bosporus", Gewinn. 1911 begann Italien in Nordafrika einen erfolgreichen Krieg um Tripolis und besetzte Inseln im Ägäischen Meer. Die Gunst der Stunde nutzten Bulgarien, Serbien, Montenegro und Griechenland 1912. Die Truppen des unter russischer Vermittlung zustande gekommenen Balkanbundes eroberten in wenigen Wochen fast die gesamte europäische Türkei. Diese behielt zwar noch ein europäisches Vorfeld vor Istanbul, war aber praktisch keine europäische Macht mehr. Als die Balkanstaaten sich untereinander über die Verteilung eroberter Gebiete nicht einigen konnten, flammte 1913 der Krieg erneut auf. Weil Österreich-Ungarns Diplomaten verhinderten, dass das siegreiche Serbien den ersehnten und von seinen Soldaten bereits gewonnenen Zugang zur Adria erhielt, verschärften sich die bestehenden Gegensätze zwischen der Donaumonarchie und seinem serbischen Nachbarn auf dem Balkan weiter. In dieser gespannten Situation stürzte ein Attentat Europa völlig überraschend in eine neue Krise: Mitglieder einer großserbischen Geheimorganisation, die von einflussreichen Kreisen Serbiens heimlich unterstützt wurden, ermordeten am 28. Juni 1914 den österreichisch-ungarischen Thronfolger, Erzherzog *Franz Ferdinand*, und seine Frau in der bosnischen Hauptstadt Sarajevo. Der Friede in Europa war erneut gefährdet.

Julikrise 1914

Das Attentat vom 28. Juni 1914 eröffnete Österreich-Ungarn eine unerwartete und willkommene Möglichkeit, gegen Serbien vorzugehen. Es lag auch im Interesse der deutschen Politik, wenn der Zweibundpartner Österreich-Ungarn den aufstrebenden Balkanstaat an seiner Südflanke nicht mehr zu fürchten hatte, der mit seinem politischen Fernziel – der Sammlung aller Südslawen – den Habsburger Vielvölkerstaat zu gefährden schien. Obwohl mit einem Eingreifen Russlands gerechnet werden musste, sagten der deutsche Kaiser Wilhelm II. und sein Reichskanzler *Bethmann Hollweg* dem österreichischen Zweibundpartner unbedingte Unterstützung für eine Aktion gegen Serbien zu, wie auch immer die Entscheidung ausfalle. Historiker sprechen davon, die deutsche Reichsleitung habe Österreich-Ungarn einen „Blankoscheck" ausgestellt (→ M1).

Kaiser und Reichskanzler hofften, dass Russland wie in der bosnischen Krise von 1908 erneut einen Krieg vermeiden werde. Käme es aber zum „großen" Krieg – und dieses Risiko ging die deutsche Politik bewusst ein –, so hielt man angesichts der laufenden russischen Aufrüstung die Aussicht auf einen Sieg jetzt noch für größer als in den Folgejahren. Der damalige deutsche Generalstabschef *Helmuth von Moltke* drängte daher auf einen solchen Präventivkrieg. In der gegebenen Situation konnte man auch des Zweibundpartners ganz sicher sein, da Österreich-Ungarn ja als erste Großmacht aktiv wurde.

Der Erste Weltkrieg beginnt

Am 23. Juli stellte die Wiener Regierung Serbien ein Ultimatum, das die Souveränitätsrechte des Balkanstaates infrage stellte. Obwohl die serbische Antwort überraschend viele Zugeständnisse enthielt, erklärte Österreich-Ungarn Serbien am 28. Juli den Krieg. Russland reagierte mit einer Teilmobilmachung gegen Österreich-Ungarn, am 30. Juli befahl es die Gesamtmobilmachung. Englands von Deutschland – nicht widerspruchsfrei – unterstützten Vermittlungsversuche hatten nun kaum noch eine Aussicht auf Erfolg.

Nachdem Russland trotz eines deutschen Ultimatums seine Mobilmachung nicht zurücknahm, erklärte Deutschland am 1. August dem Zarenreich den Krieg. Gemäß der Logik des Schlieffenplans, der für einen Zweifrontenkrieg auf eine schnelle Vernichtung der französischen Streitkräfte setzte, um sich dann erst gegen Russland zu wenden, folgte zwei Tage später die deutsche Kriegserklärung an Frankreich. Kurz darauf fielen Truppen im neutralen Belgien ein, um so die französischen Grenzbefestigungen zu umgehen. Das lieferte England den Anlass, am 4. August auf der Seite Frankreichs in den Krieg einzutreten. Um Lieferungen neutraler Staaten an die Mittelmächte zu verhindern, griff die Royal Navy zum Mittel der Seeblockade. Italien erklärte sich neutral. Es war durch den Dreibund nur dann zur Hilfe verpflichtet, falls das Deutsche Reich oder Österreich-Ungarn angegriffen würden.

Das Scheitern des Schlieffen-Plans

Nach beeindruckenden Anfangserfolgen blieb der deutsche Vormarsch an der Marne im Norden Frankreichs stecken (September 1914). Zwar gelang es, zwei schneller als erwartet in Ostpreußen einmarschierte russische Armeen vernichtend zu schlagen, aber der Schlieffen-Plan war gescheitert. Von nun an erstarrte die Westfront im Stellungs- und Grabenkrieg. Monatelange Zermürbungs- und Materialschlachten vor der französischen Festung Verdun oder an der Somme im Jahre 1916 bezahlten fast zwei Millionen Soldaten mit ihrem Leben – ein entscheidender Durchbruch gelang keiner Seite. Die Offensiven und Gegenoffensiven an der Westfront waren zu „Schlächtereien mit immer wirksameren Mitteln der Massenvernichtung" (*Golo Mann*) geworden (→ M2). Der Krieg griff über Europa hinaus. Die Türkei und Bulgarien traten bald auf die Seite der Mittelmächte. Die meisten übrigen Länder der Welt, 1915 auch der einstige Dreibundpartner Italien und 1916 Rumänien, schlossen sich dem Lager der Entente an.

1917 – ein Epochenjahr

Zwei Ereignisse von weltgeschichtlicher Bedeutung prägten das Jahr 1917: Der Kriegseintritt der USA einerseits und andererseits der Sieg der Kommunisten in der russischen Oktoberrevolution mit dem folgenden Ausscheiden Russlands aus dem Krieg waren nicht nur von enormer militärischer Bedeutung für den weiteren Kriegsverlauf. Langfristig deuteten sich seit diesem Jahr die völlig unterschiedlichen Ordnungsvorstellungen zweier politischer Systeme an, deren Gegensätzlichkeit die spätere Geschichte des 20. Jahrhunderts entscheidend bestimmten.

Stuttgart, im Jahre 1917.

Todes-Anzeige.

Tief erschüttert machen wir die traurige Mitteilung, daß unser lieber, unvergeßlicher

letzter Brotlaib

im Alter von nahezu 8 Tagen heute früh 9 Uhr aufgegessen wurde. Die trauernden Hinterbliebenen bitten um eine Brotmarke.

In tiefster Trauer:

Der Vater: Siegfried **Hunger**
Die Mutter: Frieda **Hunger**, geb. **Kohldampf**
Der Onkel: **K. Wenigfleisch**
Die Tanten: Lotte **Mehlnot** und Berta **Schmalhans.**

Nachruf!

In großer Not denk' ich an Dich!
Mit jäher Wut der Hunger mich ergreift
Und der Gedanken Frucht zum Wahnsinn reift!
Jawohl! recht sehnend denke ich an Dich
Und wünsch' herbei die schönen Stunden
Wo Du mir teist so köstlich munden.
Entschwunden sind die frohen Lieder
Doch – was aus Erde ist, das werd' zu Erde wieder!

Beschlagnahmtes Flugblatt, 1917.
Die Zivilbevölkerung litt am meisten unter der Lebensmittelknappheit, die sich im Winter 1916/17 nochmals verschärft hatte.

Der Kriegseintritt der USA

Dass eine außereuropäische Macht in den Krieg der europäischen Großmächte eintrat und sogar den Ausgang des Krieges entscheidend mitbestimmte, stellte eine völlig neue Erfahrung in der europäischen Geschichte dar. Auch für die USA selbst bedeutete der Kriegseintritt eine epochale Wendung. Obwohl die Bürger der USA mehrheitlich mit den Ententemächten sympathisierten, wollten sie und ihr Präsident *Woodrow Wilson* (1856–1924) ihr Land zunächst nicht in einen europäischen Krieg verwickelt sehen. Trotz formaler Neutralität wurden freilich die Ententestaaten durch amerikanische Sachlieferungen und Anleihen (Kredite) bevorzugt. Zwar protestierten die Amerikaner auch gegen die britische Seeblockade, die ihre Handelsbeziehungen zu den Mittelmächten unterbrach. Sie brachten aber dem englischen Vorgehen mehr Verständnis entgegen als der deutschen U-Boot-Kriegsführung in den seit Februar 1915 zum Sperrgebiet erklärten Gewässern um England, die wiederholt das Leben amerikanischer Staatsbürger kostete. Hinzu kamen intensive wirtschaftliche Beziehungen zu den Westmächten, deren parlamentarische Regierungsform amerikanischen Demokratie-Vorstellungen entsprach.
Zunächst reagierte Deutschland auf amerikanische Warnungen. Anfang 1917 entschied sich die deutsche *Oberste Heeresleitung* (OHL) aber doch endgültig für den *uneingeschränkten U-Boot-Krieg*, und damit auch für – völkerrechtswidrige – Torpedo-Angriffe auf Handelsschiffe neutraler Staaten ohne Vorwarnung. Durch hohe Versenkungserfolge hofften die deutschen Admiräle, das von Importen stark abhängige England zur baldigen Beendigung des Krieges zwingen zu können, noch bevor sich das Eingreifen der USA zugunsten der Alliierten auswirkte. Die damit und durch ein Bündnisangebot an Mexiko in Kauf genommene drohende amerikanische Kriegserklärung erfolgte dann tatsächlich am 6. April 1917.

Amerikas Kriegsziele

Der Krieg gegen die Mittelmächte wurde in den USA als Kampf für eine friedliche und gerechte Welt gegen autokratische Mächte verstanden. Die Kriegsbeteiligung sollte nicht der eigenen machtpolitischen Expansion dienen, sondern der Verhinderung weiterer Krieg („war to end all wars").
Die idealistischen Ziele des amerikanischen Präsidenten kamen in dem *Programm der 14 Punkte* zum Ausdruck, das er im Januar 1918 vorlegte. Wilson forderte für die Nachkriegszeit die Errichtung eines Völkerbundes als Friedensgaranten, die Abschaffung der Geheimdiplomatie, die Beschränkung der Rüstungen, das Selbstbestimmungsrecht der Völker, die Freiheit der Meere und die Aufhebung von Handelsschranken. Er war der Überzeugung, eine künftige Friedensordnung könne auf die Dauer nur zwischen „wirklich freien und sich selbst regierenden Völkern" Bestand haben. So war es ein weiteres programmatisches Ziel der USA, die Ideen der Demokratie durchzusetzen („to make the world safe for democracy"). Bei Amerikas Kriegseintritt galten nur noch Deutschland und Österreich-Ungarn als autokratisch regierte Großmächte, denn einige Wochen zuvor war in Russland die Zarenherrschaft beseitigt worden.

„Geschichtskarten" als Informationsmittel

Für alle, die sich mit Geschichte beschäftigen, sollte die Nutzung von Karten selbstverständlich sein. Denn historisches Geschehen ereignet sich nicht nur in der Zeit, sondern auch im Raum.
„Geschichtskarten" wollen auf der Grundlage des jeweils gegenwärtigen Wissensstandes Informationen über die geschichtliche Vergangenheit vermitteln. Sie treten Ihnen im schulischen Alltag in unterschiedlichen Darbietungsformen entgegen: z. B. als Wandkarte, als Kartenskizze an der Tafel, im Geschichtsatlas und im Schulbuch.
Folien bieten bei der Präsentation oft den Vorteil des Overlay-Verfahrens: Durch das Übereinanderlegen der Einzelfolien können Karten zunehmend an Komplexität gewinnen oder Entwicklungen im Nacheinander verdeutlicht werden, auch lassen sich später wieder tilgbare Eintragungen und Markierungen auf den Folien vornehmen. Darüber hinaus finden sich auf CD-ROMs oder im Internet oft erstaunliche Angebote sich entfaltender Karten und Kartenfolgen.

„Historische Karten" als Quellen

Von den „Geschichtskarten" zu unterscheiden sind „historische Karten". Als echte Zeugnisse der Vergangenheit vermögen sie als Quellen zur Kenntnis und zum Verständnis ihrer Entstehungszeit beizutragen (s. S. 269). Sie verraten etwas vom Wissen und Denken der Menschen vergangener Zeiten. So gehen mittelalterliche Weltkarten ganz selbstverständlich von Jerusalem als dem Mittelpunkt der Erde aus und verweisen dadurch auch auf religiöse Vorstellungen.
Sogar früher benutzte Karten für den Schulunterricht können interessante Quellen darstellen, etwa wenn sie kontroverse politische Ansprüche und Deutungen zum Ausdruck bringen. Auf französischen Schulkarten erschienen Elsass und Lothringen, die 1871 Teil des Deutschen Kaiserreichs geworden waren, vor dem Ersten Weltkrieg gerne als „eigentlich" zu Frankreich gehörig. Ähnlich verfuhren deutsche Schulkartografen nach dem Ersten Weltkrieg, wenn sie den „eigentlich" deutschen Charakter der an Polen abgetretenen ehemals preußischen Ostprovinzen betonen. Zur Schulzeit Ihrer Eltern war die deutsch-polnische Oder-Neiße-Grenze in Schulbüchern Westdeutschlands lange nur als provisorische Grenzfestlegung kenntlich gemacht.
Sie sollten sich bewusst sein, dass Karten Ihr Geschichtsbild oft deutlich mit beeinflussen und dass auch zeitgenössische Karten bestimmte Darstellungsabsichten aufweisen können.

Geschichtskarten „lesen" und verstehen

Im Unterricht begegnen Ihnen vor allem Geschichtskarten. Neben „allgemeinen" historisch-politischen Karten mit der Wiedergabe von Territorien, Grenzen, Orten vermitteln Spezialkarten ausgesuchte Informationen aus der politischen, der Wirtschafts-, Sozial- und Kulturgeschichte. „Statische" Karten zeigen einen bestimmten Zustand, „dynamische" verweisen auf Veränderungen im Verlauf einer bestimmten Zeitspanne.

Zunächst hilft der Kartentitel, grundlegende Fragen zu klären:
- Auf welchen geografischen Raum und geschichtlichen Zeitraum bezieht sich die Karte?
- Welcher Sachverhalt soll dargestellt werden?

Die vielschichtigen Informationen komplexer Karten lassen sich mithilfe bestimmter Zeichen erschließen. Neben Punkten (Einzelorte oder örtliche Objekte), Linien (Verkehrslinien, Grenzen zwischen Staaten, Einflussgebieten u. Ä.) oder Flächen benutzen Geschichtskarten eine Reihe von Sondersymbolen. Zum Verständnis des Kartengehalts und der Einzelinhalte ist es nötig, diese Zeichen „lesen" zu können oder ihre Erklärung der „Kartenlegende" zu entnehmen.

Karten bewerten

Zur Erfassung und Erklärung der dargebotenen historischen Vorgänge sollte die bewusste Bewertung von Karten treten. *Genügt der Informationsgehalt einer Karte oder schien der Kartentitel mehr zu versprechen? Führt der Einsatz von Farben und Symbolen zu einer Überladung der Karte? Könnte die Karte um nicht aufgenommene Gesichtspunkte ergänzt werden? Ließe sich der Inhalt eventuell auch anders darstellen?*
Am wichtigsten ist natürlich die Frage nach der Objektivität einer Karte. Auch wenn sie nicht propagandistischen Zwecken dient, können sich in ihr doch manipulierende Elemente verbergen.
Selbst die traditionell vorherrschende geografische Erdkarte, die sogenannte Mercatorkarte, lässt Ihnen Europa übermäßig groß erscheinen. Ein Kartenbild, das die Größenverhältnisse zugunsten der südlichen Hemisphäre korrigiert, hat sich noch nicht durchsetzen können. Das Vorhaben, die gekrümmte dreidimensionale Erdoberfläche statt auf dem Globus in der Form einer flachen Karte wiederzugeben, führt in beiden Fällen zu gewissen Verzerrungen.

Die Kriegslage im Ersten Weltkrieg bis 1916.

1. *Untersuchen Sie, worin die Vor- und Nachteile der strategischen Lage der Mittelmächte und der Entente bei Kriegsbeginn bestanden.*
2. *Überlegen Sie, welche Bedeutung der Kriegseintritt des Osmanischen Reichs (Nov. 1914) und Bulgariens (Okt. 1915) aufseiten der Mittelmächte, Italiens (Mai 1915) und Rumäniens (Aug. 1916) aufseiten der Ententemächte hatte.*
3. *Verbalisieren Sie die Veränderungen der Fronten bis 1916.*
4. *Überlegen Sie, mit welchen kartografischen Mitteln sich die Fernblockade Englands darstellen ließe, die als Mittel des Wirtschaftskrieges neutralen Handelsschiffen den Zugang zu Häfen und Küsten des Gegners versperrte.*
5. *Am 2. August 1914 forderte das deutsche Reich entsprechend seiner strategischen Planungen in einem Ultimatum von dem durch alte Verträge zur Neutralität verpflichteten und dazu auch gewillten Belgien den freien Durchmarsch seiner Truppen gegen Frankreich, der ihm am 3. August verweigert wurde. Darauf begann der Einmarsch in Belgien. Am 4. August folgte der Abbruch der Beziehungen und der Eintritt des Kriegszustandes zwischen beiden Ländern.*
   Überlegen Sie, ob ein Kartograf eine Möglichkeit gehabt hätte, die Besonderheiten dieses speziellen „Falls Belgien" zu berücksichtigen.
   Reflektieren Sie grundsätzlich, ob die Einbeziehung von Ursachen an die Grenzen kartografischer Aussagen stößt.

Suppenküche für Arbeitslose in St. Petersburg. Foto, vor 1914.

Die russische Februarrevolution

Wie den Ententemächten der Kriegseintritt der USA, so gab den Mittelmächten die innere Entwicklung in Russland während des Jahres 1917 neue Hoffnung. Das ganz überwiegend agrarische, noch vergleichsweise unvollkommen industrialisierte Zarenreich konnte 1914 zwar riesige Landstreitkräfte aufbieten, war aber auf einen langen Krieg nicht vorbereitet. Seine Rüstungsindustrie und das Verkehrsnetz waren unterentwickelt, an der Front fehlten oft Waffen und Munition, was die Zahl der Gefallenen zusätzlich erhöhte. In den von Flüchtlingen vollgestopften Städten kam es früher als in anderen Ländern zu ernsten Versorgungsproblemen: Durch die hohe Zahl einberufener Soldaten fehlten Millionen von Arbeitskräften in der Landwirtschaft und die Nahrungsmittelproduktion sank rapide. Die Lebensmittelnot untergrub den Durchhaltewillen der Zivilbevölkerung. Dazu kam der ungünstige Verlauf des Krieges. Russland konnte zwar in wechselvollen Kämpfen Österreich-Ungarn mehrfach ernsthaft bedrängen, musste aber doch immer mehr Gebiete preisgeben, so das vom Zaren mitregierte Polen und große Teile des Baltikums. Damit verlief die Front tief auf eigenem Territorium.

Die geringen Aussichten auf einen Sieg und die Unfähigkeit der Verwaltung, der Schwierigkeiten Herr zu werden, führten zu Vertrauenskrisen und zum Autoritätsverfall der zaristischen Regierung. Unzufriedenheit und Kriegsmüdigkeit verdichteten sich. Als es im März (nach russischem Kalender: Februar) 1917 zu Streiks und Unruhen in der Hauptstadt Petrograd (St. Petersburg) kam, verweigerten Truppen ihren Einsatz gegen die Demonstranten und verbrüderten sich mit ihnen. Die *Duma*, die Volksvertretung Russlands, setzte von sich aus eine neue „Provisorische Regierung" ein, Zar *Nikolaus II.* (1868 – 1918) trat am 15. März (2. März) zurück.

Aus dieser sogenannten *Februarrevolution* ging eine Doppelherrschaft hervor. Neben der von der Volksvertretung berufenen neuen Regierung bestanden in den größeren Städten die von den unruhigen Massen eingesetzten *Räte* (russisch: Sowjets), in welche die Arbeiter und Soldaten Deputierte (Vertreter) ihrer Betriebe oder Einheiten entsandten. Diese Räte verstanden sich als Kontrollorgane gegenüber der Politik der Regierung, die auf ihre Unterstützung angewiesen blieb.

Lenins Rückkehr nach Russland

Die Provisorische Regierung versprach die Wahl einer künftigen Nationalversammlung nach dem allgemeinen gleichen Wahlrecht und proklamierte Freiheitsrechte wie die Rede-, Presse- und Versammlungsfreiheit und das Streikrecht. Politisch Verfolgte wurden amnestiert, Emigranten durften zurückkehren. Die neuen Minister waren jedoch entschlossen, den Krieg an der Seite der Alliierten fortzusetzen. Um die innenpolitische Situation in Russland weiter zu destabilisieren und die auf ein Kriegsende drängenden Kräfte zu stärken, verhalfen die deutschen Behörden in dieser Situation dem im Exil in der Schweiz lebenden Bolschewiki-Führer *Wladimir Iljitsch Uljanow*, genannt Lenin, zur Rückkehr nach Russland.

Lenin arbeitete entschlossen auf den Sturz der bisherigen Ordnung hin, um danach in Russland die sozialistische Gesellschaft aufzubauen. Der revolutionäre Funke, so war er überzeugt, werde auf andere Länder überspringen und zur „proletarischen Weltrevolution" führen. Seine Parteigenossen, die „*Bolschewiki*" – erst 1918 fand der Name „Kommunistische Partei Russlands" Verwendung – hatten sich seit dem Londoner Parteitag der russischen Sozialdemokratie (1903) als linker Flügel von den „Menschewiki" gelöst, die Lenins revolutionäre Taktik ablehnten und am Massencharakter der Partei und ihrem demokratischen Aufbau festhalten wollten. In seiner Schrift „Was tun?" (1902) vertrat Lenin dagegen die Ansicht, unter den im zaristischen Russland herrschenden politischen Bedingungen sei eine Elitepartei mit konspirativem Charakter notwendig. Nur eine straffe Kampforganisation von „Berufsrevolutionären", welche die gesellschaftlichen Zusammenhänge durchschauten, sei in der Lage, als Vorhut des Proletariats die Revolution vorzubereiten, da die Massen von sich aus kein politisches „revolutionäres" Bewusstsein entwickeln würden.

Die „Aprilthesen"

In seinen „Aprilthesen" forderte Lenin nach seiner Rückkehr mit der Parole „Alle Macht den Räten!" ein Ende der Doppelherrschaft (→ M3). Die Macht sollte in einer zweiten Etappe der Revolution von der Bourgeoisie „in die Hände des Proletariats und der ärmsten Schichten der Bauernschaft" übergehen. In den Sowjets sah er die Keimzelle eines neuen, proletarischen Staates: „Alle Macht im Staate, von der Spitze bis zur Basis, vom entferntesten Dorf bis zur letzten Straße in Petrograd, muss den Sowjets der Arbeiter-, Soldaten- und Bauerndeputierten gehören. Es darf keine Polizei, keine Bürokraten geben, die nicht dem Volke gegenüber verantwortlich sind, die über dem Volke stehen, kein stehendes Heer, nur das allgemein bewaffnete Volk, vereint in den Sowjets – sie müssen den Staat lenken."

In den Sowjets selbst hatten zunächst die gemäßigten Menschewiki und vor allem die Gruppen der Sozialrevolutionäre, die für die landarmen Kleinbauern eintraten, eine stärkere Stellung. Lenins Parteianhänger erlangten jedoch im September in wichtigen Räten, vor allem in Petrograd und Moskau, die Mehrheit. Das war ein Erfolg der von den Bolschewiki erhobenen populären Forderungen, die großen Anklang fanden.

Lenin warf der als „kapitalistisch" eingestuften Provisorischen Regierung, in der inzwischen auch die gemäßigten Sozialisten mitarbeiteten, die Fortsetzung der „alten" Außenpolitik und mangelnden Reformwillen im Inneren vor. Während die seit dem Sommer von dem sozialistischen Ministerpräsidenten *Kerenskij* geführte Koalitionsregierung, gedeckt durch andere Räteparteien, den Krieg fortsetzte, nahmen die Bolschewiki mit dem Ruf nach unverzüglicher Beendigung der Kämpfe das brennendste Verlangen der unruhigen Massen auf. Neben einem schnellen Kriegsende versprachen Lenin und seine Mitkämpfer zugleich den Bauern die Enteignung des Großgrundbesitzes, den Arbeitern Entscheidungsrechte in den Betrieben. Außerdem gestand ihr Programm den nichtrussischen Völkern das Selbstbestimmungsrecht zu.

Die „Oktoberrevolution"

Während auf dem Lande schon die Anfänge wilder Agrarrevolutionen zu beobachten waren und sich überall nationale Autonomiebewegungen verstärkten, wollte die Provisorische Regierung die für Dezember angesetzten Wahlen zu einer Verfassunggebenden Versammlung abwarten. Erst dann sollten Entscheidungen über die Bodenreform und die föderalistische Umgestaltung Russlands getroffen werden. Inzwischen sank auch die Autorität der wechselnden Koalitionsregierungen weiter, die von der zaristischen Vorgängerin die alten Probleme geerbt hatten und sich nach dem Scheitern einer letzten Großoffensive mit einer noch drängenderen Friedenssehnsucht konfrontiert sahen. So gewannen die Bolschewiki als Sammelbecken der Unzufriedenen an Zulauf.

Auf das Drängen Lenins hin beschloss das Zentralkomitee der Bolschewiki den Griff nach der Macht. Acht Monate nach der Februar- kam es mit dem

Die Ankunft Lenins. Foto vom 16. April 1917.
Nach achttägiger Reise über Deutschland, Schweden und Finnland erreicht Lenin Petrograd und wird dort begeistert empfangen. Bereits einen Tag später proklamiert er seine „Aprilthesen".

Sturz der Provisorischen Regierung zur *Oktoberrevolution*: Am 25. Oktober russischer Zeitrechnung (7. November 1917) wurden in der Hauptstadt die strategisch wichtigen Punkte besetzt und das Winterpalais, der Sitz der amtierenden Regierung Kerenskij, gestürmt. Der zu dieser Zeit tagende allrussische Sowjet-Kongress erklärte mit den Stimmen der Bolschewiki und des linken Flügels der Sozialrevolutionäre den *Rat der Volkskommissare* unter Vorsitz Lenins zur neuen „Arbeiter- und Bauernregierung“. Die anderen Gruppierungen waren vorher unter Protest ausgeschieden. Die nun an die Macht gelangte Regierung begann mit der Übertragung staatlicher Befugnisse auf die Sowjets, der Freigabe des Landes von Gutsbesitzern, Kirchen und Klöstern zugunsten der Bauern und neuen Arbeitermitbestimmungsrechten zunächst, ihre Versprechen einzulösen, vor allem auch mit dem schnellen Beginn von Waffenstillstandsverhandlungen. Bei der noch von der Provisorischen Regierung veranlassten Wahl zu einer Verfassunggebenden Nationalversammlung waren die bürgerlichen Parteien bereits verboten. Nur etwa ein Viertel der Wähler stimmte für die Bolschewiki; die Versammlung, in der die das flache Land vertretenden Sozialrevolutionäre die absolute Mehrheit gehabt hätten, durfte ihre Arbeit gar nicht erst aufnehmen. Die Errichtung einer parlamentarischen Demokratie westlichen Zuschnitts war nicht mehr möglich. Lenin hatte mit der Oktoberrevolution die Entscheidung zugunsten der Sowjet-Republik vorweggenommen. Dem Land standen Jahre eines schrecklichen Bürgerkrieges bevor, aus dem die Kommunisten dank der Uneinigkeit ihrer Gegner schließlich siegreich hervorgingen. Das Ende der Zarenherrschaft und die sich anstelle einer Rätedemokratie tatsächlich entwickelnde Alleinherrschaft der kommunistischen Partei in einem Land bedeuteten auch einen epochalen Einschnitt und bekamen welthistorische Bedeutung. So berechtigen auch die damaligen Ereignisse in Russland, mit denen die radikale Umgestaltung von Staat und Gesellschaft einsetzte, von 1917 als einem *„Epochenjahr“* zu sprechen. Hatten herkömmliche Machtstaatsideen Europas Völker in den Krieg getrieben, so traten die künftigen Supermächte des 20. Jahrhunderts 1917 als Träger staatenübergreifender Visionen auf. Wilson propagierte das Ideal eines Bundes freier, demokratisch regierter Völker; Lenin setzte ihm die marxistische Überzeugung vom notwendigen Untergang des Kapitalismus und dem Sieg des Sozialismus entgegen. Ideologische Gegensätze bestimmten die Beziehungen der Staaten nun stärker als zuvor.

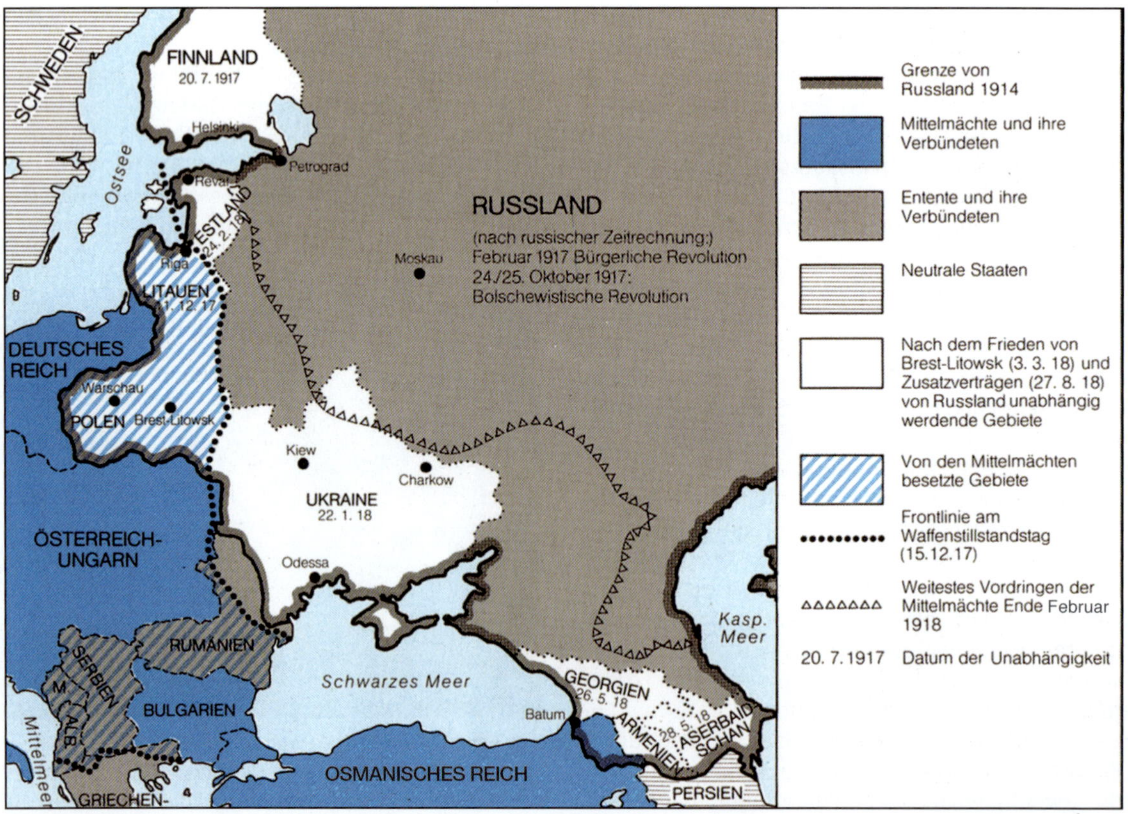

Der Friede von Brest-Litowsk 1918.

► *Erläutern Sie die Bedeutung der verlorenen Gebiete für Russland.*

Der Friede von Brest-Litowsk

Die revolutionären Ereignisse in Russland entlasteten die Mittelmächte deutlich. Im Verlaufe der sich lange ohne Erfolg hinziehenden Friedensverhandlungen rückten deutsche Soldaten noch einmal tief in russisches Territorium vor.

Derart unter Druck gesetzt unterzeichneten die neuen Machthaber schließlich den *Frieden von Brest-Litowsk* (3. März 1918, Zusatzvertrag 27. August 1918), ein hartes Friedensdiktat: Russland musste die Unabhängigkeit der Ukraine mit ihren großen Getreidegebieten und Finnlands anerkennen sowie auf seine Randgebiete Estland, Livland, Kurland, Litauen und Polen verzichten. Diese Gebiete sahen die Mittelmächte als Puffer und Teil des eigenen Machtbereiches an. Trotz des Friedensschlusses blieben große Truppenmassen zur politischen und militärischen Sicherung im Osten gebunden.

Deutschlands Waffenstillstandsangebot

Der Ausfall Russlands als Kriegsgegner veranlasste die deutschen Militärs, nun eine entscheidende Kriegswende durch Offensiven an der Westfront zu suchen, bevor die Landung weiterer amerikanischer Truppen sich kriegsentscheidend auswirken würde. Die Großangriffe begannen im Frühjahr 1918 mit erheblichen Geländegewinnen, blieben aber stecken.

Im Juli begann der Gegenschlag der Alliierten. Zum „Schwarzen Tag" des deutschen Heeres wurde der 8. August 1918, an dem 13 britische Divisionen mit Hunderten von Panzern (*Tanks*) die deutschen Linien durchbrachen. Es gelang zwar, neue Verteidigungslinien aufzubauen; neuerliche Vorstöße der Alliierten zwangen jedoch endgültig zum langsamen, aber fortlaufenden Rückzug an der Front. An einen deutschen Sieg war nicht mehr zu denken, zumal das Kräfteverhältnis immer ungleicher wurde. Während in Deutschland Reserven fehlten, steigerten die USA die Zahl ihrer Truppen in Europa vom Frühjahr bis zum Oktober 1918 von 300 000 auf 1,8 Millionen. Außerdem brach die Widerstandskraft der Verbündeten zusammen. Österreich-Ungarn bot, bedroht vom inneren Zerfall, den Allliierten schon Mitte September Friedensverhandlungen an, Bulgarien musste Ende September einen Waffenstillstand schließen und den Alliierten den Durchmarsch zur Südgrenze Österreich-Ungarns freigeben. Auch das von den Mittelmächten besiegte Rumänien drohte erneut auf gegnerischer Seite in den Krieg einzugreifen.

Besorgt wegen der kritischen Lage auf dem Balkan und von der Furcht geplagt, den gegnerischen Kräften könne auch ein Durchbruch an der Westfront gelingen, drängte die von den Generälen *Hindenburg* und *Ludendorff* geführte Oberste Heeresleitung (OHL) Ende September 1918 auf das sofortige Angebot eines Waffenstillstands. Das traf Politiker und die völlig unvorbereitete Öffentlichkeit wie ein Schock. Der gerade erst neu eingesetzten Regierung unter dem Reichskanzler Prinz *Max von Baden* (1867–1929) schienen Verhandlungen auf der Grundlage der 14 Punkte Präsident Wilsons die beste Chance für einen Frieden zu bieten, der trotz der sich abzeichnenden Niederlage die Besiegten nicht zur totalen Kapitulation zwang.

Das Ende der Monarchie

Ungeduldig verfolgte die von Resignation und Friedenssehnsucht erfasste Bevölkerung die sich hinziehenden Waffenstillstandsverhandlungen. Wilson ließ erkennen, dass ein schnelles Kriegsende und ein glimpflicher Friedensschluss eher zu erwarten wären, wenn Wilhelm II. als Kaiser zurückträte. Der Monarch galt vor allem in der angelsächsischen Welt als hauptverantwortlich für den Krieg. Die Forderung nach Abdankung des Kaisers wurde auch in Deutschland selbst öffentlich erhoben und diskutiert. Selbst viele Anhänger der Monarchie hielten diesen Schritt für unabwendbar und geboten.

Auslösender Faktor der deutschen sogenannten *Novemberrevolution* wurde schließlich eine Meuterei kriegsmüder Matrosen. Diese sabotierten ein Auslaufen ihrer Flotte gegen England, das nicht mit der Regierung abgesprochen war, und wurden festgenommen (s. S. 273).

Beim Versuch, wenigstens noch die Staatsform der Monarchie zu retten, erklärte Reichskanzler Max von Baden am 9. November von sich aus den Rücktritt Wilhelms II., auf den inzwischen auch die sozialdemokratischen Parteiführer drängten.

Das Kriegsende

Zwei Tage später, am 11. November 1918, wurde in Compiègne der Waffenstillstand unterzeichnet. Besonders auf Betreiben Frankreichs kamen dessen militärische Bedingungen schließlich doch einer Kapitulation gleich. Deutschlands Truppen mussten nicht nur die noch besetzten Gebiete, sondern auch das eigene linksrheinische Territorium nebst einigen rechtsrheinischen Brückenköpfen räumen. Um eine Wiederaufnahme von Kampfhandlungen zu verhindern, verlangten die Sieger außerdem die Ablieferung riesiger Mengen Kriegsmaterials.

Schon vor Deutschland hatten seine Verbündeten kapituliert. Österreich-Ungarn, das sich von innen her auflöste, schloss am 3. November einen Waffenstillstandsvertrag mit den Alliierten ab. Das hatte zuvor bereits das Osmanische Reich getan, nachdem es auch nach dem Ausscheiden Russlands aus dem Krieg immer mehr Gebiete verloren hatte (→ M4).

Durch den Krieg hatten zuerst der Zar, dann die Kaiser Deutschlands und Österreich-Ungarns ihre Krone verloren. Aber der Krieg begünstigte nicht nur den Umsturz traditioneller Herrschaftsformen, sondern führte auch den Zusammenbruch des alten europäischen Staatensystems herbei. Deutschland, bisher Hauptmacht Mitteleuropas, musste sich dem Diktat der Sieger beugen (s. S. 282 ff.); das alte Österreich-Ungarn mit seinen unterschiedlichen Völkern löste sich in eine Reihe von Kleinstaaten auf; Russland verlor die von nichtrussischen Völkern bewohnten Randgebiete im Osten Europas. Auch die europäischen Siegermächte hatten im Krieg schwer gelitten und verloren an Einfluss auf die Weltpolitik.

Neue Dimensionen des Krieges

In dem über vierjährigen Kampfgeschehen zwischen August 1914 und November 1918 hatte der Krieg ungeahnte Ausmaße erreicht. Man schätzt die Zahl der weltweit zu den Waffen Gerufenen auf 74 Millionen. Nicht nur der Masseneinsatz von Soldaten, sondern auch neue Waffensysteme (U-Boote, Flugzeuge, Panzer, Flammenwerfer, Giftgas) und eine bis dahin unvorstellbare Erhöhung der Feuerkraft waren schreckliche Erfahrungen für die Menschen, ebenso die mit millionenfachem Leid verbundene Zahl der Opfer: über neun Millionen Tote und ca. 20 Millionen Verwundete. In vielen Ländern litt auch die Zivilbevölkerung schrecklich unter den Folgen des Krieges. Beträchtliche Opfer forderte die von England über die Mittelmächte verhängte Seeblockade. Angesichts der dramatischen Versorgungslage wurden Abertausende unterernährte Menschen in der Heimat Opfer von Epidemien und Krankheiten. In den Kampfgebieten zeugten zerstörte Städte und Dörfer und durch Granattrichter völlig verwüstete frühere Kulturlandschaften von der neuen Dimension des Krieges im industriellen Zeitalter.

„Gassed." Gemälde von John Singer Sargent, 1918/19 (Ausschnitt).
Die Deutschen setzten erstmals im April 1915 Giftgase ein; Briten und Franzosen benutzten sie kurze Zeit später ebenfalls. Viele Tausende starben, noch mehr Soldaten verloren ihr Augenlicht oder behielten dauerhafte Lungenschäden.

M1 Der deutsche „Blankoscheck"

Der Botschafter Österreich-Ungarns in Berlin, Graf Szögyényi, berichtet am 5. Juli 1914 dem Wiener Außenminister Berchtold über seine Unterredung mit dem deutschen Kaiser anlässlich der Überreichung eines Handschreibens von Kaiser Franz Joseph. Darin ersucht der österreichische Monarch um deutsche Rückendeckung für den Fall eines kriegerischen Vorgehens gegen Serbien:

Das Allerhöchste Handschreiben und das beigeschlossene Memorandum habe ich Seiner Majestät überreicht. In meiner Gegenwart las Kaiser mit größter Aufmerksamkeit beide Schriftstücke. Zuerst versicherte mir Höchstderselbe, daß er eine ernste Aktion unserseits gegenüber Serbien erwartet habe, doch müsse er gestehen, daß er infolge der Auseinandersetzungen unseres Allergnädigsten Herrn eine ernste europäische Komplikation im Auge behalten müsse und daher vor einer Beratung mit Reichskanzler keine definitive Antwort erteilen wolle. Nach dem Dejeuner[1], als ich nochmals Ernst der Situation mit großem Nachdruck betonte, ermächtigte mich Seine Majestät, unserem Allergnädigsten Herrn zu melden, daß wir auch in diesem Falle auf die volle Unterstützung Deutschlands rechnen können. Wie gesagt, müsse er vorerst Meinung des Reichskanzlers anhören, doch zweifle er nicht im geringsten daran, daß Herr von Bethmann Hollweg vollkommen seiner Meinung zustimmen werde. Insbesonders gelte dies betreffend eine Aktion unsererseits gegenüber Serbien. Nach seiner[2] Meinung muß aber mit dieser Aktion nicht zugewartet werden. Rußlands Haltung werde jedenfalls feindselig sein, doch sei er hierauf schon seit Jahren vorbereitet, und sollte es sogar zu einem Krieg zwischen Österreich-Ungarn und Rußland kommen, so könnten wir davon überzeugt sein, daß Deutschland in gewohnter Bundestreue an unserer Seite stehen werde. Rußland sei übrigens, wie die Dinge heute stünden, noch keineswegs kriegsbereit und werde es sich gewiß noch sehr überlegen, an die Waffen zu appellieren. Doch werde es bei den anderen Mächten der Tripelentente gegen uns hetzen und am Balkan das Feuer schüren. Er begreife sehr gut, daß es Seiner k. und k. Apostolischen Majestät bei seiner bekannten Friedensliebe schwerfallen würde, in Serbien einzumarschieren; wenn wir aber wirklich die Notwendigkeit einer kriegerischen Aktion gegen Serbien erkannt hätten, so würde er es bedauern, wenn wir den jetzigen, für uns so günstigen Moment unbenützt ließen.

Winfried Baumgart (Hrsg.), Die Julikrise und der Ausbruch des Ersten Weltkrieges 1914, Darmstadt 1983, S. 50f.

[1] *Dejeuner: Mittagessen*
[2] *gemeint ist Kaiser Wilhelm II.*

1. *Erklären Sie, weshalb die hier wiedergegebene Haltung des deutschen Kaisers, der sich am Tage darauf auch der Reichskanzler anschloss, als „Blankoscheck" zugunsten Österreich-Ungarns bezeichnet worden ist.*
2. *Erschließen Sie, welche Gründe das Deutsche Reich zu so weitgehenden Zusagen an seinen Bündnispartner Österreich-Ungarn veranlasst haben.*
3. *Überlegen Sie, wie eine ablehnende Antwort auf das Handschreiben des österreichischen Kaisers hätte begründet werden können.*

M2 Die Schrecken des Frontkrieges

Ein deutscher Vizefeldwebel berichtet in einem Brief von der Front über einen Durchbruchsversuch:

Allmähliches Durchsickern von Nachrichten über die Kriegslage. Franzosen auf einer Front von 15 km Breite in Tiefe von 3 km durchgebrochen. […] Die Grabenbesatzung, die alles eingebüßt hatte, was sie nicht auf dem Leib trug, kaum noch menschenähnlich. […] Gräben. Keine Unterstände. Eifriges Auswühlen von Erdlöchern. Vor Morgen aufwachen, vor Nässe und Frösteln. Bei Tagesanbruch setzt das Grauenhafte ein: „Trommelfeuer!" Ich halte mit Unteroffizier Schulte in einem Erdloch. Unaufhörlich erzittert die Erde. Unaufhörlich klingen Abschüsse und Einschläge zusammen, wie zu einem ungeheuren Trommelwirbel. Was 20 bis 30 Meter weiter vor sich geht, kümmert uns bald nicht mehr. Immer wieder platzen die Granaten der Batterien, die unser kurzes Grabenstückchen zum Ziel genommen hatten, in nächster Nähe mit entsetzlichem Dröhnen. Dabei bröckelt jedes Mal der Dreck von der Decke unserer Höhle. […] Gegen Mittag steigert sich das Feuer zu wahrer Raserei; höchstens dem Tosen des aufgewühlten Meeres zu vergleichen. Wir harren, auf dem Bauche liegend, dem Boden und der Wand angeschmiegt, in Ergebung der Dinge, die da kommen müssen. Endlich um 5 Uhr legt sich der Sturm. […] Unsere Ruhe bedeutet keine Untätigkeit des Feindes. Er versucht jetzt, durch wildes Feuer die Artillerie niederzukämpfen und das Herankommen von Reserven zu verhindern. Endlich ruht die Artillerie ganz. Jetzt heißt's scharf beobachten. […] Dichte Kolonnen stürmen über das braune Feld in und hinter den Tannenstreifen. Mit Erbitterung schießen meine Leute. […] Jetzt erwacht auch die Artillerie. Ganze Scharen der Gegner werden von den platzenden Granaten […] der Mörser begraben. […] Sie fluten unter Verlusten zurück. Die Nacht war ruhig. Am folgenden Morgen strahlte der Himmel wolkenlos. Aber die feindlichen Fesselballons und ebenso die Flieger, die uns in früher Stunde umkreisten, kündeten nichts Gutes an. Bald setzte das Trommelfeuer ein, aber heute war der Beschuss durch die Flieger vorzüglich geleitet. Schlag auf Schlag platzen Granaten in nächster Nähe. Ein Schrapnellhagel geht über dem Graben nieder. [...] Verwundete stürzen in mein Loch, um sich verbinden zu lassen. Es waren grauenhafte Stunden. [...] Alles deutet auf einen großen Angriff. (Vizefeldwebel Arthur Goldstein fiel am 7.4.1916 [vermisst].)

Auf französischer Seite erhalten Soldaten den Befehl, in Kürze anzugreifen.

Die Stunden vergehen langsam, aber unerbittlich. Niemand bekommt noch etwas runter, die Kehle ist wie zugeschnürt. Immer und immer wieder diese bange Frage: Bin ich in einigen Stunden noch unter den Lebenden oder nur noch einer dieser grausigen, von Granaten zerfetzten Kadaver? Die Stunde null kommt näher. Der Zeiger meiner Uhr rückt unaufhörlich weiter, nichts kann ihn aufhalten, nur noch 30, 20, 10 Minuten. Ich sehe nur auf die Uhr und zähle ... Die Tasche voller Munition, in der Hand das Gewehr eines Toten, richte ich mich nun langsam auf. 17.58 Uhr, 17.59 Uhr, 18.00 Uhr, ich schreie „vorwärts" – plötzlich eine rote Explosion vor meinen Augen, und ich falle nieder. Mein rechtes Knie ist durchschossen, ich habe eine Kugel im Bauch, eine andere hat meine Wange gestreift. Neben mir liegen Verwundete und Tote.
An einer anderen Stelle wurden Infanteristen verschüttet.
Zuerst grabe ich einen Kameraden vom 270. Regiment aus, den ich leichter als die anderen befreien kann. Es sind aber noch andere lebendig begraben. Die Deutschen müssen ihre Schreie auch hören, denn sie bestreichen uns mit Maschinengewehrfeuer; man kann nicht aufrecht arbeiten, und einen Moment lang habe ich fast Lust wegzugehen; aber nein, ich kann doch meine Kameraden nicht so liegen lassen! [...] Ich versuche, den alten Maze, der immer noch schreit, freizubekommen; je mehr Erde ich beiseite schaffe, umso mehr fällt wieder nieder. Schließlich kann ich ihn bis zur Brust ausgraben, sodass er etwas besser atmen kann. Dann komme ich einem vom 270. zur Hilfe, der nur noch schwach ruft. Mir gelingt es, seinen Kopf bis zum Hals freizubekommen. Er weint und fleht mich an, ihn nicht dazulassen. Zwei weitere Männer müssen noch verschüttet sein, es sind aber keine Hilferufe mehr zu hören. Ich fange wieder zu graben an, um wenigstens ihre Köpfe freizulegen. Ich merke dann, dass alle beide tot sind. Ich lege mich ein wenig hin, denn ich bin am Ende meiner Kräfte; das Bombardement geht weiter.

Erster Text: Kriegsbriefe gefallener deutscher Juden, Stuttgart-Degerloch 1961, S. 50 ff.
Zweiter Text: Marc Ferro, Der große Krieg 1914–1918, übersetzt von Michael Jeismann, Frankfurt/Main 1988, S. 164 f.

1. *Beschreiben Sie das Bild des Krieges, das aus den Schilderungen der Soldaten deutlich wird.*
2. *Bereits seit den ersten Kriegsmonaten wurde immer wieder eine Postsperre verhängt. Während dieser Zeit durften die Soldaten nur offene Briefe abschicken, die von ihren Vorgesetzten gelesen und teilweise zensiert wurden. Erläutern Sie die Gründe und die Wirkung dieser Zensur.*
3. *Recherchieren Sie in Ihrem persönlichen Umfeld oder im örtlichen Archiv Feldpostbriefe aus dem Ersten Weltkrieg. Dokumentieren Sie nach Möglichkeit die Briefe eines Absenders und zeichnen Sie seine Haltung zum Krieg nach.*

M3 Die „Aprilthesen"

Lenin trägt seine noch im Exil entwickelten Ansichten sofort nach der Ankunft in Russland im April 1917 vor:

1. In unserer Stellung zum Krieg, der [...] unbedingt ein räuberischer, imperialistischer Krieg bleibt, sind auch die geringsten Zugeständnisse an die „revolutionäre Vaterlandsverteidigung" unzulässig. Einem revolutionären Krieg, der die revolutionäre Vaterlandsverteidigung wirklich rechtfertigen würde, kann das klassenbewusste Proletariat seine Zustimmung nur unter folgenden Bedingungen geben: a) Übergang der Macht in die Hände des Proletariats und der sich ihm anschließenden ärmsten Teile der Bauernschaft; b) Verzicht auf alle Annexionen [...]; c) tatsächlicher und völliger Bruch mit allen Interessen des Kapitals. [...]
2. Die Eigenart der gegenwärtigen Lage in Russland besteht im Übergang von der ersten Etappe der Revolution, die infolge des ungenügend entwickelten Klassenbewusstseins und der ungenügenden Organisiertheit des Proletariats der Bourgeoisie die Macht gab, zur zweiten Etappe der Revolution, die die Macht in die Hände des Proletariats und der ärmsten Schichten der Bauernschaft legen muss. [...]
3. Keinerlei Unterstützung der Provisorischen Regierung, Aufdeckung der ganzen Verlogenheit aller ihrer Versprechungen [...].
4. Anerkennung der Tatsache, dass unsere Partei in der Mehrzahl der Sowjets der Arbeiterdeputierten in der Minderheit [...] ist gegenüber dem Block aller kleinbürgerlichen, opportunistischen Elemente, die dem Einfluss der Bourgeoisie erlegen sind [...]. Aufklärung der Massen darüber, dass die Sowjets der Arbeiterdeputierten die einzig mögliche Form der revolutionären Regierung sind. [...]
5. Keine parlamentarische Republik [...], sondern eine Republik der Sowjets der Arbeiter-, Landarbeiter- und Bauerndeputierten im ganzen Lande, von unten bis oben. Abschaffung der Polizei, der Armee, der

Beamtenschaft […]. Entlohnung aller Beamten, die durchweg wählbar und jederzeit absetzbar sein müssen, nicht über den Durchschnittslohn eines qualifizierten Arbeiters hinaus.

6. […] Beschlagnahme der gesamten Ländereien der Gutsbesitzer. Nationalisierung des gesamten Bodens im Lande; die Verfügungsgewalt über den Boden steht den örtlichen Sowjets der Landarbeiter- und Bauerndeputierten zu. […]

7. Sofortige Verschmelzung aller Banken […] zu einer Nationalbank [unter] Kontrolle […] der Arbeiterdeputierten.

8. […] Übergang zur Kontrolle über die gesellschaftliche Produktion auf Verteilung der Erzeugnisse durch den Sowjet der Arbeiterdeputierten.

[…]

W. I. Lenin, Über die Aufgaben des Proletariats in der gegenwärtigen Revolution. Veröffentlicht am 7.4.1917 in der „Prawda" Nr. 26, in: Ders., Ausgewählte Werke in drei Bänden, Bd. 2, Berlin 1978, S. 37ff.

1. *Arbeiten Sie heraus, welche künftige politisch-gesellschaftliche Ordnung Russlands die bolschewistische Partei anstreben soll.*
2. *Ordnen Sie zu, welche gesellschaftlichen Gruppen profitieren und welche verlieren.*

M4 „Türkische Armee in Palästina vernichtet"

Nachdem die Türken schon im Dezember 1917 Jerusalem geräumt hatten, fiel im September 1918 in der sogenannten „Palästinaschlacht" Mittelpalästina in die Hände der Briten, die nun bis Ende Oktober nach Damaskus und Aleppo in Syrien vorstoßen konnten. Im Oktober 1918 gelangt das britische Flugblatt mit dem Titel „Türkische Armee in Palästina vernichtet" (14 x 21 cm) hinter die deutschen Linien:

Der Text lautet:

„Leset keine Flugblätter, die ihr zufällig finden möget, sagen Feldmarschall Hindenburg und General von Hutier.

Warum?

Weil sie wissen, daß die Flugblätter die Wahrheit, welche sie und die Regierung uns verhehlen wollen, enthalten.

Sie fürchten die Wahrheit. Wenn das deutsche Volk sie kennt, werden Regierung und der Militarismus weggefegt werden.

Leset umseitig von den Erfolgen der Entente-Mächte und fragt euch –

Wie lange kann dies noch so weiter gehen?"

Es folgt eine „Karte zur Veranschaulichung des türkischen Unheils" mit Erläuterungen:

„Die schwarzen Linien und Pfeile stellen die englischen Streitkräfte dar. Die Türken befanden sich zwischen Samaria und Nablus. Sie sind vernichtet worden. Ihre Armee existiert nicht mehr."

Leset keine Flugblätter, die ihr zufällig finden möget, sagen Feldmarschall Hindenbu g und General von Hutier.

Warum?

Weil sie wissen, daß die Flugblätter die Wahrheit, welche sie und die Regierung uns verhehlen wollen, enthalten.

Sie fürchten die Wahrheit. Wenn das deut che Vol sie kennt werden die Regierung und der Militarismus weggefegt werden.

Leset umseitig von den Erfolgen der Entente-Mächte und fragt euch—

Wie lange kann dies noch so weiter gehen?

Karte zur Veranschaulichung des türkischen Unheils.

Die schwarzen Linien und Pfeile stellen die englischen Streitkräfte dar. Die Türken befanden sich zwischen Samaria und Nablus. Sie sind vernichtet worden. Ihre Armee existiert nicht mehr.

Klaus Kirchner, Flugblattpropaganda im 1. Weltkrieg, Europa, Bd. 1: Flugblätter aus England 1914–1918, Erlangen 1985, S. 425

1. *Erläutern Sie, warum das Flugblatt auf Kriegsereignisse in einer weit entfernten Region eingeht.*
2. *Beschreiben Sie die Funktion der historischen Karte innerhalb des Flugblattes.*
3. *Propaganda wurde von den Engländern als die „Beschreibung von Ereignissen oder Vorgängen mit der Absicht, andere zu beeinflussen" definiert. Diskutieren Sie, welche Bedeutung für das Kriegsgeschehen und den Kriegsausgang dem „Trommelfeuer von Papier" (von Hindenburg) zuzuschreiben sein mag, das auf die deutschen Soldaten einwirken sollte.*

Zusammenfassen und vertiefen

Bismarcksäule am Oberländer Ufer in Köln.
Postkarte, um 1905.
Eine Vielzahl von Denkmälern erinnert an den preußischen Ministerpräsidenten und Reichskanzler Otto von Bismarck. Vor allem nach seinem Tod 1898 entwickelte sich ein ausgesprochener Kult um die Person des „Reichsgründers", der nun gerne als „Hüter des Reiches" gesehen wurde.
Besonders beliebt wurde die Errichtung von Turmbauten als Zeichen der Verehrung. Auf Höhen über vielen Orten auf dem Gebiet des damaligen Deutschen Reiches entstanden Aussichtstürme. Nicht zuletzt die Studentenschaft machte Bismarck-Feuersäulen populär. Zu Festtagen wie dem Geburtstag Bismarcks wurden die Feuer entzündet.
► *Informieren Sie sich darüber, wo Bismarckdenkmäler und -türme errichtet wurden (z. B. unter www.bismarcktuerme.de). Suchen Sie Erklärungen für die regional unterschiedlich dichte Verbreitung dieser Monumente.*

1. *Finden Sie heraus, welches Zeichen die Gehörlosen für das Wort „deutsch" verwenden, führen Sie es vor und erklären Sie den Zusammenhang mit dem Helmtyp der Pickelhaube. Überlegen Sie, ob sich ein anderes, ähnlich einfaches Zeichen für „deutsch" finden ließe. Werten Sie Ihre Erfahrungen bei der Suche nach einer Ersatzgebärde aus.*
2. *Weisen Sie nach, dass wesentliche Bestimmungen der von der Paulskirche 1849 verabschiedeten Reichsverfassung mit der Reichsverfassung von 1871 vergleichbar sind.*
3. *Überlegen Sie, worin Sie positive oder wo Sie angreifbare Positionen in Bismarcks Innen- und Außenpolitik entdecken. Entwerfen Sie jeweils kurze Plakattexte für und gegen seine Politik.*
4. *Bevor er 1900 von Kaiser Wilhelm II. zum Reichskanzler berufen wurde, erklärte Bernhard von Bülow als Staatssekretär des Auswärtigen Amtes in einer Rede vor dem Reichstag am 11. Dezember 1899: „In dem kommenden Jahrhundert wird das deutsche Volk Hammer oder Amboss sein."*
   (s. S. 255)
   Erklären Sie den Sinn dieser bildlichen Formulierung und erörtern Sie, inwiefern die deutsche Geschichte des 20. Jahrhunderts dieser Gegenüberstellung entsprach. Versuchen Sie, die Gedichtzeilen zu finden, in denen Johann Wolfgang Goethe das Bild von Amboss oder Hammer gebraucht. Begründen Sie, ob man Ihrer Meinung nach die vier letzten Zeilen aus dem Goethe-Gedicht ohne den Kontext zitieren darf, wie dies manchmal geschieht.
5. *Ein neueres Lexikon beendet den Beitrag zum Stichwort „Imperialismus" mit folgendem Hinweis: „Zu Beginn des 21. Jahrhunderts erklären Michael Hardt (*1960) und Antonio Negri (*1933) in ihrem Aufsehen erregenden Buch ‚Empire' (2000; dt.) das Ende des Imperialismus:*
   Die Globalisierung sei im Begriff, ein grenzenloses Empire (Imperium) aus nat[ionalen] und supranat[ionalen] Organisationen ohne spezif[isches] Zentrum und ohne hierarch[ische] Struktur zu schaffen, unter dessen Einfluss die Souveränität der Nationalstaaten schwindet."
   Überlegen Sie, ob die These von der schwindenden Souveränität der Nationalstaaten haltbar ist. Diskutieren Sie, ob unter dem Vorzeichen der Globalisierung (mit der zunehmenden Bedeutung großer Konzerne und wirtschaftlicher Interessennetze) tatsächlich vom „Ende des Imperialismus" gesprochen werden kann.
6. *Erklären Sie, wieso das Jahr 1917 oft als „Epochenjahr" bezeichnet wird.*

8 Die Weimarer Republik

Reichspräsident Ebert (r.) und Reichskanzler Joseph Wirth (l.) schreiten am 11. August 1921 anlässlich der ersten Verfassungsfeier die Front einer Ehrenkompanie ab.

Die Weimarer Republik – Wegbereiterin der nationalsozialistischen Diktatur?

Das Weimar-Bild im Dritten Reich war geprägt von der Rhetorik der nationalsozialistischen Propaganda, in der die Republik als Produkt der „Novemberverbrecher", als ein national entehrtes und durch die Herrschaft von Juden und Marxisten korrumpiertes Staatsgebilde bezeichnet wurde. Auch nach dem Zweiten Weltkrieg sah sich der erste demokratische Verfassungsstaat auf deutschem Boden mit vielen Vorurteilen konfrontiert. Er wurde überwiegend als Wegbereiter der Hitlerdiktatur wahrgenommen.

Dies führte in der deutschen Geschichtswissenschaft der 1950er-Jahre zu einer vorrangigen Behandlung der Endphase der Republik. Die Frage nach den entscheidenden Gründen für die Machtergreifung durch die Nationalsozialisten stand im Vordergrund.

Die spätere Forschung sah darin eine unzulässige Verengung der historischen Perspektive und untersuchte verstärkt, welche strukturellen Faktoren die Republik von ihrer Gründung an belasteten: Weltanschauungs- und Interessenparteien, die sich selten zu konstruktiver Regierungsarbeit bereiterklärten, ein Offizierskorps ohne demokratische Gesinnung, eine Justiz, die sich, wie die Universitäten und Gymnasien, weiterhin an den konservativen und nationalistischen Wertvorstellungen der Kaiserzeit orientierte, und wirtschaftliche Herausforderungen (Inflation, Weltwirtschaftskrise, Arbeitslosigkeit), die die Existenz weiter Bevölkerungsschichten bedrohten und das Vertrauen in den Staat zerstörten.

Für die Menschen in Deutschland bedeuteten der verlorene Krieg und die Revolution von 1918 mit der Gründung der „ungeliebten" Republik eine schmerzhafte Zäsur.

Es darf jedoch auch nicht übersehen werden, dass die erste deutsche Demokratie viele innen- und außenpolitische Probleme erfolgreich meisterte, wie zum Beispiel die Wiedereingliederung von Millionen von Soldaten in Gesellschaft und Beruf sowie die Überwindung der außenpolitischen Isolation.

8.1 Die alte Ordnung zerbricht

Soldaten und Matrosen auf einem Militärfahrzeug am Brandenburger Tor in Berlin. Foto vom November 1918.

Ab 7.11.1918	Die Monarchien in den deutschen Staaten stürzen
9.11.1918	Die Revolution erreicht Berlin, Scheidemann ruft die Republik aus
10.11.1918	Der „Rat der Volksbeauftragten" übernimmt die Regierung. Das Ebert-Groener-Abkommen wird vereinbart
16.–20.12.1918	Der Reichskongress der Arbeiter- und Soldatenräte tagt in Berlin
1.1.1919	„Spartakus" und andere linke Gruppierungen verbinden sich zur Kommunistischen Partei Deutschlands (KPD)
5.–12.1.1919	Der Spartakusaufstand in Berlin wird niedergeschlagen

Am Vorabend der Revolution

Bis vor kurzem bestimmte die These von der nationalen Begeisterung der Volksmassen bei Ausbruch des Ersten Weltkriegs die Geschichtswissenschaft. Mittlerweile machen neuere Forschungsergebnisse klar, dass dies weitgehend ein Werk der Kriegspropaganda des Kaiserreiches und der verklärenden Darstellung des Weltkriegs durch die Nationalsozialisten war. Gerade in den Familien der Arbeiterklasse gab es große Befürchtungen und Ängste. Von Kriegsbegeisterung kann allenfalls in Teilen des Großbürgertums und bei den Studenten gesprochen werden.

Doch auch hier ließ der Kriegsalltag die patriotische Hochstimmung rasch verfliegen. Hunger und Kriegsmüdigkeit steigerten seit Anfang 1917 die Unzufriedenheit in der Bevölkerung und führten immer häufiger zu Streiks und Demonstrationen. Bei den großen Streikaktionen Anfang 1918 in der Rüstungsindustrie, bei denen in Berlin und anderen Großstädten über eine Million Arbeiterinnen und Arbeiter in den Ausstand traten, wurden die Forderungen nach innenpolitischen Reformen und nach Beendigung des Krieges immer lauter. Aber erst nach dem Scheitern der letzten großen Offensiven (März bis August 1918) gab die Oberste Heeresleitung (OHL) die Hoffnung auf einen Sieg auf und drängte Ende September die Regierung zum Abschluss eines sofortigen Waffenstillstandes.

Das Eingeständnis der Niederlage durch die OHL kam für die Mehrzahl der Politiker und die Öffentlichkeit völlig überraschend.
Die Chefs der OHL, die Generäle *Erich Ludendorff* und *Paul von Hindenburg*, entschiedene Gegner jeglicher demokratischer Reformen, forderten jetzt die Bildung einer vom Parlament getragenen Regierung. Diese sollte die Waffenstillstandsverhandlungen führen und damit auch die Verantwortung für den Zusammenbruch übernehmen, um so die militärische Führung vom Makel der Niederlage freizuhalten. Dass die Militärs sich damit ihrer Verantwortung entziehen konnten, belastete die Republik von Anfang an schwer, denn viele Deutsche sahen den Zusammenbruch nicht als das Ergebnis einer militärischen Niederlage an, sondern als das Resultat der von den „Linken" verantworteten Revolution.

Der Kaiser geht, die Volksbeauftragten kommen

Als Ende Oktober 1918 Matrosen den Befehl der Seekriegsleitung verweigerten, für eine inzwischen militärisch sinnlose Schlacht auszulaufen, wurden sie festgenommen und in Kiel inhaftiert. Um die Freilassung der Kameraden zu erzwingen, bildeten sich Soldatenräte, die zu Massendemonstrationen aufriefen. Am 4. November war die Stadt in den Händen von etwa 40 000 Matrosen und Soldaten. Obwohl die spontanen Aktionen kriegsmüder Truppenteile nicht von langer Hand vorbereitet waren, breitete sich die revolutionäre Bewegung sehr schnell in den großen Städten aus und führte in kurzer Zeit zum gewaltlosen Sturz der Monarchien in allen deutschen Staaten.
Am 9. November 1918 erreichte die Revolution Berlin. Hunderttausende marschierten durch die Straßen und forderten die sofortige Beendigung des Krieges und die Abdankung des Kaisers, der in ihren Augen das Haupthindernis für einen schnellen Friedensschluss war. Da der Kaiser sich jedoch bis zuletzt beharrlich weigerte, gab Reichskanzler *Max von Baden* auf eigene Verantwortung die Abdankung *Wilhelms* bekannt.
Sein Amt als Reichskanzler übertrug von Baden ohne verfassungsrechtliche Legitimation an *Friedrich Ebert* (1871–1925), den Vorsitzenden der Sozialdemokraten, die im Reichstag die stärkste Fraktion stellten. Während dieser die Entscheidung über die künftige Staatsform einer gewählten *Nationalversammlung* überlassen wollte, rief sein Parteifreund *Philipp Scheidemann* die „Deutsche Republik" aus. Er kam damit dem Spartakusführer[1] *Karl Liebknecht* zuvor, der zwei Stunden später die „Sozialistische Republik Deutschland" verkündete. Um der sich abzeichnenden Bildung einer sozialistischen *Räterepublik* zu begegnen, bemühte sich Ebert um eine Verständigung mit der USPD[1]. Die beiden Parteien stellten am Morgen des 10. November auf paritätischer Grundlage den *Rat der Volksbeauftragten*: Ebert, Scheidemann, *Landsberg* von der SPD, *Haase*, *Dittmann* und *Barth* von der USPD.

Neue Regierung, alte Eliten

Nachdem der Rat der Volksbeauftragten die Führung im Staat übernommen hatte, bemühte sich Ebert darum, die Unruhen schnell zu beenden und die Regierungsgeschäfte bis zur Wahl der Nationalversammlung zu führen. Dagegen versuchten vor allem die Spartakisten weiterhin, durch Demonstrationen und Straßenkämpfe die Bevölkerung für die Räterepublik zu gewinnen (➔ M1).
Um die innere Sicherheit zu gewährleisten, akzeptierte Ebert die Loyalitätserklärung, die General *Wilhelm Groener* am Abend des 10. November 1918 im Namen der OHL gegenüber der Regierung abgab. Groener versprach militärische Unterstützung bei Unruhen, erwartete jedoch als Gegenleistung den gemeinsamen Kampf gegen den Bolschewismus[2] sowie die Unterstützung der Regierung bei der Aufrechterhaltung der Disziplin im Heer. Groener erhoffte sich durch dieses Angebot (sogenanntes *„Ebert-Groener-Abkommen"*) für das Offizierskorps eine Beteiligung an der Macht im neuen Staat.
Neben der Übereinkunft mit der Reichswehr beschloss der Rat der Volksbeauftragten bei Unruhen den Einsatz von privat gegründeten Selbstschutzverbänden, sogenannten *Freikorps*. Die Freikorps gehörten nicht zu den regulären Truppen. Ehemalige Berufssoldaten und Abenteurer, aber auch Studenten und Schüler, meist Männer, die kein Zuhause und keine Arbeit hatten oder nach dem Krieg den Weg ins bürgerliche Leben nicht mehr fanden, bildeten den Kern dieser Einheiten. Sie unterwarfen sich einer strengen Disziplin. Die meisten Verbände waren extrem antirepublikanisch und antikommunistisch. Im Sommer 1919 standen etwa 250 000 Freikorpsmänner unter Waffen.
Der Stabilisierung der wirtschaftlichen Verhältnisse diente das am 15. November 1918 unterschriebene *Stinnes-Legien-Abkommen*, benannt nach dem Großindustriellen *Hugo Stinnes* als Vertreter der Unternehmerverbände und dem Vorsitzenden der Generalkommission der Freien Gewerkschaften, *Carl Legien*. Es sollte die drängen-

[1] *Aus Protest gegen die Bewilligung weiterer Kriegskredite verließen ab 1916 immer mehr Mitglieder die SPD und gründeten im April 1917 eine eigene Partei, die Unabhängige Sozialdemokratische Partei Deutschlands. Der von Rosa Luxemburg und Karl Liebknecht 1916 gegründete „Spartakusbund" trat der USPD zeitweilig bei.*
[2] *Bolschewismus: Lehre des Marxismus-Leninismus*

den wirtschaftlichen und sozialen Probleme der Nachkriegszeit bewältigen und eine Revolution verhindern. Die Arbeitgeberseite erreichte durch sozialpolitische Zugeständnisse (*Achtstundentag*[1] bei vollem Lohnausgleich, Anerkennung der Gewerkschaften als Vertreter der Arbeiterschaft), dass die Gewerkschaften auf die Forderung nach Sozialisierung von Privateigentum verzichteten.

Räterepublik oder parlamentarische Republik?

In der ersten Novemberwoche 1918 waren in nahezu allen Großstädten Deutschlands Arbeiter- und Soldatenräte entstanden. Sie hatten sich spontan gebildet, ohne festes politisches Konzept und ohne überregionale Organisation. Häufig wurden Mitglieder der örtlichen Parteivorstände der SPD und des rechten Flügels der USPD gewählt. Die meisten Arbeiterräte orientierten sich weniger an der Theorie des Rätesystems als an den praktischen Aufgaben, die sich aus dem Zusammenbruch ergaben, wie Fragen der Lebensmittelversorgung und der öffentlichen Ordnung. Sie unterstützten den Rat der Volksbeauftragten und traten für die Demokratisierung von Militär, Verwaltung und Wirtschaft ein.
Als vom 16. – 20. Dezember in Berlin der *Reichskongress der Arbeiter- und Soldatenräte* tagte, beließen die Delegierten die gesetzgebende und vollziehende Gewalt bis zur Einberufung der Nationalversammlung beim Rat der Volksbeauftragten. Der Antrag, am Ziel einer sozialistischen Republik festzuhalten und das Rätesystem einzuführen, wurde mit großer Mehrheit abgelehnt. Mit etwa 400 gegen 50 Stimmen setzte der Kongress den Termin für die Wahl zur Nationalversammlung auf den 19. Januar 1919 fest (➔ M2).

Revolutionäre Unruhen

Vor und nach dem Kongress waren in Berlin Unruhen ausgebrochen: Am 23./24. Dezember bedrohte eine in Berlin stationierte Volksmarinedivision die Regierung. Ebert bat die OHL um Hilfe. Es kam zu einer blutigen Straßenschlacht, die zum Austritt der USPD aus dem Rat der Volksbeauftragten führte. (Dessen tiefere Ursache lag jedoch in der grundsätzlichen Differenz zwischen SPD und USPD über das „Ebert-Groener-Abkommen").
Am 30. Dezember 1918 trennte sich der Spartakusbund von der USPD und gründete am 1. Januar 1919 zusammen mit anderen linksradikalen Gruppierungen die *Kommunistische Partei Deutschlands (KPD)*. Die äußerste Linke forderte nun die sofortige Übernahme der Macht durch die Arbeiter- und Soldatenräte sowie den Verzicht auf die Einberufung der Nationalversammlung, in der sie

Aufruf in Berlin. Dezember 1918.

den Versuch der bürgerlich-kapitalistischen Gesellschaft sah, die eigene Herrschaft zu retten.
Der spontan ausgebrochene *Spartakusaufstand* (5. – 12. Januar 1919) einiger tausend Anhänger in Berlin fand nach schweren Straßenkämpfen unter den Gewehren von Regierungstruppen und Freikorps ein blutiges Ende. Rosa Luxemburg und Karl Liebknecht wurden verhaftet und am 15. Januar von Offizieren ermordet.
Das brutale Vorgehen der Truppen und Freikorps rief in weiten Teilen der Bevölkerung Entsetzen hervor und entfachte in vielen Großstädten sowie in den industriellen Ballungszentren großflächige Streikaktionen und bewaffnete Aufstände. Zu blutigen Auseinandersetzungen kam es in München, wo kurzzeitig eine Räterepublik ausgerufen worden war. Erst durch den massiven Einsatz von Regierungstruppen und Freikorpsverbänden gelang es im Mai, die letzten Unruhen niederzuschlagen.

Das revolutionäre Geschehen in der historischen Forschung

Die vorherrschende Meinung in der Geschichtswissenschaft der 1950er-Jahre sah in der Zusammenarbeit Eberts mit den traditionellen Machteliten, der Bürokratie und vor allem dem kaiserlichen Offizierskorps, die einzige Chance, Deutschland vor dem Bolschewismus zu bewahren. Die Historiker gingen davon aus, dass die äußerste Linke die Fähigkeit besessen hätte, eine Räterepublik nach russisch-bolschewistischem Muster durchzusetzen.
Mit Beginn der 60er-Jahre kamen neuere Forschungen zu dem Ergebnis, dass das revolutionäre Potenzial für einen bolschewistischen Umsturz nicht vorhanden war, da die Mehrzahl der Arbeiter- und Soldatenräte von gemäßigten Sozialdemokraten dominiert wurde. Die politischen Entscheidungsträger in Weimar, so die Folgerungen daraus, hätten einen größeren Handlungsspielraum gegenüber den „alten Mächten" gehabt (➔ M3).
In ihrem 1934 veröffentlichten *„Prager Manifest"* schrieb die Exil-SPD dazu: „Dass sie den alten Staatsapparat fast unverändert übernahm, war der schwere historische Fehler, den die [...] deutsche Arbeiterbewegung beging."

[1] *Gearbeitet wurde an sechs Tagen in der Woche.*

M1 Bürgerliche oder sozialistische Demokratie?

In der „Roten Fahne", dem Zentralorgan des Spartakusbundes, schreibt Rosa Luxemburg (1870–1919) am 20. November 1918:

Das heutige Idyll, wo Wölfe und Schafe, Tiger und Lämmer wie in der Arche Noah friedlich nebeneinander grasen, dauert auf die Minute so lange, bis es mit dem Sozialismus ernst zu werden beginnt. Sobald die famose Nationalversammlung wirklich beschließt, den Sozialismus voll und ganz zu verwirklichen, die Kapitalsherrschaft mit Stumpf und Stiel auszurotten, beginnt auch der Kampf. […] All das ist unvermeidlich. All das muss durchgefochten, abgewehrt, niedergekämpft werden – ob mit oder ohne Nationalversammlung. Der „Bürgerkrieg", den man aus der Revolution mit ängstlicher Sorge zu verbannen sucht, lässt sich nicht verbannen. […]

Die Nationalversammlung ist ein überlebtes Erbstück bürgerlicher Revolutionen, eine Hülle ohne Inhalt, ein Requisit aus den Zeiten kleinbürgerlicher Illusionen vom „einigen Volk", von der „Freiheit, Gleichheit und Brüderlichkeit" des bürgerlichen Staates. […]

Nicht darum handelt es sich heute, ob Demokratie oder Diktatur. Die von der Geschichte auf die Tagesordnung gestellte Frage lautet: *bürgerliche* Demokratie oder *sozialistische* Demokratie. Denn Diktatur des Proletariats, das ist Demokratie im sozialistischen Sinne. Diktatur des Proletariats, das sind nicht Bomben, Putsche, Krawalle, „Anarchie", wie die Agenten des kapitalistischen Profits zielbewusst fälschen, sondern das ist der Gebrauch aller politischen Machtmittel zur Verwirklichung des Sozialismus, zur Expropriation[1] der Kapitalistenklasse, – im Sinne und durch den Willen der revolutionären Mehrheit des Proletariats, also im Geiste sozialistischer Demokratie.

Ohne den bewussten Willen und die bewusste Tat der Mehrheit des Proletariats kein Sozialismus. Um dieses Bewusstsein zu schärfen, diesen Willen zu stählen, diese Tat zu organisieren, ist ein Klassenorgan nötig: das Reichsparlament der Proletarier in Stadt und Land.

Die Einberufung einer solchen Arbeitervertretung anstelle der traditionellen Nationalversammlung der bürgerlichen Revolutionen ist an sich schon ein Akt des Klassenkampfes, ein Bruch mit der geschichtlichen Vergangenheit der bürgerlichen Gesellschaft, ein mächtiges Mittel zur Aufrüttelung der proletarischen Volksmassen, eine erste schroffe Kriegserklärung an den Kapitalismus.

Die Rote Fahne vom 20.11.1918

[1] *Expropriation: Enteignung*

1. *Arbeiten Sie heraus, mit welchen Argumenten Rosa Luxemburg die Wahl zur Nationalversammlung verwirft. Diskutieren Sie, welche Aussagen situationsbedingt, welche programmatisch sind.*
2. *Suchen und erläutern Sie Widersprüche in der Argumentation von Rosa Luxemburg.*
3. *Definieren Sie Rosa Luxemburgs Verständnis der Begriffe „Demokratie" und „Diktatur".*

M2 Wie viel Sozialismus will das Volk?

Max Cohen-Reuß (1876–1963) war von 1912 bis 1918 sozialdemokratischer Reichstagsabgeordneter und 1918/19 Vorsitzender des vom ersten Rätekongress im Dezember 1918 in Berlin gewählten Zentralrats der Arbeiter- und Soldatenräte. Auf dem Kongress setzt er sich mit dem Rätesystem auseinander:

In jedem Falle drücken die Arbeiter- und Soldatenräte nur einen Teilwillen, niemals aber den Willen des ganzen deutschen Volkes aus. Diesen festzustellen, darauf kommt es an. […]

Wenn es so weitergeht wie bisher, dann wird unser gesamtes Wirtschaftsleben, das doch die Voraussetzung für den Wiederaufbau Deutschlands ist, lahmgelegt, ohne dass wir in der Lage sind, etwas Neues an seine Stelle zu setzen. […] Ich glaube, dass wir eine geregelte Verwaltung in Deutschland nur durch die Nationalversammlung herstellen können, die uns die demokratische Verfassung gibt und das deutsche Reich wieder aufbaut und seine auseinanderstrebenden Teile zusammenhält. […]

Parteigenossen, vergesst nicht, dass gerade in Russland der Bolschewismus das nicht fertiggebracht hat, was bei geordneten Verhältnissen, wenn man die alten Formen nicht zerschlagen hätte, erreicht werden konnte. In Russland hat man es nicht einmal fertiggebracht, die vorhandenen Rohstoffe, Flachs, Hanf usw. wirtschaftlich auszunutzen […].

Weshalb ist das geschehen? – Weil man im Handumdrehen die neue Wirtschaftsordnung wie ein fertiges Gebäude an die Stelle des alten setzen wollte, weil man die alten Produktions- und Handelsformen zerschlagen hat, bevor die neuen funktioniert haben. Davor wollen wir uns bewahren. […]

Parteigenossen, man kann eben Sozialismus durch Gewalt und Dekrete nicht einführen; das hat uns das russische Beispiel gezeigt. Sozialisierung ist ein organischer Entwicklungs- und Umbildungsprozess, bei dem neue Wirtschaftsformen neben werdenden und auch alten Formen zusammen existieren werden. Wenn man aber diesen Entwicklungsprozess nicht in sorgsamer Weise fördert, kommt die Katastrophe. […]

Es ist selbstverständlich, dass wir alle so viel Sozialismus wollen, wie durchführbar ist. Aber persönlich

habe ich die Überzeugung, es wird nicht mehr Sozialismus durchführbar sein, als die Mehrheit des Volkes will. [...]
Parteigenossen, schätzen Sie wirklich bei ganz ruhiger, nüchterner Überlegung den Widerstand der bürgerlichen Kreise und der Intelligenz so gering ein, dass wir, wenn wir sie politisch entrechten, gegen ihren Willen die Wirtschaft führen können? [...]
Nehmen wir einmal an, wir hätten ein Rätesystem in Deutschland. Dieses Rätesystem würde [...] auf der Friedenskonferenz auf die äußersten Schwierigkeiten stoßen; denn man hat es auf der Friedenskonferenz mit Ländern zu tun, die seit Jahrhunderten die Demokratie im Innersten in sich aufgenommen haben, und die nicht so leicht mit einem Rätesystem verhandeln würden [...].
Und wie steht es denn in Wirklichkeit mit der sogenannten Machtposition, die die Arbeiterräte ja im Augenblick doch nur auf die Gewalt, auf die Bajonette stützen können? [...] Da es sich – und das ist das Wesentliche dabei – um einen Kampf innerhalb der deutschen Parteigruppen handelt, muss es zum Bürgerkrieg kommen, und dass der Terror dann ganz von selbst kommt, ohne dass man ihn will, ist einleuchtend.
[...] Im Interesse der neu aufzubauenden Menschheitsorganisation vom Standpunkt der Demokratie und des Sozialismus aus brauchen wir die Nationalversammlung, die den Willen des deutschen Volkes feststellt.

Gerhard A. Ritter und Susanne Miller (Hrsg.), Die deutsche Revolution 1918–1919. Dokumente, Frankfurt/Main 1983, S. 372–378

1. *Nennen und erörtern Sie die Gründe, warum sich Max Cohen-Reuß für die Wahlen zur Nationalversammlung einsetzt.*
2. *Erläutern Sie, welche Kompromisse Cohen-Reuß mit den alten Autoritäten schließt.*
3. *Diskutieren Sie, inwieweit sich die Vorstellungen von Rosa Luxemburg (M1) und Max Cohen-Reuß jeweils mit demokratischen Prinzipien vereinbaren lassen.*

M3 Die Revolution – eine verpasste Chance?

Der Historiker Heinrich August Winkler (geb. 1938) setzt sich mit den Gründen auseinander, warum die Revolution scheiterte:

Die Revolution von 1918/19, aus der Weimar hervorgegangen ist, gehört zu den umstrittensten Ereignissen der deutschen Geschichte. Manche Historiker meinen, dass die erste deutsche Demokratie vielleicht nicht untergegangen und dann auch Hitler nicht an die Macht gekommen wäre, hätte es damals einen gründlichen Bruch mit der obrigkeitsstaatlichen Vergangenheit gegeben. Tatsächlich war der Handlungsspielraum der regierenden Mehrheitssozialdemokraten [...] in den entscheidenden Wochen zwischen dem Sturz der Monarchie am 9. November 1918 und der Wahl der Verfassunggebenden Deutschen Nationalversammlung am 19. Januar 1919 größer, als die Akteure mit Friedrich Ebert, dem Vorsitzenden des Rates der Volksbeauftragten, an der Spitze selbst meinten. Sie hätten weniger bewahren müssen und mehr verändern können. Es wäre, mit anderen Worten, möglich gewesen, in der revolutionären Übergangszeit erste Schritte zu tun auf dem Weg zu einer Demokratisierung der Verwaltung, der Schaffung eines republikloyalen Militärwesens, der öffentlichen Kontrolle der Macht [...].
Gegen eine Mehrheit Politik zu machen war für die Sozialdemokraten unvorstellbar. Es hätte auch dem bisherigen Gang der deutschen Verfassungsgeschichte widersprochen. Deutschland kannte zwar bis zum Oktober 1918 kein parlamentarisches Regierungssystem, aber seit rund einem halben Jahrhundert das allgemeine, gleiche und direkte Reichstagswahlrecht für Männer, das Bismarck 1866 im Norddeutschen Bund und 1871 im Deutschen Reich eingeführt hatte. Das Kaiserreich lässt sich daher nicht einfach als „Obrigkeitsstaat" beschreiben. Deutschland war um 1918 bereits zu demokratisch, um sich eine revolutionäre Erziehungsdiktatur [...] aufzwingen zu lassen.
Deutschland war auch zu industrialisiert für einen völligen Umsturz der gesellschaftlichen Verhältnisse. [...] Für hochindustrialisierte Gesellschaften ist ein starker Bedarf an der Aufrechterhaltung der Dienstleistungen von Staat und Kommunen, das heißt: an administrativer Kontinuität, kennzeichnend. Beide Faktoren, der Grad der Demokratisierung und der Grad der Industrialisierung, wirkten objektiv revolutionshemmend. Sie erklären, warum die deutsche Revolution von 1918/19 nicht zu den großen Revolutionen der Geschichte gerechnet werden kann.

Heinrich August Winkler, Weimar: Ein deutsches Menetekel, in: Ders. (Hrsg.), Weimar. Ein Lesebuch zur deutschen Geschichte 1918–1933, München 1997, S. 15 ff.

1. *Die Revolution von 1918/19 wird oft als „steckengebliebene" oder „gebremste" Revolution bezeichnet. Erläutern Sie mithilfe des Textes, ob diese Aussagen zutreffend sind.*
2. *Beurteilen Sie die Vorwürfe, die Winkler Friedrich Ebert macht, und diskutieren Sie über Möglichkeiten und Grenzen des Rates der Volksbeauftragten, das politische Geschehen in der revolutionären Phase bis Weihnachten 1918 zu beeinflussen.*

8.2 Parteien und Verfassung

Im Januar 1919 dürfen die Frauen zum ersten Mal in Deutschland zur Wahl gehen und machen regen Gebrauch von ihrem neuen Recht.

19.1.1919	Frauen und Männer wählen die Verfassunggebende Nationalversammlung
6.2.1919	Die Nationalversammlung wird eröffnet
11.2.1919	Die Nationalversammlung wählt Friedrich Ebert zum ersten Reichspräsidenten
11.8.1919	Die Weimarer Reichsverfassung tritt in Kraft

Das Parteienspektrum

Um die Stimmen bei der Wahl zur Nationalversammlung bewarben sich im Wesentlichen Parteien aus den vier Hauptströmungen, die sich ab 1848 herausgebildet hatten:

- Der *Sozialismus*, bestehend aus der SPD und der USPD (, die sich 1922 auflöste),
- der *Liberalismus*, vertreten durch die Deutsche Demokratische Partei (DDP) und die Deutsche Volkspartei (DVP),
- der *Konservativismus*, der seine Heimat in der Deutschnationalen Volkspartei (DNVP) fand,
- der politische *Katholizismus*, der im Reich durch die Zentrumspartei, in Bayern durch die Bayerische Volkspartei repräsentiert wurde.

Die Skepsis gegenüber den Parteien war groß, denn wie schon im Kaiserreich warf man ihnen auch in der Weimarer Republik vor, die Gesellschaft zu spalten (➔ M1). Schuld daran war ihre enge programmatische Ausrichtung an weltanschaulich geprägten Bevölkerungsschichten und ihre Bindung an bestimmte Interessengruppen. Das erschwerte die Konsensfindung und die Kooperationsbereitschaft untereinander, da ihnen ihre „Parteiidentität" wichtiger war als das Erscheinungsbild des Parlaments in der Öffentlichkeit.

Wahlen zur Nationalversammlung und Regierungsbildung

Aus der Wahl zur Nationalversammlung am 19. Januar 1919 ging die SPD als weitaus stärkste Partei hervor, während die USPD ein für sie enttäuschendes Ergebnis hinnehmen musste[1]. Die KPD hatte zum Boykott der Wahl aufgerufen und sich damit die Chance auf politische Mitgestaltung verbaut. Das Resultat zeigte, dass sich die deutschen Wähler eindeutig gegen das Rätesystem aussprachen. Aufgrund des Wahlergebnisses ergab sich die Zusammenarbeit der drei größten Fraktionen, die schon während des Krieges als Mehrheitsparteien im Reichstag kooperiert hatten: SPD, Zentrum und DDP. Sie bildeten die sogenannte *Weimarer Koalition*, die mit 76,1% der Wählerstimmen eine überwältigende Mehrheit hinter sich vereinigte (331 von insgesamt 423 Mandaten).

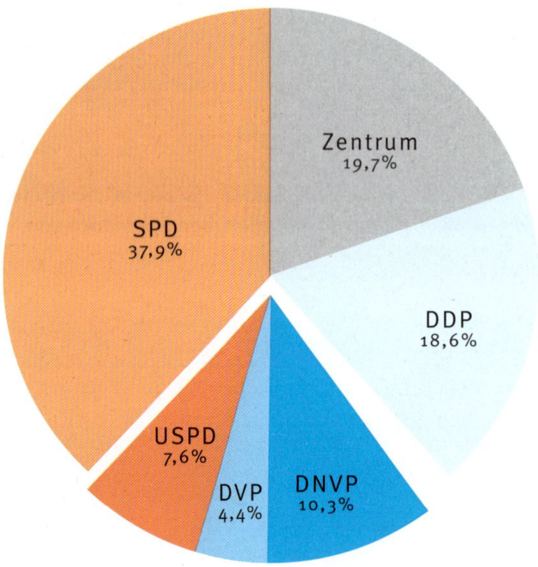

Ergebnis der Wahlen zur Nationalversammlung 1919. SPD, Zentrum und DDP bildeten die sogenannte „Weimarer Koalition".

[1] *In der Nationalversammlung waren bei 423 Sitzen vertreten: die DNVP mit 44, die DVP mit 19, Zentrum und Bayerische Volkspartei mit 91, DDP mit 75, SPD mit 165, USPD mit 22, Sonstige mit 7 Sitzen.*

Die Nationalversammlung kehrte dem politisch unruhigen Berlin den Rücken und trat am 6. Februar 1919 in Weimar zusammen. Ihre vordringlichste Aufgabe war die Schaffung einer vorläufigen Reichsgewalt für die „Übergangszeit" bis zur Wahl des 1. Reichstages (6. Juni 1920). Friedrich Ebert wurde am 11. Februar zum ersten *Reichspräsidenten* gewählt. Noch am selben Tag beauftragte er Philipp Scheidemann, eine Regierung zu bilden. Die Weimarer Nationalversammlung nahm das neue Verfassungswerk nach über fünfmonatigen Beratungen an. Erstmals in einer deutschen Verfassung musste das monarchische Prinzip dem Grundsatz der *Volkssouveränität* weichen: Alle Macht des Staates lag beim Volk als dem Inhaber der verfassunggebenden Gewalt. Repräsentant der Volkssouveränität war bis Juni 1920 die Nationalversammlung, danach der Reichstag.

Wahlrecht für Frauen

Schon während der Kriegsjahre waren vor allem Frauen aus der Arbeiterbewegung politisch aktiv gewesen und hatten sich an der Organisation von Streiks und Demonstrationen beteiligt. Nach der Revolution engagierten sich auch bürgerliche Frauen, die der Rätebewegung misstrauisch gegenüberstanden, in der Politik und forderten ein parlamentarisches System. In dieser Situation lag es nahe, dass der Rat der Volksbeauftragten bei den Wahlen zur Nationalversammlung eine alte sozialdemokratische Forderung erfüllte: das aktive und passive Wahlrecht für Frauen. Mit einer Wahlbeteiligung von 82,3 Prozent machten die Frauen von ihrem neuen Recht regen Gebrauch. Von 310 Frauen, die 1919 kandidierten, wurden 41, das waren 9,6 Prozent der Abgeordneten, gewählt. Ein Anteil in dieser Höhe wurde erst wieder 1983 in der Bundesrepublik Deutschland im zehnten Bundestag erreicht. Innerhalb der Parteien nahmen die Männer aber weiterhin die führenden Positionen ein.

Der Wähler als Souverän

Um jede einzelne Stimme gleichermaßen zur Geltung zu bringen, entschied sich die Weimarer Verfassung für das *Verhältniswahlrecht*: Jede Partei erhielt für 60 000 gültige Stimmen ein Mandat zugesprochen. Eine Sperrklausel, die den kleinen Parteien den Zutritt zum Reichstag hätte verwehren können, gab es nicht. Da der Reichstag ein getreues Spiegelbild des Volkswillens sein sollte, galt der Wahlmodus als besonders gerecht und demokratisch.

Dabei übersah man allerdings, dass Wahlen nicht bloß der demokratischen Gerechtigkeit dienen sollen. Das wesentliche Ziel, regierungsfähige Mehrheiten zu bilden, wurde in der Folge durch die Par-

teienvielfalt immer wieder erschwert. Hinzu kam, dass die Parteien keine Bereitschaft zu Kompromissen zeigten und die eigenen Interessen dem Gemeinwohl vorzogen.
Als Gegengewicht zum Reichstag führte die Weimarer Verfassung Elemente der *direkten Demokratie* ein: *Volksbegehren* und *Volksentscheid*. Die Staatsbürger sollten die Möglichkeit erhalten, sich durch Plebiszite[1] direkt an der staatlichen Willensbildung zu beteiligen. Die plebiszitäre Komponente der Verfassung konnte jedoch in der politischen Praxis ihre eigentliche Aufgabe, nämlich ein „Gegengewicht zum Parteienstaat" zu bilden, nicht verwirklichen. Vielmehr wurden Volksabstimmungen später von den Gegnern der Republik als Instrument zur Manipulation der Massen missbraucht.

Die Verfassungsorgane

Neben dem Recht auf Gesetzgebung oblag dem Parlament nun auch die Kontrolle der Exekutive, was dem kaiserlichen Reichstag noch verwehrt geblieben war. Kanzler und Minister benötigten zu ihrer Amtsführung das Vertrauen des Reichstages, d.h. jeder von ihnen konnte durch *einfaches Misstrauensvotum* zum Rücktritt gezwungen werden. Es bestand dabei jedoch keine Pflicht, gleichzeitig mit der Abwahl des Kanzlers einen neuen Regierungschef zu wählen. Dadurch fehlte eine sofort handlungsfähige Regierung.
Mit besonderen Vollmachten war der Reichspräsident ausgestattet. Wie der Reichstag wurde er direkt vom Volk gewählt. Die Stimmen der Staatsbürger konzentrierten sich bei der Wahl des Reichspräsidenten jedoch auf *eine* Persönlichkeit, bei der des Parlaments hingegen auf Hunderte von anonymen Parteienvertretern. Das gab dem Amt des Reichspräsidenten mehr Bedeutung und Ansehen. Verstärkt wurde dies durch die siebenjährige Amtsdauer, die dazu führte, dass den häufig wechselnden Reichstagen (sieben bis 1933) und Regierungen (20) nur zwei Präsidenten gegenüberstanden.
Der ursprünglich nur zur Bekämpfung von Putschversuchen und schweren Unruhen vorgesehene *Artikel 48* (→ M2) wurde im Laufe der Jahre verstärkt zur Lösung wirtschaftlicher und sozialer Probleme herangezogen. Von den über 250 Anwendungen des Artikels 48 erließ Reichspräsident Ebert bis Oktober 1924 allein 135. Sein Nachfolger, Paul von Hindenburg (1847–1934), setzte den Notverordnungs-Artikel von Juli 1930 bis März 1933 insgesamt 116-mal ein, meistens zur „Sicherung von Wirtschaft und Finanzen".

[1] *Plebiszit, abgeleitet von lat. „plebis scitum": Volksbeschluss, Volksabstimmung*

Die Grundrechte

Zu den klassischen liberalen Rechten wie Rechtsgleichheit, Freizügigkeit, Freiheit der Person, Recht der freien Meinungsäußerung, Glaubens- und Gewissensfreiheit, Petitionsrecht, Vereins- und Versammlungsfreiheit, Unverletzlichkeit der Wohnung und Briefgeheimnis traten in der Weimarer Verfassung neue soziale Rechte und Pflichten:
Schutz des Staates für Ehe und Familie, Gleichberechtigung der beiden Geschlechter, Fürsorge für kinderreiche Familien, Schutz der Jugend gegen Ausbeutung und Verwahrlosung, Trennung von Kirche und Staat, Recht auf Eigentum, aber auch die Möglichkeit der Enteignung zum Wohle der Allgemeinheit, staatliche Anerkennung der Arbeitnehmer- und Arbeitgeberorganisationen, Sorge für den notwendigen Unterhalt eines jeden Deutschen, soweit ihm eine „angemessene Arbeitsgelegenheit nicht nachgewiesen werden kann" (Art. 163).
Der wichtigen Aufgabe der Kontrolle von Staatsmacht konnte dieser Katalog nicht in vollem Umfang nachkommen, da viele Grundrechte in Krisenzeiten durch Artikel 48 außer Kraft gesetzt wurden. Außerdem konnten die Bürger noch nicht – wie später nach dem Grundgesetz – rechtliche Verletzungen durch die Staatsgewalt vor Gericht geltend machen.

Verfassung ohne Entscheidung

Die Weimarer Verfassung war der politischen Wirklichkeit nur wenig angemessen. Die Deutschen sollten eine Verfassung erhalten, die sie zum „freiesten Volk der Erde" machen würde. Dass Freiheit aber auch missbraucht werden konnte, wollten die Väter und Mütter der Verfassung nicht wahrhaben. Sie gaben der Republik eine wertneutrale Verfassung ohne normative Einschränkung, die den Gegnern der Demokratie von links und rechts die Möglichkeit bot, den Staat massiv zu bekämpfen. Die verantwortlichen Politiker sahen das Wesen der Demokratie ausschließlich in der Mehrheitsentscheidung, unabhängig davon, in welche Richtung sie ging.

M1 „So ist der deutsche Parlamentarismus“

Oswald Spengler (1880–1936), Autor des Buches „Untergang des Abendlandes“, dessen pessimistische Kultur- und Geschichtsphilosophie nach dem verlorenen Krieg vom deutschen Bürgertum mit Begeisterung gelesen wird, ist ein entschiedener Gegner des Parlamentarismus und der Parteien:

Über den Trümmern der deutschen Weltmacht, über zwei Millionen Leichen umsonst gefallener Helden, über dem in Elend und Seelenqual vergehenden Volke wird nun in Weimar mit lächelndem Behagen die Diktatur des Parteiklüngels aufgerichtet, derselben Gemeinschaft beschränktester und schmutzigster Interessen, welche seit 1917 unsere Stellung untergraben und jede Art von Verrat begangen hatte […].
Aus der *Angst um den Beuteanteil* entstand auf den großherzoglichen Samtsesseln und in den Kneipen von Weimar die deutsche Republik, keine Staatsform, sondern eine Firma. In ihren Satzungen ist nicht vom Volk die Rede, sondern von Parteien; nicht von Macht, von Ehre und Größe, sondern von Parteien. Wir haben kein Vaterland mehr, sondern Parteien; keine Rechte, sondern Parteien; kein Ziel, keine Zukunft mehr, sondern Interessen von Parteien. Und diese Parteien […] entschlossen sich, dem Feinde alles was er wünschte auszuliefern, jede Forderung zu unterschreiben, den Mut zu immer weitergehenden Ansprüchen in ihm aufzuwecken, nur um im Inneren ihren eigenen Zielen nachgehen zu können. Sie waren entschlossen, jeden Grundsatz, jede Idee, jeden Paragraphen der eben beschworenen Verfassung für ein Linsengericht von Ministersitzen preiszugeben. Sie hatten diese Verfassung für sich und ihre Gefolgschaft gemacht, nicht für die Nation. […] So ist der deutsche Parlamentarismus.

Oswald Spengler, Neubau des Deutschen Reiches, München 1924, S. 8f.

1. *Beschreiben Sie, was Spengler unter „Diktatur des Parteiklüngels“ versteht, und bewerten Sie seine Wortwahl.*
2. *Erläutern Sie seine Aussage, die deutsche Republik sei keine „Staatsform, sondern eine Firma“. Nehmen Sie zu Ihrer Interpretation die Karikatur auf Seite 293 zu Hilfe.*

„Wer will regieren?“ Zeichnung von E. Schilling, 1920. „Ich würde Ihnen gern helfen, aber ich kann doch meinen Standpunkt nicht verlassen.“

► *Ordnen Sie die abgebildeten Personen den entsprechenden Parteien zu und begründen Sie Ihre Auswahl.*

► *Diskutieren Sie über die Gründe, die die Parteien zu dieser in der Karikatur gezeigten Einstellung brachten.*

M2 Ausgewählte Verfassungsartikel

Art. 1. Das Deutsche Reich ist eine Republik. Die Staatsgewalt geht vom Volke aus. […]
Art. 13. Reichsrecht bricht Landrecht. […]
Art. 21. Die Abgeordneten sind Vertreter des ganzen Volkes. Sie sind nur ihrem Gewissen unterworfen und an Aufträge nicht gebunden.
Art. 22. Die Abgeordneten werden in allgemeiner, gleicher, unmittelbarer und geheimer Wahl von den über zwanzig Jahre alten Männern und Frauen nach den Grundsätzen der Verhältniswahl gewählt. […]
Art. 25. Der Reichspräsident kann den Reichstag auflösen, jedoch nur einmal aus dem gleichen Anlass. […]
Art. 48. […] Der Reichspräsident kann, wenn im Deutschen Reiche die öffentliche Sicherheit und Ordnung erheblich gestört oder gefährdet wird, die zur Wiederherstellung der öffentlichen Sicherheit und Ordnung nötigen Maßnahmen treffen, erforderlichenfalls mithilfe der bewaffneten Macht einschreiten. Zu diesem Zwecke darf er vorübergehend die in den Artikeln 114, 115, 117, 118, 123, 124 und 153[1] festgesetzten Grundrechte ganz oder zum Teil außer Kraft setzen […].

[1] *In diesen Artikeln geht es vor allem um die Freiheit der Person und ihres Eigentums, Unverletzlichkeit der Wohnung, Briefgeheimnis sowie um Meinungs-, Versammlungs- und Vereinigungsfreiheit.*

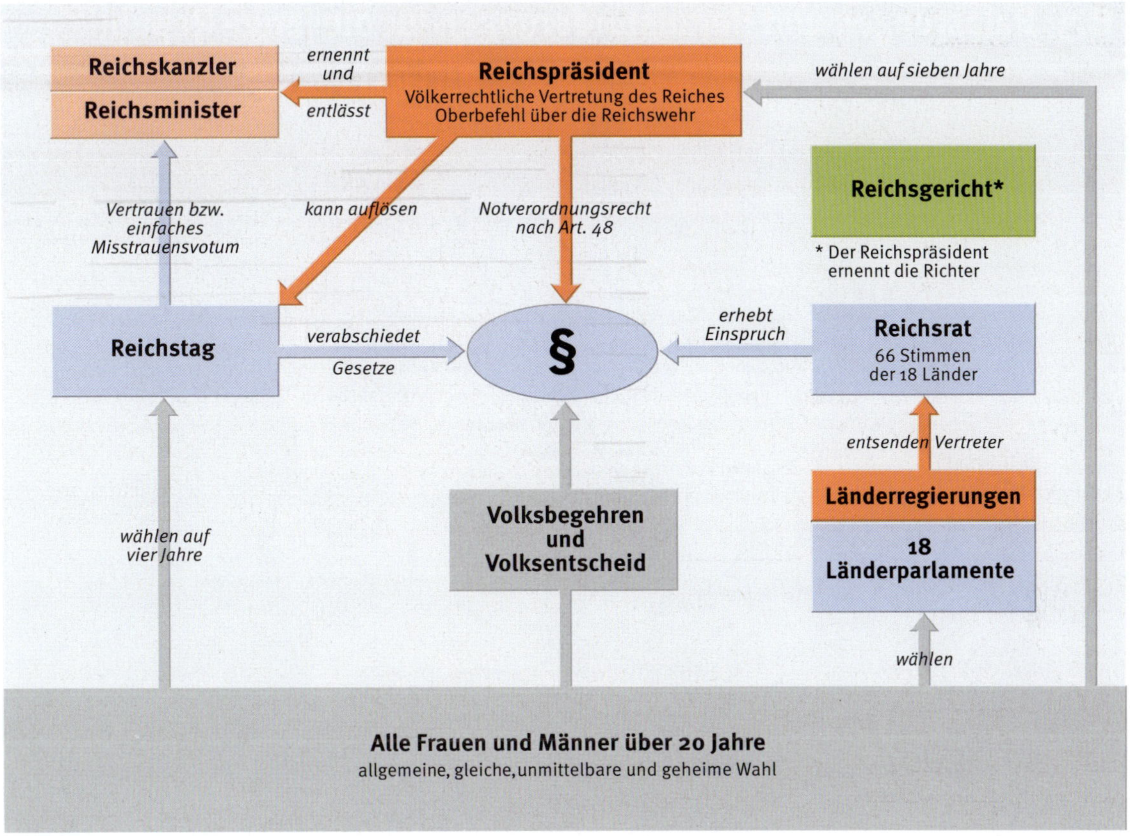

Die Weimarer Verfassung von 1919.

► *Erstellen Sie nach dem Muster ein Organigramm des Staatsaufbaus der Bundesrepublik Deutschland und erläutern Sie die wesentlichen Unterschiede zwischen beiden Verfassungen.*

► *Vergleichen Sie die Weimarer Verfassung in wesentlichen Grundzügen mit der Verfassung von 1871 (siehe S. 232).*

Art. 53. Der Reichskanzler und auf seinen Vorschlag die Reichsminister werden vom Reichspräsidenten ernannt und entlassen.

Art. 54. Der Reichskanzler und die Reichsminister bedürfen zu ihrer Amtsführung des Vertrauens des Reichstags. Jeder von ihnen muss zurücktreten, wenn ihm der Reichstag durch ausdrücklichen Beschluss sein Vertrauen entzieht. [...]

Art. 109. Alle Deutschen sind vor dem Gesetze gleich. Männer und Frauen haben grundsätzlich dieselben staatsbürgerlichen Rechte und Pflichten. Öffentlich-rechtliche Vorrechte oder Nachteile der Geburt oder des Standes sind aufzuheben. [...]

Art. 118. Jeder Deutsche hat das Recht, innerhalb der Schranken der allgemeinen Gesetze seine Meinung durch Wort, Schrift, Druck, Bild oder in sonstiger Weise frei zu äußern. [...] Eine Zensur findet nicht statt [...].

Art. 123. Alle Deutschen haben das Recht, sich ohne Anmeldung oder besondere Erlaubnis friedlich und unbewaffnet zu versammeln. [...]

Art. 135. Alle Bewohner des Reichs genießen volle Glaubens- und Gewissensfreiheit. [...]

Art. 143. Für die Bildung der Jugend ist durch öffentliche Anstalten zu sorgen. Bei ihrer Einrichtung wirken Reich, Länder und Gemeinden zusammen. [...]

Art. 153. Das Eigentum wird von der Verfassung gewährleistet. Sein Inhalt und seine Schranken ergeben sich aus den Gesetzen. Eine Enteignung kann nur zum Wohle der Allgemeinheit und auf gesetzlicher Grundlage vorgenommen werden.

Günther Franz (Hrsg.), Staatsverfassungen, München ³1975, S. 192–222

1. *Im Zusammenhang mit der Weimarer Verfassung wurde von einer „präsidialen ‚Reserveverfassung'" gesprochen. Benennen Sie die Artikel der Reichsverfassung, die die Grundlage für die Machtfülle des Reichspräsidenten bilden.*
2. *Begründen Sie, warum der umfangreiche Grundrechtskatalog die Staatsmacht in Weimar nur sehr bedingt begrenzen konnte.*
3. *Überprüfen Sie, welche Folgerungen das Grundgesetz daraus bei der Sicherung der Grundrechte gezogen hat.*

8.3 Belastungen und Herausforderungen für die junge Republik

Die neue kontinentaleuropäische Landkarte als Ergebnis der Pariser Friedenskonferenz. Jugoslawien hieß bis 1929 Königreich der Serben, Kroaten und Slowenen.

► *Erläutern Sie die Konfliktfelder, die sich aus der Neuaufteilung ergeben haben.*

► *Informieren Sie sich über aktuelle Konflikte und diskutieren Sie über Hintergründe und Lösungsmöglichkeiten.*

18.1.1919	Die Friedenskonferenz in Versailles beginnt
28.6.1919	Der Friedensvertrag wird unterzeichnet
13.–17.3.1920	Der Kapp-Lüttwitz-Putsch scheitert
26.8.1921	Die Organisation Consul ermordet Matthias Erzberger
24.6.1922	Die Organisation Consul ermordet Außenminister Walther Rathenau

Die Position der Siegermächte in Versailles

Während in Deutschland Reichswehr und Freikorpstruppen revolutionäre Unruhen blutig niederschlugen, wurde am 18. Januar 1919 die Friedenskonferenz ohne Beteiligung der Besiegten eröffnet. *Woodrow Wilson* (USA), *David Lloyd George* (Großbritannien) und *Georges Clemenceau* (Frankreich) trafen die wichtigsten Entscheidungen.

Lloyd George ging es in erster Linie um die Annexion der deutschen Kolonien. In den Fragen der Grenzveränderungen Deutschlands trat er häufig dem französischen Hegemonialstreben entgegen, auch im Sinne der Erhaltung des Gleichgewichts auf dem Kontinent. Außerdem sollte Deutschland als ein leistungsfähiger Kunde und Lieferant des britischen Handels erhalten bleiben (➔ M1).
Clemenceaus Ziel war es, Deutschland möglichst dauerhaft zu schwächen, um Frankreich Sicherheit vor dem bevölkerungsmäßig und industriell überlegenen Nachbarn zu verschaffen.
US-Präsident Wilson sah sich häufig als Vermittler zwischen Siegern und Besiegten. Sein Hauptanliegen war die Gründung des Völkerbundes als Garant einer dauerhaften Friedensordnung.

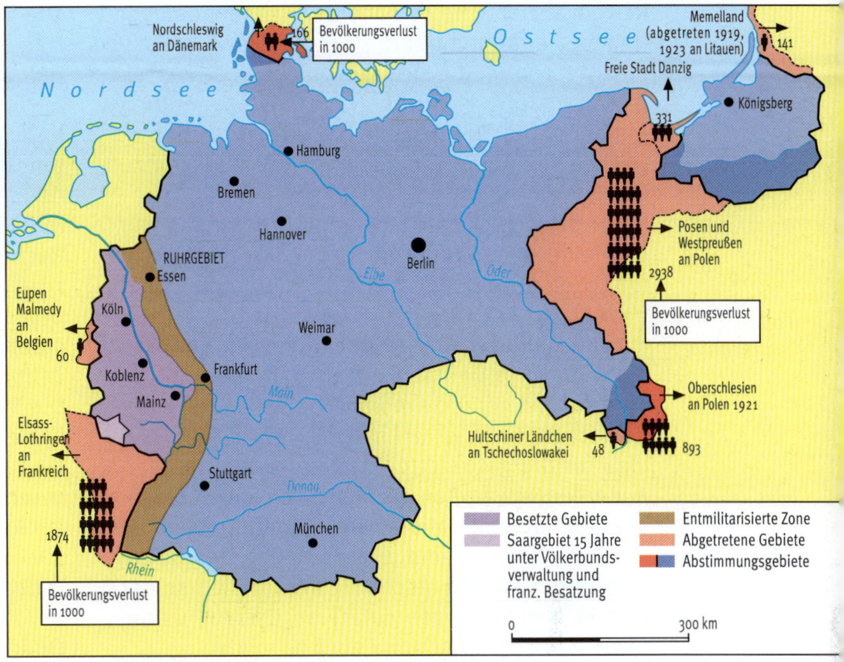

Deutschland nach dem Versailler Vertrag.
► *Arbeiten Sie die Ergebnisse des Vertrags heraus und diskutieren Sie, welche Festlegungen für die deutsche Bevölkerung besonders schwer zu akzeptieren waren.*

Wichtige Bestimmungen des Vertrags

Am 7. Mai 1919 wurde der deutschen Delegation das fertige Vertragswerk mit seinen insgesamt 440 Artikeln, darunter den Artikeln der Völkerbundssatzung, vorgelegt.
Deutschland verlor durch Abtretungen Grenzgebiete von über 70 000 km² (13 % des Staatsgebietes) sowie rund 6,6 Millionen Menschen (10 % der Bevölkerung). Natürlich musste es das 1871 annektierte Elsass-Lothringen wieder an Frankreich zurückgeben. Den größten Anteil bekam allerdings Polen. Es erhielt fast ganz Posen und Westpreußen, Teile Hinterpommerns und Ostpreußens. In Oberschlesien, das ursprünglich ganz an Polen fallen sollte, wurde 1921 eine Volksabstimmung durchgeführt. Obwohl sich knapp 60 % der Oberschlesier für den Verbleib bei Deutschland und gut 40% für die Angliederung an Polen entschieden, teilte der Völkerbund Oberschlesien und sprach den territorial zwar kleineren, aber industriell bedeutenderen Teil Polen zu.
Das kohlenreiche Saarland wurde für 15 Jahre unter die Verwaltung des Völkerbundes gestellt, ehe eine Volksabstimmung über die künftige Staatszugehörigkeit entscheiden sollte. Die Gebietsverluste schwächten Deutschlands Wirtschaft erheblich. Rund 20 % des Bergbaus und der Eisenindustrie und 15 % der landwirtschaftlichen Erzeugung gingen verloren.
Neben den territorialen Fragen war der Komplex der *Reparationsforderungen* hart umstritten. Da sich die Alliierten nicht über die Leistungsfähigkeit der deutschen Wirtschaft einigen konnten, setzten sie eine *Reparationskommission* ein, die nach gründlicher Prüfung bis Mai 1921 die Höhe der Wiedergutmachung festlegen sollte. Bis zu diesem Zeitpunkt wurde eine vorläufige Zahlung von 20 Milliarden Goldmark beschlossen.
Im militärischen Bereich musste das gesamte Kriegsmaterial zerstört oder ausgeliefert werden. Der Besitz schwerer Waffen wurde verboten, ebenso die allgemeine Wehrpflicht. Deutschland durfte nur ein Berufsheer von 100 000 Mann (zusätzlich 15 000 Mann Marine) haben.

„Diktatfrieden“?

Die Bestimmungen des Friedensvertrages lösten in der deutschen Öffentlichkeit, in der man auf einen milden „Wilson-Frieden“[1] gehofft hatte, Empörung und Proteststürme aus. Vor allem der Artikel 231 des Vertragswerkes, der sogenannte *Kriegsschuldartikel*, wurde in Deutschland als moralische Ächtung des ganzen Volkes empfunden. Hier hatte die emotionalisierende Wirkung des gesamten Vertrages ihre tief greifende Ursache, denn nach wie vor glaubte die Bevölkerung an die Einkreisung durch neidische Mächte und an die erzwungene Reaktion des Reiches im Jahr 1914.

[1] *Der amerikanische Präsident Woodrow Wilson hatte am 8. Januar 1918 einen „14 Punkte“-Plan vorgelegt, in dem er seine Vorstellungen von den Grundlagen einer zukünftigen Friedensordnung in Europa formulierte. Diese sollte auf dem Selbstbestimmungsrecht der Völker und dem Autonomie- und Nationalitätenprinzip basieren.*

Reichskanzler Scheidemann bezeichnete den Vertrag als unannehmbar: „Welche Hand müsste nicht verdorren, die sich und uns in diese Fesseln legt?“, erklärte er vor der Nationalversammlung. Als die deutschen Einsprüche erfolglos blieben, trat die Regierung Scheidemann geschlossen zurück.

Unter dem Druck eines alliierten Ultimatums wurde die neue Regierung von der Nationalversammlung beauftragt, den Vertrag zu unterzeichnen (➔ M2).

Für die Alliierten besaß der Kriegsschuldartikel nicht diese in Deutschland so vehement in den Vordergrund gerückte moralische Kategorie. Er bedeutete für sie in erster Linie die juristische Grundlage für die geforderten Reparationszahlungen. Außerdem erwarteten die Menschen in den Siegerstaaten, die ebenfalls schwere Opfer auf sich genommen hatten, eine angemessene Bestrafung des Gegners und Entschädigung für sich selbst. Vor allem in den Augen vieler Franzosen behandelte der Vertrag Deutschland noch zu milde.

In der neueren deutschen Geschichtsforschung wird der Versailler Vertrag überwiegend als moderat eingestuft, da er das Deutsche Reich als Nationalstaat bestehen ließ und der deutschen Außenpolitik Revisionschancen bot (➔ M3).

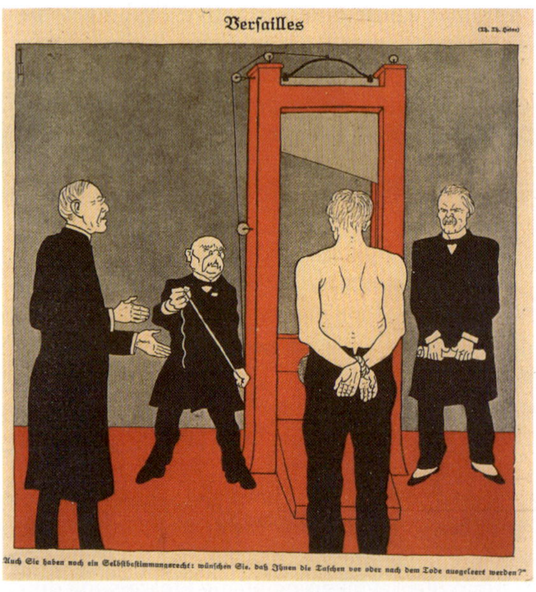

„Auch Sie haben noch ein Selbstbestimmungsrecht: Wünschen Sie, dass Ihnen die Taschen vor oder nach dem Tode ausgeleert werden?“
Karikatur von Thomas Theodor Heine aus dem „Simplicissimus“ vom 3. Juni 1919.

► *Erläutern Sie, welche Rollen die dargestellten Personen (v. l.: Lloyd George, Clemenceau, Wilson) einnehmen.*

► *Beschreiben Sie die Stimmung der deutschen Bevölkerung, die ausgedrückt werden soll.*

Die Dolchstoßlegende

Den Politikern, die sich unter dem Druck der Verhältnisse bereit erklärt hatten, die Unterschrift zu leisten, gestanden anfänglich alle Parteien ehrenhafte Motive zu. Doch schon bald hetzten die rechten Gruppen gegen die *„Erfüllungspolitiker“*, denen sie „Verrat an Deutschland“ vorwarfen.

In ihrer Ablehnung des Vertrages fühlte sich die Rechte bestärkt, als Hindenburg im November 1919 vor einem Untersuchungsausschuss, der die Ursachen der Niederlage klären sollte, die Dolchstoßlegende, die schon ein Jahr zuvor vereinzelt in Zeitungen aufgetaucht war, wieder ins Leben rief: Die Heimat sei dem „im Felde unbesiegten Heer“ in den Rücken gefallen, die Revolution und die sie tragenden Kräfte, die „Novemberverbrecher“, seien verantwortlich für die Niederlage und das „Schanddiktat“, nicht die militärische Führung. „Heerlos! Wehrlos! Ehrlos!“ wurde zur Kampfparole der deutschen Rechten gegen die Republik.

Diskussion über die Kriegsschuldfrage

Die Mehrzahl der deutschen Historiker fühlte sich verpflichtet, die Alleinschuld Deutschlands für den Ausbruch des Ersten Weltkrieges zu widerlegen. Bei einem deutsch-französischen Historikertreffen 1951 einigte man sich auf die von Lloyd George geprägte Formel, dass die Staatsmänner Europas unbeabsichtigt in den Krieg „hineingeschlittert“ seien. *Fritz Fischers* 1961 erschienenes Buch „Griff nach der Weltmacht“[1] löste in Deutschland eine kontroverse Diskussion aus, da er in seinem Werk die These aufstellte, dass die deutsche Führung planmäßig auf den Krieg hingearbeitet habe mit dem Ziel einer „Hegemonie Deutschlands über Europa“.

Wenn auch die Aussagen Fischers bis heute heftig umstritten sind, so führten sie doch zu einer kritischeren Auseinandersetzung mit der Politik des Kaiserreichs im Sommer 1914.

Die ungeliebte Republik

Friedensvertrag und Verfassung brachten der ersten deutschen Republik nicht die erhoffte innenpolitische Beruhigung. Extreme Linke und Rechte strebten nicht nach Regierungsverantwortung innerhalb der vorgegebenen Verfassungsordnung, sondern bekämpften mit allen Mitteln den Parlamentarismus.

Viele Deutsche, die dem pompös-militaristischen Auftreten der Führungsschichten des Kaiserreiches nachtrauerten, akzeptierten die neue Staatsform nicht. Wegen des Mangels an qualifizierten Fachleuten unterblieb eine umfassende Demokra-

---

[1] *Fritz Fischer, Griff nach der Weltmacht. Die Kriegszielpolitik des kaiserlichen Deutschland 1914/18, Düsseldorf ^{4}1971*

tisierung der Bürokratie. Der alte obrigkeitsstaatliche Justiz- und Verwaltungsapparat aus dem Kaiserreich wurde ohne nennenswerte personelle Veränderungen übernommen. In ihrer großen Mehrzahl blieben die Beamten konservativ-monarchisch gesinnt.

Nach der Unterzeichnung des Versailler Friedensvertrages und dem Beginn der Reparationszahlungen häuften sich Attentate radikaler Rechter auf die „Erfüllungspolitiker". Mord wurde zum Mittel der politischen Auseinandersetzung. Illegale Nachfolgeorganisationen der seit 1920 verbotenen Freikorps agierten unter Tarnnamen weiter. Am berüchtigsten war die *Organisation Consul (OC)* (→ M4). Das national gesinnte Bürgertum brachte den brutalen Ausschreitungen häufig sogar Verständnis entgegen und verhalf Attentätern zur Flucht (→ M5).

Am 26.8.1921 ermordeten Angehörige der OC *Matthias Erzberger*, den ehemaligen Reichsfinanzminister und Unterzeichner des Waffenstillstandsabkommens von 1918. Als am 24. Juni 1922 der amtierende Außenminister *Walther Rathenau* Opfer eines Anschlages wurde, sollte mit einem „Gesetz zum Schutz der Republik" dem Treiben der Terrorgruppen wirksam Einhalt geboten werden. Die erhoffte Wirkung blieb jedoch aus, da die Justizbehörden Mordanschläge von links und rechts nicht gleichermaßen verfolgten. Viele Urteile konnten geradezu als Verhöhnung der Republik aufgefasst werden (→ M6).

Der Kapp-Lüttwitz-Putsch und die Rolle der Reichswehr

Die Regierung hatte den an den Ostgrenzen des Reiches kämpfenden Freikorps die Übernahme in die Reichswehr zugesagt. Dieses Versprechen konnte wegen der durch den Versailler Vertrag verfügten Truppenreduzierung nicht gehalten werden; Freikorpssoldaten und ihre Offiziere fühlten sich betrogen. Eine rechtsextreme Gruppe um General Ludendorff und *Wolfgang Kapp* sammelte unzufriedene Soldaten hinter sich.

Als eine in der Nähe Berlins stationierte, etwa 5000 Mann starke Marinebrigade aufgelöst werden sollte, widersetzte sich der zuständige *General von Lüttwitz* diesem Befehl und wurde entlassen. Daraufhin marschierte er am 13. März 1920 mit seinen Truppen nach Berlin und besetzte ohne Gegenwehr das Regierungsviertel.

General Hans von Seeckt war von 1920 bis 1926 Chef der Heeresleitung und prägte den „Geist der Armee". Er arrangierte sich mit der Republik, auch wenn er die neue Staatsform innerlich nicht akzeptierte. Der Fotoausschnitt zeigt von Seeckt in Erwartung einer Ehrenkompanie anlässlich seines 70. Geburtstages im Jahr 1936.

Letztendlich scheiterte der Putsch, weil sich die Ministerialbürokratie den Anordnungen des selbst ernannten „Reichskanzlers" Kapp widersetzte und die Gewerkschaften den Generalstreik ausriefen. Der Putsch hatte in der Arbeiterschaft eine ungeheuere Erregung hervorgerufen, die sich in Streiks und in der Bildung von Selbstschutzeinheiten niederschlug. Im Ruhrgebiet formierten KPD und USPD eine „Rote Armee" von ungefähr 50 000 Mann, die sich bis Mai mit Regierungstruppen und Freikorpsverbänden blutige Kämpfe lieferte.

Die meisten Reichswehrkommandeure standen zwar dem Putsch ablehnend gegenüber, weigerten sich allerdings, die Armee einzusetzen. Angeblich wollten sie verhindern, dass Reichswehreinheiten aufeinander schießen müssten. In aller Deutlichkeit zeigte sich, wie reserviert die Armee der Republik gegenüberstand. Bisher war die Reichswehr ausschließlich gegen Putschversuche von links zum Einsatz gekommen und hatte sich dabei mit aller Härte durchgesetzt. Jetzt, da die Republik zum ersten Mal von rechts bedroht war, trat die Reichswehr nicht für ihren Schutz ein.

Die Zukunft der Armee lag in der Hand von Männern, die der alten Ordnung anhingen und deren vorrangiges Ziel es war, die Reichswehr als „Staat im Staate" aufzubauen. Forderungen nach einer stärkeren parlamentarischen Kontrolle lehnten sie als Versuch einer unzulässigen Politisierung ab (→ M7).

M1 Wie soll man mit Deutschland umgehen?

David Lloyd George (1863–1945), der von 1916 bis 1922 englischer Premierminister ist, äußert sich in einer Denkschrift, dem sogenannten Fontainebleau-Memorandum vom März 1919, zu der Behandlung Deutschlands durch die Alliierten:

Man mag Deutschland seiner Kolonien berauben, seine Rüstung auf eine bloße Polizeitruppe und seine Flotte auf eine Stärke einer Macht fünften Ranges herabdrücken; dennoch wird Deutschland zuletzt, wenn es das Gefühl hat, dass es im Frieden von 1919 ungerecht behandelt worden ist, Mittel finden, um seine Überwinder zur Rückerstattung zu zwingen. [...] Die Erhaltung des Friedens wird davon abhängen, dass es keine Ursachen der Erbitterung gibt, von denen der Geist des Patriotismus, der Gerechtigkeit, der Ehrlichkeit im Völkerspiel aufgestachelt wird. [...]

Wenn Deutschland zu den Spartakisten überläuft, ist es unausbleiblich, dass Deutschland sich mit den russischen Bolschewisten zusammentut. Tritt das ein, so wird ganz Osteuropa in den Kreis der bolschewistischen Revolution verschlungen [...]. Ich würde deshalb in den Vordergrund des Friedens die Versicherung stellen, dass wir Deutschland, sobald es unsere Bedingungen, besonders den Schadensersatz, annimmt, die Rohstoffe und die Märkte der Welt zu den gleichen Bedingungen, wie sie für uns selbst gelten, öffnen und alles Mögliche tun wollen, um dem deutschen Volk zu helfen, dass es wieder auf seine Füße kommt. Wir können nicht zugleich Deutschland verkrüppeln und erwarten, dass es uns bezahlt. Schließlich müssen wir Bedingungen anbieten, die eine verantwortliche Regierung in Deutschland sich zutrauen kann auszuführen. [...]

Klaus Schwabe (Hrsg.), Quellen zum Friedensschluss von Versailles, Darmstadt 1997, S. 156–162

1. *Erläutern Sie die Argumentation Lloyd George's für einen „gerechten" Vertrag mit Deutschland.*
2. *Formulieren Sie mögliche Einwände des französischen Ministerpräsidenten Clemenceau gegen Lloyd George's Ausführungen.*

M2 Zeitgenössische Stimme zum Versailler Friedensvertrag

SPD-Reichskanzler Gustav Bauer (1870–1944), der Nachfolger Scheidemanns, fordert am 23. Juni 1919, wenige Stunden vor Ablauf des alliierten Ultimatums, die Nationalversammlung auf, den Friedensvertrag unterzeichnen zu lassen:

Die Entente [...] will uns das Schuldbekenntnis auf die Zungen zwingen, sie will uns zu Häschern unserer angeschuldeten Landsleute[1] machen; es soll uns nichts, gar nichts erspart bleiben. Zur Verknechtung wollen uns die Feinde auch noch die Verachtung aufbürden!

[...] Unsere Hoffnung, mit dem einzigen Vorbehalt einer Ehrenbewahrung bei unseren Gegnern durchzudringen, war nicht sehr groß. Aber wenn sie auch noch geringer gewesen wäre: Der Versuch musste gemacht werden. Jetzt, wo er misslungen, an dem sträflichen Übermut der Entente gescheitert ist, kann und muss die ganze Welt sehen: Hier wird ein besiegtes Volk an Leib und Seele vergewaltigt wie kein Volk je zuvor. [...] Unterschreiben wir! Das ist der Vorschlag, den ich Ihnen, im Namen des gesamten Kabinetts, machen muss. Bedingungslos unterzeichnen! Ich will nichts beschönigen.

Die Gründe, die uns zu diesem Vorschlag zwingen, sind dieselben wie gestern. Nur trennt uns jetzt eine Frist von knappen vier Stunden von der Wiederaufnahme der Feindseligkeiten. Einen neuen Krieg könnten wir nicht verantworten, selbst wenn wir Waffen hätten. Wir sind wehrlos. Wehrlos ist aber nicht ehrlos! Gewiss, die Gegner wollen uns an die Ehre; daran ist kein Zweifel. Aber, dass dieser Versuch der Ehrabschneidung einmal auf die Urheber selbst zurückfallen wird, dass es nicht unsere Ehre ist, die bei dieser Welttragödie zugrunde geht, das ist mein Glaube bis zum letzten Atemzug.

Wolfgang Elben, Die Weimarer Republik, Frankfurt/Main ^{6}1975, S. 40 f.

1. *Diskutieren Sie, warum Reichskanzler Bauer die Annahme des Vertrags empfahl, obwohl er einige Bestimmungen als unannehmbar bezeichnete.*
2. *Entwerfen Sie eine kurze Rede aus der Perspektive eines Gegners des Vertrages.*

[1] *Neben der Anerkennung der Kriegsschuld verlangten die Alliierten in den Artikeln 227 und 228 die Auslieferung des Kaisers und weiterer Personen, die gegen das Kriegsrecht verstoßen haben sollen, um sie vor ein alliiertes Militärgericht zu stellen.*

M3 Chancen für den Frieden?

Der Historiker Peter Longerich (geb. 1955) geht auf die Chancen ein, die der Friedensvertrag der deutschen Politik bot:

Positiv zu verbuchen war, dass trotz erheblicher Gebietsverluste die Reichseinheit erhalten geblieben war, was nach der verheerenden Niederlage keineswegs als selbstverständlich hatte angenommen werden können. Zweitens stand Deutschland nicht mehr der geschlossenen Front der Kriegsgegner gegenüber: Im Gegenteil ergab sich die Chance, die tiefen Gegensätze, die nach der bolschewistischen Revolution zwischen Russland und den westlichen Siegermächten herrschten, zugunsten der deutschen Politik zu nutzen; und nach der Ablehnung der Ratifizierung des Versailler Vertrages durch das amerikanische Repräsentantenhaus und dem Abschluss eines deutsch-amerikanischen Friedensvertrages 1921 spielten die USA eher die Rolle eines Mittlers denn eines Siegers. Drittens eröffneten sich für die deutsche Außenpolitik vielfältige Möglichkeiten, gegenüber dem von Finnland bis Jugoslawien reichenden Gürtel kleiner, neu geschaffener Staaten eine Führungsrolle zu übernehmen. Viertens sprach der Zeitfaktor für eine allmähliche Lockerung der harten und diskriminierenden Friedensbestimmungen, etwa hinsichtlich der Bewaffnung und der Reparationen. Die mittel- und langfristigen Perspektiven der deutschen Politik sahen demnach keineswegs nur düster aus – vor allem wenn man sie mit der Sackgasse verglich, in die die wilheminische „Weltpolitik" 1914 geführt hatte. Eine solche Betrachtungsweise lag aber außerhalb der seinerzeit vorherrschenden nationalistischen Selbsttäuschung.

Peter Longerich, Deutschland 1918–1933. Die Weimarer Republik, Hannover 1995, S. 100

1. *Nennen Sie die Gründe dafür, warum es in Deutschland keine Mehrheit gab, die den Friedensvertrag positiv sehen wollte.*
2. *Erläutern Sie die Chancen, die der Vertrag nach Ansicht des Autors den Deutschen bot.*

M4 Auszüge aus den Statuten der Geheimorganisation Consul, 1921

a) Geistige Ziele:

Weiterpflege und Verbreitung des nationalen Gedankens, Bekämpfung des Judentums, der Sozialdemokratie und der linksradikalen Parteien, Bekämpfung der antinationalen Verfassung in Wort und Schrift, Aufklärung weiter Kreise über diese Verfassung, Unterstützung einer für Deutschland allein möglichen Verfassung auf föderalistischer Grundlage.

b) Materielle Ziele:

Sammlung von entschlossenen, nationalen Männern zu dem Zwecke, die vollständige Revolutionierung Deutschlands zu verhindern, bei großen inneren Unruhen deren völlige Niederwerfung zu erzwingen und durch Einsetzung einer nationalen Regierung die Wiederkehr der heutigen Verhältnisse unmöglich zu machen und dem Volke eine Wehrmacht und die Bewaffnung so weit wie möglich zu erhalten.

Die Organisation ist eine Geheimorganisation [...]. Die Mitglieder verpflichten sich, ein Machtfaktor zu sein, um geschlossen als starke Einheit dazustehen, wenn die Not, die Ehre unseres Vaterlandes und die Erreichung unserer Ziele es erfordern. Jeder verpflichtet sich zu unbedingtem Gehorsam gegenüber der Leitung der Organisation. Juden, überhaupt jeder fremdrassige Mann, sind von der Aufnahme in der Organisation ausgeschlossen. [...]

Zit. nach: Herbert Michaelis/Ernst Schraepler (Hrsg.), Ursachen und Folgen: vom deutschen Zusammenbruch 1918 und 1945 bis zur staatlichen Neuordnung Deutschlands in der Gegenwart, Bd. 7, München 1962, S. 406 f.

1. *Erörtern Sie die Ziele der OC unter rechtsstaatlichen Gesichtspunkten.*
2. *Arbeiten Sie heraus, wie sich die OC den Aufbau einer „für Deutschland allein möglichen Verfassung" vorstellt.*

M5 Mordhetze gegen demokratische Politiker

Die Hasstiraden von rechts und links gegen demokratische Politiker nehmen zwischen 1919 und 1922 Besorgnis erregende Formen an. In rechtsradikalen, deutsch-völkischen Kreisen wird eine Unmenge Verse folgender Art kolportiert:

„[...]
Auch Rathenau, der Walther,
Erreicht kein hohes Alter.
[...]
Haut immer feste auf den Wirth[1],
Haut seinen Schädel, dass es klirrt.
Knallt ab den Walther Rathenau,
Die gottverfluchte Judensau!"

Paul Frölich, Wider den weißen Mord, Berlin-Leipzig ²1922, S. 1

1. *Nennen Sie die tieferen Gründe für die maßlose Hetze der Rechten gegen die demokratischen Politiker.*
2. *Bewerten Sie die Sprache dieses Aufrufs.*

[1] Karl Joseph Wirth (1879–1956): Politiker der Zentrumspartei, von 1921–1922 Reichskanzler

M6 Die Sühne der politischen Morde 1918–1922

	Politische Morde von Linksstehenden	begangen von Rechtsstehenden	Gesamtzahl
Gesamtzahl der Morde	22	354	376
- davon ungesühnt	4	326	330
- teilweise gesühnt	1	27	28
- gesühnt	17	1	18
Zahl der Verurteilten	38	24	62
Geständige Täter freigesprochen	-	23	23

Emil Julius Gumbel, Vier Jahre politischer Mord, Berlin 1924, S. 81

1. *Bestimmen Sie den politischen Standort der Weimarer Justiz.*
2. *Überlegen Sie, welche Einstellung der Justiz gegenüber der Republik durch die Urteile deutlich wird.*

Karikatur von Gerhard Holler aus der Beilage zum Berliner Tageblatt „Ulk", 1927.
Die Bildunterschrift zu den linksgerichteten Angeklagten lautet:
„Ich werde die Republik vor Ihnen zu schützen wissen!"
Die rechten Uniformierten werden angesprochen mit „Ich werde Sie vor der Republik zu schützen wissen!"

M7 Die Reichswehr – ein „Staat im Staate"?

Am 26. Mai 1925 kommentiert der SPD-Abgeordnete Daniel Stücklen (1869–1945) im Reichstag die Entwicklung der Reichswehr:

Wir haben heute ein Heer der Republik, das, wie ich feststellen will, diesem Staate dient, dessen Leitung erklärt, wir stehen auf dem Boden der Verfassung; aber das schließt natürlich nicht aus, dass wir, wenn die Verfassung geändert, ein anderes Staatswesen aufgezogen wird, dann auch dem neuen Staatswesen dienen.

Es sind aber [...] recht deutliche Anzeichen dafür vorhanden, dass die Entwicklung der Reichswehr dahin geht, eine Art Staat im Staate zu werden. Das war das, was früher bei den Verhandlungen über die Reichswehr im Hauptausschuss und im Plenum dieses Hauses immer wieder betont wurde, eine gewisse Abgeschlossenheit, ein Korpsgeist, der zur Abgeschlossenheit führen musste und letzten Endes bewirkte, dass die alte Armee wirklich ein Staat im Staate war, mit einem eigenen Ehrbegriff, ihrem eigenen Strafkodex, mit einem Wort eine Menge Einrichtungen, die von den Einrichtungen der zivilen Bevölkerung losgelöst waren. Im Hauptausschuss wurde darauf hingewiesen, dass die Anzeichen für eine solche Entwicklung abermals vorhanden seien. Die Gefahr ist umso größer, als früher der Soldat nur zwei Jahre diente und nach zwei Jahren in die Massen des Volkes zurücktrat, aus denen er gekommen war. Heute dient der Reichswehrsoldat zwölf Jahre[1]. Zwölf Jahre verlebt er in einer ganz anderen Umwelt. Er ist ganz anderen Einflüssen und Eindrücken preisgegeben; das führt letzten Endes dazu, dass eine gewisse Entfremdung nicht vermieden werden kann.

Wolfgang Michalka und Gottfried Niedhard (Hrsg.), Die ungeliebte Republik. Dokumente zur Innen- und Außenpolitik Weimars 1918–1933, München 1992, S. 220

1. *Erläutern Sie den Begriff „Staat im Staate".*
2. *Informieren Sie sich darüber, wie bei der Gründung der Bundeswehr nach dem Zweiten Weltkrieg den von Stücklen angesprochenen Problemen begegnet wurde.*

[1] *Die Armee der Weimarer Republik war eine reine Berufsarmee.*

8.4 Das Krisenjahr 1923 – die Republik behauptet sich gegen äußere und innere Feinde

Französischer Posten bewacht einen für Frankreich bestimmten Kohletransport.

„Deutschlands Kinder hungern." Zeichnung von Käthe Kollwitz (Ausschnitt).

11.1.1923	Frankreich und Belgien besetzen das Ruhrgebiet als Pfand für unerfüllte Reparationszahlungen
August–November 1923	Separatistische Bewegungen im Rheinland und in der Pfalz scheitern; Reichsexekutionen gegen Sachsen und Thüringen
8./9.11.1923	Der Hitler-Putsch wird in München von der Polizei niedergeschlagen
November 1923	Höhepunkt der Inflation: ein Dollar entspricht 4,2 Billionen Mark

Die Inflation – ein Erbe des Krieges

Der Weltkrieg hatte das Deutsche Reich gewaltige Summen gekostet, die aus dem Staatshaushalt nicht aufgebracht werden konnten. Steuererhöhungen wollte die Regierung während des Krieges nicht vornehmen. Deshalb finanzierte sie die Militärausgaben durch verzinste Anleihen bei der Bevölkerung und eine enorme Papiergeldvermehrung (von 2 Milliarden Reichsmark im Jahr 1913 auf 45 Milliarden im Jahr 1919). Allerdings hielt die Güterproduktion mit der Geldmengenvermehrung nicht Schritt. Das Ergebnis war ein rasches Ansteigen der Preise und ein Wertverlust der Mark, also eine *Inflation*.

Als Folge dieser Wirtschaftspolitik musste die junge Republik eine völlig zerrüttete Währung mit 154 Milliarden Mark Staatsschulden übernehmen. Obwohl die Währung nur durch drastische Maßnahmen zu sanieren gewesen wäre, führten auch nach dem Krieg die Weimarer Regierungen die Inflationspolitik fort und glichen bis 1923 das Haushaltsdefizit durch weitere Erhöhungen der Papiergeldmenge aus.

Neuere Untersuchen bezeichnen diese Politik als das „kleinere Übel" im Vergleich zu möglichen Auswirkungen einer deflationären[1] Haushaltspolitik. Zumindest blieb Deutschland von der internationalen *Wirtschaftskrise* der Jahre 1920/21 weitgehend verschont.

Ein weiterer Grund für die Zurückhaltung der Reichsregierung bei der Bekämpfung der Inflation waren die hohen Reparationszahlungen. Mithilfe der Inflation wollte man die Forderungen der Alliierten unterlaufen, die sich 1921 auf die Summe von 226 Milliarden Goldmark geeinigt hatten. Auf einen Protest der deutschen Delegation hin senkte man zwar die Schadenssumme auf 132 Milliarden Goldmark, drohte aber bei Zahlungsverweigerung mit der Besetzung des gesamten Ruhrgebietes als Pfand (*Londoner Ultimatum* vom 5. Mai 1921).

Deutschland ging in der Folgezeit bis an die Grenzen seiner wirtschaftlichen Leistungsfähigkeit, um gerade dadurch die Unerfüllbarkeit der Forderungen deutlich zu machen. Diese von den Rechtsparteien heftig bekämpfte „Erfüllungspolitik" scheiterte jedoch am französischen Ministerpräsidenten *Raymond Poincaré*, der die Reparationsfrage dazu benutzen wollte, das Ruhrgebiet unter seine Kontrolle zu bringen.

Schießscheibe zur Ruhrbesetzung, 1923.

▶ *Beschreiben Sie die Darstellung des Franzosen. Was soll seine Gestaltung zum Ausdruck bringen? In welcher Situation sieht der Maler Deutschland?*

▶ *Diskutieren Sie die Wirkung dieses Bildes in der deutschen Öffentlichkeit.*

Der Ruhrkampf und seine Folgen

Im Dezember 1922 befand sich Deutschland mit den Lieferungen bei Holz und Kohle im Rückstand. Poincaré nutzte das als Vorwand, um am 11. Januar 1923 60 000 französische und belgische Soldaten ins Ruhrgebiet einmarschieren zu lassen. Französische Beamte und Ingenieure sollten fortan die deutsche Kohle- und Stahlproduktion kontrollieren und die strikte Einhaltung der Lieferungsverpflichtungen überwachen.

Die Reichsregierung ließ alle Reparationslieferungen sofort einstellen und rief die Bevölkerung zum passiven Widerstand gegen die Besatzungsbehörden auf. Doch schon bald erschöpfte sich die Leistungsfähigkeit Deutschlands: Im September 1923 kostete der Ruhrkampf das Reich täglich 40 Millionen Goldmark. Die Staatsverschuldung erreichte eine neue Rekordhöhe. Wie schon im Krieg mussten wieder die Notenpressen das Defizit im Reichshaushalt ausgleichen. Im November dieses Jahres notierte man 4,2 Billionen Mark für einen Dollar. Löhne und Gehälter wurden wegen des rapiden Wertverfalls des Geldes wöchentlich, oft sogar täglich ausbezahlt. Das Geld hatte seine Funktion als Wertmesser verloren (➔ M1).

Am 26. September brach die Reichsregierung den passiven Widerstand im Ruhrgebiet ab. Um die Inflation zu beenden, griff man Ende November zu einer währungspolitischen Maßnahme: Der Wechselkurs zwischen Mark und Dollar wurde neu festgelegt (1 Dollar = 4,20 Mark), und statt durch Goldreserven der Reichsbank wurde die Rentenmark durch eine Hypothek auf Grundbesitz und industrielle Sachwerte gedeckt. Bereits Anfang 1924 war die Inflation weitgehend überwunden und man konnte zur ursprünglichen Bindung der Mark an die Gold- und Devisenbestände zurückkehren (Goldmark).

Kinder mit Flugdrachen aus wertlos gewordenen Banknoten. Foto von 1923.

[1] *Deflation: das Gegenteil von Inflation, also Verminderung der Geldumlaufmenge und Steigerung des Geldwertes*

Die Hyperinflation und die Währungsreform von 1923 blieben bei vielen Menschen als traumatisches Erlebnis in Erinnerung. Weite Teile des Mittelstandes, kleine Unternehmer, Handwerker, Händler, Beamte, Angestellte und Rentner hatten ihre Ersparnisse verloren. Sie fühlten sich von der Republik betrogen und waren deswegen anfällig für radikale Parolen, die ihnen Rettung vor dem Absinken ins Proletariat versprachen.

Separatistische Bewegungen bedrohen das Reich

Die wirtschaftlichen Schwierigkeiten, die der Ruhrkampf heraufbeschworen hatte, ließen die schon seit 1919 schwelenden separatistischen Bewegungen erneut aufflammen. Von der Regierung in Paris wurden diese Aktivitäten unterstützt, weil sie sich davon den schon lange gewünschten rheinischen „Pufferstaat" erhoffte. In den Monaten August bis November 1923 besetzten bewaffnete separatistische Gruppen die Rathäuser vieler Großstädte im Rheinland und in der Pfalz und riefen die „Rheinische Republik" bzw. die „Autonome Pfalz" aus. Die Mehrheit der Bevölkerung lehnte diese Bewegung jedoch ab und vertrieb die Separatisten wieder aus den Rathäusern.

Eine deutsche Oktoberrevolution?

In Sachsen und Thüringen traten im Oktober 1923 kommunistische Minister in die SPD-Landesregierungen ein. Auf Weisung der kommunistischen Führung in Moskau begannen die Vertreter der KPD, die Bewaffnung der Arbeiter zu organisieren und diese auf eine deutsche Oktoberrevolution vorzubereiten (russische Oktoberrevolution, s. S. 263). Als der sächsische Ministerpräsident Zeigner dem Ultimatum der Reichsregierung, die „Proletarischen Hundertschaften" aufzulösen und die kommunistischen Minister zu entlassen, da sie zum bewaffneten Aufruhr im Reich aufgerufen hatten, nicht folgte, verhängte Berlin unter Anwendung des Artikels 48 die Reichsexekution und ließ Reichswehreinheiten einmarschieren. Zeigner wurde seines Amtes enthoben. In Thüringen traten daraufhin die kommunistischen Minister zurück.

Der Hitler-Putsch in München

In Bayern hatte eine große Zahl vaterländischer Verbände das Land zu einem Sammelbecken der rechten Kräfte in Deutschland gemacht. Eine der auffälligsten Gruppen war die *Nationalsozialistische Deutsche Arbeiterpartei (NSDAP)* unter ihrem Vorsitzenden *Adolf Hitler* (1889–1945). Mit gehässigen Reden gegen die Republik und maßloser Hetze gegen die Juden machte Hitler die NSDAP

Der Putsch wird vorbereitet. Angehörige der SA[1] aus Freising treffen in München ein. Foto von 1923. Transportmittel ist der Lastwagen einer Brauerei.

bald über München hinaus bekannt (→ M2). Hitler wollte den Ruhrkampf und die Unruhen in Sachsen und Thüringen nutzen, um nach dem Vorbild *Mussolinis* (1922 „Marsch nach Rom", s. S. 320) den „Marsch nach Berlin" durchzuführen.
Bei einer Versammlung politischer Prominenz am 8. November im Bürgerbräukeller erklärte Hitler, der mit einem SA-Stoßtrupp erschienen war, den Ausbruch der „nationalen Revolution" und die Absetzung der Reichsregierung. Er versuchte, mit General Ludendorff durch einen Demonstrationszug zur Feldherrnhalle die Bevölkerung für seine Umsturzpläne zu gewinnen. Doch die Polizei stoppte den Zug mit Waffengewalt. Es gab Tote und Verwundete.
Den Verantwortlichen machte man vor dem Münchener Volksgerichtshof den Prozess. Der populäre Ludendorff wurde freigesprochen; Hitler erhielt fünf Jahre Festungshaft in Landsberg, wurde jedoch bereits nach neun Monaten wieder entlassen. Während der Haftzeit entstand der erste Teil seines Buches *„Mein Kampf"* (→ M3 und M4).

[1] *SA: „Sturmabteilung"; die seit 1921 aus Freiwilligen gebildete militärisch organisierte und uniformierte Kampf- und Schutztruppe der NSDAP*

M1 „Irgendwo explodiert die Geduld"

Artikel aus der Berliner Illustrierten Zeitung (26. 8. 1923):

Man hat nicht viel zuzusetzen. Das trommelt täglich auf die Nerven: der Zahlenwahnsinn, die ungewisse Zukunft, das über Nacht wieder fraglich gewordene Heute und Morgen. Epidemie der Angst, der nacktesten Not: dem Blick längst entwöhnt gewesene Käuferschlangen stehen wieder vor den Läden, erst vor einem, dann vor allen. Keine Krankheit ist so ansteckend wie diese. Die Anstehschlangen haben etwas Suggestives: der Blick dieser Frauen, ihre hastig angetanen Küchenkleider, ihre vergrämten, geduldigen Gesichter. Die Anstehschlangen sind immer wieder das gleiche Fanal: die Stadt, die große steinerne Stadt wird wieder einmal leergekauft. Reis, gestern noch das Pfund 80 000 Mark, kostet heute 160 000 Mark, morgen vielleicht das Doppelte, übermorgen zuckt der Mann hinterm Ladentisch die Achseln: „Reis ist alle." Also Nudeln! „Nudeln sind alle." Also Graupen, Grieß, Bohnen, Linsen, nur kaufen, kaufen, kaufen! [...]

Irgendwo explodiert die Geduld. Die Resignation zerreißt. [...] Man schluckt auch noch die bissige Bemerkung des Schlächters hinunter, dass alle Kühe Knochen haben müssen. Man zahlt und schwankt hinaus.

Aber dann, bei dem Butterfräulein, deren Gesicht immer spitzer, deren Redensarten immer spinöser werden, je voller ihr Laden ist – dieses nervöse Butterfräulein: Es erteilt Anstandsregeln, wie man sich als Kunde zu benehmen hat, es verkündet laut, dass Drängeln eine Frechheit ist, dass nicht alle durcheinanderschreien sollen. Sie könne sonst nicht ruhig abwiegen. – „Nu geben Sie mir endlich meine Butter!", schreit eine Frau. – „Ihre Butter? Das ist noch lange nicht Ihre Butter. Eh' Sie rankommen, ist Ihre Butter alle." – Und da schlägt als Antwort eine Schirmkrücke in die Glasglocke mit dem Kräuterkäse. Und der Schupo, der draußen Wache steht, zerrt eine schluchzende Frau aus dem Laden. Und es gibt einen Auflauf. Und es gibt ein Strafmandat.

Der Mensch von heute ist weder gut noch böse. Der Mensch von heute ist müde. Er ist satt von Ärger, krank von Aufregung, ein gehetztes Tier, das sein bisschen Verstand zusammenkratzen muss, um zu existieren.

Peter Longerich (Hrsg.), Die Erste Republik. Dokumente zur Geschichte des Weimarer Staates, München 1992, S. 169 f.

1. *Beschreiben Sie die Auswirkungen der Inflation auf den Alltag der Menschen.*
2. *Erörtern Sie mögliche soziale und politische Folgen der Inflation für die junge Republik.*

M2 „Heulender Derwisch"

Der Schriftsteller Carl Zuckmayer (1896–1977) besucht im Herbst 1923 eine der zahlreichen Versammlungen Hitlers:

An den Bräuhaus- und Bierhallen-Versammlungen Adolfs Hitlers habe ich in dieser Zeit öfters teilgenommen. Ich wollte Bescheid wissen.

Einmal gelang es mir, so nah an der Rednertribüne zu sitzen, dass ich den Speichel unter seinem Nasenschnauz vorspritzen sah. Für unsereinen war der Mann ein heulender Derwisch.

Aber er verstand es, jene dumpf im Virginia- und Würstl-Dunst zusammengedrängten Menschen aufzuputschen und mitzureißen; nicht durch Argumente, die bei den Hetzreden ja nie kontrollierbar sind, sondern durch den Fanatismus seines Auftretens, das Brüllen und Kreischen, mit biedermännischen Brusttönen gepaart, vor allem aber: durch das betäubende Hämmern der Wiederholungen, in einem bestimmten, ansteckenden Rhythmus. Das war gelernt und gekonnt und hatte eine furchterregende, barbarisch-primitive Wirksamkeit.

Ernst Deuerlein (Hrsg.), Der Aufstieg der NSDAP in Augenzeugenberichten, München 1980, S. 190

1. *Beschreiben Sie, wie es Hitler gelungen ist, die Zuhörer „mitzureißen".*
2. *Diskutieren Sie, ob es auch heute noch möglich wäre, Zuhörer durch diese Art des Vortrags für sich zu gewinnen.*

M3 Hitlers Auftritt vor dem Bayerischen Volksgerichtshof

Adolf Hitler (1889–1945) nutzt 1924 den Prozess wegen seines gescheiterten Putsches, um seine Gedanken einer breiten Öffentlichkeit vorzustellen:

Die Revolution gilt als Hochverrat. Hochverrat wird nur dann bestraft, wenn er misslingt. Hochverrat wird nicht bestraft, wenn er gelingt, wenn er dem Volk eine neue Verfassung bringt. Die Tat vom 8. und 9. November 1918 war nicht Hochverrat, sondern Landesverrat. Landesverrat kann niemals legalisiert werden. Wenn die Gefallenen aufstehen würden und man sie fragte, ob sie den Zustand anerkennen, so würden sie schreien: „Niemals". Für die neue Bewegung durfte es keine Versöhnung für die Tat des 8. und 9. November geben.

Für uns ist diese Tat ein gemeines Verbrechen, ein Dolchstoß gegen das Volk gewesen. Die nationalsozialistische Bewegung hat als ersten Grundsatz aufgenommen die Erkenntnis, dass die marxistische Bewegung bekämpft werden muss bis zu den letzten

Konsequenzen. Dass zweitens die Revolution als Ausfluss eines unerhörten Verbrechens niemals gültig sein kann. Die nationalsozialistische Bewegung hat drittens erkannt, dass das Problem heißt, das deutsche arbeitende Volk, die breite Masse wieder national zu machen. Dies konnte nicht geschehen durch eine negative Erziehung, sondern durch einen positiven Kampf gegen die Verderber. [...]
Ich trage die Verantwortung ganz allein, erkläre aber eines: Verbrecher bin ich deshalb nicht, und als Verbrecher fühle ich mich nicht. Ich kann mich nicht schuldig bekennen, aber ich bekenne mich zur Tat. Es gibt keinen Hochverrat gegen die Landesverräter von 1918.

Wolfgang Elben, Die Weimarer Republik, Frankfurt/Main [6]1975, S. 58 f.

1. *Erläutern Sie Hitlers Unterscheidung zwischen Hochverrat und Landesverrat und nehmen Sie dann Stellung zu seinen Gründen für den Putschversuch.*
2. *Diskutieren Sie, welchen Stellenwert die Revolution von 1918/19 für Hitler einnimmt.*

„Sie tragen die Buchstaben der Firma – aber wer trägt den Geist?!“ Karikatur von Thomas Theodor Heine aus dem „Simplicissimus“, 21. März 1927.
▶ Benennen Sie die gezeigten gesellschaftlichen Gruppen. Halten Sie die Auswahl für repräsentativ?
▶ Diskutieren Sie die Frage, ob eine Republik nur funktionieren kann, wenn die Bürger den gleichen „Geist“ tragen.

M4 „Nun geht das Krisenjahr zu Ende ...“

Lord Edgar Vincent d'Abernon (1857–1941) ist von 1920–1926 britischer Botschafter in Berlin. In seinen Aufzeichnungen vom 31.12.1923 geht er auf das zu Ende gegangene Jahr in Deutschland ein:

Nun geht das Krisenjahr zu Ende. Die inneren und äußeren Gefahren waren so groß, dass sie Deutschlands ganze Zukunft bedrohten. Eine bloße Aufzählung der Prüfungen, die das Land zu bestehen hatte, wird einen Begriff davon geben, wie schwer die Gefahr, wie ernst der Sturm war. [...]
In den zwölf Monaten vom Januar bis heute hat Deutschland die folgenden Gefahren überstanden:
die Ruhrinvasion;
den kommunistischen Aufstand in Sachsen und Thüringen;
den Hitler-Putsch in Bayern;
eine Wirtschaftskrise ohnegleichen;
die separatistische Bewegung im Rheinlande.
Jeder einzelne dieser Faktoren, falls er sich ausgewirkt hätte, würde eine grundlegende Veränderung entweder in der inneren Struktur des Landes oder in seinen Beziehungen nach außen herbeigeführt haben. Jeder dieser Gefahrenmomente, falls er nicht abgewendet worden wäre, hätte jede Hoffnung auf eine allgemeine Befriedung vernichtet. Politische Führer in Deutschland sind nicht gewohnt, dass ihnen die Öffentlichkeit Lorbeeren spendet, und doch haben diejenigen, die das Land durch diese Gefahren hindurchgesteuert haben, mehr Anerkennung verdient, als ihnen zuteil werden wird.

Viscount d'Abernon, Ein Botschafter der Zeitenwende. Memoiren, Bd. 2, Leipzig 1929, S. 337 f.

Diskutieren Sie, wie die von d'Abernon befürchteten Veränderungen der inneren Strukturen Deutschlands und der Beziehungen nach außen hätten aussehen können.

Methoden-Baustein: Plakate

Litfaßsäule in Berlin. Foto von 1919.
In der Zeit der Industrialisierung begann die Massenproduktion von Werbeplakaten.
Der Druckereibesitzer Ernst Litfaß (1816 – 1874) erkannte schnell die Chancen dieses neuen Mediums und erhielt 1854 in Berlin die Genehmigung, öffentliche Werbesäulen aufzustellen.

Aufgabe und Gestaltung von Plakaten

Um möglichst viele Menschen anzusprechen, werden Plakate überwiegend an zentralen, stark frequentierten Standorten in größeren Städten platziert. Ihr Ziel ist es, durch auffällige gestalterische Mittel zum Blickfang für den eilig vorbeihastenden Passanten zu werden und ihm eine meist suggestive und an das Unterbewusstsein gerichtete Botschaft zu vermitteln. Durch eine möglichst einfache und augenfällige Gestaltung wird die Kernaussage herausgestellt. Das gilt für Werbeplakate, die Waren und Dienstleistungen anpreisen, ebenso wie für politische Plakate.

Plakate in der Weimarer Republik

Den Höhepunkt ihrer Bedeutung erreichten die Plakate im Ersten Weltkrieg und insbesondere in der Weimarer Republik, da andere Medien noch nicht oder nur eingeschränkt zur Verfügung standen.
Politische Plakate (z. B. amtliche Bekanntmachungen der Regierung, Aufrufe und Appelle von Parteien und Republikgegnern), Plakate für Produktwerbung der Industrie und solche mit Hinweisen auf gesellschaftliche und kulturelle Veranstaltungen prägten in den 1920er-Jahren das Straßenbild Berlins und anderer Großstädte.

Hinweise zur Erschließung politischer Plakate

Die **Analyse** klärt zunächst folgende Aspekte:

- *Bildmotiv* (Gegenstände/Figuren, Einzelszenen, Symbole und Assoziationen, Übertreibungen, Widersprüche)
- *historischer Kontext* (z.B. Entstehungszeit, Grund der Veröffentlichung, politischer Standort des Künstlers und eventuell auch des Auftraggebers)
- *Gestaltungsmittel* (Schriftgröße und -typ, Verhältnis von Text und Bildelementen, Stilniveau, auffällige Stilmittel, farbliche Gestaltung, Einsatz von karikaturhaften Elementen)
- *Aufbau des Plakats* (Größe einzelner Bildelemente, Körperhaltung der dargestellten Personen, Perspektive, Verwendung von aussagekräftigen Texten)

Die **Interpretation** fragt nach der *Intention* und der *Wirkung* des Plakats und den *Adressaten*. (Für wen ist die Botschaft gedacht? Gegen wen richtet sie sich? Sollen Reaktionen Einzelner provoziert werden oder geht es um die Mobilisierung der Massen? Wie wird der Gegner dargestellt? Wird an jemand appelliert? Wird mit Lügen und Unterstellungen gearbeitet? Werden durch das Plakat positive oder negative Gefühle hervorgerufen? Wie hoch schätzen Sie die Wirkung des Plakats ein?)

Plakat zum Ruhrkampf 1923

Das Plakat wird von drei Personen nahezu vollständig ausgefüllt. Die Fördertürme der Kohlegruben im Hintergrund verweisen auf eine Bergbauregion – hier im Gesamtkontext auf das Ruhrgebiet.
In der Mitte steht ein Mann, der an seiner typischen Kleidung (Schiebermütze, Jacke aus grobem Stoff, offenes kragenloses Hemd) als Arbeiter zu erkennen ist. Er dominiert das Bild. Die Hacke auf dem Boden und die Hände in den Hosentaschen drücken die Arbeitsverweigerung aus. Französische Soldaten, von denen je einer am linken und rechten Bildrand abgebildet ist, bedrängen ihn mit Bajonetten und fordern ihn zur Wiederaufnahme der Arbeit auf, indem sie mit der linken Hand auf die Hacke bzw. die Fördertürme weisen.
Das Plakat (Originalgröße 60 x 90 cm) wurde vermutlich von der Reichsregierung in Auftrag gegeben, mit dem Ziel, dadurch für den von ihr angeordneten „passiven Widerstand“ zu werben. Der Bergmann repräsentiert die gesamte Arbeiterschaft im Ruhrgebiet, die trotz der bewaffneten Übermacht der Franzosen nicht bereit ist, den „passiven Widerstand“ abzubrechen.

1. *Analysieren Sie Gestaltungsmittel und Aufbau des Plakats. Berücksichtigen Sie dabei besonders die Farbgebung und die Gestaltung des verwendeten Textes.*
2. *Erläutern Sie, wer die Adressaten des Plakats sind.*
3. *Analysieren und interpretieren Sie aktuelle politische Plakate nach dem vorgegebenen Schema.*

8.5 Außenpolitik zwischen Revision und Annäherung

„Deutschland und Russland. Ein Anfang." Karikatur von Erich Schilling aus dem „Simplicissimus" vom 10. Mai 1922.

1922	Der Vertrag von Rapallo zwischen Deutschland und Russland beendet die außenpolitische Isolation beider Staaten
1923–1929	Gustav Stresemann ist Außenminister
1925	Verträge von Locarno: Deutschland erkennt die neuen Westgrenzen an
1926	Deutschland wird in den Völkerbund aufgenommen

Der Vertrag von Rapallo – Überwindung der außenpolitischen Isolierung

Vorrangiges außenpolitisches Ziel aller Regierungen der Weimarer Republik blieb die Revision des Versailler Friedensvertrages. Dabei standen neben der Senkung der Reparationsforderungen die Räumung der besetzten Westzonen und die Wiedergewinnung der verlorenen Gebiete, vor allem im Osten, im Vordergrund. Allerdings waren die Alliierten vorerst nicht bereit, die Deutschen als gleichberechtigte Verhandlungspartner auf politischem, wirtschaftlichem und militärischem Gebiet zu akzeptieren. Die deutsche Diplomatie wandte sich deshalb nach Moskau, um die *außenpolitische Isolation* zu durchbrechen.

Vom 10. April bis 19. Mai 1922 fanden sich 28 Staaten in Genua zu einer Konferenz über die wirtschaftlichen Probleme der europäischen Staaten zusammen. Als sich die deutsche Delegation von den Westmächten wieder übergangen fühlte, schloss Reichskanzler Joseph Wirth am 16. April 1922 in *Rapallo*, einem Vorort von Genua, ein Abkommen mit der *Russischen Sozialistischen Föderativen Sowjetrepublik (RSFSR)*. Beide Staaten verzichteten darin auf den Ersatz von Kriegskosten und Kriegsschäden und verpflichteten sich, diplomatische Beziehungen aufzunehmen. Deutschland stellte keine Ansprüche wegen der in Russland enteigneten Besitztümer und Vermögenswerte deutscher Staatsbürger.

Frankreich und England sahen sich mit einem Schlag gezwungen, ihr Verhältnis zu Deutschland zu überdenken.

Die Verträge von Locarno

Von 1923 bis 1929 prägte *Gustav Stresemann* (1878–1929) als Außenminister in häufig wechselnden Kabinetten das politische Geschehen. Er behielt die revisionistischen Ziele deutscher Außenpolitik seit Versailles zwar bei, doch als „kühl kalkulierender Realpolitiker" (*Eberhard Kolb*) wusste er das Erreichbare vom Unmöglichen zu trennen. Vor allem war ihm klar, dass deutsche Außenpolitik nur dann erfolgreich sein konnte, wenn sie das französische Sicherheitsbedürfnis berücksichtigte. Schließlich trafen sich im Oktober 1925 führende europäische Politiker auf neutralem Boden im schweizerischen *Locarno*. Stresemanns französischer Verhandlungspartner *Aristide Briand* hatte wie sein deutscher Amtskollege großes Interesse an einer Bereinigung des deutsch-französischen Gegensatzes. Der ausgehandelte Kompromiss entsprach im Wesentlichen den Vorschlägen Stresemanns: Deutschland, Frankreich und Belgien verpflichteten sich, keinen Krieg gegeneinander zu beginnen und auf eine Veränderung der bestehenden Grenzen zwischen ihren Ländern zu verzichten. Eine Verletzung dieser Bestimmungen würde ein Eingreifen der Garantiemächte England und Italien zur Folge haben.

Eine Revision der Ostgrenzen wollte Stresemann dagegen offen halten. Deswegen verzichtete er in einem Schiedsvertrag mit Polen lediglich auf eine gewaltsame Änderung der Grenzen. Abschließend beschloss die Konferenz einstimmig, Deutschland in den *Völkerbund* aufzunehmen (➔ M1). Am 8. September 1926 trat Deutschland schließlich ein.

Die nationale Rechte sah in dem Vertragswerk eine Fortsetzung des Versailler „Schandvertrages". Sie sprach erneut von „Verrat an den Interessen Deutschlands" und von „ehrloser Erfüllungspolitik", da Stresemann endgültig auf Elsass-Lothringen, indirekt sogar auf die Ostgebiete verzichtet habe (➔ M2).

In den folgenden Jahren gelang es Stresemann durch verstärkte Tätigkeit im Völkerbund, das Ansehen Deutschlands in der Weltöffentlichkeit beträchtlich zu verbessern. Er war maßgeblich am Zustandekommen des *Briand-Kellogg-Paktes*, eines Vertrags zur Ächtung des Krieges, beteiligt (27.8.1928). Insgesamt 60 Staaten traten diesem Abkommen bei.

Auch in der Reparationsfrage konnte das Reich einen Erfolg verbuchen. Im April 1924 legte ein Sachverständigenausschuss unter der Leitung des amerikanischen Bankiers *Charles Dawes* ein Gutachten zur Reparationsproblematik vor. Danach musste das Reich jährlich 2,5 Milliarden Goldmark zahlen, allerdings erst ab 1928/29 in voller Höhe. Die Annahme des *Dawes-Planes* im Sommer auf der Londoner Konferenz führte wegen der kurzfristig deutlich geringeren Belastung zu einer gewissen Entspannung zwischen Deutschland und den Siegermächten.

Für ein geeintes Europa

Der österreichische Schriftsteller und Politiker *Richard Nicolaus Graf Coudenhove-Kalergi* (1894–1972) forderte 1922 den Zusammenschluss europäischer Staaten zu einem Staatenbund, um weitere schreckliche Kriege in Europa zu verhindern. Ausgehend von dieser Vision eines geeinten Europa (*Paneuropa*-Idee) gründete er 1923 die *Paneuropa-Union*, die älteste europäische Einigungsbewegung. Die Außenminister der „Erbfeinde" Frankreich und Deutschland, Aristide Briand und Gustav Stresemann, bemühten sich um Fortschritte bei der Schaffung einer europäischen Wirtschaftunion als ersten Schritt zu einer politischen Union (➔ M3).

M1 „Scheidepunkt der europäischen Politik"

Der SPD-Abgeordnete Otto Wels (1873–1939) stellt am 24. November 1925 im Reichstag die Locarno-Verträge in einen größeren Zusammenhang:

Wie man auch zu den Verträgen von Locarno und zu dem Eintritt Deutschlands in den Völkerbund stehen mag, das fühlt ein jeder: Wir stehen jetzt am Scheidepunkte der europäischen Politik. Es fragt sich jetzt, ob eine neue Welt, in der der Gedanke des Friedens lebendige Kraft haben soll, das Leben der Völker Europas in Zukunft beherrschen wird, oder ob die Mächte, die, auf Gewalt und kriegerischen Auseinandersetzungen fußend, dem Fortschritt, dem moralischen und materiellen Wiederaufbau den Weg dauernd versperren sollen. […]
Was seit Jahrzehnten in Europa fehlte, das Bedürfnis nach europäischer Solidarität, das ist heute ein sichtbares Bedürfnis aller europäischen Völker geworden. Aus dem Munde der zahlreichen Kollegen dieses Hauses, die kürzlich aus den Vereinigten Staaten von Amerika zurückgekehrt sind, haben wir immer und immer wieder gehört, dass man auch dort drüben volles Verständnis für diese europäischen Gemeininteressen hat. Es zeigt sich jetzt allerdings mehr denn je die Notwendigkeit, die Allgemeininteressen Europas, die mit den Interessen jedes einzelnen Landes identisch sind, den selbstsüchtigen Interessen von Gruppen, Cliquen und Parteien voranzustellen. […]
Es handelt sich gerade darum, das Bündnissystem der Vorkriegszeit und damit den Gegensatz, der zwischen Alliierten und Deutschland bestand, aus der Welt zu schaffen. Deutschland soll in Zukunft gleichberechtigt neben jenen Mächten stehen, nicht um mit ihnen gegen Russland zu marschieren, sondern um den Völkerbund aufzubauen, der schließlich auch Russland umfassen wird.

Wolfgang Michalka und Gottfried Niedhart (Hrsg.), Deutsche Geschichte 1918-1933. Dokumente zur Innen- und Außenpolitik, Frankfurt/Main 1992, S. 110f.

1. *Erarbeiten Sie aus dem Text wie nach Ansicht von Wels „eine neue Welt, in der der Gedanke des Friedens lebendige Kraft haben soll", verwirklicht werden kann?*
2. *Nennen Sie Gründe dafür, dass Wels hier auf die Meinung der Vereinigten Staaten verweist.*

M2 Streit um die Locarno-Verträge

Das Vertragswerk von Locarno bestätigt beidseitig den deutsch-französischen Grenzverlauf nach dem Versailler Vertrag und enthält friedenssichernde Abmachungen Deutschlands mit Polen und der Tschechoslowakei.
Der kommunistische Abgeordnete Wolfgang Bartels (1890–1971) kommentiert die Locarno-Verträge am 30. Oktober 1925 im Preußischen Landtag:

Wenn man die einzelnen Verträge und ihre Paragrafen durchgeht, so sehen wir, dass Deutschland hinreichend Garantie gibt, aber dafür lediglich die Garantie erhält, dass es Kriegsbütteldienste leisten darf und andererseits Deutschland als Kriegsschauplatz ausliefern muss. Locarno bedeutet in Wirklichkeit – das wird auch in diesem Hause niemand zu bestreiten versuchen – die Auslieferung der Rheinlande, es bedeutet direkt ein Verschenken preußisch-deutschen Gebietes, es bedeutet die Garantie des Einmarsch- und Durchmarschrechtes durch Deutschland, es bedeutet die Kriegsdienstverpflichtung der deutschen Bevölkerung für die Entente gegen Russland, es bedeutet vor allem die Anerkennung der Aufrechterhaltung des Besatzungsregimes, und es bedeutet erneut das Bekenntnis zu dem Versailler Vertrag. Es bedeutet darüber hinaus verschärfte Ausbeutung, verschärfte Entrechtung, Unterdrückung, Elend, Übel, Not.

Der nationalsozialistische Reichstagsabgeordnete Gregor Strasser (1892–1934) nimmt am 24. November 1925 im Reichstag Stellung:

Wir Nationalsozialisten, wir Frontsoldaten und wir Frontoffiziere […] verzichten nun und nimmer auf Elsass-Lothringen. Wir verzichten nie auf Eupen und Malmedy, auf die Saar und auf unsere Kolonien. Wir verzichten auf Nordschleswig so wenig wie auf Memel und Danzig, wie auf Westpreußen und Oberschlesien. Wir jungen Deutschen kennen unsere großdeutsche Aufgabe, und wir speisen die Brüder in Österreich und in Sudeten-Deutschland nicht mit leeren Worten ab. […]
Unser Staat, der […] ein in sich geschlossener geworden ist, wird einst die Verträge von Versailles, London[1] und Locarno wie Papierfetzen zerreißen können, weil er sich stützt auf das, was Sie bewusst im deutschen Volke zerschlagen, wofür kein Opfer gebracht werden darf, nämlich auf die Bildung eines in sich geschlossenen Volkes.

[1] *Gemeint ist die Annahme des Dawes-Plans 1924.*

Erster Text: Herbert Michaelis und Ernst Schraepler (Hrsg.), Ursachen und Folgen. Vom deutschen Zusammenbruch 1918 und 1945 bis zur staatlichen Neuordnung Deutschlands in der Gegenwart. Eine Urkunden- und Dokumentensammlung zur Zeitgeschichte, 6. Band, Berlin o. J., S. 396 f.;
zweiter Text: Detlef Junker u. a. (Hrsg.), Deutsche Parlamentsdebatten II. 1919–1939, Frankfurt/Main 1971, S. 180 f.

1. *Arbeiten Sie bei den Texten Gemeinsamkeiten und Unterschiede heraus.*
2. *Erläutern Sie die Motive bei den Gegnern der Verträge.*

M3 Warum kommt Europa nicht voran?

Im Zeichen der Verständigungspolitik mit den Westmächten erreicht Außenminister Gustav Stresemann 1926, dass Deutschland Mitglied des Völkerbunds wird. In seiner letzten Rede vor diesem Gremium führt er am 9. September 1929 aus:

Ich komme zu der Frage, die in der Debatte dieser Tage erörtert worden ist. Das war die Neugestaltung der Staatenverhältnisse in Europa. […] „Ein großer Einfall scheint im Anfang toll", so heißt es bei einem deutschen Schriftsteller. Weshalb sollte der Gedanke, das, was die europäischen Staaten einigen kann, zusammenzufassen, von vornherein unmöglich sein? Aber wenn ich diese Skepsis, die den ganzen Gedanken als undurchführbar abweist, zurückweise, so möchte ich doch bitten, dass wir uns in unserem Kreise darüber klar werden, welche Ziele mit diesen Erörterungen verfolgt werden. Politische Gedanken, namentlich mit irgendeiner Tendenz gegen andere Erdteile, lehne ich mit aller Entschiedenheit ab, ebenso alles, was wie eine wirtschaftliche Autarkie Europas aussehen könnte. Wohl aber scheint mir viel durchführbar zu sein, was heute noch der Erfüllung harrt. Was erscheint denn an Europa, an seiner Konstruktion vom wirtschaftlichen Gesichtspunkte aus so außerordentlich grotesk? Es erscheint mir grotesk, dass die Entwicklung Europas nicht vorwärts, sondern rückwärts gegangen zu sein scheint. […] Durch den Versailler Vertrag ist eine große Anzahl neuer Staaten geschaffen worden. Ich diskutiere hier nicht über das Politische des Versailler Vertrages, denn ich darf annehmen, dass meine Anschauungen darüber bekannt sind. Aber das Wirtschaftliche möchte ich doch betonen und sagen, dass es unmöglich ist, dass Sie zwar eine große Anzahl neuer Staaten geschaffen, aber ihre Einbeziehung in das europäische Wirtschaftssystem vollkommen beiseite gelassen haben. Was ist denn die Folge dieser Unterlassungssünde gewesen? Sie sehen neue Grenzen, neue Maße, neue Gewichte, neue Usancen[1], neue Münzen, ein fortwährendes Stocken des Verkehrs. […] Wo bleibt in Europa die europäische Münze, die europäische Briefmarke? Sind diese aus nationalem Prestige heraus geborenen Einzelheiten nicht sämtlich Dinge, die durch die Entwicklung der Zeit längst überholt wurden und diesem Erdteil einen außerordentlichen Nachteil zufügen, nicht nur im Verhältnis der Länder zueinander, nicht auch nur in dem Verhältnis zu den Weltteilen, draußen, sondern auch im Verhältnis anderer Weltteile, die sich oft viel schwerer in diese Dinge hineinversetzen können als ein Europäer, der es allmählich auch nicht mehr versteht?

Henry Bernhard (Hrsg.), Gustav Stresemann. Vermächtnis. Der Nachlass in drei Bänden, 3. Band, Berlin 1933, S. 577 f.

[1] Usance (frz.): Brauch

Aristide Briand (links) und Gustav Stresemann. Foto, um 1925.
Für die Aussöhnung zwischen Frankreich und Deutschland setzten sich die beiden Außenminister leidenschaftlich ein. Wegen ihrer Bemühungen um die Erhaltung des Friedens in Europa erhielten sie 1926 gemeinsam den Friedensnobelpreis.

1. *Erläutern Sie, in welcher Hinsicht die Entwicklung Europas für Stresemann rückwärts gegangen ist.*
2. *Prüfen Sie, ob sich heutige Protagonisten der europäischen Einigung auf Stresemann und Briand berufen können. Begründen Sie Ihren Befund.*

8.6 Kulturelle und gesellschaftliche Umbrüche

„Großstadt." Tryptichon von Otto Dix (1891–1969), 1927/28.
Die Tafeln versuchen, im expressionistischen Stil das Leben der „Goldenen Zwanziger" darzustellen.
► *Charakterisieren Sie anhand des Bildes den Zeitgeist der Zwanzigerjahre.*
► *Ein Kunstkenner hat die Mitteltafel des Bildes mit „Tanz auf dem Vulkan" umschrieben. Erläutern Sie diese Aussage. Beziehen Sie bei Ihrer Analyse auch die Seitenteile mit ein.*
► *Beschreiben Sie Kleidung und Auftreten der Damen.*

1923	Die erste Rundfunksendung aus Berlin wird ausgestrahlt
1926	Fritz Langs Film „Metropolis" kommt in die Kinos
1928	Die „Dreigroschenoper" von Bertolt Brecht und Kurt Weill wird uraufgeführt
1929	Thomas Mann erhält den Nobelpreis für Literatur

Neuer Zeitgeist in der Kultur

Wenn wir heute von den *Goldenen Zwanzigern* sprechen, so meinen wir weniger den wirtschaftlichen Aufschwung jener Jahre als vielmehr das freie, ungewöhnlich produktive, ja teilweise ungezügelte Kulturleben. Anknüpfend an die geistigen Strömungen im Kaiserreich, entfaltete sich in Deutschland für mehr als ein Jahrzehnt eine einzigartige künstlerische und intellektuelle Blüte, vor allem in Berlin. Die Stadt, mit ihren rund vier Millionen Einwohnern zur europäischen Metropole aufgestiegen, wurde zum Inbegriff des Fortschritts und der Moderne. Schon in den 1920er-Jahren war sie ein multikultureller Treffpunkt mit einer vitalen Theaterszene (➔ M1).

Eigenartigerweise verharrten aber die meisten Exponenten der „Weimarer Kultur" in einer tiefen Ablehnung gegenüber der Republik. Was waren die Gründe?

Der verlorene Krieg und die Revolution hatten das Weltbild und die Ordnung der wilhelminischen Zeit von Grund auf verändert. Politische, wirtschaftliche, technologische und gesellschaftliche Brüche machten eine Neuorientierung notwendig. In dieser Aufbruchstimmung entstand ein Zeitgeist, der gleichermaßen überschwänglich wie radikal war. Demgegenüber erschien der politische Alltag grau, langweilig und voller Kompromisse. Intellektuelle von rechts und links waren sich deshalb einig in der totalen Ablehnung der Republik und ihrer führenden Repräsentanten. Was sie jedoch trennte, waren ihre konträren Zukunftsvisionen, mit denen sie dem modernen Industriezeitalter begegnen wollten. *Johannes R. Becher*[1] erklärte: „Literatur ist kein neutrales Gebiet. Auch die Literatur ist Kriegsgebiet. Zum Kriegführen sind wir da."

1 *Johannes R. Becher (1891–1958): der KPD angehörender Schriftsteller, der 1933 nach Moskau emigrierte; 1954 wurde Becher Kulturminister der DDR; von ihm stammt der Text der Nationalhymne der DDR.*

Positives Ergebnis der künstlerischen Auseinandersetzung in jenen Jahren war eine einzigartige Vielfalt kultureller Strömungen. In den bildenden Künsten und in der Literatur beeinflusste schon seit Beginn des Jahrhunderts der *Expressionismus*[1] das Schaffen von Malern, Dramatikern und Lyrikern. Das Ideal eines „neuen Menschen" und die Ablehnung der überkommenen bürgerlichen Gesellschaft waren kennzeichnend. Farben und Formen wurden verfremdet, um geistige und seelische Empfindungen intensiv darzustellen. Die Wirklichkeit wurde abstrahiert[2].

Seit Mitte der Zwanzigerjahre löste die *Neue Sachlichkeit* die expressionistische Dämonisierung von Technik und Wissenschaft ab und bemühte sich um einen Ausgleich. In der bildenden Kunst wurden jetzt objektive, nüchtern-distanzierte Werke ohne die bisherige ekstatische Grellheit geschaffen.

In der Musik entstanden durch neue Kompositionstechniken wie die Zwölftonmusik *Arnold Schönbergs* (1874–1951) Werke entgegen den Hörgewohnheiten. Auch in der Literatur wurde ein verhaltenerer Ton angeschlagen. Erfolgsromane wie „Berlin Alexanderplatz" (1929) von *Alfred Döblin* (1878–1957) und „Kleiner Mann, was nun?" (1932) von *Hans Fallada* (1893–1947) verzichteten auf alles revolutionäre Pathos und schilderten eindrucksvoll das Leben der „kleinen Leute".

Weltgeltung erzielte in den Zwanzigerjahren das Theater in Deutschland. Die Erfolge des epischen Theaters sind eng mit den Namen des Schriftstellers *Bertolt Brecht* (1898–1956) und des Regisseurs *Erwin Piscator* (1893–1966) verbunden. Anhand der Geschicke seiner Hauptfiguren wollte Brechts episches Theater die sozialen Gesetze herausarbeiten, die das Verhalten von Menschen bestimmen. Das Drama wurde zum Lehrstück. Die Uraufführung von Brechts „Dreigroschenoper" geriet 1928 zum Höhepunkt des Berliner Theaterlebens.

Die Exponenten der modernen Kunst konnten jedoch nur ein relativ kleines Publikum, überwiegend Intellektuelle, für ihre Werke begeistern. Der Geschmack des Großteils der Bevölkerung orientierte sich weiterhin an den gewohnten, traditionellen Stilrichtungen. In der Heimatliteratur sahen die Menschen ihre Probleme und Ängste angesprochen, nicht in den Werken der künstlerischen Avantgarde. Widerstand gegen die neuen kulturellen Strömungen kam auch aus konservativen und völkischen Kreisen (→ M2).

[1] *Expressionismus: abgeleitet von „expressio" (lat.): Ausdruck; Stilmittel werden als ausgeprägt subjektive Ausdrucksträger eingesetzt.*

[2] *abstrahieren: abgeleitet von „abstrahere" (lat.): ab-, wegziehen; die abstrakte Kunst löst sich von der gegenständlichen Darstellung.*

„Komposition II." Gemälde von Wassily Kandinsky (1866–1944), 1923.
Kandinsky war bis 1933 Lehrer am Bauhaus und hatte nachhaltigen Einfluss auf die europäische Formensprache der Kunst. Der gebürtige Russe, der 1896 nach München gegangen war, brachte wichtige Anstöße der konstruktivistischen Malerei seines Heimatlandes mit nach Deutschland und trug auch durch seine amerikanischen Kontakte zur Internationalisierung der Kunst bei.

Neue Medien und veränderte Ausdrucksformen

Das Theater verlor an Bedeutung, als die Konkurrenz des Kinos übermächtig wurde. Die Zahl der Lichtspieltheater verdoppelte sich zwischen 1918 und 1930 auf rund 5000. Die deutsche Filmindustrie produzierte in Europa die meisten Filme, und ihre künstlerisch hochwertigen *Stummfilme* genossen weltweit hohes Ansehen. Seit 1929 eroberte der *Tonfilm* zusätzliche Publikumsschichten. Bahnbrechend wurde 1930 „Der blaue Engel" mit *Marlene Dietrich* und *Emil Jannings* in den Hauptrollen. Zur neuen *Massenkultur* der Zwanzigerjahre gehörte neben dem Kino der stürmische Aufschwung, den Presse und Rundfunk nahmen. Neben den florierenden Tageszeitungen eroberten sich Illustrierte und Boulevardblätter ihren Leserkreis.

Noch stärker in die Lebensgewohnheiten der Bürger griffen die neuen *Rundfunksender* ein. Seit der ersten Radiosendung am 29. Oktober 1923 stieg die Zahl der Empfänger unentwegt an. Neun Jahre später besaß bereits jeder vierte Haushalt einen Rundfunkapparat. Live-Reportagen machten den Sport (Fußball, Boxen) bei breiten Schichten populär.

Die Journalistin Sylvia von Harden.
Gemälde von Otto Dix, 1926.
► *Analysieren Sie die dargestellten Charakteristika der „modernen Frau".*
► *Diskutieren Sie, wie der Maler diesem Frauenbild gegenübersteht.*

Große internationale Anerkennung fand die Architektur, verkörpert durch das *Bauhaus* in Weimar, später Dessau. Unter der Leitung von *Walter Gropius* (1883–1969) war das Bauhaus eine gemeinsame Ausbildungsstätte für Handwerker und Künstler. Durch das Herausarbeiten der „Funktionalität" in der Architektur oder bei Gegenständen des täglichen Gebrauchs versuchte man, Formschönheit mit den Erfordernissen der Technik zu verbinden.
In der Musik dominierte mit dem Jazz und dem Charleston Musik aus den USA. Populär gemacht wurden die neuen Hits in ausverkauften Kabaretts und Revuen und bald auch durch Schallplatten.

Die Rolle der Frau – moderne Akzente und alte Abhängigkeiten

Die in hohem Maße militarisierte Gesellschaft der wilhelminischen Ära hatte alle Emanzipationsbestrebungen vehement abgewehrt. Meyers Konversationslexikon schreibt dazu noch 1909: „Dem Mann der Staat, der Frau die Familie!" Gravierende Nachteile gab es für die Frauen auch im Bildungsbereich. Erst an der Wende zum 20. Jahrhundert konnten sie sich den Zugang zu Abitur und Studium erkämpfen.
Die in die Weimarer Verfassung aufgenommene *Gleichberechtigung der Geschlechter* (Art. 109) war eine Konsequenz aus der dramatischen Ausnahmesituation, die der Weltkrieg geschaffen hatte: Die Männer standen lange Jahre an der Front. Zu Hause lag die Verantwortung für die Kinder und die Aufrechterhaltung des Wirtschaftslebens jetzt überwiegend in den Händen der Frauen. Sie sprangen in Betrieben und Fabriken, ja selbst in der Rüstungsindustrie ein.
Das daraus erwachsene Bewusstsein von beruflicher Leistungsfähigkeit stärkte das Selbstwertgefühl. Es war deshalb eine logische Folge, dass viele Frauen nach dem Krieg nicht mehr dazu bereit waren, sich wieder ausschließlich dem Familienleben zu widmen und sich männlicher Dominanz unterzuordnen (→ M3).
Die veränderte Wirtschaftsstruktur bot zudem nach dem Krieg eine große Zahl neuer Arbeitsfelder, die nicht unmittelbar Körperkraft erforderten. So konnten Frauen als Verkäuferinnen in Warenhäusern arbeiten, als Stenotypistinnen oder Sekretärinnen in Büros oder als Telefonistinnen in den Vermittlungsstellen der Großstädte.
Vor allem die neuen Dienstleistungsberufe prägten das Bild der *modernen Frau*. Die Werbung bediente sich dieses Frauentyps, der mit Bubikopffrisur und elegantem Kostüm selbstbewusst und attraktiv auftrat, der in der Öffentlichkeit Zigaretten rauchte, sich schminkte und alleine in Bars und Restaurants ging. Die moderne Frau stand für eine neue Epoche, für eine veränderte, konsumorientierte Gesellschaft. Der Anteil dieses Frauentyps an der Gesamtzahl der weiblichen Erwerbstätigen blieb jedoch trotz der großen öffentlichen Wirkung gering und war weitgehend auf die Großstädte beschränkt.
Auf dem Lande und bei den Konservativen galt weiterhin die Hausfrau und Mutter als Dreh- und Angelpunkt einer gesunden Gesellschaft. Die moderne Frau der Großstadt war dort eher ein Symbol für den „Verfall der Werte".
Für junge, unverheiratete Frauen bot der Beruf die Möglichkeit, finanziell unabhängiger zu werden, obwohl sie für die gleiche Arbeit grundsätzlich weniger Lohn erhielten als ihre männlichen Kollegen. Viele dieser Frauen sahen den Beruf nur als Übergangsstadium bis zur Verheiratung an. Allerdings waren vor allem in der Arbeiterschicht, aber auch bei den kleinen Beamten und Angestellten die Ehefrauen nach wie vor oft gezwungen, aus existenzieller Not zum Lebensunterhalt der Familie beizutragen.
Die beruflichen Chancen der Frauen verschlechterten sich in den Zwanzigerjahren erneut. Als es plötzlich wieder ein Arbeitskräfte-Überangebot gab, wie vor allem in den Krisenzeiten 1923 und ab 1929, wurde von den Frauen vielfach erwartet, ihre Erwerbstätigkeit zugunsten der Männer aufzugeben. In einer „Anti-Doppelverdiener-Kampagne" forderte man verheiratete Frauen dazu auf, auf ihren Beruf zu verzichten, da sie von ihrem Ein-

kommen keine Familie ernähren müssten. Frauenarbeit raubt „einem Familienvater Brot und Lebenshoffnung", meinte dazu Reichsarbeitsminister *Heinrich Brauns* (Zentrum).

Jugend und Großstadtfeindschaft

Die Jugend der Nachkriegszeit stand unter dem Eindruck der als schmachvoll empfundenen Niederlage, der blutigen Revolutionswirren in den Anfangsjahren der Republik und vor allem der drohenden Arbeitslosigkeit. Der Verlust vieler Traditionen und Werte, wie Ordnung und Autorität, sowie durch wirtschaftliche Not ausgelöste Zukunftsängste ließen bei vielen jungen Menschen das Gefühl aufkommen, einer „überflüssigen" Generation anzugehören.

Politisch und sozial desorientiert, übten die Jugendlichen Kritik am Parteienstaat und an der Demokratie, weil sie sich in dieser Ordnung nicht wiederfinden konnten. Einen verderblichen Einfluss übten dabei häufig verfassungs- und republikfeindliche Lehrer und Elternhäuser aus. Auf der Suche nach naturnahem Leben und Gemeinschaftserlebnis fühlte sich diese Generation zur Jugendbewegung hingezogen („Wandervogelbewegung"[1]; ➔ M4). Auch völkisch-antisemitische Bünde erfuhren großen Zulauf, insbesondere durch die Mittelschichtjugend.

Tiefe Verunsicherung weckten nicht nur bei der Jugend, sondern auch bei weiten Kreisen der Bevölkerung die Großstädte, insbesondere die Metropole Berlin, die mit fast vier Millionen Einwohnern schon in den 1920er-Jahren ein multikultureller Treffpunkt Europas war. In den Großstädten sah man die Wurzeln aller negativen Entwicklungen. Sie waren die Wegbereiter der Revolution gewesen, sie missachteten die alten Traditionen und lieferten sich den zerstörerischen kulturellen Einflüssen Amerikas aus („Asphaltzivilisation"). Diesen „Brutstätten allen Übels" setzte man verklärend die Ursprünglichkeit des Landlebens gegenüber („Agrarromantik").

Wachsender Antisemitismus

Der rechtliche Emanzipationsprozess im 19. Jahrhundert, die staatsbürgerliche Gleichstellung im Kaiserreich und die Chancen durch die „industrielle Revolution" ermöglichten der jüdischen Bevölkerung in Deutschland verstärkt den Zugang zum Bürgertum und zur Bildungselite. Führungspositionen in der staatlichen Verwaltung, im Offizierskorps, an Universitäten und in der Justiz blieben aber weiterhin die Ausnahme.

[1] *Die „Wandervogelbewegung" war eine romantisch-naturverbundene Jugendbewegung.*

Die Abbildung von Philipp Frankh ist einem Schulbuch entnommen (aus: Nordwestdeutsches Lesebuch für höhere Lehranstalten, Teil 2, Frankfurt/Main ³1928).
In vielen Schriften wurde das Bauerntum als natürliche und zeitlose Lebensform dargestellt, das durch die Menschenmassen verschlingende Großstadt aufgesogen werde.
► *Beschreiben Sie, wie durch die Abbildung die Ursprünglichkeit und Natürlichkeit des Landlebens vermittelt wird.*

Im August 1914 zogen die deutschen Juden ebenso in den Krieg wie ihre nichtjüdischen Landsleute. Doch schon sehr bald wurden antisemitische Stimmen immer lauter, die den Juden vorwarfen, sich vor dem Fronteinsatz zu drücken und den Krieg ausschließlich als Möglichkeit zu sehen, daraus finanziellen Gewinn zu ziehen. Angeblich um diese Vorwürfe zu entkräften, ordnete das Kriegsministerium 1916 an, die Zahl der an der Front eingesetzten Juden festzustellen (sogenannte *„Judenzählung"*). Das Ergebnis belegte eine angemessene Beteiligung der deutschen Juden am deutschen Kriegseinsatz, wurde jedoch nicht veröffentlicht und verstärkte gerade deswegen die Gerüchte über angeblich verheerende Resultate dieser Untersuchung. Die Juden waren empört wegen dieser infamen Diskriminierung und pauschalen Diffamierung. Wir wissen heute, dass von den etwa 550 000 im Deutschen Reich lebenden Juden 80 000 an der Front kämpften und ca. 12 000 ihr Leben ließen.

Der schon während des Krieges deutlich gewordene radikale Antisemitismus setzte sich auch in der Republik fort. Obwohl die überwältigende Mehrheit der jüdischen Bevölkerung der Revolution distanziert gegenüberstand, tauchten alte Verschwörungstheorien und Vorurteile wieder auf. Die Juden waren angeblich schuld an der Kriegsniederlage, an den Revolutionswirren und an der wirtschaftlichen Not in Deutschland. Sie wurden auch deshalb mit der verhassten Staatsform identifiziert, da sich viele von ihnen bei den Liberalen und in der SPD engagierten – in Parteien, die die Republik stützten. Bereits gegen Ende des Krieges ahnte der jüdische Soziologe *Franz Oppenheimer* diese Entwicklung: „Man bereitet für jeden Fall einen Sündenbock vor, den das Volk anstelle der wirklich Schuldigen in die Wüste jagen mag [...]. Es handelt sich um die edle Absicht, die Juden und ihre ‚Presse', für die man auch alle Juden verantwortlich macht, für einen etwaigen unbefriedigenden Ausgang des Krieges haftbar zu machen, die Volkswut auf sie abzulenken." (Franz Oppenheimer, Der Antisemitismus, in: Neue Jüdische Monatshefte, 2. Jg., 10. Juli 1918).

Vor allem der Mittelstand, der unter gesellschaftlichem Prestigeverlust und der Angst vor sozialer Entwurzelung litt, fand in den Juden, den angeblichen „Kriegsgewinnlern", den Sündenbock für alle Übel. Zum Schlagwort für alle Rechtsparteien wurde der „Kampf gegen die Judenrepublik".

Auch das kulturelle Leben in der Weimarer Republik blieb von antisemitischen Vorurteilen und Klischees nicht verschont.

Ohne die herausragenden Leistungen der jüdischen Künstler hätte jedoch die Weimarer Kultur niemals ihre internationale Anerkennung gefunden. Auch in der Wissenschaft standen deutsche Juden an vorderster Stelle. Fünf Nobelpreisträger wurden während der Weimarer Zeit von ihnen gestellt: *Albert Einstein* (1921), *James Franck* (1925) und *Gustav Hertz* (1925) in Physik, *Otto Meyerhof* (1922) und *Otto H. Warburg* (1931) für Medizin.

Vereinzelte Versuche, den Antisemitismus zu bekämpfen, scheiterten, weil es in der deutschen Gesellschaft der Weimarer Republik an engagierter Unterstützung für die jüdischen Mitbürger mangelte.

Die Ermordung und Vertreibung der jüdischen Intelligenz durch die Nationalsozialisten fügten der deutschen Kultur und Wissenschaft unersetzlichen Verlust zu.

„An die deutschen Mütter!" Flugblatt des Reichsbundes jüdischer Frontsoldaten, um 1920.

Großstadtverkehr am Potsdamer Platz in Berlin. Foto um 1930.

M1 Zwischen 1928 und 1930: Erinnerungen eines Schriftstellers

Der Schriftsteller Klaus Mann (1906-1949), Sohn des Nobelpreisträgers Thomas Mann, schreibt in seiner Autobiografie „Der Wendepunkt", 1952 in Deutschland und zuvor 1942 in New York erschienen, über die politische und kulturelle Szene zwischen 1928 und 1930 in Berlin:

Sonderbarerweise hat die Zeit von 1928 bis 1930 in meiner Erinnerung wenig mit Massenelend und politischer Spannung zu tun. Eher mit Wohlstand und kulturellem Hochbetrieb. Natürlich wusste ich, dass die Zahl der Arbeitslosen erschreckend stieg – waren es drei Millionen? Waren es schon fünf? Man konnte nur hoffen, dass die Regierung bald Abhilfe schaffen werde [...] Übrigens schienen die Geschäfte nicht ganz schlecht zu gehen, trotz der „Krise", von der man so viel in der Zeitung las. Auf kulturellem Gebiet jedenfalls wurde gut verdient; erfolgreiche deutsche Autoren, Schauspieler, Maler, Regisseure, Musiker schwammen geradezu im Gelde. Offenbar gab es doch noch einen starken Sektor des angeblich ruinierten Mittelstandes, der willens und fähig blieb, beträchtliche Summen für Theaterkarten, Bücher, Bilder und Zeitschriften und Grammophonplatten auszugeben.

Ein Gangster namens Frick[1] regierte irgendwo in der mitteldeutschen Provinz, aber in Berlin ging alles seinen gewohnten Gang. Der „Strich" auf der Tauentzienstraße florierte (nicht mehr ganz so hektisch wie in den Tagen der Inflation, aber doch noch recht flott), im „Haus Vaterland" gab es künstliche Gewitter und Sonnenuntergänge, die Nachtlokale waren überfüllt [...], die Galerie Alfred Flechtheim verkaufte kubistische Picassos und die reizenden Tierstatuetten der Renée Sintenis, Fritzi Massary feierte Triumphe in der neuesten Lehár-Reprise[2], in den Salons am Kurfürstendamm, im Grunewald und im Tiergartenviertel schwärmte man vom neuesten René-Clair-Film, von der letzten Max-Reinhardt-Inszenierung und vom letzten Furtwängler-Konzert[3], bei Frau Stresemann gab es große Empfänge, über die in der „Eleganten Welt" unter der Überschrift „Sprechen Sie noch ...?" berichtet wurde.

---

[1] *Wilhelm Frick (1877–1946): führender nationalsozialistischer Politiker; leitete von 1930 bis 1931 in Thüringen das Innen- und Volksbildungsministerium, war von 1933–43 Reichsinnenminister und von 1943 bis 1945 „Reichsprotektor" von Böhmen und Mähren*

[2] *Franz Lehár (1870–1948): österreichischer Operettenkomponist*

[3] *Der Dirigent Wilhelm Furtwängler (1886–1954) leitete von 1921 bis 1945 die Berliner Philharmoniker.*

Der Bürgerkrieg schien sich vorzubereiten, beide Parteien musterten ihre formidable Macht – der nationalistische „Stahlhelm" gegen das sozialdemokratische Reichsbanner, die Nazis gegen die Kommunisten. Die Reichswehr inzwischen intrigierte und foppte das Publikum mit ihrer sphinxisch „neutralen", „unpolitischen" Haltung, während sie in Wahrheit die antirepublikanischen Kräfte heimlich stützte und ermutigte. Aber die Republik, mit unerschütterlichem Optimismus, vertraute auf Gott, den alten Hindenburg und die schlauen Manöver des Dr. Hjalmar Schacht[1].

Während verbrecherische Elemente in der politischen Sphäre sich immer dreister bemerkbar machten, war ein Stück namens „Verbrecher" (von Ferdinand Bruckner) ein sensationeller Erfolg im Deutschen Theater. Die große Attraktion der Vorstellung war Gustaf Gründgens in der Rolle eines morbiden Homosexuellen. Der Hamburger Star war schließlich von den Kennern der Metropole entdeckt worden: Berlin war hingerissen von seiner „aasigen" Verworfenheit, dem hysterisch beschwingten Gang, dem vieldeutigen Lächeln, den Juwelenblicken. Erika[2], übrigens, hatte sich mittlerweile von ihm scheiden lassen. Es war die große Zeit der Entdeckungen. Die Schwerindustrie entdeckte die „aufbauenden Kräfte" im Nationalsozialismus. Erich Maria Remarque entdeckte die enorme Attraktion des Unbekannten Soldaten. Die völkischen Rowdies entdeckten Stinkbomben und weiße Mäuse als Argumente gegen einen pazifistischen oder doch nicht hinlänglich kriegsbegeisterten Film.[3] Der findige Dichter Bertolt Brecht entdeckte die alte englische „Beggar's Opera", die in seiner Adaption als „Dreigroschenoper" volle Häuser machte, „tout Berlin" trällerte und pfiff die schönen Balladen von der „Seeräuber-Jenny" und vom Macky Messer, dem man nichts beweisen kann. Die mächtige UFA übertraf, wie gewöhnlich, alle Konkurrenten und entdeckte mit unfehlbarem Instinkt die Beine der Marlene Dietrich, die in einem Film namens „Der Blaue Engel" sensationell zur Geltung kamen.

Klaus Mann, Der Wendepunkt. Ein Lebensbericht, München 1989, Seite 242 ff.

---

[1] Hjalmar Schacht (1877-1970): Bankier, setzte sich von 1924 bis 1930 als Reichsbankpräsident für die Senkung der staatlichen Kreditaufnahme ein, unterstützte Hitler und war von 1933 bis 1939 erneut Chef der Reichsbank und zugleich Wirtschaftsminister (bis 1937); von 1937 bis 1943 war er Minister ohne Geschäftsbereich. 1943 überwarf er sich mit der nationalsozialistischen Regierung.

[2] Erika Mann, die Schwester von Klaus Mann, war von 1925 bis 1928 mit Gustaf Gründgens verheiratet.

[3] Hinweis auf den 1929 erschienenen und 1930 verfilmten Antikriegsfilm „Im Westen nichts Neues". Die Nazis inszenierten einen massiven Protest gegen den pazifistischen Film und erreichten ein Aufführungsverbot.

1. *Beschreiben Sie, wie es Klaus Mann gelingt, die Stimmung sowie die kulturellen und politischen Gegensätze dieser Jahre aufzuzeigen.*
2. *„Das Lebensgefühl in den Goldenen Zwanzigern war kein goldenes." Nehmen Sie zu diesem Zitat Stellung.*

M2 Zur Frage der Bekämpfung der „Schmutz- und Schundliteratur" (1925)

Aus einer Rede des Zentrum-Reichstagsabgeordneten Georg Schreiber (1882–1963):

Sind wir doch in der eigenartigen Lage, dass hier diese Metropole in vielem internationalisiert ist, dass sie in vielem kosmopolitisch steht, und jenes andere ist ebenso gewiss: Wenn wir in den letzten Jahrzehnten in Deutschland eine wundervolle Heimatkunst, eine Heimatkultur entwickelt haben, wenn wir die Dichtungen von Theodor Storm, von Fritz Reuter, Klaus Groth und anderen Heimatkünstlern schätzen, so ist es nicht bloß wegen der dichterischen Schönheit und Kraft. Darüber hinaus haben wir das Empfinden: Dort strömt in diesen Landschaften Niedersachsens, ebenso aber auch in anderen deutschen Landschaften köstlicher Jungbrunnen deutscher Kultur, dort liegt noch viel Urkräftiges, vieles an ungebrochener gesunder Volkskraft. Und wenn es darauf ankommt, diese deutsche Volkskraft in ihrer landschaftlichen Eigenart zu erhalten und zu fördern, dann werden wir nicht bloß auf Berlin und auf die Entscheidungen der Filmoberprüfstelle hier achten, sondern werden unsere Maßstäbe für die Beurteilung auch finden in dem kernigen Volke des Schwarzwaldes, in den sittlichen Maßstäben, die man auf der westfälischen Heide anlegt, und in den Wäldern Schlesiens, ebenso im bayerischen Gebirge. Wir brauchen dringender denn je diesen Rückblick auf die seelische Feinnervigkeit der deutschen Landschaft, um uns Kultureinflüssen hier in Berlin zu erwehren, die unser Volk nicht weiterbringen, sondern in der Volkspflege und in der Volkskultur zurückwerfen.

Peter Longerich (Hrsg.), Die Erste Republik, München 1992, S. 377

1. *Beschreiben Sie, was der Autor unter „Heimatkunst" versteht.*
2. *Gegen die moderne Kultur der Zwanzigerjahre gab es aus den unterschiedlichsten Gründen Widerstand. Erörtern Sie die gesellschaftlichen und geistigen Hintergründe dieser Denkweisen.*
3. *Diskutieren Sie, welche Rolle die Großstädte für Heimatkunst und Heimatliteratur spielen.*

M3 Neue Perspektiven für die Frauen

Geschlechterrollen sind vor allem im linken politischen Umfeld auch an der Basis offen diskutiert worden. Der folgende Auszug nennt Gründe für eine Veränderung der Frauenrolle:

Allmählich dämmert bei der politisch organisierten Arbeiterfrau, bei der gewerkschaftlich organisierten Arbeiterin das Bewusstsein auf, dass die Enttäuschungen, die die Ehe oder das freie Liebesverhältnis ihnen bereitet haben, nicht durch persönliches Schicksal allein heraufbeschworen wurden, sondern dass neben dem wirtschaftlichen Druck immer noch die ungünstige Stellung der Frau im Familienleben auf ihr persönliches Glück zerstörend einwirkt. Die jahrtausendelange Unterdrückung der Frau wirkt in den persönlichen Beziehungen zwischen Mann und Frau nach, trotz aller politischen Gleichberechtigung. Die Frau der neuen Generation, die durch ihre Berufs-, Bildungs- und Sportleistungen sich dem Manne gleichwertig fühlt, sieht sich nur allzu oft in ihrem Liebesleben in einen dramatischen Kampf mit dem traditionellen Herrenstandpunkt des Mannes verwickelt. [...]
Beispiele, die sich anführen ließen, beweisen, dass die Proletarierin der jungen Generation dem Manne als ebenbürtige Kameradin zur Seite stehen und von ihm als solche geachtet werden will. In diesem zielbewussten Streben, das zunächst die weibliche Elite der Arbeiterschaft, dann aber immer weitere Schichten erfasst, bekundet sich die tiefste Umwälzung in den Beziehungen zwischen Frau und Mann, die die Geschichte jemals aufzuweisen hatte. Aus einem Eigentumsobjekt, aus einer Gebärmaschine und Haushälterin, aus einem geschlechtlichen Genussobjekt verwandelt sich die Frau in einen selbstbewussten Menschen, der die Eigenart des eigenen Geschlechtes entfalten will und die seelische Gemeinschaft mit dem Manne anstrebt. Anstelle des Kampfes der Geschlechter, der bisher zu einer körperlichen und seelischen Unterjochung der Frau führte, soll die Kameradschaft der Geschlechter treten.

Judith Grünfeld, Mütter und Töchter, in: Frauenwelt 6 (1929), S. 249

1. *Nennen und beurteilen Sie die Gründe, die für eine Veränderung der Frauenrolle angegeben werden.*
2. *Diskutieren Sie, wo Sie heute Verbesserungen, wo anhaltende Benachteiligungen für die Frauen sehen.*
3. *Erörtern Sie, inwiefern das Elternhaus (auch heute noch) in der Ausprägung des geschlechtsspezifischen Rollenverhaltens eine entscheidende Funktion hat.*

M4 Jugendbewegung

1921 tritt die 15-jährige Katharina Jacob in Köln in eine evangelische Jugendgruppe ein:

Wir waren eine Mädchengruppe, trafen uns aber bei manchen Gelegenheiten mit Jungen. Das war ebenfalls sehr schön. Im gleichen Haus der Rheingasse tagte der Jugendbund der GdA (Gewerkschaftsbund der Angestellten). Ich wurde als Mitglied für diese Gewerkschaft gewonnen und wechselte 1922 oder 1923 mit anderen in deren Jugendgruppe über. In diesen Jahren waren die Ideen des Wandervogels und der Freideutschen Jugend von vielen jungen Menschen, die nach einem neuen Lebensstil suchten, aufgegriffen worden. Auch ich und meine Freunde versuchten ernsthaft, nach neuen Formen zu leben. Wir trugen Reformkleider, Sandalen, hochgesteckte Zopffrisuren (Schnecken), lehnten Nikotin und Alkohol ab, wir wollten „rein" bis zur Ehe bleiben. Auf der Hochzeit meiner Schwester 1922 lehnte ich kategorisch ab, auch nur einen Tropfen Wein o. Ä. zu trinken [...]. Wir pflegten das Volkslied und den Volkstanz, zogen mit Klampfen und Fideln auf wunderschöne Fahrten. Es gab Diskussionen jeder Menge und Güte. Für mich eine herrliche Zeit! Aber ich musste jeden Tag zurück in meine Welt, in der ich wegen meiner „verrückten" Ideen belächelt wurde. [...]. Der Vorstand der GdA hatte die Entwicklung unserer Gruppe schon lang mit Misstrauen beobachtet. Im Herbst 1924 erschien plötzlich unangemeldet ein Vertreter desselben auf einem unserer Abende und erklärte die Gruppe wegen linker Tendenzen für aufgelöst. Alle Zuwendungen wurden gestrichen. Wir protestierten heftig – aber ohne Erfolg [...]. Nach Auflösung unserer GdA-Jugendgruppe im Oktober 1924 beschlossen wir in der Mehrheit zusammenzubleiben; vielleicht 20 Leutchen. Wir einigten uns auf den Namen „Wanderbund Florian Geyer"[1] (W.F.G.). Es war eine kämpferische Aussage und entsprach dem Stand unserer politischen Ansicht. [...] Die Stadt Köln anerkannte uns mit unseren Statuten [...], und wir kamen in den Genuss eines Heims in Köln-Sülz [...]. Jeden Abend trafen wir uns dort; nur sonntags nicht, denn da gingen wir auf Fahrt.

Irmgard Klönne, „Ich spring' in diesem Ringe". Mädchen und Frauen in der deutschen Jugendbewegung, Pfaffenweiler 1990, S. 297 ff.

1. *Arbeiten Sie heraus, wie die Jugendlichen versuchten, sich von der Elterngeneration abzusetzen.*
2. *Erläutern Sie, welche Bedeutung für politische Überzeugungen die Jugendbewegungen hatten.*
3. *Stellen Sie Vergleiche mit der heutigen Jugendkultur an.*

[1] *Florian Geyer war im Bauernkrieg 1525 Heerführer der Aufständischen.*

8.7 Sozialpolitische Fortschritte und wirtschaftliche Herausforderungen

Arbeitslosenschlange im Hof des Arbeitsamtes Hannover. Foto um 1930.

1918	Der Achtstundentag wird vereinbart
1920	Der Allgemeine Deutsche Gewerkschaftsbund (ADGB) wird gegründet. Das Betriebsrätegesetz regelt die innerbetriebliche Mitbestimmung
1927	Einführung des Arbeits- und Kündigungsschutzgesetzes für werdende Mütter und der gesetzlichen Arbeitslosenversicherung
1929	Der Zusammenbruch der New Yorker Börse löst eine weltweite Wirtschaftskrise aus
1931	Die zweitgrößte deutsche Bank, die „Darmstädter und Nationalbank", bricht zusammen
1932	6,1 Millionen Arbeitslose in Deutschland

Staatliche Sozialpolitik

Die Folgen des Krieges stellten die Regierung von Anfang an vor gewaltige Herausforderungen. Schwerpunkt war die staatliche Daseinsfürsorge für die Opfer des Krieges (Versehrte, Witwen, Waisen). Aufbauend auf das System der sozialen Sicherung des Kaiserreichs, wurde der Ausbau des Sozialstaates im Art. 151 der Verfassung verankert: „Die Ordnung des Wirtschaftslebens muss den Grundsätzen der Gerechtigkeit mit dem Ziel der Gewährleistung eines menschenwürdigen Daseins für alle entsprechen." (Art. 151)
Ein 1920 eingeführtes *Betriebsrätegesetz* regelte die innerbetriebliche Mitbestimmung. Im Mittel-

punkt der arbeitspolitischen Kämpfe in den Jahren 1923–1929 standen die Arbeitszeit und die Tarifhoheit der Gewerkschaften. Der bereits 1918 ausgehandelte Achtstundentag (an sechs Tagen in der Woche) wurde 1923 auf Druck der Unternehmer wieder aufgeweicht und der Zehnstundentag für prinzipiell zulässig erklärt. Tatsächlich bewegte sich die wöchentliche Arbeitszeit von 1925 bis 1932 zwischen 41,5 und 50,5 Stunden.
Eine wichtige Veränderung in jenen Jahren war die *Einführung des bezahlten Erholungsurlaubs*. Zwischen 1925 und 1928 betrug der Mindesturlaub freilich für 55 % aller tariflich erfassten Arbeitnehmer drei oder weniger Arbeitstage. Höheren Anspruch konnte man nur durch eine lange ununterbrochene Betriebszugehörigkeit erwerben.
1927 wurden das *Arbeits- und Kündigungsschutzgesetz für werdende Mütter* und die *gesetzliche Arbeitslosenversicherung* eingeführt, deren Versorgungssatz allerdings nicht immer das Existenzminimum decken konnte.
Es folgten die *Ausdehnung der sozialstaatlichen Leistungen auf Kranken-, Renten- und Unfallversicherung* sowie der Rechtsanspruch auf *Sozialhilfe*. In der Wirtschaftskrise 1929/30 gab es 12,7 Millionen Fürsorgeempfänger.

Die Arbeitswelt verändert sich

In den Jahren relativer Stabilität nach der Währungsreform 1923 förderten Kredite in Milliardenhöhe, v. a. aus den USA, die Investitions- und Innovationsbereitschaft der deutschen Industrie, die in den Bereichen Maschinenbau, Chemie, optische Geräte, Elektrobranche und Feinmechanik bald eine internationale Spitzenstellung einnahm. Allerdings stiegen in dieser Zeit die Löhne stärker als der Produktionsfortschritt, und die Ausgaben für Sozialleistungen vervielfachten sich. Deshalb wurden unter den Stichworten *Rationalisierung* und *Taylorismus*[1] neue Produktionsverfahren eingeführt und die innerbetriebliche Arbeitsorganisation reformiert (➔ M1). Einzelne Arbeitsabläufe wurden analysiert und auf ihre Effizienz hin geprüft, oft ganze Produktionsstraßen neu organisiert.
Die Stilllegung unrentabler Betriebe auf der einen Seite und die Einrichtung größerer Produktionsanlagen in Schwer- und Autoindustrie andererseits sollten ebenfalls die Arbeitsproduktivität steigern. Insgesamt machte die deutsche Wirtschaft einen Prozess durch, den andere europäische Industrieländer und die USA schon hinter sich hatten.
Für den Einzelnen war damit eine deutliche Veränderung der Arbeitsbedingungen verbunden.

[1] *Taylorismus: nach Frederick W. Taylor (1856–1915); ein System der wissenschaftlichen Betriebsführung, bei dem jeder einzelne Handgriff danach überprüft wurde, wie er schnellstmöglich und Kraft sparend auszuführen war*

Dennoch stand die Arbeiterschaft den Rationalisierungen zunächst positiv gegenüber, denn eine effizientere wirtschaftliche Leistung schien auch steigende Löhne zu versprechen.
Der Preis der betrieblichen Umstrukturierungen war allerdings eine hohe Zahl Arbeitsloser, in den Jahren 1924–1929 nicht unter einer Million im Jahresdurchschnitt.
Für kleine Unternehmer und Handwerker blieben die Gewinne meist niedrig. Dafür machten sie die industrielle Modernisierung verantwortlich. Die antimodernistische und antikapitalistische Gesinnung wuchs in diesen Kreisen ebenso wie bei den Bauern, die unter einer immer größer werdenden Verschuldung litten.

Von der „Great Depression" zur Weltwirtschaftskrise

Die Prosperitätsphase der Zwanzigerjahre hatte an der New Yorker Aktienbörse ein hektisches Spekulationsfieber ausgelöst. Viele Anleger kauften Wertpapiere auf Kredit, um sie nach einem Kursanstieg wieder gewinnbringend veräußern zu können. In wenigen Jahren vervierfachte sich der Wert vieler Aktien und übertraf damit den tatsächlichen Wert der Unternehmen bei weitem.
Erste Anzeichen einer beginnenden Wirtschaftskrise, Überproduktion in der Industrie und in der Landwirtschaft, wollte man nicht wahrhaben. Am 24. Oktober 1929 und noch einmal am 29. Oktober brach die Börse zusammen, manche Papiere verloren bis zu 90 % ihres Wertes. Durch Panikreaktionen von Anlegern, die aus Angst um ihre Ersparnisse die Geldinstitute stürmten oder ihre Aktien verkauften, gerieten die Banken in Liquiditätsschwierigkeiten. Das gesamte amerikanische Wirtschaftssystem brach zusammen.
In den folgenden Monaten mussten in den USA über 9000 Banken und mehr als 100 000 Betriebe Konkurs anmelden. 1932/33 waren rund 15 Millionen Menschen arbeitslos, das war ein Viertel der arbeitsfähigen Bevölkerung.
Die Krise in den USA wirkte sich angesichts der internationalen Wirtschaftsverflechtungen zwangsläufig auch auf andere Länder aus. Um zahlungsfähig zu bleiben, zogen die amerikanischen Banken ihre kurzfristigen Kredite wieder aus Europa ab. Außerdem erhöhte der amerikanische Präsident *Herbert C. Hoover* (1874–1964) zum Schutz der eigenen Industrie drastisch die Importzölle. Die dadurch ausgelöste Drosselung des Welthandels sowie das in Europa fehlende Kapital für Neuinvestitionen lösten einen Flächenbrand aus. Es folgte die schwerste Wirtschaftskrise seit Beginn der „Industriellen Revolution". Aus der „Great Depression" wurde die Weltwirtschaftskrise.

Die Auswirkungen auf Deutschland

Im Deutschen Reich war es bereits Ende 1928 zu einem Konjunkturrückgang gekommen und die Zahl der Arbeitslosen auf 1,89 Millionen im Jahresdurchschnitt gestiegen. Ein Jahr später griff die Weltwirtschaftskrise auf Deutschland über. Die Lage verschlechterte sich rapide. Steigende Arbeitslosenzahlen senkten die Kaufkraft der Bevölkerung und die Steuereinnahmen des Staates erheblich. Die geringere Nachfrage führte zu weiteren Produktionsdrosselungen und erneuten Entlassungen. So drehte sich die verhängnisvolle Spirale immer weiter (→ M2 und M3).

Erschwerend kam hinzu, dass Deutschland wegen der Folgekosten des Ersten Weltkrieges in hohem Maße auf den Export und auf ausländische Kredite angewiesen war. Deshalb traf die weltweite Depression das Deutsche Reich besonders heftig, als das Ausland 1931 verstärkt seine kurzfristigen Kredite zurückzog. Viele deutsche Banken, die längerfristige Investitionsprogramme der Industrie finanziert hatten, kamen in Zahlungsschwierigkeiten (*Bankenkrach*). Nach dem Zusammenbruch der zweitgrößten deutschen Bank, der *Darmstädter und Nationalbank* (*Danat*), zahlten alle Banken nur noch in begrenztem Umfang Geld aus.

1932 erreichte die Krise ihren Höhepunkt. Die industrielle Produktion ging auf die Hälfte des Standes von 1928 zurück. Im Februar meldeten sich 6,128 Millionen Beschäftigte arbeitslos. Wahrscheinlich lag die tatsächliche Zahl höher, sodass in Deutschland nahezu jede zweite Familie unter der Wirtschaftskrise zu leiden hatte. Viele kleine und mittlere Unternehmer verloren ihre Betriebe durch Konkurs. Angestellte und Arbeiter brachte die Arbeitslosigkeit in große Not. Die Unterstützung für Arbeitslose bewegte sich bereits am Rande des Existenzminimums. Trotzdem wurde sie ab Juni 1932 noch einmal gekürzt. Wer dann nach einem Jahr keine Unterstützung mehr erhielt, konnte lediglich auf die örtlichen Wohlfahrtsverbände hoffen (→ M4). Ein Gefühl der Unsicherheit machte sich breit, das über die unmittelbar Betroffenen hinaus die gesamte Bevölkerung erfasste. Die allgemeine Katastrophenstimmung schürte die Anfälligkeit für radikale Patentrezepte von rechts und links.

Andrang vor der Städtischen Sparkasse Berlin. Foto vom 16. Juli 1931.
Zur Überwindung der Bankenkrise waren die Geldinstitute mehrere Tage geschlossen und der Kontrolle der Regierung unterstellt worden.

M1 Die Arbeit „fließt"

Eine Arbeiterin der Allgemeinen Elektricitäts Gesellschaft (AEG) in Berlin aus der Stromzählermontage berichtet 1926 über ihre Arbeit:

Du hebst die Sicherungsstücke zum Beispiel, die bearbeitet werden sollen, vom Band auf und fügst ein Stück Draht oder mittels einer kleinen Bohr- oder Stanzmaschine irgendwelche Formen ein. Aber beeile dich nur, denn schon kommen die nächsten Sicherungen, die nächsten Arbeitsstücke. Sie sind nur noch einige Zentimeter von dir entfernt. Und bist du noch nicht mit deinen Stücken fertig und legst sie schnell wieder auf das Fließband zurück, so segeln die nächsten Stücke stumm an dir vorüber, ohne dass du sie noch fassen kannst: zu deinem Nachbarn, der aber damit nichts anfangen kann, weil du vorher deine Arbeit an ihnen getan haben musst, bevor der Nächste sie weiter vollendet. Und stockst du, so muss dein Nachbar stocken, und das setzt sich dann fort bis zum Ende des Bandes. Dieses wirft dann die unbearbeiteten Rohstücke wieder aus. Der Meister kommt. Er stellt die schuldige Person fest: Schon steht sie auf der Abbauliste[1]. Aber auch deine nachbarlichen Arbeitskollegen werden darüber erregt, wenn du versagst. Denn es wird Gruppenakkordlohn gezahlt. Versagt ein Einzelner oder arbeitet auch nur etwas langsamer, so vermindert sich der Tagesauswurf des Fließbandes; die Gruppe und damit auch der einzelne Arbeiter erhält weniger Lohn. Oft ist ein Arbeitskollege nur zu leicht geneigt, nicht den antreibenden Meister, das raffinierte System der „Flussproduktion", ihr zu schnelles Tempo anzuklagen, sondern den eignen Arbeitskollegen. Das umso mehr, als jeder Arbeiter während der ganzen Arbeitszeit stumm, lautlos, ohne jegliche überflüssige oder auch nur lästige Bewegung dasteht, stets aufmerksam das „Band" oder seine Arbeitsstücke beobachtet. Und da kann niemand sich ein freundliches Wort, eine Aufmunterung zurufen, bei der Arbeit ein wenig pfeifen oder singen. Dazu ist keine Zeit und Lust mehr, man hört nur die Maschinen, das Knirschen des laufenden Bandes und das Auf- und Abheben der Arbeitsstücke, obwohl viele Hundert Arbeiter und Arbeiterinnen in demselben Arbeitsraum vereinigt sind. Das Band fängt an zu laufen auf die Sekunde genau um 7 Uhr. Und nun heißt es, acht Stunden lang mit der Bewegung des Bandes sich mitbewegen. [...] Aber man ist „human" genug, nach zwei Stunden eine Pause von 10 Minuten einzuschieben; da heißt es dann, sich schnell die Nase zu putzen, ein Stück Brot zu kauen, stille Örtlichkeiten aufzusuchen. Denn die 10 Minuten sind schnell um, und das Band läuft schon wieder. Das Tempo des Fließbandes treibt jeden gleichmäßig zur Arbeit an, hält alle in Atem. Als das Treibband anfangen sollte zu laufen, da wusste man noch nicht, wie viel die Knochen der Arbeiter hergeben können. Mithilfe der Stoppuhr wurden die geschwindesten Bewegungen bei den geschicktesten und geschmeidigsten Kollegen auf den Bruchteil einer Sekunde genau gemessen. Danach stellte man das Tempo des Bandes ein. [...] Auf jene „Musterbänder" mit den besonders gefügigen Arbeitern konnte der Meister nun stets verweisen, wenn andere Arbeitsgruppen an den übrigen Bändern gegen das Tempo und die bewilligten Akkorde aufbegehrten. So hatte man es nun geschafft. Es wurde abgebaut. Allmählich waren nur zwei Drittel der alten Belegschaft im Betrieb. Aber die Zahl der produzierten Stücke war nicht zurückgegangen, sondern noch gestiegen. Denn das Tempo des Bandes wurde allmählich immer mehr gesteigert [...].

Die Rote Fahne vom 18.4.1926

1. *Stellen Sie die Argumente zusammen, die gegen die Fließbandarbeit vorgebracht werden.*
2. *Diskutieren Sie, welche Auswirkungen Fließbandarbeit auf die körperliche und psychische Verfassung der Menschen hat.*

[1] *Abbauliste: Kündigungsliste*

M2 Arbeitslosigkeit in ausgewählten Ländern 1925–1933 (in Prozent)

Jahr	Deutsches Reich[2]	Frankreich[3]	Großbritannien[4]	USA[5]
1925	3,4	3,0	11,3	5,9
1926	10,0	3,0	12,5	2,8
1927	6,2	11,0	9,7	5,9
1928	6,3	4,0	10,8	6,4
1929	8,5	1,0	10,4	4,7
1930	14,0	2,9	16,1	13,0
1931	21,9	6,5	21,3	23,3
1932	29,9	15,4	22,1	34,0
1933	25,9	14,1	19,9	35,3

Dietmar Petzina u.a., Sozialgeschichtliches Arbeitsbuch III, München 1978, S. 119 und Dietmar Petzina, Die deutsche Wirtschaft in der Zwischenkriegszeit, Wiesbaden 1977, S. 16f.

1. *Setzen Sie die Tabelle in eine geeignete Diagrammform um.*
2. *Vergleichen Sie die Entwicklung der Arbeitslosigkeit in den einzelnen Ländern.*

[2] *abhängige Erwerbspersonen*
[3] *abhängige Erwerbspersonen in Bergbau, Bau und Industrie*
[4] *Arbeitslose ermittelt auf der Grundlage der Erwerbslosenversicherung*
[5] *nichtagrarische Erwerbspersonen*

M3 Arbeitslos – und dann?

Ein anonymer Betroffener beschreibt 1930 in der „Arbeiter Illustrierten Zeitung" seine Situation:

Du hast eines Tages den berühmten „blauen Brief" erhalten; man legt auf deine Arbeitskraft kein Gewicht mehr, und du kannst dich einreihen in die große „graue Masse" der toten Hände und überflüssigen Hirne, denn die Maschine ersetzt dich, und jüngere Arbeitskräfte leisten für weniger Geld deine Arbeit. [...]

Was dir zunächst als persönliches Schicksal und individuelles Unglück erscheint auf dem Arbeitsnachweis[1], wo du dich zunächst melden musst, damit du später (nach der zufriedenstellenden Beantwortung von über 300 Fragen auf X Fragebögen) die Erwerbslosenfürsorge in Anspruch nehmen kannst, auf dem Arbeitsnachweis merkst du: wie dir geht es tausenden. [...] Hier beginnt dein Leidensweg. Man fragt dich aus, wo du in den letzten vier Jahren beschäftigt warst, du musst deinen Lebenslauf schreiben, den Besuch der Schulen angeben, schreiben, warum du entlassen worden bist usw. [...] Nach peinlicher Befragung erhältst du deine Stempelkarte und gehst damit los zur Erwerbslosenfürsorge. Und hier setzt man dir mit Fragen zu, bis du keinen trockenen Faden mehr am Leibe hast. Dass du lebst, glaubt man dir noch, aber wo du in den letzten drei Jahren gelebt hast, musst du aufgrund polizeilichen Stempels und amtlicher Unterschrift nachweisen. [...] Normalerweise hast du drei bis vier Tage zu tun, um alle Papiere beisammen zu haben, und dann kriegst du Unterstützung? So schnell geht das nicht! Erst wenn dein Antrag geprüft und von X Beamten unterschrieben ist, kannst du im günstigsten Fall nach vierzehn Tagen dein erstes Geld holen. [...]

Deine Unterstützung richtet sich nach deinem Arbeitsverdienst in den letzten 26 Wochen. Aber ganz gleich, ob du 8,80 Mk oder 22,05 Mk (Höchstsatz) als Lediger pro Woche erhältst, die paar Pfennige sind zum Leben zu wenig und zum Sterben zu viel. 26 Wochen darfst du stempeln und Unterstützung beziehen, dann steuert man dich aus, und du kommst in die Krisenfürsorge, deren Sätze erheblich niedriger sind. Und nach weiteren 26 oder 52 Wochen erhältst du gar nichts mehr. [...]

Wochenschau für politische Erziehung, Sozial- und Gemeinschaftskunde, 48 (1997) 1, S. 33

1. *Beschreiben Sie die Hindernisse, die Arbeitslose zu überwinden hatten, bevor sie Unterstützung bekamen. Finden Sie heraus, was die Betroffenen heute tun müssen.*
2. *Diskutieren Sie, welche Auswirkungen Arbeitslosigkeit auf die politische Einstellung der betroffenen Personen haben kann.*

M4 Obdachlos

Der Journalist Siegfried Kracauer (1889–1966) schildert den Alltag in einer Berliner Wärmehalle 1931:

In der Ackerstraße liegt die große Wärmehalle des Wohlfahrtsamts Mitte, die jedermann ohne Ausweis betreten kann.

Wo einst die Wagen geputzt wurden, wimmelt es jetzt von Menschen, die schon lange nicht mehr geblinkt haben. Trübe und Armut sind bis auf Weiteres Geschwister. Wie viele Leute sich hier täglich versammeln? „Ungefähr 1800 bis 2500", bedeutet mir der Hallenleiter, ein wohlmeinender Mann, der sein Stammpublikum kennt und mit den Besuchern anscheinend auf gute Art fertig wird. Sie stehen – junge Burschen, Männer und Greise – in Gruppen zusammen, sitzen wie in den Arbeitsnachweisen auf Wartesaalbänken und genießen die Wärme, die eine Voraussetzung nackten Lebens ist, als besondere Wohltat. [...]

Ausgesteuerte und Leute, die in der Wohlfahrt sind, bilden das Gros. Auch Doktoren seien unter ihnen zu finden, betont der Leiter nicht ohne einen Anflug von Trauer und Stolz. [...]

„Wie leben diese Leute?", erkundige ich mich beim Leiter. „Viele von ihnen", erwiderte er, „verbringen hier die Zeit zwischen 7 und 3; so lange ist die Halle täglich, auch sonntags, geöffnet. Um 5 Uhr suchen sie das Asyl auf, wo sie schlafen können und verköstigt werden. Das Asyl schließt um 6 Uhr in der Frühe und dann kommen sie wieder zu uns."

Nach einer Pause: „Arbeit zu finden ist schwer. Und wenn sie gefunden wäre, müssten die Leute erst noch eine Zeit lang unterstützt werden, um sich wieder an ein menschenwürdiges Dasein zu gewöhnen."

Geboten wird den Besuchern ein halber Liter Kaffee für 5 Pfennige und vier Brötchen zu 10 Pfennigen. Eine Kostprobe überzeugt mich davon, dass der Kaffee anständig schmeckt. Die mehr geistigen Ansprüche werden durch einen Radioapparat und eine Bibliothek zu befriedigen gesucht.

Werner Abelshauser/Anselm Faust/Dietmar Petzina (Hrsg.), Deutsche Sozialgeschichte 1914-1945. Ein historisches Lesebuch, München 1985, S. 343 f. (© Suhrkamp Verlag, Frankfurt/Main)

1. *Erläutern Sie, welche gesellschaftlichen Gruppen von der Armut betroffen waren.*
2. *Vergleichen Sie die Unterschiede und Gemeinsamkeiten in der Lebenssituation von Arbeitslosen in der Weimarer Republik und heute.*

[1] *Arbeitsnachweis: Erfassungsstelle für Arbeitslose*

8.8 Die Zerstörung der Republik

„Die Sonnenfinsternis." Gemälde von George Grosz, 1926. Der blutrote Säbel und das Kreuz in den Kaiserfarben „Schwarzweißrot" vor Reichspräsident von Hindenburg verweisen auf dessen militärische Vergangenheit als Generalfeldmarschall. Von den Einflüsterungen der Militär- und Wirtschaftsbosse gelenkt gibt er dem Ministerrat seine Befehle. Der Pappesel frisst blindgläubig das Papier der Presse.

1930	Die Große Koalition, die letzte Regierung mit einer Mehrheit im Parlament, zerbricht
ab 29.3.1930	Heinrich Brüning regiert als Kanzler des ersten Präsidialkabinetts mit Notverordnungen, ohne Mehrheit im Parlament
14.9.1930	Reichstagswahl mit deutlichem Stimmenzuwachs der radikalen Parteien
20.7.1932	„Preußenschlag": Papen übernimmt als Reichskommissar die Regierungsgewalt in Preußen
31.7.1932	Die NSDAP wird bei den Reichtstagswahlen zur stärksten Partei
30.1.1933	Adolf Hitler wird Reichskanzler

Präsidialkabinette – regieren ohne Mehrheit?

Nach den Wahlen vom 20. Mai 1928, bei denen die Parteien der bürgerlichen Mitte zum Teil erhebliche Stimmenanteile einbüßten, bildete die SPD als stärkste Fraktion mit dem Zentrum, der DDP, der DVP und der Bayerischen Volkspartei (BVP) die *Große Koalition*, deren politische Ziele aber selten auf einen gemeinsamen Nenner zu bringen waren. Als Reichsaußenminister Stresemann, dessen integrative Persönlichkeit die Regierungskoalition zusammengehalten hatte, im Oktober 1929 starb, war das Auseinanderbrechen des Regierungsbündnisses nur noch eine Frage der Zeit. Insbesondere auf dem Gebiet der Wirtschafts- und Sozialpolitik ließen sich die Unterschiede zwischen SPD und DVP kaum mehr überbrücken.

Die letzte von einer parlamentarischen Mehrheit getragene Regierung scheiterte schließlich, nur weil sie sich – bei einer Differenz von 0,5 % – nicht auf einen Beitragssatz zur Arbeitslosenversicherung einigen konnte, und trat am 27. März zurück.

Da es den Parteien nicht mehr gelang, regierungsfähige Mehrheiten zu bilden, schlug *General von Schleicher*, der Chef des Ministeramtes im Reichswehrministerium, Hindenburg eine Regierungsbildung neuen Stils vor, um die alten Eliten wieder an die Macht zu bringen. Eine rechts orientierte bürgerliche Regierung sollte – losgelöst vom Parlament – nur dem Reichspräsidenten verantwortlich sein (*Präsidialkabinett*). Die Handlungsfähigkeit des Kabinetts garantierte der Präsident durch die *Verfassungsartikel 48 (Notverordnungsrecht)* und 25 (*Reichstagsauflösung*). Hindenburg stimmte zu und ernannte am 29. März 1930 *Heinrich Brüning* zum Reichskanzler.

Brüning nahm mit einer rigiden Sparpolitik die hohe Arbeitslosigkeit in Kauf, um den Alliierten die Unerfüllbarkeit ihrer Reparationsforderungen[1] deutlich vor Augen zu führen.

Um den Staatshaushalt ausgeglichen zu gestalten, reduzierte Brüning die staatlichen Ausgaben drastisch. Gehaltskürzungen im öffentlichen Dienst, Leistungsabbau im sozialpolitischen Bereich und Steuererhöhungen führten allerdings zu einem erheblichen Kaufkraftverlust der Bevölkerung und verminderten die Einnahmen des Staates noch weiter. Als sich der Reichstag im Juli 1930 weigerte, neuen einschneidenden sozialpolitischen Maßnahmen der Regierung zuzustimmen, löste ihn der Reichspräsident auf und setzte für den 14. September Neuwahlen fest. In der Zwischenzeit regierte Brüning mit Notverordnungen.

Attacken auf die Republik

Mit ihren nationalistisch-antisemitischen Parolen mobilisierte die NSDAP viele Bürger, die zwei Jahre vorher noch nicht gewählt hatten. Ihr Stimmenanteil wuchs von 800 000 (1928) auf nun 4,6 Millionen. Damit wurde die NSDAP mit 107 Abgeordneten zur zweitstärksten Fraktion hinter der SPD (143). Der Verfall der bürgerlichen Mitte setzte sich rapide fort. In den Augen vieler hatten Demokratie und Parlamentarismus versagt (➔ M1).

Nach der „Erbitterungswahl“ von 1930 tolerierte die SPD in der Folgezeit aus Angst vor einer weiteren Radikalisierung des Wählerwillens Brünings Notverordnungspraxis. Damit wurde der Reichstag weitgehend seiner legislativen Funktion beraubt. Waren es 1930 noch 98 Gesetze, die er verabschiedete, so sank die Zahl 1932 auf fünf! Im Gegenzug dazu schnellte die Anzahl der Notverordnungen im gleichen Zeitraum von fünf auf 66 hoch.

[1] *Um die Reparationsfrage endlich zum Abschluss zu bringen, wurde Anfang Mai 1930 der Young-Plan in Kraft gesetzt, der die Gesamtsumme auf 114 Milliarden Goldmark festlegte, die in Teilzahlungen von jährlich etwa 2,5 Milliarden abzuleisten waren.*

„Notverordnung.“ Karikatur von Erich Schilling aus dem „Simplicissimus“ vom 16. Februar 1931. Sie trägt folgende Unterschrift: „Nach den Erfahrungen der letzten Wochen ist verfügt worden, dass jeder Demonstrationszug seinen eigenen Leichenwagen mitzuführen hat.“

- ▶ *Beschreiben Sie, welche Gefühlslage bei den Menschen durch diese Karikatur zum Ausdruck gebracht werden soll.*
- ▶ *Diskutieren Sie über die Gefahren für ein demokratisches Staatswesen, wenn das Gewaltmonopol nicht mehr ausschließlich beim Staat liegt.*

Brüning, der noch im April 1932 die paramilitärischen Kampfgruppen der NSDAP, die SA und die SS[1], wegen blutiger Straßenschlachten hatte verbieten lassen, verlor zunehmend das Vertrauen Hindenburgs und trat Ende Mai zurück.

Franz von Papen, der dem rechten Flügel des Zentrums angehörte, bildete ein neues Kabinett, in dem von 11 Ministern sieben adlig waren („Kabinett der Barone").

Der Reichstag wurde aufgelöst, die SA wieder zugelassen und Neuwahlen für den 31. Juli ausgeschrieben. Hitler verweigerte auch dieser Regierung die Zusammenarbeit und attackierte sie im Wahlkampf schonungslos. Die Aufhebung des SA-Verbots wirkte sich für die politische Atmosphäre verheerend aus. Bei Straßenkämpfen wurden Hunderte von Menschen getötet.

Der Weg in die Diktatur

Am 20. Juli 1932 ließ Papen die sozialdemokratische Regierung Preußens durch Verordnung des Reichspräsidenten absetzen („*Preußenschlag*"). Für die Rechte war die SPD-geführte Regierung in Preußen seit je ein Ärgernis gewesen. Damit war die bisher stabilste Stütze der Demokratie in Deutschland gefallen. Papen übernahm als Reichskommissar die Regierungsgeschäfte in Preußen.

Die Neuwahlen am 31. Juli 1932 brachten der NSDAP einen sensationellen Erfolg. Sie verdoppelte ihre Mandatszahl und wurde stärkste Fraktion. Nach diesem Wahlerfolg forderte Hitler für sich das Amt des Reichskanzlers. Hindenburg lehnte ab. Er sah in Hitler den Anführer einer sektiererischen Partei.

Gleich in der ersten Sitzung des neu gewählten Reichstags am 30. August sprach eine deutliche Mehrheit Papen das Misstrauen aus (512 gegen 42). Trotz dieser vernichtenden parlamentarischen Niederlage blieb er im Amt und löste den Reichstag am 12. September erneut auf. Am 6. November fanden Neuwahlen statt. Die KPD konnte wiederum ihren Stimmenanteil steigern, während die NSDAP überraschend zwei Millionen Wähler verlor. Die Partei steckte seit Wochen in einer schweren finanziellen Krise. Hitler wusste, dass ihm nicht mehr viel Zeit blieb, sein Ziel zu erreichen, da sich die Wirtschaftslage allmählich besserte und viele nationalsozialistische Parolen gegenstandslos wurden.

Als von Papen zur Überwindung der parlamentarischen Blockade durch die antidemokratischen Parteien den Staatsnotstand auszurufen beabsichtigte, wurde er von Hindenburg am 3. Dezember entlassen. Von Papens Nachfolger, General von Schleicher, wollte mit einem „sozialen" Programm neue Arbeitsplätze schaffen. Er scheiterte, weil ihm die Gewerkschaften und die SPD ihre Unterstützung versagten.

Reichspräsident von Hindenburg wurde nun von seinem engsten Beraterkreis, von führenden Unternehmern aus Wirtschaft und Industrie und vor allem durch von Papen bedrängt, Hitler zum Reichskanzler zu ernennen (→ M2). Für von Papen war der Vizekanzlerposten vorgesehen. Zusammen mit den anderen konservativen Ministern glaubte er, die drei Nationalsozialisten Hitler, Frick und Göring ausreichend „eingerahmt" zu haben. Am 28. Januar 1933 trat von Schleicher zurück und der Reichspräsident ernannte zwei Tage später Hitler zum Kanzler (→ M3).

„Der Reichstag wird eingesargt." Collage des Grafikers und Bühnenbildners John Heartfield (eigentlich Helmut Herzfelde) für die „Arbeiter Illustrierte Zeitung", 30. August 1932.

[1] *SS: „Schutzstaffel"; 1925 zum persönlichen Schutz Hitlers gegründete Sonderformation*

M1 „Nicht unser Staat"

Der sozialdemokratische Reichstagspräsident Paul Löbe (1875-1967) berichtet in seinen Lebenserinnerungen vom Stil der parlamentarischen Arbeit nach den Reichstagswahlen von 1930:

Einige Jahre konnte der Reichstag wieder ordnungsgemäß arbeiten. Als aber 1930 das deutsche Volk 107 Nationalsozialisten neben 77 Kommunisten in den Wallot-Bau[1] entsandte und 40 deutschnationale Hugenbergianer[2] ihre schützende Hand über die Nazis hielten, brach der Sturm aufs Neue los. Äußerste Rechte und äußerste Linke warfen sich die Bälle zu, unterstützten gegenseitig ihre Obstruktionsanträge[3], begleiteten die jeweiligen Schimpfkonzerte ihrer Antipoden mit tosendem Beifall und versuchten durch unsinnige und demagogische Anträge die Arbeit des Parlaments und der Regierung lahmzulegen. Auch dort, wo es zu äußerlichen Störungen nicht kam, sorgte oft eine durchtriebene Unehrlichkeit dafür, die Volksvertretung zu diskreditieren. Bei einer Reichshaushaltsberatung stellten die Kommunisten eine Reihe von Anträgen, unsympathische Steuern und Abgaben aufzuheben oder herabzusetzen, so dass bei Annahme dieser Anträge die Reichseinnahmen von zehn Milliarden auf sechs vermindert worden wären. Bei dem Ausgabenetat kamen dann so viel populäre Anträge auf Rentenerhöhungen, Wohnhausbauten, Erweiterung des Kreises der Versorgungsberechtigten, dass die Ausgaben des Etats von zehn auf 14 Milliarden steigen mussten. Als ich den kommunistischen Wortführer fragte, woher die Mittel für eine solche Wirtschaft kommen, wie das Defizit von acht Milliarden gedeckt werden sollte, erwiderte er kaltschnäuzig, darüber könne sich ja die Regierung den Kopf zerbrechen, „es ist ja nicht unser Staat, sondern der eure". Genauso unehrlich war die Taktik der nationalsozialistischen Fraktion. Sie beantragte, dass niemand im Reich mehr als tausend Mark Monatseinkommen beziehen sollte, dachte aber gar nicht daran, selbst diesen Grundsatz zu befolgen, sondern wollte mit solch demagogischen Anträgen nur die anderen Parteien in Verlegenheit bringen [...].

Günter Schönbrunn (Bearb.), Weltkriege und Revolutionen, München [5]1995, S. 249

1. *Beschreiben Sie, wie Radikale von links und rechts die parlamentarische Arbeit lahmlegten.*
2. *Diskutieren Sie, welche Wirkung diese Parlamentsarbeit auf die Öffentlichkeit haben musste.*
3. *Lebenserinnerungen sind zwar aus unmittelbarem Erleben heraus geschrieben, aber meistens mit zeitlichem Abstand. Außerdem sind sie natürlich subjektiv und für einen bestimmten Adressatenkreis gedacht. Diskutieren Sie ihren Nutzen und Nachteil als historische Quelle.*

M2 „Zu bejahender Kraft mitreißen"

Mitte November 1932 richten führende Persönlichkeiten aus Wirtschaft und Industrie sowie aus großagrarischen Kreisen an den Reichspräsidenten die Bitte, Hitler zum Kanzler zu ernennen:

Mit Eurer Exzellenz bejahen wir die Notwendigkeit einer von parlamentarischen Parteiwesen unabhängigen Regierung, wie sie in dem von Eurer Exzellenz formulierten Gedanken eines Präsidialkabinetts zum Ausdruck kommt.
Der Ausgang der Reichstagswahl vom 6. November d. J. hat gezeigt, dass das derzeitige Kabinett [...] für den von ihm eingeschlagenen Weg keine ausreichende Stütze im deutschen Volk gefunden hat.
[...] Gegen das bisherige parlamentarische Parteiregime sind nicht nur die Deutschnationale Volkspartei und die ihr nahestehenden kleineren Gruppen, sondern auch die Nationalsozialistische Deutsche Arbeiterpartei grundsätzlich eingestellt und haben damit das Ziel Eurer Exzellenz bejaht. [...] Es ist klar, dass eine des Öfteren wiederholte Reichstagsauflösung mit sich häufenden, den Parteikampf immer wieder zuspitzenden Neuwahlen nicht nur einer politischen, sondern auch jeder wirtschaftlichen Beruhigung und Festigung entgegenwirken muss. Es ist aber auch klar, dass jede Verfassungsänderung, die nicht von breitester Volksströmung getragen ist, noch schlimmere wirtschaftliche, politische und seelische Wirkungen auslösen wird. [...]
Die Übertragung der verantwortlichen Leitung eines mit den besten sachlichen und persönlichen Kräften ausgestatteten Präsidialkabinetts an den Führer der größten nationalen Gruppe wird die Schlacken und Fehler, die jeder Massenbewegung notgedrungen anhaften, ausmerzen und Millionen Menschen, die heute abseits stehen, zu bejahender Kraft mitreißen.

Wolfgang Michalka und Gottfried Niedhart (Hrsg.), Deutsche Geschichte 1918-1933, Frankfurt/Main 1992, S. 224f.

1. *Analysieren und bewerten Sie die Argumente für eine Berufung Hitlers zum Reichskanzler.*
2. *Erörtern Sie über den Text hinausgehend die Absichten der Verfasser dieses Schreibens.*

---

[1] *Gemeint ist der Reichstag, den der Architekt Paul Wallot (1841–1912) entwarf.*

[2] *Alfred Hugenberg (1865–1951) war Medienunternehmer, der mit seinen rechtsnationalen Produkten großen Einfluss auf die öffentliche Meinung in der Weimarer Republik ausübte; von 1928 bis 1933 war er Vorsitzender der DNVP.*

[3] *Obstruktion: Verschleppung, Verhinderung*

M3 Warum scheiterte die Republik?

Der Historiker Hagen Schulze (geb. 1943) fasst die Ursachen des Scheiterns der Weimarer Republik zusammen:

Woran ist also Weimar gescheitert? Die Antwort ist nicht mit letzter wissenschaftlicher Präzision zu geben, aber einiges lässt sich doch ausmachen: die wichtigsten Gründe liegen auf dem Feld der Mentalitäten, der Einstellungen und des Denkens. In der Mitte des Ursachenbündels finden sich eine Bevölkerungsmehrheit, die das politische System von Weimar auf die Dauer nicht zu akzeptieren bereit war, sowie Parteien und Verbände, die sich den Anforderungen des Parlamentarismus nicht gewachsen zeigten. Die Ursachen für diese Defekte dürften überwiegend in langfristigen, aus den besonderen Bedingungen der preußisch-deutschen Geschichte zu erklärenden Zusammenhängen zu suchen sein, verstärkt durch die Entstehungsbedingungen des Weimarer Staatswesens und seiner außenpolitischen Belastungen. Die Übertragung dieser ungünstigen Gruppenmentalitäten auf das Weimarer Regierungssystem wurde durch den Wahlrechtsmodus erheblich begünstigt; andere Merkmale der formalen Verfassungsordnung, wie ihr mangelnder normativer Charakter oder der Föderalismus, wirkten nur in zweiter Linie destabilisierend, während das starke präsidiale Moment daneben auch stabilisierende Komponenten enthielt, die allerdings letzten Endes nicht zum Zuge kamen. Die antirepublikanischen Tendenzen in Armee, Bürokratie und Justiz waren grundsätzlich beherrschbar, eine Frage des Machtbewusstseins von Parteien und Regierung. Die gesellschaftlichen und wirtschaftlichen Rahmenbedingungen waren hauptsächlich langfristig wirksam, indem sie auf die Mentalitäten von Bevölkerung und einzelnen Gruppen einwirkten; aktuelle ökonomische Krisen verstärkten die destabilisierenden Momente, verursachten sie aber nicht.

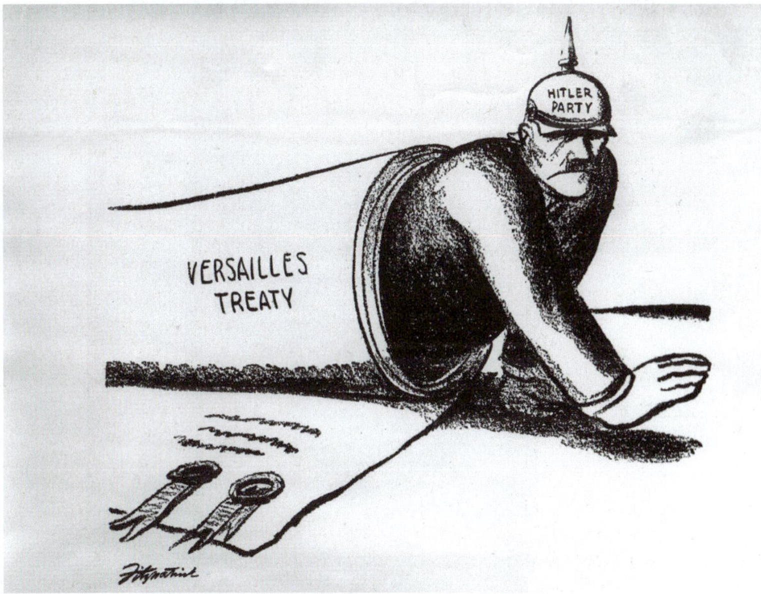

„The source." (Die Quelle).
Karikatur von Daniel Fitzpatrick aus der amerikanischen Zeitung „St. Louis Dispatch" vom 18. Oktober 1930 als Reaktion auf die „Erdrutschwahl" vom 14. September 1930.
► Erörtern Sie, ob der Versailler Friedensvertrag wirklich die vom Karikaturisten dargestellte Bedeutung für den Erfolg Hitlers hatte.

Lapidar lässt sich also schließen: Bevölkerung, Gruppen, Parteien und einzelne Verantwortliche haben das Experiment Weimar scheitern lassen, weil sie falsch dachten und deshalb falsch handelten. Auch auf dem Umweg über die Strukturanalyse gelangt man so zu dem Schluss, dass Weimar nicht schicksalhaft oder bedingt durch anonyme Sachzwänge scheitern musste – die Chance der Gruppen wie der Einzelnen, sich für Weimar zu entscheiden und dem Gesetz der parlamentarischen Demokratie zu gehorchen, nach dem man angetreten war, hat immer bestanden.

Hagen Schulze, Weimar. Deutschland 1917–1933, Berlin ²1982, S. 425

1. *Arbeiten Sie aus dem Text die Gründe für das Scheitern der Republik heraus. Formulieren Sie knappe Thesen und diskutieren Sie deren Gewichtung.*
2. *Stimmen Sie mit den Ansichten des Autors in allen Punkten überein? Ergänzen Sie eigene Gründe für das Scheitern.*

Zusammenfassen und vertiefen

Briefmarke zum 20-jährigen Bestehen der Bundesrepublik Deutschland im Jahre 1969.
► Die Gestaltung des Bundesadlers schloss sich bewusst an den Reichsadler in der Weimarer Republik an. Recherchieren Sie, wie sich die Gestaltung des Reichsadlers in der Weimarer Republik von der Gestaltung während der Kaiserzeit unterschied.

1. *Die hier abgebildete Briefmarke setzt die Weimarer Verfassung in Beziehung zum Grundgesetz der Bundesrepublik Deutschland. Arbeiten Sie aus einem Vergleich der Weimarer Verfassung mit dem Grundgesetz der Bundesrepublik Deutschland Gemeinsamkeiten und Unterschiede bezüglich der Stellung von Präsident, Parlament und Kanzler heraus. Welche strukturellen Veränderungen gegenüber der Weimarer Verfassung wurden im Grundgesetz verankert?*
2. *Stellen Sie die wesentlichen Unterschiede zwischen einer parlamentarischen Demokratie und einem Rätesystem hinsichtlich Wählerschaft, Mandat, Gewaltenteilung und Menschenbild heraus.*
3. *„Wenn es gegen innenpolitische Gegner der Republik ging, legte die Reichswehr in ihrem Vorgehen unterschiedliche Maßstäbe an."*
   Belegen Sie die Richtigkeit dieser Aussage mithilfe konkreter historischer Beispiele aus den Jahren 1919–1923.
4. *Recherchieren Sie, welche außen- und wirtschaftspolitischen Positionen die wichtigsten Parteien (KPD, SPD, Zentrum, DDP, DVP, DNVP) gegenüber der Republik einnahmen.*
5. *Nennen Sie zentrale Zielsetzungen der deutschen Außenpolitik seit 1919 und erläutern Sie deren Umsetzung bis 1925 an Beispielen.*
6. *Untersuchen Sie, welche Probleme die Weimarer Republik mit plebiszitären Elementen hatte, und erläutern Sie, welche Konsequenzen das Grundgesetz daraus zog.*
7. *Das Jahr 1923 wird als Krisenjahr der Weimarer Republik bezeichnet. Beschreiben Sie kurz wichtige Ereignisse dieses Jahres und versuchen Sie einen kausalen Zusammenhang zwischen ihnen herzustellen.*
8. *Nennen Sie Gründe, warum der 1919 neu geschaffene Völkerbund weitgehend machtlos blieb.*
9. *Skizzieren Sie wichtige Gründe für das Scheitern der Weimarer Republik.*

➔ *siehe auch S. 524.*

9

Der Nationalsozialismus

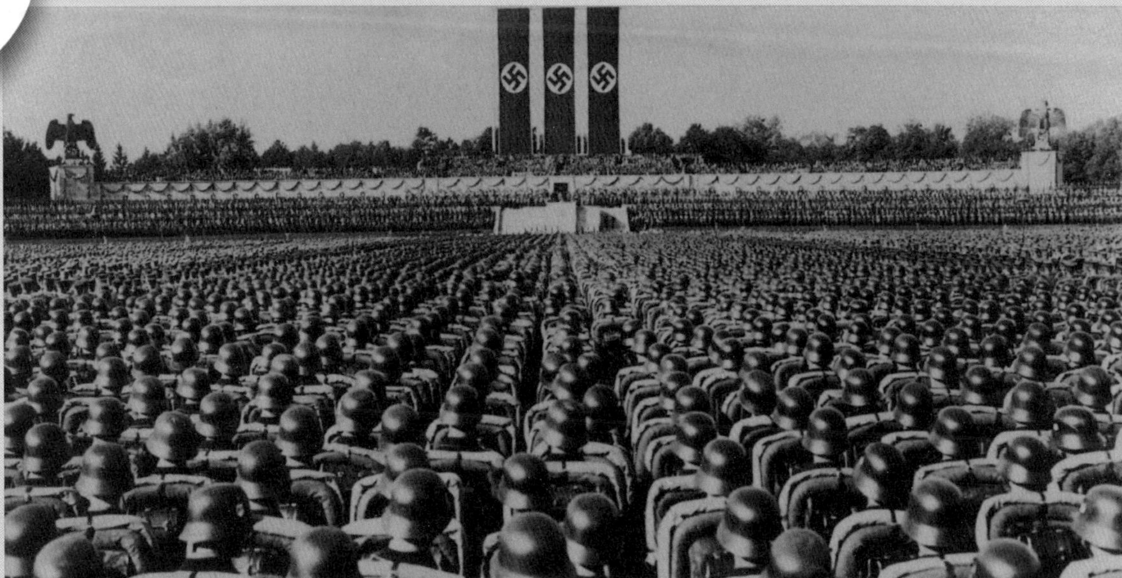

Reichsparteitag 1936 in Nürnberg. Die SS ist zum „Großen Appell" angetreten.

Der Umgang mit der NS-Diktatur – eine Erb-Last der Deutschen?

Über sechzig Jahre nach dem Ende des Zweiten Weltkriegs ist die Erinnerung an die nationalsozialistische Vergangenheit präsent wie kein anderer Abschnitt deutscher Geschichte: Gedenktage, Denkmalsprojekte, Buchveröffentlichungen, Medienberichte und andere Formen des Erinnerns halten die öffentliche Auseinandersetzung über die NS-Diktatur und die Verantwortung für sie lebendig.

Das war nicht immer so: In der unmittelbaren Nachkriegszeit herrschte der Wunsch nach Vergessen und Verdrängen vor. Während auf der einen Seite die noch lebenden Hauptschuldigen sowie die beteiligten nationalsozialistischen Organisationen vor dem international zusammengesetzten Militärgerichtshof in Nürnberg angeklagt wurden, Nachfolgeprozesse sich anschlossen und die Alliierten in unterschiedlicher Intensität und Weise Entnazifizierung und Re-Education betrieben, glaubten viele unmittelbar Betroffene, nach Tod, Krieg, Flüchtlings- und Vertriebenenelend sei es nun Zeit, die ungeliebte Vergangenheit zu vergessen oder durch den Verweis auf die Kriegsverbrechen anderer Nationen eigene Vergehen zu relativieren. Erst seit der zweiten Hälfte der Fünfzigerjahre formierte sich eine kleine, kritische Masse, die sich mit der „unbewältigten Vergangenheit" auseinandersetzen wollte. Sehr schwer fiel und fällt dabei das Eingeständnis, dass die Zustimmung der Deutschen zum NS-Regime äußerst breit war.

Seit Mitte der Neunzigerjahre lässt sich eine weitere Zäsur im Umgang mit der NS-Zeit beobachten: Eine neue Form der Auseinandersetzung entwickelte sich, indem immer häufiger Zeitzeugen mit ihren individuellen Schicksalen zu Wort kamen. Auch in ihren Geschichten trat deutlich zutage, dass ohne aktive Mittäterschaft oder zumindest Duldung einer großen Mehrheit und Mithilfe der beteiligten staatlichen und gesellschaftlichen Institutionen die nationalsozialistische Führungsgruppe die Macht weder erlangen noch erhalten hätte können.

Steht dem couragierten Widerstand Einzelner die begeisterte oder zumindest kritiklose Gefolgschaft einer Überzahl von Deutschen aus allen Gesellschafts- und Bildungsschichten gegenüber? Die Gewichtung deutscher Schuld und Verantwortung bleibt bis heute umstritten. Mehr noch: Der Ruf, dieses Kapitel deutscher Geschichte „zu den Akten" zu legen, kommt bis heute quer durch alle Gesellschaftsschichten auf. Dagegen benennt der Historiker Norbert Frei die gegenwärtigen Chancen im Umgang mit der NS-Vergangenheit: „Das Gebirge an Schuld, das die Deutschen in den Jahren 1933 bis 1945 aufgehäuft haben, bekommt klarere Konturen, je weiter wir uns davon entfernen."

9.1 Nationalistische Diktaturen in Europa

Die Krise der europäischen Demokratie 1922–1938.

▶ *Auch in einigen von Diktaturen nicht betroffenen Ländern gab es faschistische Bewegungen. Informieren Sie sich über Vorgehen und Schicksal dieser Organisationen.*

▶ *Versuchen Sie, den in der Legende verwendeten Begriff „Volksfrontregierung" zu klären.*

Mussolini und der italienische Faschismus

Der italienische Sozialist *Benito Mussolini* (1883–1945) wandelte sich unter dem Eindruck des Ersten Weltkriegs zum Nationalisten. Er prägte für seine neue politische Bewegung den Begriff *Faschismus*. Das lateinische Wort „fasces" bezeichnet das Rutenbündel mit Beil als altrömisches Macht- und Herrschaftssymbol, das den hohen Beamten vorausgetragen wurde. „Fascio" hat im Italienischen aber auch die übertragene Bedeutung von „Bund". Mussolini gründete am 23.3.1919 in Mailand die *fasci di combattimento* als Kampfvereinigungen, deren Führer er selbst war. Die politischen Ziele schienen anfangs ebenso diffus wie die beteiligten Gruppen: Radikaldemokratisches wie das uneingeschränkte Frauen- und Männerwahlrecht stand neben Populistisch-Sozialistischem, z.B. die Landverteilung an alle Bauern und die Gewinnbeteiligung der Arbeiter, Pazifistisches, eine generelle Entwaffnung und das Verbot der Waffenproduktion, neben Nationalistischem. Das Gründungsdokument blieb unveröffentlicht.

Zuerst schlossen sich fast nur Männer der Bewegung an: ehemalige Gewerkschaftler, Linksgerichtete, dem Futurismus[1] zugewandte Künstler, vor allem aber Angehörige der Elitetruppen des Ersten Weltkriegs. Die hatten sich als angemessenen

[1] *Futurismus: Anfang des 20. Jahrhunderts in Italien aufkommende revolutionäre Bewegung in Literatur, bildender Kunst und Musik, die auch in den politischen Bereich übergreift. Die Kultur der Vergangenheit sei schädlicher Trödel. Der industriellen Technik gehöre die Zukunft. Die neue Kunst müsse heftig, grausam und ungerecht sein.*

Lohn für den unter großen Opfern erkämpften Sieg größere Gebietsgewinne Italiens und die Besserung der wirtschaftlichen und sozialen Lage erhofft.
Auf riskante militärische Unternehmen eingestellte Männer bildeten den Kern der wegen ihrer Blitzaktionen bekannten wie gefürchteten Freischärlergruppen. Erst später kamen die Nationalisten hinzu, deren politisch erfolglose Organisationen der Anziehungskraft Mussolinis erlagen.

Benito Mussolini, Plakat von 1930.
► *Analysieren Sie die Bildelemente, mit denen der Diktator hier in eine historisch-mythische Tradition gestellt wird.*

Der aus den Kampfbünden hervorgegangene *Partito Nazionale Fascista* (*PNF*) gewann aber erst durch seinen Kampf gegen die Kommunisten Zulauf und wurde so zur Massenbewegung. Autoritärer Führungsstil, straffer Zentralismus und die Fiktion einer mystischen Einheit von Herrschern und Beherrschten, auf der das Führerprinzip aufbaute, waren maßgebliche Kennzeichen der Partei unter ihrem *Duce*. Sie trat an, die Schwächen der parlamentarischen Systeme wie des Kommunismus zu überwinden (➔ M2 und M3).

Ein Erfolgsmodell für Europa?

Fast in allen Ländern Europas lebte nach dem Ersten Weltkrieg faschistisches Ideengut auf (➔ M1). Das Beispiel Italiens nach 1922, das innenpolitisch scheinbar erfolgreich war und nach außen hin selbstbewusst auftrat, wirkte als Bestärkung. Nicht zuletzt die geschickte propagandistische Präsentation Mussolinis in den Medien zeigte Wirkung, nicht nur auf die Massen. Selbst der englische König und amerikanische Politiker ließen sich zu Lobeshymnen auf den Duce verleiten. Viele europäische Staaten gerieten in den folgenden Jahren ebenfalls unter diktatorische, militaristische und undemokratische Herrschaft.
Auch in Frankreich gab es nach dem Ersten Weltkrieg verschiedene rechtsgerichtete Parteien. Doch verhinderte hier die Verankerung demokratischer Traditionen in der Bevölkerung eine faschistische Regierungsübernahme. Zudem wirkte die aggressive Außenpolitik der Nationalsozialisten in den Dreißigerjahren bedrohlich und abschreckend zugleich.
In England gründete 1932 *Sir Oswald Mosley* nach italienischem Vorbild die *British Union of Fascists* (*BUF*). Hauptangriffspunkte seiner Agitation waren wie in Italien und Deutschland Parlamentarismus, Judentum und Bolschewismus. Der Kernslogan seiner Aussagen, „Britain First", betonte primär nationalistische Züge.

Mögliche Ursachen faschistischer Mentalitäten

Die Frage, warum einzelne Länder dem Faschismus anheimfielen, andere widerstehen konnten, bleibt umstritten. Ein Erklärungsmodell behauptet, in katholisch-konservativen Ländern sei zentralistisch-hierarchisches Gedankengut leichter durchsetzbar gewesen als in Ländern mit demokratischer Tradition, in denen die Trennung zwischen Kirche und Staat schon relativ früh erfolgte. Dem widerspricht jedoch unter anderem, dass Deutschland mehrheitlich protestantisch war und die italienische *Democrazia Cristiana* gegen das faschistische Regime starken Widerstand leistete.
Die marxistische These, der Faschismus sei die letzte Ausformung des Kapitalismus vor dessen endgültigem Niedergang, führte zur gefährlichen Unterschätzung der Diktaturen der Zwischenkriegszeit. Die enttäuschten proletarisierten Massen wandten sich – entgegen marxistischen Prognosen – nur teilweise der Linken zu, viele strömten ins Lager der Rechten. Irrationalität und schichtenübergreifende psychologische Massenphänomene müssen bei der Frage nach den Entstehungsbedingungen faschistischer Bewegungen noch genauer untersucht und gebührend berücksichtigt werden (➔ M4).

M1 Die Zukunft gehört dem Nationalismus

Der französische Schriftsteller und Politiker Maurice Barrès (1862-1923), der der rechtsradikalen „Action Française" angehört, schreibt 1923:

Um die Kraft Frankreichs wieder zu festigen, müssen alle Konsequenzen aus dem Grundsatz gezogen werden, dass das Vaterland stärker in der Seele eines mit ihm verwachsenen Menschen lebt, als in der eines Entwurzelten.
Man muss das Naturalisierungsgesetz[1] ändern, um die Einmischung von Fremden in unsere Politik zu erschweren.
Man muss die Eigentumsverhältnisse ändern, indem man verhindert, dass Fremde französischen Boden besitzen und indem man ihre Ansprüche auf industrielle und kommerzielle Ausbeutung beschränkt.
Man muss die Einheit der Rasse und des Landes sichern, indem man jeder Familie einen kleinen unantastbaren Besitz gibt. Man muss unsere einheimischen Arbeiter durch ein Steuergesetz schützen, das ihre ausländischen Konkurrenten belastet.

Hagen Schulze und Ina Ulrike Paul (Hrsg.), Europäische Geschichte. Quellen und Materialien, München 1994, S. 590f.

1. *Erläutern Sie, wie Barrès die Einheit Frankreichs stärken will.*
2. *Nehmen Sie dazu Stellung, ob die hier vertretene Politik nationaler Ausgrenzung sinnvoll ist.*
3. *Schon aus historischen Gründen scheint es abwegig, in Frankreich die Einheit von Rasse und Land sichern zu wollen. Belegen Sie diese These.*

M2 Was ist Faschismus?

Benito Mussolini (1883-1945), der in Italien 1922 Ministerpräsident geworden ist und später diktatorische Macht erlangt hat, fasst um 1932 seine Vorstellungen zusammen:

Der Faschismus fordert den tätigen, mit allen Willenskräften sich einsetzenden Menschen, der bereit ist, allen Schwierigkeiten männlich entgegenzutreten und sich ihnen zu stellen. Ihm ist das Leben ein Kampf [...].
Als antiindividualistische Idee tritt der Faschismus für den Staat ein. Er ist für das Individuum, soweit es im Staate aufgeht [...]. Nichts Menschliches oder Geistiges besteht an sich, noch weniger besitzt dieses irgendeinen Wert außerhalb des Staates. In diesem Sinne ist der Faschismus totalitär, und der faschistische Staat als Zusammenfassung und Vereinheitlichung aller Werte gibt dem Leben des ganzen Volkes seine Deutung, bringt es zur Entfaltung und kräftigt es [...].

[1] *Naturalisierung: Einbürgerung*

Der Faschismus wendet sich daher gegen die Demokratie, die das Volk mit Mehrheit gleichsetzt und es auf den Stand der Masse herabdrückt. Es ist die reinere Form der Demokratie, wenn man das Volk so auffasst, wie es sein soll, nämlich qualitativ und nicht quantitativ [...].
Vor allem betrachtet der Faschismus die Zukunft und die Entwicklung der Menschheit im Allgemeinen nur vom Standpunkt der politischen Realität aus und glaubt weder an die Möglichkeit noch an die Nützlichkeit des ewigen Friedens. Er lehnt daher den Pazifismus ab, der einen Verzicht auf den Kampf und eine Feigheit gegenüber dem Opfer in sich birgt. Der Krieg allein bringt alle menschlichen Energien zur höchsten Anspannung und verleiht den Völkern die Würde des Adels, die den Mut und die *virtù*[2] haben, dem Kampfe die Stirn zu bieten. [...]
Der Faschismus lehnt in der Demokratie die absurde konventionelle Lüge von der politischen Gleichheit und kollektiven Verantwortungslosigkeit und den Mythos des Glückes und unbegrenzten Fortschritts ab [...].
Der faschistische Staat ist Wille zur Macht und Herrschaft. Die römische Überlieferung ist ihm Idee des Antriebes.

Benito Mussolini, Der Geist des Faschismus. Ein Quellenwerk, hrsg. v. Horst Wagenführ, München ⁵1943, S. 2ff., 12ff., 24

1. *Analysieren Sie kritisch das faschistische Demokratieverständnis und stellen Sie es der Auffassung von der pluralistischen Demokratie gegenüber. Beachten Sie dabei auch die Deutung der Werte Gleichheit, Glück, Friede und Fortschritt.*
2. *Diskutieren Sie, warum der Faschismus, der doch dem Bürger seine individuellen Rechte weitgehend absprach, dennoch für viele attraktiv sein konnte.*
3. *Könnten Mussolinis politische Vorstellungen in unserer heutigen Gesellschaft Anklang finden? Begründen Sie Ihre Meinung.*

M3 Mussolini hat immer Recht

Der Duce (ital.: Führer) stellt „zehn Gebote" für den Soldaten auf:

1. Der Faschist, besonders der Milizsoldat, darf nicht an einen ewigen Frieden glauben.
2. Strafen sind immer verdient.
3. Auch der Wachtposten vor einem Benzinfass dient dem Vaterland.
4. Der Kamerad ist dein Bruder: 1. weil er mit dir lebt, 2. weil er denkt und fühlt wie du.

[2] *virtù (ital.): „Tapferkeit"; zugleich ein Zitat der lateinischen „virtus", die im alten Rom die Summe aller (männlichen) Tugenden umfasste*

5. Gewehr und Patronentasche sollen nicht während der Ruhezeit vernachlässigt, sondern für den Krieg bereitgehalten werden.

6. Sage niemals: Die Regierung zahlt's; denn du selbst bist es, der zahlt, und die Regierung hast du selbst gewollt, und du trägst ihre Uniform.

7. Gehorsam ist der Gott der Heere; ohne ihn ist kein Soldat denkbar, wohl aber Unordnung und Niederlagen.

8. Mussolini hat immer Recht. [...]

10. Eines muss dir über allem stehen: das Leben des Duce.

Benito Mussolini, a. a. O., S. 45

1. *Erläutern Sie, welchen persönlichen Anspruch Mussolini erhebt, wenn er seine Weisungen zehn Gebote nennt.*
2. *Vergleichen Sie mit M2: Zeigen Sie, wie in den Geboten die Forderung nach Auslöschung des Individualismus umgesetzt wird.*

M4 Die Wurzeln des Faschismus

Der Berliner Historiker Hagen Schulze (geb. 1943) analysiert die Wurzeln des Faschismus, die in zahlreichen europäischen Ländern ähnlich waren:

Mussolinis Weg zur Macht war in gewisser Hinsicht vorbildlich für viele der großen und kleinen „Führer". Die Voraussetzungen waren in vielen Fällen ähnlich. Da war eine Schicht von Besitz- und Bildungsbürgern, Staatsbediensteten und Angestellten, Handwerkern und Kleinunternehmern, historisch gesehen die eigentlichen Träger der Nationalidee, die deshalb unter nationalen Diskriminierungen durch Niederlage, [...] Verlust von nationalem Territorium oder unter der Verweigerung nationaler Ausdehnungswünsche besonders litten. Das galt nicht nur in ideeller, sondern auch in materieller Hinsicht, denn die Inflation, die nach dem Krieg ganz Europa erfasste, nahm gerade diesen Menschen ihre Vermögen und bedrohte sie mit dem Abstieg in ein gesichtsloses Proletariat. [...]
In diesen Schichten herrschte der archetypische Schrecken vor den revolutionären Arbeitermassen, die aus der rußig-lärmenden Fabrikwelt geradewegs in die Wohnzimmer einbrachen und die heiligen Güter der bürgerlichen Kultur bedrohten. Der Ruf „Friede den Hütten, Krieg den Palästen", der bereits den aufstrebenden Mittelstand des vorherigen Jahrhunderts das Fürchten vor dem Sozialismus gelehrt hatte, hatte in den blutigen Umwälzungen der russischen Revolution, aber auch den Bürgerkriegen und sozialen Wirren der Nachkriegszeit in Mittel- und Westeuropa an Anschauung und Wirklichkeit gewonnen. [...] Die faschistischen Parteien versprachen Sicherheit, und sie gaben ihre Versprechen auf bisher nie da gewesene Weise. [...]
Was auf die Versammlungsteilnehmer von den Tribünen faschistischer Redner hinabprasselte, appellierte an ganz unzusammenhängende Instinkte und Ängste: Da war die Wut über die Kriegsgewinnler, Währungsspekulanten und Nahrungsmittelschieber, die Geschäftemacher mit der Not der Soldaten und Arbeiter – in diesem Zusammenhang wirkte vor allem in Deutschland, Frankreich und Osteuropa das Zerrbild vom Juden als rassistische Variante des sozialistischen Negativbilds vom Kapitalisten. Wirkungsvoll war auch die Übertragung der Metaphern des Kriegs auf die Politik, die geistige Mobilmachung der Massen für den Bürgerkrieg und im Zusammenhang damit die Verherrlichung der Tat, deren Vorrang vor der Vernunft den irrationalen Grundcharakter faschistischer und nationalsozialistischer Propaganda ausmachte.
Der Appell an tief sitzende, kaum bewusste Groll- und Angstgefühle bewirkte den Erfolg dieser Propaganda im Kampf gegen die matten, kaum geglaubten Programme und Grundsätze der konservativen, liberalen und sozialdemokratischen Parteien. [...]
Auf Aussagen oder Theorien kam es bei Rednerauftritten Hitlers oder Mussolinis nur in zweiter Linie an. Vor allem war es die Wirkung dieser beiden großen Demagogen selbst, denen es gelang, wie Brennspiegel die Wünsche und Sehnsüchte der Zuhörer einzufangen, sie in faszinierender und suggestiver Weise zu benennen und auf die Bevölkerung zurückzuprojizieren. Sie faszinierten die Menschen, die Wähler und Anhänger, indem sie Wünsche, Ängste und Vorurteile aus einer vorbewussten, irrationalen Tiefe des kollektiven Bewusstseins ans Licht zu heben und zu formulieren verstanden. Darin zeigten sich die Faschisten und Nationalsozialisten als weitaus moderner als alle ihre politischen Konkurrenten. Die herkömmlichen Parteien waren in ihrer ideologischen und programmatischen Ausrichtung und in ihrer Entstehungsgeschichte Erben eines Zeitalters des Rationalismus, in dem man geglaubt hatte, es genüge, die Menschen mit Programmen bekanntzumachen, um sie zu überzeugen. Ihnen war nicht klar, dass Menschen nicht von Natur aus rationale Wesen sind, sondern erst durch Anstrengung und Selbstüberwindung dazu werden müssen. Hitler dagegen wusste das und rechnete mit dem Gefühlsdefizit, das die etablierten Parteien unberücksichtigt ließen.

Hagen Schulze, Phoenix Europa, Berlin 1998, S. 371ff.

1. *Arbeiten Sie heraus, worin Schulze die wichtigsten Ursachen des europäischen Faschismus sieht.*
2. *Diskutieren Sie, ob in Gesellschaft wie Politik Deutschlands auch heute noch die Faszination des Irrationalen wirkt. Gehen von dieser Faszination im weitesten Sinn politische Gefahren aus? Denken Sie dabei an die Rolle der Medien.*

9.2 Die NS-Ideologie

„Am Anfang war das Wort." Gemälde von Otto Hoyer, 1937.
► *Betrachten Sie die Zuhörer und beschreiben Sie die Bevölkerungsgruppen.*
► *Analysieren Sie den Titel des Bildes und erläutern Sie den Kontext, in den der Maler sein Objekt damit stellen will.*

Nationalismus und Rassismus

Die in der ersten Hälfte des 19. Jahrhunderts in Deutschland populär gewordene Idee des Nationalismus hatte hohe Erwartungen für die Zukunft geschaffen, die von der Politik nicht eingelöst werden konnten. 1871 war der deutsche Nationalstaat als kleindeutsches Reich entstanden, das viele Deutsche ausschloss (s. S. 227). Durch die demografische und industrielle Entwicklung gewann das Deutsche Reich an Stärke. Nach seiner Thronbesteigung 1890 betrieb der neue Kaiser *Wilhelm II.* verstärkt Weltmachtpolitik (s. S. 250). In dieser Situation wurde 1891 der rechtsgerichtete *Alldeutsche Verband* gegründet, der vor allem publizistisch die rücksichtslose Verfolgung deutscher Interessen vertrat. Im Ersten Weltkrieg setzte er sich vehement für überzogene Kriegsziele, vor allem mehr „Lebensraum" für das „Herrenvolk" ein; diese Forderungen übernahm die NS-Bewegung. Der Verband griff antijüdische Ressentiments in Deutschland und Österreich auf und propagierte sie in den *Alldeutschen Blättern* (1894–1939).

Europäische und koloniale Großmachtpläne waren durch die Gebietsabtretungen Deutschlands und die Auflösung der Donaumonarchie nach 1918 zerronnen. In den Nachbarstaaten der Weimarer Republik lebten nun deutschsprachige Minderheiten, die sich auch durch Zwangsmaßnahmen nicht integrieren ließen. Der Kriegsschuldartikel, die vermeintliche Härte der Friedensbedingungen und der Sturz der Monarchien gaben extrem nationalistischen Tendenzen zusätzlich Nahrung. An die Spitze der Republikgegner stellten sich die Nationalsozialisten (➔ M1). Ihrer Meinung nach sollten nicht so sehr gemeinsame Kultur und Geschichte die Merkmale einer Nation sein, sondern die Rassengleichheit. Die biologische Substanz bestimme Menschen und Völker nicht nur körperlich, sondern auch geistig-seelisch. Von allen Rassen sei die „nordische" oder „arische" die wertvollste. Sie allein sei im eigentlichen Sinne kulturfähig.

Adolf Hitler (1889–1945) und seine Anhänger griffen dabei auch auf die Lehre des Sozialdarwinismus zurück, der die Theorie des englischen Naturforschers *Charles Darwin* von der „natürlichen Auslese der Arten" (1859) vereinfachte und auf die menschliche Gesellschaft übertrug (vgl. S. 250). Unter Missachtung geistiger, sittlicher und religiöser Werte diente die Verfälschung der Darwin'schen Ideen einer Menschen verachtenden

Ideologie, die bald zur praktischen Politik wurde. Danach sollte es Aufgabe des Nationalsozialismus sein, der „arischen Herrenrasse“ in Mitteleuropa ein Machtzentrum zu schaffen. Wichtigste Voraussetzung dabei war für Hitler die *„Reinhaltung der Rasse“*. Das nach Auffassung Hitlers kranke bzw. rassisch minderwertige Erbgut sollte aus der Volksgemeinschaft entfernt werden. Das zielte nach seiner Auffassung vor allem auf die Juden. Bereits in der zweiten Hälfte des 19. Jahrhunderts verbreitete sich die Ansicht, die Juden seien nicht eine religiöse Gruppe innerhalb des deutschen Volkes, sondern eine eigene „Rasse“.

Die Nationalsozialisten machten die Juden verantwortlich für alle echten und scheinbaren Fehlentwicklungen: Angeblich könnten Juden keine aufbauenden Kulturleistungen vollbringen, sondern nur zerstören. Sie erstrebten die Weltherrschaft und würden damit den Weltuntergang herbeiführen. Diesen zu verhindern, erklärte die NS-Ideologie zur Aufgabe des „Ariers“, der dadurch zum Retter der Weltkultur werde.

Weltmachtpläne

Der „Herrenrasse“ gebühre, so Hitler, in ihrer Bedeutung für die Weltkultur angemessener *„Lebensraum“* in Europa (➔ M2). Da er zurzeit nicht vorhanden sei, müsse er durch Krieg erobert und langfristig gesichert werden. Der angestrebte Lebensraum müsse zudem genügend Ressourcen[1] umfassen, denn die Nation der Zukunft solle wirtschaftlich unabhängig sein und sich an einer bäuerlichen Lebensweise orientieren. Auch strategische Erwägungen spielten bei Hitlers Raumdimensionierung eine wichtige Rolle: Eine Weltmacht der Zukunft brauchte in seinen Augen ein entsprechend großes Gebiet als Basis für Angriff und Verteidigung.

Das Streben nach einem Großreich im Osten und die bedingungslose Befürwortung von Gewalt und Krieg unterschieden den Nationalismus Hitlers von den herkömmlichen nationalen Ideen des Bürgertums.

Gegen Liberale und Marxisten

Liberalismus und Marxismus bezeichnete Hitler als „jüdische Erfindungen“, die zum Verderben der „Herrenrasse“ eingeführt worden seien. Für den Liberalismus sind individuelle Freiheit und Selbstverwirklichung grundlegende Werte. Demgegenüber forderte die NS-Regierung unter Missbrauch und Verfälschung alter preußisch-deutscher Traditionen den totalen Einsatz des Volksgenossen. Treue, Dienstbereitschaft und absoluter Gehorsam standen über den durch die Weimarer Verfassung garantierten Grundrechten (s. S. 279). Die allgegenwärtige Ordnungsmacht des Staates dürfe nicht durch liberale Verfassungsgrundsätze eingeschränkt werden. Das politische System der Weimarer Republik, das sich um die Verwirklichung des liberalen Rechts- und Verfassungsstaates bemüht hatte, wurde als Epoche undeutscher westlicher Überfremdung interpretiert.

Darüber hinaus nahm Hitler für sich in Anspruch, der Zerstörer des Marxismus zu sein. Seine „Utopie der Klassenversöhnung“ (*Joachim C. Fest*), mit der er alte Sozialstrukturen und Klassenschranken überwand, hatte großen Erfolg. *Volksgemeinschaft* und *Sozialismus der Tat* waren Prinzipien, die auch weite Kreise der Arbeiterschaft an den Nationalsozialismus banden.

„Führer“ und Volk

Herausragende Persönlichkeiten sollten, so Hitler, eine führende Rolle innerhalb der Volksgemeinschaft einnehmen. Die Auswahl wurde nicht auf demokratische Weise, sondern durch Berufung von oben vorgenommen. *„Autorität jedes Führers nach unten und Verantwortung nach oben“* lautete die von Hitler aufgestellte Maxime. Das System gipfelte in dem „Führer“ Adolf Hitler, der nur der von ihm häufig zitierten „Vorsehung“ verantwortlich war.

Emotional untermauerte die NSDAP das Ganze durch die Inszenierung eines am italienischen Vorbild orientierten Führerkults. Ein Führerbild hing später in allen Amts- und Schulräumen und sollte in jeder Wohnung einen Ehrenplatz erhalten. „Heil Hitler“ war der offiziell geforderte *„Deutsche Gruß“* für jeden. Die Person Adolf Hitlers wurde zum Bindeglied zwischen Führerstaat und Volksgemeinschaft und zum Identifikationssymbol stilisiert. Hier flossen Ideen der obrigkeitsstaatlichen Ordnung des 18. und 19. Jahrhunderts ein, die Hitler zum verehrungswürdigen Ersatzmonarchen emporhoben und den Einzelnen in widerspruchslose Unterordnung zwangen.

Statt Parteienkonflikt und Klassenkampf propagierte die NSDAP eine *Volksgemeinschaft der Arbeiter der Faust und Stirn*. Auch die unnatürliche Feindschaft zwischen Arbeitgeber und Arbeitnehmer, die sich als Glieder desselben Volks fühlen sollten, wurde für aufgehoben erklärt.

---

[1] *Ressourcen: Rohstoffvorräte*

M1 Was will die NSDAP?

Auf der ersten großen Massenversammlung der NSDAP am 24. Februar 1920 verkündet Adolf Hitler (1889–1945) im Münchener Hofbräuhaus das Parteiprogramm:

1. Wir fordern den Zusammenschluss aller Deutschen aufgrund des Selbstbestimmungsrechtes der Völker zu einem Groß-Deutschland.

2. Wir fordern die Gleichberechtigung des deutschen Volkes gegenüber den anderen Nationen, Aufhebung der Friedensverträge von Versailles und St. Germain.

3. Wir fordern Land und Boden (Kolonien) zur Ernährung unseres Volkes und Ansiedlung unseres Bevölkerungsüberschusses.

4. Staatsbürger kann nur sein, wer Volksgenosse ist. Volksgenosse kann nur sein, wer deutschen Blutes ist, ohne Rücksichtnahme auf Konfession. Kein Jude kann daher Volksgenosse sein.

5. Wer nicht Staatsbürger ist, soll nur als Gast in Deutschland leben können und muss unter Fremdengesetzgebung stehen.

6. Das Recht, über Führung und Gesetze des Staates zu bestimmen, darf nur dem Staatsbürger zustehen. Daher fordern wir, dass jedes öffentliche Amt, gleichgültig welcher Art, gleich ob in Reich, Land oder Gemeinde, nur durch Staatsbürger bekleidet werden darf.
Wir bekämpfen die korrumpierende Parlamentswirtschaft einer Stellenbesetzung nur nach Parteigesichtspunkten ohne Rücksicht auf Charakter und Fähigkeiten.

7. Wir fordern, dass sich der Staat verpflichtet, in erster Linie für die Erwerbs- und Lebensmöglichkeit der Staatsbürger zu sorgen. Wenn es nicht möglich ist, die Gesamtbevölkerung des Staates zu ernähren, so sind die Angehörigen fremder Nationen (Nicht-Staatsbürger) aus dem Reiche auszuweisen.

8. Jede weitere Einwanderung Nicht-Deutscher ist zu verhindern. Wir fordern, dass alle Nicht-Deutschen, die seit dem 2. August 1914 in Deutschland eingewandert sind, sofort zum Verlassen des Reiches gezwungen werden. […]

13. Wir fordern die Verstaatlichung aller (bisher) bereits vergesellschafteten Betriebe (Trusts).

14. Wir fordern Gewinnbeteiligung an Großbetrieben.

15. Wir fordern einen großzügigen Ausbau der Altersversorgung.

16. Wir fordern die Schaffung eines gesunden Mittelstandes und seine Erhaltung, sofortige Kommunalisierung der Groß-Warenhäuser und ihre Vermietung zu billigen Preisen an kleine Gewerbetreibende, schärfste Berücksichtigung aller kleinen Gewerbetreibenden bei Lieferung an den Staat, die Länder oder Gemeinden.

18. Wir fordern den rücksichtslosen Kampf gegen diejenigen, die durch ihre Tätigkeit das Gemeininteresse schädigen. Gemeine Volksverbrecher, Wucherer, Schieber usw. sind mit dem Tode zu bestrafen, ohne Rücksichtnahme auf Konfession und Rasse. […]

23. Wir fordern den gesetzlichen Kampf gegen die bewusste politische Lüge und ihre Verbreitung durch die Presse. Um die Schaffung einer deutschen Presse zu ermöglichen, fordern wir, dass […] sämtliche Schriftleiter und Mitarbeiter von Zeitungen, die in deutscher Sprache erscheinen, Volksgenossen sein müssen […].
Zeitungen, die gegen das Gemeinwohl verstoßen, sind zu verbieten. Wir fordern den gesetzlichen Kampf gegen eine Kunst- und Literaturrichtung, die einen zersetzenden Einfluss auf unser Volksleben ausübt, und die Schließung von Veranstaltungen, die gegen vorstehende Forderungen verstoßen.

24. Wir fordern die Freiheit aller religiösen Bekenntnisse im Staat, soweit sie nicht dessen Bestand gefährden oder gegen das Sittlichkeits- und Moralgefühl der germanischen Rassen verstoßen.
Die Partei als solche vertritt den Standpunkt eines positiven Christentums, ohne sich konfessionell zu binden. Sie bekämpft den jüdisch-materialistischen Geist in und außer uns und ist überzeugt, dass eine dauernde Genesung unseres Volkes nur erfolgen kann von innen heraus auf der Grundlage: Gemeinnutz vor Eigennutz.

25. Zur Durchführung alles dessen fordern wir: die Schaffung einer starken Zentralgewalt des Reiches. Unbedingte Autorität des politischen Zentralparlaments über das gesamte Reich und seine Organisationen im Allgemeinen.

Walther Hofer (Hrsg.), Der Nationalsozialismus. Dokumente 1933–1945, Frankfurt/Main [49]2004, S. 28 ff.

1. *Ermitteln Sie, welche Programmpunkte sich direkt aus dem verlorenen Krieg erklären.*
2. *Arbeiten Sie heraus, welche Programmpunkte mit dem Vertrag von Versailles unvereinbar waren.*

M2 Die völkische Weltanschauung

Während seiner neunmonatigen Haftzeit in Landsberg diktiert Hitler 1924 den ersten Band seiner programmatischen Schrift „Mein Kampf". Er erscheint 1925 mit dem Untertitel „Eine Abrechnung" im parteieigenen Verlag. Der zweite Band folgt 1926. Das Werk wird in 16 Sprachen übersetzt und erreicht eine Gesamtauflage von 10 Mio. Exemplaren. Im Mittelpunkt seiner Ausführungen stehen Hitlers rassistische, antisemitische und völkische Anschauungen sowie die Forderungen nach Lebensraum:

Die Sünde wider Blut und Rasse ist die Erbsünde dieser Welt und das Ende einer sich ihr ergebenden Menschheit. […]

Demgegenüber erkennt die völkische Weltanschauung die Bedeutung der Menschheit in deren rassischen Urelementen. Sie sieht im Staat prinzipiell nur ein Mittel zum Zweck und fasst als seinen Zweck die Erhaltung des rassischen Daseins der Menschen auf. Sie glaubt somit keineswegs an eine Gleichheit der Rassen, sondern erkennt mit ihrer Verschiedenheit auch ihren höheren oder minderen Wert und fühlt sich durch diese Erkenntnis verpflichtet, gemäß dem ewigen Wollen, das dieses Universum beherrscht, den Sieg des Besseren, Stärkeren zu fördern, die Unterordnung des Schlechteren und Schwächeren zu verlangen. Sie huldigt damit prinzipiell dem aristokratischen Grundgedanken der Natur und glaubt an die Geltung dieses Gesetzes bis herab zum letzten Einzelwesen. Sie sieht nicht nur den verschiedenen Wert der Rassen, sondern auch den verschiedenen Wert des Einzelmenschen. […]

Nein, es gibt nur ein heiligstes Menschenrecht, und dieses Recht ist zugleich die heiligste Verpflichtung, nämlich: dafür zu sorgen, dass das Blut rein erhalten bleibt, um durch die Bewahrung des besten Menschentums die Möglichkeit einer edleren Entwicklung dieser Wesen zu geben. […]

Ein völkischer Staat wird damit in erster Linie die Ehe aus dem Niveau einer dauernden Rassenschande herauszuheben haben, um ihr die Weihe jener Institution zu geben, die berufen ist, Ebenbilder des Herrn zu zeugen und nicht Missgeburten zwischen Mensch und Affe.

Adolf Hitler, Mein Kampf. Zwei Bände in einem Band, München [51]1933, S. 272, 420 f. und 444 f.

Antisemitismus war schon vor den Nationalsozialisten in Deutschland populär. Der Roman von Artur Dinter „Die Sünde wider das Blut" fand um 1920 über eine Million Leser.

1. *Benennen und erläutern Sie die Wertmaßstäbe, die Hitler an menschliches Dasein anlegt.*
2. *Analysieren Sie die Wendung „Ebenbilder des Herrn zu zeugen" und vergleichen Sie das Menschenbild Hitlers mit dem christlich-humanistischen Menschenbild.*
3. *Erläutern Sie den hier verwendeten Begriff der „Rasse".*

9.3 Von der „Bewegung“ zur alleinigen Regierungspartei

Plakat, vermutlich zur Volksabstimmung vom 19. August 1934 (nach dem Tod des Reichspräsidenten Paul von Hindenburg) über die Zusammenlegung des Reichspräsidenten- und des Reichskanzleramtes in der Person des „Führers und Reichskanzlers“ Adolf Hitler.

1920	Die NSDAP verabschiedet ihr erstes Parteiprogramm
4.5.1924	Mit 32 Mandaten zieht die NSDAP in den Reichstag ein
31.7.1932	Die NSDAP wird stärkste Partei im Reichstag
30.1.1933	Reichspräsident von Hindenburg ernennt Adolf Hitler zum Reichskanzler
27.2.1933	Brand des Reichstags
28.2.1933	Durch die „Verordnung zum Schutz von Volk und Staat“ werden die Grundrechte außer Kraft gesetzt
23.3.1933	Durch das „Ermächtigungsgesetz“ erhält die Regierung Hitler diktatorische Vollmacht

Mitglieder und Wähler der NSDAP

Als sich die NSDAP 1920 ihr Parteiprogramm gegeben hatte, war sie eine unter zahllosen radikalen Splitterparteien. Zum Zeitpunkt der *„Machtergreifung“* im Januar 1933 war die Zahl ihrer Mitglieder auf 849000 angewachsen, bei Kriegsende 1945 lag sie bei rund sechs Millionen. Von Beginn an befand sich die Mitgliederstruktur in dauerndem Wandel. Diejenigen, die in den Zwanzigerjahren der Partei beitraten, stammten vor allem aus der unteren Mittelschicht, waren Handwerker, Gewerbetreibende und Angestellte. Daneben wuchs aber auch der Anteil der Arbeiter, vor allem der Heim- und Landarbeiter, erheblich an.

Seit 1930 traten dann ebenso Angehörige der oberen Mittelschicht der „Bewegung“ bei. Agrarkrise und Depression trieben selbstständige Bauern und kleine Geschäftsleute sowie die Beamten und Angestellten der neuen Mittelschicht in die Reihen der NSDAP (➔ M1). Die alten Eliten und Kreise der Großindustrie blieben überwiegend reserviert. Sie neigten eher zu einer autoritären Regierung im Stile der letzten Weimarer Präsidialkabinette.

Das Mitgliederprofil der NSDAP entsprach weitgehend dem anderer faschistischer Parteien in Europa. Der Anteil der Frauen war sehr gering, denn die Partei – militaristisch, wie sie sich gab – glich eher einem Männerbund. Auffallend war die Dominanz der jungen Generation, sogar in der Führungsgruppe und unter den Abgeordneten. Viele Mitglieder hatten daher noch keine feste Anstellung. Jugendlichkeit und Dynamik zählten zu den Charakteristika der NSDAP, auf deren Betonung sie großen Wert legte.

Erst als die NSDAP ihre Macht im Staat gefestigt hatte, setzte der große Ansturm all derer auf die Hitlerpartei ein, die sich in Politik, Verwaltung und Gesellschaft eine angesehene oder zumindest gesicherte Position versprachen, wenn sie ihre Zugehörigkeit zum neuen Regime dokumentierten. Von nun an vollzog jede neue Generation von Berufsanfängern im öffentlichen Dienst nahezu freiwillig den Akt der Anpassung. Auch Industrie und Großfinanz waren schnell darauf bedacht, sich mit dem Regime zu arrangieren, zumal ein starker Staat und die Beseitigung einer selbstständigen Gewerkschaftsbewegung der Wirtschaft günstige Rahmenbedingungen verhießen.

Was machte die NSDAP attraktiv?

Stand die erste Generation der alten Kämpfer noch unter dem Eindruck von Schützengraben und der *„nationalen Schande“* eines verlorenen Krieges, so suchte die nachfolgende Generation die Geschlossenheit einer Gemeinschaft, die scheinbar stark genug war, durch Protest gegen die bestehende Ordnung die Welt nach ihrer Vorstellung neu zu gestalten.

Die Furcht vor dem sozialen Abstieg, vor dem die etablierten Parteien nicht zu schützen schienen, einte Menschen ganz unterschiedlicher Herkunft. Viele waren auf der Suche nach einem dritten Weg zwischen Kapitalismus und Sozialismus. Dies gilt vor allem für Angehörige des Mittelstandes, die sich durch linke Bewegungen in ihrem Selbstverständnis bedroht sahen.

Junge Wähler waren von der Tatkraft vieler nationalsozialistischer Funktionäre und von dem Gemeinschaftsgedanken fasziniert. Da Bildungsabschlüsse und das Vorleben kaum eine Rolle spielten, sahen viele die Möglichkeit, verantwortungsvolle Führungsaufgaben zu übernehmen und dadurch sozial aufzusteigen (➔ M2).

In protestantischen Gebieten war der Zulauf größer als in katholischen, in Kleinstädten bzw. ländlichen Gebieten größer als in Großstädten. Emotionale Bezüge wie Ehre, Größe, Heroismus, Opferbereitschaft, Hingabe, nicht wirtschaftliche Versprechungen führten der Bewegung ihre Wähler und Sympathisanten zu. Viele von ihnen wollten mit ihrem Wahlverhalten nur ihre Unzufriedenheit mit den gegenwärtigen Verhältnissen ausdrücken. Dies erklärt auch die starken Schwankungen der NSDAP in der Gunst der Wähler.

„Führer in ein neues Zeitalter“

Als Hitler am 30. Januar 1933 von Reichspräsident Hindenburg zum Reichskanzler ernannt wurde, schien sich rein äußerlich nichts Wesentliches an der bisherigen politischen Situation geändert zu haben: Hitler war Chef eines Präsidialkabinetts wie seine drei unmittelbaren Amtsvorgänger. Der „Führer“ und seine Partei feierten die Berufung in die Regierungsverantwortung jedoch als „Machtergreifung“. Die Fackelzüge, die am Abend des 30. Januar in Berlin und vielen Städten Deutschlands von der NSDAP unter Beteiligung konservativer Kräfte inszeniert wurden, huldigten nicht einem weiteren Kanzler der Republik, sondern dem *„Führer in ein neues Zeitalter“*.

Die neue Regierung besaß keine Mehrheit im Reichstag. Hitler ließ dennoch Koalitionsverhandlungen, die ihm eine Majorität hätten sichern können, bewusst scheitern. Stattdessen wurden der Reichstag aufgelöst und Wahlen zum 5. März anberaumt. Die parlamentsfreie Atempause wollte Hitler nutzen, um mithilfe von Notverordnungen vollendete Tatsachen zu schaffen und die Wähler massiv zu beeinflussen, denn die Erreichung der absoluten Mehrheit schien für die NSDAP in greifbare Nähe gerückt.

Postkarte zum „Tag von Potsdam".
Der neue Propagandaminister Joseph Goebbels gestaltete die erste Sitzung des neuen Reichstags nach dem Machtwechsel in der Potsdamer Garnisonkirche als Schauspiel der „nationalen Wiedererweckung".
Am Grab Friedrichs des Großen gaben sich Hitler und Reichspräsident Hindenburg am 21. März 1933 feierlich die Hand.
► *Erklären Sie die Bildsymbolik.*

Der Reichstagsbrand und seine Folgen

Am 27. Februar, eine Woche vor der Wahl, brannte der Reichstag in Berlin. Am Tatort wurde der Holländer *Marinus van der Lubbe* festgenommen. Wahrheitswidrig propagandierten die Nationalsozialisten, dass die Brandstiftung der Beginn eines kommunistischen Umsturzes sein sollte. Die genauen Hintergründe des Reichstagsbrandes sind bis heute noch nicht einwandfrei geklärt, aber die meisten Historiker gehen inzwischen von einer Alleintäterschaft van der Lubbes aus.
Sofort veranlasste Hitler die Verhaftung von 4000 kommunistischen Abgeordneten und Funktionären sowie das Verbot der kommunistischen und sozialdemokratischen Presse. Die von Hindenburg am 28. Februar 1933 erlassene *Verordnung zum Schutz von Volk und Staat* schuf dazu die rechtlichen Voraussetzungen, die Grundrechte außer Kraft zu setzen (➔ M3).
Trotz massiver Behinderung der anderen Parteien und eines pausenlosen Propagandaaufwands war das Wahlergebnis des 5. März für die NSDAP enttäuschend. Sie verfehlte mit 43,9 Prozent der abgegebenen Stimmen klar die erhoffte absolute Mehrheit.
Am 21. März wurde der Reichstag in der Garnisonkirche zu Potsdam mit einem Staatsakt eröffnet. Zwei Tage nach dem *Tag von Potsdam* legte Hitler den Abgeordneten ein *Gesetz zur Behebung der Not von Volk und Reich,* das sogenannte *„Ermächtigungsgesetz",* zur Abstimmung vor (➔ M3). Obwohl NSDAP und Deutschnationale Volkspartei (DNVP) eine handlungsfähige Mehrheit im Reichstag bildeten, sollte der Regierung – zunächst auf vier Jahre – das Recht eingeräumt werden, Gesetze ohne Mitwirkung von Reichstag und Reichsrat zu erlassen. Parlamentarismus und Gewaltenteilung wurden damit praktisch aufgehoben, alle Staatsgewalt konzentrierte sich auf die Exekutive. Da die Gesetze auch inhaltlich von der Verfassung abweichen konnten, waren die Grundpfeiler der Staatsordnung von Weimar ausgehöhlt.
Die Vertreter der bürgerlichen Parteien gaben eingeschüchtert nach, in der Hoffnung, Schlimmeres zu verhüten und durch ihr Entgegenkommen später Einfluss auf die Durchführung des Gesetzes nehmen zu können. Nur die SPD – die Kommunisten waren schon ausgeschaltet – verweigerte ihre Zustimmung, ohne die notwendige Zweidrittelmehrheit verhindern zu können. Auch der Reichsrat ließ das Gesetz ohne Einwand passieren.

M1 Wer wählte Hitler?

Die soziale Zusammensetzung der NSDAP-Wählerschaft nach Berufsgruppen, unabhängig von einer tatsächlichen Erwerbstätigkeit:

	1928	1930	1932[1]	1932[2]	1933	Alle[3]
Selbstständige/ Mithelfende	26	27	31	30	31	24
Angestellte/ Beamte	12	13	11	12	12	15
Arbeiter	30	26	25	26	26	32
Berufslose[4]	13	17	17	17	16	13
Hausfrauen etc.	17	17	16	16	16	17
Alle[5]	98	100	100	100	101	101

[1] *Reichstagswahlen vom 31. Juli 1932*
[2] *Reichstagswahlen vom 6. November 1932*
[3] *Anteil der Berufsgruppe an allen Wahlberechtigten*
[4] *davon ca. 90 % Rentner und Pensionäre (1933)*
[5] *Summe der NSDAP-Wähler in dem jeweiligen Jahr; Abweichungen von 100 sind die Folge von Rundungsfehlern.*

Nach: Jürgen Falter, Hitlers Wähler, München 1991, S. 288

Analysieren Sie die Anteile der Berufsgruppen an der NSDAP und suchen Sie nach Gründen für die Verteilung.

M2 Jetzt oder nie

Der Historiker Götz Aly (geb. 1947) zeigt in seinem Buch „Hitlers Volksstaat" auf, warum das nationalsozialistische Regime in bestimmten Bereichen für eine Mehrheit der Deutschen durchaus attraktiv war:

Wie alle Revolutionäre erzeugten die überaus jungen Gefolgsleute der NS-Bewegung die Aura des Jetzt-oder-nie. Zum Zeitpunkt der Machtübernahme 1933 war Joseph Goebbels 35 Jahre alt, Reinhard Heydrich 28, Albert Speer 27, Adolf Eichmann 26, Josef Mengele 21, Heinrich Himmler und Hans Frank waren 32. Hermann Göring – einer der Älteren – hatte gerade den 40. Geburtstag gefeiert. Noch mitten im Krieg konnte Goebbels aus Anlass einer statistischen Erhebung feststellen: „Danach beträgt das Durchschnittsalter der führenden Persönlichkeiten auch in der mittleren Schicht der Partei 34 und innerhalb des Staates 44 Jahre. Man kann also in der Tat davon sprechen, dass Deutschland heute von seiner Jugend geführt wird." Zugleich verlangte er nach „personeller Auffrischung".
Für die Mehrzahl der jungen Deutschen bedeutete der Nationalsozialismus nicht Diktatur, Redeverbot und Unterdrückung, sondern Freiheit und Abenteuer. Sie sahen darin eine Verlängerung der Jugendbewegung, ein körperliches und geistiges Anti-aging-Programm. Die tonangebenden 20- bis 30-Jährigen erhoben sich 1935 verächtlich gegen die Kleingeister. Sie sahen sich als moderne, antiindividualistische Tatmenschen. Sie belächelten des „Spießers Sorgen – denn uns gehört das große Morgen". [...]
Ein 33-Jähriger notierte, warum er sich zu einem der binnen Tagen geschaffenen Umsiedlungsstäbe meldete, die 1939 urplötzlich die Auslandsdeutschen aus Ostmitteleuropa „heim ins Reich" holten: „Ich brauche keine Sekunde zu überlegen, um mich zu melden. Die Aufgabe, die gestellt wird, ist eine einzigartige; ich hoffe, dass man mich brauchen kann und meine Meldung angenommen wird. Dass mich dieser Ruf zugleich aus der Enge des Büros erlösen wird – wie gleichgültig ist das geworden." 14 Tage später notiert derselbe Tagebuchschreiber: „Über die Größe der Aufgabe bin ich erschrocken: noch niemals zuvor wurde mir eine solche Verantwortung gegeben."
Über den Studentinneneinsatz zur Betreuung der auslandsdeutschen Umsiedler im eroberten Warthegau und über den improvisierten Aufbau von Schulen und Erntekindergärten schwärmten die jungen Frauen: „Es war ganz gleich, von welcher Fakultät wir kamen, eine große gemeinsame Aufgabe verband uns alle, nämlich die, während der Semesterferien unsere ganze Kraft und unser, wenn auch noch geringes Wissen, hier im Warthegau einzusetzen. Und, ehrlich, wir waren richtig stolz darauf, dass wir die Ersten sein durften, die hier als Studenten Pionierarbeit leisten durften."

Götz Aly, Hitlers Volksstaat. Raub, Rassenkrieg und nationaler Sozialismus, Frankfurt/Main ²2006, S. 12 f.

1. *Arbeiten Sie heraus, welche Motive Jugendliche veranlassten, sich für die NSDAP und ihre Pläne einzusetzen.*
2. *„Der Nationalsozialismus kann aus guten Gründen als Jugenddiktatur begriffen werden."[1]*
   Nehmen Sie Stellung zu dieser These Götz Alys und erschließen Sie, welche Kindheits- oder Jugenderfahrungen in Staat und Gesellschaft die vorgestellten Personen gemacht haben, indem Sie im Überblick die europäische Geschichte der letzten 20 bis 35 Jahre vor 1933 betrachten. Fixieren Sie Ihre Erkenntnisse schriftlich.
3. *„Die Jugend, aber auch die NSDAP zogen aus ihrem gegenseitigen Verhältnis Gewinn." Beziehen Sie Stellung zu dieser These.*

[1] *Götz Aly, Hitlers Volksstaat, S. 14*

M3 Verordnung „Zum Schutz von Volk und Staat“ und „Ermächtigungsgesetz“

Am 28. Februar 1933, einen Tag nach dem Reichstagsbrand, erlässt Reichspräsident Hindenburg eine Verordnung „Zum Schutz von Volk und Staat“. Aufgrund des Artikels 48, Absatz 2 der Reichsverfassung wird zur Abwehr kommunistischer staatsgefährdender Gewaltakte Folgendes verordnet:

§ 1

Die Art. 114, 115, 117, 118, 123, 124 und 153 der Verfassung des Deutschen Reiches werden bis auf weiteres außer Kraft gesetzt. Es sind daher Beschränkungen der persönlichen Freiheit, des Rechts der freien Meinungsäußerung einschließlich der Pressefreiheit, des Vereins- und Versammlungsrechts, Eingriffe in das Brief-, Post-, Telegrafen- und Fernsprechgeheimnis, Anordnungen von Haussuchungen und von Beschlagnahmen sowie Beschränkungen des Eigentums auch außerhalb der sonst hierfür bestimmten gesetzlichen Grenze zulässig.

§ 2

Werden in einem Lande die zur Wiederherstellung der öffentlichen Sicherheit und Ordnung nötigen Maßnahmen nicht getroffen, so kann die Reichsregierung insoweit die Befugnisse der obersten Landesbehörde vorübergehend wahrnehmen.

SA-Mann als Hilfspolizist (r.) auf Streife mit Berliner Schupo am Wahltag. Foto vom 5. März 1933.

Das folgende „Gesetz zur Behebung der Not von Volk und Reich“ (das sogenannte „Ermächtigungsgesetz“) vom 24. März 1933 stellt zusammen mit der Verordnung „Zum Schutz von Volk und Staat“ die verfassungsrechtliche Grundlage des NS-Staates dar:

Art. 1:

Reichsgesetze können außer in dem in der Reichsverfassung vorgesehenen Verfahren auch durch die Reichsregierung beschlossen werden. [...]

Art. 2:

Die von der Reichsregierung beschlossenen Reichsgesetze können von der Reichsverfassung abweichen, soweit sie nicht die Einrichtung des Reichstages und des Reichsrates als solche zum Gegenstand haben. Die Rechte des Reichspräsidenten bleiben unberührt.

Art. 3:

Die von der Reichsregierung beschlossenen Reichsgesetze werden vom Reichskanzler ausgefertigt und im Reichsgesetzblatt verkündet. Sie treten, soweit sie nichts anderes bestimmen, mit dem auf die Verkündung folgenden Tag in Kraft. Die Art. 68–77 der Reichsverfassung finden auf die von der Reichsregierung beschlossenen Gesetze keine Anwendung.[1]

Art. 4:

Verträge des Reiches mit fremden Staaten, die sich auf Gegenstände der Reichsgesetzgebung beziehen, bedürfen für die Dauer der Geltung dieses Gesetzes nicht der Zustimmung der an der Gesetzgebung beteiligten Körperschaften. Die Reichsregierung erlässt die zur Durchführung dieser Verträge erforderlichen Vorschriften.

Walther Hofer (Hrsg.), Der Nationalsozialismus. Dokumente 1933–1945, Frankfurt/Main 1957, S. 53 und 57

1. *Erörtern Sie, welche Konsequenzen die Notverordnung „Zum Schutz von Volk und Staat“ und das „Ermächtigungsgesetz“ für den politischen Alltag haben mussten.*
2. *Überlegen Sie, welche Möglichkeiten der Opposition und der Gewaltenkontrolle zu diesem Zeitpunkt noch gegeben waren.*

[1] Geregelt war hier das übliche Verfahren der Gesetzgebung.

9.4 „Gleichschaltung“ und Führungschaos

Szene einer Reichstagssitzung 1935 nach einer Hitlerrede.
▶ *Der Volksmund nannte den Reichstag seit 1933 „Reichsgesangsverein“. Warum?*

31.3.1933	Ein vorläufiges Gesetz schaltet die Länder mit dem Reich gleich
7.4.1933	Das „Gesetz zur Wiederherstellung des Berufsbeamtentums“ schließt politisch „unzuverlässige Elemente“ und Juden vom Staatsdienst aus
22.6.– 5.7.1933	Alle übrigen Parteien werden verboten bzw. zur Selbstauflösung gezwungen
30.1.1934	„Gesetz über den Neuaufbau des Reiches“: die Länderparlamente werden aufgehoben und die Hoheitsrechte der Länder fallen an das Reich
1.12.1936	Die Hitler-Jugend (HJ) wird zur „Staatsjugend“ erhoben; ab 1939 ist die Mitgliedschaft vom zehnten Lebensjahr an Pflicht

„Gleichschaltung“ von Ländern, Verwaltung und Parteien

Mit dem „Ermächtigungsgesetz“ hatte Hitler formalrechtlich legal den Freibrief erhalten, Staat und Gesellschaft „gleichzuschalten“. Partei und Regierung beseitigten in den ersten Monaten nach der Machtübernahme schrittweise das föderalistische Eigenleben von Ländern und Gemeinden: Landtage, Stadt- und Gemeinderäte wurden nach dem Ergebnis der Reichstagswahl vom 5. März 1933 umgebildet. Von missliebigen Parteien errungene Sitze verfielen, sodass die Nationalsozialisten fast überall ein Übergewicht erhielten. Darüber hinaus setzte Hitler in den Ländern *Reichsstatthalter* ein, die befugt waren, Regierungen zu bilden und zu entlassen. Jeder Reichsstatthalter war seinerseits an die Weisungen des „Führers“ gebunden, die totale Kontrolle der Gebietskörperschaften damit gesichert.

Maßgeblich zur Festigung des neuen Regimes trug die „Gleichschaltung“ des Verwaltungsapparats bei. Schon in den ersten Tagen nach der „Machtergreifung“ waren in Säuberungsaktionen widerstrebende Beamte aus dem Dienst entfernt worden. Legalisiert wurden die Entlassungen erst nachträglich durch das *Gesetz zur Wiederherstellung des Berufsbeamtentums* vom 7. April 1933. Drohung und Einschüchterung, aber auch das im Beamtentum verankerte obrigkeitsstaatliche Denken passten die Beamtenschaft rasch in das Herrschaftsgefüge ein.
Um die politische Opposition endgültig auszuschalten, wurde nach der Zerschlagung der KPD im Sommer 1933 die SPD verboten. Die anderen Parteien lösten sich unter massivem Druck selbst auf. Im Reichstag saßen fortan nur noch Mitglieder der NSDAP. Da das Parlament als Gegengewicht zur Exekutive praktisch ausgeschaltet war, konnte Hitler mit *Führererlassen* regieren, die an die Stelle von Gesetzen traten.

Totale Organisation

Bereits mit dem Eintritt in die Grundschule sollten die Jugendorganisationen der NSDAP, *Hitler-Jugend (HJ)* und *Bund Deutscher Mädel (BDM)*, möglichst alle Kinder eines Jahrgangs erfassen. In beiden Organisationen – und ebenso in den Schulen – wurde die Jugend im Sinne der nationalsozialistischen Ideologie gedrillt. Nicht mehr die liberalen Bildungsziele der Weimarer Zeit zählten, sondern Gleichschritt und Wehrertüchtigung. Alle anderen Jugendverbände wurden früher oder später in HJ und BDM überführt. Per Gesetz erhoben die Nationalsozialisten die Hitler-Jugend 1936 zur „Staatsjugend“, wodurch diese zu einem wichtigen Kontroll- und Erziehungsinstrument wurde. Der für alle Jugendlichen verpflichtende *Reichsarbeitsdienst* sollte die in HJ und BDM angelegte ideologische Ausrichtung fortsetzen. Für viele Berufssparten bestanden zudem gesonderte, der NSDAP untergeordnete Vereinigungen, z. B. der NS-Lehrerbund oder der NS-Ärztebund.

Im Laufe eines Schuljahres fanden zahlreiche von der NS-Führung vorgeschriebene Feierlichkeiten statt. Dazu gehörte auch das mit einer Zeremonie verbundene gemeinsame Einholen der Fahne am Ende jedes Schuljahres, wie hier auf dem Schulhof einer Berliner Volksschule im Bezirk Tempelhof. Foto vom 31. März 1939.

Nach dem *Tod Hindenburgs am 2. August 1934* stand der Diktatur Hitlers endgültig nichts mehr im Wege. Ohne Wahl übernahm er das Amt des Reichspräsidenten und nannte sich nun *„Führer und Reichskanzler“*. Die Reichswehr und alle Beamten mussten sich durch einen Eid persönlich auf Hitler verpflichten (→ M1).

Menschen in Beruf oder Freizeit, Gesunde und Invalide, Jugendliche sowie Greise, Frauen und Männer – alle sollte das parteigesteuerte Organisationsnetz des *totalitären Staates* erfassen. Dies gelang mithilfe von Unterorganisationen wie *Deutsche Arbeitsfront (DAF)*[1], *NS-Studentenbund, NS-Frauenschaft* und anderen mehr. Das Netz war so eng geknüpft, dass der Einzelne kaum entschlüpfen konnte.

[1] *zur DAF siehe auch S. 348 f.*

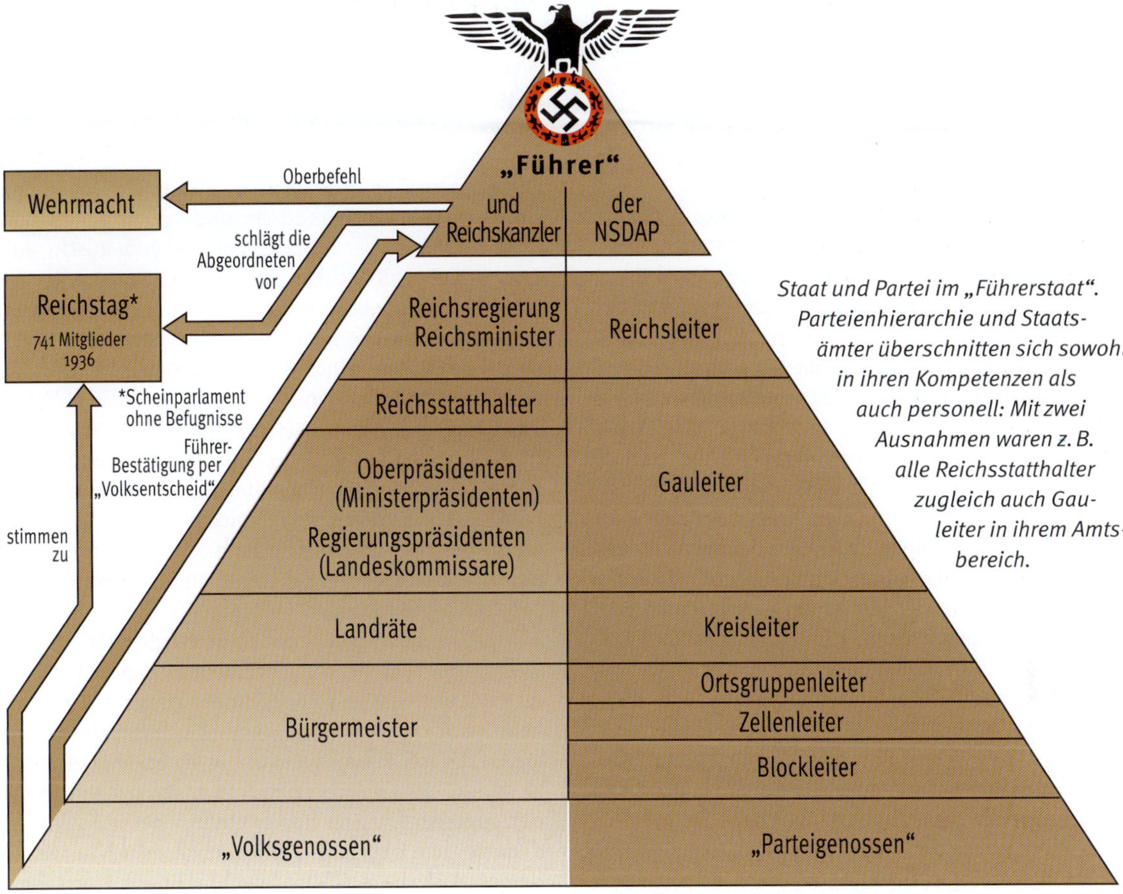

Staat und Partei im „Führerstaat“. Parteienhierarchie und Staatsämter überschnitten sich sowohl in ihren Kompetenzen als auch personell: Mit zwei Ausnahmen waren z. B. alle Reichsstatthalter zugleich auch Gauleiter in ihrem Amtsbereich.

Führung oder Chaos?

Die Ausschaltung oppositioneller Gruppen schien auf den ersten Blick die Staatsmacht zu stärken, die sich nicht länger im pluralistisch-liberalen Meinungsstreit behaupten musste. Es zeigte sich jedoch, dass neben den Staat nun die NSDAP als „Trägerin des deutschen Staatsgedankens“ trat. Ihre Stellung war seit der Ausschaltung der anderen Parteien unangefochten. Die Aufgabe der NSDAP bestand nun nicht länger in Opposition und Straßenkampf, sondern in der Erfassung aller Lebensbereiche, mit dem Ziel einer totalitären Herrschaftsübernahme. Die Partei durchdrang die Gesellschaft und trat damit in Konkurrenz zu den bestehenden staatlichen oder kommunalen Institutionen.

Die Folge war ein undurchsichtiger Wirrwarr von Kompetenzen (→ M2). Während der Staat üblicherweise das öffentliche Leben auf der Basis von Gesetzen reglementiert und gestaltet, trafen jetzt Parteiorganisationen oder deren Repräsentanten neben der staatlichen Bürokratie Einzelentscheidungen oder versuchten zumindest, die Verwaltung in ihrem Sinne zu beeinflussen. Vielfach verschmolzen Partei- und Staatsorganisation miteinander. So hatten die Gauleiter der NSDAP häufig zugleich hohe Ämter in den „gleichgeschalteten“ Ländern inne, oder die Ortsgruppenleiter der Partei übernahmen gleichzeitig das Bürgermeisteramt.

Die Kontrolle der öffentlichen Hand und des gesellschaftlichen Alltags insgesamt ließ die *Parteibürokratie* ständig anwachsen. Gab es 1935 33 Gauleiter, 827 Kreisleiter, 21 000 Ortsgruppenleiter und 260 000 Zellen- und Blockleiter, so betrug die Zahl dieser Funktionare zwei Jahre später bereits 700 000, und während des Krieges waren es zwei Millionen.

Charakteristisch für die *Polykratie*[1] war das Entstehen zahlloser Sonderverwaltungen, die neben der staatlichen Bürokratie ein Eigenleben führten und dem „Führer“ direkt unterstellt waren. Einer solchen Parteibehörde stand z.B. *Hermann Göring* ab 1936 als „Beauftragter für den Vierjahresplan“ vor und konnte in dieser Funktion an allen staatlichen Stellen vorbei unmittelbaren Einfluss auf die Wirtschaft nehmen.

[1] *Polykratie: von griech. poly: „viel“ und kratos: „Macht“; Vielzahl konkurrierender Herrschaftsansprüche und Zuständigkeiten*

M1 Die Autorität des „Führers"

Hitler erklärt in „Mein Kampf":

Die Bewegung vertritt im Kleinsten wie im Größten den Grundsatz der unbedingten Führerautorität, gepaart mit höchster Verantwortung.
Die praktischen Folgen dieses Grundsatzes in der Bewegung sind nachstehende:
Der erste Vorsitzende einer Ortsgruppe wird durch den nächsthöheren Führer eingesetzt, er ist der verantwortliche Leiter der Ortsgruppe. Sämtliche Ausschüsse unterstehen ihm, und nicht er umgekehrt einem Ausschuss. Abstimmungs-Ausschüsse gibt es nicht, sondern nur Arbeits-Ausschüsse. Die Arbeit teilt der verantwortliche Leiter, der erste Vorsitzende, ein. Der gleiche Grundsatz gilt für die nächsthöhere Organisation, den Bezirk, den Kreis oder den Gau. Immer wird der Führer von oben eingesetzt und gleichzeitig mit unbeschränkter Vollmacht und Autorität bekleidet. Nur der Führer der Gesamtpartei wird aus vereinsgesetzlichen Gründen in der Generalmitgliederversammlung gewählt. Er ist aber der ausschließliche Führer der Bewegung. Sämtliche Ausschüsse unterstehen ihm und nicht er den Ausschüssen. Er bestimmt und trägt damit aber auch auf seinen Schultern die Verantwortung. Es steht den Anhängern der Bewegung frei, vor dem Forum einer neuen Wahl ihn zur Verantwortung zu ziehen, ihn seines Amtes zu entkleiden, insofern er gegen die Grundsätze der Bewegung verstoßen oder ihren Interessen schlecht gedient hat. An seine Stelle tritt dann der besser könnende, neue Mann, jedoch mit gleicher Autorität und gleicher Verantwortlichkeit.
Es ist eine der obersten Aufgaben der Bewegung, dieses Prinzip zum bestimmenden nicht nur innerhalb ihrer eigenen Reihen, sondern auch für den gesamten Staat zu machen.
Wer Führer sein will, trägt bei höchster unumschränkter Autorität auch die letzte und schwerste Verantwortung.
Wer dazu nicht fähig oder für das Ertragen der Folgen seines Tuns zu feige ist, taugt nicht zum Führer. Nur der Held ist dazu berufen.
Der Fortschritt und die Kultur der Menschheit sind nicht ein Produkt der Majorität, sondern beruhen ausschließlich auf der Genialität und der Tatkraft der Persönlichkeit.
Diese heranzuzüchten und in ihre Rechte einzusetzen, ist eine der Vorbedingungen zur Wiedergewinnung der Größe und Macht unseres Volkstums.

Adolf Hitler, Mein Kampf. Zwei Bände in einem Band, München [51]1933, S. 378f.

Charakterisieren Sie das „Führerprinzip".

M2 Rivalität

Der britische Historiker Ian Kershaw (geb. 1943) beschreibt im ersten Teil seiner Hitler-Biografie, wie Hitler seine Machtposition festigt:

Zusammenstöße in Fragen der Strategie, Streitereien unterschiedlicher Fraktionen und persönliche Rivalitäten traten in der NSDAP beinahe endemisch[1] auf. Die endlosen Konflikte und Animositäten, die gewöhnlich persönliche oder taktische und keine ideologischen Ursachen hatten, machten notwendigerweise vor einem Angriff auf Hitler halt. Er griff so wenig wie möglich ein. Die Rivalität und der Wettstreit zeigten ihm nur, welcher unter seinen miteinander wetteifernden Untergebenen nach seinem eigenen sozialdarwinistischen Begriff der Stärkere sein würde. Auch unternahm er nichts, um die ideologischen Schattierungen innerhalb der Partei miteinander zu versöhnen, es sei denn, sie drohten kontraproduktive Wirkungen zu entfalten. Der Führerkult wurde akzeptiert, weil er allen Beteiligten als einziges Rezept galt. Die persönliche Treue gegenüber Hitler, ob nun aufrichtig empfunden oder einem Zwang folgend, war der Preis der Einheit. In manchen Fällen waren die NS-Führer ganz und gar von Hitlers „Größe" und „Mission" überzeugt. In anderen konnten sie den eigenen Ehrgeiz nur weiterhin befriedigen, indem sie dem obersten „Führer" nach dem Munde redeten. Auf diese Weise wuchs Hitlers Herrschaft über die „Bewegung" bis zu dem Punkt, wo er so gut wie unangreifbar geworden war.

Ian Kershaw, Hitler 1889–1936, übersetzt von Jürgen Peter Krause und Jörg W. Rademacher, Stuttgart 1998, S. 380

1. *Erläutern Sie, wie Hitler nach Meinung von Kershaw das „Führerprinzip" für sich nutzte.*
2. *Vergleichen Sie M1 und M2. Diskutieren Sie Anspruch und Wirklichkeit des „Führerprinzips".*

[1] *endemisch: typisch für ein bestimmtes Umfeld*

9.5 Propaganda in allen Bereichen

Werbung für den Volksempfänger. Plakat von 1936.
Zwischen 1933 und 1941 stieg der Anteil der deutschen Haushalte mit Rundfunkgerät von 25 auf 65 Prozent.

10.5.1933	Bücherverbrennung: unliebsame Autoren werden öffentlich gebrandmarkt
22.9.1933	Einrichtung der Reichskulturkammer: der gesamte Kulturbetrieb wird überwacht

„Volksaufklärung"

Die wirkungsvollste Form, die Gesellschaft nachhaltig zu beeinflussen, sah Hitler in der *Propaganda*. Sein *Minister für Volksaufklärung und Propaganda, Dr. Joseph Goebbels,* schaltete Presse, Film und Rundfunk weitgehend gleich. Er ließ zunehmend nur noch Informationen verbreiten, die sein Ministerium in Reichspressekonferenzen für die Veröffentlichung freigab. Unerwünschte Presseorgane wurden zeitweise oder auf Dauer verboten. Bücher, Illustrierte und Zeitschriften unterlagen der Zensur.

Vor allem den Rundfunk setzte Goebbels für seine Propaganda ein. *Volksempfänger* waren für jeden

Der nächtliche Appell der politischen Leiter beim „Reichsparteitag der Ehre" auf dem Zeppelinfeld in Nürnberg. Foto des NS-Fotografen Heinrich Hoffmann, September 1936. Das Zeppelinfeld, eine Aufmarscharena mit Tribünen und Rednerkanzel, war nur ein Teil einer Reihe von Bauten, die für das elf Quadratkilometer große Reichsparteitagsgelände geplant worden waren. Die monumentale Wirkung von Gelände und Architektur wurde noch durch den Einsatz von Lichteffekten, wie des aus Flakscheinwerfern aufstrahlenden „Lichtdoms" verstärkt.

erschwinglich und wurden zum Kauf empfohlen. Das Hören ausländischer Sendestationen war hingegen verboten und gegen Ende des Krieges sogar mit der Todesstrafe bedroht. Die *„Wochenschau"*, die vor den viel besuchten Spielfilmen ablief, wurde genau redigiert (s. S. 340 f.). Wie Goebbels selbst erklärt hatte, galt nun ein „neuer Begriff der Meinungs- und Pressefreiheit", der alle Berichterstattung an das „nationale und völkische Interesse" band (➔ M1).

Ein ausgeklügeltes Spitzelsystem, das ganz Deutschland überzog, diente nicht nur dem Aufspüren und der Ausschaltung von Regimegegnern, sondern auch der Erkundung der Volksstimmung. Dabei spielten die Blockwarte, zu deren Aufgaben die genaue Beobachtung der Bewohner der ihnen unterstellten Häuserblocks gehörte, eine wichtige Rolle. Gegenpropaganda sollte da einsetzen, wo sich Unzufriedenheit zeigte.

Massenmobilisierung

Offizieller Höhepunkt aller Massenmobilisierung war der jährliche *Reichsparteitag* in Nürnberg: Auf einem nie ganz vollendeten Gelände wickelte die NS-Regie beeindruckende Aufmärsche und sportliche Wettkämpfe ab, die der Bevölkerung nationale Größe suggerierten und sie für den Einparteienstaat vereinnahmen sollten. Staatsbesuche, Empfänge, National- und Parteigedenktage oder neue pseudokultische Veranstaltungen vermittelten den Massen das äußere Gepräge religiöser Feste. Auch die *Olympischen Spiele*, die 1936 in Berlin stattfanden, nutzte das Regime zu einer sorgfältig inszenierten Selbstdarstellung.

„Wider den undeutschen Geist"

Auch Kultur und Kirche wurden „gleichgeschaltet". Christliche Feiertage wurden ihrer religiösen Bedeutung entkleidet und nach Belieben des Regimes umgedeutet. Weihnachten sollte sich aus einem Fest des Friedens zum Gedenktag der Wintersonnenwende, der Hoffnung des Wiedererstehens und der Freiheit Deutschlands entwickeln. Ein neuer Feierkultus entstand (➔ M2).

Was wahre Kulturgüter seien, legte die NSDAP fest: Rückbesinnung auf das germanische Erbe, die Verherrlichung der arischen Rasse in allen Epochen der Geschichte, Schlichtheit und Monumentalität waren die Vorgaben eines zentral reglementierten Kunstverständnisses. 1933 wurde zur Kontrolle des gesamten Kulturbetriebs die *Reichskulturkammer* eingerichtet. Juden, Marxisten und Pazifisten verbannte die Partei als „Zerstörer arischen Erbes" aus dem Kulturbetrieb.

Am 10. Mai 1933 fanden in Berlin und anderen Universitätsstädten öffentliche *Bücherverbrennungen* statt. Studenten warfen die Werke der in Ungnade gefallenen Autoren ins Feuer. Damit sollte die Ausmerzung aller wissenschaftlichen und literarischen Werke, die als „undeutsch" galten, eingeleitet werden.

Wertvolle Kunstwerke wurden als *„entartete Kunst"* aus Museen und Galerien verbannt, beschlagnahmt, zerstört oder ins Ausland verkauft. Die betroffenen Künstler erhielten, soweit sie noch lebten und nicht emigriert waren, Ausstellungs- und Arbeitsverbot. 1937 wurde eine Auswahl eingezogener Kunstwerke zusammengestellt und als Wanderausstellung *„Entartete Kunst"* in München und anderen Städten Deutschlands bei freiem Eintritt zur „Abschreckung" gezeigt. 1939 verbrannten die Nationalsozialisten in Berlin öffentlich 1 000 verfemte Kunstwerke.

Folge dieser Politik und der antijüdischen Gesetzgebung war, dass viele bedeutende Künstler und Gelehrte Deutschland verließen. Die kulturelle Blütezeit der Zwanzigerjahre fand ein jähes Ende. Mancher blieb und beugte sich dem Regime oder begab sich in die *innere Emigration*.

Die „deutsche Frau“

Ideologisch wie personell war die NSDAP immer eine Männerpartei, Frauen hatten in den höheren Hierarchie-Ebenen von Partei und Staat keine Chance. *Gertrud Scholtz-Klink*, die *„Reichsfrauenführerin“* – ein Propagandaposten mit politisch geringem Einfluss –, hatte sich im Sinne der Nationalsozialisten vor allem durch eines qualifiziert: Sie war Mutter von elf Kindern.

Natürlich brauchte die Partei auch Anhängerinnen, und die Frauen wurden entsprechend umworben. Das ideologische Konzept dazu war denkbar einfach gestrickt: Die deutsche Frau sollte als treu sorgende Gattin und Mutter den „artgerechten“ Fortbestand des Volkes gewährleisten und dem Mann zu Hause den Rücken freihalten für seine Pflichten am Arbeitsplatz und im Krieg (→ M3).

Vielen Frauen erschien die klare Rolle, die die Nationalsozialisten ihnen zuwiesen, durchaus attraktiv. Wie den Männern wurden auch ihnen eine Gemeinschaft und ein Solidaritätsgefühl angeboten, deren negative Seiten, nämlich der Ausschluss von Kranken, Gebärunfähigen, Jüdinnen, Homosexuellen und anderen unerwünschten Minderheiten, nur wenigen zu Bewusstsein kam.

Die Frauen waren ebenso sorgsam organisiert wie die männliche Bevölkerung. Zusätzlich zum „Bund Deutscher Mädel“ (BDM) und der *Nationalsozialistischen Frauenschaft (NSF)* entstand im Oktober 1933 das *Deutsche Frauenwerk (DFW)* als Sammelbecken für die gleichgeschaltete bürgerliche Frauenbewegung. In diesen Organisationen trafen sich Millionen zum Meinungsaustausch, zu gemeinsamen häuslichen Arbeiten, zu ideologischer Schulung und zu karitativer Tätigkeit. Äußere Ehrungen wurden zudem den Müttern durch die Stiftung des *„Ehrenkreuzes der deutschen Mutter“* für die Verdienste im „Geburtenkrieg“ zuteil: für die Geburt von vier oder fünf Kindern in Bronze, bei sechs oder sieben in Silber und ab acht Kindern in Gold. Hilfswerke für Mutter und Kind, Mütterschulen und die besondere Hervorhebung des Muttertages rundeten das Propagandabild von der erfolgreichen deutschen Frau ab.

Noch so bescheidene Ansätze einer Frauenemanzipation lehnte Hitler persönlich ab, vor allem Frauen mit Hochschulabschluss. Ehestandsdarlehen mit teilweisem oder vollem Schuldenerlass, je nach Kinderzahl, sollte die verheirateten Frauen zum Verlassen der Berufswelt wie zur Konzentration auf die Familie bewegen. Freilich hat das NS-Regime die Emanzipation durch Dauer und Folgen des Krieges auf das Wirtschaftsleben dann wider Willen doch gefördert. Denn Frauen mussten die Aufgaben von den Männern, die in den Krieg gezogen waren, übernehmen.

Zeltlager des Bundes Deutscher Mädel (BDM). Foto von 1938.

Methoden-Baustein: Film und Wochenschau

Film als Quelle für NS-Geschichte

Kein anderes Medium hat im 20. Jahrhundert so sehr die Wahrnehmung der Wirklichkeit bestimmt und Meinungen der Menschen beeinflusst wie der Film. Bereits seit den 30er-Jahren war er zu einem echten Massenmedium geworden: Rund 5000 Kinos sorgten im damaligen Deutschen Reich für eine flächendeckende Versorgung, mehrere hundert Millionen Kinokarten wurden selbst noch während der Kriegsjahre verkauft.

Entsprechend hoch ist die Zahl der Filmproduktionen. Allein während des „Dritten Reiches" wurden mehr als 1000 abendfüllende Langfilme produziert, dazu ein Mehrfaches an kürzeren Filmen, die im Vorprogramm der Kinos liefen. Die Filme lassen sich dabei folgendermaßen grob kategorisieren:

- Spielfilme, rein fiktional
- „Historische Spielfilme"
- Kulturfilme (Dokumentationen)
- Nachrichtenfilme (Wochenschauen)

Bei der Bewertung des Quellenwertes von Filmen für die historische Forschung muss bedacht werden: Trotz ihrer Anschaulichkeit und scheinbaren Authentizität zeigen sie niemals die ungebrochene Realität ihrer Zeit, sondern nur ein Bild, das die Filmhersteller selbst von ihrer Zeit hatten oder zeigen wollten. Das gilt insbesondere für das „Dritte Reich". Hier unterlagen sämtliche Filmproduktionen einer strengen Kontrolle durch das „Reichsministerium für Volksaufklärung und Propaganda" unter Joseph Goebbels. Alle Filme sollten der Propaganda dienen[1]. Eines der wichtigsten Propagandainstrumente war die Wochenschau. Aber auch in vordergründig unpolitischen Spielfilmen konnten gesellschaftliche Leitbilder im Sinne des Nationalsozialismus propagiert werden. Filme aus dieser Zeit sind daher vor allem eine Quelle für das Selbstverständnis und für die propagandistischen Absichten der politischen Führung.

Filmische Mittel

Der Film verfügt – unabhängig vom jeweiligen Genre – über eine Reihe spezifischer Mittel, mit denen er seine Wirkung erzielt. Die wichtigsten sind:

Montage/Schnitt

Jeder Film besteht aus einer Vielzahl von Einheiten. Mehrere *Einstellungen* werden zu einer *Sequenz*, einem inhaltlich zusammengehörenden Abschnitt eines Filmes, zusammengefasst. Der Aufmarsch einer SA-Kolonne in einem NS-Spielfilm etwa ist eine Sequenz. Der Blick auf einzelne Gesichter, die Großaufnahme von marschierenden Stiefeln und der Überblick über die gesamte Kolonne sind die Einstellungen, aus denen sich die Sequenz zusammensetzt.

Als *Montage* bzw. *Schnitt* („Cut") wird die Zusammenstellung der Einstellungen und Sequenzen zu einem Gesamtfilm bezeichnet. Da das später Gesehene scheinbar die Folge des zuerst Gezeigten ist, können Zusammenhänge und Kausalitäten konstruiert werden, die es in der Realität möglicherweise nicht gab.

Kameraperspektiven

Durch die Aufnahme der Objekte auf gleicher Höhe (*Normalsicht*), von oben (*Obersicht*, „high shot") oder von unten (*Untersicht*, „low shot") werden vor allem bei Personenaufnahmen dem Zuschauer wertende Perspektiven aufgedrängt. Auf Menschen, die in Obersicht aufgenommen sind, blickt der Zuschauer herab, bei in Untersicht gefilmten „bewundernd" hinauf. Diese Wirkung wird durch große und hoch positionierte Leinwände noch verstärkt.

Lichtführung – Hell-/Dunkelkontraste

Die während der 30er- und 40er-Jahre dominierenden Schwarzweißfilme erzielten ihre Bildwirkung vielfach über den Aufbau starker Lichtkontraste. Dies kann innerhalb einer Einstellung geschehen oder auch durch die Abfolge „heller" und „dunkler" Einstellungen. Die Propaganda konnte sich dabei zunutze machen, dass Licht und Helligkeit in unserem Kulturkreis positiv assoziiert wird, Dunkelheit dagegen negativ.

Wochenschauen

Um möglichst die gesamte Bevölkerung zu erreichen, wurden die meist viertelstündigen Nachrichtenfilme nicht nur im Vorprogramm der Kinos gespielt, sondern in ländlichen Gebieten auch in Gaststätten und Gemeindesälen. Die Wochenschau zeigt nur das quasi offizielle Bild, das die oberste NS-Führung von ihrer Politik und dem Krieg verbreiten wollte.

Über folgende Internetadressen können Filmmaterial und Informationen eingeholt werden:

- *www.deutsche-wochenschau.de* (Dieses Archiv bietet Storyboards, Informationen und Clips zu Wochenschauen seit der Stummfilmzeit.)
- *www.bildungsserver.de/zeigen.html?seite=525* (Die regionalen Landesbildstellen verleihen Wochenschauen kostenlos an Lehrkräfte.)

[1] *Unter http://www.filmportal.de können umfassende Informationen zu deutschen Filmen, Regisseuren, Schauspielern und Themen sowie Hinweise auf Veranstaltungen eingeholt werden.*

Hinweise zur Analyse von Wochenschauen

Die folgenden Hinweise für die Analyse sind ein Muster dafür, wie im Idealfall die Filme analysiert werden sollten:

Klärung des historischen Kontextes

Im Einzelfall ist es manchmal schwierig, für eine gründliche Analyse die genaue Faktenlage und die Hintergründe zu den dargestellten Themen herauszufinden und zu überprüfen.

Erstellung eines Filmprotokolls

In einem Filmprotokoll werden mit genauer Zeitangabe die Abfolge der Einstellungen (Einstellungsprotokoll) oder Sequenzen (Sequenzprotokoll) notiert. Das Filmprotokoll wird zur Übersichtlichkeit meist als mehrspaltige Tabelle erstellt. In die erste Spalte wird die Zeit/Dauer der jeweiligen Sequenz, in die zweite eine kurze Inhaltsangabe eingetragen. In weiteren Spalten werden die filmischen Mittel, Kommentartexte, Bemerkungen zur Musik usw. eingetragen.

Interpretation

Wochenschauen sollten Sie immer unter konkreten und präzisen Fragestellungen interpretieren. Schlussfolgerungen müssen sich auf objektiv nachvollziehbare Beobachtungen von Handlungsabläufen und eingesetzten filmischen Mitteln beschränken. Subjektive Eindrücke, etwa über Gefühle und Absichten der dargestellten Personen, sollten außer Acht gelassen werden. Nach Möglichkeit sollten immer mehrere Wochenschauen in eine Analyse einbezogen werden, um „Zufallsbefunde" auszuschließen.

1. *Erstellen Sie aus einer Wochenschau ein Sequenzprotokoll. Ordnen Sie die Sequenzen thematisch (z. B. „Berichte über NS-Führung", „Kampfhandlungen", „Geschichten aus dem Alltag"). Welche Schlussfolgerungen lassen sich aus der zeitlichen Gewichtung und Abfolge ziehen?*
2. *Stellen Sie aus verschiedenen Wochenschauen Bilder von Soldaten zusammen. Welcher Eindruck soll dem Zuschauer vermittelt werden? Welche filmischen Mittel werden dazu eingesetzt?*
3. *Recherchieren Sie im Wochenschau-Archiv nach Darstellungen von Hitler. Welches Bild soll jeweils vermittelt werden, welche Mittel werden eingesetzt?*
4. *Zeitgeschichtliche Dokumentationen im Fernsehen oder in Printmedien verwenden häufig Material aus Wochenschauen zur Illustration. Analysieren Sie den Einsatz von Wochenschaumaterial in einer solchen Dokumentation.*

Filmstill aus einer Wochenschau aus dem Jahr 1940. Die Kameraleute der Wochenschau waren als Teil der Propagandakompanien (PK) fest in die kämpfenden Truppen „eingebettet". Bei militärischen Aktionen wurden sie mit den Soldaten „an vorderster Linie" eingesetzt. Nahaufnahmen und Bilder aus der Perspektive der Akteure sollten den Eindruck von Authentizität und Glaubwürdigkeit erzielen.

Filmstill aus einer Wochenschau aus dem Jahr 1940. Durch starke Unterperspektive („low shot") werden deutsche Soldaten als überlegen inszeniert.

5. *Analysieren Sie jüngere Kriegsreportagen, etwa aus dem Irakkrieg. Vergleichen Sie diese in Zielsetzung und filmischen Mitteln mit der Wochenschau.*

M1 Wie erfolgreich war die Propaganda?

Der Historiker Bernd Jürgen Wendt (geb. 1934) untersucht die tatsächliche Wirkung der nationalsozialistischen Propaganda auf die Bevölkerung:

Dringend muss davor gewarnt werden, unkritisch aus den oft eindrucksvollen Produkten der nationalsozialistischen Propaganda etwa durch die unkommentierte Vorführung von Wochenschauen oder Propagandafilmen bereits auf ihre tatsächliche Wirkung zu schließen.
Resistenz oder Anfälligkeit gegenüber nationalsozialistischer Propaganda und Indoktrination waren wesentlich abhängig von der politischen Einstellung, dem sozialen und politischen Milieu, in dem man aufgewachsen war und lebte, von Erziehung und Schulbildung, Wohnort und persönlichem Umfeld. Goebbels war stets bemüht, in einer taktischen „Variationstoleranz" (Bracher) propagandistische Indoktrination differenziert nach den Adressaten und schichtenspezifisch einzusetzen, auch gewisse Rücksichten auf kulturelles Erbe und bürgerliche Traditionspflege zu nehmen, sterile Uniformität zu vermeiden und dort, wo er es für angebracht hielt, etwa bei der Darbietung eines deutschen (!) Jazz, in der Schlagerkultur oder bei Hollywoodfilmen selbst noch mit der emigrierten Marlene Dietrich[1] die Zügel zu lockern. […]
Die Propagierung der Idee des Nationalsozialismus, so verschwommen und eklektisch[2] sie auch sein mochte, stieß dort auf eine zusätzliche Resonanz, wo sie offenkundig Erfolge aufweisen konnte. Denn das Leben damals verhieß vielen, die vorher davon nicht einmal zu träumen gewagt hatten, um den Preis der politischen Anpassung einen höheren Grad an Mobilität, freiere Lebensformen etwa für junge Mädchen, die über BDM und Beruf dem Mief dörflicher Enge entwachsen konnten, materielle Vorteile wie einen Arbeitsplatz, die Chance individueller Bewährung, nichtakademische Karrieremuster, soziale Betreuung oder auch ein reiches Angebot für die Gestaltung der Freizeit mit KdF-Reisen[3], Kulturveranstaltungen usf.

Bernd Jürgen Wendt, Deutschland 1933–1945. Das Dritte Reich, Hannover 1995, S. 142ff.

1. *Erörtern Sie in Anlehnung an den Text von Wendt, warum die NS-Propaganda nur zum Teil erfolgreich war.*
2. *Sind wir heute resistenter gegen Propaganda? Begründen Sie Ihre Meinung.*

1 Marlene Dietrich (1901–1992) war nach ihrem Welterfolg mit „Der blaue Engel" von 1930 die bekannteste deutsche Schauspielerin. Sie stellte sich gegen die Nationalsozialisten und ging in die USA.
2 eklektisch: zusammengesucht, ohne eigenen Stil
3 Kraft durch Freude, Unterorganisation der Deutschen Arbeitsfront (DAF); siehe dazu S. 349.

M2 Weihnachten

Kurt Eggers (1905-1943), deutscher Schriftsteller und Kulturpolitiker, ab 1936 Abteilungsleiter für Feiergestaltung des Rasse- und Siedlungshauptamts der SS, schreibt in seinem Artikel „Weihnachten":

So wurde von Urzeiten her das Weihnachtsfest die Feier jubelnden Trotzes gegen die kalte und tötende eisige Winternacht. Die Sonnenwende brachte den Sieg des Lichtes! Diese Gewissheit vermittelten unseren Vorfahren keine astrologischen Könige aus dem „Morgenlande"! Diese Gewissheit gewannen sie vielmehr aus der Erkenntnis der ewigen, großen Naturgesetze des Alls. Aus diesem Erberinnern heraus zünden wir in der Weihnacht die Lichter an, aus diesem Erberinnern freuen wir uns über den Glanz der Kerzen, der die Dunkelheit verscheucht und sich in unserer sehnsüchtigen Seele, in unseren tatbereiten Herzen widerspiegelt. […]
Fremde Völker verstehen es nicht, und sie werden es nie begreifen! Unser Erberinnern sagt uns, dass unsere Vorfahren, lebensgläubig und sehnsüchtig, unter Eis und Schnee das lebendige Grün suchten und fanden: Da grünte unter der Schneedecke, behangen mit glitzernden Eiszapfen, der Nadelbaum, dessen sprossendes Leben der kalte Tod nicht zu bezwingen vermochte!
Und wie einst unsere Vorfahren das Zeichen des Lebens in trotziger Freude und dankbarer Gewissheit grüßten, so holen wir heute den Baum als Symbol unbezwingbaren Lebens in unsere Stuben, schmücken ihn mit Lichtern und denken voller Ehrfurcht an die Größe des ringenden und trotzenden Lebens, das sich unter Gefahren und Nöten gegen jeden noch so drohenden und lastenden Zustand zu behaupten weiß.
[…] Unser Weihnachten! Es wurde das Fest des Sieges und der tiefen, verpflichtenden Bereitschaft zum Kampf.
Kriegsweihnacht! Gerade jetzt erkennen wir die letzten Werte unserer Rasse, die im jubelnden und trotzigen Aufstand gegen die Dunkelheit, gegen den Zwang, gegen jeden unwürdigen Zustand sich zur befreienden Tat erheben!
Unser Weihnachtsfest begehen wir darum nicht in der rührseligen Stimmung, die in so manchem unserem Tatdenken fremden Weihnachtschoral enthalten ist, sondern in der harten und unbeugsamen Gewissheit, dass wir berufen sind, als die ewigen Feuerträger das Licht der Freiheit in die Welt zu tragen.

Hauptkulturamt der NSDAP in der Reichspropagandaleitung, Deutsche Kriegsweihnacht, München 1944, S. 8f.

1. *Belegen Sie, dass der Text in Inhalt, Wortwahl und Stil ein typisches Beispiel für Propaganda ist.*
2. *Überlegen Sie, welche Wirkung der Text haben sollte.*

„Mutter und Kind." Gemälde von Alfred Bernert. Das Bild wurde während des „Dritten Reiches" als Plakat und Postkarte mit folgender Unterschrift verbreitet: „In meinem Staat ist die Mutter wichtigste Staatsbürgerin. Adolf Hitler."

► *Analysieren Sie die künstlerischen Mittel, mit denen die Bildaussage erreicht werden soll. Erläutern Sie die kunsthistorische Tradition, an die der Maler anknüpfen will.*

M3 Die deutsche Familie

1939 wird beim Reichsparteitag eine Ausstellung „Frau und Mutter – Lebensquell des Volkes" gezeigt. Aus einem Begleittext:

Ein deutsches Wort nennt den Mann den Kopf der Familie. Er ist der sorgende Verstand der Seinen, den sein Beruf oftmals zur Härte gegen sich und andere zwingt. Die Frau wird in diesem Sprichwort das Herz der Familie genannt. Ihr wird der Mittelpunkt dieses lebendigen Organismus zugewiesen, von ihr nimmt das Familienleben seinen Ausgang. Noch mehr: So wie wir glauben, dass das Gefühl dem Herzen entströmt, so machen wir alles gefühlsgebundene Erleben des Familienkreises von der Frau abhängig. Sie wahrt und verbreitet Gemütskräfte, von ihr strahlt aus, was wir nur im Deutschen sagen können und auch innerlich verstehen: Gemütlichkeit!

Die Frau in der Familie ist ungleich mehr Gefährtin des Mannes, als es die ledige Frau sein kann, die im Beruf gleichberechtigt neben dem Manne steht. In einem geregelten deutschen Familienleben braucht sich diese Tatsache nicht einmal nach außen hin zu zeigen, allein sie wirkt sich aus im Schaffen und Handeln des Mannes. [...]

Die Frau in der Familie ist Mutter. Was wäre eine deutsche Familie ohne Kinder? Wie sich das Frauentum zu höchster Blüte entwickelt durch die Mutterschaft, so wird die Lebensgemeinschaft der Familie erst harmonisch durch die Kinder. Kinder sind auch dort das bindende Glied, wo die Familie in Gefahr gerät durch mangelndes gegenseitiges Verstehen zwischen Frau und Mann.

„Viel Kinder, viel Segen", sagt ein altes deutsches Sprichwort. Tatsächlich sind die kinderreichen Familien zumeist die glücklichsten. Es muss das wohl so sein, weil hier so viele Glieder beitragen zum Glücklichsein und Erleben der Familie. Voraussetzung zu diesem Glück ist aber eine starke innere Bereitschaft der Eltern zum Leben und allen seinen Anforderungen.

Der Nationalsozialismus wertet die Familie höher als jemals eine Weltanschauung vor ihm. Er erkennt die ausschlaggebende Bedeutung der Frau in der Familie und bemüht sich, durch immer neue Maßnahmen Frau und Familie zu schützen, ihre Lebensbedingungen zu erleichtern und die Bildung neuer Familien zu ermöglichen. Das Volk ist die große deutsche Familie, die sich nach dem Vorbild der kleinsten Zelle bemüht, einen jeden Angehörigen zu betreuen und durch Schaffen und Fröhlichsein der Freuden des Lebens und auch seines Ernstes teilhaftig werden zu lassen.

Ute Benz (Hrsg.), Frauen im Nationalsozialismus. Dokumente und Zeugnisse, München [2]1997, S. 105f.

1. *Erläutern Sie die Rollenzuweisungen, die in dem Text vorgenommen werden.*
2. *Vergleichen Sie mit M3 auf S. 307.*
3. *Untersuchen Sie den Text auf seinen spezifisch nationalsozialistischen Gehalt hin.*

9.6 Ausgrenzung und Verfolgung

Fenster eines Berliner Modegeschäfts. Foto vom 1. April 1933.

1.4.1933	Jüdische Unternehmen, Geschäfte und Praxen werden boykottiert
26.4.1933	Die Geheime Staatspolizei (Gestapo) wird gebildet
24.4.1934	Der Volksgerichtshof für Delikte des Hoch- und Landesverrats wird eingerichtet
15.9.1935	Nürnberger Gesetze; Ausbürgerung der Juden
9.–10.11.1938	Während der Novemberpogrome werden Synagogen zerstört und geplündert sowie viele Juden verhaftet und ermordet
3.12.1938	Jüdische Vermögen werden eingezogen

Der Rechtsstaat wird ausgehöhlt

Mit der Verordnung des Reichspräsidenten „Zum Schutz von Volk und Staat“ vom 28. Februar 1933 war die erste Schranke des Rechtsstaats gefallen. Die Polizei konnte nun ohne Angabe des Grundes Personen bespitzeln oder verhaften, durfte sie ohne Verhör durch einen Richter festsetzen, konnte Wohnungen durchsuchen, Eigentum beschlagnahmen, Zeitungen zensieren und verbieten, Telefone überwachen, Parteien und Vereine auflösen. Die Schaffung neuer Straftatbestände, so z. B. die Kritik an der Regierung, das Verbreiten ausländischer Nachrichten oder ganz generell der Verstoß gegen das „gesunde Volksempfinden“, öffnete willkürlichen Urteilen Tür und Tor. Für Delikte wie Hochverrat legten die neuen Machthaber rückwirkend die Todesstrafe fest. Waren zwischen 1907 und 1932 in Deutschland 1400 Menschen zum Tode verurteilt und 345 hingerichtet worden, so sprachen die Strafgerichte unter nationalsozialistischer Herrschaft zwischen 1933 und 1944 13405 Todesurteile aus, von denen 11881 vollstreckt wurden.

Polizei und Justiz

Im Rahmen der „Gleichschaltung" übernahmen die Nationalsozialisten in den Ländern die Polizeigewalt. Neben den regulären Polizeiapparat stellten sie eine Hilfspolizei. Deren Truppen bestanden überwiegend aus Männern der *Sturmabteilung* (*SA*) und der *Schutzstaffel* (*SS*). Den paramilitärischen Verbänden der „Kampfzeit" wurden damit hoheitliche Polizeibefugnisse zugestanden. Die Folgen erlebte man anlässlich des *„Röhm-Putsches"* am 30. Juni 1934, als Hitler Meinungsverschiedenheiten mit dem SA-Führer *Ernst Röhm* zum Anlass nahm, gemeinsam mit Reichswehr und SS Säuberungsaktionen durchzuführen. Ohne Einschaltung der Justiz brachten SS-Männer etwa 100 Angehörige der SA und Bürger verschiedenster politischer und gesellschaftlicher Herkunft um. Das „Gesetz über Maßnahmen der Staatsnotwehr" vom 3. Juli 1934 sollte nachträglich die Vorgänge vom 30. Juni bis zum 2. Juli 1934 „rechtfertigen". Ein weiterer Schritt, der die Rechtssicherheit des Bürgers aufhob, war 1936 das Verbot der gerichtlichen Überprüfung von Maßnahmen der *Geheimen Staatspolizei* (*Gestapo*). Die Gestapo verfolgte politische Gegner des NS-Staates.

Bei all diesen Vorgängen gab es kaum Proteste oder Rücktritte, denn viele Richter und Staatsanwälte waren eingeschüchtert, da das *Gesetz zur Wiederherstellung des Berufsbeamtentums* die Möglichkeit geschaffen hatte, missliebige Beamte aus dem Dienst zu entfernen. Seit der „Machtergreifung" liefen sie ohnehin Gefahr, dass ihre Urteile von den Nationalsozialisten „korrigiert" wurden (→ M1). Ergingen Freisprüche oder fielen die Strafen nach Meinung der Machthaber zu milde aus, so nahm nicht selten die Gestapo die Angeklagten in „Schutzhaft". Um die Betroffenen davor zu bewahren, verhängten die Gerichte teilweise lieber härtere Urteile, die dann im Rahmen des staatlichen Justizvollzugs vollstreckt werden konnten. Eine andere Aushöhlung des gerichtlichen Rechtsschutzes bedeutete die Einrichtung von Sondergerichten wie dem *Volksgerichtshof*. Vor ihm waren die Rechte der Angeklagten beschränkt, und das Urteil stand in aller Regel im Vorhinein fest. Umgekehrt setzten die Justizbehörden Verfahren gegen Mitglieder der SA und SS aus und verschoben sie bis zur nächsten Amnestie.

Der Weg in den SS-Staat

Die SS war 1925 als Sonderorganisation zum Schutz Hitlers und anderer Funktionäre der NSDAP entstanden. Formal zunächst der Leitung der SA unterstellt, betrachtete sich die SS unter *Heinrich Himmler* als eine Art Geheimorden in schwarzer Uniform, durch einen Schwur dem „Führer" zu ewiger Treue verpflichtet. Seit dem „Röhm-Putsch" 1934 und der Entmachtung der SA blieb sie in ihrer elitären Rolle unangefochten.

Nach der „Machtergreifung" war die SS Hauptinformant für die Gestapo. „Sicherheit" und Kontrolle gehörten zu den Hauptaufgaben der Organisation. Konsequenterweise wurde deshalb Himmler 1936 Chef der Polizei, die in der Folgezeit praktisch aus dem Staatsapparat ausgegliedert wurde. Die Polizei war damit nicht länger an Recht und Gesetz gebunden, sondern zum Handlanger des „Führerwillens" geworden.

SS-Angehörige saßen auf wichtigen Kommandoposten in den Massenorganisationen der Partei wie DAF oder HJ. Sie drangen in vielen Funktionen in die staatliche Verwaltung ein und stellten Dozenten für die Hochschulen. Eigene Forschungsabteilungen sollten die Ideen Hitlers vom „nordischen" Menschen experimentell beweisen. Nicht zuletzt in den *Konzentrationslagern* (*KZ*) führten SS-Männer entsprechende Experimente durch und quälten Menschen systematisch zu Tode.

Die Konzentrationslager

Gegen Ende des Ersten Weltkriegs, ab 1916, war die sogenannte „Schutzhaft" von Justizbehörden im Deutschen Reich in Ausnahmefällen als streng begrenzte Vorbeugehaft verhängt worden. Im „Dritten Reich" entwickelte sie sich zu einem planmäßig eingesetzten Instrument politischen Terrors, das keiner richterlichen Kontrolle unterlag. Die ersten Konzentrationslager (KZ) in Deutschland entstanden schon wenige Wochen nach der „Machtergreifung" in *Dachau* nahe München und in *Oranienburg* bei Berlin. Seit Anfang März 1933 wurden vor allem Sympathisanten und Mitglieder der KPD und der SPD eingewiesen. Ende Juli verzeichnete die amtliche Statistik etwa 27000 Häftlinge. Ab 1935 dienten die Lager nicht mehr ausschließlich zur „Umerziehung" oder Ausschaltung von politischen Gegnern, sondern als Ort für Personengruppen, die generell zu „Volksschädlingen" erklärt worden waren. Dazu zählten Gewohnheitsverbrecher, aber auch religiöse Minderheiten wie die Bibelforscher, nationale Randgruppen wie Polen oder Emigranten, dazu Juden und sozial gebrandmarkte Menschen wie „Arbeitsscheue" und Homosexuelle.

Gewalt gegen Juden von Anfang an

Schon bald nach der „Machtergreifung" begann die staatlich organisierte Ausgrenzung der Juden. Das „Gesetz zur Wiederherstellung des Berufsbeamtentums" verlangte von allen Beamten den Nachweis arischer Abstammung. Ähnliche Gesetze traten später für andere einflussreiche Berufsstände in Kraft. Gleiches galt für den aktiven Wehr- und Arbeitsdienst.

Die *Nürnberger Gesetze* machten 1935 die arische Abstammung zur Bedingung für die Anerkennung als Vollbürger. Eheschließungen zwischen Ariern und Juden wurden als „Rassenschande" verboten und mit Haft, später mit dem Tode bestraft. Bereits bestehende Ehen wurden für nichtig erklärt. Die folgenden Jahre brachten zahlreiche schwerwiegende Maßnahmen gegen Juden. Viele nutzten die Diskriminierung der Juden, um sich an deren Eigentum zu bereichern. Ab 1938 kam es zu systematischen staatlichen Konfiszierungen. Etwa 170 000 Juden wanderten bis 1938 aus – also etwa ein Drittel der in Deutschland lebenden jüdischen Bevölkerung. Als Vergeltung für das Attentat des 17-jährigen Juden *Herschel Grynszpan* auf den Legationssekretär *Ernst vom Rath* an der deutschen Botschaft von Paris folgte der Pogrom vom 9. – 10. November 1938, der als sogenannte *„Reichskristallnacht"* (auch *„Reichspogromnacht"*) bezeichnet wurde (→ M2). Etwa 1400 Synagogen, über 8 000 jüdische Geschäfte und zahllose Wohnungen wurden zerstört, circa 100 Juden getötet, etwa 30 000 in Konzentrationslager gebracht. Für den Schaden mussten die Juden anschließend auch noch zahlen: Eine Verordnung legte eine Höhe von einer Milliarde Reichsmark fest. Versicherungsleistungen wurden zugunsten des Reiches eingezogen. Dieses „Sühnegeld" bedeutete – zusammen mit der Ausschaltung der Juden aus den letzten Positionen der Wirtschaft – für viele Familien den finanziellen Ruin.

Jüdische Geschäfte in Berlin nach dem Novemberpogrom 1938.

Zum Besuch des preußischen Innenministers an ihrem Ausbildungsort in Jüterborg (Brandenburg) haben sich angehende Juristen diese Aktion ausgedacht. Foto von 1934.

M1 „Recht ist, was dem Volke nützt"

Hans Frank (1900–1946), seit 1934 Reichsminister, Präsident der Akademie für deutsches Recht (1933–1942) und seit 1939 Generalgouverneur von Polen, äußert sich im Jahr 1936 zur Funktion der Gerichte im Führerstaat:

1. Der Richter ist nicht als Hoheitsträger des Staates über den Staatsbürger gesetzt, sondern er steht als Glied in der lebendigen Gemeinschaft des deutschen Volkes. Es ist nicht seine Aufgabe, einer über der Volksgemeinschaft stehenden Rechtsordnung zur Anwendung zu verhelfen oder allgemeine Wertvorstellungen durchzusetzen, vielmehr hat er die konkrete völkische Gemeinschaftsordnung zu wahren, Schädlinge auszumerzen, gemeinschaftswidriges Verhalten zu ahnden und Streit unter Gemeinschaftsgliedern zu schlichten.
2. Grundlage der Auslegung aller Rechtsquellen ist die nationalsozialistische Weltanschauung, wie sie insbesondere in dem Parteiprogramm und den Äußerungen unseres Führers ihren Ausdruck findet.
3. Gegenüber Führerentscheidungen, die in die Form eines Gesetzes oder einer Verordnung gekleidet sind, steht dem Richter kein Prüfungsrecht zu. [...]
4. Gesetzliche Bestimmungen, die vor der nationalsozialistischen Revolution erlassen worden sind, dürfen nicht angewendet werden, wenn ihre Anwendung dem heutigen gesunden Volksempfinden ins Gesicht schlagen würde. [...]
5. Zur Erfüllung seiner Aufgaben in der Volksgemeinschaft muss der Richter unabhängig sein. Er ist nicht an Weisungen gebunden. Unabhängigkeit und Würde des Richters machen geeignete Sicherungen gegen Beeinflussungsversuche und ungerechtfertigte Angriffe erforderlich.

Walther Hofer (Hrsg.), Der Nationalsozialismus. Dokumente 1933–1945, Frankfurt/Main 1957, S. 101f.

1. *Vergleichen Sie die dargestellte Rechtsauffassung mit der in der Bundesrepublik Deutschland.*
2. *Stellen Sie dar, womit diese Änderungen von Frank gerechtfertigt werden.*
3. *Erörtern Sie die Konsequenzen dieser neuen Auffassung für die Rechtspraxis.*

M2 Ein Fernschreiben mit Folgen

Am 7. November 1938 erschießt der 17-jährige Herschel Grynszpan, dessen Eltern von den deutschen Behörden aus Hannover nach Polen abgeschoben worden waren, in Paris den deutschen Diplomaten Ernst vom Rath. Folgendes Fernschreiben (FS) des Geheimen Staatspolizeiamtes ergeht an alle Leiter oder Stellvertreter der Staatspolizeistellen:

Dieses FS ist sofort auf dem schnellsten Wege vorzulegen.
1. Es werden in kürzester Frist in ganz Deutschland Aktionen gegen Juden insbesondere gegen deren Synagogen stattfinden. Sie sind nicht zu stören. Jedoch ist im Benehmen mit der Ordnungspolizei sicherzustellen, dass Plünderungen und sonstige besondere Ausschreitungen unterbunden werden können.
2. Sofern sich in Synagogen wichtiges Archivmaterial befindet, ist dieses durch eine sofortige Maßnahme sicherzustellen.
3. Es ist vorzubereiten die Festnahme von etwa 20–30 000 Juden im Reiche. Es sind auszuwählen vor allem vermögende Juden. [...]
4. Sollten bei den kommenden Aktionen Juden im Besitz von Waffen angetroffen werden, so sind die schärfsten Maßnahmen durchzuführen. Zu den Gesamtaktionen können herangezogen werden Verfügungstruppen der SS sowie Allgemeine SS. [...]
Dieses FS ist geheim.

Hans-Jürgen Döscher, „Reichskristallnacht". Die Novemberpogrome 1938, Frankfurt/Main 1990, S. 89

1. *Untersuchen Sie die Rechtsgrundlagen der geplanten Aktionen.*
2. *Erläutern Sie, warum die Geheimhaltung des Fernschreibens wichtig war.*

9.7 Arbeitswelt und Wirtschaftspolitik

Nationalsozialistischer Druck.
► *Erörtern Sie die gesellschaftliche Utopie, die hier entworfen wird. Wie „modern" ist die skizzierte Wirtschaftswelt?*
► *Analysieren Sie das Verhältnis zu „Heimat und Boden", das sich hier spiegelt. Nehmen Sie unter umweltgeschichtlichen Gesichtspunkten dazu Stellung.*

2.5.1933	Die Gewerkschaften werden zerschlagen
10.5.1933	Gründung der „Deutschen Arbeitsfront" (DAF): Gewerkschaftsmitglieder werden zwangseingegliedert
20.1.1934	Das „Gesetz zur Ordnung der nationalen Arbeit" setzt das Führerprinzip in der Wirtschaft durch
26.6.1935	Die allgemeine sechsmonatige Arbeitsdienstpflicht für junge Männer wird eingeführt
22.10.1936	Ein Vierjahresplan tritt in Kraft, der Deutschland gezielt auf den Krieg vorbereitet

Die Deutsche Arbeitsfront

Arbeitnehmer- und Arbeitgeberverbände wurden im nationalsozialistischen Deutschland „gleichgeschaltet". Um das eigene Überleben zu sichern, distanzierten sich die Gewerkschaften im März 1933 von der SPD und gelobten, sich künftig auf die Erfüllung sozialer Aufgaben zu beschränken. Die Mitarbeit im neuen Staat schien gesichert, als die Regierung den 1. Mai, den Tag der internationalen Arbeiterbewegung, zum gesetzlichen Feiertag erklärte. Doch bereits weniger als 24 Stunden nach gemeinsam begangenen Großveranstaltungen besetzten parteieigene Kommandotrupps, vorwiegend SA und SS, Büros und Häuser der Freien

Gewerkschaften und nahmen die führenden Funktionäre in „Schutzhaft". Liberale und christliche Gewerkschaften unterstellten sich daraufhin ebenfalls der Hitlerpartei. Alle Arbeitnehmervereinigungen wurden in die am 10. Mai gegründete *Deutsche Arbeitsfront* (*DAF*) überführt.

Um 1934 waren in dieser Einrichtung 21 Millionen Arbeiter und Angestellte organisiert. Aufgaben der DAF waren vor allem die allgemeine Betreuung und die weltanschauliche Schulung der Mitglieder. Auf Löhne und Arbeitszeit hatte die Organisation keinen Einfluss.

Nachdem auch die Unternehmerverbände unter nationalsozialistische Leitung gestellt worden waren, wurde die DAF im November 1933 in eine Zwangsvereinigung von Arbeitgebern und Arbeitnehmern umorganisiert. Streik und Aussperrung waren verboten (➔ M1 und M2). Interessenkonflikte durften die Wirtschaftsverbände nicht mehr im Rahmen ihrer Tarifautonomie regeln – dies übernahm ein vom Regime bestellter „Treuhänder der Arbeit". Das *Gesetz zur Ordnung der nationalen Arbeit* vom 20. Januar 1934 machte aus dem Unternehmer einen „Betriebsführer", der an der Spitze der zu gegenseitigem Vertrauen verpflichteten „Betriebsgemeinschaft" stand.

Soziale Errungenschaften?

Zwar waren die Mitbestimmungsrechte der „Gefolgschaft" entfallen, auf der anderen Seite erhielten die Arbeitnehmer durch eine moderne soziale Absicherung mehr, als die Gewerkschaften bis 1933 erstritten hatten: Gewährung von Kündigungsschutz, Verlängerung des bezahlten Urlaubs (von ursprünglich drei auf sechs bis zwölf Tage), verbesserte Sozialleistungen der Unternehmen.

Sozial als fortschrittlich empfundene Neuerungen verwirklichte die DAF auch aus den Geldern der enteigneten Gewerkschaften. Ihre Unterorganisation *Kraft durch Freude* (*KdF*) wollte das Arbeitsleben in vielerlei Hinsicht angenehmer gestalten: Belegschaftsräume in den Betrieben wurden verbessert, Kantinenessen, Filme und Theatervorstellungen konnten verbilligt angeboten werden. Für den Massentourismus bereitgestellte Erholungsmöglichkeiten, Sonderzug-, sogar Schiffsreisen verwirklichten in bisher nicht gekanntem Ausmaß lang gehegte Urlaubsträume. Der von einem der DAF gehörenden Werk gebaute *Volkswagen* sollte zum Preis von 990 Reichsmark auch für den „kleinen Mann" erschwinglich sein. All diese Vergünstigungen erfüllten alte Wünsche der Arbeiterschaft und sollten sie für das neue Regime einnehmen.

Auch auf dem Bildungssektor sollte gemäß Hitlers Willen mehr Gleichheit bei der Verteilung der Zukunftschancen herrschen. *Nationalpolitische Erziehungsanstalten* und *Adolf-Hitler-Schulen*, denen Schülerheime angeschlossen waren, hatten die Aufgabe, die körperliche Ertüchtigung und die ideologische Indoktrinierung nachhaltig zu fördern. Ziel war nicht eine wissenschaftliche Ausbildung, sondern die Heranbildung einer gesinnungstreuen Elite. Die Eltern mussten in diesen Institutionen kein Schulgeld entrichten.

Ab Oktober 1942 konnte jeder Geeignete, unabhängig vom Schulabschluss, die Offizierslaufbahn einschlagen.

Der Erziehung zu einer Volksgemeinschaft ohne Standesunterschiede sollte auch der *Reichsarbeitsdienst* dienen: Ab 1935 wurde jeder Jugendliche zwischen 18 und 25 Jahren zur Ableistung eines halbjährigen Arbeitsdienstes verpflichtet.

Ideologische Wendepunkte

Zentrale Angriffsziele der NSDAP vor 1933 waren die Großindustrie, Großbanken, Warenhäuser und Handelsketten gewesen. Gegen diese „Erfindungen des Judentums und des Liberalismus" hatte die Partei für Kleinhändler, Gewerbetreibende und für die Kleinbauern gekämpft.

„Deutsche Symphonie."
Gemälde von Hans Toepper, ca. 1938.
► *Interpretieren Sie das hier versinnbildlichte Gesellschaftsmodell und leiten Sie daraus die politischen Konsequenzen ab. Beachten Sie dabei Vorder- und Hintergrund-, Zentral- und Seitenposition, Alter und Geschlecht, Blickkontakt und Attribute der Abgebildeten.*

Nach der „Machtergreifung" stellten die Nationalsozialisten bald fest, dass sie die Modernisierung der Industriegesellschaft in Deutschland fördern mussten, wenn sie Großmachtpolitik betreiben wollten. Den dafür notwendigen Prozess trieben sie mit den Mitteln modernster Technik bzw. deren industrieller Umsetzung und durch nachhaltige Mobilisierung der Gesellschaft voran. Den Machthabern war der „Verrat" an den eigenen Prinzipien sehr wohl bewusst. Deshalb sollte in einer fernen Zukunft, wenn der „Lebensraum im Osten" gewonnen sein würde, die propagierte Wirtschafts- und Gesellschaftsutopie im neu zu besiedelnden Gebiet verwirklicht werden.

Die Überwindung der Wirtschaftskrise

Hitler war mit dem Versprechen angetreten, innerhalb von vier Jahren die wirtschaftlichen und sozialen Probleme zu überwinden. Tatsächlich konnte das Regime schneller Erfolge vorweisen als Anhänger und Gegner im In- und Ausland dies für möglich gehalten hätten. Bis 1936 war die Arbeitslosigkeit von über sechs auf weniger als zwei Millionen gefallen (➔ M3). Industrieproduktion und Sozialprodukt lagen über den Marken der „Goldenen Zwanzigerjahre". Wie hatte es zu diesem erstaunlichen Aufschwung kommen können?

Für einige wesentliche Faktoren war die Hitler-Regierung kaum verantwortlich. Bereits vor der „Machtergreifung" signalisierten viele Wirtschaftsdaten einen positiven Trend. Nur mit der Einstellung von Arbeitskräften hatten sich die meisten Unternehmer noch zurückgehalten, sodass die Trendwende bis 1933 in der Öffentlichkeit kaum zur Kenntnis genommen wurde.

Schulden für die Aufrüstung

Soweit man von einem spezifisch deutschen Wirtschaftsaufschwung ab 1933 sprechen kann, stand dieser auf zwei Säulen: auf der langfristigen Planung, Deutschland wieder kriegsbereit zu machen, und auf einer höchst riskanten *Schuldenpolitik*. Für beides hatten Hitler und sein Wirtschaftsexperte *Hjalmar Schacht* frühzeitig bei Banken und führender Unternehmerschaft um Unterstützung geworben. Nachdem die Nationalsozialisten eine wirtschaftsfreundliche Politik sowie die Beibehaltung einer vom Privateigentum getragenen und am Gewinn orientierten Wirtschaftsordnung in Aussicht gestellt hatten, erhielten sie diese Unterstützung auch reichlich.

In der Folge förderten die Nationalsozialisten konsequenterweise vor allem die rüstungsrelevante Industrie sowie arbeitsintensive und ebenfalls kriegswichtige Infrastrukturverbesserungen: Durch Subventionen, Steuererleichterungen und Staatsaufträge wurde insbesondere in der Schwerindustrie, im Fahrzeugbau, in der chemischen und Textilindustrie die Produktion erheblich gesteigert (➔ M6). Der Autobahnbau, den schon frühere Regierungen geplant hatten, setzte jetzt mit großem Aufwand ein (➔ M4). Bei der Auftragserteilung berücksichtigte der Staat vor allem Firmen, die den Einsatz maschineller Hilfsmittel einzuschränken versprachen, um möglichst viele Arbeitsplätze zu schaffen.

Mit der Überwindung der wirtschaftlichen Talsohle machte sich Hitler daran, die Leistungsstärke der deutschen Wirtschaft zur Vorbereitung seiner Kriegspolitik zu nutzen. Die Ausgaben im Bereich von Rüstung und Reichswehr stiegen explosionsartig an. Hatten sie 1933 an den Gesamtausgaben der öffentlichen Hand noch einen Anteil von vier Prozent, so lagen sie 1938 bei 50 Prozent; von 30 Milliarden Reichsmark konnten lediglich knapp 18 Milliarden aus Steuermitteln gedeckt werden. Dieses Haushaltsgebaren war nur mit einer skrupellosen Staatsverschuldung zu finanzieren. Deshalb verbot Hitler schon ab 1935 die Veröffentlichung des Staatsetats. Die Tilgung der horrenden Fehlbeträge sollte später durch die Einnahmen aus besetzten Territorien erfolgen. Der Eroberungskrieg war von Anfang an in der Wirtschaftspolitik mit eingeplant.

Autarkiestreben

Verbunden mit der Aufrüstung war das Ziel der deutschen Führung, die eigene Wirtschaft autark, also von ausländischen Gütern und Rohstoffen möglichst unabhängig zu machen. Damit sollten sowohl Devisen eingespart als auch die Auswirkungen eines Versiegens der Handelsströme im Kriegsfall gemildert werden. 1936 versuchte Hitler in einem *Vierjahresplan* (➔ M5), die wichtigsten Initiativen dafür zu bündeln. So mussten unter anderem jetzt einheimische Bodenschätze auch dann abgebaut werden, wenn sie qualitativ schlechter oder aufwändiger zu gewinnen waren als die auf dem Weltmarkt gehandelten Güter. Außerdem trieb man ohne Rücksicht auf Kosten die synthetische Erzeugung von Benzin und Gummi voran. Solche Förderstrategien wurden nicht allein von den führenden Nationalsozialisten entwickelt, sondern trugen zum Teil deutlich die Handschrift derjenigen Großunternehmen, die ein massives Interesse an der Aufrüstung hatten.

Mit diesen Investitionen in den zukünftigen Krieg brachte sich Hitler-Deutschland am Ende der Dreißigerjahre selbst in Zugzwang, da die Schuldenpolitik ein bedrohlich steigendes Inflationsrisiko verursachte. Die Hypotheken auf die „Eroberung neuen Lebensraumes" mussten eingelöst werden.

M1 „Hitlergläubige“ Arbeiter?

Führende Mitglieder der verbotenen SPD sind ins Exil gegangen und haben versucht, Kontakte zur deutschen Arbeiterschaft aufrechtzuerhalten. Ein illegaler Bericht erörtert die Stimmung im Ruhrgebiet im Sommer 1934:

Die indifferente[1] Arbeiterschaft – und sie stellt gerade im Ruhrgebiet die Mehrheit dar – ist noch immer größtenteils hitlergläubig. Der Umstand, dass durch die „Arbeitsbeschaffung“ Arbeitslose in wenn auch noch so schlecht bezahlte Arbeit gekommen sind, hat sie sehr beeindruckt. Sie trauen Hitlers „schneller Entschlusskraft“ zu, dass er, wenn er „richtig informiert“ wird, eines Tages das Steuer über Nacht zu ihren Gunsten herumwerfen wird. Als nach der „Abstimmung“ vom 19. August neue Gesetze, die aus Führermund angekündigt waren, nicht herausgegeben wurden, – Gesetze, von denen sie, ohne eine Ahnung ihres vermutlichen Inhaltes zu haben, annahmen, sie besserten ihre Lage – da war die Enttäuschung wieder groß. Merkwürdigerweise setzt man in diesen indifferenten Arbeiterkreisen auch Hoffnungen auf Dr. Ley[2], der wegen diesem und jenem Kraftwort als ein vorläufig leider durch böse Mächte verhinderter Arbeiterbeglücker gehalten wird. Dabei wissen die Leute durchaus, dass diese Arbeitsfrontorganisationen keine Gewerkschaften im alten Sinne mehr sind, dass die Organisationen kaum noch einen Überblick über ihre wahre Mitgliederzahl haben und dass die Vertrauensräte feige Hunde sind, von denen kaum einer wagt, den „Betriebsführer“ auch nur anzusprechen. Gewisse Auflehnungen kommen auch mal vor.

Hans Mommsen und Susanne Willems (Hrsg.), Herrschaftsalltag im Dritten Reich, Düsseldorf 1988, S. 165f.

1. *Erläutern Sie die Akzeptanz des NS-Regimes in der Arbeiterschaft.*
2. *Beurteilen Sie, inwiefern nach dem Bericht das „Führerprinzip“ in der Arbeitswelt durchgesetzt ist.*

M2 Die DAF ist umstritten

Die Deutsche Arbeitsfront (DAF) ist an die Stelle der zerschlagenen Gewerkschaften und Unternehmerverbände getreten. Die Funktionäre in den Betrieben sind ausgetauscht worden. Ein Lagebericht der Staatspolizeistelle Bielefeld vom 4. August 1934 erörtert die Akzeptanz der neuen Arbeiterorganisation:

Die Arbeitsfront ist im Großen und Ganzen noch umstritten. Man kann zwar sagen, dass sich der Arbeiter ständig mehr und mehr der nationalsozialistischen Staatsführung zuwendet. Es wird aber vielfach über die Amtswalter der DAF geklagt und behauptet, dass sie ihren Aufgaben sachlich nicht gewachsen seien. Vielfach seien sie nicht in der Lage, einfache Auskünfte über Rechts- oder Versicherungsfragen zu geben, was im Gegensatz zu den früher im hiesigen Bezirk vorhandenen Gewerkschaftssekretären, die durchweg in dieser Hinsicht gute Leistungen aufzuweisen hatten, besonders unangenehm empfunden wird. [...] Auch werde im Allgemeinen in der DAF eine Abneigung gegen sogenannte Intellektuelle genährt, die schon heute wenig erfreuliche Formen zeitige. Immer wieder wird in Arbeiterkreisen die Frage nach der Verwendung der hohen Mitgliedsbeiträge in der DAF gestellt. Für Erhaltung des Vertrauens scheint es notwendig, über diese Gelder öffentlich Rechenschaft abzulegen, um endlich den Gerüchten über unzweckmäßige Verwendung der „Arbeitergroschen“ die Spitze abzubrechen. Kennzeichnend für die Stimmung in der DAF ist auch die Tatsache, dass Austritte sich mehren.

Hans Mommsen und Susanne Willems (Hrsg.), a. a. O., S. 165

1. *Erläutern Sie die Kritik an der DAF.*
2. *Nennen Sie mögliche Gründe für die mangelhafte Funktion der neuen Organisation.*
3. *Wenn zwei Berichterstatter mit unterschiedlicher politischer Haltung einen Sachverhalt darstellen, sind die Überschneidungen von besonderer Glaubwürdigkeit. Belegen Sie dies an den Quellen M1 und M2.*

M3 Entwicklung der Arbeitslosigkeit

(Jahresdurchschnitt in 1000)

	gesamt	männlich	weiblich
1933	4804,4	3863,7	940,7
1934	2718,3	2223,5	494,8
1935	2151,0	1806,5	344,6
1936	1592,7	1233,7	269,0
1937	912,3	750,5	161,8
1938	429,5	333,3	96,2
1939	51,8	33,3	18,5

Dörte Winkler, Frauenarbeit im „Dritten Reich“, Hamburg 1977, S. 199

1. *Setzen Sie die Tabelle in eine geeignete Diagrammform um.*
2. *Untersuchen Sie die Daten auf signifikante Veränderungen und versuchen Sie diese zu begründen.*

[1] *indifferent: gleichgültig*
[2] *Robert Ley (1890–1945) war Leiter der Deutschen Arbeitsfront.*

Plakat von Robert Zinner, 1937.
► *Erläutern Sie die Einstellung gegenüber Raum, Technik und Umwelt, die das Plakat ausdrückt.*

M4 Die Bedeutung der Autobahn

Der rheinische Schwerindustrielle Fritz Thyssen (1873–1951), ein wichtiger Förderer und Finanzier der NSDAP, schreibt am 20. Juli 1933 an Fritz Todt (1891–1942), den Generalinspektor für das deutsche Straßenwesen:

Das rheinisch-westfälische Industriegebiet ist eines der bedeutendsten Wirtschaftsgebiete Deutschlands und Europas. Strategisch liegt es im Aufmarschgelände künftiger Auseinandersetzungen im Westen. Die Frage seines Anschlusses an das geplante Reichsautobahnnetz wird daher sehr bald an Sie herantreten. Man wird sich hier im Bezirk vor allem des Siedlungsverbandes Ruhrkohlenbezirk bedienen können, der auf dem Gebiet der Straßenplanung und des Straßenausbaus schon seit Jahren vorbildliche Arbeit nach großen Gesichtspunkten geleistet hat. Wie ich höre, ist demnächst eine Besprechung über die Frage der Fortführung der Autobahn Bonn-Köln in Düsseldorf beabsichtigt. Für meine Beteiligung an dieser Besprechung wäre ich Ihnen ergebenst dankbar.

Dietrich Eichholtz und Wolfgang Schumann (Hrsg.), Anatomie des Krieges. Neue Dokumente über die Rolle des deutschen Monopolkapitals bei der Vorbereitung und Durchführung des Zweiten Weltkrieges, Berlin 1969, S. 117f.

Erläutern Sie die politischen und wirtschaftlichen Motive Thyssens.

M5 „In vier Jahren kriegsfähig"

Nachdem die deutsche Wirtschaft ihre Krise endgültig überwunden hat, legt Hitler 1936 engen Vertrauten seine Überlegungen zur Wirtschaftspolitik vor:

So wie die politische Bewegung in unserem Volk nur ein Ziel kennt, die Lebensbehauptung unseres Volkes und Reiches zu ermöglichen, d.h. alle geistigen und sonstigen Voraussetzungen für die Selbstbehauptung unseres Volkes sicherzustellen, so hat auch die Wirtschaft nur diesen einen Zweck. [...]

I. Ähnlich der militärischen und politischen Aufrüstung bzw. Mobilmachung unseres Volkes hat auch eine wirtschaftliche zu erfolgen und zwar im selben Tempo, mit der gleichen Entschlossenheit und wenn nötig auch mit der gleichen Rücksichtslosigkeit. [...]

II. Zu diesem Zwecke sind auf all den Gebieten, auf denen eine eigene Befriedigung durch deutsche Produktionen zu erreichen ist, Devisen einzusparen, um sie jenen Erfordernissen zuzulenken, die unter allen Umständen ihre Deckung nur durch Import erfahren können.

III. In diesem Sinne ist die deutsche Brennstofferzeugung nunmehr im schnellsten Tempo vorwärtszutreiben und binnen 18 Monaten zum restlosen Abschluss zu bringen. [...]

IV. Es ist ebenso augenscheinlich die Massenfabrikation von synthetischem Gummi zu organisieren und sicherzustellen. Die Behauptung, dass die Verfahren vielleicht noch nicht gänzlich geklärt wären, und ähnliche Ausflüchte haben von jetzt ab zu schweigen. [...]

V. [...] Es ist weiter notwendig, die deutsche Eisenproduktion auf das Außerordentlichste zu steigern. Der Einwand, dass wir nicht in der Lage seien, aus dem deutschen Eisenerz mit 26-prozentigem Gehalt ein ähnlich billiges Roheisen zu erzeugen, wie aus den 45-prozentigen Schwedenerzen usw. ist belanglos, weil uns ja nicht die Frage gestellt ist, was wir lieber tun wollen, sondern nur, was wir tun können. [...]

Es ist weiter notwendig, ohne Rücksicht auf Kosten deutsche sonstige Erzförderung zu steigern und insbesondere die Erzeugung von Leichtmetall auf das Äußerste zu erhöhen, um damit einen Ersatzstoff für bestimmte andere Metalle zu finden. [...]

Ich stelle damit folgende Aufgabe:

I. Die deutsche Armee muss in 4 Jahren einsatzfähig sein.

II. Die deutsche Wirtschaft muss in 4 Jahren kriegsfähig sein.

Heinz Hürten (Hrsg.), Weimarer Republik und Drittes Reich 1918–1945 (Deutsche Geschichte in Quellen und Darstellung, Bd. 9), Stuttgart [2]2000, S. 272–275

Prüfen Sie die Forderungen auf ihre Realisierungschancen.

M6 Kriegswirtschaft in Zahlen

Selbstversorgungsgrad bei Grundnahrungsmitteln in Prozent

	1927/28	1938/39
Brotgetreide	79	115
Kartoffeln	96	100
Zucker	100	101
Fleisch	91	97
Fett	44	57

Karl-Dietrich Bracher/Manfred Funke/Hans Adolf Jacobsen (Hrsg.), Nationalsozialistische Diktatur 1933-1945, Bonn 1983, S. 308

Produktion im Deutschen Reich nach dem Gebietsstand von 1937 in 1000 Tonnen

	1928	1936	1939
Eisenerz	2 089	2 259	3 928
Hüttenaluminium	33	95	194
Buna[1]	0	1	22
Zellwolle[2]	0	43	192
Flugbenzin	0	43	302
Sonstiges Motorenbenzin	0	1 214	1 633

Karl-Dietrich Bracher/Manfred Funke/Hans Adolf Jacobsen (Hrsg.), a. a. O., S. 304

Rüstungsausgaben und Volkseinkommen in Mrd. Reichsmark

Haushaltsjahr	Rüstungsausgaben	Volkseinkommen	Rüstungsausgaben in % des Volkseinkommens
1932	0,6	45,2	1,3
1933	0,7	46,5	1,5
1934	4,1	52,8	7,8
1935	5,5	59,1	9,3
1936	10,3	65,8	15,7
1937	11,0	73,8	15,0
1938	17,2	82,1	21,0

Fritz Blaich, Wirtschaft und Rüstung im „Dritten Reich", Düsseldorf 1987, S. 83

Öffentliche Investitionen

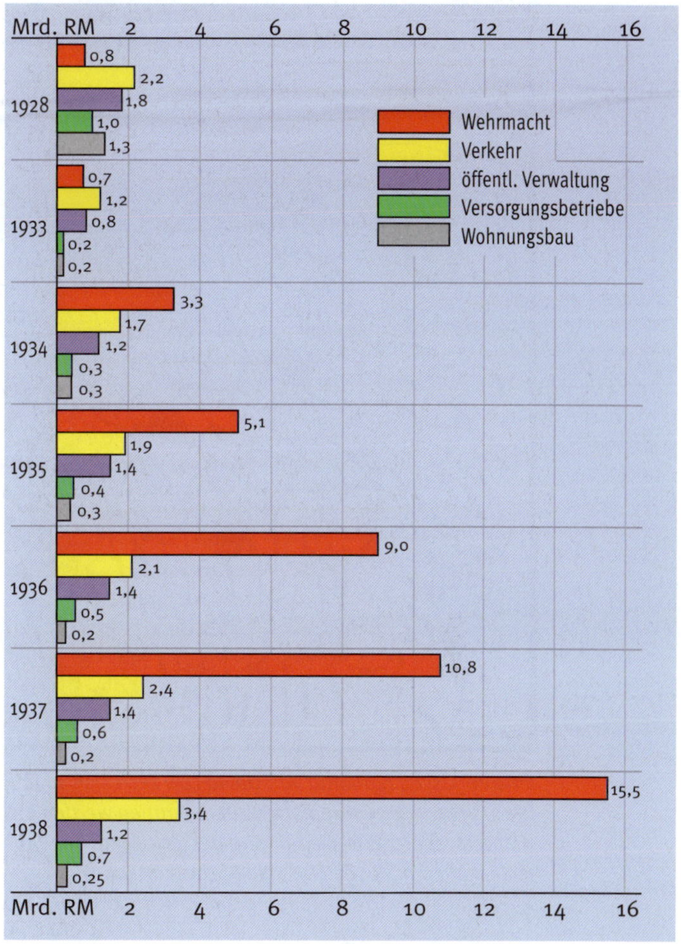

Nach: René Erbe, Die nationalsozialistische Wirtschaftspolitik. 1933-1939 im Lichte der modernen Theorie, Zürich 1958

1. *Erläutern Sie die wirtschaftlichen Anstrengungen, die Deutschland zugunsten der Kriegsrüstung unternommen hat.*
2. *Trennen Sie die Bereiche in zivilen und militärischen Sektor und interpretieren Sie die Unterschiede im Versorgungs- bzw. Produktionsfortschritt.*

---

[1] *Buna: Bezeichnung für synthetisch hergestellten Gummi*
[2] *Zellwolle: frühere Bezeichnung für Kunststofffasern*

9.8 Der Weg in den Krieg

Eine englische Karikatur von David Low setzt sich 1936 mit der Appeasement-Politik auseinander. Die „Führer" der europäischen Demokratien werden als „rückgratlos" bezeichnet.

- ► *Interpretieren Sie die Haltung des Zeichners gegenüber der englischen Politik.*
- ► *Diskutieren Sie die Einstellung des Karikaturisten gegenüber der Demokratie.*
- ► *Erläutern Sie die Bedeutung einer nichtdeutschen Quelle für unser Geschichtsbild vom „Dritten Reich".*

14.10.1933	Das Deutsche Reich tritt aus dem Völkerbund aus
26.1.1934	Das Deutsche Reich schließt mit Polen einen Nichtangriffspakt
16.3.1935	Die allgemeine Wehrpflicht wird wieder eingeführt
7.3.1936	Die Wehrmacht marschiert in das entmilitarisierte Rheinland ein
25.10.1936	Die „Achse Berlin-Rom" wird gebildet
25.11.1936	Das Deutsche Reich und Japan beschließen eine gemeinsame antisowjetische Politik („Antikominternpakt")
6.11.1937	Italien tritt dem „Antikominternpakt" bei; „Achse Berlin-Rom-Tokyo"
13.3.1938	„Anschluss" Österreichs an das Deutsche Reich
29.9.1938	Konferenz von München: Großbritannien, Frankreich, Italien und Deutschland beschließen die Eingliederung des Sudetenlandes in das Deutsche Reich
15.3.1939	Einmarsch deutscher Truppen in die „Rest-Tschechei"
23.8.1939	Nichtangriffspakt mit der Sowjetunion („Hitler-Stalin-Pakt")

Grundlagen der NS-Außenpolitik

Die Öffentlichkeit in den europäischen Staaten hatte mit Misstrauen die nationalsozialistische „Machtergreifung“ beobachtet. Der NS-Straßenterror, die Aushöhlung der Weimarer Verfassung, die Ausschaltung der Parteien sowie die einsetzende antijüdische Politik kosteten Deutschland sein in der Zeit der Weimarer Republik wiedergewonnenes Ansehen im Ausland.

Indem Hitler zunächst den bisherigen Außenminister *Konstantin von Neurath* im Amt beließ, schien er allerdings die Kontinuität der Weimarer Außenpolitik zu verbürgen, die auf diplomatischem Wege versucht hatte, eine Revision des Versailler Vertrages und politische sowie militärische Gleichberechtigung zu erreichen. In diesen Nahzielen stimmte Hitler durchaus mit den traditionellen Führungsschichten überein. Konsequenterweise folgte er deshalb in seiner Bündnisstrategie den überkommenen Mustern deutscher Außenpolitik: Einvernehmen mit England, um dadurch freie Hand gegen Frankreich und vor allem im Osten zu bekommen.

Die Pläne Hitlers blieben aber nicht bei einer Revision der Versailler Regelungen stehen (→ M1 und M2). Ziele seiner Außenpolitik waren die Eroberung von „Lebensraum“ im Osten Europas und die Herrschaft der „arischen Rasse“. Die Zerschlagung der kommunistischen UdSSR und zugleich des „jüdischen Bolschewismus“ insgesamt bildeten den ideologischen Kern von Hitlers außenpolitischem Programm. Letztendlich sollte die Beherrschung eines europäischen Imperiums als Ausgangspunkt dazu dienen, im Bündnis mit Japan und eventuell Großbritannien in einem Krieg der Kontinente gegen die USA die Weltherrschaft des Deutschen Reiches zu vollenden. Hitler ging dabei in den Dreißigerjahren keineswegs nach einem bestimmten Plan vor, sondern reagierte jeweils mit Skrupellosigkeit und Glück auf sich wandelnde außenpolitische Konstellationen.

„Keep your balance, boys. It's warmer down below.“ Karikatur aus der amerikanischen Zeitschrift „Current History“, 1936.

- *Erläutern Sie, wie Ereignisse des Jahres 1936 in der Karikatur berücksichtigt sind.*
- *Formulieren Sie die Interpretation der Karikatur schriftlich.*
- *Karikaturen generalisieren, überspitzen und beziehen oft einseitig Stellung, um beim Betrachter anzukommen. Belegen Sie das anhand dieses Beispiels (s. S. 494 f.).*

Bruch mit Versailles

Schon im Oktober 1933 trat das Deutsche Reich aus dem Völkerbund aus. Im Januar 1934 schloss es einen *Nichtangriffspakt mit Polen* und tat damit einen Schritt heraus aus der politischen Isolation. Dafür war die Sowjetunion jetzt gewarnt und suchte den Schulterschluss mit den ehemaligen Alliierten. Im September 1934 trat sie dem Völkerbund bei. Schon im Juli 1934 hatte Hitler einen nationalsozialistischen Putsch in Österreich vorangetrieben, um den 1919 von den Alliierten verbotenen *„Anschluss Österreichs"* an das Deutsche Reich vorzubereiten. Die Aktion scheiterte am massiven Einspruch des Nachbarlandes Italien. Mussolini drohte mit militärischem Eingreifen.

Am 13. Januar 1935 fand die im Versailler Vertrag vorgesehene Volksabstimmung über die Zukunft des Saargebiets statt. Das Votum von 91% der Bevölkerung für die Rückkehr ins Deutsche Reich feierte das Naziregime als großen politischen Erfolg. Kurz darauf erklärte Hitler alle Rüstungsbeschränkungen des Versailler Vertrags für nichtig und führte die *allgemeine Wehrpflicht* wieder ein. Drei Monate später kam sogar ein *deutsch-englisches Abkommen* zustande, in dem die relative Stärke der Flotten beider Länder festgeschrieben wurde. Damit hatte sich ein Siegerstaat über das Verbot hinweggesetzt, militärische Abkommen mit Deutschland zu schließen.

Im März 1936 besetzten deutsche Truppen in einer Blitzaktion das entmilitarisierte Rheinland. Die Westmächte reagierten auch auf diese Vertragsverletzung kaum: Der Versailler Vertrag war bedeutungslos geworden.

Neue Bündnisse

Als Hitler Ende 1935 Italien im Krieg gegen Äthiopien unterstützte, kam es zur Annäherung der beiden faschistischen Diktaturen. Am 1. November 1936 verkündete Mussolini die *„Achse Berlin-Rom"*. Ein Jahr später trat Italien auch dem *Antikominternpakt* bei, in dem sich Deutschland und Japan 1936 dazu verpflichtet hatten, weltweit den Kommunismus zu bekämpfen bzw. die Sowjetunion außenpolitisch zu isolieren. Im März 1939 schloss sich dem auch Spanien unter General *Franco* an, den die Nationalsozialisten und die italienischen Faschisten im Bürgerkrieg seit 1936 massiv unterstützt hatten.

Wenn auch das von Hitler stets angestrebte Bündnis mit England nicht zustande gekommen war, so schien das „weltpolitische Dreieck" Berlin-Rom-Tokyo eine Politik ohne – oder sogar gegen – das britische Weltreich zuzulassen. Zwar signalisierte die Quarantäne-Rede des amerikanischen Präsidenten *Franklin D. Roosevelt* eine Abwendung von der Neutralitätspolitik, aber weder Hitler noch Mussolini ließen sich davon beeindrucken. England, Frankreich und die meisten anderen westeuropäischen Länder hatten mit inneren Problemen und den Nachwirkungen der Weltwirtschaftskrise zu kämpfen. Sie wollten unbedingt am Frieden festhalten und setzten auf *Appeasement* („Beschwichtigung") als Maxime ihrer Außenpolitik. Nur so ist es zu erklären, dass das Deutsche Reich keinen ernsthaften Widerstand fand und ab 1938 die Aggressivität seiner Außenpolitik noch steigern konnte.

„Guernica." Ölgemälde von Pablo Picasso (1881–1973), 1937.
Im Spanischen Bürgerkrieg zerstörten deutsche Flugzeuge der Legion Condor am 26. April 1937 die baskische Stadt Guernica. Pablo Picasso dokumentiert das Geschehen in seinem berühmt gewordenen Bild.
► *Analysieren Sie die künstlerischen Mittel, mit denen Picasso den Krieg darstellt.*

Die Erweiterung des Deutschen Reiches zwischen 1933 und 1939.

Expansion

Anders als 1934 hatte Hitler jetzt die Billigung Mussolinis sicher, als er erneut versuchte, massiven Einfluss auf Österreich zu gewinnen. Die österreichische Regierung setzte in ihrer Not eine Volksabstimmung über die Selbstständigkeit an, doch Hitler kam dem zuvor und marschierte im März 1938 mit seinen Truppen ein. Die Mehrzahl der Österreicher bereitete ihm einen triumphalen Empfang. Auch in Deutschland fand Hitlers Politik jetzt fast uneingeschränkte Zustimmung. Nun forderte Hitler die „Lösung des Sudetenproblems“, die für ihn darin bestand, die deutschsprachig dominierten Gebiete der Tschechoslowakei dem Reich einzuverleiben. Er machte sich dabei bestehende Konflikte der verschiedenen in der Tschechoslowakei zusammenlebenden Volksgruppen und deren Autonomieforderung zunutze, um das deutsche Herrschaftsgebiet nach Osten hin zu erweitern. Mit seiner Beteuerung, es sei dies die letzte territoriale Forderung des Deutschen Reiches, konnte Hitler sich wiederum durchsetzen. Auf der *Konferenz von München* am 29. September 1938 legten Deutschland, Italien, Frankreich und England ohne Beteiligung von Vertretern der Tschechoslowakei die Modalitäten für die geforderten territorialen Veränderungen fest.

Nur ein halbes Jahr später waren Hitlers Beteuerungen als Lügen entlarvt. Am 15. März 1939 marschierten deutsche Truppen in der *Rest-Tschechei* ein. Drei Tage später wurde das *Protektorat Böhmen und Mähren* de facto der Reichsverwaltung unterstellt. Diesmal konnte das Deutsche Reich seinen Schritt nicht mehr mit dem Hinweis auf das Selbstbestimmungsrecht der Völker begründen.

Wiederum griffen die anderen europäischen Mächte nicht ein, aber mit ihrer Geduld war es endgültig vorbei. Schon Ende März gaben Frankreich und England eine verbindliche Garantieerklärung für Polen ab, das zunehmend die Zielscheibe aggressiver deutscher Propaganda wurde. Der nächste Schritt der Machtausdehnung musste den von der deutschen Regierung längst einkalkulierten Krieg bedeuten.

In dieser Phase gelang der deutschen Diplomatie ein spektakulärer Erfolg: Die Nationalsozialisten, die sich immer als schärfste Feinde des „Bolschewismus“ verstanden und inszeniert hatten, schlossen einen *Nichtangriffspakt mit der Sowjetunion* („Hitler-Stalin-Pakt“; → M3 und M4). Diese hatte kurz zuvor noch Verhandlungen über einen britisch-französisch-sowjetischen Dreibund unter möglicher polnischer Beteiligung geführt, die aber gescheitert waren.

Der sowjetische Diktator *Stalin* (1878–1953) konnte sich nun bei einem zu erwartenden Angriff Deutschlands auf Polen aus allen Kampfhandlungen heraushalten und wusste seine Einflusssphäre in Osteuropa gesichert. In einem geheimen Zusatzprotokoll vereinbarten Deutschland und die Sowjetunion die Aufteilung Polens.

M1 Kampf gegen Versailles

Nur wenige Tage nach der „Machtergreifung", am 3. Februar 1933, führt Hitler vor den Befehlshabern von Heer und Marine seine außenpolitischen Vorstellungen aus. Die Rede wird von Generalleutnant Liebmann protokolliert:

Ziel der Gesamtpolitik allein: Wiedergewinnung der pol. Macht. Hierauf muss gesamte Staatsführung eingestellt werden (alle Ressorts!).

1. Im Innern. Völlige Umkehrung der gegenwärt. innenpol. Zustände in D. Keine Duldung der Betätigung irgendeiner Gesinnung, die dem Ziel entgegensteht (Pazifismus!). Wer sich nicht bekehren lässt, muss gebeugt werden. Ausrottung des Marxismus mit Stumpf und Stiel. Einstellung der Jugend u. des ganzen Volkes auf den Gedanken, dass nur d. Kampf uns retten kann u. diesem Gedanken gegenüber alles zurückzutreten hat. (Verwirklicht in d. Millionen d. Nazi-Beweg. Sie wird wachsen.) Ertüchtigung der Jugend u. Stärkung des Wehrwillens mit allen Mitteln. Todesstrafe für Landes- u. Volksverrat. Straffste autoritäre Staatsführung. Beseitigung des Krebsschadens der Demokratie!

2. Nach außen. Kampf gegen Versailles. Gleichberechtigung in Genf[1] aber zwecklos, wenn Volk nicht auf Wehrwillen eingestellt. Sorge für Bundesgenossen. [...]

4. Aufbau der Wehrmacht wichtigste Voraussetzung für Erreichung des Ziels: Wiedererringung der pol. Macht. Allg. Wehrpflicht muss wiederkommen. Zuvor aber muss Staatsführung dafür sorgen, dass die Wehrpflichtigen vor Eintritt nicht schon durch Pazif., Marxismus, Bolschewismus vergiftet werden oder nach Dienstzeit diesem Gifte verfallen.

Wie soll pol. Macht, wenn sie gewonnen ist, gebraucht werden? Jetzt noch nicht zu sagen. Vielleicht Erkämpfung neuer Export-Mögl., vielleicht – und wohl besser – Eroberung neuen Lebensraumes im Osten u. dessen rücksichtslose Germanisierung. [...] – Gefährlichste Zeit ist die des Aufbaus der Wehrmacht. Da wird sich zeigen, ob Fr(ankreich) Staatsmänner hat; wenn ja, wird es uns Zeit nicht lassen, sondern über uns herfallen (vermutlich mit Ost-Trabanten).

Walther Hofer (Hrsg.), Der Nationalsozialismus. Dokumente 1933-1945, Frankfurt/Main [49]2004, S. 180 f.

1. *Benennen Sie die Ziele der nationalsozialistischen Außenpolitik.*
2. *Arbeiten Sie heraus, welche Reaktionen Hitler von den europäischen Nachbarn auf seine Außenpolitik erwartet.*
3. *Charakterisieren Sie stilistische Besonderheiten der hier verwendeten Quellenform. Berücksichtigen Sie dabei, welche Position der Schreiber bei der Übermittlung der „Fakten" einnimmt?*

M2 „Frieden und Freundschaft"

Für die Öffentlichkeit gibt Hitler am 17. Mai 1933 vor dem Reichstag erstmals eine außenpolitische Erklärung ab:

Wenn ich in diesem Augenblick bewusst als deutscher Nationalsozialist spreche, so möchte ich namens der nationalen Regierung und der gesamten Nationalerhebung bekunden, dass gerade uns in diesem jungen Deutschland das tiefste Verständnis beseelt für die gleichen Gefühle und Gesinnungen sowie für die begründeten Lebensansprüche der anderen Völker. Die Generation dieses jungen Deutschlands, die in ihrem bisherigen Leben nur die Not, das Elend und den Jammer des eigenen Volkes kennenlernte, hat zu sehr unter dem Wahnsinn gelitten, als dass sie beabsichtigen könnte, das gleiche anderen zuzufügen. [...] Indem wir in grenzenloser Liebe und Treue an unserem eigenen Volkstum hängen, respektieren wir die nationalen Rechte auch der anderen Völker aus dieser selben Gesinnung heraus und möchten aus tiefinnerstem Herzen mit ihnen in Frieden und Freundschaft leben. [...]

Wir aber haben keinen sehnlicheren Wunsch, als dazu beizutragen, dass die Wunden des Krieges und des Versailler Vertrages endgültig geheilt werden. Deutschland will keinen anderen Weg dabei gehen als den, der durch die Verträge selbst als berechtigt anerkannt ist. Die Deutsche Regierung wünscht, sich über alle schwierigen Fragen mit den Nationen friedlich auseinanderzusetzen. Sie weiß, dass jede militärische Aktion in Europa auch bei deren völligem Gelingen, gemessen an den Opfern, in keinem Verhältnis stehen würde zu dem Gewinn.

Max Domarus, Hitler. Reden und Proklamationen 1932–1945, Band 1, Würzburg 1962, S. 271 ff.

1. *Erläutern Sie, welches Deutschlandbild Hitler zeichnet.*
2. *Vergleichen Sie M2 mit M1. Berücksichtigen Sie dabei den jeweiligen Kontext.*

[1] *Sitz des Völkerbundes*

Stalin-Karikatur in der französischen Zeitschrift „Marianne" von 1939. Josef W. Stalin (1879–1953) regierte nach Lenins Tod als unumschränkter Diktator.
► *Erläutern Sie die Bildsymbolik und die damit verbundene Interpretation des „Hitler-Stalin-Paktes".*

M3 Der Nichtangriffspakt mit der UdSSR

Im August 1939 wird der Öffentlichkeit ein Abkommen präsentiert, das der sowjetische Außenminister Wjatscheslaw M. Molotow (1890–1986) mit dem deutschen Außenminister Joachim von Ribbentrop ausgehandelt hat:

Art. 1

Die beiden vertragschließenden Teile verpflichten sich, sich jeden Gewaltakts, jeder aggressiven Handlung und jedes Angriffs gegeneinander, und zwar sowohl einzeln als auch gemeinsam mit anderen Mächten, zu enthalten.

Art. 2

Falls einer der vertragschließenden Teile Gegenstand kriegerischer Handlungen seitens einer dritten Macht werden sollte, wird der andere vertragschließende Teil in keiner Form diese dritte Macht unterstützen. [...]

Art. 4

Keiner der beiden vertragschließenden Teile wird sich an irgendeiner Mächtegruppierung beteiligen, die sich mittelbar oder unmittelbar gegen den anderen Teil richtet.

Geheimes Zusatzprotokoll[1]

Für den Fall einer territorial-politischen Umgestaltung der zum polnischen Staate gehörenden Gebiete werden die Interessensphären Deutschlands und der UdSSR ungefähr durch die Linie der Flüsse Narew, Weichsel und San abgegrenzt.

Die Frage, ob die beiderseitigen Interessen die Erhaltung eines unabhängigen polnischen Staates erwünscht erscheinen lassen und wie dieser Staat abzugrenzen wäre, kann endgültig erst im Laufe der weiteren politischen Entwicklung geklärt werden. In jedem Falle werden beide Regierungen diese Frage im Wege einer freundschaftlichen Verständigung lösen.

OSTEUROPA. Zeitschrift für Gegenwartsfragen des Ostens, 39. Jg. (1989), S. 417ff.

1. *Erläutern Sie, was der Nichtangriffspakt über die außenpolitischen Planungen beider Länder aussagt.*
2. *Diskutieren Sie die Bedeutung des geheimen Zusatzprotokolls.*

[1] *Das Zusatzprotokoll wurde im Westen 1948 bekannt; die Sowjetunion bestritt bis 1989 die Existenz dieser Abmachung.*

M4 Aus Todfeinden werden „Freunde"

Der sowjetische Beamte Victor A. Kravchenko aus der sibirischen Industriestadt Kemerowo erinnert sich an den Hitler-Stalin-Pakt:

Für uns galt es all die Jahre als ausgemacht, dass der einzige Feind der Nazis die Sowjetunion sei. [...] Wir hatten doch unsere führenden Armeegeneräle [...] erschossen, weil sie angeblich Verbündete von Hitlers Reichswehr waren. Die großen Verräterprozesse, in denen Lenins[2] vertrauteste Freunde liquidiert wurden, stützten sich auf die Voraussetzung, dass Nazideutschland und seine Achsenfreunde Italien und Japan sich gegen uns zum Kriege rüsteten. Diese Nationen waren angeblich nur die Exponenten einer Weltkoalition von Kapitalisten, die sich verschworen hatten, unser sozialistisches Vaterland zu vernichten. [...]

Die Schurkerei Hitlers galt in unserem Land als fast ebenso geheiligter Glaubensartikel wie die Unfehlbarkeit Stalins. Unsere Sowjetkinder spielten Faschisten-gegen-Kommunisten-Spiele [...]. Erst als wir die Wochenschauen und Zeitungsbilder sahen, auf denen Stalin lächelnd Ribbentrop die Hand schüttelte, begannen wir das Unglaubliche zu glauben. Hakenkreuz und Hammer-und-Sichel flatterten Seite an Seite in Moskau! Bald darauf erklärte uns Molotow, der Faschismus sei schließlich „Geschmacksache"! Stalin begrüßte seinen diktatorischen Kollegen mit begeisterten Worten über die gemeinsame „mit Blut besiegelte Freundschaft"!

Victor A. Kravchenko, Ich wähle die Freiheit. Das private und politische Leben eines Sowjetbeamten, übersetzt von Albert Hess, Zürich 1947, S. 63f.

Diskutieren Sie die Auswirkungen der außenpolitischen Kehrtwendung auf die sowjetische Bevölkerung.

[2] *Wladimir I. Lenin (1870–1924): Führungsfigur der russischen Revolution; sein Nachfolger Stalin sicherte seine diktatorische Macht u. a. durch rücksichtslose „Säuberungen", der auch viele ehemalige Mitstreiter zum Opfer fielen.*

9.9 Der Zweite Weltkrieg

Europa im Zweiten Weltkrieg.

1./3.9.1939	Deutschland überfällt Polen, daraufhin erklären Großbritannien und Frankreich Deutschland den Krieg
1940	Deutsche Truppen besetzen Dänemark, Norwegen, Belgien, die Niederlande und Frankreich
22.6.1941	Deutschland überfällt die Sowjetunion
7.12.1941	Japanischer Luftangriff auf den US-Stützpunkt Pearl Harbor
11.12.1941	Deutschland erklärt den USA den Krieg
2.2.1943	Die 6. Armee kapituliert bei Stalingrad
6.6.1944	Alliierte Truppen landen in der Normandie
4.–11.2.1945	Konferenz von Jalta: USA, Großbritannien und die Sowjetunion treffen Regelungen zur Besetzung Deutschlands
30.4.1945	Hitler begeht Selbstmord
7./9.5.1945	Das Deutsche Reich kapituliert bedingungslos
6./9.8.1945	Der Abwurf der ersten Atombomben über Hiroshima und Nagasaki durch die USA zwingt Japan zur Kapitulation

Hitlers Anfangserfolge 1939/40

Am 1. September 1939 griffen deutsche Truppen ohne Kriegserklärung Polen an. Nach Ablauf ihrer Ultimaten erklärten Frankreich und Großbritannien Deutschland am 3. September den Krieg. Allerdings hielten sich die Westmächte vorläufig in der Defensive, weil sie sich militärisch noch zu schwach fühlten. Daher war der erste *„Blitzkrieg"* der deutschen Wehrmacht erfolgreich. Bereits Ende September wurde Polen – wie im Zusatzprotokoll des Hitler-Stalin-Paktes vereinbart – zwischen Deutschland und der Sowjetunion aufgeteilt.

Als die englische Regierung auf deutsche Friedensangebote nicht reagierte, ließ Hitler im April 1940 Dänemark und Norwegen besetzen, einen Monat später Belgien, die Niederlande und Luxemburg. In Frankreich stießen Streitkräfte bis nach Calais vor, am 14. Juni zogen die Deutschen kampflos in Paris ein.

England – seit Mai 1940 unter dem konservativen Premierminister *Winston Churchill* (1874–1965) – war entschlossen, den Krieg gegen das Deutsche Reich unter allen Umständen durchzustehen. Daher strebten Hitler und sein Generalstab eine Invasion auf den Britischen Inseln an und forcierten ab Juli 1940 Luft- und U-Boot-Krieg, um eine Landung vorzubereiten. Der Plan erwies sich aber als grobe Fehleinschätzung. Zum ersten Mal erreichte Hitler sein militärisches Ziel nicht. Im Gegenteil, die strategische Lage verschlechterte sich durch die immer deutlichere Parteinahme der USA für die Engländer.

Die Wende in Russland

Ohne im Westen den Gegner besiegt zu haben, kündigte Hitler bereits im Sommer 1940 der Spitze der Wehrmacht den Krieg gegen die Sowjetunion an. Er wartete allerdings dazu noch das nächste Frühjahr ab, weil deutsche Truppen dem italienischen Bündnispartner auf dem Balkan und in Nordafrika beistehen mussten.

Mit einem Überraschungsangriff, der von der Ostsee bis zu den Karpaten auf breiter Front von über drei Millionen Soldaten geführt wurde, eröffnete Hitler am 22. Juni 1941 ohne Kriegserklärung den Krieg (➔ M1). Zwar gelang es in der Anfangsphase, weit ins Innere des Landes vorzudringen, doch auf Dauer erwies sich das simple Prinzip des „Blitzkrieges" hier als völlig unrealistisch. Die Weite des Landes und das raue Klima, auf das die Wehrmacht nur unzureichend vorbereitet war, stoppten den deutschen Vormarsch gemeinsam mit einer zunehmend gut organisierten Roten Armee. Im Dezember 1941 konnte diese eine Gegenoffensive einleiten, der die Deutschen auf Dauer nicht gewachsen waren. In einer Kesselschlacht bei *Stalingrad* gelang der sowjetischen Armee Anfang 1943 ein überwältigender Sieg, dessen psychologische Wirkung für beide Seiten von großer Bedeutung war. Gegen die tiefe Niedergeschlagenheit in der Bevölkerung versuchte Propagandaminister Goebbels anzukämpfen, indem er zum „totalen Krieg" aufrief, doch der Mythos, der den „Führer" umgeben hatte, war zerstört (➔ M2).

Die deutsche Wirtschaft im Krieg

Die NS-Machthaber waren bemüht, die Belastungen für die deutsche Bevölkerung in möglichst engen Grenzen zu halten und alle Kräfte für den Krieg zu bündeln. Niemand sollte Hunger leiden, denn Hitler lebte in ständiger Angst vor Streiks und inneren Unruhen, wie sie am Ende des Ersten Weltkriegs stattgefunden hatten (s. S. 266). Nicht zuletzt durch die enormen Gebietsgewinne gelang es, die Zufuhr an Rohstoffen und Lebensmitteln ins Deutsche Reich zu steigern. Rücksichtslos wurden Produktion und Ressourcen aller besetzten Länder für die deutschen Bedürfnisse ausgebeutet. Der private Besitz sollte möglichst nicht angetastet werden. Im Gegenteil: Auf Urlaub heimkehrende Soldaten durften, teils unter Umgehung der Zollvorschriften, große Mengen an Lebensmitteln und Verbrauchsgütern in die Heimat mitnehmen. Die Einschränkungen beim Verschicken von Feldpostsendungen wurden aus dem gleichen Grund sehr großzügig gehandhabt, Anzeigen in Übertretungsfällen oft abgewiesen.

Die Währungen der besetzten Länder wurden bedenkenlos an den Rand des Ruins getrieben, die Goldreserven, Devisen, Aktien und viele Depositen von der Reichsbank beschlagnahmt. Nur mit knapper Not konnte in einigen Staaten der Staatsbankrott vermieden werden.

Zu den Maßnahmen, mit denen die Leistung der deutschen Kriegswirtschaft gesteigert werden sollte, zählte auch der Einsatz ausländischer Gefangener und *Zwangsarbeiter* (➔ M3). Da 1,8 Millionen *Kriegsgefangene* den Ausfall der in die Wehrmacht eingezogenen Männer nicht ausgleichen konnten, wurden in den besetzten Gebieten systematisch arbeitsfähige Menschen gefangen genommen und nach Deutschland geschickt – rund sieben Millionen Frauen und Männer insgesamt. Mehr als vier Millionen „Fremdarbeiter" stammten aus der Sowjetunion, eine Million aus Polen. Massentransporte in Güterwaggons, schlechte Behandlung und Unterbringung, mangelhafte Ernährung sowie schwerste körperliche Arbeit gehörten zu den unmenschlichen Bedingungen, denen die Opfer in der Regel ausgesetzt waren. Sie wurden nicht nur wesentlich geringer entlohnt, sondern auch mit einem höheren Steuersatz belegt. Den Lohnanteil, der für die Angehörigen in der Heimat bestimmt war, kassierte die deutsche Finanzverwaltung.

Zerstörtes Murmansk. Foto von 1942.

Gleichzeitig nahm mit dem Krieg der politische Druck auf die Bevölkerung zu. Offene Kritik am Krieg und Zweifel am Endsieg wurden gerichtlich verfolgt, wobei die Nationalsozialisten sich nicht nur auf ihre Gestapo verlassen konnten, sondern auch auf ein Heer von Denunzianten.

Der europäische Krieg wird zum Weltkrieg

Am 7. Dezember 1941 eröffnete Japan mit einem Luftangriff auf die amerikanische Pazifikflotte in *Pearl Harbor* die Kampfhandlungen gegen die USA. Deutschland und Italien erklärten daraufhin, ohne dazu vertraglich gegenüber Japan verpflichtet zu sein, den Vereinigten Staaten den Krieg.

Dagegen etablierte sich auf der anderen Seite die *Anti-Hitler-Koalition* einschließlich der UdSSR, die der britische Premierminister Churchill – trotz weltanschaulicher Bedenken – förderte.

Die großen Materialreserven, das Industriepotenzial und die frischen Truppen der USA verhalfen den Alliierten auch im Westen zu einer deutlichen Überlegenheit. Als den Amerikanern und Engländern am 6. Juni 1944 die Landung an der Küste der Normandie gelang, war die deutsche Niederlage nur noch eine Frage der Zeit. Auch die Lufthoheit lag jetzt bei den Westmächten.

Auf der *Konferenz von Jalta* (4. 2.–11. 2. 1945) einigten sich die Regierungschefs von Großbritannien, der UdSSR und der USA, Churchill, Stalin und Roosevelt auf Regelungen für die künftige Besetzung Deutschlands, wie zum Beispiel die Aufteilung in vier Besatzungszonen (s. S. 396).

Da die nationalsozialistische Führung verbissen den Widerstand aufrechterhielt, sanken die meisten deutschen Großstädte unter den alliierten Luftangriffen in Schutt und Asche (→ M4).

Erst als die Rote Armee vor Berlin stand, begingen Hitler und mehrere seiner Mitarbeiter Selbstmord. Im Mai 1945 unterzeichneten die Generäle *Jodl* und *Keitel* die deutsche *Gesamtkapitulation*.

Der Zweite Weltkrieg endete drei Monate später mit der bedingungslosen Kapitulation Japans, nachdem die USA über *Hiroshima* und *Nagasaki* erstmals *Atombomben* abgeworfen hatten. Diese Waffen waren mit einem riesigen Forschungsaufwand in den USA entwickelt worden. Der amerikanische Präsident *Harry S. Truman*, der nach dem Tode Roosevelts im April 1945 die Macht übernommen hatte, schob Bedenken gegen die gewaltige Zerstörungskraft der Atomwaffen u. a. mit dem Hinweis beiseite, dass die Japaner nur auf diese Weise zur bedingungslosen Kapitulation gezwungen werden könnten. Über 200 000 Menschen starben bei den Bombenabwürfen sofort. Die Langzeitfolgen der radioaktiven Verseuchung wurden erst später deutlich: Zahllose Menschen starben an Leukämie und an anderen Folgekrankheiten (→ M5).

M1 „Völlige Vernichtung"

Der Oberbefehlshaber der 6. Armee, General von Reichenau, gibt am 10. Oktober 1941 einen Befehl aus, der das „Verhalten der Truppen im Ostraum" betrifft. Hitler bezeichnet diesen Befehl als vorbildlich, sodass er auch von anderen Truppenteilen übernommen wird.

Hinsichtlich des Verhaltens der Truppe gegenüber dem bolschewistischen System bestehen vielfach noch unklare Vorstellungen.
Das wesentlichste Ziel des Feldzuges gegen das jüdisch-bolschewistische System ist die völlige Zerschlagung der Machtmittel und die Ausrottung des asiatischen Einflusses im europäischen Kulturkreis. Hierdurch entstehen auch für die Truppe Aufgaben, die über das hergebrachte einseitige Soldatentum hinausgehen. Der Soldat ist im Ostraum nicht nur ein Kämpfer nach den Regeln der Kriegskunst, sondern auch Träger einer unerbittlichen völkischen Idee und der Rächer für alle Bestialitäten, die deutschem und anverwandtem Volkstum zugefügt wurden.
Deshalb muss der Soldat für die Notwendigkeit der harten, aber gerechten Sühne am jüdischen Untermenschentum volles Verständnis haben. Sie hat den weiteren Zweck, Erhebungen im Rücken der Wehrmacht, die erfahrungsgemäß stets von Juden angezettelt wurden, im Keime zu ersticken. Der Kampf gegen den Feind hinter der Front wird noch nicht ernst genug genommen. Immer noch werden heimtückische, grausame Partisanen und entartete Weiber zu Kriegsgefangenen gemacht, immer noch werden halb uniformierte oder in Zivil gekleidete Heckenschützen und Herumtreiber wie anständige Soldaten behandelt und in die Gefangenenlager abgeführt. […]
Fern von allen politischen Erwägungen der Zukunft hat der Soldat zweierlei zu erfüllen:
1.) die völlige Vernichtung der bolschewistischen Irrlehre, des Sowjetstaates und seiner Wehrmacht.
2.) die erbarmungslose Ausrottung artfremder Heimtücke und Grausamkeit und damit die Sicherung des Lebens der deutschen Wehrmacht in Russland.
Nur so werden wir unserer geschichtlichen Aufgabe gerecht, das deutsche Volk von der asiatisch-jüdischen Gefahr ein für allemal zu befreien.

Reinhard Rürup (Hrsg.), Der Krieg gegen die Sowjetunion 1941–1945. Eine Dokumentation, Berlin 1991, S. 122

1. *Erörtern Sie, inwiefern die deutsche Kriegsführung eine Umsetzung der nationalsozialistischen Rassenideologie ist (S. 327, M2).*
2. *Informieren Sie sich über damalige und heutige Völkerrechtsvereinbarungen, die auch im Krieg gültig bleiben. Inwiefern haben die Deutschen dagegen verstoßen?*
3. *Erklären Sie, warum es unter den Soldaten „unklare Vorstellungen" über die Kriegsführung gab.*

M2 Bombenangriffe und Durchhalteparolen

Joseph Goebbels (1897–1945) hat während seiner bekannten Berliner Sportpalastrede vom 18.2.1943 die Anwesenden gefragt: „Wollt ihr den totalen Krieg? Wollt ihr ihn, wenn nötig, totaler und radikaler, als wir ihn uns heute überhaupt noch vorstellen können?" Die begeisterte Zustimmung verebbt schnell angesichts der alle Vorstellungen übersteigenden Totalität des Luftkrieges. Jörg Friedrich, der sich bei seinen Forschungen mit den Bombenangriffen auf Deutschland und deren Auswirkungen befasst, schildert die durch die alliierte Luftüberlegenheit ausgelöste Stimmung und die Gegenpropaganda des NS-Regimes:

Der dringlichsten Frage der Volksgenossen weicht der Staat aus: „Wo hat der Feind angegriffen, wie hoch sind die Verluste?" Zeitungen kleiden die Ruhrschlacht in Phrasen. „Standhaftigkeit gegen Mordbrenner." „Härte und Entschlossenheit gegen britischen Terror." Das Informationsloch wird gefüllt vom Gerücht. Das Gerücht übertreibt, doch folgt die Wirklichkeit ihm nach. Es ist ihr ein Stück voraus. Anfang Juli [1943] sind ihm „neuartige Kampfmethoden der Feindmächte" bekannt. Die Brände greifen rasch um sich. […] Nach der Bearbeitung der „Ruinenstädte des Ruhrgebiets" greift der Luftterror nach dem gesamten Reichsgelände. Berlin, München, Nürnberg werden „Stalingrad gleichgemacht". Im Westen entsteht das Aufmarsch- und Kriegsgebiet, Tausende nicht identifizierbare Leichen gelangen in Massengräber. Der Phosphor lässt sie zu kleinen Mumien schrumpfen. Sie sind im Keller bei lebendigem Leibe verbrannt. Um ein Uhr nachts steht die Bevölkerung vor den Bunkern Schlange.
Im Hamburger Feuersturm vergeht die Siegeszuversicht. Das Sicherheitsgefühl ist „urplötzlich zusammengesackt". Ein quälendes Gefühl sagt, dass ein Gegner, der solche Attacken führt, unbezwinglich ist. „Die werden uns fertigmachen." Wir sollten aufhören, „um jeden annehmbaren Preis Schluss machen", denn „die Opfer werden von Tag zu Tag größer". […]
Das Gemunkel um eine Vergeltungswaffe lancierte Goebbels im Frühsommer 1943 zur Ablenkung vom Russland-Fiasko. Es überbrückte ein Jahr bittersten Bombenkriegs. […]
Am 8. November 1943 hält Hitler seine letzte öffentliche Rede vor den „Alten Kämpfern"; sie wird auf Magnetophonband mitgeschnitten, um 20.15 Uhr sendet sie der Funk. Er spricht vorwiegend von der Kraft, die das Opfer verleiht. Wer seinen Besitz eingebüßt habe, könne den Rückgewinn nur vom Sieg erwarten. „So sind Hunderttausende von Ausgebombten die Avantgarde der Rache." Die Industrieschäden seien belanglos, die zwei oder drei Millionen ruinierter Wohnungen in kürzester Zeit wieder

aufgebaut, „mögen sie zerstören, so viel sie wollen". Ihn schmerze die Pein der Frauen und Kinder, doch beuge er sich in Dankbarkeit vor dem Allmächtigen, dass er keine schwereren Prüfungen, den Kampf auf deutschem Boden, geschickt habe, „sondern dass er es fertig bringen ließ, gegen eine Welt der Übermacht diesen Kampf erfolgreich weit über die Grenzen des Reiches hinauszutragen". Deutschland werde niemals den Fehler von 1918 wiederholen, eine Viertelstunde vor zwölf die Waffen niederzulegen. „Darauf kann man sich verlassen: Derjenige, der die Waffen als allerletzter niederlegt, das wird Deutschland sein, und zwar fünf Minuten nach zwölf."
Eher beiläufig streift Hitler, dass die gegnerischen Kriegsverbrecher zum Wiederaufbau herangezogen würden, „das ist das erste, das ich dazu sagen muss und das zweite: Die Herren mögen es glauben oder nicht, aber die Stunde der Vergeltung wird kommen". Im Vorjahr hätten die auf „macht nichts" und „nicht kleinkriegen lassen" gestimmten Worte dem Publikum aus der Seele gesprochen, jetzt hörte er es heraus, was es interessierte. Wenn der Führer von Vergeltung spricht, kommt sie auch. Andererseits ist sein Latein am Ende, sonst würde er nicht den Allbarmherzigen anrufen. „Die Not hat ihn beten gelehrt." Wenigstens erwähnt er die Qual der Frauen und Kinder und nicht die Dome. Ganz gegen seine Art hat Hitler weniger anzukünden, was Deutschland auszuteilen, als was es einzustecken vermag.

Jörg Friedrich, Der Brand, München 2002, S. 479 und 481f.

1. *Beschreiben Sie*
   a) das Ausmaß der durch die Alliierte Luftüberlegenheit ausgelösten Zerstörung,
   b) die Folgen für die Bevölkerung und ihre Stimmung.
2. *Erläutern Sie die Versuche der NS-Propaganda, hier gegenzusteuern, und die Konsequenzen dieses Steuerungsprozesses.*

M3 Einsatz von Arbeitskräften im Krieg

Die Verteilung der Arbeitskräfte im Deutschen Reich in den Grenzen von 1937, einschließlich Österreich, Sudetenland und Memelgebiet jeweils in Mio. Personen bei einer Gesamtbevölkerung von knapp 80 Millionen (1937):

Zeitpunkt	Zivile dt. Arbeitskräfte			Wehrmacht	Verluste
	Männer	Frauen	insges.	insges. einberufen	insgesamt
1939, Ende Mai	24,5	14,6	39,1	1,4	–
1940, Ende Mai	20,4	14,4	34,8	5,7	0,1
1941, Ende Mai	19,0	14,1	33,1	7,4	0,2
1942, Ende Mai	16,9	14,4	31,3	9,4	0,8
1943, Ende Mai	15,5	14,8	30,3	11,2	1,7
1944, Ende Mai	14,2	14,8	29,0	12,4	3,3
1944, Ende Sept.	13,5	14,9	28,4	13,0	3,9

Einsatz von Ausländern („Fremdarbeitern") und Kriegsgefangenen jeweils in Millionen:

Zeitpunkt	insges.	davon in den Sektoren:				
		Landwirtschaft	Industrie	Handwerk	Verkehr	Übrige
1941, Ende Mai	3,0	1,5	1,0	0,3	0,1	0,1
1942, Ende Mai	4,2	2,0	1,4	0,3	0,2	0,3
1943, Ende Mai	6,3	2,3	2,8	0,4	0,3	0,5
1944, Ende Mai	7,1	2,6	3,2	0,5	0,4	0,4

Nach: Fritz Blaich, Wirtschaft und Rüstung im „Dritten Reich", Düsseldorf 1987, S. 105

1. *Analysieren Sie die Tendenzen und Verschiebungen in den Zahlen der Arbeitskräfte.*
2. *Nennen Sie Gründe für die Entwicklung des Frauenanteils an den zivilen Arbeitskräften.*
3. *Erläutern Sie gesellschaftliche Veränderungen im Reich, die sich durch die Verschiebungen in der Arbeits- und Alltagswelt ergeben haben könnten.*

M4 Wer zahlte die laufenden Kriegskosten?

Der Historiker Götz Aly (geb. 1947) untersucht in seinem Buch „Hitlers Volksstaat", genauer, wer eigentlich im Zweiten Weltkrieg die laufenden Kriegskosten Deutschlands bezahlen musste:

Von den laufenden Kriegskosten des Reiches brachten die deutschen Klein- und Durchschnittsverdiener – das waren einschließlich der Familien etwa 60 Millionen Menschen – allenfalls zehn Prozent auf. Die besserverdienenden Deutschen trugen etwa 20 Prozent, während Ausländer, Zwangsarbeiter und Juden rund 70 Prozent der Gelder aufzubringen hatten, die der Krieg auf deutscher Seite täglich verschlang. Auf dem Boden einer solchen doppelten, rassen- wie klassenbewusst organisierten Vorteilsnahme ließen sich die Masse der Deutschen bis weit in die zweite Kriegshälfte hinein bei Laune halten. Die verbrecherische Kehrseite ihres sozial- wie rassenimperialistisch gespeisten und zudem kriegssozialistisch versüßten Wohllebens verdrängten sie dauerhaft.
Am Ende bleiben zwei klare Einsichten: Erstens wurden mindestens zwei Drittel der deutschen Kriegseinnahmen aus ausländischen und „fremdrassigen" Ressourcen aufgebracht; zweitens teilte sich das verbliebene Drittel in Deutschland zwischen den sozialen Schichten extrem unterschiedlich auf: Ein Drittel der Steuerpflichtigen trugen mehr als zwei Drittel der von den deutschen Staatsbürgern aufgebrachten Kriegslasten, während sich die große Mehrheit den kleinen Rest teilte. Stellte man die Kriegssteuerlasten gegenüber, die einerseits auf klassische Lohnarbeiter und andererseits auf die Unternehmer entfielen, wäre der Unterschied noch wesentlich deutlicher. Wie in den vorangegangenen Kapiteln gezeigt wurde, hatte die durchschnittliche deutsche Arbeiterfamilie bis zum 8. Mai 1945 keine direkten Kriegssteuern zu bezahlen. Die indirekten, auf Bier und Tabakwaren erhobenen Konsumsteuern wurden mithilfe der ungewöhnlich reichlichen Zahlungen für den laufenden Unterhalt der Soldatenfamilien und den Soldzahlungen an die Soldaten selbst über Maßen kompensiert. Im Allgemeinen verfügte die übergroße, damals noch ziemlich knapp bemittelte Mehrheit der Deutschen im Krieg über mehr Geld als in den letzten Friedensjahren.

Götz Aly, Hitlers Volksstaat. Raub, Rassenkrieg und nationaler Sozialismus, Frankfurt/Main ²2006, S. 326 f.

1. *Analysieren Sie die von Götz Aly dargelegten Ergebnisse und ordnen Sie sie in Folgen*
   a) für die Deutschen,
   b) für die Bevölkerung der von Deutschland besetzten Gebiete,
   c) für die Juden Europas.
2. *„Die für den Forschungsansatz dieses Textes notwendige Verengung der Betrachtungsweise auf wirtschaftliche und monetäre Aspekte birgt die Gefahr in sich, dass andere Lebensbereiche in Deutschland aus dem Auge verloren oder verharmlost werden." Nehmen Sie Stellung zu dieser These.*

M5 Tote des Zweiten Weltkrieges

Sichere Angaben über die Verluste liegen nicht vor. Neuere Schätzungen gehen von folgenden Zahlen aus:

Sowjetunion	26,3 Mio.	davon 15 Mio. Zivilisten
Deutschland	5,25 Mio.	davon 0,5 Mio. Zivilisten und 2,1 Mio. Flucht- und Vertreibungsopfer
Polen	4,52 Mio.	davon 4,2 Mio. Zivilisten
Japan	1,8 Mio.	davon 0,6 Mio. Zivilisten
Jugoslawien	1,7 Mio.	davon 1,3 Mio. Zivilisten
Frankreich	0,81 Mio.	davon 0,5 Mio. Zivilisten
USA	0,4 Mio.	
Großbritannien	0,39 Mio.	davon 62 000 Zivilisten
Ungarn	0,38 Mio.	davon 0,3 Mio. Zivilisten
Rumänien	0,38 Mio.	
Tschechoslowakei	0,38 Mio.	
Italien	0,33 Mio.	
Niederlande	0,21 Mio.	davon 0,2 Mio. Zivilisten
Gesamtverluste	ca. 55 Mio.	

Nach: Rüdiger Overmans, 55 Millionen Opfer des Zweiten Weltkrieges?, in: Militärgeschichtliche Mitteilungen 2/90, S. 1033 ff.; Martin Vogt (Hrsg.), Deutsche Geschichte, Stuttgart ²1991, S. 725 u. Fischer Weltalmanach '91, Frankfurt/Main 1990, S. 544

9.10 Terror und Holocaust

Zeichnung von Doris Zdekauerová.
Die Elfjährige starb am 16. Oktober 1944 im Konzentrationslager Theresienstadt.

Herbst 1939	In Polen beginnt die Vertreibung der einheimischen Bevölkerung und Ansiedlung von Deutschen
1940/41	Mit dem Vordringen der deutschen Truppen setzen die Massenmorde an Juden in den besetzten osteuropäischen Gebieten ein
10.6.1941	Die SS vernichtet das tschechische Dorf Lidice
1.9.1941	Im Deutschen Reich müssen alle Juden den Judenstern tragen (im besetzten Polen bereits seit Oktober 1939)
20.1.1942	Auf der Wannsee-Konferenz wird die systematische Ermordung der Juden in die Wege geleitet
Juni 1942	In Auschwitz finden erste Massenvergasungen von Juden statt
1945	In Deutschland und in den von Deutschen besetzten Gebieten sind etwa sechs Millionen Juden ermordet worden

Überlebende des Warschauer Ghettoaufstandes werden von der SS abgeführt. Foto von 1943 (Ausschnitt). Im Frühjahr 1943 widersetzten sich Juden mit Waffengewalt den Deportationsplänen der Nationalsozialisten. Am Ende wurden die Häuser in Brand gesetzt und die Überlebenden sofort umgebracht oder in Arbeits- und Vernichtungslager gebracht.

Die „Endlösung der Judenfrage"

Seit 1933 waren die Juden planmäßig diskriminiert und stigmatisiert worden. Schon bald nutzten das viele aus, um sich am Eigentum der Juden zu bereichern. Nach Ausbruch des Zweiten Weltkriegs stellten die Verhängung von Sperrstunden und die Einteilung zur Zwangsarbeit weitere Stufen auf dem Weg zur völligen Entrechtung der Juden dar. 1941 erging schließlich ein Auswanderungsverbot. Nahezu zeitgleich wurden alle Juden gezwungen, in der Öffentlichkeit den gelben *Judenstern* zu tragen; dies grenzte sie endgültig aus der Gesellschaft aus.
Spätestens im Sommer 1941 fiel im engsten Führungszirkel des Regimes die Entscheidung für den Massenmord (➔ M1). Im Osten folgten *Sonderkommandos der SS* und Polizeieinheiten den vorrückenden deutschen Truppen und erschossen bereits in den ersten Monaten des Russlandfeldzugs mehrere hunderttausend Juden; auch Angehörige von Zivilverwaltung und Wehrmacht beteiligten sich an den Massakern (➔ M2). Gerade die Wehrmacht hatte auch ein materielles Interesse an mehr oder weniger stillschweigender Duldung oder gar aktiver Unterstützung. Durch die „Arisierung" jüdischer Vermögenswerte erhoffte und erhielt sie zusätzliche Geldmittel zum Auf- und Ausbau von Rüstungsprojekten wie zur Reduzierung laufender Ausgaben (➔ M3). Im Reich und in den besetzten Ländern wurden seit Oktober 1941 Juden in Konzentrationslagern oder *Ghettos* zusammengezogen und anschließend in neu eingerichtete *Vernichtungslager* nach Osten deportiert (➔ M5 und M6). Die „praktische Durchführung der Endlösung der Judenfrage" wurde Anfang 1942 in Berlin mit hohen Verwaltungsbeamten, SS-Offizieren und Staatssekretären aus den Innen-, Justiz- und Außenministerien besprochen und im sogenannten *Wannseeprotokoll* festgehalten.
In den meisten Lagern hat die SS die Ankömmlinge sofort ermordet. Vergiftung durch Dieselmotorabgase und schließlich die fast industriell betriebene Tötung durch das Blausäurepräparat Zyklon B dienten als Verfahren der Ausrottung. Nach polnischen Schätzungen sind allein in Auschwitz etwa 1,5 Millionen Juden umgebracht worden. Insgesamt fielen dem Holocaust[1] etwa sechs Millionen Menschen zum Opfer.

Die Vernichtung anderer Minderheiten

In engem ideologischen Zusammenhang mit der Ermordung von Millionen Juden stand im nationalsozialistischen Deutschland die *„Vernichtung lebensunwerten Lebens"*. Nach den pervertierten pseudobiologischen Kategorien von „Rassenhygiene", „Zuchtwahl" und „Erbgesundheit", wie die Nationalsozialisten sie vertraten, stellten gesellschaftliche Minderheiten aller Art eine potenzielle Bedrohung für das „deutsche Erbgut" dar. Ermordet wurden auch Menschen, bei denen aufgrund pathologischer oder sozialer Abweichungen ein verändertes Erbgut vermutet wurde. Dazu gehörten körperlich und geistig Behinderte ebenso wie Homosexuelle. Ein bereits 1933 von den Nationalsozialisten erlassenes Gesetz verpflichtete Erbkranke und geistig Behinderte zur *Zwangssterilisation*.

[1] *griech. holócaustos: „völlig verbrannt"*

1939 ging Hitler noch einen Schritt weiter und gab die Tötung von unheilbar Kranken in eigens ausgewählten „Heil- und Pflegeanstalten" frei. Man schätzt, dass ungefähr 120 000 Menschen, darunter viele Kinder, Opfer dieser Weisung wurden. Vor allem aufgrund von Protesten aus kirchlichen Kreisen wurde das *Euthanasie-Programm* zwar 1941 im Reich offiziell eingestellt, doch im Geheimen ging das Töten weiter. Auch die sogenannten „Zigeuner"[1] galten als schwer in die „Volksgemeinschaft" integrierbar und wurden deshalb in Konzentrationslager eingewiesen. Die SS ermordete bis zu 500 000 Angehörige dieser Volksgruppen.

Unterschiedliches Vorgehen in Ost- und Westeuropa

Die menschenverachtende Infrastruktur, die die Nationalsozialisten in der SS und in den gut organisierten Konzentrationslagern besaßen, übertrugen sie schon zu Beginn des Krieges auf die besetzten Gebiete.

Welch neuartige Dimension der von Hitler provozierte Krieg erreichen sollte, zeigte sich bereits im Herbst 1939 nach der Aufteilung Polens. Sofort gingen der „Führer" und seine Helfer daran, ihr rassenideologisches Völkermordkonzept in die Tat umzusetzen.

Ein Großteil des eroberten Landes sollte von umgesiedelten Deutschen aus den baltischen Staaten und anderen osteuropäischen Gebieten „germanisiert" werden. Die polnische Bevölkerung wurde ins übervölkerte *Generalgouvernement*[2] vertrieben, viele Angehörige der Intelligenz verhaftet, teilweise sofort erschossen oder in Konzentrationslager deportiert. Gymnasien und Hochschulen sollten geschlossen werden, um die Entstehung einer neuen Führungsschicht zu verhindern. Wer nicht „germanisiert" werden konnte – nach deutschen Schätzungen über 95 Prozent der polnischen Bevölkerung –, war als Arbeitssklave für ein erbärmliches Schicksal vorgesehen (→ M4).

In der UdSSR hatte die einheimische Bevölkerung die einmarschierenden deutschen Truppen 1941 an manchen Orten als Befreier vom „Bolschewismus" begrüßt. Doch die Brutalität der Wehrmacht, der SS und anderer Sonderkommandos ließen die Stimmung rasch umschlagen. Die Behandlung war ähnlich wie in Polen, doch steigerte sich der Kampf um „Lebensraum" im Osten jetzt zu einem *rassischen Vernichtungskrieg* gegen angeblich minderwertige Völker. Russland war die Rolle zugedacht, die Ernährung für das geplante Großreich zu sichern. Dies sollte zum Absterben der dortigen Industrie und damit auch eines Teils der Bevölkerung führen. 10 Millionen Menschen würden nach Sibirien abwandern oder verhungern. Das Verschenken von Lebensmitteln und Zigaretten an Russen aus „missverstandener" Menschlichkeit war unerwünscht. Das Einschließen und Aushungern bevölkerungsreicher Siedlungsgebiete sollte Nahrungsmittel sparen und die Soldaten schonen. Politiker und Militärs rechneten bei der Belagerung von Leningrad kaltblütig mit dem Tod von ca. 5,5 Millionen Menschen. Die Liquidation von Juden, z. B. in Kertsch auf der Krim, aber auch in Polen, sollte der angespannten Ernährungslage wegen beschleunigt durchgeführt werden.

In West-, vor allem aber Nordeuropa behandelten die Besatzer die Bevölkerung anders als in Osteuropa. Manche Regionen erhielten eine eigene Zivilverwaltung, oder alte Regierungen bestanden zeitweise weiter fort – so in Dänemark bis 1943.

Die unterschiedliche Behandlung resultierte aus der verbrecherischen Rassenideologie des Nationalsozialismus, die „arischen" Angelsachsen, „Wikingern" oder Franken den Vorzug gab vor Slawen oder Juden.

Zwischen Ideologie und Kriegswirtschaft

Dauernde Kompetenzstreitigkeiten und verschiedene einander widersprechende Maßnahmen ließen in der Besatzungspolitik oft keine klare Linie erkennen.

Während Teile der neuen Verwaltung einerseits möglichst schnell Ruhe und Ordnung in den annektierten Gebieten herzustellen suchten, wollte anderseits die SS ihr rassenideologisches Umsiedlungs- und Vernichtungsprogramm mithilfe von Polizeieinheiten und Wehrmacht durchführen.

Kräften der Wirtschaft lag dagegen an der Ausbeutung und Angliederung der Ressourcen. Je länger der Krieg dauerte und je mehr Deutschland auf das Wirtschaftspotenzial der Besatzungsgebiete angewiesen war, desto eher musste man aus rein opportunistischen Gründen auf eine Normalisierung der Beziehungen hinarbeiten. Vereinzelte Ansätze dazu gab es. Aber die NS-Führung, die Reichsorgane, an der Spitze die Reichsbank, nicht zuletzt auch die Wehrmacht, setzten ihren harten Kurs durch. Brutale Maßnahmen gegen die Widerstandsbewegungen, die die Bevölkerung ebenfalls trafen, sorgten immer wieder für eine Verschärfung der Spannungen. So sollten beispielsweise bei „Vergeltungsaktionen" an der Ostfront für jedes deutsche Partisanenopfer 50 bis 100 Sowjetbürger sterben.

[1] *Als „Zigeuner" wurden die Volksgruppen der Sinti und Roma, der Lowara, der Kalderasch, der Lalleri, der Manausch und der Jerli sowie weiterer Volksgruppen bezeichnet.*

[2] *Generalgouvernement: die besetzten polnischen Gebiete, die nicht unmittelbar dem Reich angegliedert worden waren*

M1 Die Entscheidung für die „Endlösung"

Die Frage, wann die Entscheidung gefallen ist, alle europäischen Juden zu ermorden, ist bis heute in der Forschung umstritten, weil es keinen schriftlichen Befehl dazu gibt. Adolf Hitler erklärt am 30. Januar 1939:

Wenn es dem internationalen Finanzjudentum inner- und außerhalb Europas gelingen sollte, die Völker noch einmal in einen Weltkrieg zu stürzen, dann wird das Ergebnis nicht die Bolschewisierung der Erde und damit der Sieg des Judentums sein, sondern die Vernichtung der jüdischen Rasse in Europa.

Zwei Jahre danach, der Höhepunkt des Zweiten Weltkrieges ist erreicht, macht sich Joseph Goebbels Aufzeichnungen über eine Rede Hitlers vom 12. Dezember 1941 auf einer Tagung der Reichs- und Gauleiter der NSDAP:

Bezüglich der Judenfrage ist der Führer entschlossen, reinen Tisch zu machen. Er hat den Juden prophezeit, dass, wenn sie noch einmal einen Weltkrieg herbeiführen würden, sie dabei ihre Vernichtung erleben würden. Das ist keine Phrase gewesen. Der Weltkrieg ist da, die Vernichtung des Judentums muss die notwendige Folge sein. Diese Frage ist ohne jede Sentimentalität zu betrachten. Wir sind nicht dazu da, Mitleid mit den Juden, sondern nur Mitleid mit unserem deutschen Volk zu haben. Wenn das deutsche Volk jetzt wieder im Ostfeldzug an die 160000 Tote geopfert hat, so werden die Urheber dieses blutigen Konflikts dafür mit ihrem Leben bezahlen müssen.

Christian Gerlach, Krieg, Ernährung, Völkermord. Forschungen zur deutschen Vernichtungspolitik im Zweiten Weltkrieg, Hamburg 1998, S. 123f.

Erklären Sie, warum die Nationalsozialisten den Juden die Schuld am Krieg zugeschoben haben.

M2 „In Litauen gibt es keine Juden mehr"

Der Leiter des EK (Einsatzkommando) 3, SS-Standartenführer Jäger, fasst am 1. Dezember 1941 für die Dienststelle der Sicherheitspolizei einen Bericht von dem Einsatz seines Kommandos in Litauen ab:

Ich kann heute feststellen, dass das Ziel, das Judenproblem für Litauen zu lösen, vom EK 3 erreicht worden ist. In Litauen gibt es keine Juden mehr, außer den Arbeitsjuden incl. ihrer Familien. [...]
Diese Arbeitsjuden incl. ihrer Familien wollte ich ebenfalls umlegen, was mir jedoch scharfe Kampfansage der Zivilverwaltung (dem Reichskommissar) und der Wehrmacht eintrug und das Verbot auslöste: Diese Juden und ihre Familien dürfen nicht erschossen werden!
Die Durchführung solcher Aktionen ist in erster Linie eine Organisationsfrage. Der Entschluss, jeden Kreis systematisch judenfrei zu machen, erforderte eine gründliche Vorbereitung jeder einzelnen Aktion und Erkundung der herrschenden Verhältnisse in dem betreffenden Kreis. Die Juden mussten an einem Ort oder an mehreren Orten gesammelt werden. Anhand der Anzahl musste der Platz für die erforderlichen Gruben ausgesucht und ausgehoben werden. Der Anmarschweg von der Sammelstelle zu den Gruben betrug durchschnittlich 4 bis 5 km. Die Juden wurden in Abteilungen zu 500, in Abständen von mindestens 2 km, an den Exekutionsplatz transportiert. [...]
Nur durch geschickte Ausnutzung der Zeit ist es gelungen, bis zu 5 Aktionen in einer Woche durchzuführen und dabei doch die [...] anfallende Arbeit so zu bewältigen, dass keine Stockung im Dienstbereich eingetreten ist. [...]
Ich bin der Ansicht, dass sofort mit der Sterilisation der männlichen Arbeitsjuden begonnen wird, um eine Fortpflanzung zu verhindern. Wird trotzdem eine Jüdin schwanger, so ist sie zu liquidieren.

Reinhard Rürup (Hrsg.), Der Krieg gegen die Sowjetunion 1941–1945. Eine Dokumentation, Berlin 1991, S. 119f.

1. *Erläutern Sie die internen Querelen um die „Arbeitsjuden", die der Verfasser andeutet.*
2. *Analysieren Sie die Sprache, in der hier über Massenmorde gesprochen wird.*

M3 Wehrmacht und Holocaust

Die Motive der Wehrmacht, am Holocaust aktiv mitzuwirken, sind vielschichtig. Götz Aly liefert eine wertende Zusammenfassung erwiesener Fakten, die er durch Ergebnisse seiner neuen Forschungen ergänzt.

In der Frage, in welchem Ausmaß die Wehrmacht am Holocaust mitwirkte, kann der Streit darüber, wie viele beziehungsweise wie wenige Soldaten wohl an einzelnen Mordaktionen teilgenommen haben oder davon wussten, allenfalls einen Teilaspekt klären. Lehrreicher ist es, sich die strukturellen Momente zu vergegenwärtigen, die über das allgemeine völkische Rassedenken hinaus innerhalb der Wehrmacht den Wunsch nach einem Verschwinden der Juden verstärkten. Es ist erwiesen, dass die Politik der „ethnischen Entflechtung" und der Lebensmittelraub die „Endlösung" beschleunigten. Daneben förderte die propagandistisch ständig geschürte Vorstellung, die Juden seien die Fünfte Kolonne des Feindes, zumindest die Passivität gegenüber Massenmorden. Den drei in der Fachliteratur schon beschriebenen Ver-

„Ein Paket ohne Wert."
Fotomontage von Jerzy Krawczyk (1921–1969).
► *Analysieren Sie, mit welchen Mitteln der polnische Künstler das Schicksal der Juden zu verarbeiten versucht.*

nichtungsmotiven kann nun ein viertes hinzugefügt werden: das Interesse der Feldintendanten[1] an möglichst hohen Kontributionen. Es entstand nicht aus privater Habsucht, sondern aus der – professionell begründeten – Absicht der militärischen Intelligenz, den Krieg so zu führen, dass finanzielle Engpässe möglichst selten die strategischen Pläne und die Moral der Truppe beeinträchtigten.
Auf den ersten Blick mag der Anteil der aus der „Entjudung" gewonnenen materiellen Hilfsmittel gering erscheinen. Gemessen an den Gesamteinnahmen, die zwischen 1939 und 1945 in die deutsche Kriegskasse flossen, werden es nicht mehr als fünf Prozent gewesen sein. Doch führt eine solche Quantifizierung leicht dazu, das wahre Gewicht zu unterschätzen, das den Arisierungserlösen zukam. Erstens dreht sich jede Haushaltsdebatte – gleichgültig ob sie in einer Demokratie, in einem Sportverein oder zwischen den Machthabern einer Diktatur geführt wird – immer um Spitzenlasten. Stets geht es um die Frage, bis zu welcher äußersten Grenze man finanzwirtschaftlich gerade noch gehen kann. Da die deutschen Kriegsfachleute maximal 50 Prozent der laufenden Kriegskosten aus Krediten bezahlen wollten, erweiterte jede Einnahme auch den Kreditrahmen um denselben Betrag. Der Effekt verdoppelte sich also. Vor diesem Hintergrund waren wenige Prozentpunkte viel. Sie entspannten die permanente Geldkrise ungemein und bewirkten, dass zum Beispiel die deutschen Getränkesteuern nicht erhöht oder Soldzahlungen nicht gesenkt werden mussten.
Wichtiger ist aber ein zweiter Gesichtspunkt. Die wesentlichen Geldströme aus den liquidierten jüdischen Vermögen speisten die deutsche Kriegsmaschine im Krisenjahr 1942/43: das heißt in der Phase zwischen dem Beginn der Sommeroffensive 1942 und der Schlacht am Kursker Bogen 1943. Die Offensiven sollten 1942 zunächst über den Kaukasus in den Irak führen und England den Suezkanal abschneiden; 1943 sollten sie die Sowjetunion entscheidend treffen und damit die schon ziemlich aussichtslose Kriegslage noch einmal zum Besseren wenden. Dafür mussten alle Reserven mobilisiert werden. In Serbien, Griechenland, Frankreich, Holland, Belgien, Polen und nicht zuletzt in Deutschland konnten damals erhebliche Beträge aus jüdischem Vermögen der deutschen Kriegsführung nutzbar gemacht werden. In Griechenland gelang es für einige Monate, 70 Prozent der Besatzungskosten auf solche Weise zu decken. Ähnliches vollzog sich in den Jahren 1941/42 in den verbündeten Staaten Slowakei, Kroatien, Bulgarien und Rumänien. Betrachtet man die Arisierung aus diesem Blickwinkel, dann lässt sie sich als Bestandteil einer riesenhaften Mobilisierung einordnen.
Im Kriegshaushaltsjahr 1942/43 zahlten die deutschen Hausbesitzer – wie gezeigt – 18 Prozent der inländischen Kriegseinnahmen; für die ausländischen Kontributionen lässt sich in diesem Haushaltsjahr ein ähnlich hoher Anteil annehmen, der sich aus den Erlösen der „Entjudung" speiste. Solche zusätzlichen Finanzquellen erlaubten es, die große Mehrheit der Steuerzahler zu schonen; sie erlaubten es auch, die flächendeckende Ausbeutung der besetzten Länder teilweise zu verlangsamen (wie in Griechenland) und dennoch die deutschen Soldaten gut zu bezahlen, militärische Bauten und Waffenwünsche zu finanzieren. In einem prekären Abschnitt des Krieges brachte die Enteignung der europäischen Juden erhebliche Geldmittel in die Deutschen Kassen, mit denen sich Spitzenlasten vermeiden ließen. Das förderte die innere Stabilität in Deutschland und die Kollaborationsbereitschaft in den besetzten Ländern. So konnten die Rückwirkungen der militärischen Krise gemindert werden.
Sofern deutsche und nichtdeutsche Finanzfachleute die Vermögenswerte von Juden in Kriegsanleihen verwandelten, verstießen sie formal nicht gegen die Enteignungsverbote etwa der französischen Verfassung oder der Haager Landkriegsordnung. Vordergründig schichteten sie die Werte einfach um und machten die Juden zu Gläubigern kriegführender und besetzter Staaten. Doch ermordeten die Deutschen diese Gläubiger in ihren Gaskammern. Was immer sich die Finanzfachleute unter der Deportation von Juden „zum Arbeitseinsatz im Ostraum" vorgestellt haben mögen, jedenfalls kalkulierten sie ein, dass die Menschen, die sie zwangsweise zu Kreditgebern gemacht hatten, auf Nimmerwiedersehen verschwanden. Damit wurden sie zu Interessenten und Nutznießern des Mordens. […]

Götz Aly, Hitlers Volksstaat. Raub, Rassenkrieg und nationaler Sozialismus, Frankfurt/Main ²2006, S. 312 ff.

[1] *Feldintendant: Verwaltungsoffizier des Heeres*

1. *Stellen Sie die im Text genannten Motive zusammen, die in der Wehrmacht den Wunsch nach der Arisierung verstärkten, gewichten Sie diese und beziehen Sie Stellung.*
2. *Vergleichen Sie die Aussagen Alys mit denen des Standartenführers der SS in M2 und versuchen Sie, gewisse Widersprüche zu erklären.*

M4 Menschen als „Rohstoffbasis"

Reinhard Heydrich (1904–1942), Chef des Reichssicherheitshauptamtes, hält am 2. Oktober 1941 in Prag einen Vortrag über nationalsozialistische „Neuordnungs-Politik":

Und nun haben wir unter der Führung des Führers unendlich viel Räume in Europa besetzt als militärische Voraussetzung für die weitere Führung und siegreiche Beendigung des Krieges. Wir wollen uns darüber im Klaren sein, dass die Besetzung dieser Räume jedenfalls in vielen Gebieten nicht eine vorübergehende, sondern eine endgültige sein wird, wobei es gleichgültig ist, wie die Form des Kontaktes dieser Räume zu uns werden wird. Das heißt aber, die Zukunft des Reiches hängt nach Beendigung des Krieges ab von der Fähigkeit des Reiches und von der Fähigkeit der Menschen dieses Reiches, diese Räume zu halten, zu beherrschen und gegebenenfalls mit dem Reich zu verschmelzen. Es hängt also ab von der Art, wie wir imstande sind, diese Menschen zu behandeln, diese Menschen zu führen und zu verschmelzen. Wir müssen hier eigentlich große Gruppen unterscheiden:
Das eine sind die Räume mit germanischen Menschen, das sind jene Menschen, die unseres Blutes sind und daher an sich unseres Charakters sind. Es sind jene Menschen, die durch eine schlechte politische Führung und Einfluss des Judentums irgendwie verbogen sind, die sich erst langsam zurückführen müssen zu den Grundelementen des Gegenwartsdenkens. Es sind das die Räume, die ich sehe: Norwegen, Holland, Flandern, so wie in späterer Zukunft ich sehe: Dänemark, Schweden. Es sind jene Räume, die germanisch besiedelt sind und die in irgendeiner Art, darüber müssen wir uns hier im Klaren sein, ob im Staatenbund, Gau oder sonstwie, zu uns gehören werden. Es ist klar, dass wir diesen Menschen gegenüber eine ganz andere Art der Behandlung finden müssen als gegenüber den andersrassigen, slawischen und ähnlichen Völkern […].
Das Zweite sind die Osträume, die zum Teil slawisch besiedelt sind, das sind die Räume, in denen man wissen muss, dass Güte nur als Schwäche ausgelegt wird, das sind die Räume, wo der Slawe selber gar nicht will, dass er gleichberechtigt behandelt wird, wo er gewöhnt ist, dass der Herr sich mit ihm nicht gemein macht. Das sind also die Räume, die wir nun im Osten zu führen und zu behalten haben. Das sind die Räume, in denen eine deutsche Oberschicht nach der militärischen Entwicklung bis weit nach Russland hinein, bis weit an den Ural einmal in der ganz klaren Führungsform als Rohstoffbasis, als Arbeiter für große, auch Kulturaufgaben, als Heloten[1], wenn ich es ganz drastisch sagen will, für uns eingesetzt werden muss […].

Wolfgang Michalka (Hrsg.), Deutsche Geschichte 1933–1945. Dokumente zur Innen- und Außenpolitik, Frankfurt/Main 1993, S. 249f.

1. *Erläutern Sie die europäische „Völkerordnung", die Heydrich vor Augen hat.*
2. *Analysieren Sie Moralvorstellungen und Menschenbild, die hier zugrunde liegen.*

M5 Der Wert eines Menschen

Die SS stellt Unternehmen der Wirtschaft Insassen von Konzentrationslagern und Kriegsgefangene gegen Zahlungen zur Verfügung:

Täglicher Verleihlohn durchschnittlich abzüglich Ernährung abzüglich Bekl. Amort.	RM 6,– RM –,60 RM –,10
durchschnittl. Lebensdauer 9 Mt. = 270 x RM 5,30 = Erlös aus rationeller Verwertung der Leiche: 1. Zahngold 2. Kleidung 3. Wertsachen 4. Geld abzüglich Verbrennungskosten RM 2,–	 RM 1431,– RM 200,–
Gesamtgewinn nach 9 Monaten zuzüglich Erlös aus Knochen und Aschenverwertung.	RM 1631,–

Eberhard Aleff (Hrsg.), Das Dritte Reich, Hannover [5]1973, S. 208

Erläutern Sie das Menschenbild, das dieser „Rechnung" zugrunde liegt, und auf welche Behandlung der KZ-Insassen und Kriegsgefangenen sich daraus schließen lässt.

[1] *Heloten: im antiken Sparta unterdrückte Urbevölkerung, die mit militärischer Gewalt in sklavenähnlichem Rechtsstand gehalten wurde*

M6 „Ganz normale Männer" als Mörder?

Der amerikanische Historiker Daniel Jonah Goldhagen (geb. 1959) sieht die Hauptursache der Judenmorde in einem tief verwurzelten Antisemitismus in der deutschen Bevölkerungsmehrheit im „Dritten Reich":

Es musste sich etwas ändern, unbedingt. Das Wesen der Juden galt den Deutschen jedoch als unveränderlich, da in ihrer „Rasse" begründet, und nach vorherrschender deutscher Auffassung waren die Juden eine Rasse, die der germanischen Rasse in unüberwindlicher Fremdheit gegenüberstand. Hinzu kam, dass der „Augenschein" den Deutschen zeigte, dass die Mehrheit der Juden sich bereits assimiliert hatte, zumindest in dem Sinne, dass sie Manieren, Kleidung und Sprache des modernen Deutschland übernommen hatten. Also hatten die Juden jede erdenkliche Möglichkeit gehabt, zu guten Deutschen zu werden – und diese ausgeschlagen. Der unumstößliche Glaube an die Existenz einer „Judenfrage" führte mehr oder weniger selbstverständlich zu der Annahme, die einzige „Lösung" bestehe darin, alles „Jüdische" in Deutschland zu „eliminieren": auszugrenzen und zu beseitigen. [...]
Hätten die ganz gewöhnlichen Deutschen die eliminatorischen Ideale ihrer Führung nicht geteilt, dann hätten sie dem sich stetig verschärfenden Angriff auf ihre jüdischen Landsleute und Brüder mindestens ebenso viel Widerstand und Verweigerung entgegengesetzt wie den Angriffen ihrer Regierung gegen die Kirchen oder dem sogenannten Euthanasie-Programm[1]. [...] Hätten sie es mit einer deutschen Bevölkerung zu tun gehabt, die Juden als Menschen wie alle anderen auch betrachtet und in ihnen Brüder und Schwestern gesehen hätte, dann wäre den Nationalsozialisten ihre Vernichtungspolitik kaum gelungen. [...]
Hitler und die Nationalsozialisten taten also nichts anderes, als den bestehenden und angestauten Antisemitismus freizusetzen und zu aktivieren.

Der Jurist Claus Arendt, der in den Sechzigerjahren an Untersuchungen über die belasteten Polizeieinheiten beteiligt gewesen ist, schreibt in einem 1998 veröffentlichten Brief an Goldhagen:

Ich muss jedoch erhebliche Zweifel anmelden gegen die Richtigkeit jener These von Ihnen, dass die Mordtaten der Polizeiangehörigen in Polen und anderswo [...] antisemitisch begründet waren. Bei aller Würdigung der Abscheulichkeit des Antisemitismus halte ich diese Ursachenfeststellung für eine Verharmlosung der Motivierung der Täter.
Leider war deren Motivation viel schlimmer: Sie bestand in ihrem ethisch-moralischen Unvermögen, von menschlichen Werten getragen zu handeln. Ihr Motto war: „Befehl ist Befehl." Es war die Weigerung und totale Unfähigkeit, nach menschlichen und moralischen Grundsätzen zu handeln. Dies wurde nicht zuletzt dadurch bewiesen, dass die Betroffenen sich nicht nur Juden gegenüber so verhielten, sondern auch jeder Menschengruppe gegenüber, die von den ihnen erteilten Befehlen betroffen war. Die gleichen Polizisten sind bei der Vernichtung und Ermordung zum Beispiel der polnischen Intelligenz gegen die Frauen und Kinder dieser Gruppe mit ebenderselben Grausamkeit, Gefühllosigkeit und Brutalität vorgegangen wie gegen Juden.

Der amerikanische Historiker Christopher R. Browning (geb. 1944) untersucht am Beispiel des Reserve-Polizeibataillons 101, das in Polen 1942 ca. 1200 Juden erschoss, die Motive der ausführenden Männer:

Im Bataillon kristallisierten sich einige ungeschriebene „Grundregeln" heraus. Für kleinere Erschießungsaktionen wurden Freiwillige gesucht beziehungsweise die Schützen aus den Reihen derjenigen genommen, die bekanntermaßen zum Töten bereit waren [...]. Bei großen Einsätzen wurden die, die nicht töten wollten, auch nicht dazu gezwungen. Selbst wenn Offiziere versuchten, einzelne Unwillige zum Töten zu zwingen, konnten diese sich weigern, da die Offiziere in diesem Punkt bei Major Trapp[2] keine Unterstützung fanden. [...]
Neben der ideologischen Indoktrinierung war ein weiterer entscheidender Aspekt [...] das gruppenkonforme Verhalten. Den Befehl, Juden zu töten, erhielt das Bataillon, nicht aber jeder einzelne Polizist. Dennoch machten sich 80 bis 90 Prozent der Bataillonsangehörigen ans Töten, obwohl es fast alle von ihnen – zumindest anfangs – entsetzte und anwiderte. Die meisten schafften es einfach nicht, aus dem Glied zu treten und offen nonkonformes Verhalten zu zeigen. Zu schießen fiel ihnen leichter.
Warum? Zunächst einmal hätten alle, die nicht mitgemacht hätten, die „Drecksarbeit" einfach den Kameraden überlassen. Da das Bataillon die Erschießungen auch dann durchführen musste, wenn einzelne Männer ausscherten, bedeutete die Ablehnung der eigenen Beteiligung die Verweigerung des eigenen Beitrags bei einer unangenehmen kollektiven Pflicht. Gegenüber den Kameraden war das ein unsozialer Akt. [...]
Es gibt auf der Welt viele Gesellschaften, die durch rassistische Traditionen belastet und aufgrund von

[1] *Euthanasie: eigentlich „Sterbehilfe"; die Nationalsozialisten missbrauchten den Begriff für die gezielte Tötung von Menschen durch Ärzte und Betreuer. Wirklich öffentlich konnten sie die „Tötung unwerten Lebens" aber nie betreiben; siehe dazu S. 368.*

[2] *der Bataillonskommandeur*

Krieg oder Kriegsdrohung in einer Art Belagerungsmentalität befangen sind. Überall erzieht die Gesellschaft ihre Mitglieder dazu, sich der Autorität respektvoll zu fügen, und sie dürfte ohne diese Form der Konditionierung wohl auch kaum funktionieren. Überall streben die Menschen nach beruflichem Fortkommen. In jeder modernen Gesellschaft wird durch die Komplexität des Lebens und die daraus resultierende Bürokratisierung und Spezialisierung bei den Menschen, die die offizielle Politik umsetzen, das Gefühl für die persönliche Verantwortung geschwächt. In praktisch jedem sozialen Kollektiv übt die Gruppe, der eine Person angehört, gewaltigen Druck auf deren Verhalten aus und legt moralische Wertmaßstäbe fest. Wenn die Männer des Reserve-Polizeibataillons 101 unter solchen Umständen zu Mördern werden konnten, für welche Gruppe von Menschen ließe sich dann noch Ähnliches ausschließen?

Erster Text: Daniel Jonah Goldhagen, Hitlers willige Vollstrecker. Ganz gewöhnliche Deutsche und der Holocaust, übers. v. Klaus Kochmann, Berlin 1996, S. 107f., 489 und 518;
zweiter Text: Claus Arendt, in: „Die Zeit" vom 15.1.1998;
dritter Text: Christopher R. Browning, Ganz normale Männer. Das Reserve-Polizeibataillon 101 und die „Endlösung" in Polen, übers. v. Jürgen Peter Krause, Reinbek bei Hamburg [4]2007, S. 224, 241 und 246f.

1. *Suchen Sie Gemeinsamkeiten und Gegensätze der Erklärungsansätze.*
2. *Diskutieren Sie anhand der Überlegungen Brownings die Wiederholbarkeit von Massenverbrechen wie dem Holocaust.*

Die Vernichtungs- und Konzentrationslager im „Dritten Reich".
In den Vernichtungslagern wurden 165 000 Juden aus Deutschland, 65 000 aus Österreich, 32 000 aus Frankreich und Belgien, mehr als 100 000 aus den Niederlanden, 60 000 aus Griechenland, ebenso viele aus Jugoslawien, über 140 000 aus der Tschechoslowakei, 500 000 aus Ungarn, 2 200 000 aus der Sowjetunion und 2 700 000 aus Polen umgebracht. Dazu fielen zwischen 200 000 und 500 000 Sinti und Roma dem Völkermord zum Opfer. Darüber hinaus wurden in den Konzentrationslagern im Reich weitere 500 000 Menschen umgebracht. Diese Werte gelten als „gesicherte Minimalzahlen" (Wolfgang Benz).

9.11 Widerstand

Flugblätter der Widerstandsbewegung in Deutschland.

A u f r u f a n a l l e D e u t s c h e !

Der Krieg ~~geht~~ seinem sicheren Ende entgegen. Wie ~~im Jahre~~ 1918 versucht die deutsche Regierung alle Aufmerksamkeit auf die wachsende U-Bootgefahr zu lenken, während im Osten die ~~Armeen~~ unaufhörlich zurückströmen, im Westen die Invasion erwartet wird. Die Rüstung Amerikas hat ihren Höhepunkt noch nicht erreicht, aber heute schon übertrifft sie alles in der Geschichte seither Dagewesene. Mit mathematischer Sicherheit führt Hitler das deutsche Volk in den Abgrund. H i t l e r k a n n d e n K r i e g n i c h t g e w i n n e n , n u r n o c h v e r l ä n g e r n ! Seine und seiner Helfer Schuld hat jedes Mass unendlich überschritten. Die gerechte Strafe rückt näher und näher !

Was aber tut das deutsche Volk? Es sieht nicht und es hört nicht. Blindlings folgt es seinen Verführern ins Verderben. Sieg um jeden Preis, haben sie auf ihre Fahne geschrieben. Ich kämpfe bis zum letzten Mann, sagt Hitler - indes ist der Krieg bereits verloren.

Deutsche! Wollt Ihr und Eure Kinder dasselbe Schicksal erleiden, das den Juden widerfahren ist? Wollt Ihr mit dem gleichen Masse gemessen werden ,wie Eure Verführer? Sollen wir auf ewig das von aller Welt gehasste und ausgestossene Volk sein? Nein! Darum trennt Euch von dem nationalsozialistischen Untermenschentum! Beweist durch die Tat, dass Ihr anders denkt! Ein neuer Befreiungskrieg bricht an. Der bessere Teil des Volkes kämpft auf unserer Seite. Zerreisst den Mantel der Gleichgültigkeit, den Ihr um Euer Herz gelegt! Entscheidet Euch, e h ' e s z u s p ä t i s t !

Flugblatt „Aufruf an alle Deutsche" der „Weißen Rose" vom Januar 1943. Das fünfte von insgesamt sechs Flugblättern der Widerstandsgruppe wurde in mehreren hundert Exemplaren in der Münchener Universität ausgelegt.

8.11.1939	Georg Elsers Attentat auf Hitler missglückt
27.5.1942	Erfolgreiches Attentat auf Reinhard Heydrich in Prag
Herbst 1942	49 Mitglieder der „Roten Kapelle" werden hingerichtet
Februar 1943	Die Geschwister Scholl werden bei einer Flugblattaktion ergriffen und hingerichtet
20.7.1944	Das Attentat Graf Stauffenbergs auf Hitler scheitert

Motive

Hitlers Herrschaft wurde über viele Jahre von einer großen Mehrheit des deutschen Volkes akzeptiert. Selbst dort, wo keine enge Identifikation mit den Zielen und Wertmaßstäben der Nationalsozialisten vorhanden war, verließen sich die meisten auf die politische Führung, wie sie es schon immer getan hatten. Seit den 80er-Jahren des 20. Jahrhunderts bemühten sich Historiker um eine genauere Definition von Widerstand. So wurden *verschiedene Stufen zwischen nonkonformem Verhalten und aktivem Widerstand* unterschieden. Zwischen privaten Unmutsäußerungen im Freundeskreis, dem freiwilligen Rücktritt aus einem Amt oder der Planung und Durchführung eines Umsturzes gab es eine Vielzahl von Abstufungen. Eines war allen gemeinsam – der Mut zum Risiko. Denn gerade gegen Ende der NS-Zeit konnte schon der laut geäußerte Zweifel am „Endsieg“ oder das Weitererzählen eines politischen Witzes mit dem Tode bestraft werden. Auch außerhalb der unmittelbar bedrohten Gruppen gab es immer Einzelne und gesellschaftliche Kreise, die sich in keiner Weise mit dem Regime abfinden wollten. So differenziert die Motive des Widerstands auch waren, gemeinsam war allen Gruppierungen der feste Glaube an ethische Grundnormen, der ihnen die Kraft zu einem eigenverantwortlichen Denken gab.
Nach der „Machtergreifung“ stieß der Versuch der „Gleichschaltung“ der evangelischen Kirche bei vielen Protestanten auf Ablehnung (➔ M1). Die Abschaffung der Bekenntnisschule, die Beschlagnahmung und Enteignung von Klöstern und kirchlichen Heimen forderte auch die katholische Seite heraus, zumal das einen Bruch des *Konkordats*[1] von 1933 bedeutete. Judendiskriminierung und Tötung von Geisteskranken gaben manchem Priester und Laien Anlass zum Protest.
Kommunisten und Sozialdemokraten hatten schon frühzeitig vor Hitler gewarnt und waren unter anderem deshalb von Anfang an verfolgt worden. Revolutionärer oder demokratischer Sozialismus, Klassenkampf und Weltrevolution standen im Widerspruch zu Hitlers nationalistischem und imperialistischem Konzept. Aus der Überzeugung, dass nur die Überwindung der reaktionären NS-Diktatur den Fortschritt der Menschheit sichern könnte, entschlossen sich viele zum aktiven Widerstand. Der UdSSR sollte nach Auffassung der Kommunisten in diesem Kampf eine bedeutende Rolle zufallen.
Aber auch Liberale und Konservative stellten sich gegen Hitler. Die brutale Missachtung fundamentaler Grund- und Menschenrechte sowie demokratischer Spielregeln in Staat und Gesellschaft verletzten die freiheitlichen Prinzipien der einen; der Missbrauch tradierter Werte wie Ehre, Treue, Deutschtum, Volk und Vaterland zeigte den anderen, dass sie lange Zeit die wahre Gesinnung Hitlers nicht erkannt hatten. Selbst manche Mitglieder der Partei und ihrer Organisationen konnten auf Dauer ihre moralischen Bedenken gegen die welt- und menschenverachtende Ideologie der NSDAP nicht zurückstellen.

Ziele und Formen

Hatte auch die letzte Übersteigerung des NS-Regimes seit Beginn des Zweiten Weltkrieges viele von der Notwendigkeit der Gewalt gegen die Diktatur überzeugt, so gab es doch auf die Frage „was dann?“ keine eindeutige Antwort. Die Errichtung eines christlich-konservativen Nationalstaates, eine übernationale Ordnung Europas oder die Einführung der Diktatur des Proletariats als Übergang zur Weltrevolution deuteten die Spannweite der Zukunftsvorstellungen an. Einzelpersonen, lose Gesprächskreise oder Verschwörergruppen arbeiteten auf sehr verschiedene Weise, meist ohne gegenseitige Kontakte wegen des hohen Risikos eines Verrates.
Es wurden Flugblätter verteilt, Gegenparolen an die Hauswände belebter Straßen geschrieben, ausländische Sender abgehört und regimefeindliche Nachrichten verbreitet. In Rüstungsbetrieben kam es zu Arbeitsniederlegungen und Sabotageakten. In der Berliner Rosenstraße wagten „arische“ Frauen im Februar 1943, sich für die Befreiung ihrer verhafteten jüdischen Ehegatten einzusetzen. Über mehrere Tage versammelten sie sich vor dem Gebäude Rosenstraße 2–4, das als provisorisches Gefängnis genutzt wurde, und riefen nach ihren Männern, um deren Freilassung zu erreichen. Umfang und Zahl der Beteiligten wie der Erfolg der Aktion sind in der historischen Forschung umstritten, nicht hingegen die Achtung, die man dem mutigen, riskanten Einsatz zollen muss (➔ M2).
Trotz umfangreicher Sicherheitsvorkehrungen sind mehrere Attentate auf Hitler zur Ausführung gekommen. *Georg Elser,* ein Tischler aus Württemberg, scheiterte aber am 8. November 1939 in München mit einem Bombenanschlag ebenso wie alle weiteren Versuche, Hitler mit Gewalt zu beseitigen. Vermutlich wurden über 10 000 Angehörige des Widerstandes von NS-Schergen getötet oder vom Volksgerichtshof zum Tode verurteilt. Dass die Erfolge des Widerstands bescheiden blieben, lag an der Heterogenität der Widerstandsgruppen und vor allem an der Brutalität, mit der die Nationalsozialisten jede Opposition im Keim zu ersticken suchten.

[1] *Konkordat: völkerrechtlicher Vertrag zwischen dem Vatikan und einer weltlichen Regierung*

Der Kreisauer Kreis

Auf dem schlesischen Gut Kreisau, das dem Sachverständigen für Kriegs- und Völkerrecht im Oberkommando der Wehrmacht, *Helmuth James Graf von Moltke,* gehörte, trafen sich seit Ende 1938 Männer verschiedener Anschauungen und Herkunft: Konservative, Sozialisten, ehemalige Gewerkschaftsvertreter, Großgrundbesitzer. Der *Kreisauer Kreis* erarbeitete Grundsätze für einen vom Europagedanken geprägten Staats- und Gesellschaftsaufbau nach dem Sturz Hitlers. Staatsstreichpläne wurden zwar nicht konkret ausgearbeitet, aber es bestanden Kontakte zu den Attentätern vom 20. Juli 1944. Viele Mitglieder des Kreisauer Kreises, wie Moltke, Pater *Alfred Delp* oder der Gewerkschaftsführer *Julius Leber* wurden hingerichtet.

Die „Rote Kapelle"

Die Bezeichnung „Rote Kapelle" stammte von der Geheimen Staatspolizei; sie galt einer seit 1939 bestehenden, vorwiegend kommunistisch orientierten Gruppe, die die UdSSR über Funk mit Berichten zur politischen, wirtschaftlichen und militärischen Lage versorgte. Wichtigste Personen dieses Kreises waren *Harro Schulze-Boysen,* Oberleutnant im Luftwaffenministerium, und der als Oberregierungsrat im Wirtschaftsministerium tätige *Dr. Arvid Harnack.*

In einer Geheimdruckerei erstellten konspirative Helfer Zeitschriften und Flugblätter mit Reden von Bischof *Clemens August Graf von Galen, Thomas Mann,* Winston Churchill und Josef Stalin. Nach der Enttarnung einer Spionageaktion wurde die Organisation 1942/43 zerschlagen und viele Mitglieder hingerichtet.

Die Weiße Rose

Die Angehörigen der *Weißen Rose* waren fast ausschließlich Studenten bis zum Alter von 25 Jahren. In bürgerlichen Elternhäusern mit vorwiegend christlichen Traditionen aufgewachsen, hatten sie zum Teil begeistert der Hitlerjugend angehört, aber bald die moralische Verwerflichkeit der NS-Bewegung durchschaut. Durch ihren Fronteinsatz wurden einige Zeugen der Unmenschlichkeit von Kriegsführung und Besatzungspolitik und hegten bald Zweifel am „Endsieg". In München, wo die meisten Angehörigen der „Weißen Rose" studierten, bildete sich um die Geschwister *Hans* und *Sophie Scholl, Willi Graf, Alexander Schmorell* und ihren Universitätslehrer, den Musikwissenschaftler *Kurt Huber,* ein Freundeskreis.

Im Sommer 1942 erschien das erste Flugblatt der „Weißen Rose". 100 Exemplare verschickte man an ausgesuchte Adressen. Mitte Februar 1943 wurde das letzte Flugblatt in einer Auflagenstärke von 3000 Exemplaren erstellt und wieder teilweise per Post versandt. Bei der Verteilung des Restes im Lichthof der Universität stellte ein Hausmeister die Geschwister Scholl und übergab sie der Polizei. In mehreren Prozessen wurden Angehörige des Freundeskreises zum Tode verurteilt und hingerichtet, andere erhielten Gefängnisstrafen.

Militärischer Widerstand – der 20. Juli 1944

Der einzige Machtfaktor im Hitlerstaat, der zur Organisation und Durchführung eines Umsturzes in der Lage schien, war das Militär. Außerdem waren die Generäle die ersten Befehlsempfänger für Hitlers maßlose Eroberungspläne, und da dieser sprunghaft und ohne großen strategischen Sachverstand befehligte, musste sich aufseiten der militärischen Führung die Sachkritik regen. Selbst moralische Einwände kamen zum Tragen, denn der rassistische Vernichtungskrieg Hitlers ging für viele weit über das hinaus, was Berufssoldaten zu tun bereit waren (→ M3).

Generaloberst *Ludwig Beck,* bereits 1938 aus Ablehnung gegen Hitlers Einmarsch in die Tschechoslowakei als Generalstabschef zurückgetreten, versuchte seitdem, den Widerstand gegen das Regime zu organisieren. Gemeinsam mit dem ehemaligen Oberbürgermeister von Leipzig, *Carl Friedrich Goerdeler,* plante er schon eine neue deutsche Regierung und knüpfte Kontakte mit dem Ausland. Doch dies war höchst gefährlich, außerdem gab es in den scheinbar erfolgreichen Jahren des Regimes weder in der militärischen Führung noch in der Bevölkerung genügend Unterstützung.

Erst nach der militärischen Wende Anfang 1943 erhielt die Verschwörung größeren Rückhalt und mehr Teilnehmer, so neben *Henning von Tresckow* den aus einem alten schwäbischen Adelsgeschlecht stammenden Obersten *Claus Schenk Graf von Stauffenberg,* der als Mitglied des Generalstabs direkten Zugang zu Hitler hatte. Die Ausweitung des Kreises der Verschwörer erhöhte aber auch die unmittelbare Gefahr. So waren ihnen die Sicherheitskräfte auf der Spur und hatten bereits einige Mitwisser verhaftet.

Stauffenberg versuchte daher, die erstbeste Gelegenheit zu nutzen, und deponierte am 20. Juli 1944 eine Aktentasche voll Sprengstoff in Hitlers Nähe. Die Bombe verfehlte ihren Zweck, Hitler blieb fast unverletzt und das Regime nahm grausam Rache. Graf Stauffenberg und seine engsten Mitarbeiter wurden noch in derselben Nacht erschossen. 7000 Personen, auch solche, die mit der Verschwörung nichts zu tun hatten, verhaftete die Gestapo; Himmler hatte die „absolute Sippenhaftung" (Verwandte sind für die Tat mitverantwortlich und werden gleichfalls bestraft) befohlen.

M1 Gegen das Schweigen der Kirche

An Ostern 1943 verfasst ein Kreis evangelischer Laien einen Protestbrief an den Landesbischof der evangelischen Kirche in Bayern, Hans Meiser (1881-1956):

Hochwürdiger Herr Landesbischof!
Als Christen können wir es nicht mehr länger ertragen, dass die Kirche in Deutschland zu den Judenverfolgungen schweigt. [...] Der zurzeit drohende nächste Schritt: die Einbeziehung der sog. „privilegierten" Juden in diese Verfolgung unter Aufhebung der nach Gottes Gebot gültigen Ehen mag der Kirche die Veranlassung geben, das durch Gottes Wort von ihr geforderte Zeugnis abzulegen gegen diese Verletzung des 5., 6., 7., 8., 9. und 10. Gebotes und damit endlich das zu tun, was sie längst hätte tun müssen.
Was uns treibt, ist zunächst das einfache Gebot der Nächstenliebe [...]. Von dieser Entscheidung kann uns keine „Judenfrage" entbinden. Vielmehr hat die Kirche bei diesem Anlass zugleich zu bezeugen, dass die Judenfrage primär eine evangelische und keine politische Frage ist. Das politisch irreguläre und singuläre Dasein und Sosein der Juden hat nach der Heiligen Schrift seinen alleinigen Grund darin, dass dieses Volk vor Gott als Werkzeug seiner Offenbarung in Beschlag genommen ist. [...]
Dem Staat gegenüber hat die Kirche diese heilsgeschichtliche Bedeutung Israels zu bezeugen und jedem Versuch, die Judenfrage nach einem selbstgemachten politischen Evangelium zu „lösen", d.h. das Judentum zu vernichten, aufs äußerste zu widerstehen als einem Versuch, den Gott des 1. Gebotes zu bekämpfen. Die Kirche [...] darf nicht länger versuchen, vor dem gegen Israel gerichteten Angriff sich selbst in Sicherheit zu bringen. Sie muss vielmehr bezeugen, dass mit Israel sie und ihr Herr Jesus Christus selbst bekämpft wird. [...]
Alles, was bisher von der Kirche in Deutschland in dieser Sache getan wurde, kann nicht als solches Zeugnis gelten, da es weder öffentlich geschah noch inhaltlich der Aufgabe des Predigtamtes in dieser Sache gerecht wurde. [...]
Darum treibt uns neben dem Mitleid für die Verfolgten die Angst, das Predigtamt unserer Kirche könne durch sein Schweigen sein Dasein sichern wollen um den Preis, dass es dafür seine Vollmacht und Glaubwürdigkeit zu binden und zu lösen verliert. Und damit wäre alles verloren – mit der Kirche wäre auch unser Volk verloren.

Adolf Hitler begrüßt auf dem 6. Reichsparteitag „Reichsbischof" und Oberhaupt der evangelischen „Deutschen Christen" Ludwig Müller. Foto vom 6. September 1934.

In einem Brief an den Bonner Pastor Bernhard Custodis vom 23. Februar 1946 schreibt der Katholik und spätere Bundeskanzler Konrad Adenauer (1876-1967):

Ich glaube, dass, wenn die Bischöfe alle miteinander an einem bestimmten Tage öffentlich von den Kanzeln aus dagegen Stellung genommen hätten, sie vieles hätten verhüten können. Das ist nicht geschehen und dafür gibt es keine Entschuldigung. Wenn die Bischöfe dadurch ins Gefängnis oder in Konzentrationslager gekommen wären, so wäre das kein Schade, im Gegenteil. Alles das ist nicht geschehen, und darum schweigt man am besten.

Erster Text: Horst Möller, Volker Dahm und Hartmut Mehringer (Hrsg.), Die tödliche Utopie. Bilder, Texte, Dokumente, Daten zum Dritten Reich, München [3]2001, S. 324 f.;
zweiter Text: Konrad Adenauer, Briefe 1945-1947, Berlin 1983, S. 172 f.

1. *Arbeiten Sie das Verhältnis zwischen Juden und Christen heraus, das der Laien-Kreis seiner Kritik zugrunde legt.*
2. *Nehmen Sie Stellung zu der Kritik Adenauers und der des Laien-Kreises.*

M2 Der Protest in der Berliner Rosenstraße – Ein Beispiel erfolgreichen Widerstands von Frauen?

Der Geschichtswissenschaftler Nathan Stoltzfuß (geb. 1954) resümiert 2003 seine Ansichten über den Historikerstreit um die geschichtswissenschaftliche Aufarbeitung der Vorgänge in der „Rosenstraße“ in einem Feuilleton der Zeitung „Die Zeit“ unter der Überschrift „Die Wahrheit jenseits der Akten“:

Nehmen wir einmal an, die Protestierenden rannten eine offene Tür ein. Wer öffnete dann die Tür und warum? Und wie viele andere Deutsche waren bereit, öffentlich gegen den Strom zu schwimmen, oder sich gar, mitten in dem Unternehmen, den allerletzten Juden aus dem Reich zu beseitigen, in der Hoch-Zeit des Genozids also, öffentlich mit Juden zu verbünden? Wie viele drückten überhaupt öffentlich ihre Meinung gegenüber irgendeiner Politik aus, anstatt sich anzupassen?
Die Widersetzlichkeit der Frauen in der Rosenstraße durchbrach den Mechanismus, der für die Nazimacht wesentlich war. [...] Die mit Juden verheirateten Frauen, die sich weigerten wegzuschauen, es ablehnten, sich scheiden zu lassen, und in der Rosenstraße ihr Leben riskierten, drohten nicht so sehr, andere in den offenen Dissens zu führen (denn das war selbst für die, die in der „inneren Emigration“ lebten, ein allzu großer Schritt), als vielmehr die Augen anderer für unbequeme Wahrheiten zu öffnen.
Dieses Ereignis, in dem gewöhnliche Leute auf die Bühne der Geschichte treten, ist wesentlich für das Gesamtbild von Gesellschaft und Diktatur des „Dritten Reichs“. In der hierarchischen, autoritären Auffassung des Staates, wie sie sich auch in dem Widerstandsbegriff der frühen Nachkriegszeit niederschlug, ist die Rosenstraße als Ereignis ausgeschlossen. In der Rosenstraße stehen die Frauen im Mittelpunkt. Ihre Würdigung bedeutet auch, die wenigen Deutschen zu würdigen, die ihr Leben riskierten, um dem Regime zu trotzen. Sie ist zugleich ein Schritt dahin, den Menschen und ihren Institutionen die Verantwortung für den Widerstand zurückzugeben, relativ zu dem Maß, in dem die Menschen Verantwortung für Hitlers Machtergreifung und seine Massenvernichtung trugen. [...]

„Die Zeit“, 45/2003, aus dem Englischen übersetzt von Karin Wördemann

1. *Arbeiten Sie heraus, worin nach Meinung von Nathan Stoltzfuß die Bedeutung, die große Leistung der protestierenden Frauen besteht.*
2. *Erörtern Sie, ob das Verhalten der Frauen für das Regime gefährlich sein konnte.*

Denkmal in der Berliner Rosenstraße. Foto von 1995.

M3 Widerstand im Militär

Die Offiziere Henning von Tresckow (1901–1944, Selbstmord) und Claus Schenk Graf von Stauffenberg (1907–1944, hingerichtet) sind maßgeblich an einem Bombenanschlag auf Hitler am 20. Juli 1944 beteiligt. Tresckow hat sich seit 1934 innerlich vom Regime distanziert und sich an mehreren Attentaten auf Hitler beteiligt. Ein Weggefährte erinnert sich an ein Treffen mit ihm am 17. November 1942 beim Oberkommando der Heeresgruppe Mitte in Smolensk:

Hier griff Henning ein. Er müsse mir etwas Entscheidendes sagen. Unser Generalstab verdiene diesen Namen nicht mehr. Nur noch die Kragenspiegel und die karmesinroten Streifen an den Hosen ließen ihn noch als solchen erscheinen. Clausewitz und der alte Moltke seien nicht mehr gefragt. Hitler habe – mit seinen eigenen Worten – gefordert, der Generalstabsoffizier müsse sein wie ein „Bluthund, der gierig an der Leine zerre, um, losgelassen, sich auf den Feind zu stürzen und ihn zu zerfleischen". Eine Beleidigung des Generalstabs seien diese Worte des Führers gewesen. Hitler wolle nur noch „subalterne Erfüllungsgehilfen" im Generalstab haben. „Erfüllungsgehilfen im Dienste eines Kapitalverbrechers", rief er. Und er wiederholte die Worte. […]
Nach einer Pause fragte ich ihn, was an den Gerüchten von Übergriffen der SS gegen die Zivilbevölkerung in den rückwärtigen Gebieten sei. Diese Gerüchte träfen zu, antwortete er, allerdings mit der Ergänzung, dass es sich nicht um einzelne Übergriffe handele, sondern um planmäßige Ausrottungen von Menschen. Man habe bei der Heeresgruppe zuverlässige Informationen, dass der SD und die SS Spezialeinheiten gebildet hätten, die das sorgfältig organisiert betrieben, und zwar in einem Umfang, der jede Fantasie übersteige. Während wir, die Soldaten an der Front, uns vorne totschießen lassen dürften, betreibe die SS in unserem Rücken ein grauenvolles Geschäft. Er, Henning, sehe darin eine Schändung der Opferbereitschaft des Soldaten an der Front.
Fassungslos hatte ich ihm zugehört. Es war ungeheuerlich, was er gesagt hatte. Dann sprach er davon, dass er auf den Tag hinarbeite, an dem dies alles zu Ende sei. Niemand könne heute sagen, wann dieser Tag komme, aber kommen werde er mit Sicherheit, und er werde schrecklich sein.

Im Juni 1944 erklärt Tresckow gegenüber Freunden:

Das Attentat auf Hitler muss erfolgen, um jeden Preis. Sollte es nicht gelingen, so muss trotzdem der Staatsstreich versucht werden. Denn es kommt nicht mehr auf den praktischen Zweck an, sondern darauf, dass die deutsche Widerstandsbewegung vor der Welt und vor der Geschichte unter Einsatz des Lebens den entscheidenden Wurf gewagt hat. Alles andere ist daneben gleichgültig.

Kurz vor dem Attentat vom 20. Juli 1944, das Hitler überlebt, sagt Stauffenberg zu einer Bekannten:

Es ist Zeit, dass jetzt etwas getan wird. Derjenige allerdings, der etwas zu tun wagt, muss sich bewusst sein, dass er wohl als Verräter in die deutsche Geschichte eingehen wird. Unterlässt er jedoch die Tat, dann wäre er ein Verräter vor seinem eigenen Gewissen.

Erster Text: Reinhard Rürup (Hrsg.), Der Krieg gegen die Sowjetunion. Eine Dokumentation, Berlin 1991, S. 193;
zweiter Text: Peter Steinbach und Johannes Tuchel (Hrsg.), Widerstand in Deutschland 1933–1945. Ein historisches Lesebuch, München ³2000, S. 326;
dritter Text: Peter Hoffmann, Claus Schenk Graf von Stauffenberg und seine Brüder, Stuttgart 1992, S. 395

1. *Erörtern Sie die Motive des Widerstandes im Militär.*
2. *Erklären Sie, wie es möglich war, dass ein radikaler Regimegegner jahrelang höchste Funktionen innehatte. Welche Schlüsse lässt das auf die betroffene Person und die Stabilität des Regimes zu?*
3. *Diskutieren Sie, unter welchen Umständen in unserem Staat ein Widerstandsrecht besteht. Berücksichtigen Sie dazu auch Artikel 20 des Grundgesetzes.*

Gedenkblock der Deutschen Bundespost von 1964 zum Jahrestag des Attentats auf Hitler am 20. Juli 1944.

9.12 Umgang mit der NS-Zeit

Kaiser-Wilhelm-Gedächtniskirche in Berlin mit dem 1961 eingeweihten Kirchenneubau. Foto von 1992.
In vielen deutschen Städten wurden Kriegsruinen erhalten, um die Erinnerung an die Schrecken des Krieges zu bewahren.

20.11.1945 – 1.10.1946	Im Nürnberger Prozess werden die Hauptverantwortlichen für die Kriegsverbrechen der Deutschen angeklagt; bis 1949 folgen zwölf Nachfolgeprozesse gegen politische, militärische und wirtschaftliche Führungsgruppen
1945 bis 1950	Die von den Alliierten begonnene „Entnazifizierung" soll die deutsche Bevölkerung von den Einflüssen des Nationalsozialismus säubern
1963 bis 65	In Frankfurt am Main finden die Auschwitz-Prozesse statt
1986/87	In der Presse wird der sogenannte „Historikerstreit" ausgetragen
3.1.1996	Der 27. Januar wird zum nationalen Gedenktag für die Opfer des Nationalsozialismus erklärt
10.5.2005	Das „Denkmal für die ermordeten Juden Europas" wird eingeweiht

Die erste Phase der „Aufarbeitung“

In den ersten Nachkriegsjahren war nur eine Minderheit der Deutschen an einer kritischen Auseinandersetzung mit der jüngsten Vergangenheit interessiert. Abgesehen davon, dass die schwersten Verbrechen juristisch verfolgt wurden, gehörte es zu der von den Siegermächten verordneten politischen Bewältigung des „Dritten Reichs“, dass alle Erwachsenen über ihre Funktion und Einstellung im NS-Regime Rechenschaft ablegen sollten. Vor allem die amerikanische Besatzungsmacht verfolgte diese Aufgabe mit großem Ernst. Doch als die *„Entnazifizierungen“* 1950 abgeschlossen waren, wandte sich die deutsche Bevölkerung den Herausforderungen des Alltags zu und verdrängte die unangenehme Vergangenheit.

Vor diesem Hintergrund wird es verständlich, dass die erste Phase der „Aufarbeitung“ der NS-Zeit in der Geschichtswissenschaft von zwei Deutungsmustern dominiert ist, die vor allem den Wunsch erkennen lassen, sowohl die deutsche Geschichte als auch den „ganz normalen Deutschen“ von der Verantwortung zu entlasten. Erstens: Der Nationalsozialismus sei ein „Betriebsunfall“ gewesen, eine absolute Ausnahmesituation, die mit der deutschen Geschichte kaum etwas zu tun gehabt habe. Damit versuchten sich die Deutschen von der historischen Kontinuität abzugrenzen, die die Nationalsozialisten sehr betont hatten und die auch für die Siegermächte – unter umgekehrten Vorzeichen – maßgeblicher Bestandteil der politischen Schuldzuweisung war. Das zweite Deutungsmuster besagte, dass Deutschland Opfer eines verbrecherischen Führers und seiner Clique geworden sei, die es geschafft hätten, das Not leidende Volk zu verführen, durch einen totalen Zwangsstaat zu unterjochen und ins Verderben zu treiben.

Einen anderen Weg der Entlastung wählte die DDR. Der Faschismus wurde als letzte Steigerung der kranken kapitalistischen Gesellschaftsform interpretiert. Seine historisch folgerichtige Überwindung durch die sozialistische Revolution schloss die Läuterung fast aller Beteiligten gleich mit ein. Die „Aufarbeitung“ nach westlichem Muster wurde nicht für nötig erachtet. Historische Kontinuität leitete die DDR vor allem aus dem kommunistischen Widerstand im NS-Regime ab.

Verantwortung von Deutschen

Im Westen ist die These vom „Betriebsunfall“ bereits in den Fünfzigerjahren widerlegt worden, als Historiker nachweisen konnten, dass nicht nur im Antisemitismus, sondern auch im obrigkeitsstaatlichen Denken und im ausgeprägten Hang zum Militarismus eine Kontinuität vom Kaiserreich über die Weimarer Republik hinweg bestanden hatte. In den Sechzigerjahren wurde im Zusammenhang mit den großen *Frankfurter Auschwitz-Prozessen* 1963–65 eine Fülle von bis dahin nicht zugänglichem Aktenmaterial veröffentlicht, das zeigte, wie weit die NS-Herrschaft in alle Bereiche von Staat und Wirtschaft hineinreichte und wie groß die Unterstützung war, die sie dort fand.

Die Geschichtswissenschaft gewann ein verstärktes Interesse an gesellschaftlichen Fragestellungen. Die daraus resultierenden Forschungsergebnisse waren geeignet, auch die These von der „Opferrolle“ des deutschen Volkes kritisch zu beleuchten.

Detaillierte Untersuchungen der Funktionsweise einzelner NS-Institutionen legten den Schluss nahe, dass die NS-Herrschaft keineswegs so „monolithisch“ und allumfassend war, wie sie es dem nationalsozialistischen Anspruch nach zu sein schien. Auch wenn ein ständiges Gefühl der Bedrohung und reale Angst in der Bevölkerung unterstellt werden müssen: Von einer totalen Durchdringung und Überwachung des Alltags durch das Regime konnte keine Rede sein. Zivilcourage und unangepasste Handlungsweisen waren möglich und wurden nicht immer verfolgt.

Wenn aber der individuelle Entscheidungsspielraum der Bürger größer war als zuvor angenom-

In Nürnberg und anderswo

„Er hat mir's doch befohlen!“ Karikatur von 1946. Vom 20. 11. 1945 – 1. 10. 1946 klagten die Siegermächte im „Nürnberger Prozess“ die Hauptkriegsverbrecher an *(s. S. 396 f.).*

► *Erörtern Sie die Aussagen der Karikatur.*

men, konnte das NS-Regime offenbar auf ein weit höheres Maß an freiwilliger Gefolgschaft und Akzeptanz in der Bevölkerung zurückgreifen. Gestützt wurde diese Annahme durch ein genaues Studium von Gestapo-Akten: Ein nicht unerheblicher Teil der deutschen Bevölkerung hat, teils unter Druck oder in jugendlichem Fanatismus, teils aber auch bewusst kalkulierend, freiwillig und regelmäßig Auskünfte über das Verhalten anderer Personen gegeben und damit die Gewaltherrschaft aktiv unterstützt.

Besonderes Augenmerk gilt in der Forschung dem Holocaust. Eine frühe Deutung besagte, dass der persönliche Judenhass Adolf Hitlers entscheidenden Anteil an den Massenmorden gehabt habe.

In den Sechziger- und Siebzigerjahren war dann viel von einem „Selbstläufertum" der Institutionen die Rede, von einer seelenlosen Maschinerie des Tötens, die, einmal in Gang gesetzt, kaum noch zu stoppen gewesen sei. Dass für diese Maschinerie aber der bereitwillig Ausführende eine ebenso tragende Rolle spielte wie eine verbreitete Volksmentalität, in der ein aggressiver Antisemitismus sich seit dem 19. Jahrhundert kontinuierlich entwickeln konnte, ist erst in jüngster Zeit von Forschern hervorgehoben worden.

Auch die lange Zeit für unantastbar gehaltene Rolle der Wehrmacht im NS-Regime, die, von Ausnahmen abgesehen, nicht an den Verbrechen gegen Juden beteiligt gewesen sei, wurde widerlegt, unter anderem durch die Ausstellung *„Verbrechen der Wehrmacht"*. Auch wenn später einige wissenschaftliche Irrtümer korrigiert werden mussten, führte die Ausstellung die Beteiligung der Armee an rassistischen Verbrechen vor Augen. Jüngste Forschungen belegen, dass die Wehrmacht auch finanziell profitierte. Die jüngsten Forschungen des Historikers *Götz Aly* belegen an Archiv- und Zahlenmaterial, wie nicht nur die Institution Wehrmacht, sondern viele Deutsche finanziell vom Raubmord an den Juden profitierten (s. S. 369).

Relativierung der Verbrechen?

Ein weiterer „entlastender" Ansatz ist die *Totalitarismus-Interpretation*. Sie sieht die eingeschränkten Rechte des Individuums, die Verfolgung Andersdenkender oder personifizierte Machthierarchien ohne klare Kompetenzverteilung ebenso im Stalinismus wie in vielen rechten Diktaturen verwirklicht. Daraus schließt sie auf eine allgemeine, nicht nur den Deutschen eigene Neigung zu autoritärer Herrschaft.

Einen Schritt weiter ist *Ernst Nolte* gegangen, der die These vom *europäischen Bürgerkrieg* vertrat: Er hat versucht, Faschismus und Bolschewismus konsequent als gesamteuropäisches Phänomen zu interpretieren, das mit einer gewissen Zwangsläufigkeit und in gegenseitiger Abhängigkeit zur Katastrophe geführt habe.

Die Deutungsvarianten „Totalitarismus" und „europäischer Bürgerkrieg" sehen sich freilich dem Vorwurf ausgesetzt, durch die Betonung des internationalen Kontextes die spezifisch deutschen Verbrechen relativieren und verharmlosen zu wollen. An diesen Auffassungen entzündete sich in den Achtzigerjahren der *„Historikerstreit"* in Fachwelt und Presse (→ M1 – M3).

„Gedenkkultur"

Gedenktage, Gedenktafeln und Museen sollen die Verbrechen der nationalsozialistischen Diktatur im öffentlichen Bewusstsein wach halten. So wurde beispielsweise der *27. Januar, der Tag der Befreiung des Vernichtungslagers Auschwitz-Birkenau,* zum nationalen Gedenktag und 2005 zum internationalen Holocaustgedenktag erklärt.

Wie schwierig es ist, eine öffentliche Gedenkstätte zu gestalten, in der sich der Umgang mit der NS-Zeit angemessen ausdrückt, zeigen die Diskussionen um das *Denkmal für die ermordeten Juden Europas*:

Schon 1988 gründeten *Lea Rosch* und *Eberhard Jäckel* eine Bürgerinitiative zur Errichtung einer Gedenkstätte. Bei den heftigen, in der Öffentlichkeit ausgetragenen Diskussionen war besonders umstritten, ob nicht ein Mahnmal errichtet werden sollte, das allen Opfern des NS-Terrorregimes gewidmet ist (→ M4). Nachdem ein erster Entwurf abgelehnt wurde, entschied sich am 25. Juni 1999 eine Bundestagsmehrheit für einen revidierten Entwurf des amerikanischen Architekten *Peter Eisenman* (→ M5).

Einen besonders kritischen Umgang mit der Geschichte fordern unsere europäischen Nachbarn ebenso wie Opfer und Hinterbliebene (→ M6). Auch wenn das Deutschland der Nachkriegszeit einen überwiegend positiven Beitrag zum friedlichen Zusammenleben der Völker leisten konnte, wird es doch noch lange am Umgang mit den dunklen Seiten seiner Vergangenheit gemessen werden.

M1 Schlussstrich?

In den Achtzigerjahren findet in der bundesdeutschen Geschichtswissenschaft und Presse eine heftige Debatte um die „Einmaligkeit" des nationalsozialistischen Judenmordes statt („Historikerstreit"). Dabei geht es auch um die Frage, wie „normal" die nationalsozialistische Zeit jemals in der deutschen Geschichte werden könne. Der Historiker Ernst Nolte (geb. 1923) bezieht in der „Frankfurter Allgemeinen Zeitung" vom 6. Juni 1986 dazu Stellung:

Mit der „Vergangenheit, die nicht vergehen will", kann nur die nationalsozialistische Vergangenheit der Deutschen oder Deutschlands gemeint sein. Das Thema impliziert die These, dass normalerweise jede Vergangenheit vergeht und dass es sich bei diesem Nicht-Vergehen um etwas ganz Exzeptionelles handelt. [...]
Gerade diejenigen, die am meisten und mit dem negativsten Akzent von „Interessen" sprechen, lassen die Frage nicht zu, ob bei jenem Nicht-Vergehen der Vergangenheit auch Interessen im Spiel waren oder sind, etwa die Interessen einer neuen Generation im uralten Kampf gegen „die Väter" oder auch die Interessen der Verfolgten und ihrer Nachfahren an einem permanenten Status des Herausgehoben- und Privilegiertseins.
Die Rede von der „Schuld der Deutschen" übersieht allzu geflissentlich die Ähnlichkeit mit der Rede von der „Schuld der Juden", die ein Hauptargument der Nationalsozialisten war. Alle Schuldvorwürfe gegen „die Deutschen", die von Deutschen kommen, sind unaufrichtig, da die Ankläger sich selbst oder die Gruppe, die sie vertreten, nicht einbeziehen und im Grunde bloß den alten Gegnern einen entscheidenden Schlag versetzen wollen. [...]
Es ist ein auffallender Mangel der Literatur über den Nationalsozialismus, dass sie nicht weiß oder nicht wahrhaben will, in welchem Ausmaß all dasjenige, was die Nationalsozialisten später taten, mit alleiniger Ausnahme des technischen Vorgangs der Vergasung, in einer umfangreichen Literatur der frühen Zwanzigerjahre bereits beschrieben war: Massendeportationen und -erschießungen, Folterungen, Todeslager, Ausrottungen ganzer Gruppen nach bloß objektiven Kriterien, öffentliche Forderungen nach Vernichtung von Millionen schuldloser, aber als „feindlich" erachteter Menschen. [...] Vollbrachten die Nationalsozialisten, vollbrachte Hitler eine „asiatische" Tat vielleicht nur deshalb, weil sie sich und ihresgleichen als potenzielle oder wirkliche Opfer einer „asiatischen" Tat betrachteten? War nicht der „Archipel GULag"[1] ursprünglicher als Auschwitz? War nicht der „Klassenmord" der Bolschewiki das logische und faktische Prius[2] des „Rassenmords" der Nationalsozialisten? [...] Rührte Auschwitz vielleicht in seinen Ursprüngen aus einer Vergangenheit, die nicht vergehen wollte? [...]
Wenn sie [die Geschichte des „Dritten Reichs"] in all ihrer Dunkelheit und in all ihren Schrecknissen, aber auch in der verwirrenden Neuartigkeit, die man den Handelnden zugute halten muss, einen Sinn für die Nachfahren gehabt hat, dann muss er im Freiwerden von der Tyrannei des kollektivistischen Denkens bestehen. Das sollte zugleich die entschiedene Hinwendung zu allen Regeln einer freiheitlichen Ordnung bedeuten, einer Ordnung, welche die Kritik zulässt und ermutigt, soweit sie sich auf Handlungen, Denkweisen und Traditionen bezieht, also auch auf Regierungen und Organisationen aller Art, die aber die Kritik an Gegebenheiten mit dem Stigma des Unzulässigen versehen muss, von denen die Individuen sich nicht oder nur unter größten Anstrengungen lösen können, also die Kritik an „den" Juden, „den" Russen, „den" Deutschen oder „den" Kleinbürgern. Sofern die Auseinandersetzung mit dem Nationalsozialismus gerade von diesem kollektivistischen Denken geprägt ist, sollte endlich ein Schlussstrich gezogen werden. Es ist nicht zu leugnen, dass dann Gedankenlosigkeit und Selbstzufriedenheit um sich greifen könnten.
Aber das muss nicht so sein, und Wahrheit darf jedenfalls nicht von Nützlichkeit abhängig gemacht werden. Eine umfassendere Auseinandersetzung, die vor allem im Nachdenken über die Geschichte der letzten zwei Jahrhunderte bestehen müsste, würde die Vergangenheit, von der im Thema die Rede ist, zwar ebenso zum „Vergehen" bringen, wie es jeder Vergangenheit zukommt, aber sie würde sie sich gerade dadurch zu Eigen machen.

Ernst Nolte, Vergangenheit, die nicht vergehen will, in: „Historikerstreit". Die Dokumentation der Kontroverse um die Einzigartigkeit der nationalsozialistischen Judenvernichtung, München 1987, S. 39ff.

1. *Arbeiten Sie die Kritik Noltes am Umgang mit der nationalsozialistischen Vergangenheit heraus.*
2. *Erläutern Sie, für welchen Umgang mit der Geschichte des „Dritten Reichs" Nolte plädiert.*

[1] *Archipel GULag: Sammelbegriff für die sibirischen Zwangslager, in denen zwischen 1928 und 1952 ca. 5 Millionen Menschen zu Tode kamen.*

[2] *lat. prius: „vorher"*

„Stolpersteine" in Bremen. Foto von 2007. Mit der Begründung „Ein Mensch ist erst vergessen, wenn sein Name vergessen ist" verlegt der Künstler Gunter Demnig in Gehsteigen in Deutschland und anderen Ländern Gedenktafeln, um an Opfer des Nationalsozialismus zu erinnern.

M2 Wie lange haften die Nachgeborenen?

Der Philosoph Jürgen Habermas (geb. 1929) äußert sich in der Wochenzeitung „Die Zeit" vom 7. November 1986 zum Historikerstreit:

Unsere Situation hat sich, im Vergleich zu der vor vierzig Jahren [...], gründlich verändert. Damals ging es um die Unterscheidung zwischen der persönlichen Schuld der Täter und der kollektiven Haftung derer, die es – aus wie immer verständlichen Gründen – unterlassen hatten, etwas zu tun. Diese Unterscheidung trifft nicht mehr das Problem von Nachgeborenen, denen das Unterlassungshandeln ihrer Eltern und Großeltern nicht zur Last gelegt werden kann. Gibt es für diese überhaupt noch ein Problem der Mithaftung? [...]

Nach wie vor gibt es die einfache Tatsache, dass auch die Nachgeborenen in einer Lebensform aufgewachsen sind, in der das möglich war. Mit jenem Lebenszusammenhang, in dem Auschwitz möglich war, ist unser eigenes Leben nicht etwa durch kontingente[1] Umstände, sondern innerlich verknüpft. Unsere Lebensform ist mit der Lebensform unserer Eltern und Großeltern verbunden durch ein schwer entwirrbares Geflecht von familialen, örtlichen, politischen, auch intellektuellen Überlieferungen – durch ein geschichtliches Milieu also, das uns erst zu dem gemacht hat, was und wer wir heute sind. Niemand von uns kann sich aus diesem Milieu herausstehlen, weil mit ihm unsere Identität, sowohl als Individuen wie als Deutsche, unauflöslich verwoben ist. [...] Wir müssen also zu unseren Traditionen stehen, wenn wir uns nicht selber verleugnen wollen. [...] Aber was folgt aus dieser existenziellen Verknüpfung mit Traditionen und Lebensformen, die durch unaussprechliche Verbrechen vergiftet worden sind? [...] Überträgt sich etwas von dieser Haftung auch noch auf die nächste und die übernächste Generation? Aus zwei Gründen, denke ich, sollten wir die Frage bejahen.

Da ist zunächst die Verpflichtung, dass wir in Deutschland – selbst wenn es niemand sonst mehr auf sich nähme – unverstellt, und nicht nur mit dem Kopf, die Erinnerung an das Leiden der von deutschen Händen Hingemordeten wachhalten müssen. [...] Wenn wir uns über dieses Benjamin'sche Vermächtnis[2] hinwegsetzten, würden jüdische Mitbürger, würden überhaupt die Söhne, die Töchter und die Enkel der Ermordeten in unserem Lande nicht mehr atmen können. Das hat auch politische Implikationen. Jedenfalls sehe ich nicht, wie sich das Verhältnis der Bundesrepublik beispielsweise zu Israel auf absehbare Zeit „normalisieren" könnte. [...]

Nach Auschwitz können wir nationales Selbstbewusstsein allein aus den besseren Traditionen unserer nicht unbesehen, sondern kritisch angeeigneten Geschichte schöpfen. Wir können einen nationalen Lebenszusammenhang, der einmal eine unvergleichliche Versehrung der Substanz menschlicher Zusammengehörigkeit zugelassen hat, einzig im Lichte von solchen Traditionen fortbilden, die einem durch die moralische Katastrophe belehrten, ja argwöhnischen Blick standhalten. Sonst können wir uns selbst nicht achten und von anderen nicht Achtung erwarten.

Diese Prämisse hat bisher das offizielle Selbstverständnis der Bundesrepublik getragen. Der Konsens wird heute von rechts aufgekündigt. Man fürchtet nämlich eine Konsequenz: Eine kritisch sichtende Traditionsaneignung fördert in der Tat nicht das naive Vertrauen in die Sittlichkeit bloß eingewöhnter Verhältnisse; sie verhilft nicht zur Identifikation mit ungeprüften Vorbildern.

Jürgen Habermas, Vom öffentlichen Gebrauch der Historie, in: „Historikerstreit", a. a. O., S. 246 ff.

1. *Erläutern Sie, was Habermas mit einer „kritisch angeeigneten Geschichte" meint.*
2. *Vergleichen Sie M1 und M2. Welche „Interessen" in der Interpretation des „Dritten Reichs" werfen Nolte und Habermas jeweils bestimmten Gruppen von Zeitgenossen vor?*
3. *Nehmen Sie Stellung zur Frage des „richtigen" Umgangs mit der Geschichte des „Dritten Reichs".*

[1] *kontingent: zufällig, nicht wesensnotwendig*

[2] *Der Literaturwissenschaftler Walter Benjamin (1892 – 1940) war jüdischer Herkunft und nahm sich auf der Flucht vor der Gestapo das Leben. In seinen Aufzeichnungen fand sich die dringende Mahnung, dass die immerwährende Erinnerung an die grausamen Verbrechen der Deutschen die einzig mögliche Sühne wäre.*

M3 Unverstehbar

Der Politikwissenschaftler Dolf Sternberger (1907–1989) setzt sich mit der These Ernst Noltes auseinander, die stalinistischen Massenmorde seien „ursprünglicher" als die nationalsozialistischen Morde:

Die wahnsinnige Untat, die mit dem Namen „Auschwitz" bezeichnet wird, lässt sich in Wahrheit gar nicht verstehen, sie lässt sich nur berichten. Auch wenn nachgewiesen würde, dass der Plan zur „Endlösung der Judenfrage" als eine Art Antwort auf frühere („ursprünglichere") Untaten des Bolschewismus ausgeheckt worden wäre, so würde das die wirkliche Ausführung, nämlich den tatsächlichen fabrikmäßigen Massenmord, nicht um einen Deut verstehbarer machen. [...]
Es scheint mir ganz vergeblich, ja von Grund auf verfehlt, sich um ein Verständnis von Auschwitz zu bemühen. Verstehen lässt sich das Verständige – und wäre es etwa die technische Verbesserung der Kapazität der Gaskammern von Auschwitz im Vergleich zu denen von Treblinka, deren sich der Lagerkommandant Höß gerühmt hat. Wer aber den Zweck dieser Vorrichtung, wer die Ausführung dieses Planes als solche verstehen wollte, der müsste darüber den Verstand verlieren. [...]
Wenn wahrhaftig die Absicht des Verstehens den Sinn von Wissenschaft ausmachte, so müsste man den Schluss ziehen, dass zur Erkenntnis des Phänomens „Auschwitz" die Wissenschaft untauglich sei.

Frankfurter Allgemeine Zeitung, 6. 4. 1988

1. *Stellen Sie dar, was Sternberger an der Argumentation Noltes kritisiert (M1).*
2. *Erläutern Sie, welche Konsequenzen die Haltung Sternbergers für die Erforschung des Nationalsozialismus hätte.*
3. *Erörtern Sie, ob Auschwitz „verstehbar" ist.*

M4 Das Holocaust-Mahnmal hierarchisiert die Opfer

Der Historiker Reinhart Koselleck (1923–2006) befasst sich unter dem Titel „Wer darf vergessen werden? Das Holocaust-Mahnmal hierarchisiert die Opfer" 1998 mit der Widmung des Berliner Mahnmal:

Die erste Möglichkeit ist [...] ein Denkmal nur für die ermordeten Juden zu schaffen, unter dem strikten Ausschluss jeder anderen Opfergruppe [...].
Errichten wir ein Mahnmal, das die unsäglichen Taten der Deutschen erinnert, dann können wir nicht haltmachen vor den Millionen Toten anderer Gruppen, die von uns als Täter ebenso ermordet worden sind wie die Juden. Oder sollen wir als Erben der Täter eine Grenze ziehen zwischen den mit Gas Ermordeten, zum Beispiel in Sonnenstein, und jenen mit Gas umgebrachten in Chelmo oder Sobibor. Die Vernichtungskategorien wurden von Rasseideologen der SS entwickelt, sortiert und exekutiert – der Tod war der gleiche, so einmalig und so verschieden die Menschen auch waren, die unschuldig in diese Mordmaschine eingeschleust wurden. [...]
Aus einem Denkmal nur für die Juden allein folgt zwingend, dass wir für alle anderen Opfergruppen entsprechende Denkmäler errichten müssen. Dies ist die zweite Möglichkeit [...]. Für keine der anderen Opfergruppen (aber) gibt es eine staatliche Initiative oder private Pressure-groups, als seien ihre Toten Tote minderen Ranges, die eher der Vergessenheit anheim gegeben werden dürfen.
Es ist die makabre Ironie dieser zweiten Lösung, dass wir uns weiterhin an die Häftlingskategorien der SS halten, die in den Konzentrationslagern alle so oder so definierten Gruppen gegeneinander ausspielte. Akzeptieren wir einmal das Denkmal nur für die Juden, dann erhebt sich daraus unentrinnbar jene oft zitierte Denkmalshierarchie, die je nach der Zahl der Ermordeten und je nach Einfluss der Überlebenden die nazistischen Tötungskategorien festschreibt und in unterschiedlichen Größenordnungen versteinert. Es stellt sich die Frage, ob wir als die Nation der Täter diese Folgelasten gutheißen können. [...]
Weder moralisch noch politisch gibt es irgendeinen Grund, diese Millionen Toten, die demselben Terrorsystem zum Opfer gefallen sind wie die Juden, aus dem Denkmal auszusparen. Daraus folgt die dritte Möglichkeit: dass wir nur ein einziges Denkmal errichten dürfen, ein Mal, das an alle Ermordeten und Beseitigten gemeinsam erinnert. Dann bleibt keiner der von uns ermordeten unschuldigen Menschen aus der mahnenden Erinnerung des Täter-Mals ausgeschlossen. Dies ist die wirkliche geschichtliche Folgelast, die wir als Deutsche auf uns zu nehmen haben.

Reinhart Koselleck, „Wer darf vergessen werden? Das Holocaust-Mahnmal hierarchisiert die Opfer", in: Die Zeit, Nr. 13/1998. http://www.zeit.de/1998/13/holocaust.txt.19980319.xml

1. *Ohne dass der Artikel Kosellecks die Verantwortung der Deutschen für die Verbrechen der NS-Zeit zum direkten Thema hätte, wird seine Haltung zu dieser Frage im Text sehr deutlich. Belegen Sie diese Behauptung.*
2. *Setzen Sie sich mit den Argumenten des Historikers, die nach seiner Ansicht gegen ein allein dem Holocaust gewidmetes Mahnmal sprechen, kritisch auseinander. Was könnte man ihm entgegenhalten?*
3. *Erörtern Sie, ob der Entwurf des Holocaust-Mahnmals einer Umwidmung im Sinne Kosellecks entgegensteht.*

Das Denkmal für die ermordeten Juden Europas nach einem Entwurf von Peter Eisenman. Foto von 2004. Die Gedenkstätte besteht einerseits aus 2711 in Reihen angeordneten Betonstelen unterschiedlicher Höhe (bis zu 4 m), die 0,95 m tief und 2,38 m breit sind. Der Abstand zwischen den Stelen beträgt nur knapp einen Meter. In dem unterirdischen „Ort der Information" wird der Besucher mit Dokumenten von Opfern des Holocaust konfrontiert.
Siehe auch http://www.holocaust-denkmal-berlin.de und http://www.holocaust-mahnmal.de

► *Eisenman behauptet von seinem Entwurf: „Der Maßstab ist antimonumental, man wird sich wie in einem Maisfeld fühlen." Nehmen Sie Stellung zu dieser Aussage.*

► *Erscheinungen des Massentourismus sollen schon durch die Bauweise des Holocaust-Mahnmals vermieden werden. Erörtern Sie, ob das durchführbar und wünschenswert ist.*

M5 Das subversive Element

Gustav Seibt (geb. 1959) beschreibt in der Süddeutschen Zeitung seine Eindrücke vom „Ort der Information" unter dem Holocaust-Mahnmal:

Peter Eisenmans begehbare Skulptur trägt keinen expliziten Hinweis auf seinen semantischen[1] Zweck. Kein traditionelles Symbol – wie etwa ein Davidstern – verdeutlicht, dass es sich um ein Mahnmal für die ermordeten Juden handelt. Es handelt sich, wie Michael Naumann[2] bemerkte, um ein „offenes Kunstwerk", dessen absichtsvolle schöne Rätselhaftigkeit im Kontrast zu dem denkbar eindeutigen Faktum millionenfachen Mords steht: „Sechs Millionen ermordete Juden sind kein Rätsel" (Naumann). Historisch lesbar wird das Mahnmal durch den in die Tiefe gebauten „Ort der Information", ein[en] Ausstellungsbereich von gut 1600 Quadratmetern – also eine durchaus moderate Dimension –, der den Besuchern grundlegende Kenntnisse zur Judenvernichtung vermittelt. [...]

Schon heute ist deutlich, dass sich die ursprüngliche, auf Abstraktion und feierliche Vieldeutigkeit gerichtete Intention nicht aufrechterhalten ließ. Das Mahnmal hat einen didaktischen, also vergleichsweise diesseitigen und so auch politischen Zug angenommen. Der „Ort der Information" ist nicht nur einer detaillierten Kritik durch Experten zugänglich; er wird zudem im Lauf der Jahre neuen Erkenntnissen und neuen Bedürfnissen angepasst werden können. Mit ihm ist ein dynamisches, potenziell subversives Element in den Komplex gekommen, das ihn unmittelbar in die Debatte der rezipierenden Öffentlichkeit ziehen wird. So hat er schon jetzt auf eine kritische Diskussion reagiert, nämlich die Frage, ob es richtig war, das Mahnmal allein den Juden zu widmen. Wenigstens in den Schrifttexten ist auch von den ermordeten Geisteskranken, Sinti und Roma sowie den Homosexuellen die Rede.

Formal haben die Gestalter viel dafür getan, um oben und unten, Stelenfeld und die vier großen Ausstellungsräume zu verzahnen. Die Grundformen der Stele wiederholen sich teils am Boden (in Gestalt erleuchteter Platten, auf denen die vergrößerten Faksimile[3] der Zeugnisse Umgekommener schimmern), teils in der Rasterung der Decke, teils ragen diese Stelenumrisse als Ausstellungskästen von der Decke nach unten. Diese Anbindung erzeugt die vage Suggestion, die Kellerwelt der Ausstellung könne sich noch viel weiter ausdehnen, nämlich unter dem gesamten Stelenfeld, und damit ist gesagt, dass der realisierte Teil nur Ausschnitte aus dem Meer des Wissbaren repräsentiert.

Die Inhalte der Schau [...] konzentrieren sich auf die Opfer und setzten aufs Mitgefühl mit konkreten Menschen. Nicht Leichenberge oder die furchtbaren Haar-, Schuh- und Brillenhaufen aus Auschwitz mit ihrem entpersönlichenden Grauen prägen das Bild, sondern Porträts Einzelner und Gruppenbilder von Familien. Wir sehen denkbar unterschiedliche Menschen im Habitus der ersten Jahrhunderthälfte, Personen aller Altersstufen, Länder und Schichten. Der bärtige Rabbiner steht neben dem Jugendlichen im

1 von Semantik – Bedeutungslehre – abgeleitet; meint Bedeutung eines Wortes oder einer Sache
2 Michael Naumann (geb. 1941): Journalist, Politiker, Publizist; war von 1998 bis 2001 Staatsminister für Kultur und Medien.
3 Faksimile: Nachbildung, die mit dem Original in Größe und Ausführung übereinstimmt

Sonntagsanzug, der Handwerker neben dem Stadtbürger mit Hemd und Krawatte, Familien in Restaurantgärten oder beim Feiern.
Ein erster Raum sammelt Zeugnisse der Umgebrachten, erschütternde Abschiedsworte, verzweifelte letzte Briefe und Tagebuchnotizen. Ein zweiter Raum bezeichnet Orte der Vernichtung und damit auch die Stufen ihrer technischen Umsetzung, von der Massenerschießung über die Gaswägen bis zu den Gaskammern. Transportwege und Lager kommen in den Blick. Ein dritter Raum ist einzelnen Familien gewidmet, deren Verfolgungs- und Ermordungsgeschichte bildlich und schriftlich nachgezeichnet wird, was auch eine Topografie des so vielfältigen europäischen Judentums ergibt. [...]
Seitenräume zeigen Gedenkstätten zum Judenmord aus der ganzen Welt, und damit ordnet sich das Berliner Mahnmal in eine Internationale des Erinnerns ein. Besondere Beziehungen wurden zu Yad Vashem[1] geknüpft, das seine Datenbank für Computer mit Namenssuchfunktion zur Verfügung gestellt hat. Schon bald könnte sich erweisen, dass der „Ort der Information" dem Besucherandrang nicht gewachsen sein wird, denn gleichzeitig können sich nur 250 Personen darin aufhalten. Wie viele Tausende werden täglich kommen? Das ist die Frage, die sich in Kürze stellen wird. Das Museum mit seiner Veränderlichkeit und mit dem vielleicht schon bald dort herrschenden Gedränge könnte zum wunden Punkt des ganzen Mahnmals werden.

Süddeutsche Zeitung vom 9.5.2005

1. *Erklären Sie, was der Autor mit der mehrdeutigen Überschrift aussagen will.*
2. *Die Kombination von Eisenmans Stelenfeld und dem unterirdischen „Ort der Information" ist das Ergebnis eines Kompromisses. Erläutern Sie den Sinn der Verbindungslinien zwischen beiden Komplexen wie die Besonderheiten der Ausstellungskonzeption.*
3. *Vergleichen Sie M4 und M5 auf Gemeinsamkeiten hin.*
4. *In einem ersten Wettbewerb fiel die Wahl auf einen Entwurf, bei dem auf einer schräg ansteigenden Platte alle bekannten Namen der ermordeten Juden eingraviert werden sollten. Für die etwa 1,5 Millionen nicht bekannten Namen sollte Platz frei bleiben. Gehwege sollten das Feld durchziehen. Erörtern Sie, welches Konzept für das öffentliche Gedenken angemessener ist.*

M6 Tore auf dem Rasen der kollektiven Erinnerung

Adam Krzeminski, 1945 in Warschau geboren, Publizist und Redakteur der Zeitschrift „Polityka", Vorsitzender der Polnisch-Deutschen Gesellschaft in Warschau, 1986 Gastredakteur der Wochenzeitung „Die Zeit", schreibt 2003 über die schwierige deutsch-polnische Vergangenheitspolitik. Am Anfang steht ein ihm erzählter Vergleich:

Deine Deutschen – hörte ich [...] – bilden sich ein, das Geschichtsgedächtnis funktioniere wie ein Fußballspiel: Die Nationalmannschaften schießen gegeneinander Tore auf dem Rasen der kollektiven Erinnerung. Dann gehen sie friedlich unter die Dusche, und später streiten sie sich beim Bier, wer gewonnen hat. Vom ganzen Zweiten Weltkrieg haben sie die Einmaligkeit der deutschen Schuld für den Holocaust verinnerlicht. Der symbolische Kirkut[2] in der Nähe des einstigen Führerbunkers ist eine Erinnerung an die jüdischen Opfer deutschen Wahns, ein in Stein gehauener Beleg für die absolute moralische Niederlage. Doch Deutsche sind verbissene Fußballer. Mit einer Walhalla der Vertriebenen[3] wollen sie nachträglich einen moralischen Ausgleich erreichen. Danach folgt vielleicht ein Mahnmal für die Opfer der alliierten „Terrorluftangriffe". Und schließlich wird sich – gewissermaßen in der Verlängerung, 60 Jahre nach Kriegsende – erweisen, dass die Deutschen die „Weltauswahl", also die Anti-Hitler-Koalition, moralisch doch noch 2:1 geschlagen haben.

Die schwierige deutsch-polnische Vergangenheitspolitik. Aus Politik und Zeitgeschichte (B 40-41/2003).

1. *Der Autor fährt fort: „Die Sportmetapher ist schnoddrig und gehässig, doch sie spiegelt unverblümt die Verärgerung über einen Geschichtsrevisionismus wider, den viele Polen im neuen Umgang mit der Vergangenheit auszumachen glauben." Nehmen Sie Stellung zu Form und Inhalt des Vergleichs. Begründen Sie Ihre Haltung.*
2. *Halten Sie die Verärgerung vieler Polen über den „Geschichtsrevisionismus" in Deutschland für berechtigt? Begründen Sie Ihre Haltung.*

---

[1] *Yad Vashem: „Gedenkstätte der Märtyrer und Helden des Staates Israel im Holocaust" in Jerusalem*

[2] *Kirkut: polnischer Begriff für Judenfriedhof*
[3] *Vertreibungen von Deutschen in Osteuropa*

Titelbild des Wochenmagazins „Der Spiegel" vom 8. Mai 1995. Die Titelbildcollage aus Anlass des 50. Jahrestags der deutschen Kapitulation zeigt einen Ausschnitt aus Caspar David Friedrichs Landschaftsgemälde „Der Wanderer über dem Nebelmeer" (um 1818).

▶ Untersuchen Sie die Bildelemente und erläutern Sie, auf welche Themen und Probleme der deutschen Geschichte diese hinweisen.

▶ Deuten Sie die Aussage des Titelbildes. Beurteilen Sie die Haltung zum Umgang mit der NS-Zeit und gegenüber dem Thema „Vergangenheitsbewältigung", die in der Collage zum Ausdruck kommt.

1. *Stellen Sie dar, wie es Hitler innerhalb kurzer Zeit gelang, Staat und Gesellschaft in Deutschland grundlegend umzuformen.*
2. *Nennen und erklären Sie die wichtigsten Elemente nationalistischer Ideologie. Welche Gefahren gehen von diesen Vorstellungen für Deutschland und Europa aus?*
3. *Erstellen Sie ein Organigramm des nationalsozialistischen Herrschaftssystems.*
4. *Erläutern Sie, welche Ziele Hitler mit seiner Außenpolitik vor dem Zweiten Weltkrieg verfolgte und welche Methoden er anwandte.*
5. *Nennen Sie die Motive für Hitlers Rassenwahn und skizzieren Sie die Stationen der Diskriminierung und Verfolgung von „Nicht-Ariern".*
6. *Dem Widerstand gegen den Nationalsozialismus war zwar kein spektakulärer Erfolg beschieden, aber er ist bleibendes Symbol für ein besseres Deutschland. Klären Sie Motive und Formen des Widerstands, stellen Sie einige Gruppen und deren Ideen vor.*
7. *Die Nationalsozialisten setzten gezielt die Wirkung von Groß- und Massenveranstaltungen ein. Recherchieren Sie Filmmaterial, das Großveranstaltungen im NS-Staat wie beispielsweise Parteitage wiedergibt. Analysieren Sie, mit welchen Mitteln emotionale Wirkungen erzielt werden sollten und die Ideologie vermittelt werden sollte.*
8. *In jedem politischen System existiert ein Spannungsverhältnis zwischen den Gestaltungsansprüchen des Staates und den Wünschen und Bedürfnissen des Individuums wie der Gesellschaft. Jede Regierung greift in dieses Geflecht vielfältiger Beziehungen nachhaltig ein.*
   Suchen Sie in Ihrer Familie und Ihrer Heimat nach Spuren, wie das Zusammenleben der Menschen und der öffentliche Raum in der Zeit des „Dritten Reichs" umgestaltet wurden. Nutzen Sie dazu auch Familien-, Schul- und Gemeindechroniken sowie Gemeinde-, Pfarr-, Partei-, Zeitungs-, Foto- und Betriebsarchive.

→ *siehe auch S. 524.*

10 Deutschland nach 1945

Menschen beim Grenzübertritt in Berlin. Foto vom 22. Dezember 1989.

Deutschland nach 1945 – eine Erfolgsgeschichte?
Die deutsche Geschichte nach 1945 war länger als vier Jahrzehnte die Geschichte einer geteilten Nation, die zahllose Familien auseinanderriss und Millionen von Menschen dazu bewog, ihre Heimat im östlichen Teil des Landes Richtung Westen zu verlassen und sich dort eine neue Existenz aufzubauen. Mit der bedingungslosen Kapitulation des nationalsozialistischen Deutschland gegenüber den alliierten Siegermächten ging am 8. Mai 1945 in Europa der Zweite Weltkrieg zu Ende – die größte, von Hitler-Deutschland verschuldete Katastrophe des 20. Jahrhunderts. Die überlebenden Opfer des NS-Regimes wussten, dass sie ihre Rettung und Hoffnung auf eine bessere Zukunft der totalen Niederlage Deutschlands verdankten. Bei den vielen Regimetreuen und Mitläufern dominierte hingegen das Gefühl der absoluten Zukunftsungewissheit. Niemals zuvor in der Geschichte Europas war ein besiegter Staat so vollständig in die Gewalt der Sieger gefallen, die bei allen Differenzen darüber, was genau mit dem besetzten Land geschehen sollte, doch darin einig waren, alles zu tun, damit die Deutschen keine Gefahr mehr für den Frieden in der Welt werden konnten.

Die Anti-Hitler-Koalition der Siegermächte zerbrach im sich gefährlich zuspitzenden Ost-West-Konflikt, und die staatliche Spaltung Deutschlands war die Folge. Weder die Sowjetunion noch die Westmächte waren aus machtpolitischen Gründen bereit, auf ihren Teil Deutschlands zu verzichten. Jahrzehnte der Konfrontation bestimmten die Existenzbedingungen der beiden 1949 gegründeten deutschen Teilstaaten. In beiden Fällen wurden aus den besiegten Deutschen Verbündete der ehemaligen Besatzungsmächte. So entwickelten sich zwei deutsche Staaten, die gegensätzlicher nicht sein konnten. Die rund 17 Millionen Einwohner umfassende DDR im Osten Deutschlands war eine importierte kommunistische Diktatur im Machtbereich der Sowjetunion, die ihre fehlende Legitimität bei ihren Bürgern durch Mauer, Geheimdienst und Herrschaftsmonopol der SED ersetzen musste. Die Bundesrepublik im Westen mit ihren rund 60 Millionen Einwohnern, ursprünglich nur als Provisorium ins Leben gerufen, entwickelte sich unter der wohlwollenden Führung der westlichen Demokratien zu einem demokratischen und wirtschaftlich prosperierenden Rechtsstaat. Erst infolge des vor allem wirtschaftlich begründeten Zusammenbruchs der kommunistischen Staatenwelt in Europa konnten die Ostdeutschen die Diktatur der SED beseitigen und sich als freie Bürger für die Wiedervereinigung Deutschlands im Sinne einer erweiterten Bundesrepublik entscheiden.

10.1 Der Ost-West-Konflikt und die Teilung Deutschlands

„Ja, der hat's gut, der lebt unter einem besseren Himmel."
Karikatur von Karl Holtz, 1946.

7./9.5.1945	Das Oberkommando der Wehrmacht unterzeichnet die bedingungslose Kapitulation: Damit endet in Europa der Zweite Weltkrieg
17.7.–2.8.1945	Auf der Potsdamer Konferenz legen die drei Siegermächte die Grundsätze der Behandlung Deutschlands fest
6.8.1945	Die USA werfen die erste Atombombe auf Hiroshima ab
20.11.1945	Der Nürnberger Prozess beginnt

1945–1948	Ostmitteleuropa wird sowjetische Einflusszone
Anfang 1946	Die ersten demokratischen Wahlen seit 1933 finden in den Westzonen statt
21./22.4.1946	KPD und SPD schließen sich zur SED zusammen
1948/1949	Die Sowjetunion blockiert den freien Zugang nach Berlin
1948–1952	Mit dem Marshall-Plan stellen die USA Aufbauhilfe für Westeuropa zur Verfügung
4.4.1949	Die USA, Kanada und zehn westeuropäische Staaten unterzeichnen den NATO-Vertrag
23.5.1949	Mit der Unterzeichnung des Grundgesetzes wird die Bundesrepublik Deutschland gegründet
15.9.1949	Konrad Adenauer wird Bundeskanzler der Bundesrepublik Deutschland
7.10.1949	Die DDR wird auf Veranlassung Stalins und der SED gegründet
17.6.1953	Der Aufstand gegen die SED-Führung wird mit sowjetischer Hilfe niedergeschlagen
1958–1961	Die zweite Berlin-Krise führt zur faktischen Anerkennung des sowjetischen Machtbereiches in Deutschland durch die Westmächte
13.8.1961	Die DDR beginnt mit dem Bau der Mauer

Die Gründung der Vereinten Nationen

Bereits zum Ende des Zweiten Weltkrieges zeichnete sich ab, dass die Weltpolitik in Zukunft vor allem von den beiden Haupt-Siegermächten bestimmt werden würde: den *Vereinigten Staaten von Amerika* und der *Sowjetunion*. Beiden Staaten brachte der Krieg – trotz gewaltiger Verluste der Sowjetunion – einen enormen Machtzuwachs gegenüber den traditionellen, durch den Krieg geschwächten oder niedergeworfenen großen Mächten wie Frankreich, Großbritannien und Deutschland.

Schon vor dem Eintritt der Vereinigten Staaten in den Krieg hatten sich der amerikanische Präsident *Franklin D. Roosevelt* (1882–1945) und der britische Premierminister *Winston S. Churchill* (1874–1965) über eine neue Weltorganisation zur Sicherung des Friedens verständigt. Vor allem die Amerikaner wollten ihre freiheitlichen Ideale in einer künftigen, von den Großmächten gemeinsam kontrollierten „One World" verwirklicht sehen. Auf der *Konferenz von Jalta* im Februar 1945 stimmte die UdSSR der Gründung der *Vereinten Nationen* zu, nachdem sie ein absolutes Vetorecht (Einspruchsrecht) der Großmächte durchgesetzt hatte. Am 26. Juni 1945 unterzeichneten in San Francisco 51 Staaten die Charta der *United Nations Organization (UNO)*. Während in Europa der Krieg beendet war, dauerte er in Asien zu diesem Zeitpunkt noch an. Feindstaaten der Alliierten und Neutrale waren in San Francisco nicht vertreten. Sitz der Vereinten Nationen wurde New York. Ziel dieser globalen Einrichtung war und ist die weltweite Ächtung des Krieges als Mittel der Politik. Die UNO sollte den gescheiterten *Völkerbund*[1] ersetzen. Wichtigstes Organ ist bis heute der *Sicherheitsrat*. Er besteht aus fünf ständigen Mitgliedern, den Großmächten USA, Russland (bis 1990 UdSSR), Großbritannien, Frankreich und der Volksrepublik China (seit 1971; vorher war Taiwan in der Generalversammlung und im Sicherheitsrat der Vereinten Nationen vertreten) sowie zehn jeweils auf zwei Jahre gewählten Mitgliedern. Die ständigen Mitglieder können mit ihrem *Vetorecht* jeden Beschluss des Sicherheitsrates verhindern.

Die *Vollversammlung aller Mitglieder* (2007: 192) tagt einmal im Jahr. Außer bei wichtigen Fragen (Wahl der Mitglieder des Sicherheitsrates), bei denen eine Zweidrittelmehrheit notwendig ist, genügt für Beschlüsse die einfache Mehrheit. Diese Mehrheitsentscheidungen sind allerdings für die Mitglieder nicht bindend. Zentrales Verwaltungsorgan ist das Sekretariat mit seinem von der Vollversammlung auf fünf Jahre bestellten *Generalsekretär* an der Spitze. Für Streitigkeiten der Mitglieder untereinander ist der *Internationale Gerichtshof* in Den Haag zuständig.

Von der Anti-Hitler-Koalition zur Bipolarität

Trotz der Einigung über eine neue Weltorganisation konnten sich die beiden neuen Großmächte nicht über eine Regelung der weltpolitischen Ordnungsprobleme der Nachkriegszeit verständigen. Die Gründe lagen vor allem in ihren widerstreitenden macht- und sicherheitspolitischen Interessen (→ M1 und M2). Die sowjetische Diktatur konnte nur überleben, wenn sie sich gegen die demokratischen Prinzipien der freien Wahlen, der Rechtsstaatlichkeit und der Freiheit des Einzelnen sowie der Marktwirtschaft abschirmte. Die USA dagegen konnten sich eine friedliche Welt ohne freie Märkte und freie Gesellschaftsordnungen nicht vorstellen. Damit war der weltpolitische Konflikt zwischen der Sowjetunion und den USA (*Bipolarität*) vorprogrammiert. Der *Systemgegensatz* mündete in einen Wettkampf um die weltpolitische Vorrangstellung.

Im Fernen Osten versuchte der sowjetische Staats- und Parteichef, *Josef W. Stalin* (1878–1953), nach der Kapitulation Japans (2. September 1945) erfolglos, Einfluss auf die Besetzung und Kontrolle des Landes zu gewinnen. In Korea kam es im Dezember 1945 zur Teilung in einen russisch beherrschten Nordteil und einen amerikanisch beherrschten Südteil. In China, das die USA traditionell zu ihren Verbündeten zählten, flammte 1946 der Bürgerkrieg zwischen den chinesischen Kommunisten unter *Mao Zedong* (1893–1976)und der chinesischen Nationalregierung unter *Chiang Kai-shek* wieder auf. Er endete mit der Flucht Chiang Kai-sheks nach Taiwan und der Proklamation der Volksrepublik China durch Mao Zedong (1. Oktober 1949; s. S. 503).

In Vorderasien weigerte sich die Sowjetunion zunächst, ihre Truppen vereinbarungsgemäß aus dem Iran zurückzuziehen. Außerdem forderte sie Küstengebiete der Türkei sowie die türkischen Meerengen. Die USA antworteten mit der demonstrativen Entsendung ihrer Flotte ins Mittelmeer.

Auch die britische Regierung sah ihre Sicherheitsinteressen bedroht: In Griechenland, Ägypten, in der gesamten arabischen Welt, in Indien und in den fernöstlichen Kolonien unterstützte die Sowjetunion „nationale Befreiungsbewegungen". Ebenso wurde die Unterstützung der kommunistischen Parteien in Frankreich und Italien in London als Beleg dafür gewertet, dass Stalin das Nachkriegschaos für seine Zwecke nutzen wollte.

[1] *Der Völkerbund wurde auf Initiative des amerikanischen Präsidenten Wilson 1919 mit Sitz in Genf gegründet und sollte die Zusammenarbeit aller Staaten fördern sowie den Frieden sichern. Die fehlende Mitgliedschaft der USA sowie die Unfähigkeit des Völkerbundes, den Zweiten Weltkrieg zu verhindern, führten zu seiner Auflösung (vgl. S. 283).*

Die Sowjetisierung Osteuropas

Entscheidend für das immer schlechter werdende Verhältnis zwischen den Siegermächten war jedoch die *Sowjetisierung der ostmitteleuropäischen Staaten*. Im Gegensatz zu den Abmachungen von Jalta ließ die Rote Armee in Polen, Rumänien, Ungarn und Bulgarien keine liberal-demokratische Entwicklung zu. Durch Unterdrückung und Einschüchterung der Bevölkerung, durch Schauprozesse und Wahlterror sowie die Zwangsvereinigung der sozialdemokratischen mit den kommunistischen Parteien festigten die Kommunisten in diesen Ländern ihre Alleinherrschaft. Die Kollektivierung der Landwirtschaft sowie die Einbeziehung der zentral geplanten Volkswirtschaften nach Moskauer Muster in den sowjetischen Wirtschaftsbereich folgten auf dem Fuß. Die Gefolgsleute Stalins sorgten durch parteiinterne Säuberungsaktionen dafür, dass der Machtanspruch Moskaus in Ostmitteleuropa nicht durch nationalkommunistische „Abweichler" infrage gestellt wurde.

Vor dem Krieg waren die kommunistischen Parteien in jenen Ländern bedeutungslose Splitterparteien gewesen, nach 1945 entwickelten sie sich zu Massenparteien in der Hand einer kleinen Gruppe kommunistischer Politiker. Deren bedingungslose Unterordnung unter den Willen Stalins war die Voraussetzung für ihr politisches Überleben. Sowjetische Hegemonie und totalitäre kommunistische Parteiherrschaft bedingten einander. Als letztes Land wurde im Frühjahr 1948 die Tschechoslowakei durch einen kommunistischen Staatsstreich mit sowjetischer Unterstützung in das politisch-ökonomische Herrschaftssystem Moskaus einbezogen. Nur das Jugoslawien *Titos* konnte sich der sowjetischen Oberhoheit entziehen.

Die amerikanische Eindämmungspolitik

Die ergebnislose Außenministerkonferenz in Paris Mitte 1946 sowie die wachsende Erkenntnis, schnellstens auf die wirtschaftliche, politische und militärische Stabilisierung der nicht unter sowjetische Herrschaft geratenen Regionen zu setzen, beschleunigten den neuen außenpolitischen Kurs des neuen amerikanischen Präsidenten *Harry S. Truman* (1884–1972), der dem verstorbenen Roosevelt im Amt nachgefolgt war. In seiner Botschaft an den Kongress am 12. März 1947 erklärte Präsident Truman schließlich die *„Eindämmung"* (*containment*) des Kommunismus und der Sowjetunion zum Grundprinzip der amerikanischen Außenpolitik (*Truman-Doktrin;* → M3). Als Antwort darauf gründete Stalin Ende September 1947 das *Kommunistische Informationsbüro* (*Kominform*), das die weltweite Steuerung der kommunistischen Parteien unter Führung der *Kommunistischen Partei der Sowjetunion* (*KPdSU*) zur Aufgabe hatte (→ M4).

Die Potsdamer Konferenz

Die politischen, territorialen und ökonomischen Probleme, die der Zweite Weltkrieg in Europa hinterlassen hatte, sollten auf der *Potsdamer Konferenz* gelöst werden, zu der sich die *„Großen Drei"*, Harry S. Truman, Winston Churchill, der nach seiner Wahlniederlage am 28. Juli von *Clement R. Attlee* abgelöst wurde, und Josef W. Stalin, mit ihren Beraterstäben vom 17. Juli bis zum 2. August 1945 im Schloss Cecilienhof einfanden. Über die politischen Grundsätze der zukünftigen Behandlung Deutschlands bestand zwischen den Alliierten seit der Konferenz von Jalta äußerliche Einigkeit: *Entwaffnung* und *Entmilitarisierung*, *Entnazifizierung*, *Demokratisierung* des politischen Lebens, *Dezentralisierung* der staatlichen Ordnung und der Wirtschaft sowie Wiederaufbau der *lokalen Selbstverwaltung* „nach demokratischen Grundsätzen". Allerdings verbanden die Westmächte und die Sowjetunion mit den gefundenen „Formelkompromissen" unterschiedliche Inhalte.

Neben der Frage der endgültigen Festlegung der polnischen Westgrenze stritt man im Verlauf der Konferenz am heftigsten über die *Reparationen*, die Deutschland auferlegt werden sollten. Schließlich kam man überein, dass jede Besatzungsmacht ihre Reparationsansprüche im Wesentlichen aus ihrer eigenen Zone befriedigen sollte. Damit war Deutschland in vier Reparationsgebiete geteilt, obwohl man sich im Kommuniqué vom 2. August 1945 darauf geeinigt hatte, dass Deutschland während der Besatzungszeit als eine „wirtschaftliche Einheit" zu behandeln sei.

In der polnischen Grenzfrage akzeptierten beide Westmächte die *Oder-Neiße-Linie* „bis zur endgültigen Festlegung" durch einen Friedensvertrag. Dieser Vorbehalt hatte nur Alibifunktion, weil gleichzeitig die „Umsiedlung" der deutschen Bevölkerung aus allen sowjetisch und polnisch besetzten Gebieten sowie aus Ungarn und der Tschechoslowakei protokolliert wurde.

Der Zusammenbruch als „Stunde Null"?

Der Zusammenbruch des staatlichen und gesellschaftlichen Lebens in Deutschland bei Kriegsende war zugleich auch die Stunde der Befreiung von einem menschenverachtenden Regime.

750 000 Häftlinge in den Konzentrationslagern waren gerettet. Millionen von Menschen fühlten sich von einem Alpdruck befreit, viele wussten nicht, wie es weitergehen sollte. Erleichterung und Bedrückung, Apathie und ein Hochgefühl der Freiheit

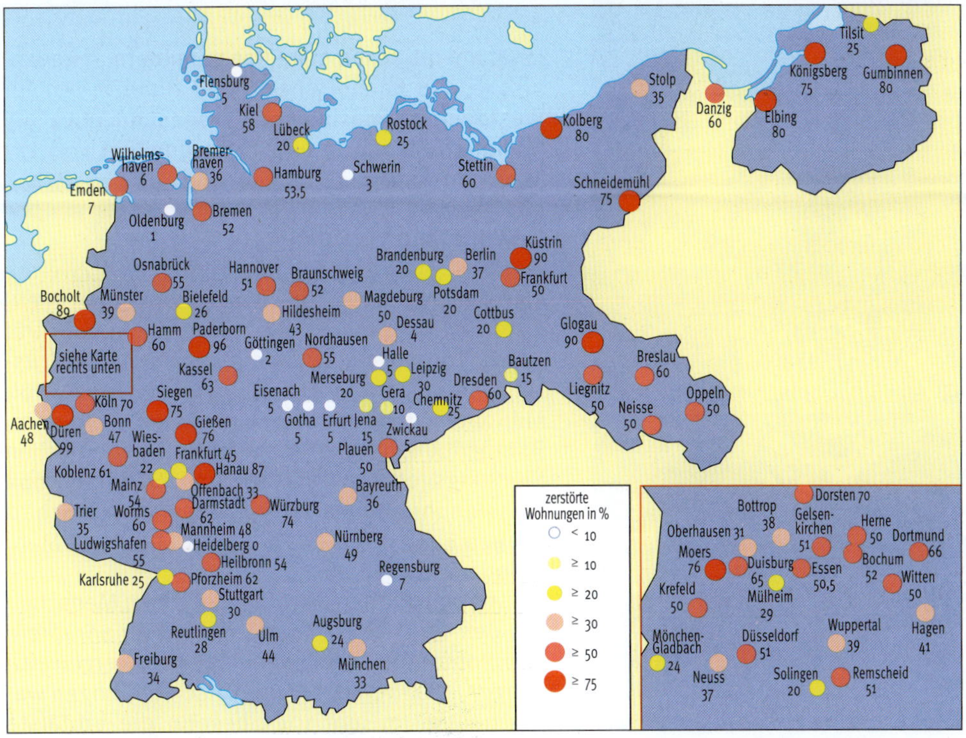

Kriegszerstörung in den deutschen Städten. Nach: Adolf Birke, Nation ohne Haus. Deutschland 1945–1961, Berlin 1994, S. 24.

vermischten sich zu einer verschwommenen Stimmungslage, die häufig mit dem Begriff der *„Stunde Null"* umschrieben wurde. Dieser Begriff enthält sowohl die Vorstellung vom totalen Zusammenbruch als auch die Hoffnung auf einen radikalen Neubeginn. Er darf aber nicht darüber hinwegtäuschen, dass auch nach 1945 viele politische und gesellschaftliche Kontinuitäten wirksam blieben. Zahllose Familien waren zerrissen, Frauen suchten ihre Männer, Eltern ihre Kinder, Ausgebombte ein Dach über dem Kopf, viele waren auf der Flucht. Jeder zweite Deutsche war damals unterwegs. Hinzu kamen etwa acht bis zehn Millionen ausländische Kriegsgefangene und Zwangsarbeiter (*Displaced Persons*, „DP's"), von denen die meisten schnell in ihre Heimat zurückkehren wollten. Auf der anderen Seite waren etwa elf Millionen deutsche Soldaten in alliierte Gefangenschaft geraten. Die Westmächte entließen die meisten von ihnen bald nach Kriegsende, die letzten von ihnen 1948. Von den drei Millionen Gefangenen in sowjetischer Hand verloren über eine Million ihr Leben, die anderen mussten jahrelang Schwerarbeit unter harten äußeren Bedingungen leisten. Erst 1955 sagte die sowjetische Regierung die Entlassung der letzten Gefangenen aus den Straflagern zu.

Zerstörte Infrastruktur

Weite Teile Europas lagen in Trümmern. Not und Hunger gehörten zum Alltag der Überlebenden. Deutschland schien im Mai 1945 ein in Auflösung befindliches Land zu sein. Viele Städte waren nahezu entvölkert, weil die Menschen versucht hatten, sich durch die Flucht aufs Land vor den Luftangriffen zu schützen. So hausten in dem schwer getroffenen Köln bei Kriegsende von ursprünglich 770 000 Einwohnern noch ganze 40 000 in den Trümmern. Mehr als drei Viertel der Wohnungen waren vernichtet. In den Städten fehlte es für Millionen Menschen an Gas, Wasser, Strom; Post und Telefonverkehr waren zusammengebrochen.

Die Wohnungsnot der Obdachlosen wurde noch durch die Millionen von Flüchtlingen aus dem Osten verschärft, die nach einer Behausung suchten, aber auch durch die Besatzungstruppen, die Häuser und Wohnungen für ihren Bedarf requirierten. Ein Zimmer diente häufig als Wohnraum für ganze Familien. Keller, Dachböden, Viehställe, stillgelegte Fabriken, primitive Baracken wurden zu Notunterkünften umgestaltet, in denen die Menschen auf engstem Raum, häufig ohne ausreichende Heizung und unter schlechten hygienischen Bedingungen leben mussten.

Schlimm war die Verkehrssituation: Ganze 650 Kilometer des Schienennetzes waren noch intakt, die meisten Lokomotiven und Güterwaggons unbrauchbar geworden. Straßen, Schienen und Flüsse mussten erst wieder passierbar gemacht werden. Weniger zerstört war die industrielle Kapazität (20 %), die annähernd dem Stand von 1936 entsprach. Der Krieg hatte die Substanz der deutschen Wirtschaft nicht vernichtet, weil sich die alliierten Bombenangriffe vor allem gegen Eisenbahngleise, Brücken und Wohnhäuser gerichtet hatten.

Von 1946 bis 1960 wurden fast 10 Millionen Care-Pakete in die Westzonen bzw. die Bundesrepublik geschickt. Das Foto von 1957 zeigt eine Bonner Familie.
► *Diskutieren Sie die Wirkungsabsicht der Fotografie.*

Hunger und Not

Zeitweilig katastrophale Ausmaße nahm in der ersten Nachkriegszeit die völlig unzureichende Lebensmittelversorgung der Bevölkerung in den Städten an. Während der durchschnittliche Kalorienverbrauch einer Person kurz vor Kriegsende bereits von 3000 auf immer noch über 2000 Kalorien abgesunken war, halbierte er sich bis Mitte 1946 noch einmal. Für einen „Normalverbraucher" hieß dies beispielsweise, dass er täglich mit zwei Scheiben Brot, etwas Margarine, einem Löffel Milchsuppe und zwei Kartoffeln auskommen musste. Aber die Menschen litten nicht nur an Hunger, es fehlte auch an Brennstoffen, an Kleidung und Hausrat (→ M5). Krankheiten wie Typhus, Diphtherie und Keuchhusten grassierten. Ein Teil der produzierten Waren kam auch deshalb bei den Verbrauchern nicht an, weil sie als Tauschgegenstände auf dem florierenden *Schwarzmarkt* benötigt wurden.

Ohne die Einfuhr von Nahrungsmitteln und Kohle durch die Besatzungsmächte wäre die Situation noch schlimmer geworden. Mit *„Schulspeisungen"* bemühten sich die Militärregierungen, die Ernährungssituation von Kindern zwischen sechs und achtzehn Jahren zu verbessern. Karitative Organisationen, vor allem in Amerika, schickten Lebensmittelpakete, „Care-Pakete" (*CARE: Cooperative for American Remittances to Europe*, später: *to Everywhere*), nach Westberlin und Westdeutschland, um die schlimmste Not zu mildern. Amerikanische und kanadische Bürger finanzierten für Westdeutschland bis 1963 insgesamt etwa 9,5 Millionen Pakete in einem Gesamtwert von 177 Millionen Euro.

Gewaltsame Vertreibung

Zu den einschneidendsten Folgen des Zweiten Weltkrieges wurde für etwa 20 Millionen Menschen in Europa der Verlust ihrer Heimat. Er traf *Polen, Tschechen, Slowaken, Ukrainer, Weißrussen, Litauer, Ungarn und Deutsche*. Etwa zwölf Millionen Deutsche aus Ostpreußen, Pommern, Brandenburg und Schlesien sowie den deutschen Siedlungsgebieten in Ost- und Südosteuropa mussten ihre Heimatorte verlassen. Nach Schätzungen kamen dabei etwa zwei Millionen Menschen ums Leben.

Anfang 1945 flohen über fünf Millionen Menschen aus den deutschen Ostgebieten vor der anrückenden Roten Armee. Misshandlungen, Vergewaltigungen, Plünderungen und Verschleppungen waren häufig. Im Juni 1945 begann die brutalste Phase der gezielten Vertreibung von rund 300 000 Deutschen östlich der Oder-Neiße-Linie. Aus der Tschechoslowakei wurden gleichzeitig etwa 800 000 meist ältere Menschen, Frauen und Kinder vertrieben.

Obwohl auf der Potsdamer Konferenz eine „Ausweisung Deutscher aus Polen, der Tschechoslowakei und Ungarn" in „ordnungsgemäßer und humaner Weise" beschlossen worden war, blieb der Rachegedanke zunächst vorherrschendes Motiv für die Vertreibung, die erst nach 1947 in eine „geordnete Umsiedlung" mündete (→ M6).

Die Vertriebenen und Flüchtlinge konnten meist nur wenig Besitz retten. Für die sowjetische, britische und amerikanische Besatzungszone (die französische Besatzungsmacht weigerte sich bis 1948 Flüchtlinge aufzunehmen) bedeutete dieser Zustrom eine Verschärfung der an und für sich schon katastrophalen Ernährungs- und Wohnsituation. Zur materiellen Not kam hinzu, dass die Einheimischen die Flüchtlinge selten mit offenen Armen empfingen, mussten sie doch selbst Wohnraum abgeben und das Wenige, was sie zum Essen hatten, teilen (→ M7).

Integration

Bis 1950 wurden knapp acht Millionen Vertriebene in Westdeutschland, 4,4 Millionen auf dem Gebiet der späteren DDR aufgenommen. Besonders groß waren die Probleme bei der Wohnungs- und Beschäftigungssituation: Millionen Flüchtlinge mussten viele Jahre lang in Lagern leben, 3,4 Millionen Vertriebene im Westen Deutschlands bis 1963 noch einmal ihren Wohnsitz wechseln. Von den

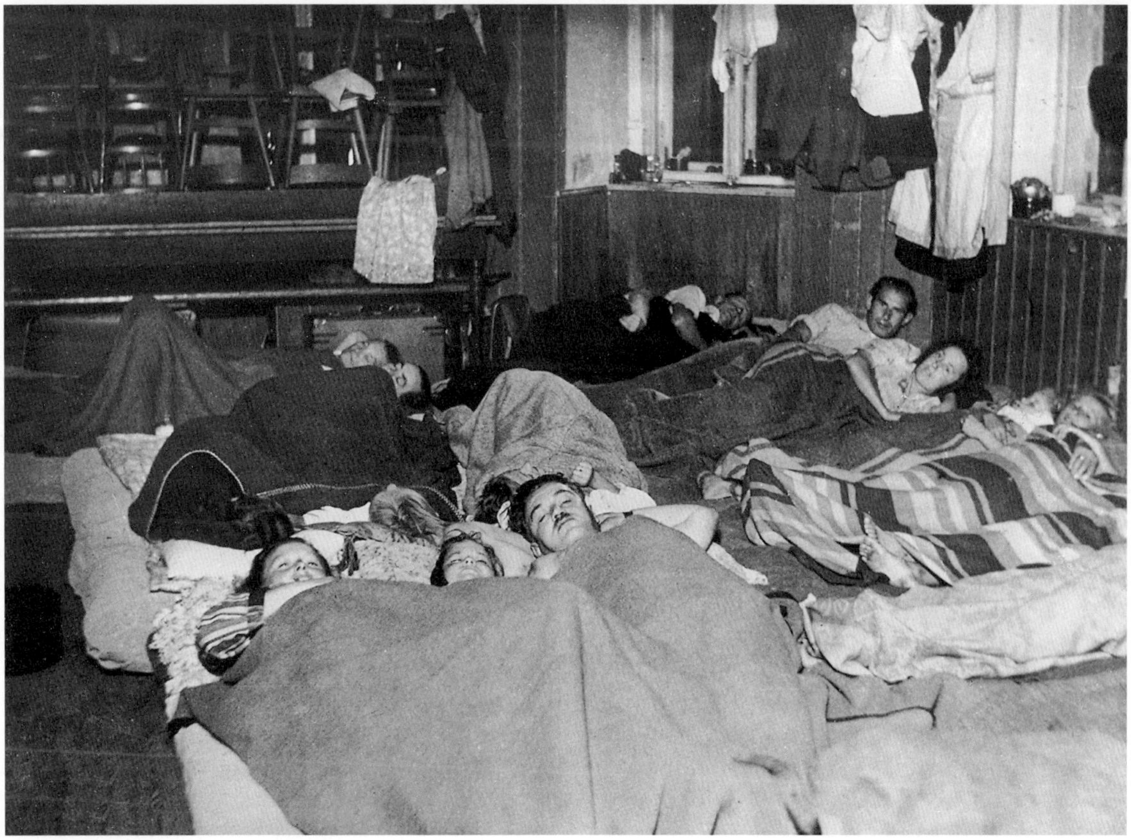

Flüchtlingslager in Kiel. Foto von 1945.
Der große Zustrom von Flüchtlingen und Vertriebenen verschärfte die bestehenden Wohnungs-, Versorgungs- und Arbeitsmarktprobleme in den Besatzungszonen. Zunächst wurden die meisten Flüchtlinge in Notunterkünften untergebracht, bevor sie eigenen Wohnraum – meist als Untermieter – zugewiesen bekamen.

Vertriebenen, die zunächst in die *Sowjetische Besatzungszone* (*SBZ*) bzw. DDR gekommen waren, flüchteten über zwei Millionen ein zweites Mal und verließen die DDR. Von den 10 Prozent Arbeitslosen, die es 1950 in Westdeutschland gab, war jeder Dritte ein Vertriebener.
Die Bundesrepublik legte mit grundlegenden Gesetzen unter dem Schlagwort „Lastenausgleich" (*Lastenausgleichsgesetz* 1952, *Bundesvertriebenengesetz* 1953) die Basis für die soziale Integration der Heimatvertriebenen. Durch individuelle Entschädigung und Beihilfen zum Aufbau einer neuen Existenz erhielten die Betroffenen einen Rechtsanspruch auf staatliche Hilfe. Bis 1999 wurden so insgesamt 63 Milliarden Euro aufgebracht. Die enorme Verbesserung der Beschäftigungssituation – 1960 war nahezu Vollbeschäftigung erreicht – war ein zweiter wichtiger Grund für die gelungene Integration. Mit ihrer „Energie der Verzweiflung" trugen die Vertriebenen ihrerseits zum wirtschaftlichen Aufstieg der Bundesrepublik bei.
Auch politisch verschafften sich die Vertriebenen Gehör. Zunächst erhielten ihre Interessenverbände und die Flüchtlingspartei *Block der Heimatvertriebenen und Entrechteten* (*BHE*) großen Zulauf in den besonders von Flüchtlingen bewohnten Bundesländern Schleswig-Holstein, Bayern und Niedersachsen. Der zunehmende Bedeutungsverlust dieser Partei seit Ende der 1950er-Jahre ist ein Indiz für die weitgehende Eingliederung der Vertriebenen und Flüchtlinge in die westdeutsche Gesellschaft.
Zum politischen Sprengstoff wurden die Heimatvertriebenen in der Bundesrepublik nicht, weil sich ihre Vertretungen (*Landsmannschaften*) früh für eine gewaltfreie, demokratische Politik entschieden hatten. In der DDR durften die Vertriebenen nicht auf ihr Schicksal aufmerksam machen; ab 1950 wurden alle landsmannschaftlichen Gruppierungen verboten. Etwa 350 000 Vertriebene, die offiziell „Umsiedler" genannt wurden, erhielten im Zuge der Bodenreform (s. S. 400) Land zugewiesen. Vergleichbare Entschädigungen wie in der Bundesrepublik gab es in der DDR nicht. Erst nach der Wiedervereinigung 1990 erhielten rund eine Million ehemaliger Vertriebener aus den neuen Bundesländern eine einmalige Zuwendung von 2050 Euro (*Vertriebenenzuwendungsgesetz* von 1994).

Besatzungszonen

Schon auf der Konferenz von Jalta im Februar 1945 hatten die Vereinigten Staaten, die Sowjetunion und Großbritannien vereinbart, Deutschland zum Zwecke der Besatzung in drei Zonen zu teilen. Nach der Kapitulation Deutschlands erhielt dann auch Frankreich aus der amerikanischen und britischen Verfügungsmasse eine eigene Besatzungszone zugewiesen. Die vier Zonen waren nur als rein militärische Abgrenzungen gedacht, denn nach wie vor sollte Deutschland von den Siegermächten gemeinsam verwaltet werden (→ M8).

In Berlin wurde der *Alliierte Kontrollrat* als eine Art Regierung der vier Militärgouverneure eingerichtet. Gemeinsam sollten die alliierten Befehlshaber die Besatzungsziele festlegen und dann in jeweils eigener Verantwortung in den einzelnen Besatzungszonen umsetzen. Da im Kontrollrat jedoch das Einstimmigkeitsprinzip galt, führten Meinungsverschiedenheiten zwischen den Alliierten bald zu seiner Handlungsunfähigkeit.

Politische Konzepte der Besatzungsmächte

Pragmatisch, von den Gegebenheiten vor Ort geleitet, waren die alliierten Besatzungstruppen zunächst bemüht, die Verwaltung ihrer Gebiete in Gang zu bringen, damit die lebensnotwendigen Einrichtungen funktionieren konnten. Sie setzten Bürgermeister, Landräte und andere Verwaltungsfachleute ein, die unter der strengen Kontrolle der Besatzungsoffiziere tätig werden durften. Wie man jedoch mit den Deutschen in Zukunft verfahren sollte, blieb zwischen den Siegermächten strittig.

1. Die *amerikanische Deutschlandpolitik* hielt bis 1946 an einer primär moralisch begründeten Politik der Bestrafung und Umerziehung (*Reeducation*) der Deutschen fest. Es gab aber in Washington bereits damals einflussreiche Kräfte, die zur Sicherung Westeuropas gegenüber der Sowjetunion den Zusammenschluss und den raschen Wiederaufbau der westlichen Besatzungszonen forderten.
2. *Großbritannien* war aus dem Krieg militärisch als Sieger, aber wirtschaftlich nahezu ruiniert hervorgegangen. Aus dem ehedem größten Kreditgeber der Welt war der größte Schuldner (gegenüber der USA) geworden. Die Briten wollten deshalb die deutsche Volkswirtschaft rasch wieder in Gang setzen, um sie von eigenen Hilfslieferungen unabhängig zu machen. Vor allem aber setzte die britische Regierung auf eine politische Stabilisierung Westdeutschlands, um eine Ausweitung des kommunistischen Einflusses dorthin zu verhindern.
3. *Frankreich* war primär an einem politisch und ökonomisch zerstückelten Deutschland interessiert. Ein Wiederaufleben der deutschen Gefahr sollte dauerhaft verhindert werden. Entsprechend blockierte die französische Regierung bis 1947/48 alle Versuche der Briten und Amerikaner, gemeinsam die wirtschaftliche und politische Krise in Deutschland zu steuern, und schottete die eigene Besatzungszone von den übrigen ab.
4. Stalin wollte sich die Option zur Einflussnahme auf ganz Deutschland offenhalten, weil er umfangreiche Reparationslieferungen für sein zerstörtes Land benötigte. Zumindest ging es der Sowjetunion aber um die Sicherung ihres Einflusses in der Sowjetischen Besatzungszone (SBZ), in der grundlegende Strukturreformen ein kommunistisches Herrschafts- und Gesellschaftssystem mit Vorbildcharakter für Gesamtdeutschland vorbereiten sollten.

Der Nürnberger Prozess

Am 20. November 1945 eröffnete der aus Vertretern der Siegermächte zusammengesetzte *Internationale Militärgerichtshof* in Nürnberg, der Stadt der Reichsparteitage, den Strafprozess gegen die noch lebenden inhaftierten Vertreter der NS-Führung. Angeklagt waren außerdem *NSDAP*, *Gestapo* und *Sicherheitsdienst*, *SS*, *SA*, *Reichsregierung* und *Oberkommando der Wehrmacht*. Die vier Anklagepunkte lauteten:

1. Verschwörung gegen den Frieden (Vorbereitung eines Angriffskrieges);
2. Verbrechen gegen den Frieden (Führen eines Angriffskrieges);
3. Kriegsverbrechen (Verletzung der Haager Landkriegsordnung von 1907 durch Tötung und Misshandlung von Kriegsgefangenen, Hinrichtung von Geiseln, Misshandlung der Zivilbevölkerung, Verschleppung zur Zwangsarbeit);
4. Verbrechen gegen die Menschlichkeit (Völkermord).

Nach einjähriger Verhandlung wurden zwölf der 22 Angeklagten zum Tode verurteilt, sieben erhielten lange Haftstrafen, drei wurden freigesprochen. Von den angeklagten Organisationen wurden die NSDAP, die SS, die Gestapo und der SD zu verbrecherischen Organisationen erklärt; die Strafverfolgung ihrer Mitglieder wurde jedoch von einer nachweislichen persönlichen Schuld abhängig gemacht.

Durch den Nürnberger Prozess wurde ein wichtiges Kapitel für die Aufhellung der Geschichte des NS-Regimes in Deutschland geschrieben. Eine nachträgliche Bemäntelung und Beschönigung der nationalsozialistischen Verbrechen ist angesichts der Beweiskraft der vielen tausend Dokumente und Zeugenaussagen unmöglich. Dass der Einzelne für seine Taten haftet und sich nicht hinter seinem Amt oder seiner Funktion verstecken kann, ist ei-

Am 20. November 1945 begann vor dem Internationalen Militärgerichtshof in Nürnberg der Prozess gegen die Hauptkriegsverbrecher. Hinter der Absperrung sitzen in der ersten Reihe (von links): Hermann Göring (Reichsminister für Luftfahrt), Rudolf Heß (stellvertretender Parteiführer der NSDAP bis 1941), Joachim von Ribbentrop (Reichsminister des Auswärtigen), Wilhelm Keitel (Chef des Oberkommandos der Wehrmacht), Ernst Kaltenbrunner (ab 1943 Chef des Reichssicherheitshauptamtes), Alfred Rosenberg (ab 1941 Reichsminister für die besetzten Gebiete), Hans Frank (Generalgouverneur von Polen), Wilhelm Frick (1933 – 1943 Reichsinnenminister, ab 1943 Reichsprotektor in Böhmen und Mähren), Walter Funk (ab 1938 Reichswirtschaftsminister), Julius Streicher (1924 – 1940 Gauleiter der NSDAP in Franken und Herausgeber des „Stürmer“) und Hjalmar Schacht (1935 – 1937 Reichswirtschaftsminister).

nes der wichtigsten Ergebnisse dieses Prozesses. Allerdings hatte dieser Prozess für viele Deutsche auch eine Entlastungsfunktion: Sie verdrängten die Frage nach ihrer Mitverantwortung für das, was zwischen 1933 und 1945 geschehen war.

Nachfolgeprozesse

In allen vier Besatzungszonen fanden zwischen 1945 und 1949 zahlreiche weitere Prozesse gegen NS-Täter statt. Von besonderer Bedeutung waren die zwölf großen Verfahren vor amerikanischen Militärgerichten in Nürnberg gegen SS-Ärzte, Juristen, Leiter von Einsatzgruppen der Sicherheitspolizei, Industrielle, hohe Offiziere, SS-Führer, leitende Beamte des Auswärtigen Amtes, KZ-Wächter. Insgesamt verurteilten die westlichen Besatzungsmächte 5025 Angeklagte, 486 wurden hingerichtet.

Vor westdeutschen Gerichten wurden bis 1951 weitere 5487 Personen wegen NS-Verbrechen verurteilt. Danach fanden nur noch wenige Prozesse gegen NS-Täter statt. Die systematische Erforschung und Verfolgung von NS-Gewaltverbrechen begann erst seit 1958 mit der Gründung der *Zentralen Stelle der Landesjustizverwaltungen zur Aufklärung nationalsozialistischer Gewaltverbrechen* in Ludwigsburg. Eine breite Öffentlichkeit nahm Anteil an Großverfahren wie dem *Auschwitz-Prozess* in Frankfurt (1963 – 1965) und dem *Majdanek-Prozess* in Düsseldorf (1975 – 1981). In einem der letzten großen NS-Prozesse wurde 1992 in Stuttgart der ehemalige SS-Lagerkommandant von Przemysl (Polen), *Josef Schwammberger*, zu lebenslanger Haft verurteilt. Noch im April 2001 verurteilte das Landgericht Ravensburg einen ehemaligen SS-Offizier wegen der Ermordung von Zwangsarbeitern im Frühjahr 1945 zu zwölf Jahren Freiheitsstrafe. Viele Täter konnten jedoch nie belangt werden.

Entnazifizierung

Neben der Aburteilung der Kriegsverbrecher gehörte zum *Entnazifizierungskonzept* der Alliierten auch eine umfassende politische Säuberung im besetzten Deutschland (vgl. S. 381). Im Gegensatz zu Briten und Franzosen betrieben die Amerikaner die Entnazifizierung mit großer Strenge und einem gewaltigen bürokratischen Aufwand. Von 18 000 Volksschullehrern in Bayern verloren 10 000 ihre Stellen. In Hessen wurde jeder zweite Beamte und jeder dritte Angestellte entlassen. Ausnahmen wurden jedoch immer gemacht, wenn es um Experten ging, die für den Wiederaufbau benötigt wurden.

In allen drei Westzonen wurden mehr als 170 000 NS-Aktivisten in Internierungslager („automatischer Arrest“) gebracht, die meisten von ihnen aber bald wieder entlassen – die letzten 1948.

Im März 1946 übertrugen die Amerikaner den Vollzug der Entnazifizierung in deutsche Hände. Jeder Deutsche über 18 Jahre musste einen Fragebogen mit 131 Fragen über seine berufliche und politische Vergangenheit ausfüllen. Spruchkammern stuften in einem prozessähnlichen Verfahren die erfassten Personen in *fünf Kategorien – Hauptschuldige, Belastete, Minderbelastete, Mitläufer und Entlastete* – ein und verhängten die vorgesehenen Strafen.

Bei mehr als 13 Millionen Fragebögen in der US-Zone fielen 3,4 Millionen Personen unter die Entnazifizierung, zehn Prozent von ihnen wurden verurteilt, aber nur knapp ein Prozent auch wirklich bestraft. Es war die Zeit der „Persilscheine“[1], die man sich wechselseitig ausstellte, aber auch der Denunziation und der Korruption. Viele empfan-

[1] *„Persilscheine“ hießen im Volksmund die Bestätigungen, dass jemand Gegner oder wenigstens kein Sympathisant des Nationalsozialismus war.*

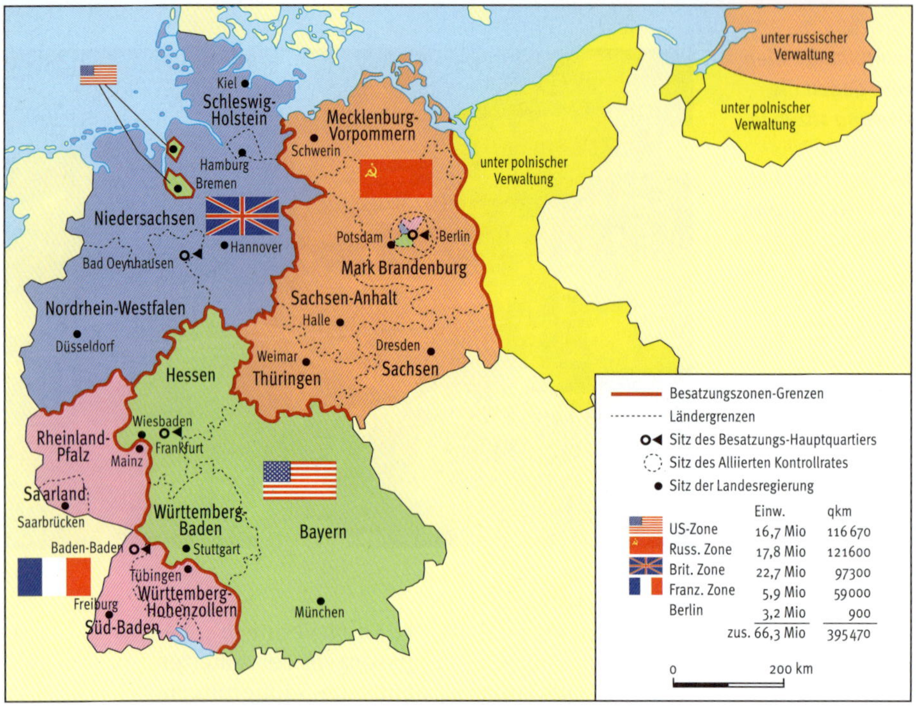

Die Besatzungszonen und die 1946/47 gebildeten Länder.

den es als ungerecht, dass die harmloseren Fälle zuerst und mit Strenge, die wirklichen Nazis aber erst später und dann meistens milde behandelt wurden. Außerdem gelang es zahlreichen schwer belasteten NS-Tätern durch Tarnung und geschickte Anpassung an die neuen Verhältnisse durch die Maschen des Gesetzes zu schlüpfen – eine Hypothek, die später noch schwer auf der jungen Bundesrepublik lasten sollte.

Staatlicher und politischer Neuaufbau in den Westzonen

Schon Ende Mai 1945 setzten die Amerikaner in Bayern eine erste provisorische Regierung ein. Im Herbst 1945 wurden die Länder *Bayern* (ohne die Pfalz), *Großhessen* und *Württemberg-Baden* gegründet; *Bremen* folgte 1947 nach. Koalitionsregierungen aller wieder zugelassenen Parteien wurden unter Aufsicht der Militärregierung tätig.

Da die amerikanische Militärregierung ihre Zone möglichst rasch aufbauen wollte, veranlasste General *Clay* schon im Oktober 1945 in Stuttgart die Gründung eines *Länderrates*, eine Art ständiger Konferenz der Ministerpräsidenten der US-Zone, zur Bewältigung gemeinsamer Probleme.

Die Amerikaner ließen Anfang 1946 auch als Erste wieder demokratische Wahlen in Gemeinden und Kreisen zu. Im Sommer 1946 entwarfen verfassunggebende Versammlungen die zukünftigen Länderverfassungen, die nach Genehmigung durch die Besatzungsmacht im November/Dezember 1946 durch *Volksabstimmung* in den drei Ländern der US-Zone in Kraft gesetzt wurden. Erstmals nach 13 Jahren wählten die Bürger in demokratischen Wahlen ihre Landtage, aus denen demokratisch legitimierte Regierungen hervorgingen (➔ M9). Die Besatzungsbehörden verlegten sich nunmehr auf die Kontrolle der deutschen Behörden, und in der Praxis erweiterten die Regierungschefs der Länder rasch ihre politischen Gestaltungsmöglichkeiten.

In der britischen Zone zog sich der Prozess der Länderneugründung länger hin. Aus den Bruchstücken Preußens entstanden *Nordrhein-Westfalen* (August 1946), *Schleswig-Holstein* (August 1946) und *Niedersachsen* (November 1946). Erste Wahlen erfolgten hier erst Ende 1946/47.

In der französischen Besatzungszone zögerte die Besatzungsmacht den staatlichen Neuaufbau in den 1946 geschaffenen Ländern *Rheinland-Pfalz*, *Württemberg-Hohenzollern* und *Süd-Baden* noch bis Mitte 1947 hinaus, verhängte eine scharfe Zensur in allen politisch-gesellschaftlichen Bereichen und verbot zunächst den neu gegründeten Parteien, das Wort „deutsch“ im Parteinamen zu verwenden.

Neugründung von politischen Parteien in den Westzonen

Die Demokratisierung der staatlichen Einrichtungen setzte die Existenz von Parteien voraus, deren Zulassung im „Potsdamer Abkommen“ vorgesehen war. Im August/September 1945 lizenzierten die Vereinigten Staaten und Großbritannien die bislang illegal tätigen Gruppierungen – darunter das *„Büro Dr. Schumacher“* in Hannover als Zentralstelle der wiederbelebten *Sozialdemokratischen Partei Deutschlands* (*SPD*) und die in Köln von verschiedenen Politikern des ehemaligen Zentrums und christlichen Gewerkschaften gegründete *Christlich-Demokratische Union* (*CDU*).

Die CDU war das parteipolitische Novum der Nachkriegszeit. Die Überwindung der konfessionellen Spaltung zwischen evangelischen und katholischen Wählern sowie die Einbeziehung konservativ-bürgerlicher Schichten und der christlichen Gewerkschaften sollten mit dem Begriff „Union“ zum Ausdruck gebracht werden. Kennzeichnend für die Gründungsphase der CDU ist der antikapitalisti-

sche Zug ihrer Programmatik, die Forderung nach der Vergesellschaftung bestimmter Grundstoffindustrien sowie nach Mitbestimmung der Arbeitnehmer (*Ahlener Programm von 1947*). Vorsitzender der CDU der britischen Zone wurde im März 1946 *Konrad Adenauer* (1876–1967). 1950 schlossen sich die CDU-Verbände unter seiner Führung zur Bundespartei zusammen. Die bayerische *CSU* (*Christlich-Soziale Union*) verweigerte sich 1946 dem bundesweiten Zusammenschluss der CDU.
Die SPD knüpfte organisatorisch, programmatisch und personell an ihre Weimarer Traditionen an. In den weitgehend von *Kurt Schumacher* formulierten „Politischen Leitsätzen" wurde die sofortige Sozialisierung der Bodenschätze und Grundstoffindustrien gefordert. Mitbestimmung der Arbeitnehmer und eine volkswirtschaftliche Gesamtplanung zur Koordinierung der vergesellschafteten Betriebe waren weitere Leitziele der SPD, die es Ende 1947 bereits wieder auf 875 000 Mitglieder brachte.
Die *liberalen Parteien* betonten stärker als die anderen das Recht auf Privateigentum und die Bedeutung der freien Initiative für die Wirtschaft. Ende 1948 schlossen sich konservativ-liberale und liberal-demokratische Politiker zur *Freien Demokratischen Partei* (*FDP*) zusammen. *Theodor Heuss* (1884–1963) wurde ihr erster Vorsitzender.
Obwohl das Parteiprogramm der *Kommunistischen Partei Deutschlands* (*KPD*) wesentlich gemäßigter war als das der SPD – es war weder von Sozialisierung noch von Mitbestimmung die Rede – blieb die KPD in den Westzonen ohne größere Wahlerfolge.

Reparationen und Wiederaufbau

Nach zähen Verhandlungen einigten sich die vier Mächte Ende März 1946 im Alliierten Kontrollrat auf die drastische Absenkung der gesamten industriellen Tätigkeit in Deutschland. Doch die Westmächte beließen es bei einem Abbau von 668 Werken, was zu einem Kapazitätsverlust von ca. 5 Prozent führte. 1951 beendeten sie die Demontagen ganz. Demgegenüber demontierten die Sowjets in ihrer Zone bis 1948 etwa 3000 Betriebe, was einer Kapazitätsminderung von schätzungsweise 30 Prozent gegenüber 1936 entsprach. Alles in allem beliefen sich die Reparationsleistungen Ostdeutschlands an die Sowjetunion auf etwa 14 Mrd. Dollar. Das war deutlich mehr, als Stalin ursprünglich von *ganz* Deutschland gefordert hatte.
Die Sowjetunion weigerte sich bald, die in Potsdam vereinbarten Gegenleistungen aus ihrer Zone (vor allem Nahrungsmittel) für ihren Anteil an den in den Westzonen demontierten Industrieausrüstungen zu liefern. Im Mai 1946 stoppte deshalb General Clay die amerikanischen Reparationslieferungen in die UdSSR. In den anglo-amerikanischen Zonen wurde von nun an die Rücksicht auf den alliierten Partner dem Ziel einer raschen Krisenbewältigung untergeordnet. Das Kriegsbündnis war zerbrochen.
Im Zuge dieser Politik wurden die Westzonen auch in das umfassende Wiederaufbauprogramm der US-Regierung (*Marshall-Plan*) für Europa einbezogen. Insgesamt erhielt Westdeutschland ca. 1,4 Milliarden Dollar. Der wirtschaftliche Wiederaufbau wurde dadurch wesentlich verstärkt und beschleunigt (s. S. 402).
Außerdem war eine wichtige Vorentscheidung für die Einbindung dieses Teils von Deutschland in die westliche Gemeinschaft gefallen. Anders als nach dem Ersten Weltkrieg wurde der ehemalige Feind als künftiger Partner gesehen.

Die Bizone

Seit 1946 warnte die britische Regierung nachdrücklich vor der „russischen Gefahr" und drängte auf die Schaffung eines separaten Westdeutschland. Nachdem auf der *Pariser Außenministerkonferenz* von April bis Juli 1946 die Sowjetunion alle amerikanischen Vorschläge blockiert hatte, schlug die US-Regierung im Alliierten Kontrollrat die sofortige Verschmelzung der eigenen mit einer oder mehreren Besatzungszonen vor. Die Sowjets und die Franzosen lehnten ab, die Briten stimmten einer Fusion zu. Den damit eingeleiteten amerikanischen Kurswechsel verdeutlichte US-Außenminister *James F. Byrnes* am 6. September 1946 in Stuttgart. Seine Rede wurde von den Zeitgenossen als die lang erwartete Wende in der amerikanischen Deutschlandpolitik verstanden (→ M12).
Am 1. Januar 1947 trat das britisch-amerikanische Abkommen über die Bildung des *Vereinigten Wirtschaftsgebietes* (*Bizone*) in Kraft. Die weitere Entwicklung zeigte, dass mit der Gründung der Bizone, der sich 1948 auch die französische Besatzungszone anschloss, das Fundament für den späteren westdeutschen Staat gelegt worden war.

Der Frankfurter Wirtschaftsrat

Die wichtigste Neuerung in der anglo-amerikanischen Zone war die Schaffung eines *Wirtschaftsrates* im Juni 1947, des ersten deutschen Nachkriegsparlaments, dessen Beschlüsse über ein Land hinausreichten. Die Abgeordneten des Wirtschaftsrates wurden von den Landtagen der acht Länder der Bizone gewählt. Im *Exekutivrat* (dem Vorläufer des späteren Bundesrates) saßen Vertreter der acht Länder, die zusammen mit dem Wirtschaftsrat die fünf Verwaltungsdirektoren – praktisch im Range von Ministern – ernannten und kontrollierten. Nach wie vor standen aber alle gesetzgeberischen und exekutiven Befugnisse des

Wirtschaftsrats für das Vereinigte Wirtschaftsgebiet unter dem uneingeschränkten *Genehmigungsvorbehalt* der Amerikaner und Briten.
Im Frankfurter Wirtschaftsrat waren SPD und CDU/CSU gleich stark, doch konnte die Unions-Fraktion auf die Unterstützung liberaler Abgeordneten rechnen. Als die SPD ihren Anspruch auf das Amt des Wirtschaftsdirektors nicht durchsetzen konnte, verzichtete sie auf die Besetzung der anderen Verwaltungen und übernahm gezielt die Rolle der Opposition. Seitdem bestimmte eine wachsende Polarisierung das Verhältnis der beiden großen Parteien zueinander.

Neubeginn unter sowjetischer Besatzung

Während die westlichen Besatzungstruppen zunächst viel improvisierten, um das Leben in halbwegs geordnete Bahnen zu lenken, ging die sowjetische Besatzungsmacht gezielter ans Werk. Schon Anfang Mai 1945 war eine Gruppe deutscher Exilkommunisten in die Sowjetische Besatzungszone eingeflogen worden. An ihrer Spitze stand der ehemalige kommunistische Reichstagsabgeordnete *Walter Ulbricht* (1893–1973), der seit 1938 in Moskau gelebt hatte. Er und weitere Spitzenfunktionäre der KPD hatten seit langem präzise Pläne für eine wirtschaftlich-soziale Umwälzung und die Beseitigung des politischen Einflusses von Sozialdemokratie und sogenannten bürgerlichen Kräften in der Gesellschaft entworfen. Dabei lautete die Anweisung Ulbrichts im Mai 1945: „Es muss demokratisch aussehen, aber wir müssen alles in der Hand haben.“[1]
In den im Juli 1945 errichteten (1952 wieder aufgelösten) Landesverwaltungen in *Brandenburg, Mecklenburg-Vorpommern, Sachsen, Sachsen-Anhalt* und *Thüringen* besetzten KPD-Funktionäre die Schlüsselfunktionen. Dies galt erst recht für die ebenfalls im Juli 1945 geschaffenen und wesentlich wichtigeren elf *Zentralverwaltungen* (für Verkehr, Finanzen, Justiz etc.). Die Zentralverwaltungen waren unmittelbar der sowjetischen Militärregierung zugeordnet und hatten deren Befehle zu vollziehen.

Entnazifizierung in der SBZ

Die *Entnazifizierung in der Sowjetischen Besatzungszone* betraf über eine halbe Million ehemaliger Nationalsozialisten in Justiz, Schule, Verwaltung und Industrie. Sowjetische Militärtribunale haben schätzungsweise 45 000 Personen verurteilt und etwa ein Drittel von ihnen in Zwangsarbeitslager deportiert. Betroffen waren nicht nur NS-Täter, sondern auch viele Gegner des Kommunismus. Dagegen wurden bereits frühzeitig die ehemaligen kleinen Parteigenossen von einer Bestrafung ausgenommen, um sie möglichst rasch in die neuen Verhältnisse zu integrieren. Neben die personelle Säuberung trat gleichzeitig eine „strukturelle Entnazifizierung“ mit *Bodenreform, Enteignung* und *Verstaatlichung der großen Industriebetriebe.*

Politische Parteien

Die Sowjets gestatteten noch vor Beginn der Potsdamer Konferenz als Erste in ihrem Machtbereich die Gründung politischer Parteien (10. Juni 1945). KPD, SPD, CDU und LDPD (*Liberal-Demokratische Partei Deutschlands*) schlossen sich dann bereits einen Monat später zur *Einheitsfront der antifaschistisch-demokratischen Parteien* (*Antifa-Block*) zusammen.
Die *Sowjetische Militäradministration in Deutschland* (*SMAD*) revidierte bald ihr Entgegenkommen gegenüber allen Parteigruppierun-

Fotomontage zum Vereinigungsparteitag von KPD und SPD am 21./22. April 1946.
Abgebildet sind Wilhelm Pieck (KPD, links) und Otto Grotewohl (SPD, rechts).
► *Beschreiben Sie die verschiedenen Bildelemente und ihre jeweilige Funktion.*

[1] *Dieses Zitat überliefert Wolfgang Leonhard in seiner 1955 erschienenen Autobiografie „Die Revolution entlässt ihre Kinder“. Leonhard war Mitglied der „Gruppe Ulbricht“, wandte sich jedoch 1949 vom Kommunismus ab und kam Ende der 1950er-Jahre in die Bundesrepublik.*

gen und förderte einseitig die Kommunistische Partei. Die wegen ihrer offensichtlichen Unterstützung der Besatzungsmacht in der Bevölkerung unbeliebte KPD betrieb erst nach katastrophalen Wahlergebnissen der Kommunisten in Österreich und Ungarn den Zusammenschluss mit der SPD, um damit ihren vermeintlich schärfsten Konkurrenten auszuschalten.
Kurt Schumacher warnte vor der Fusion, und auch die SPD in der sowjetischen Zone wollte anfangs über eine Verschmelzung nur auf einem gesamtdeutschen Parteitag entscheiden. Infolge von Drohungen, Redeverboten und Verhaftungen durch die Besatzungsmacht, aber auch durch Überredung der führenden Sozialdemokraten der sowjetischen Zone stimmten *Otto Grotewohl* und die Spitze der Ost-SPD schließlich auf dem „Vereinigungsparteitag" in Berlin am 21./22. April 1946 geschlossen für die Vereinigung der beiden Arbeiterparteien zur *Sozialistischen Einheitspartei Deutschlands* (*SED*) (➔ M10).
Obwohl die sowjetische Militärregierung CDU und LDPD in der Folgezeit massiv benachteiligte, erhielten die bürgerlichen Parteien bei den Kreis- und Landtagswahlen vom 20. Oktober 1946 mehr als die Hälfte der Stimmen. In Berlin, wo die SPD noch kandidieren durfte, wurde die SED mit 19,8 % der Stimmen nur drittstärkste Partei (➔ M11). Die Sowjets verstärkten daraufhin ihren Druck auf alle zugelassenen Parteien.
Vor dem Hintergrund einer sich zuspitzenden außenpolitischen Situation verwarf die Kommunistische Partei der Sowjetunion (KPdSU) alle nationalen Sonderwege. Die SED musste zu einer „Partei neuen Typus'" nach stalinistischem Modell umgebildet werden, sie wurde von oppositionellen Kräften „gesäubert".[1] Etwa 6000 Sozialdemokraten wurden von sowjetischen Militärgerichten als „Agenten" verurteilt und in Arbeitslager gebracht. Rund 100 000 Sozialdemokraten flohen in den Westen.

Umgestaltung der Wirtschaft

Bei der Umgestaltung der SBZ erwiesen sich die Demontagen in ihrer Wirkung schlimmer als die unmittelbaren Kriegszerstörungen. Zur Befriedigung der sowjetischen Forderungen nach Gütern

Neuverteilung von Land. Foto von 1945. Gemeinsamer Gang zum Gut Kränzlin bei Neuruppin.

aus der laufenden Produktion gingen zusätzlich ganze Industriezweige in das Eigentum der Siegermacht über („*Sowjetische Aktiengesellschaften*", *SAG*) und fielen damit für den wirtschaftlichen Wiederaufbau in ihrer Zone aus. Auf Befehl der sowjetischen Besatzungsmacht wurden von 1945 an in Etappen insgesamt 75 Prozent des Industrievermögens, etwa 9000 Firmen einschließlich aller Banken und Versicherungen, entschädigungslos enteignet und verstaatlicht („*Volkseigene Betriebe*", *VEB*). Die ehemaligen Besitzer wurden pauschal als Nazis und Kriegsverbrecher abqualifiziert. In einer Volksabstimmung in Sachsen stimmten über 77 Prozent der Befragten diesen Maßnahmen zu.
Die Bodenreform ging ebenfalls auf einen sowjetischen Befehl zurück. Unter der Parole „Junkerland in Bauernhand" wurde 7000 Großgrundbesitzern ihr Land entschädigungslos entzogen und zum größten Teil an 500 000 Landarbeiter, landlose Bauern, Flüchtlinge und Vertriebene verteilt; ein Drittel blieb im öffentlichen Besitz („*Volkseigene Güter*"). Im Zuge einer mit staatlichem Druck betriebenen Kollektivierung schlossen sich diese Bauern seit 1952 in *Landwirtschaftlichen Produktionsgenossenschaften* (*LPG*) zusammen. Gegen den Widerstand von CDU und LDPD hatten die meisten Höfe so wenig Land zugewiesen bekommen, dass keine funktionsfähigen Familienbetriebe entstehen konnten.

---

[1] *innerparteiliche Säuberung von angeblichen „feindlichen" und „entarteten Elementen"; Verpflichtung zur kommunistischen Disziplin und Wachsamkeit; Einführung des „demokratischen Zentralismus" als maßgebliches Organisationsprinzip in Staat und Partei im Sinne einer Befehlshierarchie von oben nach unten; unbedingte Unterwerfung unter den Willen der Sowjetunion; Schaffung einer Parteikontrollkommission zum Kampf gegen „feindliche Agenten" in der SED; systematische Durchdringung aller staatlichen und gesellschaftlichen Einrichtungen mit kommunistischen Kadern*

Westdeutsches Plakat, um 1949.

Der Marshall-Plan

Seit Kriegsende hatten die USA erhebliche Wirtschaftshilfe in Form von Krediten, Lebensmitteln und Rohstoffen für zahlreiche europäische Länder geleistet: Über elf Milliarden Dollar waren bis Ende 1947 nach Europa geflossen. Vor allem Großbritannien und Frankreich, aber auch zahlreiche osteuropäische Regierungen profitierten davon, ohne dadurch den allgemeinen wirtschaftlichen Niedergang bremsen zu können.
Um die drohende ökonomische Zerrüttung und politische Destabilisierung in Europa zu verhindern und einem wachsenden politischen Druck der Sowjetunion entgegenzuarbeiten, entwickelte die Truman-Administration ein umfassendes europäisches Wiederaufbauprogramm (*Marshall-Plan*). Der wegweisende und völlig neue Gedanke dieses Hilfsprogramms war die amerikanische Forderung nach zwischenstaatlicher Zusammenarbeit der Empfänger. Formal auch an die Sowjetunion und ihre Satellitenstaaten gerichtet, versprach dieses Programm allen Ländern Europas großzügige amerikanische Finanzhilfe bei ihrem wirtschaftlichen Wiederaufbau.
Da man in Washington inzwischen davon überzeugt war, dass die ökonomische Dauerkrise Westeuropas wegen der engen Verflechtung der deutschen mit der europäischen Wirtschaft ohne die Gesundung Deutschlands nicht zu überwinden sei (➔ M12), sollte der Marshall-Plan unter anderem den hartnäckigen Widerstand Frankreichs gegen eine Stabilisierung der westlichen Besatzungszonen auflösen helfen.
16 europäische Länder schlossen sich 1948 zur *OEEC* (*Organization for European Economic Cooperation*) zusammen – eine gemeinsame Organisation, die über die Verteilung und Verwendung der amerikanischen Gelder zu wachen hatte. Alles in allem belief sich die amerikanische Marshall-Plan-Hilfe bis 1952 auf rund 14 Milliarden Dollar. Westdeutschland erhielt rund zehn Prozent davon. Selbstverständlich nutzte das Wiederaufbauprogramm auch der amerikanischen Wirtschaft, die einen funktionierenden westeuropäischen Absatzmarkt benötigte. Doch mindestens gleichrangig war das Interesse der USA an der Stabilisierung der liberal-demokratischen Gesellschaftsordnungen in Westeuropa.
Wie erwartet lehnte die sowjetische Regierung die amerikanische Hilfe mit dem Hinweis auf die dadurch untergrabene Souveränität der europäischen Staaten ab und verbot zugleich allen osteuropäischen Ländern und der eigenen Besatzungszone die Annahme des amerikanischen Angebots. Stattdessen reagierte Stalin zunächst mit zweiseitigen Handelsabkommen, schließlich 1949 mit der Gründung des *Rates für gegenseitige Wirtschaftshilfe* (*RGW*). Darin lenkte die Sowjetunion die Volkswirtschaften der ostmitteleuropäischen Verbündeten auf die Moskauer Bedürfnisse hin. Die Spaltung Europas in zwei Blöcke war offenkundig geworden.

Amerikanisches Engagement in Europa

Wegen des eindeutigen militärischen Übergewichts der Sowjetunion an Landstreitkräften in Europa gaben die britische und französische Regierung den Anstoß zu einem längerfristigen militärischen Engagement der USA in Europa. Nur ein gemeinsames Verteidigungssystem unter Mitwirkung der USA schien der Bedrohung Westeuropas durch die Sowjetunion standhalten zu können. Die *Berlin-Blockade* von 1948/49 verstärkte das Gefühl der Bedrohung im Westen noch weiter.
Am 4. April 1949 gründeten zehn europäische Staaten (Belgien, Dänemark, Frankreich, Großbritannien, Italien, Island, Luxemburg, Niederlande, Norwegen, Portugal) sowie die USA und Kanada die *NATO* (*North Atlantic Treaty Organization*). Die Hauptaufgabe der Atlantischen Allianz sollte der Schutz sämtlicher Bündnismitglieder gegen einen bewaffneten Angriff sein. Der noch heute bestehende Vertrag verpflichtet aber nicht zu einem automatischen militärischen Beistand, sondern stellt die Anwendung erforderlicher Maßnahmen in das Ermessen jedes Partners.

Währungsreform und Entscheidung für die Soziale Marktwirtschaft

Anfang 1948 setzte der neu gewählte parteilose Wirtschaftsdirektor *Ludwig Erhard* (1897–1977) im Frankfurter Wirtschaftsrat gegen den heftigen Widerstand der sozialdemokratischen Fraktion eine Neuorientierung im Sinne einer *Sozialen Markwirtschaft* durch. Das System der staatlichen Befehlswirtschaft – die Produktion, Verteilung und Preise aller Güter wurden staatlich festgelegt – sollte aufgehoben und eine allmähliche Belebung der Marktkräfte in Gang gesetzt werden.
Die Neuorientierung der Wirtschaftspolitik bedurfte jedoch erst einer umfassenden Reform des zerrütteten Geldwesens. Dem Geldüberhang standen keine ausreichenden Sachwerte gegenüber. Das war die verspätete Rechnung für die über die Notenpresse finanzierte Rüstungspolitik Hitlers.
Während die von Erhard propagierte Wirtschaftsreform von den Deutschen ausging, war die *Währungsreform* – eines der einschneidendsten und zukunftsweisenden Ereignisse der Nachkriegszeit – eine Sache der Westalliierten, vor allem der Amerikaner. Die deutschen Banknoten wurden in den USA gedruckt und nach Bremerhaven gebracht. An einem Freitag, dem 18. Juni 1948, erfuhren die Deutschen, dass am 20. Juni die allseits erwartete Währungsreform stattfinden würde. Jeder Deutsche erhielt zunächst 40 „Deutsche Mark“ als „Kopfgeld“ (später noch einmal 20 DM)[1]. Löhne, Gehälter, Pensionen und Mieten wurden im Verhältnis 1 zu 1, Schulden auf ein Zehntel in DM-Beträgen umgewertet; vor allem aber wurden alle Sparer mit einem Schlag nahezu enteignet, denn die Reichsmark-Guthaben konnten nur zu einem Bruchteil umgewandelt werden.
Der schmerzhafte Währungsschnitt hatte auch etwas Befreiendes. Mit einem Schlag waren die Schaufenster mit all den Waren gefüllt, die man lange vermisst hatte. Man konnte für sein Geld wieder etwas kaufen. Denn wegen der Geldentwertung hatten die Händler ihre Waren gehortet statt sie zum Verkauf anzubieten. Gleichzeitig mit der Währungsreform beschloss der Frankfurter Wirtschaftsrat auf Betreiben Erhards im sogenannten *Leitsätze-Gesetz* die Aufhebung der Bewirtschaftung aller Produkte[2] mit Ausnahme der Hauptnahrungsmittel und wichtiger Rohstoffe sowie die Freigabe der Preise. Wettbewerb und Verbrauch sollten künftig die wirtschaftliche Produktion steuern, nicht mehr der Staat. Die SPD war dagegen, CDU/CSU und die Liberalen unterstützten Erhard. Die Währungs- und Wirtschaftsreform setzte in kurzer Zeit ungeheure Kräfte frei, die zur baldigen wirtschaftlichen Erholung Westdeutschlands beitrugen.

Ostdeutsches Plakat von 1948.

Die Berlin-Blockade 1948/49

Die Antwort Stalins auf die Währungsreform in den Westzonen war die Berliner Blockade 1948/49. Sie war sein Versuch, die in der amerikanischen Eindämmungspolitik angelegte Schaffung eines antikommunistischen westdeutschen Staates in letzter Minute zu verhindern.
Nachdem Verhandlungen der vier Siegermächte über die Einführung der D-Mark in Berlin geplatzt waren, verbot am 19. Juni 1948 der Chef der sowjetischen Militärverwaltung *Sokolowski* die Einführung des neuen Geldes in ganz Berlin. Vier Tage später wurde für die Ostzone eine eigene Währungsreform angeordnet unter ausdrücklicher Einbeziehung ganz Berlins. Gegen die Einbeziehung ihrer drei Sektoren erhoben die Westmächte sofort Einspruch und dehnten ihrerseits den Geltungsbereich der neuen D-Mark auf Westberlin aus. In der Nacht vom 23. zum 24. Juni 1948 wurde daraufhin die Elektrizitätsversorgung Westberlins unterbrochen; es begann die Sperrung des Personen- und Güterverkehrs sowie der Lebensmittellieferungen. Mit der Blockade zu Lande und zu Wasser wollte die Sowjetunion die 2,1 Millionen Westberliner aushungern und in einer Art Geiselnahme die Westmächte zwingen, ihre Weststaatspläne aufzugeben und ganz Berlin den Sowjets zu überlassen. Den USA und ihren Verbündeten blieb zur Versorgung der eigenen Truppen sowie der Westberliner Bevölkerung nur noch der Luftweg.

---
1 Dies entspricht einer Summe von ca. 20 bzw. 10 Euro.
2 Dabei wird die Verteilung der Waren an die Bevölkerung staatlich geregelt.

„Gefährliche Passage." Karikatur aus der „New York Sun", wieder abgedruckt in „Der Spiegel" vom 18. September 1948.
Vermutlich in der Annahme, dass die Versorgung einer Millionenbevölkerung aus der Luft unmöglich sei, versuchten die Sowjets nicht, die drei Luftkorridore nach Berlin zu sperren. Tatsächlich aber gelang es den Westmächten, die Versorgung der Westberliner Bevölkerung sicherzustellen.

Im Rahmen des als „Berliner Luftbrücke" bekannt gewordenen Unternehmens wurden 2,34 Millionen Tonnen Lebensmittel, Kohle und Maschinen nach Westberlin gebracht. Erst am 4. Mai 1949 einigten sich die vier Siegermächte in New York auf das Ende der Blockade. Am 12. Mai, nach 322 Tagen, wurde sie aufgehoben.
Für die Sowjetunion erwies sich die Blockade Westberlins als schwerer Fehler: Stalin hatte keines seiner Ziele erreicht, stattdessen im In- und Ausland viel Ansehen verloren. Zusätzlich verstanden Deutsche und Westalliierte sich zum ersten Mal nach dem Krieg als Verbündete. Während der Blockade war Berlin zu einer gespaltenen Stadt geworden, der Ost- und der Westteil hatten eigene Oberbürgermeister und getrennte Verwaltungen eingesetzt. Erst 1990 wurde dieser Zustand der Teilung aufgehoben.

Auf dem Weg zur Bundesrepublik

Seit Ende 1947 waren Amerikaner und Briten entschlossen, ihre Besatzungszonen in einen westdeutschen Teilstaat umzuwandeln. Die Franzosen zögerten in dieser Frage zunächst. Doch am 1. Juli 1948 beauftragten die drei westlichen Militärgouverneure die Ministerpräsidenten der elf westdeutschen Länder, die Verfassungsberatungen zur Gründung eines westdeutschen Staates aufzunehmen. Die Einzelheiten waren in den sogenannten *Frankfurter Dokumenten* festgelegt: Eine einberufene *Verfassunggebende Versammlung* sollte eine demokratische Verfassung für einen föderalistischen Staat erarbeiten, der die Grund- und Menschenrechte garantierte. In einer Volksabstimmung sollte dann die Verfassung in Kraft gesetzt werden. Die Ministerpräsidenten stimmten diesem Angebot einer beschränkten Selbstverwaltung zu, nachdem sie durch einige Korrekturen den provisorischen Charakter des geplanten politischen Gebildes verstärken konnten: Um die Möglichkeit eines vereinigten deutschen Staates offen zu halten, sollte nicht von einer Verfassunggebenden Versammlung, sondern von einem *Parlamentarischen Rat*, nicht von einer Verfassung, sondern von einem *Grundgesetz* die Rede sein.

Der Parlamentarische Rat

Die 65 Abgeordneten des in Bonn tagenden Parlamentarischen Rates waren von den Länderparlamenten im August 1948 gewählt worden. Mit jeweils 27 Abgeordneten waren SPD und CDU/CSU gleich stark vertreten. Zum Präsidenten wurde der 72-jährige Parteivorsitzende der CDU in der britischen Zone, Konrad Adenauer, gewählt, während der einflussreiche Vorsitz im Hauptausschuss, in dem die wichtigsten Verfassungsberatungen stattfanden, an Professor *Carlo Schmid* (SPD) ging.
Viele Verfassungsfragen wurden vor dem Hintergrund der Erfahrungen der Weimarer Republik und der nationalsozialistischen Diktatur rasch und einvernehmlich gelöst. Die Geltungskraft der Grundrechte, die starke Stellung des Kanzlers, das konstruktive Misstrauensvotum, die reduzierten Funktionen des Bundespräsidenten, die Ablehnung des Plebiszits und die Konstruktion eines rein parlamentarisch-repräsentativen Regierungssystems gehörten dazu.
Die heftigste Kontroverse im Parlamentarischen Rat betraf die Ausgestaltung der bundesstaatlichen Ordnung. Die SPD forderte eine starke Bundesgewalt, die CDU – und noch mehr die CSU – wollte das politische Gewicht der Länder sichern. In der Frage der Ländermitwirkung und damit der Ausgestaltung der Zweiten Kammer kam es schließlich zu einem Mehrparteienkompromiss, den die süddeutschen Föderalisten zu ihren Gunsten prägen konnten (Bundesratslösung), während die Regelung der Finanz- und Steuerfragen stärker die Handschrift der SPD trug (starke Bundesfinanzverwaltung, umfassende Steuererhebungskompetenzen des Bundes, Finanzausgleich zwischen den Ländern).

Die Gründung der Bundesrepublik Deutschland

Am 8. Mai 1949, genau vier Jahre nach der deutschen Kapitulation, stimmten 53 Abgeordnete des Parlamentarischen Rates für und zwölf gegen das Grundgesetz (darunter sechs Abgeordnete der CSU sowie die Abgeordneten der KPD, des Zentrums und der DP). Nachdem die Militärgouverneure das Grundgesetz am 12. Mai 1949 genehmigt hatten, wurde es in allen Ländern mit Ausnahme Bayerns ratifiziert.[1] Am 23. Mai 1949 unterzeichneten die Ministerpräsidenten der Länder und die Landtagspräsidenten in einem feierlichen Akt in Bonn das Grundgesetz. Damit war die Bundesrepublik Deutschland gegründet.

Die Mütter des Grundgesetzes. Foto von 1949. Vor allem dem Engagement dieser vier Frauen ist es zu verdanken, dass der Gleichberechtigungsartikel (Art. 3) in das Grundgesetz aufgenommen wurde, obwohl er zunächst im Parlamentarischen Rat mehrheitlich abgelehnt worden war. Das Bild zeigt von links: Helene Wessel (Zentrum), Helene Weber (CDU), Friederike Nadig (SPD) und Elisabeth Selbert (SPD).

Aus den Wahlen zum ersten Deutschen Bundestag am 14. August 1949 ging die CDU/CSU mit 31,0 Prozent als Gewinner hervor, gefolgt von der SPD mit 29,2 Prozent, der FDP mit 11,9 Prozent und der KPD mit 5,7 Prozent.

Weitere sechs Parteien einschließlich einiger Parteiloser blieben unter fünf Prozent der Stimmen, waren aber im ersten Bundestag vertreten. Gegen einflussreiche Fürsprecher in den eigenen Reihen für eine große Koalition mit der SPD setzte Adenauer eine kleine Koalition mit der FDP und der DP durch. Am 7. September 1949 trat der Bundestag zum ersten Mal in der *Bundeshauptstadt Bonn* zusammen und wählte am 15. September Konrad Adenauer mit einer Stimme Mehrheit zum ersten Bundeskanzler der Bundesrepublik Deutschland. Theodor Heuss, der Kandidat der FDP, war bereits am 12. September von der Bundesversammlung zum Bundespräsidenten gewählt worden. Kurt Schumacher (SPD) fiel die Rolle des Oppositionsführers zu. Aus den westlichen Besatzungszonen war ein Staat unter alliierter Aufsicht geworden (→ M13).

Die Gründung der DDR

Seit Ende 1947 propagierte die SED mit Rückendeckung Stalins in Gestalt der sogenannten *Volkskongressbewegung* die Einheit Deutschlands. In Wirklichkeit ging es ihren Spitzenfunktionären jedoch um die Schaffung eines kommunistischen Teilstaates. Die kommunistischen Kräfte beanspruchten die Führungsrolle der Volkskongressbewegung. Im Mai 1949 sicherte sich die SED die Mehrheit im Volkskongress und dem daraus hervorgehenden *Deutschen Volksrat*.

Die sowjetische Regierung wartete mit der Staatsgründung in der eigenen Besatzungszone, bis die westdeutsche Bundesregierung sich konstituiert hatte. Erst nach einer erneuten Besprechung führender SED-Funktionäre mit Stalin Ende September 1949 erklärte die sowjetische Regierung Anfang Oktober 1949 in einer Note an die drei Westmächte, dass mit der „Bildung der volksfeindlichen Separatregierung in Bonn [...] jetzt in Deutschland eine neue Lage entstanden" sei. Am 7. Oktober 1949 nahm der nach den Wahlergebnissen im Mai zusammengesetzte Deutsche Volksrat einen 1948 ausgearbeiteten Verfassungsentwurf an und erklärte sich selbst zur *Provisorischen Volkskammer*. Damit war die Deutsche Demokratische Republik (DDR) gegründet. Wenige Tage später wurde Otto Grotewohl (SED) zum Regierungschef, *Wilhelm Pieck* (SED) zum Präsidenten der DDR gewählt. Obwohl in der neuen Regierung alle Parteien vertreten waren, besetzte die SED die wichtigsten Ministerien und war entschlossen, die Macht nicht mehr aus der Hand zu geben.

1 *Das bayerische „Nein" vom 20. Mai 1949 blieb ohne Konsequenzen, weil der bayerische Landtag gleichzeitig beschloss, das Grundgesetz anzunehmen, wenn zwei Drittel der Länder ihre Zustimmung gegeben hatten.*

Alleinvertretungsanspruch der Bundesrepublik oder sozialistisches Gesamtdeutschland?

Bereits in seiner ersten Regierungserklärung vom Oktober 1949 hatte Bundeskanzler Adenauer das Prinzip formuliert, das der Deutschlandpolitik aller Bundesregierungen bis 1969 zugrunde lag: „Die Bundesrepublik Deutschland ist allein befugt, für das deutsche Volk zu sprechen." Der von sämtlichen demokratischen Parteien geteilte *Alleinvertretungsanspruch* und die strikte Nichtanerkennung des nicht frei gewählten DDR-Regimes bestimmten und begrenzten die Beziehungen Bonns zu Ostberlin zwei Jahrzehnte lang (→ M14).

Ihre Haltung verdichtete die Bundesregierung zu dem außenpolitischen Grundsatz, dass die Bundesrepublik keine Beziehungen zu Staaten unterhalte, die durch Aufnahme diplomatischer Beziehungen die DDR anerkannten (*Hallstein-Doktrin*, 1955). Bis zum Ende der 1960er-Jahre konnte die Bundesregierung auf diese Weise die internationale Anerkennung der DDR verhindern, weil sie ihre wirtschaftliche Hilfe an Länder der Dritten Welt von der Respektierung der Doktrin abhängig machte. Im Falle der Sowjetunion hatte die Bundesrepublik allerdings eine wichtige Ausnahme zulassen müssen.

Auf der anderen Seite nahm die SED für sich in Anspruch, mit der DDR den „Grundstein für ein einheitliches, demokratisches und friedliebendes Deutschland" (Stalin 1949) gelegt und ein Modell für ein zukünftiges Gesamtdeutschland unter kommunistischer Führung geschaffen zu haben. In der Praxis überwog allerdings von Walter Ulbricht bis *Erich Honecker* (1912–1994), der 1971 dessen Nachfolger wurde, stets das Ziel der Absicherung der eigenen Herrschaft durch Abgrenzung gegenüber der Bundesrepublik. Schließlich strich die SED unter Honecker alle Hinweise auf die Einheit Deutschlands aus der Verfassung und führte den Begriff einer „sozialistischen Nation" ein.

Stalins Wiedervereinigungsangebot von 1952

In mehreren Noten vom März und April 1952 unterbreitete Stalin den Entwurf eines Friedensvertrages mit Deutschland, das als einheitlicher Staat wiederhergestellt werden und über nationale Streitkräfte verfügen sollte – Voraussetzung sollte die Neutralität dieses Staates sein. Die Sowjetunion erklärte sich sogar dazu bereit, über gesamtdeutsche Wahlen zu verhandeln, nicht aber, sie unter Aufsicht der UNO zuzulassen. Über die Ernsthaftigkeit dieses Angebotes wurde viel spekuliert.

Adenauer sah in der sowjetischen Initiative schon deshalb keinen Fortschritt, weil er eine nationalstaatliche Lösung der deutschen Frage ablehnte. Er hatte die Westorientierung der Bundesrepublik zum Pfeiler seiner Außenpolitik gemacht und wollte zukünftige Generationen vor den Fehlern einer Schaukelpolitik zwischen Ost und West bewahren. Nach neueren Forschungserkenntnissen scheinen die Westmächte und Adenauer die Stalin-Note zu Recht als bloßes Störfeuer zur Verhinderung der Einbeziehung der Bundesrepublik in das westliche Bündnis eingeschätzt zu haben.

Stacheldrahtverhau entlang der Zonengrenze. Foto vom Juli 1952 aus dem Harz.
Im Mai 1952 hatte der Ministerrat der DDR eine „Verordnung über Maßnahmen an der Demarkationslinie zwischen der Deutschen Demokratischen Republik und den westlichen Besatzungszonen" erlassen. Die für die Grenzkontrollen verantwortliche „Deutsche Grenzpolizei" wurde 1952 dem MfS unterstellt, um ein „weiteres Eindringen" von „Spionen, Terroristen und Schädlingen" in die DDR zu verhindern; eine fünf Kilometer breite Sperrzone entlang der ganzen Zonengrenze wurde angelegt. Die genaue Zahl der Opfer an der innerdeutschen Grenze bis zum 12. August 1961 ist unbekannt. Die statistischen Angaben schwanken zwischen 101 und 407 Todesopfern.

Der Aufstand vom 17. Juni 1953

Ein einschneidendes Ereignis für beide deutsche Seiten war der vor allem von Arbeitern getragene und sich rasch weiter ausbreitende Volksaufstand in der DDR vom 16./17. Juni 1953 (s. S. 445 f.). Ausgelöst wurde er durch eine zehnprozentige Erhöhung der Arbeitsnormen[1]. Rund eine Million Menschen beteiligten sich landesweit an Demonstrationen und Streiks, die bald auch auf politische Forderungen wie der nach freien und geheimen Wahlen und die Wiedervereinigung Deutschlands zielten. Damit war die Rechtmäßigkeit der SED-Herrschaft grundsätzlich infrage gestellt. Die Antwort der SED-Führung – sie ließ den Aufstand mithilfe sowjetischen Militärs unterdrücken – machte deutlich, dass sich ihr Herrschaftsanspruch letztlich auf die Präsenz der sowjetischen Militärmacht gründete. Für die Menschen in der DDR bedeutete diese Erfahrung, dass sich die meisten „in den Verhältnissen" einrichteten. Bis zu den Ereignissen von 1989 gab es in der DDR keine Demonstrationen größeren Ausmaßes. Der Westen wertete den Aufstand als Willensbekundung und Protest gegen die kommunistische Herrschaft und das prosowjetische System. Bis 1990 wurde der 17. Juni in Westdeutschland als „Tag der deutschen Einheit" als nationaler Feiertag begangen.

Die zweite Berlin-Krise von 1958 – 1961

Am 27. November 1958 leitete die Sowjetunion nach der Berlin-Blockade von 1948/49 eine weitere Runde des „Ringens um Deutschland" ein. Ultimativ kündigte der sowjetische Staats- und Parteichef *Nikita Chruschtschow* (1894 – 1971) die westlichen Besatzungsrechte in Berlin und verlangte die Umgestaltung Westberlins in eine entmilitarisierte „selbstständige politische Einheit", also die Dreiteilung Deutschlands. Wenige Monate später drohte er mit dem Abschluss eines Separatfriedensvertrages mit der DDR, der entgegen den geltenden Viermächtevereinbarungen der DDR die volle Souveränität gegeben hätte.

Ein wichtiges Motiv für die aggressive Haltung der Sowjetunion in der Deutschland- und Berlin-Frage waren die wachsenden Spannungen mit der Volksrepublik China und das seit Ende 1957 erkennbare Streben Mao Zedongs nach ökonomischer Unabhängigkeit von sowjetischer Hilfe, was wenig später zum Bruch zwischen beiden Ländern führte (s. S. 503). Moskau schien daher die Festigung seiner Führungsposition in der kommunistischen Welt und die Sicherung seiner seit 1945 errungenen Einflusszone dringend geboten.

Die vier Mächte fanden bei der Konferenz ihrer Außenminister in Genf (Mai – August 1959) zu keinem Einvernehmen in der Berlin- und Deutschlandfrage – zur Erleichterung des deutschen Bundeskanzlers. Bei dem Gipfeltreffen in Wien am 3./4. Juni 1961 mit dem neu gewählten US-Präsidenten *John F. Kennedy* (1917 – 1963) erneuerte Chruschtschow sein *Berlin-Ultimatum*. Furcht vor einem atomaren Krieg wegen Berlin breitete sich aus. Kennedy reduzierte daraufhin in einer programmatischen Fernsehansprache an die amerikanische Nation am 25. Juli 1961 die unverzichtbaren Interessen der Westalliierten auf die sogenannten drei „Essentials": Die Sicherheit und Freiheit der Westberliner, die Anwesenheit der drei Westmächte in Westberlin sowie der freie Zugang nach Westberlin würden unter allen Umständen gesichert werden. Diese Schutzgarantie der USA für Westberlin bedeutete unausgesprochen die Anerkennung des sowjetischen Machtbereiches in Ostberlin und der DDR.

Damit hatte Chruschtschow sein eigentliches Ziel erreicht. Ulbricht erhielt in Moskau aufgrund dieser faktischen Anerkennung der DDR grünes Licht für den von ihm dringend gewünschten Mauerbau zur Sicherung des SED-Regimes. Mit einem militärischen Eingreifen des Westens war nicht zu rechnen. In der Nacht zum 13. August 1961 ließ die DDR-Regierung entlang der durch Berlin verlaufenden Sektorengrenze Stacheldrahtverhaue und Steinwälle hochziehen. Unter militärischer Bewachung errichteten Bautrupps eine Mauer quer durch die Wohngebiete der Stadt. In den folgenden Tagen wurde die gesamte innerdeutsche Grenze auf diese Weise befestigt (s. S. 447). Die Teilung der Nation schien damit im wahrsten Sinne des Wortes zementiert.

---

[1] *Durch Arbeitsnormen wurde festgelegt, welche Menge an Waren in welcher Zeit produziert werden mussten. Bei gleichem Lohn sollte also mehr gearbeitet werden.*

M1 „Drahtbericht aus Moskau"

Am 22. Februar 1946 skizziert der Berater des US-amerikanischen Botschafters in Moskau, George F. Kennan, in einem Telegramm nach Washington wesentliche Grundsätze der späteren US-Außenpolitik:

Die UdSSR lebt immer noch inmitten feindseliger „kapitalistischer Einkreisung", mit der es auf die Dauer keine friedliche Koexistenz geben kann. [...]
Die Erfordernisse ihrer eigenen vergangenen und gegenwärtigen Position sind es, die die sowjetische Führung dazu zwingen, ein Dogma zu verkünden, nach dem die Außenwelt böse, feindselig und drohend, aber zugleich von einer schleichenden Krankheit befallen und dazu verurteilt ist, von immer stärker werdenden inneren Kämpfen zerrissen zu werden, bis sie schließlich von der erstarkenden Macht des Sozialismus den Gnadenstoß erhält und einer neuen und besseren Welt weicht. [...]
Wo es angezeigt und Erfolg versprechend scheint, wird man versuchen, die äußeren Grenzen der Sowjetmacht zu erweitern. Im Augenblick beschränken diese Bemühungen sich auf gewisse Punkte in der Nachbarschaft, die man hier für strategisch notwendig hält [...].
Die Russen werden sich offiziell an solchen internationalen Organisationen beteiligen, die ihnen Gelegenheit geben, sowjetische Macht auszuweiten und die Macht der anderen auszuschalten oder zu verwässern. Moskau sieht die UNO nicht als einen Mechanismus für eine stabile Weltgemeinschaft, die auf gemeinsamen Zielen und Interessen aller Nationen aufgebaut ist, sondern als eine Arena, in der man die eigenen Ziele mit Aussicht auf Erfolg verfolgen kann. [...]
Alles in allem haben wir es mit einer politischen Kraft zu tun, die sich fanatisch zu dem Glauben bekennt, dass es mit Amerika keinen dauernden Modus Vivendi geben kann, dass es wünschenswert und notwendig ist, die innere Harmonie unserer Gesellschaft, unsere traditionellen Lebensgewohnheiten und das internationale Ansehen unseres Staates zu zerstören, um der Sowjetmacht Sicherheit zu verschaffen [...]. Aber ich möchte meiner Überzeugung Ausdruck geben, dass es in unserer Macht steht, das Problem zu lösen, und zwar ohne uns in einen großen militärischen Konflikt zu flüchten. [...]
Sie [die Sowjetunion] arbeitet nicht nach festgelegten Plänen. Sie geht keine unnötigen Risiken ein. Der Logik der Vernunft unzugänglich, ist sie der Logik der Macht in hohem Maße zugänglich. Daher kann sie sich ohne weiteres zurückziehen – und tut das im Allgemeinen –, wenn sie irgendwo auf starken Widerstand stößt. Wenn also dem Gegner genügend Hilfsmittel zur Verfügung stehen und er die Bereitschaft zu erkennen gibt, sie auch einzusetzen, wird er das selten tun müssen. Wenn die Situation richtig gehandhabt wird, braucht es zu keiner das Prestige verletzenden Kraftprobe zu kommen. [...]
Viel hängt von der Gesundheit und Kraft unserer eigenen Gesellschaft ab. Der Weltkommunismus ist wie ein bösartiger Parasit, der sich nur von erkranktem Gewebe nährt. Das ist der Punkt, in dem Innen- und Außenpolitik einander begegnen.

George F. Kennan, Memoiren eines Diplomaten, Stuttgart [5]1969, S. 553 ff.

1. *Vergleichen Sie die im Text skizzierten Bilder, die die UdSSR und die USA voneinander haben.*
2. *Nennen Sie mögliche außenpolitische Konsequenzen der US-Regierung aus Kennans Analyse.*

M2 Der „Eiserne Vorhang" in Europa

In Gegenwart und nach Absprache mit US-Präsident Truman spricht der Oppositionsführer im britischen Unterhaus, Winston Churchill, am 5. März 1946 über die sowjetische Politik in Osteuropa:

Ein Schatten ist auf die Erde gefallen, die erst vor kurzem durch den Sieg der Alliierten hell erleuchtet worden ist. Niemand weiß, was Sowjetrussland und die kommunistische internationale Organisation in der nächsten Zukunft zu tun gedenken oder was für Grenzen ihren expansionistischen und Bekehrungstendenzen gesetzt sind, wenn ihnen überhaupt Grenzen gesetzt sind. [...] Von Stettin an der Ostsee bis hinunter nach Triest an der Adria ist ein „Eiserner Vorhang" über den Kontinent gezogen. [...] Die kommunistischen Parteien, die in allen diesen östlichen Staaten Europas bisher sehr klein waren, sind überall großgezogen worden, sie sind zu unverhältnismäßig hoher Macht gelangt und suchen jetzt überall die totalitäre Kontrolle an sich zu reißen. [...] Welches auch die Schlussfolgerungen sind, die aus diesen Tatsachen gezogen werden können, eines steht fest, das ist sicher nicht das befreite Europa, für dessen Aufbau wir gekämpft haben. Es ist nicht ein Europa, das die unerlässlichen Elemente eines dauernden Friedens enthält.
Ich glaube nicht, dass Sowjetrussland den Krieg will. Was es will, das sind die Früchte des Krieges und die unbeschränkte Ausdehnung seiner Macht und die Verbreitung seiner Doktrin. Was wir aber heute, solange noch Zeit vorhanden ist, in Erwägung ziehen müssen, das sind die Mittel zur dauernden Verhütung des Krieges und zur Schaffung von Freiheit und Demokratie in allen Ländern.

Keesings Archiv der Gegenwart 1946, S. 669 f.

Wie bewertet Churchill die internationale Lage? Welche Kurskorrekturen spricht er an?

„Churchill und seine Vorläufer." Karikatur aus der sowjetischen Zeitschrift „Krokodil" vom März 1946. Auf den Flaggen steht: „Eiserner Vorhang über Europa" und „Die Angelsachsen sollten die Welt beherrschen."

- *Identifizieren Sie die beiden Personen in Churchills Schatten.*
- *Bewerten Sie die sowjetische Reaktion.*

M3 Die Truman-Doktrin

In seiner Rede vor dem amerikanischen Kongress am 12. März 1947 fordert Präsident Truman die Bereitstellung von 400 Millionen Dollar zur Unterstützung Griechenlands und der Türkei. Dadurch soll verhindert werden, dass kommunistische Kräfte im griechischen Bürgerkrieg die Macht an sich reißen.
Die bislang eher zahlungsunwillige republikanische Kongressmehrheit hatte Trumans Haushaltsplan, darunter auch die vorgesehenen Militärausgaben, kurz zuvor spürbar gekürzt. Nach der Rede bewilligte der Kongress sofort die geforderten Gelder.

Eins der ersten Ziele der Außenpolitik der Vereinigten Staaten ist es, Bedingungen zu schaffen, unter denen wir und andere Nationen uns ein Leben aufbauen können, das frei von Zwang ist. Das war ein grundlegender Faktor im Krieg gegen Deutschland und Japan. Wir überwanden mit unserem Sieg Länder, die anderen Ländern ihren Willen und ihre Lebensweise aufzwingen wollten. […]
In einer Anzahl von Ländern waren den Völkern kürzlich gegen ihren Willen totalitäre Regimes aufgezwungen worden. Die Regierung der Vereinigten Staaten hat mehrfach gegen Zwang und Einschüchterung bei der Verletzung des Jalta-Abkommens in Polen, Rumänien und Bulgarien protestiert. Und weiter muss ich feststellen, dass in einer Anzahl anderer Staaten ähnliche Entwicklungen stattgefunden haben. Im gegenwärtigen Abschnitt der Weltgeschichte muss fast jede Nation ihre Wahl in Bezug auf ihre Lebensweise treffen. Nur allzu oft ist es keine freie Wahl. Die eine Lebensweise gründet sich auf den Willen der Mehrheit und zeichnet sich durch freie Einrichtungen, freie Wahlen, Garantie der individuellen Freiheit, Rede- und Religionsfreiheit und Freiheit vor politischer Unterdrückung aus. Die zweite Lebensweise gründet sich auf den Willen einer Minderheit, der der Mehrheit aufgezwungen wird. Terror und Unterdrückung, kontrollierte Presse und Rundfunk, fingierte Wahlen und Unterdrückung der persönlichen Freiheiten sind ihre Kennzeichen.
Ich bin der Ansicht, dass es die Politik der Vereinigten Staaten sein muss, die freien Völker zu unterstützen, die sich der Unterwerfung durch bewaffnete Minderheiten oder durch Druck von außen widersetzen. Ich glaube, dass wir den freien Völkern helfen müssen, sich ihr eigenes Geschick nach ihrer eigenen Art zu gestalten. […]
Die Saat der totalitären Regimes gedeiht in Elend und Mangel. Sie verbreitet sich und wächst in dem schlechten Boden von Armut und Kampf. Sie wächst sich vollends aus, wenn in einem Volk die Hoffnung auf ein besseres Leben ganz erstirbt. Wir müssen diese Hoffnung am Leben erhalten. Die freien Völker der Erde blicken auf uns und erwarten, dass wir sie in der Erhaltung der Freiheit unterstützen.

Ernst Schräpler / Herbert Michaelis (Hrsg.), Ursachen und Folgen. Vom deutschen Zusammenbruch 1918 und 1945 bis zur staatlichen Neuordnung in der Gegenwart, Band 25, Berlin o. J., S. 148 ff.

Stellen Sie dar, inwiefern die Rede Trumans eine fundamentale Neuorientierung der amerikanischen Außenpolitik signalisiert.

M4 Die Welt ist in zwei Lager geteilt

Der sowjetische Delegierte Shdanow entwickelt auf Veranlassung Stalins bei der Gründung des Kommunistischen Informationsbüros (Kominform) am 30. September 1947 in Warschau die folgende Theorie:

Die Sowjetunion und die demokratischen Länder betrachteten als Hauptziele des Krieges die Wiederherstellung und Festigung der demokratischen Systeme in Europa, die Liquidierung des Faschismus, Verhütung der Möglichkeit einer neuen Aggression Deutschlands und allseitige dauernde Zusammenarbeit der Völker Europas. Die USA, und in Übereinstimmung mit ihnen Großbritannien, setzten sich im Krieg ein anderes Ziel: Beseitigung ihrer Konkurrenten auf dem Weltmarkt (Deutschland und Japan) und Festigung ihrer eigenen Vormachtstellung. Die Meinungsverschiedenheiten in der Zielsetzung des Krieges und der Aufgaben der Nachkriegsgestaltung haben sich in der Nachkriegszeit vertieft. Es bildeten sich zwei einander entgegengesetzte politische Richtungen heraus: auf dem einen Pol die Politik der UdSSR und der demokratischen Länder, die auf Untergrabung des Imperialismus und Festigung der Demokratie gerichtet ist, auf dem anderen die Politik der USA und Großbritanniens, die auf Stärkung des Imperialismus und Drosselung der Demokratie abzielt. Da die UdSSR und die Länder der neuen Demokratie ein Hindernis bei der Durchführung der imperialistischen Pläne des Kampfes um die Weltherrschaft und der Zerschlagung der demokratischen Bewegung sind, wurde ein Kreuzzug gegen die UdSSR und die Länder der neuen Demokratie proklamiert, der auch durch Drohungen mit einem neuen Krieg vonseiten der besonders eifrigen imperialistischen Politiker der USA und Englands bestärkt wird. Auf diese Weise entstanden zwei Lager: das imperialistische, antidemokratische Lager, dessen Hauptziel die Weltherrschaft des amerikanischen Imperialismus und die Zerschlagung der Demokratie ist, und das antiimperialistische und demokratische Lager, dessen Hauptziel die Untergrabung des Imperialismus, die Festigung der Demokratie und die Liquidierung der Überreste des Faschismus ist.

Keesings Archiv der Gegenwart 1947, S. 1207f.

1. *Nennen Sie die Länder, welche die Sowjetunion zu den demokratischen zählt. Erläutern Sie den sowjetischen Demokratiebegriff.*
2. *Erklären Sie, inwiefern die Ausführungen des sowjetischen Delegierten Shdanow eine Antwort auf Truman-Doktrin und Marshall-Plan sind.*
3. *Beurteilen Sie die Bedeutung der sogenannten Zwei-Lager-Theorie für das Verhältnis zwischen Moskau und den kommunistischen Parteien Osteuropas.*

M5 Die Lage der Frauen in der Nachkriegszeit

Aus der ersten empirisch-soziologischen Erhebung über Berliner Familien in den Jahren 1946/47:

Die meisten von uns wissen aus eigener Erfahrung, welche Zeit und Kraft das Herbeischaffen von Nahrung, von Holz, oft auch von Kohle beansprucht. Lange Fahrten mit der S-Bahn und daran anschließende Fußmärsche sind für zahlreiche Frauen aus dem Stadtinnern notwendig, um mehrmals in der Woche Brennholz aus den umliegenden Wäldern heranzuschleppen. Man sieht Scharen solcher schwer bepackter Frauen (auch Männer und Jugendliche) täglich in den Abteilen der S-Bahn und weiß, dass derartige Expeditionen einen halben oder ganzen Vormittag kosten. Hinzu kommt das oft stundenlange Warten der Frauen auf den Ämtern, um dort Ausweise, Bezugsscheine, Atteste, Erlaubnisscheine zu erlangen. Unzählige dringliche Beschaffungen für Gesunde und Kranke sind an derartige Scheine gebunden und erfordern Fahrten und lange Wartezeiten.
Aufmerksam beobachtende Ärzte haben diesen „Leerlauf", der im alltäglichen Leben der Familien eine erhebliche Rolle spielt, als „zermürbend" bezeichnet, weil hier unentwegt Energien verbraucht werden, die der wirklichen Arbeitsleistung entzogen, sozusagen im leeren Raum verpuffen. Da dieser Leerlauf oft von nagendem Hunger begleitet wird, kann er, besonders in der kalten Jahreszeit, empfindlich reagierende Menschen erheblich schwächen. Zeitraubendes Hin- und Herlaufen erfordern auch die unzähligen Tauschgeschäfte, in die fast alle Hausfrauen verstrickt sind, sei es um eine Rolle Näh- oder Stopfgarn zu erzielen, oder um einige Nähnadeln, ein Paar alte Schuhsohlen, Nägel und was immer im Augenblick nötig gebraucht wird, durch einfachen oder durch Kettentausch schließlich zu erwerben. Rechnet man die tatsächliche tägliche Arbeitsleistung der Hausfrauen hinzu, das immer mühseliger werdende Flicken der abgenutzten Wäsche, das Stopfen der Strümpfe, die Umänderung alter Kleider für heranwachsende Kinder, so begreift man, dass alle diese Arbeiten allein schon den Tag einer Familienmutter ausfüllen, ja häufig überfüllen. Dort, wo der Mann fehlt und die Kinder noch zu jung sind, werden die Sonntage von den Müttern häufig zu Hamsterfahrten benutzt, um von Fremden oder Verwandten aus der ländlichen Umgegend zusätzliche Nahrung heranzuholen. Im Winter erschwert das Zusammengedrängtsein in einem Raum die Haushaltsführung, weil in allzu großer Beengtheit ein ständiger Kampf geführt wird, um das Mindestmaß von Sauberkeit, Ordnung und Zufriedenstellung der einzelnen Familienmitglieder zu erreichen. […] Die zusätzlichen Arbeitsleistungen, die der Winter 1946/47 durch das

„Trümmerfrauen" in Berlin. Foto von 1945.
Durch zahlreiche Abbildungen hat sich das Bild der „Trümmerfrauen" ins Bewusstsein eingegraben, obwohl es nur einen kleinen Ausschnitt aus der Lebenswirklichkeit der Frauen im Nachkriegsdeutschland zeigt.

Einfrieren der Wasserleitungen, der Toiletten usw. brachte, werden durch die Familienberichte deutlich. [...] Um die Verknappung an brauchbarer und wärmender Kleidung, an Strümpfen und Schuhen irgendwie zu überwinden, tauschen Mütter oft genug ihre rationierten Lebensmittel in dringend benötigte Gebrauchsgegenstände um, z.B. ein Brot gegen ein Paar abgetragene Hausschuhe für den 14-jährigen Sohn. [...] Viele Mütter sparen sich etwa die Hälfte von dem Eigelbpulver monatlich auf, um dafür Wäschestücke, Strümpfe usw. für ihre Kinder einzutauschen. Auch das Milchpulver der Kinder oder die monatliche Zuckerration wandert öfter diesen Weg. Oder es wird Zucker gegen Brot getauscht (200 g Zucker = 1500 g Brot), oder auch Zucker gegen Geld (1 Pfund Zucker = 80 RM), um dafür Winterkleidung zu erwerben. Die meisten Frauen tun das nicht gedankenlos. Sie wägen ab, ob es ratsamer sei, dass ein Kind besser ernährt werde oder sich die Füße erfriere. Auch sich selbst entziehen Mütter Lebensmittel, um dafür den Kindern wärmende Kleidung oder Schuhe zu beschaffen.

Merith Niehuss/Ulrike Lindner (Hrsg.), Besatzungszeit, Bundesrepublik und DDR 1945–1969, Stuttgart 1998, S. 98 ff.

1. *Klären Sie die Begriffe „Kettentausch" und „Hamsterfahrt".*
2. *Recherchieren Sie die damalige Situation der Landbevölkerung. Wie sahen deren Reaktionen auf die im Text beschriebenen Hamsterfahrten der Stadtbevölkerung aus?*
3. *Informieren Sie sich über die Lebensbedingungen in Ihrem Heimatort in den Jahren 1945–1949. Führen Sie Gespräche mit Zeitzeugen und prüfen Sie die Aussage des Textes. Dokumentieren Sie Ihre Ergebnisse und schreiben Sie einen Einführungstext dazu.*

Deutsche Flüchtlinge und Vertriebene 1945 bis 1950.

M6 Vertreibung als Ausdruck der Rache

Aus Anlass des Besuches des deutschen Bundespräsidenten Richard von Weizsäcker in Prag hält der tschechoslowakische Staatspräsident Václav Havel (geb. 1936) am 15. März 1990 eine Ansprache, in der er auch auf die Vertreibung der Deutschen aus seinem Land eingeht. Erstmals bekennt sich ein führender Politiker der Tschechoslowakei zu der Verantwortung für das mit der Vertreibung begangene Unrecht:

Sechs Jahre nazistischen Wütens haben [...] ausgereicht, dass wir uns vom Bazillus des Bösen anstecken ließen, dass wir uns gegenseitig während des Krieges und danach denunzierten, dass wir – in gerechter, aber auch übertriebener Empörung – uns das Prinzip der Kollektivschuld zu eigen machten. Anstatt ordentlich all die zu richten, die ihren Staat verraten haben, verjagten wir sie aus dem Land und belegten sie mit einer Strafe, die unsere Rechtsordnung nicht kannte. Das war keine Strafe, das war Rache. Darüber hinaus verjagten wir sie nicht auf Grundlage erwiesener individueller Schuld, sondern einfach als Angehörige einer bestimmten Nation.

Und so haben wir in der Annahme, der historischen Gerechtigkeit den Weg zu bahnen, vielen unschuldigen Menschen, hauptsächlich Frauen und Kindern, Leid angetan.

Und wie es in der Geschichte zu sein pflegt, wir haben nicht nur ihnen Leid getan, sondern mehr noch uns selbst: Wir haben mit der Totalität so abgerechnet, dass wir ihren Keim in das eigene Handeln aufgenommen haben und so auch in die eigene Seele, was uns kurz darauf grausam zurückgezahlt wurde in Form unserer Unfähigkeit, einer anderen und von anderswoher importierten Totalität entgegenzutreten. Ja noch mehr: Manche von uns haben ihr aktiv auf die Welt geholfen. [...]

Die Opfer, die eine Wiedergutmachung verlangt, werden also – unter anderem – auch der Preis für die Irrtümer und Sünden unserer Väter sein.

Wir können die Geschichte nicht umkehren, und so bleibt uns neben der freien Erforschung der Wahrheit nur das Eine: Immer wieder freundschaftlich die zu begrüßen, die mit Frieden in der Seele hierher kommen, um sich vor den Gräbern ihrer Vorfahren zu verneigen oder anzusehen, was von den Dörfern übriggeblieben ist, in denen sie geboren wurden.

Presse- und Informationsamt der Bundesregierung (Hrsg.), Bulletin Nr. 36, 17. März 1990, S. 278

1. *Benennen Sie den Unterschied zwischen Strafe und Rache.*
2. *Erläutern Sie die Argumentation, mit der Havel die Vertreibung der Deutschen ein Unrecht nennt.*
3. *Bewerten Sie die Schlussfolgerung, die Havel für das Verhältnis der Tschechen zu den Deutschen zieht.*

M7 Zunahme (+) und Abnahme (–) der Bevölkerung in Prozent

	Abnahme der einheimischen Stammbevölkerung gegenüber der Wohnbevölkerung 1939	Zuzug seit 1939 auf 100 der Stammbevölkerung	Zunahme (+) bzw. Abnahme (–) der Wohnbevölkerung in % der Bevölkerung		
	1939–1946	1939–1946	1939–1946	1946–1950	1939–1950
Bundesrepublik Deutschland					
Schleswig-Holstein	– 9,6	+ 80,4	+ 63,0	+ 0,8	+ 63,3
Hamburg	– 25,3	+ 11,1	– 17,2	+ 14,4	– 6,2
Niedersachsen	– 9,0	+ 52,4	+ 38,3	+ 9,1	+ 49,7
Nordrhein-Westfalen	– 10,5	+ 9,8	– 1,8	+ 13,0	+ 10,6
Bremen	– 24,2	+ 14,6	– 13,8	+ 15,3	– 0,8
Hessen	– 9,0	+ 26,2	+ 14,8	+ 8,8	+ 24,3
Rheinland-Pfalz	– 12,3	+ 6,0	– 7,0	+ 9,6	+ 1,5
Bayern	– 6,4	+ 33,4	+ 24,9	+ 4,5	+ 29,6
Württemberg-Baden	– 9,9	+ 24,4	+ 12,1	+ 9,1	+ 21,5
Baden	– 10,5	+ 8,2	– 3,2	+ 13,2	+ 8,9
Württemberg-Hohenzollern	– 8,3	+ 12,4	+ 3,1	+ 12,5	+ 15,0
West-Berlin	–	–	– 26,7	+ 6,7	– 21,9
Groß-Berlin	– 31,0	+ 6,4	– 26,4	–	–
Bundesgebiet	–	–	+ 9,2	+ 9,2	+ 21,2
Deutsche Demokratische Republik					
Sachsen	– 13,0	+ 16,9	+ 1,7	+ 3,1	+ 4,0
Sachsen-Anhalt	– 13,0	+ 38,9	+ 20,9	– 1,3	+ 18,6
Thüringen	– 11,0	+ 35,3	+ 20,4	– 2,4	+ 16,8
Brandenburg	– 25,6	+ 40,8	+ 4,7	+ 1,3	+ 5,9
Mecklenburg	– 19,0	+ 87,8	+ 52,2	– 3,0	+ 45,6
Ost-Berlin	–	–	– 26,0	+ 1,2	– 25,1
DDR	–	–	+ 10,4	+ 0,2	+ 9,8

Nach: Merith Niehuss/Ulrike Lindner (Hrsg.), Besatzungszeit, Bundesrepublik und DDR 1945–1969 (Deutsche Geschichte in Quellen und Darstellung), Stuttgart 1998, S. 104f.

Vergleichen Sie die Zahlen der Großstädte Hamburg, Bremen und Berlin mit denen eines Flächenstaates wie Mecklenburg oder Baden-Württemberg. Wie lassen sich die Wellen der Zu- bzw. Abwanderung erklären?

Auf dem Weg in eine neue Heimat. Foto von 1945/46.

M8 Besatzungsziele der Siegermächte

Gemäß dem Kommuniqué über die Potsdamer Konferenz vom 2. August 1945 einigen sich die drei Siegermächte auf folgende Formulierungen zur Behandlung Deutschlands. Die endgültige Festlegung der Westgrenze Polens wird darin einer künftigen Friedenskonferenz vorbehalten:

III. Deutschland

[...] Es ist nicht die Absicht der Alliierten, das deutsche Volk zu vernichten oder zu versklaven. Die Alliierten wollen dem deutschen Volk die Möglichkeit geben sich vorzubereiten, sein Leben auf einer neuen demokratischen und friedlichen Grundlage von Neuem wieder aufzubauen. [...]

A. Politische Grundsätze

[...] 3. Die Ziele der Besetzung Deutschlands, durch welche der Kontrollrat sich leiten lassen soll, sind:

(I) Völlige Abrüstung und Entmilitarisierung Deutschlands und die Ausschaltung der gesamten deutschen Industrie, welche für eine Kriegsproduktion benutzt werden kann oder deren Überwachung. [...]

(II) Das deutsche Volk muss überzeugt werden, dass es eine totale militärische Niederlage erlitten hat, und dass es sich nicht der Verantwortung entziehen kann für das, was es auf sich geladen hat, dass seine eigene mitleidlose Kriegsführung und der fanatische Widerstand der Nazis die deutsche Wirtschaft zerstört und Chaos und Elend unvermeidlich gemacht haben.

(III) Die nationalsozialistische Partei mit ihren angeschlossenen Gliederungen und Unterorganisationen ist zu vernichten [...].

(IV) Die endgültige Umgestaltung des deutschen politischen Lebens auf demokratischer Grundlage und eine eventuelle friedliche Mitarbeit Deutschlands am internationalen Leben sind vorzubereiten.

4. Alle nazistischen Gesetze [...] müssen abgeschafft werden.

5. Kriegsverbrecher [...] sind zu verhaften und dem Gericht zu übergeben. [...]

6. Alle Mitglieder der nazistischen Partei, welche mehr als nominell an ihrer Tätigkeit teilgenommen haben, und alle anderen Personen, die den alliierten Zielen feindlich gegenüberstehen, sind aus den öffentlichen oder halböffentlichen Ämtern und von den verantwortlichen Posten in wichtigen Privatunternehmungen zu entfernen. [...]

7. Das Erziehungswesen in Deutschland muss so überwacht werden, dass die nazistischen und militärischen Lehrsätze völlig entfernt werden und eine erfolgreiche Entwicklung der demokratischen Ideen möglich gemacht wird.

8. Das Gerichtswesen wird entsprechend den Grundsätzen der Demokratie und der Gerechtigkeit auf der Grundlage der Gesetzlichkeit und der Gleichheit aller Bürger vor dem Gesetz ohne Unterschied der Rasse, der Nationalität und der Religion reorganisiert werden.

9. Die Verwaltung Deutschlands muss in Richtung auf eine Dezentralisation der politischen Struktur und der Entwicklung einer örtlichen Selbstverantwortung durchgeführt werden. Zu diesem Zwecke:

(I) Die lokale Selbstverwaltung wird in ganz Deutschland nach demokratischen Grundsätzen [...] wiederhergestellt.

(II) In ganz Deutschland sind alle demokratischen politischen Parteien zu erlauben und zu fördern [...].

(IV) Bis auf Weiteres wird keine zentrale deutsche Regierung errichtet werden. [...]

10. Unter Berücksichtigung der Notwendigkeit zur Erhaltung der militärischen Sicherheit wird die Freiheit der Rede, der Presse und der Religion gewährt. Die religiösen Einrichtungen sollen respektiert werden. Die Schaffung freier Gewerkschaften, gleichfalls unter Berücksichtigung der Notwendigkeit zur Erhaltung der militärischen Sicherheit, wird gestattet werden.

B. Wirtschaftliche Grundsätze

11. Mit dem Ziel der Vernichtung des deutschen Kriegspotenzials ist die Produktion von Waffen, Kriegsausrüstung und Kriegsmitteln, ebenso die Herstellung aller Typen von Flugzeugen und Seeschiffen zu verbieten und zu unterbinden. Die Herstellung von Metallen und Chemikalien, der Maschinenbau und die Herstellung anderer Gegenstände, die unmittelbar für die Kriegswirtschaft notwendig sind, ist streng zu überwachen und zu beschränken, entsprechend dem genehmigten Stand der friedlichen Nachkriegsbedürfnisse Deutschlands [...].

12. In praktisch kürzester Frist ist das deutsche Wirtschaftsleben zu dezentralisieren mit dem Ziel der Vernichtung der bestehenden übermäßigen Konzentration der Wirtschaftskraft [...].

Bei der Organisation des deutschen Wirtschaftslebens ist das Hauptgewicht auf die Entwicklung der Landwirtschaft und der Friedensindustrie für den inneren Bedarf (Verbrauch) zu richten.

14. Während der Besatzungszeit ist Deutschland als eine wirtschaftliche Einheit zu betrachten. [...]

15. Es ist eine alliierte Kontrolle über das deutsche Wirtschaftsleben zu errichten, jedoch nur in den Grenzen, die notwendig sind [...].

19. Die Bezahlung der Reparationen soll dem deutschen Volke genügend Mittel belassen, um ohne eine Hilfe von außen zu existieren. [...]

IV. Reparationen aus Deutschland

[...] 3. Die Reparationsansprüche der Vereinigten Staaten, des Vereinigten Königreiches und der anderen zu Reparationsforderungen berechtigten Länder werden aus den westlichen Zonen und den entsprechenden deutschen Auslandsguthaben befriedigt werden.

4. In Ergänzung der Reparationen, die die UdSSR aus ihrer eigenen Besatzungszone erhält, wird die UdSSR zusätzlich aus den westlichen Zonen erhalten:

a) 15% [der westlichen Reparationsgüter] im Austausch für einen entsprechenden Wert an Nahrungsmitteln, Kohle, Kali, Pottasche, Zink, Holz, Tonprodukten, Petroleumprodukten und solchen anderen Waren, nach Vereinbarung,

b) 10% [der westlichen Reparationsgüter] ohne Bezahlung oder Gegenleistungen irgendwelcher Art.

Herbert Michaelis u.a. (Hrsg.), Ursachen und Folgen. Vom deutschen Zusammenbruch 1918 und 1945 bis zur staatlichen Neuordnung in der Gegenwart, Band 24, Berlin o.J., S. 447ff.

1. *Arbeiten Sie die gemeinsamen Besatzungsziele heraus.*
2. *In welchen Formulierungen sind unterschiedliche Interpretationen und zukünftiger Streit angelegt? Begründen Sie Ihre Meinung.*
3. *Arbeiten Sie die Widersprüche zwischen den politischen und wirtschaftlichen Zielen des Kommuniqués heraus.*

M9 Landtagswahlen

In den Ländern der Westzonen treten 1946/47 die neu formierten Parteien zu Landtagswahlen an:

	Wahlbeteiligung in %	CDU/CSU		SPD		KPD		FDP		Sonstige	
		Mandate	% d. gült. Stimmen	Mandate	% d. gült. Stimmen	Mandate	% d. gült. Stimmen	Mandate	% d. gült. Stimmen	Mandate	% d. gült. Stimmen
Baden	67,8	34	55,9	13	22,4	4	14,3	9	7,4	–	–
Bayern	75,7	104	52,3	54	28,6	–	6,1	9	5,6	13	7,4
Bremen	67,8	24	22,0	46	41,7	10	8,8	17	19,4	3	13,6
Hamburg	79,0	16	26,7	83	43,1	4	10,4	7	18,2	–	1,6
Hessen	73,2	28	30,9	38	42,7	10	10,7	14	15,7	–	–
Niedersachsen	65,1	30	19,9	65	43,4	8	5,6	13	8,8	33	22,3
Nordrhein-Westfalen	67,3	92	37,5	64	32,0	28	14,0	12	5,9	20	10,6
Rheinland-Pfalz	77,9	48	47,2	34	34,3	8	8,7	11	9,8	–	–
Saarland	95,7	–	–	17	32,8	2	8,4	3	7,6	28	51,2
Schleswig-Holstein	69,8	21	34,0	43	43,8	–	4,7	–	5,0	6	12,5
Württemberg-Baden	71,7	39	38,4	32	31,9	10	10,2	19	19,5	–	–
Württ.-Hohenzollern	66,4	32	51,2	12	20,8	5	7,3	11	17,7	–	–

Merith Niehuss/Ulrike Lindner (Hrsg.), Besatzungszeit, Bundesrepublik und DDR 1945–1969 (Deutsche Geschichte in Quellen und Darstellung), Bd. 10, Stuttgart 1998, S. 86f.

Vergleichen Sie die nach 1945 entstehende Parteienlandschaft mit der in der Weimarer Republik. Lassen sich Kontinuitäten oder Brüche feststellen?

M10 Mit Zwang zur SED

Am 21./22. April 1946 schließen sich KPD und SPD auf einem „Vereinigungsparteitag" zur Sozialistischen Einheitspartei Deutschlands (SED) zusammen. Das britische Außenministerium analysiert die politische Situation in der SBZ unmittelbar zuvor:

Die SPD-Zeitungen wurden rigoroser Zensur unterworfen, SPD-Organisationen in den Provinzen nur noch dann Zusammenkünfte gestattet, wenn diese gemeinsam mit der KPD abgehalten wurden. Betriebsgruppen wurden vorgeladen, um Resolutionen zu einer sofortigen Vereinigung zu verabschieden. Die russischen Militärkommandeure begannen darauf zu bestehen, nur noch solche SPD-Mitglieder für führende Parteiposten auf Orts-, Bezirks- und Landesebene zu nominieren, die für die Vereinigung waren [...]. [Der SPD-Vorstand informierte am 15. Januar alle Landes- und Bezirksvorstände,] dass gemäß den gemeinsamen Beschlüssen von KPD und SPD vom 20. und 21. Dezember eine Vereinigung auf lokaler Ebene nicht erlaubt sei und die Parteien-Vereinigung lediglich von einer Parteiversammlung auf Reichsebene beschlossen werden könne. Die russische Militärbehörde verbot die Veröffentlichung dieser Instruktion. Verstöße gegen das Verbot resultierten in Redeverboten für Sprecher auf Versammlungen und in Festnahmen. Partei-Sekretäre, die der Vereinigung widerstrebend gegenüberstanden, [...] wurden entfernt, andere mit Arrest bedroht oder verhaftet und nach Oranienburg und Sachsenhausen verbracht [...].

Reiner Pommerin, Die Zwangsvereinigung von KPD und SPD zur SED. Eine britische Analyse vom April 1946, in: Vierteljahrshefte für Zeitgeschichte, 36. Jg. 1988, Heft 2, S. 328 f.

1. *Erläutern Sie die Ziele, die die sowjetischen Besatzungsbehörden verfolgten.*
2. *Bewerten Sie die demokratische Legitimation der Parteienvereinigung.*
3. *Im April 2001 entschuldigte sich die Führung der PDS (Partei des Demokratischen Sozialismus, Rechtsnachfolgerin der SED) für die Form, in der 1946 die Vereinigung von KPD und SPD vollzogen wurde. Diskutieren Sie die politische Bedeutung einer solchen Erklärung.*

M11 Die (Landtags-)Wahlen in der Sowjetischen Besatzungszone und in Berlin vom 20.10.1946

	Sachsen		Sachsen-Anhalt		Thüringen		Brandenburg		Mecklenburg		Gesamtergebnis	
Wahlberechtigte	3,803 Mio.		2,696 Mio.		1,912 Mio.		1,656 Mio.		1,301 Mio.		11,368 Mio.	
Wahlbeteiligung	92,5%		91,6%		90,7%		91,5%		90,1%		91,6%	
Gültige Stimmen	3,252 Mio.		2,324 Mio.		1,657 Mio.		1,459 Mio.		1,107 Mio.		9,799 Mio.	
	Anz. d. Mand.	**in % der gült. St.**	**Anz. d. Mand.**	**in % der gült. St.**	**Anz. d. Mand.**	**in % der gült. St.**	**Anz. d. Mand.**	**in % der gült. St.**	**Anz. d. Mand.**	**in % der gült. St.**	**Anz. d. Mand.**	**in % der gült. St.**
SED	59	49,1	51	45,8	50	49,3	44	43,5	45	49,5	249	47,5
CDU	28	23,3	24	21,9	19	18,9	31	30,3	31	34,1	133	24,5
LDPD	30	24,8	33	29,9	28	28,5	20	20,5	11	12,5	122	24,6
Massenorganisationen	3	2,8	2	2,4	3	3,3	5	5,7	3	3,9	16	3,4

Bundesministerium für gesamtdeutsche Fragen (Hrsg.), Die Wahlen in der Sowjetzone. Dokumente und Materialien, 1956, zit. nach: Jürgen Weber (Hrsg.), Geschichte der Bundesrepublik Deutschland, Band 1, München [4]1994, S. 193

Stadtverordnetenwahl in Berlin Wahlberechtigte 2,307 Mio. Wahlbeteiligung 92,3 % Gült. Stimmen 2,085 Mio.	Wahlbeteiligung %	SPD Anz. der Mandate	 in % der gültigen Stimmen	SED Anz. der Mandate	 in % der gültigen Stimmen	CDU Anz. der Mandate	 in % der gültigen Stimmen	LDPD Anz. der Mandate	 in % der gültigen Stimmen
Berlin	92,3	63	48,7	26	19,8	29	22,2	12	9,3
Sowjetischer Sektor	93,8		43,6		29,9		18,7		7,8
Amerikanischer Sektor	91,8		51,9		12,7		24,8		10,6
Britischer Sektor	90,3		50,8		10,4		27,0		11,8
Französischer Sektor	91,9		52,6		21,2		19,0		7,2

Hauptamt für Statistik von Groß-Berlin (Hrsg.), Berliner Statistik, Sonderheft 4, Jahrgang 1947

1. *Erschließen Sie die Gründe für die hohe Wahlbeteiligung.*
2. *Bewerten Sie das Wahlergebnis in den Ländern der SBZ. Welche Regierungsbildung lassen diese erwarten?*
3. *Vergleichen Sie die Ergebnisse mit den Landtagswahlen in den Ländern der Westzonen (S. 415). Welche Unterschiede/Gemeinsamkeiten fallen auf, wie lassen sich diese erklären?*

M12 Die Wende in der amerikanischen Deutschlandpolitik

Am 6. September 1946 hält US-Außenminister James F. Byrnes (1879–1972) in Stuttgart vor den Ministerpräsidenten der drei süddeutschen Länder eine Rede, die in Deutschland unter der Bezeichnung „Rede der Hoffnung" populär wurde. Der Text ist weitgehend von General Lucius D. Clay (1897–1978), Militärgouverneur der US-Besatzungszone, verfasst, der sowohl den Franzosen als auch den Russen vorgeworfen hat, die Einheit Deutschlands zu verhindern.

Es liegt weder im Interesse des deutschen Volkes noch im Interesse des Weltfriedens, dass Deutschland eine Schachfigur oder ein Teilnehmer in einem militärischen Machtkampf zwischen dem Osten und dem Westen wird. […]
Die Vereinigten Staaten sind der festen Überzeugung, dass Deutschland als Wirtschaftseinheit verwaltet werden muss und dass die Zonenschranken, soweit sie das Wirtschaftsleben und die wirtschaftliche Betätigung in Deutschland betreffen, vollständig fallen müssen. […]
Wir treten für die wirtschaftliche Vereinigung Deutschlands ein. Wenn eine völlige Vereinigung nicht erreicht werden kann, werden wir alles tun, was in unseren Kräften steht, um eine größtmögliche Vereinigung zu sichern. […]
Der Hauptzweck der militärischen Besetzung war und ist, Deutschland zu entmilitarisieren und entnazifizieren, nicht aber den Bestrebungen des deutschen Volkes hinsichtlich einer Wiederaufnahme seiner Friedenswirtschaft künstliche Schranken zu setzen. […]
Die Potsdamer Beschlüsse sahen nicht vor, dass Deutschland niemals eine zentrale Regierung haben sollte. Sie bestimmten lediglich, dass es einstweilen noch keine zentrale deutsche Regierung geben sollte. Dies war nur so zu verstehen, dass keine deutsche Regierung gebildet werden sollte, ehe eine gewisse Form von Demokratie in Deutschland Wurzeln gefasst und sich ein örtliches Verantwortungsbewusstsein entwickelt hätte. […]
Die Vereinigten Staaten treten für die baldige Bildung einer vorläufigen deutschen Regierung ein. […]
Während wir darauf bestehen werden, dass Deutschland die Grundsätze des Friedens, der gutnachbarlichen Beziehungen und der Menschlichkeit befolgt, wollen wir nicht, dass es der Vasall irgendeiner Macht oder irgendwelcher Mächte wird oder unter einer in- oder ausländischen Diktatur lebt. Das amerikanische Volk hofft, ein friedliches und demokratisches Deutschland zu sehen, das seine Freiheit und seine Unabhängigkeit erlangt und behält. […]
Die Vereinigten Staaten können Deutschland die Leiden nicht abnehmen, die ihm der von seinen Führern angefangene Krieg zugefügt hat. Aber die Vereinigten Staaten haben nicht den Wunsch, diese Leiden zu vermehren oder dem deutschen Volk die Gelegenheit zu verweigern, sich aus diesen Nöten herauszuarbeiten, solange es menschliche Freiheit achtet und vom Wege des Friedens nicht abweicht.
Das amerikanische Volk wünscht, dem deutschen Volk die Regierung Deutschlands zurückzugeben. Das amerikanische Volk will dem deutschen Volk helfen, seinen Weg zurückzufinden zu einem ehrenvollen Platz unter den freien und friedliebenden Nationen der Welt.

Helmut Krause und Karlheinz Reif (Bearb.), Die Welt seit 1945 (Geschichte in Quellen), München 1980, S. 91ff.

1. *Arbeiten Sie heraus, warum die Westdeutschen die Rede des amerikanischen Außenministers als eine Wende empfinden konnten.*
2. *Erörtern Sie, wie die Rede von Byrnes auf die sowjetische beziehungsweise französische Regierung wirken musste.*

M13 Besatzungsstatut

Die Militärgouverneure der französischen, amerikanischen und britischen Zone erlassen am 10. April 1949 das „Besatzungsstatut zur Abgrenzung der Befugnisse und Verantwortlichkeiten zwischen der zukünftigen deutschen Regierung und der Alliierten Kontrollbehörde". Es gilt vom 21. September 1949 bis zum 4. Mai 1955:

(1) Die Regierungen Frankreichs, der Vereinigten Staaten und des Vereinigten Königreiches wünschen und beabsichtigen, dass das deutsche Volk während des Zeitraumes, in dem die Fortsetzung der Besetzung notwendig ist, das größtmögliche Maß an Selbstregulierung genießt, das mit einer solchen Besetzung vereinbar ist. Abgesehen von den in diesem Statut enthaltenen Beschränkungen besitzen der Bund und die ihm angehörenden Länder volle gesetzgebende, vollziehende und richterliche Gewalt gemäß dem Grundgesetz und ihren Verfassungen.

(2) Um die Verwirklichung der Grundziele der Besetzung sicherzustellen, bleiben die Befugnisse [...] auf folgenden Gebieten ausdrücklich vorbehalten:

a) Abrüstung und Entmilitarisierung, einschließlich der damit zusammenhängenden wissenschaftlichen Forschungsgebiete, der Verbote und Beschränkungen der Industrie und der Zivilluftfahrt;

b) Kontrollmaßnahmen hinsichtlich der Ruhr[1], Restitutionen[2], Reparationen, Dekartellierung[3], Entflechtung, Handelsdiskriminierungen, ausländische Vermögenswerte in Deutschland und Ansprüche gegen Deutschland;

c) auswärtige Angelegenheiten, einschließlich der von Deutschland oder in seinem Namen abgeschlossenen internationalen Abkommen;

d) Displaced Persons und die Zulassung von Flüchtlingen;

e) Schutz, Ansehen und Sicherheit der alliierten Streitkräfte, Familienangehörigen, Angestellten und Vertreter, ihre Immunitätsrechte sowie die Deckung der Besatzungskosten und ihrer sonstigen Bedürfnisse;

f) die Beachtung des Grundgesetzes und der Länderverfassungen;

g) die Kontrolle über den Außenhandel und den Devisenverkehr;

h) die Kontrolle über innere Maßnahmen nur in dem Mindestumfang, der erforderlich ist, um die Verwendung von Geldern, Nahrungsmitteln und anderen Gütern in der Weise zu gewährleisten, dass der Bedarf an ausländischen Hilfeleistungen für Deutschland auf ein Mindestmaß herabgesetzt wird;

i) die Kontrolle der Verwaltung und Behandlung derjenigen Personen in deutschen Gefängnissen, die vor den Gerichten oder Tribunalen der Besatzungsmächte oder Besatzungsbehörden angeklagt oder von diesen verurteilt worden sind, sowie die Kontrolle über die Vollstreckung der gegen sie verhängten Strafen [...].

(3) [...] Die Besatzungsbehörden behalten sich jedoch das Recht vor, auf Weisung ihrer Regierungen die Ausübung der vollen Gewalt ganz oder teilweise wieder zu übernehmen, wenn sie dies als wesentlich erachten für ihre Sicherheit oder zur Aufrechterhaltung der demokratischen Regierungsform in Deutschland [...].

(4) Die deutsche Bundesregierung und die Regierungen der Länder haben die Befugnis, nach ordnungsgemäßer Benachrichtigung der Besatzungsbehörden auf den diesen Behörden vorbehaltenen Gebieten Gesetze zu erlassen und Maßnahmen zu treffen, es sei denn, dass die Besatzungsbehörden ausdrücklich etwas anderes bestimmen oder dass solche Gesetze oder Maßnahmen mit den eigenen Entscheidungen oder Maßnahmen der Besatzungsbehörden unvereinbar sind.

(5) Jede Änderung des Grundgesetzes bedarf vor ihrem Inkrafttreten der ausdrücklichen Genehmigung der Besatzungsbehörden.

Christoph Kleßmann, Die doppelte Staatsgründung. Deutsche Geschichte 1945-1955, Bonn ^{5}1991, S. 459 f.

Erläutern Sie den politischen Rahmen, den das Besatzungsstatut der Bundesrepublik gibt.

---

1 *Das Ruhrgebiet galt aufgrund seiner Industrieansammlung als deutsche „Waffenschmiede". Unter den Siegermächten war seine Stellung in der Nachkriegsordnung umstritten. Nachdem es zunächst Teil der britischen Zone war, wurde von 1949 bis 1951 eine internationale Ruhrbehörde eingesetzt, die die Produktion des Ruhrgebietes an Kohle, Koks und Stahl kontrollieren und eine wirtschaftliche Konzentration verhindern sollte.*

2 *Restitution: Zurückerstattung*

3 *Dekartellierung: Auflösung von Kartellen, d. h. von Unternehmensvereinigungen in der Industrie*

M14 Im Schlepptau der Siegermächte

Zur Gründung der DDR hält Ministerpräsident Otto Grotewohl (1894–1964) am 12. Oktober 1949 eine Rede:

Der westdeutsche Sonderstaat ist nicht in Bonn, sondern in London entstanden. Bonn hat nur die Londoner Empfehlungen, die in Wahrheit Befehle der westlichen Alliierten waren, ausgeführt. […]
Statt der im Potsdamer Abkommen vorgesehenen Demokratisierung, Entmilitarisierung und Entnazifizierung Deutschlands sind sie [die Westmächte] bestrebt, die von ihnen besetzten Teile Deutschlands in eine Kolonie zu verwandeln, die mit den traditionellen Methoden imperialistischer Kolonialherrschaft regiert und ausgebeutet wird. Von Demokratisierung, Entmilitarisierung und Entnazifizierung ist keine Rede. Die von Anfang an sorgfältig konservierten Kräfte der deutschen Reaktion […] haben mit aktiver Unterstützung der Besatzungsmächte die alten Machtpositionen wieder eingenommen. […]
Wir wissen, dass wir in unserem Kampf um die Einheit Deutschlands, der ein Bestandteil des Kampfes um den Frieden ist, nicht allein stehen. Wir haben das Glück, uns in diesem Kampf auf das große Lager des Friedens in der Welt stützen zu können, dessen ständig zunehmende Stärke die imperialistischen Kriegsinteressen Schritt um Schritt zurückdrängt. Diese Kräfte des Friedens in der ganzen Welt werden geführt von der Sowjetunion, die eine andere Politik als die Politik des Friedens weder kennt noch kennen kann.

Plakat zur ersten Volkskammerwahl in der DDR am 15. Oktober 1950.
Eine Einheitsliste der „Nationalen Front", die alle Parteien und Massenorganisationen vereinte und die Kandidaten festlegte, sicherte der SED die Macht.

Am 15. Oktober 1949 antwortet der SPD-Vorsitzende Kurt Schumacher (1895–1952) im Deutschen Bundestag auf die Rede Grotewohls:

Man kann erfolgreich bestreiten, dass der neue Oststaat überhaupt ein Staat ist. Dazu fehlt ihm auch der Ansatz zur Bildung einer eigenen Souveränität, er ist eine Äußerungsform der russischen Außenpolitik. […]
Jetzt ist der Oststaat ein Versuch, die magnetischen Kräfte des Westens mithilfe staatlicher Machtmittel und eines scheinbaren Willens der deutschen Bevölkerung dieser Zone abzuwehren. Er bedeutet die Anerkennung der Tatsache, dass bis auf Weiteres das große russische Unternehmen, ganz Deutschland in die politischen, gesellschaftlichen, wirtschaftlichen und kulturellen Formen der Sowjets hineinzuzwingen, gescheitert ist. Die Loslösung der Ostzone durch die Russen, wie sie 1945 radikal und erfolgreich eingeleitet wurde, bedeutet das Hinausdrängen der westalliierten Einflüsse und der internationalen Kritik. Es war aber zur gleichen Zeit das Ende jeder demokratischen Freiheit der Deutschen in dieser Zone. Die westlichen Alliierten tragen an dieser Entwicklung viel Schuld. […]
Das darf nicht darüber hinwegtäuschen, dass die Etablierung dieses sogenannten Oststaates eine Erschwerung der deutschen Einheit ist. Die Verhinderung dieser Einheit aber kann dieses Provisorium im Osten nicht bedeuten, weil das deutsche Volk und besonders die Bevölkerung der Ostzone Gebilde russischer Machtpolitik auf deutschem Boden ablehnt.

Erster Text: Otto Grotewohl, Im Kampf um die einige Deutsche Demokratische Republik. Reden und Aufsätze, Band 1, Berlin 1959, S. 489 ff.
Zweiter Text: Wolfgang Benz, Die Gründung der Bundesrepublik. Von der Bizone bis zum souveränen Staat, München 1984, S. 160 f.

1. *Weisen Sie nach, wie bestimmte Begriffe unterschiedliche inhaltliche Bedeutung gewinnen, je nachdem, ob sie im Osten oder im Westen verwendet werden.*
2. *Erläutern Sie, was Schumacher unter den „magnetischen Kräften" des Westens versteht.*
3. *Diskutieren Sie Schumachers Aussage über die „Schuld der Westmächte".*

10.2 Politische und gesellschaftliche Entwicklungen in der Bundesrepublik Deutschland

Arbeiter hängen Plakate mit dem Motto der Ersten Industrieausstellung in Düsseldorf auf. Foto von 1952.

Mai 1955	Die Pariser Verträge regeln die Beziehungen zwischen den Staaten der „westlichen Gemeinschaft" neu – die Besatzungszeit endet; die Bundesrepublik tritt der NATO bei; der Warschauer Pakt wird als Verteidigungsbündnis der Ostblockstaaten gegründet
11.–17.4.1968	Nach dem Mordanschlag auf Rudi Dutschke kommt es in der Bundesrepublik zu Massendemonstrationen und gewaltsamen Auseinandersetzungen
30.5.1968	Die Notstandsgesetze werden im Bundestag verabschiedet
21.10.1969	Willy Brandt wird zum Bundeskanzler gewählt
1972/73	Die Ost-Verträge, das Berliner Viermächte-Abkommen und der Grundlagenvertrag treten in Kraft
12.12.1979	Die Mitgliedstaaten der NATO verabschieden den NATO-Doppelbeschluss
22.11.1983	Der Bundestag billigt die Stationierung amerikanischer Mittelstreckenraketen in der Bundesrepublik
6.3.1983	„Die Grünen" ziehen zum ersten Mal in den Bundestag ein

Grundlinien der Außenpolitik Adenauers

Stabilität und Berechenbarkeit wurden die hervorstechenden Kennzeichen der Außenbeziehungen der Bundesrepublik seit 1949. Die außenpolitische Grundorientierung seit Bundeskanzler Konrad Adenauer lautete: Sicherung von Frieden, Freiheit, Einheit im Rahmen der westlichen Staatengemeinschaft. Kennzeichneten Hegemoniestreben, Revisionismus und zuletzt Wille zum Krieg die deutsche Außenpolitik der ersten Hälfte des 20. Jahrhunderts, so bestimmten Friedenspolitik, weltweiter Außenhandel sowie außenpolitische Selbstbindung aus Eigeninteresse und gesellschaftlich verwurzelter Einsicht den außenpolitischen Kurs aller Bundesregierungen seit 1949. Vier Jahrzehnte lang bestimmte der *Ost-West-Konflikt* den Rahmen für ihr außenpolitisches Handeln. Auf Phasen der Spannung wie der Entspannung im Verhältnis der beiden Supermächte zueinander reagierte die Bundesrepublik jeweils durch Anpassung an die internationale Politik.

Aus der Tatsache der vom Ost-West-Konflikt beherrschten bipolaren Staatenwelt zog Bundeskanzler Adenauer die Konsequenz einer politischen, wirtschaftlichen und kulturellen *Westorientierung* der jungen Bundesrepublik. Aus einer Position der Stärke sollte der freie und ökonomisch attraktive westliche Teilstaat eine unwiderstehliche Anziehungskraft auf die Deutschen im sowjetischen Herrschaftsbereich ausüben (Magnetwirkung). Die eigene Überlegenheit würde nach Ansicht des Bundeskanzlers eine Wiedervereinigung „in Frieden und Freiheit" zustande bringen, wobei ein künftiges demokratisches Gesamtdeutschland unaufhebbar mit dem Westen verbunden bleiben sollte. Die Bundesrepublik wurde zum „Limes des Abendlandes" gegenüber einer als expansiv und gefährlich eingeschätzten Sowjetunion.

Neues Sicherheitsdenken im Westen – deutsche Wiederbewaffnung

Der *Überfall von Truppen des kommunistischen Nordkorea auf das unter amerikanischem Einfluss stehende Südkorea* im Sommer 1950 beschleunigte die Neuorientierung der westlichen Sicherheitspolitik. Alle Befürchtungen über sowjetische Welteroberungspläne schienen sich zu bestätigen. Nur wenn der Westen militärische Stärke zeigte, würde sich Westeuropa gegenüber sowjetischem Druck behaupten können. Um dieses Ziel zu erreichen, wurden von den westlichen Regierungen auch wieder deutsche Soldaten in Kauf genommen.

Die USA machten ihre weitere militärische Präsenz in Europa von der Bereitschaft der Europäer abhängig, selbst verstärkte Rüstungsanstrengungen zu unternehmen und auch die Wiederbewaffnung Westdeutschlands zu akzeptieren. Das war damals nicht populär, weder in weiten Kreisen der bundesdeutschen Bevölkerung noch in Frankreich. Die französische Regierung schlug im Oktober 1950 vor, eine europäische Armee unter einem französischen Oberkommandierenden zu schaffen, in die die deutschen Truppen voll integriert wären. Damit hoffte sie, den amerikanischen Forderungen zu entsprechen und zugleich die Deutschen unter Kontrolle zu halten.

Bundeskanzler Adenauer sah die Chance, schneller als erwartet das Besatzungsregime beenden und – ihm besonders wichtig – eine amerikanische militärische Sicherheitsgarantie für die Bundesrepublik erwirken zu können. Die Wiederbewaffnung war der Preis, den er dafür zu zahlen bereit war, ungeachtet der Kritik aus der Opposition und Teilen der Bevölkerung. Die Kritiker hielten ihm mangelnden Wiedervereinigungswillen vor. Adenauer argumentierte dagegen, erst müsse der Westen auch militärisch stark werden, bevor man mit der Sowjetunion über eine Wiedervereinigung Deutschlands verhandeln könne.

Nach langwierigen deutsch-alliierten Verhandlungen in Bonn über die Beendigung des Besatzungsregimes (*Deutschland-Vertrag*) und in Paris über eine *Europäische Verteidigungsgemeinschaft* (*EVG-Vertrag*[1]) kam es im Mai 1952 zum Abschluss der Verträge, die der Bundesrepublik die Souveränität versprachen. Das Ende der Nachkriegszeit war in greifbare Nähe gerückt. Die Antwort Moskaus darauf erfolgte prompt: Am Tag der Unterzeichnung des Deutschland-Vertrags riegelten Sicherheitskräfte der DDR die Grenze nach Westdeutschland ab.

SED-Plakat gegen Adenauers Politik der Westintegration, 1951.

▶ Benennen Sie die einzelnen Bildmotive und ihre Funktion.

[1] *Der Vertrag über eine Europäische Verteidigungsgemeinschaft (EVG) zwischen Frankreich, Italien, den Beneluxstaaten und der Bundesrepublik sah die Integration eines wiederbewaffneten Deutschlands in eine westeuropäische Armee vor.*

Plakat der Gesamtdeutschen Volkspartei (GVP) zur Bundestagswahl 1953.
Aus Protest gegen die von Bundeskanzler Adenauer betriebene Wiederbewaffnung trat Innenminister Gustav Heinemann (CDU) 1950 zurück. 1952 gründete er zusammen mit der früheren Zentrumspolitikerin Helene Wessel die Gesamtdeutsche Volkspartei.

Plakat des CDU-Pressedienstes, um 1950.

Die Pariser Verträge – Ende der Besatzungszeit

Adenauers fulminanter Wahlsieg am 6. September 1953 – die CDU/CSU erhielt 45,2 Prozent der Stimmen – wurde als eine quasi plebiszitäre Bestätigung seiner Westpolitik interpretiert. Die oppositionelle SPD musste mit 28,8 Prozent eine schwere Niederlage hinnehmen. Ein Jahr später allerdings schien alles wieder offen zu sein, als die französische Nationalversammlung am 30. August 1954 den EVG-Vertrag ablehnte. Einen Ausweg aus der Krise fand jedoch der britische Außenminister *Robert Anthony Eden*. Auf seine Initiative hin wurde der Brüsseler Beistandspakt, den Großbritannien, Frankreich und die Beneluxstaaten am 17. März 1948 abgeschlossen hatten, durch den Beitritt der Bundesrepublik und Italiens zu einer *Westeuropäischen Union (WEU)* erweitert. Diese stellte vor allem eine gegenüber der Bundesrepublik wirksame Rüstungskontrolleinrichtung dar. Damit wurde den französischen Sicherheitsinteressen Rechnung getragen. Gleichzeitig wurde die Bundesrepublik in die NATO aufgenommen. Die beteiligten neun Mächte – Frankreich, Großbritannien, USA, Beneluxstaaten, Italien, Bundesrepublik, Kanada – einigten sich im September/Oktober 1954 in den *Pariser Verträgen* auf diese Vereinbarungen, nachdem die Bundesrepublik den Verzicht auf die Herstellung von atomaren, bakteriellen und chemischen Waffen erklärt hatte (→ M1).
Das Ende des Besatzungsregimes wurde in einer für die deutsche Seite verbesserten Fassung des Deutschland-Vertrags endgültig festgestellt. Die Westmächte erklärten sich darin bereit, „mit friedlichen Mitteln ihr gemeinsames Ziel zu verwirklichen: ein wiedervereinigtes Deutschland, das eine freiheitlich-demokratische Verfassung, ähnlich wie die Bundesrepublik, besitzt und das in die europäische Gemeinschaft integriert ist". Diese Übereinkunft blieb bis 1990 in Geltung und wurde im Zuge der Wiedervereinigung Deutschlands verwirklicht. Auch der Streit mit Frankreich über die wirtschaftliche Einbeziehung des Saarlandes in dessen Einflusszone konnte beigelegt werden. Die übergroße Mehrheit der Saarländer votierte für den Beitritt zur Bundesrepublik ab 1957. Das war die erste „kleine" Wiedervereinigung in Deutschland.

Blockbildung

Begleitet von heftigen parteipolitischen Auseinandersetzungen und öffentlichen Demonstrationen von SPD, Gewerkschaften und Kreisen der evangelischen Kirche gegen die Schaffung einer *Bundeswehr* stimmte der Bundestag Ende Februar 1955 mit der Mehrheit der Regierungsparteien den Pariser Verträgen zu. Sie traten am 5. Mai 1955 in Kraft. Vier Tage später trat die Bundesrepublik als 15. Mitglied der NATO bei. Das war eine der zentralen Weichenstellungen der Nachkriegszeit.

Als gleichberechtigter Partner des westlichen Verteidigungsbündnisses hatte die Bundesrepublik – nur zehn Jahre nach Kriegsende – den *Status eines souveränen Landes* unter gewissen Vorbehalten bekommen. Diese betrafen die alliierten Sonderrechte für ihre Truppen in Westdeutschland, die Rechte der Westmächte hinsichtlich Berlins und für „Deutschland als Ganzes" bei einem späteren Friedensvertrag.

Fortan garantierte die NATO die Sicherheit für Westdeutschland und gleichzeitig die Sicherheit vor Deutschland. Das amerikanische Konzept einer „doppelten Eindämmung" – Abwehr des sowjetischen Hegemonialstrebens, Einbindung der (West-)Deutschen in die westliche Staatengemeinschaft – war verwirklicht. Adenauer sah darin die Voraussetzung für das langfristige Ziel einer Wiedervereinigung, seine politischen Gegner sprachen hingegen von einer Festschreibung der Teilung Deutschlands. Sie schienen zunächst auch Recht zu behalten.

Die Blockbildung in Europa und Deutschland fand ihr vorläufiges Ende mit der Gründung des *Warschauer Paktes* am 14. Mai 1955, zu dessen Unterzeichnerstaaten auch die DDR gehörte. Bereits Anfang 1956 wurde diese mit der *Nationalen Volksarmee* militärischer Teil des sowjetisch beherrschten Ostblocks.

Mit der Herausbildung eines militärischen Gleichgewichts zwischen den beiden atomaren Supermächten seit Mitte der Fünfzigerjahre verfestigte sich der Status quo in Europa und somit auch in Deutschland. Bundeskanzler Adenauer legte den Akzent seiner Außenpolitik auf die Stärkung der westlichen Staatengemeinschaft und die *deutsch-französische Aussöhnung*. Diesem Ziel dienten die Gründung der *Europäischen Wirtschaftsgemeinschaft* 1957 und der enge Schulterschluss mit dem französischen Staatspräsidenten *Charles de Gaulle*, der seinen Höhepunkt im *deutsch-französischen Freundschaftsvertrag* von 1963 fand (vgl. S. 478).

Die akzeptierte Demokratie

Im Gegensatz zu den Verhältnissen in der Weimarer Republik entwickelte sich die Bundesrepublik zu einem politisch stabilen Staat. Vor allem das *Wirtschaftswunder*, der Aufbau des Sozialstaates (s. S. 424) und die Handlungsfähigkeit der Regierungen unter Bundeskanzler Konrad Adenauer (1949–1963) festigten die Bonner Demokratie.

1949 war die Gefahr einer politischen Radikalisierung der Bevölkerung angesichts ungesicherter wirtschaftlicher Verhältnisse, Arbeitslosigkeit, sozialer Not und eines nicht geringen Potenzials politisch Unbelehrbarer noch durchaus real. Als die Besatzungsmächte Anfang 1950 den *Lizenzzwang für politische Parteien* aufhoben, entstanden in kurzer Zeit rund 30 neue, zumeist nationale und rechtsextremistische Parteien.

Nach der zweiten Bundestagswahl 1953 setzte eine Entwicklung ein, die bis Anfang der Achtzigerjahre kennzeichnend für das Parteiensystem der Bundesrepublik und die Mehrheitsverhältnisse im Bundestag blieb: Die Zahl der im Bundestag vertretenen Parteien nahm stark ab, und die insgesamt auf die beiden großen Gruppierungen – Unionsparteien und Sozialdemokratie – entfallenden Stimmen nahmen zu. CDU/CSU, SPD und FDP waren und blieben die bestimmenden politischen Parteien.

Herausbildung der Volksparteien

Mit den Wahlerfolgen Adenauers bildete sich in der Bundesrepublik ein neuer Parteientypus heraus – die *Volkspartei*. Die CDU (und in Bayern die CSU) entwickelte sich zu einer bürgerlichen Sammlungsbewegung, die für alle großen sozialen Gruppen und Schichten wählbar war. Pragmatisch suchte sie den Ausgleich zwischen den verschiedenen sozialen Interessen und innerparteilichen Gruppierungen.

Nach mehreren empfindlichen Wahlniederlagen wandelte sich auch die klassische Arbeiterpartei SPD zu einer modernen Volkspartei. Die Wähler hatten ihre grundsätzliche Opposition gegen die Außen- und Wirtschaftspolitik der Regierung Adenauer nicht belohnt. Sozialdemokratische Landespolitiker und Reformer in der Parteiführung wie *Willy Brandt* (1913–1992) und *Herbert Wehner* setzten einen Kurswechsel durch. Dieser fand seinen Niederschlag in einem neuen Parteiprogramm, dem *Godesberger Programm* von 1959, das an die Stelle des marxistisch orientierten Heidelberger Programms von 1925 trat. Die nun ebenfalls vertretene Politik der Westintegration und der Sozialen Marktwirtschaft öffnete die SPD für neue Wählerschichten, die sich von einer gemäßigt linken reformistischen Volkspartei, orientiert an den Grundwerten Freiheit, Gerechtigkeit und Solidarität, angesprochen fühlten.

Der scharfe Gegensatz zwischen Unionsparteien und SPD verschwand, Koalitionen zwischen ihnen wurden denkbar. Allein die FDP konnte sich zwischen beiden Großparteien als „dritte Kraft" halten, getragen von ihrer Klientel – geprägt von Akademikern und Selbstständigen. In den Jahren 1949 bis 1956 und 1961 bis 1966 regierte die FDP als Partner der Union mit.

Politisches Klima im Zeichen des Antikommunismus

Unter Politikern und Bürgern verbreitet war das Gefühl, vom Sowjetkommunismus bedroht zu sein. Begründet war diese Einstellung zum einen in der erfolgreichen jahrelangen Propaganda der Nationalsozialisten vom „bolschewistischen Untermenschen". Hinzu kamen die Erfahrungen und Ereignisse der Nachkriegszeit: Gefangenschaft in der Sowjetunion, Plünderungen und Vergewaltigungen, Flucht und Vertreibung, sowjetische Reparationspolitik und Regierungsmaßnahmen der SED (s. S. 395, 442 ff.). Der Antikommunismus diente dabei als Integrationsideologie für die noch ungefestigte Demokratie in Westdeutschland.

Die westdeutsche KPD war ein Instrument der SED, weitgehend von Ostberlin finanziert und gelenkt. Obwohl zahlenmäßig unbedeutend, galt sie als eine Gefahr für die demokratische Verfassungsordnung. Deshalb ging die Bundesregierung straf- und dienstrechtlich gegen Kommunisten im öffentlichen Dienst vor; verschiedene der KPD nahestehende Organisationen wurden für verfassungswidrig erklärt, ihre Mitglieder mit Billigung der Arbeitsgerichte aus dem öffentlichen Dienst entlassen, bis schließlich die Partei 1956 vom Bundesverfassungsgericht verboten wurde.[1]

Der Antikommunismus wurde aber auch parteipolitisch instrumentalisiert, wenn die Regierungsparteien oppositionelle Kritik an den Eigentumsverhältnissen und außerparlamentarische Aktionen gegen die Außenpolitik Adenauers als kommunistisch inspiriert diffamierten. Eine Neigung zur vereinfachenden Schwarz-Weiß-Malerei in der bundesdeutschen Gesellschaft – hier die heile Welt des Westens, dort die böse kommunistische Welt des Ostens – war nicht zu übersehen.

Der Sozialstaat schafft Stabilität

Als ein wichtiger Stützpfeiler der jungen Demokratie erwies sich ihre erfolgreiche Sozialpolitik. Das *Sozialstaatsgebot* des Grundgesetzes (Artikel 20 Absatz 1) legte den Staat auf eine Politik zur Verwirklichung von sozialer Gerechtigkeit und sozialer Sicherheit fest. Die Freiheitsrechte des Menschen als Kernbestand der neuen Verfassung sollten auch für die sozial und wirtschaftlich Schwachen realisiert werden. Denn die Not weiter Teile der Bevölkerung am Ende der Weimarer Republik und deren Anfälligkeit für die Schlagworte radikaler Parteien waren noch in lebhafter Erinnerung. Ohne sozialen Frieden im Land würde der politische und wirtschaftliche Wiederaufbau nicht gelingen, die Demokratie nicht Wurzeln schlagen – darin waren sich alle maßgeblichen politischen Kräfte einig.

Zunächst ging es um die Bewältigung der unmittelbaren Kriegsfolgen. In einer im Rückblick erstaunlich kurzen Zeit gelang es dem Gesetzgeber, diese außergewöhnliche Herausforderung rechtlich und materiell zu bewältigen. Auf die *Kriegsopferversorgung* (1950) für 4,5 Millionen Menschen folgten gesetzliche Maßnahmen zum Schutz und zur beruflichen *Wiedereingliederung von Schwerbeschädigten* (1953) und umfangreiche Hilfen für Vertriebene (*Bundesvertriebenengesetz*, 1953).

Mit dem *Lastenausgleichsgesetz* (1952) wurden die Mitbürger entschädigt, die durch Krieg und Vertreibung ihr Hab und Gut verloren hatten. Für die vom NS-Regime in Deutschland aus rassischen, politischen und religiösen Gründen Verfolgten sah das *Bundesentschädigungsgesetz* (1953) Wiedergutmachungsleistungen in Form von Renten, Beihilfen etc. vor (Gesamtaufwand bis 1999 etwa 53 Mrd. Euro). Auch die staatliche Förderung des Wohnungsbaus trug entscheidend dazu bei, die Notsituation der Nachkriegszeit zu überwinden. Bis 1961 wurden sechs Millionen neue Wohnungen gebaut.

Eine der wichtigsten sozialpolitischen Neuerungen der Nachkriegszeit brachte die *Rentenreform* von 1957, bei der die Renten um 60 Prozent erhöht und – das war das Neue – jährlich an die allgemeine Lohnentwicklung angepasst („dynamisiert") wurden. Erstmals wurde der Zirkel von Alter und Armut durchbrochen.

Das „Wirtschaftswunder"

Die Grundlage aller staatlichen Sozialleistungen war der unerwartet rasche wirtschaftliche Aufstieg (→ M2–5). Das reale Bruttosozialprodukt nahm in den Fünfzigerjahren jährlich um acht Prozent zu, zwischen 1950 und 1970 verdreifachte es sich nahezu. Entsprechend wuchs das verfügbare Einkommen der Arbeitnehmer. Ab 1959 herrschte Vollbeschäftigung, ausländische Arbeitnehmer (*Gastarbeiter*) wurden angeworben. Populäres Symbol des „Wirtschaftswunders" war Wirtschaftsminister Ludwig Erhard. Die Erfolge seines Konzeptes der „Sozialen Marktwirtschaft" waren spätestens 1952 unübersehbar.

[1] *Als erste Partei in der Bundesrepublik hatte das Bundesverfassungsgericht bereits 1952 die Sozialistische Reichspartei (SRP) als Nachfolgeorganisation der NSDAP verboten.*

Der wirtschaftliche Aufschwung, der zu Vollbeschäftigung, wachsendem Wohlstand und einem erfolgreichen Strukturwandel der Wirtschaft (Schrumpfen der Landwirtschaft, Anwachsen von produzierendem Gewerbe und vor allem des Dienstleistungssektors) führte, wurde von mehreren Faktoren begünstigt:

- Es gab genügend qualifizierte und motivierte Arbeitskräfte;
- eine zunächst bewusst zurückhaltende Tarifpolitik[1] der Gewerkschaften versetzte die Unternehmen in die Lage, ihre Gewinne zu einem großen Teil für Investitionen zu verwenden (Selbstfinanzierung);
- vorhanden war eine gut ausgebaute und moderne industrielle Infrastruktur (Maschinen und Fabrikanlagen) – die Kriegsschäden waren geringer als befürchtet;
- es gab eine gewaltige Nachfrage nach Konsum- und Investitionsgütern aller Art (Nachholbedarf) sowie nach Wohnungen;
- nicht zu unterschätzen sind die psychologischen Faktoren wie Zukunftsvertrauen der Bevölkerung, Überlebenswille, Sehnsucht nach Normalität;
- in Engpass-Sektoren (Wohnungen, Grundnahrungsmittel und Energie) wurde die staatliche Verwaltungswirtschaft noch eine Zeitlang beibehalten, bis sich die Märkte normalisiert hatten;
- der Güteraustausch mit Amerika erlaubte die Einfuhr moderner Technologien in die Bundesrepublik;
- der durch den Krieg in Korea 1950 (s. S. 486) einsetzende Boom des Welthandels förderte den Export von Produkten „Made in Germany“ (Maschinenbau, Fahrzeuge, elektrische und chemische Erzeugnisse),
- seit 1957 sorgte die von Weisungen der Bundesregierung unabhängige Deutsche Bundesbank für die Stabilität der „harten“ D-Mark;
- ab 1958 erfuhr der deutsche Außenhandel einen weiteren Impuls durch die Europäische Wirtschaftsgemeinschaft (s. S. 478).

Von der Arbeits- zur Konsumgesellschaft

Insgesamt wurde die Verbesserung der Lebensverhältnisse für die große Masse der Bundesbürger erst gegen Ende der Fünfzigerjahre zu einer realen Erfahrung. Bis Mitte des Jahrzehnts betrug die durchschnittliche Wochenarbeitszeit in der Industrie über 49 Stunden, der Samstag wurde erstmals 1956 für die Metallarbeiter zum arbeitsfreien Tag, der Jahresurlaub betrug zwei bis drei Wochen.

[1] *Arbeitsbedingungen und Löhne werden von Arbeitgeber- und Arbeitnehmerverbänden vereinbart („Tarifautonomie“).*

Der „Vater des Wirtschaftswunders“, Ludwig Erhard, posiert mit seinem Markenzeichen, einer Zigarre, für ein Werbebild. Foto von 1959.

Wer sich als Unternehmer oder Freiberufler betätigte, konnte den Wohlstand wesentlich früher genießen. Die „Neureichen“ zeigten, was sie hatten. Das störte aber nur die wenigsten. Der nahe liegende Vergleich mit der Kriegs- und unmittelbaren Nachkriegszeit sorgte für eine ausgeprägt optimistische Grundstimmung und einen ungetrübten Fortschrittsglauben. Nach der „Fresswelle“ der Anfangsjahre folgten „Kaufwelle“ (langlebige Gebrauchsgüter, Möbel), „Reisewelle“ (Italien war das Traumland der Deutschen) und schließlich die „Motorisierungswelle“. Bei den Einkommen und Vermögen kam es freilich nicht zu einer Angleichung zwischen den gesellschaftlichen Gruppen. Selbstständige verdienten drei Mal so viel wie ein Arbeitnehmer und Mitte der 1960er-Jahre gehörten 1,7 Prozent der Bundesbürger 74 Prozent des Produktivvermögens (Unternehmen, Aktien).

Kennzeichnend für die Gründerjahre der Bundesrepublik war der Wille, die „verlorenen Jahre“ im Zeichen des anhebenden Wohlstandes nachzuholen. Eine kollektive Sehnsucht nach bürgerlicher Normalität hatte diejenigen gepackt, die „noch einmal davongekommen“ waren. Das hieß konkret: viel und gerne arbeiten, in der Familie leben, die Konsumfreiheit genießen. Von der Politik wollte die große Mehrheit der Westdeutschen in Ruhe gelassen werden – eine Reaktion auf die permanente politische Mobilisierung während der NS-Zeit. Das galt vor allem für die Jugendlichen („skeptische Generation“), für die Politik und Staat nur abstrakte Begriffe blieben.

Auf die Rückwendung zu den Werten und Lebensgewohnheiten der Vorkriegszeit folgte in der zweiten Hälfte der Fünfzigerjahre eine Welle der Veränderungen. Die Bundesrepublik entwickelte sich zu einer modernen Industriegesellschaft, die sich wirtschaftlich und mentalitätsmäßig nach außen öffnete. Bindungen an Familie und Kirche verloren an Gewicht. Nichts prägte das Lebensgefühl breiter Schichten so stark wie der einsetzende *Auslandstourismus*. Wesentliche Begleiterscheinungen des Massenwohlstandes wie *Motorisierung, besseres Wohnen, gewandeltes Freizeitverhalten* veränderten das Bild der Städte und Dörfer. Neue Industriegebiete, Straßen, Autobahnen und Hochhäuser entstanden. Die Kehrseite dieser Entwicklung – Lärm, Zersiedelung, Gewässerverschmutzung, Unfalltote – wurde hingenommen. Die Technikbegeisterung der Deutschen war ungebrochen und der „American way of life" das große Vorbild.

Die vom Ausland so misstrauisch beäugten „unruhigen Deutschen" schienen mit sich und der Welt zufrieden und für kollektive Hysterie nicht mehr anfällig zu sein. Umso erschreckter zeigte sich die Öffentlichkeit über die „Halbstarkenkrawalle" der Jahre 1956/58 in vielen Städten. Eine von Amerika ausgehende Massenkultur in Mode (*Jeans*) und Musik (*Rock 'n' Roll*) verband sich überall in Westeuropa mit dem Protest und einem veränderten Lebensgefühl vieler Jugendlicher, die nach Freiräumen von Arbeitsethos und Bürgerlichkeit verlangten.

Die Große Koalition

1963 trat der 87-jährige Gründungskanzler der Bundesrepublik zurück. Adenauers populärer Wirtschaftsminister Ludwig Erhard folgte ihm im Oktober 1963 ins Amt des Regierungschefs. Seine eher glücklose Amtszeit endete bereits im November 1966, nachdem eine erste, vergleichsweise harmlose Wirtschaftsrezession kurzfristig die Arbeitslosigkeit ansteigen ließ und der neu gegründeten rechtsradikalen *Nationaldemokratischen Partei Deutschlands* (*NPD*) in Hessen und Bayern kräftige Stimmengewinne bescherte. Eine *Große Koalition* aus Unionsparteien und SPD bildete die neue Regierung unter Bundeskanzler *Kurt-Georg Kiesinger* (CDU; 1904 – 1988) und dem Parteichef der SPD, Willy Brandt, als Außenminister. Den 447 Abgeordneten des Regierungslagers stand im Deutschen Bundestag eine extrem schwache Opposition von 47 Abgeordneten der FDP gegenüber.

Mit der Großen Koalition begann eine Phase der gesellschaftlichen Modernisierung (z. B. die Reform des Strafrechts), die bis in die Siebzigerjahre reichte.

Für zukunftsweisende Weichenstellungen in der Finanz- und Wirtschaftspolitik sorgten Finanzminister *Franz-Josef Strauß* (CSU) und Wirtschaftsminister *Karl Schiller* (SPD). Vor allem mit dem *Gesetz zur Förderung der Stabilität und des Wachstums der Wirtschaft* (Stabilitätsgesetz) von 1967 wurden dem Staat Steuerungsaufgaben für die Sicherung von wirtschaftlichem Wachstum, Preisstabilität, Vollbeschäftigung und Gleichgewicht im Außenhandel (*„magisches Viereck"*) zugewiesen.

Ab 1967 setzte ein „Aufschwung nach Maß" (Schiller) ein: 1969 herrschte wieder Vollbeschäftigung, und die Zahl der ausländischen Gastarbeiter erreichte die Rekordmarke von 1,5 Millionen Menschen. Das Bruttosozialprodukt wuchs um 8,2 %, die Inflationsrate ging zurück, und die Mehrheit der Bevölkerung sah wieder mit Zuversicht in die Zukunft.

Unter der Regierung Kiesinger wurde die bereits seit zehn Jahren geplante und heftig umstrittene *Notstandsgesetzgebung* Ende Mai 1968 verabschiedet. Die Notstandsgesetze sollten im Falle eines inneren und äußeren Notstandes die Handlungsfähigkeit der Regierung sichern und schränkten zu diesem Zwecke eine Reihe von Grundrechten, z. B. das Brief-, Post- und Fernmeldegeheimnis sowie die Unverletzbarkeit der Wohnung ein. Aus der Kritik an diesen Gesetzen entstand eine *Außerparlamentarische Opposition* (*APO*) aus Intellektuellen, Studenten und Teilen der Gewerkschaften.

Das Wiedererwachen des politischen Extremismus

Die Wahlerfolge der NPD, Ausdruck fehlender demokratischer Tradition in der jungen Bundesrepublik, erreichten mit 9,8 % ihren Höhepunkt bei den Landtagswahlen in Baden-Württemberg im April 1968. Mit autoritären, nationalistischen, antiparlamentarischen, antieuropäischen Schlagworten und Kritik an den vielfältigen Bemühungen um eine „Bewältigung" der NS-Vergangenheit (Auschwitz-Prozess 1960 – 1963 in Frankfurt am Main, Debatten im Bundestag über die Nichtverjährung von NS-Verbrechen 1965 und 1969) sprach die NPD Unzufriedene und Unbelehrbare an. Bei den Bundestagswahlen 1969 verfehlte sie allerdings den Einzug ins Bonner Parlament und verschwand dann für viele Jahre von der politischen Bildfläche.

Auf der anderen Seite des politischen Spektrums trat mit der 1968 neu gegründeten *Deutschen Kommunistischen Partei* (*DKP*) wieder eine orthodoxe linksextremistische Partei in Erscheinung, moskautreu und von der DDR finanziert. Die DKP fand jedoch keinerlei Anklang bei den Wählern.

Die 68er-Bewegung

Während die Mehrheit der Bevölkerung den wieder wachsenden Wohlstand genoss, formierte sich in der westlichen Welt aus überwiegend studentischen Gruppen eine Protestbewegung gegen die bestehenden Zustände in Staat und Gesellschaft. Vorbild war das Aufbegehren von Studenten in den USA gegen gesellschaftliche Missstände (Armut, Benachteiligung der schwarzen Bevölkerung) und den *Vietnam-Krieg* (s. S. 487). Hinzu kamen die Ablehnung der überkommenen Werte der Erwachsenen, eine Rebellion gegen die Industriegesellschaft und die Suche nach neuen Lebensformen.

Ganz grundsätzlich wurden alle Autoritäten in Staat und Gesellschaft infrage gestellt. Leitbild der Ideologie der „Neuen Linken" waren die Politisierung und Demokratisierung aller Lebensbereiche und die Utopie von der herrschaftsfreien Gesellschaft, in der es keine Klassengegensätze und keine Ausbeutung mehr gebe, in der Selbstbestimmung statt Fremdbestimmung herrsche.

Die Protestbewegung der studentischen Jugend erfasste alle westlichen Länder. Besonders heftige Unruhen brachen in Frankreich im Mai 1968 aus. Dort demonstrierten die Studenten ihre Unzufriedenheit mit den Zuständen an den überfüllten Universitäten und der autoritären Staatsführung unter Präsident de Gaulle, errichteten Barrikaden und lieferten sich heftige Straßenschlachten mit der Polizei. Im Gegensatz zu den USA oder der Bundesrepublik sympathisierten weite Kreise der Bevölkerung, insbesondere die Arbeiter, mit den rebellierenden Studenten.

Jugendproteste ganz anderer Art gab es in der kommunistisch beherrschten Tschechoslowakei. In den Zielen der Reformkommunisten um *Alexander Dubcek* sahen viele den „Frühling" einer Entwicklung hin zur Meinungs- und allgemeinen politischen Freiheit. Die Panzer der Warschauer-Pakt-Staaten begruben diese Hoffnungen jedoch bald.

In Deutschland blieb die Kritik an der bestehenden Gesellschaftsordnung zunächst auf universitäre Zirkel in Berlin und Frankfurt am Main begrenzt. Der *Sozialistische Deutsche Studentenbund* (*SDS*), von dem sich die SPD bereits 1960 getrennt hatte, bildete mit seinem Wortführer *Rudi Dutschke* den Kern der APO.

Mit den Mitteln der Provokation und des spielerischen, witzigen Protests („Sit-ins") stellte die Studentenbewegung zunächst die autoritären Strukturen an den Universitäten infrage, bis sich der zunehmend neomarxistisch beeinflusste Protest auch auf die Straßen verlagerte.

Neben den Anti-Vietnam-Kampagnen richtete sich die Protestbewegung in der Bundesrepublik vor allem gegen die Verdrängung der NS-Vergangenheit in der bundesdeutschen Gesellschaft, die Notstandsgesetze und gegen den übergroßen Einfluss der Zeitungen des konservativen Springer-Verlages (u.a. „BILD"). Die „Kinder des Wirtschaftswunders" wandten sich gegen das einseitige Konsumdenken der Elterngeneration. Teile der Studentenschaft radikalisierten sich dabei so stark, dass sie die bestehende Gesellschaft grundsätzlich ablehnten und die „kapitalistischen Verhältnisse" durch „sozialistische" ersetzen wollten – notfalls mithilfe einer Revolution.

Demonstration in Westberlin.
Foto vom 18. Februar 1968.
Mit Plakaten und Postern ihrer Vorbilder protestierten Studenten gegen den Krieg in Vietnam. Die Porträts zeigen (von links nach rechts) den nordvietnamesischen Präsidenten Ho Chi Minh, die sozialistische Politikerin und Theoretikerin Rosa Luxemburg, den kubanischen Revolutionär Che Guevara und den Begründer des Sowjetkommunismus Lenin.

Als Anfang Juni 1967 in Berlin bei einer Demonstration gegen den Schah von Persien[1] der Student *Benno Ohnesorg* von einem Polizisten erschossen wurde, kam es bundesweit zu gewaltsamen Ausschreitungen, Belagerungen von Zeitungsredaktionen („Enteignet Springer") und Brandanschlägen auf Kaufhäuser. Ihren Höhepunkt erreichten die Unruhen im April 1968 nach einem Mordanschlag auf Rudi Dutschke in Berlin. Die Schüsse lösten eine Welle von Demonstrationen in allen größeren Städten der Bundesrepublik aus. Über 400 Verletzte und zwei Tote waren insgesamt zu beklagen. Mit dem Ende der Großen Koalition 1969 zerfiel die APO. Ein großer Teil ihrer jugendlichen Anhänger fand in der SPD eine politische Heimat. Der harte Kern der Aktivisten zerfiel in verschiedene

[1] *Mohammed Resa (1919 – 1980): persischer Schah von 1941 – 1979, dessen autoritäres Regierungssystem sich auf den Geheimdienst und die Armee stützte*

linksradikale Gruppen und einen terroristischen Flügel. Was blieb, war die Hoffnung, in einem „langen Marsch durch die Institutionen" in fernerer Zukunft das „System zu überwinden".
Neben den politischen Aktionen propagierten die verschiedenen Gruppen, die sich der APO zurechneten, neue Lebensformen, die der bürgerlichen Moralvorstellung widersprachen. Wohngemeinschaften entstanden, die „repressive Sexualmoral" der Gesellschaft wurde kritisiert und Freizügigkeit proklamiert, ein Jugendlichkeitskult machte sich breit in Kleidung und Auftreten. Antiautoritäre Erziehung der Kinder sollte die Gesellschaft auf Dauer zum Besseren hin verändern.
Neben einer bis dahin ungekannten Politisierung der Bevölkerung wirkte die „68er-Bewegung" auf die Einstellungen und Wertüberzeugungen einer ganzen Generation. Selbstbestimmung, Selbstverwirklichung, Kritik an einer normierten Form der Lebensgestaltung waren Ziele und Schlagworte, die jenseits aller politischen Standpunkte und Überzeugungen das Lebensgefühl der Kinder der Aufbaugeneration bestimmten. Eine Revolution des Lebensstils hatte stattgefunden, freilich auf der Grundlage gesicherter wirtschaftlicher und sozialer Verhältnisse (➔ M6).

Politik der inneren Reformen

Zum ersten „richtigen" Regierungswechsel in der Geschichte der Bundesrepublik kam es mit der *Wahl Willy Brandts zum Bundeskanzler* am 21. Oktober 1969 mit den Stimmen von SPD und FDP, nach der für die Sozialdemokraten erfolgreichen Bundestagswahl (42,7%). Die Union blieb zwar trotz Verlusten stärkste Partei (46,1%), doch die inzwischen linksliberal orientierte FDP unter ihrem neuen Vorsitzenden *Walter Scheel* wollte das Regierungsbündnis mit der SPD. Mit Brandt stand zum ersten Mal seit 1930 ein Sozialdemokrat an der Spitze der Regierung, der zudem noch als Emigrant den Nationalsozialismus bekämpft hatte.
Die neue Regierung trat mit dem Anspruch umfassender innerer Reformen an und traf damit die Erwartungen vieler Bürger, insbesondere der jungen Generation. Dazu gehörten die *Verbesserung der betrieblichen Mitbestimmung* sowie der weitere *Ausbau des Sozialstaates* (Renten, flexible Altersgrenze, Kindergeld), der zwischen 1970 und 1975 eine Verdoppelung der Sozialausgaben auf 170 Milliarden Euro mit sich brachte, was einem Drittel des gesamten Bruttosozialproduktes entsprach.
Die *Reform des Ehe- und Familienrechts* (1976) war vom Gedanken der Liberalisierung und der Gleichberechtigung der Geschlechter sowie der Selbstbestimmung der Frau (Straffreiheit des Schwangerschaftsabbruchs bei bestimmten Indikationen) geleitet. Eine umfassende *Bildungsreform* sollte zudem Chancengleichheit der Jugend herstellen – unabhängig von der sozialen Herkunft der Schüler und Studenten. Die von Kritikern des deutschen Bildungswesens vorhergesagte „Bildungskatastrophe" sollte durch mehr Abiturienten und Studenten, mehr Lehrer und besser ausgestattete Schulen und Universitäten verhindert werden, die Bundesrepublik international konkurrenzfähig bleiben.

Die Neue Ostpolitik

Im Rahmen eines internationalen Entspannungsklimas kam es unter Bundeskanzler Brandt zu einer folgenreichen Weichenstellung in der bundesdeutschen Ost- und Deutschlandpolitik (➔ M7). Brandt zielte auf ein Arrangement mit der Sowjetunion, das auf die Anerkennung des territorialen Status quo in Europa – polnische Westgrenze, DDR als zweiter deutscher Staat – hinauslief. Langfristig sollte ein „Wandel durch Annäherung" zur Überwindung der deutschen und europäischen Teilung beitragen. Diese Politik schien zunächst paradox zu sein und wurde von der oppositionellen CDU/CSU im Bundestag auch entsprechend heftig kritisiert, doch erwies sie sich später als durchaus weitsichtig.
Der am 12. August 1970 unterzeichnete deutsch-sowjetische Vertrag (*Moskauer Vertrag*) verknüpfte den wechselseitigen Gewaltverzicht mit der Unverletzlichkeit der Grenzen aller Staaten in Europa einschließlich der Oder-Neiße-Linie und der innerdeutschen Grenze. In einem „Brief zur deutschen Einheit" an die Sowjetunion betonte die Bundesregierung das Recht des deutschen Volkes, „in freier Selbstbestimmung seine Einheit" wiederzuerlangen. Damit wurde dem Wiedervereinigungsgebot des Grundgesetzes (Präambel) Rechnung getragen.
Der Moskauer Vertrag wurde zum Vorbild für die nachfolgenden Verträge mit *Polen* (Dezember 1970) und der *Tschechoslowakei* (Dezember 1973). In einem engen inneren Zusammenhang damit standen die gleichzeitig laufenden Verhandlungen der vier Mächte über Berlin. In dem am 3. September 1971 vereinbarten *Viermächte-Berlin-Abkommen* einigten sich die vier Siegermächte darauf, dass Westberlin zwar nicht Bestandteil der Bundesrepublik war, aber enge „Bindungen" mit Westdeutschland pflegen durfte und von Bonn diplomatisch vertreten wurde.
Die Sowjetunion hatte damit ihr Gesicht gewahrt, zugleich aber den ungestörten Transitverkehr von und nach West-Berlin durch die DDR garantiert. Die Westberliner konnten aufatmen. Die Sowjetunion unter *Leonid Breschnew* (1906–1982) versprach sich aus alledem verbesserte Wirtschaftsbeziehungen mit der ökonomisch starken

Bundesrepublik und eine Garantie ihres seit 1945 gewachsenen außenpolitischen Besitzstandes.

Anerkennung der DDR im Rahmen besonderer Beziehungen

Damit waren die Voraussetzungen für eine grundsätzliche Neugestaltung der innerdeutschen Beziehungen gegeben. Um die Trennung der in Ost- und Westdeutschland lebenden Menschen durch Besuchsreisen, vermehrte wirtschaftliche Zusammenarbeit und Kontakte aller Art erträglicher zu machen, erklärte sich Bundeskanzler Brandt dazu bereit, die DDR als zweiten deutschen Staat anzuerkennen. Er kam damit einem dringenden Wunsch der kommunistischen Führung in Ostberlin nach, die sich dadurch die Legitimation ihrer Herrschaft versprach, über die sie in der Bevölkerung mangels freier Wahlen niemals verfügte. Willy Brandt unterstrich jedoch von Anfang an, dass die Bundesregierung an der Einheit der deutschen Nation unverändert festhalte. Die Bundesrepublik und die DDR waren, so Brandt in seiner ersten Regierungserklärung im Oktober 1969, „füreinander nicht Ausland".

Zwei Treffen mit dem Ministerpräsidenten der DDR *Willi Stoph* 1970 endeten erfolglos. Die DDR-Regierung wollte eine völkerrechtliche Anerkennung, die ihr Brandt und Scheel definitiv verweigerten. Es sollte bei der mit den USA abgesprochenen Formel von den „zwei Staaten in Deutschland" bleiben, und dafür sollte die SED-Führung humanitäre Erleichterungen garantieren. Nach zähen Verhandlungen mit der DDR-Führung konnten Brandt und Scheel bis 1972 *Vereinbarungen über den Transitverkehr* erreichen. In dringenden Familienangelegenheiten konnten jetzt auch DDR-Bürger, die noch nicht im Rentenalter waren, in die Bundesrepublik reisen, umgekehrt wurden Touristenreisen in die DDR erleichtert. Die Mauer war etwas durchlässiger geworden.

Der Grundlagenvertrag

Mit dem Grundlagenvertrag vom Dezember 1972 gab die Bundesregierung ihren seit 1949 erhobenen Alleinvertretungsanspruch auf und erkannte die Gleichberechtigung der DDR an, die sich ihrerseits dazu bereit erklärte, „im Zuge der Normalisierung ihrer Beziehungen praktische und humanitäre Fragen zu regeln". Am Ziel der Wiedervereinigung hielt die Bundesregierung ausdrücklich fest und unterstrich die „besonderen Beziehungen" zwischen beiden deutschen Staaten durch den Austausch von „ständigen Vertretungen" anstelle von Botschaften. Außerdem beharrte sie auf

Kniefall Willy Brandts am Mahnmal für die Opfer des Warschauer Ghettos. Foto vom 7. Dezember 1970. Mit dieser spontanen Geste während seines Staatsbesuches gedachte Brandt der polnischen Juden, die 1943 beim Aufstand im Warschauer Ghetto von Deutschen ermordet worden waren. Am selben Tag unterzeichnete Brandt den Warschauer Vertrag, in dem die Bundesrepublik die Oder-Neiße-Grenze als Westgrenze Polens anerkannte.

dem Standpunkt, dass es für alle Deutschen nur eine Staatsangehörigkeit gebe.
Für die SED-Führung unter Erich Honecker brachte der Grundlagenvertrag nach der *Aufnahme beider deutscher Staaten in die Vereinten Nationen* (18. September 1973) die internationale Anerkennung der DDR.
Innenpolitisch führte die neue Ost- und Deutschlandpolitik der sozial-liberalen Koalition zu heftigen Auseinandersetzungen in der Öffentlichkeit und im Bundestag. Zwar scheiterte ein konstruktives Misstrauensvotum des Kanzlerkandidaten der CDU, *Rainer Barzel*, am 27. April 1972, weil zwei Abgeordnete der CDU/CSU gegen ihn gestimmt hatten. (Einer dieser Abgeordneten war – wie sich erst 1990 herausstellte – vom Ministerium für Staatssicherheit der DDR bestochen worden.) Doch die Regierung Brandt/Scheel besaß keine Mehrheit mehr, weil mehrere Abgeordnete der Regierungsfraktionen aus Protest gegen die Ostpolitik zur CDU gewechselt waren. Neuwahlen waren unumgänglich. Die Popularität der Person und der Politik Willy Brandts in der Bevölkerung sicherte der Koalition im November 1972 einen eindeutigen Wahlsieg. Erstmals wurde die SPD stärkste Partei (45,8 %). Die Mehrheit der Bevölkerung hatte sich für die neue Ost- und Deutschlandpolitik ausgesprochen.
Dennoch verlor Brandt in der Folgezeit innerhalb seiner von Flügelkämpfen zerrissenen Partei an Durchsetzungskraft. Die teueren inneren Reformen der sozial-liberalen Regierung wurden nach der internationalen Wirtschaftskrise von 1973 von vielen infrage gestellt. Vor allem die wachsende Staatsverschuldung wurde im Bundestag von der CDU/CSU-Opposition kritisiert. Zum auslösenden Moment für den Rücktritt Brandts wurde schließlich die *Guillaume-Affäre*: Ein langjähriger persönlicher Referent des Kanzlers wurde als Geheimdienstagent der DDR enttarnt. Die Nachfolge Brandts trat am 16. Mai 1974 der stellvertretende Parteivorsitzende der SPD, Finanz- und Wirtschaftsminister *Helmut Schmidt* (geb. 1918), an.

Herausforderung des Staates durch den Terrorismus

Im April des Jahres 1968 setzten in Frankfurt linksrevolutionäre Aktivisten, die aus der APO-Bewegung hervorgegangen waren, zwei Kaufhäuser in Brand. Unter den Tätern befanden sich die späteren Hauptakteure des bundesdeutschen Terrorismus *Andreas Baader* und *Gudrun Ensslin*. Wenig später schloss sich ihnen die Journalistin *Ulrike Meinhof* an. Aus dem Untergrund baute die „Baader-Meinhof-Gruppe" die *Rote-Armee-Fraktion* (*RAF*) auf.
Die RAF-Terroristen verübten in der Bundesrepublik eine Serie von bewaffneten Banküberfällen und Attentaten, bei denen sie bis 1993 34 Menschen töteten und über 200 zum Teil schwer verletzten.
Im Sommer 1972 konnte zwar der harte Kern der RAF verhaftet werden, doch aus den Reihen ihrer Sympathisanten rekrutierte sich alsbald die zweite Terroristen-Generation. Mit spektakulären Entführungen und Überfällen (z.B. auf die deutsche Botschaft in Stockholm 1975) versuchte die neue RAF die Freilassung der Inhaftierten zu erpressen, wobei sie vor brutalem Geiselmord nicht zurückschreckte.
Im Jahre 1977 töteten RAF-Mitglieder Generalbundesanwalt *Siegfried Buback* und den Vorstandsvorsitzenden der Dresdner Bank, *Jürgen Ponto*. Am 5. September 1977 wurden der Arbeitgeberpräsident *Hanns Martin Schleyer* entführt und vier seiner Begleiter ermordet. Die Gewalttäter forderten die Freilassung der elf prominentesten inhaftierten Terroristen.
Unterstützt wurde die Aktion der RAF durch vier palästinensische Terroristen, die eine Lufthansa-Maschine mit 91 Personen an Bord entführten und später den Piloten ermordeten. Im Krisenstab der Bundesregierung unter der Leitung von Bundeskanzler Schmidt herrschte Einigkeit, dass der Staat sich nicht erpressen lassen dürfe: Ein Antiterror-

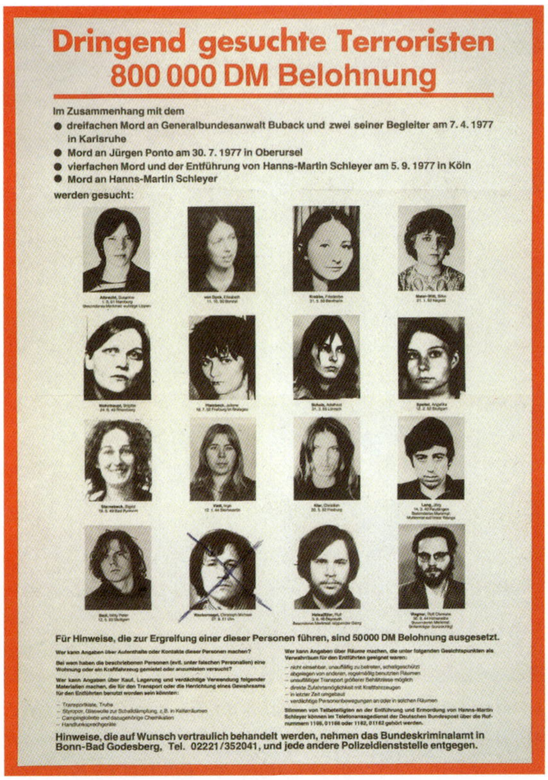

RAF-Fahndungsplakat von 1977.

kommando des Bundesgrenzschutzes (*GSG 9*) befreite in Mogadischu (Somalia) in der Nacht vom 17. auf den 18. Oktober die Geiseln. Wenige Stunden später begingen Ensslin, Baader und der ebenfalls inhaftierte *Jan-Carl Raspe* im Gefängnis Stuttgart-Stammheim Selbstmord. Tags darauf fand die Polizei den ermordeten Arbeitgeberpräsidenten Schleyer in einem Auto in Mülhausen im Elsass.

Während die Mehrheit der Bevölkerung die Entschlossenheit der Regierung begrüßte, musste diese sich mit dem Vorwurf von Teilen der linken Intelligenz, auch aus dem Ausland, auseinandersetzen, die Bundesrepublik sei auf dem Weg in einen Polizeistaat.

Umweltproblematik und Krisenbewusstsein

Die fortschreitende Industrialisierung und die zunehmende Motorisierung belasteten die Umwelt immer stärker. Die Folgen dieser Entwicklung (zum Beispiel Waldsterben) blieben lange Zeit unerkannt. Eine Art neues Umweltbewusstsein zeigte sich erstmals Anfang der Sechzigerjahre, als in Nordrhein-Westfalen das erste *Umweltschutzgesetz* auf Länderebene vom Landtag beschlossen wurde. Aber erst in den Siebzigerjahren gewann das Thema Umweltschutz großes öffentliches Interesse (→ M8). Vor allem Angehörige der jüngeren Generation engagierten sich in der alternativ-ökologischen Bewegung, die an der Wende zu den Achtzigerjahren in die Gründung einer völlig neuen Partei mündete: „Die Grünen".

Die „Grenzen des Wachstums", so der Titel eines vom *Club of Rome*, einer internationalen Runde von Wissenschaftlern, 1972 veröffentlichten Buches, wurde zum Signalwort der Siebziger- und Achtzigerjahre.

Verstärkt durch den „Ölschock" von 1973, als sich schlagartig die Energiekosten und wichtige Rohstoffe auf dem Weltmarkt verteuerten, wurden die Begrenztheit von nicht erneuerbaren Ressourcen und deren globale Verschwendung vielerorts diskutiert. 1980 kam es zu einer weiteren Preisexplosion an den internationalen Ölmärkten, die in der gesamten westlichen Welt eine schwere wirtschaftliche Rezession auslöste. Erstaunlich schnell schlugen in der öffentlichen Meinung Reformeuphorie und Fortschrittsgläubigkeit in Skeptizismus, Zivilisationskritik und Krisenbewusstsein um. Die Forderung nach einem effektiven Schutz der Umwelt verband sich mit vermehrter Kritik an der friedlichen Nutzung der Kernenergie und dem Appell, sich mit einem bescheideneren Lebensstandard zufrieden zu geben.

Nachrüstung und Friedensbewegung

Zu einer der großen innenpolitischen Streitfragen wurde in den letzten Jahren der Regierung Schmidt die Sicherheitspolitik der NATO gegenüber der Sowjetunion. Der Warschauer Pakt hatte bei konventionellen und Atomwaffen ein großes Übergewicht. Auf Betreiben des Kanzlers hatten die Mitgliedstaaten am 12. Dezember 1979 den sogenannten *NATO-Doppelbeschluss* gefasst: Gegen die wachsende Bedrohung Westeuropas durch die neuen sowjetischen SS-20-Mittelstreckenraketen[1] sollten bis Ende 1983 in Westeuropa Pershing-II-Mittelstreckenraketen und bodengestützte Marschflugkörper (*Cruise Missiles*) aufgestellt werden, falls bis dahin Verhandlungen über den Abbau der sowjetischen Mittelstreckenraketen in Europa ohne Erfolg bleiben würden (s. S. 490).

In der Bundesrepublik geriet Bundeskanzler Schmidt wegen des Nachrüstungsbeschlusses der NATO zunehmend unter öffentlichen und parteiinternen Druck. Kritiker sahen durch die geplante Nachrüstung die deutsch-sowjetischen Beziehungen bedroht und bestritten überhaupt die Notwendigkeit einer Nachrüstung.

Die neu sich etablierende *Friedensbewegung* gewann mit Demonstrationen und Appellen Teile der verunsicherten Öffentlichkeit für sich. Anstoß erregten die weltweiten Rüstungsausgaben von jährlich 510 Milliarden Euro für den Rüstungswettlauf zwischen Ost und West. Das große Erschrecken über die mögliche Auslöschung der Menschheit durch einen Atomkrieg bestimmte das Denken und Handeln der ansonsten sehr heterogenen Gruppen innerhalb der Friedensbewegung. Dagegen hatte die Regierung mit ihren realpolitischen Erwägungen einer atomaren Abschreckungs- und Gleichgewichtspolitik einen schweren Stand.

Dauerproblem Arbeitslosigkeit

Das Ende der Wiederaufbauphase nach dem Zweiten Weltkrieg, Ölkrisen, neue Technologien, aber auch häufig überzogene Ansprüche an die Wirtschaftskraft in den Industriestaaten beendeten in den Siebzigerjahren die Periode der Vollbeschäftigung auf dem Arbeitsmarkt. Weltweit stiegen Inflations- und Arbeitslosenraten. In der Bundesrepublik sank das jährliche Wachstum der Volkswirtschaft auf durchschnittlich knapp zwei Prozent, und die Arbeitslosenquote schnellte gleichzeitig von 2,6 % im Jahr 1974 auf 9,3 % im Jahr 1985. Obwohl die Zahl der Arbeitsplätze seit den Achtzigerjahren wieder deutlich wuchs, blieb

[1] *Mittelstreckenraketen haben eine Reichweite zwischen 800 und 5 500 Kilometern; Langstrecken- oder Interkontinentalraketen legen eine Entfernung bis zu 15 000 Kilometern zurück.*

im Auf und Ab der Konjunktur eine immer größere Zahl von Arbeitslosen zurück.
Während die Bundesbank erfolgreich die Stabilität der Währung schützte, setzte sich Bundeskanzler Schmidt nachdrücklich für die Stärkung der Wachstumskräfte durch die staatliche Förderung der Nachfrage ein. Durch dieses „Zusammenspiel" bewältigte die Bundesrepublik, verglichen mit den anderen Industriestaaten, die weltweite Krise noch relativ gut. Doch kosteten die Konjunkturprogramme und Maßnahmen zur Bekämpfung der Arbeitslosigkeit viele Milliarden. Die Verschuldung des Staates stieg zwischen 1970 und 1982 von 24 Mrd. auf 158 Mrd. Euro.

Innerer Wechsel – Kontinuität nach außen

Nach 13-jähriger sozialdemokratischer Kanzlerschaft kündigte 1982 die FDP unter ihrem Vorsitzenden und langjährigen Innen- und Außenminister *Hans-Dietrich Genscher* die Koalition mit der SPD auf, vor allem weil sie die expansive Haushalts- und Sozialpolitik der Regierung nicht mehr mittragen wollte. Stattdessen ging sie – nach der Abwahl Helmut Schmidts durch ein konstruktives Misstrauensvotum am 1. Oktober 1982 – ein Regierungsbündnis mit der CDU ein, deren Vorsitzender *Helmut Kohl* (geb. 1932) neuer Bundeskanzler wurde.
In der Außen- und Sicherheitspolitik setzten Bundeskanzler Kohl und Außenminister Genscher den bisherigen Kurs fort. Gegen heftige Proteste in der bundesdeutschen Öffentlichkeit (Friedensbewegung) stimmte die neue Regierungsmehrheit Ende 1983 der Stationierung von amerikanischen Mittelstreckenraketen in der Bundesrepublik zu.
Finanzkrise, Massenarbeitslosigkeit und Wachstumsschwäche bestimmten das Bild der Bundesrepublik der frühen Achtzigerjahre. Die Regierung Kohl/Genscher setzte auf die Stärkung der Marktkräfte zur Förderung eines wirtschaftlichen Aufschwunges. Die wesentlichen Programmpunkte dabei waren Eigeninitiative und Wettbewerb, Steuerentlastung für die Unternehmen, weniger staatliche Eingriffe in die Wirtschaft und Leistungseinschränkungen im Sozialbereich.
Diese Politik war – gefördert durch den bald einsetzenden Preisverfall des Erdöls – erfolgreich: Das Bruttosozialprodukt nahm wieder zu, die Inflation ging zurück. Erfolglos blieb die Regierung Kohl jedoch im Kampf gegen die Arbeitslosigkeit. Es wurden zwar Hunderttausende neuer Arbeitsplätze geschaffen. Doch noch viel mehr Menschen suchten Arbeit, und die Rationalisierung im industriellen Sektor schritt unablässig voran.

Zuwanderung

Die Bundesrepublik als ein Land des Wohlstands und der Freiheit wurde für viele Millionen Menschen in anderen Ländern zum Ziel ihrer Hoffnung auf ein besseres Leben (→ M9). Obwohl der Zustrom dieser Männer und Frauen der beste Beweis für den Erfolg der Bonner Demokratie und ihrer Wirtschaftsordnung war, verlief diese Masseneinwanderung nicht problemlos. Die Einwanderer lassen sich in drei Gruppen einteilen:

1. *Gastarbeiter*: Zwischen 1955 und 1973 arbeiteten 14 Millionen Ausländer in der Bundesrepublik und hatten maßgeblichen Anteil am wirtschaftlichen Boom der Fünfziger- und Sechzigerjahre. Elf Millionen kehrten wieder in ihre Heimatländer zurück. Von den anderen ließen viele ihre Familien nachkommen, bekamen Kinder in der Bundesrepublik und richteten sich auf Dauer hier ein.
2. *Aussiedler und Übersiedler*: Deutsche, deren Vorfahren bereits vor Generationen in die östlichen Teile Europas ausgewandert waren (Aussiedler), und Flüchtlinge aus der DDR (Übersiedler) verstärkten den Zuwandererstrom in die Bundesrepublik. Insgesamt wurden zwischen 1950 und Ende 1988 rund 1,6 Millionen Aussiedler, vor allem aus Polen, der Sowjetunion und Rumänien, aufgenommen. Nach dem Ende der kommunistischen Diktaturen in Europa 1989/90 wuchs die Zahl der Zuwanderer noch einmal stark an. So zog es von 1988 bis 1994 insgesamt 1,9 Millionen sogenannte „Spätaussiedler" in die Bundesrepublik.
3. *Flüchtlinge*: Bis 1970 kamen fast nur Flüchtlinge aus kommunistisch regierten Ländern Europas in die Bundesrepublik, seit Ende der Siebzigerjahre dann in wachsender Zahl aus Ländern der „Dritten Welt" (s. S. 513). Die seit 1989 deutlich ansteigende Zahl der Zuflucht suchenden Asylbewerber stellte Bund, Länder und Gemeinden bei der Unterbringung und Versorgung dieser Menschen vor große Probleme. Die Gewährung des Asylrechts und sein wirklicher oder angeblicher Missbrauch wurden zu einem heftig diskutierten Thema. Fremdenangst und Ausländerfeindlichkeit eskalierten 1991/92 im wiedervereinigten Deutschland zu Gewalttaten und Mordanschlägen durch jugendliche Rechtsextremisten, wogegen jedoch Millionen eindrucksvoll demonstrierten.

Der Deutsche Bundestag beschloss 1993 mit den Stimmen der sozialdemokratischen Opposition eine Reform des Asylgrundrechts. Damit sollte die Zuwanderung nach Deutschland gesteuert und begrenzt werden. Politisch Verfolgte erhielten das Recht auf Asyl, wie vom Grundgesetz vorgesehen; wer jedoch aus „sicheren Drittstaaten" nach Deutschland einreiste, konnte sich nicht mehr auf das Asylrecht berufen. Kriegs- und Bürgerkriegsflüchtlinge erhielten eine befristete Aufenthaltserlaubnis, wovon in den 1990er-Jahren mehrere Hunderttausend Menschen vor allem aus dem zerfallenden Jugoslawien Gebrauch machten (➔ M10). Seit Anfang 2000 erhalten in Deutschland geborene Kinder ausländischer Eltern automatisch die doppelte Staatsangehörigkeit, später müssen sie sich für eine Staatsangehörigkeit entscheiden (bis zum 23. Lebensjahr). Weitreichende Veränderungen brachte das Zuwanderungsgesetz von 2005. Nach jahrelangen Debatten im Deutschen Bundestag hat der Gesetzgeber eine Reihe von Regelungen getroffen, die Deutschland zu einem Einwanderungsland machen und die der Integration der Ausländer einen hohen Stellenwert beimessen.

Ein Bundestagsabgeordneter der „Grünen" auf seinem „Dienstfahrrad". Foto von 1983.
Der Partei „Die Grünen" gelingt 1983 erstmals der Sprung in den Deutschen Bundestag. Durch ihren unkonventionellen Stil setzt sie sich bewusst von den etablierten Parteien ab.

Neue politische Strömungen

Seit Anfang der Achtzigerjahre veränderte sich das Parteiensystem der Bundesrepublik. An den Rändern des politischen Spektrums nahmen neue Gruppierungen den beiden großen Volksparteien Wähler ab.

Die Grünen nahmen ihren Anfang in Niedersachsen, wo aus verschiedenen Bürgerinitiativen der *Anti-Atomkraft-Bewegung* 1977 die erste landesweite grüne Partei hervorging. Der Zusammenschluss zu einer Bundespartei erfolgte 1980 (➔ M11). Nach ersten Wahlerfolgen auf kommunaler Ebene zog die *Grüne Liste Umweltschutz (GLU)* bei den Landtagswahlen 1982 mit elf Abgeordneten (6,5 % der Stimmen) in den niedersächsischen Landtag ein. Auch in vielen anderen Bundesländern konnte sich die neue Partei etablieren. Erstmals beteiligte sie sich 1985 in Hessen an der Regierung.

Den Sprung in den Deutschen Bundestag schafften die Grünen erstmals 1983 mit 5,6 % der Stimmen. Anfangs verstanden sie sich im Gegensatz zu den „etablierten" Parteien als basisdemokratische Alternative. Seit den Neunzigerjahren sind sie selbst zu einer im politischen System fest verankerten Partei geworden. In mehreren Bundesländern bildeten die Grünen Koalitionsregierungen mit der SPD. 1993 schlossen sie sich mit Bürgerrechtlern der ehemaligen DDR zu einer gesamtdeutschen Partei *Bündnis 90/Die Grünen* zusammen. Von 1998 bis 2005 beteiligten sie sich als Koalitionspartner der SPD an der Regierung unter Bundeskanzler *Gerhard Schröder* (geb. 1944) und stellten mit *Joschka Fischer* den Außenminister.

Am rechten Rand des Parteienspektrums kam es in den Achtzigerjahren immer wieder zu Neugründungen extremistischer Gruppierungen, die als ein Sammelbecken für Unzufriedene aller Schattierungen mit nationalistischen, rassistischen und ausländerfeindlichen Parolen auf Wähler- und Stimmenfang gingen. Am bekanntesten wurde die 1983 in Bayern gegründete Protestpartei *Die Republikaner*, die in verschiedene Stadt- und Landesparlamente Einzug hielt.

Nach der Wiedervereinigung 1990 konnte die rechtsextremistische, bereits 1971 gegründete *Deutsche Volksunion (DVU)* in einigen Bundesländern Erfolge erzielen, so vor allem in Sachsen-Anhalt, wo sie bei der Landtagswahl 1998 12,9 Prozent der Stimmen erhielt. Ebenfalls in den neuen Bundesländern entwickelte sich die lange Zeit fast in Vergessenheit geratene NPD zu einer militanten rechtsextremistischen Partei, die 2004 in den sächsischen Landtag und zwei Jahre später in den Landtag von Mecklenburg-Vorpommern einzog. Ein Verbotsantrag durch die Bundesregierung war 2003 vom Bundesverfassungsgericht abgelehnt worden. Am linken Rand des Parteienspektrums etablierte sich nach der Wiedervereinigung in Gestalt der SED-Nachfolgerin PDS eine Partei, die in Ostdeutschland über 25 Prozent der Wählerstimmen (Bundestagswahl 2005) erhielt. Bei Landtagswahlen erreichte sie noch bessere Ergebnisse. War die PDS zunächst nur in den neuen Bundesländern als sozialistische „Stimme des Ostens" erfolgreich, so strebt sie durch ihren Zusammenschluss mit Gruppierungen von westdeutschen Altkommunisten, linken Gewerkschaftsfunktionären und ehemaligen SPD-Mitgliedern unter dem neuen Parteinamen „Die Linke" seit Mitte 2007 nach einem dauerhaften Platz im gesamtdeutschen Parteiengefüge. 2003 hatte das Bundesverfassungsgericht ein Verbotsantrag der NPD durch die Bundesregierung abgelehnt, da mehrere Zeugen für den Verfassungsschutz arbeiteten.

M1 Würdigung der Pariser Verträge

Anlässlich der ersten Lesung der Pariser Verträge im Bundestag gibt Konrad Adenauer (1876–1967) am 15. Dezember 1954 eine Regierungserklärung ab:

Das Vertragswerk macht die Bundesrepublik erst fähig, die Spaltung Deutschlands zu beseitigen und die sich mit der Wiedervereinigung stellenden Aufgaben zu bewältigen. [...]
Die großen Mächte werden sich entsprechend ihren vertraglichen Verpflichtungen bei kommenden Verhandlungen für unsere Wiedervereinigung solidarisch einsetzen. [...] Sie erklären also, dass die Schaffung eines völlig freien und vereinigten Deutschlands durch friedliche Mittel ein grundlegendes Ziel ihrer Politik ist. Ich sehe nicht, meine Damen und Herren, wie heute eine bessere Basis für die Wiedervereinigung Deutschlands gewonnen werden könnte. (Beifall bei den Regierungsparteien.) [...]
Die sowjetische Propaganda versucht im Zusammenhang mit der jüngsten Konferenz der Ostblockstaaten den Eindruck zu erwecken, dass Sowjetrussland bedroht werde. Es kann aber kein Zweifel daran bestehen, meine Damen und Herren, dass die Westmächte mit ihren Verteidigungsanstrengungen erst begonnen haben, nachdem klar erwiesen war, dass die Sowjetunion nicht daran dachte, ihre hochgerüsteten Streitkräfte zu vermindern, und dass sie bereit war, diese Streitkräfte mindestens psychologisch für die Verfolgung ihrer unverändert expansiven Politik einzusetzen. (Lebhafte Zustimmung in der Mitte.)
Es ist, meine Damen und Herren, eine alte Taktik des Kommunismus, den Angriff stets in der Sprache der Verteidigung zu führen. (Beifall in der Mitte und rechts.)
Das heißt, man bereitet den Angriff vor, und wenn der, dem dieser Angriff gelten soll, daraufhin seinerseits entsprechende, defensive Maßnahmen trifft, sagen die Kommunisten, man bedrohe sie. (Beifall in der Mitte und rechts.)
Dieser Taktik folgend hat die Sowjetunion gegen Ende der Berliner Konferenz[1] und seitdem mehrmals Vorschläge für ein System kollektiver Sicherheit gemacht, das die Verteidigungsorganisation des Westens in Europa auflösen, die Vereinigten Staaten ausschalten, die militärische Einheit des Ostblocks aber aufrechterhalten und die Sowjetunion zur vorherrschenden Militärmacht eines ganz Europa umfassenden Systems machen würde. (Zustimmung in der Mitte.) Ein derartiges System würde ihr nicht nur den lange angestrebten Einfluss auf ganz Deutschland, sondern auf die Dauer auch auf alle anderen freien Staaten Europas gewährleisten. (Sehr wahr! in der Mitte.)

Erich Ollenhauer (1901–1963), der nach dem Tod Kurt Schumachers Vorsitzender der SPD geworden war, antwortet auf die Regierungserklärung Adenauers:

Wir waren und wir sind der Meinung, dass nach dem Scheitern der EVG-Politik und vor der Beratung und Entscheidung über andere Formen eines militärischen Beitrags der Bundesrepublik zunächst ein neuer ernsthafter Versuch unternommen werden sollte, in Vier-Mächte-Verhandlungen die Möglichkeiten einer befriedigenden Lösung der deutschen Frage zu prüfen. (Sehr gut! bei der SPD.) [...] In Paris ist zwar nicht schriftlich, aber tatsächlich festgelegt worden, dass neue Verhandlungen mit der Sowjetunion über das Problem der deutschen Einheit erst nach der Ratifizierung der Verträge ins Auge gefasst werden sollen. Der Herr Bundeskanzler hat sich diese These wiederholt und ausdrücklich zu eigen gemacht, auch in seiner heutigen Rede. Damit ist eindeutig der Aufrüstung der Bundesrepublik der Vorrang vor der Wiedervereinigung gegeben worden. [...]
Diese Politik basiert auf der Annahme, dass ohne die Einheit des Westens erfolgreiche Verhandlungen mit der Sowjetunion nicht möglich seien und dass die Sowjetunion nach der Ratifizierung der Pariser Verträge eine größere Bereitwilligkeit zu Verhandlungen über eine für den Westen und für das deutsche Volk tragbare Lösung der europäischen und deutschen Probleme zeigen werde. [...] Selbstverständlich verfolgt die Sowjetunion mit ihren letzten Noten seit dem Scheitern des EVG-Vertrags ein taktisches Ziel. Sie hat das Interesse, die Ratifizierung der Pariser Verträge zu verhindern, weil sie eine Aufrüstung der Bundesrepublik nicht wünscht. Die Interessen der Sowjetunion sind nicht identisch mit unseren deutschen Interessen, und ihre Argumente sind nicht unsere Argumente. Aber vergessen wir nie, die Sowjetunion ist eine der vier Besatzungsmächte, und ohne ihre Zustimmung und ohne ihre Mitwirkung ist eine Wiedervereinigung Deutschlands ebenso unmöglich wie ohne die Zustimmung und die Mitwirkung der Westmächte. (Lebhafte Zustimmung bei der SPD.)
Es kann und darf uns daher nicht gleichgültig sein, welche Konsequenzen die Sowjetunion aus einer Einbeziehung der Bundesrepublik in die NATO im Hinblick auf ihre Deutschlandpolitik ziehen wird. [...] Aber die eindeutige Ankündigung, dass dann Verhandlungen über die deutsche Frage zwecklos sein werden, können und dürfen wir nicht ignorieren.

Verhandlungen des Deutschen Bundestages, 2. Wahlperiode 1953–1957, Band 22, S. 3135 ff.

1. *Analysieren Sie beide Reden und erläutern Sie die Unterschiede in den außenpolitischen Positionen.*
2. *Prüfen Sie die Argumente im Lichte der Entwicklung bis zur Wiedervereinigung Deutschlands 1990.*

[1] *Die Viermächte-Außenministerkonferenz in Berlin vom 25. 1. bis 18. 2. 1954 endete in der Deutschlandfrage mit dem Austausch der bekannten gegensätzlichen Positionen.*

M2 Wirtschaftswachstum 1950 – 1989

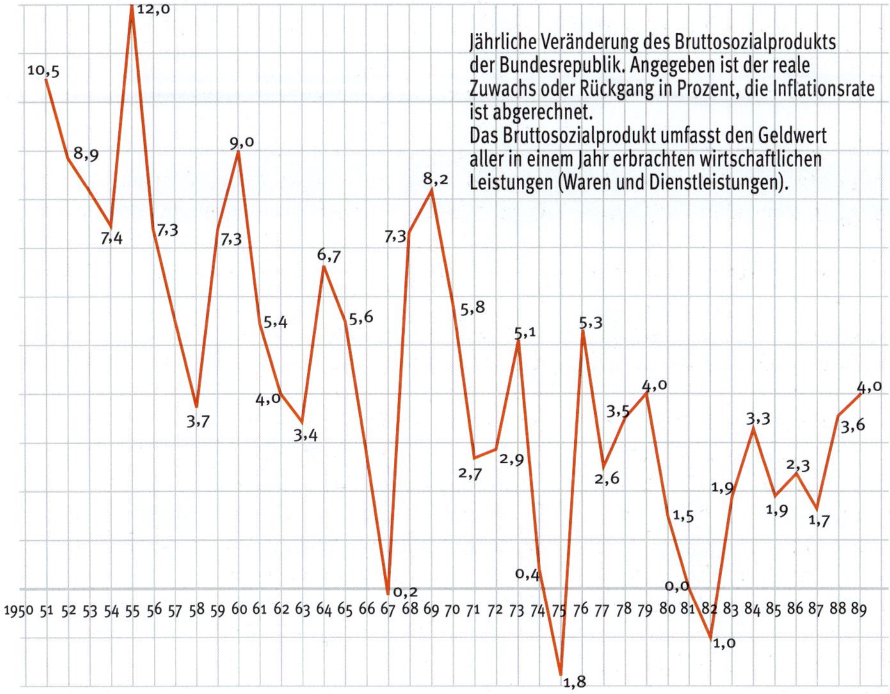

M3 Zahl der Arbeitslosen 1950 – 1989

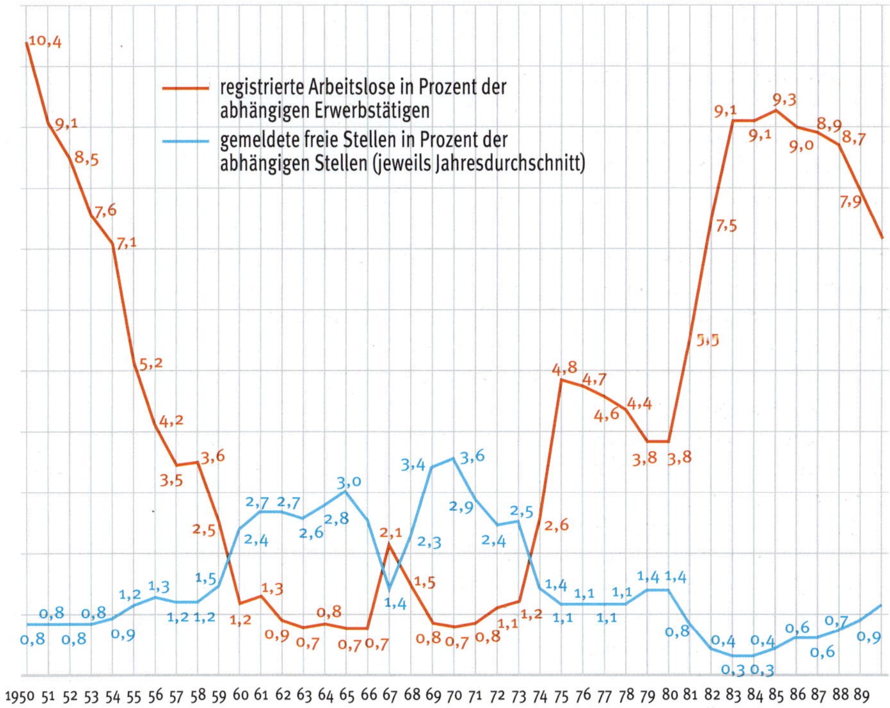

Daten nach: Bundesministerium für Wirtschaft (Hrsg.), Leistung in Zahlen bzw. Wirtschaft in Zahlen, verschiedene Jahrgänge

Beschreiben Sie die Entwicklung von Wirtschaftswachstum und der Zahl der Arbeitslosen. Setzen Sie die beiden Entwicklungen in Beziehung.

M4 Der Ausbau des Sozialstaats

Sozialleistungen in Deutschland	1969	1979	1989	2001*	2006*
in Milliarden Euro	77,5	222,7	342,0	664,0	700,2
in % der Wirtschaftsleistung (Bruttosozialprodukt)	25,4	31,4	30,1	32,0	30,3
je Einwohner in Euro	1290	3629	5511	8069	8500

Quelle: BMAS und Globus Infografik
** 2001 und 2006: Gesamtdeutschland*

1. *Erläutern Sie die Entwicklung der Sozialleistungen. Welche Folgen haben die Veränderungen im Verhältnis zu deren Anteil am Bruttosozialprodukt?*
2. *Begründen Sie, warum für den Ausbau des Sozialstaats die beginnenden 1970er-Jahre günstig waren.*

M5 Der private Verbrauch

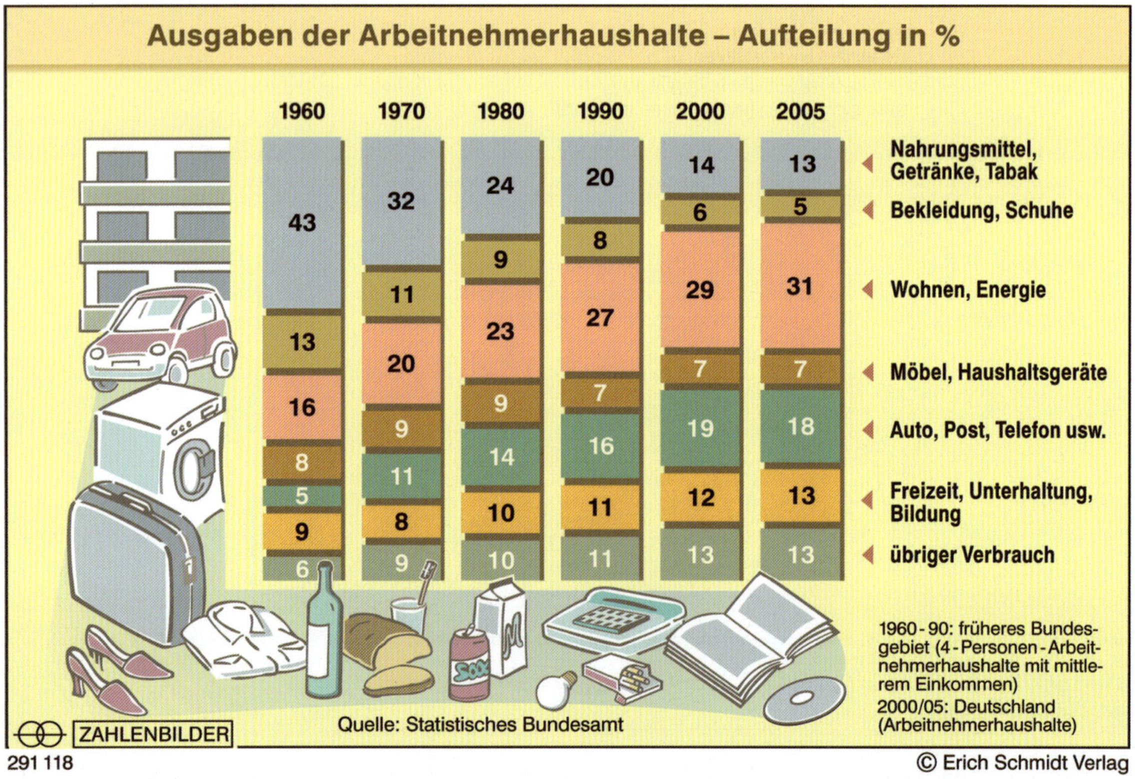

Beschreiben Sie die strukturellen Veränderungen beim privaten Verbrauch und suchen Sie Gründe.

M6 Kulturrevolution

Joschka Fischer (geb. 1948), von 1998 bis 2005 Außenminister, erläutert die Bedeutung von 1968:

Das Jahr 1968 enthält mehr an Bedeutung. Es ist bis heute neben den damaligen konkreten Ereignissen Metapher für eine fundamentale Veränderung der westlichen Gesellschaften geblieben, die der Übergang vom klassischen Industriekapitalismus zum Konsumkapitalismus mit sich gebracht hat, in Westeuropa zudem noch geprägt durch das Ende des Wiederaufbaus nach dem Zweiten Weltkrieg. [...] Insofern war 1968 vor allem eine Kulturrevolution [...], und genau in diesem Faktum liegt auch die anhaltende und mittlerweile historisch zu nennende Wirkung der damaligen Zäsur.

All dies galt auch und gerade im Westen Deutschlands, nur dass dort noch zwei zusätzliche politische Faktoren eine prägende Rolle spielen sollten: erstens die langsam sich durchsetzende Demokratisierung der von den Westalliierten den Westdeutschen aufgezwungenen Bundesrepublik Deutschland. Denn man vergesse nicht, dass noch 1969, bei der ersten von Sozialdemokraten geführten Bundesregierung, ernsthaft die Frage aufgeworfen wurde, ob die deutschen Konservativen den demokratischen Machtwechsel akzeptieren würden oder nicht. [...]

Ebensowenig darf man vergessen, dass nahezu alle westdeutschen Eliten durchwebt waren von den Mitläufern und Mittätern des Adolf Hitler. Und dies führt direkt zum zweiten Punkt, an dem sich die Bundesrepublik von ihren westlichen Nachbarn unterschied, nämlich dem bitteren Konflikt zwischen den Generationen, der Hitler-Generation und ihren erwachsen gewordenen Kindern. Die Geschichte von 1968 in Westdeutschland und vor allem der folgenden Jahre bis hin zum linksradikalen Terrorismus ist ohne diesen Generationenkonflikt nicht zu verstehen. Das Deutschland vor der Studentenrevolte und das Deutschland danach waren zwar dasselbe geblieben, und doch hatte sich die Alltagskultur, das normative Gefüge der Gesellschaft und ihr gesamter Lebensrhythmus, grundlegend geändert. Vieles von dem, was in diesen magischen Jahren und seinen Folgen zusammenfloss, war zuvor in der westdeutschen Republik entwickelt worden.

Andere Tendenzen und Kräfte wirkten von außen – etwa der Vietnam-Krieg, der Übergang zum westlichen Konsumkapitalismus, die Popkultur. Aber es war das Jahr 1968, in dem all diese Kräfte, Tendenzen, Strömungen und Ereignisse sich zu einem explosionsfähigen Gemisch verbunden hatten und dann auch explodierten. [...]

Dass das politische System und die demokratische Kultur heute weitaus durchlässiger, anpassungsfähiger und offener gegenüber neuen Herausforderungen geworden sind, als dies für das damalige politische System Westdeutschlands galt, ist eine bleibende Leistung des magischen Jahres 1968.

Spiegel-Spezial, Nr. 9, 1998, S. 59–61

1. *Erläutern Sie die Bedeutung des Jahres 1968 als Zäsur, die Fischer sieht.*
2. *Stellen Sie dar, wie Fischer die langfristigen Wirkungen von 1968 bewertet?*

M7 Wandel durch Annäherung

Egon Bahr (geb. 1922), ein enger Vertrauter Willy Brandts, erläutert am 15. Juli 1963 die Grundzüge der neuen Ostpolitik:

Die Änderung des Ost-West-Verhältnisses, die die USA versuchen wollen, dient der Überwindung des Status quo, indem der Status quo zunächst nicht verändert werden soll. Das klingt paradox, aber es eröffnet Aussichten, nachdem die bisherige Politik des Drucks und Gegendrucks nur zu einer Erstarrung des Status quo geführt hat. Das Vertrauen darauf, dass unsere Welt die bessere ist, die im friedlichen Sinne stärkere, die sich durchsetzen wird, macht den Versuch denkbar, sich selbst und die andere Seite zu öffnen und die bisherigen Befreiungsvorstellungen zurückzustellen. [...] Die erste Folgerung, die sich aus einer Übertragung der Strategie des Friedens auf Deutschland ergibt, ist, dass die Politik des Alles oder Nichts ausscheidet. Entweder freie Wahlen oder gar nicht, entweder gesamtdeutsche Entscheidungsfreiheit oder ein hartes Nein, [...] das alles ist nicht nur hoffnungslos antiquiert und unwirklich, sondern in einer Strategie des Friedens auch sinnlos. Heute ist klar, dass die Wiedervereinigung nicht ein einmaliger Akt ist, [...] sondern ein Prozess mit vielen Schritten und vielen Stationen. Wenn es richtig ist, was Kennedy sagte, dass man auch die Interessen der anderen Seite anerkennen und berücksichtigen müsse, so ist es sicher für die Sowjetunion unmöglich, sich die Zone zum Zwecke einer Verstärkung des westlichen Potenzials entreißen zu lassen. Die Zone muss mit Zustimmung der Sowjets transformiert werden. Wenn wir soweit wären, hätten wir einen großen Schritt zur Wiedervereinigung getan. [...] Das ist eine Politik, die man auf die Formel bringen könnte: Wandel durch Annäherung. Ich bin fest davon überzeugt, dass wir Selbstbewusstsein genug haben können, um eine solche Politik ohne Illusion zu verfolgen, die sich außerdem nahtlos in das westliche Konzept der Strategie des Friedens einpasst, denn sonst müssten wir auf Wunder warten und das ist keine Politik.

Archiv der Gegenwart 33, 1963, S. 10700 f.

Erläutern Sie, worin das grundlegend Neue der sozialliberalen Ostpolitik bestand.

Duisburg-Bruckhausen. Foto von 1971.

M8 Was ist Umweltpolitik?

Die seit 1969 regierende SPD/FDP-Koalition ist die erste deutsche Regierung, die sich ausdrücklich dem Umweltschutz verpflichtet. In ihrem Umweltprogramm von 1971 heißt es:

1. Umweltpolitik ist die Gesamtheit aller Maßnahmen, die notwendig sind,
   - um dem Menschen eine Umwelt zu sichern, wie er sie für seine Gesundheit und für ein menschenwürdiges Dasein braucht und
   - um Boden, Luft und Wasser, Pflanzen- und Tierwelt vor nachhaltigen Wirkungen menschlicher Eingriffe zu schützen und
   - um Schäden oder Nachteile aus menschlichen Eingriffen zu beseitigen.
2. Die Kosten der Umweltbelastungen hat grundsätzlich der Verursacher zu tragen (Verursacherprinzip).
3. Die Leistungsfähigkeit der Volkswirtschaft wird bei Verwirklichung des Umweltprogramms nicht überfordert werden. Der Umweltschutz soll durch finanz- und steuerpolitische Maßnahmen sowie durch Infrastrukturmaßnahmen unterstützt werden.
4. Der Zustand der Umwelt wird entscheidend bestimmt durch die Technik. Technischer Fortschritt muss umweltschonend verwirklicht werden. […]
5. Umweltschutz ist Sache jedes Bürgers. Die Bundesregierung sieht in der Förderung des Umweltbewusstseins einen wesentlichen Bestandteil ihrer Umweltpolitik.
6. Die Bundesregierung wird sich für ihre Entscheidungen in Fragen des Umweltschutzes verstärkt der wissenschaftlichen Beratung bedienen. Sie wird hierfür u.a. einen Rat von Sachverständigen für die Umwelt berufen.
7. Alle Umweltbelastungen und ihre Wirkungen müssen systematisch erforscht werden. Die notwendigen Forschungs- und Entwicklungskapazitäten für den Umweltschutz werden ausgebaut […].
8. Die Möglichkeiten der Ausbildung für die Spezialgebiete des Umweltschutzes sollen, unter anderem durch interdisziplinäre und praxisbezogene Aufbaustudien an Hoch- und Fachhochschulen, vermehrt und verbessert werden.
9. Wirksamer Umweltschutz bedarf enger Zusammenarbeit zwischen Bund, Ländern und Gemeinden untereinander und mit Wissenschaft und Wirtschaft.
10. Der Umweltschutz verlangt internationale Zusammenarbeit. Die Bundesregierung ist hierzu in allen Bereichen bereit und setzt sich für internationale Vereinbarungen ein.

Drucksache VII 2710 des Deutschen Bundestages vom 14. 10. 1971

1. *Erläutern Sie, was die Bundesregierung 1971 unter Umweltpolitik verstand.*
2. *Diskutieren Sie die vorgesehene Verteilung der Verantwortung für die Umwelt.*

M9 Deutschland als Einwanderungsland

Der Migrationsforscher Klaus Bade (geb. 1944) erläutert Wahrnehmung und Praxis der deutschen Ausländerpolitik:

Die Ost-West-Migration hatte im späten 19. und frühen 20. Jahrhundert Millionen Auswanderer über den Atlantik und jährlich Hunderttausende von Arbeitswanderern nach Mittel- und Westeuropa geführt. Hinzu kam ein großer Teil der mehr als 20 Millionen Menschen, die vom Ende des Ersten Weltkriegs bis zum Ende der 1940er-Jahre von zwangsweisen Umsiedlungen nach Grenzverschiebungen und von Vertreibungen betroffen waren. Der Kalte Krieg bewirkte jahrzehntelang eine Drosselung der

Ost-West-Migration und ließ im Westen auch die alten Ängste davor zurücktreten. […] Als der Limes des Kalten Krieges Ende der 1980er-Jahre zerbrach, wurde deutlich, dass er auch eine Sperre gegen die Ost-West-Wanderung gewesen war. […]
1989–92 wurden in Deutschland rund eine Million (1008684) Asylsuchende gezählt. Das Zusammentreffen der verschiedenen, stark wachsenden Zuwanderungen in Deutschland und die durch Migrationsszenarien und Wanderungsdrohungen gestützte Furcht vor deren weiterer Entfaltung ließen die Visionen von „Fluten" aus dem Osten in Deutschland scheinbar konkrete Gestalt annehmen. Vergeblich brachten Ausländerbeauftragte, Praktiker der Ausländerarbeit und kritische Wissenschaftler Hinweise darauf in die Debatte, dass viele Asylsuchende, Flüchtlinge und andere Ausländer Deutschland jährlich wieder verließen. Demografische Argumente vermochten gegen die alltägliche Erfahrung der de facto zunehmenden und von vielen als Bedrohung empfundenen Begegnungen mit stets neuen „Fremden" immer weniger auszurichten. […] Die Anti-Asyl-Argumentation bewegte sich dabei oft in geschlossenen Kreisen: In der Regel wurden nur ca. 5% der Antragsteller als im engeren Sinne „politisch verfolgt" anerkannt und deshalb für asylberechtigt erklärt. Von Politikern und Medien in Umlauf gebrachte Vorstellungen, die abgelehnten übrigen 95% der Antragsteller seien „Wirtschaftsflüchtlinge", waren demagogisch. Sie blamierten sich regelmäßig angesichts der Tatsache, dass einem erheblichen Teil der Antragsteller und ihren Angehörigen trotz der Ablehnung im Asylverfahren aus verschiedenen Gründen Abschiebeschutz gewährt oder im Sinne übergeordneten Rechts ein Flüchtlingsstatus zugesprochen werden musste – was wiederum als staatliches Versagen bei der „konsequenten Abschiebung" interpretiert wurde. Das war der Hintergrund für die von wachsender Angst und Aggressivität getriebenen ausländer- und fremdenfeindlichen Ausschreitungen im vereinigten Deutschland der frühen 1990er-Jahre. Zur Vorgeschichte der Krise gehörten aber auch seit langem ungeklärte Einwanderungs- und Eingliederungsfragen im Einwanderungsland wider Willen, das als nationaler Wohlfahrtsstaat pragmatisch die soziale Eingliederung von Zuwanderern gestaltete, appellativ aber in demonstrativer Erkenntnisverweigerung darauf beharrte, „kein Einwanderungsland" zu sein oder zu werden. Am Ende […] wuchsen soziale Ängste, Irritationen und Frustrationen über die Abwesenheit von Politik in einer […] alltäglich erlebbaren und doch politisch für nicht-existent erklärten Einwanderungssituation. Sie schlugen um in Aggression gegen „die Fremden" und solche, die dafür gehalten oder dazu erklärt wurden.

Klaus J. Bade, Europa in Bewegung. Migration vom späten 18. Jahrhundert bis zur Gegenwart, München 2000, S. 384f., 389f.

1. *Klären Sie die Funktion, die der „Eiserne Vorhang" für Bade in der europäischen Migrationsgeschichte einnimmt.*
2. *Erläutern Sie die Vorwürfe, die Bade gegen die deutsche Ausländerpolitik der Neunzigerjahre erhebt.*
3. *Bringen Sie in Erfahrung, ob der Regierungswechsel von 1998 Veränderungen gebracht hat.*

M10 Die ausländische Bevölkerung in Deutschland

a) Ausländer im Bundesgebiet, 1982 bis 1998, 2003 und 2006 in Tausend

Jahr	Ausländische Bevölkerung		
	Insgesamt	In % der Gesamtbevölkerung	Sozial versicherungspflichtig Beschäftigte
1982	4666,9	7,6	1709,5
1983	4534,9	7,4	1640,6
1984	4363,6	7,1	1552,6
1985	4378,9	7,2	1536,0
1986	4512,7	7,4	1544,7
1987	4240,5	6,9	1557,0
1988	4489,1	7,3	1607,1
1989	4845,9	7,7	1683,8
1990	5342,5	8,4	1793,4
1991	5882,3	7,3	1908,7
1992	6495,8	8,0	2119,6
1993	6878,1	8,5	2150,1
1994	6990,5	8,6	2109,7
1995	7173,9	8,8	2094,0
1996	7314,0	8,9	2009,7
1997	7365,8	9,0	1997,8
1998	7319,6	9,0	2030,3
2003*	7334,8	8,9	1874,0
2006*	6751,0	8,9	1790,0

Nach: Ulrich Herbert, Geschichte der Ausländerpolitik in Deutschland. Saisonarbeiter, Zwangsarbeiter, Gastarbeiter, Flüchtlinge, München 2001, S. 233

**BMAS*

b) Wanderungen von ausländischen Staatsangehörigen über die Auslandsgrenzen Deutschlands seit 1970[1]

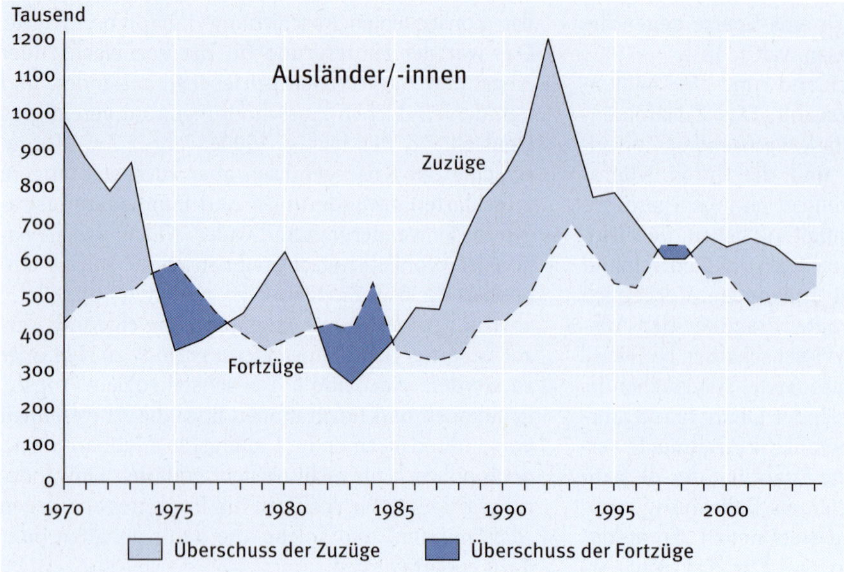

1 Bis einschließl. 1990 früheres Bundesgebiet; ab 1991 Deutschland

Statistisches Bundesamt (Hrsg.), Datenreport 2006, Bonn 2006, S. 48

Überprüfen Sie anhand der Zahlen die Aussagen von M9.

M11 Völliger Umbruch

Aus dem ersten Bundesprogramm der „Grünen" vom März 1980:

Wir sind die Alternative zu den herkömmlichen Parteien. Hervorgegangen sind wir aus einem Zusammenschluss von grünen, bunten und alternativen Listen und Parteien. Wir fühlen uns verbunden mit all denen, die in der neuen demokratischen Bewegung mitarbeiten: den Lebens-, Natur- und Umweltschutzverbänden, den Bürgerinitiativen, der Arbeiterbewegung, christlichen Initiativen, der Friedens- und Menschenrechts-, der Frauen- und Dritte-Welt-Bewegung. Wir verstehen uns als Teil der grünen Bewegung in aller Welt.

[...] Die ökologische Weltkrise verschärft sich von Tag zu Tag: Die Rohstoffe verknappen sich, Giftskandal reiht sich an Giftskandal, Tiergattungen werden ausgerottet, Pflanzenarten sterben aus, Flüsse und Weltmeere verwandeln sich in Kloaken, der Mensch droht inmitten einer späten Industrie- und Konsumgesellschaft geistig und seelisch zu verkümmern, wir bürden den nachfolgenden Generationen eine unheimliche Erbschaft auf.

Die Zerstörung der Lebens- und Arbeitsgrundlagen und der Abbau demokratischer Rechte haben ein so bedrohliches Ausmaß erreicht, dass es einer grundlegenden Alternative für Wirtschaft, Politik und Gesellschaft bedarf. Deshalb erhob sich spontan eine demokratische Bürgerbewegung. Es bildeten sich Tausende von Bürgerinitiativen, die in machtvollen Demonstrationen gegen den Bau von Atomkraftwerken antreten, weil deren Risiken nicht zu bewältigen sind und weil deren strahlende Abfälle nirgends deponiert werden können; sie stehen auf gegen die Verwüstung der Natur, gegen die Betonierung unserer Landschaft, gegen die Folgen und Ursachen einer Wegwerfgesellschaft, die lebensfeindlich geworden ist.

Ein völliger Umbruch unseres kurzfristig orientierten wirtschaftlichen Zweckdenkens ist notwendig. [...] Ausgehend von den Naturgesetzen und insbesondere von der Erkenntnis, dass in einem begrenzten System kein unbegrenztes Wachstum möglich ist, heißt ökologische Politik, uns selbst und unsere Umwelt als Teil der Natur zu begreifen. [...]

Unsere Politik ist eine Politik der aktiven Partnerschaft mit der Natur und dem Menschen. Sie gelingt am besten in selbstbestimmten und selbstversorgenden überschaubaren Wirtschafts- und Verwaltungseinheiten. [...] Es geht um eine Gesellschaft, die demokratisch ist, in der die Beziehungen der Menschen untereinander und zur Natur zunehmend bewusster gehandhabt werden. [...]

Irmgard Wilharm, Deutsche Geschichte 1962–1983, Band 2, Frankfurt/Main 1985, S. 226f.

1. *Nennen Sie die Ziele der „Grünen".*
2. *Erläutern Sie, was 1981 das Neue am Programm der „Grünen" im Vergleich zu den „herkömmlichen Parteien" ist.*

10.3 Politische und gesellschaftliche Entwicklungen in der DDR

Aufmarsch von Mitgliedern der Freien Deutschen Jugend FDJ, der Volkspolizei und der SED anlässlich der 2. Parteikonferenz der SED in Berlin. Foto vom 11. Juli 1952.

15.10.1950	In der DDR finden auf der Basis einer Einheitsliste die ersten Wahlen zur Volkskammer statt
17.6.1953	Der Arbeiteraufstand in Ostberlin weitet sich zu einem landesweiten Aufstand gegen das SED-Regime aus
13.8.1961	Die DDR-Regierung lässt in Berlin die Mauer errichten
Mai 1971	Erich Honecker löst Walter Ulbricht an der Spitze der SED ab
1972/73	Die Ost-Verträge, das Berliner Viermächte-Abkommen und der Grundlagenvertrag treten in Kraft
1985	DDR-Oppositionelle schließen sich in einer Bürgerrechtsbewegung zusammen

Aufbau nach sowjetischem Vorbild

Seit der Gründung der DDR am 7. Oktober 1949 übernahm die SED das sowjetische Modell in allen Bereichen von Politik, Gesellschaft, Wirtschaft und Kultur. Es entstand eine Diktatur, deren Machthaber sich zu keinem Zeitpunkt auf die mehrheitliche Zustimmung der Bevölkerung berufen konnten. Die kommunistische Führungsgruppe der Partei beschritt bei der Durchsetzung ihres Machtmonopols mehrere Wege:

1. die innere Umgestaltung der SED zu einer „Partei neuen Typus",
2. die Umformung des gesamten Parteiensystems zu einem Instrument der SED,
3. die Lenkung der Strafjustiz zur Absicherung der Diktatur und
4. der Einsatz der Geheimpolizei (Ministerium für Staatssicherheit) zur Überwachung der Bevölkerung und zur Unterdrückung der Opposition.

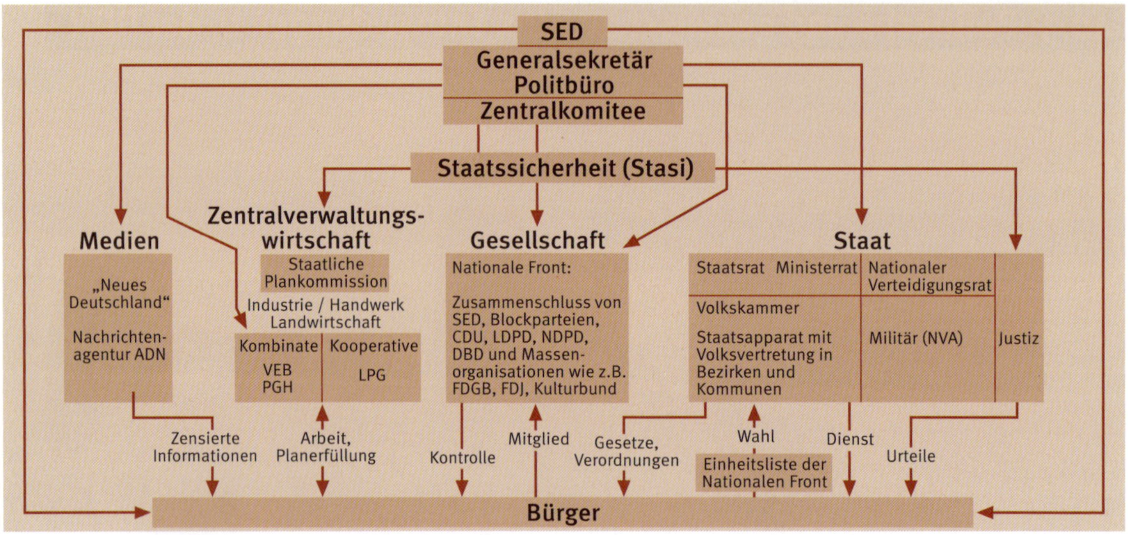

Die Verfassungswirklichkeit in der DDR (Grafik nach Eberhard Wilms).

Schon vor der Staatsgründung der DDR war die SED als „Partei neuen Typus“ dem Beispiel der KPdSU gefolgt. Danach stand sie nicht in Konkurrenz zu anderen Gruppen im Staat, sondern sie übte – gemäß der marxistisch-leninistischen Lehre – an der Spitze der Arbeiterbewegung ein Machtmonopol aus (→ M1).

Das Bekenntnis zu Stalin und zur „führenden Rolle“ der Sowjetunion sowie den Kampf gegen „Spione und Agenten“ und den „Sozialdemokratismus“ erklärte der III. Parteitag der SED im Juli 1950 zur Pflicht für alle SED-Mitglieder. Mit Unterstützung der sowjetischen Geheimpolizei setzte Walter Ulbricht, Erster Sekretär und mächtigster Mann der SED, Parteisäuberungen durch – allein 1950/51 wurden 150 000 Mitglieder und Funktionäre, darunter vor allem ehemalige Sozialdemokraten, aber auch viele Kommunisten, aus der SED ausgeschlossen. Sogar Mitglieder der Führungsgruppe wurden ihrer Funktionen enthoben oder gar verhaftet. In einer Atmosphäre der Angst entwickelte sich die SED zu einem monolithischen Machtapparat, der von einer kleinen Gruppe von Spitzenfunktionären gelenkt wurde.

Die Umformung des Parteiensystems

Neben den seit 1945 in der Sowjetischen Besatzungszone zugelassenen Parteien CDU und LDPD waren von der SED und der SMAD[1] 1948 zwei weitere Parteien ins Leben gerufen worden: die *Demokratische Bauernpartei Deutschlands* (*DBD*) und die *National-Demokratische Partei Deutschlands* (*NDPD*). Diese beiden „bürgerlichen“ Parteien hatten die Aufgabe, im Auftrag der SED Zugang zu bäuerlichen und liberal-konservativen Kreisen zu gewinnen sowie die tatsächlichen Machtverhältnisse zu verschleiern.

Eine ähnliche Rolle wie den Parteien teilte die SED-Spitze den großen Massenorganisationen zu wie beispielsweise dem *Freien Deutschen Gewerkschaftsbund* (*FDGB*) oder der *Freien Deutschen Jugend* (*FDJ*). Sie sollten als „Transmissionsriemen“ (Lenin) zur Durchsetzung des Willens der kommunistischen Parteispitze wirken.

Parteien und Massenorganisationen wurden seit der Staatsgründung in der *Nationalen Front des demokratischen Deutschland* zusammengeschlossen. Da die maßgeblichen Stellen der Nationalen Front von SED-Funktionären eingenommen wurden, konnte die SED auf diesem Weg alle Parteien und Massenorganisationen steuern.

Die ersten Volkskammerwahlen vom Oktober 1950 fanden auf der Basis einer Einheitsliste der Nationalen Front statt und ermöglichten keine Auswahl, sondern nur eine Akklamation. Für das bereits zuvor festgelegte Ergebnis (98 Prozent Wahlbeteiligung, 99,7 Prozent Zustimmung) mussten die SED und ihre Geheimpolizei allerdings Druck und Gewalt gegenüber der Bevölkerung anwenden und die Wahlergebnisse fälschen.

Seit Anfang der Fünfzigerjahre wurde die Gleichschaltung der bürgerlichen Parteien forciert. Widerstandsbereite Persönlichkeiten wurden ihrer Ämter enthoben, verhaftet und zu Zuchthaus oder Zwangsarbeit in sowjetischen Straflagern verurteilt. Seit 1952/53 erkannten CDU und LDPD in ihren Satzungen „die führende Rolle der SED als der Partei der Arbeiterklasse“ vorbehaltlos an.

[1] *SMAD: Sowjetische Militäradministration*

Justiz im Parteiauftrag

Die Säuberung des Justizapparates von ehemaligen Nationalsozialisten nutzte die Führung der SED, um an ihre Stelle zuverlässige Kommunisten zu platzieren. Im Gegensatz zum Wortlaut der Verfassung waren die Richter nicht unabhängig, sondern politische Funktionäre, angeleitet und gelenkt vom Obersten Gericht und den Parteiinstanzen.

Das Strafrecht wurde ein Instrument der Diktatur zur Bekämpfung ihrer Gegner; wesentliche Verfahrensrechte, wie das Prinzip der Öffentlichkeit im Gerichtsprozess oder das Recht des Angeklagten auf Verteidigung, verkamen zu einer Farce, die Haftbedingungen in den Gefängnissen waren unmenschlich. Als Straftatbestand diente häufig die Generalklausel des Artikels 6 der Verfassung von 1949 („Boykotthetze gegen demokratische Einrichtungen"). Bereits kritische Meinungsäußerungen über das Regime wurden mit hohen Freiheitsstrafen geahndet.

Eines der schwersten Justizverbrechen in der Frühzeit der DDR waren die sogenannten „Waldheimer Prozesse". Unter dem Vorwand, Nazi- und Kriegsverbrechen zu ahnden, wurden innerhalb von nur zweieinhalb Monaten im Jahre 1950 in Waldheim (Sachsen) 3324 Insassen ehemaliger sowjetischer Speziallager in der DDR gleichsam am Fließband zu Regelstrafen von 15 Jahren Zuchthaus und mehr, 33 zum Tode verurteilt.

Schauprozesse zur Bekämpfung des sozialdemokratischen und bürgerlichen Widerstandes, aber auch der innerparteilichen Gegner Ulbrichts wurden vom Justizapparat der SED regelrecht inszeniert und von den Gerichten ausgeführt. Das Politbüro[1] betätigte sich in der Ära Ulbricht nicht selten als Ankläger, Richter und Gnadeninstanz. Heute wird die Zahl der politisch Verfolgten in 40 Jahren DDR auf 150 000 bis 200 000 geschätzt. Nicht weniger als 33 755 „politische Häftlinge" kaufte die Bundesregierung zwischen 1963 und 1989 für insgesamt 1,74 Milliarden Euro frei. Seit dem Untergang des SED-Regimes können die Opfer des Justizterrors ihre gerichtliche Rehabilitierung beantragen. Etwa 160 000 solcher Anträge sind bis 2001, der gesetzlichen Frist, gestellt worden; die meisten davon sind mit positivem Ergebnis abgeschlossen.

Auch das Zivil-, Familien- und Arbeitsrecht missbrauchte der SED-Staat, um Andersdenkende, Kritiker oder Systemgegner einzuschüchtern. So wurden Schulabschlüsse, die Berufsausbildung, der berufliche Aufstieg von Menschen, die unliebsam aufgefallen waren, verhindert, die Wohnungszuteilung oder die Reiseerlaubnis versagt, der Personalausweis entzogen, der Arbeitsplatz gekündigt etc. Wegen der herrschenden Rechtsunsicherheit blieb für die Bürger das staatliche Handeln stets unberechenbar.

[1] *Politbüro: Bezeichnung für das Führungsgremium kommunistischer Parteien*

Die Allgegenwart des Geheimdienstes

Neben der Roten Armee gewährleistete insbesondere der *Staatssicherheitsdienst* den Machterhalt der SED. Er war eine Kopie des sowjetischen Geheimdienstes und mit diesem lange Zeit aufs Engste verflochten. Im Februar 1950 wurde das *Ministerium für Staatssicherheit* (*MfS*) gegründet, um „Saboteure, Agenten und Diversanten[2]" zu bekämpfen. Der Staatssicherheitsdienst war politische Geheimpolizei und geheimer Nachrichtendienst. Er nahm – vor allem bei politischen „Delikten" – strafrechtliche Untersuchungen vor. Vom ersten Tag seiner Existenz an arbeitete der Staatssicherheitsdienst unter strengster Geheimhaltung. *Erich Mielke*, der den Staatssicherheitsdienst ab 1957 leitete, bezeichnete ihn als „Schild und Schwert der Partei" und erweiterte beständig dessen Zuständigkeiten. Die Stasi – so die Kurzbezeichnung – unterstand nur dem Vorsitzenden des Verteidigungsrates und damit dem Generalsekretär der SED. Kein Gesetz oder Parlament schränkten seine Ziele und Methoden ein. In einem als „Geheime Kommandosache" deklarierten Statut wurden die Aufgaben des MfS 1969 erstmals ausführlicher dargelegt.

„Zwiespalt." Gemälde von Wolfgang Mattheuer (1927–2004), 1980/82. Wolfgang Mattheuer war einer der bedeutendsten Künstler der DDR.

- ► *Interpretieren Sie das Gemälde.*
- ► *Erläutern Sie, inwiefern der Titel mehrdeutig ist.*

[2] *Diversant: im kommunistischen Sprachgebrauch Saboteur*

Propaganda an einer Hausmauer in Ost-Berlin. Foto von 1952.
„Neues Deutschland" war das offizielle Zentralorgan des Zentralkomitees der SED.

Im Laufe der Zeit entwickelte sich die Geheimpolizei der SED zu einem gigantischen Überwachungsapparat mit der Zentrale in Ostberlin und nachgeordneten Behörden auf Bezirks- und Kreisebene. Anfangs zählte das MfS 1000 hauptamtliche Mitarbeiter, Mitte der Fünfzigerjahre bereits 13 000. Die personelle Expansion verdeutlicht, dass die SED-Führung ihren Parolen von der Einheit von Volk und Partei selbst nicht traute (1989 waren es schließlich etwa 91 000 hauptamtliche Mitarbeiter).
Um die vermuteten „feindlich-negativen" Personen, Handlungen und Meinungen flächendeckend aufzuspüren, bediente sich der Apparat eines zusätzlichen Netzes von Spitzeln, die ihre Führungsoffiziere über „staatsfeindliche" Gespräche oder Absichten im eigenen Freundeskreis, am Arbeitsplatz, in der Familie, in staatlichen und gesellschaftlichen Organisationen informierten. Die allgegenwärtige Spitzelei und Denunziation durch sogenannte *Inoffizielle Mitarbeiter* (*IM*) wurde bereits in den Fünfzigerjahren systematisch organisiert. Am Ende der SED-Diktatur (1989) verfügte das MfS über rund 189 000 Zuträger (➔ M2). Im statistischen Mittel kontrollierte in der Endphase der DDR ein Inoffizieller Mitarbeiter 120 Einwohner. Erst neuere Forschungen haben gezeigt, dass Ende der Achtzigerjahre auch 1553 Bundesbürger als aktive Inoffizielle Mitarbeiter beim DDR-Auslandsgeheimdienst des MfS (Hauptverwaltung Aufklärung) registriert waren und weitere 1500 Bundesbürger für andere Abteilungen des MfS spionierten. Insgesamt arbeiteten während des 40-jährigen Bestehens der DDR rund 12 000 Westdeutsche für die Stasi.
Von Anfang an nutzte das MfS alle zur Verfügung stehenden Mittel, um Opponenten zu kriminalisieren, sie beruflich oder privat zu ruinieren: Öffnung von Briefen, heimliche Wohnungsdurchsuchungen, Einbau von Wanzen, Durchsicht von Bankunterlagen und Krankheitsberichten bis zur permanenten Beschattung verdächtiger Personen.

Einbeziehung der DDR in den Ostblock

Bereits seit Anfang 1950 war die DDR Mitglied des von Stalin ins Leben gerufenen *Rates für gegenseitige Wirtschaftshilfe* (*RGW*) (s. S. 486). Die Blockbildung in Europa und Deutschland wurde abgeschlossen mit der Gründung des *Warschauer Paktes* am 14. Mai 1955, zu dessen Unterzeichnerstaaten die DDR ebenfalls gehörte. Einen Tag später beschloss das Zentralkomitee der SED die Aufstellung bewaffneter Streitkräfte, die bereits in Gestalt der *Kasernierten Volkspolizei* existierten. Entsprechend rasch gingen die Aufstellung der *Nationalen Volksarmee* (*NVA*) und die Schaffung eines *Ministeriums für nationale Verteidigung* vor sich. Anfang 1956 beschlossen die Warschauer Vertragsstaaten, die Nationale Volksarmee in die Streitkräfte des Warschauer Paktes aufzunehmen. Damit war die DDR auch militärisch voll in den Ostblock integriert.

Bereits am 20. September 1955, unmittelbar nach Aufnahme diplomatischer Beziehungen mit der Bundesrepublik, hatte die neue sowjetische Führung unter Parteichef Chruschtschow in dem *Vertrag über die Beziehungen zwischen der DDR und der UdSSR* die *Souveränität der DDR* bekräftigt. An die Stelle der sowjetischen Kontrollkommission trat ein Botschafter. Von nun an verfolgte die Sowjetunion das Ziel der völkerrechtlichen Anerkennung der DDR durch den Westen *(Zwei-Staaten-Theorie)*. Als strategisch und ökonomisch wichtiger Eckpfeiler des östlichen Bündnisses wurde das SED-Regime unter Walter Ulbricht zu einem zuverlässigen Partner des von der Sowjetunion beherrschten Ostblocks.

„Planmäßiger Aufbau des Sozialismus"

Im Juli 1952 verordnete Walter Ulbricht mit Erlaubnis Stalins den „planmäßigen Aufbau des Sozialismus". Das hieß im Wesentlichen:

- weitere Zentralisierung der Staatsmacht (Auflösung der Länder), Ausbau von Partei und Sicherheitsorganen, verstärkte Indoktrination durch Ideologie und Medien;
- Ausbau der Volkseigenen Betriebe, die bereits rund 80% zur industriellen Produktion beisteuerten; damit einher ging die Enteignung und politische Verfolgung der bürgerlichen Mittelschichten, die als private Unternehmer, kleine Handels- und Gewerbetreibende eine wichtige Stütze für die ostdeutsche Wirtschaft bildeten; durch eine extrem hohe Besteuerung und bürokratische Gängeleien wurde ihre berufliche Existenz vielfach vernichtet;
- einseitige Förderung der Schwerindustrie und des militärischen Komplexes ohne Rücksicht auf die wachsenden Versorgungsengpässe für die Bevölkerung, verbunden mit einer Erhöhung der geforderten Arbeitsleistung;
- forcierte Kollektivierung der Landwirtschaft; durch extrem hohe Ablieferungsverpflichtungen wurden selbstständige Bauern in *Landwirtschaftliche Produktionsgenossenschaften* (*LPG*) gepresst;
- rascher Aufbau von „nationalen Streitkräften", finanziert durch Steuererhöhungen und Einsparungen im sozialen Bereich.

Die Krise von 1953

Besonders die von Moskau angeordnete und von der SED-Spitze zielstrebig durchgesetzte Militarisierung des Landes belastete die Wirtschaft enorm. Obwohl es in einigen wichtigen Industriezweigen gelang, die Produktion der Vorkriegszeit wieder zu übertreffen, geriet die DDR doch wegen der einseitigen Konzentration auf den militärischen Komplex und die alte Schwerindustrie sowie der starren Strukturen in den Betrieben in immer größeren Rückstand zur Entwicklung im Westen Deutschlands. Das *Gesetz zum Schutz des Volkseigentums* vom Oktober 1952 diente der Legalisierung des Justizterrors gegen angebliche „Wirtschaftsverbrecher", die als Sündenböcke für die von der SED verursachte Krise herhalten mussten. Tausende wurden aus nichtigen Anlässen zu Zuchthausstrafen verurteilt – etwa wegen des Diebstahls von zwei Kilogramm Zement im Wert von 0,25 Pfennigen.

Selbstständige und Privateigentümer, circa zwei Millionen Menschen, bekamen keine Lebensmittelkarten mehr; sie sollten in den staatlichen Läden zu höheren Preisen kaufen, doch noch nicht einmal dort gab es Butter, Öl, Margarine, Fleisch. Während die gelenkte Presse von ständig neuen Produktionserfolgen berichtete, blieben die Lebensmittel weiterhin rationiert, fehlte es an Kohle, an frischem Gemüse, Obst, sogar die Versorgung mit Kartoffeln und Brot bereitete Schwierigkeiten. Immer mehr Menschen – Bauern, Kaufleute, Unternehmer, Ärzte, Lehrer und Wissenschaftler – flüchteten nach Westberlin und in die Bundesrepublik, im ersten Halbjahr 1953 226 000 Personen. Die SED-Führung antwortete mit verschärften Repressionsmaßnahmen und einer großen Propagandakampagne zur freiwilligen Erhöhung der Arbeitsleistung bei unveränderten Löhnen. In einigen Betrieben kam es daraufhin zu Protesten, nur wenige ließen sich zu den gewünschten Selbstverpflichtungen drängen. Obgleich dem Politbüro Berichte über die Stimmung in der Bevölkerung vorlagen, verschärfte Ulbricht den eingeschlagenen Kurs noch zusätzlich. Per Dekret wurden Mitte Mai 1953 die Arbeitsnormen um mindestens zehn Prozent erhöht. In mehreren Städten brachen erste Warnstreiks aus.

Demonstration am 17. Juni 1953.
Mit deutschen Fahnen ziehen Arbeiter durch das Brandenburger Tor von Ost-Berlin in den Westteil der Stadt. Auch in vielen anderen Großstädten der DDR gingen Menschen auf die Straße. Was als Streik von Berliner Bauarbeitern aus Protest gegen die Normenerhöhung begann, entwickelte sich zu einer politischen Bewegung für freie Wahlen und die deutsche Einheit, die viele Stadt- und Landkreise in der DDR erfasste.

Der „Neue Kurs" – von Moskau verordnet

Beunruhigt über die katastrophale ökonomische Situation und Stimmungslage in der DDR, versuchten die Nachfolger Stalins – dieser war am 5. März 1953 gestorben –, die Lage zu entschärfen. Anfang Juni 1953 befahl die sowjetische Parteiführung einen sofortigen Kurswechsel: Die privaten Produzenten sollten gefördert, geflüchtete Bauern und Selbstständige zurückgerufen, die „Wirtschaftsverbrecher" aus den Gefängnissen entlassen, das Gespräch mit den Kirchenleitungen gesucht werden (→ M3).

Diesen „Neuen Kurs" verkündete das Regime am 11. Juni 1953, und offiziell wurden sogar schwerwiegende Fehler zugegeben. Doch ausgerechnet die Erhöhung der Arbeitsnormen wurde nicht zurückgenommen. Die Empörung in der Arbeiterschaft und weiten Kreisen der Bevölkerung nahm eher noch zu. Das plötzliche Umschwenken galt als Bankrotterklärung der SED; Gerüchte über eine Auflösung der Partei machten die Runde; Meldungen der Staatssicherheit berichteten von Freudenfesten auf dem Land, wo bereits die Befreiung von der SED-Herrschaft gefeiert wurde; und viele glaubten sogar an eine kurz bevorstehende Wiedervereinigung, nachdem die SED alle Losungen mit dem Wort „Sozialismus" kurzfristig entfernen ließ. Auf Großbaustellen häuften sich spontane Streiks, Bauern traten wieder aus den LPGs aus, vielerorts wurde vor Gefängnissen demonstriert.

Vom Arbeiterprotest zum Volksaufstand

Am 16. Juni formierten sich die Bauarbeiter in der Ostberliner Stalinallee zu einem Protestmarsch gegen die Beibehaltung der Normenerhöhung. Fast alle Betriebe in Berlin schlossen sich an. Die Demonstranten verlangten freie Wahlen, den Sturz der Regierung und kündigten einen Generalstreik an. Jetzt erst entschied sich das Politbüro für die Zurücknahme der Normenerhöhung. Doch die Arbeiter ließen sich nicht mehr beschwichtigen. Innerhalb weniger Stunden weitete sich am 17. Juni die Streikwelle zu einem landesweiten Aufstand der Bevölkerung gegen die SED aus. In über 700 Städten und Ortschaften beteiligten sich rund eine halbe Million Menschen an Demonstrationen, besetzten öffentliche Gebäude, Parteibüros und Dienststellen der Staatssicherheit, auch Gefängnisse wurden gestürmt und über 1300 Häftlinge befreit (→ M4).

Doch jetzt nahmen die Sowjets der SED-Führung das Heft aus der Hand. Im Laufe des 17. Juni verhängte die Besatzungsmacht den Ausnahmezustand über Ostberlin und weite Teile der DDR: Es galt das Kriegsrecht. Sowjetische Militärtribunale verhängten 18 Todesurteile gegen Aufständische, darunter mehrere Jugendliche. Hunderte wurden in Zwangsarbeitslager in Sibirien verbracht. Da dem Aufstand jede überregionale Koordination fehlte, hatten die russischen Panzer keine Schwierigkeiten, das Freiheitsbegehren der Menschen zu ersticken. Dennoch flackerten bis in den Juli 1953 hinein immer wieder Streiks auf, und auf dem Land wollten viele Bauern nicht aufgeben. Etwa 1300 Mitglieder der SED traten aus Protest gegen die Führung aus der Partei aus.

In den Wochen und Monaten nach dem 17. Juni wurden rund 13000 Menschen verhaftet, etwa 3000 verurteilt, die meisten zu teilweise hohen Zuchthausstrafen, in zwei Fällen zum Tod. Mehr als die Hälfte der höheren Parteifunktionäre verlor im Zuge von Säuberungsaktionen ihre Ämter. Dazu zählten auch die Gegner Ulbrichts im Politbüro, die auf einen langsameren Kurs beim Aufbau des Sozialismus gesetzt hatten.

Obwohl die SED ihre Macht retten und weiter festigen konnte, blieb der angeblich vom Westen gesteuerte „faschistische Putsch“ von nun an das Trauma der Parteiführung. Auf der anderen Seite hatte die Bevölkerung die bittere Erfahrung machen müssen, dass Widerstand gegen das eigene Regime aussichtslos war, solange die Sowjetunion dessen Existenz garantierte. Daran änderte sich auch nichts, als Mitte der Fünfzigerjahre der sowjetische Parteichef *Nikita Chruschtschow* eine Politik der „Entstalinisierung“ betrieb. Die Hoffnungen von Studenten, Schriftstellern und Intellektuellen (*Ernst Bloch*, *Robert Havemann*) auf einen demokratischen, „menschlichen Sozialismus“, der die theoretischen Ideale des Marxismus in die Praxis umsetzen wollte, scheiterten am nach wie vor stalinistischen Führungssystem der SED.

Sozialismus um jeden Preis

Seit 1954 verbesserten sich die Lebensverhältnisse schrittweise. Die Sowjetunion verzichtete auf Reparationen, die industrielle Produktion nahm zu, die Versorgung der Bevölkerung mit Konsumgütern machte erkennbare Fortschritte, Lohnerhöhungen wurden gewährt, die Lebensmittelkarten 1958 abgeschafft. Mit einer konsumfreundlicheren Wirtschaftspolitik gelang Ulbricht eine Konsolidierung des Regimes. Dies ließ sich auch an den leicht zurückgehenden Zahlen der in die Bundesrepublik Flüchtenden ablesen, die freilich immer noch eine eindeutige „Abstimmung mit den Füßen“ gegen die SED zum Ausdruck brachten.

Die verbesserte Wirtschaftslage schien Ulbricht günstig, den „Aufbau des Sozialismus“ erneut zu beschleunigen. Die Bundesrepublik bis 1961 „einholen und überholen“ war jetzt die Devise[1] – ein völlig irreales Ziel, das schon allein wegen der Abhängigkeit der DDR-Wirtschaft von den sowjetischen Planvorgaben scheitern musste. Neben den unrealistischen, vom Politbüro vorgegebenen Wirtschaftsplänen führte die mit vehementem staatlichem Druck vorangetriebene Kollektivierung von Landwirtschaft und Handwerk bald wieder zu Versorgungsproblemen, wachsender Unzufriedenheit in der Bevölkerung und ab 1960 zu sprunghaft ansteigenden Flüchtlingszahlen (→ M7).

Ein zusätzlicher Grund für die Massenflucht war die seit 1958 schwelende Berlin-Krise (s. S. 407). Viele unzufriedene, zumeist jüngere und gut qualifizierte DDR-Bürger befürchteten daher, dass der Fluchtweg über Westberlin bald verschlossen werden könnte. Seit Anfang Juni 1961 brachten sich täglich etwa 1000 DDR-Bürger nach Westberlin in Sicherheit.

Ein Staat wird eingemauert

Ulbricht zeigte sich entschlossen, die Massenflucht zu stoppen. Der drohende wirtschaftliche Kollaps des für die Ostblockstaaten wichtigen Wirtschaftspartners und die nicht auszuschließende Gefahr eines erneuten Volksaufstandes veranlassten Chruschtschow schließlich, die Schließung der innerdeutschen Grenzen zu akzeptieren. Die vorhersehbare Reaktion der internationalen Staatenwelt wurde in Kauf genommen,

[1] *Diesen – auch für die eigene Bevölkerung – verwirrenden Spruch hatte Ulbricht geprägt. Gemeint war, einen grundsätzlich anderen Weg zu beschreiten, um den Lebensstandard der Bundesrepublik zu übertreffen.*

nachdem klar war, dass US-Präsident Kennedy ausschließlich die Freiheit Westberlins militärisch garantiert hatte.

Flucht eines Soldaten der Nationalen Volksarmee der DDR am 15. August 1961 von Ost- nach Westberlin (Ausschnitt). Das Foto ging als Symbol der Sehnsucht nach Freiheit in der DDR um die Welt.

In der Nacht vom 12. zum 13. August 1961 begannen Volkspolizei, Nationale Volksarmee und Betriebskampfgruppen damit, Stacheldrahtverhaue, Steinwälle und schließlich eine Betonmauer entlang der Berliner Sektorengrenze zu errichten. In der Folgezeit wurden die Sperranlagen an der innerdeutschen Grenze (1400 km) und um Westberlin herum (166 km) durch Beton, Stacheldraht, Minen und Selbstschussanlagen zu einem immer perfekteren und todbringenden Sicherungssystem ausgebaut (→ M5).
Die Vorbereitung und Durchführung des Mauerbaus lagen in den Händen Erich Honeckers[1], der im September 1961 den Schusswaffengebrauch „gegen Verräter und Grenzverletzer" anordnete. Bereits in den ersten Monaten nach dem Mauerbau kamen 32 Menschen ums Leben – sie wurden bei Fluchtversuchen erschossen, ertranken oder stürzten beim Sprung aus grenznahen Häusern zu Tode. Bis 1989 verloren nach heutigen Erkenntnissen 765 Menschen bei der Flucht ihr Leben, Tausende wurden verletzt. Überdies wurden im Herbst 1961 zur Sicherung der Grenzen und zur Einschüchterung der Bevölkerung über 3000 Menschen aus ihren grenznahen Heimatorten zwangsausgesiedelt („Aktion Festigung").
Vier Wochen nach dem Mauerbau wurde die Wehrpflicht eingeführt. Schüler oder Studenten, die es wagten, dagegen zu protestieren, wurden aus Schule beziehungsweise Universität entfernt. Bis Ende 1961 fielen monatlich mindestens 1500 Personen einer Verhaftungswelle zum Opfer. Mit Befriedigung konnte die Parteiführung danach eine Stabilisierung der Lage feststellen.

Konsolidierung in den letzten Jahren der Ära Ulbricht

Ebenso wie in anderen Ostblockstaaten konnten sich die Menschen in der DDR seit dem Mauerbau nicht mehr durch Flucht der kommunistischen Diktatur entziehen, sondern mussten sich von nun an mit der SED-Führung arrangieren. Tatsächlich führte dies zu einer gewissen Konsolidierung der inneren Verhältnisse, zumal die Partei nach Durchführung der ideologisch bedingten Eingriffe in die Gesellschaft jetzt einen pragmatischeren Kurs steuern konnte. So gestand das Regime auf Drängen der evangelischen Kirche seit 1964 Wehrdienstverweigerern einen waffenlosen Wehrersatzdienst („Bausoldaten") zu.
Besonders auf wirtschaftlichem Gebiet wurde zeitweilig eigenverantwortliches Handeln gefördert und das System der strikten Lenkung von oben flexibler gestaltet („Neues ökonomisches System der Planung und Leitung"). Arbeitsproduktivität und Lebensstandard verbesserten sich, die DDR wurde zur zweitstärksten Wirtschaftsmacht im Rat für gegenseitige Wirtschaftshilfe (RGW). Besonderen Stolz weckten Erfolge im Spitzensport. Athleten des kleinen Landes nahmen zusammen mit Sportlern aus der UdSSR und den USA international die führende Stellung ein.
Als Ulbricht auf mehr Eigenständigkeit gegenüber der Sowjetunion pochte, verlor er die Unterstützung des sowjetischen Parteichefs Leonid Breschnew. Honecker betrieb in Absprache mit Moskau Ulbrichts Sturz und wurde im Mai 1971 als 1. Sekretär der Partei (seit 1976 Generalsekretär) mächtigster Mann im Staat, der bald alle wichtigen Ämter (Vorsitzender des Nationalen Sicherheitsrates, Staatsratsvorsitzender) in seinen Händen vereinte.

---

[1] Erich Honecker (1912–1994): späterer Staatsratsvorsitzender und Generalsekretär des ZK der SED, zu diesem Zeitpunkt als Sekretär des ZK für Sicherheitsfragen zuständig.

Glückwünsche zum Geburtstag eines „Kranken". Foto vom 30. Juni 1971.
Nachdem Erich Honecker (erste Reihe, zweiter von rechts) Ulbrichts Sturz im Politbüro durchgesetzt hatte, wurde Ulbricht vor die Wahl gestellt, sich entweder anlässlich seines Geburtstages als Kranker in Bademantel und Hausschuhen zu präsentieren oder aber noch seine letzte Funktion als Staatsratsvorsitzender zu verlieren. Ulbricht ließ sich demütigen und spielte bis zu seinem Tod am 1. August 1973 nur noch eine Nebenrolle.

Unveränderter Machtanspruch der SED

Seine bis 1989 unumschränkte Machtposition sicherte sich Honecker, indem er

- die Führungsrolle der Sowjetunion anerkannte;
- das Politbüro und den Ministerrat weitgehend entmachtete und im Wesentlichen mithilfe Erich Mielkes (Staatssicherheit) und *Günter Mittags* (Wirtschaft) sowie des bürokratischen Apparats im Zentralkomitee die Partei und damit die Politik des Staates steuerte;
- die Bevölkerung durch Lohn- und Rentenerhöhungen, eine großzügige Sozialpolitik und eine konsumorientierte Wirtschaftspolitik für sich zu gewinnen suchte;
- die faktische Anerkennung der DDR durch die Bundesrepublik und den Westen erreichte.

Anfangs schienen sich mit Erich Honecker auch für das geistige Leben der DDR, im Bereich von Kunst und Literatur, neue Freiheitsräume für Fantasie und Individualität zu eröffnen. Man traute dem neuen Parteichef eine liberalere Handhabung der Macht zu. Seit Mitte der Siebzigerjahre zeigte sich jedoch, dass die Hoffnungen auf eine tief greifende Reform vergeblich waren. Künstler und Schriftsteller wie *Reiner Kunze* wurden gemaßregelt und verließen die DDR, andere wie *Erich Loest* erhielten Publikationsverbot, mussten jahrelang auf die Genehmigung zur Ausreise in die Bundesrepublik warten oder wurden wie *Wolf Biermann* als Staatsfeinde zwangsausgebürgert (1976). Zahlreiche Schriftsteller, zumeist Mitglieder der SED, protestierten öffentlich dagegen und gerieten selbst als „feindlich-negative Kräfte" ins Visier des MfS. Nicht besser erging es kommunistischen Abweichlern, wie etwa *Rudolf Bahro* und *Robert Havemann,* die von einer marxistischen Position aus die Parteidiktatur der SED kritisierten. Nur die Kirchen konnten ein gewisses Maß an geistiger Unabhängigkeit gegenüber Staat und Partei verteidigen – allerdings um den Preis, dass sich die katholische Kirche völlig aus den öffentlichen Angelegenheiten heraushielt und die evangelische Kirche sich als *„Kirche im Sozialismus"* (1978) definierte, was die SED als Anerkennung ihrer Herrschaft interpretierte.

„Nischengesellschaft"

Die meisten DDR-Bürger versuchten, das Beste aus ihrer Lage zu machen, arbeiteten hart und suchten nach persönlichen Freiräumen und Nischen. Das erzwungene Arrangement mit dem ungeliebten Regime produzierte allerdings auch politische Apathie. Die politische Stabilität blieb vordergründig und führte nicht zur Aussöhnung zwischen Bürgern und Staat. Trotz pausenloser ideologischer Indoktrination behielt die große Mehrheit der Bevölkerung ihre innere Distanz zum „real existierenden Sozialismus". Das geforderte Mindestmaß an Loyalität wurde erbracht, die öffentlichen Losungen hingenommen, aber nicht befolgt, die Doppelzüngigkeit zwischen dem, was öffentlich und im vertrauten Kreis gesagt wurde, perfektioniert. Viele Menschen in der Honecker-Ära zogen sich immer mehr in ihre Privatsphäre und den Freundeskreis zurück. Das mühselig, aber trickreich und mit großer Ausdauer errichtete Wochenendhaus, die *Datsche*, wurde zum Symbol einer *Nischengesellschaft* im Obrigkeitsstaat. Die Nischengesellschaft stiftete Solidarität zwischen den gegängelten Bürgern; vielfach bestimmten aber auch Neid, Unaufrichtigkeit und Misstrauen ihre Beziehungen untereinander als Folge von Bespitzelung und Überwachung (→ M6).

Die „Einheit von Wirtschafts- und Sozialpolitik" und ihr Preis

Auf dem wirtschaftlichen Sektor konnte Honecker zunächst einige Erfolge vorweisen. Die Industrieproduktion stieg zwischen 1970 und 1974 um etwa 30 Prozent, die durchschnittlichen Löhne in der gleichen Zeit von 755 auf 860 Mark. Eine Reihe von sozialen Vergünstigungen kamen Frauen und Jugendlichen (aber nicht den Alten) zugute, die Mieten und die Kosten für Grundnahrungsmittel sowie Gebrauchsgüter für das tägliche Leben blieben stabil. Es gab keine offene Arbeitslosigkeit, aber der Preis dafür war eine sehr geringe Arbeitsproduktivität der Betriebe. Die staatliche Planwirtschaft konnte kaum konkurrenzfähige Produkte am Weltmarkt anbieten und produzierte Verluste, die jedoch eine Zeit lang verheimlicht werden konnten. Amtliche Statistiken wurden geschönt, um Planerfüllung vorzutäuschen. Besonders krasse Leistungsfälschungen wurden in der Wohnungsbaustatistik üblich. Als sich die Partei- und Staatsführung der SED im Oktober 1988 durch ihre gleichgeschalteten Medien für die Übergabe der dreimillionsten Wohnung feiern ließ, waren tatsächlich erst 1,92 Millionen fertiggestellt.

Der Lebensstandard in der DDR war zwar der höchste aller kommunistisch regierten Staaten, aber trotz aller Propaganda der SED blieb die Bundesrepublik der einzige von den Bürgern akzeptierte Vergleichsmaßstab. Diesem Vergleich hielten die Ergebnisse der Planwirtschaft in keiner Weise stand. Die beiden Ölkrisen der Siebzigerjahre sowie die immer engere Eingliederung der DDR-Volkswirtschaft in den sowjetisch dominierten Wirtschaftsbereich des RGW ließen die Entwicklung seit Ende der Siebzigerjahre stagnieren. Entsprechend fehlten Investitionsmittel für die Erneuerung der herabgewirtschafteten Betriebe, die zerfallenden Städte, die zerstörte Umwelt. Viele der von Honecker unablässig gefeierten „sozialen Errungenschaften" wie billige Wohnungen erforderten hohe staatliche Subventionen und konnten letztlich nur durch eine immer höhere Verschuldung im Westen finanziert werden.

Bereits 1976 war die DDR mit 2,6 Milliarden Euro verschuldet, damals ein Staatsgeheimnis, das nur einigen Vertrauten Honeckers im Politbüro bekannt war. Am Ende des Jahrzehnts belief sich der Schuldenberg auf 15 Milliarden Euro. 1983 konnte die internationale Kreditwürdigkeit nur durch einen *Milliardenkredit der Bundesregierung* gewahrt werden. Im Gegenzug erklärte sich die DDR bereit, Minenfelder und Selbstschussanlagen an der innerdeutschen Grenze abzubauen, über tausend DDR-Bürger aus der Haft freizulassen, beziehungsweise ihre Übersiedlung in die Bundesrepublik zu erlauben und umfangreiche Erleichterungen im Reiseverkehr zu gestatten. 1989 entsprach die Auslandsverschuldung von 25 Milliarden Euro bereits dem volkswirtschaftlichen Nettoprodukt eines Jahres. Die DDR lebte über ihre Verhältnisse, der wirtschaftliche Kollaps war nur eine Frage der Zeit. Doch nur wenige Spitzenfunktionäre wussten dies; noch funktionierte die offizielle Propaganda.

Demokratisierung des Ostblocks

Auch die Sowjetunion stand in den Achtzigerjahren vor kaum überwindbaren ökonomischen Schwierigkeiten. Ein erheblicher Teil der Ressourcen wurde für die Rüstung ausgegeben, aufgrund fehlender Infrastruktur konnte nicht einmal die Versorgung mit Nahrungsmitteln aus eigener Kraft sichergestellt werden. Vor diesem Hintergrund leitete *Michail Gorbatschow* (geb. 1931) seit seinem Machtantritt 1985 eine Politik von oben gelenkter Reformen ein, die unter den Schlagworten *Perestroika* („Umwandlung“) und *Glasnost* („Offenheit“) bekannt wurde. Die Rüstungsausgaben sollten reduziert, durch Konfliktvermeidung und zunehmende Entlastung von außenpolitischen Aufgaben sollten die Kräfte auf die Innenpolitik gelenkt werden. Den eigenen Bürgern sollte dabei mehr Mitspracherecht im wirtschaftlichen und öffentlichen Leben zugestanden werden.

Die Sowjetunion gab auf dem XXVII. Parteitag der KPdSU schließlich ihren Anspruch auf Hegemonialstellung innerhalb der kommunistischen Welt auf. Die SED-Führung verhielt sich von Anfang an der neuen sowjetischen Politik gegenüber ablehnend. Vom guten Zustand der DDR überzeugt, sah sie keine Notwendigkeiten für Reformen im eigenen Staat. Damit geriet die DDR auch innerhalb des Ostblocks zunehmend in Isolation, da vor allem in Polen, Ungarn und der CSSR der „Perestroika“-Kurs großen Widerhall fand.

Ehrentribüne während der Militärparade anlässlich des 40. Jahrestages der Gründung der DDR.
Foto vom 7. Oktober 1989.
In der ersten Reihe stehen der sowjetische Staats- und Parteichef Michail Gorbatschow (2.v.l.) und der DDR-Staatsratsvorsitzende und SED-Generalsekretär Erich Honecker (3. v. l.).

M1 „Vorhut der Arbeiterklasse“

Im Januar 1949 beschließt die Parteikonferenz, die SED zu einer „Partei neuen Typus“ zu entwickeln:

Die Kennzeichen einer Partei neuen Typus sind:
Die marxistisch-leninistische Partei ist die bewusste Vorhut der Arbeiterklasse. Das heißt, sie muss eine Arbeiterpartei sein, die in erster Linie die besten Elemente der Arbeiterklasse in ihren Reihen zählt, die ständig ihr Klassenbewusstsein erhöhen. Die Partei kann ihre führende Rolle als Vorhut des Proletariats nur erfüllen, wenn sie die marxistisch-leninistische Theorie beherrscht, die ihr die Einsicht in die gesellschaftlichen Entwicklungsgesetze vermittelt. Daher ist die erste Aufgabe zur Entwicklung der SED zu einer Partei neuen Typus die ideologisch-politische Erziehung der Parteimitglieder und besonders der Funktionäre im Geiste des Marxismus-Leninismus.
Die Rolle der Partei als Vorhut der Arbeiterklasse wird in der täglichen operativen Leitung der Parteiarbeit verwirklicht. Sie ermöglicht es, die gesamte Parteiarbeit auf den Gebieten des Staates, der Wirtschaft und des Kulturlebens allseitig zu leiten. Um dies zu erreichen, ist die Schaffung einer kollektiven operativen Führung der Partei durch die Wahl eines Politischen Büros (Politbüro) notwendig.
Die marxistisch-leninistische Partei ist die organisierte Vorhut der Arbeiterklasse. Alle Mitglieder müssen unbedingt Mitglied einer der Grundeinheiten der Partei sein. Die Partei stellt ein Organisationssystem dar, in dem sich alle Mitglieder den Beschlüssen unterordnen. Nur so kann die Partei die Einheit des Willens und die Einheit der Aktion der Arbeiterklasse sichern. […]
Die marxistisch-leninistische Partei beruht auf dem Grundsatz des demokratischen Zentralismus. Dies bedeutet die strengste Einhaltung des Prinzips der Wählbarkeit der Leitungen und Funktionäre und der Rechnungslegung der Gewählten vor den Mitgliedern. Auf dieser innerparteilichen Demokratie beruht die straffe Parteidisziplin, die dem sozialistischen Bewusstsein der Mitglieder entspringt. Die Parteibeschlüsse haben ausnahmslos für alle Parteimitglieder Gültigkeit […].
Demokratischer Zentralismus bedeutet die Entfaltung der Kritik und Selbstkritik in der Partei, die Kontrolle der konsequenten Durchführung der Beschlüsse durch die Leitungen und die Mitglieder. Die Duldung von Fraktionen und Gruppierungen innerhalb der Partei ist unvereinbar mit ihrem marxistisch-leninistischen Charakter.

Matthias Judt (Hrsg.), DDR-Geschichte in Dokumenten. Beschlüsse, Berichte, interne Materialien und Alltagszeugnisse, Berlin 1998, S. 46f.

1. *Arbeiten Sie heraus, wie die SED ihren Führungsanspruch begründet sieht.*
2. *Skizzieren Sie in eigenen Worten, was die SED unter „demokratischem Zentralismus“ verstand.*
3. *Vergleichen Sie diesen Parteiaufbau mit der Organisation von Parteien in demokratisch-pluralistischen Gesellschaften.*

Plakat, um 1947.

M2 Richtlinien für „Operative Vorgänge“

1976 werden im MfS folgende Richtlinien in Umlauf gebracht:

2.3.4 Das Herausbrechen von Personen […]
Das Herausbrechen ist darauf zu richten, Personen aus feindlichen Gruppen für eine inoffizielle Zusammenarbeit zu werben, um dadurch in die Konspiration der Gruppe einzudringen und Informationen und Beweise über geplante, vorbereitete oder durchgeführte Handlungen sowie Mittel und Methoden ihres Vorgehens zu erarbeiten, Anknüpfungspunkte und Voraussetzungen für eine notwendige Paralysierung[1] und Einschränkung der feindlichen Handlungen bzw. zur Auflösung der Gruppen zu schaffen. […]
2.6.1 Zielstellung und Anwendungsbereiche […]
Maßnahmen der Zersetzung sind auf das Hervorrufen sowie die Ausnutzung und Verstärkung solcher

[1] *Paralysierung: Lähmung*

Widersprüche bzw. Differenzen zwischen feindlich-negativen Kräften zu richten, durch die sie zersplittert, gelähmt, desorganisiert und isoliert und ihre Handlungen einschließlich deren Auswirkungen vorbeugend verhindert, wesentlich eingeschränkt oder gänzlich unterbunden werden. [...]

2.6.2 Formen, Mittel und Methoden [...]

Bewährte Formen sind:

- systematische Diskreditierung des öffentlichen Rufes, des Ansehens und des Prestiges [...];
- systematische Organisierung beruflicher und gesellschaftlicher Misserfolge zur Untergrabung des Selbstvertrauens einzelner Personen;
- zielstrebige Untergrabung von Überzeugungen [...];
- Erzeugen von Misstrauen und gegenseitigen Verdächtigungen innerhalb von Gruppen [...].

Matthias Judt (Hrsg.), a. a. O., S. 471

Erläutern Sie die Wirkung dieser Maßnahmen.

M3 Der „Neue Kurs"

Bei geheimen Beratungen in Moskau am 2. und 3. Juni 1953 erhalten die SED-Spitzenfunktionäre Ulbricht, Oelßner und Grotewohl Verhaltensmaßregeln von der neuen sowjetischen Führung. Der Beschluss des sowjetischen Politbüros „Über die Maßnahmen zur Gesundung der politischen Lage in der Deutschen Demokratischen Republik" wird 1990 veröffentlicht:

Infolge der Durchführung einer fehlerhaften politischen Linie ist in der Deutschen Demokratischen Republik eine äußerst unbefriedigende politische und wirtschaftliche Lage entstanden.

Unter den breiten Massen der Bevölkerung, darunter auch unter den Arbeitern, Bauern und der Intelligenz, ist eine ernste Unzufriedenheit zu verzeichnen [...].

Als Hauptursache der entstandenen Lage ist anzuerkennen, dass gemäß den Beschlüssen der Zweiten Parteikonferenz der SED, gebilligt vom Politbüro des ZK der KPdSU, fälschlicherweise der Kurs auf einen beschleunigten Aufbau des Sozialismus in Ostdeutschland genommen worden war ohne Vorhandensein der dafür notwendigen realen sowohl innen- als auch außenpolitischen Voraussetzungen. [...]

1. Unter den heutigen Bedingungen (ist) der Kurs auf eine Forcierung des Aufbaus des Sozialismus in der DDR [...] für nicht richtig zu halten.

Zur Gesundung der politischen Lage in der DDR [...] ist der Führung der SED und der Regierung der DDR die Durchführung folgender Maßnahmen zu empfehlen.

a) Ein künstliches Aufbringen der landwirtschaftlichen Produktionsgenossenschaften, die sich in der Praxis nicht bewährt haben und die eine Unzufriedenheit unter den Bauern hervorrufen, ist einzustellen. Alle bestehenden landwirtschaftlichen Produktionsgenossenschaften sind sorgfältig zu überprüfen, und dieselben, die auf einer unfreiwilligen Basis geschaffen sind oder die sich als lebensunfähig gezeigt haben, sind aufzulösen. [...]

c) Die Politik der Einschränkung und der Ausdrängung des mittleren und kleinen Privatkapitals ist als eine vorzeitige Maßnahme zu verwerfen. Zur Belebung des wirtschaftlichen Lebens der Republik ist es notwendig, eine breite Heranziehung des Privatkapitals in verschiedenen Zweigen der kleinen und Gewerbeindustrie, in der Landwirtschaft sowie auch auf dem Gebiet des Handels für zweckmäßig zu halten, ohne dabei seine Konzentrierung in großem Ausmaß zuzulassen. [...] Das existierende System der Besteuerung der Privatunternehmer, das praktisch den Drang zur Beteiligung an dem Wirtschaftsleben tötet, ist in der Richtung einer Linderung der Steuerpresse zu revidieren. Die Kartenversorgung mit Lebensmitteln für die Privatunternehmer sowie auch für die Freischaffenden ist wiederherzustellen.

d) Der Fünfjahrplan der Entwicklung der Volkswirtschaft der DDR ist zu revidieren in der Richtung einer Lockerung des überspannten Tempos der Entwicklung der Schwerindustrie und einer schroffen Vergrößerung der Produktion der Massenbedarfswaren und der vollen Sicherung der Versorgung der Bevölkerung mit Lebensmitteln [...].

f) Maßnahmen zur Stärkung der Gesetzlichkeit und Gewährung der Bürgerrechte (sind) zu treffen, von harten Strafmaßnahmen, die durch Notwendigkeit nicht hervorgerufen werden, (ist) abzusehen. [...]

h) [...] Es ist im Auge zu halten, dass Repressalien gegenüber der Kirche und den Geistlichen nur dazu beitragen können, den religiösen Fanatismus der rückständigen Schichten der Bevölkerung zu stärken und ihre Unzufriedenheit zu vergrößern. Darum muss (das) Hauptkampfmittel gegen den reaktionären Einfluss der Kirche und der Geistlichen eine tüchtig durchdachte Aufklärungs- und Kulturarbeit sein.

Ilse Spittmann/Gisela Helwig (Hrsg.), DDR-Lesebuch. Stalinisierung 1949–1955, Köln 1991, S. 200 ff.

1. *Fassen Sie die Hauptkritikpunkte des Papiers zusammen. Was können Sie daraus über den Informationsstand der sowjetischen Politiker ableiten?*
2. *Beurteilen Sie die vorgeschlagenen „Therapiemaßnahmen" der sowjetischen Seite – sehen Sie darin einen grundsätzlichen oder einen nur temporären Kurswechsel? Welches Ziel verfolgte die Sowjetunion in erster Linie?*

M4 Ein Augenzeuge berichtet über den 17. Juni 1953

Friedrich Schorn, 39-jähriger Rechnungsprüfer aus Halle, gehört zu den Sprechern der Arbeiter, die sich gegen die SED-Herrschaft erheben:

Während das Streikkomitee seine Beschlüsse fasste, setzte ich mich an die Spitze der 20 000 Betriebsangehörigen, und wir zogen nach Merseburg. Bauarbeiter, Straßenbahner, Fabrikarbeiter, Vopos[1], Hausfrauen und andere Zivilisten reihten sich noch ein. Voran ging eine Malerkolonne der Leuna-Werke, die in Blitzesschnelle die alten Parolen abriss und die Wände mit unseren Freiheitslosungen bestrich. Mehrfach wurden alle drei Strophen des Deutschlandliedes und Brüder zur Sonne zur Freiheit[2] gesungen. Als gerade die letzten Demonstranten der Buna-Werke den Uhlandplatz erreicht hatten, traf unser Zug mit seiner Spitze ein. Ein ungeheuerlicher Jubel setzte ein. Fremde Menschen, jung und alt, fielen einander in die Arme, und viele weinten. Es war ein Begrüßungstaumel, der nicht enden wollte. Wir hatten auf dem Uhlandplatz drei Lautsprecherwagen und konnten verständlich zur ganzen Menge sprechen. Es waren etwa 100 000 Menschen. Zunächst sprach ein Mann von den Buna-Werken gegen die SED-Tyrannei. Anschließend gaben wir unter großem Beifall unsere Freiheitslosungen bekannt. Doch rief ich gleichzeitig zur Disziplin auf und forderte auf, nichts zu unternehmen, wodurch die sowjetische Besatzungsmacht sich provoziert sehen könnte. Zahllose Bürger traten an uns heran und baten um „Einsätze". Sie sagten dem Sinne nach: Ich bin zu allem bereit, sei es noch so gefährlich und koste es, was es wolle. Der Buna-Streikleiter schickte 200 – teilweise ausgesuchte – Männer zur Papierfabrik Königs-Mühle mit dem Auftrag, dort die von Vopos bewachten Arbeiter zu befreien. Kommandos zur Besetzung der Stadt- und der Kreisverwaltung wurden fortgeschickt. Später wurde uns gemeldet, dass alles gelang. […]
Nun wurde mir gemeldet, dass sowjetische Truppen das Gefängnis, aus welchem wir die politischen Gefangenen befreit hatten, inzwischen besetzten und Neuverhaftete eingeliefert waren. […]
Ich fuhr voraus in die Leuna-Werke […]. Da kamen auch schon die ersten sowjetischen Lastwagen mit Fliegern in Infanterieausrüstung im Werk an. Die empörte Menge beschrie die Soldaten mit Pfuirufen. „Was wollt ihr hier, macht, dass ihr fortkommt!" „Nennt ihr das Demokratie?" Andere Betriebsangehörige riefen: „Lasst die armen Kerle, die wollen genauso frei sein wie wir. Was können die dafür, dass sie hier sein müssen." Die Soldaten waren zum Teil noch Kinder, waren ängstlich und eingeschüchtert. […] Ein Offizier schien die Situation jedoch besser zu durchschauen und sagte: „Gut so, weitermachen, in einem Jahr sind wir in Russland auch soweit."

Ilse Spittmann/Karl Wilhelm Fricke (Hrsg.), 17. Juni 1953. Arbeiteraufstand in der DDR, Köln ²1988, S. 141

[1] *Vopos: Volkspolizisten*
[2] *Hymne der Sozialistischen Internationale*

1. *Nennen Sie die Forderungen der Aufständischen.*
2. *Klären Sie die Gründe, die die sowjetische Führung zur gewaltsamen Niederschlagung des Aufstands bewogen haben dürften.*

Eine Mitarbeiterin des „Bundesbeauftragten für die Unterlagen des Staatssicherheitsdienstes der ehemaligen DDR" rekonstruiert zerrissene Stasi-Unterlagen in der ehemaligen Bezirksverwaltung des Ministeriums für Sicherheit in Leipzig. Foto von 1994.

M5 „Die Politbüro-Beschlüsse waren Bedingungen der tödlichen Schüsse" – Das Urteil von 1997/99

Der Journalist Roman Grafe (geb. 1968) fasst Verlauf und Ergebnisse des Prozesses gegen führende DDR-Funktionäre zusammen:

Am 25. August 1997 erging im Berliner Landgericht das Urteil in der Strafsache gegen Schabowski und andere [...]: Wegen Totschlags an DDR-Flüchtlingen erhielt Egon Krenz sechseinhalb Jahre Freiheitsentzug. Günter Schabowski und Günther Kleiber[1] wurden zu jeweils drei Jahren Haft verurteilt.
In seiner mündlichen Urteilsbegründung sagte der Vorsitzende Richter Josef Hoch, die Kammer bestreite nicht, dass die DDR in ihren Entscheidungen nicht souverän gewesen sei. Jedoch habe das strenge Grenzregime stets im Interesse der DDR-Führung gelegen. Bis zuletzt, so Hoch, seien Flüchtlinge erschossen worden, weil die SED-Führung am Grenzregime festgehalten habe. Das Politbüro sei faktisch die Organisationsspitze des Staates gewesen und habe somit auch die Verantwortung für das Grenzregime gehabt. Sämtliche Staatsorgane hätten sich dem Willen der SED-Führung beugen müssen.
Der Klassenauftrag der Parteiführung an die Grenztruppen – die Unverletzlichkeit der DDR-Grenze zu gewährleisten – sei tatsächlich ein ideologischer Schießbefehl gewesen. Die Beschlüsse des Politbüros zur Grenzsicherung hätten sich in den für die Tötungen an der Grenze maßgeblichen Befehlen wiedergefunden; teilweise waren die Beschlüsse in diesen Befehlen ausdrücklich erwähnt worden.
Wer die Herrschaft über Tötungen habe, sei als Täter dafür verantwortlich. Wenn die Tötungen an der Grenze auch nicht das Ziel der Angeklagten gewesen seien, so hätten sie die Todesfälle jedoch billigend in Kauf genommen, weil es ihnen darauf angekommen sei, die Grenze undurchlässig zu machen. Richter Hoch: „Sie wollten die Grenzsicherung, auch um den Preis von Toten. Ohne die Politbüro-Beschlüsse hätte es diese Toten nicht gegeben." [...]
Am 8. November 1999 bestätigte der BGH[2] das Urteil des Berliner Landgerichts im Politbüro-Prozess. [...]
Anfang Januar [2000] lehnte eine Kammer des Bundesverfassungsgerichts die Annahme der Verfassungsbeschwerde von Krenz ab. Die drei Verurteilten haben ihre Haftstrafen angetreten.

Roman Grafe, „Die Politbüro-Beschlüsse waren Bedingungen der tödlichen Schüsse". Der Prozess gegen sechs Mitglieder des SED-Politbüros (1996–1999), in: Deutschland-Archiv, 33. Jg. 2000, Heft 1, S. 23–25

Günter Schabowski und Günther Kleiber werden im Herbst 2000 begnadigt und aus der Haft entlassen. Im März 2001 verwirft der Europäische Gerichtshof für Menschenrechte in letzter Instanz die Beschwerden von Egon Krenz gegen seine Verurteilung. Krenz wird jedoch am 18.12.2003 vorzeitig aus der Haft entlassen und der Rest seiner Strafe zur Bewährung ausgesetzt.

1. *Erläutern Sie Für und Wider der Gerichtsentscheidung und nehmen Sie dazu Stellung.*
2. *Diskutieren Sie über die Angemessenheit der Strafen.*

M6 Anpassung als Überlebensstrategie

Joachim Gauck (geb. 1940) ist bis zum Zusammenbruch der DDR Pfarrer in Rostock. Er schließt sich im Herbst 1980 der Bürgerrechtsbewegung an und ist Abgeordneter der ersten und einzigen frei gewählten Volkskammer vom März bis Oktober 1990. Bis Oktober 2000 leitet er die nach ihm benannte Behörde in Berlin als „Bundesbeauftragter für die Unterlagen des Staatssicherheitsdienstes der ehemaligen DDR".

Mit dem Bau der Mauer wurde gleichsam die Leibeigenschaft zur Staatsdoktrin erhoben, denn von da an konnte nur derjenige diesem System noch entgehen, der bereit war, sein eigenes Leben aufs Spiel zu setzen. Das Gefühl, wehrlos in der Falle zu sitzen, veränderte das Verhältnis zu diesem Staat und seinen schamlosen Lügen [...]. Der Bürger dachte sich zwar immer noch seinen Teil, aber er konnte es nicht mehr wagen, dies auch auszusprechen, denn es gab ja kein Entrinnen mehr. Hinter der Formel vom „gelernten DDR-Bürger" verbirgt sich vor allem diese Grunderfahrung. [...]
Wer fortan nicht als Märtyrer kämpfen wollte, musste sich ohne diese letzte Möglichkeit der Selbstverteidigung arrangieren. Für alle, die auch im real existierenden Sozialismus das Leben, das einem schließlich nur einmal geschenkt wird, genießen wollten, die fröhlich sein und Kinder haben wollten – für die wurde Anpassung von nun an zu einer Strategie des Überlebens.
Zwar gehörten die terroristischen Instrumente des Stalinismus wie Folter, Verschleppung oder Mord der Vergangenheit an, aber seine zivile Spielart breitete sich nun ungehemmt in alle Lebensbereiche aus. Die Vorstellung der SED, im Besitz der absoluten Wahrheit zu sein, ihr Anspruch auf die absolute

---

1 Egon Krenz: geb. 1937, 1983–89 Mitglied des Politbüros des Zentralkomitees der SED, wurde als Nachfolger Erich Honeckers im Oktober 1989 Regierungschef der DDR; Günter Schabowski: geb. 1929, 1984–89 Mitglied des Politbüros; Günther Kleiber: geb. 1931, 1984–89 Mitglied des Politbüros.
2 BGH: Bundesgerichtshof

Macht bestimmten von nun an das Leben der DDR-Bürger buchstäblich von der Wiege bis zur Bahre. Das Ministerium für Staatssicherheit drang immer umfassender in das gesamte gesellschaftliche Leben der DDR ein und war als Angstapparat der SED ungeheuer wirkungsvoll. […]
In dieser Situation wirkte die Angst gleichsam als ein Signalsystem, das ein unauffälliges Alltagsleben durch Anpassung gewährleistete. Sie wurde für mehrere Generationen […] zum Motor, der vieles in Gang setzte: Angst bewirkte Anpassung oder sogar Überanpassung bei denen, die ihre Ellenbogen einzusetzen vermochten, sie bewirkte Depression und Rückzug in die viel beschriebene Nischen der DDR-Gesellschaft. Sehr selten bewirkte die Angst auch Protest – bezeichnenderweise vor allem bei den Jüngeren, die noch nicht jahrzehntelang das Gefühl permanenter Bedrohung verinnerlicht hatten. In der Regel war die Angst jedenfalls so wirksam, dass ein gewisses Maß an Überanpassung zur DDR-Normalität gehörte. […] Die Erziehung zur Anpassung begann bereits in der Kinderkrippe und im Kindergarten. Rigoros wurde hier das oberste sozialistische Erziehungsziel „Individualität hemmen und den eigenen Willen brechen“ durchgesetzt. Schon ein Erstklässler bekam mitunter zu spüren, wie unverzichtbar Anpassung war, weil Lehrer häufig eher die staatstreue Gesinnung als die fachliche Leistung bewerteten. […] Die in der Volksbildung vorherrschende Pädagogik, die den Schülern antrainierte, anders zu reden als zu denken, setzte sich auch in vielen Familien fort. Manche Eltern haben ihre Kinder sogar gegen die eigene Überzeugung zu angepasstem Verhalten erzogen, um ihnen eine reibungslose Entwicklung zu ermöglichen.

Joachim Gauck, Die Stasi-Akten. Das unheimliche Erbe der DDR, Reinbek 1991, S. 45 ff.

1. *Erläutern Sie anhand des Gauck-Textes, wie die SED-Führung die Funktionstüchtigkeit ihres Regimes zu sichern versuchte.*
2. *Arbeiten Sie heraus, welche Funktion die Nischen der DDR-Gesellschaft nach Gauck für den „gelernten DDR-Bürger“ erfüllten.*

M7 Fluchtbewegung aus der DDR in die Bundesrepublik Deutschland von 1949 bis Juni 1990

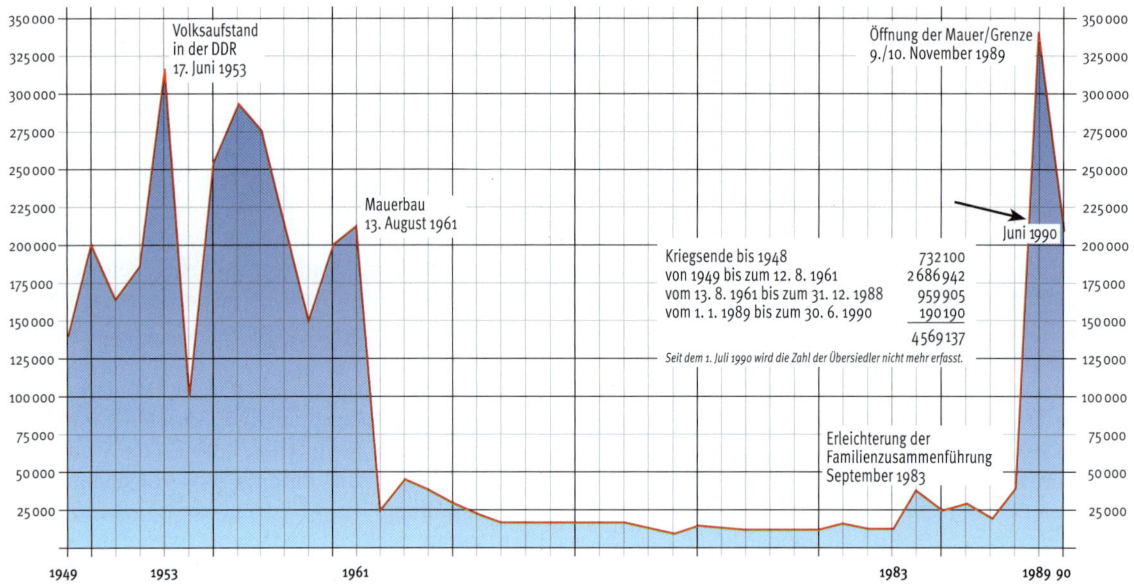

Grafik erstellt auf der Grundlage von: Bernd Eisenfeld, Flucht und Ausreise – Macht und Ohnmacht, in: Opposition in der DDR von 70er Jahren bis zum Zusammenbruch der SED-Herrschaft, hrsg. von Hansjörg F. Buck/Gunther Holzweißig/Eberhard Kuhrt, Opladen 1999, S. 381–424, hier S. 397 ff.

Erläutern Sie die Folgen der Fluchtbewegung für Staat, Gesellschaft und Wirtschaft der DDR.

10.4 Die Deutsche Einheit und ihre Folgen

„Und zugenäht."
Zeichnung von Borislav Sajtinac, 1990.

1985	Die „Initiative Frieden und Menschenrechte" (IFM) wird in der DDR gegründet
7.5.1989	Bei den Kommunalwahlen in der DDR werden die Wahlergebnisse gefälscht
August/September 1989	Bürgerrechtler gründen in der DDR das Neue Forum, Demokratie Jetzt, Demokratischer Aufbruch und SDP
4.9.1989	Die erste „Montagsdemonstration" findet in Leipzig statt
10./11.9.1989	Die ungarische Regierung erlaubt DDR-Bürgern die Ausreise über ihre Grenzen
30.9.1989	DDR-Bürger, die sich in die diplomatische Vertretung der Bundesrepublik in Prag geflüchtet hatten, dürfen in den Westen ausreisen
9.10.1989	Etwa 70 000 Menschen demonstrieren in Leipzig für demokratische Reformen; erstmals greifen die Sicherheitskräfte nicht ein
18.10.1989	Honecker wird vom Politbüro zum Rücktritt gezwungen
4.11.1989	Über 500 000 Menschen fordern auf dem Berliner Alexanderplatz einen „eigenständigen Weg" der DDR
7.11.1989	Die Regierung der DDR tritt zurück, am Tag darauf folgt der Rücktritt des Politbüros der SED
9.11.1989	Die Grenzübergänge nach Westberlin und in die Bundesrepublik werden geöffnet
10.2.1990	Gorbatschow stimmt der Schaffung eines deutschen Gesamtstaates zu
18.3.1990	Die ersten freien Wahlen zur Volkskammer finden statt
März 1990	Die Treuhandanstalt übernimmt ca. 8000 Volkseigene Betriebe, um sie zu privatisieren oder stillzulegen
1.7.1990	Die Wirtschafts-, Währungs- und Sozialunion zwischen der Bundesrepublik und der DDR tritt in Kraft
3.10.1990	Durch den Beitritt der fünf ostdeutschen Länder zur Bundesrepublik ist die Wiedervereinigung Deutschlands vollzogen
2.12.1990	Bei der ersten gesamtdeutschen Bundestagswahl wird die Regierungskoalition aus CDU/CSU und FDP bestätigt
12.9.1990	Durch den Zwei-plus-Vier-Vertrag erhält das wiedervereinigte Deutschland die volle staatliche Souveränität

Wachsende Kritik von Friedens- und Umweltgruppen in der DDR

Die Krise der kommunistischen Herrschaft in der DDR entzündete sich nicht nur am Versagen der Ökonomie. Den Boden für den Massenprotest des Jahres 1989 bereiteten oppositionelle Gruppierungen, die seit den frühen Achtzigerjahren mit wachsender Unerschrockenheit das Regime herausforderten, aber auch viele einzelne Bürger, die unter Berufung auf die von der DDR 1975 unterschriebene KSZE-*Schlussakte*[1] ihre Menschenrechte einforderten (s. S. 489 f.).

Anfangs waren es vor allem Friedens- und Umweltgruppen, die zumeist unter dem Schutz der Kirche eine Art Gegenöffentlichkeit zur staatsoffiziellen Erziehung und zur offiziell ignorierten ökologischen Krise im Land bildeten. Zunächst entstanden diese informellen Zusammenschlüsse von aufbegehrenden jungen DDR-Bürgern aus der Empörung über konkrete Maßnahmen des SED-Staates. Die Einführung des „Wehrunterrichts" an allen Schulen seit 1978, die staatlich verordnete Militarisierung der Gesellschaft sowie die Aufrüstung in Ost und West entwickelten sich alsbald zu Plattformen für eine umfassendere Kritik der Verhältnisse. Eine wichtige Rolle spielte etwa der von Pfarrer *Rainer Eppelmann* und Robert Havemann gemeinsam formulierte *„Berliner Appell – Frieden schaffen ohne Waffen"* (1982). Die Forderungen nach Toleranz und Anerkennung des Rechtes auf freie Meinungsäußerung unterschrieben innerhalb weniger Monate Tausende.

In *Friedensseminaren* und *Friedenswerkstätten* fanden sich zumeist jugendliche Teilnehmer aus der ganzen DDR zusammen. Ihr gemeinsames Protestsymbol war ein Aufnäher mit der Aufschrift „Schwerter zu Pflugscharen". Die Staatsmacht reagierte wiederholt mit Verhaftungen und Ausbürgerungen prominenter Oppositioneller und vor allem mit dem massiven Einsatz von Inoffiziellen Mitarbeitern der Staatssicherheit. Die beabsichtigte „Zersetzung" oppositioneller Gruppierungen ging so weit, dass manche Friedenskreise regelrecht von Stasi-Spitzeln kontrolliert wurden.

Eine Bürgerrechtsbewegung entsteht

Eine neue Qualität in die zunächst stark christlich-pazifistisch ausgerichtete Protestbewegung brachte die 1985 von einigen Bürgerrechtlern in Ostberlin (u.a. *Bärbel Bohley, Ralph Hirsch, Gerd Poppe, Wolfgang Templin, Vera Wollenberger*) gegründete *„Initiative Frieden und Menschenrechte"* (*IFM*). Erstmals wurden hier von ostdeutschen Oppositionellen die Forderungen nach einer freiheitlichen Demokratie, wie sie die Bürgerrechtsbewegungen in Polen (*Solidarność*), Ungarn und der Tschechoslowakei (*Charta 77*) schon länger vertraten, aufgegriffen und propagiert.

Die Reformpolitik in der Sowjetunion unter Parteichef Michail Gorbatschow machte den Oppositionellen Mut (s. S. 496 f.). Immer mehr Menschen solidarisierten sich mit jenen, die verhaftet, ausgebürgert oder auf andere Weise eingeschüchtert werden sollten. Zählten auch die dauerhaft aktiven Regimegegner nur wenige hundert Personen, so verstanden sie es doch, einige tausend Sympathisanten zu gewinnen, sodass sich allmählich ein regelrechtes Netzwerk von Verbindungen (Untergrundblätter, Treffen, Protestaktionen) über das ganze Land erstreckte.

Landesweite Aufmerksamkeit und wachsende Anerkennung in der Bevölkerung verschafften den Bürgerrechtlern die Ereignisse im Zusammenhang mit den *Kommunalwahlen vom 7. Mai 1989*. In mehreren Städten der DDR beobachteten Vertreter dieser Gruppen die Auszählung der Stimmen in den örtlichen Wahllokalen und protestierten anschließend gegen die festgestellten Wahlfälschungen.

Flucht vor der Staatsmacht

Immer mehr Bürger stellten Anträge auf Ausreise aus der DDR, obwohl sie in vielen Fällen deswegen jahrelang benachteiligt und schikaniert wurden. Im ersten Halbjahr 1989 gestattete die Regierung 46 343 Personen die Übersiedlung in die Bundesrepublik. Doch die Hoffnung der SED, auf diese Weise wieder Ruhe herstellen zu können, erfüllte sich nicht. Im Gegenteil: Im Sommer 1989 lagen nach Berichten des MfS an die Parteispitze bereits eine Viertelmillion weiterer Ausreiseanträge vor.

Nach und nach verloren die Drohgebärden der Machthaber ihre Wirkung, wenngleich niemand vorherzusagen wusste, wie die SED auf die wachsende Unruhe im Land reagieren würde (→ M1). Immerhin wagten es die Bürgerrechtler im August/September 1989, sich in vier erstmals öffentlich auftretenden Vereinigungen (*Neues Forum, Demokratie Jetzt, Demokratischer Aufbruch, Sozialdemokratische Partei*) zusammenzuschließen und eine Reform der DDR an Haupt und Gliedern zu fordern.

Am 10./11. September erlaubte die reformkommunistische Regierung Ungarns, die bereits seit Mai ihre Grenzsperren nach Österreich abbaute, fluchtwilligen Urlaubern aus der DDR die Ausreise. Über 25 000 Menschen nutzten das überraschend ent-

[1] *KSZE: Konferenz für Sicherheit und Zusammenarbeit in Europa; seit 1995 Organisation für Sicherheit und Zusammenarbeit (OSZE); die Schlussakte von Helsinki enthielt u. a. einen Katalog von 10 „Prinzipien", die die Beziehungen der Teilnehmerstaaten leiten sollten; ein Prinzip betraf die Achtung der Menschenrechte und der Grundfreiheiten.*

standene Schlupfloch im bislang undurchlässigen „Eisernen Vorhang“. Andere fanden Einlass in den diplomatischen Vertretungen der Bundesrepublik in Prag, Warschau und Ostberlin. Von dort forderten sie die Chance, ein Leben in Freiheit zu führen. Nach langwierigen Verhandlungen zwischen beiden deutschen Regierungen durften sie Anfang Oktober in den Westen übersiedeln.

Massenprotest und friedliche Revolution

Seit Anfang September 1989 demonstrierten in Leipzig an jedem Montag nach Friedensgebeten in der Nikolaikirche immer mehr Menschen für Reisefreiheit statt Massenflucht. Rief die Menge anfangs noch „Wir wollen raus!“, so hieß es bald „Wir bleiben hier!“. Mit Mahnwachen für Inhaftierte protestierten in Berlin, Leipzig und Potsdam Bürgerrechtler unter den Augen der Staatssicherheit, die mit Verhaftungen die um sich greifende Protestwelle ersticken wollte.

In den ersten Oktobertagen spitzte sich in vielen Städten die Situation gefährlich zu. Während die Machthaber den 40. Jahrestag der DDR am 6. und 7. Oktober vor den (Fernseh-)Augen der Welt und in Anwesenheit des sowjetischen Partei- und Staatschefs Gorbatschow mit Pomp, Militärparaden und FDJ-Vorbeimärschen feierten, versuchten sie gleichzeitig, mit einem Riesenaufgebot bewaffneter Sicherheitskräfte die Demonstranten einzuschüchtern.

Honecker weigerte sich, Reformen einzuleiten, zu denen ihm Gorbatschow dringend geraten hatte („Wer zu spät kommt, den bestraft das Leben“).

Die große Montagsdemonstration am 9. Oktober in Leipzig brachte den Umschwung (→ M2). 70 000 Menschen demonstrierten friedlich, im klaren Bewusstsein, dass es dabei zu einem Blutbad kommen könnte. Ähnliches geschah in Berlin. Obgleich die bewaffneten Kräfte in höchste Alarmbereitschaft versetzt worden waren, wurde der Befehl zur gewaltsamen Zerschlagung der Demonstrationen nicht gegeben. Offenbar auch unter dem Einfluss der Sowjets unterlief eine Gruppe im Politbüro um *Egon Krenz* (geb. 1937), dem „Kronprinzen“ Honeckers, dessen Absicht zur gewaltsamen Beendigung des Bürgerprotests. Die Mehrheit in der politischen Führung versuchte jetzt, durch Gesprächsangebote an die Bevölkerung und die *Entmachtung Honeckers am 18. Oktober 1989* die Situation wieder in den Griff zu bekommen. Egon Krenz übernahm Honeckers Ämter. Doch die Menschen wollten sich nicht mehr mit kleinen Korrekturen der bisherigen Politik zufriedengeben. „Wir sind das Volk!“, scholl es selbstbewusst den Machthabern entgegen, und im November mischte sich darunter immer häufiger der Ruf „Wir sind ein Volk!“.

Protest gegen den Wahlbetrug. Foto vom 7. Juni 1989. Seit dem 7. Juni 1989 demonstrierten Bürgerrechtler vor der Ostberliner Sophienkirche für die Offenlegung der Wahlfälschungen im Zusammenhang mit den Kommunalwahlen.

Das Ende der SED-Diktatur

Die anhaltende Massenflucht und der zunehmende Massenprotest im ganzen Land untergruben innerhalb weniger Wochen das bereits brüchige Machtfundament der SED. Das Ende ihrer Herrschaft kam mit der *Öffnung der Mauer und der Grenzübergänge nach Westberlin und in die Bundesrepublik am 9. November 1989*. Die Annahme der SED-Führung, mit der Gewährung der von den Demonstranten dringlich geforderten Reisefreiheit die DDR noch in letzter Minute stabilisieren zu können, erwies sich als illusionär. Nach dem Fall der Mauer besuchten Millionen den anderen Teil Deutschlands und entschieden sich gegen die DDR.

Unter dem Druck der Bevölkerung gab die SED ihre Hegemonialstellung schrittweise auf. Im Dezember 1989 wurde ihre „führende Rolle“ aus der Verfassung gestrichen, das Ministerium für Staatssicherheit aufgelöst, Politbüro und Zentralkomitee traten geschlossen zurück, Partei- und Staatschef Krenz gab seine Ämter ab. Die friedliche Revolution in der DDR hatte gesiegt, die SED-Diktatur war zusammengebrochen.

Die seit Mitte November 1989 amtierende SED-Regierung unter Ministerpräsident *Hans Modrow* geriet bald unter starken Erfolgszwang. Die schwierigen Probleme der Wirtschaft, über die jetzt in aller Öffentlichkeit kritisch berichtet und diskutiert wurde, ließen sich mit den gegebenen Möglichkeiten der DDR nicht mehr bewältigen. Im November und Dezember 1989 kehrten 176 650 Menschen der DDR den Rücken.

Einer Stabilisierung der Verhältnisse sollte Anfang Dezember die Einrichtung eines *„Runden Tisches“* nach polnischem Vorbild unter Beteiligung der wichtigsten Gruppierungen der Bürgerrechtsbewegung dienen. Unter öffentlichem Druck erklärten sich Modrow und die inzwischen neu formierte SED/PDS[1] dazu bereit, den Forderungen des Runden Tisches zu entsprechen und *die ersten freien Volkskammerwahlen* auf den 18. März 1990 vorzuziehen. Bei dieser Wahl entschied sich die Mehrheit der Bürger für eine schnelle Einheit. Dieses Ziel hatte der Wahlsieger *Allianz für Deutschland*, ein Zusammenschluss aus CDU (Ost), Demokratischer Aufbruch (DA) und der *Deutschen Sozialen Union* (*DSU*) versprochen. Am 12. April 1990 wählte die Volkskammer *Lothar de Maizière* (Ost-CDU) zum Ministerpräsidenten und bestätigte sein Kabinett der Großen Koalition aus CDU, SPD, Liberalen, DSU und DA.

Auf dem Weg zur Einheit

Bundeskanzler Kohl hatte Ende November 1989 mit einem *„Zehn-Punkte-Programm zur Überwindung der Teilung Deutschlands und Europas“* die Initiative ergriffen. Der Plan basierte auf der Überlegung, dass die Bundesregierung mit einer demokratisch legitimierten DDR-Regierung in einer „Vertragsgemeinschaft“ behutsam die Vereinigung der beiden Staaten vorantreiben sollte, um den Menschen in der DDR eine Perspektive zu geben. Einen Zeitplan gab es nicht, denn noch wusste niemand, wie die Sowjetunion auf den Untergang des alten DDR-Regimes reagieren würde.

Doch die politische und wirtschaftliche Situation der DDR spitzte sich immer mehr zu und setzte die Regierenden in Ost und West unter Zugzwang: Die Übersiedlerwelle der zumeist jungen und beruflich gut qualifizierten DDR-Bürger schwoll im Januar 1990 auf 73 729 Personen an. Alle langfristig angelegten Pläne wurden rasch zu Makulatur. Weil der wirtschaftliche Zusammenbruch offenkundig nicht mehr aufzuhalten war und gute Beziehungen zu Deutschland im sowjetischen Interesse lagen, bestätigte Michail Gorbatschow am 10. Februar 1990 Bundeskanzler Kohl und Außenminister Genscher in Moskau, dass die Sowjetunion nichts gegen die deutsche Vereinigung einzuwenden habe. Während die inneren Aspekte der Vereinigung seit dem Frühjahr 1990 in einem Verhandlungsmarathon zwischen Bonn und Ostberlin geregelt wurden, liefen parallel dazu zwischenstaatliche und internationale Verhandlungen über die äußere Absicherung des Einigungsprozesses.

[1] *PDS: Partei des Demokratischen Sozialismus, seit Dezember 1989 Rechtsnachfolgerin der SED*

Der internationale Rahmen der Deutschen Einheit

Ohne die Zustimmung der vier Siegermächte des Zweiten Weltkrieges, die sich im Potsdamer Abkommen 1945 ihre Zuständigkeit für „Deutschland als Ganzes“ vorbehalten hatten, konnte es keine Wiedervereinigung geben. Ebenso mussten die Interessen der übrigen europäischen Staaten, insbesondere Polens, berücksichtigt und mögliche Befürchtungen über ein größer und mächtiger werdendes Deutschland entkräftet werden. Denn die europäische Staatengemeinschaft war, wie viele Deutsche auch, von der fortdauernden Existenz zweier deutscher Staaten ausgegangen. Die Bundesregierung entwickelte deshalb eine Strategie, die fünf Ziele umfasste:

- Einhegung der wirtschaftlichen und politischen Macht Deutschlands durch die Stärkung der europäischen Integration und die Schaffung einer Wirtschafts- und Währungsunion;
- Beschränkung der deutschen Streitkräfte, nuklearwaffenfreier Status Deutschlands, besondere Zusicherungen an die Sowjetunion;
- grundlegende Erneuerung des bilateralen Verhältnisses zwischen Deutschland und der Sowjetunion;
- Anerkennung der Oder-Neiße-Grenze als definitive Westgrenze Polens;
- Mitwirkung bei der Schaffung von neuen Formen und Mechanismen einer gesamteuropäischen Zusammenarbeit.

In Anwesenheit der Außenminister der „Zwei-plus-Vier-Verhandlungen“ wird der alliierte Checkpoint Charlie in Berlin aufgehoben. Foto vom 22. Juni 1990.
Der Checkpoint Charlie, der einzige Übergang für Alliierte und Ausländer in Berlin, hatte Symbolcharakter für die Teilung Deutschlands und den Kalten Krieg bekommen, als sich hier im Oktober 1961, kurz nach dem Mauerbau, sowjetische und amerikanische Panzer direkt gegenüberstanden.

Zugute kam der Bundesrepublik dabei das beträchtliche Vertrauenskapital, das sie sich durch die jahrzehntelange Zusammenarbeit mit den USA, im westlichen Bündnissystem und in der Europäischen Gemeinschaft, aber auch im Verhältnis zu den östlichen Staaten erworben hatte.

Ohne Einschränkung förderten die USA unter Präsident *George Bush* (geb. 1924) und Außenminister *James Baker* die Wiedervereinigung Deutschlands. Keineswegs wollte Bush eine Schwächung der NATO durch ein deutsches Ausscheiden hinnehmen. Der französische Staatspräsident *François Mitterrand* (1916–1996) sorgte sich anfangs um die Haltung eines größeren Deutschland zum europäischen Zusammenschluss. Gegen die Wiedervereinigung sprach sich offen die britische Premierministerin *Margaret Thatcher* (geb. 1925) aus, die eine deutsche Dominanz in Europa befürchtete. Einen radikalen Kurswechsel nahm der sowjetische Staats- und Parteichef Gorbatschow vor. Aus dem Zusammenbruch der DDR zog er den Schluss, die Wiedervereinigung im Grundsatz zu akzeptieren, um Deutschland als Partner für den Neuaufbau der Sowjetunion zu gewinnen.

Im Februar 1990 vereinbarten die Außenminister Frankreichs, Großbritanniens, der Sowjetunion, der USA sowie der DDR und der Bundesrepublik Deutschland in sogenannten *„Zwei-plus-Vier-Gesprächen"*, die offenen Fragen der Grenzen, der Bündniszugehörigkeit Deutschlands, der Höchststärke einer gesamtdeutschen Armee und der deutschen Souveränität einvernehmlich zu klären. Zunächst hielt Gorbatschow an der Forderung fest, ein größeres Gesamtdeutschland dürfe nicht Mitglied der NATO werden. Hingegen erklärten die Bundesregierung und die Westmächte wiederholt, dass gerade die Einbeziehung Gesamtdeutschlands in die NATO eine Sicherheitsgarantie für Europa darstelle.

Aufgrund vorheriger amerikanisch-sowjetischer Übereinkünfte über die zukünftige Mitgliedschaft Gesamtdeutschlands in der NATO[1] erhielt Bundeskanzler Kohl am 16. Juli 1990 von Gorbatschow die Zusage zur deutschen Einheit. Dafür versprach der Kanzler, die gesamtdeutschen Streitkräfte zu reduzieren und auf die Herstellung, den Besitz und den Einsatz von ABC-Waffen[2] zu verzichten. Darüber hinaus sagte Kohl der Sowjetunion umfangreiche wirtschaftliche Unterstützung zu.

Mit dem *Vertrag über die abschließende Regelung in Bezug auf Deutschland* (→ M3), der die Funktion eines Friedensvertrages hatte, erhielt das wiedervereinigte Deutschland die volle staatliche Souveränität zuerkannt und damit auch das Recht, seine Bündniszugehörigkeit frei zu wählen. In einem weiteren von Bundeskanzler Kohl und Staatspräsident Gorbatschow am 9. November 1990 in Bonn unterzeichneten Vertrag wurde die umfassende Zusammenarbeit beider Staaten vereinbart. Den Abschluss bildete der *deutsch-polnische Grenzvertrag* vom 14. November 1990, der die definitive Anerkennung der polnischen Westgrenze durch das wiedervereinigte Deutschland bestätigte.

Der Einigungsvertrag

Anfang Juli 1990 begannen in Ostberlin die Verhandlungen der beiden deutschen Regierungen über den zweiten Staatsvertrag zur deutschen Einheit unter der Leitung von Bundesinnenminister *Wolfgang Schäuble* und DDR-Staatssekretär *Günther Krause*.

Die Übernahme der bundesdeutschen Rechtsordnung in Ostdeutschland erforderte komplizierte Regelungen. Erhebliche Probleme bereiteten besonders die Frage der Finanzierung der Einheit und die Regelung der Rechtsansprüche all derer, die in der DDR enteignet worden waren („Rückgabe vor Entschädigung"). Darüber hinaus musste die Frage der Verfassung geklärt werden, das Grundgesetz sah zwei Möglichkeiten vor: Artikel 23 ermöglichte den Beitritt „weiterer Teile Deutschlands" zum Geltungsbereich des Grundgesetzes. Nach der (ursprünglichen) Präambel sollten die politischen Vertreter Deutschlands eine neue Verfassung erarbeiten, sobald die „Einheit und Freiheit Deutschlands" vollendet sei.

In einer Sondersitzung der Volkskammer wurde am 23. August 1990 der Beitritt nach Artikel 23 des Grundgesetzes beschlossen. Über zwei Drittel der Abgeordneten stimmten dafür, nur die PDS, die Nachfolgerin der SED, und das Bündnis 90 stimmten für die Option einer neuen Verfassung. Der „Runde Tisch" der DDR hatte sich bereits am 12. März 1990 gegen die Übertragung des Grundgesetzes durch Beitritt der DDR ausgesprochen.

Am 31. August 1990 wurde der *Einigungsvertrag* in Ostberlin unterzeichnet und am 20. September von Volkskammer und Bundestag mit großer Mehrheit verabschiedet. Die im Juli von der Volkskammer wieder ins Leben gerufenen (seit 1952 aufgelösten) Länder *Brandenburg, Mecklenburg-Vorpommern, Sachsen, Sachsen-Anhalt und Thüringen* traten mit Wirkung vom 3. Oktober 1990 der Bundesrepublik bei.

---

[1] *während des Gipfeltreffens zwischen Bush und Gorbatschow im Juni 1990*

[2] *ABC-Waffen: Sammelbezeichnung für atomare, biologische und chemische Waffen*

Wirtschafts-, Währungs- und Sozialunion

Noch bevor die außenpolitischen Voraussetzungen der staatlichen Vereinigung geklärt waren, wurde durch die *Einführung der D-Mark in der DDR* die Einheit Deutschlands unumkehrbar. Um die Übersiedlerzahlen und den Einigungsprozess insgesamt unter Kontrolle zu bringen, entschied sich Bundeskanzler Kohl bereits im Februar 1990 gegen die Empfehlung vieler Wirtschaftsexperten dafür, die *Wirtschafts- und Währungsunion* so schnell wie möglich zu verwirklichen. Um den Erwartungen der DDR-Bürger entgegenzukommen, einigte man sich auf für sie günstige Wechselkurse: Löhne, Renten und Mieten wurden im Verhältnis 1:1 umgestellt, Sparguthaben bis 6000 Mark ebenfalls 1:1, darüber hinausgehende Beträge 2:1.

Der *Staatsvertrag zur Wirtschafts-, Währungs- und Sozialunion* zwischen der Bundesrepublik Deutschland und der DDR wurde am 18. Mai 1990 unterzeichnet, im Juni von der Volkskammer (gegen die Stimmen der PDS und der Fraktion von Bündnis 90), vom Bundestag und vom Bundesrat ratifiziert, und trat am 1. Juli 1990 in Kraft. Einen Tag später wurde die D-Mark als offizielle Währung in der DDR eingeführt. Was die in der DDR lebenden Menschen seit Jahrzehnten ersehnt hatten, war Wirklichkeit geworden: Mit „richtigem" Geld konnten sie die begehrten Westwaren, vor allem Autos, kaufen. Sozusagen über Nacht wurde aber auch die gesamte Wirtschaft der DDR dem internationalen Wettbewerb ausgesetzt, dem die meisten Betriebe nicht gewachsen waren. Ein gewaltiger Modernisierungsschock erfasste Wirtschaft und Gesellschaft.

Wiedervereinigung und Wahlen

Die vielen historischen Ereignisse des Jahres 1989/90 mündeten am 3. Oktober 1990, um Mitternacht, in die Wiedervereinigung Deutschlands durch den Beitritt der fünf ostdeutschen Länder zur Bundesrepublik Deutschland. Die DDR-Bürgerrechtler hatten sich mit ihrer Forderung nach einem eigenständigen Weg der DDR nicht durchsetzen können (➔ M4 und M5). Sowohl die ersten Landtagswahlen in den neuen Bundesländern am 14. Oktober als auch die erste gesamtdeutsche Bundestagswahl am 2. Dezember bestätigten die regierenden Parteien CDU/CSU und FDP und wurden von Bundeskanzler Kohl als Volksabstimmung über seine Politik der deutschen Einheit gewertet. In vier von fünf ostdeutschen Ländern stellte die CDU den Ministerpräsidenten, in Brandenburg die SPD. In der vorherrschenden Euphorie honorierten die Wähler, dass Kohl und Genscher die Chance zur schnellen Herstellung der Einheit genutzt hatten. Insbesondere das Versprechen Kohls einer raschen Angleichung der Lebensverhältnisse im Osten an den Standard des Westens überzeugte die neuen Bundesbürger. Die Haltung der SPD zur Wiedervereinigung war gespalten: Während ein Teil der SPD um Willy Brandt sie vorbehaltlos befürwortete, warnte der SPD-Kanzlerkandidat *Oskar Lafontaine* vor den Kosten und Folgen einer raschen Vereinigung.

Wirtschaftlicher Umbau

Die Folgen der vierzigjährigen kommunistischen Herrschaft waren schwerer zu bewältigen und benötigten mehr Zeit, als Politiker und Experten ursprünglich vermutet hatten (➔ M6). Die Transformation der ostdeutschen Planwirtschaft in eine Wettbewerbswirtschaft war eine Aufgabe ohne Vorbild. So erwiesen sich die meisten ehemaligen Staatsbetriebe als völlig veraltet und unproduktiv, ihre Produkte und Dienstleistungen als nicht konkurrenzfähig, zumal die Ostdeutschen zunächst nur Westwaren kauften und 1991 die bisher belieferten Märkte in Osteuropa völlig wegbrachen.

Die Stilllegung, Sanierung und Privatisierung der Betriebe nach marktwirtschaftlichen Gesichtspunkten ließen die Arbeitslosigkeit dramatisch anwachsen (➔ M7) und erforderten gewaltige Geldsummen. Die mit dieser einzigartigen Aufgabe noch von der letzten Volkskammer der DDR beauftragte *Treuhandanstalt* mit Sitz in Berlin übernahm im Sommer 1990 etwa 8500 Staatsunternehmen mit etwa 45000 Einzelbetrieben und 4,1 Millionen Beschäftigten sowie rund 60 Prozent der Fläche der DDR. Als die Treuhandanstalt, das zeitweilig größte Unternehmen der Welt, im Winter 1994 ihre Tätigkeit beendete, hatte sie 3700 Betriebe als nicht sanierungsfähig stillgelegt und über 15 000 Firmen mit 1,5 Millionen Arbeitsplätzen privatisiert. Durch die Übernahme der Altschulden der früheren DDR-Betriebe und Finanzhilfen aller Art für private Investoren hinterließ die Treuhandanstalt 140 Milliarden Euro Schulden, die den Bundeshaushalt seither jährlich mit etwa 8,7 Milliarden Euro belasten. Trotz der weiterhin bestehenden Ungleichheiten ist der Strukturwandel der ostdeutschen Wirtschaft bereits ein gutes Stück vorangekommen (➔ M9 und M10).

Finanzielle Lasten

Der wirtschaftliche Umbau und die schrittweise Angleichung der Lebensverhältnisse an den westlichen Standard erforderte die Modernisierung der gesamten Infrastruktur in Ostdeutschland (Straßen, Autobahnen, Wohnungen, Telefonnetz, Eisenbahn, Energieversorgung, Gesundheitswesen, Schulen, Hochschulen). Die dafür notwendigen Mittel mussten ganz überwiegend aus dem Bundeshaushalt aufgebracht werden. Zwischen 1990 und 2006 betrugen die öffentlichen Finanztransfers in die neuen Länder insgesamt etwa 1,7 Billionen Euro brutto beziehungsweise 1400 Milliarden netto (hierbei wurden die Steuerzahlungen und Sozialbeiträge aus dem Osten abgezogen). Hierbei floss der weitaus größte Teil des Bruttotransfers in Sozialausgaben (Renten, Arbeitslosenunterstützung, Arbeitsbeschaffungsmaßnahmen). Von 2005 bis Ende 2019 stellt die Bundesregierung in Form des *Solidarpakts II* noch einmal mindestens 156,1 Milliarden Euro für Investitionen in den neuen Bundesländern zur Verfügung.

Lebensgefühl im Umbruch

Die Übernahme der westdeutschen Gesellschaftsordnung erwies sich für die neuen Bundesbürger als eine gewaltige Umstellung ihres gesamten Alltagslebens. Vom Kindergarten bis zur Altersversorgung hatte sich alles geändert. Viele Bürger im Osten fühlten sich deklassiert und von den „Wessis" überrollt, auf der anderen Seite sahen sich zahlreiche Bürger in der alten Bundesrepublik durch die Erwartungen ihrer Landsleute im Osten überfordert. Die Unterschiede in der Lebenserfahrung und im Lebensgefühl zwischen den Deutschen in Ost und West waren doch tiefer gehend, als die Menschen in Ost und West in den Monaten der Euphorie 1989/90 angenommen hatten. Manche reagierten auf den extrem hohen Anpassungsdruck mit DDR-Nostalgie, was in Westdeutschland Unverständnis hervorrief (➔ M8).

Anstieg des Rechtsextremismus

Ein großes Problem des wiedervereinigten Deutschlands ist der starke Anstieg rechtsextremistisch und rassistisch motivierter Straftaten. „Höhepunkte" waren die Anschläge von Hoyerswerda (September 1991) und Rostock-Lichtenhagen (August 1992), bei denen Rechtsradikale unter dem Applaus der zuschauenden Anwohner Asylbewerber aus Mosambik, Vietnam und anderen Ländern angriffen. In Teilen Ostdeutschlands entstanden sogenannte „national befreite Zonen", in denen sich Ausländer ihres Lebens nicht mehr sicher sein konnten bzw. können. Die Ursachen dafür werden kontrovers diskutiert: Einige Kommentatoren führen sie auf eine bereits zu DDR-Zeiten vorhandene allgemeine Ausländerfeindlichkeit zurück. Diese sei vor dem Hintergrund der Asyldebatte seit 1990[1] und den wirtschaftlichen und sozialen Problemen, die die Menschen in den neuen Bundesländern infolge der Wiedervereinigung zu tragen haben, noch verstärkt worden. Dabei zeigt sich jedoch, dass fremdenfeindliche Einstellungen nicht unmittelbar mit dem konkreten Bevölkerungsanteil von Ausländern zusammenhängen: Die Bundesländer mit sehr geringem Ausländeranteil (z. B. Sachsen-Anhalt und Mecklenburg-Vorpommern) waren zwischen 1992 und 1994 im Gegensatz zu Bundesländern wie Nordrhein-Westfalen, Baden-Württemberg oder Bayern, die einen Großteil der Asylbewerber Anfang der Neunzigerjahre aufnahmen[2], vergleichsweise stark mit fremdenfeindlichen Brandanschlägen belastet. Neuere Studien haben zudem ergeben, dass es entgegen früherer Vermutungen keinen engen Zusammenhang zwischen Arbeitslosigkeit und rechtsextremistischer/fremdenfeindlicher Gewalt gibt.

Dagegen lässt sich das Bild des typischen rechtsextremen Gewalttäters zeichnen, der männlich, meist unter 30 Jahre alt ist, seine Taten – oft unter Alkoholeinfluss – in der Gruppe verübt und meist einen niedrigen Bildungsgrad aufweist.

Der Rechtsextremismus ist kein ostdeutsches Phänomen. Jedoch trafen gerade hier rechtsextremistische und „völkische" Einstellungen auf breite Zustimmung in der Bevölkerung. Öffentliche Proteste gab es nur vereinzelt. Bei vergleichbaren Anschlägen in den alten Bundesländern, z. B. im Mai 1993 in Solingen, als bei einem Brandanschlag auf das Haus einer türkischen Familie zwei Frauen und drei Mädchen ums Leben kamen, verurteilte eine große Mehrheit der Bevölkerung die Tat scharf. Allerdings wurden die Strukturen rechtsextremer und gewaltbereiter Organisationen in den neuen Bundesländern meist mit dem Personal und dem Geld der bestehenden westdeutschen Organisationen aufgebaut. Das Problem Rechtsextremismus ist also keineswegs auf die ostdeutschen Länder beschränkt.

1 *Das starke Anwachsen der Asylbewerberzahlen seit 1990 löste heftige politische Kontroversen aus und führte zu einer Einschränkung des Asylrechts: Am 6. Dezember 1992 beschloss der Bundestag die Änderung von Artikel 16 des Grundgesetzes: Nach der sogenannten Drittstaatenregelung genießen Asylbewerber kein Asyl mehr, die aus einem EU-Land oder aus einem sicheren Drittland (jährlich neu von der Bundesregierung festzulegen) nach Deutschland einreisen; seit Mai 1993 dürfen auf Flughäfen Bewerber mit „offensichtlich unbegründeten Anträgen" durch Verwaltungsbeamte abgeschoben werden.*

2 *Insgesamt lag der Verteilungsschlüssel von Asylbewerbern auf die einzelnen Bundesländer in diesen Jahren bei ca. 20 % Ost und 80 % West.*

Methoden-Baustein: „Oral History"

Was ist „Oral History"?

„Oral History" (wörtl. „mündliche Geschichte") bezeichnet eine Methode in der Geschichtswissenschaft, bei der durch Befragung von direkt Beteiligten Informationen über historische Prozesse gewonnen werden sollen. Das Besondere der „Oral History" ist, dass nicht vorhandene Quellen interpretiert, sondern tatsächlich neue geschaffen werden: Mit jedem Interview eines Zeitzeugen entsteht eine neue Quelle, die – bei entsprechender Aufbereitung – der weiteren Forschung zur Verfügung steht. Bei historischen Ereignissen, für die keine oder nur unzureichende schriftliche Quellen zur Verfügung stehen, ist die Bedeutung der „Oral History" besonders groß[1]. Die Rekonstruktion der vielfach publizistisch und filmisch aufgearbeiteten letzten Tage Hitlers im „Führerbunker" 1945 beispielsweise basiert fast vollständig auf Berichten von Zeitzeugen. Auch für viele lokalgeschichtliche Vorgänge oder für die Alltagsgeschichte, über die es häufig nur wenige schriftliche Aufzeichnungen gibt, sind Historiker auf Auskünfte von Zeitzeugen angewiesen. Für die sogenannte „Geschichte von unten", die sich mit dem Erleben historischer Prozesse durch die „kleinen Leute" befasst, ist die „Oral History" unverzichtbar. Politische Beschlüsse, Verordnungen, aber auch Zeitungs- und Filmberichte lassen auf das subjektive Erleben der Geschichte kaum Rückschlüsse zu. Wie die Menschen etwa die Nachkriegszeit, das sogenannte Wirtschaftswunder oder die deutsche Einheit tatsächlich empfunden haben, welche Ängste und Hoffnungen sie erfüllten, vermitteln oft nur direkte Befragungen.

Besondere Probleme der „Oral History"

So reizvoll es ist, durch Zeitzeugen einen unmittelbaren Blick in die Geschichte zu tun, unterliegt die „Oral History" aber auch vielfältigen Gefahren, die das Bild der Vergangenheit verfälschen können:

- *Zeitzeugen sagen nicht immer die Wahrheit*: Tatsachen, die mit persönlichem Fehlverhalten verbunden oder im Extremfall strafrechtlich relevant sind, werden u.U. bewusst geleugnet oder falsch dargestellt. In den Interviews zur DDR werden Zeitzeugen möglicherweise die Mitgliedschaft in der SED oder gar eine aktive Mitarbeit bei der Stasi verschweigen. Umgekehrt wird eine nur vage Unzufriedenheit mit dem SED-Staat vielleicht zu einer bewussten Gegnerschaft aufgewertet.
- Häufig beruhen unzutreffende oder unvollständige Angaben auch auf einer *psychologischen Verdrängung*. Wenn Ereignisse als traumatisch oder schuldbeladen erlebt worden sind, werden sie von den Zeitzeugen aus der bewussten Erinnerung verbannt oder doch in der Erzählung blockiert. So fällt es beispielsweise noch heute vielen älteren Menschen schwer, über ihr persönliches Schicksal von Flucht und Vertreibung zu berichten.
- Auch schlichte *Erinnerungslücken* der Zeitzeugen können die Rekonstruktion der Geschichte beeinträchtigen. Menschen vergessen häufig Ereignisse, die für sie keine persönliche Bedeutung hatten. So erinnern sich Zeitzeugen oft nicht an genaue Datumsangaben und die genaue zeitliche Reihenfolge.
- Problematisch an der „Oral History" ist aber vor allem, dass die *Erinnerung selbst keine festgelegte und statische Information* ist: Erinnerungen werden nicht als Informationspakete wie von einer Festplatte abgerufen, sondern sind immer geformt durch das Wissen aus späterer Zeit. Der Wiederaufbau nach dem Krieg beispielsweise erscheint aus heutiger Sicht als eine ökonomische Erfolgsgeschichte. Zeitzeugen können daher dazu neigen, ihre damalige Einstellung als optimistisch und zukunftsgewandt zu beschreiben, obwohl sie tatsächlich damals weniger Hoffnung hatten.
- Aus den subjektiven Beurteilungen historischer Prozesse durch die Zeitzeugen darf nicht auf die Gesamtbevölkerung der damaligen Zeit geschlossen werden. Denn die *Zahl der Befragten ist für eine statistisch repräsentative Umfrage in der Regel zu gering*.

[1] *Der US-amerikanische Regisseur Steven Spielberg gründete 1994 die „Shoah Foundation". In den folgenden Jahren wurden etwa 52 000 Videos gedreht, auf denen die Erinnerungen von Überlebenden des Holocaust und anderer Opfer des Nationalsozialismus festgehalten sind; siehe unter http://college.usc.edu/vhi/ und unter www.vha.fu-berlin.de Eine Zusammenstellung von (Internet-)Adressen, über die Sie Dokumente von Zeitzeugen erhalten, bietet www.seniorenbuero-hamburg.de/zeitzeuand.htm*

Vorbereitung und Durchführung von Befragungen

Bei der Suche nach geeigneten Zeitzeugen können lokale Archive, Altenheime, Altenkreise an Volkshochschulen oder auch Zeitzeugenbörsen, die es allerdings bisher nur vereinzelt gibt, weiterhelfen. Oft ist es auch hilfreich, auf das Projekt in der örtlichen Presse aufmerksam zu machen.

Voraussetzung für jede Befragung ist neben einer gründlichen historischen Kenntnis der jeweiligen Epoche eine präzise Themenstellung. Ansonsten wird man bei Befragungen nur einen ungeordneten Mix von Erlebnissen bekommen. Wer beispielsweise Zeitzeugen nach ihrer Jugend in den 1950er-Jahren fragt, wird kunterbunte Aussagen zur Politik ebenso wie zu familiären und privaten Themen, zur Ökonomie oder zur Kultur erhalten. Sinnvoller dagegen ist in diesem Fall beispielsweise die Eingrenzung etwa auf den Bereich Wirtschaft und Entwicklung des persönlichen Wohlstandes. Um eine vertrauensvolle Gesprächsatmosphäre aufzubauen, sollten die Interviewer ihre Gesprächspartner zwar möglichst frei erzählen lassen, sie gegebenenfalls aber immer wieder behutsam auf das Kernthema zurücklenken. Sinnvoll ist es, am Anfang eines Projektes einen Katalog von wichtigen Fragen zum jeweiligen Thema aufzustellen.

Vor jedem Interview sollte ein Vorgespräch stattfinden. Dabei sollte das jeweilige Projekt genau vorgestellt werden. Menschen werden sich nur dann offen äußern, wenn sie wissen, was mit ihren „Aussagen" später geschieht.

Homepage von „ZeitZeugenBörse e.V.". Der Verein ist eine Kontaktbörse für Zeitzeugen und Forscher; www.zeitzeugenboerse.de

Für die Dokumentation der Befragung und eine sinnvolle Auswertung sollten Sie beachten:

- Jedes Interview sollte mit Tonband, evtl. auch auf Video aufgezeichnet werden. Sorgfältig werden auch für das Thema relevante Daten wie das Alter des Zeitzeugen, sein – damaliges – berufliches und familiäres Umfeld usw. notiert.
- Nach jedem Interview wird die Tonaufnahme „transkribiert", d.h. in eine Schriftform gebracht, die die Basis der Weiterarbeit darstellt. Erst dadurch lässt sich auch eine größere Zahl von Interviews vergleichen und auch allen Mitarbeitern eines Projektes zur Verfügung stellen. Das aufwändigste Verfahren ist die Erstellung eines „Wortprotokolls", bei dem alle Aussagen einschließlich aller Versprecher genau übertragen werden. Meist reicht das einfachere „Verlaufsprotokoll", das die wichtigsten Abschnitte des Gespräches inhaltlich wiedergibt. Nur die besonders bedeutenden Gesprächsstellen werden wörtlich wiedergegeben.
- Bei der anschließenden Auswertung ist es ebenso wichtig, Gemeinsamkeiten bei den Zeitzeugen wie Unterschiede zu beachten und zu erklären.

1. *Recherchieren Sie über das Kriegsende und die frühe Nachkriegszeit in Ihrer Region. Befragen Sie Zeitzeugen dazu. Legen Sie den Schwerpunkt dabei auf Ängste, Erwartungen und Hoffnungen der Menschen in dieser Zeit.*
2. *Befragen Sie Zeitzeugen nach Familienverhältnissen, beispielsweise nach dem Verhältnis zwischen Kindern und Eltern einerseits, Frauen und Männern andererseits. Hier lassen sich auch interessante Zeitquerschnitte aufzeigen, wenn gezielt Zeitzeugen befragt werden, die in den 1950er-, 1960er- und 1970er-Jahren Kinder oder Jugendliche waren.*
3. *Recherchieren Sie in Ihrer Region die Geschichte eines bedeutenden Industriebetriebes. Befragen Sie Zeitzeugen nach Arbeitsbedingungen der Nachkriegszeit.*
4. *Befragen Sie Zeitzeugen nach ihren persönlichen Erwartungen nach dem Mauerfall 1989. Vergleichen Sie dabei die Einstellungen ehemaliger DDR-Bürger mit Bürgern der Bundesrepublik. Wo entdecken Sie Unterschiede, wo Parallelen?*
5. *Zeitgeschichtliche Dokumentationen im Fernsehen verwenden häufig Interviews von Zeitzeugen. Analysieren Sie die deren Funktion. Welche Problematik sehen Sie?*

M1 Unzufriedenheit in der Bevölkerung

Aus einem Bericht der Stasi-Bezirksverwaltung Magdeburg vom 9. August 1989:

In allen Bevölkerungsgruppen mehren sich Diskussionen, in denen eine gewisse Resignation und Unzufriedenheit zum Ausdruck kommt. Auch unter politisch aktiven Bürgern […] sind folgende Auffassungen verbreitet:

- „Als Funktionär darf man treu und brav seine Pflicht erfüllen, ansonsten hat man nur Nachteile gegenüber anderen Bürgern."
- „Funktionäre müssen auf Reisen in die BRD verzichten, aber auch auf Kontakte in die BRD, also auf Geschenke wie hochwertige Gebrauchs- und Genussmittel."
- „Wer gesellschaftlich aktiv ist, muss trotzdem jahrelang auf Pkw, Telefon oder Führerschein warten. Mit Westverbindungen schafft man das über Genex[1] in Wochen."
- „Wer BRD-Währung besitzt, hat keine Sorgen mit Handwerkern und anderen Dienstleistungen."

[…] Ein immer wieder diskutiertes Thema ist die Informationsbereitstellung durch unsere Medien. Von Angehörigen der unterschiedlichsten Bevölkerungsgruppen werden häufig Widersprüche zwischen Wort und Tat der Parteiführung konstruiert. Starke Zweifel bestehen an den Meldungen über erfüllte bzw. überbotene Pläne, weil sich das nicht im Warenangebot widerspiegele. Gleichfalls bemängelt wird das Verschweigen „heißer Eisen" wie z. B. steigende Zahlen von ständigen Ausreisen und ungesetzlichen Grenzübertritten. Die Entwicklung könne – so u. a. Werktätige des Karl-Marx-Werkes, des G.-Dimitroff-Werkes und der Stahlgießerei Magdeburg – doch nur aus einer wachsenden Unzufriedenheit eines Teils der Bürger resultieren. […]

Offenbar saisonbedingt konzentrieren sich Diskussionen zu Versorgungsfragen gegenwärtig auf

- die mangelnde Versorgung mit Frischfleisch (meist durch urlaubsbedingte Schließung der Geschäfte begründet)
- allgemein unzureichendes Gemüseangebot (zu wenig Sorten, schlechte Qualität, hoher Verschmutzungsgrad)
- immer kritischer werdende Bereitstellung von Kfz-Ersatzteilen (z. B. fehlen in Schönebeck Lada- und Wartburg-Ersatzteile völlig; Pkw-Besitzer führen Ersatzteile nach Möglichkeit aus anderen sozialistischen Ländern ein, um ihr Auto im Urlaub nutzen zu können).

BStU 000323/000324 – BStU online

[1] *Genex: Abk. für „Geschenkdienst und Kleinexport GmbH"; Versandhaus in der DDR, über das gegen westliche Währungen (Export-)Waren und Dienstleistungen aus der DDR-Produktion bestellt werden konnten.*

1. *Sortieren Sie die Beschwerden der Bevölkerung nach bestimmten Kriterien, z. B. „Lebensstandard", „politische Rechte", „langfristige/kurzfristige Missstände" etc.*
2. *Analysieren Sie die Haltung des Verfassers gegenüber den Missständen. Hält er die Klagen für begründet?*
3. *Diskutieren Sie den Kenntnisstand der DDR-Führung über die Situation kurz vor der Wende.*

M2 Am Rande des Bürgerkrieges

Ein Augenzeuge berichtet über die Montagsdemonstration vom 9. Oktober 1989 in Leipzig:

In Betrieben wurde davor gewarnt, nach 16 Uhr die Innenstadt zu betreten; Mütter sollten ihre Kinder bis 15 Uhr aus den Krippen und Kindergärten des Zentrums abholen; Schülern und Studenten wurde mit Relegation[2] für den Fall der Beteiligung an „Aktionen" gedroht. Gerüchte schwirrten durch die Stadt. Man munkelte von MG-Nestern auf zentralen Gebäuden, befürchtete den Einsatz von Fallschirmjägern […]. In Krankenhäusern wurden Notbetten aufgestellt und vor allem die chirurgischen und Intensivstationen verstärkt besetzt. Tausende von zusätzlichen Blutkonserven standen bereit. […]

Leipzig glich an diesem Tag einem Heerlager. Nach späteren Aussagen von Bereitschaftspolizisten war ihnen vormittags mitgeteilt worden, dass ein friedlicher Ausgang der Demonstration wenig wahrscheinlich sei und sie vorbereitet sein müssten, möglichen Gewalttätigkeiten zu begegnen. Dementsprechend trugen sie Kampfausrüstung […]. Auf dem Hof der VP-Bezirksbehörde standen „aufmunitionierte" Schützenpanzerwagen bereit, die tonnenschweren Stahlkolosse ausgerüstet mit Räumschilden, die Fahrer mit MPi und je sechzig Schuss Munition. Die Polizeitruppe zählte insgesamt dreitausend Mann, davon zwölfhundert zur Verstärkung aus den Bezirken Halle und Neubrandenburg herbeibeordert. Hinzu kamen noch fünf Hundertschaften von Betriebskampfgruppen sowie eine sicher vierstellige Anzahl von Einsatzkräften des Ministeriums für Staatssicherheit, dessen Arsenale nicht nur Handfeuerwaffen bargen. […]

In der Nikolaikirche und in drei weiteren Gotteshäusern wurde während der Friedensgebete ein von sechs Persönlichkeiten der Stadt getragener Aufruf zur Besonnenheit verlesen: „Unsere gemeinsame Sorge und Verantwortung haben uns heute zusammengeführt. Wir sind von der Entwicklung in unserer Stadt betroffen und suchen nach einer Lösung. Wir alle brauchen einen freien Meinungsaustausch über

[2] *Relegation: Verweis von der Schule bzw. Hochschule*

Montagsdemonstration in Leipzig. Foto vom 9. Oktober 1989.
Trotz Anweisungen Honeckers, die Demonstration zu unterbinden, griffen die Sicherheitskräfte nicht ein.
Etwa 70 000 Menschen zogen friedlich durch die Innenstadt.

die Weiterführung des Sozialismus in unserem Land. Deshalb versprechen die Genannten heute allen Bürgern, ihre ganze Kraft und Autorität dafür einzusetzen, dass dieser Dialog nicht nur im Bezirk Leipzig, sondern auch mit unserer Regierung geführt wird. Wir bitten Sie dringend um Besonnenheit, damit der friedliche Dialog möglich wird."
Dieser gemeinsame Appell des Kabarettisten Bernd-Lutz Lange, des Gewandhauskapellmeisters Kurt Masur und des Theologen Peter Zimmermann sowie der Sekretäre der SED-Bezirksleitung Kurt Meyer, Jochen Pommert und Roland Wötzel wurde um 18 Uhr auch vom Sender Leipzig und etwa eine Stunde später vom Stadtfunk ausgestrahlt. Die engagierte wie couragierte Wortmeldung hat unzweifelhaft beigetragen zum friedlichen Verlauf dieses Tages, ohne jedoch die voreilig bescheinigte entscheidende Rolle gespielt zu haben. Einzig die geballte Kraft der siebzigtausend angsterfüllten und dennoch nicht weichenden Menschen in der Innenstadt und auf dem Ring erzwang um 18.25 Uhr den endgültigen Rückzug der bewaffneten Einheiten. Jene Namenlosen meinte wohl Christoph Hein, als er vorschlug, Leipzig zur „Heldenstadt der DDR" zu ernennen.

Wolfgang Schneider, Leipziger Demontagebuch, Leipzig 1990, S. 71f.

1. *Vergleichen Sie die Situation am 9. Oktober 1989 in Leipzig mit dem 17. Juni 1953 (siehe auch Seiten 453f., M3 und M4).*
2. *Analysieren Sie verschiedene Gefahrenmomente im Verlauf des Tages.*
3. *Diskutieren Sie darüber, aus welchen Gründen die SED-Führung auf den Einsatz von Gewalt verzichtet hat.*

„March of the fourth Reich." Zeichnung von Bill Caldwell aus der britischen Zeitung „Daily Star", Februar 1990. In Großbritannien herrschten zunächst große Vorbehalte gegen eine deutsche Wiedervereinigung vor.

M3 Der Zwei-plus-Vier-Vertrag

Am 12. September 1990 unterzeichnen die vier Siegermächte USA, Sowjetunion, Frankreich und Großbritannien und die beiden deutschen Staaten in Moskau den „Vertrag über die abschließende Regelung in Bezug auf Deutschland". Am 15. März 1991 tritt er in Kraft.

Artikel 1

(1) Das vereinte Deutschland wird die Gebiete der Deutschen Demokratischen Republik, der Bundesrepublik Deutschland und ganz Berlins umfassen. Seine Außengrenzen werden die Grenzen der Deutschen Demokratischen Republik und der Bundesrepublik Deutschland sein und werden am Tage des Inkrafttretens dieses Vertrages endgültig sein. Die Bestätigung des endgültigen Charakters der Grenzen des vereinten Deutschlands ist ein wesentlicher Bestandteil der Friedensordnung in Europa.

(2) Das vereinte Deutschland und die Republik Polen bestätigen die zwischen ihnen bestehende Grenze in einem völkerrechtlich verbindlichen Vertrag.

(3) Das vereinte Deutschland hat keinerlei Gebietsansprüche gegen andere Staaten und wird solche auch nicht in Zukunft erheben. [...]

Artikel 3

(1) Die Regierungen der Bundesrepublik Deutschland und der Deutschen Demokratischen Republik bekräftigen ihren Verzicht auf Herstellung und Besitz von und auf Verfügungsgewalt über atomare, biologische und chemische Waffen. [...]

(2) Die Regierung der Bundesrepublik Deutschland hat in vollem Einvernehmen mit der Regierung der Deutschen Demokratischen Republik am 30. August 1990 in Wien bei den Verhandlungen über konventionelle Streitkräfte in Europa folgende Erklärung abgegeben:

„Die Regierung der Bundesrepublik Deutschland verpflichtet sich, die Streitkräfte des vereinten Deutschlands innerhalb von drei bis vier Jahren auf eine Personalstärke von 370000 Mann (Land-, Luft- und Seestreitkräfte) zu reduzieren. [...] Im Rahmen dieser Gesamtobergrenze werden nicht mehr als 345000 Mann den Land- und Luftstreitkräften angehören, die gemäß vereinbartem Mandat allein Gegenstand der Verhandlungen über konventionelle Streitkräfte in Europa sind." [...]

Artikel 5

(3) Nach dem Abschluss des Abzugs der sowjetischen Streitkräfte vom Gebiet der heutigen Deutschen Demokratischen Republik und Berlins können in diesem Teil Deutschlands auch deutsche Streitkräfte stationiert werden, die in gleicher Weise militärischen Bündnisstrukturen zugeordnet sind wie diejenigen auf dem übrigen deutschen Hoheitsgebiet, allerdings ohne Kernwaffenträger. [...]

Ausländische Streitkräfte und Atomwaffen und deren Träger werden in diesem Teil Deutschlands weder stationiert noch dorthin verlegt. [...]

Artikel 7

(1) Die Französische Republik, die Union der Sozialistischen Sowjetrepubliken, das Vereinigte Königreich von Großbritannien und Nordirland und die Vereinigten Staaten von Amerika beenden hiermit ihre Rechte und Verantwortlichkeit in Bezug auf Berlin und Deutschland als Ganzes. [...]

(2) Das vereinte Deutschland hat demgemäß volle Souveränität über seine inneren und äußeren Angelegenheiten.

Presse- und Informationsamt der Bundesregierung (Hrsg.), Bulletin Nr. 109, 14. September 1990, S. 1154 ff.

1. *Erläutern und bewerten Sie Vorteile und Forderungen, die der Vertrag für Deutschland beinhaltet.*
2. *Der damalige Bundesaußenminister Hans-Dietrich Genscher nannte den Vertrag den „wichtigsten und chancenreichsten [...], den Deutschland je geschlossen" habe. Diskutieren Sie diese Wertung.*

M4 „Für unser Land"

Bei einer Großkundgebung auf dem Berliner Alexanderplatz am 4. November 1989 rufen Schriftsteller und Künstler der DDR (u. a. Christa Wolf, Heiner Müller und Stefan Heym) zu einem eigenständigen Weg ihres Staates auf. Anschließend veröffentlichen sie am 26. November 1989 den Appell „Für unser Land":

Unser Land steckt in einer tiefen Krise. Wie wir bisher gelebt haben, können und wollen wir nicht mehr leben. Die Führung einer Partei hatte sich die Herrschaft über das Volk und seine Vertretungen angemaßt, vom Stalinismus geprägte Strukturen hatten alle Lebensbereiche durchdrungen. Gewaltfrei, durch Massendemonstrationen hat das Volk den Prozess der revolutionären Erneuerung erzwungen, der sich in atemberaubender Geschwindigkeit vollzieht. Uns bleibt nur wenig Zeit, auf die verschiedenen Möglichkeiten Einfluss zu nehmen, die sich als Auswege aus der Krise anbieten.
Entweder können wir auf der Eigenständigkeit der DDR bestehen und versuchen, mit allen unseren Kräften und in Zusammenarbeit mit denjenigen Staaten und Interessengruppen, die dazu bereit sind, in unserem Land eine solidarische Gesellschaft zu entwickeln, in der Frieden und soziale Gerechtigkeit, Freiheit des Einzelnen, Freizügigkeit aller und die Bewahrung der Umwelt gewährleistet sind.
Oder wir müssen dulden, dass, veranlasst durch starke ökonomische Zwänge und durch unzumutbare Bedingungen, an die einflussreiche Kreise aus Wirtschaft und Politik in der Bundesrepublik ihre Hilfe für die DDR knüpfen, ein Ausverkauf unserer materiellen und moralischen Werte beginnt und über kurz oder lang die Deutsche Demokratische Republik durch die Bundesrepublik vereinnahmt wird.
Lasst uns den ersten Weg gehen. Noch haben wir die Chance, in gleichberechtigter Nachbarschaft zu allen Staaten Europas eine sozialistische Alternative zur Bundesrepublik zu entwickeln. Noch können wir uns besinnen auf die antifaschistischen und humanistischen Ideale, von denen wir einst ausgegangen sind. Alle Bürgerinnen und Bürger, die unsere Hoffnung und unsere Sorge teilen, rufen wir auf, sich diesem Appell durch ihre Unterschrift anzuschließen.

Blätter für deutsche und internationale Politik, Januar 1990, S. 124f.

1. *Erläutern Sie die grundlegende Alternative der zukünftigen Politik, die die Verfasser sehen.*
2. *Diskutieren Sie die Einstellung zum alten System der DDR, die sich darin spiegelt.*

[1] *In der antiken Mythologie muss Tantalus zur Strafe ewig Hunger und Durst leiden. Wasser und Früchte weichen bei jedem Versuch zu trinken und zu essen zurück.*

M5 „Mumifizierte Utopie"

Auf den Aufruf „Für unser Land" reagiert der Schriftsteller Günter Kunert (geb. 1929). Er ist wegen seines Protests gegen die Ausbürgerung von Wolf Biermann 1977 aus der SED ausgeschlossen worden; 1979 darf er in die Bundesrepublik ausreisen.

Der deutsche Intellektuelle nebst seinen Visionen vom Guten, Schönen und Humanen ist durch keine noch so massive Tatsachenfülle widerlegbar [...]. Trotz überwältigender Kenntnis der trostlosen Lage und ihrer kaum minder trostlosen Ursachen wird die längst mumifizierte Utopie beschworen. Ob Christa Wolf auf dem Alexanderplatz in Berlin oder der aus seiner Versenkung auferstandene Rudolf Bahro im Fernsehen – entgegen jeder Erfahrung, auch ihrer eigenen, meinen sie ernsthaft, nun sei der Zeitpunkt gekommen, den „demokratischen Sozialismus" einzuläuten: das Himmelreich schon auf Erden errichten, Heinrich Heines lyrischem Diktum zufolge. Blindlings fallen die großen, pathetischen Worte, denen man abgeschworen hatte, auf die Zuhörer nieder und gemahnen den etwas kritischeren unter ihnen an die Früchte des Tantalus[1]. Würde man die Hand danach ausstrecken, sie entzögen sich dem Zugriff wie eh und je. Die nach vierzig Jahren Tristesse ungeduldige Mehrheit jedoch greift lieber nach dem Nächstliegenden, den Bananen bei „Aldi" [...].
Die gegenwärtig erhobene Forderung nach einer Erneuerung des Systems übertüchtiger Ruinenbaumeister (wirkt) wie ein später und deplatzierter Scherz. Nun endlich, heißt es, werde man auf den Trümmern des zusammengebrochenen ein wahrhaft bewohnbares Haus errichten. Ergo jene angestrebte Gesellschaft, die ihre Widersprüche und Gegensätze gewaltfrei und menschlich behandeln würde. Diese Hoffnung ist trügerisch. Denn sie ignoriert den ökonomischen und ökologischen Zustand des Landes, aber nicht nur diesen, sie missachtet vor allem die Kondition des Menschen, jenes Geschöpfes, das eine Idee nur zu realisieren vermag, indem es diese in ihr Gegenteil verkehrt [...].
[...] Nach vier Jahrzehnten einer am Grünen Tisch erdachten, der Bevölkerungsmajorität aufgenötigten Ordnung kann eine Modifikation dieser oder analoger Ordnungen keine Chance mehr haben.

Michael Naumann (Hrsg.), Die Geschichte ist offen, Reinbek 1990, S. 97ff.

1. *Vergleichen Sie mit M4.*
2. *Diskutieren Sie die Frage, ob oder unter welchen Umständen 1989/90 in der DDR die Chance für eine selbstständige Entwicklung bestand.*

M6 „Rote Zahlen vom roten Sozialismus“

Der Wirtschaftswissenschaftler Karl-Hans Hartwig (geb. 1948) fasst zwei Monate nach der Schaffung der Währungs-, Wirtschafts- und Sozialunion die wirtschaftlichen Probleme der DDR zusammen:

Die DDR-Wirtschaft befindet sich gegenwärtig in einer tiefen Krise [...]. Auch die weiteren Aussichten sind zunächst düster. Arbeitslosenzahlen von 1,5 bis 2 Millionen oder 15 Prozent werden selbst von Optimisten nicht mehr als unrealistisch angesehen. [...] Die Marktwirtschaft und der mit ihr notwendig verbundene freie Informationsfluss bringen diese Altlasten der planwirtschaftlichen Vergangenheit an den Tag. Sie machen deutlich, dass vom roten Sozialismus vorwiegend rote Zahlen bleiben. Experten ist nicht erst seit dem 9. November bekannt, dass etwa 30 bis 40 Prozent der DDR-Betriebe nicht konkurrenzfähig sind und in Wirtschaft und Verwaltung schon immer eine große Anzahl von Arbeitskräften mitgeschleppt wurde, die ökonomisch nicht gerechtfertigt war. Produktivitätsrückstände bis zu 60 Prozent gegenüber westlichen Betrieben kommen ja nicht von ungefähr. D.h. aber, dass von den vorhandenen 9,3 Millionen Arbeitsplätzen in den ersten Jahren nach Einführung der Marktwirtschaft mehr als drei Millionen wahrscheinlich sowieso nicht zu halten wären. Sie durch neue wettbewerbsfähige Arbeitsplätze zu ersetzen, ist die vordringliche Aufgabe und nicht irgendwelche Beschäftigungsgarantien zu geben. Das in den Köpfen der Menschen noch immer verankerte Recht auf Arbeit hat es ja faktisch auch in der DDR nie gegeben. Praktiziert wurden vielmehr ein Recht auf Lohn und der Zwang zur Beschäftigung an den falschen Stellen.

Das Parlament, 14. September 1990

1. *Arbeiten Sie die Probleme bei der Umwandlung der Planwirtschaft der DDR in eine Soziale Marktwirtschaft heraus.*
2. *Erläutern Sie, welche Aufgaben demokratisch gewählte Politiker in diesem Prozess haben.*
3. *Historiker sprechen angesichts der Vorgänge in der DDR seit Herbst 1989 von drei „Revolutionen“; einer „liberalen“, einer „nationalen“ und einer „sozialen“. Erörtern Sie, welche Gründe für eine solche Einteilung sprechen.*

M7 Entwicklung der Arbeitslosigkeit 1991–2005

Jahres-durchschnitt	Arbeitslose (in 1000)			Offene Stellen	Arbeitslosenquote[1] (in %)		
	insgesamt	Männer	Frauen		insgesamt	Männer	Frauen
Deutschland							
1991	2602,2	1280,6	1321,6	362,8	7,3	6,4	8,5
1993	3419,1	1691,6	1727,6	279,5	9,8	8,6	11,3
1995	3611,9	1850,6	1761,3	321,3	10,4	9,6	11,4
1997	4384,5	2342,4	2042,1	337,1	12,7	12,2	13,3
1999	4099,2	2159,8	1939,4	456,4	11,7	11,3	12,2
2001	3851,6	2063,4	1788,3	506,1	10,3	10,4	10,2
2003	4376,8	2446,2	1930,6	354,8	11,6	12,4	10,8
2005	4860,7	2605,8[2]	2254,9[2]	413,1	13,0	13,4	12,7
Früheres Bundesgebiet							
1991	1689,4	897,7	791,7	331,4	6,3	5,8	7,0
1993	2270,3	1277,1	993,3	243,3	8,2	8,0	8,4
1995	2564,9	1463,7	1101,2	266,5	9,3	9,3	9,2
1997	3020,9	1740,7	1280,2	281,5	11,0	11,2	10,7
1999	2755,5	1535,5	1220,0	386,2	9,9	9,9	9,8
2001	2478,0	1378,8	1099,2	440,3	8,3	8,6	7,9
Neue Länder und Berlin-Ost							
1991	912,8	382,9	530,0	31,4	10,3	8,5	12,3
1993	1148,8	414,5	734,3	36,2	15,8	11,0	21,0
1995	1047,0	386,9	660,1	54,8	14,9	10,7	19,3
1997	1363,6	601,7	761,9	55,6	19,5	16,6	22,5
1999	1343,7	624,3	719,4	70,2	19,0	17,1	20,9
2001	1373,7	684,6	689,1	65,9	18,9	18,4	19,4

Statistisches Bundesamt (Hrsg.), Datenreport 2002, Bonn 2002, S. 99 und dass., Datenreport 2006, Bonn 2006, S. 99

[1] *bezogen auf abhängige zivile Erwerbspersonen*

[2] *Eigenberechnungen des Statistischen Bundesamtes. Die „Ohne-Angabe-Fälle“ beim Geschlecht wurden proportional auf die Männer und Frauen verteilt.*

1. *Recherchieren Sie nach regionalen Unterschieden in den neuen Ländern und den jeweiligen Faktoren.*
2. *Vergleichen Sie die Anteile der Geschlechter in den alten und neuen Bundesländern.*

M8 DDR-Nostalgie

Der ostdeutsche Historiker Stefan Wolle (geb. 1950) ist 1990 an der Auflösung der Stasi beteiligt; in den 1990er-Jahren wirkt er als Sachverständiger an den beiden Enquête-Kommissionen des Bundestages zur „Aufarbeitung von Geschichte und Folgen der SED-Diktatur in Deutschland" mit.

Viele Menschen haben in der DDR glücklich und zufrieden gelebt und den Zusammenbruch ihres Staates als Katastrophe erlebt. Da sind zunächst die Mitarbeiter der Partei, des Staatsapparats, die Offiziere der „bewaffneten Organe" von der Stasi bis zur Nationalen Volksarmee. Selbst wenn es ihnen heute materiell besser geht, stehen sie subjektiv auf der Stufenleiter des sozialen Erfolgs ein ganzes Stück weiter unten. Die neue Demokratie und den Rechtsstaat erleben sie als tägliche Demütigung. Dies betrifft leider nicht nur die Stützen des alten Systems. [...]

Das Leben in der DDR war armselig, provinziell, kleinkariert und unfrei – aber es war auch ohne wesentliche Risiken. Im Schatten der Mauer blühten manche kleinen Biotope. Westbesucher empfanden DDR-Reisen oft als Reise in die Kindheit. Da gab es noch selbstgebackenen Kuchen, der Weihnachtsbaum wurde mit der Säge aus dem Winterwald geholt und das Geschirr im Abwaschbecken mit der Hand gewaschen. Und diese DDR-Nostalgie grassiert heute nicht nur unter den Günstlingen des untergegangenen Systems. „Man lebte bescheidener, aber glücklicher", werden eines Tages die Großmütter ihren Enkeln erzählen. Und schon heute stimmen Intellektuelle und Künstler in das Klagelied von der verlorenen Idylle mit ein.

Mit äußerstem Geschick spielt die PDS auf der Klaviatur der Legenden. Da ist zunächst die auch im Westen gern kolportierte Meinung, die BRD-Kolonisatoren seien wie eine Dampfwalze übers Land gegangen. Sie hätten alles niedergemacht, was es in der DDR an sozialen Errungenschaften gegeben hätte. Das Gegenteil ist der Fall. Die Sozial- und Bildungseinrichtungen der DDR befanden sich Ende der Achtzigerjahre in einem katastrophalen Verfallszustand. Dort, wo tüchtige Kommunalpolitiker am Werk sind, werden heute Schulen, Bibliotheken, Sozialeinrichtungen, Krankenhäuser, Seniorenheime und anderes großzügig renoviert oder neu eröffnet. Auch die Infrastruktur hat sich entscheidend verbessert. Während man früher zwanzig Jahre und länger auf einen Telefonanschluss warten musste, erfüllt die Telekom die Anschlusswünsche kurzfristig. Im Straßenbau, bei der Abwasserentsorgung oder der Versorgung mit Erdgas ist in den letzten vier Jahren mehr geschehen als in vierzig Jahren Sozialismus. [...] Ein Blick über die östlichen Grenzen reicht aus, um sich auszumalen, wie die Situation ohne die Finanzhilfe aus den westlichen Bundesländern aussähe. Natürlich gibt es in den neuen Bundesländern einen Berg sozialer Probleme. Doch ist es eine Perversion des Denkens, deswegen gerade jene Partei zu wählen, welche die wirtschaftliche und soziale Katastrophe zu verantworten hat.

Eine weitere Legende lautet, die intellektuelle Elite der DDR sei ins gesellschaftliche Abseits getrieben worden. Dabei sei das wertvolle Potenzial der SED schnöde beiseite geschoben worden. Insbesondere die Art und Weise der vom Westen betriebenen „Geschichtsaufarbeitung" würde die Menschen verbittern. Die Kritik an der untergegangenen DDR würde den Menschen ihre Identität rauben und ihre Biografien zerstören. Richtig ist, dass viele Menschen einen Teil ihres Lebens für den Staat DDR gearbeitet haben, ohne dabei Privilegien oder wesentliche Vorteile zu erhalten. Es gab wirklich die Auffassung, die DDR wäre der bessere deutsche Staat, weil er aus antifaschistischen Wurzeln gesprossen wäre. Und es gab immer wieder die Illusion, der Sozialismus könnte demokratisch reformiert werden. [...] Doch diese zarten Pflänzchen wurden von der Partei und der Stasi zertrampelt. Für Personen, die wegen ihres Eintretens für den Demokratischen Sozialismus in der DDR gemaßregelt oder sogar eingesperrt wurden, ist es besonders empörend, wie die PDS den Begriff des „Sozialismus" okkupiert hat. [...]

Die vielleicht wichtigste westliche Fehlwahrnehmung ist die Meinung, die PDS sei politisch links oder linksradikal. Tatsächlich ist sie in ihrer Ideologie reaktionär, und in der praktischen Alltagspolitik bedient sie eher die Ängste des Kleinbürgers vor der modernen Gesellschaft, als dass ihre Konzepte in die Zukunft weisen. [...] Zum Teil geht es um Partikularinteressen wie Renten und Eigentumsansprüche. Zum anderen Teil geht es um die Rettung von Lebensgeschichten. Welcher Ex-Funktionär oder Stasi-Spitzel schaut morgens gerne in den Spiegel und sagt sich: „Du warst zeit deines Lebens ein opportunistischer Karrierist und Heuchler." Es ist natürlich viel schöner, sich zu sagen: „Auch wenn das sozialistische Experiment gescheitert ist, so war es doch ein erhabener Traum." Ihre Neigung zu den Ideen von Rosa Luxemburg, Alexander Dubček oder Robert Havemann hat die Masse derjenigen, die heute mit tragischem Tremolo von der gescheiterten Utopie reden, bis 1989 jedenfalls sehr gut verborgen.

Frankfurter Allgemeine Zeitung, 27. Juli 1994, S. 23

1. *Prüfen Sie die Vorwürfe an die ehemaligen und heutigen Träger der sozialistischen Ideologie.*
2. *Untersuchen Sie die zeitliche Bedingtheit des Textes. Gelten seine zentralen Aussagen noch oder haben sich im Verlauf des Einigungsprozesses zwischenzeitlich Veränderungen ergeben?*

M9 Der Osten holt auf

Die Entwicklung in den neuen Ländern, gemessen am alten Bundesgebiet:

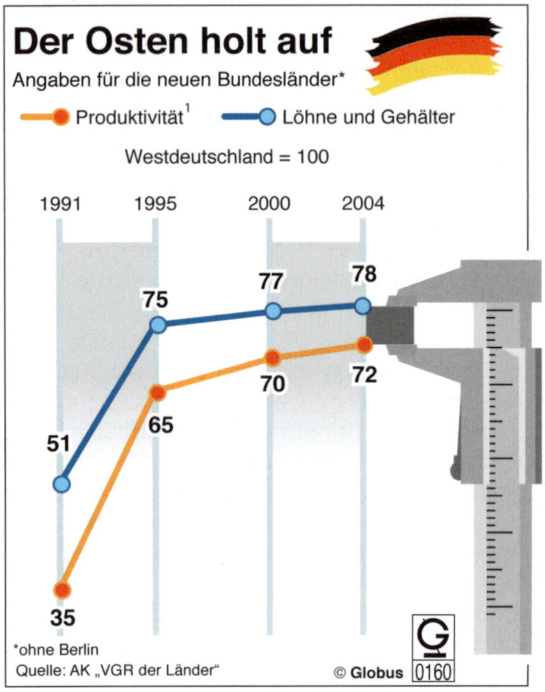

[1] *Arbeitsproduktivität: Messgröße für die Entwicklung der Produktion im Verhältnis zum Arbeitseinsatz (Anzahl der Beschäftigten und deren Arbeitsstunden)*

1. *Nach einer anfänglich schnellen Steigerung hat sich die ostdeutsche Entwicklung seit Mitte der Neunzigerjahre verlangsamt. Versuchen Sie Gründe dafür zu nennen.*
2. *Ostdeutsche Arbeitnehmer fordern die 1:1-Angleichung der Löhne und Gehälter an das Westniveau. Wirtschaftswissenschaftler und Politiker warnen vor einer schnellen Angleichung (Stand 2006: ca. 90 %). Sammeln Sie Pro- und Contra-Argumente und begründen Sie Ihre eigene Meinung, indem Sie die Daten aus der Grafik berücksichtigen.*

M10 Die „innere Einheit" – ein Traum?

Der Journalist Jens Bisky (geb. 1966) zieht 15 Jahre nach der Wiedervereinigung eine negative Bilanz:

Der Irrglaube, dass es so etwas gäbe wie eine „innere Einheit", die alle Interessengegensätze und Konflikte überwölben könne, verhindert seit fünfzehn Jahren die freie Debatte über den richtigen Weg beim Aufbau Ost.

Das patriotische Tabu hat der Einheit mehr geschadet als alles andere. Da über die Unterschiede und die substanziell verschiedenen Interessen in Ost und West nicht mit zivilisierter Gelassenheit gestritten wird, da man verbissen versucht, die Existenz von Gegensätzen überhaupt zu leugnen und Unterschiede als bald überwundene marginalisiert, beschert uns beinahe jede Saison einen kurzen Ausbruch innerdeutschen Gezänks.

Dass die Wahlergebnisse in den neuen Ländern zuverlässig von der bundesdeutschen Normalität abweichen, frustriert nicht nur den bayerischen Ministerpräsidenten. Die Wirtschaftskraft des Ostens erreicht etwa zwei Drittel des westdeutschen Niveaus. Die Wertschöpfung stagniert bei 63 Prozent des Westens, es fehlen etwa 3000 mittelständische Unternehmen und 700 000 Beschäftigte, die vorhandenen Unternehmen sind zu klein und leiden unter geringer Eigenkapitalausstattung. Das Umsatzvolumen der einhundert umsatzstärksten Unternehmen in den neuen Ländern ist etwa so groß wie das Umsatzvolumen von RWE oder Metro allein. Jede fünfte Erwerbsperson hat keinen regulären Arbeitsplatz, die Abwanderung dauert an. Jeder dritte Euro, der im Osten ausgegeben wird, wurde nicht in den neuen Ländern erwirtschaftet. Anzeichen für eine wirtschaftliche Aufholjagd gibt es kaum.

Wer im Osten heranwächst, geht zur Jugendweihe, nicht zu Konfirmation oder Kommunion. In seiner Nachbarschaft leben deutlich weniger Ausländer als im Westen. Nach der Wende hat sich eine eigene ostdeutsche Identität herausgebildet, ein deutliches Bekenntnis, nicht dazuzugehören, anders zu sein. Zu ihr bekennen sich seit Jahren unverändert mehr als 70 Prozent der Ostdeutschen. Dem antworten auf der anderen Seite Desinteresse, Ignoranz und Umerziehungsfantasien. Nach einer Allensbach-Umfrage stehen die Brüder und Schwestern im anderen Landesteil Ost- wie Westdeutschen ebenso nah oder fern wie Österreicher.

[...]

Das ist die Realität, vor der die Prediger der „inneren Einheit" gern die Augen verschließen. Selbstverständlich sind Ostdeutsche weder durch Geburt noch durch Erziehung oder Propaganda deformiert oder unfähig zum Leben in Freiheit. Die 2,4 Millionen von ihnen, die seit 1990 in den Westen gezogen sind, haben sich erfolgreich und weitgehend geräuschlos integriert. Die neuen Länder selber aber haben sich in dieser Zeit als eine unterentwickelte, randständige Region stabilisiert.

[...]

Im vergangenen Jahr sah es beinahe so aus, als könnte sich das ändern. Als die Expertenkommission um Klaus von Dohnanyi und Edgar Most die Förderinstrumente des Aufbau Ost musterte und zum Ergebnis kam, dass sie ungeeignet seien, einen selbsttragenden Aufschwung herbeizuführen, als der Spiegel fragte: „1250 Milliarden – Wofür?", gab es ein Innehalten, und die Gelegenheit schien gekommen, sich von der Routine der Transferzahlungen zu verabschieden.

Hier und da hat sich etwas getan. Das Land Brandenburg entwickelte ein Konzept, die Fördermittel auf Leuchttürme zu konzentrieren. Kürzlich hat der thüringische Ministerpräsident Dieter Althaus (CDU) gefordert, die Investitionszulage für die neuen Länder demnächst auslaufen zu lassen.

Im Großen und Ganzen blieb die notwendige Kurskorrektur beim Aufbau Ost aus, der Transferwahnsinn geht weiter: mit zu wenig Mitteln für Investitionen und zu viel für Konsum, mit kaum vorhandenen Wettbewerbsvorteilen für ostdeutsche Unternehmen, mit aberwitzigen Infrastrukturprojekten, mit zweckwidrigem Einsatz der Mittel. Dass nach OECD-Berechnungen zwei Drittel der deutschen Wachstumsschwäche auf die Belastungen durch die Vereinigung zurückgehen, scheint die Westdeutschen nicht zu beunruhigen. Sie zahlen brav weiter und fragen kaum nach.

Das unerfüllbare Versprechen von der „Angleichung der Lebensverhältnisse" ist noch immer nicht aus der Welt, obwohl es in weiten Teilen der neuen Länder darum geht, eine Abwärtsentwicklung zu verhindern und den Teufelskreis aus wirtschaftlicher Schwäche, Arbeitslosigkeit, Abwanderung, Überalterung und Transferbedarf zu durchbrechen.

Ein Neuanfang würde eine ehrliche Bilanz voraussetzen. Eben deshalb fällt er so schwer. Die staatliche Vereinigung war 1990 politisch richtig und ist gelungen, aber sie muss nicht mit Angleichung und widerspruchsfreiem Einverständnis einhergehen. Eingestehen müsste man, dass der Aufbau Ost, das ehrgeizigste Unternehmen der vergangenen fünfzehn Jahre, in das die Deutschen einen Großteil ihrer Energie und ihrer Mittel investiert haben, gescheitert ist und dass auch Momente kultureller Fremdheit nicht weichen.

[...]

Ein radikaler Neuanfang fällt schwer, weil es eine gemeinsame Öffentlichkeit kaum gibt. Die stille Gesellschaft in den neuen Ländern verweigert sich überwiegend den überregionalen Medien. Nach der systematischen Entbürgerlichung in der DDR, nach der Ausschaltung der sozialistischen Funktionseliten und der anhaltenden Abwanderung fehlt es im Osten an einem Bürgertum, einem Mittelstand, an Eliten. Der soziale Raum zwischen Familie und Staat ist nur schwach besetzt.

[...]

Zuverlässig rechnen können wir mit einer starken innerostdeutschen Differenzierung in wenige städtische Zentren und unterentwickelte ländliche Regionen, mit weiterer Abwanderung und rascher Überalterung, mit bleibenden Unterschieden bei Einkommen und Vermögen, mit anhaltendem Transferbedarf und einer Tradierung ostdeutscher Besonderheiten. Der Verteilungskonflikt um die Transfergelder dürfte sich nicht mehr lange durch Solidaritätsbeschwörungen verdrängen lassen.

So wird uns der Ost-West-Gegensatz noch Jahrzehnte begleiten. [...] Wer mag, kann weiter von „innerer Einheit" träumen und auf die nächste Ossi-Wessi-Hysterie warten.

Vernünftig wäre konfliktbewusste Gelassenheit. Sie setzte eine Kultur der Ungleichheit und der Unterschiede voraus. Im Osten wie im Westen ist darauf kaum einer vorbereitet.

Süddeutsche Zeitung, 25.8.2005

„Daran müssen wir noch arbeiten."
Karikatur von Rainer Schwalme, 1992.

Zusammenfassen und vertiefen

Selbst gefertigtes Transparent, das auf der Demonstration am 4. November 1989 in Ostberlin mitgeführt wurde.

► *Erläutern Sie, worauf das Plakat anspielt, und erörtern Sie, ob der Vergleich angemessen ist.*

1. *Skizzieren Sie die unterschiedlichen politischen Ordnungen von Bundesrepublik und DDR.*
2. *Skizzieren Sie die Grundideen der „Sozialen Marktwirtschaft" und erläutern Sie Zusammenhänge mit dem politischen System der Bundesrepublik.*
3. *Stellen Sie vor dem Hintergrund weltpolitischer Konstellationen Grundzüge der Außen- und Deutschlandpolitik der Regierung Adenauer von 1950 bis 1955 dar.*
4. *Erläutern Sie die Funktion der „Planwirtschaft" in der DDR und stellen Sie Wechselwirkungen mit politischen Entscheidungen dar.*
5. *Fassen Sie die Kritikpunkte der sogenannten „68er-Bewegung" zusammen. Bewerten Sie, wie sich ihre gesellschaftlichen und politischen Ziele in der weiteren Entwicklung der deutschen Geschichte auswirkten.*
6. *Erörtern Sie, ob die „neue Ostpolitik" der sozialliberalen Koalition in den 1970er-Jahren eine Abkehr von den Grundpositionen Adenauers bedeutete.*
7. *Nehmen Sie Stellung zu folgender These: „Die Berliner Mauer war ein Symbol sowohl für den Verlust der nationalen Einheit der Deutschen als auch für die Unerbittlichkeit im Kalten Krieg."*

11 Europa- und weltpolitische Entwicklungen nach 1945

Slum in Manila, der Hauptstadt der Philippinen. Foto von 2001.

Die Welt und Europa nach dem Kalten Krieg – eine Welt der Integration?
Der Blick zurück auf die Epoche seit 1945 lässt die tiefe Zäsur in den Jahren 1989/90 erkennen. Bis dahin beherrschte der Gegensatz zwischen Ost und West die Weltpolitik, zwischen den Führungsmächten, der Sowjetunion und den Vereinigten Staaten, zwischen kommunistischer und demokratischer Grundordnung. Im Sozialismus des Ostens herrschten Planwirtschaft und Diktatur der Parteielite, in den Demokratien des Westens Marktwirtschaft und frei gewählte Staatsführungen. Der Gegensatz wurde seit 1946/47 politisch ausgetragen, und er fand seinen Niederschlag im Wettrüsten am Rand einer nuklearen Katastrophe. Jedoch blieb es beim Kalten Krieg, beim Gleichgewicht des Schreckens. Ost und West, die Sowjetunion und die Vereinigten Staaten waren nur in regionale Konflikte verwickelt, zu einem direkten Krieg kam es nicht. Aber der Gegensatz beherrschte die Welt und überlagerte andere Gegensätze – zwischen den westlichen Demokratien und ihren ehemaligen Kolonien, zwischen reichen und armen Weltregionen, zwischen einer dem Individuum zugewandten Wertordnung des Westens und einer der Gemeinschaft zugewandten Wertordnung der islamischen Welt sowie des südöstlichen Asien. Auch ethnische Konflikte innerhalb einzelner Staaten wurden überlagert. Um 1990 zerfiel die kommunistische Welt im Osten Europas, ohne dass auch nur ein Schuss fiel. Noch wissen wir nicht, ob das Modell des Westens weiterhin Nachahmung finden wird und wie stark die kulturellen, zivilisatorischen und ethnischen Unterschiede in der Welt des 21. Jahrhunderts zum Tragen kommen und zu neuartigen Konflikten führen werden. Nur in Europa wurde das Modell des Westens für die osteuropäischen Staaten zum eindeutigen Vorbild, was der europäischen Integration einen starken Schub verlieh.

11.1 Auf dem Weg zur Einigung Europas

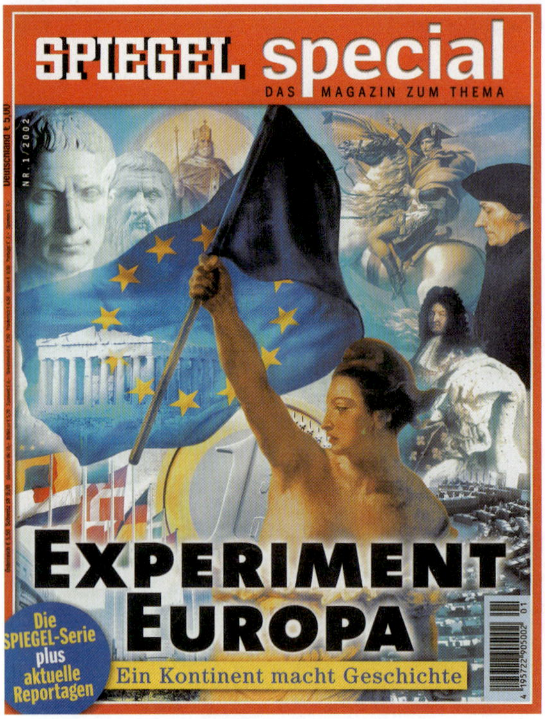

Titelblatt des „Spiegel special"-Hefts „Experiment Europa", Nr. 1/2002.
► Erklären Sie, welche Bedeutung die auf dem Spiegel-Titelblatt abgebildeten Motive und Personen für Europa haben oder hatten.

1949	Zehn westeuropäische Staaten gründen den Europarat
1951	Die Beneluxländer, die Bundesrepublik, Frankreich und Italien gründen die Europäische Gemeinschaft für Kohle und Stahl (EGKS)
1957	Mit den Römischen Verträgen wird die Bildung der Europäischen Wirtschaftsgemeinschaft (EWG) und der Europäischen Atomgemeinschaft (Euratom) beschlossen
1967	EWG, Euratom und EGKS werden in der Europäischen Gemeinschaft (EG) zusammengeschlossen
1973	Dänemark, Großbritannien und Irland treten der EG bei
1979	Zum ersten Mal wählen die Bürger von neun Mitgliedstaaten das Europäische Parlament direkt
1981/86	Griechenland bzw. Portugal und Spanien treten der EG bei
1991	In Maastricht einigen sich die zwölf Mitgliedstaaten der EG auf den Vertrag über die Europäische Union (EU)
1995	Finnland, Österreich und Schweden treten der EU bei
2001	Die Vereinbarung von Nizza erleichtert die Entscheidungsfindung der EU
1.1.2002	Der Euro gilt als einheitliches Zahlungsmittel in zunächst 12 Ländern der EU (Eurozone)
2004	Estland, Lettland, Litauen, Malta, Polen, die Slowakei, Slowenien, die Tschechische Republik, Ungarn und Zypern treten der EU bei
2007	Rumänien und Bulgarien treten der EU bei

Motive der Einigung

Bereits unmittelbar nach der Katastrophe des Ersten Weltkriegs propagierte eine Reihe von privaten Organisationen in vielen Ländern des Kontinents die Überwindung des Nationalstaates und die Idee eines politisch geeinten Europa. Weitblickende Persönlichkeiten aus Politik und Wirtschaft setzten sich für Völkerverständigung und wirtschaftliche Zusammenarbeit ein. *Graf Coudenhove-Kalergi* begründete 1924 die *Paneuropa-Union*. Aristide Briand und Gustav Stresemann, die Außenminister Frankreichs und Deutschlands, bemühten sich um Aussöhnung ihrer Nationen (s. S. 297). Später propagierten viele Widerstandskämpfer gegen das verbrecherische NS-Regime die Idee eines föderierten Europa für die Zeit nach der Befreiung.

Der Prozess der westeuropäischen Integration nach dem Zweiten Weltkrieg war die Antwort auf eine Reihe existenzieller Herausforderungen, denen sich die westlichen Staaten gegenübergestellt sahen:

1. Der wirtschaftliche Wiederaufbau des vom Krieg zerstörten Europa war ohne eine Zusammenfassung aller Kräfte nicht möglich.
2. Die Furcht vor den hegemonialen Bestrebungen der sowjetischen Militärmacht verlangte ebenso nach geeigneten Maßnahmen wie das Interesse des Westens an einer geregelten Zusammenarbeit mit der Bundesrepublik zur Stärkung der westlichen Welt.
3. Viele Europäer hofften außerdem, dass ein vereintes (West-)Europa sich als dritte Kraft zwischen den Weltmächten etablieren und deren gefährliche Konfrontation verhindern könnte.
4. Für die Menschen in der Bundesrepublik schließlich bot der europäische Zusammenschluss die Chance zur Wiedergewinnung internationaler Reputation und einer neuen Identität nach einer Zeit des übersteigerten Nationalismus. Ein vereintes Westeuropa versprach sowohl einen Ausgleich mit Frankreich, das nach den vergangenen Kriegen einem Wiedererstarken Deutschlands ablehnend gegenüberstand, als auch eine mitspracheberechtigte Partnerschaft mit den USA.

Freilich blieb die europäische Integration bis 1989 auf den westlichen Teil Europas begrenzt. Erst seit dem Zusammenbruch des Kommunismus eröffnete sich auch den Völkern in Mittel-, Ost- und Südosteuropa die Chance, in den Einigungsprozess miteinbezogen zu werden. Seit 1998 liefen die Verhandlungen der Europäischen Union mit beitrittswilligen Ländern aus dem früheren sowjetischen Machtbereich. 2004 wurden neben Malta und Zypern acht osteuropäische Kandidaten Mitglieder der EU.

Erste Schritte: OEEC und Europarat

Die erste europäische zwischenstaatliche Einrichtung, die 1948 zur Verwaltung der Marshall-Plan-Hilfe gegründete *OEEC (Organization for European Economic Cooperation; Organisation für europäische wirtschaftliche Zusammenarbeit)*, verfolgte originär wirtschaftliche Zielsetzungen (s. S. 402).

Ein erster Schritt zur politischen Einigung Westeuropas war dann der 1949 von zehn westeuropäischen Staaten gegründete *Europarat*. Im Gegensatz zu den hochgesteckten Erwartungen vieler namhafter Vertreter der Europäischen Bewegung, einer überparteilichen Bürgerinitiative zur Schaffung der „Vereinigten Staaten von Europa", blieb der Europarat jedoch ein Beratungsorgan von Parlamentariern (Beratende Versammlung) und Regierungsvertretern (Ministerrat) ohne Entscheidungsbefugnis. Die mittlerweile 47 Mitgliedsländer (Stand: 2007), die 800 Millionen Europäer repräsentieren, verfügen mit dem Europarat über eine Einrichtung zur Förderung der zwischenstaatlichen Zusammenarbeit vor allem auf dem Gebiet der Rechtspolitik, die in über 170 Abkommen (Konventionen) ihren Niederschlag gefunden hat. Die Straßburger Organisation setzt sich dafür ein, dass ihre Mitglieder die Grundsätze von Demokratie und Rechtsstaatlichkeit einhalten. Ihr wichtigstes Instrument ist die *Europäische Menschenrechtskonvention* von 1950. Sie bietet jedem Bürger der Mitgliedsländer die Möglichkeit, vor dem *Europäischen Gerichtshof für Menschenrechte* in Straßburg gegen die Verletzung seiner Freiheitsrechte durch staatliche Instanzen Klage zu erheben. Der Europarat wurde vor allem im Bereich der Rechtsvereinheitlichung tätig. Er war und ist aber institutionell nicht mit den Europäischen Gemeinschaften und der Europäischen Union verbunden.

Die Europäische Gemeinschaft für Kohle und Stahl (EGKS)

Am 9. Mai 1950 schlug der französische Außenminister *Robert Schuman* vor, die französische und deutsche Schwerindustrie einer unabhängigen (supranationalen) Behörde mit Sitz in Luxemburg zu unterstellen und damit dem Einfluss der nationalen Regierungen zu entziehen. Der jahrhundertealte Gegensatz zwischen Frankreich und Deutschland sollte dadurch ein Ende finden. Der Schuman-Plan war auf die französischen Ziele der Sicherheit vor Deutschland und der Nutzung des deutschen Industriepotenzials für den eigenen wirtschaftlichen Wiederaufbau abgestimmt. Für die Bundesrepublik bedeutete er einen wichtigen Schritt auf dem Weg zur politischen und wirtschaftlichen Gleichberechtigung (→ M1).

Die am 18. April 1951 von Frankreich, der Bundesrepublik Deutschland, Italien und den Benelux-

Der französische Staatspräsident Charles de Gaulle und der deutsche Bundeskanzler Konrad Adenauer bei einer Kundgebung für die europäische Einigung am 4. September 1962 in Bonn.
► *Erläutern Sie den Unterschied zwischen einem Bundesstaat und einem Staatenbund.*

Staaten gegründete *Europäische Gemeinschaft für Kohle und Stahl* (*EGKS, Montanunion*) wurde zum Vorbild für alle weiteren Integrationsbemühungen in Westeuropa. Schneller als erwartet entstand in dem besonders wichtigen Montanbereich ein „Gemeinsamer Markt" ohne Zoll- und Handelsschranken. Politisch erfüllte die EGKS wichtige Aufgaben: Die Bundesrepublik wurde als gleichberechtigter Partner eingebunden in ein System nichtdiskriminierender Kontrollen und Zusammenarbeit, das die wirtschaftliche Kraft Westeuropas insgesamt förderte.

Die Europäische Wirtschaftsgemeinschaft

Die Hoffnung vieler Europäer, dass die wirtschaftlichen Sachzwänge von selbst zu einer politischen Union der Mitgliedsländer führen würden, erfüllte sich nicht. Die nationalstaatlichen Egoismen gewannen erneut an Boden, als es wirtschaftlich in Westeuropa in den späten Fünfzigerjahren wieder aufwärts ging und die Furcht vor der Sowjetunion abnahm. Der rasche Abbau von Handelshemmnissen – d.h. einer Zollunion mit freiem Warenverkehr zwischen den Mitgliedern und einem gemeinsamen Außenzoll gegenüber Drittstaaten – schien den sechs EGKS-Gründungsstaaten ein ausreichend ehrgeiziges Ziel zu sein. Das Ergebnis war die Gründung der *Europäischen Wirtschaftsgemeinschaft* (*EWG*) und der *Europäischen Atomgemeinschaft* (*Euratom*) durch die *Römischen Verträge* vom 25. März 1957. Langfristig sollte daraus ein gemeinsamer Markt mit einer Wirtschafts- und Währungsunion entstehen. Als Sitz der EWG-Kommission bestimmte man Brüssel.

Erfolge und Rückschläge begleiteten den weiteren Integrationsprozess. Bereits 1968 war die *Zollunion* verwirklicht. Großbritannien wollte längst Mitglied werden, was der französische Staatspräsident *Charles de Gaulle* (1890–1970) jedoch zweimal zu verhindern wusste, weil er in Großbritannien das „trojanische Pferd" der USA sah (1961, 1967). Er widersetzte sich auch allen Bestrebungen, nationalstaatliche Souveränitätsrechte auf Brüssel zu übertragen. Obwohl die Verträge etwas anderes vorsahen, wurde 1966 das Einstimmigkeitsprinzip im Ministerrat für alle „wichtigen Fragen" festgeschrieben, was künftige Entscheidungsprozesse sehr erschwerte. Nach de Gaulles Rücktritt und angesichts des erkennbaren wirtschaftlichen Erfolges der *Europäischen Gemeinschaft* (*EG*) – so nannte man den Zusammenschluss von EGKS, EWG und Euratom seit 1967 – kam es ab 1973 zu immer neuen Beitritten. Auf Dänemark, Großbritannien und Irland (1973) folgten Griechenland (1981) sowie Portugal und Spanien (1986).

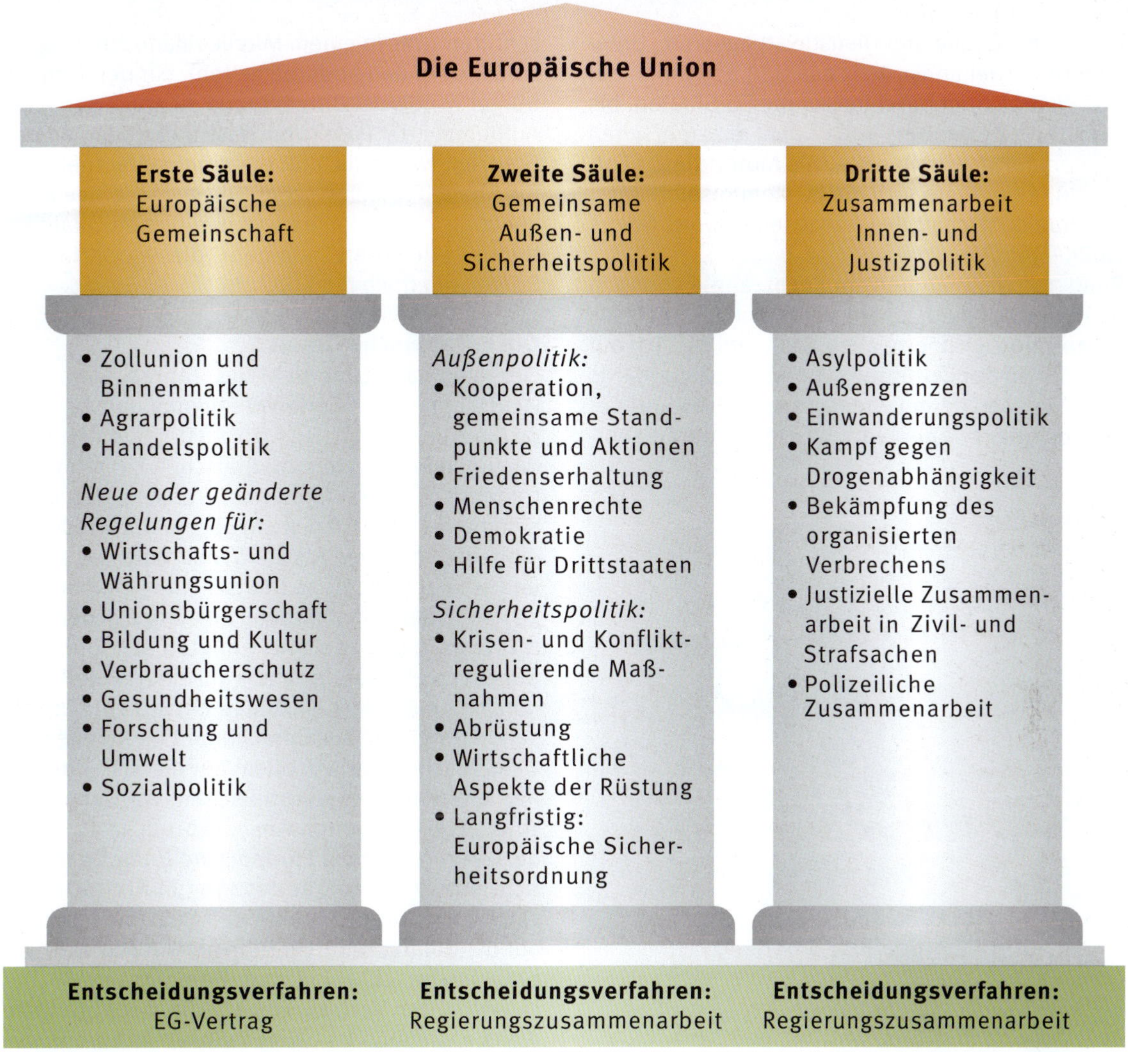

Die „drei Säulen" der Europäischen Union.

Einfacher wurde die Angleichung der unterschiedlichen Interessen durch die Beitritte allerdings nicht. Ein besonders schwieriges Feld blieb die Agrarpolitik der Gemeinschaft. Durch Marktordnungen, garantierte Mindestpreise und Abnahmegarantien war die Versorgung der Bevölkerung zwar absolut gesichert und die europäischen Landwirte behielten ihre Existenzgrundlage. Damit verbunden war jedoch stets eine Überproduktion und Subventionierung von Agrarerzeugnissen, deren Finanzierung fast die Hälfte des Haushaltes verschlang (Stand: 2007).

Wirtschaftlich gesehen ein Riese, blieb die EG ein politischer Zwerg. Daran änderten auch institutionelle Reformen wie die Einführung regelmäßiger Treffen der Staats- und Regierungschefs (*Europäischer Rat*) und der Außenminister nichts.

Das 1979 auf Initiative des damaligen deutschen Bundeskanzlers *Helmut Schmidt* und des französischen Staatspräsidenten *Giscard d'Estaing* eingeführte *Europäische Währungssystem* (*EWS*) mit einer eigenen Währungseinheit (*ECU*) bildete den ersten Schritt zur Schaffung einer stabilen Währungszone mit festen Wechselkursen. Als weiterer Lichtblick im europäischen Einigungsprozess erwies sich die seit 1979 (alle fünf Jahre) praktizierte Direktwahl des *Europäischen Parlamentes*, das allerdings nur über ein sehr begrenztes Kontroll- und Budgetrecht gegenüber dem Ministerrat und der Kommission verfügte. Der Ministerrat trifft die Entscheidungen, die Kommission sorgt für die Durchführung der Entscheidungen und überwacht diese. Insgesamt schien der Integrationsprozess am Beginn der Achtzigerjahre zu erlahmen.

Europäischer Binnenmarkt

Mitte der Achtzigerjahre besann sich die Gemeinschaft darauf, immer noch bestehende Hemmnisse zu beseitigen, die der Freizügigkeit von Personen, Waren, Dienstleistungen und Kapital entgegenstanden: unterschiedliche technische Normen, Verbrauchssteuern, Zulassungsbedin-

gungen für Berufe und Dienstleistungen etc. Unter dem Druck der Konkurrenz aus USA und Japan auf den Weltmärkten beschlossen die EG-Staaten, bis zum 31. Dezember 1992 den *europäischen Binnenmarkt* zu vollenden. Als Motor dieser Entwicklung betätigte sich die EG-Kommission unter der Präsidentschaft des Franzosen *Jacques Delors* (1985– 1995).
Rund 300 Maßnahmen zur Rechtsangleichung in den zwölf Mitgliedstaaten waren nötig, um dieses ehrgeizige Ziel zu erreichen. Man einigte sich auf das Prinzip der Einführung von Mindeststandards (zum Beispiel beim Lebensmittelschutz) und der gegenseitigen Anerkennung von Qualitätsvorschriften (was in einem Mitgliedsland zulässig ist, soll auch in den anderen gelten). Für den Normalbürger wurde der Binnenmarkt sichtbar durch die Aufhebung der Pass- und Warenkontrollen an den Grenzen, was freilich für die Kriminalitätsbekämpfung neue Probleme schuf. Die gegenseitige Anerkennung von Diplomen und beruflichen Qualifikationen erleichtert nunmehr die Mobilität der Bürger innerhalb der EU.

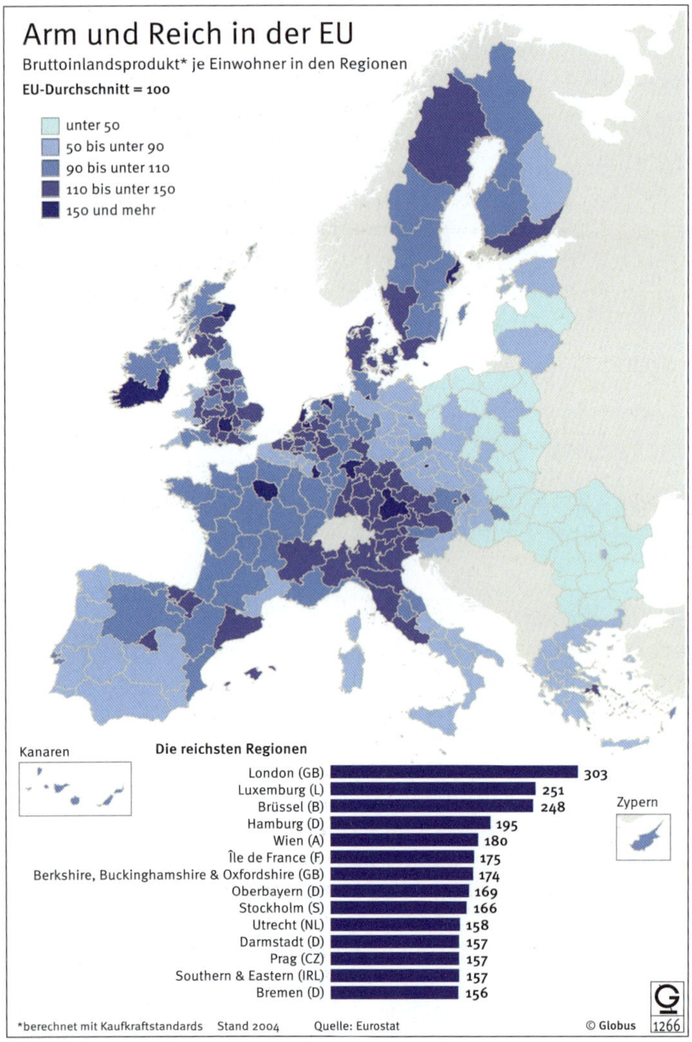

Die Wirtschaftskraft der EU-Länder im Jahr 2004.
▶ *Nennen Sie die Länder mit dem geringsten Bruttoinlandsprodukt. Suchen Sie Gründe für die geringere Wirtschaftsleistung.*
▶ *Diskutieren Sie, ob sich die wirtschaftliche Leistung im politischen Gewicht der jeweiligen Länder niederschlagen sollte.*

Die Europäische Union

Der epochale Umbruch des Jahres 1989, der Deutschland die Wiedervereinigung und Osteuropa die Freiheit brachte (s. S. 458 ff.), beschleunigte auch den Prozess der europäischen Einigung. Der französische Staatspräsident *François Mitterrand* stimmte nach anfänglichem Zögern der Wiedervereinigung Deutschlands zu. Damit hatte das größer und stärker gewordene Deutschland seine bisherige Politik der Selbstbindung im europäischen Kontext bestätigt. Ende 1991 einigten sich die zwölf Staats- und Regierungschefs auf einer Gipfelkonferenz im holländischen Maastricht auf eine umfassende politische Zusammenarbeit im Rahmen der Gemeinschaft und vor allem auf die Schaffung einer einheitlichen europäischen Währung, seit 1995 „*Euro*" genannt. Am 7. Februar 1992 wurde der *Vertrag über die Europäische Union* in Maastricht unterzeichnet, er trat 1993 in Kraft. Die Bezeichnung „Union" lenkte den Blick noch stärker auf die politische Integration als die seit 1967 gebräuchliche „Europäische Gemeinschaft". Der *Maastrichter Vertrag* gilt als die bedeutendste Weichenstellung für ein gemeinsames Europa seit den Römischen Verträgen von 1957.
Vor allem auf Betreiben der Bundesrepublik wurden strenge wirtschaftliche Anforderungen („Konvergenzkriterien") an diejenigen Mitglieder gestellt, die auch der Währungsunion beitreten wollten, insbesondere Preisstabilität und die Begrenzung der Staatsverschuldung. Die Währungsunion sollte nämlich zu einer Stabilitätsgemeinschaft und nicht zu einer Inflationsgemeinschaft führen. Ursprünglich hatte nur Luxemburg keine Probleme, die Kriterien zu erfüllen. Doch durch strikte Sparprogramme und Privatisierungen von Staatseigentum gelang es schließlich bis zum Jahre 2000 zwölf EU-Staaten, den strengen Auflagen zu genügen. Nur Dänemark, Schweden und Großbritannien bleiben aus politischen Gründen bislang noch der *Eurozone* fern.
Die Wirtschafts- und Währungsunion wurde in einem stufenweisen Prozess eingeführt. Wichtige Etappen waren die Errichtung der *Europäischen Zentralbank* mit Sitz in Frankfurt am Main (1. Juni 1998), die nach dem Vorbild der Deutschen Bundesbank in völliger Unabhängigkeit von den natio-

nalen Regierungen über die Stabilität der Währung wacht, und die Einführung des Euro als Bargeld zum 1. Januar 2002 (nachdem er bereits seit 1999 im bargeldlosen Zahlungsverkehr der Mitglieder der Eurozone die nationalen Währungen ersetzt hatte).
Neben seinen wirtschaftlichen Vereinbarungen legte der Maastrichter Vertrag auch die Grundlage für eine *gemeinsame Außen- und Sicherheitspolitik* (*GASP*) und eine intensive Zusammenarbeit in der Innen- und Rechtspolitik der Mitglieder. 1999 wurde das Amt des „Hohen Vertreters" der GASP geschaffen; als eine Art „Außenminister" vertrat seither der Spanier *Javier Solana* die EU auf internationaler Ebene. Allerdings wird es auf Betreiben Großbritanniens auch in Zukunft keine Mehrheitsbeschlüsse des Ministerrats (Rats der Europäischen Union) in Fragen der Außenpolitik geben; ebenso ist eine gemeinsame Sozialgesetzgebung zunächst am Einspruch Großbritanniens gescheitert.
Für die Bundesrepublik hat das Bundesverfassungsgericht mit seinem Urteil vom 12. Oktober 1993 ausdrücklich die fortdauernde Souveränität der EU-Mitglieder festgestellt: Alle Staaten bleiben Herren der geschlossenen Verträge; der Maastrichter Vertrag begründet lediglich einen „Staatenverbund". In ihm gilt das *Prinzip der Subsidiarität*, mit anderen Worten: Die EU kann nur Aufgaben an sich ziehen, die von ihren Mitgliedern nicht allein auf nationalstaatlicher Basis geregelt werden können.

Osterweiterung und innere Reformen der Europäischen Union

1995 schlossen sich Finnland, Österreich und Schweden, 2004 Estland, Lettland, Litauen, Malta, Polen, die Slowakei, Slowenien, die Tschechische Republik, Ungarn und Zypern der Europäischen Union an, 2007 Rumänien und Bulgarien. Gegenwärtig liegen der EU drei weitere Beitrittsanträge vor – von Kroatien, Mazedonien und der Türkei. Mit ihren gegenwärtig 27 Mitgliedstaaten verfügt die EU über einen gemeinsamen Markt von insgesamt ca. 490 Millionen Verbrauchern. Die Europäische Union ist zu einem Kraftzentrum in Europa und der Welt geworden, auf das hin sich seit Anfang der Neunzigerjahre die jungen Demokratien im östlichen Teil des Kontinents orientierten. Seit dem Zusammenbruch des sowjetischen Machtsystems signalisierten die Reformstaaten Mittel- und Osteuropas ihr elementares Interesse, nicht in eine Pufferzone zwischen dem reichen Westeuropa und den zerfallenden Machtstrukturen der ehemaligen Sowjetunion zu geraten. Das Bewusstsein der Zugehörigkeit zu Europa war auch während der kommunistischen Herrschaft in der Bevölkerung dieser Länder lebendig geblieben. Ihre Hinwendung nach Brüssel verstanden sie daher als „Rückkehr nach Europa". Seit 1998 bzw. 2000 verhandelte die EU mit den beitrittswilligen Ländern über die Einzelheiten und die konkreten Aspekte der Übernahme von mehr als 16 000 europäischen Rechtsakten. Die endgültige Mitgliedschaft in der EU hing davon ab, dass jene Länder durch tief greifende innere Reformen die Beitrittskriterien der EU erfüllten (Demokratie, Marktwirtschaft, Übernahme der EU-Rechtsakte, Einverständnis mit den Zielen der Wirtschafts- und Währungsunion). Mit milliardenschweren Hilfsprogrammen förderte die EU seither die Beitrittskandidaten, die ihrerseits große Anstrengungen unternahmen, die nötigen Veränderungsprozesse in ihren Ländern zu organisieren und zu finanzieren.
Zu Beginn des neuen Jahrhunderts stand die EU damit vor einer ihrer größten Herausforderungen. Ihre Erweiterung muss einhergehen mit einem „Umbau" der institutionellen Struktur, damit der „Staatenverbund" handlungsfähig bleibt und seine demokratische Legitimation stärkt (→ M2). Dazu zählen so extrem komplizierte und politisch brisante Fragen wie die Stimmengewichtung der heutigen und künftigen Mitglieder im Ministerrat, die Verteilung der Sitze im Europäischen Parlament auf die einzelnen Länder, der Ausbau der Kompetenzen des Europäischen Parlaments, die verstärkte Zusammenarbeit eines Teiles der EU-Mitglieder als Schrittmacher der Integration etc.
Auf einer Gipfelkonferenz beschlossen die Staats- und Regierungschefs der EU in Nizza Ende 2000 die Grundzüge einer solchen Reform, die einer erweiterten EU gerecht werden sollte. Seit Februar 2002 berieten in Brüssel 105 Delegierte aus 28 europäischen Ländern in einem *Konvent für Europa* über eine Architektur für die Gemeinschaft, die in eine Verfassung Europas münden sollte. Der frühere französische Staatspräsident Giscard d'Estaing stand an der Spitze dieses Verfassungskonvents, der im Juli 2003 einen Verfassungsentwurf vorlegte. Noch im gleichen Jahr begann eine Regierungskonferenz mit der Erarbeitung eines neuen EU-Vertrags unter Einbeziehung der geplanten Verfassung, der die EU „zukunftsfähig machen" sollte. Schließlich einigte sich die Regierungskonferenz im Juni 2004 in Brüssel über die Verfassung, die von den Parlamenten oder den Wählern ratifiziert werden musste. Nachdem bei Volksabstimmungen in Frankreich und den Niederlanden der Verfassungsentwurf abgelehnt wurde, war seine Zukunft lange Zeit ungewiss. Anstelle einer Verfassung einigten sich die Mitgliedsländer im Dezember 2007 schließlich im *Vertrag von Lissabon* auf eine Reform der EU, die moderner, effizienter und demokratischer werden soll; u. a. gehört dazu ein neuer Abstimmungsmodus, der spätestens im Jahr 2017 in Kraft treten soll (→ M3).

M1 Erste Weichenstellung für die europäische Integration

Aus der Regierungserklärung des französischen Außenministers Robert Schuman (1886–1963) vom 9. Mai 1950:

Der Friede der Welt kann nicht geschützt werden, wenn nicht schöpferische Maßnahmen in einem Maße getroffen werden, die den Gefahren entsprechen, welche ihn bedrohen. Der Beitrag, den ein organisiertes und lebendiges Europa zur Zivilisation leisten kann, ist für die Aufrechterhaltung friedlicher Beziehungen unentbehrlich. [...] Solange Europa nicht vereint war, haben wir Krieg gehabt. Europa wird nicht mit einem Schlag und auch nicht durch eine Konstruktion des Ganzen gebildet werden; es wird durch konkrete Verwirklichungen gebildet, die zunächst eine Solidarität der Tatsachen schaffen. Die Vereinigung der europäischen Nationen erfordert, dass der jahrhundertealte Gegensatz zwischen Frankreich und Deutschland ein Ende nimmt. [...] Die französische Regierung schlägt vor, die Gesamtheit der französisch-deutschen Produktion von Kohle und Stahl unter eine gemeinsame oberste Autorität innerhalb einer Organisation zu stellen, die der Mitwirkung anderer Staaten offensteht. [...] Die Solidarität der Produktion, die auf diese Weise geknüpft wird, wird dartun, dass jeder Krieg zwischen Frankreich und Deutschland nicht nur undenkbar, sondern materiell unmöglich wird.

Keesings Archiv der Gegenwart vom 9. Mai 1950, S. 2372

Arbeiten Sie die zentralen Argumente des französischen Außenministers heraus. Worin liegt – aus französischer Sicht – die zukunftsweisende Bedeutung der geplanten Montan[1]-Union?

[1] *Montanindustrie: Gesamtheit der bergbaulichen Industrieunternehmen*

La bâtiment Louise Weiss, Sitz des Europäischen Parlaments in Straßburg. Im Vordergrund das Palais du Conseil de l'Europe, Tagungsort des Europarats.

Das Berlaymont, Sitz der Europäischen Kommission in Brüssel.

M2 Thesen zur europäischen Integration

Im Jahre 2002 formuliert der frühere Bundeskanzler Helmut Schmidt (geb. 1918) Thesen zur politischen Bedeutung der EU:

1) Die Nationen Europas stehen im 21. Jahrhundert vor *neuartigen Herausforderungen.* Diese entspringen einer in der Geschichte einmalig schnellen Vermehrung der auf der Erde lebenden Menschen und einer sich anbahnenden globalen Klimaveränderung. Beide Prozesse bergen in sich die Tendenz zu regionalen und lokalen Kriegen sowie zu massenhaften Wanderungsströmen in Richtung Europa und Nordamerika. Außerhalb Europas werden alte und neue Weltmächte mit Vehemenz danach streben, die Folgen globaler Gefährdungen auf andere abzuwälzen. Die gleichzeitige Globalisierung der Finanzmärkte gefährdet die ökonomische und politische Selbstbestimmung einzelner Staaten. Die technologische Globalisierung gefährdet Arbeitsplätze und Wohlstand in Europa.

2) Die europäischen Nationalstaaten werden einzeln, jeder für sich allein, diesen Herausforderungen nicht gewachsen sein. Zu ihrer Selbstbehauptung ist eine *Bündelung der Kräfte* notwendig. In diesem Sinne wird die Europäische Union zu einer Notgemeinschaft.

[...]

6) Dabei sind die am Beginn des Integrationsprozesses und in den darauf folgenden Jahren maßgebenden strategischen Prinzipien festzuhalten, nämlich – in historischer Reihenfolge – erstens die politische und ökonomische Abwehr sowjetischer und kommunistischer Bedrohung, zweitens die Einbindung Deutschlands in den politischen und wirtschaftlichen Zusammenhang der europäischen Demokratien und drittens das Prinzip des gemeinsamen ökonomischen und sozialen Vorteils durch den gemeinsamen, offenen Markt.

Das erste dieser drei Prinzipien hat seinen Gegenstand weitgehend verloren, es erscheint als obsolet. Das zweite Prinzip und das dritte Prinzip bleiben wichtig, sie werden in der Union allgemein bejaht und verfolgt. *Jetzt tritt als zusätzliches strategisches Motiv die Notwendigkeit gemeinsamer Selbstbehauptung hinzu, das heißt das Prinzip der vollen Handlungsfähigkeit der Europäischen Union nach außen.*

[...]

9) Der gemeinsame Markt hat sich als großer Erfolg für alle Beteiligten erwiesen. Der Erfolg wird noch einmal wachsen als Folge der gemeinsamen Währung. [...] Doch braucht die EU für die Zukunft *eine eigene Finanzaußenpolitik,* nicht nur gegenüber dem Weltwährungsfonds, sondern auch, um die ökonomisch gewichtigen Staaten der Welt zu einer gemeinsamen Ordnung auf den globalen Finanzmärkten zu bewegen – einschließlich einer funktionierenden Aufsicht über verantwortungslos spekulierende Finanzhäuser.

10) Die Amerikaner haben außerordentliche Verdienste um den Wiederaufbau in Europa und in der Abschreckung sowjetischer Drohung. Seit dem Verschwinden der Sowjetunion hat das Verhältnis der USA und ihrer politischen Klasse zu Europa jedoch an Eindeutigkeit verloren. [...] Für die Zukunft ist kaum zu erwarten, dass Washington eine weitere Stärkung der EU mit Zustimmung begleiten wird. Die EU wird sich bemühen müssen, ihre außenpolitische und *strategische Abhängigkeit von Amerika schrittweise zu verringern,* gleichwohl *aber die Partnerschaft des Verteidigungsbündnisses aufrechtzuerhalten.*

[...]

12) Die Herstellung einer gemeinsamen Außen- und Sicherheitspolitik wird durch die geplante *Erweiterung der EU*[1] zusätzlich erschwert werden. Gleichwohl ist die Aufnahme einer Reihe von Staaten im Osten Mitteleuropas aus moralischen Gründen der Solidarität sowie aus geopolitischen Gründen geboten. Sie sollte schrittweise erfolgen, um eine Überforderung der EU zu vermeiden. Sie sollte *keinesfalls vor der Vollendung der jetzt anstehenden Strukturreform* der EU beginnen, denn dadurch würde die ohnehin diffizile Reform noch zusätzlich erschwert.

[...]

14) Die Union ist kein Staat. Sie ist deshalb auch kein Bundesstaat, sie sollte auch keiner werden wollen. Sie ist jedoch auch kein klassischer Staatenbund. Nach ihrer Aufgabenstellung und nach ihren Strukturen ist die EU etwas völlig Neues, ein dynamisches Unikat, das im Begriff ist, seine Aufgaben zu verändern und zu erweitern. Dabei darf die EU die *Nationalstaaten nicht aushöhlen.* Der Nationalstaat ist – und bleibt für lange Zeit – der bei Weitem wichtigste Ankergrund für die politische Selbstidentifikation der Bürger Europas. Deshalb müssen die Organe der EU und vor allem das Parlament ihre Aktivitäten endlich dem Subsidiaritätsprinzip[2] unterwerfen [...].

Helmut Schmidt, Die Selbstbehauptung Europas. Perspektiven für das 21. Jahrhundert, München ²2004, S. 239 ff.

1. *Arbeiten Sie die historischen und gegenwärtigen Motive der europäischen Einigung heraus.*
2. *Erläutern Sie, welche weltpolitischen Veränderungen der letzten Jahre eine gemeinsame Außen- und Sicherheitspolitik der Europäer notwendig machten. Bewerten Sie diese Einschätzung.*

---

[1] *Gemeint ist die „Osterweiterung", die im Jahr 2004 vollzogen wurde.*

[2] *Der EG-Vertrag Artikel 3b sieht vor, dass die Gemeinschaft nur tätig wird, wenn ein Ziel auf europäischer Ebene besser erreicht wird als auf der Ebene der einzelnen Mitgliedsstaaten.*

M3 Vertrag von Lissabon

Nach langem Ringen einigen sich die Staats- und Regierungschefs der EU 2007 in Lissabon auf ein Vertragswerk, mit dem die Struktur der Gemeinschaft und die politischen Entscheidungsprozesse reformiert werden. Es ersetzt den Entwurf zur EU-Verfassung:

Mehrheitsentscheidungen

EU-Beschlüsse werden dadurch erleichtert, dass künftig in vielen Fällen der Zwang zur Einstimmigkeit entfällt. Die Entscheidungen mit qualifizierter Mehrheit[1] werden auf mehrere Dutzend neue Bereiche ausgedehnt, vor allem bei der polizeilichen und Justiz-Zusammenarbeit. In sensiblen Gebieten wie der Außen-, Steuer- und Sozialpolitik sowie bei Änderung von EU-Verträgen gilt aber weiter das Prinzip der Einstimmigkeit.

Prinzip der doppelten Mehrheit

Beim Abstimmungsverfahren in der EU gilt ab dem Jahr 2014 mit einer Übergangsfrist bis 2017 das Prinzip der doppelten Mehrheit. Danach erfordern EU-Beschlüsse im Ministerrat eine Mehrheit von 55 Prozent der Staaten, die 65 Prozent der Bevölkerung auf sich vereinen. Bis dahin gilt weiter das im Vertrag von Nizza festgelegte komplizierte System der qualifizierten Mehrheit[2].

Repräsentation nach außen

Die EU bekommt einen Hohen Repräsentanten der Union für Außen- und Sicherheitspolitik. In seinem Amt werden die Funktionen des bisherigen EU-Außenbeauftragten und des EU-Außenkommissars gebündelt. Er ist Vize-Präsident der Kommission und erhält einen diplomatischen Dienst.

EU-Ratspräsident

Die EU erhält einen Ratsvorsitzenden, dessen Amtszeit zweieinhalb Jahre beträgt. Der EU-Präsident bereitet unter anderem die Gipfeltreffen vor. […] Bisher wechselt der Vorsitz alle sechs Monate unter den Mitgliedsländern mit der Ratspräsidentschaft. Diese Rotation bleibt bestehen, sodass die Vorsitzenden der Ministerräte halbjährlich rotieren.

Verkleinerte Kommission

Die EU-Kommission wird verkleinert. Von 2014 an sind in Brüssel nicht mehr alle, sondern abwechselnd nur noch zwei Drittel der Mitgliedstaaten mit einem Kommissar vertreten. Die EU-Kommission muss künftig ihre Gesetzesvorschläge überprüfen und stichhaltig begründen, wenn dies mehr als die Hälfte der Parlamente der Mitgliedstaaten verlangt.

Kleineres Parlament mit Extra-Sitz für Italien

Das EU-Parlament wird von 2009 an nur noch 750 statt bisher 785 Sitze umfassen. Wegen eines Kompromisses mit Italien verliert der Parlamentspräsident sein Stimmrecht, das er aber bereits jetzt in der Praxis nicht ausübte. Das Parlament erhält erstmals ein Mitspracherecht in den wichtigen Fragen der Justizzusammenarbeit, der inneren Sicherheit und der illegalen Einwanderung.

Austritt

Der Vertrag sieht erstmals die Möglichkeit eines Austritts aus der Europäischen Union vor. Der austretende Staat muss die Bedingungen mit den EU-Partnern aushandeln.

Einspruchsrecht

Die nationalen Parlamente werden künftig acht statt bisher sechs Wochen vor einem geplanten Rechtsakt der EU informiert und können Einspruch erheben, wenn sie nationale Zuständigkeiten gefährdet sehen. Das Europäische Parlament entscheidet künftig gemeinsam mit dem Rat über fast alle Regulierungen. Das Parlament wählt auch den Präsidenten der Kommission.

Volksbegehren

Mit mindestens einer Million Unterschriften können Bürger künftig die EU-Kommission auffordern, Gesetzesvorschläge zu machen. Die Kommission ist dazu allerdings nicht verpflichtet.

Grundrechtecharta

Durch einen Verweis im Reformvertrag wird die Grundrechtecharta aus dem Jahr 2000 rechtsverbindlich.[3] Die Charta legt in 54 Artikeln die Bürgerrechte wie Meinungsfreiheit und das Recht auf gute Verwaltung fest.

http://www.sueddeutsche.de/ausland/artikel/1/138716/

1. *Ein Ziel des Vertrags war, dass die Handlungsfähigkeit der EU gestärkt wird. Arbeiten Sie die Festlegungen heraus, die diesem Ziel dienen.*
2. *Innerhalb der EU haben die kleineren Mitgliedsländer immer wieder die Befürchtung, ihre Interessen nicht genügend zur Geltung bringen zu können. Erörtern Sie, inwieweit dieses Anliegen angemessen berücksichtigt wird.*

---

[1] *siehe nächster Unterpunkt „Prinzip der doppelten Mehrheit"*

[2] *Von 345 Stimmen müssen jeweils mindestens 258 erreicht werden. Dabei ist den einzelnen Ländern je nach politischem Gewicht eine bestimmte Anzahl an Stimmen zugeteilt. Darüber hinaus muss mindestens die Hälfte der Staaten für ein Gesetz stimmen; auf Antrag muss geprüft werden, ob diese 62 % der Bevölkerung repräsentieren.*

[3] *außer für Großbritannien und Polen*

11.2 Krisen, Entspannung, Politik der Stärke – der Kalte Krieg

Sowjetische und amerikanische Panzer stehen sich am Checkpoint Charlie in Berlin gegenüber. Foto vom August 1961 (Ausschnitt).

1946/47	Nach dem Zerbrechen der Anti-Hitler-Koalition bildet sich der Ost-West-Gegensatz heraus
1950–1953	Im Korea-Krieg stehen sich u. a. Truppen der USA und der kommunistischen Volksrepublik China gegenüber
1956	Der sowjetische Parteichef Chruschtschow propagiert die Abkehr vom Stalinismus und das Prinzip der „friedlichen Koexistenz“
1962	Während der Kuba-Krise steht die Welt am Rande eines Atomkriegs
1965–1975	Die US-Politik scheitert im Vietnam-Krieg; ganz Vietnam wird kommunistisch
1968	Der Atomwaffensperrvertrag soll die unkontrollierte Verbreitung von Atomwaffen verhindern
1972	Der SALT-I-Vertrag begrenzt erstmals das atomare Wettrüsten zwischen den USA und der Sowjetunion
1975	Die erste KSZE-Konferenz endet mit der Schlussakte von Helsinki
1979	Die NATO reagiert mit dem Nachrüstungs-Doppelbeschluss auf die nukleare Aufrüstung der UdSSR; sowjetische Truppen marschieren in Afghanistan ein

Wettstreit der Visionen

Die Oktoberrevolution im Jahre 1917 mit der Machtübernahme durch die Bolschewiki hatte nicht nur veränderte Machtverhältnisse in Russland zur Folge. Die marxistisch-leninistische Lehre war auch eine ideologische Herausforderung für die kapitalistischen Staaten. Denn gemäß dieser Doktrin konnten sich die Interessen der Arbeiterklasse nur nach einer „proletarischen Revolution“ durchsetzen. Unter den marktwirtschaftlich organisierten Staaten führe die Konkurrenz um Absatzmärkte letztendlich zu Kriegen und spiele der erwarteten Weltrevolution zusätzlich in die Hände.

Im Verlauf der ersten Hälfte des 20. Jahrhunderts entwickelten sich vor allem die USA zum Vorreiter des Selbstbestimmungsrechts der Völker und eines reformierten Kapitalismus, der ein friedliches Miteinander der Staaten und soziale Gerechtigkeit sicherstellen sollte. Nach den Erfahrungen der beiden Weltkriege gaben sie ihre isolationistische Grundhaltung, nach der eine Einmischung in Konflikte außerhalb Nordamerikas vermieden werden sollte, auf. Es war offensichtlich, dass Krisen und Konflikte in Europa auch Auswirkungen auf die Sicherheit der USA haben konnten.

Bipolarität als Kennzeichen der Epoche

Die Ereignisse unmittelbar nach dem Zweiten Weltkrieg hatten deutlich gemacht, dass der Versuch einer Umwandlung der amerikanisch-sowjetischen Kriegskoalition in eine politische Allianz zur Sicherung des Friedens in der Welt gescheitert war. Seit 1946 kennzeichnete eine zunehmende feindliche Bipolarität das Verhältnis der beiden Supermächte und ihrer Bündnispartner, ohne dass es in diesem „Kalten Krieg" zu direkten Kampfhandlungen zwischen den beiden Blöcken kam.

Die Gründung der kommunistischen Volksrepublik China und die anschließende Unterordnung *Mao Zedongs* unter *Stalin* (s. S. 503) förderten die Neuorientierung der amerikanischen Außen- und Sicherheitspolitik entscheidend: Der sowjetische Kommunismus sollte politisch und wirtschaftlich eingedämmt werden. Dem sollte vor allem auch der Marshallplan dienen, der den kriegszerstörten Ländern Europas wirtschaftliche Hilfe beim Wiederaufbau bot (s. S. 402). Den Ländern in seinem Machtbereich verbot Stalin die Beteiligung an diesem Wiederaufbauprogramm und bildete den *Rat für Gegenseitige Wirtschaftshilfe* (*RGW*).

Als Reaktion auf das sowjetische Expansionsstreben wurde im März 1949 der Nordatlantikpakt NATO gegründet. Das amerikanische Atomwaffenmonopol schien das konventionelle sowjetische Übergewicht mehr als auszugleichen. Das änderte sich im Sommer 1949 mit der Zündung der ersten sowjetischen Atombombe.

Der Korea-Krieg (1950–1953)

Nach der Kapitulation Japans im September 1945 hatten sowjetische und amerikanische Truppen Korea besetzt. Aus den beiden Besatzungszonen war eine kommunistische Volksdemokratie im Norden, im Süden ein westlich orientierter, autoritär regierter Teilstaat entstanden. Der überraschende Überfall des Nordens im Sommer 1950 erfolgte zwar ohne sowjetische Truppenhilfe, aber mit Billigung Stalins.

Truppen der UNO unter dem Kommando der USA eroberten nicht nur ganz Südkorea zurück, sondern setzten ihre Aktionen nach Nordkorea bis zur chinesischen Grenze fort. Nach einer erfolgreichen Gegenoffensive chinesischer Truppen und zweijährigen Waffenstillstandsverhandlungen wurde der ursprüngliche Grenzverlauf zwischen den beiden Landesteilen bestätigt.

Nach dem Überfall Nordkoreas billigte die amerikanische Öffentlichkeit die dauernde militärische Präsenz in Europa. Innerhalb eines Jahres (1951) erhöhte der Kongress die Verteidigungsausgaben auf über 48 Milliarden Dollar.

Das Gleichgewicht des Schreckens

Im Zuge der innenpolitischen Abkehr von den Auswüchsen des Stalinismus[1] formulierte der sowjetische Staats- und Parteichef *Chruschtschow* 1956 die sowjetische Doktrin von der *„friedlichen Koexistenz"* mit dem Westen neu. Damit begann ein neuer Abschnitt des Kalten Kriegs. Aus dem von Lenin und Stalin proklamierten taktischen Prinzip, das eine Atempause bis zum nächsten, für unvermeidlich gehaltenen Weltkrieg sichern sollte, entwickelte er das Modell einer dauerhaften Vermeidung von Weltkriegen. Ein friedliches Nebeneinander von Staaten mit unterschiedlicher Gesellschaftsordnung galt fortan wegen der atomaren Gleichrangigkeit der Sowjetunion mit den USA als möglich und nötig. Trotzdem sollte der ideologische Kampf bis zum Sieg des Kommunismus im Weltmaßstab fortgesetzt werden; „friedliche" Revolutionen in Ländern der Dritten Welt oder der weltweite Wettbewerb um Einflusszonen durften weiterhin stattfinden.

Die Chancen dafür standen gut, seitdem die Sowjetunion am 4. Oktober 1957, für die internationale Öffentlichkeit überraschend, den ersten künstlichen Weltraum-Satelliten (*„Sputnik"*) gestartet hatte. Damit verfügte die Sowjetunion über Interkontinentalraketen, die direkt auf die USA zielen konnten. Die USA hatten ihre atomare Überlegenheit definitiv verloren. Sie hatten als erste am 16. Juli 1945 eine Atombombe, 1952 eine Wasserstoffbombe gezündet, die Sowjetunion zog jeweils 1949 bzw. 1955 nach.

Die Entwicklung der Raketen zu den wichtigsten Trägersystemen wurde vor allem durch die Weltraumfahrt vorangetrieben. Die USA werteten die Expedition, bei welcher der Astronaut *Neil Armstrong* am 21. Juli 1969 als erster Mensch den Mond betrat, als Zeichen ihrer Vorherrschaft im Weltraum. Seit den Siebzigerjahren waren die Interkontinentalraketen sehr treffgenau. Mit den insgesamt vorhandenen Sprengköpfen konnte die Menschheit mehrfach ausgelöscht werden („overkill capability").

---

[1] *Stalinismus bezeichnet im weiten Sinne Zeitraum und Formen der Machtausübung Stalins ab den 1920er-Jahren bis zu dessen Tod 1953. Als Alleinherrscher installierte er für sich einen Personenkult und setzte seine politische Linie rücksichtslos durch (z. B. Zwangskollektivierung der Landwirtschaft). Politische Widersacher und vermeintliche Gegner ließ er ermorden oder inhaftieren. Den sogenannten „Säuberungswellen" fielen Millionen Menschen zum Opfer, ganze Völker wurden deportiert.*

Die Kuba-Krise

Das Zurückweichen der USA vor den sowjetischen Drohungen in der Berlin-Krise des Sommers 1961 (s. S. 407 und S. 447) veranlasste den sowjetischen Staats- und Parteichef Nikita Chruschtschow zur Fortsetzung seines Konfrontationskurses in unmittelbarer Nachbarschaft der amerikanischen Weltmacht.

Nach einem jahrelangen Guerillakrieg gegen das korrupte Regime des Diktators *Batista* auf der unter amerikanischem Einfluss stehenden Karibikinsel Kuba übernahm der kommunistische Revolutionär *Fidel Castro* 1959 die Macht in Havanna. Die Enteignung des gesamten US-Besitzes (Zucker-, Erdöl-Raffinerien, sonstige Unternehmen, Banken) beantworteten die USA mit einem Handelsembargo und dem Abbruch der diplomatischen Beziehungen. Unterstützung fand Castro bei Chruschtschow, der im Sommer 1960 ein Militärabkommen mit Kuba abschloss. Im April 1961 scheiterte eine von US-Präsident *John F. Kennedy* geförderte Invasion von Exilkubanern zur Entmachtung Castros, dessen Position dadurch erheblich gestärkt wurde. Der sowjetische Parteichef wollte die günstige Gelegenheit nutzen, um sich in Lateinamerika eine Operationsbasis in der westlichen Hemisphäre zu schaffen.

Seit Mitte Oktober 1962 hatte die US-Regierung durch Luftaufnahmen ihres Geheimdienstes den Beweis in Händen, dass auf Kuba sowjetische Mittelstreckenraketen in Stellung gebracht wurden, die die gesamte amerikanische Ostküste bedrohten. Nach mehreren Krisensitzungen ordnete Kennedy eine Seeblockade an. In einer Fernsehansprache am 22. Oktober informierte der amerikanische Präsident erstmals die Weltöffentlichkeit von der Existenz sowjetischer Angriffsraketen auf Kuba und von der Forderung seiner Regierung, die Raketen wieder abzubauen. Zu diesem Zeitpunkt bewegten sich 18 sowjetische Frachter, begleitet von U-Booten, auf die Blockadelinie amerikanischer Zerstörer zu; nach einer Überprüfung konnten zwei die Sperre passieren, die übrigen drehten ab und kehrten zurück.

Noch war die Krise nicht entschärft. Der US-Geheimdienst meldete, dass die auf Kuba bereits vorhandenen Raketen in Kürze einsatzbereit seien. Außerdem wurde am 27. Oktober ein US-Spionageflugzeug über Kuba abgeschossen. Kennedy verzichtete jedoch auf eine weitere militärische Eskalation. Nach einem geheimen Briefwechsel, in dem Chruschtschow den Verzicht der USA auf eine Landung auf Kuba sowie den Abbau der US-Raketen in der Türkei gefordert hatte, erklärte sich der sowjetische Parteichef am 28. Oktober öffentlich zum Abbau und Rücktransport der Raketen bereit (→ M1). Kennedy seinerseits verzichtete auf alle Invasionspläne und zog darüber hinaus wenige Monate später die in der Türkei stationierten US-Raketen ab. Dieser „Tausch“ fiel ihm umso leichter, als der Abzug dieser veralteten Raketen bereits beschlossene Sache war. Das amerikanische Krisenmanagement hatte funktioniert, weil es das Nachgeben der Sowjetunion nicht ausnutzte und an einer Politik des Ausgleichs bei Anerkennung der gegenseitigen Interessensphären festhielt.

Der Vietnam-Krieg

Der Vietnamkrieg fiel in eine Phase, in der die Sowjetunion und die USA nach der Kuba-Krise bemüht waren, die militärische und scharfe machtpolitische Konfrontation abzubauen. Das globale Ringen um Einflusszonen aber hörte deshalb nicht auf. Es entfachte in Vietnam einen Krieg, in dem die USA für die Regierung Südvietnams gegen das kommunistische Nordvietnam und gegen südvietnamesische Guerillakämpfer Partei ergriff. Umgekehrt standen die Sowjetunion und die Volksrepublik China hinter Nordvietnam, griffen aber selbst militärisch nicht ein.

Eine internationale Konferenz hatte 1954 Vietnam in zwei Staatshälften geteilt und freie Wahlen beschlossen, die jedoch der diktatorisch regierende Präsident Südvietnams, *Ngô Dinh Diêm*, verhinderte. Die in Nordvietnam regierenden Kommunisten unterstützten die prokommunistischen Guerillakämpfer in Südvietnam (*Vietcong*), die bis 1962 mit brutaler Gewalt einen Großteil der ländlichen Gebiete Südvietnams unter ihre Kontrolle brachten. Um die drohende Ausweitung des kommunistischen Gesellschaftssystems auf Südvietnam zu verhindern, stützten die USA die Regierung Diêms, die allerdings nicht die Mehrheit der Bevölkerung hinter sich hatte, zunächst mit Geld und Militärberatern. Als Begründung nutzte die US-Regierung die *„Domino-Theorie“*. Sie war 1954 vom damaligen US-Präsidenten *Dwight D. Eisenhower* (1890–1969) entwickelt worden und besagte, dass mit dem Übergang Südvietnams zum Kommunismus auch andere Staaten in Südostasien, etwa Kambodscha und Laos, wie Dominosteine fallen könnten. Der amerikanische Kongress gab schließlich im August 1964 Präsident *Lyndon B. Johnson* (1908–1973) unbeschränkte Vollmacht zur Kriegsführung in Vietnam. Der Krieg sollte elf Jahre andauern.

Die Vietcong verteidigten die Kontrolle über ländliche Gebiete Südvietnams und griffen amerikanische Militärstützpunkte an. Sie erhielten Nachschub an Waffen und Gerät, auch an bewaffneten Kämpfern und nordvietnamesischen Truppen über den nach dem nordvietnamesischen Präsidenten benannten Ho-Chi-Minh-Pfad, ein verzweigtes

Netz von Dschungelpfaden, das von Nordvietnam über Laos und Kambodscha Südvietnam erreichte. Auf diese Nachschubwege konzentrierten sich zunächst die Luftangriffe der amerikanischen Truppen, die zunehmend auch in Bodenkämpfe verwickelt wurden. Obwohl die US-Regierung chemische Kampfstoffe, mehr Bomben als im Zweiten Weltkrieg, und bald auch mit 543 000 Mann (1968) doppelt so viele Soldaten wie Nordvietnam und der Vietcong einsetzte, gewann sie militärisch nicht die Oberhand.

Kinder fliehen nach einem amerikanischen Napalmangriff. Foto vom 8. Juni 1972.
Napalm ist ein militärisches Brandmittel, das nur sehr schwer gelöscht werden kann. Das kleine nackte vietnamesische Mädchen, Kim Phúc, hat zwar den Angriff überlebt, Schmerzen und Narben werden sie aber ein Leben lang begleiten.
▶ *Von dem Foto wird oft nur ein Ausschnitt abgebildet, bei dem das Mädchen in den Mittelpunkt rückt. Erläutern Sie, wie sich dadurch die Wirkung des Bildes verändert.*

Die Zivilbevölkerung Südvietnams litt unsäglich unter dem Bomben- und Dschungelkrieg. Bilder toter und verstümmelter Vietnamesen gingen um die Welt. Flächenbombardements und Napalmbomben verwüsteten weite Landstriche, die chemischen Kampfstoffe entlaubten riesige Waldgebiete. Etwa drei Millionen Vietnamesen kamen um, darunter eine Million Soldaten. 1969 dehnten die USA die Kampfhandlungen auf Kambodscha aus, 1971 auf Laos. Die Berichte in den Medien steigerten die öffentliche Kritik und den Widerstand gegen den Krieg, vor allem in den USA selbst. Waffenstillstandsverhandlungen zogen sich jedoch in die Länge; obwohl bereits 1968 begonnen, wurden sie erst 1973 abgeschlossen. Die US-Truppen zogen sich daraufhin ganz zurück, sodass nordvietnamesische Truppen bis 1975 den Süden erobern konnten. Der Norden und der Süden des Landes wurden offiziell am 24. Juni 1976 als sozialistische Republik Vietnam wiedervereinigt.
Auch in den Nachbarstaaten Laos und Kambodscha ergriffen 1975 kommunistische Regime die Macht. Insofern bestätigte sich die Domino-Theorie der USA. Der Krieg hatte also die kommunistische Expansion nicht aufgehalten, nur verzögert. Weltpolitisch bemerkenswert war, dass sich die Sowjetunion nur politisch, aber nicht mit Waffen oder Geld in den Konflikt einschaltete. Denn zum einen hatte für sie die Entspannungspolitik Vorrang, zum anderen schadeten sich die USA in Vietnam selbst.

Die gewaltsame Unterdrückung des „Prager Frühlings"

Anfang 1968 wurde in der Tschechoslowakei der Slowake *Alexander Dubček* an die Spitze der Kommunistischen Partei gewählt. Dubček wollte einen „Kommunismus mit menschlichem Antlitz" praktizieren und unter anderem die Einparteiendiktatur über alle Bereiche des gesellschaftlichen Lebens aufheben sowie oppositionelle Parteien zulassen. Der Reformkurs wurde von der Bevölkerung begeistert aufgenommen.
Der sowjetische Parteichef *Leonid Breschnew* fürchtete allerdings Auswirkungen auf andere Staaten des Ostblocks und sah die absolute Vorherrschaft seines Landes in Gefahr. Als die tschechoslowakische Regierung trotz aller Einschüchterungsmaßnahmen ihre Demokratisierungspolitik fortsetzte, marschierten Truppen des Warschauer Paktes am 20. August 1968 in das Land ein. Die DDR unterstützte die Aktion propagandistisch. Die führenden Köpfe des *„Prager Frühlings"* wurden verhaftet, die Abhängigkeit der „sozialistischen Bruderrepublik" von Moskau wiederhergestellt.
Der sowjetische Parteichef rechtfertigte die Intervention des Warschauer Pakts im Nachhinein mit der sogenannten *Breschnew-Doktrin*. Danach war die Sowjetunion berechtigt, Abweichungen „vom Weg des Sozialismus" notfalls mit militärischer Gewalt zu unterdrücken. Wie schon beim Aufstand in Ungarn 1956 nahmen die USA das Vorgehen der Sowjets in deren Einflussbereich tatenlos hin.

Das Umdenken beginnt

Angesichts des nuklearen „Patts" zwischen den beiden Supermächten setzte US-Präsident Kennedy seit 1963 auf ein Arrangement mit der Sowjetunion. Künftig sollte primär mit konventionellen Waffen die Ost-West-Trennungslinie gesichert werden, um die Gefahr einer nuklearen Katastrophe weitgehend auszuschließen.

Das weltweite „Gleichgewicht des Schreckens“ hielt einerseits den militärischen Rüstungswettlauf in Gang, förderte aber andererseits im Laufe der Sechzigerjahre die Bereitschaft zu Rüstungskontrollverhandlungen und einer begrenzten Kooperation. Eine Mischung von Gegnerschaft in Weltanschauung und Politik, Rivalität in den Außenbeziehungen einerseits und partieller Interessenidentität in Fragen der Sicherheit andererseits kennzeichnete hinfort die Beziehungen zwischen beiden Supermächten.
Erste Rüstungskontrollvereinbarungen bezogen sich auf die Beendigung von überirdischen Kernwaffentests zum Schutz von Menschen und Umwelt vor einer weiteren radioaktiven Verseuchung (*Atomteststoppabkommen* 1963) und auf die Nichtverbreitung von Kernwaffen (*Atomwaffensperrvertrag 1968*). Diesem Vertrag traten bis zum Jahr 2000 187 Staaten – darunter auch die Kernwaffenstaaten China, Großbritannien und Frankreich – bei. Völlige Sicherheit gegen eine Ausbreitung der atomaren Waffen bietet dieses Abkommen aber nicht. So gelten mittlerweile (2008) auch Indien, Pakistan, Nordkorea und Israel als Atommächte.

Sicherheit durch Kooperation?

Mit dem Amtsantritt von US-Präsident *Richard Nixon* (1914 – 1994) Anfang 1969 begann in den Beziehungen beider Supermächte eine Phase der Entspannung. Auch der sowjetische Parteichef Breschnew war aus verschiedenen Gründen an verbesserten Beziehungen interessiert:

1. Das Wettrüsten in Ost und West ließ einen Konsens über die Sicherheitspolitik geboten erscheinen.
2. Die Rivalität mit China um die Führungsrolle in der kommunistischen Welt und die sich seit 1971 abzeichnende Hinwendung Chinas zu den USA (vgl. S. 504) verlangten nach einem erweiterten außenpolitischen Handlungsspielraum.
3. Vor allem aber sollte amerikanische Technologie bei der dringend notwendigen Modernisierung des zurückgebliebenen Landes helfen.

Vor dem Hintergrund dieser Interessenlage schlossen beide Weltmächte eine Reihe von Verträgen zur Rüstungsbegrenzung und Rüstungskontrolle sowie zum wirtschaftlichen Austausch. Das allgemeine Klima der Ost-West-Beziehungen entspannte sich, und insbesondere in Europa wuchs die Hoffnung auf einen gesicherten Frieden im Rahmen des Status quo.
Von besonderer Bedeutung war der 1972 abgeschlossene *SALT-I-Vertrag*[1] über die Begrenzung der vorhandenen nuklearen Abwehr- und Angriffssysteme und über die Kontrolle des Rüstungswettlaufs. Der bizarren Logik der Rüstungsstrategen im Atomzeitalter folgend sollte sich aus der erstmals festgeschriebenen gegenseitigen Vergeltungsfähigkeit ein Zugewinn an globaler Sicherheit ergeben. Doch weder die Zahl noch die Zerstörungskraft der atomaren Sprengköpfe wurden festgelegt, und viele Bestimmungen waren bewusst vage gehalten. So war letztlich die Tatsache des Vertragsabschlusses wichtiger als dessen Inhalt.
Auch der 1979 von US-Präsident *Jimmy Carter* (geb. 1924) und Breschnew in Wien unterzeichnete *SALT-II-Vertrag* schrieb lediglich eine leicht abgesenkte Obergrenze für die Trägersysteme vor, ließ jedoch die Zahl der nuklearen Sprengköpfe und anderer Waffensysteme (U-Boote) für beide Seiten offen. Gänzlich ohne Ergebnis blieben die seit 1973 in Wien laufenden Verhandlungen zwischen dem Warschauer Pakt und der NATO über eine beiderseitige und ausgewogene Truppenreduzierung (MBFR[2]) in Europa. Bis 1989 konnten sich beide Seiten noch nicht einmal in der Frage einer Bestandsaufnahme der vorhandenen Rüstungspotenziale einigen.

Der KSZE-Prozess

Ein Höhepunkt der Ost-West-Entspannung war die *Konferenz über Sicherheit und Zusammenarbeit in Europa (KSZE)*, zu der sich seit 1972 35 Länder zusammengefunden hatten, und die am 1. August 1975 mit der Unterzeichnung der sogenannten *Schlussakte von Helsinki* vorläufig endete (→ M2).

[1] *SALT: Abkürzung für „Strategic Arms Limitation Talks“*
[2] *MBFR: Abkürzung für „Mutual Balanced Force Reductions“*

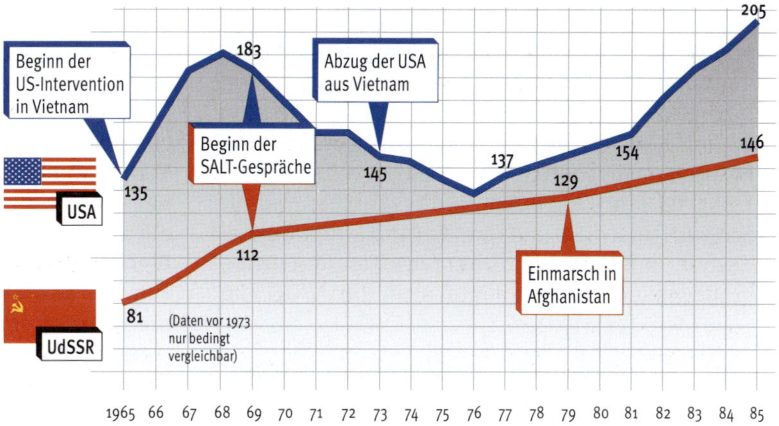

Ausgaben der Supermächte für militärische Zwecke in Mrd. Dollar (in Preisen von 1980).

Die Unterzeichnerstaaten (alle europäischen Länder außer Albanien sowie die USA und Kanada) gingen damit die politisch-moralische Verpflichtung ein, ihre Beziehungen auf friedlicher Basis unter Verzicht auf Gewaltandrohung, im Rahmen der gegebenen Grenzen und bei Respektierung der Menschenrechte im Inneren zu entwickeln. Die Sowjetunion erhielt mit der Anerkennung der Grenzen in Europa ihren Hegemonialanspruch im Ostblock bestätigt, die Westmächte pochten vor allem auf verbesserte Freizügigkeit für die Menschen im sozialistischen Teil Europas. Seither mussten die kommunistischen Diktaturen Reiseerleichterungen und Familienzusammenführung gewähren und den Austausch von Informationen erleichtern. Auch wenn sie weiter an ihrer Praxis der Verfolgung Andersdenkender festhielten, konnten sie nicht länger verhindern, dass sich in der Tschechoslowakei (*Charta 77*), in Polen (*Solidarność*) und später auch in der DDR Bürgerrechtler auf die Prinzipien von Helsinki beriefen. Bereits auf der ersten KSZE-Folgekonferenz in Belgrad (Oktober 1977/März 1978) kam es zum Streit zwischen der Sowjetunion und US-Präsident Carter über die Umsetzung der Menschenrechte – ein Signal für die Krise, in welche die Ost-West-Beziehungen mittlerweile wieder geraten waren.

Rückfall in den Kalten Krieg

Mitte der Siebzigerjahre ließen in den USA Verteidigungsmüdigkeit nach dem Vietnam-Debakel und der erzwungene Rücktritt Präsident Nixons[1] das Land in eine politische Krise schlittern. Währenddessen versuchte die Sowjetunion zusammen mit Kuba, durch die Unterstützung marxistischer Befreiungsbewegungen in Angola, Mosambik, Äthiopien, im Süd-Jemen, in der Karibik und im Mittleren Osten ihren weltpolitischen Einfluss zu stärken.

Ausschlaggebend für das sich Ende der Siebzigerjahre rasch wieder verschlechternde Verhältnis zwischen beiden Supermächten war jedoch in erster Linie die massive sowjetische Aufrüstungspolitik. Mit einer neuen Generation von Interkontinentalraketen, zusätzlichen atomgetriebenen U-Booten und den neuen Mittelstreckenraketen SS-20 versuchte die Sowjetunion, ihre militärische Position, insbesondere in Europa, zu verbessern.

Erst zwei Jahre nachdem Bundeskanzler *Helmut Schmidt* erstmals auf die Gefahr eines sowjetischen militärischen Übergewichts in Europa hingewiesen hatte, einigte sich die NATO am 12. Dezember 1979 auf den sogenannten *„Nachrüstungs-Doppelbeschluss“*, der die Aufrüstung im Bereich der Mittelstreckenraketen, zugleich aber Verhandlungen mit der Sowjetunion vorsah. In der amerikanischen Innenpolitik gewannen allerdings die Gegner der Entspannung wieder an Einfluss. Den SALT-II-Vertrag von 1979 über weitere Maßnahmen zur Rüstungskontrolle ließ der Senat scheitern, und Präsident Carter kündigte die Erhöhung des Verteidigungshaushaltes ab 1981 an.

Politik der Stärke

Es war vor allem der *Einmarsch sowjetischer Truppen in Afghanistan* am 27. Dezember 1979, der die Ära der Entspannungspolitik für mehrere Jahre beendete. Trotz mehrmaliger Warnungen aus Washington beschloss das Politbüro in Moskau, die zwei Jahre zuvor durch eine Revolution an die Macht gekommene prokommunistische Regierung in Afghanistan gegen eine islamisch-fundamentalistische Oppositionsbewegung mit Waffengewalt zu schützen. Der Westen befürchtete, dass Moskau mittelfristig die Ölvorkommen am Persischen Golf unter seine Kontrolle bringen wollte. Die Regierung Carter beantwortete die sowjetische Aggression mit einer Reihe von Sanktionsmaßnahmen (Stopp von Weizenlieferungen und Gütern der Hochtechnologie, Landeverbot für sowjetische Flugzeuge in den USA, Boykott der Olympischen Spiele 1980 in Moskau). Sie drohte mit militärischer Gewalt, sollte die Sowjetunion am Persischen Golf tätig werden.

Noch entschiedener setzte seit Anfang 1981 der neue republikanische US-Präsident *Ronald Reagan* (1911–2004) auf eine Politik der Stärke gegenüber der Sowjetunion. Mit einem gigantischen Rüstungsprogramm wollte er die Sowjetunion zu Verhandlungen zwingen (→ M3). Entwickelt werden sollte dabei auch ein weltraumgestütztes Raketenabwehrsystem (*Strategic Defense Initiative, SDI*), das bald den Spitznamen „Krieg-der-Sterne-Programm“ erhielt. Der US-Verteidigungshaushalt wuchs bis 1985 um 60 Prozent auf knapp 287 Milliarden Dollar an. Dieser harte Kurs, der einen neuen Tiefstand der amerikanisch-sowjetischen Beziehungen markierte (→ M4), fand die Zustimmung einer großen Mehrheit der Amerikaner, die Reagan im November 1984 ein zweites Mal zum Präsidenten wählten. Der Afghanistan-Konflikt endete 1989 mit dem Rückzug der sowjetischen Truppen. Ein erneut ausbrechender Bürgerkrieg führte in den Neunzigerjahren zur Machtübernahme islamischer Fundamentalisten (*Taliban*). Deren Regime wurde jedoch nach den islamistischen Terrorangriffen auf die USA vom 11. September 2001 durch einen militärischen NATO-Einsatz unter Führung der USA zerschlagen (s. S. 517 f.).

[1] *Richard Nixon musste wegen der sogenannten „Watergate-Affäre“, in der Amtsmissbrauch aufgedeckt wurde, zurücktreten. Benannt ist der Skandal nach einem Washingtoner Hotel. Dort wurden Einbrecher, die auf Initiative von engen Mitarbeitern des Präsidenten Abhörinstrumente installieren sollten, von der Polizei überrascht.*

M1 Die Lösung der Kuba-Krise

Als die UdSSR 1962 Mittelstreckenraketen auf Kuba in Stellung bringt, verhängen die USA eine Seeblockade. Daraufhin schreibt der sowjetische Staatschef Nikita Chruschtschow am 26. Oktober 1962 an den amerikanischen Präsidenten John F. Kennedy:

Wie können Sie [...] diese völlig falsche Interpretation geben, die Sie jetzt verbreiten, dass einige Waffen in Kuba Offensivwaffen sind, wie Sie sagen? Alle Waffen dort – das versichere ich Ihnen – sind defensiver Art; sie sind ausschließlich zu Verteidigungszwecken in Kuba gedacht, und wir haben sie auf Bitten der kubanischen Regierung nach Kuba entsandt. Und Sie behaupten, es seien Offensivwaffen. [...]
Sie haben nun piratenhafte Maßnahmen der Art angekündigt, die man im Mittelalter praktiziert hat, als man Schiffe überfiel, die internationale Gewässer befuhren; und Sie haben das eine „Quarantäne" um Kuba genannt. Unsere Schiffe werden wahrscheinlich bald die Zone erreichen, in der Ihre Kriegsmarine patrouilliert. Ich versichere Ihnen, dass die Schiffe, die gegenwärtig nach Kuba unterwegs sind, die harmlosesten, friedlichsten Ladungen an Bord haben. [...]
Lassen Sie uns deshalb vernünftig sein, Herr Präsident. Ich versichere Ihnen, dass die Schiffe, die nach Kuba unterwegs sind, keinerlei Rüstungsgüter an Bord haben. Die Waffen, die zur Verteidigung Kubas notwendig sind, sind bereits dort. Ich will nicht behaupten, dass es überhaupt keine Waffenlieferungen gegeben hat. Nein, es hat solche Lieferungen gegeben. Aber nun hat Kuba die notwendigen Verteidigungswaffen bereits erhalten. [...]
Wenn der Präsident und die Regierung der Vereinigten Staaten zusichern würden, dass die Vereinigten Staaten sich selbst nicht an einem Angriff auf Kuba beteiligen werden und andere von einem solchen Vorgehen abhalten; wenn Sie Ihre Kriegsmarine zurückrufen würden – das würde sofort alles ändern. Ich spreche nicht für Fidel Castro, aber ich glaube, er und die Regierung Kubas würden vermutlich eine Demobilisierung verkünden und würden das kubanische Volk aufrufen, ihre friedliche Arbeit aufzunehmen. Dann würde sich auch die Frage der Waffen erübrigen; denn wo keine Bedrohung ist, stellen Waffen für jedes Volk nur eine Belastung dar. [...]
Lassen Sie uns deshalb staatsmännische Klugheit beweisen. Ich schlage vor: Wir erklären unsererseits, dass unsere Schiffe mit Kurs auf Kuba keine Waffen an Bord haben. Sie erklären, dass die Vereinigten Staaten weder mit eigenen Truppen eine Invasion in Kuba durchführen werden noch andere Truppen unterstützen werden, die eine Invasion in Kuba planen könnten. Damit hätte sich die Präsenz unserer Militärexperten in Kuba erübrigt.

Kennedys Antwort vom 27. Oktober 1962:

Sehr geehrter Herr Vorsitzender,
ich [...] begrüße Ihre Absichtserklärung, eine sofortige Lösung des Problems anzustreben. Was jedoch als Erstes getan werden muss, ist, die Arbeit an den offensiven Raketenstützpunkten in Kuba einzustellen und alle Waffensysteme in Kuba, die sich offensiv einsetzen lassen, zu entschärfen, und dies unter angemessenen Vorkehrungen der Vereinten Nationen.
[...] Wie ich Ihren Brief verstanden habe, enthalten Ihre Vorschläge [...] folgende Schlüsselelemente:
1) Sie würden sich bereit erklären, diese Waffensysteme unter angemessener Beobachtung und Überwachung der Vereinten Nationen abzuziehen, und sich verpflichten, geeignete Sicherheitsvorkehrungen vorausgesetzt, die weitere Einfuhr solcher Waffensysteme nach Kuba zu unterbinden.
2) Wir unsererseits würden uns bereit erklären – nachdem die Vereinten Nationen geeignete Vorkehrungen getroffen haben, die Erfüllung und Einhaltung dieser Verpflichtungen sicherzustellen –,
a) die Quarantäne-Anordnungen, die derzeit gelten, umgehend aufzuheben; und
b) Garantien gegen eine Invasion Kubas zu geben. Ich bin zuversichtlich, dass andere Länder der westlichen Hemisphäre bereit wären, das Gleiche zu tun.
Wenn Sie Ihren Vertretern entsprechende Anweisungen erteilen, gibt es keinen Grund, weshalb wir nicht in der Lage sein sollten, diese Vereinbarungen innerhalb einiger Tage zustande zu bringen und sie der Welt bekannt zu geben. Die Wirkung, die eine solche Klärung für den Abbau der Spannungen in der Welt hätte, würde es uns ermöglichen, auf eine umfassendere Vereinbarung über „andere Rüstungen" hinzuarbeiten, wie Sie es in Ihrem zweiten Brief vorschlagen, den Sie veröffentlicht haben. Ich möchte noch einmal erklären, dass die Vereinigten Staaten sehr daran interessiert sind, die Spannungen abzubauen und den Rüstungswettlauf zu beenden; und sollte Ihr Brief signalisieren, dass Sie bereit sind, Gespräche über eine Entspannung bezüglich der NATO und des Warschauer Paktes zu führen, sind wir gerne bereit, mit unseren Verbündeten über jeden sachdienlichen Vorschlag nachzudenken. Doch der erste wesentliche Schritt – lassen Sie mich dies betonen – ist die Einstellung der Arbeiten an den Raketenstützpunkten in Kuba und das Einleiten von Maßnahmen, diese Waffen zu entschärfen, und zwar unter wirksamen internationalen Garantien.

Bernd Greiner, Kuba-Krise. 13 Tage im Oktober, Nördlingen 1988, S. 319 ff. und 382 f.

1. *Nennen Sie die Formulierungen, mit denen die sowjetische Seite ein Nachgeben andeutet.*
2. *Analysieren Sie die Strategien des US-Präsidenten Kennedy, um die Situation zu entschärfen.*

„Helsinki und die Folgen.“ Karikatur aus dem „Deutschen Allgemeinen Sonntagsblatt“ vom 19. Oktober 1975.

M2 KSZE-Schlussakte von Helsinki

Die Schlussakte vom 1. August 1975 stellt ausdrücklich kein völkerrechtlich verbindliches Abkommen, sondern eine Absichtserklärung dar:

I. Souveräne Gleichheit, Achtung der der Souveränität innewohnenden Rechte
Die Teilnehmerstaaten werden gegenseitig ihre souveräne Gleichheit und Individualität sowie alle ihrer Souveränität innewohnenden und von ihr umschlossenen Rechte achten, einschließlich insbesondere des Rechtes eines jeden Staates auf rechtliche Gleichheit, auf territoriale Integrität sowie auf Freiheit und politische Unabhängigkeit. Sie werden ebenfalls das Recht jedes anderen Teilnehmerstaates achten, sein politisches, soziales, wirtschaftliches und kulturelles System frei zu wählen und zu entwickeln sowie sein Recht, seine Gesetze und Verordnungen zu bestimmen. [...]
II. Enthaltung von der Androhung oder Anwendung von Gewalt
Die Teilnehmerstaaten werden sich in ihren gegenseitigen Beziehungen sowie in ihren internationalen Beziehungen im Allgemeinen der Androhung oder Anwendung von Gewalt, die gegen die territoriale Integrität oder politische Unabhängigkeit irgendeines Staates gerichtet oder auf irgendeine andere Weise mit den Zielen der Vereinten Nationen und mit der vorliegenden Erklärung unvereinbar ist, enthalten. [...]
III. Unverletzlichkeit der Grenzen
Die Teilnehmerstaaten betrachten gegenseitig alle ihre Grenzen sowie die Grenzen aller Staaten in Europa als unverletzlich und werden deshalb jetzt und in der Zukunft keinen Anschlag auf diese Grenzen verüben. [...]
V. Friedliche Regelung von Streitfällen
Die Teilnehmerstaaten werden Streitfälle zwischen ihnen mit friedlichen Mitteln auf solche Weise regeln, dass der internationale Frieden und die internationale Sicherheit sowie die Gerechtigkeit nicht gefährdet werden. [...]
VI. Nichteinmischung in innere Angelegenheiten
Die Teilnehmerstaaten werden sich ungeachtet ihrer gegenseitigen Beziehungen jeder direkten oder indirekten, individuellen oder kollektiven Einmischung in die inneren oder äußeren Angelegenheiten enthalten, die in die innerstaatliche Zuständigkeit eines anderen Teilnehmerstaates fallen. [...]
VII. Achtung der Menschenrechte und Grundfreiheiten
Die Teilnehmerstaaten werden die Menschenrechte und Grundfreiheiten, einschließlich der Gedanken-, Gewissens-, Religions- oder Überzeugungsfreiheit für alle ohne Unterschied der Rasse, des Geschlechts, der Sprache oder der Religion achten.

Helmut Krause und Karlheinz Reif (Bearb.), Die Welt seit 1945 (Geschichte in Quellen, Band 6), München 1980, S. 691ff.

1. *Stellen Sie gegenüber: Welche Teile des Dokuments entsprechen vorwiegend den sowjetischen, welche den westlichen Interessen?*
2. *Begründen Sie, warum die KSZE-Schlussakte große Bedeutung für die Oppositionsbewegung in den osteuropäischen Staaten hatte.*

M3 Ronald Reagan und die Politik der Stärke

Der amerikanische Präsident Ronald Reagan (1911–2004) rechtfertigt im Januar 1984 seine Politik in einer Fernsehansprache:

Die Geschichte lehrt uns, dass Kriege beginnen, wenn Regierungen glauben, dass der Preis einer Aggression niedrig ist. Um den Frieden zu erhalten, müssen wir und unsere Verbündeten stark genug sein, jeden potenziellen Aggressor überzeugen zu können, dass Krieg keinen Vorteil, sondern nur die Katastrophe bringen würde. [...]
Die Abschreckung ist von entscheidender Bedeutung für die Erhaltung des Friedens und den Schutz unserer Lebensform, aber die Abschreckung ist nicht Anfang und Ende unserer Politik gegenüber der Sowjetunion. Wir müssen und werden die Sowjets in einen Dialog einbinden, der so ernsthaft und konstruktiv wie möglich ist und der der Förderung des Friedens in den Unruhegebieten der Welt dienen, den Stand der Rüstungen verringern und ein konstruktives Arbeitsverhältnis schaffen wird. [...] Stärke und Dialog gehen Hand in Hand.

Europa-Archiv, 39. Jahrgang (1984), S. D 109ff.

Überlegen Sie, weshalb die außen- und militärpolitische Strategie Reagans unter den NATO-Mitgliedern umstritten war.

M4 Fieberkurve der Ost-West-Beziehungen

Die Schärfe der Konfrontation und der Grad der Entspannung wurden von dem Politikwissenschaftler Karl Dietrich Bracher in eine Skala von – 10 bis + 10 eingeteilt. Im Mittelpunkt seiner Wertungen standen die amerikanisch-sowjetischen Beziehungen.

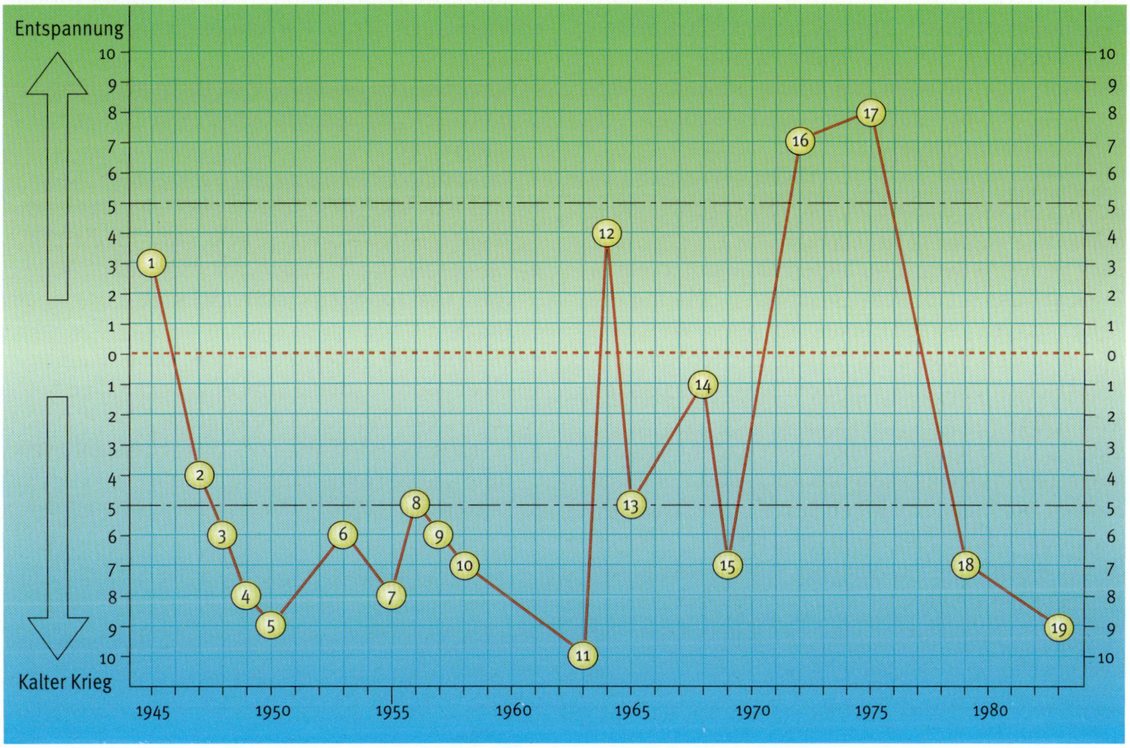

Grafik nach einer Idee von: Karl Dietrich Bracher, Die Krise Europas 1917-1975, Frankfurt/Main 1976, S. 443

1 1945 Ende des Zweiten Weltkrieges; Gründung der UNO
2 1947 Truman-Doktrin; Marshall-Plan; Zwei-Lager-Theorie
3 1948 Kommunistischer Umsturz in der ČSR; Beginn der sowjetischen Blockade Berlins
4 1949 Gründung der NATO; kommunistische Staatsgründungen in China und der DDR
5 1950 Ausbruch des Korea-Krieges
6 1953 Tod Stalins; Volksaufstand in der DDR; Waffenstillstand in Korea
7 1955 Bundesrepublik wird NATO-Mitglied; Gründung des Warschauer Paktes
8 1956 Aufstände in Polen und Ungarn; Suez-Krise
9 1957 „Sputnik"-Erfolg der Sowjetunion
10 1961 Bau der Berliner Mauer
11 1962 Kuba-Krise
12 1963 Vertrag über Stopp von Atomtests; „Heißer Draht" zwischen der amerikanischen und sowjetischen Führung
13 1964 Die USA erhöhen ihren militärischen Einsatz in Vietnam
14 1968 Kernwaffensperrvertrag; Ende des „Prager Frühlings"
15 1969 Mondlandung der Amerikaner
16 1972 SALT I-Abkommen begrenzt die Zahl nuklearer Angriffswaffen zwischen den USA und der UdSSR
17 1975 Schlussakte der KSZE in Helsinki
18 1979 NATO-Doppelbeschluss; sowjetischer Einmarsch in Afghanistan
19 1983 Abbruch aller Rüstungskontrollverhandlungen

1. *Erläutern Sie den Verlauf der Ost-West-Beziehungen.*
2. *Bewerten Sie, ob der Verlauf der „Kurve" zutreffend ist.*
3. *Führen Sie die Grafik für die Zeit nach 1983 weiter.*

Methoden-Baustein: Karikaturen

Karikaturen als gezeichnete Geschichte

Karikaturen (von ital. *caricare* für „überladen“, „übertreiben“) sind gezeichnete Kommentare und nehmen zu aktuellen politischen oder gesellschaftlichen Ereignissen, Entwicklungen, Zuständen oder Personen Stellung. Dabei werden zentrale Aspekte oder Wesensmerkmale bewusst hervorgehoben, vereinfacht oder auch bis zur Lächerlichkeit verzerrt dargestellt.

Der zeitgenössischen Öffentlichkeit sollen aktuelle politische und soziale Missstände, Fehler oder Mängel vor Augen geführt werden.

Dem heutigen Betrachter bieten Karikaturen einen Blick auf das historische Geschehen, wie ihn die Zeitgenossen gehabt haben. Auf diese Weise erhält er einen besonders anschaulichen und authentischen Eindruck von den zeitgenössischen Meinungen.

Eine Karikatur umfasst neben dem Bild meist auch kurze Texte, die Hilfen für Deutung und Reflexion bieten. Die meisten kurzen Texte unterstreichen die Bildaussage oder widersprechen ihr. Oft werden in diesem Zusammenhang sprachliche Mehrdeutigkeiten ausgenutzt.

Um die Aussage einer Karikatur zu entschlüsseln, bedarf es der genauen Interpretation und Analyse. Grundsätzlich setzen Karikaturen nicht nur die Kenntnis des dargestellten Sachverhalts voraus, sondern auch der für Karikaturen typischen Bildersprache:

- *Symbole und Metaphern* (z. B. Krone, „Hitlerbärtchen“, Waage der Gerechtigkeit, Hammer und Sichel)
- *Personifikationen und Allegorien* (z. B. „Germania“ bzw. der „deutsche Michel“ mit Zipfelmütze für die Deutschen, „Uncle Sam“ für die USA)
- *Tiervergleiche* (z. B. der „russische Bär“, Maulwurf, (der rückwärts laufende) Krebs, Spinne im Netz)
- *visualisierte Redensarten* (z. B. „Alle sitzen in einem Boot“, „den Gürtel enger schnallen“, „den Deckel auf dem Topf halten“)
- *historische Bildzitate* (z. B. „Der Lotse geht von Bord“, „Die Freiheit führt das Volk“ von Eugène Delacroix)

„O. k., Mr. President, wir reden miteinander.“ Karikatur aus der britischen Zeitung „Daily Mail“ von 1962. Das „H“ auf den Bomben ist das Zeichen für Wasserstoff. Links Chruschtschow, rechts Kennedy.

Der Kalte Krieg in Karikaturen

Karikaturen zum Kalten Krieg thematisieren oft nicht nur einzelne Faktoren oder Phasen, wie z. B. Gleichgewicht (des Schreckens), Abschreckung, Entspannung, sondern konkrete Ereignisse. Um diese Bezüge erkennen zu können, müssen das genaue Erscheinungsjahr der Karikatur bekannt sein und gegebenenfalls die abgebildeten Personen identifiziert werden. Das Publikationsorgan, in dem die Karikatur erschienen ist, kann über den politischen Standort des Zeichners Auskunft geben.

1. *Beschreiben Sie bei den einzelnen Karikaturen genau, wer und was wie dargestellt ist.*
2. *Ordnen Sie den Karikaturen die jeweiligen Aspekte bzw. Phasen des Kalten Kriegs zu, auf die sie sich beziehen.*
3. *Informieren Sie sich gegebenenfalls über das Märchen „Die Sterntaler". Bewerten Sie, ob der Vergleich in der Karikatur „Der Sternenkriegstaler" von Barbara Henniger treffend ist.*
4. *Suchen Sie weitere Karikaturen und prüfen Sie folgende These: „Karikaturen bedienen Vorurteile und reproduzieren Klischees."*

Der Sternenkriegstaler. Karikatur der DDR-Karikaturistin Barbara Henniger, 1985.

Die Suche nach neuen Wegen zum Frieden. Karikatur des bundesdeutschen Karikaturisten Horst Haitzinger, 1981.

11.3 Das Ende des Ost-West-Konflikts

US-Präsident Ronald Reagan und der sowjetische Parteichef Michail Gorbatschow begegnen sich im November 1985 bei der ersten ihrer fünf Gipfelkonferenzen. Foto vom 19. November 1985.

1985	Der neu gewählte KP-Chef der Sowjetunion Michail Gorbatschow beginnt seine Politik von Glasnost und Perestroika
1987	Der INF-Vertrag verpflichtet die beiden Supermächte erstmals zum Abbau von Raketen
1991	Die Sowjetunion und der Warschauer Pakt lösen sich auf; elf ehemalige Sowjetrepubliken gründen die GUS
1991/1993	In den START-Verträgen schrauben die Supermächte ihr Atomwaffenpotenzial deutlich zurück
2002	Russland wird Vertragspartner der NATO und Vollmitglied der G8-Staaten

Historische Wende in der Sowjetunion

Im Rüstungswettlauf mit der überlegenen amerikanischen Wirtschaftsmacht konnte die Sowjetunion nicht mithalten. Sie hatte stets wesentlich mehr Mittel in den Rüstungssektor gelenkt, als ihre Volkswirtschaft verkraften konnte. Eine schwere Schädigung der Leistungskraft und Innovationsfähigkeit der sowjetischen Volkswirtschaft war die Folge. Außerdem sank der Lebensstandard der Bevölkerung weiter ab – teilweise unter das Niveau der Zarenzeit. Auch nach Breschnews Tod 1982 gaben seine beiden nur kurz amtierenden Nachfolger *Juri Andropow* (1982–1984) und *Konstantin Tschernenko* (1984–1985) der sowjetischen Politik keine neuen Impulse.

Der Wendepunkt kam erst mit dem Amtsantritt des neuen Generalsekretärs der KPdSU, *Michail Gorbatschow*, am 11. März 1985. Mit einer Politik der „Offenheit" (*Glasnost*) und der „Umgestaltung" (*Perestroika*) versuchte er, die gefährliche ökonomische Krise seines Landes zu beheben. Dazu wollte er den Rüstungswettlauf mit den USA beenden sowie die Ost-West-Beziehungen rasch verbessern. Abschaffen wollte er den Sozialismus sowjetischer Prägung nicht, sondern ihn reformieren und leistungsfähiger gestalten. Ein erster Schritt zur Einführung des Parlamentarismus war die Wahl zum *Kongress der Volksdeputierten* (März 1989). Erstmals seit der Machtübernahme der Bolschewiki 1917 konnten die Wähler zwischen mehreren Kandidaten frei und geheim entscheiden. Im März 1990 wurde Gorbatschow in das neu geschaffene Amt eines Präsidenten der UdSSR gewählt. Die Freiheit zur öffentlichen Kritik an den Missständen im Land und an der Kommunistischen Partei und ihren Funktionären (Nomenklatura) entwickelte nun eine Dynamik, die im selben Jahr das Machtmonopol der KPdSU beendete.

Abkehr von der Weltmachtpolitik?

Auf dem Gebiet der Außenpolitik führte das von Gorbatschow seit 1985 proklamierte „neue Denken" zu einem völligen Bruch mit der bisherigen Militär- und Sicherheitspolitik der Sowjetunion. Zum ersten Mal gab die sowjetische Führung zu, dass die inneren Probleme des Landes wesentlich durch die Hochrüstungspolitik zur Demonstration des eigenen Weltmachtanspruches verursacht worden waren. Gorbatschow machte eine Reihe von Vorschlägen zur Beendigung des Wettrüstens, sprach sich für gute Beziehungen zu den USA aus, betonte erstmals den Gedanken der „gemeinsamen Sicherheit" und forderte die gemeinsame Ausgestaltung des „europäischen Hauses". Um die gesellschaftliche und wirtschaftliche Erneuerung in die Wege zu leiten, betonte er den Wunsch nach enger wirtschaftlicher Zusammenarbeit mit den westlichen Industrieländern.

In relativ kurzer Zeit wandelten sich die sowjetisch-amerikanischen Beziehungen tief greifend. Nach mehreren Gipfeltreffen Gorbatschows mit US-Präsident Reagan unterzeichneten beide Regierungschefs in Washington am 8. Dezember 1987 den *INF-Vertrag*[1] über eine weltweite Beseitigung aller landgestützten Mittelstreckenraketen mit einer Reichweite zwischen 500 und 5500 km. Die Sowjetunion musste 1500, die USA 500 Systeme verschrotten. Erstmals hatten beide Staaten einen wirklichen Abrüstungserfolg erzielt. Die Beendigung der Unterstützung sozialistischer Regime in der Karibik, in Afrika und Asien (1986), der Rückzug aus Afghanistan (1988/89), die Ankündigung einer einseitigen Truppenverringerung um 500 000 Soldaten vor der UNO (1989) und vor allem die Anerkennung der nationalen Unabhängigkeit der bisherigen Ostblockstaaten (1987/1988) fügten sich in die von Gorbatschow schrittweise verwirklichte Politik der Annäherung an die USA. Der neuen sowjetischen Führung war es ernst mit ihrem Wunsch, ihr Land politisch und wirtschaftlich in die Weltgemeinschaft zu integrieren.

[1] *INF: Abkürzung für „Intermediate Nuclear Forces"*

Erfolgreiche Abrüstungsverhandlungen

Nach dem Sieg der Reformkräfte in den Staaten des Ostblocks waren die Hindernisse für die jahrzehntelang stagnierenden Gespräche über konventionelle Abrüstung weggefallen. Am 19. November 1990 unterzeichneten die NATO- und Warschauer-Pakt-Staaten anlässlich der KSZE-Folgekonferenz in Paris den *Vertrag über konventionelle Streitkräfte in Europa* (*KSE-Vertrag*). Vereinbart wurden ein drastischer Waffenabbau sowie ein detailliertes Überprüfungssystem. Außerdem wurden für die einzelnen Regionen zwischen Atlantik und Ural verbindliche Rüstungsobergrenzen festgelegt.

Im Juli 1991 einigten sich die Sowjetunion und die USA nach neunjähriger Verhandlungszeit auf eine Reduzierung ihrer interkontinentalen Atomraketen um knapp 40 Prozent *(START-I-Vertrag*[2]*)*. Einen weiteren einschneidenden Abbau der atomaren Vernichtungswaffen sollte schließlich der im Januar 1993 unterzeichnete *START-II-Vertrag* bringen, der die Beseitigung von etwa zwei Dritteln aller Nuklearwaffen bis zum Jahr 2003 festschrieb. Damit wäre in etwa der Stand der späten Fünfzigerjahre wieder erreicht worden. Allerdings trat der Vertrag nicht in Kraft.

So wurde der Rüstungswettlauf zwischen den beiden Supermächten und ihren Verbündeten beendet – die logische Konsequenz des in der *Charta von Paris für ein neues Europa* am 21. November 1991 von 34 Staats- und Regierungschefs feierlich verkündeten Endes der Feindschaft zwischen Ost und West. Die Ära des Ost-West-Konflikts war zu Ende.

Putschversuch

In der Sowjetunion verstand es Gorbatschow zunächst virtuos, sich an die Spitze der inneren Demokratisierungsprozesse zu stellen und dafür auch den Beifall der gebannt zuschauenden westlichen Öffentlichkeit zu erhalten. Allerdings verfügte er über kein Konzept für den dringend notwendigen Umbau der sowjetischen Planwirtschaft. Die beharrenden Kräfte erwiesen sich stärker als das geforderte „neue Denken". Die Versorgungslage der Bevölkerung wurde immer schlechter, Streiks und Demonstrationen sorgten zunehmend für Unruhe im Land. Zur wirtschaftlichen Krise kamen die lang vernachlässigten Nationalitätenprobleme. Die Unionsrepubliken – allen voran die Balten[3] und Kaukasier – strebten nach größerer Selbstständigkeit, die ihnen Gorbatschow auch einräu-

[2] *START: Abkürzung für „Strategic Arms Reduction Talks"*

[3] *Zu den baltischen Staaten gehören Estland, Lettland und Litauen.*

men wollte. Um dies zu verhindern putschte eine Gruppe orthodox-kommunistischer Politiker aus dem engsten Mitarbeiterkreis Gorbatschows am 19. August 1991 gegen den amtierenden Staatschef. Unter der Federführung des Geheimdienstes (KGB) setzten die Verschwörer Gorbatschow fest und verhängten den Ausnahmezustand über das Land. Der Putsch scheiterte jedoch zwei Tage später am energischen Widerstand des kurz zuvor zum Präsidenten Russlands, des Kernlands der Sowjetunion, gewählten Reformers *Boris Jelzin* (1931–2007). Jelzin war jetzt der populärste Politiker der Sowjetunion. Er verbot die kommunistische Partei in Russland und beschleunigte die Ansätze zur Auflösung der Sowjetunion.

Von der Sowjetunion zur Gemeinschaft Unabhängiger Staaten

Der gescheiterte Putschversuch der Reformgegner besiegelte das Ende der zentralistisch geführten Sowjetunion. Zahlreiche Sowjetrepubliken, darunter die baltischen Staaten, die Ukraine und Moldawien, lösten sich von Moskau und verboten die kommunistische Partei. Am 21. Dezember 1991 gründeten 15 nunmehr unabhängige Republiken die *Gemeinschaft Unabhängiger Staaten* (*GUS*) und erklärten gleichzeitig die UdSSR für aufgelöst. Russland als gewichtigstes Mitglied der GUS übernahm deren Sitz in der UNO. Fünf Tage später trat Gorbatschow als Präsident der Sowjetunion zurück (→ M1).

Der nunmehr im Mittelpunkt der internationalen Aufmerksamkeit stehende russische Staatspräsident Jelzin versuchte in mehreren Anläufen mit einer Art wirtschaftlicher Schocktherapie das Land zu stabilisieren. Der reformwillige Jelzin sah sich jedoch im Parlament (*Duma*) einer Opposition aus altkommunistischen und nationalistischen Kräften gegenüber, die um ihre Privilegien fürchteten. Im Oktober 1993 konnte Jelzin mit der Unterstützung der Armee einen erneuten Putschversuch der die Duma beherrschenden Reformgegner niederschlagen. Die Mehrheit der Russen wollte keine Rückkehr zu den alten Verhältnissen und wählte Jelzin 1996 ein zweites Mal zum Staatspräsidenten. Dieser verlor allerdings die Unterstützung der Reformer und Demokraten, als er sich für den Einsatz militärischer Mittel gegen die auf Autonomie von Russland drängende Provinz Tschetschenien entschied. Jelzins Politik kreiste hinfort primär um den eigenen Machterhalt, den er vor allem den „Oligarchen“ verdankte – neureichen Unternehmern, die aus der Privatisierung der ehemaligen Staatsbetriebe Profit geschlagen hatten und jetzt großen politischen Einfluss ausübten. Als der kranke Jelzin Ende 1999 von seinem Amt zurücktrat, hinterließ er ein Land mit starken Gegensätzen zwischen Arm und Reich, dessen staatliche Einrichtungen noch keineswegs den Standards eines Rechtsstaates entsprachen. Positiv war ihm allerdings anzurechnen, dass er den Rückfall Russlands in eine Diktatur verhindert hatte.

Mitgliedstaaten der Gemeinschaft Unabhängiger Staaten (GUS). Stand: 2005.

Russland unter Putin

Der von Jelzin protegierte Nachfolger im Amt des Staatspräsidenten, *Wladimir Putin* (seit März 2000), ein früherer KGB-Offizier, fand die Unterstützung der Mehrheit der russischen Bevölkerung, weil er die Fortsetzung wirtschaftlicher Reformen sowie Sicherheit und Ordnung („Diktatur des Gesetzes") versprach und in der Tschetschenienfrage mit harter Hand russische Interessen durchsetzte. In der Außenpolitik suchte er zunächst einen engen Kontakt zu Westeuropa und den USA.

Der Wiederaufstieg Russlands zur Weltmacht blieb Putins wichtigstes außenpolitisches Ziel, das er bis zum Ende seiner zweiten Amtszeit (2008) auch unter Inkaufnahme verschlechterter bilateraler Beziehungen mit den USA vorantrieb. Als einer der weltweit größten Energie- und Rohstofflieferanten verstand es Russland unter Präsident Putin, das wirtschaftliche Potenzial des Landes für die Modernisierung im Innern und die Stärkung seines internationalen Einflusses zu nutzen. Demokratie und Rechtsstaat blieben jedoch unterentwickelt. Putin umschrieb seine Art, das Land zu führen, als „gelenkte Demokratie". Die amerikanische Kritik an der zunehmend autoritären Struktur des politischen Systems unter Putin einerseits und die US-Pläne für die Errichtung von Raketenabwehrstützpunkten gegen iranische Kernwaffen in Polen und der Tschechischen Republik andererseits belasten die beiderseitigen Beziehungen ebenso wie die Kündigung des KSE-Vertrages durch Russland im Juli 2007 (vgl. S. 497). Auch in den Beziehungen zu den ehemaligen Sowjetstaaten im unmittelbaren Umfeld des heutigen Russland wie zu Polen, den baltischen Staaten, der Ukraine und zu Georgien sind Spannungen an der Tagesordnung, nachdem ein Teil der ehemaligen Ostblockstaaten gegen den Willen Russlands Mitglieder der NATO geworden sind. Deutschland ist der wichtigste Außenhandelspartner Russlands und sehr daran interessiert, die aufstrebende Weltmacht im Osten Europas in die europäischen und weltwirtschaftlichen Strukturen einzubinden (→ M2 und M3).

Um ihr neues Raketenabwehrsystem NMD installieren zu können, kündigten die USA im Dezember 2001 den 1972 mit der damaligen UdSSR geschlossenen *ABM-Vertrag*[1] zur Begrenzung nationaler Raketenabwehrsysteme. Trotzdem gab es zwischen beiden Seiten weiterhin Abrüstungsbemühungen, die im Mai 2002 in einen Abrüstungsvertrag mündeten, der die Zahl der strategischen Nuklearsprengköpfe auf beiden Seiten reduziert. Zum gleichen Zeitpunkt wurde Russland vertraglicher Partner der NATO, mit der es bereits im Mai 1997 ein Abkommen „über gegenseitige Beziehungen, Zusammenarbeit und Sicherheit" abgeschlossen hatte. Im Juni 2002 wurde auf einem Gipfeltreffen beschlossen, dass Russland künftig Vollmitglied der G8[2] sein wird.

Demokratische Revolution im Ostblock

Die von Moskau ausgehenden Reformimpulse ab Mitte der 1980er-Jahre stärkten die oppositionellen Bürgerrechtsbewegungen in den Mitgliedstaaten des Warschauer Paktes. Als ab 1989 die sowjetische Außenpolitik angesichts innenpolitischer Schwierigkeiten die Entwicklung wieder bremsen wollte, war es zu spät: Das Ende der kommunistischen Parteidiktaturen war nicht mehr aufzuhalten. Vorreiter dieser Entwicklung waren Polen und Ungarn, wo unter Mitwirkung kommunistischer Reformkräfte 1989 bzw. 1990 in freien Wahlen die Grundlagen für Demokratie, Rechtsstaat und Marktwirtschaft gelegt wurden. Auch die DDR, die Tschechoslowakei, Bulgarien, Rumänien, Jugoslawien und Albanien befreiten sich meist friedlich von ihren kommunistischen Regierungen. Im Juni und Juli 1991 wurden der Rat für gegenseitige Wirtschaftshilfe (RGW) und das Militärbündnis des Warschauer Paktes aufgelöst. Seit 1999 sind Polen, Ungarn und die Tschechische Republik, seit 2004 die baltischen Staaten, Bulgarien, Rumänien, die Slowakei und Slowenien Mitglieder der NATO. Diese und weitere Länder Ostmitteleuropas unternahmen in den 1990er-Jahren erhebliche Anstrengungen beim Aufbau von Rechtsstaat, Demokratie und Marktwirtschaft sowie der Schaffung einer sich in Parteien, freien Verbänden und Gewerkschaften organisierenden Bürgergesellschaft. Als wichtige Faktoren für das Gelingen des Transformationsprozesses in den postkommunistischen Ländern erwiesen sich die Ablösung der alten Eliten von der Macht, der innere Zusammenhalt der Bevölkerung und deren Bereitschaft, soziale Härten wie Arbeitslosigkeit längere Zeit hinzunehmen, die Privatisierung der ehemaligen Staatsbetriebe sowie die positive Einstellung zum wirtschaftlichen Wettbewerb und das Bemühen, am Weltmarkt Fuß zu fassen.

Insbesondere Polen, Ungarn, die Tschechische und die Slowakische Republik – beide Länder haben sich 1993 friedlich aus dem seit 1918 bestehenden gemeinsamen Staatenverband der Tschechoslowakei getrennt – sind Beispiele für den gelungenen Systemwechsel.

---

[1] *ABM: Abkürzung für „Anti-Ballistic-Missile" (Raketenabwehrsysteme)*

[2] *G8: Gruppe der größten Industrieländer: USA, Deutschland, Frankreich, Großbritannien, Japan, Italien, Kanada (seit 1976), Russland (eingeschränktes Mitglied seit 1997); die Staatschefs und Fachminister dieser Länder treffen sich einmal im Jahr, um Fragen der Wirtschaft und Außenpolitik abzustimmen.*

Titelbild des „Spiegel“, 2.9.1991.

M1 Das Ende der Sowjetunion

Der Staatspräsident der untergehenden Sowjetunion Michail Gorbatschow (geb. 1931) tritt einen Tag nach seiner Abschiedsrede am 25. Dezember 1991 zurück.

[…] Das Schicksal hat es so gefügt, dass es sich bereits bei meiner Amtsübernahme zeigte, dass es im Land Probleme gab. Gott hat uns viel geschenkt: Land, Erdöl, Gas und andere Naturreichtümer. Und auch viele talentierte und kluge Menschen. Und dabei leben unsere Menschen schlechter als in den anderen entwickelten Ländern. Wir bleiben sogar immer weiter hinter ihnen zurück. Der Grund dafür war schon zu sehen – die Gesellschaft befand sich in der Schlinge eines bürokratischen Kommandosystems. Die Gesellschaft musste der Ideologie dienen und dabei die furchtbare Last des Wettrüstens tragen. […] Alle Versuche von halbherzigen Reformen […] scheiterten nacheinander. Das Land verlor immer mehr an Perspektive. So konnte man nicht weiterleben. Es musste alles grundlegend verändert werden. […] Mir war klar, dass die Einleitung von solchen großen Reformen in einer solchen Gesellschaft wie der unseren eine äußerst schwere und auch in bestimmter Hinsicht eine riskante Sache ist. Und auch heute bin ich noch von der historischen Richtigkeit der demokratischen Reformen überzeugt, die im Frühjahr 1985 eingeleitet wurden.

Der Prozess der Erneuerung des Landes und der grundlegenden Veränderungen in der Weltgemeinschaft hat sich komplizierter erwiesen, als man voraussagen konnte. Trotzdem muss man das Vollbrachte gebührend einschätzen. Die Gesellschaft wurde frei. Und das in politischer und geistiger Hinsicht. Und das ist die größte Errungenschaft. […] Es wurde ein totalitäres System beseitigt, das ein weiteres Aufblühen und Wohlergehen des Landes verhinderte. Es wurde ein Durchbruch zu demokratischen Veränderungen vollzogen. Freie Wahlen, eine freie Presse, Religionsfreiheit, wirkliche Machtorgane und ein Mehrparteiensystem wurden zur Realität. Die Menschenrechte wurden als oberstes Prinzip anerkannt. Es wurde mit dem Übergang zu einer vielseitigen Wirtschaft begonnen. Alle Formen des Eigentums werden als gleichberechtigt anerkannt, im Rahmen der Bodenreform ist die Bauernschaft wiedererstanden. Farmen wurden gegründet, Millionen Hektar Land werden an Land- und Stadtbewohner übergeben. Die wirtschaftliche Freiheit des Produzenten wurde gesetzlich verankert. Das Unternehmertum, die Gründung von Aktiengesellschaften und die Privatisierung gewannen immer mehr an Kraft. Es muss daran erinnert werden, dass der Übergang zur Marktwirtschaft im Interesse des Menschen erfolgt. […] Wir leben in einer anderen Welt: Der „Kalte Krieg“ ist vorbei. Das Wettrüsten wurde gestoppt. Die wahnsinnige Militarisierung unseres Landes, die unsere Wirtschaft, das gesellschaftliche Bewusstsein und die Moral zugrunde richtete, wurde beendet. Die Gefahr eines Weltkrieges wurde beseitigt. […] Wir öffneten uns der Welt und verzichteten auf die Einmischung in fremde Angelegenheiten sowie auf den Einsatz von Truppen außerhalb unseres Landes. Und man antwortete uns mit Vertrauen, Solidarität und Respekt. Wir wurden zu einer der wichtigsten Stützen bei der Umgestaltung der modernen Zivilisation auf friedlicher und demokratischer Basis. Die Völker und Nationen haben die reale Freiheit erhalten, den Weg ihrer Entwicklung selbst zu bestimmen. Die Suche nach einer demokratischen Reformierung unseres Vielvölkerstaates führte uns an die Schwelle eines neuen Unionsvertrages. Ich möchte von ganzem Herzen all jenen danken, die in all diesen Jahren mit mir für die gerechte und gute Sache eingetreten sind. Sicherlich war eine Reihe von Fehlern vermeidbar. Vieles hätte man besser machen können. Aber ich bin überzeugt, dass unsere Völker in einer aufblühenden und demokratischen Gesellschaft leben werden.

Bundeszentrale für politische Bildung (Hrsg.), Die Sowjetunion 1953–1991, in: Informationen zur politischen Bildung, Bonn, Heft 236/1992, S. 38

Analysieren Sie, welche Prinzipien außen- und innenpolitisch gelten sollten.

M2 Der deutsch-russische Handel

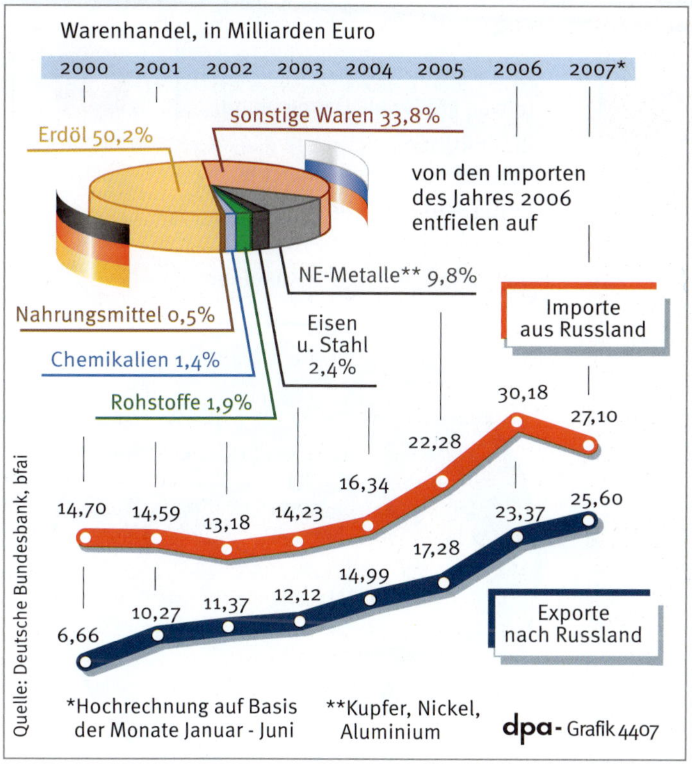

1. *Beschreiben Sie die Entwicklung des deutsch-russischen Handels.*
2. *Informieren Sie sich über den Anteil der EU-Länder am russischen Handel.*

M3 Partnerschaft mit Russland

Auf der Münchener Sicherheitskonferenz am 10. Februar 2007 skizziert Bundeskanzlerin Angela Merkel (geb. 1954) auch die Bedeutung Russlands für die globale Sicherheit:

[...] Gemeinsame Verantwortung zwischen Russland, der Europäischen Union und der NATO liegt in unserem Interesse. Deshalb liegt mir auch sehr viel daran, dass wir bald die Verhandlungen für ein Kooperationsabkommen mit der Europäischen Union beginnen können und dass wir die bestehenden Differenzen ausräumen müssen.

Wir wissen, dass Russland ein wichtiger Partner bei der Energieversorgung ist. Ich habe immer wieder in den Gesprächen, die wir, Herr Präsident[1], miteinander geführt haben, gespürt, dass Russland ein verlässlicher und berechenbarer Energiepartner sein wird und möchte. Wo wir das weiter verbessern können und auch müssen, da werden wir offen darüber reden. Es nützt nichts, die Dinge unter den Tisch zu kehren. Ich glaube, wir brauchen auch eine engere Partnerschaft zwischen der NATO und Russland. Auch darüber hat es in den vergangenen Tagen Gespräche gegeben. Wir müssen auch immer wieder darauf drängen, dass wir in den schwierigen Regionen in der russischen Nachbarschaft auch mehr Stabilität bekommen. Auch darüber müssen wir uns sehr offen austauschen. Die Sichtweisen sind dabei manchmal unterschiedliche. Darüber muss geredet werden. Aber das kann nur geschehen, wenn man überhaupt miteinander spricht, und deshalb halte ich das für ganz wichtig.

Ich sage das auch im Hinblick auf neue militärische Installationen, hinsichtlich derer ich immer glaube, dass es wichtig ist, miteinander im Gespräch zu bleiben und nicht gegeneinander zu reden; das hat uns überhaupt noch nicht genutzt. Es kann dann immer noch Bereiche geben, in denen man zu einem bestimmten Zeitpunkt nicht zusammenkommt, aber so zu tun, als sei man in dieser Welt nicht in hohem Maße aufeinander angewiesen, das wäre ein Sich-in-die-Tasche-Lügen.

www.securityconference.de/konferenzen/rede.php?menu_2007=&menu_konferenzen=&sprache=de&id=178&

1. *Arbeiten Sie die Bereiche heraus, in denen nach Ansicht von Merkel Russland eine große Bedeutung für Deutschland hat.*
2. *Auf der Konferenz erregte die Äußerung des russischen Präsidenten Putin, dass Russland sich durch die Politik der NATO und der Europäischen Union bedroht fühle, besondere Aufmerksamkeit. Erörtern Sie Vor- und Nachteile einer Politik Russlands, die auf Kooperation mit der NATO und der Europäischen Union setzt. Ziehen Sie dazu auch die Daten aus M2 heran.*

[1] *Gemeint ist der russische Präsident Putin.*

11.4 Herausbildung neuer Machtzentren: China und Japan

CHINA

FLÄCHE: 9 572 419 qkm
(etwas kleiner als die USA, etwa 27-mal so groß wie Deutschland)

REGIERUNGSFORM:
Kommunistische Volksrepublik

EINWOHNER: 1 311 798 000

VOLKSGRUPPEN:
91 % Han-Chinesen, verschiedene Minderheiten

1949	Der Vorsitzende der Kommunistischen Partei Chinas (KPCh), Mao Zedong, proklamiert die Volksrepublik China (VR China)
1950	Mit dem Bodenreformgesetz beginnt die Kollektivierung der Landwirtschaft
1961	Die KPCh räumt nach schweren Hungersnöten das Scheitern des „Großen Sprungs nach vorn“ ein
1966–1976	Die „Große Proletarische Kulturrevolution“ soll einen neuen sozialistischen Menschentypus schaffen
1976	Nach dem Tod Mao Zedongs wird ein Reformkurs eingeleitet
4.6.1989	Die Demokratiebewegung wird durch ein Massaker auf dem Tiananmen-Platz in Peking blutig niedergeschlagen
1993	In der Verfassung wird der Begriff „Planwirtschaft“ durch „sozialistische Marktwirtschaft“ ersetzt

JAPAN

FLÄCHE: 377 835 qkm
(etwas größer als Deutschland)

REGIERUNGSFORM:
Parlamentarische Monarchie

EINWOHNER: 127 764 000

VOLKSGRUPPEN:
99,4 % Japaner, 0,6 % Koreaner

1945	Mit der Unterzeichnung der Kapitulationsurkunde geht am 2. September die Regierungsgewalt in Japan praktisch auf die amerikanische Besatzungsmacht über
1947	Japan wird parlamentarische Monarchie
1952	Ende der amerikanischen Besatzungszeit
1960–1970	Das japanische „Wirtschaftswunder“ erreicht seine größten Erfolge
Seit 1985	Das Wirtschaftswachstum verlangsamt sich

Die Volksrepublik China unter Mao

Die Machtübernahme der Kommunistischen Partei Chinas (KPCh) unter der Führung *Mao Zedongs* (1893–1976) und die Staatsgründung der Volksrepublik China (VR China) brachten 1949 eine tief greifende Änderung des politischen Systems und der bestehenden Wirtschafts- und Sozialstrukturen mit sich: Die KPCh übernahm den politischen Führungsanspruch in Staat, Gesellschaft und Wirtschaft. Dominierende Gesellschaftsschichten wie die der Grundherren und Kaufleute wurden zerschlagen. Durch Umverteilungsmaßnahmen (*Bodenreform 1949/50*), durch die *Kollektivierung der Landwirtschaft* und *Verstaatlichung der wichtigsten Industrien* in der zweiten Hälfte der Fünfzigerjahre änderten sich die Eigentums- und die sozialen Verhältnisse grundlegend. Mit äußerster Brutalität und Terror gegen alle „Volksfeinde" setzte die KPCh unter Mao Zedong ihren Machtanspruch durch und herrschte ab 1953 unangefochten über das Land. Nachdem die Sowjetunion den industriellen Aufbau der VR China zunächst unterstützt hatte, kam es 1959/60 über ideologische und ökonomische Fragen zum Bruch zwischen beiden Ländern. Die chinesische Staats- und Parteiführung bestritt vor allem den ideologischen Führungsanspruch der sowjetischen KPdSU. Auch auf wirtschaftlichem Gebiet grenzte man sich gegen die Sowjetunion ab. Zunächst hatte die KPCh nach dem sowjetischen Vorbild den Schwerpunkt auf den industriellen Ausbau des Landes gelegt (*„Großer Sprung nach vorn"*), entschied sich dann jedoch für verstärkte Anstrengungen im Bereich der Landwirtschaft. Nach dem Ende der chinesisch-sowjetischen Zusammenarbeit strebte die VR China noch stärker nach wirtschaftlicher, ideologischer und militärischer Autarkie. Dies gelang jedoch nur sehr unzureichend. Planungsfehler in der Landwirtschaft und Naturkatastrophen führten zu einer derart drastischen Unterversorgung, dass zwischen 1960 und 1962 etwa 30 Millionen Chinesen an den Folgen von Hunger starben.

Schon seit 1957 wurden mehrere „Kampagnen" zur kollektiven Umerziehung des Volkes durchgeführt, die einen neuen Typ des „sozialistischen Menschen" begründen sollten (→ M1). Ging es zunächst darum, die Massen zu produktiver Kritik an dem politischen Kurs der kommunistischen Partei aufzufordern, um deren Fehler zu korrigieren (*„Hundert-Blumen-Kampagne"*), so folgte alsbald das genaue Gegenteil davon: Aus Furcht vor einem aus der Meinungsfreiheit der Chinesen folgenden Zusammenbruch der politischen Ordnung verlangte Mao jetzt die permanente Zustimmung der Bevölkerung zu seinen radikalen Entwicklungsexperimenten. Einen Höhepunkt dieser Bewegung stellte die *„Große Proletarische Kulturrevolution"* von 1966 bis 1976 dar (→ M2): Die literarischen und künstlerischen Traditionen des Landes sollten radikal umgewertet werden. Schulen und Universitäten blieben mehrere Jahre geschlossen und zahlreiche Kulturgüter wie Tempel, Statuen und Bilder wurden zerstört. Abweichendes Verhalten von Künstlern und Intellektuellen wurde mit sozialer Ausgrenzung, mit der Deportierung in Straflager oder gar mit der Todesstrafe geahndet. So wurden zwischen 1949 und 1978 schätzungsweise mehr als 100 Millionen Chinesen politisch verfolgt, bis zu zehn Millionen verloren ihr Leben. Jahrelang herrschten in China Anarchie und Gewalt, von deren wirtschaftlichen Folgen sich das Land erst seit den 70er-Jahren allmählich erholte (→ M3).

Ehrentor in einem Pekinger Park mit einem Porträt Mao Zedongs. Foto von 1966.

Reformen nach Maos Tod

Nach Maos Tod (1976) und der Ausschaltung seiner engsten Vertrauten wurden unter der Leitung *Deng Xiaopings* (1904–1997), eines ebenfalls engen Vertrauten Maos, der aber 1967 entmachtet worden war, umfangreiche Reformen eingeleitet: Nach Ansicht der neuen Parteiführung befand sich China noch im „Anfangsstadium des Sozialismus". Der Lebensstandard der Bevölkerung sollte erhöht werden. Als Mittel dazu sollte eine Politik der *„kontrollierten Liberalisierung"* dienen:

- Zukünftig sollte vor allem die Konsumgüterindustrie gefördert werden. Auch Firmen aus dem „kapitalistischen Ausland" sollten beim Aufbau der Schwerindustrie ihr Wissen zur Verfügung stellen und im Land investieren dürfen.
- Zur Steigerung der landwirtschaftlichen Produktion erhielten die Bauern kleinere Anteile des Ackerlandes zur privaten Nutzung.
- In den Schulen und Hochschulen sollte nicht mehr die ideologische Schulung im Vordergrund stehen. Leistung und Begabung wurden aufgewertet, um Anschluss an den Stand der Wissenschaft und Technik zu finden.
- Die Armee sollte mit modernsten technischen Geräten und Waffen ausgerüstet werden, die notfalls auch aus dem Ausland bezogen werden mussten.

Die chinesische Wirtschaft sollte in ein dezentralisiertes, leistungs- und exportorientiertes System umgebaut werden. Planwirtschaftliche Merkmale blieben dabei neben marktwirtschaftlichen bestehen. Private, nichtstaatliche Betriebe wurden zugelassen. Durch ausländische Investitionen, Im- und Exporte wurde China zunehmend mit dem Weltmarkt verknüpft. Seit Dezember 2001 ist China zudem *Mitglied der Welthandelsorganisation (WTO)*[1].

Die Rechnung scheint bisher aufzugehen. In den frühen Neunzigerjahren stieg China international mit zweistelligen Zuwachsraten beim Bruttoinlandsprodukt zum führenden Wachstumsland auf und konnte den Anteil ausländischer Kapitalinvestitionen im Land stark vergrößern (2006: 70 Milliarden US-Dollar). Zwischen 1978 und 1995 erreichte China eine Verzwanzigfachung seines Außenhandelsvolumens. Im Jahr 2006 exportierte China bereits für 969 Milliarden Dollar Waren in alle Welt und lag damit nur wenig hinter Deutschland. Zunehmend wird China vorgeworfen, sich nicht an die Spielregeln der WTO zu halten, die u.a. Produktpiraterie und Wirtschaftsspionage verbieten und den Patentschutz im Technologiebereich vorschreiben.

Die sozialen Kosten des Wachstums sind beträchtlich: Ein großer Teil der chinesischen Bevölkerung, etwa 200 Millionen Menschen von ca. 1,3 Milliarden (2006), leben weiterhin unter dem internationalen Lebensminimum von einem Dollar Kaufkraft pro Tag. Verschärft wird die soziale Frage durch eine wachsende Arbeitslosigkeit: Die weiter bestehenden Staatsbetriebe verlieren im Vergleich mit den nichtstaatlichen Betrieben ihre Wettbewerbsfähigkeit und müssen Mitarbeiter entlassen. Die nichtstaatlichen Betriebe können die Arbeitslosen nicht aufnehmen. Es ist daher dringend notwendig, ein staatliches Sozialsystem – das bisher völlig fehlt – aufzubauen, um die Versorgung der Arbeitslosen und Armen sicherzustellen. Ein weiteres Problem sind die wachsenden Umweltbelastungen, die aus dem starken Industriewachstum resultieren.

Außenpolitik mit innenpolitischen Vorbehalten

Nach der Staatsgründung der VR China war Maos politischer Gegenspieler *Chiang Kai-shek* nach Taiwan geflohen. Er hatte dort 1950 eine nationalchinesische Regierung gebildet und den Anspruch erhoben, das gesamte chinesische Volk zu vertreten. In der Hoffnung, die VR China international isolieren und innenpolitisch schwächen zu können, versagten die westlichen Staaten der VR die politische Anerkennung und sprachen Chinas ständigen Sitz im UN-Sicherheitsrat der Republik China (Taiwan) zu. Nach dem Bruch mit Moskau wurde die VR China 1964 Atommacht. Diplomatische Versuche, die Isolation der VR China zu überwinden, hatten schließlich Erfolg. 1971 wurde die Volksrepublik bei gleichzeitigem Ausschluss Taiwans in die UN aufgenommen. Ein Jahr später empfing Mao sogar den amerikanischen Präsidenten Richard Nixon. Der außenpolitische Erfolg hatte auch eine innenpolitische Funktion: Man wollte die wirtschaftlichen und technischen Errungenschaften der westlichen Welt besser nutzen, um die eigenen ökonomischen Schwächen zu überwinden. Dies ist der VR China gelungen.

Innenpolitische Folgen blieben nicht aus. In der Hoffnung auf eine ähnliche demokratische Öffnung wie in den osteuropäischen Staaten entwickelte sich auch in China eine Demokratiebewegung. Während des Besuchs Michail Gorbatschows im Mai 1989 demonstrierten in Beijing (Peking) eine Million Menschen friedlich für mehr Demokratie. Die Staats- und Parteiführung reagierte kompromisslos. In der Nacht vom 3. auf den 4. Juni 1989 ließ sie den Tiananmen-Platz („Platz des himmlischen Friedens") in Beijing durch die Armee räumen. Zwischen 500 und 1500 Demonstranten kamen dabei ums Leben, Zehntausende wurden verhaftet, Tausende zu langjährigen Haftstrafen verurteilt und Hunderte zum Tode verurteilt. Die internationale Gemeinschaft reagierte auf das Blutbad mit diplomatischen und wirtschaftlichen Sanktionen, die aber kurze Zeit später wieder aufgehoben wurden.

---

[1] *Diese Sonderorganisation der UNO regelt und fördert die weltweiten Handelsbeziehungen ihrer Mitgliedstaaten.*

Chinesische Polizisten in der Provinz Jiangsu eskortieren Angeklagte auf dem Weg zum Gericht. Foto vom 26. April 2001.

Wann werden die Menschenrechte anerkannt?

Bis heute gehören Menschenrechtsverletzungen zu den konfliktträchtigsten Fragen im Verhältnis zwischen dem Westen und China. Unter Verweis auf eine Tradition, die kollektive vor individuelle Interessen stellt, hat China bisher die UN-Menschenrechtskonventionen abgelehnt. Die heute gültige Verfassung von 1982 stellt die aufgeführten Grundrechte unter den Vorbehalt der „Interessen des Staates, der Gesellschaft und des Kollektivs" (Artikel 51). Eine unabhängige Instanz zur Entscheidung von Interessenkonflikten – wie das Bundesverfassungsgericht in Deutschland – besteht nicht: Was Staats- oder Kollektivinteressen sind, entscheiden Staats- oder Parteiorgane.

Die Todesstrafe wird in der VR China in exzessiver Weise angedroht, verhängt und vollstreckt. Die Menschenrechtsorganisation amnesty international geht allein für das Jahr 2006 von mindestens 2790 verhängten und 1010 vollstreckten Todesurteilen aus. Tausende sind willkürlich, ohne Gerichtsverfahren in Haft, oft weil sie in friedlicher Weise ihre Rechte auf freie Meinungsäußerung, Versammlungs- oder Religionsfreiheit wahrgenommen haben (→ M4). Misshandlungen und Folter sind in den Gefängnissen weit verbreitet.

Der Aufstieg Japans nach 1945

Der militärische Versuch Japans zwischen 1927 und 1945, eine Weltmachtstellung zu erreichen und in Asien ein riesiges Kolonialreich aufzubauen, forderte etwa 20 Millionen Opfer. Von den Amerikanern bereits besiegt, folgte den Atombombenabwürfen auf Hiroshima und Nagasaki die „bedingungslose Kapitulation" Japans am 2. September 1945.

Die amerikanischen Besatzer reformierten Japan unter dem Motto „Demokratie und Dezentralisierung" und beeinflussten die Verfassungsentwicklung. 1947 wurde Japan eine parlamentarische Monarchie. Zu den wichtigsten Neuerungen gehörten die Einführung des Frauenwahlrechtes und die politische Entmachtung des Kaisers (*Tenno*). Hatte die Vorkriegsverfassung dem Tenno, wörtlich übersetzt „Herrscher des Himmels", noch eine gottgleiche Position zugewiesen, so bezeichnete die neue Verfassung ihn nur noch als „Symbol Japans und der Einheit des japanischen Volkes". Einerseits machten die USA denjenigen innerhalb der japanischen Führung, die hauptverantwortlich für Krieg und Gewalt im Pazifik zwischen 1937 und 1945 waren, den Prozess (Ausnahme: der Tenno). Andererseits wurde Japan frühzeitig zum Partner der USA im Kalten Krieg bestimmt.

1951 wurde in San Francisco ein Friedensvertrag zwischen Japan und den USA sowie 47 weiteren Nationen geschlossen. Japan verzichtete darin auf alle territorialen Ansprüche außerhalb der Grenzen von 1868. In einem gleichzeitig geschlossenen

„Mythos Japan. Japan obenauf – die deutsche Wirtschaft am Boden.“
Titelbild von E. Sokol für „Stern“ vom 24. Oktober 1981.

Vertrag mit den USA stimmte Japan dem Verbleiben amerikanischer Truppen auf japanischem Gebiet zu. Nach der Annahme des Friedensvertrages durch das Parlament erhielt Japan im April 1952 seine volle Souveränität zurück. Die VR China und die Sowjetunion akzeptierten die territorialen Regelungen des Vertrages jedoch nicht. Moskau und Tokyo einigten sich dann 1956 über die Beendigung des Kriegszustandes. Im gleichen Jahr wurde Japan in die Vereinten Nationen aufgenommen. Zu normalen Beziehungen kam es zwischen Japan und der Sowjetunion bzw. Russland trotz bestehender Wirtschaftsbeziehungen nicht. Der Grund: Moskau weigert sich bis heute, die Kurilen-Inseln zurückzugeben. Die VR China nahm erst 1972 diplomatische Beziehungen zu Japan auf. Seit dem Abschluss eines Friedens- und Freundschaftsvertrages (1978) besteht zwischen Japan und China eine wirtschaftliche Zusammenarbeit. Die wichtigsten politischen und wirtschaftlichen Partner sind aber die Vereinigten Staaten und die übrigen westlichen Industrienationen. Auf die Weltpolitik nahm die alte und neue Großmacht Japan nur indirekt Einfluss. Sie hat bis heute keinen Sitz im UN-Sicherheitsrat, verfügt über keine Atomwaffen und würde im Falle eines militärischen Angriffs vom Beistand der USA abhängen. Trotzdem übernahm das Land seit den Achtzigerjahren internationale Verantwortung. Es beteiligte sich an allen wichtigen Konferenzen der führenden Wirtschaftsnationen, vermittelte z. B. 1982 im Iran-Irak-Krieg und hatte 2002 eine führende Rolle bei den internationalen Anstrengungen zum Wiederaufbau Afghanistans („Geberkonferenz“ von Tokyo).

Japans „Wirtschaftswunder“

Betrug das Bruttoinlandsprodukt (BIP) Japans am Ende der Besatzungszeit 1952 etwa ein Drittel des französischen oder englischen, so war es in den späten 1970er-Jahren bereits so groß wie das BIP Frankreichs und Englands zusammengenommen und mehr als halb so groß wie das der Vereinigten Staaten. Innerhalb einer Generation war Japans Anteil an der Weltproduktion von zwei bis drei Prozent auf etwa zehn Prozent gewachsen – und wuchs ständig weiter.

Die Liste der Industriegüter, in denen Japan mit der Zeit zum führenden Anbieter auf dem Weltmarkt wurde, war lang: Kameras, Küchengeräte, Fernseher und Radios, Musikinstrumente, Motorräder und vieles andere mehr. Im Laufe der 1970er-Jahre produzierten japanische Stahlwerke so viel wie die gesamte amerikanische Stahlindustrie. Und zwischen 1960 und 1984 stieg Japans Anteil an der Weltproduktion von Autos von ein auf 23 Prozent. Inzwischen hat man sich längst der „High Technology“ zugewandt: Computer, Telekommunikationssysteme, Industrieroboter, die Luft- und Raumfahrt, Mikroelektronik (Chips) sowie die Biotechnologie bestimmen heute den Wirtschaftsstandort Japan. Weltweit konnten japanische Firmen durch Preis und Qualität die anderen Anbieter be- bzw. verdrängen und zugleich den eigenen Binnenmarkt von ausländischen Produkten weitgehend frei halten.

Was waren die „Geheimnisse“ des Erfolgs?

Die Frage, wie der kleine Inselstaat im Fernen Osten – Japan hat etwa 127 Mio. Einwohner (Stand: 2006), ist aber nur etwas größer als die Bundesrepublik – nach dem verlorenen Krieg zur zweitgrößten Wirtschaftsmacht der Welt hinter den USA werden konnte, ist schwer zu beantworten. Folgende Gründe werden für das „japanische Wirtschaftswunder“ genannt:

- Das duale System der Wirtschaft: Wenige riesige Großkonzerne konnten sich auf ein dichtes Netz kleiner und kleinster Zulieferer, Zwischenhändler oder Servicebetriebe stützen. Mehr als 80 Prozent aller gewerblichen Arbeitnehmer Japans arbeiteten in Klein- und Mittelbetrieben (1991). Die Arbeitsbedingungen in diesen Firmen unterschieden sich stark von denen in großen Unternehmen. Es gab keine industrieweiten Tarifverträge, die – wie z. B. in der Bundesrepublik – für alle Betriebe einer Branche gleichermaßen gelten. Die Einkommen der Mitarbeiter in Kleinbetrieben lagen daher weit unter denen der Kollegen, die in Großbetrieben arbeiteten.

- Hohe Investitionsraten: In den 1960er-Jahren machten Kapitalinvestitionen in Industrieanlagen 20 % des Bruttosozialproduktes aus.
- Hohe Sparquoten: Die Notwendigkeit der Japaner, für ihre Altersversorgung selbst zu sparen, verschaffte den Banken und Versicherungen enorm viel Kapital, welches sie als günstige Kredite an die Industrieunternehmen geben konnten. Dies brachte ihnen Kostenvorteile gegenüber der ausländischen Konkurrenz.
- Niedrige Verteidigungsausgaben: Japan begab sich nach 1945 unter den Schutz der USA und konnte daher auf eigene hohe Verteidigungsausgaben verzichten.
- Die planvolle staatliche Unterstützung der Wirtschaft durch das „Ministerium für internationalen Handel und Industrie" ermöglichte langfristige Unternehmensplanungen.
- Übernahme der besten Technik und der fortschrittlichsten Produktionsmethoden aus dem Westen.
- Einfuhr von billigen (industriellen) Rohstoffen und Ausfuhr von teuren (hochwertigen) Fertigwaren.
- Ein großer Binnenmarkt: Ausländischen Firmen wurde es schwer gemacht, mit ihren Produkten in Japan Fuß zu fassen.
- Hohe Aufwendungen für Forschung und Entwicklung: Die von der Industrie geförderte Forschung, die sich rasch bezahlt machen sollte, zielte direkt auf Marktverwertung.
- Unterordnung persönlicher Wünsche unter das Gemeinwohl und eine hohe Arbeitsdisziplin (➔ M5 und M6).

Strukturelle Herausforderungen

Wie die übrigen Industriestaaten wurde Japan zu Beginn der 1970er-Jahre von der Ölpreisentwicklung überrascht (vgl. S. 513). Der „Ölschock" stürzte das von Rohölimporten abhängige Land in eine erste tiefe Rezession. Die Zeit der zweistelligen Wachstumsraten war vorbei. Die Antwort darauf war der Abbau energieintensiver Industrien (Schiffbau) und die Förderung neuer, energiesparender Technologien. Den Japanern gelang es so, die Folgen der Ölkrise schneller zu überwinden als die westliche Welt.

In den 1980er-Jahren sorgten die Banken für einen künstlichen Wirtschaftsboom, der Anfang der 1990er-Jahre wie eine Seifenblase platzte. Es stellte sich heraus, dass sie große Kredite ohne ausreichende Sicherheiten vergeben hatten und nun auf „faulen Krediten" saßen. Zahlreiche kreditabhängige Industrie- und Handelsunternehmen mussten wegen hoher Schulden und ausbleibender Überbrückungskredite schließen. Seit Anfang der 1990er-Jahre steht Japan vor weiteren Herausforderungen: Handelspartner wie die USA erzwangen nach jahrelangen Auseinandersetzungen die Öffnung des japanischen Marktes. Das Land muss sich seitdem verstärkt auf die für alle Industrienationen offene Marktwirtschaft umstellen. Diese Wandlung erforderte weitere Rationalisierungen der Unternehmen. Gleichzeitig hat das Land – wie die anderen Industrienationen – mit einer Veränderung der Wirtschaftsstruktur zu tun, weil immer mehr Großunternehmen (z. B. im Automobilsektor) ihre Produktion ins benachbarte Ausland verlagern (➔ M7). Die Folgen waren – trotz mehrerer staatlicher Konjunkturprogramme – eine wachsende Arbeitslosigkeit (1985: 2,6 %, 2004: 5,4 %), geringere Staatseinnahmen und eine wachsende öffentliche Verschuldung. Nach den Jahren der Krise hat sich die Wirtschaft Japans mittlerweile merklich erholt (Stand: 2007). Die Zukunft wird zeigen, wie das Land den Übergang von der Industrie- zu einer Dienstleistungsgesellschaft bewältigen wird.

Auf einer Pressekonferenz geben zwei führende Manager den Konkurs des renommierten Wertpapierhauses Yamichi Securities bekannt. Foto vom 24. November 1997.
In Japan dienen Verbeugungen als Geste zur Begrüßung oder zur Bezeugung von Respekt. Sehr tiefe Verbeugungen stellen eine Bitte um Entschuldigung dar.

M1 Danwei – die Grundeinheit im chinesischen Alltag

Der China-Referent am Hamburger Institut für Ostasienkunde, Oskar Weggel (geb. 1935), beschreibt 1994 die von den Kommunisten eingeführte Struktur der chinesischen Gesellschaft:

Die Einwohner der Volksrepublik China sind in erster Linie nicht Individuen, sondern Mitglieder kleiner überschaubarer Gemeinschaften – der „Danweis". Am Telefon meldet sich der Teilnehmer zuerst mit seiner Danwei und dann erst mit seinem Namen. Danwei (Betonung auf der letzten Silbe!) ist diejenige „Grundeinheit" (so die wörtliche Übersetzung), in der jeder sein berufliches und zum Teil auch sein persönliches Leben führt, auf dem Land also beispielsweise das Dorf (früher die „Produktionsmannschaft"), in der Stadt das Wohnviertel, die Fabrik oder aber die Universitätsfakultät. Am vollkommensten findet sich die Danwei immer noch auf den Dörfern ausgeprägt, da Produktions- und Konsumtionssphäre dort noch weitgehend zusammenfallen, während beide Bereiche in den Städten immer häufiger bereits auseinanderbrechen, insofern der Einzelne sowohl einer Wohn- als auch einer Arbeitsdanwei angehört. […]
Lange Zeit wies die Danwei nicht nur die Arbeit zu, verteilte Löhne, Prämien sowie die vom Einwohnermeldeamt ausgestellten Reis-, Baumwoll- und Speiseöl-Bezugsscheine, sondern bestimmte auch, welches von ihren Mitgliedern eine Höhere oder gar eine Hochschule besuchen durfte, oder wer dem Milizdienst beizutreten hatte. In Zeiten politischer Großkampagnen (Kulturrevolution!) sorgte sie für die Durchführung politischer Schulungsaufgaben, schritt gegen „vulgäre Schallplattenmusik und schlechte Bücher" ein, organisierte den gemeinsamen Kampf gegen Mücken, Fliegen und andere Plagen und bemühte sich auch schon einmal um die Rückgabe eines Radios, das einem ihrer Mitglieder gestohlen worden war. […]
Die gesellschaftliche Kontrolle innerhalb der Danwei war vor allem in maoistischer Zeit nahezu perfekt: Der Einheit und ihren Mitgliedern blieb kein Geheimnis in den eigenen Reihen verborgen. „Informelle Kommunikation", also Flüsterpropaganda, Neugierde und Getuschel, waren allgegenwärtig. Niemand blieb ungetröstet. Ob er dies nun wollte oder nicht, niemand aber auch ungeschoren, wenn er sich etwas hatte zuschulden kommen lassen. […] Im Zeichen der neuen, auf den Einzelhaushalt – und weniger auf die Danwei als solche – abstellenden (reformerischen) Politik hat sich diese „Danwei-Öffentlichkeit" zwar etwas verflüchtigt, bleibt aber immer noch spürbar genug.

Oskar Weggel, China, München [4]1994, S. 52ff.

1. *Begründen Sie, welche Folgen der wirtschaftlichen Modernisierung sich nur schwer innerhalb der bestehenden Danwei-Ordnung lösen lassen.*
2. *Erörtern Sie, unter welchen Voraussetzungen die „Danwei-Öffentlichkeit" eine Gefahr für die kommunistische Herrschaft werden könnte.*

M2 Die „Große Proletarische Kulturrevolution" will einen „neuen Menschen" schaffen

Studenten der Universität Beijing (Peking) bilden im August 1966 eine Rote Garde und verbreiten am 23.9.1966 folgendes Programm in der offiziellen Presseagentur der Regierung, „Xinhua" („neues China"):

1. Jeder Bürger soll manuelle Arbeit verrichten.
2. In allen Kinos, Theatern, Buchhandlungen, Omnibussen usw. müssen Bilder Mao Zedongs aufgehängt werden.
3. Überall müssen Zitate Mao Zedongs anstelle der bisherigen Neonreklamen angebracht werden.
4. Die alten Gewohnheiten müssen verschwinden.
5. Die Handelsunternehmungen müssen reorganisiert werden, um den Arbeitern, Bauern und Soldaten zu dienen.
6. Eine eventuelle Opposition muss rücksichtslos beseitigt werden.
7. Luxusrestaurants und Taxis haben zu verschwinden.
8. Die privaten finanziellen Gewinne sowie die Mieten müssen dem Staat abgegeben werden.
9. Die Politik hat vor allem den Vorrang.
10. Slogans müssen einen kommunistischen Charakter aufweisen.
11. Die revisionistischen Titel haben zu verschwinden.
12. In allen Straßen sollen Lautsprecher aufgestellt werden, um der Bevölkerung Verhaltensmaßregeln zu vermitteln.
13. Die Lehre Mao Zedongs muss schon im Kindergarten verbreitet werden.
14. Die Intellektuellen sollen in Dörfern arbeiten.
15. Die Bankzinsen müssen abgeschafft werden.
16. Die Mahlzeiten sollen gemeinsam eingenommen werden, und es soll zu den Sitten der ersten Volkskommunen im Jahr 1958 zurückgekehrt werden.
17. Auf Parfüms, Schmuckstücke, Kosmetik und nichtproletarische Kleidungsstücke und Schuhe muss verzichtet werden.
18. Die Erste Klasse bei den Eisenbahnen und luxuriöse Autos müssen verschwinden.
19. Die Verbreitung von Fotografien von sogenannten hübschen Mädchen soll eingestellt werden.
20. Die Namen von Straßen und Monumenten müssen geändert werden.

21. Die alte Malerei, die nicht politische Themen zum Gegenstand hat, muss verschwinden.
22. Es kann nicht geduldet werden, dass Bilder verbreitet werden, die nicht dem Denken Mao Zedongs entsprechen.
23. Bücher, die nicht das Denken Mao Zedongs wiedergeben, müssen verbrannt werden.

Rüdiger Machetzki/Oskar Weggel, Die Volksrepublik China, hrsg. von der Bundeszentrale für politische Bildung, Bonn 1983, S. 15

Arbeiten Sie heraus, gegen wen und was sich dieses Programm richtet. Bewerten Sie die Methoden.

M3 Wirtschaftsentwicklung der VR China

Wirtschaftsleisung
(Bruttoinlandsprodukt zu Preisen von 1990)

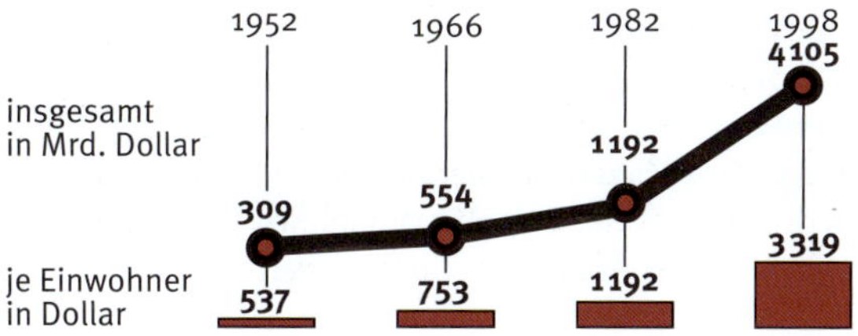

Bruttoinlandsprodukt nach Sektoren, in Prozent:

	China		Deutschland
	1952	2005	2005
Landwirtschaft	59	13	2
Produzierendes Gewerbe	12	47	26
Dienstleistungen	29	40	72

Pro-Kopf-Einkommen
in Dollar pro Jahr

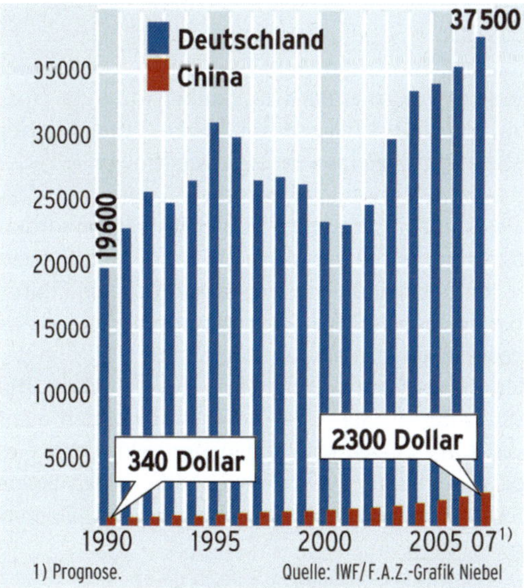

Werte der Exporte
in Milliarden Dollar

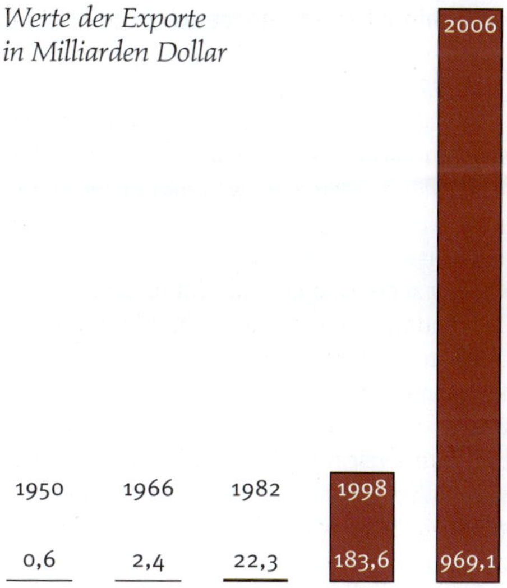

Wirtschaftswachstum
Reale Veränderung des BIP zum Vorjahr in Prozent

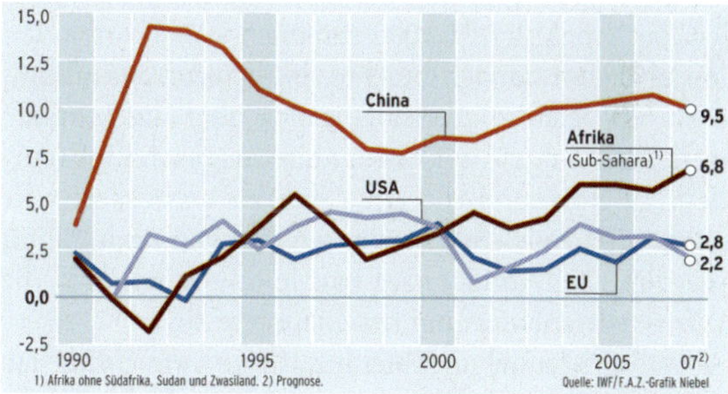

Beschäftigungsentwicklung (Zahlen in Mio.)

Jahr	Anzahl aller Beschäftigten	Beschäftigte in Privatunternehmen und im Einzelgewerbe
1978	401,52	0,15
1980	423,61	0,81
1984	481,97	3,39
1985	498,73	4,50
1987	527,83	5,69
1989	553,29	6,48
1991	583,60	24,92
1993	602,20	33,31
1995	623,88	55,70

Carsten Herrmann-Pillath/Michael Lackner (Hrsg.), Länderbericht China. Politik, Wirtschaft und Gesellschaft im chinesischen Kulturraum, 2. durchgesehene Auflage, Bonn 2000, S. 624

1. *Erläutern Sie die Veränderung der Wirtschaftsstruktur Chinas.*
2. *Vergleichen Sie mit Deutschland und anderen westlichen Industrienationen.*
3. *Beschreiben Sie die Entwicklung des Anteils von Beschäftigten in privaten Betrieben und nennen Sie Ursachen für den Wandel.*

M4 Appell chinesischer Dissidenten

Am 16. Mai 1995 richten 45 chinesische Intellektuelle folgenden Appell an den Staats- und Parteichef Jian Zemin sowie an Parlamentspräsident Qiao Shi. Mehrere Unterzeichner werden danach verhaftet.

Seit einigen tausend Jahren war es in China die gängige Praxis, nur eine einzige Autorität anzuerkennen. Gegenüber anderen, „zweiten" Stimmen herrscht gegenwärtig immer noch Intoleranz vor. 1955 wurden Hu Feng und seine Freunde als „konterrevolutionäre Gruppe" verurteilt, nachdem sie ihren Vorgesetzten ihre künstlerischen und kulturellen Ansichten vorgetragen hatten – mehr als 2000 Menschen waren davon betroffen. 1957 wurden als Reaktion auf den Aufruf zur „Berichtigungskampagne" und zur freien Meinungsäußerung alle diejenigen Intellektuellen als „Rechtsabweichler" verurteilt, die es gewagt hatten, ehrlich ihre Meinung zu äußern; am Ende stellten sie mindestens elf Prozent aller chinesischen Intellektuellen dar, wenigsten 550 000 Personen.

Im Jahrzehnt danach brachte die „Kulturrevolution", die 1966 begann, großes Unglück über die Massen, in dessen Folge die Dissidenten ausgeschaltet wurden. 1978 begann die Lage sich zu verbessern, die genannten Fälle sind im großen Ganzen rehabilitiert worden. Die Atmosphäre wurde toleranter, und die Wirtschaftsentwicklung beschleunigte sich.

Aber der Mangel an Toleranz, die unverzichtbar ist, wenn sie Reform, Öffnung und Modernisierung im vollen Sinn erreichen wollen, ließ dieses Unterfangen in die welterschütternde menschliche Tragödie des 4. Juni 1989[1] und eine Reihe darauf folgender Ereignisse umschlagen. Dadurch wurden die Grundrechte der Bürger verletzt. Um das Jahr der Toleranz der Vereinten Nationen würdig zu begehen, sollten wir unser Möglichstes tun, den Geist der Toleranz zu verbreiten. Für die moderne Zivilisation und Kultur ist das unverzichtbar. Und wir sollten die echte Verwirklichung des in der UN-Charta festgelegten Ziels „der Förderung und Unterstützung des Respekts für die Grund- und Freiheitsrechte des Menschen für alle, ohne Unterschied der Rasse, des Geschlechtes, der Sprache oder der Religion" anstreben.[2]

Zu diesem Zweck hoffen wir, dass die Behörden

1. alle Ansichten, einschließlich der Ideologien, der politischen Ideen und der Religionen, im Geist der Toleranz behandeln und nicht länger diejenigen als „feindliche Elemente" betrachten, die unabhängige Ideen und unabhängige Meinungen haben, sie nicht unterdrücken, bestrafen, unter Aufsicht oder unter Hausarrest halten oder sie sogar inhaftieren;
2. die Ereignisse des „4. Juni" in realistischem Geist neu bewerten und diejenigen freilassen, die wegen ihrer Verwicklung darin noch immer im Gefängnis sind, und entschlossen der unrühmlichen Tradition ein Ende machen, Autoren ins Gefängnis zu stecken, weil sie etwas geschrieben haben, was die Behörden als feindselig betrachten – in einer Tradition, die seit alters in China besteht.

Toleranz ist mit solch neuzeitlichen Vorstellungen wie Demokratie, Freiheit, Menschenrechte und Rechtsstaatlichkeit eng verbunden; sie ergänzen einander. Sie ist auch Voraussetzung für die politische Demokratisierung. Toleranz wird durch die Achtung der Menschenrechte und der Freiheit verkörpert und durch moralische Normen und das Gesetz begrenzt. Gegenwärtig findet man aber überall in China dekadente Strömungen, Verfilzung von Geld und Macht sowie Veruntreuung öffentlichen Besitzes und Korruption. [...]

Die Welt braucht Toleranz. China braucht Toleranz. Wir hoffen, dass mit den verschiedenen Aktivitäten zum UN-Jahr der Toleranz die in China seit alten Zeiten bestehende Intoleranz sich allmählich verringert und dass die Toleranz allmählich zum gemeinsamen geistigen Reichtum unseres ganzen Landes und unserer Nation wird.

Frankfurter Rundschau vom 27. Mai 1995

[1] Siehe dazu S. 504 f.

[2] Am 10. Dezember 1993 hat die UN-Vollversammlung eine Resolution verabschiedet, in der die Ausrufung des Jahres 1995 zum UN-Jahr der Toleranz angekündigt wurde.

1. *Nennen Sie mögliche Gründe dafür, weshalb die Partei- und Staatsführung eine Veränderung der politischen Struktur befürchtet.*
2. *Informieren Sie sich im aktuellen Menschenrechtsbericht der Bundesregierung über die gegenwärtige Situation.*

M5 Über die Beziehung zwischen Angestellten und Betrieb

Der japanische Soziologe Nakane Chie schreibt:

Ich finde es viel zu einfach zu glauben, dass die japanische Art und Weise des Denkens, die Art der menschlichen Beziehungen sich wie die europäische ändert oder sich der europäischen nähert, nur deshalb, weil Japan zu einem Industriestaat geworden ist. Obwohl die Japaner in einem modernen System leben, unterscheiden sie sich doch von den Europäern, und seit der Meiji[3]-Restauration haben sie sich in wesentlichen Dingen kaum geändert [...]. Die Besonderheit der Gruppe zeigt sich deutlich bei der Betrachtung der großen Unternehmen. Es bilden nicht nur die Angestellten eine sogenannte blockierte Gesellschaft – Neuhinzugekommene haben einen Status vergleichbar mit dem der neugeborenen Familienmit-

[3] Meiji: moderne Zeit; in Japan beginnt sie um 1868.

glieder oder des adoptierten Schwiegersohnes –, sondern mit der Zuweisung einer Dienstwohnung, mit den Gratulationsgeldern bei Hochzeit und Geburt oder der Überbringung von Trauergeldern übt die Firma ihren Einfluss auch auf das Privatleben der Angestellten aus, anders gesagt, ihr Einfluss reicht bis in die Familie. Und was interessant ist, je größer ein Unternehmen, je moderner es ist, umso deutlicher zeigt sich die Tendenz. Was in der Verwaltung der Betriebe seit der Meiji-Zeit unverändert geblieben ist, ist das Verhältnis zum Menschen, das heißt zu den Betriebsangehörigen. Diese Beziehung zwischen Betriebsführung und Angestellten ist eher vergleichbar einer Beziehung, die durch das Schicksal bestimmt ist, als einem zwischen Betriebsführung und Angestellten abgeschlossenen Arbeitsvertrag. Es handelt sich hier sozusagen um eine menschliche Beziehung, die der Ehebeziehung vergleichbar ist.

Bernd Röcker, Der Aufstieg Japans zur Welt- und Wirtschaftsmacht, Stuttgart 1996, S. 80

Überlegen Sie, welche Vor- und Nachteile die skizzierten Arbeitsverhältnisse in Zeiten des Wirtschaftswachstums und der Rezession haben.

M6 Über Arbeitsethos und -leistung

Manfred Pohl (geb. 1943), Professor für Staat, Politik und Gesellschaft Japans, schreibt:

Jahrzehntelang haben die Japaner selbst und sogenannte „Japan-Kenner“ in den USA und Europa liebevoll den Mythos von einem hohen japanischen Arbeitsethos gepflegt, das spezifische kulturelle Hintergründe habe. Die rauschhafte Begeisterung, mit der angeblich Japaner ihren täglichen Pflichten nachkommen, wurde immer wieder westlichen Arbeitnehmern als Vorbild hingestellt. Tatsächlich jedoch arbeiten die weitaus meisten japanischen Beschäftigten keineswegs mit größerer Hingabe als ihre westlichen Kollegen. Gruppendruck und Anpassungsbereitschaft, aber vor allem auch die Notwendigkeit, in einer wettbewerbsorientierten Arbeitswelt den eigenen Arbeitsplatz zu erhalten, zwingen vielmehr die Japaner täglich zu einer langen „Verweildauer“ im Betrieb bzw. Büro: Vor dem Chef mag keiner gehen, aus Angst, die Karriere zu gefährden; daraus ergeben sich für Japans Betriebe de facto weit längere Jahresarbeitszeiten als in den USA oder in Europa, man bleibt länger am Arbeitsplatz, obwohl diese Zeit statistisch nicht erfasst wird. Hinzu kommt die strenge Trennung in „Männerwelt“ (= Betrieb) und „Frauenwelt“ (= Familie und Kindererziehung), die den Tageslauf eines Mannes ganz auf die Firma hin orientiert, sodass vielfach auch gar nicht der Wunsch aufkommt, so schnell wie möglich wieder

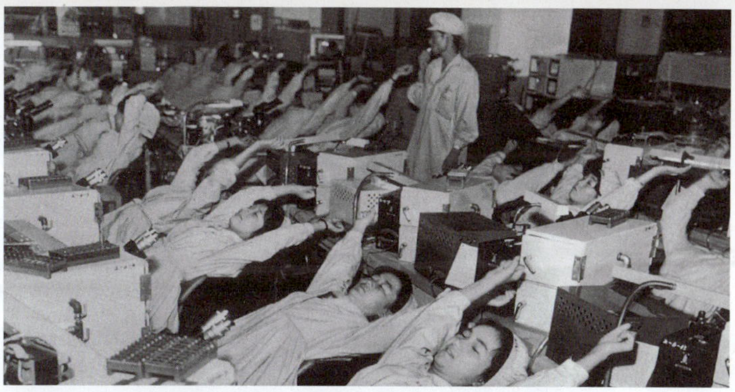

Entspannungsübungen am Arbeitsplatz in Japan. Foto vom 17. 8. 1960.

zu Hause zu sein. Es trifft auch zu, dass der gesetzliche Urlaubsanspruch nicht voll ausgeschöpft wird. Die Gründe: Teils spart man die Urlaubstage für den Krankheitsfall – die Betriebsleitungen üben hier Druck aus –, teils setzt ein Arbeitnehmer sich in schlechtes Licht gegenüber seinen Kollegen, wenn er den vollen Urlaub nimmt – der Gruppendruck ist hier äußerst wirkungsvoll. Zusätzlich zu den bestehenden „traditionellen“ Zwängen kam in der zweiten Hälfte der 90er-Jahre des 20. Jahrhunderts die akute Sorge vor Arbeitsplatzverlust im Gefolge der schwelenden Wirtschaftskrise.

Lange Anwesenheit am Arbeitsplatz und Urlaubsverzicht dürfen jedoch keineswegs einfach mit höherer Arbeitsleistung gleichgesetzt werden. Am Arbeitsplatz anwesend zu sein, wird als „fleißig“ gewertet. Die Arbeitsproduktivität ist z. B. in den USA und besonders in Deutschland – bei rechnerisch jährlich weit weniger Arbeitsstunden – höher als in Japan.

Manfred Pohl, Japan, München [4]2002, S. 215 f.

1. *Erklären Sie, mit welchen Argumenten der „Mythos des japanischen Arbeitsethos“ widerlegt wird.*
2. *Erläutern Sie, welche Schlussfolgerungen daraus z. B. deutsche Arbeitgeber im Hinblick auf das „japanische Erfolgsmodell“ ziehen können.*

M7 Beschäftigungsstruktur Japans

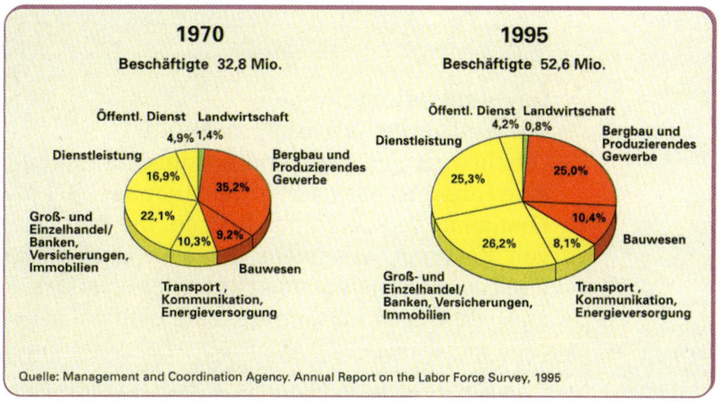

Arbeiten Sie die wichtigsten Veränderungen der japanischen Wirtschaftsstruktur heraus.

11.5 Probleme der Einen Welt

In einem Flüchtlingslager im Osten der Demokratischen Republik Kongo warten Flüchtlinge auf die Ankunft von Hilfsgütern. Foto vom 27.4.2005.
Lange Zeit wurde das Land von Bürgerkriegen erschüttert und durch Korruption rücksichtslos ausgebeutet. Die UNO versucht, die Grundversorgung der Bevölkerung sicherzustellen. Eine UN-Schutztruppe, an der auch Soldaten der Bundeswehr beteiligt waren, sicherte die ersten demokratischen Wahlen im Jahr 2006.

1945–1960	Die meisten Kolonien erlangen ihre Unabhängigkeit
1960	Die OPEC entsteht als Zusammenschluss der Rohölstaaten
1995	Die Welthandelsorganisation WTO (World Trade Organization) nimmt ihre Arbeit auf
11.9.2001	Durch islamistische Terroranschläge in New York und Washington werden über 3000 Menschen getötet

Dekolonisation: die Weltherrschaft Europas endet

Letztlich ist der sogenannte Nord-Süd-Konflikt[1] eine Folge des Ausgreifens der Europäer über alle Kontinente seit der frühen Neuzeit. Die Errichtung von Kolonien, vor allem in Asien und Afrika, erreichte im 19. Jahrhundert ihren Höhepunkt (s. S. 249). Bereits damals leisteten die einheimischen Bevölkerungen vereinzelt Widerstand. Die weit verbreitete öffentliche Kritik am Kolonialismus weckte schließlich in den vom Zweiten Weltkrieg erschöpften europäischen Ländern die Bereitschaft zum Rückzug.

Unterstützung fanden die immer zahlreicher werdenden Unabhängigkeitsbewegungen bei der 1945 gegründeten UNO (s. S. 391). Unter Berufung auf das Selbstbestimmungsrecht der Völker (Artikel 73 der UN-Charta) setzte sie sich mit Nachdruck für eine Dekolonialisierung ein. Die meisten Kolonien erlangten zwischen 1945 und 1960 ihre Selbstständigkeit (➔ M1). Erbitterte Befreiungskriege

[1] *Der Begriff bezeichnet das Konfliktverhältnis zwischen Entwicklungs- und Industrieländern, das sich aus den unterschiedlichen wirtschaftlichen, sozialen und politischen Entwicklungschancen beider Ländergruppen ergibt.*

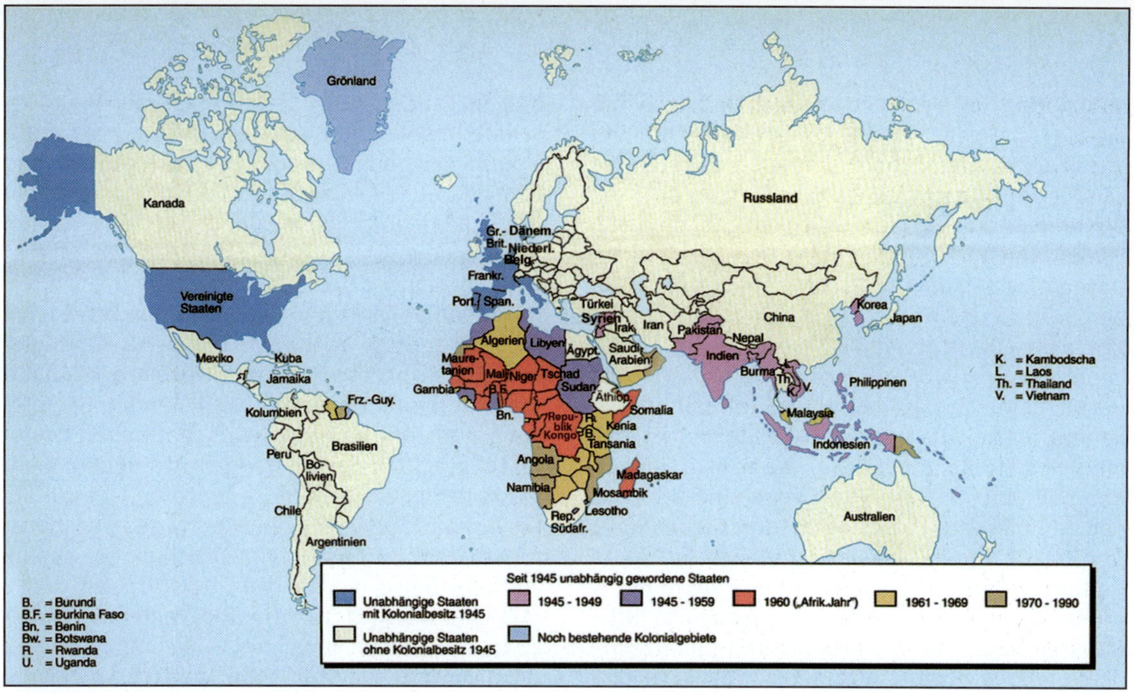

Die Entkolonialisierung seit 1945.

fanden vor allem in Indochina (1946–1954) und Algerien (1954–1962) gegen die französische Kolonialherrschaft statt. Am längsten wehrten sich Spanien und Portugal gegen den Verlust ihres außereuropäischen Besitzes. In einigen britischen Kolonien hielten sich nach der Unabhängigkeit zunächst weiße Minderheitsregimes an der Macht. In Rhodesien/Simbabwe übernahm die schwarze Mehrheit schließlich nach einem blutigen siebenjährigen Bürgerkrieg 1980 die Regierung. Der ehemalige Guerillaführer *Robert Mugabe* (geb. 1924) bemühte sich zunächst um die Einrichtung einer *multiracial society*. In den letzten Jahren entwickelte er sich jedoch vom Hoffnungsträger zum rücksichtslosen Autokraten. Bei den Parlamentswahlen vom April 2002 behauptete Mugabe nur durch Wahlfälschungen seine Macht. In Südafrika endete die Politik der Rassentrennung (*Apartheid*) erst mit freien Wahlen im Jahr 1994. Als erster Schwarzer wurde Friedensnobelpreisträger *Nelson Mandela* (geb. 1918) Präsident des Landes (bis 1999).

Unterschiedliche Interessen der Entwicklungsländer

Die Staaten der Dritten Welt betonen häufig ihren Zusammenhalt und ihre Solidarität, vor allem, um ihren Forderungen gegenüber den westlichen Industrieländern mehr Nachdruck zu verleihen. Dies kann allerdings nicht die wachsende Diskrepanz innerhalb der Entwicklungsländer verbergen.
Beispielsweise zählt zu ihnen die Gruppe der am wenigsten entwickelten Länder (*Least Developed Countries = LLDC*). Kennzeichnend für diese Länder sind besonders niedrige Einkommen, kaum vorhandene Industrialisierung und eine extrem hohe Quote an Analphabeten. 2006 zählten 50 Staaten zu diesen ärmsten Ländern der Erde (die meisten davon in Afrika), in denen über 500 Millionen Menschen, also etwa 10 % der Weltbevölkerung, leben.
Im Gegensatz zur „Unterschicht" der ökonomisch besonders benachteiligten Länder stellen die Schwellenländer die „Oberschicht". Dank ihrer ökonomischen Eigendynamik stehen sie bereits an der Schwelle zum Industriestaat. Zu dieser Gruppe zählen beispielsweise die europäischen Staaten Griechenland und Portugal, die Türkei, die südostasiatischen Staaten Hongkong, Singapur, Südkorea und Taiwan sowie in Lateinamerika Brasilien und Mexiko.[1] Der wirtschaftliche Fortschritt dieser Länder kommt aber keineswegs allen Teilen der Bevölkerung zugute und eilt häufig einer demokratischen und sozio-kulturellen Entwicklung weit voraus.

Die Sonderrolle der OPEC

Eine Sonderrolle innerhalb der Dritten Welt nimmt die *OPEC* (*Organization of the Petroleum Exporting Countries*) ein. Mitglied dieses 1960 gegründeten Kartells[2] können nur Staaten werden, die ganz überwiegend auf den Export von Rohöl angewiesen sind. Die 13 OPEC-Mitglieder (Stand: 2007) setzten in harten Auseinandersetzungen mit den

[1] *Auflistung nach der OECD (Organization for Economic Co-operation and Development; Organisation für wirtschaftliche Zusammenarbeit und Entwicklung)*
[2] *Zusammenschluss selbstständig bleibender Wirtschaftseinheiten (Staaten oder Unternehmen), die den Wettbewerb untereinander beschränken wollen*

multinationalen Ölkonzernen nach und nach ihre eigenen Interessen durch. Mit der Kontrolle über das Erdöl verfügten sie – anders als die meisten Länder der Dritten Welt – über einen natürlichen Reichtum, der ihnen die Möglichkeit gab, die westlichen Industrienationen unter Druck zu setzen. Davon machten die OPEC-Mitglieder aus dem Vorderen Orient und Nordafrika mit einer konsequent gegen Israel gerichteten Politik Gebrauch. Als sich Israel 1973 im *Jom-Kippur-Krieg* ein weiteres Mal gegen seine arabischen Nachbarn behaupten konnte, setzten die arabischen OPEC-Staaten erstmals das Erdöl als politische Waffe ein: Sie verhängten einen Lieferboykott gegen die USA und den europäischen Umschlagstandort Niederlande. Der Preis für Rohöl vervierfachte sich auf 10,70 Dollar pro Barrel[3]). Dieser massive Eingriff in die internationale Wirtschaftsordnung schürte Inflationstendenzen in den westlichen Industrieländern und trug zu einer allgemeinen Wirtschaftskrise bei. Allerdings löste er auch einen Denkprozess in den hoch industrialisierten Staaten aus. Sie suchen seither nach Wegen zur Energieeinsparung oder zur Nutzung „alternativer" Energien, um die Abhängigkeit von dem Rohstoff Öl zu lockern.

Die Situation der Entwicklungsländer verschlechtert sich

Anders als die OPEC-Mitglieder sind die meisten Staaten der Dritten Welt in einen Teufelskreis der Armut geraten, aus dem kein Entrinnen möglich scheint. 2005 lebten mehr als 80% der Menschheit in Ländern, die gerade 22% der Weltwirtschaftsleistung produzierten. Ein durchschnittlicher Bevölkerungszuwachs von 2,2% jährlich und eine gewaltige Auslandsverschuldung gelten heute als die Hauptprobleme der Entwicklungsländer. 2006 beliefen sich die Auslandsschulden der Entwicklungsländer zusammen genommen auf 2800 Milliarden Dollar (1980: 610 Milliarden Dollar). Für diese krisenhaft angewachsene neue Abhängigkeit gibt es externe und interne Gründe. Während die Exportgüter der Entwicklungsländer, in erster Linie Rohstoffe und landwirtschaftliche Erzeugnisse, aufgrund des Überangebots auf dem Weltmarkt immer weniger Erlöse brachten, stiegen die Preise für die notwendigen Importe aus den Industriestaaten. Zu einem wesentlichen Teil schlug auch die Preisexplosion des Erdöls zu Buch.

Mitverantwortlich für die Probleme sind aber ebenso Missbräuche bei der Verwendung von Krediten sowie Fehlinvestitionen. Vielfach werden die internationalen Darlehen nicht für den wirtschaftlichen Aufbau verwendet, sondern fließen über den Rüstungskauf wieder in die Industrieländer und nach China zurück. Erst seit 1992 ist – parallel zu einem allgemeinen Trend – ein deutlicher Rückgang der Waffeneinfuhren festzustellen.

Kriege und Bürgerkriege sind denn auch eine weitere Geißel für die Bevölkerung in vielen Ländern der Dritten Welt. Die meist aus sozialen oder religiösen Gründen ausbrechenden Kämpfe sind zum Teil noch ein Erbe der Kolonialzeit, als die Europäer willkürliche Grenzen zogen, ohne ethnische Aspekte zu berücksichtigen.

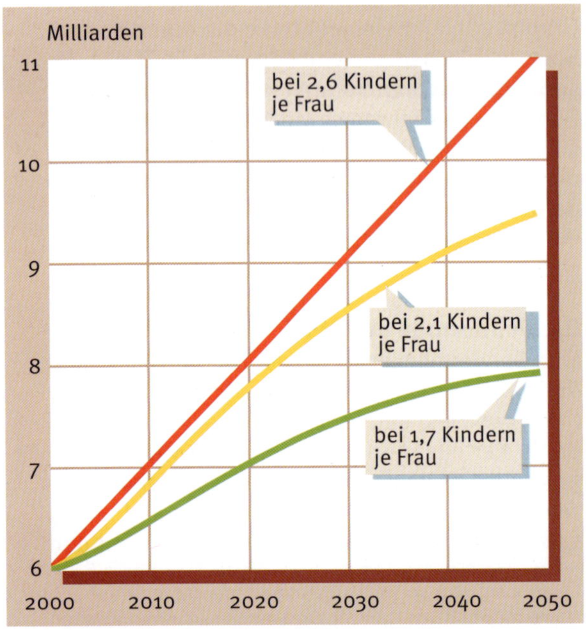

Weltbevölkerung 2000 bis 2050: drei Varianten. Frankfurter Allgemeine Zeitung vom 8. 11. 2001.

Die Neue Weltwirtschaftsordnung und die Rolle der UNO

Vonseiten der Entwicklungsländer wird das bestehende Weltwirtschaftssystem als eigentliche Ursache ihres unzureichenden Lebensstandards angesehen. Ungleiche ökonomische und politische Machtverhältnisse verhinderten ein effektives Funktionieren ihrer Volkswirtschaften. Daraus ergab sich die gemeinsam vorgetragene Forderung nach einer Neuen Weltwirtschaftsordnung (NWWO).

Die Diskussion über die Neue Weltwirtschaftsordnung wurde vor allem in den Vereinten Nationen und deren Sonderorganisationen geführt. Neben der *UN-Konferenz für Handel und Entwicklung (UNCTAD)* zählen dazu der *Internationale Währungsfonds (IWF)* und die *Weltbank*. Allein die Weltbank hat 2006 zur Behebung vorübergehender Zahlungsschwierigkeiten, zur Bekämpfung von Armut oder zur Förderung von Privatwirtschaft, Industrie und Umweltschutz Kredite in Höhe von 23,6 Milliarden Dollar an Entwicklungsländer vergeben. Allerdings knüpfen Weltbank und Weltwäh-

3 Barrell: Internationale Maßeinheit für Öl (159 Liter)

rungsfonds ihre Unterstützung an die Zusage von marktwirtschaftlichen Reformen oder Sparmaßnahmen zur Bekämpfung der Inflation. Die Folge sind häufig Kürzungen von Sozialausgaben in den Staatshaushalten der Entwicklungsländer. Seit einigen Jahren wird daher der Ruf nach einer Entschuldungskampagne für die Entwicklungsländer immer lauter, ohne dass sich die beteiligten Organisationen bisher auf konkrete Maßnahmen einigen konnten. Die Kritik von Nicht-Regierungs-Organisationen (NGOs) und anderen Globalisierungsgegnern richtet sich seit ihrer Gründung 1995 vor allem gegen die Welthandelsorganisation (World Trade Organization = WTO), die als Unterorganisation der Vereinten Nationen zurzeit 151 Mitglieder hat (Stand: 2007).

Entwicklungspolitik: Hilfe zur Selbsthilfe

In erster Linie bestimmen humanitäre, außenpolitische und wirtschaftspolitische Motive die Entwicklungspolitik. Zwischen 1960 und 1980 verfolgte die internationale Entwicklungspolitik primär die Strategie der nachholenden Entwicklung und Modernisierung in den Ländern der Dritten Welt. Entwicklung wurde fast ausschließlich mit wirtschaftlichem Wachstum gleichgesetzt, in der Annahme, das Wachstum würde nach unten durchsickern und schließlich die ärmeren Bevölkerungsschichten erreichen. Die erwarteten Erfolge traten jedoch bei der Mehrzahl der Entwicklungsländer nicht ein.

Seit Beginn der Siebzigerjahre diskutierten Geber- und Nehmerländer deshalb eine grundsätzliche Neuorientierung der Entwicklungspolitik. Ausgangspunkt hierfür war die Erkenntnis, dass wirtschaftliches Wachstum allein noch keine umfassende Entwicklung einleiten kann, da es weder Verteilungsprobleme lösen noch die sozialen Folgen vorherzusehen vermag. Damit einher ging die Einsicht, dass ein stark steigender Energie- und Rohstoffverbrauch in den Ländern der Dritten Welt eine zusätzliche Bedrohung der Umwelt nach sich ziehen würde. In Abkehr von globalen Entwicklungshilfekonzepten lautete die neue Strategie: „Hilfe zur Selbsthilfe durch angepasste Entwicklung". Damit sollen einerseits die jeweiligen soziokulturellen und ökologischen Gegebenheiten berücksichtigt und andererseits Menschenrechte und Demokratisierung gefördert werden.
Parallel zu diesem Umdenkungsprozess der Industrienationen setzte in den Ländern der Dritten Welt eine verstärkte Rückbesinnung auf die eigenen Traditionen und kulturellen Werte ein. Es entstand ein neues Vertrauen auf die eigene Kraft (*Self-Reliance*) als selbstbewusste Gegenposition zu der bis dahin fast kritiklosen Übernahme westlicher Zivilisation. Am deutlichsten tritt diese Abkehr von westlichen Lebensformen heute in der islamischen Welt zutage.
In Zeiten der Globalisierung nehmen ökonomische und politische Entwicklungen in einem Teil der Welt zunehmend Einfluss auf Politik und Wirt-

Globale Politik	– Anerkennung als gleichberechtigte Partner – Recht auf einen eigenen Entwicklungsweg – Uneingeschränkte Verfügungsmacht über die eigenen Bodenschätze
Handel und Wirtschaft	– Größerer Anteil an der Weltindustrie-Produktion – Abbau von Handelshemmnissen durch die Industrieländer – Förderung der Zusammenarbeit der Entwicklungsländer untereinander
Rohstoffe	– Vereinbarung von Rohstoffabkommen und Kartellen – Verarbeitung von Rohstoffen in den Erzeugerländern
Industrialisierung	– Steigerung der Investitionen im Industriesektor
Technologie	– Technologietransfer aus den Industrieländern zu Vorzugsbedingungen (Patente, Lizenzen etc.)
Dienstleistungen	– Wachstum des Tourismus
Landwirtschaft	– Unterstützung bei der Hebung der Agrarproduktion
Währung und Finanzen	– Verbesserter Zugang zu den Kapitalmärkten – Schutz vor den Folgen von Inflation und Verschuldung – Schuldenabbau bzw. -erlass
Entwicklungshilfe	– Verwirklichung der staatlichen Entwicklungshilfeziele seitens der Industrieländer: 0,7% des Bruttosozialprodukts – Erhöhung der Finanzmittel für die internationalen Entwicklungshilfe-Organisationen

Die wichtigsten Forderungen der Entwicklungsländer.
Tabelle u. a. nach: Dieter Nohlen (Hrsg.), Lexikon Dritte Welt, Reinbek [6]1994, S. 487 und 489

schaft in anderen Teilen. In diesem Zusammenhang sieht sich auch die Entwicklungspolitik vor neuen Herausforderungen:
Die Vergangenheit hat gezeigt, dass externe Faktoren wie Geld, Expertise und Personal Entwicklung allenfalls unterstützen, aber nicht herbeiführen können. Die Entwicklungspolitik muss also Lösungen für weltumspannende Probleme entwickeln, indem sie den Partnerländern hilft, eigenständige Kapazitäten aufzubauen (→ M2). Dabei müssen die südlichen Staaten in die Lage versetzt werden, eine aktive Rolle in der sich bildenden *Global Governance* zu spielen. Dies wird nicht ohne die Zusammenarbeit der staatlichen bzw. überstaatlichen Institutionen mit weltweit operierenden Unternehmen und den zunehmend transnational organisierten NGOs zu bewerkstelligen sein.
Das weltweite Flüchtlingsproblem stellt eine weitere Herausforderung für die Entwicklungspolitik dar: Kriege und politische Verfolgung, Hunger, Armut und Umweltzerstörungen sind die Ursachen für die jährlich steigende Zahl von Flüchtlingen. Man schätzt, dass schon in wenigen Jahren 80–100 Millionen Menschen ihre angestammte Heimat verlassen haben werden. Die meisten von ihnen verbleiben in der Dritten Welt. Dennoch müssen die nordamerikanischen und europäischen Regierungen nach politischen und wirtschaftlichen Mitteln und Wegen suchen, wenn sie einen nicht mehr kontrollierbaren Zustrom von Einwanderern vermeiden wollen.

Globalisierung

Zu den folgenreichsten Veränderungen der internationalen Beziehungen in den letzten Jahrzehnten zählt die Globalisierung der Weltwirtschaft und deren Auswirkungen auf die Rolle der Nationalstaaten und ihre Gesellschaften. In einem engeren Sinn auf die Liberalisierung und Internationalisierung des Handels bezogen, begann das Zeitalter der wirtschaftlichen Globalisierung jedoch bereits im ausgehenden 19. Jahrhundert, als die damals bedeutendsten Industrie- und Handelsnationen bereits weltweit agierten (s. S. 250). Allerdings war der Begriff „Globalisierung“ noch nicht geprägt. Stattdessen sprach man vom Welthandel, der damals einen gewaltigen Aufschwung nahm und die Länder in und außerhalb Europas eng miteinander verband. In der Folge des Ersten Weltkriegs, der Weltwirtschaftskrise der 1930er-Jahre und des Zweiten Weltkriegs wurde diese Entwicklung immer wieder unterbrochen. Doch bereits in der Schlussphase des Krieges und vor allem nach 1945 wurden unter Führung der neuen Weltmacht USA die Weichen für einen umfassenden Abbau internationaler Handelshemmnisse gestellt. So sollten der aus dem Lot geratene Welthandel wieder in Gang gesetzt und die Märkte für die Produzenten geöffnet werden (u.a. durch den Internationalen Währungsfonds, die Weltbank, den Marshall-Plan, das *Allgemeine Zoll- und Handelsabkommen GATT*, als dessen Nachfolgeorganisation seit 1995 die Welthandelsorganisation WTO fungiert). Das hatte zur Folge, dass sich der Güteraustausch zwischen den großen Industriestaaten von 1960 und 2002 verzehnfachte und den daran beteiligten Ländern historisch einmalige Wohlstandsgewinne bescherte.
Die gegenwärtige Globalisierung der Wirtschaft zeichnet sich jedoch nicht allein durch die *gewaltige Zunahme des Handelsvolumens zwischen den Staaten* aus. Eng damit verbunden bzw. deren Voraussetzung ist die ebenfalls historisch einmalige *Ausweitung der internationalen Arbeitsteilung bei der Produktion und dem Austausch von Gütern*. Grundlage dafür sind neue Technologien im Kommunikations- (Mikroelektronik, Internet) und Transportwesen. Staatliche Grenzen und geografische Entfernungen stellen immer weniger ein Hemmnis dar. So arbeiten zum Beispiel die Automobilhersteller mit Zulieferbetrieben auf der ganzen Welt zusammen, um möglichst kostengünstig produzieren zu können.
Schätzungsweise 65 000 transnationale Konzerne und multinational agierende Firmen verleihen auf diese Weise dem Prozess der ökonomischen Globalisierung seine Dynamik und führen zu einer immer intensiveren Verflechtung der davon betroffenen Volkswirtschaften. Allerdings profitiert bislang nur etwa ein knappes Drittel der Weltbevölkerung von dieser Entwicklung – nämlich die OECD-Staaten, von denen die meisten Industrieländer sind, und die asiatischen Schwellenländer wie zum Beispiel China und Indien.

US-amerikanische Reklame an einer Bushaltestelle in Ho-Chi-Minh-Stadt in Vietnam.
Foto von Philip Jones Griffiths, 2002.

Neben dem Zusammenwachsen von Produktionsstandorten und dem Anwachsen des Welthandels von Waren und Dienstleistungen gehören zur wirtschaftlichen Globalisierung der Gegenwart vor allem auch die freien Finanzmärkte für Wertpapiere, Kredite, Geld- und Devisengeschäfte. Kapitalanleger agieren weltweit, um die besten Renditen zu erreichen. Ob dies der Realwirtschaft der Firmen und Unternehmen und natürlich auch den Arbeitnehmern und Konsumenten immer nützt, ist keineswegs unumstritten. Ungeklärt bleibt bislang auch, ob und wie die Nationalstaaten diesen historisch neuen Prozess der Freisetzung wirtschaftlicher Dynamik steuern können bzw. sollen und welcher neuer, überstaatlicher Institutionen es bedarf, damit weltweit Finanzinvestoren an international gültige Regeln gebunden und der Missbrauch wirtschaftlicher Macht verhindert werden kann.

Islamistischer Terrorismus – Ziele und Motive

Zu den globalen Herausforderungen der Gegenwart gehört auch die Bedrohung durch extremistische islamische Gruppierungen. Deren Anhänger halten es für ihre „heilige Pflicht", alle „Feinde" des Islam weltweit zu bekämpfen und gegebenenfalls auch ihr Leben für das Fernziel der Errichtung eines Gottesstaates (Kalifat) zu opfern.

Bevorzugte Ziele sind öffentliche Einrichtungen und die Zivilbevölkerung in den USA und in mit diesen verbündeten Staaten. Zu ihnen zählt auch Israel. Schon vor der Staatsgründung im Jahr 1948 hatten sich Spannungen zwischen jüdischer und arabisch-palästinensischer Bevölkerung oft in Auseinandersetzungen entladen. Der Staat Israel musste sich immer wieder in – zum Teil kriegerischen – Konfrontationen mit arabischen Staaten und in Aufständen der palästinensischen Bevölkerung behaupten.

Der Hass auf den „großen" und den „kleinen Satan" (USA bzw. Israel) und ganz allgemein gegen die westliche Zivilisation und Lebensweise treibt die Anhänger der Lehre vom „Heiligen Krieg" (*Dschihad*) gegen die „Ungläubigen" an.

Bereits in den 1980er- und 1990er-Jahren machten kleine muslimische Gruppen von sogenannten „Gotteskriegern" (*Mudschahedin*), aber auch Einzeltäter auf ihre Ziele aufmerksam. Sie richteten ihre Sprengstoffanschläge gegen militärische und zivile Einrichtungen in Israel und in anderen Ländern. Dabei gab es mehrere hundert Tote und viele tausend Verletzte. Bereits 1993 zündeten islamistische Fundamentalisten eine Autobombe in der Tiefgarage des New Yorker *World Trade Center*, dem – wie sie es sahen – Symbol des westlichen Kapitalismus und der verhassten amerikanischen Weltmacht. Sechs Tote und über 1000 Verletzte waren die Opfer des Attentats. Dieser Anschlag war ein Signal für die Radikalisierung des internationalen Terrorismus.

al-Qaida

In den 1990er-Jahren entstand zunächst im Sudan (1991–96), dann in Afghanistan (1996–2001) eine *al-Qaida* („Basis", „Fundament") genannte Organisation islamistischer Kämpfer. Sie entwickelte sich rasch zu einer terroristischen Bewegung mit Zehntausenden paramilitärisch geschulter Anhänger, die in über 60 Ländern agierten. Ihr Gründer und führender Kopf ist der in Saudi-Arabien geborene Bauingenieur und Multimillionär *Osama Bin Laden*. Wie er propagierten auch andere Führer vergleichbarer Gruppen aus Ägypten, Pakistan und Bangladesh den Kampf gegen die herrschenden Eliten in muslimischen Ländern und ihre amerikanischen Protektoren. Mit diesen Gesinnungsgenossen gründete Bin Laden 1998 die *„Internationale Islamische Front für den Dschihad gegen Juden und Kreuzritter"*. Der Chef von al-Qaida wurde zu ihrem unumstrittenen Führer. Der Organisation gelingt es fortwährend, vor allem junge Männer als Selbstmordattentäter („Märtyrer"), aber auch als Helfer im Untergrund zu rekrutieren.

Die Anschläge vom 11. September 2001

Erst die Anschläge in New York und Washington vom 11. September 2001 rückten diese Bedrohung ins Bewusstsein der breiten Öffentlichkeit. Nach monatelangen Vorbereitungen in Deutschland, Afghanistan und den USA verübte eine Gruppe von 19 arabischen Selbstmordattentätern den bislang schwersten Terroranschlag des al-Qaida-Netzwerkes. Als Anführer dieser Terrorzelle gilt der 1968 geborene und seit 1992 in Hamburg lebende Ägypter *Mohammed Atta*, der in Deutschland studierte. Die Attentäter brachten vier besetzte US-Passagierflugzeuge in ihre Gewalt und steuerten sie fast gleichzeitig in die beiden Türme des World Trade Center in New York und auf das US-Pentagon (Verteidigungsministerium) in Washington. Eine Maschine stürzte bei Pittsburgh ab, ohne ihr Ziel zu erreichen. Das World Trade Center wurde völlig zerstört, nachdem die beiden Türme in sich zusammenbrachen, das Pentagon wurde stark beschädigt.

Insgesamt kamen über 3000 Menschen ums Leben. Erstmals nach dem japanischen Angriff auf den amerikanischen Marinestützpunkt Pearl Harbor 1941 (s. S. 362) sahen sich die Vereinigten Staaten von Amerika von einer fremden Macht in ihrem eigenen Land angegriffen (→ M3).

Krieg in Afghanistan

Als Reaktion beschloss US-Präsident *George W. Bush* (geb. 1946) eine Militäraktion gegen das radikalislamistische Talibanregime in Afghanistan (ab dem 7. Oktober 2001), das Osama Bin Laden und der al-Qaida bereits seit Jahren Unterschlupf geboten hatte. Präsident George W. Bush fand dafür die Unterstützung des UN-Sicherheitsrates sowie aller NATO-Staaten. Erstmals in ihrer Geschichte erklärte die NATO den Bündnisfall für gegeben, der damalige Bundeskanzler *Gerhard Schröder* bekundete für Deutschland die „uneingeschränkte Solidarität" mit den USA, auch der russische Präsident Wladimir Putin billigte ausdrücklich die Aktion. Nach der Beseitigung der Talibanherrschaft wurde 2002 eine internationale Schutztruppe (*International Security Assistance Force* (*ISAF*)) gebildet, an der auch die Bundeswehr beteiligt ist. Sie soll die Sicherheit gewährleisten und bei der Demokratisierung des Landes helfen. Allerdings scheint das Netzwerk al-Qaida im schwer zugänglichen Grenzgebiet zwischen Pakistan und Afghanistan neue Ausbildungslager aufzubauen.

Irak-Krieg 2003

Bush kündigte einen „langen Feldzug" gegen den internationalen Terrorismus weltweit an. Diesen „Antiterrorkrieg" wollten die USA mit militärischen, geheimdienstlichen, polizeilichen und ökonomischen Mitteln führen. Im Gegensatz zum Einsatz in Afghanistan stieß er mit dem amerikanisch-britischen Präventivkrieg ohne UN-Mandat gegen den Irak (März/Mai 2003) zur Beseitigung des diktatorischen Regimes von *Saddam Hussein* auf entschiedene Kritik einer Reihe von NATO-Verbündeten, wie etwa Frankreich und Deutschland. Es gelang zwar der „Koalition der Willigen" unter Führung der USA, die irakische Diktatur innerhalb weniger Wochen zu beseitigen und Ende des Jahres 2003 den Diktator Saddam Hussein festzunehmen (er wurde im November 2006 von einem irakischen Gericht zum Tode verurteilt und wenig später gehenkt). Doch die USA und ihre Verbündeten gerieten international unter Druck. Weder konnten die vermuteten Massenvernichtungswaffen im Irak gefunden werden noch gab es Beweise für eine Zusammenarbeit Husseins mit al-Qaida.

Zu einer Befriedung des Landes kam es trotz oder vielleicht auch wegen der fortdauernden amerikanischen Militärpräsenz nicht. Die seit 2005 amtierende, demokratisch legitimierte irakische Regierung wird von den auswärtigen Truppen gestützt und versucht, den bürgerkriegsähnlichen Auseinandersetzungen zwischen den religiösen und ethnischen Gruppierungen (Sunniten-Schiiten, Kurden-Araber) Einhalt zu gebieten und die wirtschaftliche und demokratisch-rechtsstaatliche Entwicklung voranzubringen.

Schiiten feiern das Aschura-Fest zu Ehren des Imam Hussein im irakischen Kerbela. Foto von 2005. In der Moschee liegt der Imam Hussein begraben, den die Schiiten als Märtyrer und legitimen Nachfahren des Propheten Muhammad verehren. Gespalten hatten sich Sunniten und Schiiten im 7. Jahrhundert in der Frage der rechtmäßigen Führerschaft der Muslime. Unter dem sunnitischen Staatspräsidenten Saddam Hussein wurden die irakischen Schiiten, die mit über 60 Prozent die größte religiöse Gruppe stellen, unterdrückt.

Bedrohung Deutschlands

Seit den verheerenden Anschlägen vom 11. September 2001 ist trotz des von den USA und ihren Verbündeten weltweit geführten und teilweise auch erfolgreichen Antiterrorkampfes die Gefahr immer neuer Attentate nicht geringer geworden. Das beweisen die zahlreichen Sprengstoffattentate mit vielen Toten und Verletzten wie zum Beispiel in Madrid (2004) und London (2005). Kein Land ist von den Aktionen islamistischer Terrorgruppen ausgenommen. Das gilt auch für Deutschland, wo bis 2007 insgesamt sechs geplante Terrorakte durch die Sicherheitsbehörden rechtzeitig aufgedeckt werden konnten bzw. am technischen Unvermögen der Attentäter (Kofferbomben in Köln 2006) scheiterten. Nach Einschätzung der deutschen Sicherheitsbehörden hat sich in den letzten Jahren der islamistische Terrorismus zur größten Bedrohung für die internationale Staatengemeinschaft und damit auch für die innere Sicherheit Deutschlands entwickelt. Die Mitglieder von Terrorzellen rekrutieren sich mittlerweile aus den Ländern selbst, in denen sie Mordaktionen planen („*home grown terrorists*").

Innenpolitisch umstritten ist, ob und unter welchen Voraussetzungen staatliche Behörden in die Privatsphäre der Bürger – beispielsweise bei Internet-Durchsuchungen – eindringen dürfen, um Mitglieder von Terrorgruppen im In- und Ausland zu enttarnen und Anschläge zu verhindern.

M1 Abschied vom weißen Mann

Vor allem im Süden und Osten Afrikas haben sich im Zeitalter des Kolonialismus viele Europäer angesiedelt, im Westen hingegen nur wenige. Die Freigabe der Kolonien in die Unabhängigkeit ist hier deshalb weit weniger gewaltsam verlaufen. Ein Beispiel liefert Ghana, das sich 1957 als erstes schwarzafrikanisches Land von Großbritannien löst. Der schwarze Führer der Convention People's Party, Kwame Nkrumah (1909–1972), erlebt die ersten Wahlen am 8. Februar 1951 im Gefängnis. Er berichtet darüber:

Ursprünglich war es nicht meine Absicht, mich für die Wahl aufstellen zu lassen, bis ich einsah, dass es wohl schwerfallen dürfte, meine Entlassung zu erwirken, bevor ich nicht meine Strafe verbüßt hätte. Wenn ich dagegen die Wahl gewänne, müsste es andererseits den Behörden schwerfallen, mich weiterhin im Gefängnis zu halten.

So bestand ich also zunächst darauf, dass mein Name auf die Wahlliste gesetzt wurde. Hiergegen erhob sich viel Widerspruch, ich blieb jedoch hartnäckig, denn das Gesetz gab mir in dieser Beziehung Recht. Kein Mensch konnte es mir verbieten zu kandidieren. [...]

Als meine Aufstellung für die Wahl bekannt wurde, erhob sich größter Jubel im ganzen Land, denn die Regierung würde – so glaubte man allgemein – gezwungen sein, meine Kollegen und mich unter dem Druck der öffentlichen Meinung zu entlassen, sofern ich gewählt werden würde. Für die Nacht, die auf die Wahl folgte, wurden von der Gefängnisverwaltung besondere Vorkehrungen getroffen, denn es ging ein Gerücht um, ganz Accra[1] werde sich auf den Weg machen, um mich aus dem Gefängnis zu befreien. Es blieb jedoch alles ruhig.

Der Direktor des Gefängnisses hatte angeordnet, dass man mir die Wahlergebnisse stündlich mitteilen solle. Ungefähr um vier Uhr morgens kam die Nachricht durch, ich sei im Bezirk Zentral-Accra gewählt worden. Aber nicht nur das, ich hatte die höchste Stimmenzahl erhalten [...], nämlich 22 780 von 23 122 möglichen Stimmen. [...]

Am Morgen des 12. Februar zwischen elf und zwölf Uhr ließ mich der Gefängnisdirektor holen und teilte mir mit, ich solle mich bereit machen, das Gefängnis innerhalb der nächsten Stunde zu verlassen. [...] Als sich um ein Uhr die Tore des Gefängnisses hinter mir schlossen, wurde mir klar, warum sich die Regierung bemüht hatte, die Nachricht meiner Entlassung so geheim zu halten. Ich glaube kaum, dass ich jemals zuvor in meinem Leben eine derart zusammengeballte Menschenmenge gesehen habe. [...]

Dies war der größte Tag meines Daseins, mein Tag des Sieges, und die Menschen um mich waren meine Krieger. Kein General hätte stolzer sein können auf seine Armee als ich, und keine Armee hätte ihrem Führer mehr Anhänglichkeit bewahren können.

Vom James-Fort-Gefängnis bahnte sich die Prozession ihren Weg zum Stadion, und zur Bewältigung dieser Entfernung, die man normalerweise in fünfzehn Minuten zurücklegt, benötigten wir zwei Stunden. Im Stadion, dem Geburtsort meiner Partei, wurde das übliche Sühneopfer vorgenommen. Man opferte ein Schaf, und ich musste siebenmal mit nackten Füßen durch das Blut schreiten, um mich von der Befleckung durch das Gefängnis zu reinigen ...

Am Tage nach meiner Entlassung wurde ich vom Gouverneur eingeladen, ihn morgens um neun Uhr aufzusuchen. [...] Er hieß mich willkommen und fragte mich, wie es mir ginge. Als wir beide Platz nahmen, hatte ich das Gefühl, dass er mir gegenüber wohl ebenso vorsichtig und misstrauisch sein mochte wie ich ihm gegenüber. Wir verloren jedoch keine Zeit, sondern kamen gleich zum Wesentlichen [...].

Ich verließ das Schloss mit dem Auftrag des Gouverneurs, die Regierung zu bilden. Als ich die Stufen hinabschritt, kam es mir vor, als wäre das Ganze ein Traum, aus dem ich bald erwachen würde, um mich im Gefängnis wiederzufinden – auf dem Boden kauernd und einen Topf mit Reisbrei verzehrend.

Peter Alter und Erhard Rumpf (Hrsg.), Afrika. Geschichte – Politik – Gesellschaft, Stuttgart 1988, S. 37ff.

1. *Beschreiben Sie das Verhältnis zwischen der britischen Kolonialverwaltung und dem Führer der Unabhängigkeitspartei.*
2. *Nicht überall verlief der Unabhängigkeitsprozess so friedlich. Informieren Sie sich in Arbeitsgruppen, beispielsweise über den Freiheitskampf in Algerien oder Kenia und berichten Sie darüber.*

[1] *Accra: Hauptstadt Ghanas*

M2 Warum sind wir reich? Warum sind die anderen arm?

Gerhard Drekonja-Kornat (geb. 1939), Professor für außereuropäische Geschichte, zieht 2002 Bilanz über Theorien zur Ungleichheit in der Welt:

Die Frage, warum wir in den reifen Industriestaaten reich sind, während eine ganze Reihe von Gesellschaften in Afrika, Asien und Lateinamerika arm bleiben, kann jetzt nicht mehr mit der These von der imperialistischen Ausbeutung der Dritten Welt bequem beantwortet werden. Stattdessen ist vielschichtig zu argumentieren. [...]
Warum also sind wir reich? Vom lieben Gott kommt das „europäische Wunder" bestimmt nicht [...]: Seit rund eintausend Jahren war die jüdisch-christliche Denkweise, welche die westliche Zivilisation gebar, die treibende Kraft auf dem Kontinent, dank ihres geradlinigen Vorwärtsdenkens [...], dem technische, institutionelle und geistige Errungenschaften entsprangen. [...] Unterm Strich: Geografie ist nützlich; Ressourcen helfen; jedoch entscheidend ins Gewicht fällt die Kulturökonomie einer Gesellschaft, die erzieht, ausbildet, Freiräume für Kritik gewährt, ein Minimum an Gleichheit garantiert und Bürokratie und Korruption unter Kontrolle hält. [...] Zwischen 20 000 und 30 000 Dollar beträgt heute das Pro-Kopf-Einkommen in den reifen Industriestaaten, während die erfolgsarmen Teilstücke der Dritten Welt bei 4000 und weniger dahindümpeln. Dritte-Welt-Staaten blieben arm, weil sie (Hypothek des Kolonialismus) Nachzügler waren, Bürgerkriege ausfochten, Caudillos[1] und Diktatoren ausgeliefert blieben, der Korruption nie Herr wurden, kein unternehmerisches Bürgertum entwickelten, bei der Ausbildung versagten, die Gleichheit vergaßen, keine autonome Wissenskultur aufbauten. Daher konnten auch vier Dekaden mit Entwicklungshilfe nichts ausrichten, weil gute Gaben keine effiziente Modernität herbeizaubern können. Erst die Eigenanstrengung bringt qualitative Sprünge. Solche Einsichten stechen besonders ins Auge, wenn man bedenkt, dass einige starke Leistungen in der Dritten Welt nicht etwa mit Entwicklungshilfe, sondern ohne sie oder gar gegen den Widerstand aus den Metropolen gelangen, nämlich bei Raketentechnologie oder Atomrüstung, wie die Beispiele des Irak, Argentiniens und Brasiliens und neuerdings auch von Indien und Pakistan bezeugen: In diesen verbotenen Bereichen wurden Kräfte konzentriert, Wissen gebündelt, vorwärtsschauend gehandelt – und plötzlich sind Hochleistungen auch in der Dritten Welt möglich! [...] Nach fünfhundert Jahren Modernitätsschöpfung, die auf Kosten der Peripherie geht, gibt es massiven Hass. Und erstmals Gegenschläge aus dem fundamentalistischen Islam. [...] Jetzt wird die Entscheidung fällig: Entweder wir „Westler" wehren uns entschieden, igeln uns ein [...]; oder wir bemühen uns ernsthaft um European values und versuchen, im Rahmen ernsthafter postkolonialer Politik die besten Elemente unseres Erbes – Freiheit, Gleichheit, Brüderlichkeit – allen zugänglich zu machen. Angesichts des grimmigen Hasses auf unsere säkulare Modernität mag es für die zweite Möglichkeit allerdings schon zu spät sein [...].

Blätter für deutsche und internationale Politik, Heft 1, 2002, S. 85ff.

[1] *Caudillo: spanischer Begriff für Diktator*

1. *Auf dem G8-Gipfel vom Juni 2002 in Kanada wurde von den Regierungschefs der größten Industriestaaten ein „Aktionsplan für Afrika" verabschiedet, der eine Ausweitung der Entwicklungshilfe und den Ausbau rechtstaatlicher Strukturen in den afrikanischen Staaten vorsieht. Afrikanische und Nicht-Regierungs-Organisationen kritisieren diesen Plan als „karitativen Symbolismus". Informieren Sie sich über Einzelheiten dieses Plans und bewerten Sie die Maßnahmen auf dem Hintergrund von Drekonja-Kornats Ausführungen.*
2. *Erörtern Sie, welche politischen und ökonomischen Konsequenzen für eine Entwicklungspolitik aus M2 abgeleitet werden können.*

M3 „Grauer Krieg"

Der Politologe Heinrich Kreft (geb. 1958), Forschungsbeauftragter des Auswärtigen Amtes, beschreibt die Veränderungen in der amerikanischen Außenpolitik nach den Terroranschlägen vom 11. September 2001 in New York und Washington, bei denen ca. 3000 Menschen gestorben sind:

Der Terrorismus ist für die amerikanische Außenpolitik zu einer strategischen Herausforderung geworden. Die Terrorangriffe waren u.a. Folge der tiefen Veränderungen, die insbesondere durch die Globalisierung hervorgerufen wurden. Die technologische Revolution in den Bereichen Information und Kommunikation hat in bestimmten Bereichen zu einer Machtverschiebung von Regierungen und Staaten hin zu Individuen und Gruppen geführt. Globalisierung führt damit tendenziell zur Privatisierung von Macht, und Terrorismus ist nichts anderes als die Privatisierung des Krieges.
Präsident Bush hat zu Recht davor gewarnt, dass der Kampf gegen den internationalen Terrorismus lang, oftmals nicht wahrnehmbar und ohne klares Ende sein werde. Weder die USA, deren militärische Überlegenheit ohne historische Parallele ist, noch die NATO waren (und sind) in der Lage, derartige Angriffe abzuschrecken, weil die Attentäter keine Furcht um ihr Land haben mussten. Ein massiver Vergeltungs-

schlag ist geradezu Teil ihrer Strategie. In der Auseinandersetzung mit dem Terror gibt es kein Gleichgewicht des Schreckens. Es gibt ein Ungleichgewicht des Terrors, das sich allein militärisch nicht ausgleichen lässt. [...]

War der Kalte Krieg durch das Gegeneinander zweier konventionell und nuklear hochgerüsteter Blöcke gekennzeichnet, ist der „Graue Krieg" ein heißer und vor allem asymmetrischer Krieg ohne Fronten, Armeen und Regeln. Hier stehen sich einerseits die hochgerüsteten USA bzw. der Westen und ein Gegner gegenüber, der nur schemenhaft bekannt und lokalisierbar ist. [...]

Im „Grauen Krieg" kommt es aber noch mehr als im Kalten Krieg auf die Stabilisierung der inneren Verhältnisse an, um die Brutstätten des Terrorismus zu isolieren und auszumerzen. Dazu gehören verstärkte Anstrengungen, um weltweit, und insbesondere im Nahen Osten, Lösungen für die dortigen Konflikte zu finden. Ganz generell gehört dazu auch die Förderung von Demokratie und Entwicklung insbesondere in Regionen wie Zentralasien, großen Teilen der arabischen Welt und Nordafrika, wo Unterdrückung, Armut und eine gescheiterte Modernisierung die Stabilität untergraben. [...]

Der Kalte Krieg begann langsam und kaum wahrnehmbar für die breitere Öffentlichkeit, als Präsident Truman im März 1947 seine historische Rede vor beiden Häusern des Kongresses hielt. [...]

Der „Graue Krieg" hingegen begann mit einem katastrophalen Angriff. Anders als Harry Truman musste Präsident Bush die amerikanische Bevölkerung nicht mühselig auf die neue Herausforderung einstimmen. Er stand unter dem öffentlichen Druck, und nicht nur der notorischen Falken, die De-facto-Kriegserklärung der Terroristen anzunehmen. Einiges deutet darauf hin, dass nunmehr der Kampf gegen den Terrorismus zum neuen organisatorischen Prinzip der amerikanischen Politik wird. [...]

Das Ende des Sowjetkommunismus und des Kalten Krieges, eine dank fortschreitender Integration selbstbewusstere EU sowie innenpolitische Veränderungen in den USA hatten in den Neunzigerjahren die transatlantischen Gemeinsamkeiten in der Wahrnehmung vieler unterhöhlt. Der 11. September und die folgende europaweite Solidarität, die in den USA mit Dankbarkeit zur Kenntnis genommen wurde, zeigen, dass das transatlantische Fundament noch intakt ist. [...] Allerdings gibt es auch deutliche Wahrnehmungsunterschiede dies- und jenseits des Atlantiks. So ist in den USA eine Mehrheit einschließlich des Präsidenten und seiner Administration der Meinung, sich in einem Krieg gegen eine existenzielle Bedrohung zu befinden, was in Europa allenfalls von einer Minderheit so empfunden wird. Dort wird die amerikanische Politik und vor allem die Rhetorik der Administration („Achse des Bösen") heftig kritisiert und von einigen als Indiz für amerikanische Kriegstreiberei betrachtet.

Heinrich Kreft, Vom Kalten zum „Grauen Krieg" – Paradigmenwechsel in der amerikanischen Außenpolitik, in: Aus Politik und Zeitgeschichte B 25/2002, S. 16ff.

Die Zwillingstürme des World Trade Centers am 11. September 2001 – getroffen von zwei entführten Flugzeugen, die von islamistischen Terroristen gesteuert wurden. Durch den Einsturz der beiden Türme starben etwa 3000 Menschen.

1. *Skizzieren Sie, mit welchen Merkmalen Kreft jeweils den Kalten bzw. „Grauen" Krieg definiert. Welche Unterschiede werden deutlich?*
2. *Kommentieren Sie die politische Bedeutung des internationalen Kampfes gegen den Terrorismus und die Gefahren, die sich möglicherweise aus ihm ergeben.*
3. *Bewerten Sie die Aussagen Krefts im Licht der Entwicklungen in den letzten Jahren.*

Zusammenfassen und vertiefen

Der Jahrhundertschritt. Skulptur von Wolfgang Mattheuer, 1984/1990. Von dem Kunstwerk existieren mehrere Fassungen. Der abgebildete Eisenabguss aus dem Jahr 1990 steht vor dem „Haus der Geschichte der Bundesrepublik Deutschland" in Bonn.

1. *Skizzieren Sie entscheidende Stationen der europäischen Einigung bis 1990.*
2. *Erläutern Sie die Entwicklungen, die die Phase beschleunigter Integration Europas ab 1990 bestimmten.*
3. *Vor allem im Zusammenhang mit den Beitrittsgesprächen mit der Türkei bezüglich einer Aufnahme in der EU wird die Frage nach der „europäischen Identität" aufgeworfen. Sammeln Sie in Presse und Internet Beiträge zu dieser Frage, ordnen Sie diese und versuchen Sie dann, wesentliche Aspekte, die aus Ihrer Sicht „europäische Identität" ausmachen, zu bestimmen.*
4. *Beschreiben Sie den Prozess der Entspannung während des Kalten Krieges.*
5. *Erörtern Sie, welche Gründe die Auflösung der Sowjetunion bewirkten.*
6. *Informieren Sie sich über die gegenwärtige wirtschaftliche Lage Chinas und Japans und über die gegenwärtigen politischen Beziehungen der beiden Staaten.*
7. *Vergleichen Sie mit der wirtschaftlichen Lage der „Tiger"-Staaten Hongkong, Singapur, Südkorea und Taiwan (Bruttosozialprodukt pro Kopf, Wachstumsrate, Arbeitslosenquote, Inflationsrate, wichtige Industriezweige, Export). Wie sind die politischen Beziehungen der sechs Staaten? Sie können z. B. im Internet oder in aktuellen Jahrbüchern mit Zahlen, Daten und Analysen recherchieren.*

Hinweise zur Bearbeitung der Abituraufgabe

Die Anforderungen und Erwartungen in Geschichtsklausuren liegen nicht in der Wiedergabe von Wissen, sondern überwiegend im souveränen Anwenden gelernter Inhalte auf andere Sachverhalte und im angemessenen, eigenständigen Beschreiben und Beurteilen komplexer Problembereiche.

Systematisches Vorgehen bei der Bearbeitung einer Klausur

1. Lesen Sie die Aufgabenstellung sorgfältig durch und erschließen Sie deren Intention mit zentralen Fragen (z. B. Was verlangt die Aufgabe von mir? Welche Schlüsselbegriffe sind enthalten und welche Schwerpunkte muss ich deswegen bei der Beantwortung setzen?).
2. Beachten Sie bei den Aufgaben die angegebenen Bewertungseinheiten (BE), da diese Ihnen einen Anhaltspunkt über den Umfang Ihrer Antworten geben. Anhand der Bewertungseinheiten sollten Sie sich für die einzelnen Aufgaben eine grobe Zeiteinteilung erstellen. Planen Sie dabei auch genügend Zeit für die Endkorrektur Ihrer gesamten Arbeit ein.
3. Bearbeiten Sie zuerst die leichteren Aufgaben. Denn wenn Sie schon Ergebnisse haben, bekommen Sie Sicherheit. Wenden Sie sich dann den schwierigeren Themenbereichen zu. Urteilen Sie jedoch nicht vorschnell, da häufig bei Aufgaben, die einem klar zu sein scheinen, Leichtsinnsfehler gemacht werden. Das Anforderungsniveau der Aufgaben können Sie an den sogenannten „Operatoren“ erkennen (siehe dazu unten: Einheitliche Anforderungsbereiche).
4. Arbeiten Sie bei der Analyse und Interpretation einer Quelle mit farbigen Stiften:
   a) Lesen Sie den Text sorgfältig durch, wenn nötig auch mehrfach, und markieren Sie wesentliche Gedanken und Schlüsselbegriffe, soweit sie zur Aufgabenstellung gehören.
   b) Verwenden Sie, soweit möglich und nötig, Angaben zum Autor (z. B. politischer Standort, seine Intentionen) und zur Quelle selbst (Entstehungszeit, historischer Kontext, Adressaten des Textes).
   c) Arbeiten Sie zu den gestellten Aufgaben aus der Quelle stichpunktartig, aber bereits grob strukturiert, wichtige inhaltliche Aussagen heraus und belegen Sie sie mit treffenden Zitaten (Zeilenbelege!) und eigenen Argumenten.
5. Schreiben Sie anhand Ihrer Stichpunkte und Belege die Reinschrift. Achten Sie dabei, unter Berücksichtigung der Aufgabenstellung, auf eine logische Gliederung Ihrer Gedanken.
6. Schreiben Sie sachlich, klar und verständlich. Formulieren Sie sprachlich angemessen und schreiben Sie ganze Sätze.
7. Achten Sie bei der Endkorrektur in erster Linie auf den Inhalt, aber auch auf Rechtschreibung, Grammatik und Satzbau.

Einheitliche Anforderungsbereiche

Um gravierende und damit als ungerecht empfundene Abweichungen bei den Beurteilungskriterien zwischen den 16 Bundesländern zu vermeiden, hat die Kultusministerkonferenz *„Einheitliche Prüfungsanforderungen in der Abiturprüfung“ (EPA)* beschlossen.
Diese einheitlichen Prüfungsanforderungen unterscheiden drei *Anforderungsbereiche*. Sogenannte „Operatoren“ (handlungsinitiierende Verben) geben Ihnen dabei Hinweise, was Sie bei der jeweiligen Aufgabe genau leisten sollten.

→ **„Operatoren“** (s. vorne im Buch)

Hinweise zur Bearbeitung der Abituraufgabe

Abituraufgabe Weimarer Republik und Nationalsozialismus

1. *Beschreiben Sie die Ursachen des Scheiterns der Großen Koalition im März 1930 und zeigen Sie die wichtigsten politischen Konsequenzen dieses Scheiterns auf. (10 BE)*
2. *Vergleichen Sie mithilfe der Tabelle M1 die Ergebnisse der Reichstagswahl vom 5. März 1933 mit denen vom 6. November 1932 und beurteilen Sie das Ergebnis der Märzwahl für die Nationalsozialisten und ihre Reaktionen darauf. (14 BE)*
3. *Analysieren und bewerten Sie, ob der Wahlkampf und die Reichstagswahl vom März 1933 als frei und demokratisch gelten können. (10 BE)*
4. *Arbeiten Sie aus der Rede Görings (M2) wichtige innenpolitische Ziele der NSDAP heraus und erläutern Sie deren Umsetzung vom März 1933 bis September 1935. (14 BE)*
5. *Nehmen Sie kritisch Stellung zu Art und Inhalt der Äußerungen Görings. (12 BE)*

M1 Ergebnisse der Reichstagswahlen vom 6. November 1932 und vom 5. März 1933

Angaben in Prozent

	6.11.1932 (80,57 %)**	**5.3.1933** (88,73 %)**
Parteien*		
DNVP	8,3	8,0
NSDAP	33,1	43,9
DVP	1,9	1,1
Zentrum	11,9	11,2
BVP	3,1	2,7
Deutsche Staatspartei (früher: DDP)	1,0	0,8
SPD	20,4	18,3
KPD	16,9	12,3

** Die ebenfalls an den Wahlen beteiligten kleinen Parteien wurden hier nicht berücksichtigt.*
*** Wahlbeteiligung*

Beide Zahlenreihen entnommen aus: Horst Möller, Weimar. Die unvollendete Demokratie. München [7]2004, S. 331

M2 Aus der Rede des Reichsministers Göring in Essen vom 11. März 1933:

[...] Ich habe erst angefangen zu säubern, es ist noch längst nicht fertig. Für uns gibt es zwei Teile des Volkes: einen, der sich zum Volk bekennt, ein anderer Teil, der zersetzen und zerstören will. Ich danke meinem Schöpfer, dass ich nicht weiß, was objektiv ist. Ich bin subjektiv. Ich stehe einzig und allein zu meinem Volke, alles andere lehne ich ab. Wenn sie sagen, die Bevölkerung ist in furchtbarer Erregung, weil jüdische Warenhäuser vorübergehend geschlossen waren, so frage ich: Ist es nicht natürlich, wenn wir Deutsche endlich erklären: Kauft nicht bei Juden, sondern beim deutschen Volk. Ich werde die Polizei rücksichtslos einsetzen, wo man das deutsche Volk zu schädigen weiß. Aber ich lehne es ab, dass die Polizei eine Schutztruppe jüdischer Warenhäuser ist. Es muss endlich einmal der Unfug aufhören, dass jeder Gauner nach der Polizei schreit. Die Polizei ist nicht dazu da, die Gauner, Strolche, Wucherer und Verräter zu schützen. Wenn sie sagen, da und dort sei einer abgeholt und misshandelt worden, so kann man nur erwidern: Wo gehobelt wird, fallen Späne. Wir haben jahrelang die Abrechnung mit den Verrätern angekündigt. Ruft nicht so viel nach Gerechtigkeit, es könnte sonst eine Gerechtigkeit geben, die in den Sternen steht und nicht in euren Paragrafen! Und wenn diese Gerechtigkeit leuchtet, ist euer Ende gekommen. Man klagt über die Unterdrückung von Zeitungen. Wundert euch das? Mich wundert, dass sie noch existieren. Ich würde pflichtwidrig handeln, wenn ich länger dieses Gift ins Volk hineinträufeln ließe. [...] Wenn die Wahlen eine Bedeutung hatten, dann war es die, dass es gelang, das Zentrum aus der Schlüsselstellung hinauszujagen. Wenn sie jetzt glauben, ihre Niederlage mit Anmaßung verbrämen zu können, dann haben sie sich getäuscht. Wenn auch der Marxismus der Todfeind des deutschen Volkes war und die Sozialdemokratie Deutschland verraten hat, so dürfen wir nicht vergessen: Überall dort, wo diese roten Gauner deutsches Gut gestohlen haben, hat der Schwarze Schmiere gestanden. Der Hehler ist nicht viel besser als der Stehler. Wenn wir vom vergangenen System reden, dann meinen wir das System der drei Internationalen: der schwarzen Internationale, der roten Internationale und der gelben Internationale des jüdischen Finanzkapitals. Wir haben sie aus den politischen Stellungen hinausgejagt, jetzt gilt es, die letzten Bastionen zu erstürmen."

Zitiert nach: J. Hohlfeld (Hrsg.): Dokumente der Deutschen Politik und Geschichte von 1848 bis zur Gegenwart. Bd. IV. Berlin - München o. J., S. 25

Lösungsvorschläge

Zu 1.: Die im Mai 1928 gebildete Große Koalition von SPD, Zentrum, DDP, BVP und DVP bildete einen großen Spannungsbogen unterschiedlichster Interessen. Von Anfang an standen die Koalitionsfraktionen nicht geschlossen hinter dem Kabinett, sodass der Handlungsspielraum der Regierung, vor allem in der Innenpolitik, eng begrenzt blieb. Dank des persönlichen Einsatzes von Außenminister Stresemann (DVP) gelang es immer wieder, Belastungen für die Koalition zu entschärfen. Nach seinem Tod 1929 war das Auseinanderbrechen der Großen Koalition nur noch eine Frage der Zeit. In allen Parteien dominierten Partikularinteressen. Insbesondere auf dem Gebiet der Wirtschafts- und Sozialpolitik konnten die Unterschiede zwischen der SPD als Vertreterin der Arbeitnehmer und der Gewerkschaften und der DVP nicht mehr überbrückt werden.

Wegen der hohen Arbeitslosigkeit im Gefolge der Weltwirtschaftskrise war in den Kassen der „Reichsanstalt für Arbeitsvermittlung und Arbeitslosenversicherung" ein erhebliches Defizit entstanden. Während die SPD dieses Defizit durch eine Erhöhung der Beiträge abbauen wollte, widersetzte sich die DVP dieser Forderung und wünschte ihrerseits die Wettbewerbsfähigkeit der deutschen Wirtschaft durch Kostensenkung im sozialen Sektor zu erhalten. Als selbst Kompromissvorschläge keine Mehrheit fanden, trat die Regierung Müller Ende März 1930 zurück.

Als Konsequenz zeigte sich, dass nun der Weg frei war für eine von den Rechtskreisen schon lange gewünschte Regierungsbildung neuen Stils, die die alten Eliten wieder an die Macht bringen sollte. Das zukünftige Kabinett, dessen Handlungsfähigkeit der Reichspräsident durch den Einsatz des Artikels 48 sicherstellte, sollte „antimarxistisch", also ohne sozialdemokratischen Einfluss, und „antiparlamentarisch", also ohne an eine Koalition gebunden zu sein, gebildet werden. Hindenburg ernannte am 29. März Heinrich Brüning (Zentrum) zum neuen Reichskanzler. Mit ihm begann die Zeit der „Präsidialregierungen". Mit der Selbstentmachtung des Reichstages begann die Krise des parlamentarischen Systems. In der Öffentlichkeit wurde die Unfähigkeit der Parteien, eine regierungsfähige Mehrheit zu bilden, als Schwäche der in weiten Kreisen sowieso ungeliebten Demokratie gesehen. Die Menschen wurden anfällig für radikale Konzepte, wie sich in der „Erbitterungswahl" vom September 1930 zeigte.

Zu 2.: Bei den Parteien der Mitte waren nur geringe Stimmenverluste festzustellen. Auch der Rückgang der Wählerstimmen bei der SPD hielt sich im Rahmen, während die KPD mit einem Minus von 4,6 % deutlichere Einbußen hinnehmen musste. Dennoch erreichte die Linke mit über 30 % der Stimmen ein überraschend hohes Ergeb-

nis, wenn man den gezielten Wahlkampf der NSDAP mit Verleumdungen, Denunziation, Verfolgungen, Verhaftungen und Straßenterror gegen diese beiden Parteien berücksichtigt.
Der Zuwachs von fast 11 % für die NSDAP, die damit die mit Abstand stärkste Partei wurde, resultierte aus einem mit massiven propagandistischen und hohen finanziellen Mitteln geführten Wahlkampf, verstärkt durch den Straßenterror der SA gegen die anderen Parteien. Die hohe Wahlbeteiligung kam ebenfalls in erster Linie der NSDAP zugute.
Trotz dieses Erfolges war die Enttäuschung bei den Nationalsozialisten sehr groß, da man bei weitem nicht die absolute Mehrheit erreicht hatte und damit auf einen Koalitionspartner angewiesen wäre. Selbst zusammen mit der DNVP hätte die NSDAP nur knapp 52% und wäre noch weit von der Zweidrittelmehrheit entfernt, die man für das „Ermächtigungsgesetz" benötigt.
Als Reaktion bemühte sich nun die NSDAP intensiv um die konservativen und bürgerlichen Parteien, um deren Zustimmung für das „Ermächtigungsgesetz" zu bekommen. Mit großem propagandistischem Aufwand und der Inszenierung symbolträchtiger Ereignisse („Tag von Potsdam") sowie gleichzeitiger Einschüchterung erreichten die Nationalsozialisten ihr Ziel. Am 23. März 1933 stimmten alle Parteien, mit Ausnahme der SPD, dem „Ermächtigungsgesetz", und damit der eigenen Selbstentmachtung, zu.

Zu 3.: Während des Wahlkampfes für den 5. März 1933 verfolgten die Nationalsozialisten eine doppelte Strategie. Auf der einen Seite versuchte die Partei durch die Betonung traditioneller Werte das Vertrauen der Bürgerinnen und Bürger zu gewinnen.
Auf der anderen Seite setzten die Nationalsozialisten durch staatliche Maßnahmen (Einschüchterung und Enthüllungsbericht) auf Unterdrückung jeglichen Widerstandes. Durch die Notverordnung „Zum Schutz von Volk und Staat", die sogenannte „Reichstagsbrandverordnung", wurden der Ausnahmezustand ausgerufen und alle Grundrechte bis auf Weiteres außer Kraft gesetzt, insbesondere die Presse- und Versammlungsfreiheit. Diese Verordnung, die bis 1945 in Kraft blieb, ermöglichte auch die Verhaftung vieler politischer Gegner.
Obwohl am 5. März 1933 noch mehrere politische Parteien zur Wahl standen, kann von einer freien und demokratischen Wahl keine Rede sein, da sich die Bürger auf keinerlei verfassungsrechtliche Grundlagen mehr berufen konnten.

Zu 4.: Ohne auch nur den Versuch der Verschleierung machen zu wollen, droht Göring mit Säuberungsmaßnahmen gegen die drei „Internationalen":
- die *schwarze* „Internationale", den politischen Katholizismus, der durch das Zentrum vertreten wird,
- die *rote* „Internationale", die Sozialdemokraten und Kommunisten
- die *gelbe* „Internationale", das Judentum.

Die „schwarze Internationale", das Zentrum, das auch für das „Ermächtigungsgesetz" gestimmt hatte, wurde so lange geduldet, bis es die Nationalsozialisten nicht mehr brauchten. Am 5.7.33 löste sich die Zentrumspartei unter massivem Druck selbst auf. In der Folgezeit führte Hitler den Kampf gegen die Kirche weiter und ließ oppositionelle Geistliche verhaften.
Die „rote Internationale" wurde durch die frühzeitige Ausschaltung der KPD im Rahmen der „Reichstagsbrandverordnung" und durch das Verbot der Gewerkschaften (2. Mai 1933) und der SPD (22. Juni 1933) entscheidend geschwächt.
Gegen die „gelbe Internationale", das Judentum, kam es am 1. April 1933 zum organisierten Boykott und zur Plünderung jüdischer Geschäfte. Durch das „Gesetz zur Wiederherstellung des Berufsbeamtentums" (7. April), die „Arisierung" der Beamtenschaft, begann die Verdrängung der Juden aus allen Berufen. In den Nürnberger Gesetzen vom September 1935 („Gesetz zum Schutz des deutschen Blutes und der deutschen Ehre") verloren die Juden alle staatsbürgerlichen Rechte. In den ab März 1933

errichteten Konzentrationslagern wurden alle Gegner und Feinde der Nationalsozialisten inhaftiert, physisch und psychisch misshandelt und getötet.

Zu 5.: Göring diskriminiert und kriminalisiert Bevölkerungsgruppen durch Unterstellungen und Verunglimpfungen: Jüdische Kaufleute werden als Strolche, Wucherer und Verbrecher bezeichnet, die keinen Schutz verdienen, Journalisten als Volksvergifter, deren Zeitungen verboten werden müssen, und Parteien als Verräter am deutschen Volk, die beseitigt werden müssen.
Der Schutz dieser Gruppen durch die Polizei ist für ihn ein Unding („Wo gehobelt wird, fallen Späne“, Z. 13), willkürliche Verhaftungen und Misshandlungen empfindet er als legitim.
Damit werden die Prinzipien einer freiheitlich demokratischen Grundordnung aufgegeben: Gleichheit aller vor dem Gesetz, Minderheitenschutz, Pressefreiheit, Bindung der Exekutive an Recht und Gesetz, Gewaltenteilung, Recht auf Opposition.
Aus Görings Äußerungen werden offene Verachtung und Hohn für alle rechtsstaatlichen Prinzipien und das parlamentarisch-demokratische System insgesamt deutlich. Die völkische Ideologie dient als Rechtfertigung für den totalitären Machtanspruch. Die nationalsozialistischen Machthaber erheben sich über Recht und Gesetz. Im Kampf gegen die Feinde und die Demokratie sei jedes Mittel der Vernichtung zulässig. Görings Sprache ist aggressiv, polemisch und menschenverachtend.

Arbeits- und Präsentationsformen

Teamarbeit

Von Abiturientinnen und Abiturienten wird heute überall erwartet, dass sie in einem Team arbeiten können. Das muss man lernen. Eine Gruppe ist nur dann leistungsfähig, wenn ihre einzelnen Mitglieder mit den Regeln der Teamarbeit gut vertraut sind und sich daran halten.

Regeln für die Teamarbeit

ORGANISATION

- ☑ Gruppengröße 4–8 Schüler (je nach Thema)
- ☑ Thema/Aufgabe(n) klar formulieren
- ☑ Zeitplan aufstellen
- ☑ Arbeitsschritte gemeinsam planen
- ☑ Aufgabenbereiche auf Einzelteams/Einzelne verteilen
- ☑ Entscheidungen gemeinsam treffen
- ☑ Ergebnisse gegenseitig vorstellen
- ☑ Präsentation planen
- ☑ Erfahrungen austauschen

Dabei auch „Atmosphärisches“ berücksichtigen:

- ☑ Angenehme Arbeitsatmosphäre schaffen
- ☑ Arbeitspausen einplanen

KOMMUNIKATION

- ☑ Eigene Lernbedürfnisse formulieren
- ☑ Fragen zu Stoff, Gruppe, Methodik stellen
- ☑ Konflikte in der Gruppe sofort direkt ansprechen

Grundregeln:

- ☑ Jedes Mitglied der Gruppe respektieren
- ☑ Kompromissbereit und offen sein, aber auch eigene Interessen wahren
- ☑ Aktiv zuhören und Blickkontakt halten
- ☑ Ich-Botschaften äußern
- ☑ Vorwürfe, Angriffe, Unterstellungen vermeiden
- ☑ Konstruktive Kritik üben
- ☑ Eigene Verbesserungsvorschläge einbringen
- ☑ Zuverlässigkeit fordern und selbst beweisen

Mindmaps

Mindmaps – „Gedankenlandkarten“ – sind eine Möglichkeit, Ideen zu entwickeln, zu ordnen und übersichtlich darzustellen. Sie eignen sich also bestens dazu, Problemlösungen zu finden. Das Arbeiten mit Mindmaps ist leicht erlernbar. Man benötigt ein Blatt Papier im Querformat und einen Stift. Zunächst wird in der Mitte des Blattes das Thema notiert und umrahmt. Von diesem Zentrum aus laufen Linien in alle Richtungen. Sie stellen die Hauptaspekte des Themas dar und werden mit Stichworten beschriftet. Jeder neue Gedanke erhält eine eigene Linie (Ast).
Danach sind die Nebenaspekte an der Reihe: Den Stichworten werden alle weiteren Ideen zugeordnet, die auf zusätzlichen Verästelungen festgehalten werden. So entsteht allmählich ein übersichtliches Gedankennetz, das jederzeit erweitert werden kann, wenn neue Aspekte auftauchen.
Ein Vorzug von Mindmaps besteht darin, dass diese Methode durch die Verbindung von bildlichem und begrifflichem Denken der Funktionsweise des menschlichen Gehirns entgegenkommt. Dadurch wird die Kreativität angeregt.

Gestaltungsregeln für Mindmaps

- ☑ Blatt im Querformat benutzen
- ☑ In Druckschrift schreiben
- ☑ Worte, Farben und Symbole benutzen
- ☑ Thema in der Mitte platzieren
- ☑ Äste und Zweige mit jeweils nur einem Begriff beschriften
- ☑ Äste symbolisieren Hauptaspekte, Verzweigungen führen zu Nebenaspekten

Tipp

Beim ersten Arbeiten mit Mindmaps nicht sofort die zeichnerische Darstellung anstreben, sondern zunächst alle Ideen in einer Liste notieren und daraus dann die Grafik erstellen.

Mindmaps sind vielfältig einsetzbar: Vorwissen und neue Informationen können geordnet werden, Wichtiges und Nebensächliches lassen sich unterscheiden, Zusammenhänge werden deutlich und Präsentationen gewinnen an Überzeugungskraft. Außerdem helfen Mindmaps einer Gruppe, die *Arbeit aufzuteilen*: Dazu erstellt jeder Teilnehmer ein individuelles Mindmap zum Thema. Die Varianten werden verglichen und zu einem Gruppen-Mindmap entwickelt. Die Zuordnung der Aufgabenfelder erfolgt beispielsweise dadurch, dass jeder die Bereiche bearbeitet, zu denen er/sie mehrere Begriffe eingebracht hat. Mit unterschiedlichen Farben können sie markiert und so veranschaulicht werden.

Mindmap zum Thema „Die Ära Adenauer“

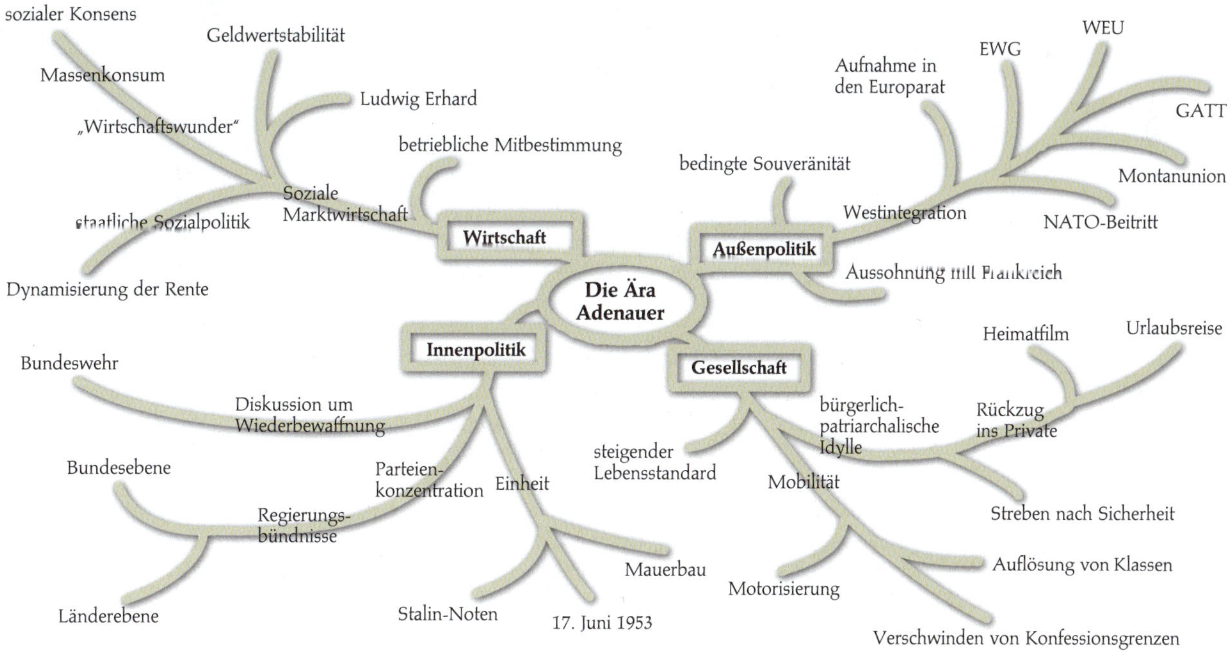

Arbeits- und Präsentationsformen

Gruppenpuzzle

Das Gruppenpuzzle ist eine arbeitsteilige Teamarbeit, bei der die Gruppenmitglieder die einzelnen Puzzleteile erarbeiten. Indem sie ihre individuell oder gemeinsam erzielten Resultate verzahnen, entsteht ein in sich geschlossenes Gesamtergebnis.

Verlaufsschema Gruppenpuzzle

Phase 1
- ☑ *Stammgruppen* werden gebildet.
- ☑ Arbeitsmaterialien werden ausgegeben.
- ☑ Die Gruppenmitglieder sichten die Materialien und entscheiden, wer für welches Thema Experte werden will.

Phase 2
- ☑ Die Stammgruppen werden vorübergehend aufgelöst und stattdessen *Expertengruppen* (entsprechend der Festlegung in Phase 1) gebildet.
- ☑ Die Experten bearbeiten die Arbeitsmaterialien, diskutieren die Aufgaben und klären offene Fragen.
- ☑ Sie planen die Unterrichtung der Kursmitglieder (Infopapier, Kontrollfragen).

Phase 3
- ☑ Die Expertengruppen werden aufgelöst und jede/r kehrt in die Stammgruppe zurück.
- ☑ Jeder Experte berichtet über seinen Bereich (evtl. anhand des Infopapiers).
- ☑ Am Ende sollte jedes Mitglied der Stammgruppe den Zusammenhang verstanden haben.
- ☑ Die Stammgruppe erarbeitet eine Präsentation zum gesamten Thema.

Phase 4
- ☑ Präsentation

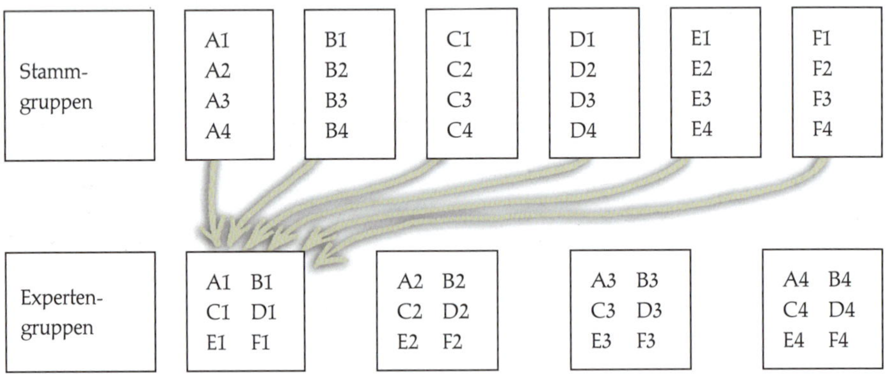

Einteilung der Gruppen beim Gruppenpuzzle
Die Einteilung der Expertengruppen 2, 3 und 4 erfolgt nach dem gleichen Verfahren wie die Bildung der Gruppe 1 und wurde aus Gründen der Übersichtlichkeit in der Grafik nicht dargestellt.

Tipp

1. Die Zahl von vier Mitgliedern pro Stammgruppe sollte nicht überschritten werden. Bei größeren Kursen empfiehlt es sich, gegebenenfalls mehr Stammgruppen zu bilden.
2. Es fördert die Arbeit im Team, wenn die Stammgruppen aus Schülerinnen und Schülern unterschiedlicher Leistungsstärke zusammengesetzt sind.

Moderation

Die Moderationsmethode eignet sich vor allem zur Bearbeitung umfangreicher Problem- und Fragestellungen. Das Interessante an diesem Verfahren ist, dass die Schülerinnen und Schüler weitgehende Entscheidungsfreiheit bei der Gestaltung des Arbeitsprozesses haben. Sie beschließen gemeinsam, welche Schritte sie gehen wollen, wann und wo die Arbeit stattfindet. Die Lehrkraft gibt den zeitlichen Rahmen und die Problemstellung vor, liefert jedoch kein Arbeitsmaterial. Sie moderiert lediglich den Gang der Arbeit, d. h. sie unterstützt die Gruppe bei der Willensbildung. Inhaltlich greift sie aber nicht ein.

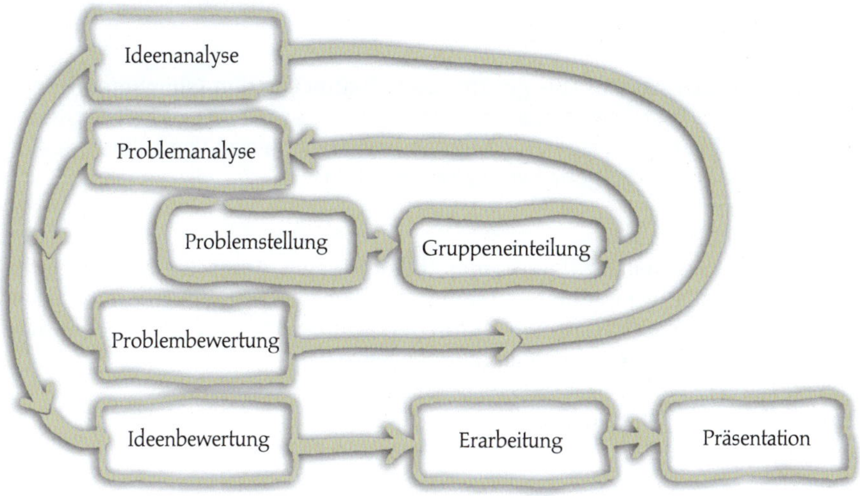

Moderationsschnecke

Problemanalyse
Zunächst sammelt die Gruppe möglichst viele Informationen. Jeder Schüler / jede Schülerin notiert auf Kärtchen Ideen zum Problem (jeweils nur einen Begriff). Diese werden auf einem Tisch ausgebreitet. Die Kärtchen, deren Informationsgehalt miteinander in Beziehung steht, werden zu kleinen Stapeln zusammengefasst. Für jeden entstandenen Stapel wird von der Gruppe eine Deckkarte formuliert, die den Inhalt der darunterliegenden Informationen als Oberbegriff bündelt. Die zunächst unüberschaubare Aufgabe ist damit in Teilbereiche gegliedert.

Problembewertung
Jetzt werden die herausgearbeiteten Bereiche bewertet. Dazu ordnet sie jeder individuell in eine Prioritätenskala ein. Diese hat folgende Stufen:
- in hohem Maße bearbeitungswürdig,
- bedingt bearbeitungswürdig,
- kaum bearbeitungswürdig,
- nicht bearbeitungswürdig.

Die Auswertung ergibt eine Rangordnung der Themenfelder.

Ideenanalyse
Im Anschluss daran suchen die Teilnehmer nach Ideen, um die analysierten und bewerteten Probleme zu bearbeiten. Dabei werden inhaltliche und organisatorische Arbeitsschritte berücksichtigt. Jedes Kursmitglied erhält zwei leere Blätter, schreibt maximal drei Vorschläge untereinander auf und legt sie in die Mitte eines Tisches. Hat ein Schüler keine Ideen mehr, greift er nach einem fremden Blatt auf dem Tisch und liest die notierten Vorschläge. Wenn ihm durch die Lektüre ein neuer Gedanke kommt, schreibt er ihn auf dieses Papier unter die vorhandenen Vorschläge. Abgeschlossen ist dieser Prozess, wenn niemandem mehr etwas einfällt.

Ideenbewertung
Zur Bewertung werden zunächst die gesammelten Blätter von den Teilnehmern vorgelesen und auf einem Poster festgehalten. Jeder sagt seine Meinung zu den einzelnen Vorschlägen. Anschließend werden die mehrheitlich favorisierten Vorschläge herausgefunden und das weitere Vorgehen wird abgesprochen.

Bearbeitung
Der gemeinsamen Festlegung des Problemlösungsweges durch die Moderationsmethode folgt die inhaltliche Arbeit im Team oder in Einzelarbeit. Hierzu wird in Übereinstimmung mit der Lehrkraft ein zeitlicher Rahmen festgelegt. Notwendige Arbeitsmittel beschaffen die Gruppenmitglieder selbst.

Präsentation
Abgeschlossen wird die Arbeit durch eine Präsentation der Ergebnisse.

Spielregeln für die Moderationsmethode

- ☑ Die Bereitschaft zu gemeinsamer Arbeit ist Voraussetzung für den Erfolg.
- ☑ Alle Arbeitsschritte müssen von der Gruppe beschlossen und durchgeführt werden.
- ☑ (Teil-)Ergebnisse werden nicht diskutiert, kritisiert oder kommentiert.
- ☑ Die Lehrkraft moderiert den Arbeitsprozess.
- ☑ Eine Gruppe besteht aus maximal acht Personen.

Tipp

Das zu bearbeitende Modul sollte vom Kurs zu Beginn des Schuljahrs festgelegt werden, sodass die Schüler Zeit haben, sich Informationen zu beschaffen.

Mit mediengestützten Präsentationen können die Ergebnisse von Team- oder Einzelarbeit vorgestellt werden. Es können ganz unterschiedliche Formen einer Präsentation eingesetzt werden. Ziel ist es, die Zuhörer informieren und überzeugen zu wollen. Dazu muss eine Präsentation sowohl den Verstand als auch die *Gefühle* des Publikums ansprechen.

Präsentationsformen

„Um sich begreiflich zu machen, muss man zum Auge reden."
(Johann Gottfried Herder)

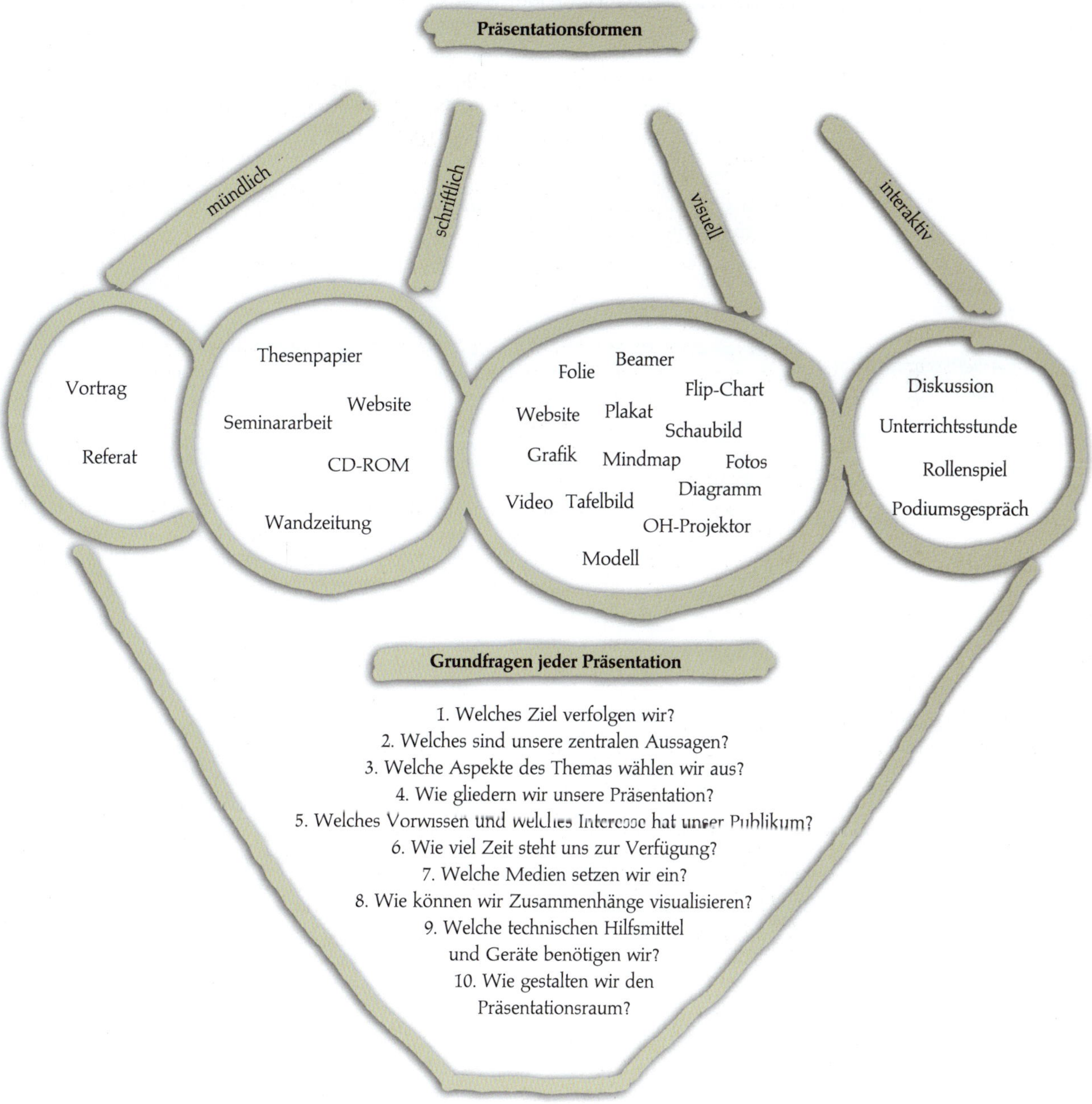

Arbeits- und Präsentationsformen

Referat Referate sind in der Oberstufe eine wichtige Möglichkeit der Leistungsmessung. In einem Referat wird ein Publikum über einen fachlich abgegrenzten und inhaltlich bearbeiteten Sachbereich informiert. Wie aber erstellt man ein Referat? Den Ausgangspunkt bildet ein klar formuliertes und eingegrenztes Thema mit einer durchdachten Fragestellung. Informationsbeschaffung, -auswahl und -ordnung führen zu einer sachlichen Gliederung, die die Stofffülle bündelt.

„Beherrsche die Sache,
dann folgen die Worte“
(Cato)

Tipp

Um sich einen Überblick über ein Thema zu verschaffen oder es einzugrenzen, eignet sich eine Mindmap.

Arbeitsschritte beim Anfertigen eines Referats

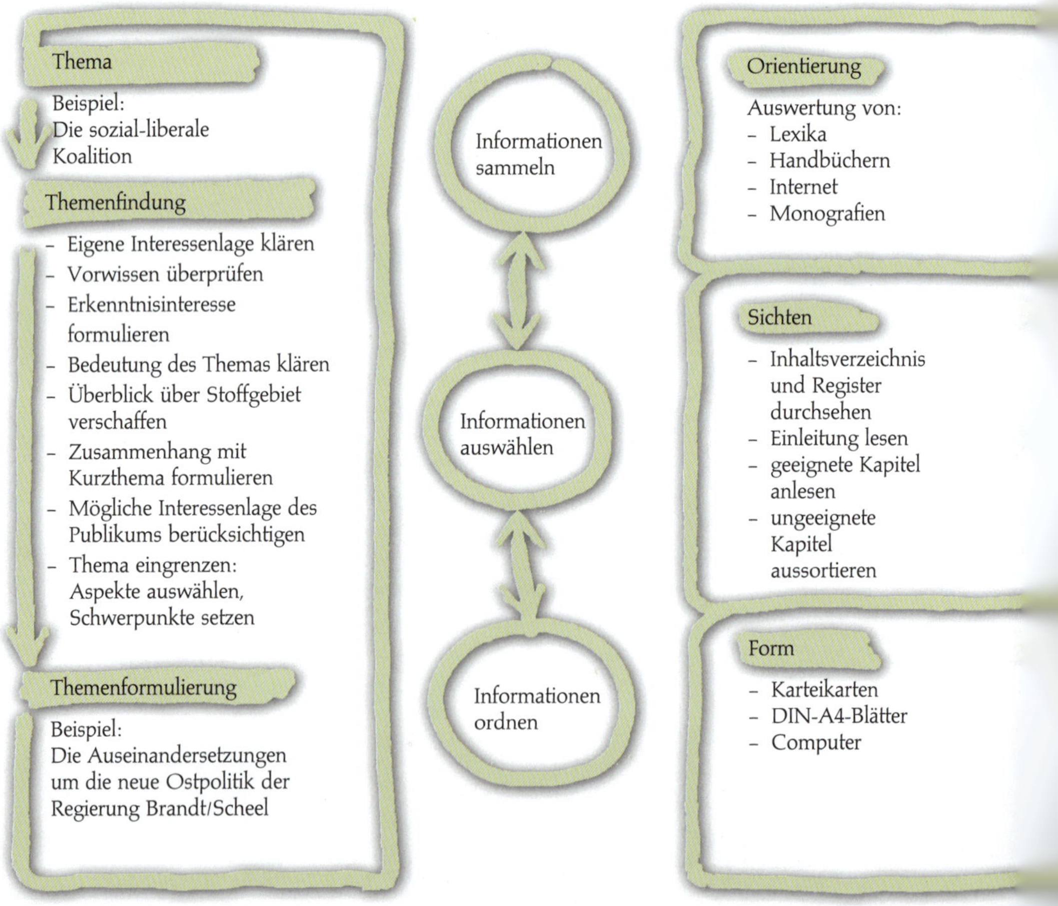

Jede Präsentation bedarf einer guten Vorbereitung und genauen Planung. Meist gibt es einen festen Termin, an dem das Referat fertig sein muss. Die zur Verfügung stehende Zeit muss daher sinnvoll genutzt werden, die folgenden Fragen können dabei helfen:

- ☑ Wie ist mein persönlicher Arbeits- und Leistungsrhythmus?
- ☑ Wie ist mein persönliches Arbeitstempo?
- ☑ Welche parallel laufenden Arbeiten muss ich erledigen?
- ☑ Welche technischen Hilfsmittel benötige ich?
- ☑ Wie sind die Zugriffsmöglichkeiten auf Informationen?
- ☑ Wie lange benötige ich zur Fertigstellung und technischen Umsetzung meiner Präsentation?
- ☑ Welche Zeit steht mir für meine Präsentation zur Verfügung?

Im Einzelnen sollte der Referent vorab klären: Wie sieht mein Präsentationsraum aus? Welche Medien stehen mir zur Verfügung? Welche davon möchte ich einsetzen? Wie gestalte ich meine eigenen Redeunterlagen (z. B. Stichworte auf Karteikarten)? Was mache ich, wenn ich den Faden verliere?

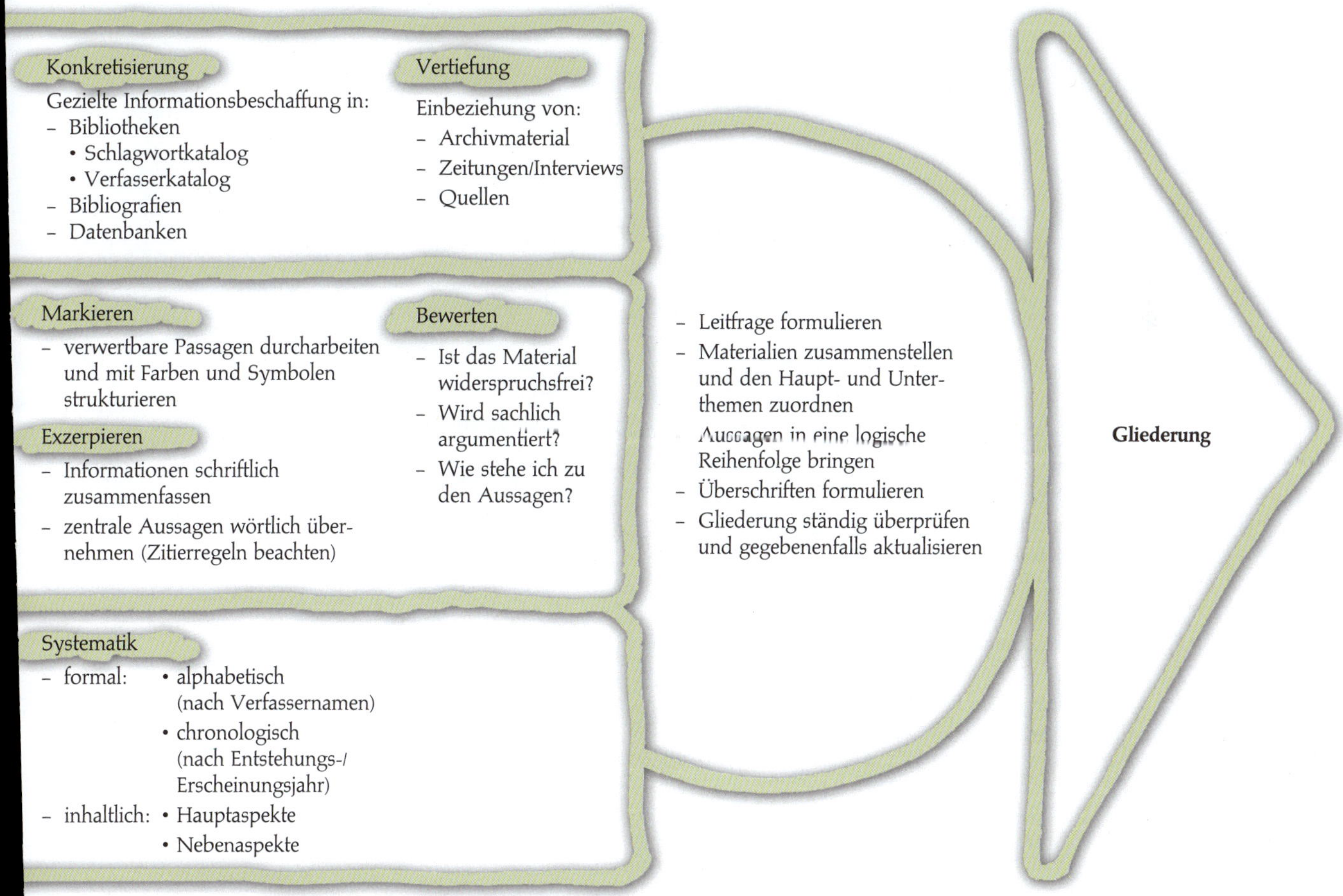

Arbeits- und Präsentationsformen

Ein mediengestützter Vortrag sollte immer nach folgendem Muster gegliedert sein:

Struktur einer Rede

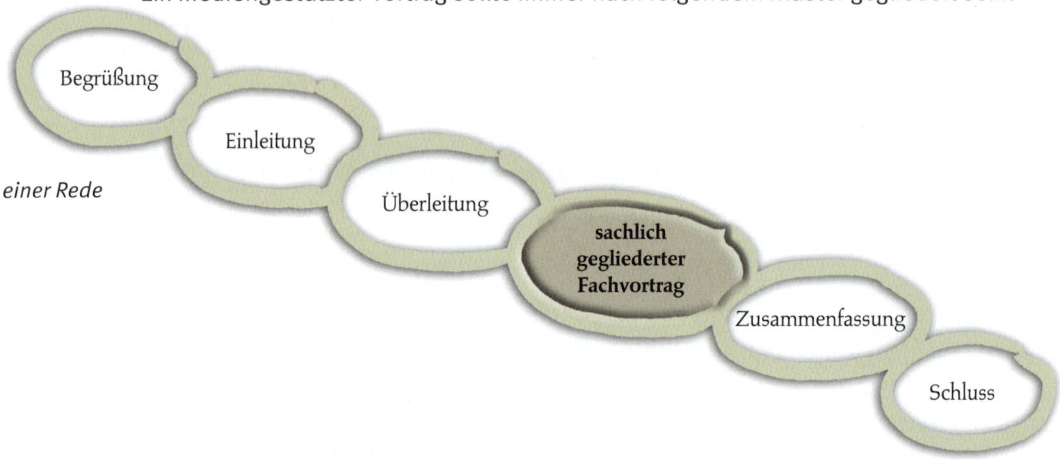

Neben dem argumentativen Hauptteil, in dem die wesentlichen inhaltlichen Ergebnisse dargelegt werden, kommt der Begrüßung und dem Schluss eine hohe Bedeutung zu, da die Zuhörer diese Teile eines Vortrags besonders aufmerksam wahrnehmen. Die Elemente einer gelungenen Präsentation veranschaulicht die Grafik:

Elemente einer gelungenen Präsentation

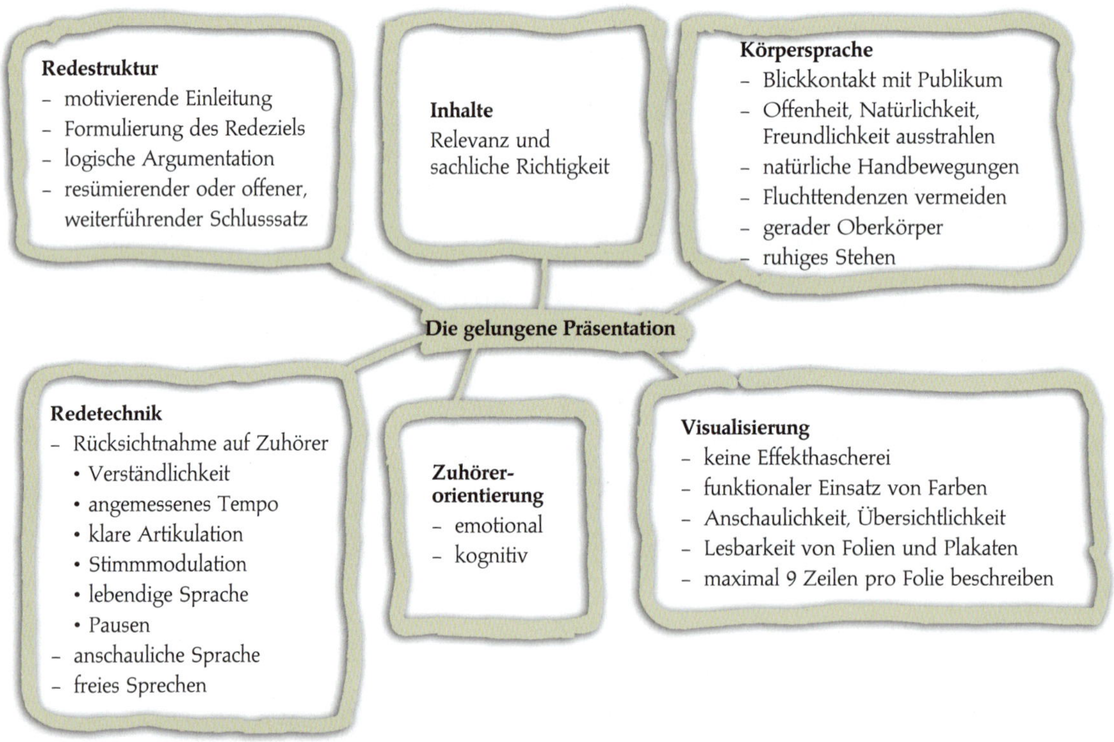

Protokoll

Protokolle fassen die Ergebnisse einer Diskussion, einer Besprechung oder eines Vortrags zusammen und dokumentieren sie. Mit ihrer Hilfe können sich auch Personen, die bei der Veranstaltung nicht anwesend waren, informieren. Protokolle sind sachlich, knapp und frei von Wertungen. Grundsätzlich werden zwei Formen unterschieden:

Das *Verlaufsprotokoll* hält den genauen Ablauf einer Sitzung in Stichworten fest. Dabei wird der Austausch von Argumenten in sachlicher Form wiedergegeben.
Das *Ergebnisprotokoll* dokumentiert Stundenergebnisse oder Beschlüsse von Gruppensitzungen. Es ist kurz, enthält die wesentlichen Arbeitsresultate und ist thematisch gegliedert.

Alle Protokolle stehen im Präsens und nennen:

- ☑ Ort, Zeit und Thema der Veranstaltung
- ☑ Name des Protokollanten
- ☑ Teilnehmerinnen und Teilnehmer
- ☑ Behandelte Sachverhalte

Thesenpapier

Ein Thesenpapier richtet sich an einen Kreis von Diskussionsteilnehmern. Es soll diese über die Ansichten des Verfassers zu einem Problem unterrichten. Darüber hinaus will es die Adressaten zu einer Diskussion anregen. Dementsprechend ist das Thesenpapier nicht ausgewogen, sondern es präsentiert die Meinung des Autors in zugespitzter Form. Aus einer Fülle von Material werden wenige zentrale Aspekte des Themas ausgewählt.

„Was nicht auf einer einzigen Manuskriptseite zusammengefasst werden kann, ist weder durchdacht noch entscheidungsreif."
(Dwight D. Eisenhower)

Der Aufbau eines Thesenpapiers lässt sich folgendermaßen gestalten:

- ☑ Einführung ins Thema und seine Bedeutung
  Darlegung der Problemstellung
- ☑ Darlegung der Kernthesen mit stützenden Begründungen und Belegen
  Entkräftung möglicher Gegenargumente
- ☑ Schlussfolgerungen

Im Rahmen eines mündlichen Vortrags oder einer Präsentation erläutert, ergänzt und vertieft ein Verfasser sein Thesenpapier.

Tipp

Das Thesenpapier sollte nicht umfangreicher als eine DIN-A4-Seite sein.

Kompetenter Umgang mit Quellen

Auf den folgenden vier Seiten finden Sie kompakt und übersichtlich einige grundlegende Hinweise zur methodischen Arbeit im Geschichtsunterricht.

Eine schriftliche Quelle analysieren und interpretieren[1]

☑ Klären Sie zunächst Ihnen unbekannte oder unklare Begriffe.

☑ Sammeln Sie Hinweise und Informationen über
- den Autor: seine Funktion, seinen Beruf, seine soziale Stellung und Lebensumstände, seine politische Haltung, seinen Bezug zum Thema,
- die Entstehungszeit der Quelle, die Einordnung in den historischen Kontext (Anlass, Umstände),
- die Gattung der Quelle (primär: Urkunde, Vertrag, Rede, Brief, Tagebuch, Flugblatt, Denkschrift, Biografien (Lebenserinnerungen), Zeitungsartikel; sekundär: nachträglich verfasste Beschreibung eines Ereignisses oder einer Person; wissenschaftliche Arbeit) und deren spezifische Kennzeichen sowie ihre begrifflichen und sprachlichen Besonderheiten,
- die Intentionen (Absichten), die Perspektive der Darstellung, die Interessenlage und den Standort des Verfassers, seine Wertungen, Belege, Lücken, Glaubwürdigkeit und Urteilsfähigkeit,
- die Adressaten des Textes (eventuelle Beeinflussungsversuche durch den Autor?).

☑ Erarbeiten Sie aus Ihren Notizen strukturiert und prägnant
- die formalen Merkmale der Quelle, beschreiben Sie in eigenen Worten den Aufbau und Gang der Argumentation,
- die inhaltlichen Aussagen, um das Verständnis zu klären, und belegen Sie Ihre erläuternden Aussagen mit wichtigen, markant formulierten Zitaten aus der Vorlage. Ziehen Sie ein Fazit.

☑ Prüfen Sie abschließend kritisch den Gehalt, nennen Sie erkannte Probleme. Ordnen Sie die Ergebnisse Ihrer Quellenanalyse in den historischen Kontext ein.

Mit wissenschaftlichen Texten (Sekundärliteratur) arbeiten[2]

☑ Bestimmen Sie nach dem ersten Lesen das Problem, um das es dem Autor geht, und seine Absicht.

☑ Gliedern Sie den Text. Unterstreichen Sie wichtige Aussagen. Beschränken Sie sich dabei weitgehend auf das Markieren einzelner Wörter (Schlüsselbegriffe). Fassen Sie in eigenen Worten die wesentlichen Aussagen zusammen. Zitieren Sie dabei kurze, besonders aussagestarke Textstellen und erläutern Sie diese. Formulieren Sie ein abstrahierendes Fazit ohne Wiederholungen.

☑ Prüfen Sie die Art der Darstellung: Überwiegen Thesen und Beispiele oder werden Argumente sorgfältig entwickelt? Was wird festgestellt? Was wird erklärt? Was will der Autor zeigen? Werden die Aussagen belegt? Ist die Darstellung multiperspektivisch? Wie wird gewertet? Welche Kriterien sind dem Autor dabei wichtig? Formulieren Sie Einwände gegen die Darstellung, falls es Ihnen notwendig erscheint.

1 *vgl. Methoden-Baustein: Schriftliche Quellen, S. 30*
2 *vgl. Methoden-Baustein: Umgang mit Sekundärliteratur, S. 166 f.*

Eine Statistik auswerten[1]

Zu unterscheiden sind Zahlentabellen und Diagramme. Sie präsentieren und veranschaulichen ermittelte Daten und zeigen, wie sich Mengen im Laufe einer Zeiteinheit verändern, wie sich eine Gesamtzahl in Teile gliedern lässt oder welchen Anteil bestimmte Gruppen am Ganzen haben. Um gültige Aussagen zu erlangen, benötigen wir möglichst viele, einheitliche, untereinander vergleichbare, lückenlose Angaben über eine Sache oder einen Zusammenhang. Meistens sind die in diesem Buch abgedruckten Tabellen bereits bearbeitet worden. Die ihnen zugrunde liegenden ursprünglichen Rohdaten wurden beispielsweise für eine Region zusammengefasst, in einer überschaubaren Messgröße vereinheitlicht, umgerechnet oder nach bestimmten Gesichtspunkten ausgewählt und sortiert.

- ☑ Sammeln Sie zunächst Aussagen zu Thema, Zeit, Raum, Messgrößen sowie ihre Beziehung zueinander.
- ☑ Ermitteln Sie die Art der verwendeten Daten. Achten Sie auf Prozentwerte oder Indexierungen (Verhältniszahlen, die sich auf einen gleich 100 gesetzten Wert eines Ausgangsjahres beziehen).
- ☑ Vergleichen Sie die Angaben in den einzelnen Zeilen und Spalten miteinander. Achten Sie auf besonders hohe und niedrige Werte. Suchen Sie nach Schwerpunkten und Trends. Beschreiben und erläutern Sie die Veränderungen. Ermitteln Sie Gründe.
- ☑ Stellen Sie Ihre Erkenntnisse in den Zusammenhang mit anderen Informationsquellen. Vergleichen Sie die Aussagen miteinander.
- ☑ Fassen Sie Ihre Arbeitsergebnisse in einem strukturierten Text prägnant und so klar nachvollziehbar zusammen, dass sie für andere ohne Blick auf das bearbeitete Material verständlich sind.

Tipp

Sie können Statistiken sich selbst und anderen veranschaulichen, indem Sie diese in Diagramme umwandeln. Für den Vergleich absoluter Werte eignen sich Säulen, für langfristige Entwicklungen bieten sich Kurven an und in Kreisen lassen sich gut prozentuale Teile eines Ganzen zeigen.

Historische Karten lesen[2]

Geschichtskarten berücksichtigen räumliche, chronologische, thematische und quantitative Aspekte. Sie setzen geografische Bedingungen in eine Beziehung zu historischen Zuständen und Entwicklungen.

- ☑ Worüber informiert die Karte? Auf welche Region und Zeit beziehen sich ihre Aussagen? Zeigt sie einen Zustand oder eine Entwicklung? Welche Bedeutung haben die Zeichen der Legende? Was ist wann wo in welchem Ausmaß vorhanden?
- ☑ Formulieren Sie anschließend, welche Schlussfolgerungen sich ziehen lassen, wenn Sie die einzelnen Fakten miteinander verknüpfen und im Zusammenhang betrachten. Ziehen Sie bei Bedarf andere Quellen heran, um Ihre Erkenntnisse abzusichern oder zu erweitern.

[1] *vgl. Methoden-Baustein: Statistiken und Diagramme, S. 202 f.*
[2] *vgl. Methoden-Baustein: Karten, S. 260 f.*

Kompetenter Umgang mit Quellen

Bildquellen interpretieren[1]

Karikaturen[2]

Karikaturen sind gezeichnete Kommentare. Sie gehen von der Realität aus, die sie jedoch subjektiv vereinfachen und verzerrt wiedergeben, um einen zentralen Aspekt hervorzuheben. Sie zeigen Schwächen von Personen, kritisieren Zustände und Entwicklungen, wollen sie vielleicht verändern.
Meist finden Sie unter dem Bild eine kurze Textzeile, beispielsweise die Aussage einer Person, eine bekannte Redewendung, ein mehrdeutiges Stichwort.

- ☑ Klären Sie zunächst den Bildinhalt.
- ☑ Erläutern Sie dann seinen historischen Kontext, bevor sie schließlich
- ☑ die Intention bestimmen und
- ☑ die Wirkung kommentieren.

Plakate[3]

Plakate sollen Aufmerksamkeit wecken und müssen auf den ersten Blick wirken. Sie vereinfachen deshalb eine beabsichtigte Aussage.

- ☑ Beschreiben Sie die bildliche Darstellung. Achten Sie auf dominierende Farben, die mit ihnen verbundenen Assoziationen und auf Symbole.
- ☑ Erläutern Sie den Text und stellen Sie eine Beziehung zwischen ihm und dem Motiv her. Berücksichtigen Sie die Entstehungszeit und den Ort der Veröffentlichung.
- ☑ An welche Adressaten wendet sich das Plakat? Wer hat es entwerfen lassen? In welcher Absicht?

Tipp

Schließen Sie aufgrund Ihrer Kenntnisse aus anderen Materialien auf die Mentalität der Zielgruppen. Berücksichtigen Sie dabei den „Zeitgeist“.

Fotos

- ☑ Beschreiben Sie möglichst genau, was das Bild zeigt (Personen, Objekte, Umgebung).
- ☑ Handelt es sich um eine (zufällige) Amateur- oder um eine (geplante/bestellte) Profiaufnahme?
- ☑ In welcher Absicht wurde fotografiert? Für wen? Beachten Sie den Kontext (Entstehungszeit und -ort).
- ☑ Entdecken Sie Hinweise auf Manipulationen (Retuschen, Montagen, unpassende Übergänge und Perspektiven)?

[1] *vgl. Methoden-Baustein: Bilder, S. 90 f.*
[2] *vgl. Methoden-Baustein: Karikaturen, S. 494 f.*
[3] *vgl. Methoden-Baustein: Plakate, S. 294 f.*

Gemälde

- ☑ Ausgangspunkt ist wie bei jeder Bildquelle die genaue Beschreibung des Kunstwerks (Formen, Farben, Bildaufbau, Personen, Gegenstände, Raumbeziehungen, Größenverhältnisse, Perspektive).
- ☑ Erklären und deuten Sie danach die verwendeten bildlichen Elemente vor dem historischen Hintergrund des Dargestellten.
- ☑ Bestimmen Sie schließlich die Bildaussage des Künstlers (Intention).
- ☑ Hatte der Künstler einen Auftraggeber? Aus welchem Anlass und für welchen Zweck entstand das Kunstwerk?
- ☑ Berücksichtigen Sie bei jedem Arbeitsschritt Ihre im Kunstunterricht erworbenen spezifischen Kenntnisse oder informieren Sie sich aus der Literatur über Kennzeichen jener Epoche, der das Bild zuzuordnen ist.

Filme[1]

- ☑ Fassen Sie zunächst den Gang der Handlung knapp zusammen. Nennen Sie dabei besonders Ort und Zeit. Wird fortlaufend „erzählt" oder gibt es Sprünge?
- ☑ Charakterisieren Sie die wichtigsten Personen. Bestimmen Sie ihre Beziehung(en) zueinander.
- ☑ Ermitteln und erläutern Sie zeittypische Merkmale des Films. Berücksichtigen Sie allgemeine Grundsätze filmischer Gestaltung. Ziehen Sie ein Filmlexikon zu Rate, um Ihren Blick zu schärfen.
- ☑ Informiert der Film sachlich? Prüfen Sie kritisch politische oder ideologische Aussagen vor dem Hintergrund der Entstehungszeit des Films.
- ☑ Gab es Reaktionen auf den Film, die Ihnen bei der Interpretation helfen?

Tipp

Ist der Film ein historisches Dokument? Erläutern und begründen Sie Ihr zusammenfassendes Urteil.

Bauwerke[2]

Wir gehen hier davon aus, dass Sie gelegentlich mit Abbildungen von Bauwerken arbeiten. Deshalb zählen wir sie zu den *Bild*quellen.

- ☑ Wer war der Auftraggeber des Gebäudes/ Bauwerks?
- ☑ Welchen Zwecken sollte das Bauwerk dienen?
- ☑ Wurde der Bau verwirklicht? Wie lange wurde von wem an dem Bauwerk gearbeitet? Wer bezahlte es?
- ☑ Was kennzeichnet das Bauwerk (Stilelemente, Form, Größe, Platzierung, Besonderheiten)?
- ☑ In welchem Zusammenhang stehen Stil und Funktion des Baus? Ziehen Sie bei Bedarf für architekturgeschichtliche Aspekte ein Fachbuch oder Speziallexikon heran.
- ☑ Welche Reaktionen auf das Bauwerk gab es? Wurde es später verändert? Warum?

[1] *vgl. Methoden-Baustein: Film und Wochenschau, S. 340 f.*
[2] *vgl. Methoden-Baustein: Architektur, S. 72 f.*

Literaturhinweise

1. Die antike Welt

Jochen Bleicken, Die athenische Demokratie, Paderborn [4]1995

Klaus Bringmann, Römische Geschichte: Von den Anfängen bis zur Spätantike, München [9]2006

Kai Brodersen/Bernhard Zimmermann (Hrsg.), Metzler-Lexikon Antike, Stuttgart/Weimar [2]2006

Karl Christ, Geschichte der römischen Kaiserzeit, München [4]2002

Werner Dahlheim, Die Antike. Griechenland und Rom von den Anfängen bis zur Expansion des Islam, Paderborn/München/Wien [6]2002

Der Neue Pauly. Enzyklopädie der Antike (DNP), hrsg. von H. Cancik, H. Schneider, Weimar und Stuttgart 1996–2003

Alfred Heuss, Römische Geschichte, hrsg. von Jochen Bleicken, Werner Dahlheim und Hans-Joachim Gehrke, Paderborn 2007

Ingemar König, Kleine Römische Geschichte, Stuttgart 2004

Christian Meier, Athen. Ein Neubeginn der Weltgeschichte, München 2004

Angela Pabst, Die athenische Demokratie, München 2003

2. Mensch und Gesellschaft im europäischen Mittelalter

Gerd Althoff/Hans-Werner Goetz/Ernst Schubert, Menschen im Schatten der Kathedrale. Neuigkeiten aus dem Mittelalter, Darmstadt 2005

Sabine Buttinger, Das Mittelalter, Stuttgart [2]2008

Robert Fossier, Das Leben im Mittelalter. Aus dem Französischen von M. Bayer, E. Heinemann u. R. Pfleiderer, München 2008

Michael Grant/Ursula Vones-Liebenstein, Die Welt des frühen Mittelalters, Ostfildern 2003

Peter Hilsch, Das Mittelalter: die Epoche, Stuttgart 2006

Jacques Le Goff, Das Mittelalter in Bildern. Aus dem Französischen von Renate Wartmann, Stuttgart 2002

Frank Rexroth, Deutsche Geschichte im Mittelalter, München [2]2007

Bernd Schneidmüller, Die Kaiser des Mittelalters. Von Karl dem Großen bis Maximilian, München [2]2007

Ernst Schubert, Alltag im Mittelalter. Natürliches Lebensumfeld und menschliches Miteinander, Darmstadt 2002

Stefan Weinfurter, Kleine deutsche Geschichte des Mittelalters. Das Reich von 500 bis 1500, München 2008

3. Der Aufbruch Europas in die Moderne

Urs Bitterli, Die Entdeckung Amerikas. Von Kolumbus bis Alexander von Humboldt, München 1999

Peter Blickle, Die Reformation im Reich, Stuttgart [3]2003

Peter Burke, Die Renaissance, Berlin [4]1998

Axel Gotthard, Das Alte Reich 1495–1806, Darmstadt [3]2006

Christoph Kampmann, Europa und das Reich im Dreißigjährigen Krieg, Stuttgart 2008

Heinrich Lutz, Reformation und Gegenreformation, München [5]2002

Olaf Mörke, Die Reformation: Voraussetzungen und Durchführung, München 2005

Luise Schorn-Schütte, Die Reformation, München [4]2006

Günter Vogler, Europas Aufbruch in die Neuzeit 1500–1650, Stuttgart 2003

4. Staat und Untertan im Absolutismus

Olivier Bernier, Ludwig XIV. Die Biographie, Düsseldorf 2003

Angela Borgstedt, Das Zeitalter der Aufklärung, Darmstadt 2004

Heinz Duchhardt, Barock und Aufklärung. Das Zeitalter des Absolutismus, München [4]2007

Dagmar Freist, Absolutismus, Darmstadt 2008

Heiner Haan/Gottfried Niedhart, Geschichte Englands. Bd. 2: Vom 16. bis zum 18. Jahrhundert, München [2]1993

Helmut Reinalter (Hrsg.), Lexikon zum Aufgeklärten Absolutismus in Europa: Herrscher – Denker – Sachbegriffe, Wien 2006

Werner Schneiders, Das Zeitalter der Aufklärung, München [3]2001

Bernd-Rüdiger Schwesig, Ludwig XIV. Mit Selbstzeugnissen und Bilddokumenten, Reinbek 2001

Barbara Stollberg-Rilinger, Europa im Jahrhundert der Aufklärung, Stuttgart 2000

Günter Vogler, Absolutistische Herrschaft und ständische Gesellschaft. Reich und Territorien von 1648 bis 1790, Stuttgart 2001

5. Das Zeitalter der demokratischen Revolutionen

Jürgen Angelow, Der Deutsche Bund, Darmstadt 2003

Frank Engehausen, Die Revolution von 1848/49, Stuttgart 2007

Elisabeth Fehrenbach, Vom Ancien Régime zum Wiener Kongress, München [5]2008

Alexa Geisthövel, Restauration und Vormärz 1815–1847, Stuttgart 2008

Wolfgang Kruse, Die Französische Revolution, Paderborn 2005

Ernst Schulin, Die Französische Revolution, München [4]2004

Frank-Lorenz Müller, Die Revolution von 1848/49, Darmstadt [2]2006

Hans-Christoph Schröder, Die Amerikanische Revolution. Eine Einführung, München 1998

Hans Ulrich Thamer, Die Französische Revolution, München [2]2006

Bernd Wunder, Europäische Geschichte im Zeitalter der Französischen Revolution 1789–1815, Stuttgart 2001

Howard Zinn, Eine Geschichte des Amerikanischen Volkes. Band 2: Unabhängigkeitserklärung, Revolution und das Aufbegehren der Frauen. Berlin 2006

6. Die Industrialisierung verändert Wirtschaft und Gesellschaft

Gisela Bock, Frauen in der europäischen Geschichte. Vom Mittelalter bis zur Gegenwart, München 2005

Felix Butschek, Europa und die Industrielle Revolution, Wien 2002

Felix Butschek, Industrialisierung. Ursachen, Verlauf, Konsequenzen, Wien 2006

Flurin Condrau, Die Industrialisierung in Deutschland, Darmstadt 2005

Wolfram Fischer, Armut in der Geschichte. Erscheinungsformen und Lösungsversuche der „Sozialen Frage“ in Europa seit dem Mittelalter, Göttingen 1982

Hans-Werner Hahn, Die Industrielle Revolution in Deutschland, München ²2005

Gottfried Niedhart, Geschichte Englands, Bd. 3: Im 19. und 20. Jahrhundert, München ³2004

Angelika Schaser, Frauenbewegung in Deutschland 1848–1933, Darmstadt 2006

Dieter Ziegler, Die Industrielle Revolution, Darmstadt 2005

7. Gründung, Aufstieg und Ende des Deutschen Kaiserreiches

Volker Berghahn, Das Kaiserreich 1871–1914. Industriegesellschaft, bürgerliche Kultur und autoritärer Staat, Stuttgart 2003

Roger Chickering, Das Deutsche Reich und der Erste Weltkrieg, München 2002

Ewald Frie, Das Deutsche Kaiserreich, Darmstadt 2004

Gerhard Hirschfeld/Gerd Krumeich/ Irina Renz, Enzyklopädie Erster Weltkrieg, Paderborn 2008

Gregor Schöllgen, Das Zeitalter des Imperialismus, München ⁴2000

Michael Stürmer, Das deutsche Reich 1870–1919, Berlin 2002

Volker Ullrich, Deutsches Kaiserreich, Frankfurt am Main 2006

Volker Ullrich, Die nervöse Großmacht. 1871–1918. Aufstieg und Untergang des deutschen Kaiserreichs, Frankfurt am Main 2007

8. Die Weimarer Republik

Werner Faulstich (Hrsg.), Die Kultur der zwanziger Jahre, München 2008

Dieter Gessner, Die Weimarer Republik, Darmstadt ²2005

Eberhard Kolb, Gustav Stresemann, München 2003

Reiner Marcowitz, Weimarer Republik 1929–1933, Darmstadt ²2007

Horst Möller, Die Weimarer Republik. Eine unvollendete Demokratie, München ⁸2006

Hans Mommsen, Aufstieg und Untergang der Republik von Weimar 1918–1933, Berlin 1998

Gottfried Niedhart, Die Außenpolitik der Weimarer Republik, München 2006

Andreas Wirsching, Die Weimarer Republik. Politik und Gesellschaft, München 2000

9. Der Nationalsozialismus

Wolfgang Benz, Geschichte des Dritten Reichs, München 2003

Wolfgang Benz/Hermann Graml/ Hermann Weiß (Hrsg.), Enzyklopädie des Nationalsozialismus, München 2007

Wolfgang Benz, Der Holocaust, München ⁷2008

Rolf-Dieter Müller, Der letzte deutsche Krieg 1939–1945, Stuttgart 2005

Klaus Hildebrand, Das Dritte Reich, München ⁶2003

Ian Kershaw, Hitler, 3 Bde., München 2002

Michael Kißener, Das Dritte Reich, Darmstadt 2005

Ernst Piper, Kurze Geschichte des Nationalsozialismus, Hamburg 2007

Dieter Pohl, Verfolgung und Massenmord in der NS-Zeit 1933–1945, Darmstadt ²2008

Gerhard Schreiber, Der Zweite Weltkrieg, München 2002

10. Deutschland nach 1945

Wolfgang Benz, Die Gründung der Bundesrepublik: von der Bizone zum souveränen Staat, München ⁵1999

Dominik Geppert, Die Ära Adenauer, Darmstadt ²2007

Manfred Görtemaker, Geschichte der Bundesrepublik Deutschland. Von der Gründung bis zur Gegenwart, Frankfurt am Main 2003

Beate Ihme-Tuchel, Die DDR, Darmstadt ²2007

Peter Kielmannsegg, Das geteilte Land. Deutsche Geschichte 1945–1990, München 2007

Marie-Luise Recker, Geschichte der Bundesrepublik Deutschland, München ²2002

Kurt Sontheimer, Die Adenauer-Ära, München ³2003

Bernd Stöver, Die Bundesrepublik Deutschland, Darmstadt 2002

Teilung, Einheit, Diktatur und Widerstand, hrsg. von der Stiftung Haus der Geschichte der Bundesrepublik Deutschland und dem Zeitgeschichtlichen Forum Leipzig, Leipzig 2008

Jürgen Weber, Kleine Geschichte Deutschlands seit 1945, München 2002

Hermann Weber, Die DDR 1945–1989, München ⁴2006

11. Europa- und weltpolitische Entwicklungen nach 1945

Ernst-Otto Czempiel, Weltpolitik im Umbruch. Die Pax Americana, der Terrorismus und die Zukunft der internationalen Beziehungen, München 2002

Jost Dülffer, Europa im Ost-West-Konflikt 1945–1991, München 2004

Jürgen Elvert, Die Europäische Integration, Darmstadt 2006

John Lewis Gaddis, Der Kalte Krieg. Eine neue Geschichte, München 2007

Ingrid Gilcher-Holtey, Die 68er Bewegung. Deutschland – Westeuropa – USA, München ³2001

Martin Guan Djien Chan, Der erwachte Drache. China im 21. Jahrhundert, Stuttgart 2008

Konrad Seitz, China. Eine Weltmacht kehrt zurück, München 2006

Rolf Steininger, Der Vietnamkrieg, Frankfurt am Main ²2004

Rolf Steininger, Der Nahostkonflikt, Frankfurt am Main ⁴2003

Bernd Stöver, Der Kalte Krieg. Geschichte eines radikalen Zeitalters 1947–1991, München 2007

Themenübergreifend

Die Reihe „*C. H. Beck Wissen*“ bietet zu zahlreichen Themen der Geschichte kompakte Darstellungen.

Internetadressen

www.clio-online.de (Fachportal für Geschichtswissenschaften)

http://hsozkult.geschichte.hu-berlin.de (Kommunikation und Fachinformation)

www.nfhdata.de (Linksammlungen, Diskussionsforen, Presseschau)

www. historicum.net (geordnet u. a. nach Themen, Ländern und Hinweisen zu Recherche)

www.dhm.de/lemo (Virtueller Gang durch 150 Jahre deutsche Geschichte)

www.hdg.de/eurovisionen/index.html (Virtuelle Reise in die europäische Geschichte von der Antike bis zur Gegenwart)

Personenregister

Sachregister

Sachregister

Sachregister

Bildnachweis

Akademie der Künste, Berlin: S. 315 – Archäologische Staatssammlung, München: S. 32 – Archiv für Kunst und Geschichte, Berlin: S. 13, 16, 20, 22, 24, 30, 37, 39, 42, 43, 46, 51, 62, 64, 88, 91, 95, 111, 114, 120, 125, 128, 131, 132, 134 (o.), 135, 138, 142, 150, 172, 190, 193, 221, 229, 251, 270, 295, 296, 308, 349, 377, 378, 379, 380, 429, 441, 488, 503 – Archiv für Kunst und Geschichte/Peter Connolly: S. 34 – AKG/British Library, London: S. 49 – Artothek, Weilheim: S. 85, 301, 302, 356 – BASF AG/Zentralabteilung Öffentlichkeitsarbeit – Unternehmensarchiv: S. 216 – Achim Bednorz: S. 72 – Raffaello Bencini: S. 86 – Bibliotheque Nationale, Paris: S. 148 – Karte erstellt nach: Jochen Bleicken, Augustus, Berlin ^{3}1999: S. 26 – Bildarchiv Preußischer Kulturbesitz, Berlin: S. 70, 126, 222, 225, 231, 243, 245, 257, 263, 271, 272, 280, 289, 294, 305, 310, 314, 317, 319, 321, 324, 337, 339, 346, 362, 389, 395, 444, 448 – British Library, London: S. 47 – British Museum, London: S. 122 – Bundesarchiv, Koblenz: S. 163, 341 (2x), 427, 449 – Bundesarchiv / Wochenschau 1940, Koblenz: S. 341 – Bündnis 90/Die Grünen-Bundesgeschäftsstelle, Berlin: S. 433 – Bürgerbibliothek, Bern: S. 78 – H.D. Clout (Hrsg.), Themes in the Historical Geography of France (1977), S. 468: S. 121 – Collection of the Heckscher Museum, Huntington (NY): S. 313 – Corbis, Düsseldorf: S. 29 – J.H. Darchinger, Bonn: S. 394, 438 – Demag, Duisburg: S. 189 – Der Spiegel, Hamburg: S. 388, 404, 476, 500 – Deutsches Historisches Museum, Berlin: S. 98, 230, 290 (o.), 338, 352, 400, 401, 421, 422 (o.), 430, 452 – DIZ, Süddeutscher Verlag Bilderdienst, München: S. 367, 406, 446 – DIZ, Süddeutscher Verlag Bilderdienst/AP, München: S. 482 (o.), 511 (o.) – DIZ, Süddeutscher Verlag Bilderdienst/Scherl: S. 219, 240, 285, 291, 332, 334, 413 – Elektronisches Museum der Hastra, Hannover: S. 200 – Erich Schmidt Verlag, Berlin: S. 436, 498 – Eucom (European Communication): S. 482 (u.) – F1 online: S. 7 – Wolfram Fischer (Hrsg.), Handbuch der europäischen Wirtschafts- und Sozialgeschichte, Bd. 4, Stuttgart 1993, S. 67: S. 121 – Friedrich-Ebert-Stiftung: Archiv der sozialen Demokratie, Bonn: S. 211, 299 – Gedenkstätte Deutscher Widerstand, Berlin: S. 373, 374 – © Fürstlich zu Waldburg-Wolfegg'sche Kunstsammlungen: S. 110 – Geheimes Staatsarchiv, Preußischer Kulturbesitz, Berlin: S. 209 – Germanisches Nationalmuseum, Nürnberg: S. 76, 92, 180 – Geschichte lernen, H. 90, S. 48: S. 134 (u.) – Globus Infografik, Hamburg: S. 472, 480, 501 – Horst Haitzinger, München: S. 495 (u.) – Albert Harlingue/Roger-Viollet, Paris: S. 290 (u.) – Beth Hatefutsoth, The Nahum Goldmann Museum of the Jewish Diaspora, Tel Aviv: S. 80 – Hauptstaatsarchiv, Stuttgart: S. 259 – Karte nach: Haus der Heimat des Landes Baden-Württemberg (Hrsg.), Umsiedlung, Flucht und Vertreibung der Deutschen als internationales Problem, Stuttgart 2005, S. 73: S. 412 – Barbara Henniger, Strausberg: S. 495 (o.) – Historisches Museum der Pfalz, Speyer: S. 174 – Imperial War Museum, Berlin: S. 266 – Institut für Zeitungsforschung, Dortmund: S. 223, 492 – Interfoto, München: S. 293, 333 – Jüdisches Museum Berlin, Ankauf aus Mitteln der Dresdner Bank, Foto Jens Ziehe, Berlin: S. 241 – Dietmar Katz: S. 288 – David King Collection: S. 409 – Kladderadatsch vom 13. April 1884: S. 235 – Kunstsammlungen der Veste Coburg: S. 101 – Library of Congress, Washington: S. 139 – Kunstverlag Edmund v. König, Dielheim: S. 67 – Peter Lowin, Bremen: S. 384 – Musée National de Versailles et des Trianons, Château de Versailles, Paris: S. 119 – Musée National du Louvre, Paris: S. 117 – Museum of Art Gallery, Birmingham: S. 123 (u.) – Musées Royaux des Beaux-Arts, Brüssel: S. 161 – Museum für angewandte Kunst (© Rheinisches Bildarchiv Köln): S. 112 – Museum of Art, Toledo: S. 102 – Nationalarchiv Namibia, Windhoek: S. 252 – The National Gallery, London: S. 89 – National Gallery of Scotland, Edinburgh: S. 123 – Neue Pinakothek, München: S. 8 (o.) – Bernhard Pfändtner, Bamberg: S. 348 – Staatliches Historisches Museum, Moskau: S. 169 – Staatsbibliothek, Bamberg: S. 284, 390 – Staatsgalerie, Stuttgart: S. 300 – Jens Rötzsch: S. 454 – Borislav Sajtinac, Paris: S. 457 – Friedrich Sieburg, Im Licht und Schatten der Freiheit: Frankreich 1789–1848. Bilder und Texte, Stuttgart 1979: S. 158 – Stadtmuseum, München: S. 328 – Wilhelm Stöckle, Filderstadt: S. 248 – Real Biblioteca del Escorial, Welt und Umwelt der Bibel. Die Kreuzzüge, Stuttgart 2002: Kat.-Nr. 29.2: S. 74 – SCALA, Antella: S. 83 – Schlag nach. 100.000 Tatsachen aus allen Wissensge-bieten. Bibliographisches Institut Mannheim ^{12}1982: S. 73 – New York Times/Ann Telnaes: S. 82 – Österreichisches Staatsarchiv, Wien: S. 107, 178 – picture-alliance, Frankfurt/Main: S. 52, 196, 451, 467, 475, 496, 507, 512, 518, 521 – Manfred Pohl/Hans Jürgen Mayer (Hrsg.), Länderbericht Japan. Geographie – Geschichte – Politik – Wirtschaft – Gesellschaft – Kultur, Bonn ^{2}1998, Anlage Abb. 6: S. 511 (u.) – Reuters, Berlin: S. 505 – Rheinisches Industriemuseum, Ratingen: S. 192 – Rainer Schwalme: S. 473 – Daniel Schwartz (Hrsg.), Geschichte der Globalisierung, Göttingen 2003, S. 208/209 (Foto von Philip Jones Griffiths): S. 516 – Science Museum, London: S. 127 (u.) – Karl Stehle, München: S. 330 – Sven Simon, München: S. 425 – Stefani Strulik: S. 220 – Stiftung Denkmal für die ermordeten Juden Europas/Paul Langrock, Berlin: S. 386 – Ullstein, Berlin, S. 204, 277, 344, 411 – Universitätsbibliothek Heidelberg: S. 57 – Universitätsbibliothek, Würzburg: S. 127 (o.) – VG Bild-Kunst, Bonn 2008-06-12: S. 522 – Erna Wagner-Hehmke/Hehmke-Winterer, Düsseldorf; Haus der Geschichte, Bonn: S. 405; Wehrgeschichtliches Museum, Rastatt: S. 255 – Hans Weingartz: S. 522 – Werbeagentur Zimmermann, Frankfurt/Main: S. 188 – Westfälisches Landesmuseum, Münster, S. 112 – Württembergisches Landesmuseum, Stuttgart: S. 96 – Zentralbibliothek, Zürich: S. 237

Trotz entsprechender Bemühungen ist es uns nicht in allen Fällen gelungen, den Rechtsinhaber ausfindig zu machen. Gegen Nachweis der Rechte zahlt der Verlag für die Abdruckerlaubnis die gesetzlich geschuldete Vergütung.

Die Bundestagswahlergebnisse von 1949 – 2005

	1. Bundestag (14. 8. 1949)			2. Bundestag (6. 9. 1953)			3. Bundestag (15. 9. 1957)			
Wahlberechtigte Abgegebene Stimmen Wahlbeteiligung	Millio-nen 31,208	Millio-nen 24,496	% 78,5	Millio-nen 33,202	Millio-nen 28,480	% 86,0	Millio-nen 35,401	Millio-nen 31,073	% 87,8	Millio-nen 37,44
Stimmenzahl Stimmenanteil Zahl der Mandate	Millio-nen	%	402	Millio-nen	%	487	Millio-nen	%	497	Millio-nen
CDU/ CSU	7,359	31,0	139	12,444	45,2	243	15,008	50,2	270	14,29
SPD	6,935	29,2	131	7,945	28,8	151	9,496	31,8	169	11,42
FDP	2,830	11,9	52	2,629	9,5	48	2,307	7,7	41	4,02
Kommunistische Partei Deutschlands	1,362	5,7	15	0,608	2,2	–	–	–	–	–
Bayernpartei	0,968	4,2	17	0,466	1,7	–	–	–	–	–
Deutsche Partei	0,940	4,0	17	0,896	3,3	15	1,007	3,4	17	–
Zentrum	0,728	3,1	10	0,217	0,8	3	–	–	–	–
Wirtschaftlicher Aufbauverein	0,682	2,9	12	–	–	–	–	–	–	–
Deutsche Reichspartei	0,429	1,8	5	0,296	1,1	–	0,309	1,0	–	0,2
Südschleswiger Wählerbund	0,075	0,3	1	–	–	–	–	–	–	–
Block der Heimatvertriebenen und Entrechteten/ Gesamtdeutscher Block	–	–	–	1,617	5,9	27	1,374	4,6	–	0,8
Deutsche Friedensunion	–	–	–	–	–	–	–	–	–	0,6
Nationaldemokratische Partei Deutschlands	–	–	–	–	–	–	–	–	–	–
Parteilose	1,142	4,8	3	–	–	–	–	–	–	–
Sonstige	0,265	1,1	–	0,434	1,7	–	0,441	1,5	–	0,0

	9. Bundestag (5. 10. 1980)			10. Bundestag (6. 3. 1983)			11. Bundestag (25. 1. 1987)			1
Wahlberechtigte Abgegebene Stimmen Wahlbeteiligung	Millio-nen 43,232	Millio-nen 38,292	% 88,6	Millio-nen 44,089	Millio-nen 39,280	% 89,1	Millio-nen 45,328	Millio-nen 38,225	% 84,3	Mill-ne 60,4
Stimmenzahl Stimmenanteil Zahl der Mandate	Millio-nen	%	497	Millio-nen	%	498	Millio-nen	%	497	Mill-ne
CDU/ CSU	16,898	44,5	226	18,998	48,8	244	16,762	44,3	223	20,3
SPD	16,261	42,9	218	14,866	38,2	193	14,026	37,0	186	15,5
FDP	4,031	10,6	53	2,707	7,0	34	3,441	9,1	46	5,1
Die Grünen	0,570	1,5	–	2,167	5,6	27	3,126	8,3	42	1,7
Bündnis 90/ Die Grünen	–	–	–	–	–	–	–	–	–	0,5
Partei des Demokratischen Sozialismus/ Linke Liste	–	–	–	–	–	–	–	–	–	1,
Republikaner	–	–	–	–	–	–	–	–	–	0,
Sonstige	0,180	0,5	–	0,230	0,4	–	0,513	1,3	–	1,

1 nur Wahlgebiet West
2 nur Wahlgebiet Ost